전통시대 한자·한문 학습과 교재

전통시대
한자·한문 학습과 교재

강민구 외 저

보고사
BOGOSA

간행사

우리나라의 한문교육은 근대 교육과정기로 진입한 이래 비중이 이전과는 비교할 수 없을 정도로 낮아졌지만, 그 필요성에 대한 인식에는 이견이 없었기에 효율적인 교수법에 대한 연구가 다각적으로 이루어졌다. 그러나 전통시대에 이미 존재하였던 교육과정과 교재에 대한 연구 및 그것을 현대의 한문교육에 적용하려는 시도는 상대적으로 미약하였다. 전통시대와 현대를 매개하는 한문의 중요성은 인정하면서도, 정작 한문의 전통적 교육과정과 학습방법을 고찰하는 연구는 부족하였던 것이다. 이에 간행위원회에서는 한문 공부가 부분이 아닌 전체를 차지하였던 고려부터 개화기까지의 한문교육을 분석해보기로 기획하였다.

전통시대에는 지역·학파·당파를 기준으로 교육의 경향이 분기되는 문화적 특색이 있으므로, 그에 따라 각각의 교육과정과 학습방법의 특징을 밝히고자 하였다. 이에 지역적으로는 영남·호남·기호, 학파로는 퇴계학파·성호학파, 당파로는 노론·소론·남인 등으로 구분하여 연구를 진행하였다. 그러나 영남 지역은 퇴계학파 및 남인과 중복되고 기호학파는 성호학파와 중복되는 등의 문제가 발생하였는데, 중복을 피하면서 기획 의도를 살리기에는 제반 여건상 어려움이 따랐다.

교재의 경우, 일반적으로 잘 알려진 교재부터 다소 생소한 교재까지 망라하고자 하였다. 연구가 종료되는 시점에서 반드시 다루어야 할 교재들이 누락되었다는 사실을 깨닫게 되었으나, 연구 시간과 한정된 연구 인력으로 기획 의도를 충족시키기에는 역부족이었다.

　이 책은 전통시대 한자·한문 교육과 관련한 총체적 성과물은 될 수 없겠지만, 현재의 한문교육에 여러모로 계발과 시사를 제공하는 전통시대 한문교육의 경험을 소개하는 출발점으로서는 손색이 없을 것이다.

　기획 의도에 적극 부응하여 옥고를 내주신 29인의 필자, 편집과 출판에 애써주신 황효은 과장님, 실무로 수고해주신 박정민 박사께 감사드린다.

2020년 10월

경북대학교 강민구 근지

차례

제3부
전통시대 한문 교육의 현대적 시사와 활용

제1부

전통시대 한문 교육의
차제(次第)와 체계

조선의 학습차제(學習次第)에 대한 사적(史的) 고찰

강민구

I. 문제의 제기

　본고는 조선시대 학습차제 경험과 이론의 사적(史的) 전개를 고구한 것이다. 사인(士人)을 독서인(讀書人)으로 칭할 만큼 조선시대는 독서를 중시하였다. 그리고 '독서'는 '학습'이나 '학문'의 동의어로 간주되었다. 한편 조선의 지식인들은 학문과 과거 공부를 의도적으로 분리하려고 하였다. 실제로는 과거를 통해 출세할 수밖에 없는 제도와 구조 속에서 살면서도 학문과 공부에 대한 이상적 관념이 형성되었고, 이는 현실적 공부와 큰 모순을 야기하였다.

　조선은 건국 초기부터 서울과 지방에 4부학당과 향교를 설치하여 교육을 통한 입신(立身)의 기회를 제공하기 위하여 노력하였다. 그리고 조선 중기 이후로는 각지에 서원(書院)이 설립되면서 한층 교육이 활성화되었다. 그들 교육기관에는 일정한 학습 과정이 존재하였고 그 효율성에 대한 검토도 이루어졌다. 그러나 조선의 실질적인 학습차제는 정규 교육기관보다는 사적(私的) 차원에서 현실성 있게 형성되었다. 조선의 주된 교육 현장이 '가정'이었고 가족 간에 지식의 수수와 학습 경험의 전이가 이루어졌기에, 그와 같은 교육 환경에 적합한 학습차제가 다양하게 만들어지게 되었다. 한국학계에서 지속적으로 관심과 연구력을 경주하는 조선의 학맥(學脈)도 가학(家學)을 기반으로 하는 경우가 많으므로 조선시대의 사적(私的) 교육 현장에서 형성, 발전된 학습의 차제에 대한 고찰은 매우 중요한 연구 과제라고 하겠다.

따라서 본고는 조선의 학습차제론과 개별적 학습 경험, 이력을 수집분석함으로써 다음과 같은 문제를 규명해 보고자 한다.

첫째, 학습의 위계는 어떻게 설정되었는가?

둘째, 학습 위계에 대응하여 활용한 학습 교재는 무엇인가?

셋째, 학습 교재에 대한 학습 내용은 설정되어 있는가?

넷째, 학습 교재에 대한 학습 목표는 존재하였는가?

다섯째, 학습의 방법은 존재하는가?

여섯째, 시기별 학습차제론의 차이가 있는가?

일곱째, 지역별·학파별로 학습차제는 차별화되는가?

여덟째, 학습차제론에 대한 반성과 개혁은 어떠한 양상으로 이루어졌는가?

이상의 문제에 대한 검토는 한문교육의 학습차제 설정에 큰 시사를 줄 것으로 기대한다. 또 조선 교육사의 작성에도 하나의 자극이 될 것으로 기대한다.

Ⅱ. 15세기: 영남의 정통 학습차제론과 서울의 영재(英才) 학습차제

조선 초기의 학습차제는 조선의 건국이념인 숭유(崇儒)에 초점이 맞춰져 있는데, 그것은 고려 유학의 정신을 계승하고 있다. 15세기의 학습차제론에서 가장 중요한 위치를 점하는 것은 김숙자[金叔滋, 1389~1456]의

교육 과정이다. 김숙자는 스승 길재(吉再)로부터 정몽주(鄭夢周)의 학통
을 계승하여 아들 김종직에게 전하였는데, 김종직[金宗直, 1431~1492]은
사림파의 종조(宗祖)였기에, 그가 제시한 학습차제는 이후 사림에게 하
나의 표준이 되었다. 그것이 당시로서는 꽤나 구체적인 교육 과정을 근
거로 하였다는 점에서 여타의 학맥, 혹은 학파의 학적(學的) 공허함과
차원을 달리한다. 김종직은 『이존록(彜尊錄)』, 〈선공사업(先公事業)〉에
서 김숙자의 교육 과정을 상세하게 기록하였으니, 그것을 정리하면 다
음과 같다.

> 『동몽수지(童蒙須知)』 →『유학자설(幼學字說)』 →『정속편(正俗篇)』 →
> 『소학』 →『효경』 →『대학』 →『논어』 →『맹자』 →『중용』 →『시경』
> →『서경』 →『춘추』 →『주역』 →『예기』 / 『통감』, 제사(諸史), 백가(百
> 家) / 『중용혹문』, 『대학혹문』

　김숙자는 자제를 교육할 때 등급을 뛰어넘지 못하도록 하였으니, 학
습의 차제를 매우 중요하게 여겼다는 것을 알 수 있다. 이와 같이 학습차
제를 중시하는 관념은 그의 학통에서 연유한다. 길재가 금오산(金烏山)
자락에 은거하며 자제들을 가르치자 아동들이 구름같이 모여들었는데,
'쇄소응대(灑掃應對)'의 절차로부터 '도무영가(蹈舞詠歌)'에 이르기까지
모두 가르치되, 등급을 뛰어넘지 못하게 하였다고 한다. 이때 김숙자는
12, 13세의 나이로 길재를 찾아가 수업하였다고 한다.[1] 비록 짧은 기록
이지만 길재는 대학자로서 어린아이들을 모아 교육하였으니 아동 교육
에 대한 의지와 열의가 있었다고 하겠다. 또 쇄소응대의 절차로부터 도

---

[1] 金宗直, 『佔畢齋集』, 〈彜尊錄〉, 「先公事業」. "及年十二三, 鄕先生吉公再, 以嘗仕高麗,
辭祿於本朝, 累徵不起, 卜築金烏山下, 敎授子弟, 童卝雲集, 其敎自洒掃應對之節, 以至
蹈舞詠歌, 不使之躐等, 公亦往受業焉."

무영가에 이르기까지 모두 가르쳤으니, 수신 예절 교육에서부터 『시경』
등 시가(詩歌) 교육까지 다양하고 일정한 교과 과정을 구비하였다는 것
도 알 수 있다. 따라서 김숙자는 길재로부터 아동교육의 필요성과 수신
교육에서 시작하여 경서 교육에 이르는 학습차제를 전수받았다고 할 수
있다.

그의 학습차제는 몽학서(蒙學書)로 불리는 초학 교재에서 시작하여 『소
학』과 『효경』을 거쳐 사서(四書)를 학습토록 한 뒤에 오경을 학습케 하는
것이었다. 그리고 역사서와 제자서는 각자 마음대로 읽게 하였다.[2] 또
활쏘기·글씨·산가지 놓는 법도 익히게 하였다고 하니,[3] 이는 고대의
군자육예(君子六藝)라는 차원에서 이루어진 것이지만, 훗날의 '전인적 교
육'에 근접한 학습차제라고 할 수 있다.

「점필재선생연보(佔畢齋先生年譜)」에 의하면 김종직은 1431년[세종 13]
에 경상남도 밀양부 서쪽 대동리(大洞里)에서 태어나, 6세 때[1436년(세종
18)] 부친 김숙자에게 처음으로 수학하였고, 9세 때에 『소학』을 읽었으
며, 13세에 중씨(仲氏) 종유(宗裕)와 함께 『주역』을 배웠다고 한다. 김종
직의 연보에도 학습 이력에 대한 기록은 소략하기에 각 교재를 익힌 기
간과 방법을 상세히 알 수는 없으나, 6세에 수학(修學)을 시작하여 3년간
『동몽수지(童蒙須知)』·『유학자설(幼學字說)』·『정속편(正俗篇)』[4]을 익히
고, 13세까지 사서와 『시경』·『서경』·『춘추』까지 익혔음을 추정할 수

---

2) 상게서. "教余輩爲學不可躐等, 初授童蒙須知·幼學字說·正俗篇, 皆背誦然後令入小
   學, 次孝經, 次大學, 次語·孟, 次中庸, 次詩, 次書, 次春秋, 次易, 次禮記, 然後令讀通鑑
   及諸史百家."
3) 상게서. "至於學射, 亦不禁. 嘗曰: '弓矢, 衛身之物, 不可不閑習, 況古之人以此觀德,
   非博奕比也.' 勸之書字, 則曰: '書, 心畫也, 模楷必端正, 草及篆, 亦須要精熟.' 勸之握
   算, 則曰: '日用事物, 非此, 未易究其數, 位置不可以傾側也.'"
4) 정속편(正俗篇): 원나라의 왕일암(王逸菴)이 쓴 아동학습서로 김안국(金安國)이 이것을
   언해하여 『정속언해(正俗諺解)』를 1518년[중종13]에 『여씨향약언해』등과 함께 1책의 목
   판본으로 간행하였다.(홍윤표, 『정속언해』, 「정속언해 해제」, 홍문각, 1984.)

있다.[5] 4년 남짓한 기간 동안 대부분의 경서를 익힌 김종직의 학습 능력과 김숙자의 체계적인 교수를 엿볼 수 있다. 김숙자의 자제 교육은 여기에서 그치지 않고 이후에도 독서 방법에 대한 지도를 하였으며, 『대학혹문(大學或問)』과 『중용혹문(中庸或問)』을 필수 학습서로 추가하였다.

　김종직이 18세 때 남학(南學)에서 재학하던 중에 김숙자로부터 "태학에서 이학(理學)에 관한 책제(策題)로 시험을 보인다는 말을 들었는데, 너도 글을 지어 보았느냐?"라는 질문에, "융회관통(融會貫通)이 되지 않아 조사(措辭)하기 어렵습니다."라고 대답하였다가, "처음에는 네가 가르칠 만하다고 여겼는데, 내 희망이 끊어졌다."라는 질책을 들었다. 이에 "그 후로 성리학에 종사하였고, 또 어떤 시제(試題)든 제술(製述)하지 않은 것이 없었는데, 왕왕 동료들 가운데서 갑자기 실정(實情)에 지나친 기림을 받기도 했다.[6]"라고 술회한 말을 본다면, 김숙자는 김종직에게 독서와 작문, 특히 어떤 시제(試題)든 자유롭게 제술할 수 있도록 지속적으로 교육하였음을 알 수 있다.

---

5) 金宗直, 『佔畢齋集』, 「佔畢齋先生年譜」. "皇明宣德六年辛亥.【世宗大王十三年.】六月庚子日甲申時, 先生生于密陽府大西洞里第.……正統元年丙辰.【世宗大王十八年.】先生六歲, 始受學, 先公敎先生曰: '爲學不可躐等.' 初授童蒙須知·幼學字說·正俗篇, 皆背誦, 然後令入小學, 次孝經, 次大學, 次論·孟, 次中庸, 次詩, 次書, 次春秋, 次易, 次禮記, 然後令讀通鑑及諸史百家. 正統三年戊午.【世宗大王二十年.】先生八歲, 讀小學, 贈默君詩: '十齡入小學, 汝已後於吾.' 是年, 學小學, 明的.……正統七年壬戌.【世宗大王二十四年.】先生十二歲, 有能詩聲, 日記數千言, 文名大振. 正統八年癸亥.【世宗大王二十五年.】先生十三歲, 學周易, 先公出宰高靈, 時嘗暑月, 坐廳事, 詞訟就簡, 先生與仲氏苽堂公【諱宗裕】受易, 先公於案上, 親撲蓍布卦以敎之.'

6) 金宗直, 『佔畢齋集』, 〈彝尊錄〉. "嘗訓余輩以讀書之法曰: '讀書, 勿躐心大贍, 容易放過, 須仔細看破, 雖置文句做得不着力處, 要把玩, 莫是有別意存, 無可疑然後讀過, 可也.' 又曰: '讀書勿謂古人糟粕, 務要體認自家分內事, 窮而行己, 達而治人, 一切以聖賢爲法.' 又一日, 從容語曰: '汝曹不可不讀庸學與問.' 余率爾對曰: '唯! 或問於著述, 亦有助焉. 今世名儒如成應敎輩文章, 皆熟讀此書所得.' 先公作色曰: '爾欲以標竊文句爲哉?' 孤艰然久之乃已. 戊辰夏, 余獨侍側在京師. 一日, 自南學退食, 召余曰: '聞大學中試理學策題, 汝亦述否?' 對曰: '未融會貫通, 難於措辭也.' 曰: '始以汝爲可敎, 吾望絶矣.' 余汗出沾背. 自後, 從事性理之學, 且無題不述, 往往於儕輩中, 暴得過情之譽, 茲可恥也."

김숙자는 기초적 문해력과 수신의 태도를 기반으로 사서와 오경을 단
계적으로 학습케 하였으며, 역사서와 백가의 서적은 학습자 스스로 힘
이 닿는 데까지 익히도록 하였다. 그리고 비록 구체적인 교재와 학습
방법에 대한 언급은 볼 수 없지만, 사환(仕宦)에 진출할 수 있는 제술(製
述)에 대한 지도도 이루어졌음을 알 수 있다.

한 가지 흥미로운 점은 김숙자의 학습차제와 그에 대응한 교재가 비
교적 상세하게 제시되어 있는데, 『천자문』이 보이지 않는다는 것이다.
김숙자는 천성적으로 배우기를 좋아해 9세에 처음 글을 읽기 시작하는
데, 그의 부친 김관(金琯)이 『천자문』을 입으로 직접 가르쳐 주었다. 그
런데 김숙자가 조금 게으름을 피우고 나가서 장난치며 놀자, 김관이 회
초리로 그를 때려 훈계하였다. 그러자 김숙자는 울면서 그 책을 영봉리
(迎鳳里) 가항(街巷)의 숲속에 던져버렸는데, 오다가 되돌아보니 그 책이
바람에 펄럭거리기에 아깝게 여기고 다시 주워 돌아왔다는 일화가 있
다.[7] 김숙자가 선천적으로 배우기를 좋아하였는데 부친으로부터 『천자
문』을 배울 때는 게으름을 피우다가 부친에게 회초리를 맞고 마침내 그
책을 숲속에 던져버렸다고 하니, 그가 『천자문』 공부를 참으로 따분히
여겼던 정황을 엿볼 수 있다. 이와 같은 김숙자의 학습경험이 『천자문』
을 초학 학습서에서 배제한 요인이 되었을 가능성도 있다. 이는 후대에
『천자문』의 비효율성이 제기되고 대안 교재들이 제작되었다는 사실에
비추어 본다면 상당한 개연성이 있다고 할 수 있다.

영남지역에서 김숙자의 학습차제는 가학으로 착실하게 전수되는 한
편 시대의 변화에 따라 변형되었다.

16세기 영남 학통의 종주(宗主)인 퇴계의 학습차제를 파악한다면, 당

---

7) 金宗直, 『佔畢齋集』, 〈彝尊錄〉, 「先公事業」, "先公好學, 出於天性. 九歲, 始讀書, 進士公
嘗口授千字文, 公少懈出嬉戲, 進士公以楚警之. 公泣擲其冊於迎鳳里街林中, 去之返顧,
見其冊迎風翩翩, 公惜之, 遽還携以歸. 司宰公時尙無恙, 撫公背曰: '吾兒當業儒者也.'"

시 영남 학통의 학습차제의 전형적 모습을 알 수 있을 것이다.

이황[李滉, 1501~1570]의 학습 이력과 차제는 편린만 남아 있을 뿐 상세하지 않다. 유성룡(柳成龍)이 작성한 퇴계의 연보에 의하면, 이황은 6세 때 이웃의 노인에게 『천자문』을 배우면서 공부를 시작하였다. 그리고 12세에 숙부 송재(松齋) 이우(李堣)에게 『논어』를 배우고 14세에 도연명의 시를, 20세에 『주역』을 공부했다고 하니,[8] 학령(學齡)과 교재는 대체로 전형성을 띄고 있다. 다만 『천자문』으로 공부를 시작하였으며, 14세에 도연명의 시를 공부한 것이 김숙자의 학습차제와 상이하니, 기록 자체만으로 볼 때, 퇴계의 소년기 학습 여건이 그다지 양호하지 못하였음을 알 수 있다. 그러나 퇴계는 자신의 소년기 학습 경험보다 한결 체계적인 학습차제를 교수에 적용하였으니, "자손들을 훈육할 때 『효경』·『소학』 등의 책들을 반드시 먼저 가르쳤고, 대략 문의(文義)가 통한 다음에 사서를 가르쳤는데, 정연하게 순서가 있어서 일찍이 단계를 뛰어넘지 않았다."[9]라고 하였다. 퇴계가 교재 학습의 차례나 단계를 뛰어넘지 말라고 강조한 것은 대체로 김숙자의 학습차제론과 일치한다. 다만, 기초 문해 교육에 대한 기록이 없고, 종래의 문해를 겸한 수신 교재로서 활용되었던 『효경』·『소학』에 사서 진입을 위한 문해력 육성이라는 기능적 측면을 더욱 강화하였다는 차이를 보인다.

17~18세기 영남의 학습차제 양태를 보면, 김종직의 7세손인 김시락(金是洛)은 7세에 『동몽수지』를 배우기 시작하여 『효경』과 『소학』을 차

---

8) 柳成龍, 『退溪集』, 「退溪先生年譜」. "武宗正德元年.【中宗大王元年.】丙寅. 先生六歲. 始知讀書.【隣有老夫, 頗解千字文, 先生就學, 朝必洗櫛至籬外, 默誦前授數遍而後入, 俯伏聽受如嚴師焉.】……七年壬申.【先生十二歲.】受論語于叔父松齋公堣.……九年甲戌.【先生十四歲.】好讀書, 雖稠人廣坐, 必向壁潛玩.【愛淵明詩, 慕其爲人.】……十五年庚辰.【先生二十歲.】讀周易, 講究其義, 殆忘寢食."

9) 金誠一, 『鶴峯集』, 「退溪先生言行錄」. "訓誨子孫, 必先以孝經·小學等書. 略通文義, 然後及於四書, 循循有序, 未嘗躐等焉."

례로 통달하였다고 하니,[10] 김숙자의 학습차제가 가학(家學)으로 착실히 전수되었다고 하겠다. 한편 영남의 대표적 학자 중 일인인 갈암(葛庵) 이현일[李玄逸, 1627~1704]의 경우, 7세에 『십구사략』을 학습하기 시작하여 9세에 작시를 하였고 12세에 『소학』을 배웠으며, 13세에 『논어』를 읽었다고 하니,[11] 이전의 학습차제에서 변형이 이루어진 것을 볼 수 있다. '기초적 문해 교육 → 수신 교육 → 경전 교육'이라는 대체적 골간은 동일하지만, 기초적 문해 교재로 김숙자가 사용하였던 것은 찾아볼 수 없으며, 『십구사략』으로 대체되었다. 또 수신 교육도 『소학』으로 축소되었으며 작시 학습이 조기에 이루어졌고 경서 학습의 진입 기간도 단축되었다.

이상에서 보듯이 영남의 학습차제는 16세기부터 종래의 기초 식자 및 문해력 육성 교육이 간략화 혹은 생략되고 수신 교육도 문해력을 겸하는 방향으로 점차 변하였다. 이는 영남 지역에서 형성되어 가전(家傳)되던 학습의 차제와 교재가 지역성을 벗어나 전국적 특성을 공유하게 되는 현상이라고 할 수 있다.

김숙자가 영남 사림의 정통적·전형적 학습차제를 만들었다면 김시습의 학습차제는 조선 초기 서울 영재 교육의 일단을 잘 보여준다.

김시습[金時習, 1435~1493]은 임금이 불러서 시험해 볼 정도로 온 나라에 소문이 난 신동으로서 당시 사람들이 그의 이름을 부르지 못하고 '오세(五歲)'라고 칭했다고 한다.[12] 김시습은 자신의 학습 내력을 술회하면

---

10) 張福樞, 『四未軒集』, 「奉事拙窩金公墓碣銘」. "善山金公諱是洛, 字希哲, 號拙窩金氏著自勝國, 逮聖朝, 有文康公江湖先生諱叔滋, 文忠公佔畢齋先生諱宗直, 爲百世宗匠, 生參奉諱萬年, 生將仕郎諱維, 生正郎諱夢齡, 生判事諱聲律, 生副司勇諱受徽, 號南溪, 取同高祖之孫諱孝繼之子諱彝爲嗣, 卽公考也, 妣昌寧成氏, 通德昌夏女, 孝廟戊戌十月十四日, 生公于高靈伽谷里第, 性質沉重, 端愨不喜, 與同隊戲嬉, 甫七歲, 授童蒙須知, 次第通孝經小學."
11) 李玄逸, 『葛庵集』, 「年譜」.

서 "서울 성균관의 북쪽에서 출생하였는데, 생후 8개월 만에 저절로 글을 알게 되었고, 외조부 장씨가 우리말을 먼저 가르치지 않고『천자문』을 가르쳤는데 입으로는 비록 옹알거렸지만 그 의미에 모두 통하였다. 조금 자라서도 여전히 말을 못하였지만 글을 지을 수 있었으니, 3세 때였다."라고 하였다. 그는 말문이 늦게 트였다고 하였는데, 이는 그의 외조부가 한문을 조기에 익히게 할 의도로 우리말을 먼저 가르치지 않았던 데 원인이 있을 수도 있겠다.

김시습은 외조부가 직접 가려 뽑은 당송시초(唐宋詩抄) 100여 수를 다 배웠으며,『정속편』·『유학자설』·『소학』을 배웠으며, 수천 언을 엮을 수 있을 정도의 작문 학습도 되었다고 한다. 외조부의 교육은 여기까지이고, 5세 이후의 교육은 가정을 벗어나게 된다. 그는 5세 때인 1439년[세종 21]에 이웃에 살던 수찬(修撰) 이계전[李季甸, 1404~1459]에게『중용』과『대학』을 배웠고, 13세인 1447년[세종 29]까지 역시 이웃에 살던 대사성 김반(金泮)에게『논어』·『맹자』·『시경』·『서경』을 배웠으며, 전 대사성 윤상[尹祥, 1373~1455]에게『주역』·『예기』를 배웠다. 이계전은『강목통감훈의(綱目通鑑訓義)』를 편찬하였고,[13] 김반은 김구(金鉤)·김말(金末)과 함께 윤상의 뒤를 이어 세종조에 20여 년간 대사성으로 있으면서 인재 양성을 잘 하였기에 사람들이 '관중삼김(館中三金)'이라고 칭했다는 인물이다.[14] 윤상은 황간(黃澗) 현령이 되었을 때에 김숙

---

12) 尹春年,『梅月堂集』,「梅月堂先生傳」, "先生生於宣德乙卯, 有生知之質, 三歲, 能作詩, 見乳母開花[乳母名] 碾麥, 朗然吟之曰: '無雨雷聲何處動, 黃雲片片四方分.' 人皆神之, 五歲, 英廟召之于承政院, 試之以詩, 大加稱嘆, 賜帛五十疋, 使之自輸, 先生遂各綴其端, 曳之而出, 人益奇之. 路上老嫗有以豆腐饁之者, 輒吟詩曰: '稟質由來兩石中, 圓光正似月生東. 烹龍炮鳳雖非及, 最合頭童齒豁翁.' 於是, 名動一國, 人目之曰五歲, 而不敢名.";
李珥,『栗谷全書』,「金時習傳」, "於宣德十年, 生時習于漢師, 生稟異質, 離胞八月, 自能知書, 崔致雲見而奇之, 命名曰時習. 語遲而神警, 臨文, 口不能讀, 意則皆曉. 三歲, 能綴詩, 五歲, 通中庸大學, 人號神童."
13)『문종실록』, 문종 1년 신미[1451] 8월 30일 기사.

자가 걸어가서 그에게 『주역』을 배워 역학에 정통하게 되었다고 한
다.[15] 당대 최고의 석학이자 교육 전문가들이 김시습에게 영재교육을
실시하였던 것이다. 그리고 김시습은 여러 역사서와 제자백가를 스스
로 읽어서 공부했다고 한다.[16] 그의 학습차제를 정리하면 다음과 같다.

> 『천자문』 → 3세: 작문 → 외조부 장씨 초선(抄選) 당송시초(唐宋詩抄)
> 100여 수 →『정속편』,『유학자설』,『소학』→ 5세: 『중용』→『대학』→
> 13세: 『논어』→『맹자』→『시경』→『서경』→『주역』→『예기』/ 역사서
> 와 제자백가.

　김시습의 경우는 영재교육에 해당하는데, 그의 외조부 장씨가 작문과
작시를 먼저 가르친 후에 『정속편』·『유학자설』·『소학』을 가르쳤다.
이후로는 노사숙유에게 체계적인 교육을 받았는데, 『중용』·『대학』과

---

14) 李肯翊, 『燃藜室記述』, 〈官職典故〉, 「成均館」. "世宗朝金鉤金末, 繼尹祥之後, 掌
　　教胄之任, 作成有效, 人稱館中三金."; 李裕元, 『林下筆記』, 〈典謨編〉, 「學校」. "端宗朝,
　　館儒等上疏言: '前大司成金泮, 爲師儒二十餘年, 誨人不倦, 今雖年老, 請命還處函丈, 用
　　慰多士之望.'"

15) 李肯翊, 『燃藜室記述』, 〈世宗朝儒宗〉, 「金叔滋」. "尹祥守黃澗, 公徒步往授易, 由是易
　　學大明."

16) 金時習, 『梅月堂集』, 「上柳襄陽陳情書自漢」. "僕乙卯年, 生京都泮宮之北, 生孩八月,
　　自能知書. 隣有族祖崔致雲, 命名時習, 作說以授我外祖. 外祖不先教方言, 只教以梁千
　　文, 口雖喔咿, 而意皆通焉. 故至長口吃, 猶不能言, 以筆墨與之, 皆書其意. 故三歲能綴
　　文. 言五歲者, 言大達其文理時也. 丙辰春, 外祖教抄句, 當時猶不能言, 外祖曰曰: '花笑
　　檻前聲未聽.' 指屛畫花而啞啞. 又誨曰: '鳥啼林下淚難看.' 指屛畫鳥而啞啞, 外祖知其能
　　通也. 故其歲抄句百餘首, 唐賢宋賢詩抄畢讀. 至丁巳春, 乃能言, 謂外祖曰: '何以作詩
　　乎?' 祖曰: '聯七字, 平仄對耦押韻, 謂之詩.' 僕曰: '若如此, 可聯七字矣. 祖呼首字可也.'
　　祖呼春字, 卽應曰: '春雨新幕氣運開.' 蓋居舍是草廬, 望園中細雨, 杏花初拆也. 又曰: '桃
　　紅柳綠三春暮.' 又曰: '珠貫靑針松葉露.' 如此作句不少, 盡失其本, 故今忘矣. 從此讀正
　　俗·幼學字說等童稚之書畢, 至小學, 通其大意, 能綴文至數千餘言. 己未歲, 讀中庸·大
　　學於隣修撰李季甸門下, 與坡封之兄塏同學, ……自此歲至于十三歲, 詣近隣大司成金泮
　　門下, 授語·孟·詩·書·春秋. 又詣隣兼司成尹祥授易·禮, 諸史至諸子百家, 皆無傳授
　　閱覽."

『논어』·『맹자』·『시경』·『서경』, 그리고『주역』·『예기』를 각각 다른 사람이 교수하였으니, 그들 교재에 학습 상의 위계 관념이 존재하였다고 볼 수 있다.

　김숙자는 경전 학습에 진입하기 이전에『소학』과『효경』을 익히게 하였다.『소학』과『효경』은 수신 학습의 교재이니, 김숙자 계열의 가학은 본격적으로 경서를 학습하기 이전에 반드시 수신 교육을 시행하였다는 특징을 포착할 수 있다. 반면 김시습은 신동으로서 온 나라에 소문이 나서 국왕이 직접 시험까지 할 정도였다고 하니, 그의 학업 성취에 일종의 호기심이 작용한 결과 수신서의 교육은 최소화하고 당대의 석학들이 직접 경서 교육을 하였던 것으로 보인다.

　사서 학습의 차제를 보면, 김숙자는『대학』을 먼저 배운 뒤에『논어』와『맹자』를 배우고, 이어서『중용』을 배우게 하였다. 반면 김시습은『중용』과『대학』을 배운 뒤에『논어』와『맹자』를 배웠다. 오경의 경우 양자가 대체로 동일하지만 김시습의 경우에는『춘추』학습에 대한 기록이 없다. 그리고 역사서와 제자서는 따로 배우지 않고 독습(獨習)하였다는 점이 동일하다.

　김숙자는 고려 말 이래의 정통 유학의 학맥을 계승하여, 가학의 차원에서, 수신과 학문의 체계적 학습차제를 구축하였다. 반면 김시습은 국가적 관심의 차원에서, 영재교육이 취한 학습차제의 일례를 보여준다고 하겠다. 한편 김숙자와 김시습이 모두 윤상에게『주역』을 배웠으니, 비록 정도의 차이는 있지만 고려 말 이래의 유맥(儒脈)에서 형성된 학습차제와 방법이 어떤 지점에서는 공통적으로 적용되었다고 하겠다.

Ⅲ. 16세기: 최다 장원급제자의 학습차제론

이이[李珥, 1536~1584]는 생원시의 초시와 회시에 모두 일등으로 뽑히고 문과에서도 초시·회시·전시의 세 차례 시험에서 일등으로 뽑혀 1년 사이에 아홉 번이나 시제(試製)에 일등으로 합격하였기에, 사람들이 그를 '구도장원(九度壯元)'이라 불렀다고 한다.[17] 예나 지금이나 시험에서 일등한 사람의 공부법은 지대한 관심을 받는다. 구도장원이라는 별칭에 걸맞게 이이는 16세기에 가장 구체적인 학습의 차제와 독서법을 정리하여 학습자에게 제공하였을 뿐만 아니라 매우 우수한 교재까지 직접 편찬하였다.

선조도 이이의 학습차제에 대하여 알고 싶었는지, 1575년 6월 24일 소대(召對)에서 이이에게 "일찍이 무슨 책을 읽었으며 가장 좋아하는 책은 무엇인가?"라고 질문하였다. 이에 이이는 "과거 준비를 할 때 읽은 책은 읽지 않은 것이나 같습니다."라고 전제하고, "학문에 뜻을 둔 뒤로 『소학』부터 읽어, 『대학』·『논어』·『맹자』까지 이르렀는데, 오히려 『중용』까지는 못 읽었습니다. 다 읽고서 다시 시작하였지만 아직도 융회관통(融會貫通)하지 못하였기 때문에 육경(六經)에는 손을 대지 못하고 있습니다."[18]라고 대답하였다. 이이의 답변으로 미루어 볼 때, 선조가 이이에게 궁금했던 것은 "어떻게 공부를 해서 장원급제를 하였는가?"이겠건만, 그는 과거 준비로 읽은 책은 읽지 않은 것과 같다고 단언하고, 그에 대해서는 전혀 언급도 하지 않았다. 학문에 뜻을 둔 이후에 읽은

---

17) 李裕元, 『林下筆記』, 〈文獻指掌編〉, 「天使知天道策」. "李珥竝魁生員初會試, 文科又魁初會殿三試, 一年之內, 九魁試製, 人稱九度壯元."; 李廷龜, 『月沙集』, 「栗谷先生諡狀」. "甲子, 試司馬文科皆壯元, 幷魁初試覆試, 人稱九度壯元, 卽拜戶曹佐郎."

18) 李珥, 『栗谷全書』, 〈語錄 下〉. "上謂珥曰: '嘗讀何書? 所最喜者何書乎?' 對曰: '習擧業時所讀, 則猶不讀也. 向學之後, 從小學讀來, 以至大學論孟, 猶未及中庸. 終而復始, 尙未能通會. 故不及於六經矣.'"

책이라야 비로소 '독서'라고 말할 수 있다는 것이다. 흥미로운 사실은 이이가 『소학』부터 읽기 시작하여 『대학』·『논어』·『맹자』까지는 읽었는데, 『중용』을 못 읽었다고 밝힌 점이다. 그리고 육경 공부도 하지 못했다고 하였으니, 그의 성취 기준이 얼마나 높은지 미루어 알 수 있다. 이처럼 높은 성취 기준은 그의 학습차제론에 그대로 반영되어 있다. 결국 이이가 읽었다고 밝힌 책은 『소학』·『대학』·『논어』·『맹자』에 불과하기 때문에, 선조는 "사서 중에서는 어떤 책을 제일 좋아하는가?"라고 물었다. 이에 이이는 "좋아하지 않는 것이 없으며 특별히 좋아하는 것도 없습니다. 여가에는 『근사록』과 『심경』 등의 글도 읽습니다. 다만 질병과 공무 때문에 허다히 전심하지 못합니다."[19]라고 대답하였으니, "사서는 어떤 것을 특별히 좋다고 할 수 없게 다 좋다."는 것이 그의 견해였으며, 『근사록』·『심경』은 여가에 읽는 책으로 추가하였다.

또 선조는 이이의 작문을 높이 평가하고 그 학습 이력을 알고 싶어하였다. 그러나 이이는 앞서의 답변과 같이 특별한 점이 없다고 대답하였다. 다만, 특이한 점은 불경(佛經)을 보았다고 밝히고 있는 것이다. 그는 "종당에는 불경에 착실한 곳이 없다는 사실을 깨닫고 유가서를 다시 찾게 되었다."라고 말하였으며, "한유의 문장과 『고문진보』와 『시경』·『서경』의 대문(大文)을 읽었지만, 그 역시 문장 공부를 염두에 둔 것은 아니다."[20]라고 밝히고 있다.

이이의 학습차제에 대한 견해는 『격몽요결(擊蒙要訣)』에 구체적으로 드러나 있다. 『격몽요결』에는 독서의 필요성, 독서의 자세, 독서의 차제

---

19) 상게서. "上曰: '四書中, 最喜何書乎?' 珥曰: '亦無不好, 別無偏喜. 餘暇亦讀近思·心經等書. 但以疾病公務之故, 多不能專.'"

20) 상게서. "上曰: '少時嘗習文章否? 觀爾文詞甚好, 亦嘗學否?' 珥曰: '臣自少未嘗學文詞, 少時頗好禪學, 泛觀諸經, 覺得無著實處, 反以求之吾儒之書, 亦非爲文章而讀. 今爲文詞, 粗成文理者, 亦別無用工之由. 但嘗讀韓文古文眞寶及詩書大文而已.'"

가 체계적으로 기술되어 있다.

이이는 배우는 자는 항상 마음을 보존하여 외물에 휘둘리지 말아야 하는데 그러기 위해서는 궁극적으로 도의 경지로 들어가야 하며, 도로 들어가기 위해서는 이치를 궁구해야 하는데 그러려면 독서를 해야 한다며 독서의 필요성을 전제하였다. 이어서 독서의 자세와 방법을 구체적으로 서술하였다. 독서의 자세로 "반드시 단정하게 팔짱을 끼고 바르게 앉아 공경스럽게 책을 대하라."라고 하였다. 그리고 독서의 궁극적 목적은 실천에 있기에 "마음을 다하고 뜻을 극진히 하고 자세히 생각하고 깊이 이해해 깊은 의미를 알되, 구절마다 반드시 그 실천할 방법을 구해야 한다."라고 말하였다.[21] 이어서 구체적인 독서의 차제를 제시하였으니, 그것을 정리해보면 다음과 같다.

『소학』→『대학』,『대학혹문(大學或問)』→『논어』→『맹자』→『중용』 →『시경』→『예기』→『서경』→『주역』→『춘추』/『근사록』,『가례』, 『심경』,『이정전서(二程全書)』,『주자대전(朱子大全)』,『주자어류(朱子 語類)』/ 역사서.

이이의 학습차제에서 주목을 요하는 것은 학습 과정에 따른 학습 내용과 학습 방법 및 목표를 일일이 제시하였다는 점이다. 그것을 정리해 제시하면 다음과 같다.

---

21) 李珥,『栗谷全書』,〈擊蒙要訣〉,「讀書章」. "學者常存此心, 不被事物所勝, 而必須窮理 明善, 然後當行之道, 曉然在前, 可以進步. 故入道莫先於窮理, 窮理莫先乎讀書, 以聖賢 用心之迹及善惡之可效可戒者, 皆在於書故也. 凡讀書者, 必端拱危坐, 敬對方冊, 專心致 志, 精思涵泳,【涵泳者, 熟讀深思之謂.】深解義趣, 而每句必求踐履之方, 若口讀而心不 體身不行, 則書自書我自我, 何益之有?"

〈표 1〉 이이의 학습차제론²²⁾

차례	서명	학습 내용	학습 방법 및 목표
1	『소학』	부모를 섬기고 형을 공경하고 임금에게 충성하고 웃어른을 공경하고 스승을 높이고 벗과 친하게 지내는 도리.	하나하나 상세히 완미하여 힘써 행한다.
2	『대학』 『대학혹문』	이치를 궁구하고 마음을 바르게 하며 몸을 닦고 사람을 다스리는 도리.	하나하나 참으로 알아내어 실천한다.
3	『논어』	인(仁)을 구하고, 위기지학(爲己之學)을 하고, 본원(本原)을 함양하는 공부.	하나하나 자세히 생각하여 깊이 체득해야 한다.
4	『맹자』	의(義)와 이(利)를 밝게 분변하고, 인욕을 막고 천리(天理)를 보존하는 설(說).	하나하나 밝게 살펴 이를 확충한다.
5	『중용』	성정(性情)의 덕(德)과 이치를 미루어 아는 공(功)과 천지가 제자리를 잡고 만물이 육성되는 묘리.	하나하나 완미하고 탐색하여 깨달음이 있게 한다.
6	『시경』	성정(性情)의 사악과 정직, 선악의 포상과 징계.	하나하나 깊이 연역하고 감발(感發)하여 징계한다.
7	『예기』	천리의 절문(節文)과 의칙(儀則)의 도수(度數).	하나하나 강구하여 확립함이 있도록 한다.
8	『서경』	이제삼왕(二帝三王)이 천하를 다스린 상도(常道)와 법칙.	하나하나 요점을 이해하고 그 근본을 탐색한다.
9	『주역』	길흉(吉凶)·존망(存亡)·진퇴(進退)·소장(消長)의 기미.	하나하나 관찰 완미하여 끝까지 깊이 연구한다.

---

22) 상게서. "先讀小學, 於事親敬兄忠君弟長隆師親友之道, 一一詳玩而力行之. 次讀大學及或問, 於窮理正心修己治人之道, 一一眞知而實踐之. 次讀論語, 於求仁爲己, 涵養本原之功, 一一精思而深體之. 次讀孟子, 於明辨義利, 遏人慾存天理之說, 一一明察而擴充之. 次讀中庸, 於性情之德, 推致之功, 位育之妙, 一一玩索而有得焉. 次讀詩經, 於性情之邪正, 善惡之褒戒, 一一潛繹感發而懲創之. 次讀禮經, 於天理之節文, 儀則之度數, 一一講究而有立焉. 次讀書經, 於二帝三王治天下之大經大法, 一一領要而溯本焉. 次讀易經, 於吉凶存亡進退消長之幾, 一一觀玩而窮硏焉. 次讀春秋, 於聖人賞善罰惡抑揚操縱之微辭奧義, 一一精硏而契悟焉. 五書五經, 循環熟讀, 理會不已, 使義理日明, 而宋之先正所著之書, 如近思錄·家禮·心經·二程全書·朱子大全·語類及他性理之說, 宜間開精讀, 使義理常常浸灌吾心, 無時間斷, 而餘力亦讀史書, 通古今, 達事變, 以長識見, 若異端雜類不正之書, 則不可頃刻披閱也."

10	『춘추』	착한 사람에게 상을 주고 악한 사람에게 벌을 주며 누르고 추켜올리며 거둬들이고 풀어놓는 성인(聖人)의 은미한 말과 심오한 뜻.	하나하나 정밀히 연구하여 깨닫는다.
11	『근사록』 『가례』 『심경』 『이정전서』 『주자대전』 『주자어류』 기타 성리설		종용(從容)히 정독(精讀)한다. 의리가 항상 내 마음에 젖어들어 어느 때고 끊임이 없게 한다.
12	역사서		남는 힘이 있을 때 읽는다. 고금에 통하고 일의 변천에 통달하여 식견을 기른다.
비고	이단의 서적 잡다한 유(類)의 바르지 못한 서적		잠시라도 펼쳐 보아서는 안 된다.

　이이가 제안한 학습차제의 특징은 식자와 기초 문해를 위한 교육이 없다는 것이다. 수신 교육의 차원에서 『소학』을 교수하며, 이후로는 9 경을 대상으로 한 학습을 정밀하게 하도록 제안하였다. 그리고 경서 학습을 마치면 이학(理學)과 역사서를 학습하도록 권고하였다. 이이의 학습차제론은 유학과 성리학에 온전히 집중하는 것이었기에, 제자서 등 이단 서적의 독서는 철저히 금지하였다. 이는 그가 정적(政敵)으로부터 지속적으로 불가(佛家)의 행적이 있다고 공격받았던 것의 반작용으로 강화된 의식의 소산일 수도 있겠다.

Ⅳ. 17세기: 조선 중기 한문학 사대가의 학습차제론

　이식[李植, 1584~1647]은 조선 중기 한문학 사대가(四大家)로 꼽히는 인물이며, 그의 문장은 우리나라의 정통고문으로 높이 평가된다.

이식은 「시아손등(示兒孫等)」이라는 글에서 학습의 위계와 교재 및 학습방법을 포함한 학습차제론을 논하였다. 그리고 「시아대필(示兒代筆)」·「학시준적(學詩準的)」·「작문모범(作文模範)」에서 경전 학습·시 학습·작문 학습에 대한 견해를 상세히 논하였기에, 그에게서 조선을 통틀어 가장 상세하고 현실적인 학습차제 이론을 볼 수 있다. 그는 1642년 원일(元日)에 자손에게 준 글에서 상세한 학습차제론을 개진하고 있는데, 그것을 정리하면 다음과 같다.

〈표 2〉 이식의 학습차제론[23]

학습 위계	서명	학습 방법	유의점 / 비고
먼저 읽어야 할 책	『시경』 『서경』	대문(大文)을 100번까지 읽는다.	○ '100번까지 읽어라.'고 한 말은 꼭 100번까지만 읽으라는 의미가 아니니, 자기의 기억력에 따라서 가감한다. 그러나 '먼저 읽어야 할 책'은 100번에서 감해서는 안 된다. ○ 경서는 의리를 강구하여 날마다 일을 행할 때에 드러나게 하고 구이지학(口耳之學)을 박학으로 과시하는 것을 일삼아서는 안 된다. 온전히 성경(誠敬)으로 독송한다.
	『논어』	장구(章句)까지 겸하여 숙독(熟讀)하되, 100번까지 읽는다.	
	『맹자』	대문(大文)을 100번까지 읽는다.	
	『중용』 『대학』	읽는 횟수를 제한하지 말고 아침저녁으로 돌려가며 읽는다.	
	『자치통감강목』 『송감(宋鑑)』	선생과 한 차례 강학(講學)한 뒤에 숙독을 하고, 좋은 글이 있거든 한두 권으로 초록하여 수십 번 읽는다. 만약 미치지 못하겠거든, 『통감절요』와 『사략』 중에서 우선 한 책을 배운다.	

---

23) 李植, 『澤堂別集』, 「示兒孫等」. "先讀, 詩·書, 以大文限百讀. 論, 兼章句熟讀, 限百數. 孟, 大文讀百數, 庸·學, 不限數, 朝夕輪誦. 綱目·宋鑑, 與先生講學一番, 熟覽, 有好文字, 抄書一兩卷, 讀數十番. 若不及, 通鑑少微節要·史略中, 先學一冊. 次讀, 周易大文, 初讀爻辭, 識大旨知占法, 兼看啓蒙, 待盡讀他書後, 更講究. 春秋左氏·胡氏傳, 只數番讀, 領略大旨. ○ 左傳抄讀, 公羊·穀梁, 餘力一覽, 大抵四傳並讀好. 禮記, 與先生講論,

그 다음에 읽어야 할 책	『주역』의 대문(大文)	처음에 효사(爻辭)를 읽어 대지(大旨)와 점치는 법을 안 뒤에 『역학계몽(易學啓蒙)』을 겸하여 보되, 다른 책들을 모두 읽고 난 뒤에 다시 강구한다.	『주역』은 시강(試講)을 업으로 삼는 사람은 의당 정전(程傳)을 같이 읽어야 하고, 업으로 삼지 않는 자는 단지 점치는 법만 배우고 정전을 읽을 필요는 없다. 오직 〈계사전(繫辭傳)〉과 〈문언(文言)〉만 한 번 독송하면 된다.	다음으로 읽어야 할 서목은 자신의 취향(趣向)에 따라서 읽는다.
	『춘추좌전』 『춘추호씨전(春秋胡氏傳)』	몇 번만 읽고 대지(大旨)를 이해한다. ○『춘추좌전』은 초록해서 읽고 『춘추공양전(春秋公羊傳)』과『춘추곡량전(春秋穀梁傳)』은 여력이 있거든 한 번 읽되, 대개 4전(傳)을 함께 읽는 것이 좋다.		
	『예기』	선생과 강론하고 좋은 글은 초록해서 읽는다.		
	『의례』	『예기』를 읽을 때 함께 고찰하되, 읽지는 않는다.		

抄讀好文字處. 儀禮, 讀禮記時, 通考而不讀. 周禮, 讀春秋時, 亦通考. 小學, 學於先生, 一月一讀過, 逐日念着服行. 家禮, 常時講究服行, 不至讀. 近思錄·性理大全·性理群書·心經·二程全書·朱子全書, 此是大段工夫, 但不在多讀, 要在講論, 體認服行而已, 窮理工夫全在是. 科文工夫. 韓柳蘇文·文選·八大家文·古文眞寶·文章軌範等中, 從所好鈔讀一卷, 限百番, 此屬先讀. 班馬合抄一冊, 毋過三十篇, 限百讀. 荀·韓·揚中, 抄一冊數十番讀. 文選·楚辭, 抄一冊, 李杜韓蘇黃七言, 毋過兩冊, 常時讀誦, 不限數, 學賦者學詩者, 擇於二者. 四六文, 毋過一冊. 老子莊列之屬, 讀近思錄諸書時, 旁考不讀. 歷代史全書·東國史及文集等, 經國大典·國朝典故·小說, 讀綱目後旁考. 東人科製, 抄得數冊, 作文時考閱. 右諸件限百讀者, 不必百讀, 隨自己記性加減, 而先讀者不可減. 次讀者從吾所好. 惟周易, 業試講者, 當竝讀程傳, 不業者, 只學占法, 不必讀也. 惟繫辭文言, 一番讀誦可也. 科文, 亦從所好讀之, 隨記性加減爲可. ……以詩賦四六兼試者, 欲其以文章華國輔世也, 要須體國家至意. 經書則講究義理, 日見於行事, 而勿以口耳夸博爲事, 十分誠敬讀誦. 雖東人體製之作, 亦有義理, 亦服膺其所言, 而悖理衒奇之文, 勿爲掛眼. 詩賦四六等作, 亦以中正溫雅爲主, 而讀之習之, 而孟浪浮雜贋勦之體樣, 切勿出口, 方爲有用之文達施之具也. 大抵文章, 不可別作一事看, 以經書爲根本, 而於科文中, 習其渾雅平粹之作, 亦不失爲壯元, 而其用大矣.”

그 다음에 읽어야 할 책	『주례』	『춘추』를 읽을 때 역시 함께 고찰한다.	
	『소학』	선생에게 배우고 한 달에 한 번씩 읽고, 날마다 염두에 두고 실천한다.	
	『주자가례』	평소 강구하여 실천하면 되지 읽을 필요는 없다.	
	『근사록』 『성리대전』 『성리군서(性理群書)』[24) 『심경』 『이정전서』 『주자전서』	이것은 대단한 공부다. 다만 그것은 많이 읽는데 달려 있지 않고, 요는 강론에 달려 있으니, 체인(體認)하고 실천할 따름이다. 궁리(窮理)하는 공부는 온전히 여기에 달려 있다.	
과거 공부	한유(韓愈)· 유종원(柳宗元)· 소식(蘇軾)의 글 『문선(文選)』 『당송팔대가문(唐宋八大家文)』 『고문진보』 『문장궤범(文章軌範)』	선호하는 책을 1권으로 초록하여 100번까지 읽는다. 이것은 먼저 읽어야 할 글에 속한다.	○ 과문은 자기의 취향을 따라 읽되, 기억력에 따라서 가감하면 된다. ○ 문장은 한 가지 일로 따로 보아서는 안 되며, 경서를 근본으로 해야 한다. 과문 중에서 혼후(渾厚)하고 고아(高雅)하며 화평(和平)하고 순수한 작품을 익히면 장원(壯元)이 되는데 실수가 없고 크게 쓰일 것이다.
	『한서』 『사기』	합하여 1책으로 초록하되, 30편을 넘지 않게 하며, 100번까지 읽는다.	
	『순자(荀子)』 『한비자(韓非子)』 양웅(揚雄)의 저서	하나를 택하여 한 책으로 초록한 뒤 수십 번 읽는다.	
	『문선』 『초사(楚辭)』 / 이백(李白)·두보(杜甫)·한유(韓愈)·소식(蘇軾)·황정견(黃庭堅)의 칠언시(七言詩)	『문선』·『초사』는 1책으로 초록하고 이백·두보·한유·소식·황정견의 칠언시는 2책을 넘지 않게 한다. 항상 독송하되 횟수를 한정하지 않는다. 부(賦)와 시(詩)를 학습하는 자는 이 두 가지 중에서 선택한다.	시부(詩賦)나 사륙문(四六文) 등을 지을 때에도 중정(中正)하고 온아(溫雅)한 작품들을 위주로 읽고 익혀야 하며, 맹랑하고 부잡(浮雜)하며 표절하는 격식(格式)은 일절 입 밖에 내지 말아야 유용한 글로 세상에 도를 표현하고 시행하는 도구가 된다.
	사륙문(四六文)	1책을 넘지 않는다.	

---

24) 성리군서(性理群書): 송나라 웅절(熊節)이 편찬하고 웅강대(熊剛大)가 주를 단 책으로, 주돈이(周敦頤)·정자(程子)·장재(張載)·소옹(邵雍)·사마광(司馬光)·주자(朱子) 등 송

과거 공부	『노자』·『장자』· 『열자』 등속	『근사록』 등의 여러 책들을 읽을 때 참고만 하고 읽지 않는다.	
	역대사전서(歷代史全書), 우리 역사, 문집 등. 『경국대전(經國大典)』, 국조전고(國朝典故), 소설(小說).	『자치통감강목(資治通鑑綱目)』을 읽은 뒤에 참고한다.	
	우리나라 사람의 과제문(科製文)	몇 책으로 초록하여 글을 지을 때 참고로 본다.	비록 우리나라 사람의 체제인 작품이라도 또한 의리(義理)가 있다면 그것에서 말한 바를 가슴에 새기고, 도리에 어긋나고 기이하게 과시하는 글들은 보지 마라.

위의 도표는 「시아손등(示兒孫等)」의 내용을 정리한 것인데, 그것에 「시아대필(示兒代筆)」·「학시준적(學詩準的)」·「작문모범(作文模範)」 등에서 개진된 견해를 보충하면 한층 완성도 높은 학습차제론이 구축되기에, 다음에서 그것들을 참작(參酌)하여 이식의 학습차제론을 재구성해 보도록 하겠다.

이식이 자손에게 권고한 학습차제는 실질적이고 현실적인 특징이 두드러진다. 「시아손등」에서 학습서를 '먼저 읽어야 할 학습서'와 '그 다음에 읽어야 할 학습서'로 대분(大分)하였다는 점에서 학습의 위계에 대한 의식이 선명히 존재한다고 하겠다. 그리고 과거 준비를 위한 공부를 또 하나의 독립된 위계로 설정하였다는 점도 현실적인 측면이 강하다. 실제로 자손의 과거 합격을 간절히 바라면서도 자손들에게 과거 준비를 독려한다는 사실조차 공개적으로 남긴 자료가 드문 현상에 비춰 볼 때 대단히 소중한 자료라고 할 수 있다.

'먼저 읽어야 할 학습서'에서는 우선 경서로『시경』·『서경』, 『논어』, 『맹자』, 『중용』·『대학』을 제시하였다. 그런데 이들 경서의 학습 방법을

대 유자(儒者)들의 글을 모아 유편(類編)하였다.

명시하고 하고 있다는 점이 흥미롭다. 『시경』과 『서경』, 『맹자』는 대문만, 『논어』는 장구까지 100번 읽어야 한다고 하였다. 단, 『중용』과 『대학』은 여타 경서와 달리 읽는 횟수를 제한하지 않고 아침저녁으로 돌려가며 읽으라고 하였다. 『대학』과 『중용』 역시 『논어』와 마찬가지로 주석까지 숙독하여야 한다고 하였다.[25] 이식은 특히 『대학』을 사서 중에서 가장 중시하여 "『대학』을 숙독하여 마치 손금을 들여다보듯이 하며, 다음에 『논어』·『맹자』·『중용』·『시경』·『서경』의 가르침을 읽어야 하는데, 이 모두가 『대학』의 규범을 벗어나지 않으니, 비록 분류하고 모아 『대학』속에 편입시켜도 될 것이다."[26]라고 하였다. 이식은 학습서로서 이들 경전에 가장 큰 비중을 두었다고 하겠다.

이식이 '100번을 읽어야 한다.'고 강조한 학습서는 『시경』·『서경』·『논어』·『맹자』와 한유·유종원·소식의 문장, 『문선』·『당송팔대가문』·『고문진보』·『문장궤범』의 초록 1권, 『한서』·『사기』의 초록 1권이다. 경서, 문학, 역사 관련 서적을 공고히 학습하라는 견해인데, 문학과 역사는 학습자의 기억력에 따라 가감해도 좋지만, 경서는 반드시 100번 읽어야 한다고 구체적인 학습 방법을 제안하였다. 역사서인 『자치통감강목』과 『송감(宋鑑)』은 선생과 한 차례 강독한 뒤에 자신이 숙독하고 좋은 글을 초록하여 수십 번 읽으라고 권고하였다. 특히, 『자치통감강목』의 학습을 강조하였으니, "『자치통감강목』은 정사(正史)이니, 글을 짓는 자는 반드시 사무(事務)를 통틀어 알아야 하고, 또 계고하고 역사를 인용해야 하니, 비록 독서할 여가가 없다 하더라도 처음부터 끝까지 두세 번 정독하여 옛날의 치란득실(治亂得失)을 대략 가슴속에 간직해야

---

25) 李植, 『澤堂別集』, 「作文模範」, "詩書正文·孟子正文·論語·庸學幷傳註, 爲先熟讀, 終身溫習, 此義理本源, 不可一日塞也."

26) 李植, 『澤堂別集』, 「示兒代筆」, "熟讀大學, 如掌內觀紋, 則次讀論孟中庸詩書之訓, 皆不出大學規範中, 雖類聚編入可也."

한다."²⁷⁾라고 하였다. 그러나 『자치통감강목』·『송감』은 분량이 상당하기에, 학습자가 감당할 수 없을 때는 『통감절요』와 『사략(史略)』중에서 우선 한 책을 배워도 된다고 하였다. 이는 역사서로 『자치통감강목』·『송감』을 충분히 학습하는 것이 가장 이상적이지만 학습 능력이 부족하면 강행하지 말고 역사서로서는 가장 학습 부담이 적은 책을 공부할 수 있는 선택 조건을 제시한 것이다. 게다가 『통감절요』와 『사략』중에서 하나만 선택할 수 있다고 하였으니, 학습자의 능력에 따른 수준별 교재 선택 방안을 구체적으로 제시하였다는 점에서 주목할 만하다.

'다음에 읽어야 할 책'은 기본서보다 다양하다. 통상 '삼경(三經)'으로 묶이는 『주역』이 이 영역에 들어와 있는데, 대지(大旨)와 점치는 법에 중점을 두고 공부하되, "다른 책을 모두 읽고 난 뒤에 다시 강구하라."라고 한 말로 보아 너무 천착하지는 말라는 주의(注意)로 보인다.

조선시대에 중요한 학습서로 간주되었던 『춘추』에 대해서도 『춘추좌전』과 『춘추호씨전(春秋胡氏傳)』을 공부하되, 몇 번만 읽고 대지(大旨)만 알면 된다고 하였다. 다만 『춘추좌전』은 초록해서 읽고 여력이 있다면 『춘추공양전』과 『춘추곡량전』까지 읽는 것이 좋다고 하였다. 요약해서 말한다면, 『춘추』의 최소 학습은 『춘추좌전』의 요약본, 최대 학습은 춘추사전(春秋四傳)이라고 제안한 것이다. 이는 학습자의 역량을 고려하여 다양한 학습 범위를 제안하였다는 점에서 큰 의의가 있다.

삼례(三禮)에 대해서는 『예기』만 선생에게 배운 뒤에 좋은 글만 초록해서 읽으라고 제안하였으며, 『의례』는 읽지 말고 『예기』를 읽을 때 참고로 삼으며, 『주례』는 『춘추』를 읽을 때 참고하라고 하였으니, 『의례』와 『주례』는 참고자료로 활용할 수 있는 능력만 있으면 된다고 본 것이

---

27) 李植, 『澤堂別集』, 「作文模範」. "綱目正史也, 作文者, 必通識事務, 又必稽古引史, 雖無暇於讀, 不可不從頭至尾, 二三番致精閱覽, 使前古治亂得失, 略存諸胸中也."

다. 이식의 삼례(三禮) 학습에 대한 견해에 준해 본다면, 조선시대의 예학 강조 경향은 불필요한 학습 부담을 학습자에게 부과했다고 보겠다. 따라서 이식은 학습자에게 불필요한 학습 부담의 경감을 제안하였다는 점에서 의의가 있다.

이식의 합리적 학습차제는 『주자가례』에 대한 생각에서 더욱 분명히 볼 수 있으니, 『주자가례』는 실천하면 될 뿐, 학습서로 간주할 필요는 없다고 하였다. 『주자가례』가 조선에서 학습서로서 매우 중시되었다는 점을 감안한다면, 그것에 대한 이식의 생각은 대단히 현실적이고 합리적이라고 평할 수 있다. 이와 같은 의식은 『근사록』·『성리대전』·『성리군서』·『심경』·『이정전서』·『주자전서』와 같은 성리학서의 공부에도 적용된다. 이식은 『소학』부터 성리학서까지 체인(體認)과 실천을 목표로 하는 책이라고 밝힘으로써 실천을 학습의 영역과 구분하고 있다.

기실 이식은 당대의 이학(理學) 공부에 대하여 몹시 부정적인 견해를 지니고 있었으니, "지금 세상에서도 이학을 표방하는 자들이 있지만, 그들이 배운 바를 고찰해 보면 경서의 장구(章句)도 익숙하지 않아, 도리어 과거에 응시하고 시강(試講)을 기다리는 선비만도 못하다. 그들이 종사하는 것은 『주자가례』 한 권, 『심경』 한 권, 『주자봉사(朱子封事)』 한 권에 지나지 않는다. 만약 『근사록』이나 『주자서절요(朱子書節要)』까지 겸하여 읽었다면 법문(法門)을 오만하게 본다. 그러나 이것으로 표방을 하고 또 심상한 사대부의 마음가짐을 가지려 들지 않는다면, 명성이 아무리 높다 한들 실제의 덕이 어디에 있겠는가?"[28]라고 하였다. 이안성(李安性)이 아들인 이식에게 이학 공부에 거리를 두라고 경계했던 사실을

---

28) 李植, 『澤堂別集』, 「示兒代筆」, "竊見今世, 亦有以理學爲名者, 夷考所學, 經書章句, 且不熟, 反不及應擧待講之士. 其所從事, 不過家禮一卷·心經一卷·朱子封事一卷, 若旁及近思錄·朱子節要等書, 則高視法門矣. 然以此立名, 又有不肯作尋常士大夫之心, 聲名雖高, 實德何有?"

본다면 이학에 대한 부정적 시각은 가학으로 계승된 것이라고 하겠다.[29)]

'과거 공부'는 학습의 차제인 동시에 목적성이 강한 학습 위계이다. 출세의 유일한 방법인 과거 합격을 위한 공부법은 조선의 사인들이라면 모두 큰 관심을 가질 수밖에 없었는데, 그 공부법에 대한 공개 사례는 흔치 않다. 그런 점에서 이식의 공부법은 더욱 소중한 가치를 갖는다. 모든 시험공부에서 가장 중요한 요소는 효율성이다. 시험공부는 최소한의 노력으로 최대한의 성과를 거두어야 하기에, 많은 학습서를 최대한 효율적으로 압축 요약하는 것이 중요한다. 그래서 이식은 문장 공부의 경우, 한유·유종원·소식의 문장, 『문선』·『당송팔대가문』·『고문진보』·『문장궤범』 중에서 학습자가 선호하는 책을 1권으로 요약하라고 하였다. 이것은 비록 '과거 공부'의 학습 위계에 들어 있지만, '먼저 읽어야 할 책'의 학습 위계에 속한다고 하였다. 이로 볼 때 막연히 도학 공부를 표방하던 여타의 학습차제와 비교하면, 그의 학습차제는 매우 현실적이라고 하겠다. 구체적으로, 당송팔대가의 글은 모곤(茅坤)의 『당송팔대가문초(唐宋八大家文鈔)』를 교재로 삼을 것이며, 소식의 글은 7, 80수 가량 뽑아서 심상히 반복해 익히고, 유종원 이하 6가(家)의 글은 특히 절묘한 것 4, 50편 가량 뽑아서 여력이 있으면 한번 읽으라고 하였다.[30)]

역사서 공부는 『한서』와 『사기』를 1책으로 초록하되, 30편을 넘기지 말라고 분량을 제한하였다. 구체적으로 『사기』는 10편, 『한서』는 수십

---

29) 상게서. "余自兒時, 蒙先君敎導, 讀書持身之方甚悉, 惟不許從理學之門, 故弱冠, 粗學經書, 遍覽宋·元諸儒文字, 殆無所遺, 若資之口耳, 則視當世諸先生所學, 不啻倍蓰, 而身非其人, 安敢容議."

30) 李植, 『澤堂別集』, 「作文模範」. "茅鹿門【坤】所抄八大家文, 最爲中正. 柳之於韓, 如伯仲, 歐·王·曾, 專出於韓, 三蘇雖學莊·國, 亦不出韓之模範. 大蘇雖詭, 文氣不下於韓, 以意爲主, 筆端有口, 以此爲歸宿地, 抄讀七八十首, 尋常熟覆, 不必多讀而得力也. 柳以下六家之文, 抄其尤絶妙者四五十篇, 餘力一讀, 時復閱覽, 從其所好, 增減其所抄可也. 此是古文章正脈."

편을 한 번 초독(抄讀)한 뒤에 다시 두 책을 두루 읽고 문장을 채집하는 것이 좋겠다고 하였다. 이 공부의 실질적 목적은 역사(歷史) 찬수(撰修), 서(序)·기(記)·비(碑)·지(誌) 등의 글을 지을 때 법으로 취하는 데 있다고 하였다.[31]

『순자(荀子)』·『한비자(韓非子)』·양웅(揚雄)도 수십 편을 뽑아 1책으로 초록하라고 하였으니, 과거 준비에는 제자서 학습도 필수적이었음을 알 수 있다. 그런데 이식은 제자서 중에서 『순자』·양웅의 문장을 공부해야 하는 이유는 한유의 문장이 그것들에서 근원하였기 때문이라고 말하였다.[32] 이식은 한유의 문장이 문장의 정종(正宗)이므로 우선 그의 글을 독파해야 하며, 우선 7, 80수 정도를 뽑아서 공부하라고 권고하였다.[33]

이단으로 칭하여지던 제자서인 『노자』·『장자』·『열자』 등은 읽을 필요까지는 없으나, 『근사록』을 공부할 때 참고하라고 하였으니, 제자서를 극도로 배타하고 폄하하던 당시의 의식과 확연히 다르다고 할 수 있다.

시부(詩賦) 준비는, 『문선』·『초사』와 이백·두보·한유·소식·황정견의 7언시 중 택일하여 익히라고 하였다. 이 역시 『문선』·『초사』는 1책으로 초록하고, 이백·두보·한유·소식·황정견의 7언시는 2책을 넘지 않게 요약본을 만들어 공부라고 하였다.

사륙문(四六文) 공부도 1책을 넘기지 않도록 요약본을 만들라고 하였다. 사륙문에 대해서도 구체적인 학습법을 제시하였으니, "사륙문에도 고사륙(古四六)이 있고 금사륙(今四六)이 있다. 고사륙은 배우기만 어렵고 쓸데도 없으니, 제고(制誥)의 글을 배우려면 모름지기 구양수(歐陽脩)·왕안석(王安石)·소식(蘇軾)·여조겸(呂祖謙)·진덕수(眞德秀) 등의 글을

---

31) 상게서. "作史及序記碑誌之類, 尤當取法於兩氏, 馬十餘篇, 班數十篇, 一番抄讀後, 又遍覽兩書, 採穫文字可也."
32) 상게서. "荀·揚, 乃韓文之所從出, 數十篇抄讀."
33) 상게서. "韓文, 文之宗, 不可不先讀, 七八十首抄讀."

위주로 하고, 왕조(汪藻)·유극장(劉克莊)·이유(李劉)·문산(文山) 등 몇 사람의 작품을 정밀히 뽑아 쓰기를 준칙으로 삼아야 한다. 고사륙은 서유(徐庾)를 으뜸으로 치고 사걸(四傑)을 그 다음으로 치므로, 굉대(宏大)하고 절묘한 글을 각 사람마다 2, 3편씩 뽑아 화려한 기운을 돕게 해야 한다. 비록 금문을 배우더라고 고문 배우기를 그만두어서는 안 된다."[34] 라고 하였다.

그 밖의 역대 역사서와 우리나라의 역사서 및 문집,『경국대전』과 같은 법전, 국조전고(國朝典故), 소설(小說) 등에 대한 학습은『자치통감강목(資治通鑑綱目)』을 읽은 뒤 참고 자료로 활용하라고 학습의 차제를 밝히고 있으니, 우리나라 전적에 대해서 깊이 공부할 것까지는 없으나 그 내용과 활용에 대한 이해는 함양해야 한다고 하였다. 이는 관료로 진출하였을 때 활용할 수 있는 실용적 지식을 습득케 하려는 목적을 가지고 있다.

마지막으로 우리나라 사람들의 과제문(科製文)을 몇 책으로 초록하여 참고하라고 하였는데, 이것은 '기출문제' 요약본으로 수험생들에게는 필수적인 학습에 해당한다. 이와 같이 이식의 과거 준비를 위한 학습차제와 공부법은 대단히 현실적이고 실질적인 가치를 갖는다.

이식의 학습차제론에서 특기할 만한 것은 학습의 방법이다. 그는 교재를 필수적으로 암기해야만 하는 주요 학습서, 실천을 위한 학습서, 참고만 할 학습서로 구분하였다. 또 구체적으로 몇 번을 읽어야 하는지도 제시하였으며, 선생에게 배워야만 하는 학습서도 제시하였다. 그리고 막연히 공부해야 한다는 학습 통념에서 과감히 탈피하여 읽을 필요가 없는 책을 적시하였다. 그리고 학습 부담의 경감과 효율성을 위한

---

34) 상게서. "四六之文, 亦有古有今, 古四六. 學之難而無所用, 欲學制誥之文, 須以歐·王·蘇·呂·眞大家爲主, 精採汪【藻】劉【克莊】李【劉】文【山】數子之作, 爲準的. 古四六, 徐庾爲上, 四傑次之, 取其宏大絕妙者, 人各二三篇, 以助藻麗之氣, 雖學今文, 不可廢也."

요약본 제작을 강조한 것도 특기할 만하다. 다만, 처음부터 기존에 제작된 요약본을 교재로 삼는 것이 아니라 학습자가 교재를 모두 학습한 뒤에 주요 내용을 요약하도록 권고하였으니, 이는 학습자의 주도적 교육이라고 할 수 있다. 이러한 경향은 문장, 역사, 제자서, 시부 학습에서 학습자의 기호에 맞춰 교재를 선택할 수 있도록 한 것에서도 볼 수 있다.

더욱이 그는 「학시준적(學詩準的)」에서 시 학습에 대한 견해를 개진하였고 「작문모범(作文模範)」에서 작문 학습에 대한 견해를 피력하였으니, 시 학습이나 작문 학습과 관련된 글로서 이보다 상세한 것을 찾기 힘들다.

이식이 구체적이고 현실적인 학습차제론을 만든 원인의 하나로 자신의 잘못된 학습 경험의 반성을 들 수 있다. 이식은 공부를 시작할 나이인 9세에 임진왜란을 당해 피난을 가서 고초를 겪었고 옴·학질·마마·홍역 등을 앓느라 공부를 제대로 할 수 없었다.[35] 그러다가 12세 때 처음으로 진사 문언(文偃)에게 『사략』, 고풍, 절구를 배우다가, 병신년[1596] 9월에 다시 학질에 걸려 그만두었는데, 그동안 고율(古律)과 절구 짓는 법을 익히면서 문장의 작법에 비로소 눈뜨게 되었다고 한다.[36] 그리고 학질이 낫자 한마을에 사는 외숙부 윤백순(尹百順)에게 나아가 문예에 대하여 물어보고 『시경』과 두보의 시를 읽고 근체시를 습작하였고,[37]

---

35) 李植, 『澤堂集』, 〈敍後雜錄〉, 「居士少弱疾」. "甲申十月癸丑日亥時, 生于南水門槽巖洞, 父母以先産兄姊多不育, 保養過愼, 常居奧宇中, 姑母爲順懷世子嬪, 家壁宮饌, 一朝遭倭亂奔竄, 飢困暴露, 以此羸弱多疾, 遂失童學, 目不識數字.": 李植, 『澤堂集』, 〈敍後雜錄〉, 「遷播南北」. "遷播南北, 先君奉祖母避亂, 自關東奔湖南古阜兩日莊. 壬辰十月也, 余連患疥癬痎瘧, 明年, 患痘疫疹疫, 又明年, 余連苦痎痢, 先君染瘟疫, 連夏秋僅蘇. 丙申, 余始患間二日瘧. 丁酉, 先君知湖南將被寇, 擧家北歸于驪江渭岸外家莊."

36) 宋時烈, 『宋子大全』, 「澤堂李公諡狀」. "年十二, 始受學于進士文偃.": 李植, 『澤堂集』, 〈敍後雜錄〉, 「從學未成」. "乙未二月, 從進士文偃, 受學史略及古風絶句, 至丙申九月, 患瘧而止, 其間學作古律絶句, 文思始開."

37) 李植, 『澤堂集』, 〈敍後雜錄〉, 「從學未成」. "舅氏石嶺公【諱百順, 字福源.】同里居, 頗從問文藝, 泛觀詩經杜詩, 習作近體律."

『맹자』를 능해군(綾海君) 구성[具宬, 1558~1618]에게 배웠다고 한다. 그는
"내가 경향(京鄉)을 왕래하면서 사숙(私淑)한 사람은 오직 능해군과 외숙
부 석령공[石嶺公=尹百順] 두 분뿐이다."[38]라고 하여 '사숙(私淑)'이라고
한정하며 체계적으로 지도해 준 스승은 없다고 하였다. 그래서 먼저 두
보의 시를 학습하고 그 다음에 황정견·소동파·『영규율수(瀛奎律髓)』의
작품들을 읽고 난 뒤에 수천 수의 시를 습작하고 나서 자신의 시 공부가
잘못되었다는 것을 깨닫게 되었다고 하였다. 그는 시 학습의 효율적 교
재는 시 선집인 『당음(唐音)』이라는 사실을 알고 그것을 학습하고 싶었
으나, 이미 그것을 배울 열의가 없어졌고 두보 학습을 놓아버릴 수도
없었기에 결단을 내리지 못하고 미적대었다고 한다. 이처럼 자신의 한
시 학습에 문제가 있다는 것을 알고도 마땅한 대안을 찾지 못하던 이식
이 한시 학습의 차제를 정하게 된 것은 마흔 살이 넘어서 호응린[胡應麟,
1551~1602]의 『시수(詩藪)』를 보면서부터였다. 그는 『시수』를 보고 시를
배울 때 한 가지만 오로지 공부할 필요가 없이, 먼저 고시와 당시를 학습
하고 두시로 귀결 짓는 것이 『시경』과 『초사』의 정맥(正脈)이라는 사실
을 알았기에, 그와 같은 한시 학습의 차제를 후학들에게 권해 주고 싶다
고 하였다.[39]

이식이 스승 없이 공부를 하였더라도 어떠한 학습차제를 따라야만 했
을 터인데, 이는 "지금 문재(文才)로 이름을 얻어 걸핏하면 부박(浮薄)하
다는 비방을 받다가 마침내 소인이 되고야 마니 잘못 배운 후회를 어떻

---

38) 李植, 『澤堂集』, 〈敍後雜錄〉, 「居士少弱疾」. "余嘗受學孟子, 每見余科詩, 稱爲精熟成
章, 非流輩所及, 余往來京鄉所私淑者, 惟綾海及石嶺舅氏二公而已."

39) 李植, 『澤堂集』, 「學詩準的」. "余兒時無師友, 先讀杜詩, 次及黃·蘇·瀛奎律髓諸作, 習
作數千首, 路脈已差, 然後欲選讀詩唐音, 而菁華已耗, 不能學, 又不敢捨杜陵而學唐. 故
持疑未決, 四十以後, 得胡元瑞詩藪, 然後方知學詩不必專門. 先學古詩唐詩, 歸宿於杜,
乃是三百篇楚辭正脈. 故始爲定論, 而老不及學, 惟以此訓語後進. 大抵欲學詩者, 不可不
看詩藪也."

게 면할 수 있겠는가? 그러나 만약 내가 몇 년을 빌려 바른 학문에 종사
할 수 있다면 요즘 학문의 모범은 감히 본받지 않으리라."[40]라고 한 말에
서 알 수 있듯이, 그는 세상에서 추종하던 일반적 차제를 따라 잘못된
공부를 한 이력을 후회하였다.

이식의 아동 교육에 대한 관심과 열의는 『초학자훈증집(初學字訓增輯)』
이라는 아동 교재를 편찬하게 만들었다. 송시열은 『초학자훈증집』의 특
징과 가치에 대하여 "정단몽(程端蒙)의 『자훈(字訓)』과 진순(陳淳)의 『자의
(字義)』 두 책을 절충하고 정자와 주자의 글들을 표준으로 삼았기 때문에,
간략하면서도 고루하지 않고 해박하면서도 잡되지 않으니, 참으로 자학
(字學)의 요결(要訣)이다."[41]라고 평가하였다.

다음으로 조선 중기 한문학 사대가의 일원인 신흠[申欽, 1566~1628]의
학습차제는 어떠한지 살펴보도록 하겠다. 신흠이 경험하였던 학습차제
는 그의 연보에서 볼 수 있다.

> 8세: 『천자문』, 『동자습(童子習)』 등의 책, 작문 공부. 외조부 송기수
> (宋麒壽)가 양육하였음.
> 9세: 『십구사략』의 〈서한기(西漢紀)〉까지 배워 문리가 나서 더 이상
> 스승에게 배우지 않게 됨.
> 10세: 『통감』, 『송감(宋鑑)』, 한유 시 등의 책, 5언, 7언 장시(長詩)를
> 지음.
> 11세: 『중용』, 『대학』, 『논어』, 『맹자』, 『고문진보』 등의 책. 기억력이
> 비상하여 『논어』와 〈이소경(離騷經)〉 몇 편을 읽고 바로 한 글자도 틀리
> 지 않았기에 송기수가 기특하게 여겼다.

---

40) 李植, 『澤堂集』, 「示兒代筆」. "今以文華得名, 動被浮薄之謗, 終爲小人之歸, 則失學之
悔, 安得免乎? 然設使我假之數年, 從事正學, 今世學範, 則不敢效也."
41) 宋時烈, 『宋子大全』, 「初學字訓增輯序」. "昔程蒙齋嘗輯字訓, 其註甚簡, 至於陳北溪字
義, 則一字又數十百言. 今觀澤堂公所編, 蓋折衷兩家, 而取正於洛建諸書. 故約而不陋,
博而不雜, 眞字學之要訣也."

12세:『문선(文選)』,『서전(書傳)』,『시경』의 〈국풍(國風)〉,『초사』의 〈이소경〉 등.

13세:『시전(詩傳)』과 제가(諸家)의 글을 두루 읽음.

14세: 한유와 유종원의 산문을 공부하고 비로소 작문을 하여 「무시수전(無是叟傳)」,「산옹계옹문답설(山翁溪翁問答說)」이 세상에 전해졌는데 지금은 없어졌다. 학문에 뜻을 두어 염락(濂洛) 제현(諸賢)의 서적을 찾아 읽고, 노장과 불가의 책을 참고해 차이를 고찰하여 모두 이해하였을 뿐만 아니라 음양방기(陰陽方技)까지 다 섭렵하였다.

15세: 장인 이제신[李濟臣, 1536~1583]에게『주역』을 배웠는데 상경(上經)만 배우고도 심오한 뜻을 이해할 수 있었기에 이제신이 스승 되기를 사양하였다.[42]

신흠은 8세 때 처음으로 공부를 하였는데, 이때 사용한 교재가『천자문』과『동자습(童子習)』이었다.『천자문』이야 워낙 일반적인 습자 학습서이지만,『동자습』은 다소 생경한 교재이다.『동자습』은 아동 수신서의 일종인 동시에 중국어 교재였다. 성삼문[成三問, 1418~1456]의「동자습서(童子習序)」에 의하면,『동자습』을 언해하여 그 이름을『직해동자습역훈평화(直解童子習譯訓評話)』로 명명하고 중국어 입문서로 활용하겠다고 하였다.[43] 반면 서거정[徐居正, 1420~1488]은 당시의 중국어 학습서

---

42) 申欽,『象村稿』,「領議政申文貞公年譜」. "公年八歲. ○始學千字文童子習等書. 宋公聚諸孫, 令作句語, 以春字爲題, 公應口而書曰: '天地萬物春爲長.' 宋公亟獎之, 期以遠到. / 公年九歲. ○學十九史略, 至西漢紀, 文義已達, 不復師受. / 公年十歲. ○讀通鑑·宋鑑·韓詩等書, 作五七言長詩. / 公年十一歲. ○讀中庸·大學·論語·孟子·古文眞寶等書, 能强記, 嘗讀論語·離騷經數遍, 卽背誦不差一字, 宋公驚異之, 輒餉中新粧論語一帙與之. / 公年十二歲. ○讀文選·書傳·風騷等書. / 公年十三歲. ○隨伯舅宋大諫應溉往衿川縣, 時大諫左遷爲縣監, 讀詩傳, 諸家文字無不遍觀. / 公年十四歲. ○讀昌黎·柳州二家, 始作文, 無是叟傳·山翁溪翁問答說, 傳于世, 文逸不錄. ○有志于學, 探訪濂洛諸賢遺書, 旁及老佛, 考其異同, 無不領會. 其歸陰陽方技之法, 亦皆涉獵. / 公年十五歲. ○聘全義李氏, 卽淸江李公濟臣第二女也. 受易於淸江公, 止上經, 能通奧義, 淸江公遜師席不復授."

43) 成三問,『東文選』,「童子習序」. "我世宗文宗, 慨念於此, 旣作訓民正音, 天下之聲, 始無

중 하나로 『동자습』을 거론하면서 그것이 당시의 모든 중국어 교재들과 함께 좋은 중국어 학습서가 아니라고 비판하였다.[44] 이처럼 조선 초기에 중국어 입문서로 활용되던 『동자습』이 조선 중기로 들어오면서 아동 수 신서로 사용되었다. 그러나 보급은 많이 되지 않은 것으로 보인다.

퇴계는 유성룡(柳成龍)의 부친인 유중영[柳仲郢, 1515~1573]에게 보낸 편지에서 『동자습』을 언제 누가 만들었는지 알 수 없다고 하였다. 그러 나 그 내용은 모두 효제행검(孝悌行檢), 돈후이륜(敦厚彝倫)의 일에 대해 서 말한 것이기에 아동의 교육에 도움이 되므로 정교하게 인쇄하여 반 포하면 세교(世敎)에 보탬이 될 것이라고 하였다.[45] 『동자습』은 유중영 이 결국 인각하였지만 여전히 작가에 대해서는 알지 못하였기에, '중원 인(中原人) 소찬(所撰)'이라고 하였다.[46]

조선 중기에 『동자습』은 아동학습서로 공고히 자리를 잡은 것으로 보 인다. 하수일[河受一, 1553~1612]의 아들이 5세에 글자를 배우기 시작해 6세 때 『동자습』을 배우고 8세 때 『소학』을 배웠다고 한 것을 보면, 『동 자습』은 식자 교육과 『소학』 학습의 중간 단계 교재로 활용되었음을 알

不可書矣. 於是, 譯洪武正韻, 以正華音, 又以直解童子習譯訓評話, 乃學華語之門戶, 命 今右副承旨臣申叔舟·兼承文院校理臣曹變安·行禮曹佐郞臣金曾·行司正臣孫壽山, 以 正音譯漢訓, 細書逐字之下. 又用方言, 以解其義, 仍命和義君臣瓔·桂陽君臣璂, 監其 事, 同知中樞院事臣金何·慶昌府尹臣李邊, 證其疑而二書之, 音義昭晰, 若指諸掌."

44) 徐居正, 『四佳集』, 「譯語指南序」. "皇明馭宇, 文軌攸同, 我國家聖聖相承, 至誠事大, 設承文院·司譯院講隷官, 專習華音, 其所習, 則曰直解小學, 曰前後漢書, 曰老乞大, 曰 朴通事, 曰童子習等書. 然皆譯其言語文字而已, 如天文地理草木禽獸名物之類, 未嘗有 譯, 學者病之."

45) 李滉, 『退溪集』, 「答柳彦遇 戊辰」. "送示童子習, 未知是出於何代何人? 何自而傳入公 手? 其書皆言孝悌行檢敦厚彝倫之事, 殊有益於童習, 繡梓廣布, 豈不幸補世敎? 但亦須 尋其所從來, 知其爲某所爲而後爲之. 蓋傳其書, 而不知其人, 或其人不足爲法, 則不無後 悔故也."; 李滉, 『退溪集』, 「答柳彦遇 己巳」. "童子習本書示及, 得見其所從來, 深幸. 其 書旣如此, 其人又如此."

46) 柳雲龍, 『謙菴集』, 「先府君行年記」. "節略東國通鑑, 爲史略三卷, 將欲印布未果, 印刻 詩書孟子大文及晦齋先生奉先雜儀中原人所撰童子習等書."

수 있다.[47] 이이(李珥)의 향약(鄕約)에서도 나이 서른 이하로 문과도 아니고 무과도 아닌 자가 읽어야 할 3가지 책으로『소학』·『효경』·『동자습』을 제시하고 있다.[48] 조선 후기에 들어와서야『동자습』의 저자가 명나라의 주봉길(朱逢吉)이라는 것을 알게 되었다.[49]

신흠이『천자문』과『동자습』을 배운 뒤에 작문을 하였다고 하였으니,『동자습』을 습자서로 인식하고 활용한 것이다. 이후『십구사략』의 〈서한기(西漢紀)〉까지 배우고 문리가 나고『통감』과『송감』등을 학습하였다고 하였으니, 문리를 내기 위한 교재로 초급 역사서들을 활용하였다는 것을 알 수 있다. 이후 한유의 시를 학습한 뒤에 5·7언 장시를 지었다고 하니, 한유의 시를 작시 학습의 교재로 활용하였음을 알 수 있다. 이처럼 신흠은 초급 역사서로 문리가 난 뒤에 사서 학습에 진입하였고,『고문진보』·『문선』, 삼경, 〈이소경〉, 제자서 등을 두루 공부하였고 한유와 유종원의 산문 학습을 통하여 작문을 하였다고 한다. 또 신흠의 학습차제와 이력에서 특이한 것은 노장과 불가뿐 아니라 음양방기(陰陽方技)까지 공부하였다는 점이다.

V. 18세기~19세기: 성호학파와 실학파의 학습차제론

이전 시기의 학습차제론은 대부분 교재 위주로 구성되고 그것들의 학습 기간이 불분명하여 학습 과정으로서 불완전성을 면치 못하였는데,

---

47) 河受一,『松亭集』,「下殤子墓銘」. "五歲, 始敎字, 六歲, 始讀童子習, 皆應口誦不忘, 余喜其可敎. 八歲, 又敎小學, 一二敎, 能傳習其文, 三四敎, 能通達其義, 或至文義易曉處, 不待敎自能釋解."

48) 李珥,『栗谷全書』,「西原鄕約」. "年三十以下非文非武者, 皆令讀小學·孝經·童子習等書, 不讀者論罰."

49) 柳徽文,『好古窩集』,〈家禮攷訂〉,「通禮」. "皇明朱逢吉童子習, 亦云見父母, 登堂進而肅揖, 亦是晨省之節也."

이익[李瀷, 1681~1763]은 각 교재의 학습 기간에 대한 견해를 제시함으로써 조선의 학습차제를 진일보하게 만들었다.

이익은 먼저 위(魏)나라 종회[鍾會, 225~264]의 학습 과정을 인용하여 "4세에 『효경』, 7세에 『논어』, 8세에 『시경』, 10세에 『서경』, 11세에 『주역』, 12세에 『춘추좌씨전』·『국어』, 13세에 『주례』·『예기』를 배웠다."라고 하면서, 경전의 학습을 13세 이전에 모두 마칠 수 있었던 이유는 경전의 대문(大文)만 읽고 주는 생략하였기 때문이라고 하였다. 이익은 당시에 대문과 주를 모두 읽는 공부는 한갓 세월만 낭비하는 것이라고 부정적인 견해를 보였다. 그리고 사마광(司馬光)이 『거가잡의(居家雜儀)』에서 "7세에 『효경』과 『논어』를 배우고, 8세에 『상서』를 익히고, 9세에 『춘추』와 역사서들을 외우고, 10세에 『시경』과 『예기』를 배우면, 이로부터는 『맹자』·『순자』·『양자』를 읽을 수 있고 제자백가(諸子百家)의 글도 널리 볼 수 있다."라고 한 말을 인용하면서, 이것은 "종회의 학습 경력과 비교하면 상당히 어렵지만, 옛사람들은 반드시 이것을 준례로 삼았다."라고 하였으니, 이익은 사마광의 학습 과정이 더 합리적이라고 생각하였다. 종회의 학습 과정은 4세에 시작하여 13세까지 마치게 되어 있고, 사마광의 학습 과정은 7세에 시작하여 10세에 끝나게 되어 있다. 물론 양자(兩者)에서 설정하고 있는 학습서도 차이가 있지만, 경전만 놓고 볼 때 "『효경』·『논어』·『맹자』·『주역』·『시경』·『서경』·『예기』·『주례』·『춘추좌전』은 모두 47만 4천 9백 95자이니, 그것을 날마다 3백 자씩 외우면, 4년 4개월 만에 모두 마칠 수 있다."라고 하였다. 이익은 9경을 4년 4개월 안에 모두 학습하는 과정이 이상적이라고 여겼으며, 이에 더하여 몇 년간의 공력을 더 들여 주석과 역사서들을 공부해야 한다고 주장하였다. 그리고 이익의 학습차제론에서 주목되는 것은 우리나라 사람이라면, 『퇴계집』을 보아야 할 뿐만 아니라 우리나라의 역사도 능숙하게 알도록 공부하여야 한다는 언급이다.[50] 이익이 근기남인(近畿

南人)으로서 퇴계학맥을 계승하였다는 점에서 『퇴계집』의 학습을 추가하였겠으나, 우리나라의 역사 공부도 함께 언급하였으니, 이는 조선의 사인(士人)으로서 자국의 문화와 역사에 대한 지식을 균형 있게 갖추어야 한다는 의식의 발로라고 하겠다.

또 한 가지 주목할 만한 사실은 이익이 종회와 사마광의 학습차제[51]를 인용하였지만, 그것을 그대로 적용해야 한다고 생각하였던 것은 아니라는 점이다. 이익이 자신의 손자에게 『시경』을 『소학』보다 먼저 교육시켰다고 말한 것을 보면,[52] 그가 학습차제에서 『시경』을 우선시했다는 것을 알 수 있다. 그가 『시경』을 매우 중시했다는 것은 「시경질서서(詩經疾書序)」에서 상세히 볼 수 있다. 그리고 사서 학습의 차제에서 『맹자』를 가장 먼저 읽어야 한다는 주장도 그의 창견인데, 『맹자』가 시간적으로 가장 늦게 나왔고 내용상으로도 의미가 상세하므로 성인의 뜻을 찾기에 가장 수월하다는 것을 근거로 제시하였다.[53] 이로 볼 때, 이익이 종회와 사마광의 학습차제를 인용한 목적은 경서 학습의 차제보다는, 경서 학

---

50) 李瀷, 『星湖僿說』, 〈人事門〉, 「讀誦課程」. "魏鍾會, 四歲授孝經, 七歲誦論語, 八歲誦詩, 十歲誦尙書, 十一誦易, 十二誦春秋左氏傳·國語, 十三誦周禮·禮記. 古者, 讀其經, 而略其註, 與今人別. 孝經歷三年, 詩歷二年, 而書只有伏生所傳二十八篇, 其夙慧者, 恐亦不難十一. 誦易稍難, 而十二十三之課, 尤不易矣. 然勉力不怠, 或庶幾焉. 此古人課程所以爲得, 而非後世之可及. 今人必註與經並益費年月. 余知之而亦不改矣. 司馬氏居家雜儀, 七歲誦孝經論語, 八歲誦尙書, 九歲誦春秋及諸史, 十歲誦詩禮. 自是可以讀孟荀揚子博觀羣書. 比會所誦較難, 古人必以此爲例, 其用功勤篤可見. 通計孝經論孟及易詩書禮記周禮春秋左傳, 爲四十七萬四千九百九十五字, 日誦三百字. 則歷四年, 又三分年之一而可畢矣. 又將兼看註說及諸史, 則須添數年之功, 而程朱浩穰文字, 人不可以不熟, 而我國又添退溪集若本國史, 不能者見譏, 心力安得不竭?"

51) 종회의 학습 이력은 『太平御覽』, 〈學部〉, 「幼學」에 실려 있고, 사마광의 학습차제는 주자의 『家禮』, 〈司馬氏居家雜儀〉에 실려 있다.

52) 李瀷, 『星湖全集』, 「答尹幼章 乙亥」. "孫兒春夏以來, 自詩經轉入小學."

53) 李瀷, 『星湖全集』, 「孟子疾書序」. "其必自七篇始者何? 孔子沒而論語成, 曾子述而大學明, 子思授而中庸傳, 孟子辯而七篇作, 以世則後, 以義則詳, 後則近, 詳則著. 故曰求聖人之旨, 必自孟子始也."

습에 소요되는 시간의 제시에 있음을 알 수 있다.

이익의 학습 기간에 대한 관념과 의식은 그의 제자인 안정복[安鼎福, 1712~1791]에게로 계승되었다. 그러나 안정복의 생각은 스승 이익과 다소 차이점을 보인다.

안정복은 정단례[程端禮, 1271~1345]가 제시한 학습차제를 인용하였다. 정단례는 교육에 지대한 관심을 갖은 원나라의 학자로, 체계적인 학습차제의 정립을 시도한 인물이니, 『독서분년일정(讀書分年日程)』에 그 견해가 잘 표출되어 있다. 안정복이 소개한 『독서분년일정』의 학습차제를 정리하면 다음과 같다.

> 1) 8세에 입학하기 전: 『성리자훈(性理字訓)』.
> 2) 입학 후: 『소학』 본문 → 『대학』 본문 → 『논어』 본문 → 『맹자』 본문 → 『중용』 본문 → 『효경』 본문 → 『주역』 본문 → 『서경』 본문 → 『시경』 본문 → 『의례』, 『예기』 본문 → 『주례』 본문 → 『춘추』의 경(經)과 삼전(三傳)의 본문.
> 학습 기간: 8세부터 15세 이전까지 6, 7년.
> 3) 15세 이후: 학문에 뜻을 두는 시기
> 『대학장구혹문』 → 『논어집주』 → 『맹자집주』 → 『중용장구혹문』 → 『논어집주』에 합쳐져 있는 『논어혹문』 초독(鈔讀) → 『맹자집주』에 합쳐져 있는 『맹자혹문』 초독(鈔讀) → 『주역』, 『서경』, 『시경』, 『예기』, 『춘추』.
> ○ 사서와 본경(本經)에 밝아진 후에는 매일 역사서를 읽으면서 이전에 배운 글을 익힌다. → 『자치통감』을 읽으면서 『자치통감강목』을 참고한다. → 한유의 문장 → 『초사』.
> 학습 기간: 대략 15세부터 20, 21, 22세까지 5, 6, 7년.

이상의 학습 과정이 끝난 뒤 작문(作文)·경문(經問)·경의(經義)·고부(古賦)·고체(古體)·제고장표(制誥章表)·사륙장표(四六章表)를 학습함.[54]

안정복은 비록 자신의 창견이 아니지만, 학습 과정을 8세에 입학(入學)하기 전, 8세~15세, 15세~22세, 22세 이후로 구분하고, 각기 학령(學齡)에 적합한 교재를 제시한 논리를 조선에 소개하고 적용을 권고하였다. 그는 이익의 생각과 동일하게 경전 학습에서 먼저 대문(大文)을 익히고, 주석은 이후에 학습하도록 하는 학습차제에 동의하였다.

주목할 만한 것은 제자서를 비롯해 이단으로 간주되던 학설의 학습에 대한 견해이다. 그는 "『노자』·『장자』·소진(蘇秦)·장의(張儀)의 법술(法術)과 진송(晉宋)의 청담(淸談)한 습속은 비록 때때로 강설(講說)하여 그것이 이단인 이유를 연구하더라도, 절실히 이를 경계하여 심술(心術)을 무너뜨리고 지견(知見)을 그르치게 하지 말아야 한다."[55]라고 하여 배타적인 입장을 전제로 하면서도, 제자서와 진송(晉宋)의 청담한 습속에 대한 학습을 허용하고 있다. 비록 제자서가 왜 이단인지 공부할 필요가 있다는 표면적인 논리를 표방하고 있으나, 제자서를 절대로 보지 말라고 경계한 이익의 견해와 차이가 있다. 이는 제자백가를 비롯하여 잡학까지 섭렵하였던 안정복의 학문 성향에 기인한 것으로 보인다.

윤기[尹愭, 1741~1826]는 성호를 사사한 인물로, 52세에 등과(登科)할 때까지 무척이나 긴 기간 과거 준비를 한 것으로도 유명한데, 그 역시 학습차제론을 남기고 있다. 그가 학습차제론을 집필한 동기는 당시의

---

54) 安鼎福, 『順菴集』, 「程端禮讀書分年程法」. "八歲未入學之前, 講性理字訓. 入學之後, 讀小學書正文, 次讀大學經傳正文, 次讀論語正文, 次讀孟子正文, 次讀中庸正文, 次讀孝經正文, 次讀易正文, 次讀書正文, 次讀詩正文, 次讀儀禮幷禮記正文, 次讀周禮正文, 次讀春秋經幷三傳正文. 自八歲約用六七年之功, 則十五歲前, 小學書四書諸經正文可畢. ○又自十五歲志學之年, 卽當尙志, 讀大學章句或問, 次讀論語集註, 次讀孟子集註, 次讀中庸章句或問, 次鈔讀論語或問之合于集註者, 次鈔讀孟子或問之合于集註者, 次讀易·書·詩·禮記·春秋. ○又四書本經旣明之後, 日看史, 仍溫前書, 次讀通鑑及參綱目, 次讀韓文, 次讀楚辭. ○又通鑑·韓文·楚辭旣讀之後, 約才二十歲或二十一二歲, 學作文經問經義古賦古體制詔章表四六章表."

55) 安鼎福, 『順菴集』, 「德谷書齋月朔講會約」. "老莊儀秦之術, 晉宋淸談之習, 雖時有講說, 以究其所以爲異端, 切宜戒之, 勿使壞心術誤知見."

학습 풍토를 비판하고 그 대안을 제시하기 위한 데에 있었다.

그가 파악한 당시의 일반적 학습차제를 정리해 보면 다음과 같다.

> ● 성년 이전-기초학습:『천자문』→『사략』/『통감절요』초권 → 〈서
> 한기〉 → 〈동한기〉 → 〈촉한기〉 →『맹자』→『시경』〈국풍〉 → 당시 절구
> → 당시 장구 → 오언, 칠언 작시 연습.
> ● 성년 이후-과거 준비: 유취서(類聚書) → 우리나라의 과거 답안.

이상에서 정리한 것은 과거를 통하여 입신하려는 사람들의 학습차제
이다. 그런데 과거 준비의 학습차제로 보기에는 너무나도 엉성하다. 우
선 조선시대 아동의 필독서로 간주되던『소학』과『효경』이 보이지 않고
『천자문』으로 시작된다. 이는 아동으로서 익혀야 하는 수신(修身)의 공
부를 무시하거나 생략하려는 의식의 소산이다. 윤기는『천자문』을 글자
를 엮어 읽는 초보적 능력을 기르기 위한 교재로 보았다. 이후의 학습은
『사략』이나『통감절요』와 같은 요약본 역사서로 이루어지는데, 그조차
『사략』은 진도가 많이 나간 자가 〈서한기〉이지만 대체로 초권 정도이
며,『통감』도 초권 정도이며, 사서 학습은『맹자』, 오경은『시경』중에
서도 〈국풍〉으로 끝나는데, 이것들만 공부하는 이유는 작문과 작시를
위해서였다. 이는 당시에 절구와 장구 공부를 거쳐 오언과 칠언 작시를
연습케 하는 과정을 보면 알 수 있다. 성년 이후로는 유취서(類聚書)와
기출문제를 익히면서 본격적으로 과거 준비를 한다. 이처럼 엉성하기
짝이 없는 학습 과정을 통하여 급제할 수 있는 현실에 대하여 윤기는
통탄해 마지않았다.[56] 이에 대한 반성적 의식에 토대하여 대안을 제시하

---

56) 尹愭,『無名子集』,「讀書次第」, "世之教兒者, 兒能言則必教以周興嗣千字文. 能屬字讀,
則乃教以史略初卷·通鑑初卷, 多者及於西漢紀, 又多者及於東漢蜀漢, 而又教以孟子·
詩國風. 當夏則初教以唐音絶句, 次教以唐音長篇, 又使之屬文爲五言七言及行文. 及其
冠而娶, 則愚不能悟者止於斯, 其稍有才者, 乃涉獵類聚書, 看東人科作, 詩能押韻, 文能

였으니, 그것을 정리해 보면 다음과 같다.

〈표 3〉 윤기의 학습차제론[57]

연번	서명	학습 목표	유의 사항
1	『소학』	입교(立敎)·명륜(明倫)·경신(敬身)이 학문을 하는 근본임을 알게 한다.	『효경』을 같이 읽는다.
2	『대학』	삼강령(三綱領) 팔조목(八條目)의 순서와 구성을 알게 한다.	『대학혹문』·『논어혹문』·『맹자혹문』·『중용혹문』을 같이 읽는다.
3	『논어』	성인의 말과 제자들의 질문, 변론이 모두 지극한 이치임을 알게 한다.	
4	『맹자』	알인욕(遏人欲)·존천리(存天理)·한성도(閑聖道)·벽이단(闢異端) 및 사단(四端)·양기(養氣) 등의 설을 알게 한다.	
5	『중용』	성(性)·도(道)·교(敎)·치중화(致中和)가 성인의 지극한 공적이며, 일리(一理)에서 시작해 만사(萬事)를 거쳐 일리(一理)로 끝나는 묘리를 알게 한다.	

成行, 則便入場爲決科計, 其父兄喜而誇之, 渠亦自以爲能事畢矣. 是故雖號爲能文, 早登科甲者, 引用古人文字, 而不知其出於何書本是何義, 綴就一篇詩文, 而不知其成甚道理有底歸趣, 出言則臠獵杖銀, 無非可笑, 見解則鴻鴈麋鹿, 到處皆是, 而況心性理氣之說, 下學上達之事, 都是黑窣窣地, 可歎已."

57) 상게서, "今定敎學次第, 以爲行遠升高之資, 其下愚不移者, 固無足道, 而有志者尙庶幾因此而知先後本末之序矣. 若欲習小兒之口, 則史略初卷, 固所不可廢者, 而敎之之序則先讀小學, 以知立敎明倫敬身之爲爲學之本. 次讀大學, 以知三綱八條之次序閒架. 次讀論語, 以知聖人所言與弟子問辨之無非至理. 次讀孟子, 以知遏人欲存天理閑聖道闢異端, 及四端養氣等說. 次讀中庸, 以知性道敎致中和之爲聖人極功, 而始一理中萬事終一理之妙. 次讀詩, 以知先王敎化風雅正變, 及感發懲創之機. 次讀書, 以知堯舜以來相傳之心法, 與夫伊傅周召輔治之嘉謨. 次讀易, 以知吉凶悔吝進退存亡之道, 四聖二賢微顯闡幽之訓. 次讀春秋, 以知聖人所以筆削褒貶, 定天下邪正, 爲百王大法之義. 次讀禮記, 以知三百三千之有經有曲, 先王先聖之遺制遺訓. 此其讀經次序, 而其讀小學也, 又讀孝經, 其讀四書也, 又讀或問, 其讀易也, 又兼啓蒙. 其讀春秋也, 又兼三傳國語, 其讀禮記也, 又兼周禮·儀禮·家禮, 而又讀家語·近思錄·心經·二程全書·朱子大全·語類·性理大全等書, 以會其通, 以極其趣, 而亦必溫故而繹前, 參互而考訂. 又不可以不知史也, 於是兼看綱目及馬班以下歷代諸史, 以至於東史. 又不可以不知文章家也, 於是兼看楚辭·戰國策·文選·李杜詩·唐宋八大家, 以及諸子百家書, 以極其博, 而若異端之書不觀可也, 置其學, 只觀其文, 以爲文章之一助亦可也."

6	『시경』	선왕의 교화(敎化)와 풍아(風雅)의 정변(正變) 및 감발징창(感發懲創)의 기틀을 알게 한다.	
7	『서경』	요순(堯舜) 이래로 서로 전한 심법(心法)과 이윤(伊尹)·부열(傅說)·주공(周公)·소공(召公)이 정치를 보좌한 아름다운 계책을 알게 한다.	
8	『주역』	길흉(吉凶)·회린(悔吝)·진퇴(進退)·존망(存亡)의 도리 및 사성이현(四聖二賢)의 미현천유(微顯闡幽)의 가르침을 알게 한다.	『역학계몽(易學啓蒙)』을 같이 읽는다.
9	『춘추』	성인이 필삭포폄(筆削褒貶)하여 천하의 사정(邪正)을 정해 백왕대법(百王大法)의 의리로 만든 이유를 알게 한다.	삼전(三傳)과 『국어(國語)』를 겸하여 읽는다.
10	『예기』	300가지 경례(經禮)와 3,000가지 곡례(曲禮) 및 선왕과 선성(先聖)이 남긴 제도와 가르침을 알게 한다.	『주례(周禮)』·『의례(儀禮)』·『가례(家禮)』를 겸하여 읽는다.
11	『공자가어』 『근사록』 『심경』 『이정전서』 『주자대전』 『주자어류』 『성리대전』 등	관통하는 대지(大旨)를 이해하고 취지를 궁구한다. 또 반드시 옛것을 연구하여 앞으로 올 것을 연역하며, 서로 참고하여 고정(考訂)하게 한다.	
12	역사서		『자치통감강목』·『사기』·『한서』 이하 역대의 역사서들을 겸하여 보고 우리나라 역사에까지 이른다.
13	문학서		『초사』·『전국책』·『문선』, 이백·두보의 시, 당송팔대가를 겸하여 읽고, 제자백가서에까지 미쳐 박학을 강구한다.
14	이단의 서적		보지 않는 것이 좋지만, 그 학설은 제쳐놓고 그 문장만 보아 작문에 일조가 되도록 하는 것도 괜찮다.

　윤기의 학습차제에 대한 기본적 관념은, 쉬운 것을 먼저 가르치고 어려운 것은 나중에 가르치며, 가까운 것을 시급히 가르치고 멀리 떨어져 있는 것을 천천히 가르치는 것이다. 이는 효율성과 실용성을 지향하는

교육관으로서 '힘을 덜 들이고 효과를 배가할 수 있는 방법'이라고 하였다. 구체적으로 말한다면, 가깝게 사람의 몸과 관련된 글자에서 시작하여 멀리 여러 사물과 관련된 글자로 확장해가며 노출 빈도가 높은 사물과 관련된 글자를 앞에 배치하고 노출 빈도가 떨어지는 사물과 관련된 글자는 뒤로 물리며, 실상과 관련된 것은 상세히 다루고 허상과 관련된 글자는 간략히 다루는 것이다. 이는 세상에서 어린아이들이 처음 배우는 대표적 교재인 『천자문』과 『유합(類合)』 등이 먼저 가르치고 나중에 가르쳐야 할 글자와 급히 가르치고 천천히 가르쳐야 할 글자 간에 순서가 없으며, 불필요한 글자가 들어 있는가 하면 중요한 글자가 누락된 문제가 있다는 문제의식에서 발로된 것이다. 기존 교재에 대한 불만은 대안 교재 『각몽천선(覺蒙千先)』을 제작하게 만들었다.[58] 따라서 윤기의 학습차제에는 그가 비판하였던 초학서인 『천자문』·『유합』·『사략』·『통감절요』가 모두 배제되어 있다.

윤기의 학습차제론은 『소학』과 13경을 차례로 학습하되, 학습서의 핵심적 내용을 파악하며 유관 학습서를 동시에 공부하게 하는 것이다. 13경 학습을 마친 뒤에 이학서와 역사서, 문학서 학습을 하여 박학(博學)을 강구하여야 한다고 주장하였으니, 윤기의 학습차제론은 조선의 학습에 대한 이상과 실제를 모두 고려한 것이라고 평할 수 있다.

18세기의 실학파들은 교육에 큰 관심을 갖고 있었으니, 중국의 교육

---

58) 尹愭, 『無名子集』, 「覺蒙千先序」. "人情有子, 莫不思所以敎之, 而敎之之術, 亦必先易而後難, 急近而緩遠然後, 用力省而收功倍. 苟或欲速圖大, 冀之以難能, 強其所未及, 則是猶馬之未成而銜轡之駕輓之, 以責其鳴和鸞淸節族也. 吾見其不能尺寸行也. 間讀書, 稚子方四歲, 從旁以手問之, 輒能識有, 殆百有餘言, 而披歷浩汗, 擇而不精. 因念敎小兒之書, 有所謂千字類合者, 世以此爲最初發軔, 而皆無先後緩急之序, 或有濫竽遺珠之歎, 余病之. 蒐輯選撮, 近取諸身, 遠取諸物, 進其凡而退其罕, 詳於實而略于虛. 五言成句, 類而韻之, 不雜不重, 滿千而止, 命之曰覺蒙千先. 要以便於領智, 不甚至於茫洋也. 非敢外他人之所尙而別爲之地也. 若能因是而讀而誦之, 識而通之, 則夫義理之已然, 古今之成迹, 直次第事耳."

이 어떻게 이루어지고 있는지 궁금해 하였고, 조선의 잘못된 교육에 대하여 비판하였으며, 그 대안을 제시하고자 노력하였다.

홍대용[洪大容, 1731~1783]은 북경에서 만난 중국인 손유의(孫有義)에게 보낸 편지에서 "어린아이가 처음 입학하면 무슨 책을 가르칩니까? 육경(六經)에 있어서도 또한 차제가 있을 터이고, 사서(史書)는 어떤 것을 먼저 가르칩니까? 처음 습자(習字)할 때는 어떤 서첩(書帖)을 사용합니까? 쓰는 방법은 영(影)·모(摹) 등 여러 가지 방법이 있다는데, 그렇습니까?"라며 중국의 교재와 학습차제, 습자법 등에 대하여 구체적으로 질문하였다. 홍대용의 질문에 대하여 손유의가 답한 중국의 학습차제를 정리해 보면 다음과 같다.

> 『삼자경(三字經)』, 『천자문』→『논어』, 『맹자』→『대학』, 『중용』→『효경』→『시경』, 『서경』→『예기』〈악기(樂記)〉, 『춘추(春秋)』→『역경』→『춘추좌전』, 『춘추공양전』, 『춘추곡량전』, 『예기』〈단궁(檀弓)〉→『전국책』, 『사기』, 『한서』, 한·당·송·원·명나라의 역사서들→ 팔고(八股), 국조시문(國朝時文), 향시(鄕試)와 회시(會試)의 답안지, 시부(詩賦) 등.[59]

반대로 중국인 엄성(嚴誠)이 조선의 교재와 학습차제에 대해 질문하자 홍대용이 답변을 하였는데, 그것으로 홍대용이 파악하고 있는 조선의 학습차제를 알 수 있다.

---

59) 洪大容, 『湛軒書外集』, 〈杭傳尺牘〉, 「與孫蓉洲書」. "小兒始入學, 敎何書? 六經亦當有次第, 史書先授何書? 初學寫字, 臨何書帖? 臨寫之法, 有影摹諸法云, 然否?【孫答曰: '小兒入學, 先敎認字, 如三字經, 三字爲一句, 皆明倫敎學經史之類, 頗有意義, 千字文, 四字爲一句, 梁朝周興嗣奉勅撰之類. 及其認字旣多, 則授以四字書, 先論孟而後學庸, 旣熟則爲之講明大義, 後授以考經. 次以詩書, 次以禮樂春秋, 終以易, 再授以左國公穀檀弓國策史漢及唐宋元明諸支, 繼之以前明八股國朝時文幷鄕會試墨卷及詩賦等項, 此敎學之大凡也.'】"

엄　성: "귀처(貴處)의 어린아이들은 처음 무슨 책을 읽는가?"

홍대용: "처음 『천자문』을 읽고, 그 다음 『사략』을 읽고, 그 다음 『소학』
　　　　을 읽고 경서(經書)에 미친다."

엄　성: "『사략』은 무슨 책인가?"

홍대용: "증선지(曾先之)가 지은 『십구사략(十九史略)』이다."

엄　성: "중국에서는 『감략(鑑略)』60)이라 부르는 책을 역시 아동에게 주
　　　　어 읽힌다."
　　　　"『소학』이 가장 좋다."

　　　　　　　　　　……

홍대용: "우리나라의 선인 중에서 종신토록 스스로 '소학동자(小學童子)'
　　　　라고 일컬은 사람이 있으니 그 뜻이 좋지 않은 것이 아니나,
　　　　결국 경서만 못하다."

엄　성: "그렇다. 이미 『예기』를 잘 안 읽으니, '닭이 처음 울면 모두 양치
　　　　하고 세수하고 머리 빗고 비녀 꽂고 머리 땋고 하는 따위의 어린
　　　　이의 의범(儀範)을 어디에서 보겠는가?"

홍대용: "어린이가 읽으면 좋지 않은 것이 아니다."

엄성이 머리를 끄덕이며 "우리들은 원래 강구하지 않아도 좋다."

홍대용: "그렇다. 경서는 이보다 좀 더 나아간 것이 있으니, 반드시 종신
　　　　토록 이에 힘쓸 필요가 없다."61)

조선의 교재가 중국과 다른 것은 『사략』과 『소학』이다. 『사략』은 아

---

60) 감략(鑑略): 명나라 만력 연간에 예부상서 이정기(李廷機)가 오언일구의 운문으로 편찬
한 역사서. 운문 뒤에 주석을 더해 해설한 것을 『감략타주(鑑略妥注)』라고 한다. 『사자
감(四字鑑)』이라고도 한다. 총 6권. 노신(魯迅)도 처음 읽은 책이 『감략(鑑略)』이라고
하였다.[我最初去讀書的地方是私塾, 第一本讀的是鑑略·桌上除了這一本書和習字的描
紅格, 對字的課本之外, 不許有別的書.](「隨便翻翻」.)

61) 洪大容, 『湛軒書』, 〈杭傳尺牘〉, 「乾淨衕筆談」. "洪大容, 力闇曰: '貴處小兒始讀何書?'
余曰: '始讀千字文, 次讀史略, 次讀小學而及於經書.' 力闇曰: '史略何書?' 余曰: '曾先之
所作十九史略.' 力闇曰: '此間謂之鑑略, 亦與小兒讀之.' 又曰: '小學最好.'……余曰: '我
東先輩有終身自稱小學童子者, 其意非不好也, 終不若經書.' 力闇曰: '然, 旣罕讀禮記幼
儀, 如鷄初鳴咸盥漱櫛縰笄總之屬, 何從見之?' 余曰: '童幼讀之非不好也.' 力闇頷之曰:
'我輩原可不講.' 余曰: '然, 經書有進於此者, 不必終身用力於此也.'"

예 중국의 학자가 알지도 못한다. 손유의(孫有義)가 답변한 당시의 학습
차제에는 『소학』이 보이지 않는 반면, 조선에서는 중요한 아동 학습 교
재였다. 엄성은 조선에서 중시되는 『소학』의 가치에 대해 인정하는 한
편 『예기』를 읽어 유의(幼儀)를 익히지 않는 당시의 세태를 지적하였고,
홍대용은 그것에 공감을 표하였다. 위에서 조선의 주요 교재인 『사략』
과 『소학』에 대한 회의가 보인다. 『사략』이 교재로서 과연 적절한지 회
의하는 시각이 실학파 사이에 존재하였다.

영조 35년인 1759년 겨울에 복건(福建)의 상인 황삼(黃森) 등 43인이
표류하여 강진(康津)에 닿았고 이듬해 봄 그들이 서울에 올라와 남별궁
(南別宮)에 묵고 있었는데, 이덕무[李德懋, 1741~1793]는 그들을 찾아가
땅에 한자를 써서 필담을 하였다고 한다.

> "무슨 책을 읽었습니까?"
> "사서입니다."
> "삼경도 읽었습니까?"
> "읽지 못하였습니다."
> "삼경의 이름은 무엇입니까?"
> "『시경』·『서경』·『역경』입니다."
> "『좌전』을 읽었습니까?"
> 드디어 머뭇대고 우물쭈물할 뿐 대답이 매우 분명치 못하였다.
> "팔대가(八大家)를 보았습니까?"
> "대가(大家)도 있고 또한 소가(小家)도 있습니다."
> 【생각하건대, 인가(人家)의 '가(家)'로 여기고 이것이 서명(書名)인줄
> 모른 듯하기에 더 묻지 않았다.】
> "『통감』이나 『사략』을 읽었습니까?"
> 【『통감』은 바로 『소미통감절요(少微通鑑節要)』이니, 우리나라 민간에
> 서 몽학(蒙學)에 반드시 먼저 『통감』과 『사략』을 가르치기 때문에 물은
> 것이다.】

"모릅니다."

【유어자(柳於子)가 "『통감』과 『사략』은 우리나라에서나 숭상했지, 중국에서는 전혀 없거나 겨우 있을 뿐이다."라고 하더니 참으로 그렇다.】[62]

이덕무가 표류하여 조선에 온 중국의 상인을 일부러 찾아가서 중국의 학습차제와 교재에 대하여 구체적으로 질문한 것을 보면 그가 아동 교육에 얼마나 관심이 많았는지 잘 알 수 있다. 그런데 그들의 필담에서 흥미로운 점은 이덕무가 조선의 일반적 아동 교재인 『통감』이나 『사략』을 읽었는지 질문하자 "모른다."고 대답한 것이다. 이것은 이덕무가 앞서 사서와 삼경을 읽었는지 물어본 것과 차원이 다르다. 이덕무는 "『통감』과 『사략』은 조선에서나 숭상되었지 중국에는 아예 없거나 겨우 있는 정도"라고 들은 말이 사실인지 확인하고 싶었던 것이었다.

이덕무의 족질 이광석(李光錫)이 이덕무의 동생 정대(鼎大)가 증선지(曾先之)의 『사략』을 읽는 것을 보고 "이 글이 제대로 갖추어져 있지 못한데도 우리나라 사람들이 고루하여 높이고 숭상합니다. 이것이 어찌 어린아이를 가르칠 글입니까? 왜 명나라 사람의 『동자습』으로 가르치지 않습니까?"라고 묻자 이덕무는 "『동자습』은 너무 간략하기에 부득이 시속을 따를 뿐이다. 우리나라 사람의 고루한 것이야 이루 말할 수 있겠는가? 『자치통감』이 『통감』인 줄 모르고 『소미통감절요(少微通鑑節要)』를 '통감'이라 부르고 그 제목을 '통감'이라고 쓰는 지경이니 진짜 『통감』은 무슨 이름으로 부르겠는가? 혹은 『소미절요(少微節要)』라고 부르면

---

62) 李德懋, 『靑莊館全書』, 〈嬰處文稿〉, 「記福建人黃森問答」. "問: '讀何書?' 答: '四書.' 問: '亦讀三經否?' 答: '不讀.' 問: '三經名?' 答: '詩經書經易經' 問: '讀左傳否?' 遂遂巡囁嚅, 對不甚分明. 問: '能看八大家否?' 答: '有大家, 亦有小家.' 【意: 以爲人家之家, 不知是書名, 故仍不更問焉.】 問: '讀通鑑史略否?'【通鑑, 即少微通鑑節要也. 我俗蒙學, 必先授通史, 故問焉.】答: '不知.'【柳於子曰: '通·史我國尙之, 中國絶無而僅有.' 今見此人答, 信然.】"

서도 본래 무슨 책인지 모른다. 게다가 '역사서 중에서 자세하고 간략한 내용이 갖추어진 책으로 이보다 나은 것이 없다.'고 말하니 가소롭다. 근일에 이웃 아이에게 이 책을 가르쳐 보고 모양새를 이루지 못한 책인 줄을 알았다. 그러므로 중국에서는 진작 『사략』과 『통감절요』가 전혀 없다."[63]라고 대답하였다.

　이광석 역시 『사략』이 교재로 적절치 못하다고 생각하고 있었기에 『동자습』을 교재로 권하였다. 그러나 이덕무는 『동자습』은 너무 간략하여 교재로 마땅치 않기에 세상 사람들이 쓰고 있는 『사략』을 부득이하게 쓰고 있을 뿐이라고 하였다.

　『사략』이 내용상 문제가 있지만 조선에서는 그것이 문리 터득의 교재로 활용되었다. 예를 들면 노론의 영수 송시열[宋時烈, 1607~1689]은 "9세 때에 『사략』 첫 권을 100번 읽고 문리가 크게 나서, 둘째 권에 이르러서는 남에게 물어보는 일이 드물었다. 사촌 형님이 와서 보고는 '문리가 이와 같으면 저술(著述)을 할 수 있겠다.'라며 부제(賦題)를 내어 글을 짓게 하고는 매우 훌륭하다고 하였다. 나의 저술은 이때 시작되었다."[64]라고 하였다. 또 영남의 저명한 학자인 이현일[李玄逸, 1627~1704]도 7세 때 처음으로 『십구사략(十九史略)』을 배웠는데, 얼마 지나지 않아서 구두를 뗄 줄 알게 되었다고 한다.[65] 이처럼 『사략』이 문리를 내기 위한

---

63) 李德懋, 『青莊館全書』, 「耳目口心書」. "心溪見鼎大讀曾先之史畧, 謂余曰: '此書甚未備, 惟東國人孤陋, 尊崇之, 此豈敎小兒之書也? 何不敎明人童子習耶?' 余曰: '童子習太畧, 不得已從俗耳. 東人之孤陋, 可勝言哉? 不知資治通鑑方可爲通鑑, 而呼少微通鑑節要爲通鑑, 至大書其目曰通鑑, 則眞箇通鑑, 呼以何名耶? 或呼以少微節要, 則元不知爲何書也, 且以爲史書之詳畧兼備者, 莫過於此, 可笑可笑. 近日敎隣兒此書, 則始知不成模樣之書耳. 是故, 中國已絶無史畧及節要耳.'"

64) 『宋子大全』, 〈語錄〉. "讀史略初卷百遍, 文理大達, 至二卷, 問於人者蓋尠矣. 堂兄來見曰: '文理如此, 則可以製述也.' 仍出賦題而作之甚善. 余之製述, 始於此也. 又曰: '讀書者, 必有逐日背誦之文, 然後根本有立矣. 不然, 其所製述, 瑣屑無足觀也.'"

65) 李玄逸, 『葛庵集』, 「年譜」. "十一年癸酉.【先生七歲.】始受十九史略.【不多時, 已解句讀.】"

교재로 조선에서 활용되고 있었으나, 이덕무는 중국에서도 사라질 정도
로 가치가 없는 책이라고 못마땅하게 여겼다.

『동자습』이나『사략』등 당시의 일반적인 교재에 대해 비판적인 시각
을 갖고 있던 이덕무는 결국 이만운(李萬運)이 편찬한『기년아람(紀年兒
覽)』을 수정 보완하여 아동 교재로 사용하고자 하였다.

정약용[丁若鏞, 1762~1836]은 성호학파를 계승한 조선 후기 실학의
집대성자로서 교육에 큰 관심을 갖고 아동 교재도 직접 저술하였다.
그는 특히 학습차제의 중요성에 대하여 분명히 인식하고 있었기에,
"역대의 신동들이 어린 나이에 경전을 읽은 것은 그들이 유능해서가 아
니라 당시에 아동을 가르치는 방법에 선후가 있었기 때문이다."라고
주장하였다.[66]

먼저 현존하는 자료를 토대로 정약용의 학습 이력을 정리해 보면 다
음과 같다.

> 4세:『천자문』 → 6세: 연천 현감으로 부임한 부친 정재원(丁載遠)을
> 따라가 교육을 받았다. → 7세: 오언시 작시 → 10세: 경서, 역사서 수학
> (修學) 및 경서와 역사서를 본뜬 작문 → 13세: 두시를 본뜬 작시 → 16세:
> 이익(李瀷)의 유고(遺稿) 사숙 → 18세: 공령문(功令文) 공부.[67]

정약용의 학습 이력은 그다지 상세하지 않지만, 대체적인 흐름은 파
악할 수 있다. 정약용은 4세 때에『천자문』을 배웠다고 하니, 퇴계가

---

66) 丁若鏞,『與猶堂全書』,「史略評」, "昔徐積三歲讀孝經, 蕭大圜四歲讀孝經・論語, 馬樞
六歲讀孝經・論語, 任昉四歲讀毛詩, 劉敲六歲讀毛詩・論語, 昭明太子蕭統五歲讀五經,
顧野王七歲讀五經, 張霸七歲讀春秋, 賈逵十歲讀六經, 黃庭堅八歲讀五經論・孟. 卽至
我邦, 金時習五歲讀中庸・大學, 柳馨遠八歲讀禹貢, 雖其聰慧夙悟, 非夫人之所能, 當時
訓蒙之法, 所先所後, 有可知也."

67) 송재소,『다산시연구』,「俟菴先生年譜」, 창작과비평사, 1986.

6세 때 『천자문』을 이웃 노인에게 배웠다고 하는 것과 비교해 보면, 상당히 이른 시기에 식자 학습을 시작했다고 할 수 있다. 그는 이미 13세 이전에 경서와 역사서들을 모두 학습한 것으로 보인다. 정약용의 학습 이력에서 특이한 점은 작시와 작문 공부가 강화되어 있다는 것이다. 그는 7세부터 오언시 짓는 공부를 했을 뿐만 아니라, 10세 때에는 경서와 역사서를 본떠서 지은 글이 자기 키만큼이나 되었다고 하며, 13세 때에는 두시를 본떠서 시를 지었는데 부친의 친구들로부터 칭찬을 받았다고 한다. 이로 본다면, 다산은 다른 사람들과 달리 작시와 작문을 상당히 이른 시기부터 시작하였으며, 지은 글의 양이 상당할 정도로 집중적이었고, 교재를 본떠서 짓는 효율적이고 체계적인 학습을 하였다는 것을 알 수 있다. 이러한 학습 경험은 차후 학습차제의 구안에 영향을 주었다.

정약용은 성호(星湖) 이래의 학습 기간에 대한 관심을 계승하여 학습 시기와 일수, 학습차제에 대한 독자적 견해를 제시하였다. 그것을 요약 정리해 보면 다음과 같다.

○ 학습 일수
　8세~16세
　8~11세: 철이 들지 않아 글을 읽어도 의미를 모름.
　12~14세: 실질적 학습기.
　15~16세: 음양과 기호가 있어 여러 가지 물욕에 마음이 분산됨.
　실질적 학습 일수: 12~14세의 3년간. 여름, 춘추 가일(佳日)을 제외한 9월~2월 180일×3년=540일−세시명절, 질병, 우환으로 인한 결손=약 300일.[68]

---

68) 丁若鏞, 『與猶堂全書』, 「通鑑節要評」. "童穉讀書, 槪用九年, 自八歲至十六歲是也. 然八歲至十一歲, 知識大抵蒙駿, 讀書不知味. 十五十六, 已有陰陽嗜好諸物慾忿分心, 其實十二三十四此三年, 爲讀書日月. 然此三年之中, 夏苦熱, 春秋多佳日, 童穉好嬉游, 皆不能讀書, 唯自九月至二月一百八十日, 爲讀書日字, 通計三年, 爲五百四十日. 又除歲時娛

○ 학습차제

• 순차적 학습차제: 『예기』의 「곡례(曲禮)」·「소의(少儀)」·「옥조(玉藻)」·「내칙(內則)」 등 → 『시경』〈국풍〉, 『논어』 → 『대학』, 『중용』 → 『맹자』, 『예기』, 『춘추좌전』 → 『시경』〈아(雅)〉·〈송(頌)〉, 『역경』의 괘사(卦辭) → 『서경』 → 『사기』, 『한서』 → 『자치통감』 혹은 『자치통감강목』[69]

• 교차적 학습차제: 『시경』·『서경』·『주역』·『예기』·『좌전』·『국어』·『한서』·『사기』·『논어』·『맹자』의 바른 것과 『장자』·『이소』의 기이한 것을 달마다 바꾸고 계절마다 바꾸어, 봄에 마치고 가을에 시작한다.[70]

정약용이 제시한 학습 일수는 기본적으로 연간 180일로, 현행 중고등학교의 법정 수업 일수인 연간 190일에 상당히 근접해 있으니, 그의 아동 교육에 대한 의식은 결코 관습이나 관념의 소산이 아니라는 사실을 알 수 있다. 그는 아동의 교육은 8세에서부터 16세까지 이루어지지만 지각이 성숙하지 못해 글을 읽어도 의미를 알지 못하는 아동기나 음양과 기호가 있어 여러 가지 물욕에 마음이 분산되는 사춘기를 제외한 중간의 소년기를 학습에 가장 적절한 시기로 보고 이 기간에 학습이 효율적으로 집중되도록 지도해야 한다고 주장하였다.

정약용이 제안한 학습차제는 매우 특이하다.

첫 번째 특징으로 거론할 수 있는 것은 순차적 학습차제뿐만 아니라 별도로 교차적 학습차제도 제안하였다는 점이다. 그의 순차적 차제는, 기존의 학습 위계를 전면적으로 부정하였다는 점에서 눈여겨 볼 만하다.

戱及疾病憂患之害, 其實幸而讀書者, 大約三百日也."

69) 丁若鏞, 『與猶堂全書』, 「爲盤山丁修七贈言. 字乃則, 長興人.」. "曲禮少儀·玉藻·內則等篇, 當於此時先授, 使其文行交進也, 國風亦童子所宜學.……讀禮記諸篇了, 當讀國風·論語, 次讀大學·中庸, 次讀孟子·禮記·左傳等, 次讀雅·頌·易絲, 次讀尙書訖, 讀史記·漢書, 始可取溫公通鑑, 再三熟覽, 或朱子綱目亦可."

70) 丁若鏞, 『與猶堂全書』, 「通鑑節要評」. "故詩書易禮左國班馬論孟之正, 莊騷之奇, 月易而時更, 春終而秋始."

수신 교육부터 시작하는 것은 일반적인 학습차제와 동일하나『소학』·
『효경』과 같은 보편적 아동 수신서를 추천하지 않고,『예기』의「곡례(曲
禮)」·「소의(少儀)」·「옥조(玉藻)」·「내칙(內則)」을 제시하였으니, 이는 식
자 교육을 고대의 자서(字書)인『이아』나『설문해자』로 하는 것이 바람
직하다는 견해와 함께, 고대의 전범적 교재를 활용하는 것이 더 좋겠다
는 의식의 발로라고 하겠다. 이는『소학』보다『예기』로 수신 교육을 하
는 것이 낫겠다고 한 홍대용의 견해와 동일하다.

　『예기』를 활용한 수신 교육이 끝나면『시경』의〈국풍〉을 학습케 하라
고 하였으니, 이 역시 매우 독특한 견해이다. 삼경은 통상 사서의 상위
위계로 간주되기 때문이다. 그러나 다산은『시경』〈국풍〉의 학습 순위
가 우선되어야 하며 학습도 수월하다고 생각하였다.

　『시경』이 사서보다 오히려 배우기 쉽고 학습효과가 높다는 생각은 실
학자로 일컬어지는 오달운[吳達運, 1700~1747]의 학습차제론에서부터
볼 수 있다. 그는 "나는 먼저『시경』대문(大文)의 구절을 배열해 해서로
쓰고 구두를 찍어 날마다 읽고 외우게 하면 혈기가 한창 자라나는 때에
항상 삼대의 올바른 마음으로 젖어들고 훈도되어 천지자연의 음향에 안
착되리라고 본다. 하물며 초목, 조수의 이름과 가정에서 생활하는 일들
은 어린아이들이 눈으로 보고 가장 쉽게 이해하는 것이기에 더 말할 나
위가 없다."라고 하면서,『시경』의 학습이 끝난 뒤에『소학』을 가르치자
고 제안하였다.[71] 조한영[曺漢英, 1608~1670]은 5세 때『시경』을 배우는
대로 모두 암송했다고 하고,[72] 권상하[權尚夏, 1641~1721]도 어린아이 때

---

71) 吳達運,『海錦集』,「漫筆」. "余則先以詩經大文, 排句楷書, 定其句讀, 日日讀誦, 則當其
　血氣方生之時, 常以三代正音, 浸灌薰陶, 已安於天地自然之音響矣, 況草木鳥獸之名, 閨
　閤家居之事, 最是小兒之目擊而易解者也. 及其讀詩之後, 繼以小學, 而亦但教之以大文."
72) 林泳,『滄溪集』,「故嘉善大夫禮曹參判夏興君曹公墓誌銘 幷序」. "五歲, 教以詩經, 輒能
　成誦."

품안에서 입으로 듣고 배운 『시경』을 외워 문리가 났다고 한다.[73] 이처럼 진작부터 『시경』은 운율이 있고 항상 눈으로 보이는 일상 사물들의 이름이 들어 있어 오히려 아동이 더 쉽게 배울 수 있다는 논리와 학습 경험이 존재하였으니, 다산은 그것들을 자신의 학습차제론에 수렴했다고 하겠다. 그러나 다산은 『시경』의 〈국풍〉만 먼저 학습토록하고 〈아(雅)〉와 〈송(頌)〉은 사서의 뒤로 돌렸다. 사서와 오경의 학습이 끝나면 역사서 학습으로 진입하는데, 먼저 『사기』와 『한서』를 학습하고 사마광의 『자치통감』이나 주자의 『자치통감강목』 중 하나를 선택할 수 있다고 하였으니, 다산이 제안한 학습차제는 경서와 역사서에 집중되었다는 것을 알 수 있다.

다산은 위의 순차적인 학습차제와 다른 또 하나의 독특한 교수법을 겸한 학습차제를 제안하였다. 그것은 지리한 학습을 견디는 지구력이 부족하고 신기한 것을 좋아하는 소년기의 성향과 수준에 맞추어 매달 혹은 매 계절 단위로 다른 교재를 바꾸어 교수하는 방법이다. 교재의 교체 기준은 바른 것과 신기한 것이니, 바른 것으로는 『시경』·『서경』·『주역』·『예기』·『좌전』·『국어』·『한서』·『사기』·『논어』·『맹자』 등의 경서와 역사서, 기이한 것으로는 제자서로서 『장자』와 문학서로서 『이소』를 추천하였다. 그와 같은 교차적 학습차제는 순차적 학습차제와 교수 방법이 다르기 때문에 교재도 상이하다. 바른 것을 교수하는 교재로 『국어』, 기이한 것을 교수하는 교재로 『장자』, 『이소』를 추가한 반면 『자치통감』은 제외하였다.

조선시대에는 대체로 교재 간의 위계를 몹시 중시하여 하나의 교재를 완독하여야 다른 교재의 진입을 허용하였기에 교재의 교차 학습에 대한

---

73) 韓元震, 『寒水齋集』, 「寒水齋權先生行狀」. "贊成公奇愛之, 夜則常置懷中, 口授三百篇, 朝輒成誦, 自是文理自達, 不待敎督而進也."

논의는 보기 힘들다. 그러나 교재의 교차 학습도 하나의 방법으로 존재
하였다. 예를 들면 홍석주[洪奭周, 1774~1842]는 주자가 독서의 순서에
대해 "책이 두 권일 경우로 말하자면 한 책을 통독한 뒤에 다른 한 책을
읽어야 하고, 책이 한 권일 경우로 말하자면 그 편장(篇章)과 문구(文句)
의 수미(首尾)의 차례가 또한 각각 순서가 있기에 어지럽혀서는 안 된
다."[74]라고 한 말을 인용하며, 원자(元子)가 날마다 『맹자』와 『사략』을
바꾸어 가며 공부하는 학습 방법이 좋지 못하다고 진언하였다. 이에 정
조가 "네 말이 과연 옳으니, 나의 뜻도 역시 그러하다. 내가 『맹자』와
『사략』을 강독할 때 날마다 돌아가며 두 책을 나누어 읽었으니, 내가
이와 같이 한 것은 역시 구례(舊例)를 따라 많은 사람에게 자문을 구해서
그렇게 하였다. 그래서 지금도 오로지 따르면서 감히 바꾸지 못하는 것
이다."[75]라고 대답한 것을 본다면, 두 가지 교재를 동시에 공부하게 하는
학습법도 존재하였다는 것을 알 수 있다. 이로 볼 때 조선시대에 복수의
교재를 돌려가며 학습하는 방법과 하나의 교재를 완독한 뒤에 다른 교
재로 넘어가는 학습 방법이 모두 존재하였으나, 대체로 후자의 방법을
더 효과적으로 생각하였다. 따라서 정약용의 교차적 학습차제는 당시
존재하던 교육 방법을 구체화·이론화한 것이지만, 일반적 교수법을 파
격적으로 뛰어넘었다고 할 수 있다.

　두 번째 특징적인 면은, 조선시대에 보편적인 초학 계제로 간주하였

---

74) 元 程端禮 撰, 『讀書分年日程』, 「集慶路江東書院講義」.
75) 正祖, 『弘齋全書』, 〈故寔 四〉. "讀書之要曰: '以二書言之, 則通一書而後及一書, 以一書
言之, 則其篇章文句首尾次第, 亦各有序而不可亂也.' 臣奭周謹按讀書之法, 最貴專一,
竊伏聞元子宮講學之筵, 以孟子·史略, 間日進講云, 經史之相爲表裏, 固不可關一不講,
而今日講一經, 明日講一史, 無或有妨於專心致志之際耶? 今若專以孟子逐日進講, 而史
略則從容討論於讀誦之餘暇, 恐無不可矣.
　爾言果然果然. 予意亦然, 而予於講孟子·史略時, 輪日分讀, 予之如是, 亦由於遵舊而
博詢, 所以一遵而不敢改者.'"

던 식자, 문해 교육이 없다는 것이다. 이는 그가 『천자문』·『십구사략』
·『통감절요』와 같이 조선에서 보편적으로 활용하고 있던 초학 교재 대
부분을 신랄하게 비판하면서 그것들을 배제해야 한다고 주장한 것과 관
계가 있다. 정약용은 「천문평(千文評)」이라는 글에서 우리나라 사람들
이 『천자문』을 아이들에게 가르치는데, 이는 식자 학습서가 아니라고
단정하였다.[76] 그는 "『천자문』을 다 읽어도 끝내 한 글자도 모른다."라
고 단언하고, 『천자문』의 용도라고 해봐야 고작 전답이나 시권(試券)의
일련번호를 표시하는 정도라고 혹평하였다. 『천자문』은 체계가 없어
아동의 인지 수준과 특성에 맞지 않은데, 아동의 식자 교육은 『이아』나
『설문해자』와 같은 교재로 글자의 생성 원리를 가르치던 고대의 제도가
좋겠지만, 그것이 현실적으로 힘들다면 유취(類聚) 형식으로 가르치는
것이 좋겠다고 하면서 대체 교재로 서거정(徐居正)의 『유합(類合)』을 추
천하였다.[77]

오달운도 『천자문』으로 아이들을 교육하면, 세월을 허비하게 할 뿐만
아니라 아이들의 뜻을 평범하고 수준 낮으며 성찰 발전을 할 수 없게
만든다고 혹평하였다.[78] 이와 같이 『천자문』이 아동 교재로 미흡하다는
견해는 간혹 있었지만, 그중 정약용이 가장 신랄하게 문제점을 지적하
였다.

또 『사략』에 대해서는 『예기』, 「곡례(曲禮)」에서 "어린아이에겐 항상
속이지 않는 것을 보여줘야 한다.[幼子常視毋誑.]"라고 한 말을 전제하면
서, "증선지(曾先之)의 『사략(史略)』은 책을 펴보면 모두 황당한 이야기

---

76) 丁若鏞, 『與猶堂全書』, 「千文評」. "我邦之人, 得所謂周興嗣千文, 以授童幼, 而千文非
小學家流也."

77) 丁若鏞, 『與猶堂全書』, 「千文評」. "故讀千文已, 猶一字不知也. 千文有用處, 以之標田,
以之標試卷焉可也. 於小學何與? 苟爾雅說文, 不可復, 徐居正之類合, 猶其近者也."

78) 吳達運, 『海錦集』, 「漫筆」. "凡敎小兒者, 千字小詩等冊, 非但虛費年月, 亦使志意凡下,
無所省發."

이다. 천황씨(天皇氏) 1장(章)은 매우 황탄(荒誕)하고 귀괴(鬼怪)하니, 결코 아이들에게 가르쳐서는 안 된다.”[79)라고 비판하였다. 그의 『사략』에 대한 부정적 시각은 「사략평(史略評)」에서 상세히 논술되었다. 이 글에서 『사략』이 아동 학습서로서 부적절한 이유는, 천황씨와 관련된 것에서 보듯이, 내용이 황당하여 상식적으로 이해할 수 없으며 아동의 인지 수준으로 알 수 없는 추상적 개념이 혼재되어 있기에 글자를 엮는 방법과 문리를 터득하게 하는 지각을 열어줄 수 없기 때문이라고 하였다.[80)

정약용이 『천자문』이나 『사략』보다 더 한심하게 생각한 아동 교재는 『통감절요』였다. 그는 『통감절요』의 체재상 문제로 “강지(江贄)의 『통감절요』는 사마광(司馬光)의 『자치통감』을 남본(藍本)으로 삼고, 주자의 『통감강목』을 취하여 의례(義例)로 삼고 있어서 문리(文理)가 이루어지지 않았다.”라고 하였고, 가치관과 의식의 문제로 “삼국(三國)의 정통을 촉한(蜀漢)에 주고 기사(記事)는 조위(曹魏)를 위주로 하여 주와 객이 서로 바뀌고 왕(王)과 적(賊)이 전도되어 의리에 타당치 못하다.”라고 하였으며, 역사서로서 내용의 문제로 “연월(年月)의 착오와 사실의 오류를 이루 헤아릴 수 없다.”[81)는 점 등을 거론하였다. 그리고 『통감절요』 15책으로 아동들의 실질적 학습 기간을 모두 채우고 있는 조선의 몰입식 교육의 문제를 지적하며 “사람의 성품은 새로운 것을 좋아하는데 아이들은 더욱 심하다. 지금 아이들에게 4~5년 동안 이 책에 몰두하게 하면, 지리한 것이 병이 되어 글과는 원수가 될 것이다. 나는 그러므로 이러한 교육법은 반드시 없애야 한다고 말한다.”[82)라고 강력하게 비판

---

79) 丁若鏞, 『與猶堂全書』, 「爲盤山丁修七贈言. 字乃則, 長興人.」, “幼者常視毋誑, 曾先之史略, 開卷皆謊說也. 天皇氏一章, 已荒誕鬼怪, 決不可授兒.”

80) 丁若鏞, 『與猶堂全書』, 「史略評」.

81) 丁若鏞, 『與猶堂全書』, 「通鑑節要評」. “其在三國正統予蜀漢, 記事主曹魏, 主客互換, 王賊倒置, 於義無所當, 著書如此, 尙可以傳之後乎? 其他年月之訛舛, 事實之乖繆, 指不勝僂, 可無論已.”

하였다. 『통감절요』를 교재로 삼는다면 아동들이 글을 원수로 삼는 심각한 후유증이 있다는 것이다.

정약용은 『통감절요』가 그다지 훌륭하지 못한 책이라고 생각하였다. 그는 『통감절요』의 작자인 소미선생(少微先生) 강지(江贄)란 인물은 도학이나 문장으로 이름이 난 사람이 아니고 서너 집이 모여 있는 작은 마을 정도라면 어디에나 있는 평범한 어른에 불과하기에 중국의 홍유석사(鴻儒碩士)들도 이 책에 대해서 전혀 모르고 중국에서는 사라진 지 오래되었건만 언젠가 우리나라에 이 책이 우연히 전래되어 육경을 멸시하고 백가를 어지럽혀 일생을 망치게 만들었다고 하였다.[83] 이와 같은 교재에 대한 불만이 『아학편(兒學編)』이라는 대체 교재를 편찬하게 만든 계기가 되었다.

이덕무도 우리나라에서만 유독 『사략』과 『통감절요』를 교재로 삼는 현상을 의아하게 생각하고 있었으니, 실학파 사이에서는 무비판적으로 습용하였던 교재들의 문제점을 반성적 시각으로 검토하고 대안을 제시하기 위해 고민하였던 것이다.

VI. 결론

조선의 학습차제에 대한 본격적인 논리는 15세기부터 출현한다. 김숙자(金叔滋)는 고려 말 이래 정통 유학의 학맥을 계승하여, 가학(家學)의

---

82) 丁若鏞, 『與猶堂全書』, 「爲盤山丁修七贈言. 字乃則, 長興人.」, "江氏通鑑節要, 以溫公書爲藍本, 却取朱子綱目爲義例, 不成文理, 且人性好新, 童孩尤甚. 今令童子四五年埋頭於此書, 支離爲病, 與文爲讎. 余故曰: '此法必當廢.'"

83) 丁若鏞, 『與猶堂全書』, 「通鑑節要評」. "少微先生不以道學文章稱, 不過三家村裏都都平丈也. 二百年來, 奉之如六經, 尊之如五典, 何意哉? 曾聞朴次修之言曰: '入燕京, 徧行書肆間, 求見曾先之史略 · 江氏通鑑節要不可見, 卽鴻儒碩士名噪海內者, 皆茫然不知爲何書.' 蓋中國絶種久矣. 不知何代, 此書偶落東土, 使弁髦六經, 塵批百家, 遂以鹵莽終身哉!"

차원에서 수신과 학문에 대한 체계적 학습차제를 구축하였다. 이를 계승한 영남의 학습차제론은 골간을 유지하면서 16세기부터 종래의 기초 식자 및 문해력 육성 교육이 간략화 혹은 생략되고, 수신 교육도 문해력을 겸하는 방향으로 점차 변하였다. 또 작시 학습을 조기에 실시하고, 경서 학습의 진입 기간도 단축하였다. 이는 영남 지역에서 형성되어 가전(家傳)되던 학습의 차제와 교재가 지역성을 벗어나 전국적 특성을 공유하게 되는 현상이라고 하겠다.

한편 김시습(金時習)의 학습차제 이력은 조선 초기 서울 영재교육의 양상을 볼 수 있어서 흥미롭다. 김시습은 온 나라에 소문이 난 신동이었다. 따라서 그의 학업 성취에 일종의 호기심이 작용한 결과 수신서의 교육은 최소화하고 당대 최고의 교육전문가이자 석학들이 직접 경서 교육을 하였다. 한편 김숙자와 김시습이 모두 윤상(尹祥)에게 『주역』을 배웠기에 고려 말 이래의 유맥(儒脈)에서 형성된 학습차제와 방법이 어떤 지점에서는 공통적으로 적용되었을 개연성이 있다.

16세기에 가장 볼 만한 학습차제론은 이이(李珥)에 의해 이루어졌다. 이이는 '구도장원(九度壯元)'이라는 별칭에 걸맞게 구체적인 학습의 차제와 독서법을 정리하여 학습자에게 제공하였을 뿐만 아니라 『격몽요결』이라는 우수한 교재까지 직접 편찬하였다. 이이는 학습과정에 따른 학습 내용과 학습 방법 및 학습 목표를 일일이 제시하였다. 이이가 제안한 학습차제의 특징은 식자와 기초 문해를 위한 교육이 없다는 것이다. 수신 교육의 차원에서 『소학』을 교수하며, 이후로는 9경을 대상으로 한 학습을 정밀히 한 다음에 이학(理學)과 역사서를 학습하도록 권고하였다. 그리고 제자서 등 이단 서적의 독서는 철저히 금지하였다.

17세기 조선 중기에 가장 주목되는 학습차제론은 이식(李植)에 의해 작성되었다. 그는 학습 위계와 교재 및 학습 방법을 포함한 학습차제론을 위시하여, 경전 학습, 시 학습, 작문 학습에 대한 생각을 상세히 개진하였다. 그렇기 때문에 그에게서 조선을 통틀어 가장 상세하고 현실적 학습차제 이론을 볼 수 있다. 그는 학습자의 능력에 따른 수준별 교재 선택 방안을 구체적으로 제시하였고, 학습자의 역량을 고려하여 다양한 학습 범위를 제안하였으며, 학습자에게 불필요한 학습 부담의 경감을 제안하였으며, 실천을 학습의 영역과 구분하였다.

　18세기 조선 후기의 학습차제에서 주목되는 이론은 성호학파와 실학파에 의하여 제출되었다. 조선의 학습차제가 대부분 교재 위주로 제시되어, 그것들의 학습 기간이 불분명한데 이익(李瀷)은 각 교재의 학습 기간에 대한 견해를 제시함으로써 조선의 학습차제를 진일보하게 만들었다. 이익은 9경을 4년 4개월 안에 모두 학습하는 과정이 이상적이라고 여겼다.

　이익의 학습 기간에 대한 관념과 의식은 그의 제자인 안정복(安鼎福)에게로 계승되었다. 비록 안정복 자신의 창견이 아니지만, 그는 학습 과정을 8세~15세, 15세~22세, 22세 이후로 구분하고, 각 학령(學齡)에 적합한 교재를 제시한 원나라 정단례(程端禮)의 논리를 조선에 소개하고 적용을 권고하였다.

　윤기(尹愭)도 이익을 사사한 인물로, 무척이나 긴 과거 준비를 한 것으로도 유명한데, 나름의 학습차제를 남기고 있다. 그가 학습차제론을 집필한 동기는 당시의 학습 풍토를 비판하고 대안을 제시하는 데 있었다. 그는 학습서와 그것이 지향하는 학습 목표와 유의 사항을 제시하였다. 그는 경서와 성리학의 착실한 학습을 강조하였으며, 역사서와 문학서, 제자서들의 학습도 망라하라고 권고하였다. 윤기의 학습차제론은『소학』과 13경을 차례로 학습하되, 학습서의 핵심적 내용을 파악하며 유관 학습서를 동시에 공부하게 하는 것이다. 13경 학습을 마친 뒤에 이학서와 역사서, 문학서 학습을 하여 박학을 강구하여야 한다고 주장하였으니, 윤기의 학습차제론은 조선의 학습에 대한 이상과 실재를 모두 고려한 것이다. 윤기는 자신이 비판하였던 초학서인『천자문』·『유합』·『사략』·『통감절요』를 학습차제에서 모두 배제하였고, 그 대안 교재로『각몽천선(覺蒙千先)』을 제작하였다.

18세기의 홍대용(洪大容)과 이덕무(李德懋)와 같은 실학파들은 교육에 큰 관심을 갖고 있었으니, 중국의 교육이 어떻게 이루어지고 있는지 궁금하였고, 조선의 잘못된 교육에 대하여 비판하였으며, 그 대안을 제시하고자 노력하였다. 특히『동자습』이나『사략』등 당시의 일반적인 교재에 비판적인 시각을 갖고 있던 이덕무는 이만운(李萬運)이 편찬한『기년아람(紀年兒覽)』을 수정·보완하여 아동 교재로 사용하고자 하였다.

정약용은 성호(星湖) 이래의 학습 기간에 대한 관심을 계승하여 학습 시기와 일수, 학습차제에 대한 독자적 견해를 제안하였다. 정약용은 순차적 학습차제 뿐만 아니라 별도로 교차적 학습차제도 제안하였다. 그역시『천자문』·『십구사략』·『통감절요』와 같이 조선에서 보편적으로 활용하고 있던 초학 교재 대부분을 신랄하게 비판하였다. 따라서 그의 학습차제론에는 조선시대에 보편적인 초학 계제로 간주하였던 식자, 문해 교육이 없다. 그 역시『아학편』이라는 대체 교재를 편찬하였다.

조선 후기로 들어오면서 수신 교육의 비중이 약화되고 문해 교육이 강화되고 작시와 작문 교육이 조기에 이루어지는 현상을 보인다. 또『천자문』·『십구사략』·『통감절요』와 같은 대표적 교재들에 대한 문제가 본격적으로 제기되고 그 대안 교재가 만들어지는 것도 조선 후기 교육 현장의 중요한 양상이다. 그러나 조선의 사회와 교육계는 그들 교재가 문리를 쉽게 낼 수 있는 것이었기 체재·내용·가치관의 결함을 크게 문제삼지 않았다. 이는 조선의 과거제도와 밀접한 관계가 있으니, 쉽고 빠르게 문리를 내는 것을 능사로 여긴 것이다.

조선의 학습차제론은 '기초적 문해 교육 → 수신 교육 → 경전 교육'이라는 기본적 구조를 유지하되, 현실성을 지향하며 변화하였다. 또 효과적으로 활용할 수 있는 교재에 대한 모색도 끊임없이 이루어졌다. 조선의 학습차제론은 현실성을 고려하되 가치적 요소를 결코 망각하지 않았다는 점에서 현재의 교육과정에 시사하는 바가 크다고 하겠다.

참고문헌

金時習, 『梅月堂集』.
金宗直, 『佔畢齋集』.
徐居正 등, 『東文選』.
徐居正, 『四佳集』.
宋時烈, 『宋子大全』.
申欽, 『象村稿』.
安鼎福, 『順菴集』.
吳達運, 『海錦集』.
柳雲龍, 『謙菴集』.

柳徽文, 『好古窩集』.
李肯翊, 『燃藜室記述』.
李德懋, 『青莊館全書』.
李植, 『澤堂集』.
李裕元, 『林下筆記』.
李珥, 『栗谷全書』.
李瀷, 『星湖僿說』.
____, 『星湖全集』.
李廷龜, 『月沙集』.

李滉, 『退溪集』.
林泳, 『滄溪集』.
尹愭, 『無名子集』.
張福樞, 『四未軒集』.
丁若鏞, 『與猶堂全書』.
正祖, 『弘齋全書』.
韓元震, 『寒水齋集』.
洪大容, 『湛軒書』.

송재소, 『다산시연구』, 창작과비평사, 1986.
洪允杓, 『正俗諺解』, 홍문각, 1984.

노론의 한문 학습차제와
체계에 대한 연구

– 독서체계(讀書體系)와 강학(講學)의 측면에서 –

이군선

Ⅰ. 서론

 인류의 문화는 교육을 통해 전수된다. 학통(學統) 역시 마찬가지이다. 사람 간의 관계를 말하며 혈연(血緣)·지연(地緣)·학연(學緣)을 드는데 여기에서의 학연은 전통적으로 말하면 학통에 해당한다고 할 수 있다. 학통의 전수에는 교육이 필수다. 모든 학파는 교육을 통해 자신의 학통을 이어가고 인재를 양성하고 학설을 발전시켜 나간다. 그리고 전통시대에서 인재의 양성은 궁극적으로 자기가 속한 학파의 학설을 실제 정치에 실행하여 치군택민(致君澤民)을 실현하는 것이 그 목적이었다. 중세시대에서 정계(政界) 진출은 자신의 경륜(經綸)을 펼칠 수 있는 유일한 통로였다. 따라서 인재 양성은 그 학파와 학통의 미래를 위한 중요한 투자였던 것이다.

 본고에서는 노론(老論)이 취했던 학통을 이어가기 위한 학습차제와 학문의 체계에 대하여 살펴보고자 한다. 이를 위해 먼저 학문을 위한 몸가짐은 어떠하였는지에 대하여 바른 습관과 평소 생활 태도, 독서의 자세와 방법을 살펴볼 것이다. 평소 생활 태도와 독서의 자세와 방법은 노론만의 특징이라기보다 어느 당파에서든 공통적으로 중시했던 것으로 보인다. 따라서 여기에서는 노론의 특징을 부각하고자 하지 않고 다만 본격적인 학문에 들어가기 전에 어떤 생활 자세를 지녔으며 책을 대하는 마음가짐은 어떠하였는지 알아보고자 한다. 이어 독서의 체계와 강학의 중시로 나누어 노론의 특징을 살펴볼 것이다. 노론·소론(少論)·남인(南人) 모두 독서의 차례와 강학을 중시하였는데 어느 책을 기준으로 하는지에 따라 이들 당파간의 차이가 드러날 것이라고 생각한다. 전통적으로 남인 학문의 출발은 동인(東人)에 속하였던 퇴계(退溪) 이황(李滉)으로 보며 노론은 서인(西人)에 속했던 율곡(栗谷) 이이(李珥) - 사계(沙溪) 김장생(金長生) - 우암(尤庵) 송시열(宋時烈)로 이어지는 것으로 본다. 이에 따라 노론의 학문 자세와 학습차제는 대체로 율곡이 『격몽요결(擊蒙要訣)』에서 언급한 내용을 따른다. 율곡을 시작으로 노론계 학자들이 강조한 학문 태도와 학습 체계, 그리고 후생(後生) 교육에 대하여 차례로 살펴보기로 한다.

II. 학문을 위한 몸가짐

1. 바른 습관과 평소 생활 태도

후재(厚齋) 김간[金榦, 1646~1732]은 「동몽학규(童蒙學規)」에 아동들의 일상 수칙을 정해 놓았다. 김간은 우암 송시열의 문인으로 경설(經說)과 예론(禮論) 등에 관한 많은 저술을 남긴 인물이다. 「동몽학규」는 1701년 예산 현감으로 부임하였을 때 지은 것으로 아동들이 학습에 앞서 바른 습관을 들이도록 하는 데 중점을 두었다. 「동몽학규」는 미래의 학문 세대인 아동들을 그 대상으로 한다. 다음은 그 내용이다.

매일 이른 아침에 잠에서 깨어 반드시 옷을 여미고 띠를 바르게 하고 머리를 빗고 얼굴을 씻는다.

각각 자리에 나가 바르게 앉아 책상을 대하여 책을 펴고 조용히 읽고 외운다.

......

동료 중에 문리가 일찍 통한 자가 있으면 반드시 나아가 묻고 덕업이 일찍 이루어진 자가 있으면 반드시 법을 취하고 글의 뜻이 아직 통하지 못하여 의리에 의심할 만한 것이 있으면 먼저 동류와 소상하게 강마한 뒤에 스승의 앞에 나아가 질정한다.[1]

「동몽학규」에는 매일 아침 기상하여 용의를 단정히 하고 독서할 것과 여가가 생길 때, 교우 관계, 글쓰기 익히기와 낙서 금지, 어른 존중, 평소의 몸가짐, 청소 등에 대해서까지 꼼꼼하게 일상에서 해야 할 일을 말하였다. 눈여겨볼 점은 "동료 중에 문리가 일찍 통한 자가 있으면 반드시 나아가 묻고 덕업(德業)이 일찍 이루어진 자가 있으면 반드시 법을 취하고 글의 뜻이 아직 통하지 못하여 의리(義理)에 의심할 만한 것이 있으면 먼저 동류(同類)와 소상하게 강마한 뒤에 스승의 앞에 나아가 질정(質正)한다."라고 하여 지금의 스터디와 같은 형식으로 예습을 한 뒤에 스승에게 나아가도록 하였다는 것이다.

이러한 일상생활 수칙은 김간에게서만 나타나는 것은 아니다.

존재(存在) 위백규[魏伯珪, 1727~1798]의 「계당학규(溪堂學規)」에도 같은 내용의 생활 수칙이 있다. 존재는 1751년[영조 27] 봄에 병계(屏溪) 윤봉구[尹鳳九, 1681~1767]를 스승으로 삼고 스승이 있는 충청도 덕산(德山)까지 천 리 길을 오가며 성리학에 힘썼던 인물이다.

---

1) 金榦, 『厚齋集』, 「童蒙學規」. "每早朝睡起, 必斂衣正帶櫛髮洗面. 各就席危坐, 對案開卷, 從容讀誦. …… 儕類中如有文理早通者, 必就問焉, 如有德業凤成者, 必取法焉, 或有文義未達, 義理可疑者, 先與儕類消詳講劘後, 就質于師前."

하나, 붕우들끼리 서로 화목하고 공경하며 실수를 바로잡고 선을 권하는 데 힘쓸 것이며, 믿는 구석이 있다고 해서 서로 교만하지 말고, 자신이 옳다는 생각으로 서로 헐뜯지 말아야 한다.

하나, 덕이 높고 나이가 많은 한 사람을 추대하여 당장(堂長)으로 삼고, 또 학문이 뛰어난 자 한 사람을 추대하여 장의(掌議)로 삼아 모든 일을 여쭈어 처리한다.

하나, 매일 오경[五更 : 새벽 5시 쯤]에 잠자리에서 일어나 침구를 정리하고 방과 당(堂)을 청소하며, 모두 세수하고 머리 빗고서 의관을 정돈하고 글을 읽는다.

하나, 언어는 반드시 신중하게 해야 하니, 문자·예법·의리 등에 관한 이야기가 아니면 말하지 않는다.

하나, 궤안·서책·붓·벼루 등의 문구는 모두 제자리에 정돈해 두어 혹시라도 뒤섞여 어질러지지 않도록 한다.

......

하나, 평소에 반드시 의관을 바르게 하고서 손을 모으고 무릎 꿇고 앉기를 마치 웃어른 대하듯이 하며, 평상복을 입고 스스로 편하다고 여겨 외람되게 기대거나 드러눕지 말아야 한다.

하나, 학당에 있을 때나 개울을 건너거나 언덕을 오를 때 모두 차례차례 순서대로 하고, 또 사물을 완상하거나 이치를 궁리할 때에 서로 다투어 토론하거나 잡담을 하지 말아야 한다.

하나, 항상 거친 옷과 맛없는 음식을 부끄러워하지 않는 마음을 가져야 한다.

하나, 다른 사람의 잘못이나 단점을 말하지 말고, 남이 선행을 했을 때에 혹 시기하지 말며, 서로 장려하는 데 힘써야 한다. 조정의 득실과 관장의 현부(賢否)에 대해 말하지 말아야 한다.

하나, 의롭지 않은 방법으로 나아가 취하기를 바라서는 안 되니, 항상 "그 의(義)를 바르게 하되 그 이익을 도모하지 않으며, 그 도를 밝히되 그 공(功)을 따지지 않는다."라는 말로써 서로 바로잡고 경계해야 한다.

하나, 오늘날 과거 문장 또한 선비의 일이다. 그런데 세상 사람들은 으레 모두들 방탕하고 안일하게 장난삼아 희롱하면서 과거 문장을 익힌

다. 그러나 글을 짓는 핵심 방법이나 과거 문체의 지름길 또한 방심하는
자들이 능히 살펴 알 수 있는 일이 아니다. 이 재(齋)에서는 이러한 습속
을 따르지 말아야 한다.

하나, 이곳에 거처하는 동자에게 어른을 공경하도록 곡진하게 가르치
고, 한결같이 『소학(小學)』과 『곡례(曲禮)』로 가르침을 삼는다. 임의로
출입하면서 칼이나 낫을 함부로 사용하거나 먹으로 창문이나 벽을 더럽
히지 못하게 한다. 옷차림을 바르게 하여 어른을 모시고 강론을 듣게 하
며, 위험한 계곡과 바위에는 가지 못하게 한다. 그러나 너무 심하게 구속
해서 싫어하고 주눅이 드는 마음이 생기게 해서는 안 된다.

하나, 집에 돌아갈 때는 재중(齋中)에서 익힌 내용을 잊지 말고, 모든
일에 한결같이 그 마땅함을 따라야 한다.[2]

이 글을 보면 먼저 붕우와의 교제, 강당에서의 생활, 언어, 일용품의
정돈에서부터 일과(日課)까지 구체적으로 정하였다. 그리고 평소의 생활
자세, 언행 등 세세한 사항까지 말하며 과거(科擧) 문장 공부에서 글을
짓는 핵심 방법과 과거 문체를 익히는 지름길 등에 대해서도 방심하지
말 것과 어른 공경에 있어 『소학』과 『곡례』를 기준으로 하도록 하였다.
이는 공부에 앞서 기본자세를 갖출 것을 요구한 것이라고 할 수 있다.

이러한 생활 수칙의 강조는 노론 학파의 특징이라기보다는 조선시대

2) 魏伯珪, 『存齋集』, 「溪堂學規」. "一, 朋友務相和敬相規失相責善, 毋有挾以相驕, 一,
推德高年長者一人爲堂長, 又推學優者一人爲掌議, 凡事皆稟聽焉. 一, 每日五更起寢, 整
疊寢具, 掃室堂, 咸盥櫛, 正衣冠讀書. 一, 凡言語必信重, 非文字禮法義理等說, 不言.
一, 几案書冊筆硯之具, 皆整置其所, 無或錯亂. …… 一, 常時必正衣冠, 拱手危坐, 如對
尊丈, 無以褻服自便, 猥倚偃臥. 一, 在庭廡及游川陟丘, 皆秩秩有序, 亦皆玩物窮理, 無
相爭辯雜談. 一, 常以不恥惡衣食爲心. 一, 勿言他人過惡, 人有善行, 無或猜忮, 務相推
奬, 勿言朝廷得失, 官長賢否. 一, 無得以非義干進取, 常以正其義不謀其利, 明其道不計
其功, 相規警. 一, 今時場屋文, 亦是儒者之事, 世人例皆以放佚誹謔做之, 然制作之度,
時文之蹊程, 亦非放心者所能到得, 此齋勿遵此習. 一, 童子居此者, 長長諄諄教誨, 一以
小學及曲禮爲教, 無得任意出入, 亂用刀鎌墨污窓壁, 正衣帶侍長者聽講論, 無入溪谷巖
險之處, 然毋得拘束太刻, 使有厭屈心. 一, 有時歸家, 無忘齋中之習, 凡事一循其宜."

모든 학파에서 공통으로 나타나는 현상이라고 할 것이다.

2. 독서의 자세와 방법

일반적으로 노론의 학통은 율곡에서 우암으로 이어지는 것으로 파악한다. 따라서 율곡이 『격몽요결』에서 정해놓은 독서의 자세는 이후 노론계 독서 자세의 기준점이 되며 이는 후대 학자들도 지속적으로 강조하였다.

> 배우는 자는 항상 이 마음을 보존하여 사물에 휘둘려서는 안 된다. 반드시 이치를 궁리하여 선(善)을 밝힌 연후에야 마땅히 행해야 할 도(道)가 뚜렷하게 앞에 있어 진보할 수 있게 된다. 그러므로 도에 들어가는 데 이치를 궁구하는 것보다 더 먼저 할 것이 없으며, 이치를 궁구하는 데 있어 독서를 하는 것보다 먼저 할 것이 없으니, 성현의 마음을 쓴 자취와 본받을 선과 경계할 악이 모두 책에 있기 때문이다.
> 무릇 독서를 하는 자는 반드시 단정하게 팔짱을 끼고 바르게 앉아 공경스럽게 책을 대하되, 마음을 다하고 뜻을 극진히 하고 자세히 생각하고 깊이 이해해 깊은 의미를 알되, 구절마다 반드시 그 실천할 방법을 구해야 한다. 만일 입으로만 읽지, 마음으로 체득하지 못하고 몸으로 행하지도 못한다면, 글은 저대로 글일 뿐이요, 또한 나는 나대로 나일뿐이니 무슨 이익이 있겠는가. …… 독서를 할 때에는 반드시 책 한 권을 숙독하여서 의미를 모두 알아 의심이 없이 훤히 알게 된 후에 다른 책으로 바꿔 읽어야 하니, 많이 읽으려고 욕심내고 무언가 얻어 내는 데만 힘써 이것저것 바삐 보아 넘겨서는 안 된다.[3]

---

3) 李珥, 『栗谷全書』, 「讀書章第四」. "學者常存此心, 不被事物所勝, 而必須窮理明善, 然後當行之道, 曉然在前, 可以進步, 故入道莫先於窮理, 窮理莫先乎讀書, 以聖賢用心之迹及善惡之可效可戒者, 皆在於書故也. 凡讀書者, 必端拱危坐, 敬對方冊, 專心致志, 精思涵泳, 涵泳者, 熟讀深思之謂, 深解義趣, 而每句必求踐履之方, 若口讀而心不體身不行, 則書自書我自我, 何益之有. …… 凡讀書, 必熟讀一冊, 盡曉義趣, 貫通無疑, 然後乃改讀

율곡은 이치를 궁구하는 것에 독서의 목적을 두었다. 그리고 그 자세
는 단정하고 바르게 앉아 마음을 다하고 뜻을 극진히 하며 자세히 생각
하고 깊이 이해하여 참된 의미를 찾되 실천 방도를 강구해야 한다고 하
였다. 그렇지 않으면 책은 책대로, 사람은 사람대로일 뿐으로 삶에 아무
런 보탬이 되지 못한다고 보았다. 그리고 책을 읽을 때는 반드시 한 책을
익숙하게 읽어 그 책의 내용을 관통하는 것이 중요하지 많이 보려고 대
충대충 독서하면 안 된다고 하였다. 이는 진도에 욕심내어 빨리빨리 많
이 읽으려는 태도를 경계한 것이라고 할 수 있다.

김간이 언급한 책을 대하는 자세도 율곡의 말과 큰 차이가 없다.

> 책을 읽을 때는 엄숙하게 책을 대하여 잠심하여 완미하여 입으로 문자
> 를 외우며 마음이 밖의 일로 치달리게 하여 책은 책이고 나는 나인 병통이
> 있게 하지 말라.
> 대체로 읽는 책은 너무 가까이 두어 해지거나 더렵혀지지 않게 하고
> 던지거나 끌어서 부서지거나 손상되지 않게 하고 책 읽기가 끝나면 반드
> 시 말아 묶어 가지런하게 한 뒤에 일어나며 절대로 기울거나 흐트러지게
> 하지 말라.
> 밤에는 반드시 등을 켜고 책을 읽는데 만약 정신이 게을러지고 잠이
> 오면 혹은 뜰을 산보하거나 혹은 물로 얼굴을 씻어 정신이 맑아지고 잠이
> 물러나기를 기다려 다시 앉아 책을 읽어 밤이 오랜 뒤에 잠을 잔다.
> 읽는 횟수는 모름지기 백으로 헤아리고 천으로 헤아릴 정도에 이르러
> 반드시 처음과 끝이 익숙하고 뜻이 투철히 통하는 것으로 한계를 삼아야
> 한다.
> 읽을 때는 반드시 모름지기 고인의 어버이를 사랑하고 형을 공경하며
> 스승을 높이고 벗을 친히 하는 방법을 묵묵히 알아 내 몸에 체득되게
> 하고 더욱 어린 때의 뜻을 버리고 옛 습관을 고치는 등의 일에 힘을 써야

他書, 不可貪多務得, 忙迫涉獵也.”

한다.

　읽은 수가 이미 차서 외우게 되면 차례로 스승의 앞에 들어가 손을
모으고 바르게 꿇어 앉아 각각 어제 배운 글을 외우고 외우기가 끝나면
공부할 것을 받고서 물러난다.

　외울 때에는 덜 되었는지 익숙한지 보고 외운 뒤에 글의 뜻을 묻는다.
또 열흘마다 열흘 동안 배운 것을 전부 읽게 하여 책의 내용을 꿰뚫어
익숙하게 할 것을 기약한다. [4]

김간은 「동몽학규」에 책을 읽을 때의 마음 자세, 책의 간수, 정신을
맑게 하여 책을 읽고 늦은 시간까지 읽을 것, 독서 방법 및 바른 습관들
이기, 일과와 확인, 스승 앞에서의 강(講)과 공부 및 확인 방법 등에 대하
여 꼼꼼하게 제시하였다. 특히 다음의 언급은 율곡의 말을 심화시켜 말
한 것으로 파악할 수 있다.

　대체로 독서는 반드시 정밀히 생각하고 익숙하게 읽어 반드시 지취를
관통하고 심신에 체험하는 것으로 주장을 삼아야지, 다만 강설하여 입과
귀의 자료로 삼아서는 안 된다. 일찍이 보니 정자께서 말씀하시길 "글의
뜻을 깨닫지 못하고 그 의리에 능통한 자는 아직 있지 아니하다."라고
하셨고 또 "작게 의심하면 작게 나아가고, 크게 의심하면 크게 나아간다."
라고 하셨다. 이 말은 진실로 맛이 있으니 살피지 않아서는 안 된다. [5]

---

4) 金榦, 『厚齋集』, 「童蒙學規」. "讀書時, 肅然對冊, 潛心玩味, 無使口誦文字, 心馳外事,
　而有書自書我自我之病也. 凡所讀書冊, 無得太逼, 以致壞汚, 無得投曳, 以致破傷, 讀畢
　必卷束齊整而後起, 切勿使斜敧散亂. 夜必張燈讀書, 若神倦眠侵, 或散步中庭, 或以水沃
　面, 俟其神淸眠退, 復坐讀書, 夜久乃寢. 讀數須至百算千算, 必以首尾爛熟, 義意通透爲
　限. 讀時必須默會古人愛親敬兄隆師親友之道, 體之於吾身, 而尤爲用力於棄幼志革舊習
　等事. 讀數旣滿成誦, 以次入于師前, 拱手危跪, 各誦昨日所受文字, 誦畢受業而退. 誦時
　觀其生熟, 誦後問其文義, 又每句令通讀一句所受, 期於通貫浹洽."
5) 金榦, 『厚齋集』, 「勸諭境內童蒙文」. "一, 凡讀書, 要須精思熟讀, 必以通貫指趣, 體驗身
　心爲主, 不可徒爲講說, 以資口耳而已. 嘗觀程子曰未有不曉文義而能通其義者. 又曰小
　疑則小進, 大疑則大進. 此言眞實有味, 不可不察也."

이는 김간이 「권유경내동몽문(勸諭境內童蒙文)」에서 한 말로 율곡이 주장했던 정밀히 생각하고 익숙하게 읽어 지취를 관통하고 심신에 체험하는 것이 올바른 독서이지, 남에게 보여주기 위해 강설하여 입과 귀의 자료로만 삼아서는 안 된다는 것이다. 책을 읽을 때에는 그 내용의 체득에 힘써야 할 것을 주장한 것이다.

지촌(芝村) 이희조[李喜朝, 1655~1724] 역시 독서는 차례를 따르고 정밀하게 해야 한다고 하였다. 이희조는 송시열의 문인으로 노론·소론이 나누어지기 전에는 박세채(朴世采)를 따랐으나 윤휴(尹鑴)를 이단(異端)으로 배척하고 윤증(尹拯)에 대하여 배사론(背師論)으로 일관하면서 송시열의 노론을 옹호한 인물이다.

> 독서하는 방법은 또 반드시 차례를 따라 정밀하게 함에 이르러야 하니 익숙하게 읽고 외워 한 책을 관통하여 뜻과 맛을 모두 안 연후에 다른 책으로 바꿔 읽을 수 있다. 만약 많은 것을 탐하고 얻기를 힘쓴다면 비록 천 권을 다 읽더라도 또한 무슨 이익이 있겠는가?[6]

많은 책을 보는 것보다 한 책이라도 정밀하게 보아야 한다는 것이다. 한 책이라도 정밀하게 보아야 한다는 것 역시 대부분의 학자들이 공통적으로 가지고 있던 관점으로 보인다.

김원행(金元行)은 "무릇 독서할 때는 반드시 용모를 가다듬고 똑바로 앉아 집중하여 뜻을 기울여 의미를 힘써 궁구해야지, 서로 돌아보며 얘기해선 안 된다.[凡讀書, 必整容危坐, 專心致志, 務窮義趣, 毋得相顧談話.]" 라고 하여 자세를 바로하고 독서할 것을 강조하였다. 김원행은 김제겸

---

6) 李喜朝, 『芝村集』, 「鄉校會講日書示諸生文」. "讀書之法, 又必循序致精, 熟讀成誦, 通貫一冊, 盡曉義趣, 然後方可改讀他書. 若貪多務得, 忙迫涉獵, 則雖盡讀千卷, 亦何益哉?"

(金濟謙)의 아들로, 당숙인 김숭겸(金崇謙)에게 입양되어 종조부 김창협 (金昌協)의 손자가 되어 김창협의 적전을 이어간 인물이다. 김원행은 "학 자가 공맹의 도리를 배우고자 한다면 주자를 배우지 않고서 어찌하겠는 가? 주자의 도를 배우고자 한다면 우암을 배우지 않고서야 되겠는가?" 라고 하였다.[7] 이는 김원행이 주자의 도통이 우암에게 이어지고 있다고 보고 자신도 그 학통을 계승하고 있음을 말 한 것이라고 할 수 있다.

> 하나, 무릇 궤안·서책·붓·벼루 등의 물건은 항상 일정한 곳에 두어야 지 혹시라도 정돈하지 않고 어질러서는 안 된다. 담배·타액·콧물이나 낙서로 창이나 벽을 더럽혀서는 안 된다. −또한 신을 신고 당에 올라서도 안 된다.−[8]

김원행은 석실서원에서 강학하며 「석실서원학규(石室書院學規)」에 배 우는 자들의 태도에 대하여 자세하게 언급하였다. 윗글에서도 책의 정 돈에서부터 일상에서 소홀히 하기 쉬운 것들을 잘 지키도록 경계하고 있다. 김원행은 재(齋)에서 함께 생활하며 경계할 일곱 가지 조목을 특별 히 들어 제시해 놓았다.

> 첫째, 조정의 이해, 변방의 소식, 관원의 임명에 대해 말하지 않는다. 둘째, 주현(州縣) 관원의 장단점과 잘잘못을 말하지 않는다. 셋째, 여러 사람이 저지른 과실과 악행을 말하지 않는다. 넷째, 벼슬하여 관직에 나 아간다든가 시세에 붙좇고 권세에 아부하는 말을 하지 않는다. 다섯째, 재화의 많고 적음과 가난을 싫어하고 부를 추구하는 말을 하지 않는다. 여섯째, 음탕하고 친압하고 희롱하고 불경함과 여색에 대한 평을 하지

7) 김인규(2012), 188쪽.
8) 金元行, 『渼湖集』, 「石室書院學規」. "一, 凡几案書冊筆硯等物頓置, 皆有常處, 毋或散 亂不整, 不得以煙茶唾洟戱筆, 點汙窗壁. 亦不得着履升堂."

않는다. 일곱째, 남에게 물건을 요구하거나 술과 음식을 찾는 말을 하지 않는다.[9)

　여기에서 제시한 내용은 몸가짐과 관련한 것이다. 1722년 신임사화 (辛壬士禍) 때 조부 김창집(金昌集)이 노론 4대신으로 사사되고, 생부 김 제겸과 친형인 김성행(金省行)·김탄행(金坦行) 등이 유배되어 죽임을 당 하자, 벼슬할 뜻을 버리고 학문에 전념한 김원행으로서는 조정의 이해 와 주현(州縣)의 관원들의 장단점을 말하지 말 것과 벼슬에의 동경(憧憬) 을 금하는 등의 언급은 어찌 보면 당연한 것이었다. 이러한 것들에 대하 여 논하게 되면 시휘(時諱)에 저촉되는 언급을 하여 화를 당할 염려도 있고 마음 자세가 들뜨게 되어 이를 경계하였던 것이다. 그리고 새벽부 터 밤늦게까지 일과를 두어 해이하게 생활하지 않도록 하였다. 김원행 은 독서를 하거나 조용히 앉아 마음을 보존하거나 의리를 강론하는 모 든 것을 학문의 일환으로 보았다.

　　하나, 새벽에 일어나 밤에 잠들 때까지 하루 종일 반드시 일삼는 바를 두어 마음이 잠시도 해이해지지 않아야 한다. 독서를 하거나 고요히 앉아 서 마음을 보존하거나 의리를 강론하는 것이 학업이 아님이 없으니, 이런 것을 하지 않는다면 학자가 아니다.
　　하나, 책은 서원 문 밖으로 가지고 나가선 안 되고, -재(齋)에서 지낼 때 만일 책을 읽고 싶으면 표기(標記)에 성(姓)까지 갖추어 서명한 것을 담당자인 서재생(西齋生)에게 주고서 꺼내 가고, 다 보고 나면 즉시 담당 자에게 주어 서주(書廚)에 도로 비치해 두면 비로소 떠난다. 그 표기에 기재한 책을 만약 잃어버렸다면 준 자와 받은 자에 대해 모두 처벌을 논의하고 환수한다. -[10)

9) 金元行, 『渼湖集』, 「石室書院學規」, "一不言朝廷利害邊報差除. 二不言州縣官員長短得 失. 三不言衆人所作過惡. 四不言仕進官職趨時附勢. 五不言財利多少厭貧求富. 六不言 淫媟戲慢評論女色. 七不言求覓人物干索酒食."

존재 위백규도 「계당학규(溪堂學規)」에 계당(溪堂)에서 아침부터 저녁
까지 반드시 해야 할 일이 학문이라 하고 매일같이 오전에는 한 책을
정해서 읽고 점심에는 『가례』를 익히며 밤에는 『염락풍아(濂洛風雅)』를
외우게 하였다. 어른의 경우에는 점심에 『가례』를 익히고 밤에는 『염락
풍아』를 읽게 하였으며, 아동의 경우 오전에는 어른들과 마찬가지로 자
기가 배울 책을 읽으며 오후에는 『소학』을 강하고 저녁에는 『격몽요결』
을 외우도록 하였다.

> 하나, 아침부터 저물녘까지 반드시 해야 할 일이 있으니, 혹 독서하고
> 혹 학업을 청하거나 더 가르쳐 주기를 청하여, 학문의 일이 아닌 것이
> 없도록 한다.
> 하나, 어른은 매일 한 가지 책을 범위를 정하여 읽고, 오시(午時)에는
> 『가례(家禮)』-『상례비요(喪禮備要)』와 『의례문해(疑禮問解)』 및 여러
> 선현의 예설(禮說)을 포함한다.-를 강론하고, 저녁 이후에는 『염락풍아
> (濂洛風雅)』를 읊조리며 외운다.
> 하나, 동자는 매일 한 가지 책을 범위를 정하여 읽고, 오후에는 『소학』
> 을 차례로 돌아가면서 강(講)하며, 저녁에는 『격몽요결』을 외운다.[11]

그리고 여타의 학자들과 마찬가지로 한 권의 책이라도 정밀하게 읽을
것을 말하였다.

---

10) 金元行, 『渼湖集』, 「石室書院學規」. "一, 自晨起至夜寢, 一日之間, 必有所事, 心不暫
懈. 或讀書, 或靜坐存心, 或講論義理, 無非學業, 有違於此, 卽非學者. 一, 書不得出門,
居齋時, 如欲看讀以標記, 具姓着署, 授西齋生之典守者而出之, 覽畢, 卽付典守者, 還置
書廚而始去, 其標記如有闕失之患, 則授受者皆論罰而推遷之, 色不得入門, 博奕等具, 亦
不得入, 酒不得釀, 刑不得用, 謂諸生以私事施笞杖之類, 若屬人得罪, 院中行罰者, 不在
此例, 但如守僕庫直, 非齋任則亦不得擅罰."

11) 魏伯珪, 『存齋集』, 「溪堂學規」. "一, 自朝至暮, 必有所事, 或讀書或請業請益, 無非學問
之事. 一, 長者每日課讀一書, 午時講家禮, 喪禮備要, 疑禮問解及諸賢禮說, 夕後諷誦濂
洛風雅. 一, 童子每日課讀一書, 午後輪講小學, 夕誦擊蒙要訣."

비록 한 권의 책이라도 또한 순서대로 정밀함을 다하여 하루에 3~4장 혹은 1~2장을 읽는 데 불과해도 힘을 헤아려 읽어 글자마다 익숙해지고 문장마다 알게 되어 점점 젖어 무젖게 되면 매우 재미가 있다. 이와 같이 하여 한 권을 읽으면 마음에 한 권의 고훈을 통한 사람이 되니 또한 다행스럽지 않겠는가. 절대로 많은 것을 탐내고 넓을 것을 힘쓰기를 피하고 지금 다만 일생동안 한 권의 책에 능통하는 것으로 마음을 삼아 천천히 힘을 쓰는 것이 좋을 것이다.[12]

독서를 하며 한 권의 책이라도 정밀하게 보는 습관을 들이는 것은 예나 지금이나 독서의 중요한 방법이다. 정밀하게 읽어 책의 내용을 정확하게 이해하여야 책을 읽었다고 할 수 있기 때문이다. 특히나 문학 위주의 성향이 아닌 학문을 위한 독서를 해야 했던 학자들에게 있어 정밀한 독서를 통한 의리에 대한 이해는 매우 중요하게 요구되는 일이었던 것이다.

Ⅲ. 체계적인 독서와 강학

1. 독서의 체계

율곡은 독서의 차례에 대하여 다음과 같이 말하였다. 이후 율곡이 정한 이 독서의 차례는 노론계 학자들의 독서 차례가 되었다.

먼저 『소학(小學)』을 읽어 부모를 섬기고, 형을 공경하며, 임금에게 충성하고, 웃어른에게 순종하며, 스승을 높이고, 벗과 친하게 지내는 도

---

12) 李端夏, 『畏齋集』, 「答安重烈」. "雖一卷書, 亦循序致精, 一日不過讀三四章或一二章, 量力讀之, 字字爛熟, 章章融會, 漸漬浹洽, 則極有滋味. 如是而讀得一卷, 則爲通一卷古訓之人於心, 亦不爲幸乎. 切忌貪多務廣, 今但以一生能通一卷書爲心, 徐徐用功可也."

리를 하나하나 자세히 음미하여 힘써 행해야 한다.

그 다음에는 『대학(大學)』 및 『대학혹문(大學或問)』을 읽어서, 이치를 궁구하고 마음을 바르게 하며, 몸을 닦고, 사람을 다스리는 도리를 하나하나 참으로 알아내어 이를 실천하여야 한다.

그 다음에는 『논어(論語)』를 읽어서, 인(仁)을 구하고, 자신을 위한 학문을 하고, 본원을 함양하는 공부에 대해 하나하나 자세히 생각하여 깊이 체득하여야 한다.

그 다음에는 『맹자(孟子)』를 읽어서, 의리(義利)를 밝게 분변하는 것과 인욕(人欲)을 막고 하늘의 이치를 보존하는 설(說)에 대해 하나하나 밝게 살펴서 이를 확충해 나가야 한다.

그 다음에는 『중용(中庸)』을 읽어서, 성정의 덕과 이치를 미루어 아는 공과 만물이 길러지는 오묘한 이치를 하나하나 음미하고 찾아내어 거기에서 얻는 것이 있어야 한다.

그 다음에는 『시경(詩經)』을 읽어서, 성정(性情)의 그릇됨과 올바름, 선을 표창하고 악을 경계한 일들을 하나하나 깊이 궁구하여 감동을 느껴 자신의 행동을 징계(懲戒)하여야 한다.

그 다음에는 『예경(禮經)』을 읽어서, 하늘의 이치가 알맞게 드러나는 것과 사람이 지켜야 할 법칙의 도수에 대해 하나하나 그 이치를 궁구하여 확립하는 바가 있어야 한다.

그 다음에는 『서경(書經)』을 읽어서, 요(堯)·순(舜)·우(禹)·탕(湯)·문왕(文王)·무왕(武王)이 천하를 다스린 대경륜(大經綸)과 대법(大法)에 대해 하나하나 요령을 얻고 그 근본으로 거슬러 올라가야 한다.

그 다음에는 『주역(周易)』을 읽어서, 길흉(吉凶)·존망(存亡)·진퇴(進退)·소장(消長)의 기미를 하나하나 관찰하고 음미하여 끝까지 연구해야 할 것이다.

그 다음에는 『춘추(春秋)』를 읽어서, 성인(聖人)의 착한 사람에게는 상을 주고, 악한 사람에게는 벌을 주어 잘못은 억누르고 잘한 일은 드높여 주어, 조종하는 은근한 말과 심오한 뜻을 하나하나 정밀히 연구하여 깨달아야 한다.

5서와 5경을 돌려가면서 많이 읽어, 끊임없이 이해하면 의리가 나날이

밝아질 것이다. 그리고 송나라 때의 선현들이 지은『근사록(近思錄)』·
『가례(家禮)』·『심경(心經)』·『이정전서(二程全書)』·『주자대전(朱子大
全)』·『주자어류(朱子語類)』와 같은 서적과 그 밖의 성리학설을 틈틈이
정독하여 의리가 항상 내 마음에 젖어 들어 어느 때고 끊임이 없어야
한다. 그리고 남은 힘으로는 역사서를 읽어 고금의 일과 사건의 변천에
통달하여 식견을 길러야 한다. 이단이나 잡다한 류의 바르지 못한 서적은
잠시라도 펼쳐 보아서는 안 될 것이다.[13]

도학(道學)을 위주로 했던 율곡에게 있어 경서(經書)와 성리서(性理書)
는 필수로 읽어야 할 것이었지만 여가에 역사서(歷史書)를 더 읽도록 하
였다. 다만 성리설(性理說) 이외의 이단(異端)에 해당하는 서적은 보지
말 것을 주문한 것은 순수한 학문을 위한 것으로 보인다. 율곡이 정한
이 독서의 차례는 동춘당(同春堂) 송준길[宋浚吉, 1606~1672]도 그대로 준
용할 것을 말하였다.

　　선생이 율곡 선생의『격몽요결』중에 있는 격언 수십 여 조항을 취해
　　좌석 옆에 써 붙여 놓고서 항상 눈을 그곳에 두었다. 선생은『격몽요결』
　　가운데 독서차제(讀書次第)를 더욱 학자들이 수용할 중요한 법으로 여
　　겨, 학도를 가르칠 때에도 그 제도를 따랐다.

13) 李珥,『栗谷全書』,「讀書章第四」. "先讀小學, 於事親敬兄忠君弟長隆師親友之道, 一一
詳玩而力行之. 次讀大學及或問, 於窮理正心修己治人之道, 一一眞知而實踐之. 次讀論
語, 於求仁爲己, 涵養本原之功, 一一精思而深體之. 次讀孟子, 於明辨義利, 遏人慾存天
理之說, 一一明察而擴充之. 次讀中庸, 於性情之德, 推致之功, 位育之妙, 一一玩索而有
得焉. 次讀詩經, 於性情之邪正, 善惡之褒戒, 一一潛繹感發而懲創之. 次讀禮經, 於天理
之節文, 儀則之度數, 一一講究而有立焉. 次讀書經, 於二帝三王治天下之大經大法, 一一
領要而溯本焉. 次讀易經, 於吉凶存亡進退消長之幾, 一一觀玩而窮硏焉. 次讀春秋, 於聖
人賞善罰惡抑揚操縱之微辭奧義, 一一精硏而契悟焉. 五書五經, 循環熟讀, 理會不已, 使
義理日明, 而宋之先正所著之書, 如近思錄, 家禮, 心經, 二程全書, 朱子大全, 語類及他
性理之說, 宜間間精讀, 使義理常常浸灌吾心, 無時間斷, 而餘力亦讀史書, 通古今, 達事
變, 以長識見. 若異端雜類不正之書, 則不可頃刻披閱也."

동춘당 바로 후대인 외재(畏齋) 이단하[李端夏, 1625~1689]는 한문 4대
가의 한 사람으로 이조판서를 지낸 이식[李植, 1584~1647]의 아들이고
송시열의 문인이다.

> 학문을 하는 방도는 순서대로 하여 정밀함에 이르는 것 보다 귀한 것이
> 없다. 먼저『소학』을 읽고 다음으로『대학』을 읽으며 다음으로『논어』와
> 『맹자』를 읽고 다음으로『중용』을 읽어『시경』·『서경』·『주역』등 여러
> 경서를 읽는다. 이것이 바로 종신토록 해야 할 독서의 차례인 것이다.
> 이것에 능통하면 대유(大儒)라 이를 수 있으니 이것이 어찌 쉽겠는가.[14]

이단하 역시『소학』·『대학』·『논어』·『맹자』·『중용』·『시경』·『서경』
·『주역』의 독서 차례를 따를 것을 말하였다.

후재 김간은 아동의 독서를 위해『동몽수지』와『효경』을『소학』전에
읽을 것을 말하였다.『소학』다음에『가례』를 읽게 한 점은 주목할 만하
다.『가례』는 대부분의 노론계 학자들이 중시하였으며『가례』의 내용에
의문이 있을 경우『격몽요결』의 예(禮)를 참고하게 한 것은 노론 계열의
특징이라 할 수 있다.[15]

> 학규 독서 차례
> 먼저『동몽수지』를 읽고 다음으로『효경』을 읽으며 다음으로『소학』
> ·『가례』를 읽고 다음으로『대학』·『심경』·『근사록』을 읽으며 다음으로
> 『논어』를 읽고 다음으로『맹자』를 읽고 다음으로『중용』을 읽고 다음으
> 로『서경』을 읽고 다음으로『시경』을 읽으며 다음으로『예기』를 읽고 다

---

14) 李端夏,『畏齋集』,「答安重烈」. "爲學之方, 莫貴於循序致精, 先讀小學, 次讀大學, 次
   讀論孟, 次讀中庸, 以及詩書易諸經. 此乃終身讀書次第也. 能通乎此, 可謂大儒, 而此豈
   易也."
15) 일례로 동춘당이『가례』에 나오는 예(禮)에 대하여 의심나는 것을 사계(沙溪)에게 물었
   을 때 사계는 율곡의『격몽요결』을 예로 들어 답한 것에서 이러한 점을 확인할 수 있다.

음으로『주역』을 읽으며 다음으로『춘추』와『강목(綱目)』을 읽는다. 이
외에『이정전서』와『주자대전』·『성리대전』을 읽는다.[16]

8세 이상은 먼저『동몽수지』·『효경』·『소학』을 읽고 15세 이상으로 문
리가 조금 통한 자라야 바야흐로『대학』·『대학혹문』·『가례』·『심경』·
『근사록』·『논어』·『맹자』·『중용』을 읽는다.[17]

이어『소학』과『가례』를 읽은 다음『대학』·『심경』·『근사록』을 읽고
경서(經書)로 나아갈 것을 말하였다.

이희조 역시 「향교회강일서시제생문(鄉校會講日書示諸生文)」을 통해
위에서 언급한 독서의 차례를 중시하도록 하였으며『근사록』·『가례』
·『심경』등과 아울러 송대 유학자의 글을 우선할 것을 주장하였다.

책을 읽음에 전모(典謨) 경전(經典) 염락관민(濂洛關閩)의 글을 먼저
하지 않는다면 이는 아마도 월(越)나라로 감에 수레를 북으로 하는 것이니
또 어찌 도에 나아가기를 바랄 수 있겠는가. 독서의 차례에 이르러서는
선유가 이미 논한 것이 있으니 먼저『소학』을 읽고 다음으로『대학』을
읽고 또 다음으로『논어』를 읽고 또 다음으로『맹자』를 읽는다. 다음으로
『중용』을 읽고 또 다음으로『시경』을 읽고 또 다음으로『예경』을 읽고
또 다음으로『역경』을 읽고 또 다음으로『춘추』를 읽는다.『근사록』과
『가례』·『심경』등의 여러 책도 또한 읽지 않을 수 없다.[18]

---

16) 金榦,『厚齋集』,「童蒙學規」. "學規讀書次第. 先讀童蒙須知, 次讀孝經, 次讀小學家禮,
  次讀大學心經近思錄, 次讀論語, 次讀孟子, 次讀中庸, 次讀書次讀詩次讀禮次讀易, 次讀
  春秋及綱目, 此外二程全書朱子大全性理大全, 其他諸子百家, 亦皆兼看旁通."

17) 金榦,『厚齋集』,「勸諭境內童蒙文」. "八歲以上, 先讀童蒙須知孝經小學, 十五以上文理
  稍通者, 方讀大學及問家禮心近論孟中庸等書.揚確古今, 以至閭里苦樂, 政令得失, 亦
  皆細加消詳, 有所裨益, 則豈不幸哉. 豈不休哉."

18) 李喜朝,『芝村集』,「鄉校會講日書示諸生文」. "讀書而不先於典謨經傳濂洛關閩之書, 則
  是殆適越而北轅矣. 豈有適道之望哉至於讀書次第, 則先儒已有所論, 先讀小學, 次讀
  大學, 又次讀論語, 又次讀孟子, 又次讀中庸, 又次讀詩經, 又次讀禮經, 又次讀易經, 又

도암(陶菴) 이재[李縡, 1680~1746]는 김창협의 문인으로 호락논쟁(湖洛
論爭) 당시 이간(李柬)의 학설을 계승하여 낙론(洛論)을 주창한 인물이며
만년에 한천(寒泉)에 은거하면서 후학을 길렀다. 도암의 독서 차례도 위
에서 언급한 학자들과 비슷하며 역시『가례』를 읽도록 하였다.

> 독서의 차례는『소학』을 먼저하고 다음은『대학』으로『대학혹문』을
> 겸한다. 다음은『논어』이고 다음은『맹자』이며 다음은『중용』이며 다음
> 은『시경』이고 다음은『서경』이고 다음은『역경』이다.『심경』·『근사록』
> ·『가례』등 여러 책은 혹은 먼저하고 혹은 뒤에 하여 순환하여 읽어야
> 한다.[19]

다음은 백수(白水) 양응수[楊應秀, 1700~1767]의 글이다. 양응수는 이
재의 문하에서 수학하였으며 일찍이 벼슬길에 뜻을 버리고 오로지 경학
과 성리학에만 전념하였고 김원행과 교유한 인물이다.

> 독서의 차례는 먼저『소학』을 하고 다음으로『대학』을 배우는데『혹문
> (或問)』과 같이 하며 다음으로『논어』를 하고 다음으로『맹자』를 하며
> 다음은『중용』, 다음은『시경』, 다음은『예경』, 다음은『서경』, 다음은
> 『역경』, 다음으로『춘추』를 하고『심경』·『근사록』·『가례』·『주자대전』
> 등 여러 책을 읽는데 혹은 먼저 하기도 하고 혹은 뒤로 하기도 하여 순환
> 하여 함께 읽되 과거 공부하는 자와 초학의 선비가 함께 공부하기 어려운
> 경우에는 하지 않는다.[20]

次讀春秋, 而至於近思錄, 家禮, 心經等諸書, 亦皆不可不讀."

19) 李縡,『陶菴集』,「深谷書院學規」. "一, 讀書次第, 先小學次大學 兼或問 次論語次孟子次
中庸次詩經次書經次易經, 而心經近思錄家禮諸書則或先或後, 循環讀過."

20) 楊應秀,『白水集』,「講會儀節」. "一, 讀書次第, 先小學, 次大學兼或問, 次論語, 次孟子,
次中庸, 次詩經, 次禮經, 次書經, 次易經, 次春秋, 而心經, 近思錄, 家禮, 朱子大全諸書,
則或先或後, 循環兼讀, 科擧及初學之士難於并治則否."

　　양응수의 경우도 도암이 제시했던 독서 차례와 거의 비슷하며 역시
『가례』를 배우도록 하였지만 대부분의 노론계 학자들이 과거 공부를 언
급하지 않은 반면 양응수는 특별히 과거 공부를 언급한 점이 다르다.

> 　　하나, 성현의 글이나 성리설이 아니면 서원에서 펼치고 읽지 말라. -사
> 서(史書)를 읽는 것은 허락한다.- 과거 공부를 하고 싶은 사람이라면 반
> 드시 다른 데서 익히도록 한다.
> 　　하나, 무릇 작문은 반드시 모두 의리에 바탕을 두어야지 이단(異端)의
> 해괴한 설을 집어넣어선 안 된다. 글씨를 쓸 때에도 반드시 단정하게 또
> 박또박 써야지 마음 내키는 대로 흘려 써서는 안 된다.[21]

　　이는 김원행의 글로 성현의 글과 성리설이 아니면 서원에서 보지 못
하게 하였다. "과거 공부를 하고 싶은 사람이라면 반드시 다른 데서 익
히도록 한다."라고 하여 석실서원(石室書院)에서는 절대 과거 공부를 하
지 못하게 하였다. 이를 보아도 과거를 단념하고 학문에 전심한 김원행
의 생각을 읽을 수 있다. 아울러 작문에 대하여도 이단(異端)의 설을 인
용하지 말 것과 글씨를 쓸 때 단정하게 쓰도록 하는 등에 대하여도 언급
하였다.

　　위에서 언급한 독서의 차례를 정리하면 다음과 같다.

---

21) 金元行, 『渼湖集』, 「石室書院學規」. "一, 非聖賢之書性理之說, 則不得披讀于院中, 史
　　冊則許讀, 若欲做科業者, 必習于他處. 一, 凡作文, 必皆本之義理, 毋得雜以異端詭怪之
　　說, 作字又必端嚴楷正, 毋得放意潦草."

인물	서명	비고
이이	『소학』·『대학』·『대학혹문』·『논어』·『맹자』·『중용』·『시경』·『예경』·『서경』·『주역』·『춘추』·『근사록』·『가례』·『심경』·『이정전서』·『주자대전』·『주자어류』	이단(異端) 및 잡다한 류의 서적은 보지 말 것
이단하	『소학』·『대학』·『논어』·『맹자』·『중용』·『시경』·『서경』·『주역』	
김간	『동몽수지』·『효경』·『소학』·『가례』·『대학』·『심경』·『근사록』·『논어』·『맹자』·『중용』·『서경』·『시경』·『예기』·『주역』·『춘추』·『강목』·『이정전서』·『주자대전』·『성리대전』	『동몽수지』·『효경』·『성리대전』 추가
이희조	『소학』·『대학』·『논어』·『맹자』·『중용』·『시경』·『예경』·『역경』·『춘추』·『근사록』·『가례』·『심경』	『서경』 없음
이재	『소학』·『대학』·『대학혹문』·『논어』·『맹자』·『중용』·『시경』·『서경』·『역경』·『심경』·『근사록』·『가례』	
양응수	『소학』·『대학』·『대학혹문』·『논어』·『맹자』·『중용』·『시경』·『예경』·『서경』·『역경』·『춘추』·『심경』·『근사록』·『가례』·『주자대전』	과거 공부 언급
김원행	성현의 글, 성리설이 아니면 읽지 말 것. 작문은 의리(義理)에 바탕을 두고 이단(異端)의 설을 인용하지 말 것.	과거 공부는 다른 곳에서 익힐 것

이를 보면 노론의 독서의 차례는 주로 동몽학(童蒙學)인 『소학』에서 시작하여 경서(經書)로 나아가고 성리서(性理書)를 섭렵하도록 하였다는 특징이 있다. 또한 『가례』를 배울 것을 말하였으며 『가례』의 내용에 의문이 가는 것은 동춘당(同春堂)의 경우처럼 『격몽요결』의 설을 따르도록[22] 하여 『격몽요결』을 중요한 근거로 삼고 있는 점도 특징이라 할 것이다. 소론계 학자들의 경우에는 노론계에서 갈라졌기 때문에 대체로 이러한 체계를 이어받았을 것으로 추정된다. 다만 소론계 학자의 경우에는 과거 공부에 대하여 자세한 언급을 하고 있는 경우도 있어 이에

---

22) 『동춘당집』 속집 제3권 「答郭智叔 己酉」를 보면 『가례』와 『격몽요결』의 예가 서로 다른 점에 대하여 곽시징(郭始徵)이 묻자 동춘당은 서로 다른 점을 인정하며 자신은 율곡의 논의를 따른다고 답하였다.

대해 보다 유연했던 것으로 보인다. 남인계 학자의 경우에는 『소학』이 기본서였으며 『심경』과 『근사록』이 중요시 되었던 것으로 보인다.[23)]

2. 강학의 중시

모든 학파는 교육을 통해 자기 학파의 학통을 전수하고 학설을 이어 가도록 한다. 노론계 학자 역시 후생의 교육에 심혈을 기울이는데 정치적 부침(浮沈)을 겪고 학문에 침잠한 학자에게서 이러한 경향은 더욱 두드러진다.

옛날 동몽(童蒙)의 학문은 말하고 먹을 수 있을 때부터 어버이를 사랑하고 윗사람을 공경하며 스승을 높이고 벗과 친하게 지내며 학문을 부지런히 하고 몸을 단속하는 방도를 가르쳤다. 8세 이상이 되면 소학(小學)에 들어갔고 15세 이상은 대학(大學)에 들어가 아침과 낮에 익히는 것과 날마다 쓰는 것으로 닦아야 할 것은 훈모(訓謨)에 젖어들고 덕성(德性)을 훈도(薰陶)하는 것 아님이 없다. 고인이 이른바 몽매한 이를 바름으로 기르는 것은 대체로 이 도를 말미암아야 한다. 나는 평소 기이한 병을 가지고 있고 또 아는 것이 없는데도 이 땅에 와서 다스린 것이 거의 넉달이 되었다. 공문서를 처리하고 여가에 스스로 경내의 동몽(童蒙)들을 거두는 것이 뜻을 두어 약속하여 학규(學規)를 만들고 조목을 엄격하게 세워 그들로 하여금 날마다 독서하도록 일과를 주어 조금도 놓아두고 지나가지 말게 하였다. 때로 또 서로 글의 뜻을 강의하고 질정하며 의심나고 알지 못하는 것을 토론하게 하니 피차의 사이에 서로 나아가고 교학상장(敎學相長)하는 이익이 있을 뿐만 아니라 생각해보니 부형이 된 자들

---

23) 이군선은 전기자료(傳記資料)에 나타난 서명(書名)을 중심으로 퇴계 학맥의 전개 양상을 살폈는데 퇴계 문인들이 읽은 책 중에서 많이 나오는 것이 『심경』과 『근사록』이었다. (이군선(2004), 69쪽.) 남인은 퇴계에게 연원을 두고 있어 대체로 이러한 성향은 후대에도 전승되었을 것으로 보인다.

도 또한 즐겨 듣고 기쁘게 따랐다. 그러므로 이 한 두 조약을 가지고 조목
을 다음과 같이 늘어놓으니 경내 동몽들 가운데 만약 따르기를 원하는
자가 있으면 면임(面任)은 즉시 보첩(報牒)을 만들어 때에 맞추어 거행하
도록 하였다.[24]

김간의 「권유경내동몽문(勸諭境內童蒙文)」도 『동몽학규』와 같이 예산
에 부임했을 때 지은 것이다. 김간은 예산에 부임한 지 네 달이 지나자
관내 동몽들의 교육에 뜻을 두게 되었다. 이에 「권유경내동몽문」을 지
어 조목을 정하고 배우기를 원하는 동몽들이 있으면 면임(面任)으로 하
여금 보첩(報牒)을 만들어 즉각 시행하게 하고 사대부, 서민을 막론하고
모두 공부할 수 있도록 하였다.

사대부와 장교 서민을 막론하고 학문에 뜻을 둔 모든 동몽들은 모두
와서 배울 것을 허락한다.

······

각 그 면 중에서 문학이 있고 잘 이끌어주어 동몽의 사범이 될 만한
자 한사람을 선택하여 훈장으로 삼고 그 규모를 바로하며 인도를 부지런
히 하여 경내의 동몽들로 하여금 보고 느끼고 흥기하는 효과가 있게 한
다. ○지난번에 화악동서당(華岳洞書堂)의 정문을 보니 학교를 세우고
스승을 두는 말이 있었는데 그 뜻이 매우 좋았다. 이에 이를 인하여 서당
의 선생을 추대하여 훈장으로 삼아 근처의 아동들을 가르치는 방도로
삼는다.

---

24) 金幹, 『厚齋集』, 「勸諭境內童蒙文」. "古者童蒙之學, 自能言能食, 敎以愛親敬長, 隆師
親友, 勤學檢身之方, 八歲以上, 入于小學, 十五歲以上, 入于大學, 朝晝之所肄習, 日用
之所刮磨, 無非浸漬謨訓, 薰陶德性, 古人所謂蒙養以正者, 率由是道也. 不佞素抱奇疾,
又無知識, 而來莅此土, 幾滿四朔. 朱墨之餘, 竊自有意於收拾境內童蒙, 約爲學規, 嚴立
科條, 使之課日讀書, 無少放過. 時又相與講質文義, 討論疑晦, 則不惟彼此之間, 有互進
相長之益, 想爲其父兄者, 亦且樂聞而悅從. 故玆將一二約條, 條列如左, 境內童蒙之中,
如有願從者, 面任卽爲牒報, 以爲趁時擧行之地."

　　매월 초하루와 보름에 훈장은 각각 동몽들을 거느리고 나란히 향교 혹은 서원에 모여 어떤 경우에는 불시에 넓고 한적한 곳을 찾아 동몽들로 하여금 그가 읽은 책을 강독하게 하거나 혹은 의심나는 뜻을 토론하게 하거나 혹은 부지런하고 태만한 것에 대하여 고과(考課)를 하게 하니 요점은 모두 배움에 이익이 있는 것으로 일을 삼아야 한다. 그중에 만약 혹 와서 질의하는 자가 있으면 나는 비록 매우 비슷한 점은 없지만 또한 마땅히 아는 것을 다하여 깨우쳐줄 것이다.

　　동몽들이 나란히 모이는 날에 나는 만약 관에 긴급한 일이 없으면 몸소 그 곳에 나아가 훈장들과 마주 앉아 함께 강한다. 동몽 중에 만약 글의 뜻을 잘 이해하고 뜻을 잘 통달한 자가 있으면 상을 주어 권면한다. 비록 능하지 못한 자가 있더라도 또한 마땅히 우선 가르쳐 점차 나아갈 것을 기대한다.

　　동몽들은 각각 읽은 책에서 생각이 있으면 차기하고 의심나는 것이 있으면 쪽지를 주어 나란히 모이는 때에 질의하고 논의할 것으로 삼는다.

　　독서의 여가에 또 한가한 날에 서로 예를 익히니 절하고 꿇어 앉고 읍하고 사양하고 나아가고 물러나며 오르고 내리는 절차와 같은 것은 또한 마땅히 알아야 할 것이다. 대개 배우는 자는 진실로 독서와 강학을 급선무로 삼아야 하지만 예모와 위의 또한 강하지 않아서는 안 된다.

　　유림(儒林) 제생(諸生) 중에 또한 의심나는 뜻을 서로 질정하는 자가 있으면 나는 물음에 나아가 사양하지 않을 것이다. 진실로 인연을 얻어 함께 경서를 토론하고 고금의 일에 대하여 비평을 하여 여리의 고락과 정령의 득실에 이르러서도 또한 모두 자세하게 소상함을 더하여 보탬이 되는 바가 있다면 어찌 다행스럽지 않겠는가. 어찌 아름답지 않겠는가.[25)]

---

25) 金榦, 『厚齋集』, 「勸諭境內童蒙文」. "一, 毋論士夫校庶, 凡童蒙之有志於學者, 皆許來學. …… 一, 各其面中擇有文學善誘掖可爲童蒙師範者一人, 爲之訓長, 正其規模, 勤其導迪, 使境內童蒙, 有觀感興起之效. ○頃見華岳洞書堂呈文, 則有建學立師之說, 其意甚好. 此則因以書堂之師, 推作訓長, 以爲敎誨傍近童幼之地. 一, 每朔望, 訓長各率童蒙, 齊會于鄕校或書院, 或以不時討得寬閑處, 使童蒙講其所讀書, 或論其疑義, 或課其勤慢, 要皆以有益於所學爲務. 其中如或有來質疑者, 不佞雖甚無似, 亦當竭其所知以諭之. 一, 童蒙齊會之日, 不佞若無官家緊宂, 當躬詣其處, 與訓長對坐共講. 童蒙中如有善解文義, 通達指趣者, 賞以勸之, 雖有不能者, 亦當姑爲敎之, 以待其漸次進益. 一, 童蒙各於其所

강회는 초하루와 보름에 실시하는데 동몽들에게 자신이 배운 책을 강독하거나 의심나는 뜻을 토론하게 하여 고과(考課)를 하여 배움을 소홀히 하지 않도록 하였다. 이러한 강학은 학풍을 진작하고 학문을 전수하는 기본적인 작업이다.

도암도 강학에 전념하였던 인물이다. 도암은 고암서원(考巖書院)뿐만 아니라 강학을 위해 건립된 서원이 향사(享祀)의 장소로 전락한 것에 대해 매우 안타깝게 여겨서 한천정사(寒泉精舍)와 심곡서원(深谷書院), 충렬서원(忠烈書院), 도기서원(道基書院) 등의 학규와 강규를 짓는 등 서원의 강학 활동에 적극 관여하였다. 이런 그의 관심과 활동은 도암 이재의 학맥이 확산되고 낙론(洛論) 학맥이 정립되는 결과로 이어졌다.[26]

다음은 「심곡서원학규(深谷書院學規)」이다.

> 배운다는 것은 사람이 되는 방법을 배우는 것이다. 사람이 되는 방도는 모두 『소학』 한 책에 있으니 그렇기 때문에 주자께서 "이것은 사람의 모양을 만드는 틀이다."라고 하였으니 학문에 뜻을 둔 선비가 이 책을 버린다면 무엇으로 하겠는가. 아. 우리 문정공(文正公) 정암 조광조 선생은 실로 우리나라 도학(道學)의 조종으로 그 학문은 한결같이 『소학』을 위주로 하여 사서와 『근사록』에 미쳤다. 대개 들으니 한훤당(寒暄堂) 김굉필(金宏弼) 선생은 노년에도 아직 소학동자(小學童子)로 자처하였는데 정암 선생은 젊어서 한훤당에게 학문을 하였기 때문에 이 책에 독실한 것이 이와 같다고 하니 그 연원(淵源)에 유래한 바가 있는 것이다. 우리 마을은 다행히도 선생의 장구(杖屨)를 여기에서 얻고 의복과 신발을 여기에서

讀之書, 有思則箚記, 有疑則付籤, 以爲齊會時質論之地. 一, 讀書之餘, 又以暇日, 相與
習禮, 如拜跪揖讓進退升降之節, 亦所當知. 蓋學者, 固以讀書講學爲急, 而禮貌威儀, 亦
不可不講也. 一, 儒林諸生中, 亦有欲以疑義相質者, 不侫竊願就問而不辭焉, 苟得緣此,
與之討論經籍, 揚確古今, 以至閭里苦樂, 政令得失, 亦皆細加消詳, 有所裨益, 則豈不幸
哉. 豈不休哉."
26) 이선아(2012), 21쪽.

얻고 여기에서 제사를 지내니 모든 우리 유자(儒者)의 복식(服飾)을 한 선비는 누구인들 풍모를 듣고 흥기하지 않겠는가? 지금부터 선생의 서원에서 유학하는 자들은 마땅히 선생이 읽은 책을 읽고 선생이 읽었던 책을 읽고자 해야 하고 또 마땅히 『소학』으로부터 시작해야 할 것이다. 어찌 함께 힘써야 하지 않겠는가?[27]

　도암은 정암(靜庵) 조광조(趙光祖)의 유적이 있는 용인(龍仁)의 심곡서원(深谷書院)에서 강학 활동을 하였다. 심곡서원은 조광조의 덕행을 추모하기 위해 세운 것이다. 도암은 심곡서원에서 『소학』을 기본서로 하였다. 도암은 『소학』을 사람이 되는 방법이 담겨 있는 책으로 파악하였고 정암 조광조가 평생 『소학』을 끼고 살며 소학동자(小學童子)로 자처한 한훤당 김굉필(金宏弼)에게서 수학(修學)하였기 때문에 이 책을 기본서로 하였던 것이다. 『소학』을 바탕으로 위에서 살펴본 독서의 차례로 나아가게 하였다.

　도암의 뒤를 이은 김원행의 석실서원(石室書院)에서의 강학 활동은 노론의 여론을 선도하면서 더 나아가서는 전국에 걸친 문인집단을 형성하였다. 여기에서 배출된 인물로 박윤원(朴胤源)·김이안(金履安)·홍대용(洪大容)·황윤석(黃胤錫)·오윤상(吳允常) 등이 있다.[28]

　김원행은 「석실서원학규(石室書院學規)」에서 강학을 매우 중시하였다.

　　재(齋)에 들어가는 규정은, 장유(長幼)와 귀천(貴賤)을 막론하고 독서

---

27) 李縡, 『陶菴集』, 「深谷書院學規」. "學者, 所以學爲人也. 爲人之方, 都在小學一書, 故朱子曰那箇是做人底樣子, 士之有志於學者, 捨是書奚以哉, 於惟我靜菴文正公先生, 實東方道學之宗, 而其學一以小學爲主, 以及於四書近思錄. 蓋聞寒暄金先生老年猶以小學童子自處, 先生少受學於寒暄, 故篤信是書如此, 淵源其有所自矣. 吾鄕幸而得先生杖屨於是衣履於是, 俎豆於是, 凡我縫掖之士, 孰不聞風而興起也哉. 自今游先生之院者, 當讀先生所讀之書, 欲讀先生所讀之書, 又當自小學始, 盍相與勉之."
28) 김인규(2012), 198쪽.

에 뜻을 두어 학문을 하는 자는 모두 들어갈 수 있다. 들어간 뒤에 만일
위의(威儀)를 닦지 않거나 말과 행동을 삼가지 않고 심지어 혹 처신을
잘못하고 행실을 그르쳐 선비의 풍모에 누를 끼치고 욕을 보이는 자가
있으면, 재임(齋任)이나 제생(諸生)이 회의를 하여 그 경중에 따라 좌석
에서 내쫓거나 서원에서 내쫓는다. 만일 과거에 패려한 행동을 한 사람이
들어오기를 원한다면 그로 하여금 먼저 과오를 고치고 행실을 신칙(申飭)
하도록 해서 그의 행위를 익히 살펴보아 그가 과실을 고쳤다는 것을 분명
하게 확인한 뒤에 들어오도록 허락한다.[29]

　강회에는 누구나 참여할 수 있도록 하였지만 처신을 잘못하고 행실을
그르치는 경우에는 강석(講席)에서 추방하거나 서원에서 추방할 수 있게
하여 학생들로 하여금 기본자세를 갖출 것을 요구하였다. 그리고 강회
(講會)의 일에 대하여 조목을 제시하였다.

　　하나, 강(講)하는 일은 원장(院長) -공·경·대부 가운데 현덕(賢德)이
　있고 선비들의 신망(信望)을 받는 자가 한다.- 이외에 또 따로 강장(講長)
　을 세워 함께 주관한다. -또한 경술(經術)과 행의(行義)가 있어 사람들에
　게 추앙받는 자가 하며, 거처의 원근이나 지위의 고하에 구애하지 말라.
　단 전적으로 강학만 주관하고 나머지는 관여하지 않는다.-
　　하나, 강안(講案)은 회중(會中) 사람들이 상의하여 기록해 작성한다.
　뒤늦게 참여하고 싶은 자가 있다면 추가로 기입하도록 허락하고, 먼 고장
　사람이든 주변 고을 사람이든 모두 구애하지 말라.
　　하나, 강(講)할 책은 반드시『소학』을 먼저하고, 다음은『대학』, -『혹
　문』을 겸한다.- 다음은『논어』, 다음은『맹자』, 다음은『중용』, 다음은
　『심경』과『근사록』으로 하고, 그런 뒤에 제반 경전에 미치며, 한 바퀴

29) 金元行,『渼湖集』,「石室書院學規」. "入齋之規, 無論長幼貴賤, 有志讀書爲學者, 皆可
入. 旣入後, 如有不修威儀, 不謹言動, 甚或失身敗行, 玷辱儒風者, 齋任或諸生會議, 隨
其輕重, 或黜坐或黜院. 若前日悖戾之人願入, 則使之先自改過飭行, 熟觀所爲, 決知其改
過然後許入."

돌고 나서 다시 시작한다.

　하나, 매달 강회는 16일로 정한다. 만일 연고가 있어 날짜를 연기할
경우는 원임(院任)이 강회일 이전에 통문을 돌려 강에 응할 사람들에게
통지한다.[30]

　강회는 16일에 실시하며 강하는 책은 『소학』을 우선시하고 다음 서적
으로 나아간다. 그리고 읽어야 할 책을 모두 읽으면 윤독할 것을 말하였
다. 기본을 튼튼히 하기 위한 방도로 보인다.

　위백규도 강학에 힘썼다. 다음은 1754년에 지은 「가숙학규(家塾學規)」
이다.

　　학규는 백록동학규를 따르고, 훈몽(訓蒙)에 대한 절목(節目)은 『동자
　수지(童子須知)』를 따르며, 당장(堂長)과 장의(掌議)에 관한 여러 절목은
　한결같이 율곡의 은병정사(隱屛精舍) 학규를 따르도록 한다.

　　여섯 살 이상의 어린아이는 가숙(家塾)에 들어와 한 가지 책을 범위를
　정하여 읽게 하되 빨리 성취하기를 구하지 말고, 단지 서두르지 않고 편
　안히 무젖게 하여 성정(性情)을 배양(培養)하며 행동거지를 삼가도록 해
　야 한다. 재주와 성품이 노둔하더라도 심하게 꾸짖지 말고 자연스레 지혜
　가 열려서 깨닫기를 기다려야 한다.

　　간지학(干支學)은 훈장이 가르침을 담당한다. 대상은 6세 이상이며,
　내용은 간지의 이름과 방위이다.

　　보첩학(譜牒學)은 훈장이 가르침을 담당한다. 대상은 8세 이상이며,
　내용은 세계(世系)와 내외 족파(族派)이다.

　　산수학(算數學)은 훈장이 가르침을 담당한다. 대상은 10세 이상이며,

30) 金元行, 『渼湖集』, 「石室書院講規」. "一, 講事, 院長 以公卿大夫之有賢德負士望者爲
之. 外, 又別立講長, 以共主之, 亦以有經術行義爲衆所推者爲之, 勿拘居之遠近, 位之高
下, 但專主講學, 餘無所與. 一, 講案, 會中諸人, 相議錄成, 有願追參者, 許添書, 遠近並
勿拘. 一, 所講書, 必先小學, 次大學, 兼或問 次論語, 次孟子, 次中庸, 次心經, 近思錄,
後及諸經, 周而復始."

내용은 계산법이다.

사례학(四禮學)은 훈장이 가르침을 담당한다. 12세 이상은 상례(喪禮)를, 15세 이상은 사례(四禮)를 가르친다. 16세 이상은 재주와 품성에 따라 혹은 제술(製述)을, 혹은 강경(講經)을, 혹은 치례(治禮)를 가르친다. 만약 재주가 세 과목 가운데 어느 하나도 감당하지 못하는 자라면 모두 농사일을 배우게 한다.[31]

「가숙학규」는 여섯 살부터 공부할 수 있도록 하였다. 공부하는 방법은 빨리 성취하기를 바라지 않고 편안히 성정을 배양하며 행동거지를 익히게 하는 것이었다. 그리고 나이가 많아짐에 따라 간지학(干支學)·보첩학(譜牒學)·산수학(算數學)·사례학(四禮學)을 익히도록 한 것이다.

이상에서 살펴본 것처럼 어느 학파든 마찬가지이겠지만 노론 학파에서는 강회를 중심으로 학문을 이어가게 하여 강학 활동을 강조한 것이 특징이라고 할 수 있다.

Ⅳ. 결론

이상으로 노론의 한문 학습차제와 체계에 대하여 살펴보았다. 지금까지 살펴본 내용을 정리하는 것으로 결론을 대신하기로 한다.

학문을 하기 위해서는 기본 행실을 먼저 닦아야 한다. 여타의 학파에서도 마찬가지이겠지만 노론계 학자들에게서 나타나는 특징은 바른 몸

---

31) 魏伯珪, 『存齋集』, 「家塾學規 甲戌」. "學規用白鹿洞規, 訓蒙節目用童子須知, 堂長掌議凡節, 一遵栗谷隱屛規. 凡小兒六歲以上入塾, 課讀一書, 毋求速成, 但使優游涵泳, 培養情性, 修飭容儀, 雖材稟愚駑, 毋甚詬罵, 以待其自然開悟. 干支學, 訓長掌敎, 六歲以上干支名位方所. 譜牒學, 訓長掌敎, 八歲以上世系內外族派. 算數學, 訓長掌敎, 十歲以上筭訣. 四禮學, 訓長掌敎, 十二歲以上喪禮, 十五歲以上四禮, 凡十六歲以上, 因其材稟, 或製述或講經或治禮, 若材不當於三科者, 並令治農."

가짐을 위한 일상 수칙을 강조하고 있다는 점이다. 아침에 눈을 떠 밤에 잠자리에 들 때까지의 세세한 행동까지 해야 할 것과 하지 말아야 할 것을 정하여 익히도록 하였다. 그리고 독서하는 자세와 방법에 있어서는 책을 대하는 자세를 바로 할 것과 하나의 책을 뜻이 통할 때까지 익숙하게 읽고 많은 것을 탐하지 않도록 하였다.

노론계 학자들은 학통을 이어가기 위한 방편으로 체계적인 독서와 강학을 중시하였다. 대부분의 노론계 학자들은 독서의 차례를 율곡이『격몽요결』에서 제시한 순서를 따랐다.『소학』·『대학』및『대학혹문』·『논어』·『맹자』·『중용』·『시경』·『예경』·『서경』·『주역』·『춘추』·『근사록』·『가례』·『심경』·『이정전서』·『주자대전』·『주자어류』등은 모두 필수적으로 읽어야 하는 책으로 제시한 반면 과거 공부를 위한 학문 방법에 대하여는 특별한 견해를 표출하지 않았다. 이는 이들이 학문적인 성향을 지닌 학자였기 때문으로 보인다. 다만 독서 목록 중에서『가례』를 강조한 것은 노론계 학맥의 특징이라고 할 수 있다.

이어 노론계 학자들의 강학 활동을 살펴보았다. 노론계 학자들은 강학 활동을 강조하였는데 이는 강학이 학설과 학통을 전수하고 학파를 키우는 데 유효한 방법이었기 때문이다.

전체적으로 보면 바른 습관과 평소 생활 태도, 독서의 자세와 방법, 강학의 중시 등은 모든 계열에서 공통적으로 강조한 것으로 보이며 노론 계열의 특징이 드러나는 것은 독서의 차제 그중에서도『가례』를 중시한 점이라고 할 수 있다.『가례』의 중시가 뒤에 학파 이론의 전개와 어떤 연관성을 지니는 지는 추후 다시 검토해야 할 것으로 보인다.

소론·남인 계열의 학습차제와 학설을 이어가기 위한 활동에 대하여 노론 계열과 비교해 본다면 각 계열이 지닌 특징이 더욱 분명하게 드러날 것이라고 생각한다. 이들의 학습차제 비교는 다음 과제로 남겨둔다.

참고문헌

金榦, 『厚齋集』, 『한국문집총간』 156.
金元行, 『渼湖集』, 『한국문집총간』 220.
魏伯珪, 『存齋集』, 『한국문집총간』 243.
李端夏, 『畏齋集』, 『한국문집총간』 125.
李珥, 『栗谷全書』, 『한국문집총간』 45.
李縡, 『陶菴集』, 『한국문집총간』 194.
李喜朝, 『芝村集』, 『한국문집총간』 170.
한국고전번역원, 한국고전종합DB.

김인규, 「김원행의 학문과 석실서원에서의 강학활동」, 『동방학』 22, 한서대학교 동양고
        전연구소, 2012.
이군선, 「傳記資料에 나타난 書名을 중심으로 본 퇴계 학맥의 전개」, 『퇴계학과 한국문
        화』 34, 경북대학교 퇴계연구소, 2004.
이선아, 「18세기 실학자 황윤석가의 학맥과 호남 낙론」, 『지방사와 지방문화』 15권 2호,
        역사문화학회, 2012.

소론계 자득적(自得的) 학문 논리의 연원과 전개

- 최석정(崔錫鼎) 가문을 중심으로 -

김영주

Ⅰ. 머리말

본고는 소론계의 자득적 학문 논리의 연원과 전개에 대한 통시적 고찰을 연구의 목적으로 삼는다.

조선왕조실록에 처음 등장한 '소론(少論)'의 개념은 임술 고변을 일으킨 김익훈(金益勳)의 처벌을 둘러싼 송시열의 태도 변화에 따라 분열된 청류(淸流)와 그들을 지지하는 중신들을 지칭하는 당목(黨目)의 일종으로서이다.[1]

『肅宗實錄補闕正誤 九年 二月 甲戌條』卷14(『朝鮮王朝實錄』V.38), 641쪽. "持平 朴泰維·兪得一等, 發金益勳加律遠竄之啓, …… 宋時烈初亦是臺論, 淸流洽然嚮之. 會時烈有病不見客, 獨金萬基兄弟, 日夜在傍看護, 爲益勳哀乞. 凡所以承奉時烈者, 無不用極, 時有貂皮衾海松粥之說. 時烈旣氣衰, 不能不牽繫情私, 遂變初見, 揚言少輩將殺益勳, 斥得一甚峻, 閔鼎重亦以此見疏. 對人輒言左相豈非亦外戚? 鼎重大畏之. 遂駁駁折入, 少輩又多變前見, 附時烈而貳, 臺議遂有老少論黨目. 名以少論者, 趙持謙·崔錫鼎·吳道一·韓泰東·朴泰輔·泰維·林泳·徐宗泰·沈壽亮·申琓·兪得一諸人, 爲其倡老論者, 李選·李秀彦·李頤命·李畬諸人, 而前輩宋時烈·金錫胄以下, 右老論者多, 右少論者, 朴世采·李尙眞·南九萬諸人, 而老論挾勳戚, 以勢力勝之, 持淸議者多致抹擻, 於是乎時烈,

　본고에서 소론계에 주목하는 부분은 그들의 한문학습 과정에서 공유
되는 학문 전통과 그것에서 유로되는 특징적 양상이다. 기존 연구에서
소론계를 우계(牛溪) 학통의 계승자로 정의하고, 그 특징을 탈주자학적
성향, 개방적 경향, 양명학 수용, 실학정신 등으로 요약하였다.[2] 아래
의 실록에 제시된 인물의 경우를 예로 들면, 조지겸(趙持謙)의 조부인
조익(趙翼)과 장유의 스승인 윤근수(尹根壽)는 성혼과 도의(道義)를 닦은
막역한 사이였다. 조익과 '사우(四友)'로 불리던 장유(張維)·최명길(崔鳴
吉)·이시백(李時白) 등도 성혼과 사승 관계로 이어진다.[3] 이들의 후세
대인 남구만(南九萬)의 고중조(高仲祖) 남언경(南彦經)은 조선 최초의 양
명학(陽明學) 수용자의 한 사람이다. 그는 상중의 여막으로 찾아가 조카
인 남벌(南橃)의 수학을 부탁할 정도로 성혼과 절친하였다.[4] 또 이들은
송시열을 추종하는 노론계와 다른 실천 위주의 학문적 경향성을 나타
냈다.

　살펴본 이러한 몇 가지 사항은 소론계가 조선 후기의 다른 당목과는
구분되는 나름의 한문논리를 유지하고 있음을 시사한다. 그 중 본고에
서는 자득적 학문 논리의 전개 과정에 대해 살펴보기로 한다.

　　不復爲士類矣."
2) 소론계를 우계학통의 계승자로 정의하는 기존 연구에는 다음과 같은 것이 있다.
　　김영주(2005); 황의동(2003); 정옥자(1998); 이동희(1997); 성교진(1994); 원용문(1994).
3) 장유의 스승인 윤근수(尹根壽)와 최명길의 부친 최기남(崔起南)의 스승이 성혼이었다.
　　또 이시백(李時白) 역시 8세 때 성혼에게 수학하였으며 성혼은 그를 자식처럼 아꼈다.
　　宋浚吉,『同春堂集』卷23,「奮忠贊謨立紀靖 …… 延陽府院君 李公謚狀」(『叢刊』vol.107),
　　258쪽."八歲, 就學于牛溪先生, 先生視之如子, 常曰此兒他日所就, 不可量也."
4) 南九萬,『藥泉集』卷24,「高仲祖通政大夫守全州府尹全州鎭兵馬節制使公遺事」(『叢刊』
　　vol.132), 387쪽."公與栗谷先生友善還往, 亦與牛溪先生相厚, 訪于哀廬, 託以猶子橃使
　　受業焉."

Ⅱ. 자득적 학문 논리의 연원과 전개

1. 자득적 학문 논리의 연원

'자득(自得)'의 유래는 처한 현실에 맞게 행할 것을 강조하는 유가의 도리를 밝힌 『중용』5)이다. 그러나 소론계의 학문논리로 주목을 요하는 것은 『맹자』의 논리이다.

> 군자가 깊이 나아가기를 도로써 함은 자득(自得)하고자 해서이니 자득하면 처하는 것이 편안하고, 처하는 것이 편안하면 자뢰함이 깊게 되고, 자뢰함이 깊으면 좌우에서 취함에 그 근원을 만날 수 있을 것이다.6)

맹자는 군자가 방법에 따라 깊이 학문을 연마한 결과로 그 학적 수준의 고양을 의미하는 자득을 강조하였다. 현실 상황에 알맞게 적응하는 실천 논리로 또 학문 수준의 고하를 평하는 기준으로서의 자득 논리는 문인들의 활용에 따라 다양하게 응용되었다.

한 예로 이색(李穡)은 자득 논리를 독서법, 학문방법, 문장공부법 등에 활발히 적용하였다. 그는 자득을 독서 수준의 심천을 달성하는 방법 또는 천부적인 학문 방법,7) 고도에 달한 학적 수준8)이나 처한 현실에 맞게 생활하는 유가의 도리를 대변하는 표현9) 등으로 활용하였다. 특히

---

5) 『中庸』 제14장. "素患難行乎患難, 君子無入而不自得焉."
6) 『孟子』, 「離婁下」. "君子深造之以道, 欲其自得之也, 自得之, 則居之安, 居之安, 則資之深, 資之深, 則取之左右, 逢其原."
7) 李穡, 『牧隱詩藁』 卷7, 「讀書」(『叢刊』 vol.4), 34~35쪽. "讀書如游山, 深淺皆自得." ; 卷11, 「擬古」, 110쪽. "古人學有法, 今人學無師. 自得信天挺, 爲善當孜孜."
8) 李穡, 『牧隱詩藁』 卷27, 「自信」. "具體天然妙, 逢原自得深."; 卷30, 「獨坐」. "空外見鳶飛, 自得眞難驗."
9) 李穡, 『牧隱文藁』 卷2, 「擬古」(『叢刊』 vol.5), 15쪽. "東亭居移養移, 識高一世, 素富貴, 則行乎富貴, 素患難, 則行乎患難, 蓋其自得者深矣."

그는 문장 공부의 스승에 관한 질문을 받자 가장 중요한 것은 사람이나 서책이 아닌 혼자서 터득하는 자득에 있으며 그것은 요순 이래로 바뀐 적이 없는 진리임을 밝혔다.[10] 정도전 역시 태종이 문장을 자득할 수 있었던 이유는 높은 학문 수준에 바탕 한 자득의 결과라고 주장하였다.[11] 그러나 그는 도심(道心)에 관한 불가와 유가의 이론적 차이를 설명하며 주자의 말이 모든 것을 변론하여 밝혔으므로 배우는 자들이 잠심하여 스스로 주자의 학설을 터득할 것을 강조함으로써 정주학에 국한되는 한계를 노정하였다.[12] 권전[權磌, 1490~1521] 같은 태학생 등은 정몽주의 학문이 넓고 깊으며 강설이 탁월하여 선유의 학설과 합치된 이유를 깊이 자득(自得)한 결과와 묵회(默會)의 영향으로 파악하였다.[13] 특히 한세환[韓世桓, 1470~1522]과 유운[柳雲, 1485~1528] 등은 우리나라의 역사가 길지만 유자들의 대부분이 문장을 숭상하여 학문하는 방법을 알지 못하였고 오직 정몽주만이 마음으로 자득하여 성리(性理)의 학문을 창도하였기에 그가 동방 이학(理學)의 조종이며 문묘(文廟)에 종사할 만한 인물이라고 칭송하였다.[14] 이로 본다면 고려~조선 초기에 걸쳐 '자득'이

---

10) 李穡, 『牧隱文藁』 卷12, 「答問」(『叢刊』 vol.5), 107쪽. "問爲文, 先生曰 …… 師不在人也, 不在書也, 自得而已矣. 自得也者, 堯舜以來, 未之或改也."

11) 鄭道傳, 『三峯集』 卷7, 「敎書」(『叢刊』 vol.5), 416쪽. "恭惟我殿下, 自在潛邸時, 好與儒士讀經史諸子, 講明義理, 論古今成敗之事甚悉甚熟, 文章雖其餘事, 而學問之至, 蓋有自得者多矣."

12) 鄭道傳, 『三峯集』 卷7, 「儒釋同異之辨」(『叢刊』 vol.5), 456~457쪽. "道心但無形而有聲乎. 抑有此理存於心, 爲酬酢之本根歟. 學者當日用之間, 就此心發見處體究之, 彼此之同異得失, 自可見矣. …… 今必以是爲淺近支離, 而欲藏形匿影, 別爲一種幽深恍惚艱難阻絕之論, 務使學者, 莽然措其心於文字言語之外, 而曰道必如是然後可以得之, 則是近世佛學詖淫邪遁之尤者, 而欲移之以亂古人明德新民之實學, 其亦誤矣. 朱子之言, 反復論辨, 親切著明, 學者於此, 潛心而自得之, 可也."

13) 鄭夢周, 『圃隱集』, 〈附錄〉, 「請從祀文廟疏略[大學生權磌等]」(『叢刊』 vol.5), 618쪽. "皇天眷佑, 迺生儒宗鄭夢周於麗季, 挺超卓之資, 蘊經濟之才, 研窮性理, 學海淵博, 深有自得, 講說發越, 默會奧旨, 暗合先儒."

14) 鄭夢周, 『圃隱集』, 〈附錄〉, 「議得[韓世桓, 柳雲等]」(『叢刊』 vol.5), 618~619쪽. "吾東方

유자들의 송대의 성리학 이해를 위한 주요한 학문 논리 외에 창작 논리, 독서법 등으로 활용되고 있음을 알 수 있다.

2. 최석정(崔錫鼎) 일가의 자득적 학문 논리의 전개

학문과 문장 학습의 주된 방법으로 거론된 자득 논리는 소론계 학맥의 근간을 형성한 성혼(成渾)에 이르러 보다 구체적인 양상을 나타낸다.

> 도(道)의 전체가 비록 고원하더라도 그 실제는 일상생활 하는 하찮은 것들 사이에 관통되어 있으니, 반드시 높은 곳에 오르려면 낮은 곳으로부터 시작하고 먼 곳에 가려면 가까운 곳으로부터 시작한 뒤에야 등급이 어긋나지 않아서 차례를 따라 점진할 수 있습니다. 이 때문에 성인의 가르침은 고원한 것을 우선하지 않고 반드시 비근한 데에서 시작하여, 사람으로 하여금 한번 말하고 한번 행동하는 즈음과 마음속에 간직하고 외며 익히는 사이에서 찾게 하는 것에 불과합니다. 학문(學問)으로 넓혀서 앞으로 나가는 단서를 열고, 예법(禮法)으로 요약하여 실질적으로 돈독히 실행하여 점차 나아가서 때로 익히고 많이 쌓으며, 마음속에 깊이 생각하고 묵묵히 깨달으며 깊이 나아가 자득한다면 하루아침에 통달하게 될 것입니다.[15]

성혼은 도가 고원하여 알기 어렵지만 그 실제는 일상의 하찮고 사소한 것에 관통되어 있으므로 낮고 가까운 것에서 높고 먼 곳에 도달하는

　　歷世雖久, 其間儒者率以文章相尙, 莫知所以爲學, 而獨夢周超然自得於心, 倡明性理之
　　學, 誠所謂東方理學之祖, 其從祀文廟, 固無愧矣."

15) 成渾, 『牛溪集』卷2, 「辛巳封事 辛巳四月 ○以內贍寺僉正拜疏」(『叢刊』vol.43), 26쪽,
　　"道之全體, 雖極高遠, 而實貫乎日用淺微之間, 必升高自卑, 行遠自邇, 然後階級不差, 可
　　以循序而漸進矣. 是以聖人之敎, 不先於高遠, 而必始於卑近, 不過使人反而求之一言一
　　動之際·持守誦習之間, 博之以文, 開其向往之端, 約之以禮, 篤其踐履之實, 漸次經由,
　　時習積累, 而潛心默契, 深造自得, 則一朝而貫通焉耳."

점진적이고 순차적인 학습법을 강조하였다. 학습법의 효과성에 주목한 그는 성인의 교수법 역시 이러한 학습을 활용한 것임을 강조하였다. 특히 그는 성인의 교수법 중에 '일언일동(一言一動)'에서 확인되는 학습의 항시성, '지수송습(持守誦習)'에서 강조하는 반복학습, '박문(博文)'의 과정을 통한 학문의 발전과 진보, '약례(約禮)'를 통한 실제 생활과의 밀접한 관련을 통한 학문의 실천성 강화, '잠심(潛心)'과 '묵계(默契)'를 통한 학습 내용의 수시 강화와 반복 등의 노력으로 얻어지는 결과가 학습 내용에 대한 심도 있는 '자득'이라고 하였다. 그에 의하면 '자득'이란 다양한 학습과 노력을 거쳐 터득하는 독자적인 이해이다. 자득이야말로 궁극적 학습 목표인 도(道)를 관통할 수 있는 관건이라고 이해하였다. 이러한 학습법을 제기한 성혼과 그의 도학에 대해 후대의 조지겸은 그를 동방의 법문(法門)이자 정종(正宗)[16]으로 칭송하였다.

부친 최기남(崔起南)이 성혼의 제자였기에[17] 일찍부터 우계학의 자장에 속한 최명길 역시 연소자들이 모름지기 독서에 힘써야 다른 날 훌륭한 친구를 얻게 된다는 효용적 독서론을 주장하였다.[18] 독서에서 특히 그가 강조한 것은 내용을 스스로 이해하는 자득이었다.[19]

저술하신 시 4권, 소차(疏箚) 10권, 계사(啓辭) 2권, 비장(碑狀)·잡저(雜著) 3권이 세상에 간행되었고 『주역기의(周易記疑)』·『어맹기의(語孟

---

16) 趙持謙, 『迂齋集』 卷4, 「代交河儒生, 請立新谷書院疏」(『叢刊』 vol.147), 468쪽. "成渾道學, 乃是吾東方法門正宗."
17) 李敏敍, 『西河集』 卷16, 「領議政完城府院君崔公諡狀」(『叢刊』 vol.144), 286쪽. "公諱鳴吉字子謙, 始號滄浪, 後改遲川. …… 考諱起南, 號晚翁, 少遊牛溪成先生之門, 文行早著, 晚捷文科."
18) 崔鳴吉, 『遲川集』 卷2, 「喜三姪見訪」(『叢刊』 vol.89), 271쪽. "年少讀書須努力, 異時喬木見遷鶯."
19) 崔鳴吉, 『遲川集』 卷3, 「呈石室」(『叢刊』 vol.89), 296쪽. "靜裏看書頗自得, 興來揮筆亦成詩."

記疑)』·『괘변설강(卦變說綱)』·『용학관견(庸學管見)』 등이 집안에 보관
되어 있다.[20]

후손인 최창대(崔昌大)의 기록에 의하면 최명길은 젊은 시절부터 염락
(濂洛) 제현의 훌륭한 말들을 모아 익숙히 읽었고 공무에서 벗어난 여가
시간에는 성현의 서책을 탐독하느라 발을 드리운 책상이 소연해서 사람
들이 집권자의 집 인줄 모를 정도였다. 특히 그는 강독한 서적에 대한
'차기(箚記)' 형식의 「어맹기의」, 「용학관견」, 「역의」 등을 저술하여 집
안에 소장하였다.[21]

최석정과 최창대의 기록을 분석하면, 최명길이 실제로 읽은 것은 염
락 제현의 성리서가 아니라 사서삼경 중심의 유가의 전통 학습서이고,
그것을 읽고 난 후에 생긴 의문은 책으로 만들 정도로 많았다. 송대의
성리학자를 지칭하는 염락 제현에 대해서는 그들이 남긴 훌륭한 말을
모아 읽었을 뿐이다. 여타의 최명길이 남긴 다양한 문체의 작품을 선별
하여 모은 것이 19권 분량으로 많았지만 유독 차기 형식의 몇 권의 서적
을 공간하지 않은 이유는 무엇인가? 아마도 시의에 용납되기 어렵거나
논란을 야기할 자득적인 견해가 포함되어서라고 추측된다.

경진년에 재상 직에서 파직된 후, 흥인문 밖에 기거하셨다. 여러 해를
한가로이 지내시며 문을 닫고 손님을 거절하고 절대로 시사를 말씀하시지
않았다. 날마다 경서를 들고 침잠하여 외우고 익혔으며 밤이 되도록 부지
런히 읽으셨다. 때때로 자득한 것이 있으시면 곧장 책자에 기록하셨다.[22]

20) 崔錫鼎, 『明谷集』卷29, 「先祖領議政完城府院君文忠公行狀」(『叢刊』 vol.154), 469쪽.
   "所著有詩四卷, 疏箚十卷, 啓辭二卷, 碑狀雜著三卷, 刊行于世, 周易語孟記疑·卦變說綱
   ·庸學管見, 藏于家."
21) 崔昌大, 『昆侖集』卷20, 「遲川公遺事」(『叢刊』 vol.183), 367~368쪽. "公少時裒粹濂洛
   嘉言, 常常翫閱, 值國家多故, 夙夜焦勞, 而公退有暇, 輒讀聖賢書, 簾几蕭然, 人不知爲
   執政家. 前後講讀, 輒有箚記, 語孟記疑·庸學管見·易疑幾卷, 藏于家."

최명길이 영의정에서 파직되어 독서에 몰두한 이 시기는 경진년(1640)
이다. 그 이유는 7월에 이괄(李适)의 잔당인 김개(金介)가 그의 동생인
최만길(崔晩吉)의 집에서 체포되었기 때문이다. 정치적으로 민감하고 위
태로운 상황이었기에 복직하는 임오년(1642)까지 그는 동대문 밖에서 날
마다 밤낮으로 경서를 읽고 외웠다. 이때의 독서 중에 스스로 이해하고
터득한 부분을 '차기' 형식의 책자로 기록을 남겼다. 이것이 앞서 말한
최명길의 독서 차기가 세상에 간행되지 못하고 가장의 형태로 전해지는
이유임을 유추할 수 있다.

경서에 대해 스스로 터득한 독자적인 견해를 기록하여 책으로 엮는
가학 풍토 외에 최석정의 학문배경을 개방적으로 만든 배경에는 장인이
자 스승인 이경억(李慶億)의 영향이 자리한다. 27세(1672)에 설서(說書)에
제수된 최석정이 동궁을 모시고 『대학』을 강론할 때[23] 이경억은 『대학』
장구의 해석에 대해 선유들의 논설이 각각 다름을 지적하였다. 왕양명
(王陽明)의 경우는 성학공부(聖學工夫)를 변환시켰기에, 『대학』의 귀취를
알기 위해서는 모름지기 여러 학자의 견해의 차이를 다 살펴서 주자의
『대학』 장구로 절충할 것을 조언한다. 조언에 따라 최석정은 이단상(李
端相)이 엮은 『대학집람(大學集覽)』을 잘 베껴 쓰고 발문을 지어 주연(胄
筵)에서 참고할 때를 대비하였다.[24] 이경억이 특별히 왕양명의 학문에
대해 언급한 것은 당시의 학계에서 이단시 되던 양명학에 대한 최석정

22) 崔錫鼎, 『明谷集』 卷29, 「先祖領議政完城府院君文忠公行狀」, 468쪽. "庚辰罷相之後,
卜居于興仁門外. 數年就閑, 閉門謝客, 絶口不言時事. 日取經書, 沈潛誦習, 至夜不倦,
時有自得, 輒箚記冊子."
23) 崔昌大, 『昆侖集』 卷19, 「先考議政府領議政府君行狀」(『叢刊』 vol.183), 347쪽. "壬子四
月, 拜說書. 六月, 薦拜檢閱, 華谷公入相, 以親嫌遞拜說書."
24) 崔昌大, 『昆侖集』 卷19, 「先考議政府領議政府君行狀」(『叢刊』 vol.183), 347쪽. "今上在
東宮, 方講大學, 公以謂: '大學書章句, 先儒論說各殊, 至陽明則變換聖學工夫, 欲識大學
歸趣者, 須盡諸家同異, 折衷於紫陽章句.' 遂取李公端相所編大學集覽, 繕寫一通, 作跋
文, 以備胄筵參閱."

의 경도에 대한 우려 때문으로 풀이된다. 그리고 이경억 역시 양명학에
대한 사위의 학문적 경향성을 알고 있음을 시사한다.

이경억의 조언에도 불구하고 최석정은 경전의 해석에서 성현의 말에
전적으로 의지하지 않고 자기 스스로 터득한 생각을 확립하여『논맹유
편(論孟類編)』과『예기유편(禮記類編)』을 간행하였다. 그 결과『예기유
편』의 해석에서 주자의 해석과 다르게 한 것이 이루 헤아릴 수 없이 많
다는 이관명(李觀命)과 황계하(黃啓河) 등의 상소[25]로 인해『예기유편』
의 시비문제가 발생하였다.

노소론 간의 당쟁이 격렬하던 시기였기에 반대파인 이관명 등이 책의
내용에 따라 죄목을 찾아내어 그를 벌하라는 소장이 번다했다.『예기유
편』의 간행이 정치적 문제로 비화되자 최석정이 변론하는 책자를 올렸
고 숙종의 중재로 사태는 일단락되었다.

> 영의정 최석정이 상소하여,『예기유편』을 변론하는 책자를 올렸다. 이
> 때에 소장이 번다했고 단계를 좇아 죄목을 찾아냈는데, 최석정이 조목마
> 다 매우 세밀하게 변명하는 것이 모두 근거가 있었다. …… 무릇 학문하는
> 사람들이 자신의 소소한 재능을 믿고 선유를 업신여기는 것도 참으로
> 옳지 못한 것인데, 의아스러운 데를 차기(箚記)한 것은 진실로 묻고 배우
> 는 데 도움이 되는 것이기에, 또한 선현들도 일찍이 금하지 않았다.
> 박세당(朴世堂)의『사변록(思辨錄)』은 진실로 주자의 문하에 조금 배
> 치되는 듯했으니, 세상에 참된 선비가 있다면 진실로 말을 하여 물리치더
> 라도 방해될 것이 없을 것인데, 그의 글을 불태우고 그 사람을 죄준 것을
> 마침내 편당하는 논으로 돌려버리게 되었다. 만약 최석정의『예기유편』
> 같은 경우는 일체를 자양(紫陽)에 귀착시켰고, 당초부터 일찍이 조금도
> 경전을 파괴하거나 성현을 업신여기는 논은 하지 않았는데, 편당하는 사

---

25)『肅宗實錄補闕正誤』卷47,「35(1709)년 1월 18일(庚寅) 2번째 기사」;『肅宗實錄補闕正
　誤』卷47,「35(1709)년 1월 19일(辛卯) 3번째 기사」.

람들이 장황하게 날조하여 기필코 죄목을 만들고자 하였다.

　　이 두 사람이 거듭 시기하여 배척함을 당하게 된 뒤부터는 학문하는 사람들이 모두 이를 경계로 삼아 다시는 '신사(愼思)'하고 '명변(明辨)'하는 학문에 뜻을 두지 않게 되었고, 편당하는 무리들로 조금 세상을 속이기에 교활한 자들은 으레 주자의 글 중에서 약간의 구절을 찾아내어 외어대며 과시를 하여 거리낌 없이 큰 소리를 치거나 아무데서나 소리 지르는 것을 일삼게 되고, 독서를 하는 참다운 사람은 세상에 끊어진 지 대개 오래이게 되었다.[26]

　박세당과 최석정의 사건 이전까지 전통적으로 학문하는 사람이 독서 중의 의아스러운 곳을 기록하는 '차기' 형식의 독서기는 학문에 도움이 되는 순기능이 있었다. 최명길에서부터 이어지는 이러한 독서법을 전수받은 최석정의『예기유편』은 경전을 파괴하거나 성현을 업신여기는 것이 없었고 자신이 나름으로 이해한 경전의 내용과 주자의 견해에 귀착하는 결론에도 불구하고 반대당에서 내용을 장황하게 날조하여 죄목을 씌워 처벌을 주장하였다.

　자기 나름의 경전 이해에 대한 기록을 남긴 최석정의『예기유편』사건이나 주자의 견해에 조금 배치되기는 하지만 학문적 차원에서 스스로 터득한 견해를 밝힌 박세당의『사변록』사건은 이후의 조선 학계의 풍토에 변화를 야기한다.

　학문하는 사람들 모두 신중히 생각하거나 분명히 변론하는 학문, 즉

---

26)『肅宗實錄補闕正誤』卷47, 「35(1709)년 6월 3일(壬寅) 1번째 기사」. "領議政崔錫鼎, 疏進類編辨論冊子. 其時, 章疏紛然, 逐段求罪, 錫鼎條辨甚悉, 皆有根據. …… 夫學者之挾其小智, 凌駕先儒, 固爲不韙, 而至於箚記疑難, 實有益於問學, 亦先賢之所未嘗禁. 朴世堂思辨錄, 誠若少背於朱門, 使世有眞儒, 固不妨辭闢, 而至於火書罪人, 終歸黨論. 若夫錫鼎類編, 一切會極於紫陽, 初未嘗髣髴於毁經侮聖之論, 而黨人張皇構捏, 必欲成罪. 自兩人重被齮齕之後, 學者皆以爲戒不復加意於思辨之學, 而黨人輩, 稍點於欺世者, 輒取朱子書中若干句語, 誦習而眩耀之, 以爲大拍頭胡叫喚之資, 而讀書眞種子, 絶於世蓋久矣."

'자득적인 학문'에는 뜻을 두지 않게 되었고, 편당을 짓거나 세상을 속일 정도의 교활한 자들이 주자의 글 중에서 약간을 찾아 외는 것을 과시하며 크게 기세를 떨치고 마구 고함치는 짓거리를 일삼게 되고, 독서를 하는 참다운 사람은 세상에 끊어지는 부작용이 나타났다.

최석정이나 박세당을 죄로 얽어매고자 한 반대당파와 주자의 글을 외며 세상을 속일 정도의 교활한 사람들이란 노론과 송시열을 의미한다. 이는 윤증(尹拯)의 제자인 이세덕(李世德)의 상소에서 확인된다. 그는 송시열이 주자를 겉으로만 공부하고 명목만을 내세웠으며 걸핏하면 주자를 끌어대며 자신의 위상을 높였다[27]고 비판하였다. 송시열을 중심으로 하는 노론계의 자득적인 경전 해석에 대한 비판과 압박 속에서도 자득적인 학문 경향은 최창대에게 면면히 이어진다.

최창대(崔昌大)는 『사변록』의 저자인 박세당을 스승으로 섬겼다.[28] 박세당과 최창대의 인연은 그들의 선조 때로 거슬러 올라간다. 최창대의 증조부 최명길과 박세당의 부친인 금주공(錦洲公) 박정(朴炡)은 일찍부터 동맹의 교의를 나눌 정도로 친분이 두터웠고 같은 마을에 살며 서로 잘 지내는 사이였다.[29]

박세당은 문리가 관통하지 않던 수학기에도 수시로 배운 내용을 투철히 이해하고자 노력하여 남들이 도달하지 못한 곳에 도달하여 장로들을 놀라게 하였다. 그러한 학문태도는 서적의 논리를 꿰뚫어 이해할 정도의 독서력을 가진 장성한 시기에도 지속되었다. 독서할 때면 반드시 그

27) 尹拯, 『明齋遺稿』, 〈明齋年譜〉後錄 卷2, 「前持平李世德疏」(『叢刊』vol.135), 111~112쪽. "伏以臣自少, 出入於先師尹拯之門. …… 臣師於時烈, 亦知其病痛. 嘗規其假托朱子, 則引故參判兪棨之言曰, 每篇必引晦翁, 亦一病也, 戒其虛借大義."

28) 崔昌大, 『昆侖集』卷15, 「祭西溪朴先生文」(『叢刊』vol.183), 284쪽. "維歲昆侖未十月二十五日丁酉, 西溪朴先生將就就永宅, 前一日丙申, 門下士完山崔昌大, 操雙雉單杯以祭之."

29) 朴世堂, 『西溪集』卷21, 〈附錄〉, 「謚狀[崔錫恒]」(『叢刊』vol.134), 434쪽. "不佞先祖遲川公與公之先子錦洲公, 早有同盟之誼, 而契許特深, 先君子與公同里閈相善."

의미를 탐색하여 끝까지 다 이해하고자 하였다.[30] 의문처를 끝까지 탐색하고 연구하는 박세당의 학문태도의 결실이 바로 정치적 파란을 야기한 『사변록』이었다. 곤경에 처한 스승을 변론하기 위해 최창대는 「논사변록소(論思辨錄疏)」를 작성하였다. 정치적 문제의 야기를 염려한 부친의 만류로 올리지 못하였지만 소장에서 그는 '문도(聞道)'를 위한 양단의 학습법을 제시하였다. 자하(子夏)의 '독신성인(篤信聖人)'과 증자(曾子)의 '반구저기(反求諸己)'이다. 그는 이것이 경전을 궁구하는 방법에 부절처럼 들어 맞다고 하였다.

> 자하가 성인을 돈독히 믿은 것[篤信聖人]과 증자가 자기 몸에 돌이켜 찾는 것[反求諸己]은 진실로 문도(聞道)의 방법 중에 양 극단이라 할 수 있지만 경전을 궁구하는 방법에는 대개 서로 부절처럼 들어맞습니다. 다만, 돈독히 주석의 설명만을 믿고 자신에게 돌이켜 찾지 않는다면 깊이 자득(自得)의 경지에 나아가지 못하고 마침내 생각하지 않아서 위태로운 것에 귀착될 것입니다. 이로 말미암아 논한다면, 전주(傳注)의 문자가 비록 한 글자도 의심할 만한 것이 없을지라도 의심나는 대목을 정해 자신에게 돌이켜 찾는 공부를 하는 데 아무런 문제가 없을 것입니다. 하물며 의심할 만한 것이 없지 않는 경우이겠습니까? 지금 한 두 구절의 변론을 두고 '선현을 참람되이 핍박하였다'고 하거나 조금이라도 전주와 차이가 있으면 눈을 부릅뜨고 꾸짖어 금하니 공부하는 사람들이 오직 촉범을 두려워합니다. 이것은 바로 '자신에게 돌이켜 찾기'가 '돈독히 믿음'만 못하고 증자가 자하에 미치지 못하다는 것이니 바로 이른바 어리석지 않으면 아부하는 것입니다. …… 지금 가슴을 활짝 열고 높은 안목을 가지고 깊이 자득할 것을 마음먹지 않는다면 그 학문이 비루해질 따름이다.[31]

---

30) 朴世堂, 『西溪集』卷21, 〈附錄〉, 「諡狀[崔錫恒]」(『叢刊』 vol.134), 424쪽. "公旣少孤, 又經喪亂, 年踰十歲, 始受學, 文理未甚貫通而時能透得, 他人見不到處, 長老奇之. 旣長, 淹貫書籍而必探賾其義, 窮解乃已."

31) 崔昌大, 『昆侖集』卷8, 「論思辨錄疏」(『叢刊』 vol.183), 137쪽. "子夏篤信聖人, 曾子反求

　최창대는「공손추(公孫丑)」에서 제시된 유가의 전통적인 공부법 가운데 증자의 공부법이 바로 박세당이『사변록』을 저술한 의도이며 단순히 전주(傳注)의 설명만을 믿고 스스로 이해하고자 노력하지 않는다면 경전을 깊이 이해하는 '자득'의 수준에 도달할 수 없을 것이라고 주장하였다. 그는 경전에 대해 스스로가 깊이 이해하는 과정에서 의문을 해결하고 정리하는 것이야말로 경서 공부의 심화이기에 단순한 전주의 설명을 이해하는 것과는 다른 학문적 수준의 고양을 결정하는 것임을 강조하였다. 그가 경전을 인용하여 박세당을 변론한 것은 '박세당이 경전을 훼손하고 성현을 모욕했다'는 반대파의 비판[32]을 인식했기 때문이었다. 여기에 더하여 그는 학문하는 사람이 마음을 열고 높은 안목으로 깊이 생각하여 자득하지 못한다면 그 학문의 수준이 비루해질 뿐이라고 하였다. 이어서 그는 장유(張維)가 우리나라 학계가 정학(正學)·선학(禪學)·단학(丹學)을 비롯하여 육씨(陸氏) 등의 다양한 학문을 배우는 중국과 달리 정주(程朱)만을 칭송하고 다른 학문에 종사하는 자가 없는 경직된 풍토인 것을 비판한 점을 인용하여 우리 학계의 풍토가 개선될 필요성을 제기하였다.[33]

諸己, 聞道之方, 固有二端, 而窮經之術, 蓋亦相符. 徒能篤信注說而不知反求, 則無以深造自得, 而終歸於不思而殆矣. 由是論之, 傳注文字, 雖無一字之可疑, 猶不害於設爲疑難, 自致反求之功, 況云不無可疑者耶. 今以一二辨論, 謂之懵逼先賢, 稍有差殊於傳注, 則張目呵禁, 唯恐觸犯, 是則以反求不如篤信, 而曾子不及子夏也, 正所謂非愚則詖也. …… 今也不曾聞有大著心胸, 高著眼目, 以深思自得爲心者, 其爲學陋而已矣."

32)『肅宗實錄』卷38,「29년(1703년) 4월 23일(甲申) 2번째 기사」."執此論之, 謂世堂以毀經侮聖, 果有勞觱者乎?"

33) 崔昌大,『昆侖集』卷8,「論思辨錄疏」(『叢刊』vol.183), 137쪽. "文忠公臣張維有言曰, 中國學術多歧, 有正學焉, 有禪學焉, 有丹學焉, 有學程朱者, 學陸氏者, 門徑不一. 而我國則無論有識無識, 挾策讀書者, 皆稱誦程朱, 未聞有他學焉. …… 我國則不然, 握齪拘束, 都無志氣, 但聞程朱之學, 世所貴重, 口道而貌尊之而已, 不惟無所謂雜學者, 亦何嘗有得於正學也."

Ⅲ. 맺음말

이상에서 소론계의 최석정 일가를 중심으로 하는 자득적 학습 논리의 전개 양상을 살펴보았다.

그 결과, 연원적인 면에서 순수한 학문 체득의 심화 과정을 의미할 수 있는 자득 논리가 역사적 상황에 의해 정치적으로 학문적으로 왜곡되는 현상을 확인하였다. 이는 학문 논리가 현실 상황과 결합되어 굴절된 현상의 하나로 이해된다. 이러한 양상은 자득의 논리에만 한정되지 않는다. 추후에 분석할 실용 중시의 학문관이나 『소학』에 대한 관점에서도 소론계 특유의 논리를 확인할 수 있다. 이에 대해서는 후속 작업을 통해 보완하기로 한다.

참고문헌

『孟子』.
『肅宗實錄』.
『中庸』.
南九萬, 『藥泉集』(『叢刊』 vol.132).
朴世堂, 『西溪集』(『叢刊』 vol.134).
成渾, 『牛溪集』(『叢刊』 vol.43).
宋浚吉, 『同春堂集』(『叢刊』 vol.107).
尹拯, 『明齋遺稿』(『叢刊』 vol.135).
李敏敍, 『西河集』(『叢刊』 vol.144).
李穡, 『牧隱詩藁』(『叢刊』 vol.4).
鄭道傳, 『三峯集』(『叢刊』 vol.5).
鄭夢周, 『圃隱集』(『叢刊』 vol.5).
趙持謙, 『迂齋集』(『叢刊』 vol.147).
崔鳴吉, 『遲川集』(『叢刊』 vol.89).

崔錫鼎, 『明谷集』(『叢刊』 vol.154).
崔昌大, 『昆侖集』(『叢刊』 vol.183).

김영주, 「조선후기 소론계 문학론 연구」, 경북대 박사학위논문, 2005.
성교진, 「율곡과 우계의 성리학 논변」, 『율곡사상연구』 1, 율곡학회, 1994.
원용문, 「우계 성혼론」, 『한문학논집』 12, 근역한문학회, 1994.
이동희, 「우계 성리설의 특성과 사상사적 의의」, 『한국학논집』 24, 계명대 한국학연구
　　　소, 1997.
정옥자, 『조선후기 중화사상 연구』, 일지사, 1998.
황의동, 「우계학의 전승과 그 학풍」, 『범한철학』 28, 범한철학회, 2003.

기호학파의 한문 학습차제와 체계에 대한 연구

정경훈

Ⅰ. 서론

　기호지역은 한반도 서쪽 지역인 경기도와 충청도, 전라도를 통칭하는 말로 경기도를 중심으로 황해도와 충청도 일원으로서, 동쪽은 관동지방, 남쪽은 호남지방, 북쪽은 관서지방과 접경을 이룬다. 이 지역에서 탄생한 기호학파는 조선 중기 율곡(栗谷) 이이(李珥)를 조종으로 이이의 성리설을 추종하는 유학자들이 많이 배출되었다. 또 퇴계(退溪) 이황(李滉)의 학설을 따르는 영남지방의 성리학자들을 지칭하는 영남학파와 상호 구별하여 성장하며 조선 후기에 이르기까지 그 학통을 전수하여 조선 후기까지 지대한 영향을 끼치기도 하였다.

　초창기 대표적 기호학파로 꼽을 수 있는 인물로는 이이, 우계(牛溪) 성혼(成渾), 구봉(龜峯) 송익필(宋翼弼) 등 세 사람이다. 현실 참여에 적극적이었던 이이와 산림의 처사로 남고자 했던 성혼은 출처의 방향은 상이했지만 둘은 서로를 끝까지 응원했다. 이들의 사단칠정(四端七情)으로 가지고 벌인 우율논변(牛栗論辨) 등은 기호학파 초창기 태동에 큰 영향을 미쳤다. 송익필이 이이의 견해와 같았던 점으로 보아, 서로 학문적 갈등이 적은 것으로 보인다. 비록 두 사람의 차이를 갈등과 대립의 대상으로 만든 것은 후학들이지만 이이와 성혼에게는 틀림과 비난의 대상은 분명 아니었다. 그리고 성혼과 이이와 논변은 서로 대립적 입장만은 아니었고, 그러므로 기호학파 후학들은 이들 세 학자에게서 두루 배워 기호의 학문을 형성하였다고 할 수 있다.

대다수 기호학파는 이이의 학설을 추종하여 이후 기호학파가 분파되는 과정에서 서인, 노론에게 주로 계승되었다. 사계(沙溪) 김장생(金長生), 우암(尤庵) 송시열(宋時烈), 수암(遂庵) 권상하(權尚夏) 등은 기호학파가 동서분당의 과정에서 서인의 대표적 학자들로 경서를 바탕으로 사상적, 학문적 이념으로 무장하고 경학의 체계적 탐구를 실행했다. 나아가 남당(南塘) 한원진(韓元震), 외암(巍巖) 이간(李柬), 농암(農巖) 김창협(金昌協), 삼연(三淵) 김창흡(金昌翕), 미호(渼湖) 김원행(金元行) 등으로 계승되며 기호학파의 흐름은 예학과 의리학으로 발전하였다. 반면 성혼의 학통은 외손자인 노서(魯西) 윤선거(尹宣擧)와 외증손자 명재(明齋) 윤증(尹拯)을 통해 소론(少論)의 사상적 원류가 되고 노론이 주류가 된 조선 후기 사회에서 독특한 존재가 되었다.

기호학파들은 경전과 역사서를 통해 각각의 추구하던 학문적 목표에 도달하고자 하였다. 이들은 경전과 역사서를 필독서로 삼고 경전의 학문적 해석을 경쟁적으로 펼치기도 하였다. 경서의 뜻을 해석하거나 찬술하는 경학은 17세기, 18세기에 전성기를 이룬다. 이들은 경전의 권위를 이용해 이념의 절대성을 확보하고 학파의 구심점으로 여기며 여타의 자의적 경전 해석을 불용하는 입장을 견고하게 유지하였다. 그리고 기호학파들은 16세기를 거쳐 조선 후기까지 정치, 문화의 주도 세력으로 성장하면서 경서의 학습을 최고의 학습교재로 여겼다. 특히 송시열은 주자학에 심취하면서 이후 주자의『사서집주(四書集註)』와『시서전집(詩書全集)』,『주역본의(周易本義)』등은 독보적인 권위가 부여되었다.[1]

  이런 배경을 통해 기호학파들은 초학자부터 수준에 맞는 교재를 개발
하고 한문학습의 순서를 정해 체계적인 수업을 진행하면서 학파의 동질
성을 확보하였다. 송시열 이후에 벌어진 예송논쟁(禮訟論爭), 권상하의
문인들 사이에 인물성동이론(人物性同異論)의 문제로 드러난 호락논쟁
(湖洛論爭) 등은 기호학파의 분파 과정에서 나타난 대표적 사건들로 이
들은 각각의 입장에서 경서의 권위를 이끌어 정당성을 설파하였다. 기
호학파의 종장인 이이는『소학집주(小學集註)』와『격몽요결(擊蒙要訣)』
등 초학도부터 체계적인 학문의 길을 제시하면서 주자학 입문의 길을
놓았다. 이후 문인들은 각 시대에 맞는 시대 이념을 통해 선호하는 독본
을 선정하였다. 김장생은 이이와 주자의 학설을 바탕으로『소학』과 사
서,『서전』·『주역』·『예기』등에 대한 제가의 학설과 자신의 견해를 밝
힌『경서변의(經書辨疑)』를 저술하면서 서인의 전통적인 경전주석서를
확립하는 데 노력하였다. 특히 그가『예기』와『가례』를 통해 예학을 강
조한 점과 이후 문인들에 의해 제기된 예송 등은 기호학파의 한문학습
독본에 대한 논의를 이끌어 내기에 충분하다. 나아가 김장생의 문인인
송시열은 '직(直)' 사상을 강조하며 그의 바탕이 된『춘추(春秋)』를 계승,
발전시켰다. 그리고 한말 위정척사 계열학자들까지 영향을 미쳤을 정도
로 기호학파 전체에 많은 큰 영향을 끼쳤다고 볼 수 있다.

  기호학파들은 현실정치에 참여 여부를 떠나 16세기 이후 조선을 실질
적으로 지배해 오면서 지대한 영향을 끼쳤다. 그리고 그들의 한문학습
에서 찾고자 한다면 학파의 형성과정부터 300년 동안 시간의 흐름에
따른 변이 과정을 살펴보아야 할 것이다. 어쩌면 기호학파 전체의 학문
학습 과정을 살핀다는 것은 조선 후기의 각 방면의 영향관계까지 살필
수 있는 성과라 할 수 있을 것이다. 이 같은 거대한 작업의 첫 단계로

---

1) 임형택(2000), 199~210쪽.

기호학파의 복잡한 분파가 일어나기 이전까지인 17세기 이전의 기호학파 한문 학습차제와 체계를 살펴보고자 한다. 곧 각 정파들과 대치와 치열한 본변상황에서 이들이 채택하고 선호했던 경전이 무엇인지 살펴보고자 한다. 이를 통해 16세기 이후 조선 정국의 주도 세력으로 오랫동안 유지했던 사실을 기저로 삼아 이들이 한문 학습차제가 의미하는 바가 무엇인지 고구해 보고자 한다. 덕치의 조광조(趙光祖), 도학의 이황, 학문의 이이, 예학의 김장생, 의리의 송시열 등 조선오현(朝鮮五賢)에서 3명의 기호학파 인물들이 이런 평가를 받는 원인에는 각각의 추구하는 한문 학습이나 견해에는 초점을 두었던 요소가 있을 것이라는 단서를 바탕으로 논의를 시작한다.

Ⅱ. 초학자를 위한 『소학집주』, 『격몽요결』 편찬

주자가 만든 『소학』은 유교경전을 절대시한 조선조에 와서는 필독서였다. 유교서의 입문서라 할 수 있는 『소학』은 함양 실천의 지침서로 사친(事親)과 사장(事長)을 배워 직접 이해하는 것이고, 『대학』은 더 나아가 유교 궁리의 목표로 이치를 궁구하여 부모와 어른을 섬기는 이치가 무엇인지를 규명했던 것이다.[2] 그러므로 『소학』은 『대학』을 배우기 위해 선험적 교재로 널리 애용되었다. 그리고 초기부터 사대부는 『소학』학습을 배제하거나 뛰어넘어 다른 유가 경전을 학습할 수 없었다. 조선시대는 고려의 동서학당을 답습하여 한양에 동·서·중·남·북의 5부로 나누고 여기에 각각 학교를 하나씩 세우기로 하여 5부학당이라 하였다. 학당의 정도는 10세 이상 된 아동에게 입학을 허가하고, 15세에 이르러

---

2) 朱熹, 『朱子語類』 권7, 「學一」, 小學. "小學是學事親學事長, 此直理會那事. 大學是就上面委曲詳究那理, 其所以事親是何如, 所以事長是何如."

『소학』을 학습하면 성균관에 진학하게 한다. 이와 같은 제도로 인해 조선 초기부터 『소학』의 중요성이 부각되자 이이는 44세인 1579년[선조 12] 주석서인 『소학집주』를 편찬한다. 당시 조선에서 산만하게 유통되고 있는 중국의 여러 주석서를 보고 잘못된 오류를 잡고, 여러 주석가의 학설을 절충하여 주자의 『사서집주』를 따라 『소학집주』를 만들었던 것이다.[3] 다음 인용문을 보면 『소학』에 대한 애착을 잘 볼 수 있다.

> 무릇 독서를 하는 자는 반드시 단정하게 팔짱을 끼고 바르게 앉아 공경스럽게 책을 대하되, 마음을 다하고 뜻을 극진히 하고 자세히 생각하고 깊이 이해해 깊은 의미를 알되, 구절마다 반드시 그 실천할 방법을 구해야 한다. 만일 입으로만 읽어 마음으로 체득하지 못하고 몸으로 행하지도 못한다면, 글은 저대로 글일 뿐이요, 또한 나는 나대로 나일 뿐이니 무슨 이익이 있겠는가? 먼저 『소학』을 읽어 부모를 섬기고, 형을 공경하며, 임금에게 충성하고, 웃어른에게 순종하며, 스승을 높이고, 벗과 친하게 지내는 도리를 하나하나 자세히 음미하여 힘써 행해야 한다.[4]

이이는 『소학』을 유가 경전의 입문서로 충분히 활용하고자 하는 마음을 가지고 오륜을 기본으로 하는 유가의 교육 질서를 수립하고자 하였다. 그리고 주자가 『소학』을 오서(五書)의 범위에 포함시키고 한 것을 상기시키고 오서 가운데 유일하게 집주가 없는 『소학』의 집주를 이이 자신이 직접 저술하였던 것이다. 이이의 『소학집주』 편찬은 주자의 『사서집주』의 편찬과 동일한 업적으로 놓기에는 경중의 차이는 있을지 모르나 『소학』을 기존 사서의 위상까지 올려놓았다.[5] 『소학』이 기존 사서

---

3) 『소학집주』의 연구는 상당히 축적되어 있다. 특히 사서와의 비교와 정치적, 학술적 위상에 대해서는 정호훈(2014)의 연구를 참조하기 바란다.

4) 李珥, 『擊蒙要訣』, 「讀書」. "凡讀書者, 必端拱危坐, 敬對方冊, 專心致志, 精思涵泳, 涵泳者, 熟讀深思之謂, 深解義趣, 而每句必求踐履之方. 若口讀而心不體身不行, 則書自書我自我, 何益之有, 先讀小學, 於事親敬兄忠君弟長隆師親友之道."

와 다른 점이 있다면, 실천할 방법, 마음으로 체득하는 등 행위에 강조를
두었다는 것이다. 곧 초학자들이 본격적인 사서 공부에 앞서 생활 실천
의 방법을 체득하는 과정에서 요긴하게 사용되는 학습서였던 것이다.

성혼은 이이의『소학집주』의 발문에서 성학의 공부는 바로 실천에 있
음을 강조하고 어린이들에게 바르게 길러 근본을 배양하고 실천의 요체
를 제시하였음을 다음과 같이 밝히고 있다.

> 아, 성현의 책은 어느 것이든 가슴속에 간직하여 실천할 만한 요체가
> 아니겠는가마는 소학의 가르침은 어릴 때의 교육을 통해 양지를 계발하
> 여 추향을 보여 주며 어린이를 바르게 길러 근본을 배양하되 일과 행실의
> 실천을 위주로 하였으니, 모두가 가정에서 일상 생활하는 도리인 것이다.
> 동자가 하루의 가르침을 받으면 발을 떼어 놓는 처음부터 이미 법도를
> 따르게 되니, 완색하는 공부가 함께 있어서 업이 넓고 생각이 깊은 대학
> 의 공부와는 같지 않다. 그렇다면 이 책을 읽는 자들은 그 뜻을 이해함을
> 어렵게 여길 것이 아니라 그 일을 익히는 데 전일할 것이요, 말을 늘어놓
> 는 것을 귀중히 여길 것이 아니라 깊이 체득하고 힘써 실행함을 주장하여
> 야 할 것이다.[6]

성혼은 주해한 학설이 종류가 많고 틀린 주해서도 많아 이이가 여러
학자들의 학설을 취하여 번잡한 것을 삭제하고 요점을 모으며 장점을
취하고 단점을 제거하되 한결같이 경전의 뜻에 위배되지 않고 명백하면
서도 평이하고 진실하게 하였음을 밝히면서 성학의 공부가 이론 공부에

---

5) 李珥, 『擊蒙要訣』, 「讀書」. "五書五經, 循環熟讀, 理會不已, 使義理日明."
6) 成渾, 『牛溪先生文集』 권64, 「小學集註跋文」. "嗚呼. 聖賢之書, 何莫非服膺踐實之要.
而小學之敎, 加之幼稚之初, 發良知而示趨向, 正蒙養而培本原, 先諸事爲, 無非家庭日用
之常. 童子受一日之敎, 擧足之始, 已立於循蹈之地, 非如大學之方兼有玩索之功, 業廣而
思深也. 然則讀是書者, 不難於解其義, 而專於習其事, 不貴於說話鋪排, 而主於深體力
行, 要使明倫敬身之意浹洽於中."

그치지 않고 실천 공부임을 역설하고 있다. 이이는 현실 정치에 적극적
으로 참여하며 자신의 학문이 현실 정치에 얼마만큼 대입할 수 있는지를
염두해 둔 포석이며 현실 정치에 참여하지 않고 산림에 있던 성혼도『소
학집주』가 실천이론서의 제 기능을 충분히 할 수 있음을 말하고 있다.
　이이는『소학』이후 학습할 독서 목록을 제시하며 독서의 목적을 아울
러 밝히며 체계화된 학습 과정을 언급한 바, 도표로 제시하면 다음과
같다.[7]

〈표 1〉

순서	책명	책 내용	독서 목적
1	『대학』, 『대학혹문』	이치를 궁구하고 마음을 바르게 하며, 몸을 닦고, 사람을 다스리는 도리.	참으로 알아내어 이를 실천.
2	『논어』	인을 구하고, 인격 수양을 위한 학문을 하고, 본원을 함양하는 공부.	자세히 생각하여 깊이 체득.
3	『맹자』	의리를 밝게 분변하는 것과 인욕을 막고 하늘의 이치를 보존하는 설.	밝게 살펴서 이를 확충.
4	『중용』	성정의 덕과, 이치를 미루어 아는 공과, 만물이 길러지는 오묘한 이치.	음미하고 찾아내어 거기에서 얻는 것.
5	『시경』	성정의 그릇됨과 올바름, 선을 표창하고 악을 경계한 일들.	깊이 궁구하여 감동을 느껴 자신의 행동을 징계함.
6	『예경』	하늘의 이치가 알맞게 드러나는 것과 사람이 지켜야 할 법칙의 정해진 법도.	그 이치를 궁구하여 확립.
7	『서경』	요·순·우왕·탕왕·문왕, 무왕이 천하를 다스린 대경륜과 큰 법.	요령을 얻고 그 근본으로 거슬러 올라감.

---

7) 李珥,『擊蒙要訣』,「讀書」. "次讀大學及或問, 於窮理正心修己治人之道, 一一眞知而實
踐之. 次讀論語, 於求仁爲己, 涵養本原之功, 一一精思而深體之. 次讀孟子, 於明辨義利,
遏人慾存天理之說, 一一明察而擴充之. 次讀中庸, 於性情之德, 推致之功, 位育之妙, 一
一玩索而有得焉. 次讀詩經, 於性情之邪正, 善惡之褒戒, 一一潛繹感發而懲創之. 次讀禮
經, 於天理之節文, 儀則之度數, 一一講究而有立焉. 次讀書經, 於二帝三王治天下之大經
大法, 一一領要而泝本焉. 次讀易經, 於吉凶存亡進退消長之幾, 一一觀玩而窮硏焉. 次讀
春秋, 於聖人賞善罰惡抑揚操縱之微辭奧義, 一一精硏而契悟焉."

| 8 | 『주역』 | 길흉·존망·진퇴·소장의 기미. | 관찰하고 음미하여 끝까지 연구. |
| 9 | 『춘추』 | 성인의 착한 사람에게는 상을 주고, 악한 사람에게는 벌을 주어 잘못은 억누르고 잘한 일은 드높여 주어, 조종하는 은근한 말과 심오한 뜻. | 정밀히 연구하여 깨달음. |

이이가 만든『소학집주』는 선조에 의해 국가 공인 표준 번역서인『소학언해』가 1587년 간행이 되며 절정기를 시작하였고 송준길, 홍명하 등 기호학파의 서인들의 주장에 따라 이후 수정 재간행 되는 화려한 시기를 맞이하였다. 후대 서인들의 계속된 요구와 재간행 등은 유가의 경전 중 유독『소학』에 집중되어 있다.[8] 이런 현상은 그들의 학파 종장인 이이의『소학집주』편찬의 연결 고리를 생각할 때, 17세기 이후 기호학파 서인들에 의한 주자학의 교조화와 맞물려 이이의『소학집주』를 주자의 『사서집주』의 권위와 동등하게 놓고 싶은 열망이 어느 정도 반영되었다. 그리고 이이와 주자의 적통 계승과『소학집주』와『사서집주』의 순차적 한문학습 방법을 통해 기호학파의 주자학 계승의 한 면모를 보여주고 있다.

이이는 1578년『소학집주』가 편찬된 직전인 1577년『격몽요결』을 편찬하였다.『격몽요결』은『소학』이 담당했던 초학서의 역할을 대신하고자 했던 이이의 의도가 반영된 결과이고[9] 초학자들에게 한문학습의 길라잡이가 되기 위해 지은 것이다. 앞서 말했듯이『소학』을 대체하기 위한, 조선의 아동 기초서적이었던 것이다. 이 책은 이이가 부제학을 사퇴하고 해주 석담에 은병정사(隱屛精舍)에서 따르는 초학도를 강학하기 위해 지은 것이다.『격몽요결』의 기초 이념에 대해 다음과 같이 밝히고

8) 강민우(2019) 참조.
9) 이에 대한 자세한 논의는 정출헌(2016) 308~309쪽 참조.

있다.

> 사람이 이 세상에 나서 학문이 아니면 사람다운 사람이 될 수 없다.
> 이른바, 학문이란 것은 역시 이상스럽고 별다른 것이 아니다. 그저 아비
> 된 자는 자애로워야 하며, 자식 된 자는 효도해야 하고, 신하 된 자는
> 충성해야 하며, 부부간에는 분별이 있어야 하고, 형제간에는 우애로워야
> 하며, 젊은이는 어른을 공경해야 하고, 친구 간에는 신의가 있어야 하는
> 것이다. 일상의 모든 일에 있어서 일에 따라 각기 마땅한 것을 취할 뿐이
> 요, 현묘한 것에 마음을 두어 기이한 것을 노려서는 안 된다. 그러나 학문
> 하지 않은 사람은 마음이 꽉 막혀 있고 식견이 좁기 때문에 모름지기
> 글을 읽고 그 이치를 연구하여 행해야 할 길을 밝힌 뒤에야 학문에 나아가
> 는 것이 올바름을 얻고 실천함이 합당함을 얻을 수 있게 될 것이다.[10]

『격몽요결』의 대상이 초학도란 점에서 책의 내용이 입문서 수준으로
생각할 수 있을 것이다. 그러나 『격몽요결』은 한자나 한문의 초보적인
상식을 제시하는 아동교육용 교재가 아닌 본질적으로 성리학의 입문서
이다. 따라서 성리학을 본격적으로 익히려는 학도를 위해 그 향방을 제
시한 책이다.[11] 이 글에서 제시하고 있는 이이의 주장은 학문의 목표와
내용, 실천 방법 등이다. 그리고 성리학 초학도들이 지녀야 할 마음가짐
과 몸가짐, 그리고 올바른 공부의 자세에 필요한 내용 등을 제시했다.
그러므로 이 책은 성리학의 학문 영역을 초입하는 학도들에게 공부의
방향을 잃지 않기 위해 저술된 책이다. 이이는 책을 읽는다는 것은 시비

---

10) 李珥, 『栗谷全書』 卷27, 「擊蒙要訣序」. "人生斯世, 非學問, 無以爲人. 所謂學問者, 亦
　　非異常別件物事也. 只是爲父當慈, 爲子當孝, 爲臣當忠, 爲夫婦當別, 爲兄弟當友, 爲少
　　者當敬長, 爲朋友當有信, 皆於日用動靜之間, 隨事各得其當而已, 非馳心玄妙, 希覬奇效
　　者也. 但不學之人, 心地茅塞, 識見茫昧, 故必須讀書窮理, 以明當行之路, 然後造詣得正,
　　而踐履得中矣."
11) 정호훈(2005) 참조.

의 분변을 구해서 일을 행하는 데 이것을 베푸는 것이니, 만약 일을 살펴
보지 않고 우뚝이 앉아 한문 학습만 한다면 쓸모없는 학문이 된다는 신
념을 가지고 있었다.[12] 그러므로 이이는 이론과 실천을 병행함으로써
궁극적으로 성리학의 구체적 실현을 원했던 것이다. '수신(修身)'을 통해
'제가(齊家)'와 '치국(治國)'의 순서는 『격몽요결』의 한문학습의 교육 과
정이지만 성리학자들의 보편적 학습체제이다. 그러므로 이이의 의도는
성리학의 한문학습을 『격몽요결』에도 대입하며 성리학적 세계관을 구
현시키고자 하였다.

Ⅲ. 송대 성리서의 강조와 주자학의 계승

조선조 초기부터 유가의 서적은 국가의 보호 아래 그 권위를 보호받
았다. 심지어 『주역천견록(周易淺見錄)』·『시천견록(詩淺見錄)』·『서천견
록(書淺見錄)』·『예기천견록(禮記淺見錄)』·『춘추천견록(春秋淺見錄)』 등
과 같이 오경의 유교 경전 주석서가 출간될 정도로 경학의 발전은 계속
진행되어 조광조 등 사림파들에 의해 도학의 기본 체계가 확립되었다.
그 가운데 이이를 비롯한 성혼 등은 주자의 성리학을 확고부동한 이념
으로 인식하고 성리학과 관련된 서적으로 초학도 이후의 학습을 담당토
록 하였다.

이이와 성혼은 비슷한 시기에 기호학의 수장으로 이이는 현실정치에,
성혼은 은둔 산림처사로서 소임에 최선을 다하고 있었다. 성혼은 일찍
과거에 뜻을 버리고 학문에 전념하며 "학문의 도는 궁리가 가장 최선이
고, 궁리의 요체는 반드시 한문 학습에 있으며, 순서에 따라 정밀하게

---

12) 李珥, 『栗谷全書』 卷14, 「自警文」. "讀書者, 求辨是非, 施之行事也. 若不省事, 兀然讀
　　書, 則爲無用之學."

해야 한다."라고 주장하였다.[13] 이와 같이, 성혼은 학문에 있어서는 도의 구현에 뜻을 두고, 인격수양에 있어서는 성현을 본받아 이를 반드시 실제의 한문 학습을 통해서 이루어 보려고 하는 실천주의와 도학주의 사상을 근저로 하는 자기완성과 구도(求道)에 독서의 목적을 두고 있다.[14] 이러한 성혼의 독서관과 학습관은 그가 평생 도의지교를 맺었던 이이와 일맥상통하고 있다.

이이는『소학』이후의 한문 학습차제를『대학』→『논어』→『맹자』 →『시경』→『예경』→『서경』→『역경』→『춘추』→『근사록』→『가례』→『심경』→『이정전서』→『주자대전』→『주자어류』→ 제성리서 → 사서(史書) 등의 순서를 제시하고 있다.[15]

성혼도 이이와 같이 배우는 자들이 필수적으로 읽고 수양해야 할 독서과정을 선정해 주고 있다. 그는 정종명에게 보낸 서한에서 필독서로서『소학』→『대학』→『대학혹문』→『논어』→『맹자』→『중용』→『중용혹문』→『근사록』→『주자서절요』→『심경』→『시경』→『서경』→『역경』→『춘추』→『예기』→『이정전서』→『주자대전』→『이락연원록』→『연평답문』→『이학통록(理學通錄)』→『통감강목』→『황명통기』등의 경·사·자·집의 전 분야에 걸쳐서 23종의 한문 학습과목을 체계적이고 구체적으로 선정하여 제시해 주고 있다.[16]

---

13) 成渾,『牛溪先生文集』卷3,「上王世子箚」."爲學之道, 莫先於窮理, 窮理之要, 必在於讀書, 讀書之法, 莫貴於循序而致精."

14) 김오봉(1997), 135~139쪽.

15) 李珥,『擊蒙要訣』,「讀書」."五書五經, 衡環熟讀, 理會不已, 使義日明, 而宋之先正所著之書, 如近思錄 家禮心經 二程全書朱子大全 語類, 及他性理之說, 宣間間精說 使義理常常沒灌吾心, 無時間斷, 而餘方, 赤讀史書通古今, 達事變, 以長議見, 苦異端雜類不正之書, 則不可頃刻."

16) 成渾,『牛溪先生文集』卷4,「與鄭士朝宗溟」."小學, 大學 大學或問, 論語, 孟子, 中庸, 中庸或問, 近思錄, 朱子書節要, 心經, 詩, 書, 易, 春秋, 禮記, 二程全書, 朱子大全, 伊洛淵源錄, 延平答問, 理學通錄, 通鑑綱目, 續綱目, 皇明通紀, 此卽別紙也."

이이와 성혼이 지목한 한문학습의 차제를 살펴보면, 공통적으로『소
학』과 사서오경 및 성리서가 대부분을 차지하고 있다. 선후의 차이는
있지만『소학』을 시작으로 유가의 경전을 학습한 후 송대 성리서를 제시
하고 있다.

『근사록』은 송나라 유학자인 섭채가 성리학의 기본이 되는 주돈이의
『태극도설(太極圖說)』과 장재의『서명(西銘)』등 중요한 문헌만을 골라
만든 성리학의 독본이다. 그리고『심경』은 송나라 진덕수가 경전과 도
학자들의 저술에서 심성 수양에 관한 격언을 모아 편집한 책으로 이이
이전에도 권위 있는 유가서적 가운데 하나였다. 이황은『심경』을 우러
러 믿었던 남다른 애정을 가졌다. 그는 강론하는 사이에 털끝만한 것까
지 분석하여 혹시 한 자라도 잘못되고 한 가지 뜻이라도 분명치 못할까
걱정을 하였을 정도였다.[17] 이이는『근사록』과『심경』에 대해 다음과
같이 주장하고 있다.

> 늘 한가하게 거처하실 때도 학문을 중단하지 마시어 사서오경과 선현
> 들의 격언 및『심경』,『근사록』같은 책을 번갈아 가며 읽으시고 그 뜻을
> 깊이 연구하소서. 그리하여 성현의 뜻이 아니면 감히 마음에 두지 마시고
> 성현의 글이 아니면 감히 보지 마소서.[18]

이이는 1574년 선조에게 올린「만언봉사소」에서 사서오경과『심경』,
『근사록』등 성리서적에 수록된 성현의 깊은 격언을 항상 마음속에 두
고 성현의 서적이 아니면 절대 보지 말 것을 주장하고 있다. 일찍이 선

---

17) 宋時烈,『宋子大全』卷138,「心經釋疑序」. "文純公臣李滉, 平生尊信此書, 其於講論之
際, 毫分縷析, 惟恐一字之或訛, 一義之不明. 其門人記其論說之語, 則猶且取而審訂之,
必期於是正而後已, 其用心可謂勤矣."

18) 李珥,『栗谷全書』卷5,「萬言封事疏」. "常於燕居, 不輟學問, 四書五經及先賢格言, 心經
近思錄等書, 循環披讀, 深究其義. 非聖賢之志, 不敢存, 非聖賢之書, 不敢觀."

조가 이이에게 사서 가운데 무슨 글을 가장 좋은지 묻자 이이는 "특별히 좋아하지 않는 것도 없으며 특별히 좋아하는 것도 없습니다. 여가가 있으면『근사록』과『심경』등의 글도 읽었습니다."[19]라고 말할 정도로 이들 서적에 대한 애착이 남달랐다. 이이는『소학』과 사서 다음으로『근사록』·『심경』을 반드시 읽게 한 이유는 뜻 세우는 것을 먼저 하여 성현이 되는 것을 목표로 삼게 하였기 때문이다. 그리고 실천하는 것을 힘써서 효제의 정성을 다하게 하여, 경(敬)으로 도(道)에 들어가는 요체를 삼고, 성(誠)으로 성학(聖學)의 근본을 삼았기 때문이다.[20] 나아가『사기』에 대해『사기』를 읽으면, 치란의 기틀과 현인, 군자의 출처와 진퇴를 보아야 할 것이니, 이것이 곧 격물이다."라고 말한 정이천이 말을 인용하며 다음과 같이 주장하고 있다.

> 정자가 말하기를, "대개『사기』를 읽을 때에는 한갓 사적만 기억할 것이 아니라 그 치란과 안위와 흥폐와 존망의 이치를 알아야 한다. 또「한고조본기」를 읽는다면 한나라 4백 년의 시종과 치란이 어떠하였던가를 알아야 할 것이니, 이것 역시 배우는 것이다."라고 하였다.[21]

『사기』의 학습 목적은 단지 사적의 기록이 아닌 치란의 기미와 군자의 출처에 있고『대학』의 격물치지(格物致知)와 일맥상통하고 있음을 지적한 것이다. 성혼은 이이의 지음이면서 든든한 학문적 후원자였다. 이이가 지은『격몽요결』·『소학집주』·『사서변의(四書辨疑)』와 그 밖의 저

19) 李珥,『栗谷全書』卷32,「語錄」. "上曰, 四書中最喜何書乎. 珥曰, 亦無不好, 別無偏喜, 餘暇亦讀近思心經等書."
20) 李珥,『栗谷全書』卷35,「行狀」. "其教人也, 不問貴賤, 而來者受之, 無分智愚, 而各因其材. 使學者先讀小學, 次讀四子, 以及近思錄心經, 必以立志爲先, 而期至聖賢, 躬行爲務, 而盡其孝悌. 以敬爲入道之要, 誠爲聖學之根, 循循然善誘不倦."
21) 李珥,『聖學輯要』2,「修己」. "程子曰, 凡讀史, 不徒要記事迹, 須要識其治亂安危興廢存亡之理. 且如讀高帝紀, 便須識得漢家四百年終始治亂當如何, 是亦學也."

술들의 글은 성혼에게 질정을 구한 뒤에 완성한 것이 아닌 경우가 없을 정도였다. 그러므로 이이가 늘 '실천이 독실하기는 내가 미치지 못하는 바이다.'[22]라고 주장하였다. 그러므로 이이와 성혼의 한문학습의 차제는 궤를 같이 할 수밖에 없고 목적과 지향점도 동일하다. 두 인물의 기호학파에서 차지하는 위상을 생각할 때, 이들이 지목한 서적은 후대에 막강한 지남서가 되었고 이는 주자학 중심적인 한문 학습차제를 볼 수 있는 대목이다. 이들이 지목한 19가지 독본들은 이후 기호학파의 중요문인들에 의해 하나같이 소중하게 다뤄진 책들이다. 곧 이들이 밝힌 중요 서적들, 『소학』과 주자학 관련 서적들은 기호학파의 한문학습 필수 독본들이었던 것이다. 이런 영향 하에 17세기 이후 기호학파의 주자학 일변도의 사상적 고립은 이이의 주자학 중심의 한문 독본 선정에서 시작을 찾을 수 있을 것이다.

한발 더 나아가 이이는 방대한 성리학의 독본을 요약하여 『성학집요 (聖學輯要)』을 편찬한다. 『성학집요』에서 1편은 선조에게 올린 「진차(進箚)」와 서문(序文), 통설(統說) 등을 실었고, 2~4편은 「수기편(修己篇)」으로써 자기 몸의 수양에 대한 내용을, 5편은 「정가편(正家篇)」으로 가문을 바로 하는 법, 6~7편은 「위정편(爲政篇)」으로 올바른 정치의 방법, 8편은 학문과 위정의 바른 줄기를 밝힌 성현도통을 담았다. 이와 같은 기본 구도는 『대학』을 따른 것으로 「수기편」은 『대학』의 수신에, 「정가편」은 제가에, 「위정편」은 치국평천하에 해당한다. 이이가 『성학집요』에서 『대학』을 집중적으로 부각 시킨 이유는, 이미 사서와 육경에 이미 분명하고도 빠짐없이 적혀 있어 글로써 도를 구하면 이치가 나타날 것이지만 규모가 너무도 방대해서 요령을 얻기가 어렵기 때문이었던 것이

---

22) 『承政院日記』, 仁祖 13年 乙亥, 6月 19日. "李珥之所著擊蒙要訣·小學集註·四書辨疑, 其他著述之文, 無不求正於成渾, 然後得爲完書, 李珥常以爲踐履篤實, 吾所不及."

다. 그러므로 주자가 『대학』을 통해 간략히 대지를 드러내고 규모를 잡았기 때문에 자신도 주자의 경우를 따라 『성학집요』의 체제를 완성했던 것이다.[23] 이이는 『성학집요』의 편차목적을 도학의 요령을 얻는 방법을 제시하였고 음으로 제왕의 학문하는 본말과 정치의 선후와 덕을 밝히는 실효와 백성을 새롭게 하는 실적에 대해 대충이나마 큰 틀을 잡아놓았음을 구체적 이유와 함께 제시했다.[24] 그러므로 원래 제왕이 도에 들어갈 수 있는 지침이 되고자 그 대상이 제왕에게만 국한된 것이 아니라 유가의 학문적 지표를 염두에 둔 것이다.

애초 이이는 성리학의 확고한 이념을 바탕으로 각각의 한문 독본을 초학도부터 체계적인 학습을 추구하였고 임금부터 사대부까지 누구에게나 공평하게 배워야할 최고의 한문 독본임을 주장하였다. 이것은 그의 선의의 경쟁자였던 성혼과도 같은 입장이고 성리학을 도덕철학의 근본이념으로 삼고자 했던 기호학파와 이후 서인들에게 강력한 교육 교재로 자리 매김하며 조선 후기까지 공교육, 사교육 등 모든 분야에서 절대적 권위를 누리게 되었다.

Ⅳ. 예학서(禮學書)와 『춘추』의 강조

이이와 성혼은 초기 기호학파의 한문학습 체계를 수립한 인물로 주자학을 굳건한 이념을 기초한 인물이다. 기호학자들은 16, 17세기에 들어와 성리학을 현실 정치에 침투시키며 주자주의의 고착화된 사상적 이념

---

23) 李珥, 『栗谷全書』 卷19, 「聖學輯要序」. "四書六經, 旣明且備, 因文求道, 理無不現, 第患全書浩渺, 難以領要. 先正表章大學, 以立規模, 聖賢千謨萬訓, 皆不外此, 此是領要之法."

24) 李珥, 『聖學輯要』, 「進箚」. "凡帝王爲學之本末, 爲治之先後, 明德之實效, 新民之實迹, 皆粗著, 其梗槪."

을 고수하기에 이른다. 이런 국면을 마련한 인물로는 이이의 제자인 김장생과 김장생의 제자인 송시열에 의해 확고하게 구축되었다.

김장생은 이이의 『소학』 강조를 일찍부터 계승하여 실천을 바탕으로 둔 학문을 목표로 삼았다. 그러므로 삼강오륜과 일상생활의 예의범절, 수양을 위한 격언 등을 모아 둔 『소학』의 중요성은 선험적으로 알고 있었다. 김장생은 유가의 성현들이 만든 예를 백성을 다스리는 최고의 규범으로 생각하고 예를 앞세운 예치(禮治)를 정치를 통해 무너진 사회질서의 회복하고자 했다.

김장생을 비롯한 기호학파들은 유가의 경전 중 『예기』와 고대의 예서인 『의례』, 주자의 『가례』 등을 신봉하였고 김장생이 이이의 『성학집요』·『격몽요결』의 편차를 따라 『전례문답(典禮問答)』·『가례집람(家禮輯覽)』·『상례비요(喪禮備要)』·『의례문해(疑禮問解)』 등을 편찬하였다. 『가례』에 대하여 경서를 통한 고증으로 변정하여 학문적 기여를 하였을 뿐 아니라 매사에 합리성을 추구하고 조선의 실정에 맞게 『국조오례의(國朝五禮儀)』 등 국조 전례를 인용하고 이전의 모든 예설까지 모두 수용하여 비판을 가한 데서 조선 예학의 기초를 수립하였다고 추앙된다. 그는 이를 바탕으로 조선 예학의 기초를 다져 예학지조(禮學之祖)가 되었다.[25]

김장생의 예서는 국가의 전례를 다룬 『전례문답』과 사대부나 선비의 생활 규범을 다룬 『가례집람』와 『상례비요』, 비상례인 변례(變禮)를 다룬 『의례문해』이다. 공사(公私)와 상변(常變) 등 일상의 모든 예를 포괄하고 있어 주자가 완성치 못하고 황간에게 위임했던 예학을 비로소 완성했던 것이다. 김장생이 활동한 17세기의 정치적 이슈였던 인조반정과 종법의 문제 등을 해소하기 위해서는 치밀한 예법의 기준이 있어야 가능했던 것이다. 그러므로 김장생은 이 문제를 적극적으로 풀기 위해 주

---

25) 한기범(2001); 김현수(2017) 참조.

자가 만년까지 고심하며 풀지 못한 예서의 차제에 모든 정력을 집중하
였다. 이에 대해 송시열은 김장생의 예치에 대해, 예의 치란이 국가의
치란이고, 왕위의 종법 문제를 확정하는 것이 바로 조선의 적통성과 밀
접하다 여겼던 바, 다음 주장에서 확인할 수 있다.

> 주자가 경서와 사서에 대해 바로잡아 고치지 않은 것이 없지만, 유독
> 예서에 대해서만은 늦게 뜻을 두어, 임금에게 주청해서 비성과 태상시에
> 있는 여러 서적을 빌려 주기를 청하고, 학도들을 빈 관사에 불러들이기까
> 지 하였습니다. 그리고 또 종이·기름·촛불·돈·쌀 및 글씨를 베껴 쓰는
> 사람을 내려 주기를 청하였으며, 끝마치기를 기다려 위로하고 칭찬해 주
> 기를 청하였습니다. 주자가 다른 경서를 해석할 때에는 일찍이 이러한
> 주청을 한 적이 없었는데, 유독 이 책에 대해서만 이와 같이 하였습니다.
> 그것은 진실로 예의가 가다듬어지면 국가 역시 다스려지고, 예의가 어지
> 러워지면 국가 역시 어지러워지는바, 예가 천하와 국가에 관계되는 것이
> 이와 같기 때문에 번거롭고 외람됨을 혐의스럽게 여기지 않고 청하였던
> 것입니다.[26]

송시열은 정주(程朱)의 학통을 이이에게서 얻은 김장생이 주자가 만년
에 오로지 예서에 뜻을 두었지만 이루지 못한 것을 완성한 공로를 크게
칭송하면서 예의가 완비되면 국가도 다스려지는 예치의 기초를 완성했
음을 지적하고 있다. 그러므로 김장생은 이이의 성리학 범주를 확장하
여 예학의 비조로 되었던 것이다.

김장생은 『의례』 178작품, 『예기』 197작품, 『가례』를 인용한 경우는
207작품에서 보인다. 『전례문답』·『가례집람』·『상례비요』·『의례문해』

---

26) 宋時烈, 『宋子大全』卷17, 「論從享聖廟疏」, "朱子於經書史書, 無不釐正, 而獨於禮書,
晚始有志, 至請於上, 乞借祕省太常諸書, 招致學徒於空閒官舍. 又乞紙札油燭錢米寫手
等, 候其結局量支犒賞. 其於解釋經書之時, 則未嘗有此請, 而獨於是書如此者, 誠以禮治
則國治, 禮亂則國亂, 其有關於天下國家也, 如是故不嫌其煩猥矣."

등 자신의 예서에서 전거로 주로 인용하였고『근사록』을 비롯한『사서』
와 사서(史書) 등에서도 각각의 전거를 인용하였다. 그리고 경서의 의문
점을 기록한『경서변의』에서도 적극적으로 예서를 인용하는데 다음의
경우,『주역』의 손괘(巽卦), 구이(九二)를 사(史)와 무(巫)를 설명하면서
『예기』의 "사서언동지사(史書言動之事)" 전거를 들어 설명하고 있는데,
진덕수의『예기』전거를 자신도 같이 사용하고 있다.

> 손괘 구이의 "사와 무를 쓰다."
> ○ 진씨는 "『예기』에서 말한 사란 곧 일을 기록하는 사관이다."라고
> 하였고, 풍씨가 말한 "복서를 맡은 사"란 바로 복서를 맡은 관리이니,
> 『사기』에서 말한 "태사가 점치기를"이라는 것과 같은 유이다. 두 사관은
> 같지 않으니, 사는 복서를 관장하고, 무는 제흉을 관장한다. 진씨는 "사란
> 삼황, 오대의 일을 관장한다."라고 하였고, 『예기』에서는 "사는 말과 행
> 동의 일을 기록한다."라고 하였다.[27]

 인조반정 이후 조선은 병자호란을 맞이하며 새로운 시대적 상황을 마
주한다. 이때 기호학파들은 이이의 실천 유학과 김장생의 예학을 이어
만주족의 청나라를 어떻게 인식해야 하는지의 문제와 이전 명나라와의
관계 설정 문제를 고민한다. 그리고 오랑캐라고 믿었던 청나라에 굴욕
적인 전쟁 패배를 극복할 새로운 가치관을 모색하기에 이른다.
 송시열은 이런 시대 상황을 맞아 교육목표를 올바른 삶을 구현하는
데 두고 있다. 이 세상에 '올바름[直]'만큼 값진 것은 없기 때문에 올바름
을 잃은 인간에게는 더이상 잃을 것이 없다. 그래서 송시열은 올바른
인간만이 가장 아름답고 온전한 인간으로 보고, 인간교육에 있어서 올

---

27) 金長生, 『沙溪全書』卷15,「經書辨疑」,〈下經〉. "巽九二用史巫. ○眞氏, 禮記之所謂史,
 乃記事之史官也. 馮氏所謂掌卜筮之史. 乃掌筮之官. 史記所言, 太史占之曰之類也. 二史
 不同, 史掌卜筮, 巫掌祓禳, 眞氏史掌三皇五代之事, 禮記云史書言動之事."

바름이 갖은 의미를 항상 강조했다.[28]

송시열이 학문의 요체와 학습의 체계를 말할 땐 항상 주자의 말과 예를 따라 언급하는 경우가 허다하다. 자신이 소중화적 사유의 틀에서 주자의 사유방식은 곧 이이, 김장생으로 이어져 내려오는 기유학파의 적통과도 매우 밀접하기 때문이다. 송시열이 한문학습 차체에서 주자서를 통해 권위와 당위성을 설파하는 경우를 제외한다면, 그는 올바름, '직(直)'의 문제에 깊은 고민을 가졌다.

> 과재의 할아버지와 손자는 대대로 훌륭한 일을 이룩하여 그 천성을 온전히 하였으되, 임계가 성취한 것은 더욱 큰 것이다. 대저 조그마한 우리 동쪽 나라의 한 수재로서 천하의 대의와 천하의 풍성을 수립하여 내 할아버지, 내 형에게만 광휘를 끼쳤을 뿐만 아니라, 사람마다 모두 이 세상에 성인의 춘추필법이 있는 줄을 알 수 있게 하였으니, 대체로 그가 이룩한 것이 어찌 만분의 일인들 저 공이나 조금 세우고 사업이나 조금 이룩한 자들의 미칠 바이겠는가. 하필 그 절의가 한집안에 모여서 할아버지 손자, 또는 형제 사이에서 나왔고 보면 그 가문에 관계가 있음을 또한 속일 수 없는 것이다.[29]

송시열이 임진왜란 때 순절한 문신 윤섬(尹暹)과 병자호란 때 순절한 문신 윤계(尹棨), 그리고 삼학사의 한사람인 윤집(尹集) 등 세 명의 절신(節臣) 문집 서문에서 이들의 절의에 대해 말한 부분이다. 송시열은 공자

---

28) 宋時烈, 『宋子大全』 卷138, 「送許樂而塾叔書」. "然學問之道, 不得其要, 則終日從事, 而終於岡然而無得也. 自古聖賢之論此事者多矣, 而未有備於朱夫子甲寅行宮第二奏箚, 二君試歸而求之於此, 心有所得焉, 則不待他言而已思過半矣, 是說也."

29) 宋時烈, 『宋子大全』 卷138, 「三節遺稿」. "果齋祖孫世濟其美, 以全其性, 而至於林溪所就則有大焉. 夫以東偏之一秀才, 乃能扶天下之大義, 樹天下之風聲, 不獨于光於乃祖乃兄, 而使人人者, 皆知世間有聖人筆削之大法, 則夫其所成者, 豈彼建功立事者之彆彆於萬一哉. 而其必萃於一家, 爲祖爲孫爲兄爲弟, 則其世類之所係, 亦不可誣矣."

가『춘추』를 만들면서 가졌던 자세인 춘추필법을 통해 천하에 대의와
명성을 후세에 전하고자 하는 마음을 드러내고 있다.

송시열은 공자의『춘추』의 작필 정신, 춘추필법을 계승하고자 많은
노력을 쏟은 인물이었다. 『춘추』는 노나라에 전해오는 사관의 기록을
바탕으로 공자가 중요한 일의 기록을 편년체로 만든 역사서이지만 간략
한 서술을 특징으로 하고 있다. 비록 문장은 짧지만 자구의 운용이나
구성은 간결하고 평이하다. 공자는『춘추』를 편찬하면서 오직 객관적인
사실에만 입각하여 기록하여 보편타당성을 획득하였다.[30] 바로 이점이
춘추필법인데, 송시열은 바로 이런 공자의 편술 태도, 곧 춘추필법을
통해 임병양란의 어려운 시기에 절의를 위해 희생도 감수한 이들의 현
창을 담당하였다.

송시열은 주자학에 몰두하여 동방의 주자라고 할 정도로 자신의 사상
적 이념을 동일시해 왔고 문학 관점에서도『춘추』의 의리사상을 제시하
였다. 그는 쇠세(衰世)에 대한 불만과 전란 이후의 극복 지향점을 「삼학
사전(三學士傳)」, 「임장군경업전(林將軍慶業傳)」, 「포수이사룡전(砲手李士
龍傳)」 등을 통해 춘추대의의 정신을 나타내고 있다.

송시열은 직서(直敍)의 방법을 주로 사용하였다. 그가 제자 윤증과 회
니시비(懷尼是非)도 직서의 문제에서 시작이 되어 노소(老少)분당의 현실
을 겪었지만『춘추』의 필법만큼은 타협의 대상이 될 수 없었다. 그는
직접 듣고 보지 못한 사실은 있는 그대로 기록하고 의심이 있는 것도
자신의 사감이 가미하지 않고 사관의 입장에서 올곧게 서술하고자 했다.
그래서『춘추』,「곡양전」에 용례가 보인 전의지법(傳疑之法)을 사용하였
다. 환공 5년 진나라 제후의 사망 날짜를 두 날짜로 기록하면서 춘추지
의(春秋之義)에 의거하여 믿을 수 있는 사실이면 그대로 기록하고[信以傳

---

30) 정경훈(2005a), 277쪽.

信] 만약 확인할 수 있는 증거가 없는 것이라면 의심 그대로 후세로 전한다[疑以傳疑]는 공자의 독특한 필법을 송시열은 그대로 수용하고 있다.[31]

그는 「함양박씨족보서(咸陽朴氏族譜序)」[32]와 왕가의 족보인『선원보략(璿源譜略)』의 발문[33]에서도 언급했듯이 확인할 수 없는 일에 대해서는 그대로 후대로 전해 잘못된 지식 전달을 금지하고 있다. 최소한 비지문이나 역사에 관련된 기록에 있어서는 그렇다는 것이다. 특히 사실의 유무에 따라 후대에 미치는 영향을 생각한다면『춘추』의 '전의지법'을 따라 직접 판단하기 보다는 모든 견해를 후대에 보전하여 후대의 뛰어난 학자를 기다려 정확한 판단을 기대하고 있는 것이다.

V. 결론

본고의 논의가 기호학파라는 범위로 한정되고 시대적 하한선이 서인의 분파가 완성되기 이전이므로 15세기부터 17세기까지로 일정한 한계가 있었다. 기호학파의 최대 주주라 할 수 있는 이이를 비롯하여 이후 소론에 영향을 미친 성혼을 시작점을 두었고 이들이 힘써 주목했던 학습교재가『소학』을 비롯한 진도별 유가 경전을 제시해 보았다. 초학자를 위한『소학집주』는 유교 입문서인『소학』의 주석서로써 이이 이전의

---

31) 정경훈(2005b), 9~10쪽.

32) 宋時烈,『宋子大全』卷138, 「咸陽朴氏族譜序」. "此譜首記羅王赫居世, 起於漢五鳳元年, 而不言赫居世得姓爲朴之由, 豈以怪誕不經而不言耶. 雅人莊士或羞稱之, 而權陽村近亦於東史深闢之, 闢之誠是也. 然氣化之說, 先儒論之甚詳, 雖不可謂眞有此事, 亦不可謂眞無此理也. 春秋有傳疑之法, 愚以爲此當兩存之, 以竢窮玄極微之君子出而辨之似宜, 未知某以爲如何."

33) 宋時烈,『宋子大全』卷149, 「璿源譜略跋」. "噫. 魯是周公所封, 孔聖所生之國, 而又周禮所在, 則文獻可徵, 而, 其史尙有所疑. 故聖人筆削之際, 乃有傳疑之例. 況茲海隅雖稱東魯, 而其間載籍, 豈足爲不刊之書乎. 或文與事異, 年與迹乖, 失其本眞者多矣. 其小事則猶沒緊要, 至如干係宗祧, 而或不免疑惑, 則其所關 豈小也哉."

여러 선배 학자들이 중요성을 지적하였다. 그러나 이이는 이에 한발 더 나가 기호학파의 사성적 구심적 역할을 위해 직접『소학집주』를 편찬했고 이것을 대체하기 위한 대체 교재로『격몽요결』까지 만들었다.『격몽요결』은 한자나 한문의 초보적인 상식을 제시하는 아동교육용 교재가 아닌 본질적으로 성리학의 입문서이다. 따라서 성리학을 본격적으로 익히려는 학도를 위해 그 향방을 제시한 책이다. 곧 성리학 초학도들이 지녀야 할 마음가짐과 몸가짐, 그리고 올바른 공부의 자세에 필요한 내용 등을 제시했다. 그러므로 이 책은 성리학의 학문 영역을 초입하는 학도들에게 공부의 방향을 잃지 않기 위해 저술된 책이다.

이이와 성혼은『소학집주』와『격몽요결』학습 이후 유가의 사서오경과 각종 송대 성리서적을 탐독할 것을 제시하였다.『근사록』과『심경』을 주목하며 후대 성리학이 국가경영의 기초가 될 수 있는 터전을 마련하였다. 임금의 경연에서부터 사대부, 평민에 이르기까지 모든 사유의 저변에 성리학의 사상이 굳건히 자리매김할 수 있었던 것인 이들의 확고부동한 성리서적의 선택과 학습에 있다.

기호학파가 조선 후기까지 조선 사회를 움직이는 원동력을 제공할 수 있었던 것은 각 시대의 이슈에 부합하는 성리학의 학설을 제시했기 때문이다. 김장생이 활동한 시기의 최대 정치이슈였던 인조반정과 종법(宗法)의 문제 등은『예기』·『의례』·『가례』등에 바탕을 둔 예학이라는 새로운 통치 방법을 보여주었다. 사후 몇 차례의 예송으로 조선 후기 당쟁의 빌미를 제공했다는 혐의는 받을 수 있지만 주자도 완성치 못한 예학의 틀을 마련하고『전례문답』·『가례집람』·『상례비요』·『의례문해』등을 편찬하여 임금부터 평민까지 적용할 수 있는 예법을 구축했다는 데 큰 의미를 둘 수 있다.

마지막으로 임병양란 이후 쇠세해 가는 조선 사회에서 송시열은 공자의『춘추』의 작필 정신, 춘추필법을 계승하고자 많은 노력을 쏟았다.

오직 객관적인 사실에만 입각하여 기록하여 보편타당성을 획득한 춘추 필법은 직의 사상과 밀접하였다. 송시열은 교육목표를 올바른 삶을 구현하는데 있었고 올바름만큼 값진 것은 없기 때문에 올바름을 잃은 인간에게는 더 이상 잃을 것이 없다고 인식했다. 그러므로 송시열은 올바른 인간만이 가장 아름답고 온전한 인간으로 보고, 인간교육에 있어서 올바름이 갖은 의미를 항상 강조했다. 이런 정신은 춘추필법을 통해 춘추대의의 정신으로 나타났고 조선 후기까지 조선사회를 지배하는 하나의 이념으로 남게 되었다.

덕치의 정암 조광조, 도학의 퇴계 이황, 학문의 율곡 이이, 예학의 사계 김장생, 의리의 우암 송시열 등 조선 오현으로 일컬어지면서 기호학파에 속하는 세 명의 인물들은 각각의 추구하는 목표는 성리학의 확고부동한 이념구축이었지만 각자의 시대 상황에 맞게 경전과 성리서 등을 강조했다.

참고문헌

『承政院日記』.
金長生, 『沙溪全書』.
成渾, 『牛溪先生文集』.
宋時烈, 『宋子大全』.
李珥, 『擊蒙要訣』.
____, 『聖學輯要』.
____, 『小學集註』.
____, 『栗谷全書』.
朱熹, 『朱子語類』.

강민우, 「金長生의『小學』주석서 편찬과 西人 小學說의 수립」, 『태동고전연구』43, 태동고전연구소, 2019.

김오봉, 「牛溪 成渾의 讀書論에 관한 硏究」, 『書誌學硏究』 14, 한국서지학회, 1997.

김현수, 「16세기 후반~17세기 전반 栗谷學派의 家禮註釋書 연구」, 『유교사상문화연구』 69, 한국유교학회, 2017.

임형택, 『실사구시의 한국학』, 창작과 비평사, 2000.

정경훈, 「尤庵 宋時烈의 散文에 나타난 『春秋』의 한 양상」, 『율곡학연구』 10, 율곡학회, 2005a.

_____, 「尤庵 宋時烈의 散文 創作 精神」, 『東方漢文學』 28, 동방한문학회, 2005b.

정출헌, 「『小學』을 통해 읽는 유교 문명의 완성과 해체」, 『율곡학연구』 33, 율곡학회, 2016.

정호훈, 「16세기 말 栗谷 李珥의 敎育論」, 『韓國思想史學』 25, 한국사상사학회, 2005.

_____, 『조선의 소학』, 소명출판, 2014.

한기범, 「沙溪禮學派의 禮學思想」, 『유교사상문화연구』 15, 한국유교학회, 2001.

퇴계학파 아동 교재의 수용과 활용 양상

최식

Ⅰ. 머리말

우리나라는 예로부터 중국의 문자인 한자를 차용하고 공자와 맹자의 사상을 집대성한 유학을 숭상하였던 바, 아동교육에서 한자를 익히는 문자교육과 유학의 덕성을 함양하는 교육을 중시할 수밖에 없었다.[1] 조선시대에 아동을 교육하는 방법은 대략 이러하다.

> 우리나라는 예로부터 자서(字書)를 소학(小學)으로 여긴 적이 없다. 국조(國朝)에 들어와서는 아동에게 먼저 양(梁)나라 주흥사(周興嗣)의 『천자문(千字文)』, 또는 『유합(類合)』·『신증유합(新增類合)』·『훈몽자회(訓蒙字會)』를 가르쳤다. 이것이 옛날의 소학은 아니지만 역시 소학의 종류라 할 수 있다. 지금 소학은 곧 주자가 편집한 『소학』이다. 그 제사(題辭)에 "옛날에는 소학에서 쇄소(灑掃)·응대(應對)·진퇴(進退)의 절차와 어버이를 사랑하고 어른을 공경하며 스승을 높이고 벗을 친애하는 도리를 사람에게 가르쳤다."라고 했으니, 이는 모두 인륜을 가르치는 것이다. 사람이 태어나서 8세에 비로소 소학에 들어가고 15세에 대학에 들어가는 것은 옛날의 교육하는 방법이 그러했던 것이다. 『소학』은 모두 6편인데,

---

1) 김왕규, 「朝鮮時代 童蒙敎材 硏究」, 『한자한문교육』 4, 한자한문교육학회, 1998 참조.

「입교(立教)」·「명륜(明倫)」·「경신(敬身)」·「계고(稽古)」·「가언(嘉言)」·「선행(善行)」이 그 조목이다. 아동을 가르치는 법과 초학자 입문의 기본이 되기 때문에 성균관의 월과시(月課試)에는 소학초시(小學初試)가 있고 국자감에서 보이는 시험에 응시하는 유생에게는 소학조흘강(小學照訖講)이 있어서 그것을 존숭함이 칠경(七經)과 같으니 옛날의 육서소학(六書小學)과 비교해보면 그 관계되는 바가 더욱 절실하다. 이 뒤를 이어 율곡(栗谷)의『격몽요결(擊蒙要訣)』과 대재(大齋)의『대동가언선행(大東嘉言善行)』이 나왔으니, 또한 주자의『소학』을 보조할 수 있는 것이다. 또『동몽선습(童蒙先習)』등 책이 있으니 아동을 계발할 수 있다. 조부 청장관(靑莊館) 선생은『사소절(士小節)』3편을 지었는데 제3편에「동규(童規)」가 있으니, 곧 아동을 가르치는 글이다. 이것은 어린이를 바르게 가르치는 밝은 교훈이 될 수 있다. 심함재(沈涵齋)는『동고(童誥)』를 지었는데, 아동을 가르치는 교재로 쓸 수 있다.[2]

이규경[李圭景, 1788~1856]은 아동교육을 문자교육과 덕성교육으로 구분하여 제시한다. 주흥사의『천자문』을 필두로 서거정(徐居正)의『유합』과 유희춘(柳希春)의『신증유합』및 최세진(崔世珍)의『훈몽자회』등은 한자를 익히기 위한 교재이다. 반면, 덕성교육은 주희의『소학』을 바탕으로 이이(李珥)의『격몽요결』과 유언집(兪彦鏶)의『대동가언선행』및 박세무(朴世茂)의『동몽선습』, 이덕무(李德懋)의『사소절』중「동규」와 심

---

2) 李圭景,『五洲衍文長箋散稿』,「小學古今二學辨證說」, "至於我東, 自古無以字書爲小學, 而入于國朝, 教小兒, 先授梁朱興嗣『千字文』, 或『類合』·『新增類合』·『訓蒙字會』. 此雖非古之小學, 亦可謂小學類也. 今之小學, 卽朱子『小學』, 而其題辭, 古者小學, 教人以灑掃應對進退之節, 愛親敬長隆師親友之道, 皆所以教人倫也. 蓋人生八歲, 始入小學, 十五入大學, 古之教法然也. 凡六篇,「立教」·「明倫」·「敬身」·「稽古」·「嘉言」·「善行」, 爲其條目. 爲訓蒙章程初學門基, 故成均月課試, 有小學初試, 國子監赴試儒生, 有小學照訖講, 其尊崇, 與七經等, 比諸古六書小學, 其所關係尤切焉. 嗣此有栗谷『擊蒙要訣』·大齋『大東嘉言善行』, 亦可以羽翼紫陽『小學』者也. 又有『童蒙先習』等書, 足以撥蒙. 我王考靑莊館先生著『士小節』三篇, 而其第三篇有「童規」, 卽教童幼書也. 斯可爲正蒙之明訓. 沈涵齋撰『童誥』一書, 可備教兒一書."

염조(沈念祖)의 『동고』 등이 교재로 등장한다. 특히, 『천자문』과 『소학』 등 중국 교재를 바탕으로 『유합』·『신증유합』·『훈몽자회』·『격몽요결』·『대동가언선행』·『동몽선습』·「동규」·『동고』 등 우리나라에서 편찬한 교재를 소개하여, 조선시대 아동교재의 양상을 일목요연하게 보여준다.

이 밖에도 우리나라에서 중국의 아동교재를 수용하여 활용한 사례도 상당수인데, 덕성교육을 위한 교재로 널리 사용한 『동몽수지(童蒙須知)』[3]와 『동자례(童子禮)』가 대표적이다. 특히 『동자례』는 김성일(金誠一)이 『향교예집(鄕校禮輯)』에서 발췌하여 편집한 책으로,[4] 정경세(鄭經世)의 『양정편(養正篇)』에 지대한 영향을 미친다.[5] 더욱이 『동자례』와 『양정편』은 퇴계학파를 중심으로 널리 수용하여 활용하는 특징이 드러난다.

따라서 본고는 『동몽수지』를 필두로, 『향교예집』의 유입과 간행을 비롯하여 김성일의 『동자례』와 정경세의 『양정편』에 이르기까지 조선시대 아동교재를 추적하고자 한다.[6] 아울러 퇴계학파 아동교재의 수용과 활용 양상을 규명하는 데 단초가 되기를 바란다.[7]

---

3) 류칠선, 「『童蒙須知』에 나타난 아동교육내용 연구」, 『한국영유아보육학』 28, 한국영유아보육학회, 2002; 이의강, 「『童蒙須知』의 家訓的 성격과 조선조의 수용」, 『동방한문학』 80, 동방한문학회, 2019 참조.

4) 김정신, 「鶴峯 金誠一의 學文論과 居鄕觀–『童子禮』·『居鄕雜儀』의 간행과 유포를 중심으로」, 『태동고전연구』 29, 태동고전연구원, 2012 참조.

5) 서현아 외, 「愚伏 鄭經世 『養正篇』에 나타난 유아예절교육의 현대적 의미」, 『유아교육학논집』 10-3, 한국영유아교원교육학회, 2006; 허재영, 「언해본 『養正編』의 경상 방언 문헌으로서의 가치」, 『동방학』 27, 한서대학교 동양고전연구소, 2013 참조.

6) 『童蒙須知』·『童子禮』·『養正篇』의 내용은 '〈부록〉: 『養正篇』·『童子禮』·『童蒙須知』 比較'에서 상세하게 검토하여, 수용과 활용의 실상 파악이 가능하다.

7) 본고는 '퇴계학파 아동교재의 수용과 활용 양상' 가운데 사적(史的) 맥락을 중심으로 논의를 전개한 바, 『童蒙須知』·『童子禮』·『養正篇』의 상호 비교에 따른 체계적인 연구는 향후 과제로 남긴다.

II. 『동몽수지』의 수용과 이해

『동몽수지』는 주희가 『소학』을 편찬한 이후, 동몽(童蒙)을 교육하기 위해 저술한 것으로 알려져 있다. 내용은 서문을 시작으로 「의복관구(衣服冠屨)」·「어언보추(語言步趨)」·「쇄소연결(灑掃涓潔)」·「독서사문자(讀書寫文字)」·「잡세사의(雜細事宜)」 등 본론에 해당하는 5편과 발문으로 구성되고, 분량은 1,400여 자에 이르는 비교적 짧은 편폭이다. 따라서 소학에 입학하기 이전 가정에서 생활하는 8세 이하의 아동을 대상으로 올바른 습관과 공손한 예절을 가르치는 '정훈적(庭訓的)' 성격의 저술에 해당한다.[8]

조선 사대부의 『동몽수지』에 대한 인식은 윤행임[尹行恁, 1762~1801]의 글에서 찾을 수 있는데, 초학자가 문자를 깨우치려면 『천자문』이 아닌 이떤 책이라도 상관없지만, 『동몽수지』를 먼저 가르치라고 당부한다.[9] 이는 초학자에 해당하는 아동을 교육할 때, 내용도 쉽고 일상에서 실행 가능한 『동몽수지』가 매우 효과적이기 때문이다.

조선은 성리학적 질서체계를 통치이념으로 확립한 사대부 사회였던바, 『동몽수지』는 올바른 습관과 예절을 익히는 교재로 통용된다. 『동몽수지』는 1517년[중종 12] 목판본으로 간행된 것을 비롯하여 우리나라에 10여 종의 판본이 전한다.

일찍이 이약빙[李若氷, 1489~1547]은 원자(元子)에게 『동몽수지』를 가르칠 것을 건의하면서 김안국[金安國, 1478~1543]이 경상도 산음현에서 간행한 사실을 아뢰고, 중종은 『동몽수지』를 아동이 배워야 할 글로 인

---

8) 이의강, 「『童蒙須知』의 家訓的 성격과 조선조의 수용」, 『동방한문학』 80, 동방한문학회, 2019 참조.

9) 尹行恁, 『碩齋別稿』 권14, 「薪湖隨筆」. "或曰: '蒙學欲曉字義, 先教以周興嗣『千字文』, 果有得於初學之工歟?' 曰: '只曉其字義, 則何書不可? 朱子有『童蒙須知』之書, 以此先教恐好矣. 且如程子四箴, 『朱子大全』中箴銘諸篇, 哀以輯之, 以教童子亦可.'"

식한다.[10] 당시 김안국은 경상도 관찰사로 도내의 주현(州縣) 학교에 권
학시(勸學詩) 한 편씩을 지어 강당에 판각하여 걸어두게 한다.[11]

　　규장각 소장『동몽수지』는 1686년[숙종 12]에 간행한 목판본으로 발문
(跋文)과 간문(刊文)이 남아 있어 전후의 사정이 드러난다. 1517년 김안
국은『동몽수지』를 중시하여 윤효빙(尹孝聘)에게 널리 유포할 것을 부탁
하고 당대의 명필 지례현감(知禮縣監) 강한(姜漢)의 필적으로 안음현에서
목판으로 간행한다.[12] 이후 정온[鄭蘊, 1569~1641]은 외증조부 강한 필적
의『동몽수지』를 간행하고자 1627년 발문을 작성하였으나 뜻을 이루지
못하고,[13] 60여 년 후 서석서사(瑞石書舍)에서 강익[姜翼, 1523~1567]의

---

10)『中宗實錄』, 중종 12년(1517) 윤12월 14일. "檢討官李若氷曰: '……且於經筵, 進講『小
　　學』, 乃美事也. 聞元子今纔三歲, 能於讀書, 是亦臣民之福. 慶尙道觀察使金安國以『童
　　蒙須知』, 刊於山陰縣, 是書撮其童幼之所爲, 飮食·衣服, 凡所日用之事, 靡不錄. 請
　　以此書, 敎誨元子.' 上曰: '『小學』一書, 不知者必謂童稚之學而忽之, 又笑其學者, 甚可
　　怪也. 此乃終身之學, 平生可行, 無踰此矣.『童蒙須知』, 童稚之學也.'"

11) 金安國,『慕齋集』권1, 「勸陜川學徒」·「勸高靈學徒」·「勸星州學徒」·「勸知禮學者」·「勸
　　居昌學者」·「勸安陰學者」·「勸咸陽學者」·「勸山陰學者」·「勸丹城學者」·「勸河東學者」·
　　「勸南海學徒」·「勸昆陽學徒」·「勸泗川學徒」·「勸昌寧學徒」·「勸示晉州學徒」 참조.

12) 尹孝聘. "右『童蒙須知』, 晦庵朱夫子所著, 衣服冠屨爲第一, 言語步趨爲第二, 洒掃涓潔
　　爲第三, 讀書寫字爲第四, 雜細事宜爲第五, 該載, 養正者甚切要, 而進德修業之序, 皆自
　　此推廣焉. 慕齋金相國建節是道, 嘗慨風漓俗頑, 實由於蒙養之不端, 探行篋得淨本, 囑余
　　鏤板, 以廣其傳. 余拜而受之, 薦知禮守姜君[漢], 繕寫之, 刊于本縣云."

13) 鄭蘊. "嗚呼, 此外曾王父姜琴齋筆跡也. 公以絶筆, 擅名當世, 一時屛簇扁額, 多出其手.
　　此『童蒙須知』, 刊在安陰縣, 筆法遒勁, 自成一家, 眞曠世之寶也. 不幸板本爲灰燼, 今其
　　存者, 只數件藏在子孫家. 余深惧其奇寶之將就泯沒, 乃灆溪士子謀鋟梓, 庶乎奇寶之廣

『개암선생문집(介庵先生文集)』을 간행하면서 강한 필적의 『동몽수지』를 간행하게 된다. 이는 『동몽수지』가 두 차례 목판본으로 간행된 상황을 보여준다.

이 밖에도 『동몽수지』의 간행과 관련한 내용은 유희춘[柳希春, 1513~1577]의 기록에 상세하다. 유희춘은 강한 필적의 『동몽수지』를 개간하거나[14] 『동몽수지』와 「문공훈자숙종학첩(文公訓子塾從學帖)」을 개간하는 일을 상의할 정도로,[15] 『동몽수지』 간행에 적극적이다. 현재 유성룡[柳成龍, 1542~1607]의 발문[16]이 있는 『동몽수지』 목판본에는 『동몽수지』와 「문공훈자숙종학첩」이 나란히 수록되어 있다. 이는 『동몽수지』의 분량이 작아, 주희의 다른 글과 함께 필사·간행하는 실상을 보여준다. 또한 1575년에는 조헌[趙憲, 1544~1592]이 유희춘에게 구결(口訣)을 묻고 판각을 마치고 인쇄를 시도한 정황이 있었던 바,[17] 구결이 있는 『동몽수지』가 널리 유포된 정황도 드러난다. 이 밖에도 「가정(家政)」·「가훈(家訓)」·「거가요결(居家要訣)」을 나란히 수록한 『동몽수지』도 현전한다.

布, 而蒙養之得其道也.”; 鄭蘊, 『桐溪集』, 「文簡公桐溪先生年譜」. “跋外曾祖姜琴齋手筆 『童蒙須知』.”

14) 柳希春, 『眉巖集』 권12, 「日記」. “元公以姜漢所書 『童蒙須知』開刊次贈我, 我敬受而退.”

15) 柳希春, 『眉巖集』 권12, 「日記」. “著作趙憲來謁, 質 『語類』疑難處. 又議 『童蒙須知』及朱子與塾書開刊書.”

16) 柳成龍, 『西厓集』 권17, 「跋 『童蒙須知』 後」 참조.

17) 『宣祖實錄』, 선조 8년(1575) 3월 16일. “趙憲 …… 又陳: ‘…… 臣又見 『童蒙須知』, 敎之豫而養之正, 莫切於是書也. 世之爲人父兄者, 不知以此先敎其子弟, 故長大扞格, 而不肯進于小大學. 晦菴朱子喫緊啓迪之意, 懼或墜廢. 故臣稟問口訣於提調柳希春, 而金玄成寫之, 今已刻于木板, 而將印之. 知倅十五件之粧績, 而頒于八道監司處, 使列邑吏民之來者, 各寫一本, 而歸敎蒙士. ……’”

『동몽수지』는 『동몽선습』과 『격몽요결』이 널리 유행하여 각광을 받은 이후로도 지속적으로 아동교재의 역할을 수행한다. 이는 『동몽수지』를 『동몽선습』·『격몽요결』과의 상호보완적인 관계로 인식하는 사례에서 드러난다. 정언섭[鄭彦燮, 1686~1748]의 상소에는 동몽을 가르치기 위해서 구비하고 참고할 교재로 『동몽수지』와 『격몽요결』을 나란히 언급하고,[18] 정술조(鄭述祚)는 『예학집요(睿學輯要)』[19]를 올리며 당시 4세인 동궁(東宮)의 교육을 위해서 『동몽수지』와 『동몽선습』에서 쉽게 깨달을 만한 내용을 초록할 것을 진언한다.[20] 또한 임헌회[任憲晦, 1811~1876]는 『동몽수지』와 『소아수지』를 산삭하여 암송하고 실천하는데 편리하도록 『아동수지』를 만들어 아들 만교(萬敎)[21]를 가르친 바 있다.[22] 모두 기존 『동몽수지』에다 『격몽요결』·『동몽선습』·『소아수지』 등을 조합하여 다른 형태의 교재로 활용한 대표적인 사례이다.

---

18) 『承政院日記』, 영조 2년(1726) 12월 27일. "至於朱子所撰『童蒙須知』, 先正臣李珥所撰『擊蒙要訣』, 尤合於蒙養之法, 亦願徵入, 以備時時參看焉."

19) 『睿學輯要』는 『與猶堂全書補遺』, 『洌水文簧』, 「本朝鄭述祚進睿學輯要」에 그 대략이 전한다.

20) 『正祖實錄』, 정조 9년(1785) 9월 6일. "又『童蒙須知』·『童蒙先習』, 數三句或十餘字, 可以易曉者, 敷陳而開釋之, 則其爲他日進修之本, 豈少補哉?"

21) 韓運聖, 『立軒集』 권16, 「任應萬字說」 참조.

22) 任憲晦, 『鼓山續集』 卷1上, 「書『兒童須知』示萬兒」. "朱子作『童蒙須知』, 栗谷先生作『小兒須知』, 非不詳悉可法, 恐五六歲初讀之兒, 難於曉達文字領略署事目, 乃敢節刪爲此, 以便口誦身行, 付之應萬."

1601년 慶州鄕校 學令   1601년 慶州鄕校 學令 2

    이밖에도 『동몽수지』는 향교(鄕校) 학령(學令)과 가숙(家塾) 학규(學規)에 널리 수용되어 활용되기에 이른다. 이는 조선 사회 전반에 걸쳐 성리학적 질서체계가 내면화하는 현상과 관련이 깊다. 경주향교 학령에는 『소학』·『가례』·사서오경·『성리대전』과 여러 사서를 교과목으로 규정하고, 이단에 해당하는 노자·장자·불경·잡류·제자백가류를 읽지 못하게 하며, 『동몽수지』를 항상 익혀서 일상생활에서 실천할 것을 요구한다.[23] 또한 정구[鄭逑, 1543~1620]는 주희의 「증손여씨향약(增損呂氏鄕約)」을 바탕으로 「월조약회의(月朝約會儀)」를 작성하고, 규약 외에 『동몽수지』를 비롯한 다양한 글을 강독하고 있다.[24] 더욱이 「통독회의(通讀會儀)」에는 『소학』·『여씨향약』·『동몽수지』를 통독하기로 정한다.[25] 위백규[魏伯珪, 1727~1798]가 1754년에 만든 가숙 학규는 주희의 『백록동학규』·『동몽수지』와 이이의 『은병정사학규』[26]를 바탕으로 작성되고 있

---

23) 1601년 「慶州鄕校 學令」, "一諸生讀書, 先明義理, 通達萬變, 不須徒事章句牽制文義, 常讀『小學』·『家禮』·四書五經·『性理大全』及諸史等書, 不挾莊老佛經雜流百家子集等書, 又常習『童蒙須知』, 以檢飭言行."

24) 鄭逑, 『寒岡集』 권9, 「月朝約會儀」, "或以朱子『白鹿洞規』·『童蒙須知』·『遣子帖』·『訓蒙十訓』·『呂氏格言』等篇參講."

25) 鄭逑, 『寒岡續集』 권4, 「通讀會儀」, "講長率諸生入, 通讀『小學』, 或『呂氏鄕約』, 或『童蒙須知』."

26) 李珥, 『栗谷全書』 권15, 「隱屛精舍學規[戊寅]」 참조.

다.[27] 이상과 같이, 『동몽수지』는 조선시대 향교 학령이나 향약 등의 조약 및 가숙 학규에 널리 수용되어 일상생활에서 실천을 중시하는 방향으로 나아간다.

더욱이 『동몽수지』는 아동에 해당하는 자질을 교육하려는 의도로 다양하게 필사된다. 『동몽수지』는 조선시대를 대표하는 아동교재로 널리 각광을 받는데, 이상수[李象秀, 1820~1882]가 1855년 『동몽수지』를 새로 필사하여 아들에게 주면서 언급한 내용에서 확인된다. 『동몽수지』는 『소학』의 법도를 갖춘 축소판으로, 『소학』을 배우고 사서에 입문하듯이 『동몽수지』를 익혀야 『소학』을 배울 수 있다고 인식한다.[28] 이는 『동몽수지』→『소학』→ 사서(四書)의 단계적 교육을 의미하는 바, 아동교재로서의 확고한 위상을 정립한 셈이다.

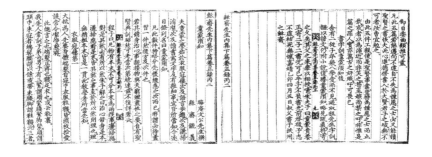

한편, 노수신[盧守愼, 1515~1590]은 1555년 두 조카를 위해서 정단몽(程端蒙)의 『성리자훈(性理字訓)』과 주희의 『동몽수지』를 주해(註解)하였던 바,[29] 『양정록(養正錄)』에 나란히 수록되어 있다. '양정(養正)'은 『주

---

27) 魏伯珪, 『存齋集』 권18, 「家塾學規[甲戌]」. "學規用『白鹿洞規』, 訓蒙節目用『童子須知』, 堂長掌議凡節, 一遵栗谷『隱屛規』."

28) 李象秀, 『峿堂集』 권11, 「新寫『童蒙須知』序[乙卯]]. "此書者蓋又卽其衣冠言語步趨之間, 家庭所嘗詔, 條記爲篇, 無或非『小學』之法也. 然則四書必由『小學』入, 而『小學』亦不能不由此入, 其可忽耶?"

역』의 '어려서 정도로 기르는 것이 성인이 되는 공부이다.[蒙以養正, 聖
功也.]'라는 의미로, 조카를 교육할 목적으로 편찬한 사실이 드러난다.
더욱이『성리자훈』과『동몽수지』를 나란히 수록한『양정록』은 문자교
육과 덕성교육을 포괄하는 의도를 반영한다. 이후 정조는 노수신의『동
몽수지』를『숙흥야매잠해(夙興夜寐箴解)』와 더불어 별도로 한 편으로 간
행할 만하다고 언급할 정도로,[30]『동몽수지』를 이해하는 길잡이로서 인
정한다. 조선시대 사대부는『동몽수지』를 이해하는 첩경으로 노수신의
『동몽수지』를 인식하였던 바, 박세채[朴世采, 1631~1695]의 언급에서도
드러난다.

> 나는 항상 안타깝게 여겨 삼가 노수신의 본집 가운데서『동몽수지』를
> 주해한 책을 뽑아 기록하고, 또『성리자훈』과「숙흥야매잠」의 두 주해를
> 가져다 그 뒤에 덧붙여 살펴보기에 편리하도록 하였으니, 진실로 아동의
> 나침반이요『소학』의 계단이다.[31]

박세채는 주희의『동몽수지』가 아닌 노수신이 주해한『동몽수지』를
바탕으로『양정록』에 수록된 정단몽의『성리자훈』과『초창록(草創錄)』
에 수록된『숙흥야매잠해』를 덧붙여 교육용 교재를 구상한다. 본래 진
백(陳柏)의「숙흥야매잠」은 아침에 닭이 울어 일어날 때부터 저녁 잠자

29) 盧守愼,『穌齋內集』下篇,『養正錄』丙二,「書『字訓』·『童蒙須知』後」. "余有二從子, 年
幾八學, 愛而不見. 迺取程先生『字訓』, 飜以諺文, 仍附小說, 復謄『童蒙須知』, 略見疏義,
將寄之久矣. 其父之來, 擧以相授. 噫! 朱夫子曰: '童蒙貴養正.' 寄二子二書, 況可已乎?
子不負書, 光前啓後, 予志不虛, 枯死無憾. 嘉靖乙卯四月五日, 叔父書于沃州之穌齋."
30) 正祖,『弘齋全書』권162,『日得錄』2,「文學」2. "故相盧守愼「夙興夜寐箴解」·「童蒙須
知疏」, 義極暢達可誦, 若別作一編刊行, 人必多資益."
31) 朴世采,『南溪集』권69,「跋『童蒙須知』」. "愚常慨然, 謹從盧公本集中, 摭取所解一編以
錄之, 又取『字訓』·「夙興夜寐箴」兩解, 附其後以便省閱, 誠所謂童蒙之指南, 而『小學』之
階梯."

리에 들 때까지 부지런히 힘써야 할 일과 마음가짐을 기술한 것으로 성
리학에서 내적 수양을 중시하고 있다. 노수신은 1568년 「숙흥야매잠」을
분장하고 해석하여 『숙흥야매잠해』를 간행한다. 『숙흥야매잠해』는 이
전 주해한 『동몽수지』의 소략한 내용을 보완하는 성격으로, 덕성을 함
양하는 의도가 짙다. 따라서 박세채는 기존 노수신의 『양정록』에 수록
된 『성리자훈』과 『동몽수지』를 보완하려는 의도로 『숙흥야매잠해』를
덧붙여 새로운 형태의 아동교재를 편집한 것으로 판단된다. 이는 임병
양란 이후 침체된 상황에서 『동몽수지』의 가치를 재인식하고 새로운 형
태의 『동몽수지』를 모색한 시도이다.

또한 노수신이 주해한 『동몽수지』는 주희가 주석한 『제자직(弟子職)』
과 나란히 통용되기도 한다. 이는 1750년 금영장판(錦營藏板)으로 간행
한 『몽양편(蒙養編)』에서 확인된다. 『제자직』은 본래 춘추시대 제나라의
재상이었던 관중(管仲)의 『관자(管子)』에 나오는 내용으로, 제자가 마땅
히 지켜야 할 법도를 기술하고 있다. 따라서 『몽양편』은 주희가 주석한
『제자직』과 노수신이 주해한 『동몽수지』를 합간하여 새로운 형태의 아
동용 교재를 편찬한 셈이다.

Ⅲ. 『향교예집』의 유입과 간행

주희의 『동몽수지』와는 별도로 도희영[屠義英, 1523~1582]의 『동자례
(童子禮)』가 조선에 유입되어 아동의 덕성교육에 지대한 영향을 미친다.
실제로 『동자례』는 『향교예집(鄕校禮輯)』이 조선에 유입되면서 널리 알
려지기에 이른다. 먼저, 『향교예집』이 조선에 유입되는 상황과 목판으
로 간행되는 과정을 검토하고자 한다.

　　① 위 『동자례』와 『거향잡의』 두 책은 중국 『향교예집』의 글로, 『동자
례』는 근세의 대부가 찬정하고 『거향잡의』는 경산(瓊山) 구준(丘濬)이
저술한 것이니, 모두 선유예경(先儒禮經)의 유지이다. 예전 숙부 학록대
인[鶴麓大人: 김성일]이 중국 북경에 들어갔을 적에 한 권을 구해서 돌아
와 자질에게 보이고 두 편을 별도로 기록하여 몸을 단속하고 마을에서
거처하는 법도로 삼게 하였다.[32]

　　② 『향교예집』은 명나라의 유학자 도희영이 저술한 것으로, 대개 구경
산[丘瓊山: 구준]의 『가례의절』을 취하여 증보한 것이다.[33]

　　③ 근래에 전도촌(傳道村)의 황씨 소장 구문장[丘文莊: 구준]이 편찬한
『동자례』와 『거향잡의』 한 책을 구해서 읽어보니, 수십 조목으로 차수배
궤(叉手拜跪)의 절차와 사장경용(事長敬容)의 예의가 상세히 갖추어져
있다.[34]

---

32) 金涌. "右『童子禮』·『居鄕雜儀』二條, 卽中朝『鄕校禮輯』之文, 而『童子禮』者, 近世大夫
所定, 『居鄕儀』者, 瓊山丘氏所著, 其實皆先儒禮經之旨也. 往者叔父鶴麓大人, 入中京得
一本而來, 示諸子姪, 命以別錄此兩節, 爲檢身處鄕之則云."
33) 鄭經世, 『愚伏集』 권13, 「答宋敬甫問目」. "『鄕校禮輯』, 乃明儒屠義英所著, 蓋就瓊山『儀
節』而增添之者."
34) 權衡國. "近得傳道村黃氏家所藏丘文莊所撰『童子禮』·『居鄕雜儀』一冊讀之, 僅數十條,
而叉手拜跪之禮, 事長敬容之儀, 莫不詳備."

① 1582년 김성일[金誠一, 1538~1593]의 조카 김용[金涌, 1557~1620]이
『동자례』를 필사한 후 그 내력을 기술한 내용으로, 예전 김성일이 중국
에 사신 가서 『향교예집』을 구매한 사실을 거론한다. 이는 조선에서 편
찬한 『동자례』에서 그 내용이 확인된다.35) 실제로 김성일은 1577년 1월
에 시은겸개종계주청사(謝恩兼改宗系奏請使) 서장관으로 연행한 바, 김
휘철(金輝轍)의 글에도 당시의 정황이 포착된다.36) 중국에서 김성일이
구매한 『향교예집』은 1567년 도희영이 편찬한 것으로 추정된다.37) 귀국
후, 김성일은 『향교예집』 가운데 『동자례』와 『거향잡의』를 별도로 편집
하여 『동자례』로 이름하고 자질을 교육하는 데 사용한다. 그런데 김용
조차 『향교예집』과 『동자례』의 저자를 모르는 상황이다.

② 정경세[鄭經世, 1563~1633]가 송준길[宋浚吉, 1606~1672]의 질문에
답변한 내용으로, 『향교예집』의 저자와 내용을 대략적으로 보여준다.
『향교예집』은 명나라 유학자 도희영의 저술이고, 구준의 『가례의절』을
바탕으로 증보한 저술이다. 정경세는 유성룡의 문인으로 『동자례』를 바
탕으로 『양정편』을 편찬한 바, 『향교예집』의 저자와 내용에 정확한 정
보를 숙지하고 있다.

③ 권형국(權衡國)이 1865년에 『동자례』와 『거향잡의』를 언급한 대목
이다. 그런데 도희영이 아닌 구준을 『향교예집』의 저자로 언급하는데,
이는 정경세가 『향교예집』의 내용을 언급한 대목과 관련이 깊다. 실제

---

35) 黃宗夏, "謹按卷中『童子禮』·『居鄕雜儀』二條, 乃中朝『禮輯』之文, 而鶴峯金先生, 飮氷
皇都時得出來者也."; 朴勝振, "皇明盛時, 制作近古, 爰命儒臣, 講究作成之方, 『禮輯』之
書, 成於是時, 『童子禮』者, 特其中之一目也. 鶴峯金先生, 嘗賚命赴京, 得是書以還, 令
子姪傳寫, 以爲家塾肄業之資." 박승진의 『廳荷集』에도 발문이 수록되어 있는데, 글자의
출입이 있다.

36) 金輝轍, 『睡山集』 권5, 「黃氏家藏『童子禮』後敍」, "萬曆丁丑, 我鶴翁先生, 觀於上國,
貨屠氏所編『禮輯』書, 表揭『童子禮』·『居鄕雜儀』二篇, 而『童禮』又爲『鄕儀』所本, 則總
之曰『童子禮』, 以資門生."

37) 현재 계명대가 소장한 『향교예집』은 필사본으로 1567년 도희영의 서문이 남아 있다.

로『향교예집』은 1586년에 나주에서 간행된 사실도 있지만, 당시 상당
수는 구준의 저술로 잘못 이해한다.[38] 이는 구준의『가례의절』이 조선에
유입되어 널리 각광을 받은 사실과 무관하지 않다.

　도희영이 1567년 간행한『향교예집』은 1577년 중국에 서장관으로 갔
던 김성일에 의해서 조선에 전해진다. 김성일은 귀국 후『향교예집』의
간행에 부단한 노력을 기울이고, 1583년 7월 나주목사로 부임한 이후
본격적으로 간행작업에 착수하여 1586년 목판본을 간행한다.

　　　① 『향교예집』 역시 간행하려고 하나 마침내 잃어버리고 말았습니다.
　　　그러니 서원에 있는 전사본(傳寫本) 한 질을 잠시 동안 빌려 주시는 것이
　　　어떻겠습니까? 이 책은 우리나라에서 아직 간행한 적이 없는 책으로, 초
　　　학자들에게 자못 절실한 책이므로 출간하려고 하는 것입니다.[39]

　　　② [보(補)] 가을에『주자서절요』와『퇴계선생자성록』을 발간하였다.
　　　[선생은 이러한 글들을 사사로이 책상자 속에 감춰 두어 후학들로 하여금
　　　일찌감치 보지 못하게 하는 것은 실로 사문(斯文)의 흠이 되는 일이라고
　　　여겼다. 이에『의례도』·『향교예집』 등의 책과 함께 아울러서 본주(本州)
　　　에서 발간하였다.][40]

　① 1584년 김성일이 조목[趙穆, 1524~1606]에게 보낸 서신이다. 당시

---

38) 黃壽極. "近搜得一冊於古篋中, 乃丘瓊山所撰『童子禮』·『居鄕雜儀』也."; 金喆銖. "右『童
　　子禮』·『居鄕雜儀』二卷, 卽皇明鄕校所編, 而多出瓊山丘氏禮書, 鶴峯先生朝天時得來,
　　以敎授生徒門生者也." 김철수의『魯園謾錄』과『魯園集』에는 「書『童子禮』·『居鄕雜儀』
　　後」로 수록되어 있다.

39) 金誠一,『鶴峯續集』권4, 「答趙月川[甲申] 二」. "『鄕校禮輯』, 亦欲刊行, 竟至遺失. 書院
　　中傳寫一本, 暫借何如? 此是東方未布之書, 於蒙學頗切, 故欲壽梓耳."

40) 金誠一,『鶴峯集』附錄, 「年譜」. "(補)秋, 刊『朱子書節要』·『退溪先生自省錄』.[先生以
　　爲此等文字, 私藏巾衍, 後學不得早見, 實斯文欠事. 乃與『儀禮圖』·『鄕校禮輯』等書, 而
　　幷梓于本州.]"

『향교예집』을 잃어버려, 서원에 보관된 전사본을 빌려 달라는 내용이
다. 더욱이『향교예집』은 초학자에게 절실한 책이지만 우리나라에서 간
행된 적이 없다는 사실을 강조한다. 또한 김성일은 이안도(李安道)의 죽
음으로『향교예집』의 간행이 지체되는 상황을 안타깝게 피력할 정도
로,[41)]『향교예집』의 간행에 심혈을 기울인다.

　② 김성일의『연보』가운데 1786년 가을에 대한 기록으로, 나주에서
『주자서절요』·『퇴계선생자성록』·『의례도』·『향교예집』등을 발간한
사실이 드러난다. 이후 이만도[李晩燾, 1842~1910]는 김성일이 교정하고
인쇄하여 후학들에게 은혜를 끼친 책으로『향교예집』을 거론한 바 있
다.[42)] 또한 권상익[權相翊, 1863~1935]은『동자례』를 언급하면서, 김성일
이 나주목사로 재임할 무렵 판각하여 널리 전한 사실을 특기한다.[43)] 따
라서『향교예집』은 당시 초학자들에게 절실한 책으로 사대부의 요구를
십분 반영하여 간행된 셈이다.

　이후『향교예집』은 조선 사대부의 예법에서 중요한 위치를 차지하게
된다. 임영[林泳. 1649~1696]은 향사(鄕射)·투호(投壺) 등 예절을 거론하
며『향교예집』의 가치를 확인한 바 있고,[44)] 민우수[閔遇洙, 1694~1756]는
『향교예집』에 의거하여 예법을 준수할 것을 당부하기도 한다.[45)] 더욱이

---

41) 金誠一, 『鶴峯續集』권4, 「答趙月川[甲申]」. "『溪山雜詠』及『鄕校禮輯』, 將開刊于此,
　　逢原在時已有約, 而有此酷變, 其冊必難搜出, 事定後幸通于彼中, 順付何如?"

42) 李晩燾, 『香山集』권2, 「再請鶴峯金先生陞廡疏[癸未○代儒生作]」. "至若所著之書, 有
　　『奉先雜儀』·『吉凶諸規』·『喪禮攷證』·『風俗攷異』·『李文純言行實記』等等, 編其所淨言
　　印行嘉惠後學, 則有『自省錄』·『溪山雜詠』·『聖學十圖』·『朱子書節要』·『儀禮圖』·『鄕
　　校禮輯』等書. 此蓋妙道精義之蘊之爲德行, 發之爲事業, 建天地竢百世而不悖不惑者也."

43) 權相翊, 『省齋集』권10, 「敬書『童子禮』後」. "右『童子禮』者, 鶴峯金先生之所手訂, 而虎
　　谷黃公如一之所藏也. 始先生之觀周也, 得『鄕校禮輯』一書, 以爲有補於禮俗. 羅州絃歌
　　之日, 卽鋟板而廣其傳, 旣又特取『童子禮』·『居鄕雜儀』二篇卷於『禮輯』之中, 以授門下
　　諸公."

44) 林泳, 『滄溪集』권14, 「答南子聞別紙」. "此間有『鄕校禮輯』, 其書具載鄕射·投壺等禮,
　　乃明人所撰, 切欲謄呈, 以資取擇."

'생일지제(生日之祭)'와 '입후(立後)' 및 '종법(宗法)' 등 사대부 예법의 세세한 절차에 이르기까지 『향교예집』은 하나의 지침서로서 그 역할을 수행한다.[46) 이는 『향교예집』이 조선에서 어떤 방식으로 수용되고 활용되었는가를 보여주는 실증적인 사례이다.

Ⅳ. 수용과 활용 : 『동자례』와 『양정편』

『동자례』는 도희영이 편집한 『향교예집』에 수록되어 조선에 유입되고, 1586년 나주에서 목판본이 간행되어 널리 보급되는 계기가 된다. 더욱이 1766년 홍대용(洪大容)이 항주(杭州)의 엄성(嚴誠)과 반정균(潘庭筠)에게 도희영의 『동자례』를 언급한 대목에서 조선에서 『동자례』가 널리 유포된 정황도 확인된다.[47) 이는 홍대용이 『동자례』를 탐독한 사실뿐아니라, 『동자례』가 당시 조선에서 차지하는 위상을 보여준다.

『동자례』 관련 기록을 추적하면, 퇴계학파를 중심으로 『동자례』를 수용하고 활용한 기록이 도처에 드러난다. 『동자례』는 퇴계학파에서 널리

---

45) 閔遇洙, 『貞菴集』 권4, 「答百順」. "近又得『鄕校禮輯』一書, 此一款又在其中, 依此行之, 自當無疑. 今雖不能一一遵此, 至於告廟, 則恐不可不行, 來示誠好."

46) 金宗德, 『川沙集』 권2, 「答徐淸如[別紙]」. "生朝設祭. [丘瓊山儀節家禮屠義英『鄕校禮輯』, 俱有生忌設祭之文, 世或依而行之.]"; 金成九, 『八吾軒集』 권4, 「生日之祭」. "生日之祭, 時俗多有設行者, 禮家亦或然. 明儒屠義英『鄕校禮輯』中, 至有祝文曰: '存旣有慶, 沒寧敢忘.'"; 張錫英, 『晦堂集』 권11, 「答甘聖樞」. "所詢貴宗立後事, 兩庭旣無父母, 則門長當主之矣. 生家雖無父母而有兄, 則兄可爲主. 無兄則門長兼主兩邊可也. …… 其他節目詳見『鄕校禮輯』."; 權斗經, 『蒼雪齋集』 권11, 「書齋簡儀[童子時所撰定]」. "人家子弟, 樂放逸而憚檢束, 卒若猝加拘束, 恐不能耐. 故略就簡省, 非敢以是爲足也. 且吾家群從兄弟幾至二十人, 而法不相統, 禮不素講, 誠恐虧損家風, 貽辱先烈. 私竊慨然, 欲稟于一家尊長, 倣東萊先生『宗法』 · 司馬溫公 『雜儀』 · 屠氏『鄕校禮輯』, 及采先儒之說, 定爲日用通行之法, 而事難自擅, 學又未及, 玆未遑焉, 姑取簡便, 以爲後日宗法之兆."

47) 洪大容, 『乾淨衕筆談』, 1766년 2월 8일. "余曰: '明屠義英有所著『童子禮』中, 有拜揖之節.' 蘭公曰: '未見也. 宋楊復有『禮節圖』, 乃周時禮, 今無行之者.'"

수용한 아동교재로, 김성일 외에도 많은 퇴계학파 문인이 『동자례』에
주목한다. 그런데 『동자례』는 도희영의 『향교예집』에서 『동자례』와 『거
향잡의』 두 편을 합친 형태이다.

> ① 근래에 중국의 『향교예집』이란 책을 얻었는데, 『동자례』를 발췌하
> 여 한 권을 만들어 아동을 가르치는 자료에 편리하도록 하였고, 또 태학
> 관 여러 학생들에게는 『주자가례』에 의거하여 수시로 관례·혼례·상례
> ·제례와 오르고 내림과 사양하고 겸손하는 예절을 익히게 하였다.[48]

> ② 『동자례』를 일찌감치 보내 드려야 했으나 밖에 나가 있는 바람에
> 집에 있는 책을 찾을 수가 없어서 지체되게 하였으니, 몹시 죄송합니다.
> 『향교예집』은 전질을 보내 드리며, 『주서집람』과 『주서소초』는 조군(趙
> 君)이 다 베껴 쓰면 함께 보낸다고 합니다.[49]

> ③ 『향교예집』의 「동자례」를 교정했다.[당시 학도들이 모여들자, 선생
> 은 핵심을 향해 끝까지 연구하도록 인도함에 대체로 퇴계 선생의 가르치
> 는 방법을 사용하였다. 일찍이 "정도(正道)로 기르면 어찌 몽매함을 깨쳐
> 형통함에 그칠 뿐이겠는가?"라 하고서는 구두를 바로삽고 그 사이에 역
> 음(譯音)을 부쳐서 학도에게 주어 익히도록 하였다.][50]

  ① 유성룡이 1584년 태학관의 제생(諸生)에게 돌린 글의 일부이다. 그
런데 『향교예집』을 얻어, 『동자례』를 발췌하여 아동을 가르치는 자료에

---

48) 柳成龍, 『西厓別集』 권4, 「諭館學諸生童蒙文[時爲禮曹判書]」. "近得中朝 『鄕校禮輯』 書,
   抄 『童子禮』 爲一卷, 以便童蒙訓誨之資, 又令館學諸生, 依 『朱子家禮』, 時習冠昏喪祭等
   禮·登降揖讓之節."
49) 金誠一, 『鶴峯集』 권4, 「答趙月川[壬午]」. "『童子禮』 久當奉呈, 而緣在外, 未得搜出家
   書, 以至稽緩, 可罪可罪. 『鄕校禮』 全裘付上, 『朱書輯覽』 及 『疏草』, 趙君謄畢幷送云耳."
50) 權好文, 『松巖集』 別集, 「松巖先生年譜」. "校 『鄕校禮輯·童子禮編』.[時學徒坌至, 先生
   誘以鞭約近裏, 率用李先生教人之道. 嘗曰: '蒙以養正, 詎止蒙亨己也?' 爲正句讀, 間附
   譯音, 授學徒使習焉.]"

편리하게 하였다는 대목이 등장한다. 앞서 김성일이 1577년 중국에서 『향교예집』을 구해서 『동자례』를 만들어 자질을 가르친 대목과 매우 유사하다. 전후 사실을 근거로 추정하면, 1577년 김성일이 중국에서 구한 『향교예집』을 유성룡도 이후에 보았고, 김성일과 마찬가지로 아동을 가르치는 자료로 편리하게 『동자례』를 발췌하여 책을 만든 셈이다.

② 김성일이 1582년 조목에게 보낸 편지로 『동자례』를 언급한 대목이다. 앞서 김성일이 『동자례』를 편집한 사실은 앞서 언급한 1582년 김용의 글에서도 확인된다. 이후 김휘철은 『향교예집』의 『동자례』와 『거향잡의』 두 편을 초록하고, 『동자례』가 『거향잡의』의 근본이 되는 까닭에 『동자례』로 통칭했음을 밝히고 있다.[51] 더욱이 김성일이 『동자례』를 편집한 사실을 증명한 셈이다.

③ 권호문[權好文, 1532~1587]의 『연보』로 『향교예집』의 「동자례」를 교정한 사실과 구두를 바로잡고 역음(譯音)을 부쳐 학도에게 주어 익히게 한 내용을 기록한다.[52] 유성룡의 사례와 마찬가지로, 권호문도 『동자례』를 발췌하여 구두를 바로잡고 역음을 부쳐 학도를 가르쳤던 셈이다.

이상과 같이, 김성일이 전한 『향교예집』과 『동자례』는 퇴계학파에 널리 수용되어, 유성룡과 권호문은 나름대로 『동자례』를 발췌하여 학도를 가르치는 교재로 활용하고 있다. 이후 장흥효[張興孝, 1564~1633]는 실제로 『동자례』로 동몽을 가르친 내용을 도처에 기록하는데,[53] 『동자례』가

---

51) 金輝轍. "萬曆丁丑, 我鶴翁先生, 觀於上國, 貨屠氏所編『禮輯』書, 表揭『童子禮』·『居鄕雜儀』二篇, 而『童禮』又爲『鄕儀』所本, 則總之曰『童子禮』, 以資門生." 김휘철의 『睡山集』에는 「黃氏家藏『童子禮』後敍」로 수록되어 있다.

52) 洪汝河, 『木齋集』 권8, 「松巖先生權公行狀」. "見『鄕校禮緝』「童子禮」編曰: '養以正, 詎止蒙亨已也?' 爲正句讀, 間附譯音, 授學徒使習焉. 乃曰: '禮之大意, 節文多變, 而貴協於人情. 近世, 好禮則膠於古, 而不通於今.' 乃因『禮經』·『家禮儀節』等書, 酌古參今, 抄成一峽, 以授子姪."

53) 張興孝, 『敬堂日記』, 1614년 11월 3일. "敎童蒙, 以『童子禮』." 등 총 6차례 거론함.

퇴계학파를 중심으로 수용되어 널리 활용한 실질적인 사례에 해당한다.
또한 박세채는 차수법(叉手法)을 언급한 대목에서 『동자례』의 내용을 인
용한 바,[54] 『동자례』가 당시 조선에서 차지하는 위상을 반영한다.

현전하는 『동자례』는 모두 4종으로, 김성일가 소장본·1910년 목판본
·1975년 석판본·이만부가 소장본이다. 『동자례』는 『거향잡의』와 합본
되어 있는데, 실제로 『동자례』는 도희영의 저술이고 『거향잡의』는 구준
의 저술에 해당한다.[55]

김성일가 소장본은 다른 『동자례』와 변별점을 지닌다. 김성일가 소장
본을 제외한 『동자례』는 『향교예집』에 수록된 『동자례』를 저본으로 하
여, 도희영의 서문과 후대에 보충한 내용을 추가한다. 그런데 김성일이
편집한 『동자례』는 도희영의 서문이 없는 김성일가 소장본에 가깝다.
1749년 황종하(黃宗夏)의 기록에 따르면, 황상하(黃尙夏)가 김용이 황유
일에게 써 준 『동자례』를 찾은 사실이 확인되며,[56] 김성일의 9대손 김종
수(金宗壽)는 1793년 황박(黃珀)을 통해서 『동자례』를 구하고 한 책으로
필사하기에 이른다.[57]

---

54) 朴世采, 『南溪集』 권54, 「隨筆錄」. "叉手法, 『童子禮』謂兩手相掩而已, 『語錄解』謂兩拇
指與四指交相持, 有陰陽之象, 二說不同. 考之 『說文』 曰叉曰手指相錯, 『禮記』拱而尙右,
註曰: 拱立而右手在上. 若通此二義, 則恐當叉手如 『語錄法』, 而以左四指在上, 蓋吉事尙
左故也."

55) 『향교예집』에 수록한 『거향잡의』는 본래 구준의 『가례의절』 권8에 수록된 내용이다.

56) 黃宗夏, "崇禎後一百三十年己巳之暮秋, 余以苫塊之身, 伏在喪幕. 沙溪小宗家族弟尙
夏, 搜得是卷于古櫃中, 使其弟景夏敬完之. 謹按卷中 『童子禮』·『居鄕雜儀』 二條, 乃中朝
『禮輯』之文, 而鶴峯金先生, 飮氷皇朝時得出來者也. 正字先祖, 摳衣於鶴峯門下時, 受賜
于先生, 請寫于先生之猶子金公潑, 以爲家藏律己祕寶玩, 事在百年之前, 後孫無披見而
知之者. 今始得見, 可謂幸矣. 況又正字先祖之受學於鶴峯先生, 前所未知, 今乃知之, 是
亦尤幸. 旣如是則先祖姓諱, 必載於鶴峯門人錄, 而飽繋僻鄕, 耳目不弘, 甚可慨也. 但先
祖小誌, 書于卷末, 衣章紙毛字亂, 難以傳後, 故改張正書之如右, 且記不肖見得此卷之由
以藏之. 後之子孫, 仰體先祖之意, 以卷中儀節, 爲下學上達之發軔工夫, 而砥行律躬, 無
忝於所生, 則惟兹一卷之敎, 豈比於黃金萬籯也哉? 不肖來孫宗夏, 感泣而記.[金公潑, 字
道源, 後改名涌, 號雲川.]"

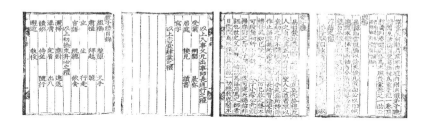

이후 1910년 목판본과 1975년 석판본은 황유일의 후손이 주관하여
간행된다. 1910년 목판본은 김도화(金道和)의 서문에서 확인할 수 있듯
이, 김성일을 퇴계의 도통을 계승한 인물로『동자례』는『동몽수지』와
관련되고『거향잡의』는 남전 여씨 향약의 연장으로 초학자의 나침판이
고 덕에 들어가는 계단으로 인식한다.[58] 또한 1975년 석판본은 황재우
(黃載宇)가 주관하여 목판본에 누락된 글과 자신의 글을 수록한 바,『동
자례』의 내용은 기존 목판본과 동일하다.

---

57) 金宗壽. "癸丑冬, 黃丈珀氏, 袖『童子禮』一冊以示之, 乃吾鶴峯先祖, 入中京時所得, 而
   別錄兩節, 以授門生者也. 黃丈之先正字公, 嘗受業門下, 得見此冊, 於講磨之日, 偶從先
   祖雲川公寫之, 歸作家莊, 而閱三百餘年, 始得而奉覽焉. 嗚呼, 黃丈之意, 其盛矣. 搜之
   家藏, 旣無所傳, 而得於黃公後孫之家, 以之重講世誼, 豈非兩家之幸耶? 使兒子謄出此
   冊, 而歸其本焉, 仍戒兒子, 敬遵先訓, 體認行之. 九代孫宗壽謹書."

58) 金道和. "鶴峯金先生, 挺大賢之姿, 承陶山之統, 開門講授, 循循有序, 必先傳以小者近
   者, 而遠且大者存焉. …… 今所謂『童子禮』者, 取晦菴夫子『童蒙須知』之語, 撮要而致詳,
   『居鄕雜儀』者, 因藍田呂氏鄕約之儀, 刪繁而就約, 實爲初學之指南而入德之階程也."김
   도화의『拓菴集』권11에는「童子禮序」로 수록되어 있다.

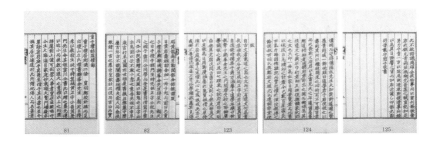

끝으로 이만부가 소장본은 매우 독특한데, 1910년 목판본『동자례』에 이만부가 분장(分章)한『분봉유훈(盆峯遺訓)』(『분봉가훈(盆峯家訓)』)을 덧붙인 형태이다. 분봉은 이만부의 선조 이주(李澍)로『분봉가훈』은 이만부가 1706년 목판본으로 간행한 바 있는데, 총론(總論) 9조목과 훈계(訓戒) 39조목으로 총 48조목이다. 따라서 이만부가 소장본은 퇴계학파에서 차지하는『동자례』의 위상을 보여주는 특징적인 사례이다.

한편,『양정편』은 1604년 정경세가 아들을 가르치기 위해『향교예집』의『동자례』를 산삭하여 편집한 저술로, 수신(修身)하는 대법(大法)이『소학』에 갖추어져 있는 바,『양정편』을 통해서『소학』으로 입문할 것을 당부한다.[59]

---

59) 鄭經世,『愚伏集』권15,「書『養正篇』後示桂兒」. "余年八歲時, 先君子課以文公『小學』

『양정편』은 후손 정도응(鄭道應)이 별도로 간행하려는 시도가 있었는데,[60] 끝내 결실을 거두지 못한다. 이후 송시열도 『양정편』에 관심을 보인 바 있고,[61] 오익승[吳益升, 1620~1679]의 입양서재학규(立巖書齋學規)에는 『양정편』을 수시로 통독하고 강론하는 내용이 등장한다.[62] 또한 정경세의 후손은 『소학』과 더불어 『양정편』을 읽은 기록도 있다.[63] 특히, 배법(拜法)과 읍례(揖禮)를 참고하는 자료로 구준의 『가례의절』과 나란히 『양정편』을 인용되기도 한다.[64] 이는 『양정편』이 비록 『동자례』를

書, 日用間, 提耳以遜悌之方者, 甚勤且切. 不肖無狀, 未有以奉承遵守之, 終無所成就. 然猶未嘗以悖慢之行得罪於州里者, 皆先君子教誨之恩也. 今余有子, 亦年八歲矣. 顧乃耽於玩弄, 而闕於訓誨, 是爲不愛之甚也. 嗚呼! 古人所謂方知父母恩者, 豈但於養子而知之耶? 余旣悲且懼, 欲依先訓, 課以『小學』, 則又慮其懵於文字, 不可以猝語也. 遂就明儒所撰『鄕校禮輯』·『童子禮』篇中, 稍加刪改, 令稚駿者易曉, 手寫以敎之, 名之曰『養正篇』. 蓋冀其涵揉於此而不至於驕惰壞了也. 嘗聞程子之言曰: '灑掃應對, 形而上者也.' 夫灑掃應對, 人事之至近者也, 形而下者之至粗淺者也. 然而其中自有至理, 而爲仁之本在焉. 故曰形而上者也. 下學人事, 乃上達天理之階級, 君子之道, 孰先傳焉? 孰後倦焉? 則是篇之言, 雖甚淺近, 而作聖之功, 實基於此, 其可忽之而不勖耶? 若夫修身大法, 備在『小學』書, 此特爲之路逕而已, 非欲其安於此而不求進於『小學』也, 其勉之哉! 萬曆甲辰季夏上澣, 垂涕以書."

60) 宋浚吉, 『同春堂集』권14, 「答鄭鳳輝[丙午]」. "『思問錄』, 豈不切實於後學, 而曾見其但有所論『禮記』而已, 餘皆未成, 誠爲大欠. 『養正篇』, 曾知其欲刊, 而何無消息耶? 在洛時見洪相, 則語及文集, 欵欵不容口矣. 但其中禮疑答問處, 不無去取未精者, 可歎."

61) 宋時烈, 『宋子大全』권79, 「與宋誠伯[戊寅六月]」. "變兒欲使兼受『養正篇』, 以此紙地五幅, 截作小冊子膽送, 而字畫大小視元本, 速就之爲佳."

62) 吳益升, 『松峯遺稿』권3, 「立巖書齋學規」. "鄭愚伏『養正篇』, 時時通讀, 相與講論."

63) 鄭象履, 『制庵集』권8, 「再從弟谷口處士行狀」. "君風容俊偉, 神彩秀朗, 甫學語能辨字義, 試敎之書, 如素所學, 不多日能四五行, 不數卷, 文理輒達. 一年之間, 讀了『養正篇』·小詩唐音·『小學』全帙."

64) 鄭在褧, 『愼窩集』권2, 「答元天瑞別紙」. "拜法, 『儀節』曰: '鞠躬拜興, 拜興平身.' 按鞠躬者, 曲其身也. 跪其膝手至地頭至手, 是之謂拜也. 而『養正篇』云[寒岡所著]: 鞠躬後更起身, 俯伏而拜, 拜而又揖者, 據於何書, 未可知也. 昔先師文敬公拜法, 如『養正篇』儀, 褧嘗倣而行之. 後攷拜揖諸書, 『儀節』最簡正可法."; 鄭在褧, 『愼窩集』권4, 「拜揖禮攷證」. "揖禮, 『儀禮』註, 推手曰揖, 引手曰撎. [一云厭, 厭者, 以手向身引之.] 『儀節』有揖後平身之節, 其非直立而推引可知. 然則『養正篇』所謂拱手過膝者是矣. 然『儀節』有主人揖賓請行, 則擧手作揖遜狀, 而無平身一節. 盖作揖之揖, 賓主相見之揖也, 揖遜之揖, 升階入門之揖也, 亦恐不同."

산삭한 내용이지만, 『동자례』에 버금가는 위상을 차지한 실증적 사례이
다. 아울러 『동자례』와 마찬가지로 퇴계학파를 중심으로 널리 활용되었
음을 의미한다.

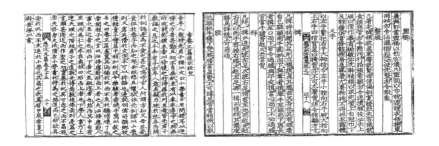

　특히, 이만부는 『양정편』에 남다른 관심을 기울인 대표적인 인물이
다. 그는 『양정편』과 관련한 글뿐 아니라, 서재를 '양정재(養正齋)'로 명
명할 정도로 각별한 애정을 드러낸다.

　　⑴ 영남의 자제 가운데 내가 나이가 조금 많다는 이유로 경서를 가지고
　　와서 묻는 자가 여러 명인데, 나는 남에게 미칠 만한 훌륭함도 없지만
　　여러 사람의 부지런함을 사양할 수 없었다. 여러 사람이 공부하는 재실이
　　천운당 남쪽 수십 보에 있어 몽괘(蒙卦)의 상사(象辭)를 취하여 양정재(養
　　正齋)로 명명하였다. 마침 이세필이 본주의 목사로 있었는데, 그 정사가
　　유교의 교화를 받드는 데 힘써 우복 정경세가 편집한 『양정편』을 당숙(黨
　　塾)에 반포하여 유생에게 권하였으니, 이세필의 뜻은 진실로 아름답다.
　　책 이름이 내 재실과 부합하여 느낀 바가 있고, 또한 가르치는 말이 간명
　　하고 절실하여 초학자의 나침반이 될 만하다. 마침내 여러 사람에게 각자
　　1통씩 써서 아침저녁으로 암송하고 익히게 하고 이것을 써서 기록한다.[65]

65) 李萬敷, 『息山集』 권18, 「書『養正篇』後」, "南州子弟, 以余有一日之長, 執經來問者若干
　　人, 余無善可及人, 而諸子之勤, 有不可謝矣. 諸子所肄業之室, 在天雲堂南上數十步, 仍
　　取蒙之象, 命之曰養正齋. 適李侯世弼司牧本州, 其政務尊儒化, 以鄭愚伏所跋『養正篇』,

② 원근의 학자가 귀의하여 집을 찾아와 가르침을 청하여 날마다 신발이 어지러웠다. 정사 옆에 서재를 두고 제생(諸生)을 거처하게 하였다. 드디어 주자의 『동몽수지』와 근세에 전하는 『양정편』을 취하여 절충하여 책을 만들고 『서실의』로 이름하니, 교도작성(教導作成)하는 방도가 갖추어졌다.[66]

① 이만부는 이세필이 정경세의 『양정편』을 당숙에 반포한 사실을 언급하고 『양정편』을 제생(諸生)에게 암송하고 익히게 하였던 바, 이는 『양정편』이 간명하고 절실하여 초학자의 나침반이기 때문이다. ② 이만부의 가장(家狀)으로 주희의 『동몽수지』와 정경세의 『양정편』을 절충하여 『서실의』를 저술한 정황이 드러난다. 현재 이만부가에 소장된 서책 가운데 『주문공동몽수지(朱文公童蒙須知)』·『훈자종학첩(訓子從學帖)』·「유서애발(柳西厓跋)」/『양정편』·「정우복발(鄭愚伏跋)」/『일령(日令)』·「이갈암발(李葛庵跋)」/『서실의(書室儀)』/『거향잡의(居鄕雜儀)』를 필사한 책이 별도로 전한다. 이현일(李玄逸)은 이만부의 『일령(日令)』을 장횡거[張橫渠:張載]의 규모로서 「숙흥야매잠」과 나란히 평가한 바 있지만,[67] 별도의 발문은 전하지 않는다. 이와 비슷한 내용이 이만부의 문인 조천경[趙天經, 1695~1776]의 행적에도 보인다. 조천경은 독서하는 여가에 손수 주자의 『훈자첩』과 『양정편』·『일령』·『서실잡의』 등을 써서 일상에서 복습하는 바탕으로 삼고 있다.[68]

頒于黨塾, 用勸靑衿, 李侯之意固美矣. 書名與不佞扁齋合, 有所感焉, 且其訓辭明簡精切, 可作造端指南. 於是令諸子各寫一通, 朝夕誦翫溫習, 而書此以識之."

66) 李萬敷, 『息山集』附錄, 「家狀」. "遠近學者歸嚮之, 踵門請席, 日錯其舄. 精舍側爲置書齋, 以處諸生. 遂取朱子『童蒙須知』及近世所傳『養正篇』, 折衷爲書, 名曰『書室儀』, 教導作成之方備焉."

67) 李玄逸, 『葛庵集』 권12, 「答李仲舒」. "示及日令文字, 足見賢者向裏用工之篤. 其立言用意, 宛然有橫渠張夫子宵晝動息有養之規, 可與陳茂卿「夙興夜寐箴」並看, 歎尙歎尙. 其中一二下語未穩處, 付標呈似."

이후 1880년 윤최식(尹最植)이 저술한 『일용지결(日用指訣)』에도 『양
정편』이 인용되고 있다. 『일용지결』은 사서삼경을 비롯한 경서 및 유가
류 자부서류에서 행동 규범을 발췌하여 선비의 일과를 정리한 책으로,
12시간 동안의 일과와 공부를 총 57절에 걸쳐 기록한 생활지침서로, 수
신서와 양생서의 성격까지 겸하고 있다. 윤최식은 퇴계 이황-대산(大
山) 이상정(李象靖)-정재(定齋) 유치명(柳致明)의 학맥을 계승한 안동 선
비로, 『일용지결』은 조선시대 사대부- 특히 영남학파의 행동 규범을
제시하고 있다. 더욱이 『양정편』을 5회 인용하고 있는 바, 『양정편』이
후대에 미친 영향이 감지된다.

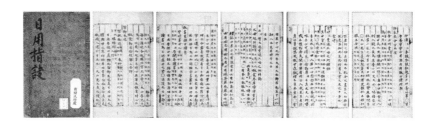

또한 1912년 간행한 이동주[李東柱, 1628~1706]의 『행학절요(行學切要)』
에도 『양정편』이 수록되어 있다. 『행학절요』는 일명 『하상절요』로 학자
들에게 필요한 행동규범 가운데서 가장 긴요한 말들을 편집한 하학상달
(下學上達)의 나침반을 자처한 저술이다.[69] 『행학절요』는 이동주가 살았
던 당대까지의 행동규범에 해당하는 저술을 망라한 바, 『양정편』과 『성
학십도(聖學十圖)』 두 편을 제외하고 모두 중국의 저술이다.[70] 따라서

---

68) 趙天經, 『易安堂集』 권4, 「行狀」. "讀書之暇, 手寫朱文公『訓子帖』及『養正篇』·『日令』
·『書室雜儀』等篇, 以爲服習日用之資."

69) 李東柱. "子曰: '弟子入則孝, 出則弟, 汎愛衆而親仁, 行有餘力, 則以學文.' 『易』曰: '蒙
以養正, 聖功也.' 玆選諸家切要之訓, 以爲日用當行之法, 豈惟童蒙之所宜知? 實下學上
達之指南也."

70) 참고로 『行學切要』 상에는 童蒙須知, 訓子從學帖, 與魏應仲書, 養正篇, 敎子齋規, 座右

이동주가 『양정편』을 『성학십도』와 필적할 작품으로 인식했음을 알 수
있다.

　실제로 『양정편』은 『동자례』를 바탕으로 내용을 조금 산삭한 정도에
불과하다. 본래 문집에 수록된 『양정편』을 1926년 정경세의 후손 정훈
묵(鄭訓默)이 구두(句讀)와 언해(諺解)를 곁들여 열람하기 편리하도록 간
행한다.[71] 퇴계의 후손 이중철(李中喆)은 이단의 학문이 번성한 상황에
서 『양정편』 간행이 지니는 의미를 역설한 바, 동서고금을 막론하고 아
동교육의 필요성을 강조하고 있다.[72] 더욱이 『양정편』 언해는 당시 시대

戒, 座右銘가 수록되어 있고, 하에는 四勿箴, 心箴, 克己銘, 尊德性齋銘, 元朝五箴, 心經
贊, 六先生畫象贊, 朱子畫象贊, 讀書錄要語, 聖學十圖가 수록되어 있다.

71) 朴海徹. "『養正篇』者, 文莊公愚伏鄭先生, 爲其嗣內翰公初學而著作者也. 其目凡二十有
八, 其言不滿二千, 該而不繁, 簡而不略, 眞教育上實訣也. 『易』曰: '易則易知, 簡則易
從.' 程夫子曰: '灑掃應對則形而上者也.' 世之讀此書者, 惡可以事之淺近文之寡約而小
之哉? 先生後孫訓默, 憂近世養蒙之昧, 方拈出是書于原集中, 句以讀之, 諺以釋之, 俾閭
巷婦孺, 便於覽解, 就海徹而謀其剞劂以廣于世." 박해철의 『滄樊集』에도 수록되어 있다.

72) 李中喆. "右愚伏鄭先生『養正篇』一通, 乃先生平日, 爲教誨其胤子檢閱公而作也. 爲書凡
二十八條, 曰檢束身心之禮者十有二, 入事父兄出事師長通行之禮十有一, 書堂肄業之
禮者五. 坐立進退拜揖定省灑掃讀書寫字之法, 具在其中, 童穉之所必習而易於行者也.
載在於先生原集中, 而酒者先生後孫訓默, 拈出而付諸剞劂, 請中喆爲一言. …… 顧今異
學日盛, 兒生纔能言, 已赴新校, 於喫緊爲人之方, 懵然無識, 先生長者, 亦不以蒙養之道
誠告焉, 則將來之患, 容有已乎? 不惟是, 蒙穉輩, 嫌於卷帙之浩穰, 如文公『小學』書, 束
閣不讀, 殆時勢使然爾. 但此篇旣刊之後, 便於取覽, 可朝行吟而暮成誦, 宜無厭棄之端,

적 상황에 맞서 새롭게 제기된 아동교육의 필요성에 부합하는 측면이
강하다.[73]

　이상과 같이, 도희영이 편집한 『향교예집』의 『동자례』와 『거향잡의』
는 김성일에 『동자례』(『거향잡의』)로 한번 편집되고, 정경세가 조금 산
삭하여 『양정편』으로 재차 편집된다. 따라서 『동자례』와 『양정편』은 퇴
계학파 아동교재의 수용과 활용 양상을 단적으로 보여주는 사례에 해당
한다.

V. 맺음말

　지금까지 『동몽수지』를 필두로, 『향교예집』의 유입과 간행을 비롯하

　至於後來齊治之道, 亦不可謂不由於此. 訓默君承述之意, 誠勤矣, 而要亦救時之急務也."
　이중철의 『曉菴集』에도 수록되어 있는데, 본래 李起鎬가 대신 쓴 글이다.(『學田遺稿』
　권4, 「養正篇跋」.)

73) 鄭東轍. "用是吾再從姪訓默, 沈潛紬繹, 服習有年, 乃敢懸其句讀, 足以諺解, 付諸剞劂,
　謀欲廣布, 俾此八歲入學之小子, 知有檢束身心之法·書堂肄業之禮. 雖以新學兒童·閨中
　女子, 亦有以易曉而踐行焉. 今日懸吐諺解之作, 又何可已也? 因竊念斯文墜地, 蒙養不
　端, 動作威儀衣食言語之間, 怠慢鄙倍之習, 日滋月長, 茫不知事親敬長之爲何樣禮數者.
　庶或因此而覺悟, 因此而檢束, 制外而養中, 革舊而圖新, 薰陶德性, 矯揉氣質, 不至於暴
　棄放肆, 則其於闡先志牖群蒙之地, 其功效曷可少哉?" 정동철의 『義堂集』에도 수록되어
　있다.

여 김성일의『동자례』와 정경세의『양정편』에 이르기까지 조선시대 아
동교재의 추이를 살펴보았다.

　『동몽수지』는 주희의 다른 글과 함께 다양한 형태로 필사·간행된다.
『동몽선습』과『격몽요결』이 널리 유행하여 각광을 받은 이후로도 아동
교재의 역할을 수행한다. 더욱이『동몽수지』는 일상생활에서 실천을 중
시하는 향교 학령이나 향약 등의 조약 및 가숙 학규에 널리 수용된다.
특히, 노수신은『성리자훈』과『동몽수지』에 주해(註解)하는데, 문자교
육과 덕성교육을 아우르는 의도이다.

　도희영이 1567년 간행한『향교예집』은 1577년 김성일에 의해서 조선
에 전해진다. 김성일은 귀국 후『향교예집』의 간행에 부단한 노력을 기
울이고, 1586년 나주에서 목판본을 간행한다.

　『향교예집』과『동자례』는 퇴계학파에 널리 수용되어, 김성일 뿐 아니
라 유성룡과 권호문도『동자례』를 발췌하여 학도를 가르치는 교재로 활
용한다. 정경세의『양정편』은『동자례』를 산삭한 저술이지만,『동자례』
에 버금가는 위상을 차지하며 퇴계학파를 중심으로 널리 활용된다.

　『향교예집』의『동자례』와『거향잡의』는 퇴계학파를 중심으로 널리
수용되어, 김성일은『동자례』로 편집하고, 정경세는 산삭하여『양정편』
으로 재차 편집한다. 따라서『동자례』와『양정편』은 퇴계학파 아동교재
의 수용과 활용 양상을 단적으로 보여주는 사례이다.

참고문헌

丘 濬, 『家禮儀節』.

權相翊, 『省齋集』.

權好文, 『松巖集』.

金誠一, 『童子禮』.

_____, 『鶴峯集』.

金安國, 『慕齋集』.

屠羲英, 『童子禮』.

_____, 『鄕校禮輯』.

盧守愼, 『穌齋集』.

柳成龍, 『西厓集』.

柳希春, 『眉巖集』.

林 泳, 『滄溪集』.

閔遇洙, 『貞菴集』.

朴世采, 『南溪集』.

宋時烈, 『宋子大全』.

宋浚吉, 『同春堂集』.

吳益升, 『松峯遺稿』.

魏伯珪, 『存齋集』.

尹最植, 『日用指訣』.

尹行恁, 『碩齋稿』.

李圭景, 『五洲衍文長箋散稿』.

李東柱, 『行學切要』.

李晩燾, 『香山集』.

李萬敷, 『息山集』.

李象秀, 『峿堂集』.

李 珥, 『栗谷全書』.

李玄逸, 『葛庵集』.

任憲晦, 『鼓山集』.

張興孝, 『敬堂日記』.

鄭經世, 『養正篇』.

_____, 『愚伏集』.

鄭 逑, 『寒岡集』.

鄭象履, 『制庵集』.

鄭在褧, 『愼窩集』.

趙天經, 『易安堂集』.

朱 熹, 『童蒙須知』.

洪汝河, 『木齋集』.

김왕규, 「朝鮮時代 童蒙敎材 硏究」, 『한자한문교육』 4, 한자한문교육학회, 1998.

김정신, 「鶴峯 金誠一의 學文論과 居鄕觀-『童子禮』·『居鄕雜儀』의 간행과 유포를 중심으로」, 『태동고전연구』 29, 태동고전연구원, 2012.

류칠선, 「『童蒙須知』에 나타난 아동교육내용 연구」, 『한국영유아보육학』 28, 한국영유아보육학회, 2002.

서현아 외, 「愚伏 鄭經世『養正篇』에 나타난 유아예절교육의 현대적 의미」, 『유아교육학논집』 10-3, 한국영유아교원교육학회, 2006.

심정열, 「李德懋의 士小節「童規」篇을 통한 敎育方法 硏究」, 『한국학논집』 27, 근역한문학회, 2008.

이의강, 「『童蒙須知』의 家訓的 성격과 조선조의 수용」, 『동방한문학』 80, 동방한문학회, 2019.

허재영, 「언해본『養正編』의 경상 방언 문헌으로서의 가치」, 『동방학』 27, 한서대학교 동양고전연구소, 2013.

〈부록〉:『養正篇』·『童子禮』·『童蒙須知』比較

『養正篇』	『童子禮』	『童蒙須知』	其他
余年八歲時, 先君子課以文公『小學』書, 日用間, 提耳以遜悌之方者, 甚勤且切. 不肖無狀, 未有以奉承遵守之, 終無所成就. 然猶未嘗以悖慢之行得罪於州里者, 皆先君子敎誨之恩也. 今余有子, 亦年八歲矣. 顧乃耽於玩弄, 而闕於訓誨, 是爲不愛之甚也. 嗚呼! 古人所謂方知父母恩者, 豈但於養子而知之耶? 余旣悲且懼, 欲依先訓, 課以『小學』, 則又慮其懵於文字, 不可以猝語也. 遂就明儒所撰『鄕校禮輯』·『童子禮』篇中, 稍加刪改, 令稚駭者易曉, 手寫以敎之, 名之曰『養正篇』. 蓋冀其涵揉於此而不至於驕惰壞了也. 嘗聞程子之言曰: '洒掃應對, 形而上者也.' 夫洒掃應對, 人事之至近者也, 形而下者之至粗淺者也. 然而其中自有至理, 而爲仁之本在焉. 故曰形而上者也. 下學人事, 乃上達天理之階級, 君子之道, 孰先傳焉? 孰後倦焉? 則是篇之言, 雖甚淺近, 而作聖之功, 實基於此, 其可忽之而不勉耶? 若夫修身大法, 備在『小學』書, 此特爲之路逕而已, 非欲其安於此而不求進於『小學』也, 其勉之哉!	『易』曰: '蒙以養正, 聖功也.' 而養正莫先於禮. 蓋人之自失其正, 以自外於聖人之道者, 率以童幼之年, 不聞禮敎, 則耳目手足, 無所持循, 作止語默, 無所檢束. 及其旣長, 沿習偸安, 徇情任氣, 如已決之水, 不可隄防, 已放之條, 不可般鬱, 何所不至哉? 是故朱子『小學』, 必先灑掃應對之節, 程子謂: 卽此便可達天德, 信非誣也. 世之父兄, 旣以姑息爲恩, 而爲之師者, 日役役焉以課程爲急. 故一切禮敎, 廢擱不講, 童蒙何賴焉? 玆本「曲禮」·「內則」·「少儀」·「弟子職」諸篇及諸儒訓蒙要語, 輯爲『童子禮』一卷, 而辭義則淺明, 通俗爲主, 庶幾蒙養之一助云.	夫童蒙之學, 始於衣服冠屨, 次及語言步趨, 次及灑掃涓潔, 次及讀書寫文字, 及有雜細事, 宜皆所當知. 今逐目條列, 名曰『童蒙須知』. [凡此數件, 特略分先後緩急之次而已, 非謂必待盡習一件, 然後方及次件.] 若其修身治心, 事親接物, 與夫窮理盡性之要, 自有聖賢典訓, 昭然可考, 當次第曉達, 玆不復詳著云. [程子曰: '凡物有本末, 不可分本末爲兩段事, 灑掃應對, 是其然, 必有所以然.' 朱子解之曰: '治心修身是本, 灑掃應對是末, 皆其然之事, 至於所以然則理也, 理無精粗本末.' 皆是一貫, 此敎學者所當先知.]	
「盥櫛」 晨興, 卽當盥櫛, 以飭容	「盥櫛」 晨興, 卽當盥櫛, 以飭容	「雜細事宜」 凡子弟, 須要早起晏眠.	『弟子職』, 「學則」. 夙興夜寐, 衣帶必飭.

儀. 凡盥面, 以巾帨, 遮護衣領, 捲束兩袖, 勿令沾濕. 櫛髮, 必使先整, 勿令散亂.	儀. 凡盥面, 以巾帨, 遮護衣領, 捲束兩袖, 勿令沾濕. 櫛髮, 必使先整, 勿令散亂. (但須敦尙朴雅, 不得習爲市井浮薄之態.)	[不敢自暇自逸.] 「衣服冠屨」 凡盥面, 必以巾帨, 遮護衣領, 捲束兩袖, 勿令有所濕. [此言當盥頮之節.]	『弟子職』,「蚤作」. 少者之事, 夜寐蚤作, 旣拚盥漱, 執事有恪. 攝衣共盥, 先生乃作. 沃盥徹盥, 汎拚正席, 先生乃坐. 出入恭敬, 如見賓客. 危坐鄉師, 顏色毋怍.
「整服」 凡著衣, 提領欲直, <u>束帶</u>欲緊, 毋使偏斜寬緩, 致失容儀. 飮食須照管, 勿令點汚. 行路須看顧, 勿令泥漬. 服役必去上服, 以便作事. 有垢破, 必洗澣補綴, 以求完潔. 上自<u>冠巾</u>, 下及鞋履, 俱當修飭. 燕居及盛暑, 尤要矜持, 不得袒衣露體.	「整服」 凡著衣, (常加愛護.) 飮食須照管, 勿令點汚. 行路須看顧, 勿令泥漬. (遇)服役, 必去上衣, (只著短衣,) 以便作事. 有垢破, 必洗澣補綴, 以求完潔. 提領欲直, <u>結帶</u>欲緊, 毋使偏斜寬緩, 致失容儀. 上自<u>總髻</u>, 下及鞋履, 俱當(加意)修飭, (令與禮容相稱.) (其)燕居及盛暑(時), 尤要矜持, 不得袒衣露體. [能如此自飭, 則雖服布素之服, 亦自可觀. 今世之爲父母者, 率華其子之衣履, 而不能約之以禮, 竟亦何益?]	「衣服冠屨」 大抵爲人, 先要身體端整, 自冠巾衣服鞋韈, 皆須收拾愛護, 常令潔淨整齊. [此總言之也. 端整, 正齊也. 韈, 足衣也, 或云靴裏.] 凡着衣服, 必先提整衿領, 結兩衽紐帶, 不可令有闕落.[此言著衣之節. 衿, 交領, 衽, 裳交接處, 紐帶, 衣繫也. 此以下, 復逐節言之.] 飮食照管, 勿令汚壞, 行路看顧, 勿令泥漬.[此言飮食行路之節.] 凡就勞役, 必去上襲衣服, 只著短便愛護, 勿使損汚. [此言當勞役之節.] 著衣旣久, 則不免垢膩, 須要勤勤洗澣, 破綻則補綴之, 儘補綴無害, 只用完潔.[此言濯衣葺衣之節. 膩, 汗垢也. 綻, 縫破也.]	『王虛中訓蒙法』,「著衣」. 衣袖不得揎, 出手腕以上則爲傲, 過手腕以外則爲慢, 正當腕中謂之禮. 又外衣袖不許露出 內衣袖, 若衫袖不得露上盖袖, 上盖袖不得露出汗衫袖也.
「叉手」 以左手, 緊把右手大拇指, <u>令左手小指</u>, 向右手腕, 大指向上, 右手四指皆直以掩胸, <u>亦</u>不可太著胸, 須令稍離方寸.	「叉手」 (凡叉手之法,) 以左手, 緊把右手大拇指, <u>其左手小指</u>, 向右手腕, 右手四指皆直, (以左手)大指向上, (以右手)掩其胸, <u>手</u>不可太著胸, 須令稍離方寸.[禮稱手容恭, 敎童子叉手有法, 則拜揖	『星湖僿說』,「叉手」. 叉手之法, 以左手, 緊把右手大指, 其左手小指, 則向右手腕, 右手四指皆直, 以左手大指向上, 以左手掩其胸, 手不可大著胸, 須令稍去胸二三寸. 然右手四指皆直, 則當以食指當左手外廉	『王虛中訓蒙法』,「叉手」. 小兒六歲入學, 先敎叉手, 以左手, 緊把右手, 其左手小指, 則向右手腕, 右手皆直, 其四指以左手大指向上, 如以右手掩其胸, 不得著胸, 須稍離方寸, 爲叉手法也. 『幼學須知』,「習叉手圖」.

	之禮, 方可循序而進.]	腕骨下, 而四指皆用力向外, 左手食指, 亦當右手之外踝, 而四指皆收斂向內, 兩大指亦交加緊牢用力相撐則自不解, 此叉手之義也.	凡叉手之法, 以左手, 緊把右手大拇指, 其左手小指, 則向右手腕, 右手四指皆直, 以左手大指向上, 如以右手掩其胸, 手不可太著胸, 須令稍去胸二三寸許, 方爲叉手法也.
「揖」 凡揖時, 稍闊其足則立穩, 須直其膝, 曲其身, 低其首, 眼看自己鞋頭, 兩手圓拱而下. 與尊者揖, 擧手至眼而下, 與長者揖, 至口而下, 皆令過膝, 與平交揖, 當心而下, 不必過膝, 皆當手隨身起, 叉於當胸.	「肅揖」 凡揖時, 稍闊其足則立穩, 須直其膝, 曲其身, 低其首, 眼看自己鞋頭, 兩手圓拱而下. (凡)與尊者揖, 擧手至眼而下, 與長者揖, (擧手)至口而下, 皆令過膝. 與平交者揖, (擧手)當心而下, 不必過膝. (然)皆當手隨身起, 叉於當胸.	「雜細事宜」 凡相揖必折腰.[改容鞠躬.] 凡出外及歸, 必於長上前作揖, 雖暫出, 亦然. [出告反面時也.]	『王虛中訓蒙法』, 「祇揖」 凡揖人時, 則稍闊其足, 其立則穩, 揖時, 須是曲其身, 以眼看自己鞋頭, 威儀方美觀. 揖時, 亦須直其膝, 不得曲了, 當低其頭, 使手至膝畔, 又不入膝內, 則手隨時起, 而叉於胸前. 揖時, 須全出手, 不得只出一指, 謂之鮮禮. 揖尊位則手過膝下, 亦以手隨身起, 叉手于胸前也. 『幼學須知』, 「習祇揖圖」. 凡作揖時, 用稍闊其足立則穩, 揖時, 須直其膝, 曲其身, 低其頭, 以眼看自已鞋頭爲準, 威儀方美, 使手只可至膝畔, 不得入膝內, 尊長前作揖, 手須過膝下, 揖畢則手隨時起, 而叉於胸前. 揖時, 須全出手, 不得只出一大拇指在袖外, 謂之鮮禮, 非見尊長之禮也.
「拜」 凡拜, 一揖少退, 先跪左足, 次跪右足, 俯首至地而起, 先起右足, 以兩手, 齊按右膝, 次起左足, 再一揖而後拜, 其儀度, 務爲詳緩, 不可急迫.	「拜起」 凡(下)拜(之法), 一揖少退, (再一揖卽俯伏, 以兩手齊按地,) 先跪左足, 次屈右足, 頓首至地卽起, 先起右足, 以雙手, 齊按膝上, 次起左足, 仍一揖而後拜, 其儀度, 以詳緩爲敬, 不可急迫.[凡		『事林廣記』, 「習展拜圖」 凡下拜之禮, 一揖少退, 再一揖卽俯伏, 以兩手齊按地, 先跪左足, 次伸右足, 略蟠過左畔, 稽首至地卽起, 先踞右足, 以雙手, 齊按膝上, 次起左足, 連兩拜起, 進前敍寒暄, 少退, 揖再兩拜, 進前卻

	見尊長, 皆四拜. 平交, 皆兩拜. 或尊長已拜, 而復有致謝, 則隨時再拜. 非至尊不稽首. 今叩頭禮, 卽稽首也. 不宜從俗㩉施.]		敍間闊敍賀語. 不然, 初連四拜, 卻敍寒暄亦得.
「跪」 低頭拱手, 穩下雙膝, 腰當直竪, 不可蹲屈, 背當稍俯, 以致恭敬.	「跪」 低頭拱手, 穩下雙膝, 腰當直竪, 不可蹲屈, 背當稍曲, 以致恭敬.[跪者, 卑幼事尊長之常禮. 請問進獻, 俱當長跪. 或尊長, 有咈意怒色, 則不待呵斥之加, 先跪而聽戒責.]		
「立」 拱手正身, 兩足齊幷, 必順所立方位, 不得歪斜. 雖困倦, 不得倚靠墻壁.	「立」 拱手正身, 雙足相幷, 必順所立 方位, 不得歪斜. (若身與墻壁相近,) 雖困倦, 不得倚靠.		『禮記』,「曲禮」. 立必正方. 立毋跛.
「坐」 定身端坐, 斂衣拱手, 毋得偃仰傾斜, 倚靠几案. 與人同坐, 尤當斂身莊肅, 毋得橫臂, 致有妨礙.	「坐」 定身端坐, 斂足拱手, 不得偃仰傾斜, 倚靠几席. (如)與人同坐, 尤當斂身莊肅, 毋得橫臂, 致有妨礙.	「雜細事宜」 凡衆坐, 必斂身, 勿廣占坐席.	『禮記』,「曲禮」. 坐必跪. 坐毋箕. 坐如尸. 幷坐不橫肱. 坐必安.
「步趨」 兩手籠於袖內, 緩步徐行, 擧足不宜太闊, 毋得左右搖擺, 致動衣裾, 目須常視其足. 登高必用兩手提衣, 以防傾跌, 其掉臂跳足, 最爲輕浮, 常宜收斂.	「行走」 兩手籠於袖內, 緩步徐行, 擧足不可太闊, 毋得左右搖擺, 致動衣裾, 目須常顧其足. (恐有差悞.) 登高必用雙手提衣, 以防傾跌, 其掉臂跳足, 最爲輕浮, 常宜收斂.[尋常行走, 則以從容爲貴. 若見尊長, 又必致敬急趨, 不可太緩.]	「語言步趨」 凡行步趨蹌, 須是端正, 不可疾走跳躑.[此總言步趨之法也.]	『禮記』,「玉藻」. 疾趨則欲發, 而手足毋移.
「言語」 凡童子, 常當緘口靜默, 不得輕忽出言. 或有所言, 必須聲氣低平, 不得	「言語」 凡童子, 常當緘口靜默, 不得輕忽出言. 或有所言, 必須聲氣低偮, 不得	「語言步趨」 凡爲人子弟, 須是常低聲下氣, 語言詳緩, 不可高聲喧閧浮言戲笑.[此	『禮記』,「曲禮」. 安定辭. 『禮記』,「玉藻」. 口容止, 聲容靜.

喧聒, 所言之事, 須眞實有據, 不得虛誕, 不得尤傲. 訾人及輕議人物(長短), 如市井鄙俚戲謔無益之談, 尤宜禁絶.	喧聒, 所言之事, 須眞實有據, 不得虛誕, (亦)不得尤傲. 訾人及輕議人物, 如市井鄙俚戲謔無益之談, 尤宜禁絶.[言者, 人所易放. 苟有所畏憚收斂, 則久久亦可簡默. 今之父母, 見其子之資性聰慧者, 於學語之時, 往往導其習爲世俗輕便之談, 以相笑樂, 此性一縱, 必不可反, 是敎以不謹言也, 切宜禁之.]	總言語言之法也.] 凡聞人所爲不善, 下至婢僕違過, 宜且包藏, 不應便爾聲言, 當相告語, 使其改知.[此言隱惡之節. 君子疾惡如探湯, 若於差誤者, 則告令知改, 不改然後責之, 至其大故, 在所當絶, 不可不察, 但不當聲言爾.]	
「視聽」 收斂精神, 常使耳目專一, 目看書則一意在書, 不可側視他所, 耳聽父母訓戒·先生講論, 則一意承受, 不可雜聽他言. 雖非觀書聽講時, 亦當凝視收聽, 毋使心慮外馳.	「視聽」 收斂精神, 常使耳目專一, 目看書則一意在書, 不可側視他所, 耳聽父母訓誡(與)先生講論, 則一意承受, 不可雜聽他言. 其非看書聽講時, 亦當凝視收聽, 毋使此心外馳.		『禮記』, 「曲禮」. 正爾容, 聽必恭. 毋側聽, 毋噭應, 毋淫視.
「飮食」 斂身離案, 毋令太逼. 擧匙下筯, 毋得後遠, 撥亂肴蔬. 咀嚼, 毋使有聲, 亦不得恣其嗜好, 貪求多食. 安放碗筯, 俱當加意照顧, 毋使失誤墜地. 非節候及尊長命, 不得飮酒, (飮)亦毋過三爵.	「飮食」 (凡飮食, 須要)斂身離案, 毋令太逼. 從容擧筯, 以次著於盤中, 毋致急遠, 將肴蔬撥亂. 咀嚼, 毋使有聲, 亦不得恣所嗜好, 貪求多食. 安放碗筯, 俱當加意照顧, 毋使失誤墜地. 非節候及尊長命, 不得飮酒, 亦毋過三爵.[禮始諸飮食, 君子愼之. 童子之於飮食, 尤所易縱而失禮者也. 惟父母, 毋溺愛而與之有節, 師長, 毋避怨而敎之以禮, 非惟可以養德, 亦可以養神, 此爲最要.]	「雜細事宜」 凡飮食, 擧匙必置筯, 擧筯必置匙, 食已則置匙筯於案.[雖微必整也.] 凡飮食於長上之前, 必輕嚼緩嚥, 不可聞飮食之聲.[惡其不恭也.] 凡飮食之物, 不可爭較多少美惡.[戒其貪也.] 凡飮酒, 不可令至醉.[及亂則內損心志, 外喪威儀.]	『禮記』, 「曲禮」. 共食不飽, 共飯不澤手, 毋摶飯, 毋放飯, 毋流歠, 毋咤食, 毋齧骨, 毋反魚肉, 毋投與狗骨, 毋固獲.
「灑掃」 左手持木盤實水, 右手把竹木枝浥水, 輕灑堂中,	「灑掃」 灑掃, 以木盤置水, [『弟子職』所謂凡拚之道, 實	「灑掃涓潔」 凡爲人子弟, 當灑掃居處之地, 拂拭几案, 常令	『禮記』, 「曲禮」. 凡爲長者糞之禮, 必加帚於箕上, 以袂拘而退, 其

先灑遠於尊長之所, 請尊長就其地,[掃時亦然.] 然後以次灑畢, 方置帚於箕上, 兩手捧之, 置於楹外, 執帚以進, 右手運帚, 左袂遮帚, 徐步却行, 不使塵及於尊長, 掃畢, 斂塵於箕, 出棄他所.	水于盤, 是也.] 左手持之, 右手以竹木之枝, 輕灑堂中, 先灑遠於尊長之所, 請尊長就止其地, 然後以次遍灑畢, 方取帚於箕上, 兩手捧之, 至當掃之處, 一手執帚, 一袖遮帚, 徐步却行, 不使塵及於尊長(之側), 掃畢, 斂塵於箕, 出棄他所.[灑者, 灑水以斂塵, 掃者, 掃地以去塵, 致潔以事長者, 乃弟子之職. 故不可不謹, 凡几案之上, 俱楷拭, 常使明淨. ○尊長, 通指父兄師長及父兄師長之輩行.]	潔淨.[此言灑掃之節.] 父兄長上坐起處, 文字紙箚之屬, 或有散亂, 當加意整齊, 不可輒自取用.[此言不可犯上之節. 內則曰: '父母舅姑之衣衾簟席枕几, 不傳, 杖屨, 祗敬之, 勿敢近, 敦牟巵匜, 非餕, 莫敢用.' 皆是此意.]	塵不及長者, 以箕自鄉而扱之. 『禮記』, 「內則」 父母舅姑之衣衾簟席枕几, 不傳, 杖屨, 祗敬之, 勿敢近. 『弟子職』, 「灑掃」. 凡拚之道, 實水于盤, 攘袂及肘, 堂上則播灑, 室中握手. 執箕膺擖, 厥中有帚. 入戶而立, 其儀不貳. 執帚下箕, 倚於戶側. 凡拚之道, 必由奧始. 俯仰磬折, 拚毋有徹, 拚前而退, 聚於戶內. 坐板排之, 以葉適己, 實帚于箕. 先生若作, 乃興而辭. 坐執而立, 遂出棄之. 旣拚反立, 是協是稽.
「應對」 凡尊長呼召, 隨聲卽應, 不可緩慢, 坐則起, 食在口則吐, 地相遠則趨而近其前, 有問則隨事實對, <u>又必待</u>尊長所問辭畢方對, 毋先從中<u>亂說</u>.	「應對」 凡尊長呼召, (卽當)隨聲而應, 不可緩慢, 坐則起, 食在口則吐, 地相遠則趨而近其前, 有問則隨事實對, (且掩其口.) <u>然須聽</u>尊長所問辭畢方對, 毋先從中<u>錯亂</u>, (對訖, 俟尊長有命, 乃復原位.)[應者, 應其呼, 對者, 對其問. 以卑承尊, 禮當敬謹, 然必於呼問未及之先, 常察尊長顏色所向, 庶幾不失.]	「語言步趨」 若父母長上, 有所喚召, 却當疾趨而前, 不可舒緩.[此言事長步趨之節. 敬上之命, 固與平時相反. 然端正之容, 自不可失也.] 「雜細事宜」 凡侍長者之側, 必正言拱手, 有所問則必誠實對, 言不可妄.[禮也.]	『禮記』, 「曲禮」. 父召無諾, 先生召無諾, 唯而起. 『禮記』, 「玉藻」. 父命呼, 唯而不諾, 手執業則投之, 食在口則吐之. 『禮記』, 「曲禮」. 長者詔之, 則掩口而對. 侍坐於先生, 問焉, 終則對.
「進退」 不命之進, 不敢進, 不命之退, 不敢退. 進時當<u>低首鞠躬</u>, 疾趨而前, 其立處不得逼近尊長, 須相離三四尺, 然後拜揖. 退時亦疾趨而出, 須從<u>旁路</u>行, 毋背尊長. 與同列進(退), 以齒爲序, 進則魚	「進退」 (凡見尊長,) 不命之進, 不敢進, 不命之退, 不敢退. 進時當<u>鞠躬低首</u>, 疾趨而前, 其立處不得逼近尊長, 須相離三四尺, 然後拜揖. 退時亦疾趨而出, 須從<u>傍路</u>行, 毋背尊長, (且當頻加回顧,		『禮記』, 「曲禮」. 見父之執, 不謂之進, 不敢進, 不謂之退, 不敢退, 不問, 不敢對, 此孝子之行也. 爲人子者, 居不主奧, 坐不中席, 行不中道, 立不中門.

貫而上, 毌得越次紊亂, 退則席卷而下, 毌得先出偸安.	恐更有所命.) (如)與同列共進, (尤須)以齒爲序, 進則魚貫而上, 毌得越次紊亂, 退則席捲而下, 毌得先出偸安.		
「溫淸」 夏月侍父母, 常須揮扇於其側, 以淸炎暑, 及驅逐蠅蚊. 冬月則審察衣裘之厚薄, 爐火之多寡, 時爲增益, 幷候視窓戶罅隙, 使無爲風寒所侵, <u>務致父母安樂</u>.	「溫淸」 夏月侍父母, 常須揮扇於其側, 以淸炎署, 及驅逐蠅蚊. 冬月則審察衣裘之厚薄, 爐火之多寡, 時爲增益, 幷候視窓戶罅隙, 使不爲風寒所侵, <u>期父母安樂方已</u>.[溫以致其煖, 淸以致其涼, 如溫被扇枕之類是也.]		『禮記』, 「曲禮」. 凡爲人子之禮, 冬溫而夏淸, 昏定而晨省.
「定省」 侵晨, 先父母起, 梳洗畢, 詣父母<u>寢所</u>, 問安否, 如父母已起, 就<u>前</u>先作揖後致問, 畢, 仍作揖退, 昏時候父母將寢, 布席與衾, 待<u>就</u>寢, 下帳閉戶而<u>退</u>.	「定省」 (十歲以上,) 侵晨, 先父母起, 梳洗畢, 詣父母<u>榻前</u>, 問(夜來)安否, 如父母已起, (則)就<u>旁</u>先作揖後致問, 問畢, 仍一揖退, 昏時候父母將寢, (則)<u>拂席整衾以待</u>, 已寢(則下)帳閉戶而後<u>息</u>.[定以安其寢, 省以問其安, 此與溫淸之禮, 皆人子事親之常, 不以少長有間者. 然能習慣於童年, 則孝愛之節, 自然馴熟矣.]		『禮記』, 「曲禮」. 凡爲人子之禮, 冬溫而夏淸, 昏定而晨省.
「出入」 家庭之間, 出入之節, 最所當謹. 如出赴書堂, 必向父母兄姊前, 肅揖出, 散學時, 入必以次肅揖, 在書堂時, 或因父母呼喚, 有所出入, 則必請問先生, 許出方出, 不得自專.	「出入」 家庭之間, 出入之節, 最所當謹. 如出赴書堂, 必向父母兄娣(之)前, 肅揖告出, (午膳與)散學時, 入必以次肅揖, (然後食息.) (其)在書堂時, 或因父母呼喚, 有所出入, 則必請問先生, 許出方出, 不得自專. (至入書堂, 雖非作揖相期, 亦必肅揖, 始可就坐.)[童子之		『禮記』, 「曲禮」. 夫爲人子者, 出必告, 反必面, 所遊必有常, 所習必有業. 朱文公訓子帖曰, 事師如事父, 凡事咨而後行.

	性, 難斂而易放, 苟父母 以姑息爲愛, 不謹出入 之節, 而爲師者, 復無以 制御之, 鮮有不流於縱 肆者矣.]		
「饋饌」 凡進饌於尊長, 先將几案 拂拭, 然後兩手捧食器, 置於其上, 器皿必乾潔, 肴蔬必序列, 視尊長所嗜 好頻食者, 移近其前, 尊 長命之息, 則退立於傍, 食畢, 進而徹之, 命之侍 食, 則揖而就席, 食必視 尊長所向, 未食者不敢 食, 將畢則急畢之.	「饋饌」 凡進饌於尊長, 先將几 案拂拭, 然後雙手捧食 器, 置於其上, 器具必乾 潔, 肴蔬必序列, 視尊長 所嗜好(而)頻食者, 移近 其前, 尊長命之息, 則退 立於傍, 食畢, 進而徹 之, (如)命之侍食, 則揖 而就席, 食必隨尊長所 嚮, 未食者不敢先食, 將 畢則急畢之, (俟其置食 器於案, 亦隨置之.)[饋 饌, 乃子養父母, 弟子養 師長之禮, 今童子, 多以 躬執饋爲恥, 則無以養 其孝敬之心而折其驕傲 之氣, 最不可畧.]		『禮記』, 「內則」. 男女未冠笄, 昧爽而朝, 問何食飮矣, 若已食則 退, 若未食則佐長者視 具. 『禮記』, 「曲禮」. 侍飮於長者, 酒進則起, 拜受於尊所, 長者辭, 少 者反席而飮, 長者擧未 釂, 少者不敢飮. 『弟子職』, 「饌饋」. 至於食時, 先生將食, 弟 子饋饌, 攝衽盥漱, 跪坐 而饋, 置醬醋食, 陳膳毋 悖. 凡置彼食, 鳥獸魚鱉, 必先菜羹. 羹胾中別, 胾 在醬前, 其設要方. 飯是 爲卒, 左酒右醬. 告具而 退, 奉手而立. 三飯二斗, 左執虛豆, 右執挾匕, 周 還而貳, 唯嗛之視. 同嗛 以齒, 周則有始, 柄尺不 跪, 是謂貳紀. 先生已食, 弟子乃徹. 趨走進漱, 拚 前斂祭. 『弟子職』, 「乃食」. 先生有命, 弟子乃食, 以 齒相要, 坐必盡席. 飯必 奉擥, 羹不以手. 亦有據 膝, 毋有隱肘. 旣食乃飽, 循咡覆手, 振衽掃席. 已 食者作, 摳衣而降. 旋而 鄉席, 各徹其饋, 如於賓 客. 旣徹並器, 乃還並立.
「侍坐」 凡侍坐於尊長, 目則敬候 顔色, 耳則敬聽言論, 有	「侍坐」 凡侍坐於尊長, 目則(常) 敬候顔色, 耳則(常)敬聽	「雜細事宜」 凡侍長者之側, 必正言 拱手, 有所問則必誠實	『禮記』, 「曲禮」. 侍於君子, 不顧望而對, 非禮也.

所命則起立, 有倦色則請退, 有請與尊長獨語者, 則屛於他所.	言論, 有所命則起立, (尊長)有倦色則請退, 有請與尊長獨語者, 則屛(身)於他所.[弟子分當侍立, 或尊長命之坐, 則當遵命而坐, 然須敬畏如此.]	對, 言不可妄.[禮也.]	侍坐於君子, 君子欠伸, 撰杖屨, 視日蚤暮, 侍坐者請出矣. 侍坐於君子, 君子問更端, 則起而對, 侍坐於君子, 若有告者曰, 少間, 願有復也, 則左右屛而待.
「隨行」 侍尊長行, 必居其後, 毋得相遠, 恐有所問, 目之瞻視, 必隨尊長所向, 有所登陟, 則先後扶持之, 與之携手, 則兩手捧之, 遇人於途, 一揖卽別, 不得後尊長而與之言.	「隨行」 侍尊長行, 必居其後, 不可相遠, 恐有所問, (如問己及, 則稍進於左右, 以便應對,) 目之瞻視, 必隨尊長所向, 有所登陟, 則先後扶持之, 與之携手(而行), 則(以)兩手捧(而就)之, 遇人於塗, 一揖卽別, 不得舍尊長而與之言.[疾行先長者, 固爲不敬, 然過於舒緩, 亦非事長之節也.]	「雜細事宜」 凡侍長上出, 行必居路之右, 住必居左.[古人行尙西, 坐讓右.]	『禮記』, 「曲禮」. 從長者而上丘陵, 則必鄕長者所視. 長者與之提携, 則兩手奉長者之手. 『禮記』, 「內則」. 子事父母, 出入則或先或後而敬扶持之. 『禮記』, 「曲禮」. 從於先生, 不越路而與人言.
「邂逅」 遇尊長于道, 趨進肅揖, 與之言則對, 命之退則揖辭而行, 若尊長乘車馬則避匿, 若等級相懸, 不爲己下馬者, 則拱立道傍, 以俟其過.	「邂逅」 (凡)遇尊長于道, 趨進肅揖, 與之言則對, 命之退則揖別而行, 如尊長乘車馬則趨避之, 或名分相懸, 不(必)爲己下(車)馬者, 則拱立道傍, 以俟其過.	「雜細事宜」 凡道路遇長者, 必正立拱手, 疾趨而揖.[記謂先生則對, 不言則退, 亦所當知也.]	『禮記』, 「少儀」. 遇於道, 見則面, 不請所之. 『禮記』, 「曲禮」. 遭先生於道, 趨而進, 正立拱手, 先生不與之言, 則趨而退.
「執役」 尊長有所事, 不必待其出命, 卽當趨就其傍, 致敬服役, 如將坐則爲之整席拂塵, 如侍射與投壺, 則爲之授矢拾矢, 如盥洗則爲之奉槃持帨, 夜有所往, 則爲之秉燭前導. 如此之類, 不可盡擧, 俱當正容專志, 毋使怠慢差錯.	「執役」 (凡)尊長有所事, 不必待其出命, 卽當趨就其傍, 致敬服役, 如將坐則爲之正席拂塵, 如侍射與投壺, 則爲之拾矢授矢, 如盥洗, 則爲之捧盤持帨, 夜有所往, 則爲之秉燭前導. 如此之類, 不可盡擧, 俱當正容專志, 毋使怠慢差錯.[尊者宜逸, 卑者宜勞, 故勞役之事, 皆卑幼任之, 弟子之職, 當如是也. 若恥於爲役,		『禮記』, 「曲禮」. 請席何鄕, 請衽何趾. 『禮記』, 「少儀」. 侍射則約矢, 侍投則擁矢. 『禮記』, 「內則」. 子事父母, 少者奉盤, 長者奉水, 請沃盥, 盥卒授巾, 問所欲而敬進之. 『弟子職』, 「執燭」. 右手執燭, 左手正櫛.

	則必無長進矣.]		
「受業」 受業於師, 必讓年長者居先, 序齒而進, 受畢, 肅揖而退, 所受業, 或未通曉, 當先扣之年長, 不可遽瀆問於師, 如必請問, 當整衣斂容, 離席而告曰, 某於某事未明, 某書(某言)未通, 敢請. 先生有答, 宜傾心聽受, 畢, 復原位.	「受業」 受業於師, 必讓年長者居先, 序齒而進, (其)所受業, 或未通曉, 當先叩之年長, 不可遽瀆問於師, 如欲請問, 當整衣斂容, 離席前告曰, 某於某事未明, 某書未通, 敢請. 先生有答, (卽)宜傾耳聽受, (答)畢, 復原位.[夫受業時, 不以智愚爲後先, 而以齒爲序者, 示童子以禮也. 今世師, 或于弟子之聰慧者, 令其先長者而進, 是敎而傲而導之驕也, 可乎哉?]		『弟子職』,「受業對客」. 受業之紀, 必由長始, 一周則然, 其餘則否. 始誦必作, 其次則已. 凡言與行, 思中以爲紀. 古之將興者, 必由此始. 後至就席, 狹坐則起. 若有賓客, 弟子駿作. 對客無讓, 應且遂行, 趨進受命. 所求雖不得, 必以反命, 反坐復業. 若有所疑, 奉手問之, 師出皆起. 『禮記』,「曲禮」. 侍坐于先生, 請業則起, 請益則起.
「會揖」 每日淸晨, 直日一人擊板, 咸起盥櫛衣冠, 再擊, 升堂序立, 俟師長出坐, 肅揖, 次分兩序, 相揖而退, 至夜將寢, 擊板會揖如朝, 其會講會食皆擊板, 朔望則師長就座立, 皆再拜.	「朔望」 其日昧爽, 直日一人(主)擊板, [或以木梆爲之.](始擊,) 咸起盥(漱)櫛(總)衣冠, 再擊, 升堂, 師長率弟子, 詣先聖像前, 再拜焚香, 訖, 又再拜退, 師長西南向立, 諸生之長者, 率以次東北向再拜, 師長立而扶之, 長者一人, 前致辭, 訖, 又再拜, 師長入于堂, 諸生以次環立, 再拜, 退各就案.[致辭, 謂致問安謝敎之辭. 雖遇放假, 亦須先行此禮, 方命散去, 庶使童幼知尊師之節, 而亦以斂其放逸之志.]		
	「晨昏」 常日淸晨, 擊板如前, 再擊, 諸生升堂序立, 俟師長出, 肅揖, 次分兩序, 相揖而退, 至夜將寢, 擊板會揖, 亦如朝時, 其會		

	講·會食·會茶, 擊板如前.[此二儀, 在書堂中少長通行之禮. 然必自童子先之, 使其諳習禮度, 驕慢不生.]		
「居處」 端身正坐, 書籍筆硯等物, 皆頓放有常(所), 其當讀之書, 當用之物, 隨時從容取出, 毋得飜亂, 讀用畢, 還置原所, 毋使參雜.	「居處」 端身正坐, 書籍筆硯等物, 皆(令)頓放有常, 其當讀之書, 當用之物, 隨時從容取出, 不得(信手)飜亂, 讀用(已)畢, 復置原所, 毋使參錯. (其借人書物, 皆必置簿登記, 及時取還, 毋致遺失.)	「灑掃涓潔」 文字筆硯, 凡百器用, 嚴肅整齊, 頓放有常處, 取用旣畢, 復實元所.[此言整齊之節.] 凡借人文字, 皆實簿抄錄主名, 及時取還.[此言與人借書之節.顏之推家訓曰:'借書, 先有缺壞, 就爲補治.' 如此等意盡好.]	『顏氏家訓』 借人書籍, 皆須愛護, 先有缺壞, 就爲補治.
	「接見」 凡先生有賓客至, 弟子以次序立, 俟先生與客爲禮畢, 然後向上肅揖, 客退, 仍肅揖送之. 先生與客, 命無出門, 卽各入位疑立, 俟先生返, 命坐則坐. 若客于諸生中, 有自欲相見者, 亦必俟與先生爲禮, 然後乃敢作揖, 退亦不得遠送, 非其類者, 勿與親狎.[賓客謁先生者, 則先生之輩. 故必致敬如此.]		
「讀書」 整容定志, 看字斷句, (玩味徐讀,) 務要字字分明, 毋得目視他處, 手弄他物, 須熟讀貫誦, 又逐日溫理, 逐句通讀, 以求永久不忘.	「讀書」 整容定志, 看字斷句, 務要字字分曉, 毋得目視他處, 手弄他物, 仍須細計遍數熟讀, 如遍數已足而未成誦, 必欲成誦, 其遍數未足, 雖已成誦, 必滿遍數方止, 猶必逐日帶溫, 及逐句逐月通理, 以求永久不忘.[讀書, 不在多, 但能下精熟工夫, 漸次積久, 自然有	「讀書寫字」 凡讀書, 須整頓几案, 令潔淨端正, 將書冊整齊頓放, 正身體對書冊, 詳緩看字, 子細分明, 讀之須要讀得字字響亮, 不可誤一字, 不可少一字, 不可多一字, 不可倒一字, 不可牽强暗記, 只是要多誦遍數, 自然上口, 久遠不忘, 古人謂讀書千遍, 其義自見, 謂讀得	『顏氏家訓』 濟陽江祿, 讀書未竟, 雖有急速, 必待卷束整齊, 然後得起.

	得, 今子弟多勉强記誦, 以自露其能, 而爲之師者, 又假此爲功, 以取悅其父母, 遂不計其生熟, 而慢令加讀, 旋卽遺忘, 積習旣成, 鹵莽無益, 所宜深戒也.]	熟則不待解說, 自曉其意也.[此二段, 言讀書之法. 愛護掩束, 亦讀者所當知.] 凡書冊, 須要愛護, 不可損汚綯摺, 濟陽江祿, 讀書未竟, 雖有急速, 必待掩束整齊然後起, 此最爲可法.	
「寫字」 專心把筆, 務求字畫嚴整, 毋得輕易<u>草率</u>, <u>致令</u><u>欹斜脫落</u>, 硏墨放筆, 毋使有聲, 及濺汚于外, 其戲書硯面及几案, 最爲不雅, 切宜戒之.	「寫字」 (凡寫字, 未問工拙, 切要)專心把筆, 務求字畫嚴整, 毋得輕易<u>怠惰</u>, <u>致</u><u>有潦草欹斜</u>, <u>并差落塗</u><u>註之病</u>, 硏墨放筆, 毋使有聲, 及濺汚于外, 其戲書硯面及几案(上), 最爲不雅, 切宜戒之.[程子曰, 某作字時甚敬, 非是要字好, 只此是學.]	「讀書寫字」 凡寫文字, 須高執墨錠, 端正硏磨, 勿使墨汁汚手, 高執筆雙鉤, 端楷書字, 不得令手楷蓄毫. 凡寫字, 不問寫得工拙如何, 且要一筆一畫, 嚴正分明, 不可老草. 凡寫文字, 須要子細看本, 不可差誤.[此三段, 言寫字之法. 筆畫嚴明, 則工拙亦隨而見矣.] 「灑掃涓潔」 窓壁几案文字間, 不可書字, 前輩云, 壞筆汚墨, 瘝子弟職. 書几書硯, 自黥其面, 此爲最不雅潔, 切宜深戒.[此言不可汚書之節. 『顏氏家訓』曰: '故紙有五經詞義·聖賢姓名, 不敢他用.' 此說亦自好. 凡不雅潔之事, 不止於此, 此特擧其最爾, 類推可見.]	『顏氏家訓』 其故紙有五經詞義及聖賢姓名, 不敢他用.

고려시대 유학 교육과 여말선초 학맥의 형성

하정승

Ⅰ. 문제 제기

우리나라는 삼국시대부터 이미 한문(漢文)이 들어와 유학(儒學)과 한문학이 발달하였다. 13세기의 문인 최자[崔滋, 1188~1260]는 그의 비평집 『보한집(補閑集)』 서문에서 이를 두고, "우리나라는 인문으로써 교화가 이루어졌으니 어질고 준걸한 사람들이 사이사이에 나와서 풍화를 찬양하였다. 광종 현덕 5년에 비로소 과거를 열어 어질고 훌륭한 인재를 뽑았으니 비길 데 없이 높은 위용을 갖춘 선비들이 모여들었다. …… 한문과 당시가 이에 성대하게 되었다."[1]라고 하였다. 최자의 말처럼 고려시대에는 그 전 시대에 비하여 유학과 한문학이 비약적으로 발전하고 많은 문인 학자들이 배출되었다. 이의 바탕에는 과거제의 시행, 학교 교육의 발달, 학자 간 교유와 서적의 수입 등 송나라와의 활발한 교류 같은 다양한 측면이 그 원인으로 작용하였다. 특히 문학의 발달은 작가 층의 확대, 작품 수의 증가, 작품의 다양성, 문집의 간행, 문단의 형성, 동인·시회 활동 등과 밀접한 관계를 갖는데, 이는 그 자체로 초창기 한국문

---

1) 崔滋, 『補閑集』 卷首, 「補閑集序」. "我本朝以人文化成, 賢儁間出, 贊揚風化, 光宗顯德
五年, 始闢春闈, 擧賢良文學之士, 玄鶴來儀. …… 漢文唐詩於斯爲盛."

학사의 주요 핵심 내용이면서 동시에 문학사 발전의 동인(動因)이었기에 고려시대 문학 교육의 전개 양상을 살피는 일은 매우 중요하다. 좋은 문학 작품을 생산하는 바탕에는 뛰어난 문인을 얼마나 많이 배출하느냐에 달려 있고, 뛰어난 문인의 배출은 양질의 문학 교육 혹은 문학 학습을 얼마나 효과적으로 하느냐에 달려있다 해도 과언이 아니다. 그런데 문학 교육, 혹은 문학 수업에 있어 중요한 점은 어떤 내용을 어떻게 학습하느냐이다.

　본고의 제2장에서는 고려전기부터 고려후기에 이르기까지 유학 교육의 현황과 실제, 그 전개 과정을 살피고자 한다. 고려시대는 학문적으로 유학이 상당한 수준에 이를 정도로 발달하였다. 국초부터 국자감(國子監)을 비롯한 관학(官學)·사학(私學)의 각급 학교 교육이 시행되었고, 특히 13세기에 이르러서는 성리학이 도입되어 '학맥(學脈)'이라고 부를 수 있는 일종의 '집단지성'이 형성되었다. 또한 문학의 발달로 이미 초창기부터 문단이 활발하게 형성되었으며 과거를 주시(主試)한 지공거(知貢擧)와 거자(擧子)와의 관계, 소위 '좌주(座主)와 문생(門生)의 관계'라는 독특한 제도로 인해 학맥과 문단은 더욱 공고하게 형성되었다. 본고의 제3장에서는 여말선초 학맥과 집단지성의 형성에 초점을 맞추어 '학맥', 또는 '집단지성'이라 일컬을 수 있는 학술 현황의 전개 양상과 그 특징에 대해서 살펴보고자 한다. 또한 고려전기·중기와 여말선초 문학 교육의 변화를 비교하여 살펴봄으로써 이것이 문풍의 변화라는 문학사의 큰 흐름과 밀접한 관련이 있음도 밝히고자 한다. 고려 말의 학술사·문학사는 필연적으로 조선 초기에 그대로 계승되었기 때문에 고려시대에서 조선시대로 이어지는 학술사·문학사의 전개와 변화과정은 조선시대 전체를 이해하는 데에도 매우 중요하다.

　본고에서는 원 간섭기가 끝난 이후, 즉 공민왕대(恭愍王代)부터를 고려 말엽으로 규정하고 조선 초엽 세종대(世宗代)까지의 학계의 흐름과 학술 현황, 유학 교육의 특색, 학맥의 형성 등에 대해 고찰하기로 하겠다. 특별히 여말선초를 시기적으로 묶은 것은 고려 말엽의 학문과 사상, 문학적 전개가 조선 초에도 그대로 계승되어 이어졌다고 판단했기 때문이다. 특히 목은의 학문을 계승한 일군의 학자들의 사상과 문학은 조선 전기 학계와 문단의 중심인물들에게로 이어졌기에, 여말선초를 연속선에 놓고 살펴보는 일은 상당히 중요하고 사적(史的)인 의미를 갖는다. 이러한 작업은 향후 필자가 연구 과제로 삼고 진행할 고려시대의 문학사·학술사·지성사의 통섭적 연구에 기본 바탕으로 쓰이게 될 것이다.

　고려시대 문인들의 시문에는 문학 교육, 문학 수업 등에 대해 본격적으로 밝혀 놓은 것이 거의 없는 상황에서, 본고의 진행을 위해서는 고려시대 문인들의 각종 문집은 물론 『파한집(破閑集)』·『보한집(補閑集)』·『역옹패설(櫟翁稗說)』 등 고려시대의 시화류(詩話類)와 『고려사(高麗史)』·『고려사절요(高麗史節要)』 등의 사서류(史書類), 『증보문헌비고(增補文獻備考)』 등의 유서(類書)를 참고로 당시의 상황을 추적하는 수밖에 없다. 특히 이제현(李齊賢)의 『역옹패설』과 최자(崔滋)의 『보한집』은 당대(當代)의 문학과 문풍, 학문 풍토를 알 수 있게 해주는 좋은 자료이며, 『증보문헌비고』는 고려시대의 교육과 서적, 학습교재 등을 고구(考究)하는데 많은 도움이 된다. 또한 이규보(李奎報)의 『동국이상국집(東國李相國集)』과 이색(李穡)의 『목은집(牧隱集)』, 권근(權近)의 『양촌집(陽村集)』에는 당대 문단의 영수들답게 당시 문교(文敎)와 문풍(文風)을 추적할 수 있는 글들이 있어 1차 텍스트로 사용하였다.

II. 고려시대 유학 교육의 실제

　고려전기부터 13세기 중반, 즉 고려 23대 왕인 고종(高宗)까지의 문풍을 짐작할 수 있는 좋은 자료 중의 하나는 「한림별곡(翰林別曲)」이다.
주지하다시피 「한림별곡」은 고종 때 한림(翰林)의 여러 유생들이 지은
경기체가(景幾體歌)로 모두 8장으로 구성되어 있는데, 그 중 시문과 문학
을 논한 1장과 당시 유생들이 공부했던 서적을 노래한 2장이 주목된다.
먼저 1장을 살펴보면 당대를 대표하는 문인과 유행했던 문학의 장르 및
학맥을 짐작할 수 있다.

> 원순문(元淳文) 인로시(仁老詩) 공로사륙(公老四六)
> 이정언(李正言) 진한림(陳翰林) 쌍운주필(雙韻走筆)
> 충기대책(沖基對策) 광균경의(光鈞經義) 양경시부(良鏡詩賦)
> 위 시장(試場)ㅅ 경(景) 긔 엇더니잇고
> 금학사(琴學士)의 옥순문생(玉筍門生) 금학사(琴學士)의 옥순문생(玉
> 筍門生)
> 위 날조차 몃부니잇고[2]

　위 1장에서 시문으로 거명된 인물은 유원순(兪元淳)・이인로(李仁老)・
이공로(李公老)・이규보(李奎報)・진화(陳澕)・유충기(劉沖基)・민광균(閔
光鈞)・김양[金良鏡; 일명 金仁鏡]등 도합 8인이다. 그리고 이들의 스승으
로 금의(琴儀)가 별도로 언급되었다. 「한림별곡」의 작자는 여러 가지 학
설이 있으나 일반적으로 위의 8인이라고 일컬어지는 바,[3] 제1장에서 이
들의 이름이 거명된 것은 다분히 작자 스스로가 자신들의 특장을 내세
웠기 때문이다. 주목할 점은 이들이 스스로 능하다고 내세운 문학 장르

---

2)『樂章歌詞』, 「歌詞上」.

3) 이를 주장한 가장 대표적인 학자는 장덕순으로 이에 대한 사항은 장덕순,『한국문학사』,
　동화문화사, 1975, 107쪽 참조. 「한림별곡」의 창작배경과 작가에 대한 연구로는 여운필,
　「「한림별곡」의 창작배경 연구」,『수련어문논집』19, 수련어문학회, 1992에서 자세하게
　다뤄져 있어 참고가 된다.

이다. 유원순부터 김양경에 이르기까지 각각의 장르를 살펴보면 문·시·사륙변려문·쌍운(雙韻)으로 빨리 짓는 시, 대책문(對策文), 경전 해석, 시부(詩賦) 등이다. 여기에서 문·시·시부는 일반적인 시문을 일컫는 것이라 큰 의미가 없다. 나머지 사륙변려문, 쌍운으로 빨리 짓는 시, 대책문, 경전 해석은 모두 다 과거시험의 대표적인 과목이라는 점이 흥미롭다. 고려시대 과시(科試)는 크게 제술과(製述科)·명경과(明經科)·잡과(雜科)로 구분되었는데, 제술과의 과목은 시(詩)·부(賦)·송(頌)·시무책(時務策) 등이 주요 시험과목이었고, 명경과는 『상서(尚書)』·『주역(周易)』·『모시(毛詩)』·『춘추(春秋)』가 주요 과목이었다.[4] 일반적으로 과시의 폐단으로 거론되는 것 중, 시의 경우에 형식적인 과시체(科詩體)의 암기, 산문의 경우에는 극도의 형식만을 강조하는 사륙변려체(四六駢儷體)의 글짓기 등을 언급하는데, 이 같은 폐단의 징조가 이미 고려시대부터 있었음을 알 수 있다. 금의[琴儀, 1153~1230]는 본관은 봉화(奉化), 초명은 금극의(琴克儀), 자는 절지(節之)이다. 1184년[명종 14] 장원으로 과거에 급제하여 환로에 오른 뒤로 여러 관직을 거쳐 1211년[희종 7] 한림학사승지(翰林學士承旨)에 올랐고 수차례 과거의 지공거를 맡아 많은 문사들을 배출하였다.[5] 위의 '금학사(琴學士)의 옥순문생(玉筍門生)'은 이를 지칭한 말이다. 이규보가 쓴 금의의 묘지명에는 그의 학자로서의 위치를 보여주는 구절이 있다.

　　일찍이 사마시(司馬試)를 맡았고, 세 번이나 과거를 맡아 보았는데, 거기에서 뽑힌 사람은 모두 당대의 이름난 사람들로서 문사의 성한 것이 근고에 없었던 일이었다. 경진년[1220, 고종 7]에 벽상삼한대광(壁上三

---

4) 한영우, 『다시 찾는 우리 역사』, 경세원, 2004, 203쪽.
5) 『高麗史』 권102, 〈列傳〉 권15, 「琴儀」. "屢典貢擧, 所選多名士. 翰林曲, 有稱琴學士者, 是也."

韓大匡) 수태보문하평장사수문전대학사판이부사(守太保門下平章事修
文殿大學士判吏部事)로 벼슬을 그만두고 집에 있으면서 덕망 있는 원로
들과 함께 기로회(耆老會)를 만들고 날마다 잔치를 베풀어 종유하면서
금(金)을 희사하는 즐거움을 이루었다.[6]

이 글을 보면 금의는 세 차례나 지공거를 맡아 당대의 뛰어난 학자들
[玉筍之盛]을 배출하였으니 유래가 드문 일이라는 것이다. 따라서 위 「한
림별곡」의 유원순 이하 김양경에 이르기까지 8명의 문인들은 금의의 문
생임을 알 수 있다. 물론 금의의 문생이 위 8명에 그치는 것은 아니고
훨씬 더 많은 숫자의 문인들이 있었다.[7] 예를 들어 『보한집』을 쓴 최자
가 그 대표적인 인물이다. 위의 8명은 금의의 제자 그룹을 대표하는 인
물들로 거론된 것이라 보아야 한다. 금의가 이처럼 많은 문생을 거느리
고 또 한 시대를 대표하는 스승으로 부각된 것은 우선 한림학사라는 관
직을 맡았고, 세 차례의 지공거 경험을 바탕으로 '좌주와 문생의 관계'를
형성했기 때문이다. 더구나 금의는 치사 후에 기로회(耆老會)를 조직하
여 시회(詩會)를 열고 활발한 문학 활동까지 했음을 알 수 있다.

과거제 시행 이후 고려전기의 학계에서 지공거로서 과거를 주시(主試)
하고 많은 제자를 배출하여 한 시대의 스승 역할을 한 사람은 최충[崔沖,
984~1068]이다. 그는 1005년[목종 8] 문과에 급제하여 환로에 오른 뒤
여러 벼슬을 거쳐 문하시중에까지 오른 인물이다. 고려 10대 임금인 정
종대(靖宗代)에는 지공거로 과거를 주시하였고, 『현종실록』의 편찬에도

---

6) 李奎報, 『東國李相國集』 권36, 「壁上三韓大匡金紫光祿大夫守大保門下侍郎同中書門
下平章事修文殿大學士判吏部事致仕琴公墓誌銘」, "嘗典司馬試及三掌禮闈, 所得皆當世
聞人, 玉筍之盛, 近古未有也. 庚辰以壁上三韓大匡守大保門下侍郎修文殿大學士判吏
部事, 解位家居, 與舊德元老爲耆老會, 日相從宴遨, 以遂揮金之樂."

7) 예컨대 여운필은 금의의 문생이 100여 명에 이르는 것으로 추정하고 있다. 여운필,
앞의 논문, 28쪽.

참여하였던 당대를 대표하는 학자이기도 하였다. 벼슬에서 치사(致仕)
한 후에는 개경에 구재학당(九齋學堂)을 세우고 많은 학생들을 교육하였
는데, 당시 이름난 12개의 사립학교들, 소위 '사학십이도(私學十二徒)' 중
에서도 구재학당은 과거급제자를 많이 배출하는 것으로 유명하여 당시
과거를 준비하는 학생들은 구재학당에 적을 두려는 경향이 유행하였다.
그리하여 당시 사람들은 구재학당의 학생들을 최충의 제자라는 의미로
'시중(侍中) 최공도(崔公徒)', 또는 '최충도(崔冲徒)', 그리고 최충의 시호
를 따서 '문헌공도(文憲公徒)' 등의 다양한 이름으로 부르곤 하였다.[8] 이
를 통해서도 최충과 구재학당의 명성을 짐작할 수 있다. 최충의 구재학
당에서는 주로 구경(九經)과 삼사(三史)를 교육하였는데, 구경은 시대와
사람에 따라 그 범주가 다르지만, 대체로『시경(詩經)』·『서경(書經)』·
『역경(易經)』·『예기(禮記)』·『춘추(春秋)』 등 5경에『악기(樂記)』·『논어
(論語)』·『효경(孝經)』·『맹자(孟子)』·『소학(小學)』·『주례(周禮)』·『의례
(儀禮)』·『춘추좌전(春秋左傳)』·『춘추공양전(春秋公羊傳)』·『춘추곡량전
(春秋穀梁傳)』·『이아(爾雅)』 등에서 4종이 추가되는 것이 일반적이다.
삼사는『사기(史記)』·『한서(漢書)』·『후한서(後漢書)』를 말한다. 이로 보
면 유가의 기본 경전인 13경과『사기』,『후한서』 등의 사서가 학생들의
기본 교과목이었음을 알 수 있다. 당시 개경에 '문헌공도' 외에 11개의
유명 사학이 있었다는 사실 자체가 11세기 고려의 교육열기가 뜨거웠음
을 말해주는 것이다. 이것은 서적을 노래한「한림별곡」 제2장을 통해서
도 확인할 수 있다.

　　　당한서(唐漢書) 장노자(莊老子) 한유문집(韓柳文集)

---

8)『高麗史』 권74,〈志〉 권28,「選擧二·學校」. "文宗朝, 大師·中書令崔冲收召後進, 敎誨
　不倦, 靑衿白布, 塡溢門巷. 遂分九齋, 曰樂聖·大中·誠明·敬業·造道·率性·進德·大和
　·待聘, 謂之侍中崔公徒. …… 自後, 凡赴學者, 亦皆肄名九齋籍中, 謂之文憲公徒." 참조.

이두집(李杜集) 난대집(蘭臺集) 백낙천집(白樂天集)
모시상서(毛詩尙書) 주역춘추(周易春秋) 주대예기(周戴禮記)
위 주(註)조쳐 내 외 경(景) 긔 엇더니잇고
태평광기(太平廣記) 사백여권(四百餘卷) 태평광기(太平廣記) 사백여권(四百餘卷)
위 역람(歷覽)ㅅ 경(景) 긔 엇더니잇고[9]

　위에서 인용된 서적들은 당시 유생들이 과거를 준비하거나 또는 자신의 학문과 문학적 역량을 쌓기 위해 수련했던 교과서들이다. 내용도 다양하여 『모시(毛詩)』·『상서(尙書)』·『주역(周易)』·『춘추(春秋)』·『주례(周禮)』·『예기(禮記)』와 같은 유가(儒家)의 경서를 비롯 『당서(唐書)』·『한서(漢書)』와 같은 역사서, 『노자(老子)』·『장자(莊子)』 같은 제자백가, 그리고 개인 문집류가 나열되어 있다. 말하자면 소위 경(經)·사(史)·자(子)·집(集)이 두루 다 구비된 셈이다. 특히 『논어』와 『예기』는 당시 문인들이 전범으로 삼았던 경서였던 것으로 생각된다. 이인로의 아들 이세황(李世黃)은 『파한집』 발문에서 "『파한집』을 엮으며 미처 다 끝내지 못한 것늘은 혹 먼 후손늘이 나머지를 거두어 뜻을 잇고 판에 새겨 전한다면 『예기』나 『논어』에서 말한 것과 더불어 또한 천고의 거울이 될 수 있을 것이다."[10]라고 하여 만고에 전해질 문장의 기준으로 『논어』와 『예기』를 언급하고 있다.

　마지막에 언급되어 있는 『태평광기(太平廣記)』는 북송(北宋) 때 편찬된 설화, 잡록 등을 수록한 방대한 필기류(筆記類)이다. 당시 유생들의 독서의 폭이 매우 넓었음을 보여준다. 여기서 필자가 주목하는 부분은 개인

---

9) 『樂章歌詞』, 「歌詞上」.
10) 李世黃, 『破閑集』 卷末, 「世黃謹誌」. "其所未畢者, 儻有雲來收拾餘緒, 繼志板傳, 則與戴經魯論所說, 亦可鏡於千古矣."

문집류이다. 경서나 역사서, 제자백가야 어느 시대 누구를 막론하고 모두 공부하는 필독서이기 때문이다. 유생들이 언급한 개인문집은 모두 5명의 것이고, 또 다른 하나인 『난대집(蘭臺集)』은 한(漢)나라 때 난대령사(蘭臺令使)들의 시문을 모은 공동문집이다. 개인 문집을 보면 한유(韓愈) · 유종원(柳宗元) · 이백(李白) · 두보(杜甫) · 백낙천(白樂天) 등의 것으로 모두가 하나같이 중국 문학사에서 당나라를 대표하는 시인들이다. 소동파와 같은 송나라의 시인은 단 한 명도 언급되어 있지 않다. 혹시 이를 두고 송나라는 한림별곡의 제작과 시기적으로 너무 가깝기에 일부러 뺀 것이라고 말할 수도 있겠으나 이는 이치상 맞지 않는다. 왜냐하면 개인 문집을 거론한 바로 아래에서 송나라 때 편찬된 『태평광기』를 언급하고 있기 때문이다. 따라서 이를 통해 적어도 13세기 중반까지 고려의 시단은 이백 · 두보 · 백거이 · 한유 · 유종원을 모범으로 하는 당시풍의 시를 짓는 것이 큰 흐름이자 대세였음을 알 수 있다.[11] 원 간섭기 시대 학문이나 문학의 교재를 살펴보기 위해서 유승단[兪升旦, 1168~1232]의 다음 글도 참고가 된다.

> 문안공[유승단의 시호-필자 주]이 항상 말하기를, "무릇 우리나라 사람이 글을 지을 때는 고사를 인용함에 있어서 문장에는 육경(六經)과 삼사(三史)이고, 시에는 『문선』, 이백 · 두보 · 한유 · 유종원 등이다. 이외에도 제가(諸家)의 문집이 있으나 여기에 의거해서 고사를 인용해서는 마땅하지 않다."라고 하였다.[12]

유승단은 초명이 유원순(兪元淳)으로 앞의 「한림별곡」 제1장에서 언

---

11) 하정승, 「설곡 정포 시에 나타난 당시풍 경향과 미적 특질」, 『포은학연구』 15, 포은학회, 2015.

12) 崔滋, 『補閑集』 권중. "文安公常言, 凡爲國朝制作, 引用古事, 於文則六經三史, 詩則文選李杜韓柳, 此外諸家文集, 不宜據引爲用."

급된 '원순문(元淳文)'이 바로 이 사람이다. 그는 「한림별곡」의 언급처럼
문장에 매우 뛰어났는데, 위 글을 보면 유승단은 문장의 경우에는 육경
(六經)과 삼사(三史), 시의 경우에는 이백·두보·한유·유종원을 배울
것을 주장하였다. 육경과 삼사의 경우에는 앞에서 살펴본 최충의 구재
학당이나 「한림별곡」 2장과 동일하다. 따라서 고려전기부터 후기에 이
르기까지 유학(儒學)의 주 교재는 육경삼사였음은 이론의 여지가 없다.
문학 교육에 있어서 전범으로 삼아야 할 문집이나 시인에 대한 사항 역
시 앞의 「한림별곡」과 마찬가지로 이백·두보·유종원은 동일하고, 다
만 「한림별곡」에 언급된 백거이는 빠져있고 『문선』은 새롭게 추가되어
있다. 백거이가 빠진 것은 다분히 유승단 개인적인 취향과 관련 있어
보이며 『문선』을 강조한 것은 「한림별곡」에 비해 좀 더 체계적인 문학
수업을 언급하려 했기 때문으로 생각된다. 한편 최자의 다음 글은 위
인용문에 비해 문학 또는 문장교육에 초점을 맞추어 특히 작시(作詩)에
있어서 이백·두보를 모범으로 하는 당시풍(唐詩風)의 영향력이 얼마나
컸는지를 여실히 보여준다.

> 특히 시와 문은 각기 다를 뿐만 아니라 시와 문장 가운데는 또한 각각
> 독특한 문체가 있다. 옛사람이 말하기를 "시를 배우는 자는 대율시구(對
> 律詩句)에 있어서는 자미(子美)에게서 본받고, 악장(樂章)은 태백(太白)
> 을 본받아야 하며 고시체(古詩體)는 한유(韓愈)·소식(蘇軾)을 본받아야
> 하고, 문사(文辭) 같은 것에 있어서는 곧 각 문체가 한유의 글에 다 갖춰
> 져 있기 때문에 충분히 읽고 깊이 생각하면 그 체를 터득할 수 있다."라고
> 하였다. 비록 그러하지만 이백·두보의 고시도 한유·소식의 그것에 뒤떨
> 어지지 않는데 이처럼 각각 지적하여 말한 것은 후진들로 하여금 널리
> 여러 사람의 문체를 배우게 하고자 해서일 따름이다.[13]

13) 崔滋, 『補閑集』 권상. "非特詩與文各異, 於一詩文中亦各有體. 古人云, 學詩者, 對律句
體子美, 樂章體太白, 古詩體韓蘇, 若文辭則各體皆備於韓文, 熟讀深思, 可得其體. 雖然

이 글에서 최자는 옛사람의 말을 인용하여 각각의 시체(詩體)에 따라 대구(對句)나 율시(律詩)같은 근체시는 두보를, 악부체 시는 이백을 모범으로 할 것을 말하고 있다. 재미있는 점은 옛사람은 고시(古詩)의 경우 한유와 소동파를 본받으라고 했지만, 최자는 고시의 경우에도 이백과 두보를 법으로 삼아도 된다고 말하고 있다는 점이다. 이 글을 통해 고려 후기에 이르면 이미 작시에 있어서 사대부 문인들에게 이백과 두보가 교과서와도 같은 존재가 되었음을 알 수 있다.

고려 16대 임금인 예종대(睿宗代)에는 학술이 진작되고 발전하던 시기였다. 예종은 궁궐 안에 청연각(淸讌閣)·보문각(寶文閣) 등을 설치하여 학문 연구와 도서 수집에 힘쓰고, 또한 각종 서적을 편찬하였다. 당시 편찬된 대표적인 책은 우리나라의 고대사를 정리한『편년통재속편(編年通載續編)』과 당태종의 업적을 기록한『정관정요(貞觀政要)』이다. 예종 다음 임금인 인종대(仁宗代)에는 명유(名儒)들이 배출되어 특히 유교경전 연구가 활발하게 이뤄졌다. 대표적인 학자로는 윤언이(尹彦頤)·김인존(金仁存)·이인실(李仁實)·김부식(金富軾)·이지저(李之氐)·최윤의(崔允儀) 등을 꼽을 수 있다. 특히 윤언이는『주역』에 능통해『역해(易解)』를, 최윤의는『고금상정례(古今詳定禮)』, 김인존은『논어신의(論語新義)』를 저술하였고, 김부식은 사마천의『사기』에 영향 받아『삼국사기』를 편찬했으니 당시 학문의 수준을 짐작케 한다. 이같은 사실을 반증이라도 하듯 송나라의 사신으로 1123년[인종 1]에 고려를 다녀간 서긍(徐兢)은『고려도경(高麗圖經)』에서 고려의 학문을 평가하며 "이리하여 휩쓸리듯 따르고 세차게 교화되어 즐겁고 공경스럽게 유학을 지켜나가 비록 연(燕)·한(韓)의 변두리 편벽한 곳에 살기는 하지마는 제(齊)·노(魯)의 기풍과 운치를 지니게 된 것이다. …… 위로는 조정의 관리들이 위의가

李杜古詩不下韓蘇, 而所云如此者, 欲使後進, 汎學諸家體耳."

우아하고 문채가 넉넉하며 아래로는 민간 마을에 경관(經館)과 서사(書社)가 둘셋씩 늘어서 있다. 그리하여 그 백성들의 자제로 결혼하지 않은 자들이 무리지어 살면서 스승으로부터 경서를 배우고, 좀 장성하여서는 벗을 택해 각각 그 부류에 따라 절간에서 강습하고, 아래로 군졸과 어린 아이들에 이르기까지도 향선생(鄕先生)에게 글을 배운다. 아아, 훌륭하기도 하구나!"[14]라고 칭송하고 있다.

앞에서 살펴본 11세기의 최충, 12세기 후반~13세기 전반기의 금의를 이어 13세기 중후반 학계의 중심인물은 안향[安珦, 1243~1306]과 백이정[白頤正, 1247~1323]을 중심으로 한 성리학자들이었다. 안향은 1260년[원종 1] 과거에 급제한 후 환로에 올라 여러 벼슬을 거쳐 1288년[충렬왕 14] 동지공거(同知貢擧), 1294년[충렬왕 20]에는 지공거(知貢擧)가 되어 과거를 주시하였다. 이는 전술했던 최충, 금의와 비슷한 행적으로 고려시대 학계의 중심인물로 제자를 양성하기 위해서는 과거 시험의 좌주 역할이 매우 중요했음을 보여준다. 일반적으로 고려후기에 중국에서 성리학을 도입한 인물로 안향을 꼽지만, 『고려사』의 기자(記者)는 백이정을 성리학의 전수사로 기록하고 있다. 다음 글을 보자.

그때 정주(程朱)의 학문이 중국에서 비로소 행해지기 시작하였고 우리 나라에는 미치지 못하였는데, 백이정이 원(元)에 있을 때 이를 배울 수 있었다. 그가 고려로 돌아오자 이제현(李齊賢)과 박충좌(朴忠佐)가 먼저 그를 스승으로 모시고 학업을 전수받았다.[15]

14) 徐兢, 『高麗圖經』 권40, 「儒學」. "於是, 靡然風從, 勃然雨化, 閭閻秋秋, 服膺儒學, 雖居燕韓之左僻, 而有齊魯之氣韻矣. …… 上而朝列官吏, 閑威儀而足辭采, 下而閭閻陋巷, 間經館書社, 三兩相望. 其民之子弟未昏者, 則群居而從師授經, 旣稍長, 則擇友, 各以其類, 講習于寺觀, 下逮卒伍童解, 亦從鄕先生學, 於摩盛哉." 본고에서 사용한 『고려도경』의 국역문은 한국고전번역원에서 간행한 차주환·김동욱 등이 번역한 『국역 고려도경』을 이용했음을 밝힌다.

15) 『高麗史』 권106, 〈列傳〉 권19, 「白頤正」. "時程朱之學, 始行中國, 未及東方, 頤正在元,

위 글을 정리하면 중국에서 성리학이 한창 일어나고 고려에는 아직
수입되지 않았을 때 백이정이 원나라에 가서 성리학을 배웠고, 그가 귀
국하자 이제현, 박충좌 등이 그를 스승으로 삼아 성리학이 퍼져나갔다
는 것이다. 백이정은 자는 약헌(若軒), 호는 이재(彝齋)이며 부친은 보문
각학사(寶文閣學士)를 지낸 백문절(白文節)이다. 1284년[충렬왕 10] 문과
에 급제한 뒤 환로에 올랐다. 1298년 원나라에서 사신을 보내와 세자를
왕으로 삼고, 그해 8월에 왕을 불러가자 충선왕을 따라 원나라 연경(燕
京)에 10여 년을 머물면서 성리학에 깊은 관심을 가지고 공부했고, 귀국
할 때에는 정주(程朱)의 각종 성리학 서적과 주자의『가례』를 가지고 돌
아왔다. 귀국한 후에는 동문들과 성리서(性理書)를 날마다 강론하여 우
리나라의 학자들도 비로소 성리학이 있는 줄을 알게 되었다.[16] 또 후진
양성에도 힘써서 이제현·박충좌·이곡(李穀)·이인복(李仁復)·백문보
(白文寶) 등 당대를 대표하는 많은 학자들이 그의 문하에서 배출되었다.
이에 비해 안향은 대체로 유학의 진흥과 국학의 발전에 도모한 측면이
강조되어 있다. 다음 글을 보자.

① 충렬왕(忠烈王) 30년(1304) 5월에 안향이 건의하여 각 품(品)에서
은(銀)과 베를 차등 있게 내어서 국학(國學)의 섬학전(贍學錢)에 충당하
게 하고, 왕도 또한 내고(內庫)의 전곡(錢穀)을 내어서 도왔다. 안향이
남은 재물로 중국 강남(江南)에 사람을 보내어 육경(六經)과 제자서(諸子
書), 사서(史書)를 사서 오게 하였다. 이에 배우기를 원하는 선비와 칠관
(七管), 십이도(十二徒)의 여러 생도로서 경서를 끼고 수업하는 사람이
수백 명씩 움직였다.[17]

得而學之, 東還, 李齊賢·朴忠佐, 首先師受."
16) 白文寶,『淡庵逸集』권2,「文憲公彝齋先生行狀」. "公以宿衛從之, 留都下十年, 多取程
朱全書而歸, 與同門四五人日相講授, 以經籍爲淵海, 箋疏爲梯航, 東方學者始知有性理
之學." 참조.

② 안향이 또 남은 돈으로 박사(博士) 김문정(金文鼎) 등에게 맡겨 중원(中原)에 보내 공자[先聖]와 70제자의 초상화를 그리고, 아울러 제기(祭器)·악기(樂器)·육경(六經)과 제자서(諸子書)와 사서(史書)를 구입하여 오게 하였다. 또한 밀직부사(密直副使)로 치사(致仕)한 이산(李㦃)과 전법판서(典法判書) 이진(李瑱)을 추천하여 경사교수도감사(經史教授都監使)로 임명하게 하였다. 이렇게 하여 금내학관(禁內學館)·내시(內侍)·삼도감(三都監)·오고(五庫)에서 학문을 배우기 원하는 사람들과 칠관(七管)·십이도(十二徒)의 여러 학생들로서 경서를 옆에 끼고 다니며 배우는 자들이 합하여 수백 명이나 되었다.[18]

위의 인용문 ①과 ②는 각각 안향이 섬학전(贍學錢)을 조성하여 국학을 진흥시킨 것과 사람들을 중국에 보내 각종 제기와 서적을 수입해 오고, 또 학교 교육을 진작시켜 인재를 배출하고 유학을 발전시킨 사실을 설명한 것이다. 하지만 여기에는 안향이 성리학과 관계된 직접적인 어떤 전수를 했다든지 교육을 했다는 사실은 보이지 않는다. 더구나 수입해 온 서적을 살펴보면, 육경과 제자백가, 역사서로 전술했던 최충의 구재학당의 교과목과 대동소이하다. 따라서 위 인용문은 일반 유교경전의 진흥을 말한 것이요 성리학과는 큰 관계가 없다. 다만 안향의 평생을 기록한 『회헌선생실기(晦軒先生實記)』에는 1289년 충렬왕의 원나라 방문 때 호종하여 연경(燕京)에 머물며 주자학을 접한 뒤 주자(朱子)의 서적을 손수 베끼고 주자의 화상(畫像)을 그려서 가지고 돌아왔다는 기록[19]

---

17) 『高麗史』 권74, 〈志〉 권28, 「選擧 二·學校」. "三十年五月 安珦建議, 令各品出銀布有差, 以充國學贍學錢, 王亦出內庫錢穀, 以助之. 珦以餘貲, 送江南, 購六經諸子史以來. 於是, 願學之士, 七管十二徒諸生, 橫經受業者, 動以數百計."

18) 『高麗史』 권105, 〈列傳〉 권18, 「安珦」. "珦又以餘貲, 付博士金文鼎等, 送中原, 畫先聖及七十子像, 幷求祭器·樂器·六經諸子·史以來. 且薦密直副使致仕李㦃·典法判書李瑱, 爲經史教授都監使, 於是, 禁內學館·內侍·三都監·五庫, 願學之士, 及七管·十二徒諸生, 橫經受業者, 動以數百計."

19) 安珦, 『晦軒先生實記』 권3, 「年譜」. "十六年庚寅, 留燕京, 手抄朱子書, 摹寫孔子朱子眞

이 보인다. 또한 안향이 본인의 호를 '회헌(晦軒)'이라고 지은 것은 다분히 주자의 호인 '회암(晦庵)'을 의식한 것으로 그가 평생에 얼마나 주자를 존경하고 흠모했는지 짐작할 수 있다. 이로 보건대 우리나라에서 최초로 성리학을 접하고 들여온 사람은 안향이지만, 이를 발전시켜서 본격적으로 학문 연구에 매진하고 많은 성리학자들을 배출해낸 사람은 백이정이라고 보는 것이 타당할 듯하다.[20] 이 시기 또 다른 성리학자로는 권보[權溥, 1262~1346]와 우탁[禹倬, 1262~1342]을 꼽을 수 있다. 권보는 본관은 안동(安東), 자는 제만(齊滿), 호는 국재(菊齋)로 부친은 찬성사(贊成事)를 지낸 권단(權㫜)이다. 1279년[충렬왕 5] 18세로 급제하여 환로에 오른 뒤 여러 벼슬을 거쳤다. 당시 권보는 명망 있는 학자로 나라에서 새롭게 서적을 구입하면 그에게 서적을 고열(考閱)하게 했다는 기록[21]을 통해서 학자로서의 그의 위치를 가늠해 볼 수 있다. 또한 익재 이제현이 그의 사위로 권보의 학문이 익재에게까지 전수되었음을 알 수 있다. 우탁은 본관은 단양(丹陽), 자는 천장(天章) 또는 탁보(卓甫), 호는 백운(白雲)·단암(丹巖)이고 세칭 '역동선생(易東先生)'이라 일컬어졌다. 그의 칭호에서도 짐작할 수 있듯이 그는 경학(經學)에 밝았으며, 특히『주역』에 매우 해박하여 점을 치면 맞추지 못하는 것이 없었다고 한다.[22] 우탁은 1290년[충렬왕 16]에 문과에 급제하여 환로에 오른 뒤 감찰규정(監察糾正)을 거쳐 성균좨주(成均祭酒)로 치사한 후 경상도 예안(禮安)에 은거하며 학문 연구에 몰두하였다. 다음 글은 그가 얼마나 성리학에 능통했는지

像." 참조.

20) 이와 같은 의견은 고려후기 성리학 수용에 대한 좋은 지침서인 이병혁의『고려말 성리학 수용기의 한시 연구』, 태학사, 1989에서도 동일하게 전개되어 있다. 이에 대한 사항은 이병혁, 앞의 책, 18쪽 참조.

21)『高麗史節要』권24,「忠肅王 元年」, "六月贊成事權溥, 商議會議都監事李瑱, 三司使權漢功等, 會成均館 考閱新購書籍, 且試經學."

22)『高麗史』권109,〈列傳〉권22,「禹倬」, "倬通經史, 尤深於易學, 卜筮無不中."

를 보여준다.

> 『이천역전(伊川易傳)』이 처음 우리나라에 들어왔으나 이해하는 사람
> 이 없었는데, 우탁이 문을 닫아걸고 한 달 남짓 깊이 연구하더니 마침내
> 해득(解得)하여 생도들을 가르쳤는데, 그때부터 비로소 이학(理學)이 우
> 리나라에 행해졌다.[23]

위의 『이천역전(伊川易傳)』은 송나라의 학자 정이천(程伊川)이 쓴 역학
(易學)의 연구서로 일명 『정전(程傳)』이라 하는데, 정이천 이학(理學)의
진수를 보여주는 명작으로 평가받는다. 당대 고려의 학자들 중에는 이
를 이해하는 사람이 아무도 없었는데, 우탁이 침잠하여 연구한 끝에 이
에 대한 내용을 이해하고 학생들에게 가르쳤다는 것이다. 마지막 구절
인 "그때부터 비로소 이학이 우리나라에 행해졌다."는 말은 성리학 연구
의 진수가 정이천에 있고, 정이천을 이해하기 위해서는 『이천역전』을
이해해야 한다는 의미로 해석된다. 우탁이 『이천역전』을 강해하고 난
후 비로소 더 깊은 단계의 성리학 연구가 가능해졌다는 의미이다. 그만
큼 고려후기 성리학사에서 우탁은 중요한 위치에 있다는 것을 보여준
다. 이상에서 살펴본 안향·백이정·권보·우탁 외에도 이 시기를 대표
하는 중요한 학자이자 선생으로 민지[閔漬, 1248~1326]와 이진[李瑱,
1244~1321]을 들 수 있다. 민지는 본관이 여흥(驪興), 자는 용연(龍涎),
호는 묵헌(默軒)으로 학문에 매우 뛰어났다. 특히 역사서술에 큰 공이
있어 고려 태조 왕건의 증조부인 문덕대왕(文德大王)으로부터 고종 때까
지의 사실을 기록했다는 『본국편년강목(本國編年綱目)』을 편찬하고, 정
가신(鄭可臣)이 지은 것으로 알려진 『천추금경록(千秋金鏡錄)』을 증수한

---

23) 『高麗史』 권109, 〈列傳〉 권22, 「禹倬」. "程傳初來東方, 無能知者, 倬乃閉門月餘, 叅究
乃解, 教授生徒, 理學始行."

『세대편년절요(世代編年節要)』를 편찬하기도 하였다. 또한 과거의 시관
(試官)이 되어 문신을 선발하는 등[24] 당대 스승의 역할을 감당하였다.

이진은 본관이 경주(慶州), 자는 온고(溫古), 호는 동암(東菴)으로 학문
에 뛰어났을 뿐만 아니라 문학 활동에도 주목할 만한 업적을 보였다.
그의 문학 활동은 특히 시회(詩會)와 관련이 있는데, 이는 원간섭기에
조성된 여러 기로회 활동의 하나였다. 기로회의 시작은 12세기 후반에
활동한 문인 최당[崔讜, 1130~1211]이 조직한 것으로 일명 '해동기로회(海
東耆老會)'로 불린다. 최당은 당나라 백거이의 '향산구로회(香山九老會)'
와 송(宋)나라 사마광(司馬光)의 '진솔회(眞率會)'를 모방하여 9명의 회원
으로 모임을 조직하였다.[25] 이들은 대부분 벼슬에서 은퇴한 원로들이었
다. 해동기로회가 조직된 후 13세기 고려의 학계와 문단에서는 기로회
활동이 유행처럼 번져 수많은 기로회들이 조직되었다. 예컨대 유자량(庾
資諒)의 기로회,[26] 금의(琴儀)의 기로회,[27] 채홍철(蔡洪哲)의 기영회(耆英
會),[28] 염제신(廉悌臣)의 원암칠로회(元巖七老會)[29] 등이 그것이다. 이진
의 기로회도 이와 같은 기로회 활동의 하나였다.[30] 12세기 말엽에서 13

---

24) 『高麗史』 권73, 〈志〉 권27, 「選擧1·科目1」. "二十年十月, 安珦知貢擧, 閔漬同知貢擧,
取進士, 賜尹安庇等三十三人及第."

25) 李仁老, 『東文選』 권65, 「雙明齋記」. "年未七十, 上章乞退, 獲逡縣車之禮, 曩於崇文舘
之南斷峯之頂, 愛一佳樹, 作堂其側, 與當世士大夫年高而德卲者八人, 遊息於其中. 日以
琴碁詩酒爲娛, 几要約一依溫公眞率會古事." 참조.

26) 『高麗史』 권99, 〈列傳〉 권12, 「庾資諒」. "引年乞退, 與致仕宰相, 爲耆老會." 참조.

27) 앞의 주 6) 참조.

28) 『高麗史』 권108, 〈列傳〉 권21, 「蔡洪哲」. "又於第南, 作堂號中和, 時邀永嘉君權溥以下
國老八人, 爲耆英會. 製紫霞洞新曲, 今樂府有譜." 참조.

29) 李穡, 『牧隱集』 권9, 「元巖諸老讌集唱和詩序」. "予於元巖諸老讌集詩, 蓋三嘆焉. 上之南幸
也, 曲城府院君廉公, 鐵城府院君李公, 漆原府院君尹公, 檜山府院君黃公, 唐城府院君洪
公, 壽春君李公, 啓城君王公實從之." 참조.

30) 고려시대 기로회(耆老會)와 시회(詩會)에 대한 연구로는 김건곤, 「고려시대 기로회 연
구」, 『대동한문학』 30, 대동한문학회, 2009에서 자세하게 다뤄져 있어 참고가 된다.

세기 전반 이인로(李仁老)와 오세재(吳世才), 임춘(林椿) 등이 조직하여
활동한 '죽림고회(竹林高會)'도 사실 이와 같은 맥락으로 해석할 수 있다.
또한 14세기 목은을 중심으로 활발하게 진행된 시회(詩會) 활동 역시 이
것의 연장선상으로 보아도 좋겠다. 이진의 학문과 문학은 그의 아들인
이제현에게 계승되었다.

Ⅲ. 여말선초 학맥의 형성과 집단지성

　본장에서는 원 간섭기가 끝난 이후, 즉 공민왕대(恭愍王代)부터를 고
려 말엽으로 규정하고 조선 초엽 세종대(世宗代)까지의 학계의 흐름과
학술 현황, 유학 교육의 특색, 학맥의 형성 등에 대해 고찰하기로 하겠
다. 고려 말엽 학계의 중심인물은 익재 이제현이다. 익재는 전술한 동암
이진의 아들이요, 권보의 사위이니 고려 말 성리학 수용기의 핵심 학자
로 대성할 여건이 충분하였다. 이제현은 1301년[충렬왕 27]에 문과에 급
제하여[31] 환로에 오른 후 여러 벼슬을 거쳐 1314년[충숙왕 1] 원나라에
머물고 있던 충선왕(忠宣王)의 부름을 받고 원나라로 들어가게 된다. 당
시 충선왕은 왕의 자리에서 물러난 후 연경에 가 만권당(萬卷堂)을 짓고
당대의 저명한 문인들을 초청하여 시주를 즐겼는데, 이들을 상대할 문
인으로 이제현이 뽑히게 된 것이다. 경위가 어떠하든지 익재는 이를 계
기로 당대 최고의 학자들과 교유를 할 수 있게 되었으며 수준 높은 학문
을 접하고 견문을 넓힐 수 있게 되었다. 당시 교유한 저명한 인물로는
요수(姚燧)·염복(閻復)·조맹부(趙孟頫)·원명선(元明善)·장양호(張養浩)
·우집(虞集) 등이 있었다.[32] 이들은 모두 다 학자로서 명망이 있었는데,

---

31) 이에 대한 사항은 『高麗史』 권110, 〈列傳〉 권23, 「李齊賢」 및 『한국역대인물종합정보시
　스템』(people.aks.ac.kr)의 「고려문과명단」을 참조할 것.

특히 우집은 주자와 육구연(陸九淵)에 능통한 당대 최고의 성리학자였으
며 그의 사상은 명대(明代)에 왕수인(王守仁)의 양명학(陽明學)이 발흥(勃
興)하는 단서를 제공하였다.[33] 그는 또한 두보에도 능통하여 두보의 칠
언율시만을 뽑아서 주해를 가한『우주두율(虞註杜律)』이라는 책을 쓸 정
도로 문학에도 조예가 깊었다. 조맹부는 학자로서 뿐만 아니라 화가이
자 '송설체(松雪體)'를 창안한 서예가로도 잘 알려져 있다. 이처럼 원나
라를 대표하는 학자들과의 교유는 익재의 학문세계를 한 단계 성숙시키
는 계기가 되었다. 1320년[충숙왕 7]에는 과거의 지공거가 되어 최용갑
(崔龍甲)·이곡(李穀) 등을 선발했는데,[34] 이를 기점으로 당대 학계에서
본격적인 영향력을 발휘한 것으로 보인다. 그 후 1353년[공민왕 2]에도
다시 지공거를 맡아 이색을 선발했으니[35] 이곡과 이색 부자는 모두 익재
의 문하에서 배출된 셈이다. 1344년[충혜왕 복위 5]에 익재는 서연(書筵)
의 시강(侍講)으로 참여해 학자로서 지위를 인정받았고,[36] 1346년[충목왕
2]에는 민지가 편찬한『본조편년강목』을 증수하였다. 또 충렬왕·충선
왕·충숙왕의 실록을 편찬하라는 명을 받기도 하였다.[37] 1361년[공민왕

32) 李穡,『牧隱集』권16,「鷄林府院君諡文忠李公墓誌銘」. "姚牧菴, 閻子靜, 元復初, 趙子
昂, 咸游王門, 公周旋其間, 學益進, 諸公稱歎不置."참조.

33) 우집(虞集)의 학문과 사상에 대해서는 이범학,「원대 虞集의 사상 - 주·륙절충론을 중
심으로-」,『한국학논총』29, 국민대 한국학연구소, 2007이 참고가 된다.

34)『高麗史節要』권24,「忠肅王·庚申七年」. "賜崔龍甲等三十三人及第, 李齊賢朴孝修所
取也."참조.

35) 李齊賢,『益齋集』권말,「益齋先生年譜」. "十三年癸巳, 五月以府院君知貢擧, 取李穡
等."

36)『高麗史』권37,〈世家〉권37,「忠穆王 卽位年」. "乙卯置書筵, 以右政丞蔡河中, 左政丞
韓宗愈, 判三司事李齊賢. …… 更日侍讀."참조.

37)『高麗史』권37,〈世家〉권37,「忠穆王 二年」. "冬十月庚申敎曰, '太祖開國四百二十有九
年于玆, 其間, 典章文物, 嘉言善行, 秘而不傳, 何以示後? 故我忠宣王, 命臣閔漬, 修編年
綱目, 尙多闕漏, 宜加纂述, 頒布中外.' 乃命府院君李齊賢, 贊成事安軸, 韓山君李穀, 安
山君安震, 提學李仁復撰進, 又命修忠烈·忠宣·忠肅三朝實錄."참조.

10]에는『서경(書經)』,「무일편(無逸篇)」을 강론하였는데,[38] 고려 말엽 당시『서경』을 국가적으로 중요시하여 교육했음을 알 수 있다. 당시 공민왕이 익재를 학자로서 얼마나 신임했는지를 알 수 있는 다음 글을 살펴보자.

> 나라에 큰 일이 있으면 왕이 반드시 사람을 시켜 자문하였다. 혹 수시로 인견(引見)하여 경사(經史)를 강론하면서 치도(治道)를 묻기도 하였는데, 그때마다 선생은 전례를 끌어다 비유로 상세히 설명하였고 따져서 책망해야 할 일들은 간절히 권면하니 왕이 더욱 공경하고 중히 여겼다. 집에서 국사(國史)를 찬수(撰修)할 적에는 사관(史官) 및 삼관(三館)이 다 모였었는데, 뒤에 국사는 병화(兵火)에 잃어버렸다. 또『금경록(金鏡錄)』을 선(選)하였다. 또 국사가 미비함을 병통으로 여기고 기년(紀年)·전(傳)·지(志)를 찬수하였는데, 뒤에 홍건적(紅巾賊) 난리에 유실되고 오직 태조(太祖)에서 숙종(肅宗)에 이르기까지의 기년만이 남았다. 8월에 왕이 선생에게 명하여 종묘의 소목위차(昭穆位次)를 정하게 하니, 선생이 이에 대한 의(議)를 올렸다.[39]

1357년[공민왕 6] 익재는 71세의 나이로 치사한 뒤 자주 자신의 집으로 각계 인사들을 초청하여 당면한 국가 현안과 고금의 여러 일들을 문의하고 토론한 것으로 보인다. 이에 공민왕 역시 국가적인 중대사가 있을 때마다 익재에게 자문을 하였고, 또 수시로 궁궐 안으로 불러 경사(經史)를 강론하게 하고 치도(治道)를 물었다는 것이다. 익재는 왕의 질문에

---

38)『高麗史』권39,〈世家〉권39,「恭愍王 十年」. "甲辰命李齊賢, 講書無逸篇." 참조.

39) 李齊賢,『益齋集』권말,「益齋先生年譜」. "國有大政, 王必使人咨決, 或時引見, 講論經史, 訪問治道, 先生引喩敷陳, 責難懇懇, 王益敬重焉. 撰國史於家, 史官及三館皆會焉, 後國史逸于兵燹. 又選金鏡錄. 又病國史不備, 撰紀年傳志, 後散失于紅賊之亂, 惟自太祖至肅宗紀年在. 八月王命先生, 定宗廟昭穆之次, 先生上議." 본고에서 사용한 국역문은 한국고전번역원에서 간행한『국역 익재집』을 인용하되 부분적으로 필자가 수정을 가했음을 밝힌다.

경전을 비롯한 고사를 인용하여 비유로 설명했다고 하니 익재의 학문과 박식함을 알 수 있다. 또한 왕명을 받들고『국사』를 찬수하고, 사서(史書)의 일종으로 추정되는『금경록(金鏡錄)』을 선(選)하기도 하였다.[40] 일반적으로 국왕이 나라의 역사서를 정리하고 편찬할 때에는 당대 최고의 학자에게 맡기는 것이 보통이다. 공민왕 시절 익재가 사서의 편찬에 깊이 관여했다는 것은 그의 학자로서의 위치를 보여주는 것이다. 종묘의 소목(昭穆)을 정할 때 익재에게 자문한 것은 익재가『주례』와『춘추』등 유교경전에 해박했음을 보여주는 것이다. 이상에서 살펴본 바와 같이 14세기 초·중반 고려 학계의 중심은 이제현이라 해도 과언이 아닐 것이다. 익재의 학통을 계승한 이는 목은 이색이다. 목은은 정치적·학문적·문학적·사상적인 모든 측면에서 14세기 중·후반 고려 사회의 핵심인물이었다. 그는 가정 이곡의 아들이자 익재 이제현의 제자이다. 본관은 한산(韓山), 자는 영숙(穎叔), 호는 목은(牧隱)으로 1341년[충혜왕 복위 2] 성균시(成均試)에 합격하였다. 이때 동방(同榜)으로는 성사달(成士達), 안종원(安宗源) 등이 있다.[41] 이어 1348년[충목왕 4]에는 부친인 이곡이 원나라 중서사(中瑞司) 전부(典簿)였기 때문에 조관(朝官)의 자제로 원나라에 가서 국자감(國子監) 생원(生員)이 되어 유학 생활을 하였다. 이어 1353년[공민왕 2]에는 을과(乙科) 제1위로 과거에 급제하였다. 이때 시험을 주시(主試)한 이는 이제현이었고, 동방으로는 박상충(朴尙衷)·정추(鄭樞)·박진록(朴晉祿) 등이 있었다.[42] 특히 박상충은 이색의 매부가 되고,

---

40) 이로부터 14년 후인 1371년[공민왕 20]에 왕이 이색, 이인복을 시켜『본조금경록』을 증수하게 했다는 기록이 보이는 바, 이『본조금경록』은 아마도 이제현이 편찬한『금경록』과 같은 책일 것으로 추정된다. 1371년 기사는『高麗史』권43,〈世家〉권43,「공민왕 20년 5월」. "癸酉, 命監春秋館事李仁復, 知春秋館事李穡等, 增修本朝金鏡錄."을 참조할 것.

41)『한국역대인물종합정보시스템』(people.aks.ac.kr),〈고려사마 목록〉,「충목왕 4년」참조.

42) 李齊賢,『益齋集』권말,「益齋先生年譜」및『한국역대인물종합정보시스템』(people.aks.

정추는 평생 가장 친한 벗이었다.[43] 이제현과의 인연은 이미 부친이 익
재의 문생이었기에 선친대부터 있었지만 본인 역시 그의 문생이 되어
평생의 스승으로 모시게 된다. 고려 말 학술사에서 이는 매우 중요한
지점이다. 전술했다시피 안향이 들여온 성리학을 권보와 백이정이 전수
받고 이것이 익재에게 계승되었는데, 목은이 익재를 사사한 것이다. 이
상을 참고로 고려 말·조선 초의 학통의 계보를 간단히 정리해보면 다음
과 같다.

> 안향(安珦) ⇒ 백이정(白頤正)·권보(權溥)·우탁(禹倬) ⇒ 이제현(李
> 齊賢) ⇒ 이색(李穡) ⇒ 정몽주(鄭夢周)/권근(權近) ⇒ **길재(吉再)/유방
> 선(柳方善)** ⇒ 김숙자(金叔滋)·김종직(金宗直)/서거정(徐居正)·김수
> 온(金守溫)·성간(成侃) (고딕체는 조선조의 학통으로 '/'를 기준으로 크
> 게 두 가지의 흐름으로 이어짐. 이에 대한 사항은 후술함.)

1354년[공민왕 3]에 목은은 원나라 회시(會試)에 응시하여 급제하고 벼
슬을 제수받는다. 이후 한동안 원과 고려를 오가는 생활을 하였다. 1365
년[공민왕 14]에 동지공거가 되어 윤소종(尹紹宗) 등 28인을 뽑았다.[44] 이
것이 과거를 주시한 첫 경험이었다. 이어 3년 후인 1368년에는 친시(親

---

ac.kr), 〈고려문과 목록〉, 「공민왕 2년」 참조.

43) 목은(牧隱) 이색(李穡)과 원재(圓齋) 정추(鄭樞)의 교유는 이색의 부친 가정(稼亭) 이곡
(李穀)과 정추의 부친 설곡(雪谷) 정포(鄭誧)로 거슬러 올라간다. 가정은 설곡과 깊은
교유를 가졌고 시를 주고받았다. 이같은 인연은 아들대로 이어져 목은은 원재를 평생지
기로 생각하여 평소 많은 시를 주고받았으며 원재가 죽었을 때에는 애절한 만시를 남겼
다. 또한 정추가 부친의 문집인 『설곡집』을 간행할 때에는 서문을 썼고, 정포와 정추의
집안 내력을 정리한 「鄭氏家傳」(『목은집』권20)까지 쓸 정도로 막역한 사이였다. 이에
대한 사항은 하정승, 「고려후기 만시에 나타난 죽음의 형상화와 미적특질」, 『동방한문
학』 50, 동방한문학회, 2012, 50~51쪽 참조.

44) 『牧隱集』권수, 「牧隱先生年譜」, 至正二十五年. "十月同知貢擧"; 『高麗史節要』권28,
「공민왕3」, 乙巳十四年, 元至正二十五年. "冬十月, 賜尹紹宗等二十八人及第." 참조.

試)에서 독권(讀券)을 담당하여 이첨(李詹) 등 7인을 급제시켰고,[45] 1369년에는 동지공거가 되어 유백유(柳伯濡) 등 33인을 뽑았으며[46] 1371년에는 지공거가 되어 김잠(金潛) 등 31인을[47] 1386년[우왕 12]에는 지공거가 되어 맹사성(孟思誠) 등 33인을 뽑았다.[48] 이를 보면 총 5번에 걸쳐 지공거 혹은 동지공거로 과거를 주시하여 무려 132명의 문생들을 배출했음을 알 수 있다. 이는 아마도 고려시대를 통틀어 과거의 좌주(座主)를 가장 많이 하고, 가장 많은 문생을 배출한 경우로 생각된다. 또한 다섯 번의 시험 중 『고려사절요』에 기록된 급제자의 대표 인물들을 살펴보면, 윤소종·이첨·유백유·김잠·맹사성이다. 이들은 모두 여말선초의 대표적인 학자이자 정치가이기도 하다. 이를 통해 당대 학계에서 목은이 차지하는 위상을 짐작할 수 있다.

목은의 일생 중 또 한 가지 중요한 사건은 1367년[공민왕 16] 성균관 대사성에 임명된 일이다. 당시 성균관은 국가의 중앙 교육기관으로 정상적인 역할을 못했던 것 같다. 그 직접적인 이유는 1361년에 있었던 홍건적의 침입으로 개경이 피폐해진 것에 기인한다. 홍건적이 물러난 후에도 학교 교육이 정상적으로 회복되지 못하자 공민왕은 국학을 진흥시키기 위해서는 중앙의 학교인 성균관을 부흥시켜 전국의 유생들을 불러 모으는 것이 급선무라고 판단했다. 이에 공민왕은 전국의 선비들에게 비용을 일부 부담시키고, 당시 학문으로 가장 명망이 높은 인사들을

---

45) 『牧隱集』권수, 「牧隱先生年譜」, 至正二十八年. "四月上幸九齋, 親試經義, 命公讀卷, 取李詹等七人賜及第.";『高麗史節要』권28, 「공민왕3」, 戊申十七年, 元至正二十八年. "幸九齋, 賜李詹等七人及第." 참조.

46) 『牧隱集』권수, 「牧隱先生年譜」, 洪武二年. "八月同知貢擧";『高麗史節要』권28, 「공민왕3」, 己酉十八年, 大明洪武二年. "賜柳伯濡等三十三人及第" 참조.

47) 『牧隱集』권수, 「牧隱先生年譜」, 洪武四年. "春知貢擧";『高麗史節要』권29, 「공민왕4」, 辛亥二十年, 大明洪武四年. "六月, 賜金潛等三十一人及第." 참조.

48) 『牧隱集』권수, 「牧隱先生年譜」, 洪武十九年. "四月知貢擧";『高麗史節要』권32, 「신우3」, 丙寅 辛禑十二年, 大明洪武十九年. "五月, 賜孟思誠等三十三人及第." 참조.

불러 모아 들였다. 이 일에 총책임을 맡은 이는 목은 이색이었다. 다음 글을 보자.

> 국학을 다시 짓도록 명하였는데, 서울과 지방의 유관(儒官)을 시켜서 품계에 따라 베를 내어 그 비용에 충당하게 하였다. 판개성부사(判開城府事) 이색(李穡)으로 대사성을 겸하게 하고, 생원을 더 두게 하였다. 경학에 통달한 선비 김구용(金九容)·정몽주(鄭夢周)·박상충(朴尙衷)·박의중(朴宜中)·이숭인(李崇仁) 등을 뽑아서 모두 학관(學官)을 겸하게 하였다.[49)

공민왕은 목은을 대사성으로 임명하고 김구용·정몽주·박상충·박의중·이숭인 등을 학관으로 임명하여 학생들을 가르치게 하였다. 이들이 학관으로 뽑힌 이유에 대해서 『고려사절요』의 기자는 경학에 통달하였기 때문이라고 밝히고 있다. 실제로 정몽주를 비롯한 위 인사들은 모두 성리학을 공부하고 유학에 능통한 신진사류들이었다. 이들은 성균관에서 날마다 학문을 강론하고 토론하였는데, 이들이 연구한 학문은 주로 성리학이었다. 『고려사』에서는 이때의 상황을 "이 전에는 관생(館生)이 수십 명에 불과하였었다. 이색은 교수 방법을 변경해 매일 명륜당(明倫堂)에 회합해 경서를 분담해 교수를 집행하고 강의를 마친 후에는 서로 토론하였는데, 이색은 피로를 잊었으며 배우는 자들이 많이 모여들어 서로 권장하게 되었다. 정주(程朱)의 성리학은 이때로부터 보급되기 시작하였다."[50)라고 기록하고 있다. 성균관이 중수된 후 실력 있고 젊은 교수들이 열의를 다해 학문을 연구하고 가르침으로써 전란으로 인해 위

---

49) 『高麗史節要』 권28, 「공민왕3」, 丁未十六年. "命重營國學, 令中外儒官, 隨品出布, 以助其費, 又以判開城府事李穡兼大司成, 增置生員, 又擇經術之士金九容·鄭夢周·朴尙衷·朴宜中·李崇仁等, 皆兼學官."

50) 『高麗史』 권115, 〈列傳〉 권28, 「李穡」. "先是, 館生不過數十. 穡更定學式, 每日坐明倫堂, 分經授業, 講畢相與論難忘倦. 於是, 學者坌集, 相與觀感, 程朱性理之學始興."

축되었던 성균관에 전국의 유생들이 많이 모여들었고, 이를 계기로 학
교 교육이 부흥되었다는 것이다. 여기에서 주목해야 할 부분은 정주의
성리학이 이로 인해 보급되기 시작했다는 표현이다. 물론 공민왕 이전
에 성리학은 이미 고려에 수입이 되어 유생들의 공부 과목으로 정해져
있었던 상태지만,[51] 성균관의 중수와 국학의 진흥을 계기로 공민왕 이후
에 정주의 성리학이 폭발적으로 널리 보급되고, 과거시험에서도 이와
관련된 문제가 출제됨으로써 보편적인 공부 과목이 되었다는 의미로 위
의 인용문은 해석된다.[52] 그리고 이 모든 일에 있어서 총책임자는 목은
이었다는 점이 매우 중요하다. 이상의 내용을 정리해보면 목은은 이제
현을 통해 고려후기 전래된 성리학의 학통을 계승하고, 14세기 후반에
이르러서는 이를 체계적으로 교육하고 확산하는 데에 절대적인 공이 있
었다고 할 수 있다. 여말선초의 학술사·지성사에서 목은은 정점에 있었
던 인물이다. 목은의 학통은 삼봉(三峯) 정도전(鄭道傳)·양촌(陽村) 권근
(權近)·도은(陶隱) 이숭인(李崇仁)·호정(浩亭) 하륜(河崙)·구정(龜亭) 남
재(南在)·동정(桐亭) 윤소종(尹紹宗)·쌍매당(雙梅堂) 이첨(李詹)·기우자
(騎牛子) 이행(李行)·저정(樗亭) 유백유(柳伯濡)·김잠(金潛)·고불(古佛)
맹사성(孟思誠)·야은(冶隱) 길재(吉再)·포은(圃隱) 정몽주(鄭夢周)·척약
재(惕若齋) 김구용(金九容)·정재(貞齋) 박의중(朴宜中)·문정(文正) 박상
충(朴尙衷)·둔촌(遁村) 이집(李集)에게로 계승된다. 위에서 정도전부터
길재까지 12인은 직접 목은의 가르침을 받은 문생들이고, 정몽주·김구
용·박의중·박상충·이집 등 5인은 목은의 문생은 아니지만 목은이 성
균관 대사성일 때 학관을 역임하고 그 후로도 평생을 목은과 친밀하게

51) 고려후기 성리학 수용 양상에 대한 것은 이병혁의 앞의 책과 변동명, 『고려후기 성리학
수용 연구』, 일조각, 1995; 고혜령, 『고려후기 사대부와 성리학 수용』, 일조각, 2001을
참고할 만하다.
52) 하정승, 『고려후기 한시의 미적 특질』, 박영사, 2017, 141~142쪽.

교유한 소위 '목은계(牧隱系) 사인(士人)'의 범주로 묶을 수 있는 사람들이다. 조선전기의 문인들 중 상당수는 상기(上記)한 인물들의 제자이기에 목은의 재전제자(再傳弟子)라 할 수 있으니, 여말선초의 학술사·지성사는 가히 목은의 영향 하에 있었다고 해도 과언이 아니다.

14세기 고려의 학술사에서 또 다른 중요 인물은 초은(樵隱) 이인복[李仁復, 1308~1374]이다. 그는 본관이 성주(星州), 자는 극례(克禮), 호는 초은(樵隱)으로 할아버지는 14세기 초반에 주로 활동했던 정치인 이조년(李兆年)이고, 우왕대(禑王代)의 권신인 이인임[李仁任, ?~1388]의 형이기도 하다. 일찍이 백이정에게 수학해 성리학에 밝았다. 1326년[충숙왕 13] 문과에 급제해 환로에 올랐는데, 이때 동방으로 설곡(雪谷) 정포(鄭誧), 제정(霽亭) 이달충(李達衷) 등이 있다.[53] 1342년[충혜왕 복위 3]에는 원나라 제과(制科)에도 합격하였고,[54] 그 후 밀직제학(密直提學), 정당문학(政堂文學), 찬성사(贊成事) 등을 역임하였다. 그는 여러 차례 과거의 지공거를 맡았는데, 1357년[공민왕 6]에는 염흥방(廉興邦) 등 33인을 뽑았으며,[55] 1365년[공민왕 14]에는 윤소종 등 28인을,[56] 1369년[공민왕 18]에는 유백유등 33인을 선발하였다.[57] 1370년[공민왕 19]에는 명나라의 과거에 응시할 수 있는 자격을 주는 시험에 이색과 함께 시관(試官)이 되어 유생을 선발하였다.[58] 이때 뽑힌 사람은 이숭인과 박실(朴實)·권근·김도(金濤)

---

53) 『한국역대인물종합정보시스템』(people.aks.ac.kr), 〈고려문과 목록〉, 「충숙왕 13년」 참조.
54) 『高麗史』 권74, 〈志〉 권28, 「選擧 二」. "忠惠王後三年, 李仁復中制科, 授大寧路錦州判官." 참조.
55) 『高麗史』 권73, 〈志〉 권27, 「選擧 一」. "六年四月, 政堂文學李仁復知貢擧, 簽書樞密院事金希祖同知貢擧, 取進士, 賜廉興邦等三十三人及第." 참조.
56) 『高麗史』 권73, 〈志〉 권27, 「選擧 一」. "十四年閏十月, 興安府院君李仁復知貢擧, 簽書密直司事李穡同知貢擧, 取進士, 賜尹紹宗等二十八人及第." 참조.
57) 『高麗史』 권73, 〈志〉 권27, 「選擧 一」. "十八年六月, 興安伯李仁復知貢擧, 三司左使李穡同知貢擧, 取進士, 賜柳伯濡等三十三人及第." 참조.

· 유백유 등 5명이었다.[59] 이처럼 네 번이나 지공거를 지내면서 많은 문
생을 배출했고, 뿐만 아니라 민지의 『편년강목』을 증수하고 『충렬왕실
록(忠烈王實錄)』· 『충선왕실록(忠宣王實錄)』· 『충숙왕실록(忠肅王實錄)』
등의 3대 실록, 그리고 『고금록(古今錄)』· 『금경록』 등의 많은 사서(史書)
를 수찬(修撰)하였다.[60] 또한 그는 급암(及菴) 민사평[閔思平, 1295~1359]
의 문집 발문을 썼고,[61] 특히 가정(稼亭) 이곡(李穀)은 그에게 주는 시를
4수나 쓰는 등[62] 많은 문인들의 사랑과 존경을 받은 당대를 대표하는
학자라고 할 수 있겠다.

위 17인의 '목은계 사인'중에서 특히 중요한 인물은 포은·야은·삼봉
·양촌 등 4인이다. 포은은 주지하다시피 '동방 성리학의 조종(祖宗)'으
로 불려질 만큼 여말 학계와 정계의 중심인물이었으며 특히 도통론(道統
論)에서 보자면 그의 학문이 야은을 거쳐 조선조 성리학자들에게 계승되
었기에 의미가 있다. 야은은 조선조 개국 후 경상도 선산(善山)을 중심으
로 많은 제자를 배출하였고, 그의 문하에서 김숙자(金叔滋)가 나와 훗날
영남학파로 계승되었기에 의미가 있다. 삼봉은 이성계와 함께 조선 개
국을 이룬 일등공신이고 한양천도와 『조선경국전(朝鮮經國典)』 등 조선
의 기초질서를 이룩한 학자이기에 의미가 있다. 마지막으로 양촌은 필
자가 판단할 때에는 스승인 목은을 가장 많이 닮았고 또 닮으려 했던
인물이었다. 그같은 경향은 학문이나 문학세계에 그대로 나타나는데,

---

58) 이인복은 총 4번의 지공거 중 3번을 목은 이색과 함께 고시관(考試官)을 맡는 등 목은과
   는 남다른 인연을 갖고 있다.
59) 『高麗史』 권74, 〈志〉 권28, 「選擧 二」. "八月, 李仁復·李穡爲考試官, 通考三場文字,
   取李崇仁·朴實·權近·金濤·柳伯濡, 以充貢士, 崇仁·近, 以年未滿二十五, 不遣." 참조.
60) 『高麗史』 권112, 〈列傳〉 권25, 「李仁復」. "嘗修閔漬編年綱目, 忠烈·忠宣·忠肅三朝實
   錄, 及古今金鏡二錄." 참조.
61) 李仁復, 『及菴詩集』 권수, 「及菴詩集跋」 참조.
62) 그 각각을 살펴보면 다음과 같다. 『稼亭集』 권16, 「寄克禮州判」; 『稼亭集』 권17, 「寄克
   禮州判」; 『稼亭集』 권18, 「聞克禮州判除代言, 詩以賀之」; 『稼亭集』 권19, 「寄李樵隱」.

특히 문학적으로는 목은이 평소 추구했던 매우 다양한 문학적 시도들을 거의 그대로 이어받았으며 정치적으로도 공양왕대(恭讓王代)까지 목은과 운명을 함께 하였다.

특히 양촌의 학문과 문학은 조선 초 문단을 대표하는 서거정(徐居正)과 유방선(柳方善) 등에게 계승되었다. 주지하다시피 서거정은 양촌의 외손으로 양촌에게서 학문적·문학적으로 큰 영향을 받은 것으로 알려져 있다.[63] 유방선은 15세기 조선 초기 학계에서 가장 중요한 인물이다. 그는 모친이 목은 이색의 아들인 이종덕(李種德)의 따님이므로 목은의 혈통을 이어받았으며 권근의 문하에서 수학하였고,[64] 다시 유방선의 문하에서 15세기 중반을 대표하는 학자이자 문인인 서거정과 권람(權擥)·한명회(韓明澮)·강효문(康孝文)·김수온(金守溫)·성간(成侃)·이승소(李承召) 등이 배출되었다.[65] 유방선은 일찍부터 문명이 높아 비록 과거를 치르지 않았음에도 유일(遺逸)로 주부(主簿)에 천거되었다. 하지만 그는 사양하고 나아가지 않았다. 세종은 일찍이 그의 학문이 뛰어남을 알고 집현전의 학사들에게 그를 찾아가 질의하게 했으며 세종대(世宗代) 긱 분야의 기라성 같은 인재들이 그에게 직간접적인 가르침을 받아 배출되었다.[66]

---

63) 任元濬,『四佳集』권수,「四佳集序」. "四佳徐先生, 實陽村之彌甥, 其得於淵源家法多矣."참조.

64) 柳方善,『泰齋集』권5,「부록·연보」. "夏四月八日, 納拜于陽村權先生之門."참조.

65) 權鼈,『海東雜錄』권4,「柳方善」. "泰齋在北原法泉寺, 講學以業者, 自遠方而集. 若權擥韓明澮康孝文徐居正皆有名.";徐居正,『筆苑雜記』권2. "同時有主簿柳方善, 亦禁廢不用, 學問文章與趙相伯仲, 而詩句淸絶過之. 世宗亦命集賢儒士, 往復質問, 多所發揚, 居正未釋褐時, 與吉昌權公擥上黨韓公明澮, 受業於先生者四五年, 居正之盜竊文名, 得至今日, 皆先生賜也."참조.

66) 安鍾和,『國朝人物志』권1,「柳方善」. "聚訓邑中子弟, 四方聞風坌集, 及宥薦爲主簿, 方善自廢不起. 世宗敬重之, 命集賢學士往復質問, 待以師禮, 士林榮之望若星斗, 當時及門之士, 如李大田甫欽以節義著, 徐四佳居正爲文學領袖. 其餘名公鉅匠接武輩出, 大鳴國家之盛."참조.

이상 여말선초의 학맥을 정리하면 목은 이색을 포은 정몽주와 양촌 권근이 계승하였고, 포은의 학문은 야은 길재로 이어져 김숙자와 김종직이 사사했으며 이는 차후 영남학파와 기호학파라는 한국지성사의 큰 줄기로 발전한다. 한편 목은을 계승한 양촌의 학문은 세종대의 큰 학자인 유방선으로 이어지고, 유방선 이후로 서거정·김수온·성간이라는 또 다른 하나의 흐름을 만들어내었다. 이색→정몽주→길재→김숙자로 이어진 쪽이 대체로 학술적 측면에 집중했다면, 이색→권근→유방선→서거정·김수온·성간으로 이어진 쪽은 문학적 측면에 보다 집중한 측면이 있다. 이 과정에서 중요한 역할을 담당한 이는 길재와 권근이다. 그들은 고려조의 학문과 문학을 조선조로 계승한 측면이 인정된다. 권근과 길재의 학문과 문학을 이해하는 것은 고려 말에서 조선 초로 이어지는 학술사·문학사의 흐름을 알고, 또 조선조 문학사의 전개 양상을 큰 틀에서 파악하기 위해서 상당히 중요한 작업이라 할 수 있다.[67] 따라서 목은의 학문을 계승한 일군의 학자들의 사상과 문학은 조선전기 학계와 문단의 중심인물들에게로 이어졌기에, 고려 말과 조선 초를 단절이 아닌 연속선에 놓고 거시적으로 살펴보는 일은 상당히 중요하고 사적(史的)인 의미를 갖는다고 할 수 있다. 여말선초의 교육과 학맥의 형성을 살펴보는 의미도 바로 여기에 있다.

Ⅳ. 결어

고려왕조는 우리나라 역사에서 몇 가지 중요한 의미를 갖는다. 우선 삼국시대에 들어온 한문학과 유학이 비약적으로 발전하였다. 한문학

---

67) 하정승, 「양촌 권근 한시에 나타난 죽음의 형상과 미적 특질」, 『포은학연구』 23, 포은학회, 2019, 210~211쪽 참조.

분야에서는 문학담당자의 저변이 확대되어 작가와 작품의 양이 삼국시대에 비해 놀라보게 증가되었다. 유학 분야에서도 이를 공부하는 학자가 늘어나고 유학 교육이 활발하게 이루어졌다. 이렇게 된 직접적인 이유는 과거제의 시행과 학교 교육의 발달, 학자 간 교유와 서적의 수입 등 송나라와의 활발한 교류 등을 꼽을 수 있다. 고려전기의 유학교육은 과거제와 밀접한 관련이 있다. 과거시험 과목으로 채택된 '명경과'와 '제술과'로 인하여 유학과 문학 분야의 관련 수업이 활발하게 진행되었다. 교육의 중심은 학교가 맡았는데, 학교는 크게 관학과 사학으로 구분되었다. 관학은 국자감과 성균관 등이 맡았고 사학은 명망있는 학자들이 설치한 개인 서당 중심이었다. 그 대표적인 사학이 최충의 구재학당[문헌공도]이다. 유학교육의 텍스트를 보면 유가의 기본 경전인 13경이 망라되었지만, 특히 『시경』·『서경』·『역경』·『예기』·『춘추』 등 5경에 『논어』와 『주례』가 중심이었고 『사기』·『한서』·『후한서』같은 사서(史書)들이 중요하게 교육되었다. 반면 문학교육의 텍스트로는 『문선』과 더불어 한유·유종원·이백·두보·백거이 등 주로 당나라 시인들의 문집이 교육되었다. 이를 통해 고려전기부터 고려후기 이전까지의 문풍은 당시풍이 주를 이루는 소위 '법당(法唐)'의 시대였음을 알 수 있다. 소동파·황정견·구양수 등 송나라 시인을 배우려는 '법송(法宋)'의 풍조는 무신집권기에 본격적으로 시작되어 원 간섭기를 거쳐, 특히 성리학이 수입된 고려후기에 절정을 이뤘음을 알 수 있다.

　11세기 고려 학계의 중심은 최충이었다. 최충이 설립한 구재학당에 당시의 젊은 인재들이 구름처럼 모여들고 이후 이를 본떠 소위 '사학 12도'가 형성된 것은 당시 학교 교육이 과거 시험 중심으로 운영되었음을 보여주는 사례이다. 이후 12세기 후반~13세기 전반기에는 금의가 학계의 중심인물이었다. 「한림별곡」에는 이인로·이규보를 비롯한 금의의 문도 8명을 당대 학계와 문단의 중심으로 소개하고 있다. 이어 13세

기 중후반 학계의 중심인물은 안향과 백이정을 중심으로 한 성리학자들
이었다. 안향은 원나라에 가서 성리학을 처음으로 접하고 이를 우리나
라에 들여온 공로가 인정된다. 하지만 본격적으로 성리학을 연구하고
소개한 이는 백이정이었다. 백이정은 충선왕을 따라 원나라 연경에 오
랫동안 머물면서 성리학에 깊은 관심을 가지고 공부했고, 귀국할 때에
는 정주(程朱)의 각종 성리서적과 주자의 『가례』를 가지고 돌아왔으며,
귀국 후에는 이제현·박충좌·이곡·이인복·백문보 등 당대를 대표하
는 많은 학자들을 배출하였다. 그렇다면 13세기 후반에서 14세기 전반
까지의 학맥은 안향→백이정→이제현으로 이어진다고 할 수 있겠다.

　13세기 학계와 문단의 재미있는 현상 가운데 하나는 기로회를 중심으
로 한 집단지성의 출현이다. 기로회의 시작은 12세기 후반에 활동한 문
인 최당(崔讜)이 조직한 것으로 일명 '해동기로회(海東耆老會)'로 불린다.
최당은 당나라 백거이의 '향산구로회(香山九老會)'와 송나라 사마광의
'진솔회(眞率會)'를 모방하여 9명의 회원으로 모임을 조직하였다. 해동
기로회가 조직된 후 13세기 고려의 학계와 문단에서는 기로회 활동이
유행처럼 번져 수많은 기로회들이 조직되었다. 예컨대 유자량의 기로
회, 금의의 기로회, 이진의 기로회, 채홍철의 기영회(耆英會), 염제신의
원암칠로회(元巖七老會) 등이 그것이다. 12세기 말엽에서 13세기 전반
이인로와 오세재, 임춘 등이 조직하여 활동한 '죽림고회(竹林高會)'도 사
실 이와 같은 맥락으로 해석할 수 있다. 또한 14세기 목은을 중심으로
활발하게 진행된 시회(詩會) 활동 역시 이것의 연장선상으로 보아도 좋
겠다.

　14세기 전반기 학계의 중심인물은 이제현이다. 그는 이진의 아들이자
권보의 사위이며 학통으로는 백이정과 권보를 계승하였다. 이제현의 수
제자는 목은 이색이다. 이색은 성균관 대사성을 지내며 국학을 진흥 보
급시킨 공로가 크고, 총 5차례에 걸쳐 과거를 주시(主試)하여 무려 132명

이나 되는 과거급제자를 배출하였다. 그의 학문은 조선조에 이르러 크게 두 갈래로 이어지는데, 하나는 포은 정몽주를 거쳐 야은 길재와 김숙자 등 조선조 성리학자들에게 계승되며 다른 하나는 양촌 권근을 거쳐 유방선·서거정·성간 등으로 이어진다. 목은의 학문을 계승한 일군의 학자들의 사상과 문학은 조선전기 학계와 문단의 중심인물들에게로 이어졌기에, 고려 말과 조선 초를 단절이 아닌 연속선에 놓고 거시적으로 살펴보는 일은 상당히 중요하고 사적(史的)인 의미를 갖는다고 할 수 있겠다.

참고문헌

『高麗史節要』.
『高麗史』.
『東文選』.
『樂章歌詞』.
『增補文獻備考』.
權近, 『陽村集』.
權鼈, 『海東雜錄』.
柳方善, 『泰齋集』.
李穀, 『稼亭集』.
李奎報, 『東國李相國集』.
李穡, 『牧隱集』.

李仁老, 『破閑集』.
李齊賢, 『櫟翁稗說』.
_____, 『益齋集』.
閔思平, 『及菴詩集』.
白文寶, 『淡庵逸集』.
徐居正, 『四佳集』.
_____, 『筆苑雜記』.
徐兢, 『高麗圖經』.
安鍾和, 『國朝人物志』.
安珦, 『晦軒先生實記』.
崔滋, 『補閑集』.

고혜령, 『고려후기 사대부와 성리학 수용』, 일조각, 2001.
김건곤, 「고려시대 기로회 연구」, 『대동한문학』 30, 대동한문학회, 2009.
김승룡, 『고려후기 한문학과 지식인』, 지식을 만드는 지식, 2013.
변동명, 『고려후기 성리학 수용 연구』, 일조각, 1995.
어강석, 『목은 이색의 삶과 문학』, 한국학술정보, 2007.

여운필, 「「한림별곡」의 창작배경 연구」, 『수련어문논집』 19, 수련어문학회, 1992.

원주용, 『목은 이색 산문 연구』, 한국학술정보, 2008.

이범학, 「원대 虞集의 사상 -주·륙 절충론을 중심으로-」, 『한국학논총』 29, 국민대 한국학연구소, 2007.

이병혁, 『고려말 성리학 수용기의 한시 연구』, 태학사, 1989.

장덕순, 『한국문학사』, 동화문화사, 1975.

하정승, 「고려후기 만시에 나타난 죽음의 형상화와 미적 특질」, 『동방한문학』 50, 동방한문학회, 2012.

_____, 「설곡 정포 시에 나타난 당시풍 경향과 미적 특질」, 『포은학연구』 15, 포은학회, 2015.

_____, 『고려후기 한시의 미적 특질』, 박영사, 2017.

_____, 「양촌 권근 한시에 나타난 죽음의 형상과 미적 특질」, 『포은학연구』 23, 포은학회, 2019.

한영우, 『다시 찾는 우리역사』, 경세원, 2004.

국사편찬위원회, 한국사데이터베이스 DB. http://db.history.go.kr

한국고전번역원 DB. http://db.itkc.or.kr

한국고전번역원, 「고전용어 시소러스」. http://thesaurus.itkc.or.kr

한국학중앙연구원, 한국역대인물종합정보시스템. http://people.aks.ac.kr/index.jsp

근대 이전의 한시 학습 방식에 관하여

- 연구(聯句)·고풍(古風) 제작과 초집(抄集)·선집(選集)의 이용 -

심경호

Ⅰ. 머리말

전근대 시대에서는 한시의 제작 능력이 사대부 및 중간 계층의 교양으로서 매우 중시되었다. 특히 과거를 통하여 입신할 것이 기대되었던 사대부의 경우에는 진사시(進士試)에서 부과되는 시[1]나 과시(科詩)[2]의

---

1) 조선시대의 경우, 과거는 문관 벼슬길에 나아가는 인물을 뽑는 소과[小科, 사마시·감시라고도 함]와 대과[大科, 문과라고도 함], 그리고 문관 벼슬에 있는 인물들을 재시험하는 중과(重科)의 세 시험이 중심을 이루었다. 이 시험들은 무관을 뽑는 무과, 중인 계층을 대상으로 한 역과(譯科)·잡과(雜科)와 구별되었다. 소과는 다시, 경전의 학습 정도를 시험하는 생원시와 시문의 제작 능력을 시험하는 진사시로 나뉘었다. 진사시는 폐지와 부활을 반복한 끝에 세종 20년인 1438년의 식년시에서 생원시와 함께 양두장(兩頭場)으로 설치되어, 진사시를 감시초장(監試初場), 생원시를 감시종장(監試終場)이라고 하였다. 진사과가 다시 설치된 것은 집현전 대제학 이맹균(李孟畇) 등이 세종의 시학 진흥책을 추진하는 방편으로 건의했기 때문이었다. 진사시는 다시 폐지되었다가 1453년(단종 원년)에 부활되었고, 1894년의 갑오경장에 이르기까지 존속하였다. 진사시는 부(賦) 1편과 고시(古詩)·명(銘)·잠(箴) 가운데 1편을 시험하다가, 뒤에는 30구 이상의 부 1편과 30구 이상의 시 1편을 시험하였다. 한편 생원시의 초시는 경문 몇 구절을 암송하여 채점하고, 회시는 사서의(四書疑) 1편과 오경의(五經義) 1편을 고시과목으로 하였다. 뒤에는 오경의 가운데 '춘추의'를 빼어, 사서의·사경의 가운데 1편을 시험하였다. 소과[진사시·생원시]는 초시(初試)와 복시(覆試)의 2단계 시험을 치렀는데, 초시는 지방과 서울의 거주지별로 시험을 보았으므로 향시(鄕試)라 하고, 복시는 초시 합격자를 서울에 모아

과목에 응하기 위해 어려서부터 한시의 제작 방법을 익혀야 했다. 그 방법은 대개 기왕의 명가들의 시 가운데서 2구 1연으로 이루어진 연구(聯句)를 익히는 것으로 시작하였다. 이때 윗사람이 명구를 가려 뽑아 둔 초집(抄集)을 이용하면서 스스로도 공책에 연구를 만들어보고는 하였다. 또한 각 구의 '1-3-5'자 평측(平仄)을 반대로 한다든가, 안짝[起句, 出句]과 바깥짝의 평측을 반대로 하고, 문장 성분이 같은 곳에 의미범주 상 서로 관련이 있는 시어를 놓아 대(對)가 되게 만드는 등 기본적인 형식을 익히게 되면, 연장자가 안짝을 불러주고 즉시로 바깥짝을 대답해

예조에서 주관하여 시험을 치렀으므로 회시(會試)라고 하였다. 과거의 과목 가운데 비교적 순수한 문학형식인 '시'도 배율십운시(排律十韻詩)나 '고시'로 한정되었다. 1438년(세종 20)에 진사과가 부활되었을 때 최만리(崔萬理)는 상소하여, 시생(試生)들이 고려의 과시 형식인 '파제(破題)·직언(直言)·반언(反言)·경구(景句)·인증방금지격(引證方今之格)'에 구애되고 있으므로 출제 때 경서자집(經書子集)으로부터 장구(長句)를 적출하지 말 것과 당시(唐詩) 배율십운(排律十韻)의 형식으로 하면서 오언과 칠언을 자유로이 선택할 수 있도록 할 것을 건의하였다. 배율십운시는 줄여서 '십운시' 혹은 '백자과(百字科)'라고 하지만, 본래 오언배율이다. 시제(詩題)에서 평성자 하나를 택하여 일운도저(一韻到底)하였고, 제1·2연에서 제의(題意)를 설파(說破)[破題]하고 직언·반언·경구·인증방금의 격식을 지켜야 하였다. 진사시가 1453년(단종 원년)에 다시 부활되었을 때 부과된 과시체[詩帖詩]가 어떤 형식이었는지는 확실치 않다. 1485년(성종 16) 정월 초하루부터 시행된 『경국대전(經國大典)』(乙巳大典)의 예전(禮典)에 의하면, 진사 초시의 고시과목은 '부 1편과 고시·명·잠 가운데 1편'이라고 하였는데, 그 '고시'가 뒷날의 과시로 변하였다. 1438년에 배율십운이 부과되었던 것은 고려 말 이래의 관행을 따른 것이었으나, 『경국대전』 반포를 전후하여서는 과시 형식이 '고시'로 규정된 듯하다. 1746년(영조 22) 4월에 반포된 『속대전(續大典)』에서는 진사시의 고시과목이 '부 1편과 고시 1편'으로 축소되고 잠(箴)과 명(銘)은 폐지되었다. 아마도 그간 잠과 명이 부과된 적이 거의 없었고, 이 때에 이르러 공식적으로 그 폐지를 명문화한 것이라고 생각된다.

2) 과거시험에서 부과된 고시는 '고시'라 하여도 조선전기와 후기의 시첩시(試帖詩)는 형식상 차이가 있었다. 19세기의 과시는 고시문 가운데 한 구절을 제목으로 삼고 제목 가운데 한 글자를 운자로 삼아 제4연[鋪頭]에 그 글자를 압운자로 사용하면서, 7언 18운[一韻到底]으로 짓는 정식(程式)의 '행시(行詩)'였다. 2구씩 한 짝(이것을 또 句라고 한다.)이 세 개가 모여 한 단락을 이루어 모두 18개의 짝(즉, 여섯 개 단락)으로 구성되는 운문이었다. 이것을 '과문(科文)'이라고도 불렀다. 하지만 전기의 과시는 가행체(歌行體)를 연상시키는 고시였던 듯하다. 자세한 것은 심경호, 「제1장 : 조선시대 한문학의 위상과 중국 문학의 비판적 수용」, 『조선시대 한문학과 시경론』, 일지사, 1999를 참조.

내는 응구첩대(應口輒對)의 방법을 익혔다. 그리고 간혹 윗사람들의 소집(小集)에 불려나가, 연장자가 즉석에서 제시하는 소재나 글자를 이용하여 연구(聯句)를 지어 보임으로써 시적 재능을 검증 받는 일도 있었다.

이렇게 시 학습 과정에서 안짝과 바깥짝의 대(對)로 이루어지는 대장(對仗)[3] 형식의 연구를 이루는 것을 가장 기초적인 작시 능력이라고 보았기 때문에, 시에 대한 논평도 실은 전체 시의 시상이나 주제, 골격 따위를 중시하기보다도 특정한 연의 잘되고 못됨을 중시하였다. 이를테면 조선 중기의 시비평가였던 허균의 『성수시화(惺叟詩話)』나 17세기의 비평가 김득신(金得臣)의 『종남총지(終南叢志)』, 남용익(南龍翼)의 『호곡만필(壺谷謾筆)』 등이 다른 사람의 시에 대하여 논평할 때 한 편의 시를 전부 들지 않고 함련이나 경련, 혹은 절구의 1연만 들어 시평을 가한 것은, 시 전체의 골격보다도 기구-대구 연구의 절묘함을 높이 평가하였던 시 감상법과 관련이 있을 것이다.

Ⅱ. 한시 수업과 연구(聯句) 제작

전근대 시기의 문인들은 대부분 어릴 때 지은 완전한 시를 한두 편 문집에 남겨 스스로의 조숙성을 과시하고는 하였다. 그것을 동몽시(童蒙詩)라고 부른다. 고려시대의 정지상(鄭知常)도 세 살 때 흰 물새를 보고 다음과 같은 오언절구를 지었다는 일화가 전한다.[4]

---

3) 대장은 한국한시의 설명에서는 대구(對句)라고 불러 왔다. 그러나 대를 이룬 두 구에서 안짝을 出句, 그것과 짝을 이루는 바깥 짝을 대구라고도 부르므로, 대구의 개념에 혼동이 있을 수 있다. 중국문학 연구에서는 항용 출구와 대구로 이루어진 한 짝의 시구를 對仗이라고 부른다. 여기서는 그 명명법을 따르기로 한다.

4) 조선 후기 때 실명씨의 『서경총람(西京總覽)』에 일화가 전한다. 실명씨, 『서경총람』(한국향토사연구회전국협의회, 『향토사연구』 12, 2000.)

꾸억꾸억 우는 흰 물새	喧喧白鷗鳥
머리 들고 하늘 우러러 노래한다	頭曲仰天歌
흰 깃털로 푸른 물에 떠서	白毛浮綠水
붉은 발바닥으로 맑은 물결 밟는다	紅掌踏淸波

하지만 아무리 천재라고 하여도, 어린 나이에는 연구를 짓는 정도가 보통이었다. 이때의 연구란 앞서 말하였듯이 대장(對仗)의 형태로 이루어진 두 구를 말하며, 남이 제시한 구에 대를 맞추는 것을 득대(得對)라고 한다. 그런데 연구에는 여러 사람이 모여 한 구씩, 혹은 두 구씩 지어서 한 편을 이루는 백량체(柏梁體) 양식이 있으나, 여기서 말하는 '연구'는 다르다. 아마도 2구 1연을 '연구'라고 부르는 명명법은 한국한시에서 독특하게 통용되는 것이 아닌가 한다. 이 집단창작의 방식인 백량체의 '연구'에 대하여는 별도의 장에서 다루기로 한다.

고려중엽의 이인로[李仁老, 1152~1220]는 8, 9세에 글 읽는 법을 배울 때, 노유(老儒)가 "花笑檻前聲未聽, 鳥啼林下淚難看"의 연을 가르쳐주기에, 바깥 짝인 출구(出句)를 "문 밖에서 버들은 찡그리지만 이유를 알기 어렵네."라고 했는데, 대장이 묘하다고 대답하여 노유를 놀라게 하였다고 한다.[5] 이인로는 이 연을 '옛 시인의 경구(警句)'라고 하였다. 이 '옛 시인의 경구'는 일찍부터 초집(抄集)에 뽑혀 있어서 초학자의 시 학습용으로 애용되었던 듯하다. 이 두 구는 조선중기 이후 초학자의 시 학습서로 널리 이용되었던 『백련초해(百聯抄解)』의 첫머리에 실려 있다.[6]

아동이 연구를 잘 지으면 신동이라고 부르는 일은 이미 고려 중엽부터 있었다. 고려조의 대문호 이규보(李奎報)는 열한 살 때, 직문하(直門

下)의 벼슬이던 숙부 이부(李富)의 부름을 받아 성랑(省郞)들의 소집에
나아가 그들이 시키는 대로 '지(紙)'자를 이용한 연구를 즉석에서 지어
그들로부터 기동(奇童)이라는 칭찬을 들었다.[7]

종이 길을 모학사[붓]는 늘 다니고   紙路長行毛學士
술잔 가운데는 항상 국선생[술]이 계시네   盃心常在麴先生

이규보가 이 나이에 비로소 연구를 지을 줄 알았던 것은 아닐 것이다.
모학사–국선생의 의인법을 사용한 대(對)를 즉석에서 지어냈기에 칭찬
을 받았다고 보아야 한다. 하지만 연구의 제작 능력으로 시적 재능을
점치는 일이 이미 고려 중엽부터 있었음을 알 수가 있다. 또한 특정 글자
를 불러주고 그것을 구의 첫머리에 사용하도록 부과하는 호자(呼字)의
시 짓기가 고려 중엽 때에 있었다는 사실에 주목하여 둘 필요가 있다.
    조선 세종 때의 조숙한 천재였던 김시습(金時習)이 시 학습을 한 과정
을 살펴보면, 당시 어떤 방식으로 작시 학습을 하였는지 더욱 잘 알 수가
있다.
    김시습은 여덟 달 만에 글을 알아서, 외할아버지가 그에게 우리말을
가르치지 않고 『천자문』을 먼저 가르쳤다고 하였다. 즉, 뒷날 그는 「양
양부사 유자한에게 속내를 토로한 서한」[8]에, "두 살 나던 해[1436년, 병
진] 봄에 외할아버지가 그에게 '花笑檻前聲未聽'과 '鳥啼林下淚難看'이
라는 구를 불러주고 그것이 무엇을 가리키느냐고 물었는데, 그는 병풍
의 꽃 그림과 새 그림을 보고 '아아' 하였다."고 술회하였다. 외할아버지

가 김시습에게 제시한 그 두 시구는 앞서 이인로도 공부한 '옛 시인의
경구'이다. 어쩌면 이 연이 다른 초집(抄集)에 들어 있었는데, 그것이 뒷
날 다시 『백련초해』에 수록되었는지 모른다.

외할아버지는 다시 당시(唐詩) 100여 수를 가려 뽑은 『당현시초(唐賢詩
抄)』와 송시(宋詩) 100여 수를 가려 뽑은 『송현시초(宋賢詩抄)』를 읽게 하
였다고 한다. 이 초집이 간본이었는지, 외할아버지가 공책에 적어준 것
인지는 명확하지 않다. 그런데 시학에 지대한 관심을 두었던 연산군이
간행을 명한 서적 가운데 『당현시』와 『송현시』가 들어 있으니,[9] 그 두
책이 이 『당현시초』·『송현시초』와 관계가 있을 법하다.

김시습은 초집을 이용하여 당시와 송시를 공부함으로 아주 어린 나이
에 이미 시어로 자신의 심경을 표현하는 방법을 알게 되었다. 그는 세
살 되던 1437년(정사) 봄에 말을 조금 자유롭게 하게 되자, 외할아버지에
게서 시 짓는 방법을 배웠다. 그리고 외할아버지가 '봄 춘[春]'자를 불러
주자, 즉시 "春雨新幕氣運開"라고 답하였다. 사는 집이 초가집이었고
뜰 가운데 가랑비가 내리는데 살구꽃이 갓 피어났기 때문에 그렇게 지
었다고 한다. 그 뒤로 김시습은 신이 나서 입에서 나오는 대로 시구를
내뱉었다. "桃紅柳綠三春暮"는 '복숭아꽃은 붉고 버들가지 푸르니 봄이
저물었다.'는 뜻이고 "珠貫靑針松葉露"는 '구슬이 푸른 바늘에 꿰인 듯
하니 솔잎의 이슬이다.'라는 뜻이다. 김시습은 이렇게 둘—둘—셋의
글자를 연결하여 일곱 글자의 구를 이루는 방법을 세 살 때 깨우쳤다.
하지만 이 무렵에는 평측을 구분하여 연구를 만드는 방법을 수련하지

9) 연산군은 1506년 4월 임술에 『전등신화(剪燈新話)』·『전등여화(剪燈餘話)』의 간행을
명하는 등, 문예 방면에 취향을 가졌던 그는, 재위 11년(1505) 5월 계묘에 『시학대성(詩學
大成)』·『당시고취(唐詩鼓吹)』·『속고취(續鼓吹)』·『삼체시(三體詩)』·『당음(唐音)』·『시
림광기(詩林廣記)』·『당현시(唐賢詩)』·『송현시(宋賢詩)』·『영규율수(瀛奎律髓)』·『원시
체요(元詩體要)』 등을 간행하게 하였다. 심경호, 「시학의 발전과 두시집 간행」, 『조선시
대 한문학과 시경론』, 일지사, 1999, 372쪽.

않았던 듯하다.[10] 그런데 그 무렵 김시습은 유모가 보리를 맷돌에 갈고 있는 것을 보고 다음과 같이 큰 소리로 읊었다고 한다.

비도 안 오는데 천둥소리 어디서 나지   無雨雷聲何處動
누런 구름 풀풀 사방으로 흩어지네   黃雲片片四方分

　맷돌 가는 소리를 청각적으로 묘사하고 보릿가루가 흩어지는 모습을 시각적으로 묘사한 것이다. 이 두 구는 각각 '2-4-6 부동'의 규칙을 지키고 있고, 안짝 구[홀수 번째 구]와 바깥짝 구[짝수 번째 구]는 평측이 서로 반대이어야 한다는 염법(廉法)을 지켰다. 그렇다면 이 무렵에 김시습은 두 구를 연결하여 연을 이루는 방법을 터득하고 있었던 것이 된다. 이 두 구는 대장(對仗)을 이루지는 않았지만, 염법을 지키고 있으므로, 당시 김시습은 연구를 지을 줄 알았을 듯하다. 김시습이 맷돌 시를 지은 것에 대해 「양양부사 유자한에게 속내를 토로한 서한」에 따르면 그의 서너 살 때 일화이니, 그 조숙한 천재성을 짐작할 수 있다.

　『백련초해』 같은 초구집은 대가의 작품 속에도 유사한 구가 저절로 끼어 들어 있는 것으로 보아 조선전기에 상당히 유행하였던 듯하다. 조선중엽의 시비평가 양경우(梁慶遇)는 『제호시화(霽湖詩話)』에서, 외숙부 정작(鄭碏)이 처사 정지승(鄭之升)의 "유정한 봄날 새가 울고, 무정한 비에 꽃이 지네.[鳥啼春有意, 花落雨無情.]"라는 연구를 보고 절등한 재주라고 하였으나, 그 연구는 아이들이 외우는 '연구'에 가까우므로 그렇게 평가한 이유를 모르겠다고 하였다.[11] 이 시구는 아마도 『백련초해』94

---

10) 이때는 아직 한 구의 둘째, 넷째, 여섯째의 평측을 교대로 읽는 '2-4-6 不同'의 규칙을 잘 지키지는 못하였던 듯하다. '桃紅柳綠三春暮'와 '珠貫靑針松葉露'는 각각 '2-4-6 부동'의 규칙을 지켰으나, '春雨新幕氣運開'는 그 규칙을 지키지 않았다. '雨'·'幕'·'運'은 모두 측성이다.

11) 梁慶遇, 『霽湖詩話』; 홍만종, 「제호시화」, 『시화총림』, 18조.

조의 "푸른 버들가지는 마음 있어 주렴 앞에 춤추고, 밝은 달빛은 정이 많아 바다 위로 떠오르네.[綠楊有意簾前舞, 明月多情海上來.]"에서와 같은 '분명한 감정이입'의 구절에서 '점화'한 듯하기에, 양경우가 그렇게 말한 것 같다.

시 학습에서 5언 2구나 7언 2구의 연구를 먼저 연마하게 하는 것은 최근세에까지 관습적으로 유지되었다. 근세의 구례 오미동 문화유씨가의 유영업[柳瑩業, 1886~1944]이 남긴 생활일기 『기어(紀語)』를 보면, 시 학습의 초기에는 칠언 2구의 연구를 주로 지었음을 살필 수 있다.[12] 즉 유영업 씨는 14살 때인 1899년(기해)에 『통감』을 공부하는 한편, 시를 거의 매일 연구를 지었다. 칠언절구를 처음 지은 것은 이 해 3월 29일로 되어 있고, 그 뒤 4월 19일부터 본격적인 시학습인 과시(課詩)를 시작하였다.

Ⅲ. 멱대(覓對)와 응구첩대(應口輒對)

조선조에는 아동들이 연장자의 호자(呼字)에 즉각 연구(聯句)를 짓거나 어른들이 불러준 안짝에 맞추어 즉각 대구의 바깥짝을 찾아낼 줄 알아야 시적 재능이 있다고 평가하였다. 후자를 멱대 혹은 응구첩대라 한다. 그렇기 때문에 서거정의 『동인시화(東人詩話)』, 유몽인의 『어우야담(於于野談)』 등에는 응구첩대를 하여 지은 대구를 논평한 시화가 가장 많다.

서거정 본인도 아주 어려서 응구첩대를 잘하였다는 일화가 전한다. 즉 그는 대여섯 살 때 중국 사신들이 머무는 태평관(太平館)에 들어가

12) 이 자료는 최근 영인되어 나왔다. 한국정신문화연구원 편, 『구례문화유씨 생활일기』, 한국학자료총서 28, 2000에 수록.

창문을 뚫고 안을 엿보다가 중국 사신에게 붙잡혀 야단을 맞게 되었는데, 대구를 잘 지어 풀려났다고 한다. 중국 사신은 "손가락으로 종이 창을 뚫으니 구멍[孔子]을 이루었네.[指觸紙窓成孔子]"라고 안짝 구를 말하였는데, 어린 서거정은 "손에 밝은 거울 쥐고 얼굴 돌려[顔回] 대한다.[手持明鏡對顔回]"라고 바깥 구를 답하여, 공자(孔子)에 안회(顔回)로 짝을 멋지게 맞추었다.

신동들이 어린 나이에 벌써 연구를 잘 지었다는 일화는 그 외에도 상당히 많다. 유몽인의 『어우야담』에 보면, 고려 말의 문인 이색(李穡)이 중국에서 과거에 장원하여 이름이 알려진 뒤 어떤 절에 들렀다가, 그 절의 승려가 떡[餠]을 내주면서

승소가 조금 밖에 오지 않아 중 웃음이 적구나   僧笑少來僧笑少

라는 구절을 읊었으나, 즉석에서 대구를 채우지 못하였다가 나중에 대구를 생각해내어 다시 그 절에 들러 대구를 말하여 승려를 탄복시켰다는 것이다. '승소'는 떡의 별명이었는데, 위의 구절에 대하여 이색은 병을 '객담(客談)'이라고 바꾸어 말한 다음 구를 대구로 찾아내었다.

객담[술]이 많이 오니 객담이 많구나   客談多至客談多

라는 구절을 생각해내었다는 일화가 실려 있다. 이색이 다시 먼저의 절에 찾아가 승려에게 그 사연을 말하자, 승려는 "대구를 채우는 것[得對]은 정밀함을 높이 치는 법이니, 늦었다고 해서 무어 해가 되겠습니까?"라고 하였다고 한다. 응구첩대하지는 못하였지만 정밀한 대구를 제시하여 시적 재능을 과시하였다는 이야기이다.

또한 『어우야담』에 보면, 조선 성종 때의 문인 채수(蔡壽)가 그 손자 무일(無逸)에게 대를 채우라고 하였다는 일화가 있다. 이것도 당시 연구

의 수련을 매우 중시하였음을 알려준다. 채무일은 겨우 대여섯 살이었
는데, 채수의 "손자는 밤마다 글을 읽느냐 안 읽느냐[孫子夜夜讀書不]"에
대하여 "할아버지는 아침마다 술을 너무 자십니다.[祖父朝朝飮酒猛]"라고
바깥 구를 대었다. 또, 어느 눈 오는 밤에는 채수의 "개가 달리니 매화꽃
진 듯하고, 닭이 걸어가매 댓잎 모양 이루어졌네.[犬走梅花落, 鷄行竹葉
成.]"라는 바깥 구를 대었다고 한다. [13]

『어우야담』은 그밖에도, 우홍적(禹弘績)이 일곱 살 때 '노(老)'자, '춘
(春)'자를 듣고 "노인 머리 위의 눈은, 봄바람에도 사라지지 않는다.[老人
頭上雪, 春風吹不消.]"라는 연구를 지은 일을 소개하였다.

Ⅳ. 조선 후기 학동들의 고풍(古風) 연습

조선 후기 민간에서는 무운(無韻)의 '고풍' 시를 지어 작시 연습을 하
였다. 정약용의 『아언각비(雅言覺非)』에 보면, 당시 학동들이 갓 시를 배
워 압운하지 않고 글자 수만 맞추면서, 오언단편을 소고풍(小古風), 칠언
장편을 대고풍(大古風)이라 부른다고 하였다. [14]

그런데 고풍을 이용한 작시 훈련은 조선 후기에는 매우 광범하게 이
루어졌던 듯하다. 그 방증으로, 국문소설 『조웅전』에 삽입되어 있는 한
시를 예로 들 수 있다. 『조웅전』은 작가 미상의 창작군담소설로, 완판본

---

13) 유몽인, 『어우야담』; 홍만종, 『시화총림』 수록, 「於于野談」 제10화.
14) 한편 과시(科詩)에서 측자기두(側字起頭)의 시를 '고시'라고 부르는 관습이 있었다. 정
   약용은 1797년에 정범조(丁範祖)에게 부친 서한에서, 과시를 지으면서 측자기두를 사용
   하고 '지(之)·어(於)·이(而)·야(也)' 등과 같은 글자를 많이 쓰는 것을 당시 사람들이
   '고시'라 칭한다고 하였다.(「上海左書」,『與猶堂全書』, 제1집 제18권) 정통 문인들은 이
   러한 시 형식을 두고 중국에 없는 것이라고 폄하하였지만, 오늘날에 와서는 우리 한시의
   실험적 형태로서 평가할 여지가 있다.

·경판본·안성판본의 목판본이 있고, 필사본도 상당히 많다. 한글본이 주종이되, 국한문혼용의 필사본도 국립도서관에 소장되어 전한다. 이 『조웅전』은 한자어와 고사를 많이 사용하였고 5언·7언·6언의 한시도 삽입하고 있기 때문에, 한문식자층의 작가가 지은 것으로 추정된다. 그런데 삽입 한시 다섯 수를 보면 모두 근체시가 아닌데다가 압운에 그다지 주의하지 않았으며 수사법도 고려하지 않았다. 그 시 형식은 바로 정약용이 말한 조선식 '고풍'인 것이다.[15]

앞서 언급한 오미동 문화유씨 가문의 유영업이 남긴 생활일기 『기어』를 보면, 시 학습의 초기에는 칠언 2구의 연구(聯句)를 주로 짓다가 운자(韻字)를 내어 서너 달 시를 지은 뒤 비로소 평측에 맞추어 시를 지은 것으로 되어 있다. 즉 그는 본격적인 과시를 14세 되던 1899년 4월 19일 경에 시작하였는데, 그 해 12월 1일 밤에 산(山)자 운의 시를 짓고는, "이날 이 수 이후로 비로소 '평평직직직평평'을 보게 되었다.[自此日此首以後爲始看平平直直直平平.]"라고 밝혔다.[16] 그렇다면 그때까지 그가 지은 절구는 실은 운자는 사용하였지만 평측은 맞추지 못한 '고풍'이었으리란 것을 심작할 수 있다. 그는 12월 1일부터 평측을 따진 절구를 짓기 시작하여 12월 30일까지 30수의 칠언절구를 짓는 엄격한 과시(課詩)를 하여, 시 짓는 법을 완전히 익혔다.

V. 시집, 선집을 이용한 시 학습

한시에 대한 감상력을 높이려면, 삼다(三多)가 역시 요구된다. 많이

---

15) 이에 대하여는 심경호, 「조웅전의 글짜기 방식」, 『국문학연구와 문헌학』, 태학사, 2002 를 참조.

16) 측을 직(直)이라 표기하였다.

읽고, 많이 짓고, 많이 생각하는 것이다. 본래는 구양수(歐陽脩)가 문장 짓는 일에 관해서 한 말이다. 그러나 한시 학습을 위해서는 명구의 다독(多讀)과 암기가 필요하였다.

조선 숙종 때의 김득신(金得臣)은 『종남총지』에서 조선조의 뛰어난 문인들은 글을 많이 읽었다는 사실을 특별히 강조하였다. 그에 따르면 김수온(金守溫)은 문을 닫아걸고 글을 읽어 바깥을 한번도 내다보지 않다가 뜰에 내려와 낙엽을 보고서야 가을이 된 것을 알았고, 성현(成俔)은 낮에는 읽고 밤이면 외워서 잠시도 손에서 책을 놓지 않고 뒷간에 가서 돌아올 줄 모른 때도 있었다고 한다. 이들은 시만 읽은 것이 아니라 문장도 그렇게 읽고 외워댄 것이다. 그런데 노수신(盧守愼)은 『논어』와 두시(杜詩)[두보 시]를 2천 번이나 읽었고, 이안눌(李安訥)은 두시를 수천 번이나 읽었다고 하니, 그들의 시에 두보의 시어나 시적 발상이 많이 나타나는 것은 어쩌면 당연하다고 하겠다.

『춘향전』에 보면, 이도령이 단오날 그네 뛰는 춘향을 먼발치에서 보다가 돌아와 책방에서 글을 읽으면서 춘향을 생각하는 장면은 각종 한적을 인용하면서 패러디를 한 것인데, 그 가운데 다음과 같은 대목이 있으니,[17]

> 퇴령을 기다리리라 하고, 서책을 보려할 제, 책상을 앞에 놓고 서책을 상고하는데, 『중용』·『대학』·『논어』·『맹자』·『시전』·『서전』·『주역』이며 『고문진보』·『통감』·『사략』·이백·두시·『천자문』까지 내어놓고 글을 읽는다.

---

17) 『춘향전』에는 이도령의 신분이 양반이라서 한문 문장이나 고전과 관련된 언어 유희와 해학이 많이 나온다. 『춘향전』은 이본과 창본이 많지만, 완판본 『열녀춘향수절가』에서부터 그러한 해학이 나오고 있으니, 그 기원은 아주 오래다. 여기서는 김선아 정리, 『춘향전』, 현암사, 2002를 이용하되, 글자의 잘못을 바로잡고 인용 원문을 괄호 속에 넣어둔다.

책방 도령은 시의 공부를 위해 이백, 두시와 함께 『고문진보』를 읽었음을 짐작할 수 있다.

여기서 '이백'과 '두시' 같은 옛 작가의 전집을 읽어 그 시풍을 완전히 습득하는 데 도움이 되었겠지만, 초학자들은 전집을 읽기보다 선집을 많이 이용하였다. 두보의 전집이 여러 종 있지만 우리나라에서『우주두율(虞註杜律)』이 가장 많은 판종을 가지고 있는 것을 보아도 그 사실을 짐작할 수 있다.[18]

『고문진보』는 시와 산문이 모두 실려 있으므로, 산문의 학습에 뿐만 아니라 시의 학습에도 두루 이용되었다. 조선전기부터 후기까지 두루 읽힌 교재는『고문진보』이다. 광해군 때의 문인 허균은, 중국인이 조선의 문장을 망치기 위해『고문진보』와『십팔사략』을 엮어서 가만히 침투시켰다고까지 말하여, 그 책들의 통속성을 비판하였다. 하지만『고문진보』는 시와 문을 학습할 때 널리 이용되었다. 이 책은 본래 원나라 초기의 진력(陳櫟)이란 사람이 고문 101편을 가려뽑고 비점과 주석을 붙여 편한『비점고문(批點古文)』이 모태였는데, 원나라 후기에 임정(林楨)이란 사람이 따로 선발하고 주석을 붙인『선본대자제유진해고문진보』가 나왔다. 다시 명나라 때인 1437년 무렵에 유섬(劉剡)이란 사람이『비점고문』101편과『선본대자제유전해고문진보』후집 29편을 뒤섞어『상설고문진보대전』을 이루었다. 고려 말에는 전녹생(田祿生)이『선본대자제유전해고문진보』를 재편집한 책이 합포에서 간행된 바 있다. 그러나 1472년에『상설고문진보』가 진주에서 간행된 이후로, 조선에서는『상설고문진보』를 주로 읽게 되었다. 우리가 최근에 보는 것도 이『상설고문진보』을 영인하였거나 그것을 저본으로 번역한 책이다.[19]

---

18) 우리나라에서의 두시집의 간행과 시학과의 관계에 대하여는 심경호,「제3장 : 시학의 발전과 두시집 간행」,『조선시대 한문학과 시경론』, 일지사, 1999를 참조.

19) 심경호,「제2장 : 고문과 고문론」,『조선시대 한문학과 시경론』, 일지사, 1999, 149~150

이미 시학의 진흥을 꾀하였던 연산군은 1505년[연산군 11] 5월 계묘에
『시학대성(詩學大成)』·『당시고취(唐詩鼓吹)』·『속고취(續鼓吹)』·『삼체시
(三體詩)』·『당음(唐音)』·『시림광기(詩林廣記)』·『당현시(唐賢詩)』·『송현
시(宋賢詩)』·『영규율수(瀛奎律髓)』·『원시체요(元詩體要)』 등을 교서관에
서 간행하게 하였다. 이것들이 조선 전기에 널리 읽힌 시선집이라고 보
아 무방할 것이다.

다음에, 조선시대에 시 형식이나 시풍을 이해하기 위해 주로 읽은 선
집을 살펴보면 다음과 같다.

1. 근체시의 제작 방식 학습

절구의 학습에는 『삼체시』 즉 송나라 주필(周弼)의 편찬이라 전하는
『증주당현삼체시법』이 널리 읽혔다. 주필은 한시에서 자연의 경치를 묘
사하고 시인의 감정과 사상을 직조하는 방법을 도식적으로 설명하였
다.[20] 『삼체시』는 당시의 칠언절구·칠언율시·오언율시의 세 양식을 대
상으로 삼았다. 그리고 삼체의 각각의 하위 부류를 설명할 때에 '허(虛)'
와 '실(實)'의 개념을 사용하였다. 주필의 설명에 따르면, 구체적인 형상
을 지닌 '경물(景物)'을 묘사한 것은 '실'이고, 구체적 형상을 지니지 않고
추상적인 '정사(情思)'를 서술한 것은 '허'이다. 주필은 이 '허'와 '실'의
개념을 이용하여, '허'의 구와 '실'의 구가 시 전체 속에서 어떻게 배치되

쪽 참조.

20) 『삼체시』는 조선시대, 특히 임진왜란 이전의 시기에 널리 유행하였고, 일본에서는 에도
[江戶] 시대에 아주 널리 읽혔다. 연산군은 포악한 군주로 악평이 나 있는데, 그는 문예적
취향이 강하여 스스로도 여러 시를 남겼고 문신들에게도 문학의 수업을 강요하였다.
그래서 즉위 12년인 1506년 4월에는 중국의 문언소설집인 『전등신화』·『전등여화』를 간
행하게 하였는데, 앞서 말했듯이 그보다 한 해 전인 1505년 5월에 간행을 명령한 책
가운데 이 『삼체시』가 들어 있다.

어 있는지에 주목하였다. 이를테면 칠언절구의 경우에는 '실접(實接)'과 '허접(虛接)'의 두 부류, 칠언율시와 오언율시의 경우에는 '사실(四實)'·'사허(四虛)'·'전허후실(前虛後實)'·'전실후허(前實後虛)' 따위의 부류를 설정하였다. 칠언절구의 '실접'이란, 세 번째 구인 전구(轉句)에 '실' 즉 경물의 묘사를 배치하는 것을 말한다. 절구는 4개의 구로 이루어지고, 각각의 구는 '기·승·전·결'이라 불리는데, 세 번째 구인 전구(轉句)에서 경물을 묘사하는 것이 '실접'이며, 전절의 구에서 정사(情思)를 서술하는 것이 '허접'이다. 한편 오언율시와 칠언율시에서 '사실(四實)'이란 율시의 중간의 4구에 모두 경물을 묘사한 '실'의 구를 두는 것을 말한다. 이에 비하여 '사허(四虛)'는 율시의 중간 4구에서 모두 '정사'를 서술한 것이다. 율시는 8구 4연으로 이루어져 있는데, 4개의 연은 '두련(頭聯)·함련(頷聯)·경련(頸聯)·미련(尾聯)'이라고 부른다. 그 가운데 함련과 경련은 반드시 대장(對仗) 즉 대구법을 지켜야 하는데, 그것에서 '정'와 '경'을 어떻게 짜 넣는가 하는 것이 전체 시의 골격에 중대한 영향을 미치는 것이다. 만일 함련은 경치를 묘사하고 경련은 정사를 서술한다면 '전실후허'이고, 함련은 정사를 서술하고 경련은 경치를 묘사한다면 '전허후실'이다.

2. 율시의 학습

율시의 학습을 위해서는 『당시고취』와 『영규율수』가 널리 읽혔다.

『당시고취』는 원래 편찬자가 분명하지 않으나, 금나라 때 원호문(元好問)이 편찬하고, 문인 학천정(郝天挺)이 주석을 달았다고 전한다. 모두 10권으로, 당시의 칠언율시 89가 596수를 수록하였다. 다만 송시가 잘못하여 들어가 있는 등 하자가 없지는 않다.

한편 『영규율수』은 모두 19권으로, 원나라 방회(方回)가 편찬한 것이

다. 이 책은 조선 성종 연간에 수입되어 율시 학습에 널리 참고가 되었
다.[21] 그런데 이 책은 송대 강서시파(江西詩派)의 관점에서 당, 송의 율시
들을 선록하였으므로, 조선 전기에 '해동 강서시파'가 운위되게끔 하는
데 일정한 영향을 끼쳤다. 중국의 강서시파는 본시 북송 때 황정견(黃庭
堅)이 개창한 것으로, 법도를 중시하고 고전 작품의 모방을 강조하는
문학이론을 형성하였다. 그런데 방회는 강서시파의 문학이론을 토대로
하면서도 시에서 요자(拗字)·변체(變體) 등의 법칙에 더욱 중시하였다.
요체는 율시에서 특정 글자의 평측을 바꾸어 시의 골력을 억세게 하고
기세를 고조시켰다가 꺾어 내리는 방법이다. 변체는 정(情)과 경(景)의
조직, 실자와 허자의 안배, 색채의 농(濃)과 담(淡)을 뒤틀리게 하는 방법
이다. 방회는 이렇게 형식의 문제를 다룸으로써, 강서시파의 모방의 폐
단을 극복하는데 일조하였다고 말할 수 있다.

3. 당시의 학습

당시는 한시의 모범으로서 널리 학습되었다. 조선시대에 가장 널리
사용된 당시 학습서는 『당음』과 『당시품휘(唐詩品彙)』이다.

『당음』의 간행기록을 보면 이미 1556년[명종 11]에 갑인자로 간행된
것이 있다.[22] 이 책은 원나라 때 양사홍(楊士弘)이 편집한 것으로 되어
있는데, 당시를 품격에 따라 셋으로 나누어 『당시시음』 1권 1책, 『당시
정음』 6권 7책, 『당시유향』 7권 2책으로 선록하였다. 다만 이백·두보
·한유의 시는 전집이 별도로 많이 유행하고 있다는 이유로 싣지 않았
다. 『시음』에는 초당사걸(初唐四傑)의 시만 수록하였고, 『정음』에는 초

---

21) 근래에 교점본이 나왔다. 李慶甲,「集評校點」,『瀛奎律髓彙評』, 上海古籍出版社, 1986.
22) 일본 궁내청(宮內廳) 서릉부(書陵部)에 명종 11년 10월에 승정원 동부승지 안위(安瑋)에
　게 내사(內賜)된 책이 소장되어 있다.

·성·중·만당의 시를 시체별로 나누어 실었다. 『유향』에는 여러 시인들의 시를 조금씩 선해 두었으며, 부록을 승려와 여성의 시를 실었다. 1556년의 갑인자본은 1439년[명 正統 기미]의 이건(李建) 발문을 지닌 장진(張震) 집주본(輯注本)을 저본으로 하였다.[23]

한편, 『당시품휘』는 본집 90권 습유(拾遺) 10권의 거질인데, 명나라 고병(高棅)이 편찬하였다. 본집은 모두 620가 5,769수를 시체별로 나누어, 오언고시 24권, 칠언고시 13권[부: 장단구], 오언절구 8권[부: 6언], 칠언절구 10권, 오언율시 15권, 어언배율 11권, 칠언율시 9권[부: 배율]로 분류하였다. 습유에는 61인 954수를 수록하였다. 율시에서 절구가 나왔다는 통념을 부정하고 『옥대신영』에 고절구(古絶句)가 4수 들어 있음에 주목하여, 절구를 율시보다 앞에 두었다. 각 시체의 아래에 다시 '정시(正始)·정종(正宗)·대가(大家)·명가(名家)·우익(羽翼)·접무(接武)·정변(正變)·여향(餘響)·방류(旁流)'의 9격을 나누었다. 명나라 중엽의 복고파가 성당(盛唐)의 시를 모범으로 내걸고 모방에 치중하게 되는 것은 실은 이 책의 영향을 받은 면이 있다. 이 책은 우리나라에서도 조선중기와 후기에 '당시 힉습시'로 가장 널리 참고되었다.

4. 한위시(漢魏詩)와 악부시(樂府詩)

근체시의 율격에 구속을 느끼고 자유로운 시형식을 실험한 문인들은 진작부터 한위악부시에 관심을 가졌다. 이때 참고가 된 고시의 총집으로는 『문선』과 『고시기』가 가장 대표적이다. 『문선』은 신라 때부터 널리 읽힌 고전이므로 새삼 거론할 필요가 없을 것이다. 『고시기』는 명나

---

23) 杜信孚의 『明代版刻綜錄』(中國江蘇廣陵古籍刻印社, 1983)에는 弘治建陽書林魏氏仁實書堂刊本과 崇禎三年吳鉞西爽堂刊本의 두 간본을 등재하였을 뿐이고, 正統己未跋의 간본은 등재하지 않았다.

라 풍유눌(馮惟訥)이 편찬한 책으로 모두 156권의 거질이다. 그 전집(前集) 10권은 고일시(古逸詩)를, 정집(正集) 130권은 한위(漢魏) 이하 진(陳)·수(隋) 이전의 시를 수록하였다. 그리고 외집(外集) 4권은 선귀(仙鬼)의 시를 부록으로 삼았고, 별집 12권은 여러 사람의 시론을 모아두었다.

5. 영사시(詠史詩)와 영사악부

조선 중기에는 영사시에 대한 관심이 고조되었는데, 그때에 참고가 된 책이 정민정(程敏政)의 『영사절구』이다. 이 책은 1554년에 황해도 해주에서 윤안인(尹安仁)에 의해 복명판본(覆明版本)이 나왔다.[24] 즉 해주 판본은 본래 명나라 홍치 11년(1498)에 양일청(楊一淸)이 농주자사 유장(劉章)에게 부탁하여 중각(重刻)한 무주본을 저본으로 삼았다. 윤안인은 이 책을 연경 사행 때 구득하여 소장하고 있다가 황해도 해주에서 간행하도록 주선하였다. 해주복간본 『영사절구』는 『고사촬요』의 책판목록에 '영사시(詠史詩)'라는 명칭으로 등재되어 있다. 당시 기묘제현과 사림파 문인들이 영사시를 즐겨 지었는데, 그것은 이 책이 판각된 사실과 일정한 관련이 있을 법하다. 신광한(申光漢)이 절구를 이용하여 영사를 한 것도 그 한 예이다.

한편 임진왜란 이후에 명의 복고파 문학이 본격적으로 소개되면서,

---

24) 고려대 신암문고본(薪菴文庫本) 『영사절구(詠史絶句)』(『시사(詩史)』)는 목판본을 필사해 둔 것이다. 명판본의 원 편찬자인 정민정(程敏政)의 서(序)는 "成化壬寅[성화 18, 1482]春二月旣望, 賜進士及第左春坊左諭德新安程敏政書"로 서명되어 있다. 그리고 본문의 뒤에는 명판본의 판각주재인인 양일청(楊一淸)의 후지(後識)와 함께, 조선 복간의 경위를 서술한 윤안인(尹安仁)의 후서(後書)가 필사되어 있다. 양일청의 후지는 "弘治戊午[홍치 11, 1498]秋七月朔, 右[石]淙楊一淸識"로 서명되어 있다. 윤안인의 후서는 "嘉靖甲午[가정 13, 1554]春, 黃海道觀察使坡平尹安仁謹書"로 서명이 되어 있다. 심경호, 「영사절구(詠史絶句)의 조선판본에 대하여」, 『한국한시연구(韓國漢詩硏究)』 2, 한국한시학회, 1994 : 『국문학연구와 문헌학』에 수록. 이후 연세대학교 도서관에 목판본이 귀중서로 소장되어 있음을 알았다.

영사악부에 대한 관심이 고조되었으며, 조선의 역사를 노래한 독자적인 영사악부 양식인 해동악부체가 형성되었다. 이때 중국의 영사악부로서 참고가 된 것이 이동양(李東陽)의 『의고악부(擬古樂府)』이다. 본래 이동양『의고악부』의 명간본은 평점본과 음주본의 두 계통이 있는데, 조선에서는 음주본의 계통을 복각한 목판본이 유행하였다.[25]

6. 고시 선집

조선시대에 고시를 공부하기 위해 원나라 증원일(曾原一)의『선시연의』와 유리(劉履)의 『선시보주』를 많이 참고로 하였다.『선시연의』는 세종이 시학을 진흥시키려고, 재위 4년(1422) 10월에 경자자로 인쇄하여 문신들에게 나누어준 일이 있고, 16년(1434) 8월에도 인쇄, 반포하였다. 유리가 엮은『선시보주』는『선시보주풍아익』이란 제목이어서,『풍아익』으로 알려지기도 하였다. 이 책은 갑인자 활자본이 일본 내각문고와 봉좌문고에 소장되어 있다. 내각문고본은 보주(補註) 8권, 속편(續編) 5권, 보유(補遺) 2권 합 10책이다.[26] 갑인자본『선시보주』는 유리의 선

---

25) 하나는 사탁(謝鐸)·반진(潘辰) 평점본(評點本)이고 다른 하나는 하맹춘(何孟春) 음주본(音注本)이다. 전자에는 정덕팔년왕찬조인본(正德八年王瓚早印本)·가정십오년백분재각본(嘉靖十五年白賁再刻本)·만력이십팔년진이충교재본(萬曆二十八年陳以忠校梓本)이 있고, 후자에는 융경년간위춘각본(隆慶年間魏椿刻本)[융경 경오년 고문천(高文薦)의 지어(識語)를 지닌 판본]이 있다. 조선 판본은 위춘 각본의 계통을 이은 듯하되, 2권본이 아니라 3권본이고 주문(注文)에 이동(異同)이 있어서, 위춘 각본과는 별도의 판본을 저본으로 삼았거나, 조선에서 교정을 가하였을 가능성이 있다. 규장각에 목판본『서애의고악부(西涯擬古樂府)』상·중·하 3 권 2 책이 소장되어 있다. 명간본의 경우, 일본 내각문고(內閣文庫)에 진이충교재본(陳以忠校梓本)과 위춘각본(魏椿刻本)이 소장되어 있다. 심경호, 「해동악부체」,『한국한시의 이해』, 태학사, 2001.

26) 제9책의 말미에 김빈(金鑌)의 선덕(宣德) 9년[즉 세종 16년, 1434] 주자발(鑄字跋)과 정통(正統) 7년[즉 세종 24, 1442] 6월의 印記가 붙어 있다. 이것은 봉좌문고(蓬左文庫)에 소장된 명종 8년(1553) 내사기가 붙은 갑인자본과 같은 판종이라고 한다. 심우준(沈喁俊),『日本訪書志』, 한국정신문화연구원, 1988, 291~293쪽에 자세한 조사보고가 있다.

본에 김덕현이 다시 주를 추가 집록한 것을 저본으로 삼았다.[27]

7. 시어와 구법의 학습

시어와 구법의 학습을 위해서는 『연주시격(聯珠詩格)』을 활용하였다. 『연주시격』은 사고전서에 수록되지 않았고 그 존목(存目)에도 올라 있지 않으니, 이미 명·청대에는 실전되고 만 책이다. 하지만, 조선전기나 일본의 아시카가시대 중엽부터 에도시대에 이르기까지 한시의 대구· 용자(用字) 학습서로서 널리 참고가 되었다. 편찬자는 원나라 우제(于濟)이고, 채정손(蔡正孫)이 보충한 것으로 되어 있다. 당송시의 칠언절구을 모아 사구전대격(四句全對格)부터 용후신자격(用後身字格)에 이르기까지 모두 320격으로 나누었다. 시를 선할 때 송의 신민으로 마치지 않고 원나라에 복속한 자들은 대상으로 삼지 않았다. 조선에서는 성종 14년 무렵에 서거정이 이 책에 주를 달았다.[28] 즉 잔권이 현전하는 『정선당송천가연주시격』에 붙어 있는 주석이 서거정의 손으로 이루어진 것이다.[29] 이 책은 서거정이 주를 달고, 성현·채수·권건·신종호 등이 왕명을 받아 보삭(補削)한 것으로 되어 있다. 그 뒤 중종 37년의 『실록』 기록에 보면 그해 4월 10일(경신)에 유희진(柳希軫)이 『대동시림(大東詩林)』과 『대동연주시격(大東聯珠詩格)』을 찬진(撰進)하였다는 기록이 있다.[30] 『연주시격』의 체제를 따라 우리나라 한시를 편집한 선집까지 엮

---

27) 사고전서(四庫全書)에는 유리(劉履)의 선본(選本)이 들어 있되, 김인본(金仁本) 집록본 은 저록되어 있지 않다. 심경호, 「3장 : 시학의 발전과 두시집 간행」, 『조선시대 한문학과 시경론』, 일지사, 1999, 389~400쪽을 참조.

28) 성종 14년의 『실록』 기록에 보면, 그 해 10월 8일(정묘)에 서거정이 『연주시격주(聯珠詩格註)』를 마쳤으므로 아울러 『동국통감』을 편찬할 것을 주청하였다고 한다. 『成宗實錄』 卷159, 成宗 14년 10월 정묘.

29) 한국정신문화연구원 소장, 『정선당송천가연주시격(精選唐宋千家聯珠詩格)』 권13~16, 1책.

여져 나왔음을 알 수 있다.

8. 조선 문인이 편찬한 시선집

조선 후기의 여항인 장혼(張混)은 고시와 당송시뿐만 아니라 원명시까지 두루 수집한 시선집으로 소형 필서체의 목활자본 『시종(詩宗)』·『성령집(性靈集)』을 엮었다.[31] 『시종』 13집 24권은 『문선』·『고시귀』·『당시귀』·『당시품휘』 등의 결점을 보완하여 상고·한위로부터 명대에 이르기까지의 잡언(雜言)·4언·고시·절구·율시 등을 선집하였다.[32] 또한 장혼은 당시인(唐詩人) 159명의 작품 중에서 우수하다고 생각되는 율시만을 추려 『당율집영(唐律集英)』 4권 2책을 스스로 엮어, 역시 목활자로 간행하였다.[33] 장혼은 중국 문단의 향배에 관계없이 학당을 하겠다는 뜻에서

---

30) 『中宗實錄』 卷98, 中宗 37년 4월 경신.

31) 金斗鍾, 「近世朝鮮後期活字印本에 關한 綜合的 考察」, 『大東文化研究』 4, 성균관대 대동문화연구원, 1967, 55~57쪽. '小型筆書體木活字'.
  尹炳泰, 「而已广活字印本考」, 『奎章閣』 5, 서울대 규장각, 1981, 19~49쪽; 「而已广張混 編刊書考；而已广書誌考, 其一」, 『國會圖書館報』 23권 5호(1986. 10), 通卷 187호, 국회도서관, 13~29쪽.

32) 장지완(張之琬)은 장혼이 역대 시선집에 불만을 지녀, 고일시(古逸詩)에서부터 명말의 시까지를 두루 선집하고 분류하였다고 적었다.(張之琬, 『斐然箱抄』, 木活字本 권3. "常以歷代詩選, 雜於統攝, 乃上自古逸, 下及明季, 廣選分類, 爲詩宗二十六卷."). 『시종(詩宗)』의 제1책 첫머리에는 「의례(義例)」와 「시종총목(詩宗總目)」을 두었고, 윤집(閏集)의 권수(卷首)에 다시 「집론(集論)」과 「세차(世次)」를 두어 제인의 논평을 수록하고 시인들의 약전(略傳)을 서술하였다. 시인들의 약전을 수록한 것은 전겸익(錢謙益), 『열조시집(列朝詩集)』(順治九年虞山毛晉刊本) 이래의 약전 부기 방식에서 일정한 영향을 받은 것이다. 이 책의 영본(零本) 낙질(落帙)은 여러 도서관에 남아 있으나, 완질은 장서각과 국립중앙도서관 그리고 청송(青松)의 남곡정사본(南谷精舍本)뿐이다. 처음부터 절구(絕句)만 모은 기집(己集)이 따로 많이 인출(印出)되어서인지 그 영본(零本)이 가장 많다.

33) 고려대학교 육당문고본(六堂文庫本). 권수(卷首)의 범례는 '집영(集英)'이란 서명에 대하여 "詩者言之英, 律者詩之英. 玆選又律之英, 英故顏曰集英."이라고 밝혔다. 그는 기왕의 선집에서 선한 시편에 대하여는 본문(本文)의 변란(邊欄)에 두주(頭註)로 원권(圓圈) 속에 체(體)[宋 周弼의 『增註唐賢絶句三體詩法』], 취(吹)[金 元好問의 『唐詩鼓吹』], 수(髓)[元 方回의 『瀛奎律髓』], 품(品)[明 高棅의 『唐詩品彙』], 해(解)[明 唐汝詢의 『唐詩

독자적인 당시 선집을 엮은 것이다.

이밖에도 근대 이전의 시기에 한시를 공부하기 위하여 복간하거나 조선에서 새로 편찬한 책들이 상당히 많았다. 여기에서는 지면 관계상 그 대표적인 예만을 들었다.

Ⅵ. 마무리를 대신하여 :
근세의 시 학습 교재 『오언당음』·『칠언당음』과 『추구집』

어느 일화집에 제일 먼저 실려 전하는지 알 수 없으나, 김득신이 송재(誦才)가 없었음을 놀리는 이야기가 전한다. 김득신이 어느 한식날 말을 타고는 동대문 바깥으로 봄 구경을 나가다가 문득 시구가 하나 떠올랐다. "馬上逢寒食하니"라는 시구이다. "말 위에서 한식을 맞으니"라는 뜻이니, 참으로 천연으로 이루어진 명구였다. 그런데 한참을 말에 흔들려 가도, 이 두 번째 구가 도무지 떠오르지 않았다. 그가 괴롭게 이 구절 저 구절을 읊어보고 하는데, 돌연, 말고삐를 쥐고 가던 종자가 불쑥 시구를 읊었다. "途中屬暮春이라."가 그것이다. "도중에 늦봄이 되었구나"라는 뜻으로, 절묘하게 처음 구와 대를 이루었다. 깜짝 놀란 김득신은 종자에게, "네가 나를 따라 다니더니 시가 제법이구나!"라고 말하였다. 그러자 종자는, "나리 님이 늘 외시는 구절이라서 말씀드린 겁니다요."라고 하였다고 한다.

解」], 귀(歸)[明 鍾惺·譚元春의 『唐詩歸』] 등으로 표시하여 놓았고 자선(自選)한 것은 권(圈)을 치지 않았다. 『而已广集』 권11, 「唐律集英序」. "七言律, 推李唐爲尤, 而莫之埒, 何也? 於唐倡而盛也, 選者衆, 而 『鼓吹』, 元遺山也, 『品彙』, 高棅也, 『律髓』, 方回也, 『三體』, 周伯放也, 『詩解』, 唐汝詢也, 『詩歸』, 鍾惺·譚元春也. 然而或屬以諸體, 或偏於盛晚, 或不擧李杜. 偏則枯, 雜則不專. 惜乎, 盡美未盡善也. 然則如何而可? 曰, 膾炙吾所好也. 大羹玄酒, 亦吾所好也. 取舍在乎心乎! 故學之有準, 選之不可以拘."

송재가 부족한 옛사람의 일화로 널리 알려진 이야기이다. 김득신과 종자가 주고받은 연구는 당나라 시인 송지문(宋之問)의 「도중에 한식을 만나(途中寒食)」라는 시의 기구와 승구이다. 그런데 이 시는 근세의 시 학습서로 유명한 『오언당음(五言唐音)』의 맨 처음, 맨 앞에 실려 있어서, 누구에게나 친숙하다. 아마도 이 일화는 『오언당음』을 읽어서 시를 잘 알았던 근세의 고담(古談) 작가가 만들어낸 것이라고 생각된다. 김득신 을 두고 송재가 없다고 비아냥거리는 것은 김득신 스스로 고전 시문을 수천 번씩, 심지어 억만 번까지 읽은 사실을 기록으로 남겼기 때문에 호사가들이 말을 꾸며내기 쉬웠다고 생각된다.[34] 아마도 근세의 고담 작가 가운데 누군가가 김득신이 『오언당음』을 무수히 읽었지만 끝내 외 우지 못하여 『오언당음』의 맨 첫머리에 놓여 있는 송지문의 시조차 온전 히 외우지 못하였노라고 우스개 이야기로 만들어냈을 것이다.

근세의 지식계층은 어려서 한시를 공부하기 위해 오언절구만을 모아 둔 『오언당음』과 칠언절구만을 모아둔 『칠언당음(七言唐音)』을 읽었다. 1961년에 세창서관이란 곳에서 증주주해(增註註解)의 책을 간행한 것이 있으나, 맨 처음 누구의 손으로 엮인 것인지는 알 수 없다. 책 이름으로 보아서는 조선시대에 당시 학습서로 널리 읽힌 『당음(唐音)』의 명칭을 빌어온 것 같다. 고인들이 남긴 유묵(遺墨) 가운데는 당시·송시를 작은 공책에 초집(抄集)하여 둔 것이 매우 많으므로, 그러한 것들 가운데 하나 가 이 『당음』의 형태로 엮여 널리 유포되었다고 생각된다.

---

34) 김득신이 실제로 송재가 없었는지는 알 수 없다. 김득신은 자신이 다른 사람보다 우둔하 기 때문에, 『사기』·『한서』·한유 문집·유종원 문집을 모두 손수 베껴 가며 1만여 번을 읽었다고 하였다. 산문을 학습하려고 『사기』, 「백이전(伯夷傳)」을 1억 1만 3천 번을 읽고 서재 이름을 '억만재(億萬齋)'라고 바꾼 것은 너무나 유명하다. 김득신은 자신이 고전 시문을 읽은 횟수를 「독수기(讀數記)」라는 기록으로 남겼다. 이 기록물은 그의 나이 66세 일 때인 1670년에 괴주(槐州) 취묵당(醉墨堂)에서 적은 것인데, 문집인 『백곡집(柏谷集)』 의 본집에는 실려 있지 않고 그 부록에 전한다[한국문집총간 104, 『柏谷集』, 부록 「讀數 記」 참조].

또한 근세에는 명구들을 뽑아놓은 『추구집(推句集)』이 서당의 학습 교재로 사용되었다. 하지만 이 책의 편찬자나 편찬 시기에 대하여는 알 수가 없다. 고려시대 이래 초학자들이 사용한 초집의 전통을 계승한 것이라고 생각된다. 그러나 그 수록된 시구들의 출전은 명확하지 않은 것이 대부분이다. 간혹 현행 중등 한문 교과서의 지문으로 이 『추구집』의 것을 인용한 예가 있으나, 반드시 원전을 찾아 자구(字句)의 이동(異同)을 따져두어야 하리라고 본다.

참고문헌

『經國大典』, 조선왕조법전총서, 아세아문화사, 1983년 영인.
『四庫全書總目』, 中華書局, 1965년 영인본.
『續大典』, 조선왕조법전총서, 아세아문화사, 1983년 영인.
『詠史絶句』(『詩史』), 高麗大 薪菴文庫 소장 필사본.
『(增註註解)五言唐音』·『(增註註解)七言唐音』, 世昌書館, 1961.
『精選唐宋千家聯珠詩格』 권13~16, 1책, 한국정신문화연구원 소장.
金得臣, 『栢谷集』, 민족문화추진회 한국문집총간 104(영인 據 金相馨씨 소장 필사본).
金時習, 『梅月堂集』, 민족문화추진회 한국문집총간 13(영인 據 서울대규장각 소장 선조 연간 간행 활자본).
김선아 정리, 『춘향전』, 현암사, 2002.
杜信孚, 『明代版刻綜錄』, 中國江蘇廣陵古籍刻印社, 1983.
申春子 譯, 『百聯抄解』, 동국문화사, 1980.
실명씨, 『西京攬覽』: 한국향토사연구회전국협의회 영인, 『향토사연구』 12집, 2000.
李慶甲 集評校點, 『瀛奎律髓彙評』, 上海古籍出版社, 1986.
李奎報, 『東國李相國集』, 민족문화추진회 한국문집총간 1(영인 據 서울대 규장각 소장 조선시대 중간 목판본).
李仁老 저, 유재영 역주, 『파한집』, 일지사, 1978.
張混, 『而已广集』, 민족문화추진회 한국문집총간 270(영인 據 서울대규장각소장 필사본).
丁若鏞, 『與猶堂全書』 1, 新朝鮮社本.

村上哲見, 『三體詩』, 中國古典選 32, 東京 : 朝日新聞社, 1978.

한국정신문화연구원 편, 『구례문화유씨 생활일기』, 한국학자료총서 28, 2000.

洪萬宗 편, 洪贊裕 역, 『詩話叢林』, 通文館, 1993.

金斗鍾, 「近世朝鮮後期活字印本에 關한 綜合的 考察」, 『大東文化研究』 4, 성균관대 대
    동문화연구원, 1967.

심경호, 『조선시대 한문학과 시경론』, 일지사, 1999.

＿＿＿, 『한국한시의 이해』, 태학사, 2001.

＿＿＿, 『국문학연구와 문헌학』, 태학사, 2002.

심우준, 『日本訪書志』, 한국정신문화연구원, 1988.

尹炳泰, 「而已广活字印本考」, 『奎章閣』 5, 서울대 규장각, 1981.

＿＿＿, 「而已广張混編刊書考」, 『國會圖書館報』 23권 5호, 통권 187호, 국회도서관,
    1986.

조선 학자들의 경전 독서 차례에 대한 인식 논리

– 『격몽요결(擊蒙要訣)』과 『하학지남(下學指南)』의 사례를 중심으로 –

함영대

Ⅰ. 경전 독서 차례에 대한 문제제기

경학공부의 차례는 학문의 순서와 방법론을 가장 단적으로 드러낸다. 전통시대에 가장 널리 알려진 경학공부의 차례에 대한 제시는 율곡 이이가 『격몽요결』 「독서장」에서 제시하고 『학교모범(學校模範)』에서 확정한 것이다. 율곡의 학문 순서에 대한 가르침은 율곡의 제시 이후 조선 학계에 널리 받아들여졌으며, 현재까지 유학의 공부법에 대한 가장 보편적인 순서로 인정받고 있다. 조선 후기 순암 안정복의 『하학지남』에서도 율곡이 「독서장」에서 제시한 독서의 차례는 그대로 인용되고 있어 그 영향력을 확인할 수 있다. 그 뿐만 아니라 율곡과 순암 사이에 존재하는 다양한 노론계 서원의 학규 등에도 율곡이 제시한 독서의 차례는 매우 확고하게 준용되었다. 그런 점에서 율곡의 독서 차례에 대한 제시는 조선시대를 관철하며 큰 영향을 끼쳤다고 평가할 수 있다.

그런데 경서학습의 전범을 제시한 율곡의 제안은 그 자체로 독창적인 것은 아니다. 전반적으로 주자의 독서법을 존중하여 경학을 위주로 사학을 곁들인 이 공부법은 철저하게 사서삼경의 순서를 심성수양의 과정으로 설명하는 매우 제한적인 시각의 독서법에 불과하다.[1] 당장 20세기 초의 양계초가 제안한 중국고전학의 독서차제와 비교하면 단적으로 그 실상이 드러나는데 양계초는 경학을 완성한 다음 사학에 입문하는 주자식의 독서차례와는 전혀 다른 방법으로 경사자집(經史子集)의 고전을 순환적으로 읽을 것을 제안한 바 있다.[2] 영조 역시 장헌세자를 가르치는 경연에서 『소학』을 읽은 다음 『대학』에 바로 입문하는 것을 '비약'이라고 지적하며 그 사이의 단계론을 제시하기도 했다.[3]

또한 율곡의 독서 차례에 대한 제안은 기본적으로 주자학의 학습단계, 이를테면 사서삼경과 성리서, 역사서의 순서를 밟는 식인데 이는 기본적으로 사서삼경의 학습법과 성리제서(性理諸書)의 학습을 강조하는 송학의 토대 위에서 명대에 구성된 것이다. 그것은 사서삼경의 체계

---

1) 독서론의 관점에서 경서 학습의 차례를 검토한 논문은 김은경, 『조선시대 독서론과 한문교과 활용방안 연구』, 한국교원대학교 박사학위논문, 2006 참조.

2) 梁啓超, 『國學硏讀法三種』, 臺灣 中華書局, 1936; 번역은 이계주 역, 『중국고전학입문』, 형성사, 1995, 288~290쪽 참조. 이 글에서 양계초는 독서순서편에서 이렇게 말했는데 이는 사서삼경체제와 전독(專讀) 및 독서의 차례를 중시하는 전통시대의 독법과는 매우 큰 차이를 보인다. ㄱ 서문만을 인용한다. "학문하는 사람이 하루에 꼭 한 가지 책만을 전독할 필요는 없다. 강유위 선생은 특히 전정(專精)과 섭렵(涉獵)의 두 가지를 내세워 말했으니 전정이 없으면 학문을 완성하지 못하고, 섭렵이 없으면 학문에 통달할 수 없는 것이다. 지금 각 부분의 책을 차례로 나열함에 있어서 대략 아침에는 경서, 저녁에는 사서, 낮에는 자서, 밤에는 문집을 읽는 방법에 따라 월별로 안배하여 표를 만들어 보았다. 학문에 뜻이 있는 사람이 이에 의거하여 종사할 수 있을 것이다." 이에 그는 6개월치의 독서 순서를 예시했는데 제1월의 경우, 경학은 『공양석례』와 『공양전주』, 『춘추번로』, 사학(史學)은 『사기』, 『한서』, 『후한서』의 「유림전」과 「예문지」 등을 읽기를 권했고, 자학(子學)은 『맹자』, 『순자』의 「비십이자」, 『장자』의 「천하」, 『한비자』의 「현학」, 『묵자』의 비유, 이학(理學)은 『상산학안』, 『주자어류』 등을 지목했다. 서학(西學)도 마련되어 있어 제3월에는 『영환지략』을 읽도록 안배되어 있다. 이는 학문으로서 중국고전을 읽는 법을 지목한 것으로 순차성을 강조한 전통시대 주자식의 경전독법과는 판연하게 변별된다.

3) 신영주, 「전통시대 한문학습법에 관한 일고찰 -영조의 장헌세자 교육을 중심으로」, 『한문교육연구』 31, 한국한문교육학회, 2008 참조. 이 논문을 통해 전통시대 경연에서 가장 수준 높은 강학을 받던 왕세자에게도 문리(文理)를 익히고 그 의미의 이해를 염두에 둘 때, 『격몽요결』에서 지도한 것처럼 『소학』을 읽은 다음 바로 『대학』을 강학하는 것은 무리한 진도로 이해된다.

보다는 십삼경에 대한 학습을 강조하는 청대 학술과는 변별되는 것으로 십삼경의 학습을 강조하는 정조를 비롯하여 다산 정약용의 경전에 대한 시각과도 구별되는 것이다.[4] 또한 심성 수양론적인 시각이 아닌 경전의 진실에 대해 관심이 깊었던 성호 이익이 제시한 경전학습의 차례와도 다르다.[5] 그것은 경전에 대한 태도, 성인관, 경서학습의 의미에 대한 성찰과도 연동되는 것으로 전반적으로 조선시대 학문의 차례와 목적 및 방법론과도 무관하지 않은 것이다.

그렇다면 율곡의 제안은 역사적으로 응당 그러해야 하는 일반론이 아니라 조선시대 주자학의 자장 속에서 학문 분과 가운데 특히 경학을 강조하는 아주 특수하게 제안된 독서론이었다고 볼 수 있다. 그런 점에서 조선 지식인들의 독서 차례에 이정표를 세운『격몽요결』의 전후 사정과 의미를 짚어본다면, 율곡의 제안을 금과옥조처럼 준수하여 독서방법, 나아가 학문의 방법으로 활용한 조선 유학의 특징적인 국면을 이해하는 데에도 도움을 줄 수 있을 것으로 기대된다.

---

4) 다산 정약용의 경우 경학의 학습을 사서삼경을 강조하는 칠서대전(七書大全)이 아니라 십삼경(十三經)으로 전환해야 한다고 주장했다. 丁若鏞,『定本與猶堂全書』,「十三經冊」. "雖以《春秋》·三禮之照耀天地, 而不列乎七書之目, 則廢之而不講 …… 此誠斯文之大患, 世敎之急務也." 관련 연구는 함영대,『성호학파의 맹자학』, 태학사, 2011, 81~83쪽 참조.

5) 성호는 경전에서 성인의 지취를 알기 위해서는『대학』이 아니라 반드시『맹자』로부터 시작해야 한다고 주장했다. "其必自七篇始者何, 孔子沒而論語成, 曾子述而大學明, 子思授而中庸傳, 孟子辯而七篇作. 以世則後, 以義則詳, 後則近, 詳則著, 故曰求聖人之旨, 必自孟子始也." 이는 사서의 저작에 따른 도통론적 시각을 견지하면서도 주희가 정한 경서학습의 단계를 따르지 않고, 성인의 귀치, 곧 경전의 본지를 이해하기 위해서는 사실 자체를 좀 더 분명하게 말해주는 측면을 강조한 것으로 송학의 문제의식과는 일정한 차이가 있다. 맹자로부터 경학을 시작해야 한다는 주장은 일찍이 당대 유학자 한유도 주장한 바가 있다.

II. 율곡의 독서차제론과 그 반향

1. 율곡의 『격몽요결』과 『학교모범』의 독서차제론

율곡 이이가 『격몽요결』에서 주장하는 경학 공부의 차제는 큰 맥락에서는 독서의 중요성에 대한 인식이자 방법론의 하나로 제시된 것이다. 율곡은 "도(道)에 들어가는 데는 궁리(窮理)보다 우선하는 것이 없고, 궁리는 독서(讀書)보다 우선하는 것이 없다."라고 생각했으며 "성현들의 마음 씀씀이의 구체적인 자취, 선악의 결과에 대해 경계할 만한 것이 모두 책에 있다."라고 여겼다.[6] 마침 당시 율곡은 부제학에서 사임하고 파주 율곡으로 돌아가 있을 때[선조 10, 1577년]였는데 자신에게 배우기를 청하는 학도가 있어 범범하게 가르칠 것이 아니라 제대로 조목을 세워 가르치게 되었다고 하며 이 독서의 차례와 그 독서에서 중점을 두어야 할 대목을 다음과 같이 설명했다.[7]

먼저 『소학』을 읽어 어버이를 섬기고 형을 공경하며, 임금에게 충성하고 어른을 공경하며, 스승을 높이고 벗을 사귀는 도리에 대해 일일이 자세히 익혀서 힘써 실행해야 할 것이다. 다음으로 『대학』과 『대학혹문』을

---

6) 李珥, 『擊蒙要訣』, 「讀書」. "入道莫先於窮理, 窮理莫先乎讀書, 以聖賢用心之迹, 及善惡之可效可戒者, 皆在於書故也."

7) 李珥, 『擊蒙要訣』, 앞의 곳. "先讀小學, 於事親敬兄忠君弟長隆師親友之道, 一一詳玩而力行之, 次讀大學及或問, 於窮理正心修己治人之道, 一一眞知而實踐之, 次讀論語, 於求仁爲己涵養本原之功, 一一精思而深體之, 次讀孟子, 於明辨義利遏人慾存天理之說, 一一明察而擴充之. 次讀中庸, 於性情之德推致之功位育之妙, 一一玩索而有得焉. 次讀詩經, 於性情之邪正善惡之褒戒, 一一潛繹感發而懲創之. 次讀禮記, 於天理之節文儀則之度數, 一一講究而有立焉. 次讀書經, 於二帝三王治天下之大經大法, 一一領要而遡本焉. 次讀易經, 於吉凶存亡進退消長之幾, 一一觀玩而窮研焉. 次讀春秋, 於聖人賞善罰惡抑揚操縱之微辭奧義, 一一精研而契悟焉. 四書五經, 循環熟讀, 理會不已, 使義理日明, 而宋之先正所著之書, 如近思錄, 家禮, 心經, 二程全書, 朱子大全, 語類及他性理之說, 宜間間精讀, 使義理常常浸灌吾心, 無時間斷而餘力亦讀史書, 通古今達事變以長識見."

읽어 이치를 궁구하고 마음을 바르게 하며, 자기 몸을 닦고 남을 다스리는 도리에 대해 일일이 참되게 알아서 진실하게 실천해야 할 것이다. 다음으로『논어』를 읽어 인(仁)을 구하고, 참된 자신을 위한 학문을 하고, 본원을 함양하는 공부에 대해 일일이 자세히 생각하고 깊이 체득해야 할 것이다. 다음으로『맹자』를 읽어 의리를 밝게 분별하여 인욕을 막고 하늘의 이치를 보존하는 설(說)을 하나하나 밝게 살펴서 이를 넓혀 가득히 채워서 완전하게 하여야 한다. 다음에는『중용』을 읽어서 성정의 덕과 확장해서 얻게 되는 효과와 위육(位育)의 묘(妙)를 하나하나 음미하여 그 뜻을 찾아내야 한다.

그 다음에는『시경』을 읽어서 성정의 그릇됨과 올바름, 선악을 가려 기리고 경계함을 하나하나 깊이 궁구하여 감동 분발함으로써 이를 징계(懲戒)하여야 한다. 다음에는『예기』를 읽어서 하늘 이치의 절문(節文)과 사람이 지켜야 할 법칙의 정해진 규범에 하나하나 그 이치를 궁구하여야 한다. 다음에는『서경』을 읽어서 2제 3왕이 천하를 다스린 대경대법에 하나하나 요령을 얻고 그 근본을 소급해서 구할 것이다. 다음에는『주역』을 읽어서 길흉·존망·진퇴·성쇠의 기미를 관찰 음미하여 연구해야 한다. 다음에는『춘추』를 읽어서 성인의 착한 것은 상을 주고 악한 것은 벌하여 억누르고 드높이는 심오한 뜻을 정밀히 연구하여 간절히 깨달아야 한다.

'사서오경을 돌려가며 숙독하되 이해하기를 그만두지 않으면 의리가 날로 밝아질 것이오, 송대 선현들이 저술한『근사록』·『가례』·『심경』·『이정전서』·『주자대전』·『주자어류』와 기타 성리학설을 마땅히 간간히 정독하여 의리가 항상 마음에 젖고 주입되어 끊어질 사이가 없이 하고 여력이 있다면 역사를 읽어 고금의 사변을 통달하여 식견을 기른다.

율곡의 설명을 간명하게 정리하면 다음과 같이 정리될 수 있다. 우선『소학』과 사서(四書)를 읽는다.『대학』→『논어』→『맹자』→『중용』 순인데, 단『대학』·『중용』은『혹문』을 함께 읽는다. 다음으로 오경을 읽는다.『시경』→『예기』→『서경』→『주역』→『춘추』 순이다. 그 사이에

간간이 송대 선현의 저작과 기타 성리설, 역사서를 읽는다. 이를 간결하
게 그 도서목록만을 정리하면 다음과 같은 도식으로 정리할 수 있다.

> 선독(先讀) : 『소학』 → 『대학』 → 『대학혹문』 → 『논어』 → 『맹자』 → 『중
> 용』 → 『중용혹문』
> 차독(次讀) : 『시경』 → 『예기』 → 『서경』 → 『주역』 → 『춘추』
> 간독(間讀) : 『근사록』 → 『가례』 → 『심경』 → 『이정전서(二程全書)』 →
> 『주자대전(朱子大全)』 → 『주자어류』, 기타 성리설, 역사서

　율곡이 제시한 독서 순서의 특징을 간략하게 보면 우선 『소학』을 경
전 독서의 기본서로 간주하고 가장 먼저 숙독해야 할 기초경전으로 편
입시키고 있는 점과 『대학』과 『중용』은 『혹문』을 함께 읽는다고 전제함
으로써 이 독서순서가 온전히 사림파의 주자학적 입장에서 서술되고 있
음을 확인할 수 있다. 또한 일반적으로 삼경(三經)의 이후에 읽는 『예기』
를 『시경』 다음에 배치함으로써 예의 중요성을 특기한 것이 의미심장하
다. 이는 『격몽요결』에서도 예와 관련한 『상제』와 『제례』가 심층적으로
다루어진다는 것과 연관지어 좀 더 숙고할 여지가 있다. 분명한 것은
이렇게 독서의 차례를 분명하게 제시한 것은 조선 유학사에서는 율곡에
이르러 처음으로 시도된 것이라는 점이다.
　그런데 율곡은 이 『격몽요결』을 통해 독서의 차례를 세운지 채 5년도
되지 않아 선조의 명을 받고 관학의 일체 학교에서 시행할 수 있는 규칙
으로서의 『학교모범』을 올리게 된다. 『학교모범』에는 독서의 차례가 다
음과 같이 간략하게 언급되어 있다.

> 　글 읽는 순서는 『소학』을 먼저 배워 그 근본을 배양하고 다음에는 『대
> 학』과 『근사록』으로 그 규모를 정하고, 그 다음에는 『논어』・『맹자』・『중
> 용』과 오경(五經)을 읽고, 『사기』와 선현의 성리에 관한 책을 간간이 읽

어 뜻을 넓히고 식견을 가다듬어야 할 것이다.[8]

이는 대체로『격몽요결』에서 제시한 경전독서의 차례와 유사하지만 몇 가지 구별되는 점이 있는데 우선 단계별 학습의 분류와 이유를 좀 더 간명하면서도 뚜렷하게 제시했다는 것이다. 이를 좀 더 단계별로 구분하여 정리하면 다음과 같은 도식을 얻을 수 있다.

근본배양(根本培養) :『소학』
규모확정(規模確定) :『대학』,『근사록』
순차독서(順次讀書) :『논어』→『맹자』→『중용』→ 오경
광치정견(廣致精見) :『사기』, 성리서

『소학』과『대학』및『근사록』의 독서 단계에서의 역할을 분명하게 부여했으며 필독할 역사서 가운데『사기』가 등장했다는 것이다. 이는 매우 흥미로운 경학차제의 설정이라고 볼 수 있다.

이에 앞서 주자학의 학습에 깊은 관심과 성취를 보였던 학자로서는 퇴계가 있었지만 퇴계 역시 이토록 자세한 독서차제를 보여주지는 못했다. 그는『성학십도』가운데 학문의 규모와 차제를 보여주는 상5도 가운데 3도와 4도에서『소학』과『대학』을, 5도에「백록동규도」를 배치하여 성학의 차제를 설명했다. 그러나 초학자들에게는 다소 어려울 수도 있는「태극도」와「서명도」를 1도와 2도에 배치함으로써 성인(聖人)을 배우는 자의 자세 ─ 성학의 정체성 확인 ─ 와 성학이 추구해야 할 인(仁)의 성격 ─ 성학의 목표 ─ 를 인지하는데 좀 더 우선순위를 둠으로써 일반적인 사대부 교육보다는 군주의 성학서로서의 성격을 강조했으며 본격적인

---

8) 李珥,『栗谷全書』卷15,「學校模範」, "其讀書之序, 則先以小學, 培其根本, 次以大學及近思錄, 定其規模, 次讀論孟中庸五經, 間以史記及先賢性理之書, 以廣意趣, 以精識見."

경학차제로서는 불완전한 모습을 보였다.[9] 그런 점에서 율곡의 독서차
례에 대한 지적은 동시대에 제기된 독서법에 대한 하나의 제안으로 이
해된다.

2. 율곡 이후 학계의 반향

율곡과 교유했던 성혼[成渾, 1535~1598]의 글에서도 이와 유사한 독서
의 단계가 제시되어 있다. 그는 경사자집의 전 분야에 걸쳐서 23종의
서명을 체계적으로 선정하여 제시하고 있는데 그 열거 순서는 일종의
단계를 지목하는 것으로 이해된다.

> 『소학』·『대학』·『대학혹문』·『논어』·『맹자』·『중용』·『중용혹문』·『근
> 사록』·『주자서절요』·『심경』·『시경』·『서경』·『역경』·『춘추』·『예기』·『이
> 정전서』·『주자대전』·『이락연원록(伊洛淵源錄)』·『연평답문(延平答問)』
> ·『이학통록(理學通錄)』 −퇴계 선생이 편집한 것으로 안동부에서 판각한
> 본이 있다. −『자치통감강목(資治通鑑綱目)』·『속자치통감강목(續資治通
> 鑑綱目)』·『황명통기(皇明通紀)』는 마땅히 읽어야 할 책입니다.[10]

성혼이 제시한 경학학습서에서 주목할 점은 퇴계가 편집한『주자서
절요』와『이학통록』이 편입되었다는 것과『근사록』과『심경』이 사서와
오경 사이에 반영되고 오경 이후에 읽어야 할 기타 성리서에『이락연원

---

9) 『성학십도』의 의미와 관련해서는 이광호, 「이퇴계의『성학십도』연구」, 『태동고전연구』
  4, 한림대 태동고전연구소, 1988; 금장태, 『『성학십도』와 퇴계철학의 구조』, 서울대출판
  부, 2001; 문석윤, 「퇴계의『성학십도』수정에 관한 연구」, 『퇴계학보』130, 퇴계학연구
  원, 2011; 한형조, 『『성학십도』−자기구원의 가이드맵』, 한국학중앙연구원, 2018 참조.
10) 成渾, 『牛溪續集』卷4, 「與鄭士朝宗溟」. "小學·大學·大學或問·論語·孟子·中庸·中庸
  或問·近思錄·朱子書節要·心經·詩·書·易·春秋·禮記·二程全書·朱子大全·伊洛淵源
  錄·延平答問·理學通錄·退陶先生所輯·安東府·有刻本. 通鑑綱目·續綱目·皇明通紀."

록』, 『연평답문』 등의 도서가 확정되었으며, 역사서로서 『자치통감강목』, 『속자치통감강목』, 『황명통기』 등이 거론되었다는 점이다. 이는 전반적으로 주자학에 대한 학습이 더욱 심층적으로 진행되고 있다는 것을 단적으로 보여주는 것이다.

문장 학습의 측면에서 논의된 것이기는 하지만 택당 이식[李植, 1584~1647]의 경서학습에 대한 언급도 간과할 수 없다. 그는 당송고문을 사용해야 한다고 주장했음에도 불구하고 그 본원의 내력만큼은 소급해서 알아두지 않으면 안 된다고 주장했다. 그가 문장학습의 전범으로 제시한 것은 『시경』과 『서경』의 정문(正文)과 『맹자』의 정문이었으며, 『논어』와 『중용』과 『대학』은 전주(傳註)까지도 아울러서 우선 숙독을 하고 종신토록 복습해야 할 것이라고 주장했는데 그 이유는 의리(義理)의 본원과 관계되는 것으로 하루라도 막히게 해서는 안 될 것이라고 인식했기 때문이다.[11] 또 『주역』의 「계사전(繫辭傳)」과 『춘추』 3전 중의 『춘추좌전』과 『예기』 등의 글 역시 여력이 있으면 숙독을 하여 소득이 있도록 해야 할 것[12]이라고 하여 경전의 문장을 문장 학습의 근간으로 활용하고자 하는 입장을 드러냈다.

이후 율곡을 종주로 하는 노론 학맥의 다양한 서원에서는 모두 율곡의 『격몽요결』과 『학교모범』에서 정한 독서 차제를 준용하여 경전 독서의 차례를 정했다. 율곡 이후 노론학계를 이끌었던 동춘당 송준길[宋浚吉, 1606~1672]은 후학들의 지도에 항상 『격몽요결』과 『학교모범』을 활용했다. 그의 후학들은 그의 강학을 이렇게 묘사했다.

---

11) 李植, 『澤堂集』 卷14, 「作文模範」. "當以唐宋以下爲法, 惟其本源來歷, 不可不溯求而知之也. 詩書正文, 孟子正文, 論語庸學幷傳註, 爲先熟讀, 終身溫習, 此義理本源, 不可一日塞也."

12) 李植, 앞의 글. "此外易繫辭, 春秋三傳中左傳, 禮記等書, 有餘力則熟觀採穫."

선생이 율곡 선생의『격몽요결』중에 있는 격언 수십 여 조항을 취해 좌석 옆에 써 붙여 놓고서 항상 눈을 그곳에 두었다. 선생은『격몽요결』가운데 독서차제를 더욱 학자들이 수용할 중요한 법으로 여겨, 학도를 가르칠 때에도 그 제도를 따랐다.[13]

선생이 도산(道山)의 분암(墳庵)에 계실 때 학도가 많이 모여 들었는데, 선생이 학도로 하여금 주자의 백록동학규[白鹿洞敎條]와 율곡 선생의 은병정사학규(隱屛精舍學規)와 문헌서원학규(文憲書院學規) 등의 문자를 등사해 문 위에 붙여 놓고서 조석으로 이를 보고 반성할 자료로 삼게 하며 "이것이 바로 사람을 만드는 양식(樣式)이니, 너희들은 항상 완미하여 본보기로 삼도록 하라."라고 하였다. 그 뒤 선생이 숭현서원(崇賢書院)의 원장이 되어서는, 서원의 유생들과『심경』, 『근사록』등의 책을 강론하고는 율곡 선생의『학교모범』을 처음부터 끝까지 읽게 하였다.[14]

이는 도암 이재[李縡, 1680~1746]가 정한 심곡서원학규(深谷書院學規)의 경우에도 준용되었다.

독서의 차제는 먼저『소학』을 읽고, 다음으로『대학』과『혹문』을 겸해 읽고, 다음으로『논어』, 다음으로『맹자』, 다음으로『중용』, 다음으로 『시경』, 다음으로『서경』, 다음으로『역경』을 읽되『심경』, 『근사록』, 『가례』등의 책은 선후로 순환하며 읽어 간다.[15]

또한 미호 김원행[金元行, 1702~1772]이 주관하며 노론학계의 중심적

---

13) 黃世楨,『同春堂別集』卷9,「遺事」. "先生取栗谷先生擊蒙要訣中格言數十餘條, 書之座隅, 常目在之, 而先生以爲其中讀書次第一段, 尤爲學者受用之要法, 敎授學徒之際, 亦遵其制焉."

14) 앞의 책. "先生在道山墳庵時, 學徒多聚, 先生使學徒謄寫朱夫子白鹿洞敎條, 及栗谷先生隱屛精舍學規, 文憲書院學規等文字, 揭之楣間, 以爲朝夕觀省之地曰, '此乃做人底樣子, 汝輩宜常常奉玩而取法也.' 厥後先生爲崇賢書院院長, 與院儒講論心經, 近思錄等書, 仍令通讀栗谷先生學校模範."

15) 李縡,『陶菴集』卷25,「深谷書院學規」. "讀書次第, 先小學次大學兼或問, 次論語次孟子次中庸次詩經次書經次易經, 而心經, 近思錄, 家禮諸書, 則或先或後, 循環讀過."

인 서원이 되었던 석실서원의 강규(講規)에서도 이어지는 것이다.

> 강할 책은 반드시 『소학』을 먼저하고, 다음은 『대학』, ─「혹문」을 겸한
> 다. ─ 다음은 『논어』, 다음은 『맹자』, 다음은 『중용』, 다음은 『심경』과
> 『근사록』으로 하고, 그런 뒤에 제반 경전에 미치며, 한 바퀴 돌고 나서
> 다시 시작한다.

이는 노론학맥에 그치는 것이 아니라 소론학맥의 시원이 되는 명재
윤증[尹拯, 1629~1714]의 경우에도 크게 이견이 없는 것이었다.

> 모르겠습니다만, 본원의 학규 또한 율곡이 정한 은병정사의 옛 학규를
> 본받은 것입니까? 만약 학규가 있다면 한 통을 얻어서 읽어 보고 싶습니
> 다. 만약 학규가 없다면 주부자가 백록동에서 게시한 것과 창주정사(滄洲
> 精舍)에서 학자들에게 유시한 글, 퇴계 선생이 서원의 일을 논한 몇 통의
> 편지, 율곡 선생의 『학교모범』과 『은병학규』, 우계 선생의 「서실의(書室
> 儀)」 등의 글을 한 책으로 엮어서 서원에 들어오는 사람은 노소를 막론하
> 고 모두 외우고 익혀서 받들어 행하게 한다면 주자와 퇴옹 이래 서원을
> 세우고 가르침을 베푼 본의에 대해 얻는 바가 있을 것입니다. 제현들께서
> 는 어떻게 생각하시는지요?[16]

율곡이 『격몽요결』과 『학교모범』에서 제시했던 독서의 차례는 이렇
게 조선학계에서 광범위하게 영향을 끼쳤음을 볼 수 있다. 그러한 결과
가 좀 더 분명한 형태로 집대성되어 창신된 것은 흥미롭게도 남인계 학
자들인 순암 안정복과 그의 제자 하려 황덕길의 독서차례이다.

16) 尹拯, 『明齋遺稿』卷26, 「答蓬山院儒 乙丑(1685)九月六日」. "未知本院學規, 其亦取倣
乎隱屛精舍遺規否耶? 如有之, 則願得一通而讀之, 如未有也, 則願取朱夫子白鹿洞揭示
者, 及滄洲精舍諭學者文, 及退溪先生論書院事數書, 及栗谷先生學校模範, 隱屛學規, 牛
溪先生書室儀等書, 寫爲一冊, 使入院者無論老少, 皆誦習而服行焉, 庶乎有得於朱子, 退
翁以來創院設敎之本意, 未知僉賢以爲如何."

3. 순암 안정복의 「독서지서도」와 하려 황덕길의 「독서차제도」

율곡 이후에도 주자학은 조선학계의 대세를 이루었고, 주자학의 이념을 반영한 율곡의 독서 차례는 조선학계에 널리 받아들여졌다. 우암 송시열 이후 주자학 이외의 학문을 '사문난적'으로 규정한 학계의 분위기를 고려한다면 남인학맥에 속한 순암 안정복[安鼎福, 1712~1791]이 학문의 차제와 방법을 모아 편집한 『하학지남』에서 율곡의 『격몽요결』 「독서장」을 전면적으로 인용한 것[17]은 하나도 이상할 것이 없다고 생각된다.[18]

순암은 주자는 물론 퇴계의 독서와 관련한 언급을 인용하기도 했지만 독서의 차례에 대해서는 전적으로 율곡의 「독서장」을 제시했는데 이는 주자와 퇴계의 글을 독실하게 읽은 순암의 시야에서도 독서차제에 대한 규정은 율곡의 제안이 가장 체계를 이루었으며 그것은 또한 학파를 초월하여 수용할 만한 것으로 인식되었기 때문일 것이다.

다만 순암은 율곡의 독서 차례에 계시를 받았음에도 자신의 입장에서 충분하게 소화하여 내용을 진일보시켜 좀 더 구체적인 경전독서의 차례와 의미를 덧붙였다. 그런데 그의 수제자인 하려(下廬) 황덕길[黃德吉, 1750~1827] 역시 스승 순암의 게시를 계승하면서도 자신의 의견을 덧붙여 「독서차제도(讀書次第圖)」를 제출했다.[19] 연관성이 매우 크기 때문에 함께 제시한다.[20]

---

17) 安鼎福, 『下學指南』, 『順庵叢書』上, 成均館大 大東文化研究院, 682쪽 참조.

18) 『하학지남』에 대해서는 강세구, 「『下學指南』을 통해 본 安鼎福 學問의 性格」, 『진단학보』 78, 진단학회, 1994; 정낙찬, 「순암 안정복의 초등교육사상」, 『교육철학』 12, 한국교육철학회, 1994 참조.

19) 黃德吉, 『下廬集』 卷8, 「讀書次第圖」.

20) 황덕길의 「독서차제론」과 『격몽요결』의 독서론 비교로는 김순희, 「황덕길의 독서론 고찰」, 『서지학연구』 53, 서지학회, 2012, 234~235쪽 참조.

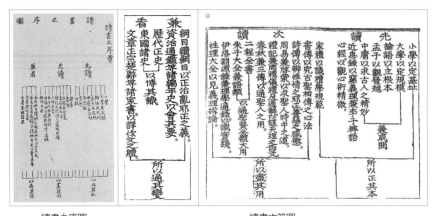

讀書之序圖
(安鼎福, 『下學指南』)　　　　讀書次第圖
(黃德吉, 『下廬集』 卷8)

순암의 '독서지서도(讀書之序圖)'를 정리하면 다음과 같다.

선독(先讀) 그것으로 근본을 세운다 : 『소학』→『대학』 겸 『혹문』→
『논어』 겸 『혹문』→『맹자』 겸 『혹문』→『중용』 겸 『혹문』→『근
사록』→『가례』→『심경』

차독(次讀) 그것으로 쓰임을 다한다 : 『시전』→『서전』→『주역』 겸
『계몽』→『춘추』 겸 삼전→『예기』 겸 『의례』 및 『통해주례(通解
周禮)』→『이정전서』→『주자대전』 겸 『어류』→『이락연원록』
겸 『이학통록』→『성리대전』

겸간(兼看) 그것으로 변화에 통한다 : 먼저 『강목』, 『속강목』, 『명사강
목』을 보아 그 의리를 정립한다. → 아울러 『자치통감』 등의 제
편년사를 보아 그 요점을 정리한다. → 그 다음으로 『역대정사』를
보고 또한 동국의 여러 사서를 본다.

먼저 『소학』과 사서(四書)를 기본서로서 읽되, 『대학』과 『중용』에만
국한되었던 『혹문』을 『논어』와 『맹자』에도 적용하여 함께 읽을 것을 권
했다. 아울러 『근사록』과 『가례』, 『심경』을 선독의 대상으로 편입시킴

으로써『소학』에 그쳤던 기본서의 범주가 확장하는 일면을 보여준다. 이는 조선학계에서 전반적으로 주자학이 심층적으로 이해되는 것과 무관하지 않을 것으로 짐작된다.『주역』을 읽을 때에『계몽』을 겸독하는 것이나 춘추를 읽을 때에 삼전을 읽고, 삼례를 같이 읽는 것 역시 확장된 개념이다.

가장 주목할 만한 것은 역사서의 서목이 분명하게 제시되어 강목류 책들이 강조된 것이나『자치통감』등의 편년체 역사서의 독서를 권장하는 것, 그리고 우리나라의 여러 책들까지 독서 목록에 반영된 것은 이전에는 보기 어려웠던 것이다. 이는 역사가로서 순암의 안목이 좀 더 선명하게 제시된 것이 아닌가 한다. 그 이전에『사기』등을 기본서를 제시했던 것과 비교한다면 더 한층 진보한 것이다.

순암의 경전독서의 차례를 계승하여 좀 더 발전시킨 것이 하려 황덕길의 독서차제이다. 선독과 차독, 겸간으로 구분한 것은 동일하지만, 개별 경전의 독서 이유에 대한 상세한 설명을 덧붙인 것은 율곡이『격몽요결』에서 경전별 독서 취지를 설명한 것을 되살리는 것으로 주목할 만하다.

> **선독(先讀) 그 근본을 바로 잡음 :**『소학』기지(基址)를 정함 →『대학』겸『혹문』규모를 정함 →『논어』근본을 확립함 →『맹자』탁월한 발휘는 살핌 → 독『중용』겸『혹문』고인의 정묘함을 구함 →『근사록』의리를 궁리함 겸『이자수어』,『심경』심술(心術)의 정미함을 봄 →『가례』예학의 규모를 인지함
>
> **차독(次讀) 그 쓰임을 다함 :**『서전』옛 성현이 전한 심법(心法)을 궁구함 →『시전』성정의 사정(邪正)과 선악의 감징(感懲)을 변별함 →『주역』겸『계몽』성인의 시중지도(時中之道)를 구함 →『예기』겸『주례』,『의례』및『통해』천리의 절문(節文)를 핵실하 함 →『춘추』겸 삼전 성인의 쓰임이 그 쓰임을 다하는 것을 이해함 →『이정전서』성현의 전체 대용에 정통함 →

『주자대전』겸『어류』,『이락연원록』겸『이학통록』실천을 인지함
→『성리대전』의리의 변론을 봄
겸간(兼看) 그 변화에 통함 :『강목』,『속강목』치란사정(治亂邪正)의 의리
를 정립함 → 겸『자치통감』등 제편년사 그 요점을 정리함 →『역대정
사(歷代正史)』,『동국제사(東國諸史)』견식을 넓힘 →『문장정종(文
章正宗)』,『초사』등 제가서 작문(作文)의 체례를 상세히 함

　하려는 체득과 함양 및 실천을 강조하는 기존의 문법에서 좀 더 진전
하여 개별 경전의 성격에 걸맞는 평어를 제출하고 있다. 게다가『근사
록』·『심경』·『가례』와 함께 성호 이익이 편집하고 스승인 순암 안정복
이 정리한 퇴계의 언행록인『이자수어』를 반영한 것은 이채로운 것이
다. 오경 가운데는 일반적으로『시경』또는『역경』이후에 읽었던『서
경』을 가장 먼저 읽을 것으로 제시한 점도 흥미롭다. 순암이 편입시킨
『명사강목』을 탈락시킨 것이나『문장정종』,『초사』등 문장학의 저작을
반영한 것은 하려 당대의 학술 분위기를 반영하는 것으로 이해되는데
이는 스승의 독서차례일지라도 묵수하지 않고 꾸준히 개량하는 정황을
확인시켜 주는 것이다.
　하지만 전체적으로 본다면 율곡 이이가 1577년에『격몽요결』에서 제
기했던 독서의 차제는 이후 19세기까지 이어지고 있다는 것을 직관적으
로 이해할 수 있다. 순암의 제자 하려 황덕길에 의해 보완되는 측면이
있지만『소학』을 필두로 사서오경을 독서하고, 성리설과 역사서를 읽는
다고 하는 기본적인 차제에 대한 인식은 크게 달라지지 않았다.
　율곡이 제시한 경전독서의 차례는 철저하게 주자독서법과 주자의리
론에 기초한 것인데 그 강조의 정도와 심취는 후대로 갈수록 오히려 더
깊어졌다고 볼 수 있다. 부정적으로 평가한다면 강고해졌다고도 할 수
있겠다. 그것이 조선학계의 독서차제요, 경학의 비중이 압도적이었으므
로 경학의 독서차제였다고도 할 수 있을 것이다.

그런데 조선학계에는 이러한 하나의 경향성 밖에는 없었던 것일까? 경전의 독서차제는 조선학계가 독서의 대상으로 선택한 텍스트의 성격과 무관하지 않다. 조선은 기본적으로 송학의 이념을 반영하여 명대에 완성한 '사서오경대전'을 경전 독서의 기본적인 텍스트로 활용하였지만 정조의 시대에 이르러 이러한 분위기는 점차 변화되고 있었다.

4. 사서오경대전과 십삼경주소의 길항

1790년 정조는 내각에서 초계문신들을 불러 직접 시험을 치르면서 그 전수(傳受)의 원류와 전주(箋注)의 득실을 묻는 과정에서 십삼경에 대해 '도덕이 담겨있는 탁약(槖籥), 문예도 실려있는 연해(淵海)'라고 밝혔다.[21] 이에 대해 다산은 "지금의 학자들은 칠서대전(七書大全)이 있는 줄만 알지, 십삼경주소가 있는 줄은 알지 못해『춘추』와 삼례 등의 천지에 빛나는 글도 칠서의 목록에 배열되지 않았다 해서 그 글들을 폐기하여 강론하지 않으며, 도외시하여 들여놓지도 않고 있으니 이는 참으로 사문(斯文)의 큰 걱정거리이며, 세교(世敎)에 시급한 문제"라고 지적하고, 십삼경의 가치를 이렇게 역설했다.

신은 삼가 생각하건대, 십삼경은 모든 서책 중에 으뜸입니다. 대저 건상(乾象)을 관찰하고 가르침을 베풀어 길흉의 진리를 파헤치며, 『시경』을 외고『서경』을 읽어 치란의 자취를 증험할 수 있도록 한 것은 삼경(三經)이 도를 실은 실적이요, 절문(節文)과 의칙(儀則)으로써 하늘이나 사람의 활용을 발명하며, 국가를 건립하고 작위(爵位)를 설치하여 한 제왕의 제도를 성립한 것은 삼례(三禮)가 가르침을 설립한 실적이요, 포폄의 대의를 발휘하여 난신적자들이 두려움을 갖도록 한 것은『좌씨전』·『공

21) 丁若鏞,『定本與猶堂全書』卷8,「十三經冊」."王若曰, 書目總經之類, 十三經居其首焉, 寔道德之槖籥, 文藝之淵海也. 其傳授之源流, 箋註之得失, 皆可詳言歟."

양전』·『곡량전』 등이 『춘추』를 우익한 실적이요, 궁장(宮墻)을 보여주고 의리를 분석하여 준 것은 『논어』와 『맹자』로 사문의 별이나 태양처럼 빛나고 있습니다. 또한 『효경』에 요도(要道)를 연역한 것이나 『이아(爾雅)』에 형명(形名)들을 널리 기록한 것까지도 다 성현이 남긴 교훈이요 학문의 종지입니다. 그러므로 도통을 전수하여 수사(洙泗)의 참 근원을 접속시킨 이도 반드시 이 십삼경에 귀의하였고, 전석(箋釋)을 좌우에 두고서 학문의 방향을 이룩한 이도 반드시 이 십삼경에 노력하였습니다. 이로 본다면, 십삼경은 참으로 덕성을 수련시키는 노위(爐鞴[풀무])이며, 예술을 간직한 부고(府庫)인 셈입니다.[22]

다산의 이 언급에서 주목할 것은 십삼경 자체에 대한 하나하나의 의미를 지적한 데서도 찾을 수 있지만 더욱 주의깊게 볼 것은 개별 경전의 가치가 '길흉의 진리', '치란의 자취', '국가의 건립과 작위의 설치' 등 그 경전을 읽는 가치가 『격몽요결』에서 지적한 심성 수양의 가치에 있지 않고 구체적인 왕정과 연관되도록 하였다는 것이다.

『하학지남』에서 『소학』과 사서오경, 성리설, 역사서의 독서를 학문의 차례로 제시했던 순암이지만 그의 경학에 대한 의견을 모아 놓은 『경서의의(經書疑義)』에는 「제경시말(諸經始末)」이라는 글이 있는데 그 내용은 13경의 연혁과 유래, 판본의 형성에 대한 서술이 있고, 특히 고염무의 『일지록』 서술을 인용하여 '팔고문이 행해지면서 고학(古學)이 버려지고 『대전』이 나오자 경설(經說)이 없어졌다.'는 점을 지적하면서 최종적으로 "지금 고씨의 말을 보니 명유들의 『대전』 편집은 유문(儒門)의 하자가

---

22) 앞의 책. "臣伏念經有十三, 冠冕群書. 盖觀象設教, 以達吉凶之情, 誦《詩》讀《禮》, 以徵治亂之跡, 三經之所以載道也. 節文儀則, 以窮天人之用, 建邦設位, 以成一王之制, 三禮之所以立教也. 發揮袞鉞, 以懼亂賊, 則《左氏》·《公》·《穀》之羽翼《春秋》也. 開示宮墻, 辨析義利, 則《魯論》·《鄒書》之星日斯文也. 以至《孝經》之演釋要道, 《爾雅》之博識形名, 莫非聖賢之遺訓, 學問之宗旨, 是故傳道授統, 接洙泗之眞源者, 必於是歸依, 左箋右釋, 濟學海之津梁者, 必於是用力, 信爲德性之爐鞴, 藝術之府庫也."

됨을 면치 못했다."라고 지적했다.[23]

『하학지남』이 순암의 20대 후반기의 저작인 것을 고려한다면 경학을 연마하면서 독서의 범위가 넓어지고 정조의 사부로 궁중에 들어가 관각에 수입된 책들을 열람하면서 순암 역시 텍스트에 대한 비판 의식이 높아진 것을 확인할 수 있다. 순암이 굳이 이 글의 말미에 "이를 표출하여 동지에게 보인다."[24]라고 적시한 것은 이러한 깨달음에 적잖이 놀랐기 때문일 것이다.

이러한 경전 텍스트의 문제점에 대한 지적과 경전에 대한 시각의 변화는 정조에 의해 규장각 검서관으로 발탁된 연경재(研經齋) 성해응[成海應, 1760~1839]에게서도 포착되는 것이다. 그는 십삼경의 성립을 역사적으로 검토하면서 송대 이래의 학술과 그에 대한 조선학계의 이해수준을 이렇게 비판했다.

> 송대 도학은 그때에 크게 번창하여 당대 군주 역시 존경하고 숭상했다. 그런데 명대 영락제 때에 『주례』와 『의례』・『효경』・『춘추』 3전을 폐하고 사서오경만을 조칙을 세워 반포했다.『역』・『시』・『서』・『예』・『춘추호씨전』・『논어』・『맹자』・『중용』・『대학』이니 대개 부연하는 문장이라 잘못 전해지는 것으로 의심되는 것을 탈락시키고 힘써 아정(雅正)한 문장으로 돌아가자는 것으로 의미는 참으로 좋은 것이다. 우리나라의 학자들은 미루어 정통하지 못해 문득 한유(漢儒)들의 전문적인 학문을 배척하니 한유들을 어찌 가볍게 여길 수 있겠는가? 전해 받은 것이 확실하고 사승이 또한 독실하다. 진실로 배격하여 버리려고 한다면 이는 이치를 담론하면서 수(數)를 버리는 격이다. 나는 참으로 이를 병폐로 여긴다. 모든 고주(古注)로서 송학에 보탬이 될 만한 것을 그때마다 모아둔다.[25]

---

23) 安鼎福, 『順菴集』 卷11, 「經書疑義 諸經始末」. "自八股行而古學棄, 大全出而經說亡, …… 按今見顧氏此說, 則明儒大全之輯, 未免爲儒門大疵, 玆表出之."

24) 安鼎福, 앞의 글. "玆表出之, 以示同志者."

이렇게 정조가 십삼경을 중시하는 것을 정점으로 점차 사서오경에 대해 의구심을 갖고 그러한 경전에 따른 독서법에 대해 회의하는 시각이 점차 확산되어 갔던 것은 분명한 사실이라는 점이다.

다만 흥미로운 것은 그러한 인식의 단초를 열었던 정조의『경사강의』는 그 최종 편집이『근사록』·『심경』·『대학』·『논어』·『맹자』·『중용』·『시』·『서』·『역』·총경의 순으로 편집되지만 정조에 의해 십삼경에 대한 인식을 개발시켰고, 그에 대한 경전 주석을 제시했던 다산은 철저하게 육경사서의 차례를 준용하고 있다는 것이다. 이는 경전 주석을 최종 자찬(自撰)했던 다산의 경우, 산하들에 의해 정리되었던『홍재전서』의 경우가 가지는 변별적인 면이다.

Ⅲ. 독서차제론의 학문방법론으로서의 비판

그런데 이러한 경전의 독서차제에 대해 비판적인 시선으로 바라본다면 몇 가지 특징을 간파할 수 있다. 경전의 독서차제에 대한 비판적 검토는 독서방법론에 대한 성찰을 넘어 조선 학술계의 성격에 대해서도 한번 더 생각해 볼 여지를 남긴다는 측면에서 고찰할 만한 점이 있다.

1. 경학 우위의 편중된 관심사

율곡이 제안한 독서법은 철저하게 경학을 우위에 놓고 제시된 것이

---

25) 成海應,『研經齋全集』卷13,「外集序」. "宋時洛閩之學, 大昌于時, 人主又尊尙之. 皇明永樂中, 罷周禮, 儀禮, 孝經, 春秋三傳, 獨以四子五經, 制詔頒行, 易, 詩, 書, 禮, 春秋胡氏傳, 論語, 孟子, 中庸, 大學. 蓋慮其脫遺影響之文, 疑誤來者, 而務歸雅正, 意固善矣. 東方之學者, 不識推而通之, 輒斥漢儒專門之學, 漢儒烏可輕也. 授受旣確, 師承且篤, 苟欲擊而去之, 是談理而遺數也, 余固病是. 凡古注之可資於洛閩者, 輒薈粹之."

다. 얼마간의 성리서 등의 철학서와 역사서를 읽을 것을 제안하지만 부수적인 것에 불과하다. 이러한 경학 우위의 독서법은 학문 영역에 대한 편중된 관심사를 반영하는 것으로 학문 영역에서 무엇을 근본적인 것으로 인식할 것인지가 반영되어 있다.

그런데 기실 이러한 경학 우위의 독서법은 율곡의 창안이 아니라 주자의 주장을 계승한 것이다. 주자는 독서에 있어 사학이나 문학에 대비하여 경학의 중요성을 강조한 바 있다. 특히 주자는 반드시 경학의 기초 위에서 사학을 공부할 것을 강조했다.

> 오늘날 사람들은 책을 많이 읽지 않아서 의리가 융합되는 경지에 아직 이르지 않았는데도 곧바로 역사책을 살피며 옛날부터 지금까지의 흥망성쇠를 탐구하고 제도와 법칙을 이해한다. 비유컨대 저수지를 만들어 밭에 물을 대는 것과 같다. 반드시 저수지에 물을 가득 채운 뒤에 둑을 튼다면 밭의 곡식이 자라도록 물을 댈 수 있다. 만약 저수지에 물이 겨우 한 통밖에 없는데 갑자기 둑을 터서 밭에 물을 댄다면 밭에 도움이 되지 않을 뿐만 아니라 한 통의 물까지도 아예 사라진다. 이미 책을 많이 읽어서 의리가 융합되고 가슴 속의 척도기 모두 분명한데도 역사책을 살펴서 흥망성쇠를 탐구하고 제도와 법칙을 이해하지 않는 것은 저수지의 물이 이미 가득 채워졌는데도 둑을 터서 밭에 물을 대지 않는 것과 같다. 만약 책을 많이 읽지 않아서 의리가 아직 융합되는 경지에 이르지 않았는데 역사책을 살피는 것을 급선무로 삼는다면 그것은 한 통의 물이 있는 저수지를 터서 밭에 물을 대는 것과 같으니 '그것이 고갈되는 것은 일어선 채로 기다릴 수 있다.'[26]

---

26) 朱熹, 黎靖德 輯, 『朱子語類』, 中華書局 195쪽. "今人讀書, 多義理未至融會處, 若便去看史書, 考古今治亂, 理會制度法章, 譬如作陂塘以漑田, 須是陂塘中水已滿, 然後決之, 則可以流注滋殖田中禾稼, 若是陂塘中水方有一勺之多, 遽決之以漑田, 則非徒無益於田, 而勺之水亦復無有矣. 讀書旣多, 義理已融會, 胸中尺度一一已分明, 而不看史書, 考治亂, 理會制度典章, 則是猶陂塘之水已滿, 而不決以漑田, 若是讀書未多, 義理未有融會處, 而汲汲焉以看史爲先務, 是猶決陂塘一勺之水以漑田也. 其涸也可立而待也."

주자는 의리가 융합된 경지에 이르지 않은 채 역사를 배워 제도와 법칙을 논하는 것을 우려했다. 그것은 마치 저수지에 물을 채우지 않은 채 밭에 물을 대는 것처럼 금새 고갈 될 수밖에 없다고 생각한 것이다. 이렇게 경학을 우위에 놓는 인식은 조선시대 내내 아주 강력한 영향력을 발휘했던 것으로 이해되는데 그 단적인 예로 사서오경이 아닌 십삼경을 읽어야 한다고 주장한 다산도 경학을 우선적으로 학습해야 한다는 생각은 변함없이 견지되는 것이었다.

> 반드시 먼저 경전에 대한 공부를 하여 밑바탕을 확고하게 한 후에 옛날의 역사책을 섭렵하여 (정치의) 득실과 잘 다스려지고 못 다스려지는 이유의 근원을 알아야 하며 또 반드시 실용의 학문에 뜻을 두어서 옛 사람들이 나라를 다스리고 세상을 구했던 글들을 즐겨 읽어야 한다. 이러한 마음을 늘 갖고 있으면서 만민을 윤택하게 하고 만물을 번성하게 자라게 하겠다는 뜻을 가진 뒤에라야 비로소 올바른 독서군자가 될 것이다.[27]

이러한 경학 우위의 학습은 경전에 대한 기본적인 식견을 충분하게 하는데 얼마간의 도움을 주는 것이 물론이지만 기타 사학과 자학에 대한 관심 내지 학습의 기회를 줄이게 될 뿐 아니라 독서 대상을 지나치게 편중하게 한다는 문제점을 근본적으로 가지게 된다.

2. 단계별 독서의 강조와 규정화된 교육과정

위에서 살핀 독서차제의 가장 큰 특징 가운데 하나는 단계별 독서를 강조하고 매우 규정화된 교육과정을 준수케 한다는 것이다. 이렇게 단

---

27) 丁若鏞,『定本與猶堂全書』卷21,「寄二兒, 壬戌(1802)」. "必先以經學立著基址, 然後涉獵前史, 知其得失理亂之源. 又須留心實用之學, 樂觀古人經濟文字, 此心常存, 澤萬民育萬物底意思, 然後方做得讀書君子."

계별 독서를 강조한 것은 물론 주자의 독서법을 따른 것이다. 주자는 기본적으로 학문할 때는 반드시 먼저 커다란 근본을 세워야 한다고 주장했는데 그 방법은 처음에는 매우 간략하고 중간에는 매우 광대하며 마지막에는 다시 간략하게 하는 것이다. 이것은 맹자가 말한 이른 바 '폭넓게 배워서 자세하게 설명하는 것은 장차 돌이켜 간략하게 설명하려는 것이다.'라는 설명과도 연관되는 것이다. 그러므로 주자는 사서를 읽어 성현의 뜻을 살피고, 역사책을 읽어 흥망성쇠의 자취를 살피고, 제자백가를 읽어 그 잡다한 병폐를 보아야 하는데 '그 과정에 본디 단계가 있고, 그 단계를 뛰어넘지 말아야 한다.'라고 주장했다.[28]

　주자는 그 본령이 되는 경학 가운데 특히 자신이 체계를 구축한 사서의 독서에 대해 매우 세밀하게 지도했다. 그는 사서를 읽는데 『대학』→『논어』→『맹자』→『중용』 순서가 되어야 하는 이유를 이렇게 설명했다.

　　나는 사람들에게 먼저 『대학』을 읽어서 규모를 정하고 다음 『논어』를 읽어서 그 근본을 세우며 다음으로 『맹자』를 읽어서 그 전개를 살피며 다음 『중용』을 읽어서 옛사람의 미묘하고 오묘한 곳을 구하게 하였다. 『대학』은 등급과 단계가 한 곳에 총괄되어 있어서 쉽게 깨달아지기 때문에 먼저 보아야 한다. 『논어』는 비록 실제적이지만 언어가 흩어져 있어서 처음에는 읽기 어렵다. 『맹자』에는 감흥하여 사람의 마음을 북돋우는 내용이 있다. 『중용』은 역시 읽기 어려우니 다른 세 권의 책을 읽은 뒤에 보아야 한다.[29]

28) 朱熹, 黎靖德 輯, 『朱子語類』, 中華書局 188쪽. "爲學, 須是先立大本, 其初甚約, 中間一節甚廣大, 到末梢又約, 孟子曰, 博學而詳說之, 將以反說約也. 故必先觀論孟大學中庸以考聖賢之意, 讀史以考存亡治亂之跡, 讀諸子百家以見其駁雜之病, 其節目自有次序不可踰越."
29) 앞의 책. "某要人先讀大學以定其規模, 次讀論語以立其根本, 次讀孟子以觀其發越, 次讀中庸以求古人之微妙處, 大學一篇, 有等級次第總作一處易曉宜先讀, 論語却實但言語

사서뿐만이 아니다. 주자는 역사책을 읽는 기본적인 단계까지도 정해 놓았는데 그는 『사기』를 읽고 겹치는 내용이 있는 『좌전』을 읽은 다음 『자치통감』을 읽으라고 권했다. 때로 『자치통감』의 앞에 『전한서』, 『후한서』, 『삼국지』를 권하기도 했다.[30] 그리고 이러한 단계의 독서에서 기본적으로 주자는 여러 책을 번 갈라 읽는 방식보다는 한권을 철저하게 살핀 다음에 다시 다른 책을 보도록 가르쳤다.[31] 이러한 생각은 율곡에 앞서 이미 퇴계에게 독서법을 묻는 허봉[許篈, 1551~1588]에게도 수용된 것으로 조선 학자들의 독서법에서 매우 중시된 것이다.

> 무릇 글을 읽는 사람은 반드시 널리 경서를 보며 읽지 않는 곳이 없게 하여 그 보고 들음을 흡족하게 한 후에야 약례(約禮)의 경지에 이를 수 있는 것입니까? 저 봉의 생각으로 한다면 반드시 『근사록』이나 혹은 『소학』, 혹은 『심경』, 혹은 『대학』의 책으로 하여야 하겠는데 반드시 이 몇 가지 서적 중에서 한 서적만을 깊이 생각하여 보아야 합니다. 이것을 읽을 때는 감히 곧 다른 서적에 손을 대지 말고, 반드시 이 한 서적을 가지고 처음부터 끝까지 통달하여 차차 얻는 바가 있음을 기다린 다음에 널리 배우는 공부를 한다면 어떻겠습니까? 너무 지레 요약으로 흐르는 것은 아닙니까?[32]

율곡은 『격몽요결』에서 "무릇 책을 읽을 때에는 반드시 한 책을 익숙

散見初看亦難, 孟子有感激興發人心處, 中庸亦難讀看三書後方宜讀之."
30) 앞의 책. "先看語孟中庸, 更看一經, 却看史, 方易看, 先讀史記, 史記與左傳相包, 次看左傳, 次看通鑑; 問讀史之法, 曰先讀史記及左氏, 却看西漢東漢及三國志, 次看通鑑."
31) 앞의 책. "正淳云, 欲將諸書循環看? 曰不可, 如此須看得一書徹了方再看一書. …… 如射弓有五斗力, 且用四斗弓, 便可拽滿, 己力欺得他過, 今學者不忖自己力量去觀書, 恐自家照管它不過."
32) 李滉, 『退溪集』 卷33, 「答許美叔問目」. "凡讀書者, 必也博觀經書, 無所不讀, 以治其聞見, 然後反就於約乎. 抑篈之意, 以爲必以近思, 或小學, 或心經, 或大學書, 必就數書之中將一書, 沈潛看過, 讀此之時, 不敢輒及他書, 必待此一書首尾貫, 通稍有所得, 然後致博學之功則何如? 無乃流於徑約乎?"

히 읽어서 의미를 다 깨달아 꿰뚫어 통달하고 의심스러운 것이 없어진
뒤에야 비로소 다시 다른 책을 읽을 것이요, 많이 읽기를 탐내고 얻기를
힘써서 바삐 섭렵해서는 안 된다."[33]라고 지적하고 있는데 이는 주자의
독서법을 충실하게 따른 것이지만 율곡의 이 언명은 매우 강력한 영향
력을 발휘하여 후대 조선의 학자들은 한 책 한 책의 정밀한 독서에 집중
하게 된다. 이는 성찰적 독서로서의 의미가 없다고 할 수 없지만 섭렵과
엽등을 금기시하는 독서 풍조는 전반적으로 폭넓은 독서를 할 수 있는
시간과 시야를 제한함으로써 그 자체의 한계를 내재하고 있다.

3. 심성 수양 위주의 교육내용

율곡은 『격몽요결』에서 독서의 차례를 언급하기에 앞서 독서하는 자
세를 매우 자세하게 묘사했는데 그 내용은 마치 신실한 수도사가 수행
하는 과정에서 경건함을 보이는 것과 같은 것이다.

> 무릇 책을 읽는 자는 반드시 단정히 손을 모으고 무릎을 꿇고 앉아서
> 공경하는 마음가짐으로 책을 마주하여 마음을 오로지 하고 뜻을 극진히
> 하며 자세히 생각하고 의미를 깊이 이해하고 구절마다 반드시 실천할
> 방법을 구해야 하니 만일 입으로만 읽고 마음에 체득하지 않고 몸으로
> 실행하지 않는다면 책은 책대로이고 나는 나대로일 것이니, 무슨 이로움
> 이 있겠는가?[34]

"단정히 손을 모으고 무릎을 꿇고 앉아서 공경하는 마음가짐으로 책

---

33) 李珥, 『擊蒙要訣』. "凡讀書, 必熟讀一冊, 盡曉義趣, 貫通無疑然後, 乃改讀他書, 不可貪
多務得, 忙迫涉獵."
34) 앞의 책. "凡讀書者 必端拱危坐, 敬對方冊, 專心致志, 精思涵泳, 深解義趣, 而每句,
必求踐履之方, 若口讀而心不體, 身不行 則書自書, 我自我, 何益之有."

을 마주하여 마음을 오로지 하고 뜻을 극진히 한다."라는 설명은 일반적인 독서의 자세를 상회하는 것으로 그 독서의 방법에 있어서도 율곡을 비롯하여 당대의 경서 학습의 분위기가 지적인 탐색에서 그치는 것이 아니라 매우 경건한 수행의 한 과정으로 인식되었음을 짐작할 수 있다. 이는 성혼의 「서실의(書室儀)」에서도 잘 나타나는 것이다.

> 각자 독서하는 곳에 나아가서 서책을 정돈하고 책상 앞에 단정하게 무릎 꿇고 앉아서 조용히 읽고 외우며, 어지러운 생각을 하지 말고 딴 일을 돌아보지 말며, 남들과 잡담을 나누지 말고 제멋대로 출입하거나 일어나 움직이지 말아야 한다. …… 글을 배운 뒤에는 나뉘어 독서하는 곳에 나아가 오뚝하게 단정히 앉아서 종일토록 책을 읽으며 조금이라도 의심나는 부분이 있으면 곧 와서 질문하되 재삼 반복할 것이요, 조금이라도 (소홀히) 지나쳐서는 안 되며 조금이라도 한가롭거나 나태하게 하지도 말아야 한다.[35]

이는 연암 박지원에게도, 형암 이덕무에게서도 변함없이 견지된 것으로 서책에 대한 매우 경건한 자세이다. 연암은 책을 대하고서는 하품도 하지 말고, 기지개도 하지 말고, 졸지도 말아야 한다고 주장했는데 만약 기침이 날 때에는 머리를 돌려 책을 피해야 하며 책장을 뒤집되 침을 묻혀서 하지 말라고까지 주문했다.[36] 이는 이덕무도 마찬가지였는데 그는 여기에 더하여 책머리를 말지도 말고, 책 표면을 문지르지도 말고, 땀난 손으로는 책을 들고 읽지도 말라고 했다.[37]

---

35) 成渾, 『牛溪集』 卷6, 「書室儀」. "各就讀書處, 整冊對案, 端肅危坐, 從容讀誦, 不得胡思, 亂想不得, 顧眄他事, 不得與人雜談, 不得出入起動. …… 授書之後, 分就讀所, 兀然端坐, 終日讀之, 少有疑處, 輒來質問, 再三反覆, 不得少有放過, 不得少時閑懶."
36) 朴趾源, 『燕巖集』 卷10, 「原士」. "對書勿欠, 對書勿伸, 對書勿睡, 若有嚔咳, 回首避書, 翻紙勿以涎."
37) 李德懋, 『靑莊館全書』 卷27, 「士小節 士典」. "看書, 勿涎指揭葉, 勿以爪劃行, 勿扌習葉

이처럼 책을 읽는 과정에서도 신실할 것을 강조한 조선의 학자들은 퇴계를 위시하여 많은 학자들이 성문(聖門)의 공부를 마음에서 찾으려 했고[38], 국가의 인재를 기르는 것도 결국에는 마음에 깃들어 있는 선(善)을 인식하여 마음으로 체득하고 본체를 밝혀 활용하는 것으로 귀결되었으며, 이는 19세기의 학자 연천(淵泉) 홍석주[洪奭周, 1774~1842]에게서도 관철되는 것이었다. 그는 책을 읽는 다섯 등급 가운데 가장 으뜸은 이치를 밝혀 몸을 바르게 하는 것이라고 주장했다.[39] 전체적으로 심성수양을 통한 마음의 도덕성 회복을 제1의 가치로 설정한 것이다. 이러한 목표설정이라면 그 과정으로서 가장 중요한 역할을 하는 책을 대하는 태도가 공손할 수밖에는 없을 것이다.

그런 점에서 책에 대해 공손한 태도를 취했음에도 불구하고, 그 독서의 효용이 실용성으로 귀결되어야 한다고 인식한 연암의 사고 개척은 충분히 주목할 만한 여지가 있다.

> 무릇 독서는 장차 무엇을 위해서 하는 것인가. 문술(文術)을 풍부하게 하기 위함인가 문예(文譽)를 넓히기 위함인가 학문을 강구하고 도를 논하는 것은 독서의 일이요, 효제하고 충신하는 것은 학문을 강구하는 실제이며 예악형정은 학문을 강구하는 일의 실용이다. 독서를 하면서도 실용할 줄을 모르면 참된 강학이 아니다. 학문을 강구하는 것이 귀한 것은 그 실용성 때문이다.[40]

以標方看, 勿捲書腦, 勿揉書面, 勿以汗手承而讀之."
38) 李滉, 『退溪集』 卷7, 「進聖學十圖劄立圖」. "蓋聖門之學, 不求諸心, 則昏而無得, 故必思以通其微."
39) 洪吉周, 「睡餘瀾筆」. "淵泉先生常曰, 人之讀書, 有五等. 上焉者, 明理以淑身, 其次博古以應事, 其次修辭以鳴世, 其次强記以夸人, 最下者, 聊以遣閑而已. 讀書一也, 其所以讀, 則有此五者之異."
40) 朴趾源, 『燕巖集』 卷10, 「原士」. "夫讀書者, 將以何爲也? 將以富文術乎? 將以博文譽乎? 講學論道, 讀書之事也. 孝悌忠信, 講學之實也. 禮樂刑政, 講學之用也. 讀書而不知

4. 벽이단의 문제

율곡은『격몽요결』「독서장」의 마무리에서 "이단 잡류의 올바르지 못한 글은 잠시도 보지 말아야 한다."[41]라고 강조했다. 은병정사학규에서는 "선현의 책과 성리의 글이 아니면 서재 안에서는 펴보지도 못하게 했으며, 심지어 과업(科業)도 다른 곳에서 해야 한다."라고 강조했다.[42] 이러한 강력한 벽이단의 논리는 문장학습에서도 적용되었는데 택당 이식은 노자나 장자 등의 글은 문장에 전혀 도움이 되지 않는다고까지 주장했다.

> 이 밖에『노자』·『장자』·『관자』·『한비자』 등 이단의 글과 사마천과 반고의『사기』와『한서』에 나오는 실록과 기사문 등을 세상에서 고문의 정종으로 여기고 있으나, 이것은 성현이 말씀하신 의리의 글도 아닐 뿐더러 오늘날의 시대에도 걸맞지 않는다고 하겠다. 따라서 수십 편을 뽑아서 종신토록 천 번 만 번을 읽어 가며 그 정수를 얻으려 하는 것은 잘못된 계책이라고 해야 할 것이다[43]

그런데 이러한 벽이단의 기풍은 율곡이 그토록 배우기를 기대했던 주자의 생각보다도 훨씬 강고한 것이다. 주자는 벽이단의 논리가 없지 않았으나 학습의 측면에서는 적지 않은 개방성을 보여주었다.

實用者, 非講學也, 所貴乎講學者, 爲其實用也."
41) 李珥,『擊蒙要訣』. "若異端雜類不正之書, 則不可頃刻披閱也."
42) 李珥,『栗谷全書』卷15,「隱屛精舍學規 戊寅(1578)」. "凡言語必信重, 非文字禮法則不言, 以夫子不語怪力亂神爲法. …… 非聖賢之書, 性理之說, 則不得披讀于齋中. 史學則許讀, 若欲做科業者, 必習于他處."
43) 李植,『澤堂集』卷14,「作文模範」. "此外老, 莊, 管, 韓異端之文, 馬, 班兩史實錄記事之文, 世以爲古文正宗, 然非聖賢義理之文, 又不宜於今. 至於取數十篇, 終身千萬讀, 欲得其精髓, 其計左矣."

내가 말했다. "조 서기는 '스스로 이해한 뒤에는 단지 육경과 『논어』,
『맹자』만을 보고 다른 역사책이나 잡학은 모두 읽을 필요가 없다.'라고
했는데 그 주장은 '금을 사려면 모름지기 금을 파는 사람에게 물어봐야지
잡화점에서 금이나 은을 얻을 수 있는지 물을 필요가 없다.'는 것입니다."
말씀하셨다. "이와 같다면 곧 고금의 성패를 보지 못하니 바로 형공[왕안
석]의 배움이다. 어찌 읽지 않아야 하는 책이 있겠는가? 단지 책을 읽을
수 있는 충분한 힘이 모자랄까 염려될 뿐이다."[44]

이러한 벽이단의 기풍이 경전의 독서법에도 그대로 적용되어 유학 외
에 책들을 이단잡서로 취급하였으니 이는 상대적으로 청조의 학술에 일
정한 시각을 가지고 있었던 연경재 성해응의 경우에도 유학을 공부하는
데도 겨를이 없이 다른 책들을 볼 상황이 아니라는 고백을 토로하게 만
들었다.[45]

이러한 학술풍조의 결과 20세기가 지나도 우리는 제자백가를 널리
독서하는 양계초와 같은 고전독법의 시야를 확보하지 못한 것이다. 그
러한 시야의 국한을 최초 독서차제의 계단을 열었던 율곡이 제창했던
것이고, 그 굴레는 이후로도 돌파하시 못한 것이다. 간간이 제자서의
주석서를 제출한 박세당이나 홍석주와 같은 인물과 벽이단의 흐름을 완
화시키려한 다산 정약용과 같은 현인이 있었으나 여전한 대세는 굳건하
게 순정 주자학을 강조한 학자들이었으며, 그것은 학습에 있어서의 개

44) 朱熹, 『朱子語類』. "浩曰趙書記云, 自有見後, 只是看六經語孟, 其他史書雜學, 皆不必
看, 其說謂買金, 須問賣金人, 雜賣店中那得金銀, 不必問也. 曰, 如此, 卽不見古今成敗,
便是荊公之學, 書那有不可讀者, 只怕無許多心力讀得."
45) 成海應, 『研經齋全集』卷13, 「外集序」. "古之楊家墨家刑名家縱橫家皆子類, 而其敎今無
傳焉. 又兵農天文五行醫藥藝術之家, 皆子類也, 而古方或傳或不傳, 獨儒釋道三家之書,
盛行於世. 然道經不行於東國, 釋敎盛於高麗時, 今反爲吾道尊, 獨儒學甚尊, 儒學經傳之
羽翼也. 如太玄津筏於周易, 元經摸擬於春秋, 又若潛虛衍義之編, 正蒙訂頑之訓, 特自成
一家, 究無所系, 則亦不得不歸之子家. 是故考之經籍書目, 子類最多, **然余方從事經傳,
外此未之遑也**."

방성을 강조한 주자보다도 더욱 강고해진 것이었다. 이것은 우리의 학술환경이 만들어낸 곱씹어 보아야 할 유산이다.

Ⅳ. 결론

검토한 바와 같이 율곡이 『격몽요결』에서 제시한 독서차제론은 송학의 성리학적 심성수양을 충실하게 구현하는데 요긴한 방향으로 구축된 것임을 확인할 수 있다. 가장 우선적으로 제시된 『소학』을 읽고 『대학』을 읽는 순서가 당대 가장 수준 높은 교육을 받았던 왕세자에게도 어려운 것이었지만 율곡이 제시한 '이상적'인 방법론은 실제 교육현장에서 그대로 적용되었을 뿐만 아니라 당색을 초월하여 널리 전파되었다. 순암 안정복과 그 제자 하려 황덕길의 독서차제도는 그러한 현상을 가장 단적으로 보여주는 정황이다.

그러함에도 불구하고 율곡이 게시한 독서차제는 그 학술적 성과에 있어 명암이 없을 수 없다. 지나치게 경학을 우선시하여 기타 학문에 대한 관심을 줄인 것이나 섭렵을 금지하는 엄격한 단계론과 정독을 요구한 것은 풍부한 지식의 섭취를 저해하는 요인으로 작용할 수 있다. 심성수양 위주의 목표인식은 적극적인 사회적 실현에 대한 의지를 반드시 견인한다고 보기 어렵다. 벽이단의 시각은 가장 심각한 문제를 일으킬 수 있는데 그것은 학문의 다양성에 대한 강력한 장애요인으로, 심지어 문예에까지 영향을 미친 것은 적지 않은 부작용이다. 기실 그러한 시각은 근대로 넘어오기까지 우리가 고전에서 활용할 수 있는 자산을 축소하는 결과를 초래했는데 이는 반성해야 할 대목이 아닐 수 없다.

결과적으로 독서차제에 대한 율곡의 제시는 학문의 발전단계에 적지 않은 자양분을 제공함과 동시에 학문발전의 편중을 낳았다는 사실도 간

과할 수 없다. 그럼에도 불구하고 조선학계에서 큰 파급력을 가지고 수
용되었는데 이유는 무엇이었을까? 여기에서는 몇 가지 단서를 제안할
수 있는데 첫째는 율곡과 그의 저술『격몽요결』,『학교모범』이 가지는
위상의 문제[46], 율곡의 후학들로 구축된 학맥이 조선학계의 중심부를
형성한 역사적 현실, 그리고 학술에서 무엇보다 강력한 조선학계에서
주자학의 자장을 들 수 있겠다. 이러한 문제에 대한 검토 역시 이 논점에
대한 무시할 수 없는 저변인데 이 점에 대해서는 후고에서 논의하고자
한다.

참고문헌

梁啓超,『國學研讀法三種』, 臺灣 中華書局, 1936.

朴趾源,『燕巖集』, 韓國文集叢刊 252, 民族文化推進會, 2000.

成　渾,『牛溪集』, 韓國文集叢刊 43, 民族文化推進會, 1989.

成海應,『研經齋全集』, 韓國文集叢刊 273~278, 民族文化推進會, 2001.

安鼎福,『順菴叢書』, 成均館大 大東文化研究院, 1970.

尹　拯,『明齋遺稿』韓國文集叢刊 135~136, 民族文化推進會, 1994.

李　植,『澤堂集』韓國文集叢刊 88, 民族文化推進會, 1992.

李　珥,『栗谷全書』, 成均館大 大東文化研究院, 1978.

李　縡,『陶菴集』韓國文集叢刊 195, 民族文化推進會, 1997.

李　滉,『退溪集』韓國文集叢刊 31, 民族文化推進會, 1989.

李德懋,『靑莊館全書』韓國文集叢刊 257~259, 民族文化推進會, 2000.

正　祖,『弘齋全書』韓國文集叢刊 262-267, 民族文化推進會, 2001.

丁若鏞,『定本與猶堂全書』茶山學術文化財團, 2012.

---

46)『격몽요결』은 초학교재로서는 드물게 영조 37년(1761) 11월에 경연에서 진강되었다.(『일
　성록』영조 37년 11월 4일~21일 기사 참조) 한편, 정조 16년(1792) 6월에는 율곡이 직접
　초록한『격몽요결』이 오죽헌에 전해진다는 소식을 듣고 정조가 직접 그것을 찾아볼 정도
　로 국가적 관심을 받았다.(『弘齋全書』卷55,「題栗谷手草擊蒙要訣」참조)

朱　熹, 黎靖德輯, 『朱子語類』, 中華書局, 1986.
洪吉周, 「睡餘瀾筆」, 돌베게, 2006.
黃德吉, 『下廬集』, 韓國文集叢刊 260, 民族文化推進會, 2000.

강세구, 「『下學指南』을 통해 본 安鼎福 學問의 性格」, 『진단학보』 78, 진단학회, 1994.
금장태, 『『성학십도』와 퇴계철학의 구조』, 서울대출판부, 2001.
김순희, 「황덕길의 독서론 고찰」, 『서지학연구』 53, 서지학회, 2012.
김은경, 『조선시대 독서론과 한문교과 활용방안 연구』, 한국교원대학교 박사학위논문,
　　　2006.
문석윤, 「퇴계의 『성학십도』 수정에 관한 연구」, 『퇴계학보』 130, 퇴계학연구원, 2011.
신영주, 「전통시대 한문학습법에 관한 일고찰 -영조의 장헌세자 교육을 중심으로」, 『한
　　　문교육연구』 31, 한국한문교육학회, 2008.
양계초, 이계주 역, 『중국고전학입문』, 형성사, 1995.
이광호, 「이퇴계의 『성학십도』연구」, 『태동고전연구』 4, 한림대 태동고전연구소, 1988.
정낙찬, 「순암 안정복의 초등교육사상」, 『교육철학』 12, 한국교육철학회, 1994.
한형조, 『『성학십도』-자기구원의 가이드맵』, 한국학중앙연구원, 2018.
함영대, 『성호학파의 맹자학』, 태학사, 2011.

윤기(尹愭)의 「반중잡영(泮中雜詠)」에 나타난 성균관 재생(齋生)들의 생활상과 교육

김용재

Ⅰ. 서

주지하시다시피 조선은 유학 -'성리학'- 을 치국의 이데올로기로 삼아 건국된 왕조며, 따라서 인간 개개인의 강상윤리와 사회질서는 강력한 성리학적 이념에 따라 출발하였다. 그리고 이러한 기반을 존속시키기 위하여 조정에서는 부단히 성리학적 이념을 갖춘 인재양성에 주목할 수밖에 없었고, 이러한 인재들이 훗날의 위정자와 관료로 진출하는, 소위 시스템을 구축하게 되었다. 물론 이러한 시스템 완성이 성공적 정착될 수 있었던 요인은 곧 불멸의 '과거시험'이었을 것이다. 신분제가 엄격한 당시에, 좀 더 높은 지위의 관료나 위정자로 진출할 수 있었던 통로가 과거였으며, 이 시험을 통과하기 위해서라도 경향 각지의 교육기관들은 그 수를 왕성하게 늘려갔다.

이때, 명실상부할 만큼 학교로서의 위상을 갖춘 곳은 '서당'·'향교'·'서원' 그리고 서울의 '성균관'이다. 이 중 지금의 '대학'과 같이 고등교육을 담당했던 곳은 '성균관'과 '서원' 뿐이었다.[1] 성균관에 입학한 유생들, 특히 동·서재에서 기숙하던 재생(齋生)들은 엄청난 자부심을 가지고

있었는데,[2] 아마도 선발 인원이 극소수로 제한되어 있던 것도 그 이유 중의 하나였을 것이다.[3]

그런데 문묘(文廟)와 함께 기숙하고 공부할 수 있었던 재생들의 삶은 단연코 '제사'와 '교육'이 주된 의무이자 책임으로 다가왔다. 전자는 대성전에서, 후자는 명륜당에서 시행되었는데, 재생들은 제사라는 엄숙한 분위기와 함께, 향후 관료로 진출할 수 있는 기반을 조성한다는 차원에서 그 삶이 매우 경직된 분위기에서 진행되었다. 그도 그럴만한 이유는 거재유생의 생활 터가 바로 문묘[4]와 함께 공유했었던 것도 하나의 이유이다.

이들의 삶은 공맹이 추구하였던 유자로서의 품격을 수신하는 것으로부터 출발하였기 때문에, 그 행동거지 하나하나가 매우 조심스러웠다. 더욱이 조선중기로 가면서 『주자가례』가 전래되고, 조선 성리학이 예학

---

1) '향교'는 지방의 국립 또는 관립학교에 가깝고, '서원'은 지방의 사립학교라 볼 수 있다. 조선전기 때는 성균관이 국립대학의 위용을 뽐냈었다면, 중기 이후로부터는 사립학교인 서원이 득세한다. 최초의 사액서원으로 소수서원이 지정된 이래, 서원은 양적으로나 질적으로 엄청난 발전을 거듭한다. 비록 흥선대원군 때에 와서 서원 철폐령이 내려지기 전까지이다.

2) 필자는 대학 학창시절 성균관 내, 명륜당 동·서재에서 약 2년 여 동안 '양현재생(養賢齋生)'으로서의 기숙 생활을 경험하였다. 조선시대 당시는 성균관 동·서재에서 기거하던 학생을 '거재유생(居齋儒生)'이라 불렀고, 이를 줄여 '재생(齋生)' 또는 통칭하여 '유생(儒生)'이라 칭하였다. 필자는 3년 동안 동재와 서재를 번갈아 가며 기숙생활을 영위하였는데, 그 어딘가에 '퇴계'와 '율곡', 그리고 '다산'의 정기를 채취하려 안간힘을 썼던 기억이 다시 떠오르곤 한다.

3) 조선 건국 초에는 150명, 세종 때 200명으로 증원되었다. 이 중 절반은 생원과 진사로만 구성되었는데, 이것은 당시 과거시험이 1차와 2차로 나뉘어져 있었음을 감안하여 본다면, 일단 1차에 합격한 사람만이 거의 재생이 된 셈이다.

4) '문묘'란 본래 '문선왕묘(文宣王廟)'를 줄여 '문묘'라 부르기 시작한 데서 유래한 것으로, 공자의 위패를 모셔놓은 사당을 말한다. 훗날 공자묘(孔子廟)·선사묘(先師廟)·성묘(聖廟) 등으로도 불렸다. 한·중·일을 비롯한 유교문화권 국가라면 모두 유적으로 남아있다. 또한 우리나라 옛말에 "정승 열 명이 죽은 대제학 한 명만 못하고, 대제학 열 명이 문묘에 배향된 현인(賢人) 한 명에도 미치지 못한다."라는 말이 있다. 그만큼 문묘에 배향된다는 것은 유학자로서 최고의 가치를 인정받는 것이라고 말할 수 있다.

으로 학풍이 변모되면서, 이들의 생활은 이른바 '선비'의 전형이 되어야
만 했다. 또 이들은 학문적으로 주자학에 집중했는데, 이는 과거시험이
거의 『집주』에 기반한 제술(製述)과 명경(明經)에 가까웠기 때문이었다.
즉 『집주』에 얼마나 충실하였는지의 여부가 관건인 셈이었다. 따라서
재생들에게는 『집주』를 저본으로 하여 공맹유학과 주자가례의 본지를
충실히 이행하는 것이 매우 중요하였다.

『경국대전』에 따르면 성균관에서는 조선 건국 초부터 생원과 진사로
나누어 인재를 선발하였는데, 이는 주자학을 통치이념에 반영하여 관료
를 선발하고, 이 관료가 다시 백성을 교화시키는 데에 적절한 가교 역할
을 기대하는 차원으로 봄이 타당할 것이다. 그러므로 위정자가 되기 위
한 젊은 재생들의 꿈 못지않게, 그들의 거재유생으로서의 삶은 매우 고
단하고 철저한 자기관리가 필요하였을지 모른다.

그런데 이들의 생활과 교육에 관한 일상을 한시와 해설로 남긴 작품
이 있었으니, 바로 윤기의 「반중잡영」 220수다. 윤기[尹愭, 1741~1826]는
거재유생 시절을 거쳐 영조대로부터 순조대에까지 여러 관료를 역임한
인물이며, 「반중잡영」 220수를 통해 성균관에서의 고단한 삶을 기록으
로 남겨놓았다. 본고는 이 「반중잡영」이 갖는 의미, 그리고 그 안의 작
시(作詩)와 해설을 선별하여 당시 재생들의 생활상과 교육이 어떠했는지
를 탐색하고자 한다.

Ⅱ. 「반중잡영」의 가치, 그리고 구성과 체제

1. 「반중잡영」의 가치와 문헌적 오류

조선은 건국 초기와 달리 두 차례의 양란 – 임진왜란·병자호란 –을
거친 후, 17세기 후반부터 관학과 서원 중심의 학교 교육이 전반적으로

쇠퇴한다. 따라서 사회질서와 체제 재정비를 위해서는 늘 그러하듯, '교육의 정상화'부터 시작해야만 했고, 이는 올바르게 양성된 인재가 훗날 올곧은 위정자가 되어 나라를 바로 잡을 수 있을 것이라는 기대심리였다. 이에 '관학의 정상화'를 정책과제로 제시하며 서원에 대한 통제가 병행되기에 이른다. 특히 18세기 영조대를 전후하여 왕권강화를 위하여 중앙정계에서는 '관학진흥' 정책이 본격적으로 논의되면서,[5] 향촌사회에서는 수령의 주도로 훈장제(訓長制)의 시행과 양사재(養士齋)가 설립되었다. 또 정조대에 와서는 자본주의의 맹아라 할 상품화폐 경제의 발달과 이로 인한 신분제 동요가 일어나며, 서얼·향리·요호(饒戶) 등이 수면 위로 등장하게 되었다.[6] 규장각에서 젊은 초급 문관들을 강학하는 '초계문신(抄啓文臣)' 제도도 그 한 예라 할 수 있다. 그런데 역설적으로, 이러한 관학을 흥기시키려던 정책은 현직관리를 대상으로 추진되었던 것으로, 성균관 재생들은 국가 주도의 관학진흥정책에서 상대적으로 소외되는 현상을 가져온다.

따라서 조선 정부는 성균관에 대한 지원이 박해지고 이에 성균관 재정이 궁핍해짐에 따라 성균관에 입학하는 자제들도 번화한 서울에서 곱게 자란 경화자제(京華子弟)로부터 지방출신에 이르기까지 신분이 다양해지면서 유생을 바라보는 외부의 시선도 약화되기에 이른다. 따라서 조선 초기의 유생들과 18세기 거유재생에 대한 인식은 많은 변화가 일어나는데, 이 변화상을 엿볼 수 있는 소중한 문헌이 바로 「반중잡영」이다.

윤기의 「반중잡영」 가치는 18세기 관학 부흥정책으로부터 소외된 성균관 유생들의 정치활동·언로를 통한 사회참여·재생의 자치조직[재회(齋會)] 결성을 통한 의사표현·재생의 권위와 집단행동 표출·미풍양속

---

5) 1732년 영조(8년) 때는 '관학절목(官學節目)'을 제정한 바 있다. (우용제, 「조선후기 교육개혁론 연구」, 서울대학교 박사학위논문, 1995. 44쪽.)

6) 김대용, 『조선초기 교육의 사회사적 연구』, 한울, 1994, 231쪽.

계승을 위한 자치 규약, 그리고 속일 수 없는 당파 노출 등, 당시 조선 지성인들의 삶과 철학을 알아볼 수 있는 문헌이라는 데에 있다.

그런데 한국유학사 측면에서 볼 때, 윤기와 그의 사상에 관해서는 그다지 많이 알려져 있다고 볼 수는 없다. 특히 성리학 방면에서의 그의 사상에 대한 기존 연구는 극히 드물다. 그는 1773년[영조 49] 32세의 나이에 사마시에 합격하고, 성균관에서 약 20여 년 동안 수학하였다. 그러던 중, 1791년 4월 16일과 5월 2일 성균관에서 거행된 시험에 수석하여 회시(會試) 자격을 취득하고, 이듬해 1792년에 병과에 급제한다.[7]

> (윤기는) 1791[신해]년 성균관에서 치른 4월 16일과 5월 2일의 두 차례 시험에서 수석하여 회시 자격을 부여받다. 그리고 8월 11일에는 전시 응시 자격을 부여받았다.[8]

윤기는 병과에 급제한 후, 거재유생이었던 젊은 시절을 회상하여 「반중잡영」 220수를 작시한 것이다. 1792년[정조 16]에는 병과로 급제하여 승문원 정자를 초사로, 종부시 주부, 예조·병조·이조 낭관을 역임하다가, 남포 현감·황산 찰방을 지낸 바 있다. 이후 윤기는 다시 조정에 들어와 『정조실록』의 편찬관을 맡기도 하였다. 그의 벼슬은 호조참의에까지 이르렀으며, 『무명자집』은 그의 저서이다. 그런데 「반중잡영」 100번째 시를 전후하여 문헌상의 오류도 나타나는데, "성종이 은배 한 쌍을 내렸다."는 부분이다. 이는 역사적으로 보아도 명백한 오류이며 오자로,

---

7) 이것은 『정조실록』 8월 11일 기사에도 출현한다. "춘당대(春塘臺)에 나가 도기(到記) 유생에게는 '강경'과 '제술' 시험을, 초계문신에게는 '친시(親試)'를, 문신에게는 '제술' 시험을 실시하였다. 도기 유생의 제술 시험에서 수석을 차지한 '윤기'와 강경시험에서 수석을 차지한 한기유(韓耆裕)는 전시(殿試)에 곧바로 응시할 수 있게 하였다."(癸丑 御 春塘臺, 行到記儒生講製、抄啓文臣親試、文臣製述到記. 製居首尹愭、講居首韓耆裕直 赴殿試.)

8) 『無名子集』 文稿 冊4 [文] 『書太學恩杯詩集』.

"효종이 은배 한 쌍을 내렸다."로 바로 잡는 것이 옳다.[9]

> 복숭아 모양 은 술잔 한 쌍
> '효종'의 성은이 형창(螢窓)[10]에 내리셨네.
> 사태학(賜太學) 세 글자 은 술잔에 새겨 받으니
> 성대한 일 영원토록 온 나라의 자랑이로다.[11]

2. 「반중잡영」의 체제 및 구성

「반중잡영」은 윤기가 성균관에서 유생 시절의 생활상을 기록해 놓은 약 220여 수의 시가집을 말한다. 아래는 『한국문집총간』 제256집에 실려있는 『무명자집』 원문 이미지이다. 원저본은 윤기의 후손인 윤병희(尹炳曦) 집안 소장본으로, 이본(異本)이 없는 유일본이다. 필사로 되어 있으며 시고(詩稿)는 책2에 수록되어 있다. 형식적 측면에서의 특징은 칠언절구 아래에 소자쌍행(小字雙行)으로 자신의 해설을 붙여놓았다는 점이다. 지금의 각주 형태로 보아도 무방하다.[12]

---

9) 한국고전번역원에서는 『태학은배시집』 「서」에 근거하여 제100번째 시의 둘째 구에 보이는 '성종(成宗)'의 '성(成)'을 '효종'으로 수정하였다고 주석해 놓았다.

10) '형창'은 '형설지공(螢雪之功)'의 고사에서 유래한 것이다. 진(晉)나라 차윤(車胤)이 반딧불로 글을 읽었다 하여 서재의 창문을 뜻하는 용어이며, 이곳에서는 성균관 혹은 성균관 유생을 일컫는다.

11) 「泮中雜詠」, '100' : 桃樣銀杯有一雙, 孝宗恩眷及螢窓. 三字中鐫賜太學, 千秋盛事詫吾邦. → 제2구에 '효종'은 본래 '성종'으로 표기되어 있으나, 바로 잡는다.

12) 『무명자집』은 그의 후손이 쓴 발문에 따르면 총 27권이었다. 이후 8권이 산일되어 현재 19권만 전해진다. 1977년 성균관대학교 대동문화연구원에서 간행하였다.

○ 泮中雜詠二百二十首

余仿來泮中弸數年笑閧故老之言觀成興之書。
先王所以待士之意至善盡美然而法愈久而弊愈生矣今者

翁大笑謂我誠此是老拘枝蕭豆其形喘卒異他樹况且亭、秀高亭下
有林木擁左右敬空備奇慘璧擁磚四時不改蒼翠望
之如對崔嵬筆我閱此語大矣之假山勝似真山奇壑
悒猶難分真僞晴時成削偃出塵幽致依微欲生雲
趣尋常自相向不遠年古步間高、仰止百步間高
我貌莫寄幽情、西世人到斷驚强學山初對階料最出謖機巧加騈
見乍一叨璧亞儀兩驟趏坐懸瀑壑、島亂如聽鳴島真境實恨幽人撝此
意當向俗子道更欲描出半幅裏今世誰是龍眠技

以古之為士者自待矧為下輩者亦咦尊以欺區慢為事為官長者
又以苟且彌縫為務君則徇下輩之請控抑士氣城削士供駿、成月
移如歲不同聊年古今則凡百事為愁歸有名無實泛涊餘地縮知自
好者皆肒為守其可傷也已近閒居雜記雜咏遂至二百
之多諷咏反復之則足見備往昔賢感古傷今之意以
聊自附於昔賢威古傷今之意以資談後人詎知備感之如彼其盛而末路之莫不可收拾也。

太學由來賢士關我東文物軌能班三百餘年培養厪遠風猶恐其消
天開別界上林東泮水橋有學宮泮、日多絃誦嚴曲沂雩零恍此中。

移松壽下明倫堂視杏雙。儼作行貢金大字留華南奎法森嚴仰紫陽。
明倫堂後四宇萬世遵世師明倫後堂三間金壁松壽下東泮水橋西泮水橋

四門詠堂官位置次第。○泮宮在春塘臺東墻外南向

明倫堂下東西兩夾四十八房窓戶對排進士生貟居上舍下齋二十自相偶。

無名子集

詩稿 冊二

'반중(泮中)'은 말 그대로 '반수의 안쪽'을 뜻하므로, '반궁(泮宮)'을 의미한다. '반궁'은 '성균관'과 '문묘'를 통칭하는 용어이다.13) 그러므로 '반중잡영'이라 하면 성균관과 문묘 생활에서 읊은 여러 가지의 시가를 의미한다. 이 윤기의 「반중잡영」은 조선시대 정조 때 집필된 『태학지』와 함께 성균관 유생들의 생활상과 교육내용을 탐색하는 데에 있어 소중한 자료라 할 수 있다.14) 본래 「반중잡영」은 칠언절구 220수와 이 시에 붙어있는 해설 및 저자의 서문으로 구성되어 있다. 그리고 앞부분에는 서시(序詩)에 해당하는 두 개의 시를 시작으로 서른여덟 개의 항목으로 분류되어 있다.

---

13) 주대(周代) 제후국의 학궁(學宮)을 일컫는 말로, 제후가 향사를 행하던 궁을 의미하는데, 후대에 와서도 이것에 기반하여 '태학'을 '반궁'이라고 불렀다. 조선시대 때는 '성균관'을 '반궁'이라 하였다.

14) 『태학지』가 정사(正史)라 한다면, 「반중잡영」은 야사(野史) 정도로 인식함이 타당할 듯하다.

<표 1> 「반중잡영」의 구성[15]

순번	편수	주제	내용
		序	반중잡영을 짓게 된 이유, 배경
001~018	18	學宮位置次第	문묘 내, 校舍 등 하드웨어를 순서대로 읊음
019~020	2	泮村	반촌의 위치, 반인들의 성향
021~035	15	齋中諸節及食堂故事	기상부터 식당예절, 출석점수 기록
036~042	7	別味別供等諸節	유생들에게 특별히 제공되는 음식들
043~044	2	儒生游居之所	유생들이 공부하고 여가를 즐기는 곳
045~061	17	待士諸節	유생들에게 공식적으로 제공되는 물품
062	1	泮人應役之各異	성균관 내에서의 노비 분류
063	1	新榜禮	사마시 합격생이 성균관에 처음 입교할 때 신고식
064~065	2	面責	후배에 대한 선배의 책임, 권리
066~074	9	朔望焚香	15일과 그믐 때 분향례의 절차와 풍경
075~100	26	釋菜	2월과 8월 석채례의 절차와 풍경
101~111	11	親謁聖	임금을 직접 뵈알하는 예, 시험 등
112~113	2	東宮入學	왕세자의 성균관 입학 예, 연령, 절차
114~117	4	節製	절일제의 날짜 고시 등
118~119	2	黃柑製	유생들에게 감귤을 분배하는 정겨움
120~123	4	到記科	식당 출석점수를 받아 시험장에 들어감
124~129	6	旬頭殿講	매년 짝수달 16일에 임금이 지목하는 유생이 강경 시험을 치름
130~135	6	不時引見親試	임금이 불시에 유생들을 불러 시험 봄
136~138	3	陵幸祗迎	임금의 능행(陵幸) 때 유생들의 접견 예절
139	1	改瓦時移安還安	장마철 후, 대성전 기와와 위패를 이동시켰다가 다시 봉인
140	1	聖廟修掃	대성전을 청소하는 일
141~156	16	儒疏	유생들이 상소를 올리는 절차 등
157~163	7	捲堂	유생들의 단식투쟁 원인과 진행과정
164~166	3	掌色	유생 자치회 임원의 명칭
167~168	2	掌議入泮	장의가 성균관에 들어올 때의 풍경

15) 한국고전번역원의 D/B 원문검색을 이용하였음. 국역은 성균관대학교 대동문화연구원 강민정(2014)의 글을 참고하여 일부 수정함.

169~174	6	齋會	장의가 유생들의 회의를 개최
175~178	4	齋任出代	후임장의를 선출하는 방법, 3배수 추천
179~183	5	相揖禮	신입생들이 재회에 참여, 신입생환영회
184~185	2	館薦古例	유생들이 관원을 추천하는 절차가 폐지된 이유
186~191	6	齋任罰人	장의가 유생들을 처벌하는 절차, 조치
192~193	2	東一房公事	동일방회의를 개최, 신임 장의 선발
194~195	2	諸生發論	하재생의 잘못을 유생들이 징계 발의
196~197	2	通謁	대·소과 급제자가 알성할 때의 예절
198	1	新恩巡堂	문·무과 급제자들이 식사 전 식당을 도는 예
199~203	5	泮長入泮	신임 대사성의 성균관에 들어올 때 예절
204~209	6	升庠等科	급제과정의 부정함을 비판
210~215	6	泮洞名勝	성균관 주변의 명승지 소개
266~220	5	傷歎之辭	미풍의 쇠퇴로 말미암은 현 세태를 비판
合	220		

3. 저술 동기

저술 동기는 단연코 「서」에 잘 나타나 있으며, 맨 끝부분의 '상탄지사 (傷歎之辭: 266~220)'에서 다시 한번 이를 귀납적으로 정리한다. 선왕들 께서는 선비를 대우함이 매우 융숭하였지만, 근자에 들어와 여러 폐단 이 발생하면서 예전과 장차 이 나라의 관료이자 위정자가 될 유생들에 대한 대우가 천하게 되었다고 통렬히 비판한다.

윤기에 따르면 ①미풍이 저속하게 됨, ②오래된 법제에서는 폐단이 발생함, ③선비들은 옛 선배들의 모습을 상실함, ④하인들을 윗사람을 속이거나 무시함, ⑤관장[官長: 여기에서는 大司成]은 미봉책을 시행하여 유생들에게 지급될 물품을 감쇄함, ⑥관장은 하인들의 요청만 곧이곧대 로 듣고 선비의 사기를 두절시킴 등이 재생 생활을 통하여 절실히 느낀 바였기에, 이에 「반중잡영」을 지어 그 폐단을 바로잡고 미풍을 살리려 는 의지가 강하였다.[16]

「반중잡영」 곳곳에는 나라의 원기가 바로 '선비'에게 있음을 피력하는 곳이 많이 나온다.[17] 마치 요즘시대 대학의 경쟁력은 교수와 학생에게 있는 것과 흡사하다. 그는 선비가 선비답지 못할 때, 나라의 안위는 흔들릴 것이라 단언한다. 그에 의하면 당시 선비의 시작은 곧 유생이었으며, 그 유생 중의 엘리트는 곧 성균관 동·서재에 기숙하는 거재유생, 즉 재생들이었다. 그도 그럴 것이, 윤기가 보기에 당시 관장으로 부임하는 사람들은 머릿수만 채우면 그뿐이었고, 그 아래에서 돌아가며 맡았던 임무들도 미봉책만 내세우며 그럴싸하게 마무리하고 물러가는 것을 통렬히 비판한다. 관료인 반인(泮人)들은 본래부터 완고하고 염치도 모르니, 재생들 역시 영문도 모르고 그들과 함께 모욕을 당하기가 일쑤였다.

윤기가 보기에 성균관 재생들은 비록 조선이 작은 땅이기는 하나, 경향각지로부터 오는 출중한 사람들일 터인데, 다시 이 안에서 사색당파가 뒤섞여 편을 가르는 모습들이 나타나고 있으니, 그가 성균관 유생시절을 겪으며 인재 양성에 관한한 우국충정의 마음이 실로 어마어마하였음을 추측할 수 있다.

Ⅲ. 거재유생(居齋儒生)들의 생활상

1. 선발과 구성

앞서 서술했던 바와 같이 조선 최고의 국립교육기관이자 장차 이 나라의 관료와 위정자를 배출하는 성균관에서는 동량지재(棟梁之材)를 선

---

16) 「泮中雜詠」, 「序」. "然世漸遠而俗漸下, 法愈久而弊愈生, 爲士者旣不能以古之爲士者自待, 而爲下輩者亦皆專以欺匿凌慢爲事. 爲官長者又以苟且彌縫爲務. 甚則徇下輩之請, 挫抑士氣, 減削士供, 駿駿然月移而歲不同. 馴至于今, 則凡百事爲悉歸有名無實, 更沒餘地, 稍知自好者皆恥入焉. 吁, 其可傷也已! 近閑居無事, 因隨記雜詠, 遂至二百二十首之多."
17) 특히 「泮中雜詠」 216~220수 '傷歎之辭' 부분에서 잘 드러남.

발하는 데에 있어서도 이념적 성향이 매우 중요시되었다.[18] 조선 정부는
성리학으로 무장된 학자를 지배층으로 만들기 위해서는 도덕적으로 하
자가 없는 인재 양성을 통해 유교적 사회질서를 국가통치이념으로 체화
시키는 시스템 안착이 관건이었기 때문이다.[19]

성균관에 입학할 수 있는 인원은 고려 때부터 변화가 있었으며, 그
자격은 세조 때 편찬된 『경국대전』에 적시되어 있다.[20] '생원'과 '진사'를
입학자격의 제일 원칙으로 삼았는데,[21] 그 이유는 성리학적 통치이념에
따라 관료 후보를 선발하고, 이들이 다시 백성을 교화시킬 수 있는 지배
층의 역할을 기대했기 때문이다. 재생의 선발 인원은 아래의 표와 같다.

〈표 2〉 재생의 선발 인원

고려	조선		비고
공민왕(16년)	세종(11년)이전	세조 『경국대전』	
생원 100명	150명	200명 (上·下齋生 구분 없음)	국가재정(예: 흉년) 어려울 시, 방학과 감원으로 정원 조정

---

18) 이들은 대체로 수신으로부터 치국평천하가 가능토록 도덕수양을 갖추어야만 했으며,
행실이 바르고 품격을 지키며, 경학과 문장에 능통하고, 시무(時務)에 밝은 사람들이었다.

19) 다만, 여말선초 안향에 의해 조선에 유입된 성리학이 정통 주자학인지, 아니면 남송의
주희와 육구연 형제가 아호사(鵝湖寺)에서 만나 다섯 차례의 논쟁을 마친 후, 주자가
훗날 「주자만년정론」이라는 서적을 내며 새롭게 각색한 주자학인지에 대해서는 추후
논의할 필요가 있다. 조선 초기 양촌 권근을 위시로 하는 학자들 모두 주자의 『사서집주』
보다는 오경에 천착하였고, '심성(心性)'에 관한 이론도 송대 성리학과 사뭇 다름을 알
수 있기 때문이다.

20) 『經國大典』卷3, 禮典, 生徒條.

21) 『經國大典』卷3, 禮典, 生徒條를 보면, 때로는 생원과 진사가 정원에 미달될 경우가
있었는데, 이 경우에는 사학(四學)에서 15세 이상된 사람 중, 오경·사서·『소학』 가운데
일경(一經)에 능통한 자, 유음적자(有蔭嫡子) 중 『소학』에 능통한 자, 향시나 한성시(漢城
試)에 합격한 자, 조사(朝士) 즉, 조정의 신하 중 취학을 원하는 자에게도 성균관 입학자격
을 부여했다. 참고로 사학이란 조선시대 때 동학·서학·남학 그리고 중앙에 중학을 설치
하였었는데, 이를 사학이라 불렀다. 또한 성균관 입학 자격 요건을 보면, 주희와 여조겸이
만들었다고 전하는 『소학』이 매우 중요한 위치를 점유하고 있었음을 알 수 있다.

성균관은 조선 정부의 재정으로 운영되기 때문에, 가뭄과 흉년 등 국
가재정이 궁핍하게 될 경우 재생의 숫자는 감소될 수밖에 없었고, 왜란
이 끝난 후에 한때는 75명으로 줄었다가, 영조 때에 이르러 126명으로
증가될 정도 매우 유동적이었다.[22]

　이들은 모두 과거시험 1차에 합격한 생원과 진사들로, 정규학생으로
불리는 상재생(上齋生)이 주축이었고, 나머지는 하재생(下齋生)이라 불
렀다.[23] 입학 기준은 엄격했지만, 졸업에 관한 규정은 따로 없었던 것으
로 보인다. 다만, 과거에 급제(2차)하면 졸업하여 성균관을 나갈 수는
있었지만, 물론 과거시험에 영원히 낙방하는 자들도 있었다. 이들은 전
원 기숙사 생활이 의무였으며, 입학금·등록금·수업료 등을 일체 납부
하지 않았을 정도로 모든 비용을 국가로부터 제공받았다.[24] 이 정도로
자타가 공인하는 엘리트 중의 엘리트로서, 선민의식(選民意識)과 자존심
이 매우 강한 집단이었다.

2. 엄격한 공동체

　동·서재에서는 매일매일 약방(藥房)[25] 앞에 높이 매달려 있는 북소리
가 새벽하늘에 울리고, '일어나라'는 외침이 무섭게 들린 후, 또 '세수하
라'는 명령을 세차게 내리면 재생들은 모두 질서정연하게 움직인다.

---

22) 김윤곤, 「이조후기에 있어서 성균관의 변천과 개혁」, 『대동문화연구』 6~7집 합집,
　　1970, 69쪽.
23) 소정의 시험에 합격한 고급관료의 어린 자제들도 있었다.
24) 심지어 삼복더위 때마다 초복에는 개고기나 계삼탕(鷄蔘湯)을, 중복 때에는 참외를,
　　말복에는 수박을 지급해주었는데 이 모두가 정부에서 제공되는 것들이었다.
25) '약방'은 지금의 '약국'이 아니라, 동재와 서재에서 가장 윗방, 즉 첫 번째 방을 가리키는
　　명칭이다.

약방 창밖의 높게 매달린 북
매일 새벽하늘에 울려 퍼진다.
'일어나라'는 한 마디 끝나기가 무섭게
또 다시 '세수하라'는 소리가 동·서재에 울리네.

  이후에도 식당 당번[直]이 도착하면, 재생들은 모두 도포에 사대(絲
帶)[26] 차림을 갖추고 식당으로 향한다. 이러한 모습은 영국 옥스퍼드 캠
브리지 학생들이 아침 일찍부터 의관을 갖추고 식사하는 모습과 사뭇
유사하다. 동서고금 모두 건강한 정신은 올바른 신체로부터 시작됨을
보여주는 방증(傍證)이라 할 것이다. 이는 어쩌면 재생들에게 진정한 '수
신'이 무엇인지를 되새기게 만들어주었을 것이다. 의관을 갖춘 재생들
은 매우 질서정연하게 식당으로 이동하는데, 생원은 동쪽 문으로 들어
가고, 진사는 서쪽 문으로 들어간다. 그리고 앉을 때에도 연령순대로
마루에 올라가 서로 마주보며 앉아야만 했다.[27]

  그런데 이 재생들이 식당에 갈 때, 의관을 갖추며 반강제적으로 움직
이는 것에는 이유가 있다. 조석으로 식당에 참석해야만 이른바 지금의
출석 점수와 같은 1점을 얻을 수 있었기 때문이다. 이러한 점수를 원점
(圓點)이라고 부르는데,[28] 총 300점을 획득해야만 봄과 가을에 치러지는
'과정(科程)', 즉 과거시험의 응시자격을 부여받을 수 있었다.[29]

  「영재중제절급식당고사(詠齋中諸節及食堂故事)」의 제21번부터 제35번
까지 열다섯 수의 시를 살펴보면, 재생들의 식당 예절은 마치 지금의

---

26) 방동민의 『성균관 유생들의 생활상』 37쪽에서는 '사대(士帶)'라 기술해 놓았는데, 이는
   '사대(絲帶)'의 오기로 보인다.

27) 「泮中雜詠」, 24. "儀貌食堂極整齊, 分門生進各東西. 序齒升軒雙對坐, 南班下寄亦相携."

28) 원점은 8월 1일자를 기준으로 셈한다. 그리고 반드시 아침과 저녁식사에 연달아 참석해
   야만 1점을 얻을 수 있었다.

29) 「泮中雜詠」, 34. "朝夕連參一點成, 點圓三十作科程. 直待準過三百點, 不勞歲歲更留名."

군대식과 다를 바 없었으며, 부채질도 마음대로 할 수 없을 만큼 매우
엄격했다. 음식이 이미 차려진 식당에 재생들이 모두 들어오면, '권반(勸
飯)'을 외친 다음에야 모두 시저(匙箸)를 잡을 수 있었다. 심지어 물을
먹을 때에도 '진수(進水)'라 외쳐야 했고, 상을 물릴 때에도 '퇴상(退床)'
이라 외쳤으며, 앉은 자리에서 일어날 때에도 '기좌(起坐)'라는 구령에
따라 모두 단체행동으로 해산하였다.[30]

> 쇠를 녹일 듯한 더위에 숨쉬기 힘들어도
> 식당에는 부채질을 허여하지 않으니
> 땀 닦고 참으면서 아침저녁을 먹다보면
> 고단한 유생 신세 너무나도 무료하다.[31]

그리고 재생들이 식사할 때에는 간간히 반장(泮長)이 들어와 식당 법
도의 준용 상태를 점검하기도 하였다. 이때 '반장'은 정3품의 성균관 으
뜸 벼슬인 대사성에 해당하며, 반장은 식당에 들어와 식사만 끝내고 가
는 것이 아니라, 식사 전부터 식당의 모든 곳을 순시(巡視)하기까지 하였
다.[32] 이는 향후 조선의 인재라 할 수 있는 재생들의 위생을 책임지는
모습과도 흡사한 것처럼 보인다.

또한 재생들에게는 동재와 서재에 각각 1명씩 '방색장(房色掌)'이라는
명칭의 소위 군기반장이 있었는데, 상당히 포악했던 것으로도 보인다.[33]
제46수 주석에 의하면 "방색장은 힘이 세고 건장한 사람이 맡는다. 매질
할 일이 있으면 모두 그가 담당한다."[34]라고 되어 있다. 그런데 이들은

30) 「泮中雜詠」, 28의 註釋. "儒生盡入, 則兩齋日次負木, 分入東西門內, 俟每物供畢, 呼勸
飯, 然後齊擧匙箸. 及進水則呼進水, 及退床則呼退床, 又呼起坐然後一時罷散."
31) 「泮中雜詠」, 31. "流金盛熱日煩歊, 不許食堂把扇搖. 揮汗忍過朝夕頃, 腐儒身世太無聊."
32) 「泮中雜詠」, 35. "泮長入參或有時, 向南主壁整威儀. 下人前導郞官後, 臨食巡堂用故規."
33) 「泮中雜詠」의 45부터 61까지에 나타나 있다.

재생들보다 '재직(齋直)'들에게 상당히 무서운 존재였으며, 역으로 말하자면 당시에 체벌이나 매질이 다반사였음을 보여주기도 한다.

> 해맑은 저 동심, 놀기만 좋아하더니
> 종아리 매질 받아 피 흘려도 마음만은 즐겁구나.
> 손을 묶어 처마에 매다는 것은 차라리 참을만하나
> 기둥에 머리 처박는 것은 너무나도 견디기 힘들겠구나.[35]

'재직'들은 '재지기'라고도 불렸는데, 동서재의 각 방에 딸려 잔심부름을 하던 관비 소생의 소년들이다. 그런데 이들은 거의 어린아이들이어서 간혹 조심성이 없거나 장난을 치다가 '방색장'으로부터 회초리를 맞는가 하면, 손이 묶여 처마에 매달려지기도 하였고, 심지어는 이 아이들의 머리를 기둥에 처박는 일도 있었다고 하니, 지금의 기준에서 본다면 다소 폭력적이었다.

역설적으로 이같이 어렵고 힘든 공동체 생활은 재생들에게 끈끈한 우정과 결속을 다지는 미풍을 낳았다. 예컨대 재생 중 1명이 혹 사망하거나 병이 들면, 농·서재 주변의 반촌(泮村)으로 내보내졌는데, 이때마다 재생들은 부조(賻助)와 부의(賻儀)를 아끼지 않았다. 윤기는 재생들의 이와 같은 우정을 당나라 시인 두보의 「곡강(曲江)」에 나오는 '심상(尋常)'을 인용하여 표현하고 있다.[36]

> 혹 성균관의 유생이 사망하면
> 상(喪)을 치러주고 운구하니 의식이 아름답구나.

---

34) 「泮中雜詠」, 46의 주석. "…… 東西齋各有房色掌一人, 以豪健者爲之, 凡有笞杖事皆掌之.……"

35) 「泮中雜詠」, 48. "笑彼童心嬉戲耽, 撻之流血亦心甘. 繫手懸簷猶或可, 以頭擊柱太難堪."

36) 두보, 「곡강」. "술값은 가는 곳마다 늘 있고, 인생살이 70년은 예로부터 드물다.[酒債尋常行處有, 人生七十古來稀.]"

모든 선비 조문하고 부의하니

한 솥 밥 먹은 두터운 우정, 심상치가 않구나.[37]

그러나 이들은 소위 당색(黨色)이 같은 친구끼리 뭉치는 폐단을 보였
다. 동·서재에는 각방마다 명칭이 있었고 그 방마다 친한 벗들끼리의
사교는 가능하였을지 몰라도 바둑이나 장기와 같은 놀이는 허락되지 않
았다. 동재와 서재의 방 명칭은 아래의 표와 같다. 즉, 이들에게 동·서
재를 비롯한 반중(泮中)의 모든 공간은 오직 학업과 수양만을 위한 곳이
었으며, 일체의 안일과 오락이 결코 허용되지 않았음을 알 수 있다. 다
만, 한가함을 틈타서 소일하고 싶을 경우, 오직 갈 수 있는 곳이 있었는
데, 그곳은 '향관청(享官廳)'이나 '반촌(泮村)' 인근이 전부였다.[38]

〈표 3〉 동·서재의 '방' 명칭

〈西齋〉	〈東齋〉
西一房	藥房
掌議房	右 第一房
進士間	掌議房
下一房	進士間
下終房	下一房
下齋	下終房
	下齋

37) 「泮中雜詠」, 53. "或值齋儒有死亡, 治喪返匶燦條章. 會吊諸生仍賻助, 同齋厚誼不尋常."
38) 「泮中雜詠」, 44. "清齋不許奕碁遊, 只得羣居學業修. 若欲儵閒消永日, 享官廳或泮村
幽."(국역: '청재'에서는 바둑과 장기 놀이를 허락하지 않고, 다만 여럿이 모여 학업을
닦을 뿐이라네. 만약에 한가함을 틈타 하루 내내 소일하고 싶거든 향관청이나 반촌으로
숨어든다네.) 이때 '청재'라 함은 '깨끗하게 재계하는 곳'이라는 의미이니, 광의로는 '성균
관 일대'를 칭하며, 협의로는 '동·서재'를 의미한다.

그런데 위 동·서재의 입실 구분은 크게 두 가지로 분류가 가능하다.
첫째는 공부하는 과목의 성격에 따라 생원과 진사로 나뉘는데, 생원은
주로 유교경전을 집중적으로 공부하는 이들이고, 진사는 중국의 고문양
식에 기반하여 시문(詩文) 등의 문장과 문예창작을 수학하는 이들이다.
이들은 주로 생원이 동재, 진사가 서재에 입재하였다. 그런데 윤기는
조선중기 이후부터 생원과 진사의 구분이 아닌, '당파(黨派)'의 색깔에
따라 입재하는 위치가 달라졌다고 한탄한다.

> 서재에는 노론이 즐비하여 어수선하고
> 동재에는 유독 삼색으로 나뉘어져 있네.
> 약방에는 남인이 나아가니 하일방은 북인이 차지하네.
> 하종방엔 소론들 자연스레 무리를 이루었다네.[39]

위 시에 따르면 서재에는 노론이, 동재에는 남인·북인·소론 등의 삼
색이 공존하고 있다. 이들은 서로 정치적 성향이나 학문 방향의 호오(好
惡)가 다르다고 하여, 부지런히 서로를 비방하거나 욕보일 기회만 엿보
고 있으니, 마치 제 잘난 맛에 과하마(果下馬)가 날라 다니는 것 같이
보이지만 이것은 마치 포초(蒲梢)가 웅크리고 있는 꼴이라며 신랄하게
비판한다.[40] '과하마'는 『삼국지』「위지동이전」에 나오는 것으로 고구려
의 말인데, 말을 탄 채로 과실나무 아래를 지나갈 정도로 아주 작은 조랑
말 같은 것을 의미한다. 그러니 마땅히 여기에서는 그릇이 작고 용렬한
선비를 비유하는 것이라 하겠다. 반면에 '포초'는 『사기』에 나오는 말로,
'대완을 정벌하고 천리마를 얻었는데 이 말을 포초라 한다.'에서 인용한
것이니, 여기에서는 천리마와 같은 준마를 상징하는 것이다. 윤기가 사

---

39) 「泮中雜詠」, 219. "西齋老論摠紛紛, 獨也東齋三色分. 藥進南人下一北, 下終少論自成羣."
40) 「泮中雜詠」, 218. "此間儒士八方交, 況復其中色目淆. 愛惡各殊勤洗覓, 飛騰果下踢蒲梢."

색당파의 분열을 비난하는 것은 당시 유생이나 선비들의 모습이 점점 잘못되어 가고 있음을 우려하는 것일 뿐만 아니라, 당시 소위 '대사성(大司成)'과 '집강(執綱)'같은 관료들조차 정의롭지 못하고 불공정하였음을 우회적으로 비판하는 것이었다.

〈표 4〉 18세기 당색(黨色)에 따른 동·서재 '방(房)'의 배치

西齋	
西 第一房	
掌議房	
進士間	老論
下一房	
下終房	
下齋	

東齋	
	藥房
南人	右 第一房
	掌議房
	進士間
北人	下一房
小論	下終房
	下齋

3. 언로를 통한 사회 참여 : 「영권당(詠捲堂)」 157~163을 중심으로

역사적으로 볼 때, 성균관 유생들의 시위 횟수는 총 96회였다고 한다.[41] 그리고 그 시위내용은 주로 조정의 부당한 처사·이단 배척 요구·선비들의 문묘에 배향 여부 등이 주요 안건이었다.[42] 그런데 특이할만

---

41) 김경훈, 『뜻밖의 한국사』, 오늘의 책, 2004, 195쪽 참조.

42) 국왕의 종묘가 있듯, 학문의 기준을 삼는 상징이 곧 문묘다. 공자묘인 문묘에 '배향(配享)'된다는 것, 즉 '함께 제사를 받든다.'는 것은 그의 학문이 만세토록 학문의 정통성으로 인정받는다는 지표가 되었다는 것이다. 성균관에는 동국(東國) 18현(賢)이라 하여 우리나라 열여덟 명의 인물을 배향하고 있는데, 특히 '율곡 이이'의 문묘 배향 건은 역사적으로 논란이 되기도 하였다. 효종 즉위년 12월 '홍위'와 '이원상'은 이이와 성혼의 문묘 종사를 청했는데, 효종이 일단 신중하게 처리하자고 반려했는데, 이때 경상도 진사 '유직' 등 900여 명은 '이이'와 '성혼'을 문묘에 배향해서는 안 된다는 상소를 즉시 올린다. 『효종실록』 권31, 2월 22일 을사 조에 "이이가 천륜을 끊고서 공문(空門)[불교]에 도망하여 숨은 것은 참으로 명교(名教)에 죄를 얻은 것이니, 그 당시에도 사마시에 뽑혀서 성묘

한 것은 조정에서도 이 유생들의 시위를 굳이 적극적으로 막으려하지 않았다는 점이다. 국가의 원기(元氣)를 기르는 일 중에 하나가 곧 젊은 지식인들의 사기진작에 있었다고 믿었기 때문이다. 따라서 성균관 유생들의 시위는 오늘날 대학생들이 남몰래 숨어서 반정부 시위를 하는 모습과는 사뭇 달랐음을 보여준다.

　재생들의 이러한 사회 참여를 위한 노력은 주로 식당 모임에서부터 이루어졌으나, 굳이 식당에서 회합하려는 의도가 없었어도 전원 기숙생활과 매일 조석으로 식사를 함께 해야만 하기 때문에 식당에서의 모임은 자연스러운 일이었다. 다만 중론(衆論)이 모아지면 학생자치 기구인 '재회(齋會)'를 통해 본격적인 안건 토론으로 나아간다. 물론 이 논의는 상재생들 위주로 주도되었고, 과반수 이상 동의하면 통과되었다. 그러나 중요한 것은 통과로 그치는 것이 아니라 반드시 '행동'으로 표출시켰다는 점이다.[43] 이는 『논어』에서의 실천하는 지성인의 모습을 그대로 반영한 것이라 하겠다.[44]

　그렇다면 재생들의 언로 활동은 어떠한 방식으로 이어졌는가? 첫 번째 단계는 '유소(儒疏)'라는 것인데, 이는 시시비비를 가리려는 비판적 의사표시에 해당된다. 재회에서는 먼저 대표자인 '소두(疏頭)'[45]를 뽑고,

(聖廟)에 배알하는 것을 오히려 허락하지 않았습니다. 그리고 성혼은 나라의 후한 은혜를 입고서도 임금이 파천하던 날 달려오지 않은 것은 참으로 왕법에 용서받지 못할 바로서 선묘(宣廟)께서 내린 준엄한 하교가 어제의 일 같습니다."라고 하여 문묘배향을 반대하였고, 훗날 다시 이들은 "이이의 '기(氣)' 중심 사상은 육구연의 견해와 같아서, 곧 석씨(釋氏)의 설입니다."로 비판논리를 강화하며 문묘배향에 반대한 바 있다.

43) 설사, 시위에 반대하는 뜻을 가진 재생들도 참여해야만 했으며, 개인행동을 일체 불허했고, 혹 개인행동을 하는 거재유생들은 재회로부터 처벌받기도 했다.

44) 『論語』, 「學而」. "弟子, 入則孝, 出則悌, 謹而信, 汎愛衆而親仁, 行有餘力, 則以學文."

45) 주로 재회(齋會)의 대표가 소두가 될 수도 있으나, 상황에 따라 그때그때 달랐다. 소두의 이름을 유소의 첫머리에 쓰는 이유는 시위 대표자의 신분과 학문적 역량의 고하에 따라 상소에 대한 비중과 평가가 달랐기 때문이다. 「泮中雜詠」, 「詠儒疏」 / 상소의 질이 소두의 비중에 영향을 받았다는 방증이다.

소두가 문안을 작성하면 나머지 유생들이 여기에 연명(連名)한다. '소두'
는 연명하여 올리는 상소에서 맨 처음 이름을 쓴 주동자가 된다. '소장'
이 완성되면 궁궐로 향하는 길을 청소하고 주변의 상가들을 철수시킨
후, 의기양양하게 행차를 한다. 궐 앞에 도착하면 열을 맞춰 앉고 '소장'
을 보여준 후, 온음(溫飮)이 도착할 때까지 기다린다.

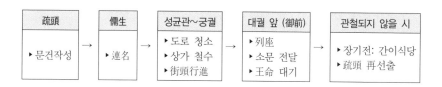

이 과정은 매우 준엄한 행위여서, 혹여 이 앞으로 말을 타고 지나거나
경박한 행동을 보이는 사람이 있으면 바로 엄벌하였다.

> 대소인원(大小人員) 그 누구도 감히 말을 탈 수 없으니
> 말을 타면 아방사령이 꾸짖어 금지시킨다.
> 제멋대로 말을 타면서 만약 듣지 않는 사람이 있으면
> 말 모는 종을 잡아다가 몽둥이로 응징한다.[46]

또한 유생들은 자신들의 글을 올린 후, 임금님으로부터 답변을 들었
음에도 자신들이 생각하는 의리에 부합되지 않는다고 판단될 경우, 구
태여 쉽게 시위를 포기하려 하지 않았다.

> 선비들이 글로써 생각한 바를 작성하면
> 이것에 근거하여 초기(草記)를 요계(瑤階)[47]에 올린다.

---

46) 「泮中雜詠」. "大小人員勿敢乘, 兒房使令禁訶騰. 橫馳或若無聞者, 捉致騎從杖以懲."
47) 요계(瑤階): 임금이 사는 궁전의 계단을 미화시킨 말이다.

비답(批答)[48]을 내리면서 성균관으로 들어가도록 권하지만
따를지 거스를지의 판단은 오직 의리상 어그러짐이 없는지를 볼 뿐
이네.[49]

뿐만 아니라, 이때 유생들은 즉석에서 '소두'를 재선출하고,[50] 소장을
다시 작성하여 똑같은 절차를 반복한다. 심지어 그 옆에 간이식당까지
만들어놓고 장기전에 대비할 정도였다.

두 번째로는 '권당(捲堂)'을 취했는데, 이것은 '유소'가 관철되지 않았
을 때 좀 더 강력한 시위 형태를 말하는 것으로,[51] 사전적 의미로는 유생
들이 일제히 식당에 들어가지 않는 것을 말한다. 요즘으로 말하자면 동
맹휴학이나 단식투쟁과 같다. '권당'을 취했음에도 불구하고 소기의 목
적을 이뤄내지 못하면, 최종적으로 유생들은 '공관(空館)' 행동을 취한
다.[52] 즉 '관(館)을 비운다.'는 의미로, 유생들은 모두 짐을 싸서 퇴거하
고 아예 자체적으로 귀가조치를 했다.[53] 그런데 재생들의 이러한 사회
참여 활동은 주로 예조(禮曹)에서 담당하였다.

---

48) 비답(批答) : 상소에 대한 임금님의 답이다.

49) 「泮中雜詠」, 159. "多士以書進所懷, 憑投草記徹瑤階. 批答下時仍勸入, 從違惟視義無
乖."

50) 앞의 각주에 언급하였듯이, 소두의 역량에 따라 유소(儒疏)의 비중과 평가가 달랐기
때문에, 신분적으로나 학문적으로 역량이 강한 유생을 소두로 재선출했던 것이다.

51) 예컨대 『朝鮮顯宗實錄』 10년, 5월 5일 조에 "禮曹啓曰, 儒生空館之餘, 又有捲堂之擧,
此是莫大之變."와 같다.

52) '공재(空齋)'라고도 한다. 「泮中雜詠」 161에 "계속하여 공재에 이르게 되면 사기가 충천
하게 된다."라고 쓰여 있다.

53) 역사적으로 볼 때, 공관에까지 이르렀다는 것은 임금의 통치력에 커다란 결함이 있음을
알리는 셈이라고 한다. 세종이 궁궐 안에 불당을 짓자 유생들이 공관(空館)까지 감행한
바가 있었고, 조정에서 온갖 압력으로도 공관을 해결하지 못하자, 팔순의 황희 정승이
유생들의 집을 일일이 찾아가 설득하여 겨우 해결했다고 한다.(김경훈, 『뜻밖의 한국사』,
오늘의 책, 2004, 197쪽 참조)

승지가 와서 왕명을 반포하여 타이르고
종백(宗伯)[54]이 잠시 후 좇아 오고 대신도 찾아온다.
직접 유생들과 마주하여 들어가도록 권고한 다음에
다시 초기를 가지고 가서 중신(重宸)[55]에게 아뢴다.[56]

도승지가 온음[溫音: 임금의 말씀]을 선포했는데도 재생들이 철회하지 않을 경우, 예조판서가 찾아와 그만두기를 권하고, 그래도 철회하지 않으면 대신들이 와서 기어이 동서재로 귀가하기를 권한 다음에야 초기를 작성했다.

Ⅳ. 재생(齋生)들에 대한 교육 : 목표·과정·평가

1. 교육목표

성균관 재생들을 위한 교육목표는 품행이 방정하고 행실이 바른 전인적 인간을 육성하는 것이었고, 또한 경학에 능통하고 문장이 출중하며 시무(時務)에 밝은 선비를 양성하여 국가 정치에 이바지할 수 있는 관료를 키우는 데에 최종적인 목표가 설정되어 있었다.

따라서 조선 건국이 유학, 좀 더 정확히 말하자면 주자학 중심의 성리학이었던 점을 감안해 볼 때, 그 교육과정은 온전히 『주자집주』의 경학과 문장 위주의 사장학, 그리고 역사학이 중심축이었음을 짐작할 수 있다.

---

54) 종백(宗伯) : 예조판서를 일컫는 말이다.
55) 중신(重宸) : 구중궁궐, 즉 대궐을 말한다.
56) 「泮中雜詠」, 163. "承宣來布命諄諄, 宗伯俄隨又大臣. 直待儒生勸入後, 還將草記奏重宸."

2. 교육과정

이들의 교육과정은 ① '경학(經學)', ② '사장학(詞章學)', ③ '사학(史學)' 중심으로 편제되었는데, 이 중에서도 첫째, '경학'은 교육과정의 중심이었으며, 세조대에 최초로 법제화되었다.[57] 당시 경학은 '구재(九齋)'로 편성되었는데 대학재→논어재→맹자재→중용재의 사서를 필두로, 시재→서재→춘추재→예기재→역재 등의 오경 과목이었으니, 일명 현재 우리가 흔히 말하는 '사서·오경'을 두루 섭렵하는 것으로 교육과정을 정하였다. 이 사서와 오경을 합친 '구재'는 필히 순서대로 수학해야 하며,[58] 봄과 가을에 걸쳐 연2회의 시험을 치르는 평가도 진행되었다. 요즘 시대에도 교육과정이 있으면 응당 교육평가가 존재하기 마련이다. 따라서 과거시험(평가)에 과목이 있다는 것은 이미 교육과정 상에 교과목이 존재했었음을 보여준다.

둘째, '사장학'은 문장을 작성하는 시험인데, 시(詩)·부(賦)·송(頌)·기(記)·책문(策問)·의(義) 등의 형식이 여기에 속한다. 실제 과거시험은 '사장학' 중심으로 운영되었기 때문에, 그 중요도는 매우 컸다고 볼 수 있다. 셋째, '사학'은 유생들의 역사의식을 키워주기 위한 교과였으며, '책문'이나 '기' 등의 제술을 준비하는 과정에서 반드시 수반되어야만 하는 필수 교과목이기도 하였다.[59]

---

57) 세조 12년에 '구재(九齋)'를 설치함으로써 최초로 법제화되었다. '구재'란, 성균관 안에 설치한 9개의 전문학과를 뜻한다. 이 '구재'는 사실 고려시대로 올라가 볼 때, 최충이 제자를 가르치기 위하여 설치했던 아홉 군데의 학당을 부르는 이름이기도 하다.

58) 주자의 『중용장구집주』 「서(序)」에 따르면, 사서는 『대학』→『논어』→『맹자』→『중용』 순으로 읽게 되어 있다. 사서 공부 과정은 첫째 『대학』에서 학문의 규모를 알고, 이어 『논어』에서 배움의 근본을 세우며, 셋째 『맹자』에서 학문의 원리를 터득한 후, 끝으로 『중용』에서 형이상학적인 이치를 배우기 때문이다. 한편 오경 공부 역시 나름대로의 순서가 있었는데, 『시경』→『서경』→『춘추』→『예기』→『역경』의 순서를 따랐다.

59) 사학(史學)의 교재로는 『사기』·『전한서』·『통감강목』·『송원절요』·『삼국사기』·『동국사략』·『고려사』 등이다.

그러나 성균관 재생들의 실제 현장 수업에서는 '경학' 중심으로 전개
되었는데, 훗날 조선사회가 정치세력의 등장과 사회적 분위기, 그리고
선비의 유풍(儒風)과 분당(分黨), 끝으로 서원의 비약적인 발전 등, 여러
요인에 따라 점차 그 중요도도 변모되어 갔다.

3. 교육평가

재생들에 대한 평가는 지금으로 말하자면 '출석평가'와 '학력(실력)평
가'로 구분되었다. 첫째, '출석평가'는 '원점(圓點)'[60]이라 하여, 하루 2회
식사 때마다 출석점수를 얻는 유형이었는데, 이것은 재생들의 근면성과
재생들 간의 관계성의 함양 등, 주로 생활적인 측면을 평가하는 것으로
볼 수 있다. 이 원점은 생원과 진사로 구성된 상재생에게만 적용되었고,
하재생과는 무관하였으며, 원점 300점을 득하면 '관시(館試)'와 '향시(鄕
試)'에 응할 수 있는 자격 요건이 부여되었다.

그러나 실제로 300점을 얻기란 매우 어려웠던 것으로 보인다. 변계량
(卞季良)이 세종에게 아뢴 글을 보면 "성균관 유생들이 자주 부종(浮腫)으
로 죽었는데, 그 이유는 원점 300점을 받기 위하여 장시간 동안 앉은
채로 독서에 열중하다보니 병에 걸려도 그 원인조차 모르고 죽어갔다."[61]
는 내용이 이의 방증이다. 또 원점은 대리서명과 같이 부정한 방법으로
점수를 얻는 사례가 빈번해지자, 영조 때에 이르러 그 근본취지를 잃었
다는 명분하에 기준점수를 50점으로 하향시키기도 하였다.[62]

둘째, '학력평가'는 '일고(日考)'·'순고(旬考)'·'월고(月考)'·'연고(年考)'

---

60) 조선 초 태종 11년 이전까지만 하여도 성균관 생원만이 응시할 수 있는 관시(館試)에
  원점 300점, 향시(鄕試)에는 200점 이상이 되어야 응시자격을 주었다.(태종 17년에는
  향시도 300점이었음.)
61) 『태종실록』 권33, 17년, 윤5월 기사 조.
62) 『영조실록』 권59, 20년, 2월 정묘 조.

등이 체계적으로 시행되었다. '일고'는 매일 학습자 자신이 준비하는 자율평가와 같았고, '순고'는 사장학과 연관된 평가로 재생들이 제술한 답안지를 시관(試官)이 채점한 후에 익일 개인적으로 지도해주는 형식을 띠었다. '월고'는 매월 예조의 당상관이 입회한 자리에서 '경'을 읽는 '강경(講經)' 형식으로 진행되었으며, '연고'는 매년 3월 3일과 9월 9일에 제술로써 시험을 치렀다.[63]

이 학력평가는 또 다시 두 가지의 방법으로 구분되는데, 경서에 관한 구술시험에 해당하는 '강경(講經)'과, 문장을 작성하는 필답시험 형식의 '제술(製述)'이다. 영조 때에는 유생들이 '강경'보다 '제술' 중심의 평가를 왕에게 요구하는 소(疏)를 올렸었는데, 정조 때에는 '선강경(先講經), 후제술(後製述)'을 명함으로써 지금의 교육개혁이 시도되기도 하였다.

그러나 역시 재생들에 대한 평가의 꽃은 결국 '과거'였다.[64] 재생들에게 '과거시험'은 인재 등용의 비상구였으며 미래의 자신과 가문의 영광을 잇는 창구와도 같았다. '과거'는 문자 그대로, 과목[科]에 따라 선비를 천거[擧]한다는 뜻이다. 과거는 원칙적으로 3년에 1회 시행하는 식년시(式年試)가 있었는네, 어찌 보면 지금의 정시에 해당된다. 그리고 국가직 차원에서의 경사가 있을 때 임시로 보는 별시(別試)로 '증광시(增廣試)'와 '알성시(謁聖試)'가 있다. 조선 후기로 접어들면서 과거시험 횟수가 너무 잦아들게 되었고, 뇌물을 바쳐 부정합격자가 속출하는가 하면, 과거에 어렵게 합격했어도 등용되지 못하는 폐해가 적지 않았다.[65]

---

63) 이 연고(年考)에 우수한 성적을 거둔 자는 문과회시(文科會試)에 바로 나아갈 수 있었다.
64) 우리나라는 788년 신라 때 독서 능력에 따라 상중하로 나누어 등용시켰던 독서삼품과가 있었다. 이후 과거시험은 고려 광종 때 본격적으로 시작하여 조선 후기까지 존재했다.
65) 과거는 원칙적으로 3년에 1회 시행하는 식년시가 있었는데, 어찌 보면 지금의 정시에 해당된다. 그리고 국가적 차원에서의 경사가 있을 때 임시로 보는 별시로 '증광시'와 '알성시'가 있다. 조선 후기로 접어들면서 과거시험 횟수가 너무 잦아들게 되었고, 뇌물을 바쳐 부정합격자가 속출하는가 하면, 과거에 어렵게 합격했어도 등용되지 못하는

　유생들의 '평가'와 관련된 부분에 대해서는 「반중잡영」 「영절제(詠節製) : 절제를 노래하다」의 제114수부터 119수까지에 잘 나타나 있다. '절제'란 성균관 유생들이 보는 시험을 말하는데, 본래는 '절일제(節日製)'가 정확한 표현이다. 재생들이 보는 '절제'의 시기는 '인일(人日)'·'삼월 삼진날'·'칠석'·'중양절' 그리고 '제주에서 감귤이 공물로 올라온 날'에 치러졌다.[66]

　'시관(試官)'은 총 3명이었는데, 성균관 당상관·예조 당상관·예문관 당상관 등이 감독하는 앞에서 경서의 세 곳 정도를 읽게 한 후, 경전의 정의와 의미에 능통한 자를 통과시켰다. 이 구재(九齋)를 통과하여야만 '회시(會試)'에 진출할 수 있었다. 답안지는 제출하는 순서대로 거두어 궁궐로 보낸다. 그 뒤로도 대사성이 수험생들에게 재촉하여 거두자마자 궁궐로 즉시 보내었다.

　이렇게 하여 최종적으로 과거에 급제한 유생들은 소위 '순당(巡堂)'이라 일컫는 식당 퍼레이드 행사를 치른다. 이들은 모두 급제자의 옷으로 환복하고 '권반(勸飯)'하기 전에 서쪽 문으로 들어가 서쪽 마루를 돌아보고 이후 동쪽 마루도 돌아본 후 동쪽 문으로 나오는데, 이러한 순당 행사는 유생들의 오랜 전통이었다.

　　　알성하는 급제자들 반촌의 영광이라네
　　　순당하는 옛 전통 아직도 존재하누나.

폐해가 적지 않았다.(정민 외, 『살아있는 한자교과서』, 166쪽, 휴머니스트)
66) 인일(人日)은 1월 7일이다. 이 날은 '인승절(人勝節)'·'인경절(人慶節)'·'인칠일(人七日)'이라고도 하며, 전설에 의하면 '여와'가 처음 세상을 창조하고 닭·개·돼지·소·말 등의 동물을 만든 후, 제7일에 '인간'을 만들었다고 한다. 그러므로 이 날은 인류의 생일인 것이다. 한나라 때 '인일절'의 행사가 시작됐고 위진(魏晉)시대 이후로 더욱 중시되기 시작했다.(방동민, 『성균관 유생들의 생활상』, 우암, 113쪽 참조) 한편, '삼월 삼진날'은 '상사(上巳)'라고도 하며 3월 3일이며, '칠석'은 7월 7일, '중양절'은 양(陽)의 최고 숫자인 9가 두 번 중첩한 9월 9일을 말한다.

머리에는 계수나무 꽃, 손에는 상아와 홀을 들고, 문에까지 들어와서
동서상하 헌(軒)을 두루두루 돌아다니네.[67]

조선의 과거제는 매우 복잡다단한데, 유생들과 조선의 교육을 이해하
기 위해서는 어느 정도 상식으로 알아둘 필요도 있다. 조선시대 때 시행
한 과거는 총 240회로, 3년마다 치러지는 식년시 163회, 증광시[68] 67회
였으니, 인재 등용에 얼마나 심혈을 기울였는지 짐작할 수 있다. 참고로
『대전회통』에 근거하여, 조선시대 과거제를 요약하면 아래의 표와 같다.

〈표 5〉 조선시대 과거제

구분			내용 및 선발 과정	비고
文科[69]	大科[70]	初試	3과목 : 四書三經 暗誦 등 製述 / 한성부, 각 도	•33명 선발 → 吏曹, 벼슬에 임명
		覆試	3과목 : 여러 文體 중, 2편을 講書 / 서울	
		殿試[71]	'對策'을 지음 / 갑과: 3명, 을과: 7명, 병과: 23명	
	小科[72]	初試	生員科 : 經書(四書五經) 중심 疑 : 경서에 대한 수험생의 의견을 물음 義 : 경전의 참뜻을 물음 서울과 각 지역에서 시행	•성균관 유생으로의 입학 자격 부여 •하급관리로 등용 •각각 100명 정도 선발
		覆試	進士科 : 詞章과 文章 중심 詩賦 중심으로 물음 서울에서만 시행	

---

67) 「泮中雜詠」, 198. "謁聖新恩耀泮村, 巡堂舊例尙猶存. 桂花象笏盈門入, 繞遍東西上下軒."
68) 나라 안에 큰 경사가 있을 때 치르는 시험이다. 이외 왕실에 큰 경사가 있을 때는 정시(庭試)를, 임시로 교지를 내려 별시를 치르기도 한다. 기타 임금 앞에서 직접 시험을 치르는 알성시 등의 다양한 과거가 있었다.
69) 문과는 유생들을 상대로만 치러진다. 3년마다(쥐·토끼·말·닭띠 해) 정기적으로 치러지며, 이를 식년대비(式年大比) 또는 동당시(東堂試)라고 부른다.
70) 대과는 지금의 고등고시에 해당된다.
71) 전시에서는 복시에서 합격한 33명을 큰 이변이 없는 한 등수만 정하여 갑과(3명)~을과(7명)~병과(23명)로 나눌 뿐, 모두 합격시킨다.
72) 소과는 생원과 진사시험을 일컫는 것으로, 지금의 예비시험과 비슷하다. 감시(監試)·사마시(司馬試)·생진시(生進試)라고도 한다.

武科[73]		初試	院試 : 훈련원 주관, 70명 선발 鄕試 : 각 도의 병마절도사 주관, 120명 선발	•선발인원 계속 증 가추세 •庶子와 賤人도 응 시자격
		覆試	講書, 무예 중심 → 병조, 훈련원 주관, 28명 선발	
		殿試	騎擊毬·步擊毬 중심 → 갑(3명)·을(5명)·병(20명)	
雜科	譯科		通譯官을 선발	
	醫科		醫員을 선발	
	陰陽科		天文 담당자를 선발	
	地理科		地理 담당자를 선발	

V. 맺음말

　문묘와 성균관과 같은 유적은 우리 주변에 가까이 있으면서도, 이와 관련한 이야기들에 대해서는 제대로 알지 못하는 바가 많다. 예컨대 정조대왕의 휘(諱)는 '이산'이 아님에도 드라마를 통하여 오히려 잘못된 이름이 널리 알려져 있기도 하다.[74] 실상 '이성'으로 불렸다. 또 정약용은 성균관에서 박사가 아니었는데도, 그의 인품과 덕망 그리고 학문의 고결함을 추측으로 박사로 통한다. 그러나 필자의 조사한 바에 따르면 정약용은 1794년 정5품의 '직강(直講)', 지금으로 말하면 교수 중에서도 최고의 교육자에 해당하는 직급을 가졌을 뿐, 그 어디에도 박사의 경력은 발견되지 않았다. 이외에도 본고에서 줄곧 거론한 거재유생에서 상재생과 하재생의 질서는 '나이'를 최우선으로 삼아 생활했음에도 불구하고,

---

73) 문과와 마찬가지로 3년마다 치러지는 식년무과와 나라 안에 특별한 행사가 있을 시 시행되는 증광시·별시 등의 다양한 형태가 존재했다.

74) 정조의 휘는 '산(祘)'으로 음은 '산'이지만 『규장전운』·『전운옥편』·『자전석요』 등에 따르면 '성'으로 발음해야 한다. 이 부분에 대해서는 안대회 교수가 이미 밝힌 바 있다. 그에 의하면 정조는 자식을 많이 낳고자 하는 희망을 담고자 하여, 자손이 많던 달성서씨의 약봉(藥峯)의 이름인 '성(渻)'과 같은 발음으로 휘를 바꾸어 발음하게 된 것이라고도 한다.

각종 미디어나 글에서는 입학 시기의 선후배를 따져 질서가 잡혔다고 운운하니, 하루 속히 재고해야 한다.

필자는 18세기 윤기가 「반중잡영」을 저술한 의미와 가치를 이미 전술해 놓았듯이, 조선의 미래는 원기가 충천한 유생에게 있음을 매우 중요시하였다. 조선 초기에 비하면 18세기 성균관의 위상은 비교할 수 없을 정도로 실추되었고, 특히 상공업의 발달과 함께 요호(饒戶) 등이 등장하여 자본주의 맹아가 싹트기 시작하면서, '선비'에 대한 평가는 사뭇 평가 절하되었다. 당연히 최고 국립교육기관이라 자부해오던 성균관 유생들은 궁핍한 재정과 열악한 환경 속에서 겨우 그 명맥만을 유지할 수밖에 없었다. 더욱이 당파와 궤를 같이하면서 유생들 스스로도 반목과 갈등을 보이기도 하였다.

그러나 분명 조선의 미래는 이 유생들에게 있었고, 전제왕권 하에서도 올곧은 소리를 낼 수 있었던 통로는 유생의 몫이었다. 그래서 유생들은 임금조차도 함부로 할 수 없을 만큼, 두려워한 존재임에 분명했다. 고려 국자감으로부터 조선 성균관에 이르는 우리나라의 교육철학과 교육사는 하나의 '거울'과도 같다. 18세기 성균관 유생들의 공동체생활과 교육활동, 그리고 사회적 참여 운동은 지금 지성인들이 무엇을 어떻게 실천해야만 하는지를 보여준다.

조선 초기~중기에 이르는 동안 하늘을 찌를 듯, 자존심 강했던 국비 장학생, 이들은 18세기 전후에 접어들어 위축되었고, 그만큼 자괴감도 많았을 것이다. 이 때, 윤기는 한시 220수로 유생들의 고단하고 처절한 몸부림을 기록으로 남겼다.

윤기는 성호 이익의 제자이며, 다산 정약용과는 1783년부터 1789년까지 약 6년 동안 동·서재에서 숙식을 함께 하며 동고동락했던 분이다. 그는 당색으로는 남인계열의 동지였으며, 성호와 다산의 학문을 정리함이 자신의 임무라고 호언했다. 따라서 「반중잡영」 속에 면면히 흐르는 유생들의 처우에 대한 안타까움과 희망, 그리고 한 나라의 미래는 역시 인재양성에서 시작하고 있음을 되새기게 만든다. 우리나라 지성의 거산이라 할 수선지지(首善之地)가 묻히지 않기를 소망한다.

참고문헌

『經國大典』 D/B.(원문검색일 2020년 4월 29일)
『論語集註』, 성균관대학교 대동문화연구원 영인본.
『無名子集』, 한국고전번역원 D/B.(원문검색일 2020년 4월 29일)
『儒敎大事典』, 박영사, 1990.
『朝鮮王朝實錄』 D/B.(원문검색일 2020년 4월 29일)

김경훈, 『뜻밖의 한국사』, 오늘의 책, 2004.
김대용, 『조선초기 교육의 사회사적 연구』, 한울, 1994,
김윤곤, 「이조후기에 있어서 성균관의 변천과 개혁」, 『대동문화연구』 6~7집 합집, 성균관대학교 대동문화연구원, 1970.
우용제, 「조선후기 교육개혁론 연구」, 서울대학교 박사학위논문, 1995.

제2부

전통시대 한문 교재의
구성과 편찬 의식

『동몽수지(童蒙須知)』가 지닌 정훈(庭訓)의 성격과 조선시대 문인의 수용

이의강

I. 머리말

상당 기간 잠들어 있던 어떤 고전이나 사상이 시대가 바뀜에 따라 새로이 주목받는 것은 학술계에서 종종 발견할 수 있는 현상이다. 인간 삶의 양태는 끊임없이 변화하는 과정에 있지만 더불어 살아야 한다는 인간 삶의 정신은 변하지 않기 때문에 그 시대가 요구하는 정신을 담은 고전과 사상은 부단히 재발견되어 왔다. 신분제 사회가 폐지되고 민주 사회가 도래하자 제자백가 가운데 『묵자(墨子)』가 새롭게 조명된 일, 그리고 신자유주의의 폐해를 바로잡기 위하여 "18세기 조선 사회의 실학이 이용후생(利用厚生)이었다면 지금의 실학은 정덕(正德)이다."라는 주장이 대두된 일[1] 등이 그 사례이다.

조선시대의 아동들을 교육하던 동몽교육용 기초 한문교재는 문자교육용 교재와 덕성교육용 교재로 구분하는데,[2] 본고에서 고찰하고자 하

---

1) 최석기(2011), 9쪽.
2) 김왕규(1998), 225쪽.

는 주희(朱熹)의 저술『동몽수지(童蒙須知)』는 덕성교육용 교재에 속한
다고 할 수 있다.『동몽수지』는 일찍이 조선조 사회에도 일정한 영향을
미쳤기 때문에 그동안 아동 교육용 교재로서 약간의 연구 성과가 축적
되어 있다.[3] 본고는 이들 연구 성과에 바탕하여『동몽수지』를 오늘날
아동에게 새롭게 요구되는 정신을 담고 있는 고전으로 재조명하고자
한다.

Ⅱ. 주희(朱熹)의 아동관 '몽(蒙)'

　우선 본고의 연구 대상인 주희[朱熹, 1130~1200]의『동몽수지』를 본격
적으로 고찰하기에 앞서 아동에 대한 그의 인식을 살펴본다. 그가 책
제목으로 삼았던 '동몽(童蒙)'이란 어휘를 국립국어원의『표준국어대사
전』에서는 '남자인 아이'로 풀이하고 있다. 이는 불충분한 해설이라고
할 수 있으니, '동(童)'자에 대해서만 풀이하였을 뿐 남자인 아이의 속성
을 설명하는 '몽(蒙)'자에 대해서는 풀이를 생략하고 있다.
　그렇다면 아동의 속성을 설명하는 '몽(蒙)'자는 그 구체적 함의가 무
엇인가? 한자의 제자원리와 뜻에 대하여 계통적인 설명을 시도하였던
허신(許愼)의『설문해자(說文解字)』에서 제시하고 있는 설명은 다음과
같다.

　　　王女也. 從艸, 冡聲.[큰 女蘿 풀이다. '艸'를 따르고, '冡'은 소리이다.][4]

---

3) 진원,「『소학』 저술 이전 시기 주자의 소학론」,『퇴계학보』131, 퇴계학연구원, 2012;
　이우진,「신유학의 아동교육(2)」,『유학연구』35, 충남대학교 유학연구소, 2016; 류칠선,
　「『童蒙須知』에 나타난 아동교육내용 연구」,『한국영유아보육학』28, 한국영유아보육학
　회, 2002.
4) 許愼 撰, 段玉裁 注,『說文解字注』, 天工書局, 中華民國七十六年, 46쪽.

  허신은 '몽(蒙)'을 1년생 초본의 덩굴성 기생식물인 '새삼[菟絲子]'을 나타내는 글자로 이해하고 있다. 이 '새삼'이라는 설명만 가지고는 아동을 나타내는 '동(童)'과의 조합이 석연치 않다.

  문자학에서는 형성자(形聲字)가 '의미'를 나타내는 부분과 '소리'를 나타내는 부분으로 이루어진 한자이지만, '소리'를 나타내는 부분이 뜻까지 아우르고 있는 '형성(形聲) 겸 회의자(會意字)'를 상정하고 있다. 이에 '몽(蒙)'의 소리를 나타내는 부분 '몽(冡)'에 대해서도 그 뜻을 살펴보아야 할 필요가 있다. 다음은 역시 『설문해자』에 보이는 '몽(冡)'의 설명이다.

    覆也. 從冃豕.['덮다'의 뜻이다. '冃'과 '豕'의 회의자이다.][5]

  이 풀이를 이해해 보면, '돼지[豕]'를 기를 때 멀리 달아나지 못하도록 천 등으로 눈을 '가리는[冃]'것을 '몽(冡)'이라고 했다는 것이다.[6]

  위의 두 설명을 종합해보면, '새삼[菟絲子]'이라는 식물[艸]은 칡이나 쑥 등 다른 식물을 덮으며[冡] 뻗어서 양분을 흡수하는 기생 식물이기 때문에 '새삼'을 나타내는 한자를 '몽(蒙)'으로 만들었음을 알 수 있다.

  경서(經書)에서 '몽(蒙)'자의 몇몇 용례를 조사하여 그 뜻이 어떻게 파생되고 있는가를 살펴본다. 『시경』〈용풍(鄘風)〉「군자해로(君子偕老)」의 "저 縐絺 위에 덧입다.[蒙彼縐絺.]"는 풀 이름이 아닌 '덮다'라는 뜻으로 사용되었으며, 『맹자』「이루 하」의 "서시(西施)가 불결한 것을 뒤집어쓰고 있으면, 사람들이 모두 코를 막고 지나간다.[西子蒙不潔, 則人皆掩鼻而過之.]"는 '덮다'에서 파생된 '뒤집어쓰다'라는 새로운 뜻으로 사용되었다. 『서경』「이훈(伊訓)」의 "신하로서 임금을 바로잡지 않으면 그에게

---

5) 許愼 撰, 段玉裁 注, 『說文解字注』, 天工書局, 中華民國七十六年, 353쪽.
6) 최근 간행된 한자의 원류를 설명하는 곡연규(谷衍奎)의 『한자원류자전』에서는 '시(豕)'를 '돼지'가 아닌 조류 '새'로 이해하고 있음을 참고로 밝힌다.(谷衍奎, 『漢字源流字典』, 華夏出版社, 2003, 604쪽.)

묵형을 시행하여 무지한 인사들을 자세히 가르쳐야 합니다.[臣下不匡, 其刑墨, 具訓於蒙士.]"는 '무지하다'라는 새로운 파생의로 사용되었으며, 『좌전(左傳)』 희공 24년의 "위아래가 서로 속이다.[上下相蒙.]"는 '속이다'라는 또 다른 파생의로 사용되었다.

이상에서 살펴본 '몽(蒙)'자의 용법에 근거할 때 주자는 아동을 식견이 가려 있어서 아직 아는 것이 없는 무지한 존재로 인식하였다고 말할 수 있는데, 주자의 이러한 인식은 여조겸[呂祖謙, 1137~1181]과 함께 편찬한 『근사록』의 다음 글에서 확인할 수 있다.

옛사람들은 자식을 낳아 아이가 밥 먹고 말할 줄 알면 가르쳤는데, 대학(大學)에서 배우는 내용을 미리 가르치는 것을 우선으로 삼았다. 사람이 어릴 적에는 지각과 사고에 주관이 서 있지 않으니, 바로 격언(格言)과 지론(至論)을 앞에서 매일 진술해주어야 한다. 그때는 아직 깨달아 알지 못한다 하더라도 또한 김을 쐬고 못이 박히도록 듣는 것처럼 하여 몸과 귀에 차고 넘치도록 해주어야 한다. 오래되면 절로 편안하고 익게 되어 본디 가지고 있던 것처럼 된다. 비록 다른 말로 그를 유혹한다 하더라도 그 말이 들어갈 수 없다. 만약 아이에게 미리 가르치지 않고 조금 자란 뒤에 가르치면, 사의(私意)와 편호(偏好)가 안에서 생기고 중구(衆口)와 변언(辯言)이 밖에서 녹아들어갈 것이니, 순수하고 온전하기를 바라도 될 수 없다. 그러므로 급선무는 먼저 들어가는 내용에 달려 있으니, 어찌 너무 이른 교육이 있겠는가.[7]

위 내용은 이천(伊川) 정이[程頤, 1033~1107]의 주장을 수록한 것인데,

7) 朱熹, 『近思錄』, 권11, 『朱子全書』 13, 上海古籍出版社, 2002, 268쪽. "古人生子, 能食能言而教之. 大學之法, 以豫爲先. 人之幼也, 知思未有所主, 便當以格言至論日陳于前. 雖未曉知, 且當薰聒, 使盈耳充腹, 久自安習, 若固有之, 雖以他言惑之, 不能入也. 若爲之不豫, 及乎稍長, 私意偏好生于內, 衆口辯言鑠于外, 欲其純完, 不可得也. 故所急在先入, 豈有太早者乎?"

주자를 비롯한 당시 신유학자들의 공통적인 아동 교육관을 엿볼 수 있다. 아동 시기에는 "知思未有所主[지각과 사고에 주관이 서 있지 않으니]"하여 인지능력이 개발되어 있지 않은 상태이고, 아직 "私意偏好生于內[사사로운 뜻과 편벽된 기호가 안에서 생기다]"에 이르지 않은 상태이므로, 이때 격언과 지론을 잘 주입해주면 그 내용이 본래 지니고 있던 것처럼 자리를 잡게 된다고 보았다. 이에 아동 교육에 있어서는 시기가 빠르면 빠를수록 좋다고 여기고 있다.

주자는 '아동이 모름지기 알아야 할 내용'을 엮어 책을 편찬하면서 '동몽수지(童蒙須知)'라고 제목을 붙였다. 아동을 나타내는 소아(小兒)·소해(小孩)·소년(少年)·아동(兒童)·해동(孩童)·동자(童子)·남해(男孩)·동남(童男)·유아(幼兒) 등등 수많은 어휘 가운데 굳이 '동몽(童蒙)'을 선택하였다. 언어생활에서 어휘를 구사할 때에는 말하는 주체의 평소 인식이 의식적이든 무의식적이든 작용한다. 더군다나 저술한 책의 제목은 심사숙고해서 결정한다. 주자가 아동을 교육하기 위해 편찬한 책의 제목을 '동몽(童蒙)'이라 한 것은, 아동을 인지능력이 개발되어 있지 않은 무지몽매(無知蒙昧)한 상태의 존재로 보았던 인식의 일단이 배어 있다고 할 수 있다.

Ⅲ. 『동몽수지』의 정훈적(庭訓的) 성격

주자는 무지한 아동들을 교육하기 위해 『동몽수지』를 편찬하였는데, 주자가 상정하고 있는 무지한 아동들이 반드시 알아야 할 사항이란 과연 어떠한 것들이었을까? 『동몽수지』의 내용에 근거하여 이를 본격적으로 분석해보도록 한다. 책의 분량이 1,400여 글자에 지나지 않는 비교적 짧은 편폭의 내용이므로 이를 순서대로 읽어가면서 살피도록 한다.

먼저 저술 동기를 밝힌 머리말 부분을 읽어본다.

> 대저 동몽의 배움은 의복과 모자, 신발에서 시작하여 다음에는 말씨와
> 걸음걸이에 이르고, 다음에는 물 뿌리고 쓸어 깨끗하게 하는 일에 이르
> 며, 다음에는 책 읽기와 글씨 쓰기 및 잡다하고 사소한 일들에 이르기까
> 지 모두 알아야만 한다. 지금 조목조목 열거하여 '동몽수지(童蒙須知)'라
> 이름을 붙인다. 동몽이 몸을 닦고 마음을 다스리며 어버이를 섬기고 남과
> 교제하며, 그리고 이치를 궁구하고 본성을 다하는 요점과 같은 것들은
> 절로 성현의 가르침이 있어서 환히 살필 수 있고 차제에 깨달아 통달하게
> 될 것이므로 여기서는 다시 상세히 적지 않는다.[8]

책이 상정하고 있는 독자는 아동이고, 그 내용은 아동이 반드시 습득
해야 할 다섯 분야의 범위에 한정하고 있음을 밝혔다. 그리고 이 범위를
벗어나 내면의 심성을 다스리는 공부, 부모를 섬기거나 남과 사귀는 방
도, 사물의 이치를 궁극에 이르도록 연구하는 공부, 인물의 본성을 극도
로 발휘하여 각각 제자리를 얻도록 하는 공부 등등의 내용은 이 책에서
배제하였음을 밝히고 있다.

이제 아동들이 반드시 실천해야 할 본론의 내용 제1편 「의복관구(衣服
冠屨)」 제1을 읽어본다.

> 1) 대저 사람은 먼저 신체가 단정해야 한다. 모자나 두건부터 의복과
> 신발 및 버선에 이르기까지 모두 수습하고 아껴서 항상 깨끗하고 가지런
> 하게 하여야 한다.
> 2) 나의 선인께서는 항상 자제들에게 훈계하기를, "남자에게는 세 가지

---

8) 朱熹, 『童蒙須知』, 『朱子全書』 13, 上海古籍出版社, 2002, 371쪽. "夫童蒙之學, 始於衣
服冠屨, 次及言語步趨, 次及灑掃涓潔, 次及讀書寫文字, 及有雜細事宜, 皆所當知. 今逐
目條列, 名曰童蒙須知. 若其修身治心, 事親接物, 與夫窮理盡性之要, 自有聖賢典訓昭然
可考, 當次第曉達, 玆不復詳著云."

긴요한 것이 있으니 '두긴(頭緊)·요긴(腰緊)·각긴(脚緊)'이다. '두(頭)'는 두건인데 아직 관례를 치르지 않은 사람은 머리를 묶어야 한다. '요(腰)'는 끈이나 띠로 허리를 묶는 것이며, '각(脚)'은 신발과 버선이다. 이 세 가지는 단단히 묶어야 하니 느슨하게 해서는 안 된다. 느슨하게 하면 신체가 거리낌 없어지고 단정하지 못하여 사람들에게 가벼운 취급을 당하게 된다."라고 하셨다.

3) 무릇 의복의 착용은 반드시 먼저 옷깃과 동정을 가지런히 하고, 양 옷깃의 단추나 띠를 매어 빠지거나 풀어지게 해서는 안 된다.

4) 음식을 먹을 때는 잘 관리를 하여 더러워지거나 해지는 일이 없게 하고, 길을 갈 때는 잘 살펴 더러워지거나 젖지 않도록 하여야 한다.

5) 무릇 벗은 옷은 반드시 가지런히 개어 상자 속에 포개어 놓아야 하며 어지럽게 흩어서 마구 놓아서는 안 된다. 이렇게 하면 먼지나 더러움에 더럽혀지지 않게 되며 또한 쉽게 찾을 수 있고 잃어버리는 일이 없게 된다. 옷을 입은 지 오래되면 때가 끼는 일을 면하지 못하니 반드시 부지런히 빨아야만 하고 옷이 터지면 기워야 한다. 진실로 기워도 문제가 없는 것이니, 다만 온전하고 깨끗하기만 하면 된다.

6) 무릇 세수를 할 때는 반드시 두건이나 수건으로 옷깃을 가려 보호하고 양 소매를 걷어 올려 젖지 않도록 해야 한다.

7) 무릇 노역에 나갈 때는 반드시 위에 껴입은 저고리를 벗어 놓고 짧고 간편하게 입어 아끼고 보존해서 손상을 입거나 더럽혀지지 않도록 해야 한다.

8) 무릇 낮에 입었던 의복은 밤에 누울 때 반드시 갈아입어야 하니, 그러면 벼룩과 이가 들지 않으며 곧바로 헤지거나 찢어지지 않는다.

9) 만약 이렇게 할 수 있다면 위의(威儀)가 본받을 만할 뿐 아니라 또한 의복을 낭비하지 않을 수 있다. 안자(晏子)는 여우 갖옷 한 벌을 가지고 30년을 입었는데, 비록 뜻이 검소함으로 풍속을 교화시키는 데 있었지만 또한 아끼는 데 방도가 있었기 때문이다. 이러한 것들은 가장 몸을 신칙하는 요체이니, 소홀히 하지 말라.[9]

---

9) 朱熹, 『童蒙須知』, 『朱子全書』 13, 上海古籍出版社, 2002, 371~372쪽. "大抵爲人, 先

제1장의 내용을 정리하면, 사람은 제일 먼저 단정한 몸가짐을 갖는 것이 중요한데, 그 출발점은 의복을 잘 관리하여 깨끗하게 입는 습관에서 시작됨을 깨우쳐주고 있다[제1)조]. 선친이었던 주송(朱松)이 주자 자신에게 복장의 중요성을 가르쳐주었던 내용을 인용한 뒤[제2)조] 의복을 입는 예절, 의복을 관리하는 예절, 의복을 벗어두는 예절, 의복을 빨고 깁는 예절 등등을[제3)~8)조] 하나하나 자상하게 제시하고 있다. 마지막으로는 갖옷을 잘 관리하여 30년이나 입었던 안자(晏子)의 사례를 들어 몸가짐을 삼가는 요점이 바로 옷차림을 단정하게 하는 것에 있음을 강조하여 마무리하였다[제9)조].

아동에게 권장하고자 하는 복장 예절에 대해서는 '모름지기[須]'와 '반드시[必]' 등의 부사어를 사용하여 강조하였으며, 금지하고자 하는 부정적인 습관에 대해서는 '말아라[勿]'와 '안 된다[不可]' 등의 글자를 사용하여 방지하였다.

한 번의 특별하고 우연한 경험은 그 영향력이 서서히 사라지지만, 습관은 시간과 함께 그 영향력이 더욱 강화된다. 복장을 단정하게 차려입고 관리하는 습관을 갖는 것은 자신이 단정한 사람이라는 정체성을 형성해준다. 이런 점에서 주자의 아동 복장 예절의 강조는 일정한 의의를 지닌다고 할 수 있다.

要身體端整, 自冠巾衣服鞋襪, 皆須收拾愛護, 常令潔淨整齊. 我先人常訓子弟云: "男子有三緊, 謂頭緊、腰緊、脚緊." 頭, 謂頭巾, 未冠者總髻; 腰, 謂以條或帶束腰; 脚, 謂鞋襪. 此三者要緊束, 不可寬慢. 寬慢則身體放肆不端嚴, 爲人所輕賤矣. 凡著衣服, 必先提整衿領, 結兩衽紐帶, 不可令有闕落. 飲食照管, 勿令汙壞; 行路看顧, 勿令泥漬. 凡脫衣服, 必齊整摺疊箱篋中. 勿散亂頓放, 則不爲塵埃雜穢所汙. 仍易於尋取, 不致散失. 着衣旣久, 則不免垢膩. 須要勤勤洗澣. 破綻則補綴之. 儘補綴無害, 只要完潔. 凡盥面, 必以巾帨遮護衣領, 捲束兩袖, 勿令有所濕. 凡就勞役, 必去上襲衣服, 只着短便, 愛護, 勿使損汙. 凡日中所着衣服, 夜臥必更, 則不藏蚤虱, 不卽敝壞. 苟能如此, 則不但威儀可法, 又可不費衣服. 晏子一狐裘三十年, 雖意在以儉化俗, 亦其愛惜有道也. 此最飭身之要, 毋忽."

이번에는 「언어보추(言語步趨)」 제2를 읽어본다.

    1) 무릇 자제는 모름지기 항상 소리를 나직이 하고 기를 낮추며 말을 자상하고 느리게 해야 한다. 언성을 높여 다투거나 부화한 말로 농지거리를 하며 웃어서는 안 된다.

    2) 부형이나 어른이 가르쳐 경계하는 말이 있으면 고개를 숙이고 들어 받아들여야 하지, 망령되이 스스로 의론을 펴서는 안 된다. 어른이 꾸짖는 내용에 혹 과오가 있으면 그 즉시 스스로 해명해서는 안 되니, 잠시 참아 잠자코 있다가 한참이 지나 천천히 뜻을 자상히 하여 조리 있게 말씀드리기를, "이 일은 아마 이런 것 같습니다. 저번에는 우연히 잊으신 듯합니다."라고 하거나, 아니면 "우연히 생각이 미치시지 못한 듯합니다."라고 해야 한다. 이와 같이 한다면 상처를 주거나 거스르는 일 없이 사리가 자명해질 것이다. 친구뻘에게도 또한 마땅히 이와 같이 하여야 한다.

    3) 무릇 남의 잘못한 일을 듣거나 아래로 종들이 잘못한 일에 이르러서도 마땅히 또한 포용하여 간직해두어야 하지, 곧바로 소문내어 말해서는 안 된다. 충고의 말을 해주어 고칠 줄 알도록 해야 한다.

    4) 무릇 길을 걸을 때나 빨리 걸을 때는 모름지기 단정해야 하고, 빠르게 달리거나 껑충거려서는 안 된다.

    5) 부모나 어른이 부르는 일이 있으면 그때는 오히려 빨리 달려 앞에 나가야 하며 굼떠서는 안 된다.[10]

제2장은 상냥하고 자상하며 상대를 배려하는 언어 예절과[제1)~3)조]

---

10) 朱熹, 『童蒙須知』, 『朱子全書』13, 上海古籍出版社, 2002, 372~373쪽. "凡爲人子弟, 須是常低聲下氣, 語言詳緩, 不可高言誼鬧, 浮言戲笑. 父兄長上有所教督, 但當低首聽受, 不可妄自議論. 長上檢責, 或有過誤, 不可便自分解, 姑且隱默, 久却徐徐細意條陳, 云此事恐是如此, 向者當是偶爾遺忘, 或曰當是偶爾思省未至. 若爾, 則無傷忤, 事理自明. 至於朋友分上, 亦當如此. 凡聞人所爲不善, 下至婢僕違過, 宜且包藏, 不應便爾聲言, 當相告語, 使其知改. 凡行步趨蹌, 須是端正, 不可疾走跳躍. 若父母長上有所喚召, 却當疾走而前, 不可舒緩."

길을 걸을 때의 단정한 걸음걸이[제4)조] 및 어른이 불렀을 때 응대하는
예절을[제5)조] 아동에게 당부하고 있다. 예의바른 언어는 사람의 가장
기본적인 덕목이고, 걸음걸이는 그 사람의 인품이 드러나는 것이므로
경망하게 걷지 말며, 어른의 부름에 바로 달려가는 일은 윗사람을 공경
하는 기본 태도임을 깨우쳐주고 있다.

위 내용에서 부화한 말로 농지거리를 함부로 하지 말라 경계한 가르
침이 눈에 띄는데, 이는 장재[張載, 1020~1077]가 「폄우(砭愚)」에서 "희롱
하는 말은 생각에서 나온다.[戲言出於思也]"[11]라고 경계하였던 내용과 상
통한다. 농담은 사람의 마음을 부박하게 만들어 삶과 세상을 그저 말장
난이나 웃음거리로 삼기 쉽고, 그것들을 진지하고 깊이 있게 대면하지
못하게 만든다.[12] 그리고 어른이나 친구에게 억울하게 질책을 받을 때
우선은 공손히 듣고 일정한 시간을 가진 뒤 차분하게 해명하여 오해를
풀어주라는 가르침은 오늘날에도 여전히 유효한 언어 예절이라고 할 수
있다.

다음은 「쇄소연결(灑掃涓潔)」 제3을 읽어본다.

1) 무릇 자제는 거처하는 장소를 물을 뿌려 쓸어야 하며, 책상을 털고
닦아 정결하게 하여야 한다.
2) 서책, 붓, 먹과 모든 용품들은 모두 엄숙히 정돈해두어야 하며, 놓아
두는 데 일정한 곳이 있어야 하고, 가져다 쓰기를 마치면 다시 원래 장소
에 두어야 한다.
3) 부형과 어른이 기거하는 곳에 서책이나 종이 따위가 어쩌다 어지러
이 흩어져 있으면 정성껏 정돈해놓아야 하며, 멋대로 가져다 써서는 안
된다.

11) 朱熹, 『近思錄』, 『朱子全書』 13, 上海古籍出版社, 2002, 189쪽.
12) 김기현, 『선비의 수양학』, 서해문집, 2014, 226쪽.

　　4) 무릇 남에게 서책을 빌릴 때는 모두 장부에 서책 주인의 이름을 적어
두었다가 때맞춰 돌려주어야 한다.

　　5) 창벽, 책상, 서책 사이에는 글자를 써서는 안 된다. 선배들은 말하기
를, "붓을 망가뜨리고 먹을 더럽히는 것은 자제로서의 직분을 수행하지
않는 것이고, 책상과 벼루에 글자를 쓰는 것은 자기 얼굴에 먹물을 칠하
는[13] 것이다." 하였다. 이런 짓들은 가장 깨끗하지 못한 것이니, 매우 깊
이 경계해야만 한다.[14]

　　제3장의 내용은 아동들에게 자신이 생활하는 거처와 방을 청소하고
[제1)조] 방 안의 물품들을 정리정돈하는 습관을 지니도록[제2)조] 가르
치고 있다. 어른의 물품을 멋대로 가져다 쓰지 말고[제3)조] 책을 빌릴
경우는 때맞추어 돌려주는 습관을 권장하고 있다[제4)조]. 또한 낙서를
하지 말 것을 깊이 경계하였는데[제5)조], 이는 당시의 필기도구였던 먹
물이 한번 써놓으면 지우기가 매우 어려웠던 실정을 반영하는 내용으로
보인다.

　　사람이 주거 환경에 영향을 받는다는 것은 누구나 경험적으로 아는
사항이다. 주변이 깨끗하게 청소되어 있고 물품들이 잘 정리정돈되어
있으면 자신의 마음도 따라서 깨끗해지고 단정해진다. 방 청소와 정리
정돈의 습관은 사소해보이지만 그 사람의 인생을 좌우할 수 있는 매우
중요한 일이므로 어릴 때부터 습관화하는 것이 좋다. 주변이 늘 정리되

---

13) 원문 '자경기면(自黥其面)'의 '경(黥)'에 대해, 지봉 이수광은 『지봉유설』 권5에서 "살펴
　　보건대, 이는 황정견이 자제를 훈계한 말이다. '경(黥)'이 '검(黔)'으로 되어 있으니 옳다.
　　[按此山谷誡子弟語也. 黥作黔爲是.]"고 하였는데, 타당한 지적이므로 이를 따라 번역하
　　였다.

14) 朱熹, 『童蒙須知』, 『朱子全書』13, 上海古籍出版社, 2002, 373쪽. "凡爲人子弟, 當灑掃
　　居處之地, 拂拭几案, 當令潔淨. 文字筆硯. 凡百器用, 皆當嚴肅整齊, 頓放有常處, 取用
　　旣畢, 復置元所. 父兄長上坐起處, 文字紙劄之屬, 或有散亂, 當加意整齊, 不可輒自取用.
　　凡借人文字, 皆置簿鈔錄主名, 及時取還. 窗壁几案文字間, 不可書字. 前輩云: "壞筆汙
　　墨, 瘝子弟職. 書几書硯, 自黥其面." 此爲最不雅潔, 切宜深戒."

어 있는 사람과 정리되어 있지 않은 사람은 평소의 생활 자세도 좋고 나쁜 차이가 날 것이며, 공부 효과도 역시 차이가 날 것이다.

이번에 살펴볼 내용은 「독서사문자(讀書寫文字)」 제4이다.

1) 무릇 책을 읽을 때는 모름지기 책상을 정돈하여 깨끗하고 단정히 해야 한다. 서책을 가지런히 놓고 몸을 바르게 하고 서책을 마주하여 글자를 상세하고 천천히 보아 자세히 읽어야 한다. 읽을 때에는 모름지기 한 글자 한 글자를 소리 내어 낭랑하게 읽어야 하고, 한 글자를 틀려서도 안 되고 한 글자를 빠뜨려서도 안 되며, 한 글자를 추가해서도 안 되고 한 글자를 순서를 바꾸어도 안 된다. 억지로 암기해서는 안 되고 다만 낭독하는 횟수를 많이 하여 자연히 입에 올라 오래도록 잊지 않게 해야 한다. 옛사람들이 "책을 천 번 읽으면 그 뜻이 스스로 드러난다."라고 하였는데, 이는 익숙하게 읽으면 해설을 기다리지 않아도 그 뜻이 절로 밝아진다는 것을 말한다. 나는 일찍이 생각했다. 책을 읽는 데는 삼도(三到)가 있으니 심도(心到)·안도(眼到)·구도(口到)이다. 마음이 여기에 있지 않으면 눈이 자세히 보지 않고, 마음과 눈이 이미 전일하지 못하면 다만 건성으로 낭독하게 되어 결코 기억할 수 없으며 기억했다 하더라도 또한 오래갈 수 없다. 삼도 가운데 심도가 가장 중요하니, 마음이 이미 이르렀는데 눈과 입이 어떻게 이르지 않겠는가.

2) 무릇 서책은 모름지기 아껴 보호해야 하며 손상을 입히고 더럽히거나 접어서는 안 된다. 제양(濟陽)의 강록(江祿)은 책 읽기가 끝나지 않았으면 비록 급한 일이 있어도 반드시 책을 덮어 가지런히 한 뒤에 일어났으니, 이것은 가장 본받을 만하다.

3) 무릇 글씨를 쓸 때는 반드시 먹을 높이 잡고 단정하게 갈아서 먹물이 손을 더럽히도록 하지 말아야 한다. 쌍구법(雙鉤法)으로 붓을 높이 잡고 해서자(楷書字)로 단정하게 쓰며, 손가락에 붓털이 닿는 일이 없게 해야 한다.

4) 무릇 글씨를 쓰는 것은 얼마나 잘 쓰는가를 묻는 게 아니니 또한 한 획 한 획을 엄정하고 분명하게 써야지 조잡하게 써서는 안 된다.

    5) 무릇 글씨를 쓸 때는 모름지기 자세히 글씨본을 보아야 하니 어긋나
거나 틀려서는 안 된다.[15]

  위의 제4장은 독서할 때의 몸가짐과 독서의 구체적 방법[제1)조] 및
서책을 관리하는 습관[제2)조], 그리고 글씨를 단정히 쓰고 연습하는 방
법[제3)~5)조]을 아동에게 설명하고 있다.

  독서의 중요성은 전통 사회에서나 현대 사회에서나 아무리 강조해도
지나치지 않으니, 인류 문명의 발전은 문자의 발명과 책의 보급이 핵심
적인 요소 가운데 하나였다. 신유학에서 강조하는 '궁리(窮理)'에 독서
가 최우선인 이유를, 율곡 이이 선생은 "성현들께서 마음을 쓴 자취 및
본받아야 할 선과 경계해야 할 악이 모두 책에 쓰여 있기 때문이다.[以聖
賢用心之迹及善惡之可效可戒者, 皆在於書故也.]"[16]라고 밝히고 있다.

  독서할 때 그 책이 지닌 내용의 파악은 문장의 독해로부터 시작하는
데, 한문 문장은 한 글자 한 글자가 하나의 어휘로서 그 어순이 바뀌면
성분이 변하고 뜻도 바뀌는 특성을 지녔다. 그 때문에 독서할 때 한 글자
를 '틀려서도', '빠뜨려서도', '추가해서도', '순서를 뒤바꾸어도' 안 된다
고 주의를 준 것이다. 그리고 숙독(熟讀)과 '삼도(三到)'의 강조는 문언(文
言)과 구어(口語)가 서로 달랐던 중국의 언어환경에서는 매우 중요한 독

---

15) 朱熹,『童蒙須知』,『朱子全書』13, 上海古籍出版社, 2002, 373~374쪽. "凡讀書, 須整
頓几案, 令潔淨端正. 將書冊整齊頓放, 正身體對書冊, 詳緩看字, 仔細分明. 讀之, 須要
讀得字字響亮, 不可誤一字, 不可少一字, 不可多一字, 不可倒一字, 不可牽強暗記. 只是
要多誦遍數, 自然上口, 久遠不忘. 古人云: "讀書千遍, 其義自見." 謂熟讀則不待解說,
自曉其義也. 余嘗謂讀書有三到: 謂心到·眼到·口到. 心不在此, 則眼不看仔細, 心眼既
不專一, 却只漫浪誦讀, 決不能記, 記亦不能久也. 三到之中, 心到最急. 心既到矣, 眼口
豈不到乎? 凡書冊, 須要愛護, 不可損汙綯摺. 濟陽江祿, 書讀未完, 雖有急速, 必待掩束
整齊然後起, 此最爲可法. 凡寫文字, 須高執墨錠, 端正研磨, 勿使墨汁汙手. 高執筆雙鉤,
端楷書字, 不得令手指着毫. 凡寫字, 未問寫得工拙如何, 且要一筆一畫, 嚴正分明, 不可
潦草. 凡寫文字, 須要仔細看本, 不可差訛."
16) 李珥,『擊蒙要訣』,『栗谷全書』4, 학민문화사, 2008, 431쪽.

서 요령의 제시라고 하겠다.

또한 문장을 구성하는 한자는 필획이 복잡한 한자가 많으며, '贏[성영]', '蠃[파리할 리]', '羸[남을 영]'의 예시에서 파악할 수 있듯이 모양이 비슷하더라도 뜻이 완전히 다른 경우가 많다. 주자가 아동에게 글씨본을 연습할 때 자세히 보아야 한다고 주의를 주었던 이유이다.

본론의 마지막 내용「잡세사의(雜細事宜)」제5를 읽어본다.

  1) 무릇 자제는 모름지기 일찍 일어나고 늦게 잠자야 한다.
  2) 무릇 떠들썩한 곳이나 싸우는 곳에는 가까이 가지 말아야 하고, 도움이 없는 일은 해서는 안 되니 도박하기, 새 키우기, 제기차기, 공차기, 연날리기 등의 일을 말한다.
  3) 무릇 음식은 있으면 먹고 없으면 찾을 생각을 해서는 안 된다. 다만 죽이나 밥으로 허기를 채우는 것은 빠뜨릴 수 없다.
  4) 무릇 불을 쬘 때는 불 곁으로 너무 다가서지 말 것이니, 행동거지가 좋아 보이지 않을 뿐만 아니고 또한 옷이 타는 것도 막아야 한다.
  5) 무릇 서로 읍을 할 때는 반드시 허리를 굽힌다.
  6) 무릇 부모나 어른, 친구를 대해서는 반드시 이름을 일컫는다.
  7) 무릇 어른을 부를 때는 자(字)를 불러서는 안 되며 반드시 '아무개 어른'이라 불러야 한다. 한 세대의 차이가 나는 사람인 경우에는 '아무개 성 아무개 어른'이라고 부른다.
  8) 외출했다 돌아왔을 때는 반드시 어른 앞에서 읍을 해야 하며, 비록 잠깐 외출했을 때라도 또한 그렇게 해야 한다.
  9) 어른 앞에서 음식을 먹을 때는 반드시 가볍게 씹고 천천히 삼켜 음식 먹는 소리를 내서는 안 된다.
  10) 무릇 음식물은 많고 적고 맛있고 맛없고를 다투고 따져서는 안 된다.
  11) 무릇 어른의 곁에서 모실 때는 반드시 똑바로 서서 손을 모으고 있어야 하며 묻는 말이 있으면 반드시 성실히 대답하여야 하고 함부로 말해서는 안 된다.

12) 무릇 문을 열고 발[簾]을 들어올릴 때는 모름지기 천천히 가볍게 해야 하며 소리에 깜짝 놀라게 해서는 안 된다.

13) 무릇 여럿이 앉았을 때는 반드시 몸을 여미어 자리를 넓게 차지하지 말아야 한다.

14) 무릇 어른을 모시고 나가면 길을 갈 때는 반드시 길 오른쪽에 있어야 하고 머물 때는 반드시 왼쪽에 있어야 한다.

15) 무릇 술을 마실 때는 취하는 상태까지 이르게 해서는 안 된다.

16) 무릇 화장실에 갈 때는 반드시 겉옷을 벗고, 나와서는 반드시 손을 씻는다.

17) 무릇 밤길을 갈 때는 반드시 등촉을 밝히고 등촉이 없으면 멈춘다.

18) 무릇 노복을 대할 때는 반드시 단호하고 엄격하게 해야 하며 그들과 놀며 웃지 말아야 한다.

19) 집기나 그릇을 잡을 때는 반드시 단정하게 엄중하게 하여 오직 놓칠까를 걱정해야 한다.

20) 무릇 위험한 것은 가까이 해서는 안 된다.

21) 무릇 길에서 어른을 만나면 반드시 바로 서서 두 손을 맞잡고 빨리 달려가 읍을 해야 한다.

22) 무릇 밤에 누울 때는 반드시 베개를 사용하고 잠옷으로 머리를 덮지 말아야 한다.

23) 무릇 음식을 먹을 경우 숟가락을 들면 반드시 젓가락을 놓고 젓가락을 들면 반드시 숟가락을 놓으며 식사가 끝나면 숟가락과 젓가락을 상에 두어야 한다.

24) 잡다하고 자잘한 일들은 그 조목이 매우 많아 우선 그 대략만 들었지만, 대강은 갖추어졌다.[17]

---

17) 朱熹, 『童蒙須知』, 『朱子全書』13, 上海古籍出版社, 2002, 374~376쪽. "凡子弟, 須要早起晏眠. 凡誼闘爭鬪之處不可近, 無益之事不可爲. 謂如賭博·籠養·打毬·踢毬·放風禽等事. 凡飮食, 有則食之, 無則不可思索, 但粥飯充飢不可闕. 凡向火, 勿迫近火旁, 不惟擧止不佳, 且防焚爇衣服. 凡相揖, 必折腰. 凡對父母長上朋友, 必稱名. 凡稱呼長上, 不可以字, 必云某丈. 如第行者, 則云某姓某丈. 凡出外及歸, 必於長上前作揖, 雖暫出亦然. 凡飮食於長上之前, 必輕嚼緩嚥, 不可聞飮食之聲. 凡飮食之物, 勿爭較多少美惡. 凡

제5장은 아동의 일상생활에서 이루어지는 기거동작(起居動作)과 접물응대(接物應對)에 있어서의 바람직한 습관과 예절들을 친절하게 일일이 제시하고 있다. 무려 스물 세 조항에 이르는데, 아동 본인의 생활 습관에 관한 경계와 타인과의 예절에 관한 경계로 크게 양분할 수 있으니, 제1)~4)조 및 제15)~23)조는 전자의 내용에 속하고, 중간의 제5)~14)조는 후자의 내용에 속한다.

전체적으로 볼 때 일정 부분의 내용은 오늘날에도 아동에게 여전히 요구되는 바람직한 습관과 예절이라고 할 수 있다. 음주에 관하여 주의를 준 제15)조의 내용은 앞으로의 일을 미리 강조한 것으로 이해할 수 있고, 노복을 대하는 자세를 설명한 제18)조의 내용은 신분제 사회가 철폐된 오늘날 사회에서는 발생할 수 없는 예절이다.

마지막으로 『동몽수지』의 내용을 마무리하는 맺음말 부분을 읽어본다.

> 무릇 이 다섯 편의 내용을 잘 준수하여 어기지 않는다면 조심성이 있는 성실한 선비가 절로 된다. 그리고 반드시 또한 성현의 책을 잘 읽어 자신의 마음을 크게 넓혀서 덕을 진전시키고 업을 닦음으로써 대현군자(大賢君子)의 영역으로 들어서는 데 불가한 점이 없을 것이다. 너희들은 힘쓸지어다![18]

侍長者之側, 必正立拱手, 有所問, 則必誠實對, 言不可妄. 凡開門揭簾, 須徐徐輕手, 不可令震驚聲響. 凡衆坐, 必斂身, 勿廣占坐席. 凡侍長上出, 行必居路之右, 住必居左. 凡飲酒, 不可令至醉. 凡如厠, 必去外衣, 下必盥手. 凡夜行, 必以燈燭, 無燭則止. 凡待婢僕, 必端嚴, 勿得與之嬉笑. 執器皿必端嚴, 惟恐有失. 凡危險, 不可近. 凡道路遇長者, 必正立拱手, 疾趨而揖. 凡夜臥, 必用枕. 勿以寢衣覆首. 凡飲食, 擧匙必置箸, 擧箸必置匙. 食已, 則置匙箸於案. 雜細事宜, 品目甚多, 姑擧其略, 然大槪具矣."
18) 朱熹, 『童蒙須知』, 『朱子全書』13, 上海古籍出版社, 2002, 376쪽. "凡此五篇, 若能遵守不違, 自不失爲謹愿之士, 必又能讀聖賢之書, 恢大此心, 進德修業, 入於大賢君子之域, 無不可者. 汝曹宜勉之."

위의 본편에서 아동들이 모름지기 알아야 할 사항들을 '옷차림', '말씨와 걸음걸이', '주변의 정리정돈', '독서와 글씨', '잡다하고 사소한 일'로 나누어 제시하였는데, 이들을 잘 지켜 몸에 배도록 습관화한다면 그 자체로 이미 '謹愿之士[조심성이 있는 성실한 선비]'가 될 수 있으며, 나아가 성현의 책을 읽으며 마음을 잘 닦아 덕을 진전시키고 업을 닦음으로써 '대현군자(大賢君子)'가 될 수 있으니 노력하라는 마무리이다.

지금까지 읽어본『동몽수지』의 체제는, 저술 동기를 밝히는 머리말, 아동들이 지녀야 할 생활 습관 및 웃어른을 대하는 예절을 분류하여 나열한 5편의 본편, 주의 사항을 준수하여 습관화했을 때의 효과를 들어 재차 권면하는 맺음말의 세 부분으로 이루어져 있다.

『동몽수지』의 내용적 특징을 지적한다면, 아동들이 일상생활에서 모름지기 지녀야 할 습관과 예절에 한정하여 기술하였을 뿐 왜 그렇게 해야만 하는 것인지에 대해서는 설명하지 않았다는 점이다. 다시 말해, 주자는 아동들에게 '소당연(所當然)'만을 말하였고, 그 '소이연(所以然)'에 대해서는 설명을 생략하면서 이 점은 후일에 아동들이 성장하여 성현들의 다른 책을 읽으면 절로 알게 될 것이고 하였다.

그렇다면 결론적으로『동몽수지』라는 책은 어떤 습관이나 예절의 '소이연(所以然)'을 이해하기에는 아직 어린 아동, 외부의 스승에게 나아가 학습을 시작하기 이전 곧 소학(小學)에 입학하기 이전 가정에서 생활하는 대략 8살 이전의 아동들에게 올바른 습관과 공손한 예절을 가르치던 '정훈적(庭訓的)'성격의 책이라고 하겠다.

Ⅳ. 조선시대 문인의『동몽수지』에 대한 수용과 이해

성리학적 철학 체계를 국가 통치의 이념으로 삼았던 조선시대의 문인

들은 과연 정훈(庭訓)으로서의 내용 특징을 지닌 『동몽수지』를 어떻게
수용하였으며 그에 대한 인식은 어떠하였는가? 본장에서는 이에 관하
여 몇몇 자료를 동원하여 고찰해보도록 한다.

　다음은 『동몽수지』가 수용된 양상을 확인할 수 있는 자료이다.

　　우리들에게 학문을 하는 데 있어 등급을 뛰어넘어서는 안 된다고 가르
　치면서, 처음에는 『동몽수지』·『유학자설』·『정속편』을 전수해주고, 이
　것을 모두 배송(背誦)한 다음에야 『소학』에 들어가게 하였다. 그리고 다
　음으로는 차례로 『효경』·『대학』·『논어』·『맹자』·『중용』·『시경』·『서
　경』·『춘추』·『주역』·『예기』를 읽게 하였고, 그런 다음에야 『통감』 및 제
　사와 백가를 마음대로 읽도록 하였다.[19]

　위 글은 사림파의 영수였던 점필재 김종직이 그의 아버지 김숙자(金叔
滋)의 행적과 사업들을 기록한 『이존록(彝尊錄)』에 보이는 것인데, 15세
기 중반 조선조에서 이루어진 아동들의 공부 교재 및 학습 과정을 파악
할 수 내용이다. 점필재는 아버지로부터 먼저 『동몽수지』를 배워 올바
른 습관과 예절을 몸에 익힌 뒤, 기초 문자교육용 교재로 추정되는 『유
학자설』과 『정속편』을 학습하였다. 『점필재집』의 해제에 기재된 연보
에 의하면 점필재 6세였던 1436년의 일이라고 하는데,[20] 점필재의 아버
지는 『동몽수지』를 정훈용(庭訓用)으로 활용하여 자식에게 교육하였던
것이다.

　조선조 왕가의 교육에서도 『동몽수지』를 『소학』 학습 이전 정훈용으
로 논의한 사실을 발견할 수 있다.

---

19) 金宗直, 『佔畢齋集』, 『彝尊錄 下』, 「先公事業第四」, "教余輩爲學不可躐等, 初授童蒙須
　　知、幼學字說、正俗篇, 皆背誦然後令入小學, 次孝經、次大學、次語孟、次中庸、次詩、
　　次書、次春秋、次易、次禮記. 然後令讀通鑑及諸史、百家, 任其所之."

20) 한국고전번역원 http://db.itkc.or.kr 제공 문집총간 해제의 검색 내용임.

주강에 나아갔다. 검토관 이약빙이 아뢰기를, "…… 경연에서 『소학』
을 진강하는 것은 아름다운 일입니다. 들으니 원자(元子)는 지금 겨우
3세인데 독서를 한다고 하니, 역시 신민(臣民)의 복입니다. 경상도 관찰
사 김안국이 『동몽수지』를 산음현(山陰縣)에서 간행하였는데, 이 책은
어린이가 할 일을 발췌한 것으로 음식·의복 등 일용의 일이 모두 기록되
었으니, 이 책으로 원자를 가르치기를 청합니다."라고 하니, 상이 이르기
를, "『소학』을 모르는 사람들은 반드시 어린이가 배울 글이라 하여 경홀
히 여기고 또 그것을 배우는 사람을 가소롭게 생각하니 참으로 괴이하다.
이것은 종신토록 배우고 평생 행할 것으로 이보다 더 좋은 것이 없다.
『동몽수지』는 어린이가 배워야 할 글이다."라고 하였다.[21]

위 기사는 한국고전번역원에서 제공하는 『조선왕조실록』 자료로, 중
종 12년 정축(1517) 윤12월 14일(을유)의 내용이다. 세 살의 어린 왕자에
게 『동몽수지』를 가르치자고 건의한 사실, 그리고 그 당시 김안국에 의
해 벌써 책으로 간행되었었다는 사실을 알 수 있다. 15세기 초반 점필재
가 배웠던 『동몽수지』는 필사본인지 간행본인지 확인할 수 없었는데,
16세기 초반에 들어서는 간행본이 유통되었다는 점에서 『동몽수지』가
아동의 정훈 교재로 일정 정도 수용되었다는 사실을 확인할 수 있다.
『동몽수지』는 전체가 1,400여 글자에 지나지 않는 짧은 편폭의 저술
이기 때문에 필사본으로도 널리 유행하였다. 이를 확인할 수 있는 글을
읽어 본다.

　　생각건대, 우리 회암(晦菴) 주자(朱子) 선생의 후세를 염려하는 생각
　은 지극했다고 말할 수 있다. 이미 『소학』을 편찬해 놓은 뒤, 아동이 『소
　학』을 미처 배우기 이전 일상 생활하는 동안 의복, 음식, 걸음걸이, 자잘
　한 여러가지 일에서 방비와 단속이 혹 풀어진 결과 훗날 가르침을 거부하

---

21) 한국고전번역원 http://db.itkc.or.kr 제공 조선왕조실록 기사의 검색 내용임.

는 근심이 있게 될까 또 염려하였다. 그리하여 아동이 알 수 있고 실행할
수 있는 내용을 당시 사람들의 언어로 귀에 말해주고 마주하고 명령해
주었으니, 이『동몽수지』라는 책이『소학』을 배우는 전 단계가 되는 이
유이다. 대개 아동을 양육하는 방도는 미리 하는 것이 소중하다. 그러므
로 반드시 아동의 지려(智慮)가 생겨나기에 앞서 개발해주고 습성이 이
루어지는 동안에 교화시키고자 하니, 성인이 되는 공부는 진실로 여기에
달려 있다.

　사람들을 위하는 성현 주자의 한 조각 진심 어린 뜻은 그 간절함이
이와 같은데, 천 년 이래로 존중하며 가슴에 새겨 익히기를 밥 먹고 옷
입듯이 한 분은 오직 퇴계 이황 선생뿐이다. 대개 일찍이 이 책 한 부를
직접 쓰셨는데, 누구를 위해 쓴 것인지는 알 수 없다. 하지만 책을 펼쳐
놓고 경건히 감상해 보면, 흡사 당시 한가한 즈음에 선생을 직접 모시고
있는 듯하다. 그리고 필법의 정밀하고 단정함에서 선생이 법도를 어기지
않았던 한 단서를 또한 볼 수 있다.[22]

　제시한 위 글은 소산(小山) 이광정[李光靖, 1714~1789]의『소산집(小山
集)』에 보이는 내용으로, 퇴계(退溪) 이황[李滉, 1501~1570] 선생이『동몽
수지』를 한 부 직접 써서 어느 제자에게 세공했던 필사본이 18세기까지
전해지고 있었음을 밝히고 있다. 곧 16세기 중반에는 편폭이 비교적 짧
은『동몽수지』를 아동 교육용 정훈(庭訓)으로 중시하여 스승이 직접 필
사해서 제자에게 선물하는 용도로까지 채택하였던 것이다.

　위 내용에서 주의할 사항이 또 하나 있으니, 바로『동몽수지』에 대한

---

22) 李光靖,『小山集』卷9,「敬書退陶先生書童蒙須知後」. "惟我晦菴夫子憂患後世, 可謂至
矣. 旣成小學書, 又慮夫未及乎小學, 而日用衣服飮食言語步趨雜細事宜之間, 防撿之或
弛, 而致異日扞格之患也. 又以今人言語, 就可知可能者, 而耳提而面命之, 此須知之作,
所以爲小學之階梯也. 蓋養蒙之道, 貴在於豫, 故必欲開之於智慮之先, 化之於習性之中,
而作聖之功, 端在是矣. 聖賢片片赤心爲人之意, 其切如此, 而歸來千載, 尊信服習, 如飮
食裘褐者, 惟退陶先生是已. 蓋嘗親書此一通, 不知爲誰某而書, 然開卷敬玩, 悅若親侍於
當日燕閒之際, 而筆法之精楷端嚴, 亦可見其不踰矩之一段矣."

조선조 문인들의 이해이다. 소산(小山)은 주자의 『동몽수지』 편찬 원인을 아동이 본격적으로 외부의 스승에게 나아가 『소학』을 배우기 이전, 가정에서 생활할 때의 정훈(庭訓)을 위해 편찬한 것으로 이해하고 있다. 그리하여 소산(小山)은 『동몽수지』 편찬 시기를 『소학』이 완성된 1187년 3월 주자 58세 이후의 일로 추정하고 있다.[23]

주자가 『소학』 편찬을 완성한 이후 가정에 있는 아동의 정훈용으로 『동몽수지』를 저술했다고 추정하는 이러한 이해는 조선조 문인들의 보편적 인식이었던 것으로 보인다. 다음 글을 살펴보자.

> 『동몽수지』는 회암 주자께서 저술한 것이다. 선생께서 이미 『소학』 한 책을 편찬하여 아동의 책으로 만드셨으니 그들의 덕을 함양하여 성취함으로써 덕을 진보시키는 터전은 어떤 책도 필요하지 않을 것인데, 다시 이 『동몽수지』를 지은 것은 어째서인가? 대개 어린 아동은 견문이 넓지 못하고 고금의 설은 난이도가 같지 않으니, 『소학』의 내용이 비록 모두 아동을 기르는 방도이기는 하지만 기재된 것이 대부분 선진(先秦)의 고서(古書)이며, 하권의 「가언(嘉言)」과 「선행(善行)」 문장도 모두 한(漢)나라로부터 당나라 시기의 언어들이므로 치아를 가는 어린 아동이 갑자기 보고 이해할 수 있는 바가 아니다. 그러므로 그들이 쉽게 알고 쉽게 이해할 수 있는 내용을 가지고 다시 가르치기를 『소학』보다 먼저 하였던 것이니, 이것이 『동몽수지』가 지어진 연유이다.[24]

제시한 위의 글은 서애(西厓) 유성룡[柳成龍, 1542~1607]의 작품으로,

---

23) 주자의 「소학서제」 완성 시기가 '순희(淳熙) 정미(丁未) 3월'이므로 1187년 3월 주자 58세이다.

24) 柳成龍, 『西厓集』, 卷17, 「跋童蒙須知後」. "童蒙須知者, 晦庵朱夫子之所著也. 夫子旣編集小學一書以爲小子之學, 則其涵養成就以基進德之地者, 宜無待於他書, 而復有此須知, 何也? 盖幼穉之童, 聞見未廣; 古今之說, 難易不同, 小學雖皆養蒙之道, 而所載率多先秦古書, 下之嘉言善行, 亦皆漢唐間言語, 非齠齕小兒驟見而輒解者也. 故更就其所易知所易解者而爲之敎, 以先於小學, 此童蒙須知之所以作也."

주자가 『동몽수지』를 저술한 이유와 편찬 시기를 추론하고 있다. 서애가 보기에, 『소학』의 내용은 아동의 덕성을 진보시키는 교재로서 손색이 없지만, 문장이 선진(先秦)의 고서(古書) 또는 한당(漢唐) 시기의 언어로 기재되어 있기 때문에 어린 아동이 읽어 이해하기 어려운 취약점이 존재하였다. 주자가 바로 이러한 『소학』의 약점을 보완하기 위해 어린 아동이 알기 쉬운 내용과 문장으로 정훈용 교재 『동몽수지』를 저술하였다고 서애는 파악하고 있다.[25]

지금까지의 내용을 통해 16세기 말까지의 『동몽수지』에 대한 수용과 이해를 살펴보았는데, 17세기에 접어들어서는 그 영향력이 상당히 퇴조하였다. 다음의 자료를 읽어보자.

> 삼가 살펴보건대, 『동몽수지』 한 책은 …… 대개 문경공(文敬公) 모재(慕齋) 김안국(金安國)이 영남에서 간행을 시작하고, 그 뒤 소재(蘇齋) 노수신(盧守愼) 공이 다시 주해(註解)를 진행한 결과 그 책이 조금 알려졌다. 그러나 전란을 겪은 이래로 곧바로 다시 침체되어 이 책이 있는 것을 아는 자가 거의 없었으므로 나는 항상 안타깝게 여겼다. 이에 노수신 공의 본집 가운데서 『동몽수지』를 해석한 책을 뽑아 기록하고, 또 『성리자훈(性理字訓)』과 「숙흥야매잠」의 두 해석서를 가져다 그 뒤에 덧붙여 살펴보기에 편하도록 하였다. 이들은 진실로 이른바 아동의 공부 방향을 가리켜주는 나침판이고 『소학』을 공부하기 위한 계단이다.[26]

---

25) 진원의 『『소학』 저술 이전 시기 주자의 소학론』과 이우진의 「신유학의 아동교육(2)」에서는 『동몽수지』의 저술 시기를 주자 34세인 1163년으로 파악하면서 그 근거를 속경남(束景南)의 『주희일문집고(朱熹佚文輯考)』 65쪽으로 밝혔다. 그러나 속경남(束景南) 교수는 몇몇 자료를 동원하여 고증을 진행한 뒤 "疑此齋規亦隆興元年朱熹作而藏之家塾[이 齋規(『童蒙須知』의 내용임)는 또한 융흥 원년(1163년)에 주희가 지어서 가숙(家塾)에 간직한 것으로 의심한다.]"라 하여 단정하지는 않았다.

26) 朴世采, 『南溪集』 卷69, 「跋童蒙須知」. "謹按童蒙須知一書 …… 蓋自慕齋金文敬公刊于嶺南始, 厥後蘇齋盧公更爲註解, 其書稍著, 兵燹以來, 旋復沈湮, 幾無知有是書者, 愚常慨然. 謹從盧公本集中, 掇取所解一編以錄之, 又取字訓·夙興夜寐箴兩解, 附其後以便

제시한 위 글은 남계(南溪) 박세채[朴世采, 1631~1695]의 「발동몽수지(跋童蒙須知)」라는 작품의 일부이다. 원문의 '병선(兵燹)'은 일본이 침략한 임진왜란과 청나라가 침략한 병자호란을 가리키는데, 남계는『소학』을 공부하기 전 단계의 정훈용 교재 편찬을 위해 17세기 이후 침체되어 있던『동몽수지』의 가치를 재인식하고 있다.

『동몽수지』가 조선 후기에 갑자기 퇴조하게 된 원인에 대해서는 정밀한 후속 연구가 필요하겠지만, 즉시 떠올릴 수 있는 원인의 하나는 바로 조선조에서 독자적으로 개발한 아동 교육교재의 광범위한 유행일 것이다. 곧 조선 후기에는『동몽선습』과『격몽요결』등이 아동 교육교재로 크게 환영을 받아 널리 유행함으로써『동몽수지』를 대체한 것으로 보인다.

이러한 추정에 대해서는 오늘날 남아 전해지고 있는 이들 세 고서(古書)의 분량을 통해 그 가능성을 발견할 수 있다. 한국고전적종합목록시스템[27]을 통하여『동몽수지』·『동몽선습』·『격몽요결』을 조사해 보면 각각 59건, 157건, 227건이 전국에 소장되어 있음을 알 수 있다. 곧 현재까지 전해지는 서적이『동몽수지』는『동몽선습』의 약 1/3에 지나지 않고 『격몽요결』의 약 1/4에 지나지 않은 실정이다. 이러한 조사 결과는 조선 후기 아동 교육교재의 유행을 정확히 대변하지는 못한다 하더라도 그 단면을 반영한다고 말할 수 있다.

V. 맺음말

조선 후기의 실학자 이덕무(李德懋)는 당시 시대에 되살려야 할 선비

省閑, 誠所謂童蒙之指南, 而小學之階梯."
27) https://www.nl.go.kr/korcis/

의 자잘한 예절들을 모아『사소절(士小節)』을 편찬하면서 '작은 행실을
잘 지키지 않으면 마침내 큰 덕에 누를 끼친다.[不矜細行, 終累大德.]'라는
『서경』〈주서(周書)〉「여오(旅獒)」의 내용을 책 서문에 인용하였다. 조선
후기 사회에『사소절』이라는 선비들의 예절 교재가 다시 대두된 것인
데, 이는 아동들에게 올바른 습관과 상대를 존중하는 예절을 가르치던
정훈용 교재『동몽수지』의 영향력이 쇠퇴한 것도 하나의 원인으로 작용
하였다 볼 수 있다. 당시 선비들이 만약 아동 시절에『동몽수지』의 가르
침을 몸에 배도록 하였다면『사소절』의 일정 부분, 이를테면 언어와 복
식 및 「동규(童規)」의 상당 부분은 다시 강조할 필요가 없는 내용이기
때문이다.

퇴계 이황 선생은 아동 교육의 중요성을 강조하여 "아동을 바르게 기
르지 않으면 자라서 어떻게 형통하겠는가. 물욕을 추구하고 천성을 해
쳐 짐승과 같아질 것이다.[養蒙非正長奚通, 逐物戕天鳥獸同.]"라고 하였
다.[28] 아동 교육에서 가장 중요한 것은, 객관적인 지식을 습득하도록
가르치는 일이 아니라, 바른 습관을 몸에 배도록 하고 상대를 존중하는
예절을 시니도록 경세하는 정훈이라는 사실을『동몽수지』는 오늘날 여
전히 대변해주고 있다.

---

28) 李滉, 『退溪續集』 卷2, 「喬姪近讀家禮……用其韻示意云」.

참고문헌

谷衍奎, 『漢字源流字典』, 華夏出版社, 2003.
김종직, 『佔畢齋集』, 한국문집총간 12, 민족문화추진회, 1988.
박세채, 『南溪集』, 한국문집총간 140, 민족문화추진회, 1994.
유성룡, 『西厓集』, 한국문집총간 52, 민족문화추진회, 1990.
이광정, 『小山集』, 한국문집속총간 232, 한국고전번역원, 2014.
이이, 『擊蒙要訣』, 『栗谷全書』 4, 학민문화사, 2008.
이황, 『退溪續集』, 한국문집총간 31, 1989.
朱熹, 『近思錄』, 『朱子全書』 13, 上海古籍出版社, 2002.
____, 『童蒙須知』, 『朱子全書』 13, 上海古籍出版社, 2002.
許愼 撰, 段玉裁 注, 『說文解字注』, 天工書局, 中華民國七十六年.

김기현, 『선비의 수양학』, 서해문집, 2014.
김왕규, 「朝鮮時代 童蒙敎材 硏究」, 『한자한문교육』 4, 한자한문교육학회, 1998.
류칠선, 「『童蒙須知』에 나타난 아동교육내용 연구」, 『한국영유아보육학』 28, 한국영유
       아보육학회, 2002.
束景南, 『朱熹佚文輯考』, 江蘇古籍出版社, 1991.
이우진, 「신유학의 아동교육(2)」, 『유학연구』 35, 충남대학교 유학연구소, 2016.
진원, 「『소학』 저술 이전 시기 주자의 소학론」, 『퇴계학보』 131, 퇴계학연구원, 2012.
최석기, 「오늘날의 실학은 정덕이다」, 『선비문화』 20, 남명학연구원, 2011.

조선조 한시 교육의 실제와
『백련초해(百聯抄解)』

조창록

Ⅰ. 머리말

조선시대의 초학 교재들은 그 용도에 따라『천자문』·『유합(類合)』·『훈몽자회』와 같은 문자 교육용 교재와『계몽편(啓蒙編)』·『동몽선습』·『격몽요결』·『명심보감』등과 같은 이른바 심성 교육용 교재, 『당음(唐音)』·『연주시(聯珠詩)』·『우주두율(虞註杜律)』·『염락풍아(濂洛風雅)』·『고문진보』와 같은 제술 및 한시 교재로 크게 구별할 수 있다.[1] 이 중에서 제술 및 한시 교재들은 대체로 시선집의 성격을 띠고 있으며, 이에 대한 연구 또한 별로 없는 형편이다. 본고에서 살펴보고자 하는『백련초해』, 일명 '백련초(百聯抄)'는 조선조에 널리 통용되었던 한시 교재로, 연구(聯句) 학습을 통해 작시에 필요한 여러 가지 기법들을 익히게끔 되어 있다. 즉 여기에 실린 연구들을 익숙히 외움으로써 특히 작시의 주요한 관건이 되는 대구 놓기와 평측·대우·압운과 같은 작시 기법들이 자연스럽

---

[1] 이상의 초학 교재들에 대해서는 이동환,「한국문교풍속사」,『한국문화사대계Ⅳ』, 고려대학교 민족문화연구소, 1979; 권오석,「서당교재에 관한 서지적 연구」,『서지학연구』 10, 서지학회, 1986; 김왕규,「조선시대 동몽 교재 연구」,『한자한문교육』4, 1998 참조.

게 숙달되는 것이다. 이런 점에서『백련초해』는 조선조 한시 교육의 실
제와 작시 기법들을 이해하는데 요긴한 책이라고 생각된다.

한편『백련초해』는 이본이 많고, 그것의 찬집(撰集)·간행자(刊行者)에
대해서도 약간의 논란이 있어 왔다. 기왕의 논의를 살펴보면,『백련초
해』의 이본은 필암서원본(筆巖書院本)·동경제대본(東京帝大本)·일사본
(一簑本), 일명 박은용본(朴恩用本)·송광사본(松廣寺本)·애스턴(Aston) 구
장본 등으로 분류해 볼 수 있으며, 그것의 찬집자는 하서(河西) 김인후
[金麟厚, 1510~1560]라는 설과 여러 사람에 의해 개작·보완되었으리라는
설로 크게 구분해 볼 수 있다. 이 중 이본에 대해서는 '필암서원본'과
'동경제대본'을 가장 정련된 형태로 보고 있으며, '필암서원본'에 대해서
는 하서 김인후가 언해·간행한 것이라는 설이 정설화되고 있는 것으로
보인다.[2] 이러한 연구 상황을 보면『백련초해』에 대한 연구는 이본·이
종 및 찬집자에 대한 고찰이거나, 국어학의 입장에서 그것의 언해와 번
역을 연구하거나, 혹은 김인후 연구의 일환으로 언급된 것이 주를 이룬
다고 할 수 있다.[3] 주지하다시피 김인후는 사(辭)와 부(賦)에서 한글 시
조에 이르기까지 다양한 운문 양식을 지은 인물이다.[4] 그의 제자 조희문

2)『백련초해』의 이본·이종 및 편찬자 문제에 대해서는 정익섭, 「호남가단에서의 하서
  김인후의 위치」,『동양학』17, 단국대학교 동양학연구소, 1987, 78~83쪽; 신춘자 역,
  『백련초해』, 문조사, 1983, 5~16쪽; 석주연, 「『백련초해』의 이본에 관한 비교 연구」,
  『규장각』22, 1999 참조.
3) 하서 김인후와 관련된 논문에 대해서는『하서 김인후의 시문학 연구』, 아세아문화사,
  1994, 250~252쪽에 그 목록이 정리되어 있다. 그중에서『백련초해』에 대한 연구만을
  소개해보면 다음과 같다. 박은용, 「『백련초해』 해제」, 국어국문학자료집 1, 대구대학교
  문학회, 1960; 서재극, 「『백련초해』의 釋에 대하여」,『한국학논집』1, 계명대학교 한국학
  연구소, 1973; 장석련, 「『백련초해』 이본고」, 청주대학논문집 12, 1979; 신춘자 역,『백련
  초해』, 동국문화사, 1980; 정익섭, 「호남가단에서의 하서 김인후의 위치」,『동양학』17,
  단국대학교 동양학연구소, 1987; _____, 「『백련초해』 편찬자고」,『국어국문학』15, 『춘
  강유재영박사화갑기념논총』, 이회문화사, 1992; 이상보, 「하서 김인후의 국문학 연구」,
  『어문학논총』, 국민대학교 어문학연구소, 1984.
4) 현재 김인후의 시작품은 부(賦) 13수, 사(辭) 5수, 사언고시 1수, 오언고시 173수, 칠언고

이 "글을 얽어 만든 묘미는 사물의 정상(情狀)을 다하여 정밀한 뜻이 드러나지 않음이 없었다.[措辭之妙, 盡事物之情, 莫非精義發見.]"라고 하였듯이 『백련초해』에 실린 시구들의 아름다움과 대우의 묘미에 대해서는 어느 정도 정평이 나있는 상태이다.[5]

그런데 원래 『백련초해』가 초학 아동들에게 한시 작법을 가르치기 위한 교재였다는 점을 상기해보면, 이러한 관심보다는 이 책을 통해 작시의 기법들이 어떻게 학습되어졌는가 하는 점에 보다 관심이 두어져야 할 것으로 생각된다. 이와 같은 생각에서 본고는 하서 김인후 언해·간행의 '필암서원본'을 텍스트로 하여, 특히 한시 교재로서 『백련초해』가 지니는 내용과 특징에 대해 살펴보고자 한다. 이를 통해 조선조 한시 교육의 실제와 작시 기법들이 좀 더 구체적으로 이해될 수 있으리라 기대한다.

Ⅱ. 대구(對句) 놓기와 연구(聯句) 학습

조선조에 있어서 제술 및 작시 교육은 특정한 교재를 통한 학습 이외에 하과(夏課)나 작회(作會)와 같은 행사와 놀이를 통해 많이 이루어졌다고 할 수 있다. 특히 작시 훈련을 위해 사운희(射韻戲)·대구 놓기·화승작(火繩作)·접(接) 등의 행사와 놀이를 하였는데,[6] 이 중 '대구 놓기'는 어느 한 사람이 원창(原唱)을 하면 거기에 대우를 맞추어 대구를 놓는

시 73수, 오언절구 350수, 칠언절구 471수, 오언율시 264수, 칠언율시 217수, 오언배율 25수, 칠언배율 6수 등 모두 1,598수에 이르는 것으로 파악되고 있다. 조기영, 위의 책, 8쪽 참조.

5) 조기영은 위의 책, 197~205쪽에서 '조사(措辭)의 정치미(精緻美)'라는 제하에 김인후 한시의 특징으로 '정제된 시어의 정렬, 정교하고 치밀한 대구의 운용, 균제된 소재의 취택' 등을 지적한 바 있다.

6) 이러한 학습 방법에 대해서는 이동환, 앞의 글, 806~812쪽 참조.

것이다. 비근한 예로 현행 고등학교 한문 교과서에는 『어우야담』에 실린 채수[蔡壽, 1449~1515]와 손자 무일[無逸, 1496~1556]과의 일화가 흔히 인용되곤 한다.[7] 이 일화에는 '孫子夜夜讀書不, 祖父朝朝藥酒猛'과 '犬走梅花落, 鷄行竹葉成'이라는 구절이 나오는데, 이 구절들은 할아버지와 손자간의 희작이니만큼 평측이나 운자에 크게 구애받지 않고 아주 쉬운 글자들로 지어졌음을 알 수 있다.[8] 이처럼 대구 놓기는 유희성이 곁들여진 것이기는 하지만 한시 교육의 주요 수단으로 작시 교육의 주요한 일과(一課)가 되었음을 알 수 있다. 그리고 이와 같은 맥락에서 창작과 수용의 현장에 있어서도 대우를 맞춘 두 개의 시구로만 화답하거나, 유명한 경구들이 연구의 형태로 사람들의 입에 오르내리는 경우가 많았음을 볼 수 있다.

한편 실제로 한시의 우열은 출구(出句)와 대구(對句)의 적실 여부에 크게 좌우되기도 하는데, 이와 관련하여 이제신[李濟臣, 1536~1583]의 『청강시화』에 실린 일화 한 가지를 소개해 보기로 한다.

기재(企齋) 신상공(申相公)은 일찍이 낮잠을 자다가 화분에 심어 놓은 연잎에 갑자기 소낙비가 후득이는 소리에 잠을 깨어 '꿈결에 서늘하더니 연잎에 비 쏟아지고'라는 1구를 짓고는 여러 해 동안 꼭 맞는 대구를 얻지 못하였다. 이에 율시 한 편을 만들었는데, 초고에 그 대구 채울 자리를 비워두고 반드시 멋진 대구를 찾아 넣으리라 마음먹었다. 사문(斯文) 박

---

7) 이 일화는 최상익·이병혁·허남욱·이영우 공저, 금성출판사, 104쪽; 신표섭·이병주 외, 대학서림, 160쪽 등에 실려 있다.

8) 참고로 두 구절의 평측과 압운을 제시해 보면, 앞의 7언에 비해 뒤의 5언은 평측법이 맞고, 두 번째 구 마지막 자[成]에서는 하평성(下平聲) 경자운(庚字韻)으로 압운하였음을 알 수 있다.

○ ● ● ● ● ● ●
孫 子 夜 夜 讀 書 不

● ● ○ ○ ○
犬 走 梅 花 落

● ● ○ ○ ○ ● ●
祖 父 朝 朝 藥 酒 猛

○ ○ ● ● ◎
鷄 行 竹 葉 成

란(朴蘭)을 만나 그 말을 했더니, 그는 '옷이 축축하더니 돌에 구름 이네.'
로 채우면 어떻습니까? 라고 하였다. 기재는 '좋지 못하다.'고 말하였는
데, 끝내 그 짝이 되는 구절을 얻지 못하였다고 한다. 시인이 시구를 찾는
정성이 이러한 것이다.[9]

위는 기재 신광한[申光漢, 1484~1555]이 평생을 두고 대구를 찾았으나
끝내 뜻을 이루지 못하였다는 내용의 일화이다. 여기서는 '꿈결에 서늘
하더니 연잎에 비 쏟아지고[夢凉荷瀉雨]'라는 구절이 이른바 '출구'가 되
는데, 이에 짝이 되는 구절 즉 '대구'를 끝내 찾지 못했다는 내용이다.[10]
이것을 보면 앞에서 살펴본 채수와 무일의 경우와는 달리 출구와 대구
의 적실·절묘함이 작시의 심각한 관건이 되고 있음을 볼 수 있다. 참고
로 박란이 지었다는 대구를 넣어 평성과 측성, 운자(평성으로 간주)를 각
각 ○ ● ◎로 표기해 보면 다음과 같다

● ○ ○ ● ●
夢 凉 荷 瀉 雨

○ ● ● ○ ◎
衣 濕 石 生 雲

9) 홍찬유, 『역주 시화총림(上)』, 468~469쪽. "申企齋相公, 嘗晝寢, 因驟雨過盆荷而覺,
得'夢凉荷瀉雨'一句, 數年未得其眞對, 因成一律而草藁中, 空其行, 必欲覓奇對以充. 見
朴斯文蘭, 語及之, 朴以衣濕石生雲告, 企齋曰非也, 至於終身未得其偶云. 詩人覓句之勤
如此." 이 대목은 이병혁, 『한시비평의 체례 연구』(통문관, 1985) 250쪽에서도 인용된
바 있다.
10) 흔히 '대구(對句)'라는 말은 대우(對偶) 혹은 대장(對仗)이란 단어와 동일한 뜻으로 쓰이
기도 하지만, 본고에서는 단순히 '짝이 되는 구절' 자체를 지칭하는 의미로 사용한 것이
다. 대를 맞춘다는 의미로는 뒤에 나오는 인용문의 용례를 참조하여 '대우'라는 말을
사용하기로 한다. 참고로 중등 교과서 등에서 보이는 '대구'라는 단어의 잘못된 용례에
대해서는 김상홍, 『한시의 이론』, 안암신서 5, 고려대학교 출판부, 1997, 122쪽에서 지적
된 바 있다.

여기서는 대구 마지막 자가 '운(雲)'으로 압운되었으니, 신광한의 미완
성 한시는 상평성 '우(虞)자'운으로 된 5언 율시였음을 알 수 있다. 출구
'몽(夢)'자의 경우 평성과 측성 어느 쪽으로든 쓰이는 글자이지만, '꿈'이
라는 뜻에 맞추어 평성으로 보았다.[11] 또 평성이 놓일 경우, 출구와 대구
의 평측이 완전히 상반되어 이른바 자자상대(字字相對)의 원칙에 부합하
게 된다. 이 두 구는 구조상 '주어 + 술어 / 보어 + 술어 + 주어' 형태로
일치할 뿐 아니라 '량(涼)'과 '습(濕)', '하(荷)'와 '석(石)', '사(瀉)'와 '생
(生)', '우(雨)'와 '운(雲)'이 동류로 짜여져 깔끔한 대우를 이루고 있음을
볼 수 있다. 때문에 박란은 이 구절을 빈 곳을 채울 시구로 제의했던
것이다. 그런데 신광한은 이 대구를 탐탁지 않게 여겼던 듯, 차용하지
않았고, 끝내는 5언 율시를 완성하지 못했다는 것이다. 이것을 보면 대
구를 채우는 일이 단순히 대우를 맞추는 기법 차원의 문제가 아닌, 한시
의 묘미를 가늠하는 중요한 문제였음을 알 수 있다. 말하자면 이러한
일화에서 볼 수 있는 '대구 놓기'를 통해 얻어진 두 개의 구가 바로 연구
이며, 그 연구들을 선집한 것이 『백련초해』라고 할 수 있다. 그러면 이
러한 연구의 실제 학습에 대해 살펴보기로 한다. 다음은 허균[許筠,
1569~1618]이 어릴 적 벗이었던 임현(林晛)이라는 인물을 위해 쓴 묘지명
의 첫 대목이다.

> 군은 나와 같은 해에 출생하였으나 달과 날이 나보다 앞섰고 함께 남상
> 곡(南庠谷)에서 자랐으니, 대구를 읽을 때부터 공부를 함께 하지 않은
> 적이 없었다.[12]

---

11) 이런 경우 작시의 관례상 실제로는 번역상의 의미를 따지지 않고, 즉 평측에 개의치
   않고 글자를 놓는 것이 일반적이라고 한다.
12) 『성소부부고』 권17, 「禮曹佐郎林君墓誌銘」, "君與余, 同年生而月日先於余, 又同長於南
   庠谷, 自讀對句時, 無不同其學."

이 글에서 허균은 임현과 함께 어려서 대구를 읽었다고 하였는데, 여기서 '대구'란 곧 대우를 맞춘 '연구'를 뜻하는 말로 이해할 수 있다. 이 언급을 보면 학동들이 마치 『천자문』을 읽듯이 연구를 익혔음을 알 수 있는 것이다. 또 하나의 실례를 살펴보기로 한다.

> 처사(處士) 정지승(鄭之升)은 시로써 세상에 이름이 있었다. 숙부인 고옥(古玉) 정작(鄭碏)도 그 재주가 절등함을 칭찬하여 말하기를, '새 울음 속에 봄 뜻이 담겨 있고, 꽃 떨어지는 모양 비가 너무 무정하다'와 같은 것은 신선의 말이 아니냐?"고 했다. 그러나 내가 보는 바로는 어린애들이 외우는 연구에 가까우니, 고옥이 이 구절을 들어 말한 것은 어찌 된 일인지 알 수 없다.[13]

위 글의 원 출전은 양경우[梁慶遇, 1568~ ?]가 찬한 『제호시화』의 한 대목이다. 이 글에서 양경우는 정지승(1550~1589)의 '새 울음 속에 봄뜻이 흠씬 담겼고[鳥啼春有意], 꽃 떨어지는 모양, 비가 너무 무정하다.[花落雨無情]'라는 시구에 대해 '아동들이 외우는 연구에 가깝다.'고 하고 있다. 여기서 '연구'라고 한 것을 구체적으로 무엇이라고 단언할 수는 없지만, 이 언급을 보면 『백련초해』와 같은 성격의 연구로 된 교재였음을 추측할 수 있다.[14] 이상 두 가지 사례를 보면, 연구 학습을 통한 한시

---

13) 홍찬유, 『역주 시화총림(下)』, 887~888쪽. "鄭處士天遊之升, 以詩鳴於世. 其叔父古玉 碏, 尙稱其才調絶等曰, 鳥啼春有意, 花落雨無情者, 非仙語乎? 以余所見, 上句近兒童所 誦聯句, 古玉擧是爲言, 未可曉也."

14) 홍찬유 역주, 위의 책에서는 '아동들이 외우는 연구'를 김인후가 편찬한 『백련초해』로 보았으나, 이 점이 분명치 않으므로 본고에서는 일단 '연구'라고만 번역해 두기로 한다. 참고로 『백련초해』에는 출구 첫 자가 '화(花)'로 시작하는 경우가 유난히 많아서, 99연 중 13연이 그러하다. 또 신춘자 역, 『백련초해』 색인을 보면 전체 글자 중 '화(花)'자가 28번으로 단연 많이 쓰였음을 알 수 있다. 특히 제1연[花笑檻前聲未聽, 鳥啼林下淚難看] 에서는 '화(花)'자와 함께 '조제(鳥啼)'라는 표현도 동일하게 쓰이고 있다. 이러한 점들을 고려해 보면, '아동들이 외우는 연구'가 『백련초해』일 개연성은 상당한 것으로 생각된다.

교육이 매우 일반적인 방식이었음을 알 수 있는데, 이러한 방식의 대표적인 한시 교재가 바로 『백련초해』인 것이다. 다음으로 매월당 김시습의 일화를 통해 『백련초해』에 좀 더 접근해 보기로 한다.

> 병진년(1436) 봄에 외조부께서 초구(抄句)를 가르치셨는데, 당시는 아직 말을 잘 못하던 때였습니다. 외조부께서 '꽃이 난간 앞에서 웃되 소리를 듣지 못하네.'라고 가르치시자, 병풍에 그려져 있는 꽃을 가리키며 '아아(啞啞)'라고 하였고, 또 '새가 숲속에서 울되 눈물을 보기 어렵네.'라고 가르치시자, 병풍에 그려져 있는 새를 가리키며 '아아'라고 하니 외조부께서 그 뜻을 알아차린 줄 아셨습니다. 그래서 그 해에 초구 100여 수와 당·송 현인들의 시초(詩抄)를 다 읽었습니다. [15]

위는 김시습이 상국 류자한(柳自漢)에게 올린 서신의 일부로, 『백련초해』의 찬집 연대를 추측하는데 흔히 인용되는 대목이다. 여기서 김시습은 자신의 글재주와 관련하여 유년의 시문 학습 과정을 이야기하고 있다. 당시 그는 주로 외조부에게서 시문을 배웠는데, 외조부는 우리말보다 먼저 주흥사의 『천자문』을 가르친 것으로 보인다. [16] 이렇게 해서 김시습은 병진년 두 살의 나이에 미처 말을 배우기도 전에 한시 구절을 귀에 익히게 된 것이다.

그런데 여기서 외조부가 김시습에게 불러주었다는 '꽃이 난간 앞에서 웃되 소리를 듣지 못하고, 새가 숲 속에서 울되 눈물을 보기 어렵네.[花笑檻前聲未聽, 鳥啼林下淚難看.]'라고 한 구절은 다름 아닌 『백련초해』의 첫째 연이다. [17] 이를 보면 『백련초해』에 수용된 시구들이 김인후 이전에

---

15) 『매월당집』권21, 「上柳襄陽陳情書」. "丙辰春, 外祖敎抄句, 當時猶不能言. 外祖誨曰, 花笑檻前聲未聽, 指屛畵花而啞啞, 又誨曰, 鳥啼林下淚難看, 指屛畵鳥而啞啞, 外祖知其能通也. 故其歲抄句百餘首, 唐賢宋賢詩抄畢讀."

16) 위의 글. "外祖不先敎方言, 只敎以梁千文, 口雖喔咿, 而意皆通焉."

이미 한시 교육용으로 널리 활용되고 있었음을 알 수 있는 것이다. 이어서 구체적으로『백련초해』의 내용과 특징에 대해 살펴보기로 한다.

Ⅲ.『백련초해』의 내용과 특징

이 장에서는『백련초해』가 연구로 된 작시 교재라는 점을 염두에 두어 작시 기법상의 내용과 특징에 대해서만 논해 보기로 한다. 앞서 살펴본 정지승과 김시습의 일화에서도 알 수 있듯이『백련초해』는 초학 아동들이 배우기에 모범적인 연을 수합해 놓은 것이다.[18] 그렇다면 작시의 기법이란 구체적으로 무엇인가? 다음은 앞 절에서 인용한 서신의 이어지는 대목이다.

> 정사년(1437) 봄에야 말이 능해졌는데, 외조부께 "시는 어떻게 짓는 것입니까?"라고 여쭈어 보았습니다. 그러자 외조부께서는 "7자를 잇고, 평측과 대우와 압운을 맞추는 것을 시라고 한다."라고 말씀하셨습니다. 제가 말하기를, "그렇다면 저도 7자를 이을 수 있습니다. 할아버지께서 첫 자를 부르시면 좋겠습니다."라고 하니, 외조부께서 '춘(春)'자를 불렀습니다. 즉시 응답하여 말하기를 "봄비 내려 새로 친 장막에 기운이 열렸구나."라고 하였는데, 대개 사는 집이 초막이요, 바라보니 뜰 가운데 가랑

---

17) 필암서원본『백련초해』는 모두 99연으로 되어 있는데, 이하 본고에서는 이것들을 일련번호(1)에서 일련번호(99)까지로 순서를 매겨 지칭하기로 한다. 한편 김시습이 이런 류의 연구를 어릴 때 익숙히 암송했기 때문인지, 그가 지은 시 중에는『백련초해』의 연구와 상당히 흡사한 것이 보이기도 한다. 예를 들면, 하겸진(河謙鎭)이 저술한『동시화』권1에는 김시습이 지었다는 경련 '流鶯趁蝶斜穿檻, 遊蟻抱蟲倒上階'라는 시구가 소개되어 있는데, 이것은 일련번호(93)의 '鶯兒趁蝶斜穿竹, 蟻子拖虫倒上階'와 매우 흡사함을 알 수 있다.

18) 정익섭, 앞의 글, 106쪽에서는『백련초해』소재 시구들의 원 출전을 일부 밝혀놓기도 하였다.

비가 내리는데 살구꽃이 처음 피었기 때문입니다. 또 말하기를 "복숭아 꽃 붉고 버들가지 푸르러 삼춘(三春)이 저물었네."라 하고, "또 구슬을 푸른 바늘에 꿰었으니 솔잎에 맺힌 이슬이라."라고 하였습니다. 이렇게 글귀 지은 것이 적지 않으나 그 초본(抄本)을 몽땅 잃어버린 까닭에 지금 은 모두 잊었습니다.[19]

이제 막 말이 능해진 김시습이 시를 짓는 방법을 묻자 외조부는 '7자를 잇고 평측과 대우와 압운를 맞추는 것'이라고 하였다. 이 가르침을 들은 김시습은 첫 자를 불러 달라 하여 작구를 하였는데, 다음이 그것이다.

(가)　春 雨 新 幕 氣 運 開

(나)　桃 紅 柳 綠 三 春 暮

(다)　珠 貫 靑 針 松 葉 露

(다)의 4번째 자 '침(針)'은 침자운(侵字韻)(평성)과 심자운(沁字韻)(거 성) 어느 쪽으로도 쓰일 수 있지만 '바늘'이란 명사로 쓰였으므로 평성 으로 보았다. 이 구절들은 말하자면 아주 기초적인 형태의 시구 만들기 라고 할 수 있다. 얼핏 보아도 (가)에서는 이사부동(二四不同)의 원칙이 지켜지지 않았고, (나)와 (다)에서는 이사부동의 원칙은 지켜졌지만, 이 육대(二六對)의 원칙이 지켜지지 않았음을 알 수 있다. 그리고 당연한 일이지만 시구 하나만을 가지고는 대우와 압운이 적실한가 하는 점을

---

19) 『매월당집』 권21, 「上柳襄陽陳情書」. "至丁巳春, 乃能言, 謂外祖曰, 何以作詩乎? 祖曰, 聯七字, 平仄對耦押韻, 謂之詩. 僕曰, 若如此, 可聯七字矣. 祖呼首字可也. 祖呼春字, 卽應曰, 春雨新幕氣運開, 盖居舍是草廬, 望園中細雨, 杏花初折也. 又曰, 桃紅柳綠三春 暮, 又曰, 珠貫靑針松葉露, 如此作句不少, 盡失其本."

판단하거나 학습할 수 없다. 앞서 김시습의 외조부는 시를 짓는 방법을 '7언으로 평측과 대우를 맞추고 압운을 하는 것'이라고 간단히 말하였는데, 이 4가지를 편의상 7언과 평측, 대우와 압운의 항목으로 나누어 『백련초해』를 고찰해 보기로 한다.

1. 칠언(七言)과 평측(平仄)

김시습의 외조부는 왜 '칠언'이라고 하였을까? 그냥 우연히 한 말일 수도 있지만, 당시 한시 학습의 차제를 반영한 말이기도 하므로, 먼저 이 문제에 대해 생각해보기로 한다. 예를 들어 그냥 연구라고 하면 꼭 칠언일 필요는 없는데, 위에서 언급한 정지승이 지었다는 시구를 보면,

● ○ ○ ● ●
鳥 啼 春 有 意

○ ● ● ○ ◎
花 落 雨 無 情

위와 같이 평측상으로는 이사부동이 지켜져 있고, '주어 + 술어 / 주어 + 술어 + 보어'의 순으로 대우가 맞추어졌고, 대구 마지막에는 평성 경자운(庚字韻)으로 압운이 되었다. 일단 작법상으로 보면 손색이 없는 시라고 할 수 있다. 그런데 하필 7언이라고 하였을까? 일반적으로 근체시는 7언 절구·5언 율시·7언 율시의 3가지 시체, 일명 삼체시(三體詩)를 익혀나가는 과정에서 5언 절구는 자연히 익히게 된다고 한다.[20] 그런데 시정(詩情)을 5자에 압축해야 된다는 점에서 5언시 보다는 7언시가 짓기 쉽다고 한다. 또 절구에서는 대우가 꼭 필요치는 않으며, 7언을 지어보

---

20) 石川 忠久, 『漢詩を 作る』, 大修館書店, 2000, 8~10쪽 참조.

아야만 이육대도 익힐 수 있다. 여기에 한 가지 덧붙이자면 7언을 익힘
으로써 5언은 저절로 익혀지는 측면이 있다. 예를 들어 다음은 『백련초
해』의 일련번호 (2)이다.

○ ○ ○ ● ○ ○ ●
花 含 春 意 無 分 別   꽃은 봄 뜻을 머금어 분별이 없건만,

● ● ● ○ ● ● ◎
物 感 人 情 有 淺 深   物은 인정에 느끼어 얕고 깊음이 있네.

여기서 앞의 2자를[21] 떼어 보면 다음과 같이 된다.

○ ● ○ ○ ●
春 意 無 分 別   봄의 뜻은 분별함이 없건만,

● ○ ● ● ◎
人 情 有 淺 深   사람의 마음은 얕고 깊음이 있네.

이상과 같이 5언으로 만들어도 손색이 없는 연구가 된다. 마찬가지로
일련번호 (3)의 '꽃은 비 지남을 인하여 붉은 빛 점점 늙어가고[花因雨過
紅將老], 버들은 바람에 업수이 여김을 입어 푸른 빛 점차 사라지네.[柳被
風欺綠漸除]'라는 연구에서 앞의 두 자를 빼고 '비 지남에 붉은 빛 점점
늙고, 바람이 업수이 여김에 푸른 빛 점차 사라지네.'로 만들어도 평측
과 표현이 손색없는 5언 연구가 된다.[22]
즉, 7언의 구성을 익히는 것으로 5언의 구성은 자연스럽게 익히게 되
는 것이다. 이러한 점은 평측에 있어서도 동일하게 적용되는 것으로,

---

21) 이것을 '두절(頭節)'이라 칭하기도 한다.
22) 참고로 일련번호(3)은 '平平仄仄平平仄 / 仄平平平仄仄平'으로 앞의 두 자를 빼고 나면,
5언 율시의 측기식 수구불용운체와 수구용운체의 경련, 평기식 수구불용운체와 수구용
운체의 함련과 같은 평측보가 된다.

7언 율시의 평측를 온전히 익히면 7언 절구는 물론 5언 율시나, 5언 절구의 평측법을 자연스레 익혀나갈 수도 있다. 가령 7언 율시의 평기식수구입운체(平起式首句入韻體)에서 앞의 2자를 빼면 5언 율시의 측기식수구용운체(仄起式首句用韻體)가 되고, 여기서 다시 수련과 함련만을 두면 5언 절구의 측기식수구불용운체(仄起式首句不用韻體)가 된다. 이런 식으로 7언 율시의 평측보를 응용해 보면, 근체시 24체의 평측보를 설명할 수 있다. [23]

그런데, 초학의 아동들이 바로 8행의 7언 율시를 짓기란 쉽지 않는 일이다. 이 때문에 일단 2구로 된 짧은 연구를 외우게 하여, 대우와 평측과 압운을 비교적 쉽게 익히도록 한 것이라고 할 수 있다. 이것은 오늘날 작시의 원리와 실제를 이해시키고 적용하는 데 있어서도 효과적인 방법이 아닌가 생각된다. 말하자면 『백련초해』는 근체시의 기본적인 법칙들을 7언 2행의 연구에 집약해 놓은 것이라고 할 수 있다.

한편 필암서원본 『백련초해』에는 측성자(仄聲字) 오른쪽 위[右肩]에 ○ 표시가 되어 있다. 그런데 이 중 상당수가 마멸되거나, 또 간혹 잘못 기재된 곳이 보이기도 한다. 마멸되었을 것으로 추정되는 곳은 일단 접어두고[24] 잘못 기재된 것으로 판단되는 곳으로 일련번호(5) 대구 첫 번

---

23) 7언 율시는 측성운을 쓰는 경우를 제외하면, 평기식과 측기식의 수구불용운체와 수구용운체의 4가지 형식으로 나누어진다. 이 중 평기식의 경우 수구불용운체의 평측보는 '① 平平仄仄平仄仄 ② 仄仄平平仄仄平 ③ 仄仄平平平仄仄 ④ 平平仄仄仄平平 ⑤ 平平仄仄平仄仄 ⑥ 仄仄平平平仄仄 ⑦ 仄仄平平平仄仄 ⑧ 平平仄仄仄平平'이 되며, 수구용운체는 여기서 첫 구만 '平平仄仄仄平平'의 순으로 바뀐 것이다. 또 측기식의 경우 수구불용운체는 위의 시구의 순서가 ③④⑤⑥⑦⑧①②의 형태로 된 것이며, 수구용운체는 첫 구 ③이 다시 '仄仄平平仄仄平'의 순서로 바뀐 것이다. 이러한 원리를 도표로 일목요연하게 설명한 것으로, 김상홍, 『한시의 이론』, 고려대학교출판부, 1997, 106~113쪽이 있다.

24) 예를 들어 일련번호 (89)부터 (96)까지는 측성 표시가 완전히 마멸되고 없는데, 이 밖에 측성 표시가 거의 보이지 않는 곳을 위주로 하여, ( ) 안에 일련번호, 출구를 1, 대구를 2, 몇 번째 글자인가를 순서대로 표시하여 나열해 보면 다음과 같다. (1)-1-3, (2)-2-5, (3)-1-4, (3)-2-5·6, (4)-2-5, (5)-2-5, (6)-1-4, (7)-1-7, (7)-2-1·5, (10)-2-1,

째 자 '인(人)'(평성/진자운(眞字韻))과 일련번호(53) 출구 5번째 자 '영(迎)'
의 측성 표시를 들 수 있다. 이 중 (53)을 보면,

● ● ● ●
珠 簾 半 捲 迎 山 影

● ● ● ●
玉 牖 初 開 納 月 光

으로 표기되어 있음을 볼 수 있다. 위를 보면 출구 5번째 '영(迎)'에는
측성 표시가 되어 있는데, '영'은 '맞이하다'의 뜻으로 쓰일 경우 평성
경자운(庚字韻)이고, '마중하다'의 뜻으로 쓰일 경우 거성 경자운(敬字韻)
이 된다. 이런 경우 통용하는 것이 일반적이기도 하지만, '맞이하다'의
뜻으로 언해되어 있고, 대구의 5·6번째 자가 모두 측성이므로 평성이
되면 자자상대(字字相對)가 되는 이점이 있다. 또 일련번호(58) '松作同
門迎客盖, 月爲山室讀書燈'의 출구 5번째 '영(迎)'에는 측성 표시가 되
어 있지 않다. 이러한 점들을 고려해 볼 때 일련번호(53)의 '영(迎)'은
측성 표시가 잘못 기재된 것으로 판단된다. 기왕의 논문에서는 필암서
원본『백련초해』의 일련번호(89)부터 (96)까지에 측성 표시가 누락되었
다고만 하였는데,[25] 이상의 경우를 보면 누락의 문제가 아니라, 판각의
경위나 원래 판목과의 자세한 대조가 필요할 것으로 생각된다. 우선 본
고에서는 이러한 문제들을 지적해 두는 것으로 그치고, 이어서 대우와

---

(12)-1-2, (17)-2-1, (18)-1-6, (24)-1-1, (25)-1-7, (25)-2-1·5, (26)-1-6, (26)-2-1,
(30)-2-1, (37)-2-1, (38)-2-1, (48)-2-1, (60)-1-1·4, (64)-2-1, (68)-2-1, (71)-2-1,
(72)-2-1, (74)-2-5, (76)-2-5, (77)-1-2·7, (77)-2-4·5, (78)-1-2, (78)-2-5,
(79)-1-1, (89)-1-2·6·7, (89)-2-1·4·5, (90)-1-1·2·3·6·7, (90)-2-4·5, (91)-1-3
·4·7, (91)-2-2·5·6, (92)-1-2·3·6·7, (92)- 2-1·4·5, (93)-1-3·4·7, (93)-2-1·2
·5·6, (94)-1-1·3·4·7, (94)-2-2·5·6, (95)- 1-3·4·7, (95)-2-1·2·5·6, (96)-1-1
·2·3·6·7, (96)-2-1·4·5.

25) 신춘자, 앞의 책, 6쪽.

압운에 대해 살펴보기로 한다.

2. 대우(對偶)과 압운(押韻)

『백련초해』의 모든 연구들은 출구 마지막 자가 측성, 대구 마지막 자가 평성으로 되어 있다. 즉 측성운으로 짓는 경우를 배제하면, 『백련초해』의 연구들은 모두 대구 마지막 자가 운자가 된다. 결과적으로 『백련초해』의 연구들은 측기식이던 평기식이던 7언 율시의 함련 혹은 경련에 해당한다고 할 수 있다. 이 경우 함련 혹은 경련은 대우가 필수이므로 연구를 통해 대우와 압운을 동시에 익히게 되는 것이다. 구체적으로 『백련초해』의 대우를 살펴보기로 한다. 다음은 일련번호(4) '꽃 아래 이슬 드리우니, 연붉은 구슬이요, 버들 가운데 연기 잠기니, 연푸른 비단이네.'라는 구절이다.

○ ●
花 下   꽃 아래

● ○
柳 中   버들 가운데

'화(花)'와 '류(柳)', '하(下)'와 '중(中)'으로 대우를 이루었고, 평측 역시 서로 대를 이루고 있다. 중국 왕력(王力)의 대우 분류에 따르면, '화(花)'와 '류(柳)'는 각각 제5류 '초목화과문(草木花果門)'에 속하고, 하'(下)'와 '중(中)'은 제9류 방위대(方位對)에 속하며, 같은 유(類)끼리 대우를 맞추는 공대(工對)에 해당한다.[26] 이어지는 두 자를 살펴보기로 한다.

---

26) 王力, 『漢語韻律學』, 上海教育出版社, 2002, 158쪽, 對仗的種類 참조.

● ○
露 垂   이슬이 드리우다

○ ●
烟 鎖   연기가 잠기다

여기서도 '로(露)'와 '연(烟)'은 자연현상으로 같은 류끼리 짝을 맞추었고, '주어 + 술어' 형태의 구조, 그리고 평측이 서로 대를 이루고 있다. 이어서 마지막 3자를 보면,

○ ● ●
紅 玉 軟   연붉은 옥

● ○ ◎
碧 羅 輕   연푸른 비단

대구의 마지막 자 '경(輕)'은 평성 경자운(庚字韻)으로, '경벽라(輕碧羅)'가 도치된 형태라고 할 수 있다. 이 때문에 출구의 3자도 구조상 대우를 맞추어 '연홍옥(軟紅玉)'이 아닌 '홍옥연(紅玉軟)'이 된 것으로 볼 수 있으며, '경(輕)'자 역시 '연(軟)'과 마찬가지로 '색이 엷다.'는 뜻으로 이해할 수 있다. 즉 일련번호(4) 전체를 일반 서술형으로 고쳐 보면 '이슬이 꽃 아래 드리우니 연붉은 옥이요, 연기가 버들 가운데 잠기니 연푸른 비단이라[露垂花下軟紅玉, 烟鎖柳中輕碧羅.]'와 같은 내용이 된다. 이상과 같이 일련번호(4) 전체를 보면 출구와 대구의 2·4·6번째 글자의 평측을 다르게 하는 이른바 반법(反法)이 지켜지고 있을 뿐만 아니라, 동일한 위치에 있는 자들이 모두 서로 대가 되어 이른바 자자상대(字字相對)의 원칙이 적용되고 있음을 볼 수 있다.[27]

---

27) 『백련초해』의 연구들은 一·三·五不論이 적용되는 1·3·5번째 자 외에는 거의 대부분 반법이 지켜지고 있다.

다음으로 『백련초해』의 압운에 대해 살펴보기로 한다. 용운(用韻)의 실제 예로, 『백련초해』에서 쓰인 99연까지의[28] 운자와 평성 운목(韻目)을 차례대로 일별해 보면 다음과 같다.

(01)看〔寒〕	(02)深〔侵〕	(03)除〔魚〕	(04)輕〔庚〕	(05)侵〔侵〕
(06)霜〔陽〕	(07)成〔庚〕	(08)年〔先〕	(09)栽〔灰〕	(10)人〔眞〕
(11)金〔侵〕	(12)樽〔元〕	(13)眠〔先〕	(14)光〔陽〕	(15)嘶〔齊〕
(16)光〔陽〕	(17)紅〔東〕	(18)生〔庚〕	(19)形〔靑〕	(20)窮〔東〕
(21)珠〔虞〕	(22)心〔侵〕	(23)竿〔寒〕	(24)長〔陽〕	(25)光〔陽〕
(26)秋〔尤〕	(27)花〔麻〕	(28)蓮〔先〕	(29)閑〔刪〕	(30)拳〔先〕
(31)絲〔支〕	(32)生〔庚〕	(33)眠〔先〕	(34)天〔先〕	(35)人〔眞〕
(36)烟〔先〕	(37)行〔陽〕	(38)香〔陽〕	(39)春〔眞〕	(40)遲〔支〕
(41)晴〔庚〕	(42)郎〔陽〕	(43)鶯〔庚〕	(44)金〔侵〕	(45)衣〔微〕
(46)薇〔微〕	(47)雲〔文〕	(48)舟〔尤〕	(49)羅〔歌〕	(50)簾〔鹽〕
(51)鞭〔先〕	(52)舟〔尤〕	(53)光〔陽〕	(54)天〔先〕	(55)嬌〔蕭〕
(56)言〔元〕	(57)鶯〔庚〕	(58)燈〔蒸〕	(59)聲〔庚〕	(60)微〔微〕
(61)金〔侵〕	(62)絃〔先〕	(63)樓〔尤〕	(64)香〔陽〕	(65)香〔陽〕
(66)騰〔蒸〕	(67)簾〔鹽〕	(68)香〔陽〕	(69)雲〔文〕	(70)痕〔元〕
(71)人〔眞〕	(72)濃〔冬〕	(73)聲〔庚〕	(74)錢〔先〕	(75)松〔冬〕
(76)風〔東〕	(77)珠〔虞〕	(78)輪〔眞〕	(79)長〔陽〕	(80)間〔刪〕
(81)亭〔靑〕	(82)容〔冬〕	(83)僧〔蒸〕	(84)簾〔鹽〕	(85)雲〔文〕
(86)枝〔支〕	(87)無〔虞〕	(88)纓〔庚〕	(89)遲〔支〕	(90)中〔東〕
(91)金〔侵〕	(92)零〔靑〕	(93)階〔佳〕	(94)來〔灰〕	(95)鶯〔庚〕
(96)痕〔元〕	(97)樓〔尤〕	(98)燈〔蒸〕	(99)饒〔蕭〕[29]	

이상의 운자와 운목을 보면 상평성 15운과 하평성 15운 중에서,[30] 각

---

28) 참고로 일사본에서는 '纔欹復正荷翻雨 乍去還來鷰引雛'를 넣어 100련을 맞추어 놓았다.
29) ( ) 안은 『백련초해』의 일련번호 다음이 운자. 〔 〕 안은 운목을 표시.

각 양자운(陽字韻)이 13번, 경자운(庚字韻)과 선자운(先字韻)이 11번, 침자
운(侵字韻)이 7번, 진자운(眞字韻)과 우자운(尤字韻)이 5번씩, 지자운(支字
韻)·원자운(元字韻)·증자운(蒸字韻)·동자운(東字韻)이 4번씩, 문자운(文
字韻)·미자운(微字韻)·염자운(鹽字韻)·청자운(靑字韻)·우자운(虞字韻)·
동자운(冬字韻)이 3번씩, 한자운(寒字韻)·회자운(灰字韻)·산자운(刪字韻)
·소자운(蕭字韻)이 2번씩, 어자운(魚字韻)·제자운(齊字韻)·마자운(麻字
韻)·가자운(歌字韻)·가자운(佳字韻)이 1번씩 쓰였으며, 상평성에서 '강
(江)' 하평성에서 '효(肴)·호(豪)·담(覃)·함(咸)'의 5자가 빠졌음을 알 수
있다. 중국의 왕력이 제시한 운목 분류에 따르면,[31] 빠진 운목 중 '호(豪)'
만이 중운(中韻)에 해당하고 '담(覃)'은 착운(窄韻), 강(江)·효(肴)·함(咸)
은 모두 험운(險韻)에 해당한다. 즉 대체로 포괄하고 있는 자수가 많은
이른바 관운(寬韻)이 많이 쓰였고, 포괄하고 있는 자수가 적고 압운이
힘든 착운과 험운은 적게 쓰이거나 배제되었음을 알 수 있다. 이러한
운목 선택상의 특징은 고운 최치원의 한시에서도 비슷한 예를 찾아볼
수 있는데,[32] 결국 이것은『백련초해』가 과시(科詩) 학습을 위한 근체시
교재임을 반증하는 증거라고 할 수 있다.[33]

---

30) 상평성 15운 : 東·冬·江·支·微·魚·虞·齊·佳·灰·眞·文·元·寒·刪, 하평성 15운 : 先
·蕭·肴·豪·歌·麻·陽·庚·靑·蒸·尤·侵·覃·鹽·咸.
31) 왕력, 앞의 책, 46쪽 참조.
32) 최치원이 지은 한시는 평성 운목이 절대다수를 차지하며, 착운과 험운을 사용한 예가
    대단히 적다는 점이 특징이다. 이러한 특징은 그가 고체시형보다는 과시를 위한 근체정
    형시에 주된 관심을 기울였음을 말해주며, 이후 한국 한시의 경향을 고시의 자유스럽고
    웅건한 시풍보다는 과시위주의 정형근체시에 치중하게 하는 한 요인이 된 것으로 파악할
    수 있다. 이에 대해서는 홍우흠, 「崔孤雲漢詩用韻考」,『한시론』, 영남대학교출판부,
    1991 참조.
33) 가령 신춘자, 앞의 책과 석주연, 앞의 논문에서는『백련초해』의 연구들을 '고시'라고
    하였는데, 이는 오류인 듯하다.

Ⅳ. 맺음말

현재의 한문 교육은 특히 한시에 대해서는 내용 감상의 영역에 치중하는 경향이 없지 않다고 생각된다. 이것은 한시의 기법들이 복잡하고 어렵기 때문이기도 하지만, 시가 어떻게 지어지는가에 대한 이해 부족에서 기인하는 점도 없지 않으리라 생각된다. 필자 역시 이해가 부족함을 절실히 느껴왔기에, 이러한 문제점에 입각하여 『백련초해』를 대상으로 작시의 주요한 기법들을 살펴보았다.

『백련초해』는 조선조의 대표적인 한시 교재로서 연구로 구성되어 있다는 점이 특징이라고 할 수 있다. 연구를 통한 작시 교육은 이른바 '대구 놓기'와 같은 전통적인 작시 방식과 궤를 같이 하는 것으로. 두 개의 시구를 기본 구조로 리듬과 절주과 완성되는 한시의 특성을 잘 반영한 것이라고 할 수 있다. 이러한 바탕에서 『백련초해』에는 99연의 7언 연구가 실려 있는데, 이것을 익숙히 학습함으로써 평측·대우·압운과 같은 근체시의 주요 기법을 익히게끔 하고 있는 것이다. 이 밖에도 연구를 통해 반법이나 자자상대와 같은 출구와 대구 사이의 평측의 배치에 익숙해지고, 나아가서는 7언 외에 5언 율시의 평측법도 자연스럽게 익힐 수 있으리라 생각된다. 이런 점에서 볼 때, 『백련초해』는 우리나라 한시 교육에 있어서 가장 많이 활용된 교육 방식과 내용을 담고 있으며, 복잡하지 않은 연구를 통해 한시 창작의 원리와 기법을 잘 집약해 놓은 교재라고 할 수 있을 것이다.

참고문헌

김시습, 『매월당집』, 『한국문집총간』 13, 민족문화추진회, 1988.

_____, 『국역 매월당집』, 세종대왕기념사업회, 1978.

김인후, 『하서전집』, 『한국문집총간』 33, 민족문화추진회, 1989.

박은용 편, 『백련초해』, 대구대학국어국문학회, 1987.

신춘자 역, 『백련초해』, 문조사, 1983.

하겸진, 『동시화』.

허 균, 『국역 성소부부고』, 고전국역총서 226, 민족문화추진회, 1989.

홍찬유, 『역주 시화총림』, 통문관, 1993.

권오석, 「서당교재에 관한 서지적 연구」, 『서지학연구』 10, 서지학회, 1986.

김상홍, 『한시의 이론』, 안암신서 5, 고려대학교 출판부, 1997.

_____, 「근체시의 평측보 교수-학습 방법」, 『한자한문교육』 2, 1995.

김신형·김은용 공저, 『한시작법』, 명문당, 1984.

김왕규, 「조선시대 동몽교재 연구」, 『한자한문교육』 4, 한국한자한문교육학회, 1998.

서재극, 「『백련초해』(동경대학본)의 석(釋)에 대하여」, 『한국학논집』 1, 계명대학교, 1973.

석주연, 「『백련초해』의 이본에 관한 비교 연구」, 『규장각』 22, 1999.

신용호 편술, 『한시형식론』, 동양문화총서 13, 전통문화연구회, 2001.

이동환, 「한국문교풍속사」, 『한국문화사대계Ⅳ』, 고려대학교 민족문화연구소, 1979.

이병혁, 『한시비평의 體例 연구』, 통문관, 1985.

이상보, 「하서 김인후의 국문학 연구」, 『어문학논총』, 국민대학교 어문학연구소, 1984.

정익섭, 「호남가단에서의 하서 김인후의 위치」, 『동양학』 17, 단국대학교 동양학연구소, 1987.

_____, 「『백련초해』 편찬자고」, 『국어국문학』 15, 『춘강유재영박사화갑기념논총, 이회문화사, 1992.

조기영, 『하서 김인후의 시문학 연구』, 아세아문화사, 1994.

홍우흠 편역, 『한시운율론』, 영남대학교출판부, 1983.

_____, 『한시론』, 민족문화연구총서 15, 영남대학교출판부, 1991.

石川 忠久, 『漢詩を作る』, 大修館書店, 2000.

王力, 『漢語韻律學』, 上海教育出版社, 1962.

시학(詩學) 교재로서의 『백련초해(百聯抄解)』

이현일

Ⅰ. 들어가며

『백련초해』에 대해서는 이미 20세기 전반기에 초창기 국문학 연구의 개척자 중 한 분인 가람(嘉藍) 이병기[李秉岐, 1891~1968]가 국어국문학의 명저(名著)들에 대한 간략한 해제를 시도하면서 아래와 같이 언급한 바 있다.

> 一冊 木板本 七言古詩ㅅ가운대 聯句를 百을뽑아 새긴것인데 이는 明宗 때 金河西(麟厚)가 撰輯한것이라한다.[1]

또 이 책이 본인 소장본임을 밝히고 있는데, 사실 위의 기술은 그 책 뒤에 쓰여 있는 기록인 "此河西金先生選集古詩聯句百數而爲之註釋者也. 板刻所書卽先生手筆, 而板本在筆巖書院."을 그냥 우리말로 풀이한 것이다.[2]

---

[1] 李秉岐(1940), 222쪽.

[2] 가람본(嘉藍本)에 대해서 보다 자세한 내용은 石朱娟(1999), 87~89쪽을 참조할 수 있는데, 가람본이 본디 필암서원본(筆巖書院本) 계열의 이본(異本)임을 밝혔다. 필암서원본 계열의 이본에 대해서 더 자세한 내용은 김무봉(2013), 17~19쪽 참조.

이 책을 엮고 우리말로 풀이한 이가 하서(河西) 김인후[金麟厚, 1510~
1560]라 주장하고 있으나, 처음부터 끝까지 온전히 김인후가 엮은 것인
지, 전해 내려오던 유사한 책을 수정·증보하여 언해한 것인지, 아직 불
분명한 점이 남아 있다. 그리고 칠언고시(七言古詩) 중에서 뽑았다는 설
명도 오해의 여지가 있다. 통상 '고시(古詩)'는 단순한 옛 시가 아니라
'근체시(近體詩)' 이전의 '고체시(古體詩)'를 가리키는 경우가 많은데, 지
금까지 출전이 확인된 연(聯)들은 모두 칠언율시(七言律詩)나 칠언절구
(七言絶句)이기 때문이다.[3] 그러나 조선시대에는 아동용 교재로 널리 사
용되긴 하였으나, 바로 그 점 때문에 별로 중요하게 간주하지 않았던
책을 '조선어문학명저(朝鮮語文學名著)'를 소개하는 자리에서 중요한 국
어국문학 자료로 거론하여 조명한 것은 분명히 주목할 만한 일이다.

다만, 이병기 이전에도 후지이 시에이(藤井紫影)[4], 카케이 이오리(筧五
百里) 등 일본인 학자들의 논문이 1920년대 후반에 발표되어 이미 상당
한 수준의 연구가 이루어진 바 있다. 특히 카케이 이오리는『백련초해』
의 조선 간본과 일본 간본 등 여러 이본을 조사하고 일본 문학인 요우쿄
쿠(謠曲)와 우타이쇼우(謠抄)에 끼친 영향을 논하였고, 전문에 대한 원전
비평을 시도했을 뿐만 아니라 총 14연(聯)의 출전을 찾아내는 등『백련
초해』연구에 매우 중요한 기여를 하였다.[5]

그 뒤로도 최현배(崔鉉培)의『한글갈』[정음사, 1942], 『고친 한글갈』[정

---

3) 여기 실린 연(聯)들의 출처를 모르는 상태에서는, 원래 작품이 고체시인지, 근체시인지
   단정하기 어렵기 때문에 '옛날 시인들이 지은 시' 정도의 의미로 사용하지 않았을까 추정
   된다.
4) 본명은 후지이 오토오(藤井乙男, 1868~1946). 일본의 국문학자이자 하이쿠(俳句) 시인
   으로 교토대학(京都大學) 교수를 지냈다. 시에이(紫影)는 호이다.
5) 沈載完(1965), 1~3쪽을 통해 일본 학자인 藤井紫影(1927)와 藤井紫影(1928), 筧五百里
   (1929) 등의 연구가 이어진 것을 알게 되어 언급된 논문을 찾아볼 수 있었다. 한편, 小倉
   進平(1940), 297~298쪽에서도 筧五百里의 연구를 반영하여『백련초해』에 대해서 간략
   히 언급하고 있다. 小倉進平(1920)에서는『백련초해』에 대해서 거론하지 않았었다.

음사, 1961]에서도 언해(諺解) 자료로 소개된 바 있고,[6] 이병기(李秉岐)·
백철(白鐵)의『국문학전사(國文學全史)』[신구문화사, 1957] 등에서 간헐적
인 언급이 되기는 하였으나,『백련초해』에 대해서 본격적으로 연구가
이루어지기 시작한 것은 광복과 6.25를 거치고 사회가 어느 정도 안정된
1960년대 이후부터였다. 1960년 대구대학(大邱大學) 국어국문학회(國語
國文學會)에서『국어국문학자료집 제일집(國語國文學資料集 第一集)』으로
『백련초해』를 영인하고, 활자화했으며, 뒤에 붙인 박은용(朴恩用)의「해
제(解題)」에서 책의 성격과 이본고, 저자 문제 등을 간략히 언급하였다.
이후 심재완[沈載完, 1965]은 특히 초창기 일본 학자들의 업적을 상세히
소개하였으며, 이본의 개황을 정리하고 계통을 잡았으며,『백련초해』가
시조에 반영된 양상을 살핀 바 있다. 그 이후 이제까지의 연구는 대략
세 종류로 정리할 수 있을 듯하다.

첫째, 조선시대 내내 한문을 배우는 아이들을 위한 교재였기 때문에
이본들도 많았고, 이본들의 계통을 정리하는 작업들이 필요했기 때문에
이 방면의 연구들이 계속 이어졌다.[7]

둘째, 애초에 국어사 자료로써 주목받았었기 때문에, 국어 어휘사 연
구의 중요한 자료로써 활용하는 연구들 역시 계속 이어졌다.[8] 한문(漢文)
과 한시(漢詩)를 배우기 위해 만든 책인데, 현대에 와서는 오히려 국어사
연구의 자료로써 중요하게 자리매김된 셈이며, 이 점은『백련초해』보다
훨씬 방대한『두시언해(杜詩諺解)』도 마찬가지이다.

셋째, 2000년대 들어와서는 비로소 한시를 가르치는 교재로써『백련

6) 崔鉉培(1942), 174~175쪽; 崔鉉培(1961), 140~141쪽.
7) 장석련(1979); 申春子 譯註,『百聯抄解』, 文潮社, 1983에 실린「異本攷」및 石朱娟
(1999); 김무봉(2013) 등이 대표적이다.
8) 徐在克(1973); 崔範勳(1983); 朴秉喆(1995); 朴秉喆(1997); 朴秉喆(2001); 김무봉(2014)
등이 대표적이며, 또 위에서 언급한 石朱娟(1999)는 異本 연구이긴 하지만, 문헌학이나
판본학적 관점보다는 국어학적 관점에 입각해 있다.

초해』를 연구한 업적이 2편 나왔다.[9] 안봄(2001)은 『백련초해』 한시의
교육적 효과를 처음으로 환기시킨 의의가 있는바, 내용·표현·한시 형
식의 세 가지 면에 걸쳐서 그 실례를 제시하고 있다. 조창록(趙蒼錄,
2004)은 『백련초해』를 통해 조선시대 초학자들이 한시 교육을 받는 교
재로서의 특징에 대해서 평측(平仄), 대우(對偶)와 압운(押韻)의 측면에서
살펴보면서 과시(科詩) 학습을 위한 근체시 교재라고 주장한 바 있다.[10]

한편, 이밖에 학술적 주석이 달리고 전문이 현대 국어로 번역된 책이
1980년대 이래로 약 35년 동안 모두 세 종이 출간되었다.[11] 많다면 많고
적다면 적은데, 그만큼 꾸준히 관심이 이어져 온 결과라 할 수 있다.

이 논문은 당시 한시 창작과 한시사에 미친 영향을 당대인들의 목소
리를 중심으로 『백련초해』의 시학 교재로서의 성격에 초점을 맞추어 살
펴보려고 한다. 아울러 『백련초해』를 엮는 데 참조한 시선집 중에서 『협
주명현십초시(夾注名賢十抄詩)』를 주목하여 그 상관관계에 대해서 논하
려고 한다.

연구의 대본으로는 김무봉·김성주, 『역주 백련초해』[세종대왕기념사
업회, 2013]에서 정리한 것을 사용하였다. 이 책은 일반적으로 가장 오래
되었다고 알려진 동경대본(東京大本)을 저본으로 하면서도 여러 다양한
이본을 참조하여 정리하여 연구에 많은 편의를 제공받을 수 있기 때문
이다.

---

9) 안봄(2001); 趙蒼錄(2004).

10) 趙蒼錄(2004), 355쪽.

11) 申春子 譯註, 『百聯抄解』, 文潮社, 1983; 조기영 옮김, 『백련초해』, 지식을만드는지식,
　　2012; 김무봉·김성주 역주, 『역주 백련초해』, 세종대왕기념사업회, 2013. 이밖에 金容淑
　　編著, 『百聯抄解』, 筆嚴書院, 2003에도 우리말 전문 번역이 실려 있다.

Ⅱ. 『백련초해』의 시학(詩學) 교재로서의 수용 양상

조선 후기의 문예부흥을 이끌었던 정조는『백련초해』에 대해서 다음
과 같은 언급을 남기고 있다.

> 여러 신하들이 문(文)을 읽을 때는『고문진보』를 읽고, 시를 볼 때는
> 『백련초』를 본다. 저 책들은 잡다하고 속되어 싫증 낼 만하지만, 오히려
> 근세의 명청 시문을 배운 사람들이 심지(心志)를 어그러뜨리고, 원기(元
> 氣)를 손상시키는 것보다는 낫다.[12]

> 박상(朴祥)의 시는 때때로 세속에서 이른바 백련초체(百聯鈔體)와 흡
> 사하다. 그러나 그 고건(古健)한 곳은 후세인들이 미칠 수 있는 바가 아
> 니다. 만약 속된 안목으로 본다면, 틀림없이 그 좋은 점을 알 수 없을
> 것이다.[13]

첫 번째 인용문에서 문(文)을 위한 독본(讀本)으로『고문진보』를 거명
하면서 이와 나란히 시를 위한 독본으로『백련초해』를 거론한 것은 조
금 의외이긴 하지만, 그만큼 시학 교재로 널리 읽혔다는 방증(傍證)이
다. 특히 두 책이 잡다하고 속되다는 비판을 하고 있기는 하지만, 명청
문학을 배우는 것보다는 낫다고 주장한바, 이는 명청 문학을 비판하고
문체반정을 주도했던 입장과 일맥상통한다.

두 번째 인용문에서는 눌재(訥齋) 박상[朴祥, 1474~1530]의 시를 논평
하면서 일부 시구(詩句)가 백련초체(百聯鈔體)와 흡사하지만, 그 고건(古

---

12) 正祖,『弘齋全書』卷162,『日得錄(二)』,「文學(二)」. "諸臣讀文, 讀『古文眞寶』, 看詩,
    看『百聯鈔』. 彼固冗俚可厭, 而猶勝於近世學明淸詩文者, 壞了心志, 斲了元氣."(『叢刊』
    267, 164a)
13) 正祖,『弘齋全書』卷165,『日得錄(五)』,「文學(五)」. "朴祥詩, 往往有恰似俗所謂百聯鈔
    體. 然其古健處, 非後人所能及. 如以俗眼看之, 必不能知其好處."(『叢刊』267, 229a)

健함은 후세 시인들이 미칠 수 없다고 언급한바, 이 시기에 '백련초체'라는 말이 뭔가 어색하고 작위적인 대구(對句)를 가리키는 말로 사용된 것이 아닌가 추정된다.

정조의 이러한 언급들은 매우 단편적이지만, 18세기 이후에도『백련초해』가 널리 읽혔지만, 다른 한편에서는 뭔가 시대에 뒤떨어지고 어색한 시를 가리키는 대명사로 쓰이기도 했다는 점을 확인할 수 있다.

전통적인 서당식 한문 교육을 받은 적이 없는 발표자는 이 논고를 쓰기 위해서『백련초해』를 처음으로 꼼꼼히 읽어 볼 수 있었다. 100연(聯) 200구(句) 안에서 여러 가지 구법(句法)과 다양한 수사법을 운용하고 있어서 한시를 처음 읽고 짓는 연습을 할 때 도움을 많이 받을 수 있다고 판단되었다.[14] 또 여러 가지 기초적인 한자들이 안배되어 있어 한자를 익히는 교재로서도 손색이 없다.[15] 배운 내용은 반드시 암송해야 하는 옛 교육 방식을 생각해 보면, 초학자들이 한문 독해에 기초적인 한자들과 칠언구법(七言句法)을 숙달하는 데 매우 유용한 교재였다고 할 수 있다.

또 아이들에게 자연을 관찰하고 그것을 아름답게 묘사하는 대련(對聯)을 짓는 것 자체가 훌륭한 문학 교육이고, 말글 교육이다. 언어를 습득하는 기능적인 면에만 치우친 현대 국어 교육의 취약점을 보완할 점이 많다고 생각된다.

그런데 경구(警句)라 할 만한 연(聯)들도 많지만, 비유의 수준이 높지 못하고, 단순히 대구(對句)를 위한 대구도 섞여 있다는 점이 문제이다.

---

14) 이 점에 대해서는 안봄(2001); 趙蒼錄(2004)에서 상세히 논하였다.
15)『백련초해』의 한자 학습서로서의 특장은 朴秉喆(2001)에 자세하다. 이 논문에 따르면『백련초해』전체 글자 1,400자 중에서 중복 출현하는 글자들을 제외하면 모두 537자이다. 다만 이 논문에서 문교부 제정 교육용 기초 한자 1,800자를 기준으로 삼아 논의를 전개한 점은 오늘날 한자 교육에는 적합하지만, 당시 한문 교육과는 약간 거리가 있으리라 생각된다.

가령 〈18〉"못 속의 연잎은 물고기의 우산이요, 대들보 위 거미줄은 제 비의 주렴이라.[池中荷葉魚兒傘, 梁上蛛絲鷰子簾.]", 〈20〉"반딧불은 울 아래 풀을 태우지 않고, 달 고리[초승달 또는 그믐달]는 집안의 주렴을 걸기 어렵다.[螢火不燒籬下草, 月鉤難掛殿中簾.]", 〈35〉"죽순은 붓과 비슷하지만 글자를 쓰기 어렵고, 솔잎은 바늘 같지만 실을 꿰기 어렵다.[竹芽似筆難成字, 松葉如針未貫絲.]", 〈68〉"규방의 미인은 쪽진 머리 푸르고, 꽃 읊는 공자는 입술 온통 향기롭다.[粧閣美人雙鬢綠, 詠花公子一脣香.]" 등처럼 억지로 짜 넣은 대구처럼 느껴지는 경우도 없지 않다.

　물론, 이러한 판단은 주관적인 판단이며, 한문을 배운지 얼마 되지 않은 어린아이들의 눈높이를 맞추기 위한 의도라면 충분히 납득이 가는 정도이다. 또 같은 연(聯)이라 할지라도 시대에 따라서, 개인에 따라서 훌륭한 시구(詩句)로 생각할 수도 있고, 한시를 처음 짓는 사람이나 짓는 어설픈 시구로 생각할 수도 있다.

　『백련초해』는 대체로 경물을 묘사하는 연(聯) 위주로 뽑았다. 이는 기본적으로 한문에 대한 이해 수준이 높지 않고, 인생 경험이 일천한 어린아이들을 위한 학습서라는 점을 생각해 보면 자연스러운 일이다. 이해하기 위해서 복잡한 전고(典故)에 대한 해박한 지식이 필요하거나, 시 전체의 맥락을 고려하고, 시인의 인생행로를 더듬어 보고, 독자의 인생 경험을 반추해 가면서 곱씹어 봐야 제대로 음미할 수 있는 연(聯)들은 제외될 수밖에 없었다. 곧 애초부터 여운(餘韻)이 오래가거나 함축의 농도가 짙은 구절들은 선발되기 어려웠던 것이다. 다만, 이러한 동몽(童蒙) 교재로서의 성격을 고려하지 않고 일반적인 시학 교재로서 보았을 때, 이는 필연적으로 단점이 될 수밖에 없다.

　이 장에서 논의할 자료들은 대체로 한국고전번역원의 '한국고전종합DB'의 도움으로 수집할 수 있었다. 이 자료들이 『백련초해』에 대한 조선시대 지식인들의 반응을 전 시기에 걸쳐 평탄하게 반영하지는 못할 것

이다. 그러나 몇몇 의미 있는 활동과 시각들을 파악하기에는 충분할 것
이다.

1. 『백련초해』의 보완 작업

겸재(謙齋) 하홍도[河弘度, 1593~1666]는 남명(南冥) 조식[曹植, 1501~
1572]-각재(覺齋) 하항[河沆, 1538~1590]-송정(松亭) 하수일[河受一, 1553
~1612]로 이어지는 학맥을 계승하여 인조반정(仁祖反正) 이후 남명학파
(南冥學派)를 이끌었던 인물 중의 한 사람으로 『백련초해』의 아쉬운 점을
보완하여 『연구속선(聯句續選)』이라는 책을 엮은 바 있다.[16] 아쉽게도 이
책은 아직 그 실물이 확인되지 않았으나, 숭정(崇禎) 경진년[庚辰年, 1640]
에 쓴 서문이 문집에 실려 있어 그 존재를 확인할 수 있다.

> 지금 아이들을 가르칠 때 쓰는 『백련초(百聯抄)』는 누구의 손에서 나왔
> 는지 알 수 없다. 나는 일찍이 이 책이 아이들 가르치는 데 편하기는 하지
> 만, 시인들이 보기에는 부족하며, 그 사이 때때로 문리(文理)가 통하지
> 않는 것이 있으며, 또 규모가 작아서 고금에 일컫는 가구(佳句)를 다 포괄
> 하지 못하는 점을 문제라고 생각했다.
> 일찍이 들으니 선정(先正) 남명 선생께서 따로 이러한 선집(選集)을
> 만드셔서 "상담(湘潭)에 구름 다하니 저물녘 산 드러나고, 파촉(巴蜀)의
> 눈 녹으니 봄물이 흘러 온다." 등의 구절이 들어 있었으나, 전하지 않아
> 볼 수 없으니 안타깝다.
> 내가 참람함을 스스로 헤아리지 못하고 감히 백련(百聯) 중에서 취할
> 것은 취하고 뺄 것은 빼면서 그 순서를 바꾸었으며, 또 속편으로 이백
> ·두보·한유 이하 백가(百家)를 뽑고, 우리나라 시인들의 시귀를 이어 뽑
> 고, 마지막에는 이락(伊洛)의 도체(道體)를 읊은 시로 끝맺음하여, 시를

---

16) 河弘度의 학문 연원에 대해서는 全丙哲(2011) 참조.

배우는 사람들로 하여금 사장(詞章)에 그치지 않고 귀숙(歸宿)하는 바가
있게 하였으니, 바로 『고문진보』의 글을 뽑는 율령(律令)을 따른 것이다.
    그 분류는 여덟 가지로 하였다. 첫 번째는 '공(公)'이니, 치우침이 없기
때문에 새로 배우기 시작하는 사람에게 잘 맞으므로 맨 앞에 둔 것이다.
두 번째는 '천시(天時)'이고, 세 번째는 '지리(地理)'이고, 네 번째는 '인명
(人名)'이고, 다섯 번째는 '물명(物名)'이고, 여섯 번째는 '기사(記事)'이
고, 일곱 번째는 '영물(詠物)'이고, 여덟 번째는 '겸체(兼體)'이다. ……[17]

    여러 가지 중요한 정보를 얻을 수 있는데, 첫째, 하홍도가 생각하는
『백련초해』의 장단점을 파악할 수 있다. 곧 동몽(童蒙) 교재(教材)로서
적합하지만, 시인들이 보기에는 부족하고, 가끔 문리가 안 통하는 곳이
있으며, 규모가 너무 작다는 것이다.

    둘째, 남명 조식이 『백련초해』와 같은 종류의 교재를 만든 적이 있다
는 사실을 확인할 수 있다. 남명이 엮은 책에 들어 있었다는 "상담(湘潭)
에 구름 다하니 저물녘 산 드러나고, 파촉(巴蜀)의 눈 녹으니 봄물이 흘러
온다.[湘潭雲盡暮山出, 巴蜀雪消春水來.]"는 만당(晚唐) 허혼(許渾)의 시 「능
효대(凌歊臺)」의 함련이다.[18] 남명이 엮은 책은 분명히 한동안 그 문하에
서 초학자들을 위한 시학 교재로서 사용되었을 것이다. 여기서 동시대
의 하서 김인후가 『백련초해』의 엮은이로 자주 언급되고, 『백련초해』의
목판이 필암서원(筆巖書院)에 소장되어 있는 점을 함께 생각해 볼 필요가

---

17) 河弘度, 『謙齋集』 卷9, 「聯句續選序」. "今之教小兒 『百聯抄』, 未知其出於誰手. 愚嘗病
    其雖便於教兒, 不足掛諸詩人眼, 其間亦有文理未就者, 又其規模狹隘, 不盡古今所稱道
    佳句也. 蓋嘗聞先正南冥先生別有是選, 如'湘潭雲盡暮山出, 巴蜀雪消春水來'等句(필자
    -許渾의 시)與焉而不傳不得見, 惜也! 愚憯不自揣, 肆於百聯中, 略加去就而改次其第,
    且續其選, 自李杜韓以下百家, 繼以我東, 終之以伊洛道體之吟, 使學詩者, 不止詞章而
    有所歸宿, 乃『眞寶』文所選之律令也. 其例則有八. 一曰公, 以其無所偏倚, 可於新學, 故
    弁之. 二曰天時, 三曰地理, 四曰人名, 五曰物名, 六曰記事, 七曰詠物, 八曰兼體也.
    ……"(『叢刊』 97, 156c)
18) 許渾 撰, 羅時進 箋證, 『丁卯集箋證』, 中華書局, 2012, 302~308쪽.

있다. 당대 영호남을 대표하는 두 학자가 이러한 종류의 시학서에 관심을 가지고 있었던 사실에서 상당히 중요한 시사점을 얻을 수 있다.

셋째,『연구속선』의 짜임과 실린 연(聯)들의 출전을 어느 정도 짐작해 볼 수 있다. 기본적으로『백련초해』를 바탕으로 취사 선택을 한 뒤, 이 백·두보·한유 등 중국 여러 시인들 뿐만 아니라 우리나라 시인들의 작품도 싣고 있음을 추정할 수 있는데, 그렇다면 최소한 원래『백련초해』 보다 분량이 최소 두세 배에 이를 것으로 생각된다. 끝부분에는 염락풍(濂洛風) 한시에서 추린 연(聯)을 싣고 있는데, 이것은『고문진보후집』에서 마지막에 도학자들의 글을 실은 것을 본뜬 것이며, 배우는 사람들이 문장에만 뜻을 두지 말고 도학(道學)을 목표로 삼아야 함을 가르치려는 의도라는 것이다. 또 아무런 편차가 없는『백련초해』와 달리 여덟 개로 분류하여 체계적으로 다듬었음을 알 수 있다.

이상 서문을 검토해 본 결과, 겸재가 이 책을 상당히 정성들여 엮었음을 알 수 있고, 따라서『연구속선』이 한동안 겸재 문하에서 시학 교재로 사용되었음을 추정할 수 있는데, 현재 실물을 확인할 수 없어 더이상 논의를 진전시킬 수 없어 아쉽다.

2. 한시 창작 학습을 위한 시제(試題)로 활용한 경우

송곡(松谷) 이서우[李瑞雨, 1633~1709]는 17세기를 대표하는 남인계 문인으로 미수(眉叟) 허목[許穆, 1595~1682]의 후원으로 대북(大北) 출신으로는 50년 만에 청직(淸職)에 진출하여 예문관(藝文館) 제학(提學)까지 역임한 인물이며, 동주(東州) 이민구[李敏求, 1589~1670], 호주(湖洲) 채유후[蔡裕後, 1599~1660] 이후 남인 시맥의 적통(嫡統)을 계승하여 후대의 연초재(燕超齋) 오상렴[吳尙濂, 1680~1707]과 국포(菊圃) 강박[姜樸, 1690~1742]에게 이어준 시인으로 평가받고 있다.[19] 그의 문집인『송파집(松坡

集)』에는 아이들에게 『백련초해』의 연(聯)들을 시제(試題)로 내고, 자신
도 시흥(詩興)을 못 이겨 지은 시편들이 실려 있다.

> 「꽃 아래에서 『백련초해』의 시귀를 아이들의 시제(試題)로 내고, 이어
> 서 장난삼아 스스로 짓다[花下, 以百聯句句試兒輩題, 仍戱自賦]」

난간 앞 꽃들은 웃을 줄 알건만	檻前花解笑
어찌하여 웃음 소리 끝내 들을 수 없는지.	胡爲聲未聽
오히려 낫구나, 세상 사람들	猶勝世間人
억지로 찬 웃음 소리 내는 것보다.	强笑聲聲冷

> 위는 "꽃은 난간 앞에서 웃어도 웃음 소리 들리지 않네."(右"花笑檻前聲
> 未聽")

어제 아침 대숲 아래서 술 마셨어도	昨朝竹間酌
푸른 술 마신 것을 내 몰랐건만,	啜碧吾不知
오늘 꽃앞에서 술 마시다가	今日花前飮
붉은 빛 삼기며 비로소 기이함 깨딜았네.	呑紅始覺奇

> 위는 "꽃 앞에서 술 마시다 붉은 빛을 삼켜 버렸네."(右"花前酌酒呑紅色")

만약 꽃이 벙어리라면	若道花爲啞
어떻게 나비를 끌어 왔을까.	如何引蝶來
아마도 금익사(金翼使)가	惟應金翼使
옥요노(玉腰奴)를 불러 왔겠지.	傳喚玉腰回[20]

---

19) 이서우의 한시사적 위상에 대해서는 임미정(2007); 부유섭(2008)에 자세하다.
20) 금익사(金翼使)는 꿀벌, 옥요노(玉腰奴)는 나비를 가리킨다. 陶穀, 『淸異錄』, 「花賊」. "溫庭筠嘗得一句云: '蜜官金翼使.' 遍示知識, 無人可屬. 久之, 自聯其下曰: '花賊玉腰奴.' 予以謂道盡蜂蜨."(『漢語大詞典』에서 재인용)

위는 "꽃은 말하지 않아도 능히 나비 불러오네."(右"花不語言能引蝶")

나는 능히 꽃을 일찍 피웠건만	我發自能早
너는 개화(開花) 어찌 이리 더딘거냐?	爾開何太晚
의탁한 바는 염량(炎凉)이 있나니	所托有炎凉
봄빛은 멀고 가까움 없다 하여도.	春光無近遠

위는 "이미 핀 꽃이 피지 않은 꽃을 비웃는다."(右"已開花笑未開花")

너는 꽃을 일찍 피웠다 자랑하지 말아라	爾發莫矜早
나는 개화(開花) 늦음을 한스러워하지 않는단다.	吾開不恨遲
내가 흐드러지게 피어나는 날이	待吾爛熳日
바로 네가 쓸쓸히 떨어지는 때일 테니까.	是爾寥落時

위는 "피지 않은 꽃이 이미 핀 꽃에 답하다."(右"未開花答已開花")[21]

『백련초해』의 연(聯)들의 배열 방식은 제재와 밀접한 관련이 있는 경우가 많다. 예를 들면 〈1〉 "花笑檻前聲未聽, 鳥啼林下淚難看."부터 〈13〉 "花不送春春自去, 人非迎老老相侵."까지 13연은 모두 첫 구에 꽃이 나온다.

어느 봄날 꽃이 활짝 피었을 때 이서우는 자기 집안의 아이들을 모은 뒤 『백련초해』를 펴 놓고 꽃과 관련한 연들을 차례로 불러 주어 시제로 삼고 지켜보다가 자신도 흥이 나서 오언절구를 거듭 지은 것이다.

위에 인용된 다섯 수의 시에서 시제로 삼은 구는 차례로 〈1〉, 〈10〉, 〈6〉이며, 마지막 두 수에서 시제로 삼은 "已開花笑未開花"와 "未開花答已開花"는 지금 널리 전하는 간본 『백련초해』 이본들, 곧 동경대본 계열

---

21) 李瑞雨, 『松坡集』 卷8(『叢刊(續)』, 41, 164a).

과 필암서원 계열 등에는 실려 있지 않다.[22]

또 자신은 오언절구를 지었지만, 아이들에게 짓게 한 것이 연(聯)에 그치는 것인지, 절구 이상의 분량인 한 편의 시인지 분명치 않고, 오언시인지 칠언시인지도 확실치는 않다.

그러나 『백련초해』가 당시 아이들에게 단순히 읽히고 이해시키는 읽기 자료로 사용하는 데 그치지 않고, 한시 창작을 가르칠 때 바로 이 책을 펴 놓고 연(聯)들을 골라 시제로 사용할 정도로 익숙하게 이용되었다는 점을 뒷받침해 주는 증거가 되기에는 충분하다고 생각된다.

3. 김창협·이덕무의 이규보 비판과 『백련초해』

한편, 시학(詩學) 학습의 교재로서 『백련초해』를 보완하고 활용하는 위의 예들과는 달리, 농암(農巖) 김창협[金昌協, 1651~1708]은 고려를 대표하는 시인인 이규보[李奎報, 1168~1241]의 한시사적 위상을 격하하는 자리에서 『백련초해』를 끌어들여 혹독하게 비판하고 있다. 한시 전공자들에게는 비교적 잘 알려진 대목이지만, 논의의 필요상 길게 인용한다.

> 최근에 호곡(壺谷)이 엮은 『기아목록(箕雅目錄)』을 보니, 이규보(李奎報)의 "문장이 동국에서 으뜸"이라 일컬었다. 나는 이러한 의론이 매우 그렇지 않다고 생각한다.
>
> 이규보의 시가 동방에서 이름을 떨친 것은 오래되며, 전배(前輩) 여러 분들 또한 미칠 수 없다고 치켜 올렸다. 그 재력(材力)은 첩민(捷敏)하고, 축적(蓄積)은 부박(富博)하여, 많이 빨리 짓는 것을 다툴 때는 같은 시대에 미칠 수 있는 사람이 없었다. 또 능히 스스로 시어(詩語)를 지어내어 앞 사람들을 도습(蹈襲)하지 않은 것으로 공교로움을 삼으니, 시인 중

---

22) 가장 가까운 내용이 〈79〉 "나중에 취한 손님이 먼저 취한 손님을 놀리고, 반쯤 핀 꽃이 피지 않은 꽃을 비웃는다.[遲醉客欺先醉客, 半開花笑未開花.]"이다.

재주 있는 사람이라 할 만하다.

　그러나 그 학식은 비루(鄙陋)하고 기상(氣象)은 용하(庸下)하여, 격(格)은 낮고 조(調)는 잡스러우며, 말은 자질구레하고 뜻은 얕으니, 그의 고율절(古律絶) 수천 수는 단 한마디 한 구절도 청명쇄락(淸明灑落)하고 고고굉활(高古宏闊)한 뜻을 말한 것이 없으며, 그 뽐내고 자부하여, 다른 사람이 말하지 않은 말이라는 것은, 대저 모두 서응(徐凝)의 악시(惡詩)이니, 참으로 엄우경(嚴羽卿)23)이 이른바 하열시마(下劣詩魔)가 그 폐부(肺腑)에 들어간 자라 할 수 있다.

　그 몇몇 구를 예로 들어 보자. 가령 “절집 가득한 솔바람 소리는 스님의 부귀이며, 강물의 안개와 달은 사찰의 풍류일세.[滿院松篁僧富貴, 一江煙月寺風流.]”와 “대 뿌리 땅에서 솟아 용 허리처럼 구불구불, 파초 잎 창 막으니 봉황 꼬리인 양 길쭉길쭉.[竹根迸地龍腰曲, 蕉葉當窓鳳尾長.]”와 “호수는 질펀한데 한 가운데 달이 교묘히 찍혔고, 포구는 넓어서 어귀로 들어오는 조수를 욕심껏 삼키네.[湖平巧印當心月, 浦闊貪呑入口潮.]” 등은 모두 사람들 사이에 회자되어 기경(奇警)하다고 하는 시구들이다. 오늘날의 관점에서 보자면, 시골 학동들이 익히는 『백련초(百聯鈔)』에 나오는 구어(句語)들일 뿐이니, 또한 어찌 숭상할 만하겠는가!

　당시 사람들은 눈으로 그 섬민(贍敏)함으로 시 짓는 현장을 압도하는 것을 보았으니, 두려워하고 복종하는 것이 참으로 마땅하지만, 후세에 의론할 때에는 마땅히 그렇지 않은 바가 있어야 할 터인데, 지금까지 삼사백 년이 지나도록 오히려 그 사이에 이의(異議)를 제기하지 못하는 것은 참으로 이해할 수 없는 일이다.

　그러나 이는 다만 시(詩)에 한정해서 말한 것일 뿐이다. 다른 종류의 글에 이르러서도 깊이 논하기에 부족하다. 비록 사부(詞賦)와 변려(騈儷)는 자못 취할 만한 점이 있지만, 만약 이것으로 목은(牧隱) 등 여러 분들을 압도하여 동국에서 으뜸이라 한다면 사실에 부합하지 않을 것이다.

　동국의 문장을 논함에 한 사람으로 단정지어 으뜸이라 말하기는 어렵

---

23) 『창랑시화(滄浪詩話)』의 저자인 엄우(嚴羽)는 자가 의경(儀卿)인데, 여기서 엄우경(嚴羽卿)이라 말한 것은 약간의 착오가 있는 듯 보인다.

다. 그러나 문(文)은 마땅히 목은(牧隱)을 대가(大家)로 인정해야 하고, 시(詩)는 마땅히 읍취(挹翠)를 절조(絶調)로 인정해야 할 것이다. 목은(牧隱)은 문(文)에서만 대가(大家)가 아니고, 시(詩)도 또한 굉사호방(宏肆豪放)하여 기상(氣象)을 볼 만하니, 이규보의 악착(齷齪)함과 같지 않다.[24]

인용문에 나오는 이규보의 세 연(聯) 중에서 두 번째 연과 세 번째 연은 이미 최자[崔滋, 1188~1260]의 『보한집(補閑集)』에서도 칭송되던 연들이니 당대부터 인구(人口)에 회자되던 시구였을 것이며, 첫 번째 연 역시 상당히 비슷한 시구가 『보한집』에 실려 있다.[25]

"절집 가득한 솔바람 소리는 스님의 부귀이며, 강물의 안개와 달은 사찰의 풍류일세.[滿院松篁僧富貴, 一江煙月寺風流.]"는 「팔월 십일 규공에 그 절집에 시를 써 주기를 청하여 한 수 읊다.[八月十日, 珪公請題其院, 爲賦一首]」의 경련으로, 『보한집』에는 이와 유사한 "한 동천(洞天)의 안개 노을 스님의 부귀이며, 두 봉우리 사이 소나무와 달은 학의 터전이로다.[一洞烟霞僧富貴, 兩峯松月鶴生涯.]"가 실려 있는데, 다만 이 시구는 현존 『동국이상국집(東國李相國集)』에는 실려 있지 않다.[26] "대 뿌리 땅에

---

24) 金昌協, 『農巖集』卷34, 「雜識·外篇」. "近見壺谷所編『箕雅目錄』, 稱李奎報文章爲東國之冠. 余意此論殊不然. 奎報詩擅名東方久矣, 前輩諸公, 亦皆推爲不可及. 蓋其材力捷敏, 蓄積富博, 爭多鬪速, 一時莫及. 又能自造言語, 不踏襲前人以爲工, 亦可謂有詩人之才矣. 然其學識鄙陋, 氣象庸下, 格卑而調雜, 語瑣而意淺, 其古律絶數千百篇, 無一語一句道得淸明灑落高古宏闊意思, 其所沾沾自喜, 以爲不經人道語者, 大抵皆徐凝之惡詩, 眞嚴羽卿所謂下劣詩魔, 入其肺腑者也. 試拈其數句, 如'滿院松篁僧富貴, 一江煙月寺風流.'、'竹根迸地龍腰曲, 蕉葉當窓鳳尾長.'、'湖平巧印當心月, 浦闊貪吞入口潮.' 此等皆人所膾炙, 以爲奇警者. 而自今觀之, 殆同村學童所習百聯鈔句語耳, 亦何足尙哉! 當時之人, 目見其瞻敏擅場, 固宜畏服, 至於後來尙論, 宜有不然, 而至今三四百年, 猶不敢置異議於其間, 誠所未解. 然此特以詩言耳, 至他文, 尤不足深論, 雖詞賦騈儷, 頗有可取, 而若以是壓倒牧隱諸人而爲東國之冠, 則恐未爲尤也. 論文章於東國, 固難以一人斷爲冠首, 然文當推牧隱爲大家, 詩則當推?翠爲絶調. 牧隱不獨文爲大家, 詩亦宏肆豪放, 氣象可觀, 不似奎報齷齪."(『叢刊』 162, 373a)

25) 두 번째 연과 세 번째 연이 『보한집』에 언급된 사실은 강명관, 『농암잡지평석』, 소명출판, 2007, 161쪽을 통해 확인할 수 있었다.

서 솟아 용 허리처럼 구불구불, 파초 잎 창 막으니 봉황 꼬리인 양 길쭉길쭉.[竹根进地龍腰曲, 蕉葉當窓鳳尾長.]」은「천룡사에 거처하며 짓다.[寓居天龍寺有作]」의 경련인데,『보한집』에는 "대 뿌리 땅을 가르니 용 허리처럼 구불구불, 파초 잎 섬돌에 번득이니 봉황 꼬리인 양 길쭉길쭉.[竹根擘地龍腰曲, 蕉葉翻堵鳳尾長.]"로 되어 있다.[27] 바로 이 연이『백련초해』의 76번째 연으로 수록되어 있다. "호수는 질펀한데 한 가운데 달이 교묘히 찍혔고, 포구는 넓어서 어귀로 들어오는 조수를 욕심껏 삼키네.[湖平巧印當心月, 浦閣貪呑入口潮.]」는「포구의 작은 마을을 읊다.[題浦口小村]」의 함련이다.[28]

최자는 특히 뒷 구에 대해 '유유(類喩)'에 가깝지만, 신진(新進)들이 읊을 수 있는 수준은 아니라고 평가하였다.[29] 최자가 말하는 '유유'는 송대(宋代) 진규[陳騤, 1128~1203]가 말한 '십유(十喩)' 중의 '유유'와 상통한다.[30] 이는 최자가 같은 칙(則)의 도입부에서 이인로(李仁老)의「이른 봄

---

26) 李奎報,『東國李相國集』卷6,「八月十日, 珪公請題其院, 爲賦一首」. "萬里高天斷鴈秋, 閑尋古刹碧波頭. 喧喧門外千帆集, 寂寂巖阿丈室幽. 滿院松篁僧富貴, 一江烟月寺風流. 莫言林下何曾見, 擺却浮名欲退休."(『叢刊』1, 353c). "一洞煙霞僧富貴, 兩峯松月鶴生涯."는 崔滋,『補閑集』卷中 第4則에 실려 있는데, 두 번째 구 뒤에 "其寺對兩峯."이라는 주가 붙어있다.(『高麗名賢集』2, 成均館大學校 大東文化硏究院, 1986, 136ab)

27) 李奎報,『東國李相國集』卷9,「寓居天龍寺有作」. "全家來寄碧山傍, 矮帽輕衫臥一床. 肺渴更知村酒好, 睡昏聊喜野茶香. 竹根进地龍腰曲, 蕉葉當窓鳳尾長. 三伏早休民訟少, 不妨時復事空三."(『叢刊』1, 389c); 崔滋,『補閑集』卷中 第4則에 실려 있다.(『高麗名賢集』2, 成均館大學校 大東文化硏究院, 1986, 136ab)

28) 李奎報,『東國李相國集』卷10,「題浦口小村」. "流水聲中暮復朝, 海村籬落苦蕭條. 湖淸巧印當心月, 浦閣貪呑入口潮. 古石浪春平作礪, 壞舡苔沒臥成橋. 江山萬景吟難狀, 須倩丹靑畵筆描."(『叢刊』1, 393b)

29) 崔滋,『補閑集』卷中, 第33則에서 "言呑言口, 雖近於類喩, 非新進輩所得遵."라 평가하고 있다.(『高麗名賢集』2, 成均館大學校 大東文化硏究院, 1986, 128c~129a)

30) [南宋] 陳騤 外 著, 王利器 校點,『文則/文章精義』, 人民文學出版社, 1998, 12~13쪽. "『易』之有象以盡其意,『詩』之有比以達其情, 文之作也, 可無喩乎? 博采經傳, 約而論之, 取喩之法, 大槩有十, 略條于後: …… 三曰類喩. 取其一類, 以次喩之.『書』曰: '王省惟歲, 師尹惟日, 卿士惟月.' 歲、日、月一類也. 賈誼『新書』曰: '天子如堂, 羣臣如陛, 衆庶如

날 강을 따라 가며[早春江行]」를 아래와 같이 인용하고

> 푸릇푸릇 봉우리들 뾰족뾰족 붓끝을 모아 놓은 듯   碧岫巉巉攢筆刃
> 푸른 강물 아마득해 송연묵(松煙墨)을 풀어 놓은 듯   蒼江杳杳漲松煙
> 먹구름 무리 지어 기이한 글자들 이루나니   暗雲陣陣成奇字
> 새파란 만 리 하늘은 한 폭의 화선지로다.   萬里靑天一幅牋[31]

"이 시는 구상은 비록 크지만 유유(類喩)에 얽매여 말이 분방하지 못하다.[意此詩遺意雖大, 拘於類喩, 言不得肆.]"라고 언급한 것을 통해 알 수 있으니, 이인로는 위의 시에서 강을 따라 가면서 목도한 경물들을 모두 문방구 부류들에 비유하고 있다. 곧 뾰족한 산봉우리들은 붓들을 모은 것에, 짙은 강물은 먹을 풀어 놓은 것에 비유하고 아득한 하늘과 여기 펼쳐진 먹구름들은 화선지에 쓴 글자들에 비유한 것이다. 그런데 최자가 판단하기에는, 너무 유유(類喩)를 맞추는 데 얽매이다 보니, 묘사하는 광경의 규모는 크지만, 분방한 맛보다는 억지스럽게 꾸민 것처럼 느껴진다는 것이다. 이에 비해 이규보의 "포구는 넓어서 어귀로 들어오는 조수를 욕심껏 삼키네."에서 '입'과 '삼키다'라는 단어를 사용한 것은 유유(類喩)에 가깝지만, 규모가 크면서도 상상력이 분방하다고 판단한 것이다.

모두 일기가성(一氣呵成)으로 지은 듯 경쾌하면서 규모가 크고 호방하다고 할 수 있고, 충분히 시인으로서 이규보의 개성을 잘 드러내 주는 시구들이라 할 수 있다. 이상에서도 살펴 보았듯이, 이규보와 직접 교유했던 최자부터 이규보에 대해서 대단히 높이 평가했으며, 위에 언급된

地.' 堂、陛、地一類也. 此類是也."

31) 이인로(李仁老)의 이 시는 『동문선(東文選)』 권20에도 실려 있는데, 모두 2수 중의 두 번째 작품이다. 첫 번째 작품은 다음과 같다. "花遲未放千金笑, 柳早先搖一搦腰. 魚躍波間紅閃閃, 鷺飛天外白飄飄."

연들은 조선시대에 들어와서도 호평이 계속 이어졌다.[32]

비평의 발단은 호곡(壺谷) 남용익[南龍翼, 1628~1692]이『기아(箕雅)』의 목록에서 이규보의 이력을 소개하며 마지막에 붙인 "文章爲東國之冠" 이라는 구절인데, 평소에 이규보의 시세계에 대한 불만을 이를 기화로 터뜨린 듯하다.[33]

농암(農巖)의 이러한 견해는 아정(雅亭) 이덕무[李德懋, 1741~1793]에게 그대로 계승되었다.

> 그러나 시는 경절(警切)한 취(趣)가 거의 없고, 거칠고 산만하여 명성이 실제로 부응하지 못한다. 오직 민속(敏速)하고 부섬(富贍)한 까닭에 사람들이 두려워 했던 것인데, 살아생전에야 두려워 할 만하지만, 세상을 떠난 뒤에는 볼 만한 것이 없다.
> (이규보가) 일찍이 옛사람들의 시를 평하여 매성유(梅聖兪)의 시를 아름답지 못하다고 하고, "못가에 봄풀이 돋아나고"도 경어(警語)가 아니라고 하면서 서응(徐凝)의 「폭포(瀑布)」시를 절묘한 작품이라 하였으니, 그 시성(詩性)이 하열(下劣)함을 알 수 있다.
> 용재(慵齋) 성현(成俔)은 (이규보에 대해) 능히 벽합(捭闔)하였건만 수렴(收斂)하지 못하였다고 평하였으나, 나는 그 벽합(捭闔)함도 전혀 볼 수 없다. 농암(農岩) 선생의 다음과 같은 말씀이 훌륭하도다! …… 농암의 이러한 평론은 종전의 누추함을 통쾌하게 씻어 버렸으니, 천고에 탁월하다 할 만하다.
> 내가 일찍이『이상국집(李相國集)』을 읽다가 시를 지었다. …… 농암 선생께서 이 시를 보신다면, 또한 고개를 끄덕이실 것이다.[34]

---

32) 최자(崔滋)부터 김창협(金昌協) 이전까지의 이규보 평가에 대해서는 강명관,『농암잡지 평석』, 소명출판, 2007, 160~164쪽에 간명하게 정리되어 있다.

33) 남용익(南龍翼)의 기록을 모두 옮기면 다음과 같다.『箕雅目錄』2b. "李奎報. 字春卿, 號白雲居士, 黃驪人. 明宗時登第, 十年不調, 後官至守太保平章事, 諡文順. 文章爲東國 之冠."

34) 李德懋,『靑莊館全書』卷33,〈淸脾錄(二)〉,「李春卿」, "昳詩苦無警切之趣, 粗率散漫,

위의 인용문에서 생략한 시는 아래에 따로 제시한다.

명성이 도도함은 단지 살아생전 일이건만　　　　　滔滔汪汪只生時
세상 떠난 뒤에 어찌 나무들을 괴롭히나!　　　　　身後何煩禍棗梨
참으로 백운(白雲)은 촌학구이니　　　　　　　　　眞箇白雲村學究
대와 파초, 용과 봉에 비유함이 어찌 그리 멍청한가.　竹龍蕉鳳一何痴[35]

김창협과 이덕무 비판의 요지를 거칠게 간추리면, 이규보의 시귀가
『백련초해』에 뽑혀 있고, 『백련초해』는 어린아이들이나 보는 유치한 책
이기 때문에 이규보의 시도 수준을 알 만하다는 논리이다.

소식(蘇軾)의 시문이 일세를 풍미하던 시기에 소식이 선배 시인으로
존경하던 매요신(梅堯臣)의 시를 비판하고, 소식이 혐오했던 서응(徐凝)
의「폭포(瀑布)」시를 옹호한 것은 한 시대를 대표하는 시인으로서 이규
보의 자신감을 보여 준 것이며, 고려 중엽부터 18세기까지 거의 오백여
년 동안 대가로 손꼽히는 이규보를 비판한 김창협 역시 조선 후기 경화
세족을 대표하는 문학 비평가에 걸맞는 배짱을 보여 준 것이다.

그러면, 김창협과 이덕무는 왜 그렇게 이규보를 싫어하였을까? 아마
도 이규보가 속사(速寫)를 장기로 삼아 호쾌한 맛은 있으되, 필연적으로
온자(溫藉)하고 함축(含蓄)이 있는 풍격과는 거리가 멀었기 때문으로 판

名不副實. 惟其敏速富瞻, 故人皆畏之. 生時固可畏, 死後不足觀. 嘗評古人詩, 以梅聖兪
爲不佳, ‘池塘生春草’, 爲非警語, 而以徐凝瀑布詩爲妙製, 則其詩性之下劣可知也. 成慵
齋俔以爲能押闔而不敏, 我則苦不見其押闔, 善乎農岩先生之言曰 …… 農岩此評, 快洗從
前之陋, 可謂卓越千古. 余嘗讀『李相國集』, 有詩. …… 農岩先生見此, 亦應頷可也.”(『叢
刊』 258, 029b)

35) 李德懋,『靑莊館全書』卷11,『雅亭遺稿(三)』,「論詩絶句」(『叢刊』 257, 190b) 세 수 중 마지
막 수로도 실려 있다. 앞의 두 수는 다음과 같다. “三崔一朴貢科賓, 羅代詞林只四人.
無可奈何夷界夏, 零星詩句沒精神.”, “牧隱黃薝圃隱唐, 高麗家數韻洋洋. 問誰融化金元
宋, 櫟老詩騰萬丈光.”, 李德懋가 지은「論詩絶句」의 의의에 대해서는 구지현(2015),
304~310쪽 참조.

단된다. 이 점은 존재(存齋) 위백규[魏伯珪, 1727~1798]의 다음과 같은 설명을 통해서 충분히 이해할 수 있다고 생각된다.

　　무릇 문장은 말 뜻 밖으로 여운(餘韻)이 많은 것이 귀하며, 구절 너머로 여의(餘意)를 머금고 있는 것이 높다. 예를 들면 옛사람의 시 중에서 "대 뿌리 땅에서 솟아 용 허리처럼 구불구불, 파초 잎 창 막으니 봉황 꼬리인 양 길쭉길쭉.[竹根迸地龍腰曲, 蕉葉當窓鳳尾長.]"은 그 형상을 잘 묘사한 것과 말의 뜻이 평이한 것과 시구를 지은 것이 정교함은 어찌 참으로 아름답지 않겠는가! 다만 대 뿌리는 대 뿌리에 그칠 뿐이요, 파초 잎은 파초 잎에 그칠 뿐이어서, 다시 여의(餘意)와 신채(神采)가 없으며, 용의 허리와 봉황 꼬리는 용처럼 구불구불하고, 봉황처럼 길기만 할 뿐어서, 다시 여운(餘韻)과 기격(氣格)이 없다. 시를 잘 짓는 사람은 이와 같지 않다.

　　부귀를 읊은 시에 "배꽃이 떨어지는 뜨락 흐뭇하게 비추는 달, 버들개지 날리는 못가 산들산들 부는 바람[梨花院落溶溶月, 柳絮池塘淡淡風.]"이라 한 것을 예로 들어보자. 그 말한 바는 단지 배꽃과 버들개지뿐이지만, 오동나무, 소나무, 귤나무, 약초밭과 꽃핀 언덕의 기이한 꽃과 희한한 풀들을 모두 이미 가져와서 말 뜻 너머로 울창하고 향그럽다. 말한 바가 단지 바람과 달뿐이건만, 따스한 날, 시원한 비, 개이고 서늘하고 덥고 뜨겁고, 아침저녁 사계절의 경취(景趣)와 잔치를 열고 취한 즐거움과 술과 안주의 향기와 악기와 기녀들의 요란하고 아름다움과 손님들과 거마(車馬)의 분주하고 거창함을 모두 이미 가져와서, 어구(語句) 속에서 향기가 엉기고 떠들썩하니, 마음을 집중하여 섬세하게 살펴본다면, 그 절묘하고 또 절묘함을 알 수 있을 것이다. ……"[36]

---

36) 魏伯珪, 『存齋集』卷4, 「與金燮之」. "大抵文章以語意之外, 有淋漓餘韻者爲貴, 言句之外, 有含蓄餘意者爲高. 如古人詩, 有曰: '竹根迸地龍腰曲, 蕉葉當窓鳳尾長.' 其形像之模似, 語意之軟白, 作句之精巧, 豈不誠美矣哉! 但竹根則竹根而止耳, 蕉葉則蕉葉而止耳, 更無餘意神采. 如龍腰鳳尾, 則龍如而曲焉而已, 鳳如而長焉而已, 更無餘韻氣格. 若善作者則不是也. 如咏富貴詩曰: '梨花院落溶溶月, 柳絮池塘淡淡風.' 云者, 其所言則祇是梨花柳絮而已, 而梧桐松橘藥欄花塢奇花異草, 皆已帶來, 而蕙蕕芬郁於語意之外. 所

위백규가 격찬한 "배꽃이 떨어지는 뜨락 흐뭇하게 비추는 달, 버들개지 날리는 못가 산들산들 부는 바람[梨花院落溶溶月, 柳絮池塘淡淡風.]"은 송대(宋代) 안수(晏殊)의 「우의(寓意)」의 함련이다.[37] 위백규의 이러한 의론은 방회(方回)의 『영규율수(瀛奎律髓)』에서 단서를 찾아 부연한 것으로 보이는데, 똑같이 경치를 묘사한 연(聯)이지만 그 여운(餘韻)에 차이가 있다는 점을 지적한 것이다.[38] 이러한 지적은 이규보가 들어도 어느 정도는 수긍하지 않을까 생각된다.

이규보의 수많은 작품들 중에서 이 연(聯)을 꼭 대표작이라 할 수 있을까 하는 점은 논의의 여지가 있겠지만, 이렇게 논쟁의 중심에 자리잡게 된 것은 다른 무엇보다 『백련초해』의 영향이 컸다고 추정된다. 오늘날로 치면 국어 교과서에 반드시 실리는 작품과 마찬가지가 된 셈이기 때문이며, 이는 『백련초해』가 그만큼 많이 읽혔다는 중요한 증거이다. 또 김창협과 이덕무의 비판은 그 사이에 미적 취향에 큰 변화가 일어났다는 점을 읽어낼 수 있게 해 주며, 조선 후기 한시사의 변천을 논할 때 작지만 확실한 하나의 증거로서 거론될 만하다.

言則只是風月而已. 暖日淑雨晴凉炎熱朝暮四時之景趣, 酣宴之樂, 酒肉之臭, 管絲粉黛之喧轟艶麗, 賓客車馬之奔走夆華, 皆已帶來, 而薰凝喧爛於語句之裏, 潛心細究, 可知其絶妙之妙者矣. ……"(『叢刊』 243, 78c)

37) [元] 方回 選評, 李慶甲 集評校點, 『瀛奎律髓彙評』, 上海古籍出版社, 2005, 227쪽, 晏殊, 「寓意」. "油壁香車不再逢, 峽雲無迹任西東. 梨花院落溶溶月, 柳絮池塘淡淡風. 幾日寂寥中酒後, 一番蕭索禁烟中. 魚書欲寄何由達, 水遠山長處處同."

38) 『瀛奎律髓』를 엮은 方回는 晏殊의 이 詩를 〈昇平類〉로 분류를 하였으며, 아래와 같이 설명하고 있다. [元] 方回 選評, 李慶甲 集評校點, 『瀛奎律髓彙評』, 上海古籍出版社, 2005, 205쪽. "詩家有善言富貴者, 所謂'笙歌歸院落, 燈火下樓臺'、'梨花院落溶溶月, 柳絮池塘淡淡風'、'鴛鴦占水能嗔客, 鸚鵡嫌籠解罵人'是也, 然亦必世道昇平而後可. 李太白謂唐明皇盛時奉詔作'宮中行樂詞', 雖沉陽之亂未萌也, 而其言已近乎誇矣. 今取凡言富貴者, 不曰'富貴', 而曰'昇平', 必有昇平而後有富貴. 羽檄繹騷, 瘡痍憔悴, 而曰君臣上下朋友之間, 可以逸樂昌太, 予未之信也."

Ⅲ. 『백련초해』와 『협주명현십초시』

『백련초해』에 뽑힌 100연들의 유래에 대해서는 연구사 초기부터 관심이 이어져 왔으나, 『전자판 사고전서(電子版 四庫全書)』나 '한국고전종합DB', '바이두[百度]' 같은 방대한 DB와 검색 엔진이 구축된 최근까지도 그 출전이 확인된 연은 30연에 불과하다.[39] 또, 가령 잘 알려진 시인인 두보·백거이·소식의 시라 하더라도 별집(別集)에서 뽑았는지, 총집(總集)에서 뽑았는지, 시화(詩話)나 시격서(詩格書)에서 뽑았는지, 또 각각의 문헌들의 어떤 판본에서 뽑았는지에 대해서는 연구가 거의 진척되지 못했다.

선행 연구를 검토해 보면, 『백련초해』의 선초자(選抄者)가 참조했음이 분명하다고 생각되는 책들은 우리나라 문헌으로는 이인로의 『파한집(破閑集)』, 이제현의 『역옹패설(櫟翁稗說)』, 『동문선(東文選)』 등을 꼽을 수 있으며, 이규보의 『동국이상국집(東國李相國集)』 역시 참조했을 가능성이 있다.

그러면, 중국 시인들의 시는 어디서 뽑았을까? 『백련초해』의 선초자(選抄者)를 김인후(金麟厚)로 확정하든, 유보하든, 이 책의 원본이 편찬된 시기는 결코 명종(明宗) 연간[1545~1567] 이후로 내려오지는 않을 것이다.

조선 초기 지식인들이 볼 수 있는 중국에서 간행된 시선집(詩選集)의 종류에 대해서는 정확한 가늠이 어렵지만, 고려 시대에 출간되어 조선 초까지 거듭 간행된 시선집 중에서 『명현십초시(名賢十抄詩)』나 『협주명

---

39) 지금까지 출전이 밝혀진 연(聯)들은 김무봉·김성주, 『역주 백련초해』, 세종대왕기념사업회, 2013, 27~28쪽에 실린 표에 일목요연하게 정리되어 있다. 이 표는 筧五百里(1929)와 조기영 옮김, 『백련초해』, 지식을만드는지식, 2012를 많이 참조한 것으로 판단되는데, 특히 조기영의 업적은 후대 시인들의 시구(詩句) 중에서 『백련초해』의 영향을 받은 것으로 판단되는 작품들도 함께 수록하여 많은 도움이 된다.

현십초시(夾注名賢十抄詩)』가 상당히 유력한 후보라고 생각된다. 주지하
듯이 『명현십초시』는 신라 시인 4명과 당대(唐代) 시인 26명의 칠언율시
를 각각 10수씩 우리나라 사람이 뽑아서 만든 선집이며, 『협주명현십초
시』는 『명현십초시』에 협주(夾注)를 달아서 엮은 책으로 고려 시대에 편
찬되었으나, 조선 초인 1452년(단종 즉위년)에 과거 시험 대비 목적으로
중간(重刊)된 것이 확인된다.[40]

이 선집에는 지금 중국에서 일실(逸失)된 당시(唐詩) 작품들과 이문(異
文)들을 다수 수록하고 있을 뿐만 아니라, 협주(夾注)에 인용된 서적들
중에서도 지금은 본토에서 구할 수 없는 책들이 다수 있어서 문헌학의
보고로 꼽힌다. 이 책 자체가 칠언율시 선집이기 때문에 칠언대련(七言
對聯)을 뽑기에 더할 나위 없는 좋은 자료일 가능성이 높다.

지금 출전이 확인된 작품들을 중심으로 이 책에서 뽑은 것이 확인되
는 작품들을 표로 만들면 아래와 같다.

〈표 1〉 『백련초해』에 뽑힌 『협주명현십초시』 수록 작품 일람표

連番	聯	詩人	詩題	全文	張次
2	花含春意無分別 物感人情有淺深	白居易	「西省對花, 憶忠州東坡新花 樹, 因寄題東樓」	每看闌下丹青樹, 不忘天邊錦繡林. 西掖垣中今日眼, 南賓樓上去年心. 花含春意無分別, 物感人情有淺深. 最憶東坡紅爛熳, 野桃山杏水林檎.	卷上, 6b～7a
14	風吹枯木晴天雨 月照平沙夏夜霜	白居易	「江樓夕望招客」	海天東望夕茫茫, 山勢川形闊復長. 燈火萬家城四畔, 星河一道水中央. 風吹枯木晴天雨, 月照平沙夏夜霜. 能就江樓銷暑否, 比君茅舍較清涼.	卷上, 10a

---

40) 林榮澤(2009) 및 釋子山 夾注, 査屛球 整理, 『夾注名賢十抄詩』, 上海古籍出版社, 「說
明」, 2005 참조.

41) 일반적으로는 「題宣州開元寺水閣閣下宛溪夾溪居人」라는 제목으로 알려져 있으며, 판
본에 따라 「閣下宛溪夾溪居人」을 題下注로 처리한 책들도 있다. 吳在慶 撰, 『杜牧集繫年
校注』, 中華書局, 2008, 352쪽 참조.

16	風驅江上羣飛鴈 月送天涯獨去舟	朴仁範	「江行, 呈張峻秀才」	蘭橈晚泊荻花洲, 露冷蛩聲繞岸秋. 潮落古灘沙觜沒, 日沉寒島樹容愁. 風驅江上群飛鴈, 月送天涯獨去舟. 共厭羈離年已老, 每言心事淚潸流.	卷中, 24a
33	青菰葉上凉風起 紅蓼花邊白鷺閑	白居易	「漁父」	雪鬢漁翁住浦間, 自言居水勝居山. 青菰葉上凉風起, 紅蓼花邊白鷺閑. 盡日泛舟煙裏去, 有時搖棹月中還. 濯纓歌罷汀洲靜, 竹逕柴門猶未關.	卷上, 8b
37	殘星數點鴈橫塞 長篴一聲人倚樓	趙蝦	「長安秋晚」	雲物凄清拂曙流, 漢家宮闕動高秋. 殘星數點鴈橫塞, 長笛一聲人倚樓. 紫艷半開籬菊靜, 紅衣落盡渚蓮愁. 鱸魚正美不歸去, 空戴南冠學楚囚.	卷中, 1a
54	鳥去鳥來山色裏 人歌人哭水聲中	杜牧	「題宛陵水閣」[41]	六朝文物草聯空, 天澹雲閑今古同. 鳥去鳥來山色裏, 人歌人哭水聲中. 深秋簾幕千家雨, 落日樓臺一笛風. 惆悵無因見范蠡, 參差烟樹五湖東.	卷上, 25a
89	風翻白浪花千片 鴈點青天字一行	白居易	「江樓晚眺, 吟翫成篇, 寄水部張員外」	淡煙疎雨間斜陽, 江色鮮明海氣涼. 蜃散雲收破樓閣, 虹殘水炤斷橋梁. 風翻白浪花千片, 鴈點青天字一行. 好著丹青圖寫取, 題詩寄與水曹郎.	卷上, 9b

특히 필자가 중요한 증거가 될 수 있다고 판단하는 것은 제33연이다. 이 연은 그동안 농암(聾巖) 이현보[李賢輔, 1467~1555]의 「어부가(漁父歌)」의 일부로 알려져 왔다. 곧 『농암선생문집(聾巖先生文集) 잡저(雜著)』 권3의 〈가사(歌詞)〉에는 「어부가 구장(漁父歌九章)(幷序)」이 실려 있는 바, 그 중에서 제3장에 "青菰葉上애涼風起, 紅蓼花邊白鷺閒이라"는 구절이 나오는데,[42] 중국 측의 문헌 자료나 DB에는 이 구절이 없었기 때문이다. 그러나 『협주명현십초시』를 통해서 이 작품이 백거이의 일시(逸詩)임을 확인할 수 있고, 여러 정황상 『백련초해』의 엮은이가 이 책을 참조했을 가능성이 높다고 생각된다. 백거이의 「어부」의 다른 연들도 「어부가 구장(漁父歌九章)」 중에서 모두 활용되고 있으며, 필자는 「어부가 구장(漁

---

42)『叢刊』17, 416a.

父歌 九章)」이 집구시(集句詩)처럼 기존 한시들을 집성하여 만든 작품이 아닌가 추정하고 있다.[43]

이상의 논의는 선행 연구에서 중국 시인들의 작품이라고 이미 밝혀진 작품들을 중심으로 조사한 것이기 때문에 나머지 연들을 『협주명현십초시』와 일일이 대조하는 작업을 거친다면, 그 수량이 더 늘어날 가능성은 충분히 열려 있다고 할 수 있다.

Ⅳ. 나오며

이상에서 한국고전번역원의 '한국고전종합DB'를 통해서 얻을 수 있는 기록들을 토대로 『백련초해』의 시학 교재로서의 성격을 살펴보았다. 『백련초해』가 동몽(童蒙) 교재로 널리 쓰였던 까닭에, 당대인들 스스로는 진지하게 『백련초해』에 대해서 언급할 필요성을 느끼지 못했을 것이다. 따라서 한국고전번역원의 방대한 DB에서도 관련 기록을 쉽게 찾기 어려웠지만, 이러한 몇 안 되는 언급들을 통해서나마, 당시 한시 창작과 한시사에 미친 영향을 읽어 보려 하였다.

인조반정 이후 남명학파 중진(重鎭)의 한 사람이었던 겸재 하홍도가 쓴 「연구속선서(聯句續選序)」를 통해 지금은 전하지 않는 『연구속선』 편찬의 경위와 그 의의를 검토해 보았고, 17세기를 대표하는 남인계 문인인 송곡 이서우의 문집에 실린 작품들을 통해서 한시 창작 교육 교재로서의 『백련초해』의 활용 양상을 살펴보았다. 한편, 시학(詩學) 학습의

---

43) 제1장에서 백거이(白居易) 「어부(漁父)」의 수련(首聯)인 "雪鬢漁翁住浦間, 自言居水勝居山."가 활용되었고, 제3장에서 같은 시의 경련(頸聯)인 "盡日泛舟煙裏去, 有時搖棹月中還."이, 제6장에서 같은 시의 미련(尾聯)인 "濯纓歌罷汀洲靜, 竹逕柴門猶未關."이 활용되었다. 자세한 내용은 별고에서 다룰 예정이다.

교재로서 『백련초해』를 보완하고 이용하는 앞의 경우들과는 달리, 농암 김창협과 아정 이덕무가 고려를 대표하는 시인인 이규보의 한시사적 위상을 격하하는 자리에서 이규보가 지은 시의 대표적인 연(聯)을 공격하고, 이 연(聯)이 『백련초해』에 뽑혀 실려 있는 것을 빌미로 어린아이들이나 보는 책에 실리는 시나 쓰는 형편없는 수준의 작가라 혹독하게 비판한 사실을 주목하였다.

조선 후기 경화세족의 주류라 할 수 있는 정조나 김창협, 이덕무는 물론이고, 남명 조식과 남명학파의 하홍도, 남인계 문인의 거두 이서우 역시 당대 지식인들 사이에서 높은 위상을 차지하는 인물들이다. 이러한 인물들이 긍정적이건 부정적이건 『백련초해』에 대해 언급을 남기거나, 이를 보완하려는 작업에 착수했다는 것은 그만큼 당시 시학 교재로서 『백련초해』의 가치가 가볍지 않았음을 보여 주는 좋은 증거라고 판단된다.

당시의 경제적 상황이나 상대적으로 덜 발달한 출판 시장 아래에서, 한문을 배우기 시작한 지 얼마 안 되는 초학자들을 위한 입문서가 일정 정도 시학(詩學)의 교재 역할까지 떠맡은 형국이었다고 평가할 수 있으리라 생각된다.[44)]

한편 장(章)을 바꾸어, 『백련초해』를 엮는 데 참조한 시선집 중에서 고려 때 편찬된 『협주명현십초시(夾注名賢十抄詩)』의 존재를 주목하여 그 상관관계에 대해서 논한 바, 앞으로 『백련초해』의 형성에 대한 연구에 긴요한 증거를 하나 추가했다는 점이 중요하다고 생각한다.

이상으로 『백련초해』의 형성과 활용 및 수용 양상에 대해서, 고려시대부터 18세기에 이르기까지 관련 문헌을 검토하여, 소략하게나마 기존

---

44) 이러한 추론은 한남대학교 국어국문학과 백승호 교수님과의 대화에서 도움받은 바가 크다.

연구 성과를 넘어서는 새로운 이야기를 보탠 점이 이 논문의 의의라 할
수 있다.

참고문헌

『百聯抄解』, 大邱大學 國語國文學會, 1960.

김무봉·김성주 역주, 『역주 백련초해』, 세종대왕기념사업회, 2013.

金容淑 編著, 『百聯抄解』, 筆巖書院, 2003.

金昌協, 『農巖集』(『叢刊』 161~162).

南龍翼, 『箕雅目錄』.

方回 選評, 李慶甲 集評校點, 『瀛奎律髓彙評』, 上海古籍出版社, 2005.

釋子山 夾注, 查屛球 整理, 『夾注名賢十抄詩』, 上海古籍出版社, 2005.

_____ 夾注, 『夾注名賢十抄詩』, 韓國學中央硏究院, 2009.

申春子 譯註, 『百聯抄解』, 文潮社, 1983.

于濟, 蔡正孫 編集, [朝鮮] 徐居正 等 增注, 卞東波 校證, 『唐宋千家聯珠詩格校證』, 鳳
　　　鳳出版社, 2007.

魏伯珪, 『存齋集』(『叢刊』 243).

李奎報, 『東國李相國集』(『叢刊』 1).

正　祖, 『弘齋全書』(『叢刊』 262~267).

조기영 옮김, 『백련초해』, 지식을만드는지식, 2012.

陳騤 外 著, 王利器 校點, 『文則/文章精義』, 人民文學出版社, 1998.

崔滋, 『補閑集』(『高麗名賢集』 2, 成均館大學校 大東文化硏究院, 1986.)

河弘度, 『謙齋集』(『叢刊』 97).

許渾 撰, 羅時進 箋證, 『丁卯集箋證』, 中華書局, 2012.

강명관, 『농암잡지평석』, 소명출판, 2007.

구지현, 「자하 신위 「東人論詩絶句」의 문학사적 의의」, 『洌上古典硏究』 46, 洌上古典硏
　　　究會, 2015.

김무봉, 「『百聯抄解』 연구(I)-異本과 시의 성격을 중심으로-」, 『韓國思想과 文化』 70,
　　　한국사상문화학회, 2013.

_____, 「『百聯抄解』 연구(II)-東京大本의 음운과 어휘를 중심으로-」, 『韓國思想과 文

化』74, 한국사상문화학회, 2014.

김상일, 「精選唐宋千家聯珠詩格』과 조선조 간행의 의미」, 『한국어문학연구』36, 동악어문학회, 2000.

류화정, 「조선 전기『精選唐宋千家聯珠詩格』의 수용과 활용」, 『大東漢文學』44, 大東漢文學會, 2015.

朴恩用, 「解題」, 『百聯抄解』, 大邱大學 國語國文學會, 1960.

朴秉喆, 「百聯抄解』字釋과 文釋의 對比的 硏究(1)-字釋과 文釋이 부분적으로 一致하는 경우-」, 『開新語文硏究』12, 開新語文學會, 1995.

_____, 「字釋과 文釋이 一致하는『百聯抄解』의 釋에 관한 硏究:『千字文』,『訓蒙字會』字釋과의 비교를 통한 中世訓 設定을 중심으로」, 『口訣硏究』2, 口訣學會, 1997.

_____, 『韓國語 訓釋 語彙 硏究』, 以會文化社, 1997.

_____, 「百聯抄解』東京大本과 漢字 學習書類에 출현하는 漢字에 관한 比較硏究」, 『語文硏究』29권 3호, 韓國語文教育硏究會, 2001.

백승호, 「朝鮮時代『瀛奎聿髓』간행과『聿髓刊誤精選』」, 『書誌學報』30, 한국서지학회, 2006.

부유섭, 「松谷 李瑞雨의 삶과 시」, 『韓國漢詩作家硏究』12, 韓國漢詩學會, 2008.

徐在克, 「百聯抄解』(東京大學本)의 釋에 대하여」, 『韓國學論集』1, 啓明大學校 韓國學硏究院, 1973.

石朱娟, 「百聯抄解』의 異本에 관한 비교 연구」, 『奎章閣』22, 서울대학교 규장각한국학연구원, 1999.

沈載完, 「百聯抄解研究」, 『青丘大學論文集』8, 青丘大學, 1965.(『慕山沈載完博士文集』2, 慕山學術硏究所, 2013에 재수록)

안 봄, 「百聯抄解』한시의 교육적 가치」, 『韓國言語文學』46, 韓國言語文學會, 2001.

李秉岐, 「朝鮮語文學名著解題」, 『文章』2, 文章社, 1940. 10.

李秉岐·白鐵, 『國文學全史』, 新丘文化社, 1957.

李鍾默, 「조선시대 한시 번역의 전통과 양상」, 『藏書閣』7, 한국학중앙연구원, 2002.

임미정, 『松谷 李瑞雨의 詩文學 연구』, 연세대학교 국어국문학과 석사학위논문, 2007.

林熒澤, 「夾注名賢十抄詩』解題」, 『夾注名賢十抄詩』, 韓國學中央研究院, 2009.

장석련, 「百聯抄解異本考」, 『青州大 論文集』, 青州大學校, 1979.

全丙哲, 「松亭 河受一의 學問과 文學」, 『東方漢文學』46, 東方漢文學會, 2011.

정익섭, 「百聯抄解考」, 『淵民 李家源 先生 七秩頌壽紀念論叢』, 정음사, 1987.

趙蒼錄, 「朝鮮朝 漢詩 教育의 實際와『百聯抄解』」, 『大東漢文學』21, 大東漢文學會, 2004.

崔範勳, 「百聯抄解』(東京大本)의 國語學的 硏究」, 『京畿大學論文集』13, 경기대학교

　　　　연구교류처, 1983.

崔鉉培, 『한글갈』, 정음사, 1942.

＿＿＿, 『고친 한글갈』, 정음사, 1961.

팽철호, 「對聯의 기원」, 『中國學報』 60, 韓國中國學會, 2009.

藤井紫影, 「百聯抄について」, 『書物禮讚』 7, 杉田大學堂書店, 1927.

＿＿＿＿, 「再び百聯抄について」, 『書物禮讚』 8, 杉田大學堂書店, 1928.

筧五百里, 「百聯抄解の硏究」, 東京帝國大學 國文學硏究室內 藤村作 編, 『國語と國文學
　　　硏究』 第6卷 第1號, 昭和 4年(1929).

小倉進平 著, 『朝鮮語學史』, 大阪屋號書店, 大正 9年(1920).

＿＿＿＿＿, 『增訂 朝鮮語學史』, 刀江書院, 昭和 15年(1940).

＿＿＿＿＿, 河野六郎 補注, 『增訂補注 朝鮮語學史』, 刀江書院, 昭和 39年(1964)(國
　　　學資料院 영인본, 1997).

『훈몽자회(訓蒙字會)』의 확장성과 교육적 활용에 대한 연구

박정민

Ⅰ. 서론

사회는 변천하며, 그에 따라 사회의 범위·모습·생활 방식·가치 지향 등도 모두 변화한다. 그리고 사회는 그 변화에 발맞추어 가장 가치로운 것을 가장 효율적인 방식으로 교육함으로써 자체의 건강성을 의도적으로 유지하고 담보한다. 사회적 가치와 교육적 지향이 변천하는 이유는 바로 그 때문이다. 아울러 이러한 사회 환경의 변화는 사회 구성원들의 '모드 전환'을 필수적으로 요구한다. 그렇다면 끊임없이 이루어지는 사회의 변천에 따라 한자·한문 교육은 앞으로 어떻게 모드를 전환해 나가야 할 것인가? 어떤 가치에 더욱 주력해야 하며, 어떤 내용과 방법을 취택하여 교육의 질과 효율을 담지할 것인가? 이 중요한 물음의 해답을 탐색하는 가장 용이한 접근 방법은 한자·한문 교육이 걸어온 이전의 역사를 심도 있게 고찰하는 것일 터이다.

본 연구는 바로 이러한 생각에서 출발하였다. 전통시대 한자·한문 교육은 어떠한 가치를 지향하였으며, 그 효율성의 담지를 위해 어떤 전략적 방편을 취하였는가? 본고는 이에 대한 실마리를 『훈몽자회』에서

376   제2부 전통시대 한문 교재의 구성과 편찬 의식

찾아보려 한다.

　지금까지『훈몽자회』에 대한 연구는 방종현(1954)과 이기문(1971)·이
돈주(1979)를 필두로, 국어학[1]·중어학[2]·한자학[3]·교육학[4] 갈래에서 이
루어져 왔다.[5] 그중 본고의 연구 방향과 결부되는 한자학·교육학 분야
의 연구에서는『훈몽자회』의 학습 교재로서의 특성을 고찰하고, 『천자
문(千字文)』·『유합(類合)』 등『훈몽자회』 이전의 교재와 비교하거나 기
초 교육용 한자 1800자와의 대조를 통해 주요 학습 한자를 추출하는
방식에 주력한 연구였으며, 이 연구들에서『훈몽자회』의 구성 및 내용
의 가치를 확인할 수 있었다. 그러나『훈몽자회』의 주(註)에 대해서는
깊이 논의하지 않은 점, 현대의 한자·한문 교육에 던지는 시사에 대해
서는 언급하지 않은 점 등에서 연구의 여지가 남아 있다. 이에 필자는
기존 연구의 토대 위에서『훈몽자회』의 주(註)를 중심으로 그 내용과 효
용을 고찰하고, 동시에 현대의 한자·한문 교육에까지 주의를 기울이는
것으로써 선행 연구와의 대별점에 갈음하려 한다.

　『훈몽자회』는 1527년[중종 22]에 최세진(崔世珍)이 편찬한 이래로 여
러 차례 재간행되어 각종 이본(異本)이 존재하는데,[6] 본 연구에서는 현

---

1)『훈몽자회』에 수록된 한글 어휘 자료와 한자음 자료에 주목한 연구이다. 이기문(1971);
　장주현(1987); 김종택·송창선(1991); 박금자(1995); 김유범(2000); 오완규(2001); 성환
　갑·김상윤(2003); 서수백(2005); 최홍렬(2006); ＿＿＿(2007); ＿＿＿(2012); 서수백
　(2018); ＿＿＿(2019); 이준환(2019) 등이 있다. 그중 최홍렬의 연구는 자훈(字訓)의 의미
　에 대해 논의하고 있어 본 연구의 방향과 접점이 있기에 주목해볼 만하다.
2)『훈몽자회』에 수록된 성조와 중국어 어휘 자료에 주목한 연구이다. 김기영(2007); 신아사
　(2009); 이순미(2012); ＿＿＿(2013); ＿＿＿(2014); 채춘옥(2014); 나도원(2015); 곽현숙
　(2017) 등이 있다. 그중 나도원의 연구가 본 연구의 관심과 접점이 있기에 주목해 보았다.
3)『훈몽자회』에 수록된 한자 자료와 분류체계에 주목한 연구이다. 정재철(2013) 등이 있다.
4)『훈몽자회』가 지닌 문자 학습서로서의 성격을 다룬 연구이다. 송지연(2015); 최영환
　(2019) 등이 있다.
5)『훈몽자회』에 관한 선행 연구의 경향성은 장주현(1987); 오완규(2001); 송지연(2015)에
　상세하다.

재 입수된 자료 중 가장 정선(精選)된 자료로 판단되는 광문회본7)을 저본으로 삼았다. 그 이유는 최초의 간행본과는 분명 내용의 출입이 있을 것으로 생각되지만 현재로서 판독이 가장 용이한 판본이라는 점, 주시경·최남선 등 근대 학자들의 의식까지 아울러 파악할 수 있다는 점에서 본 연구에 가장 적절한 자료라고 판단되기 때문이다.

예부터 지금까지 한자·한문의 위상은 점차 변화해왔고 변화된 상황과 요구에 걸맞게 교과의 정체성과 교수 방법에 대한 고민도 깊어져 왔다. 본 연구가 현대의 한자·한문 교육이 나아갈 앞으로의 행보에 바람직한 방향을 취택하는 사색의 일단(一端)을 제공할 수 있기를 바란다.

Ⅱ. 『훈몽자회』의 내용과 구성에 대한 재고

『훈몽자회』는 1527년[중종 22]에 최세진이 편찬한 상·중·하 3권 1책의 몽학 교재이다. 최세진은 '『천자문』은 난해하여 고사와 작문의 기술까지 이해하기 어렵고 『유합』은 허자(虛字)가 많아 사물의 실상을 알기 어려움'을 지적하면서, 사물의 형상과 명칭의 실상을 함께 파악하는 교육을 수행하기 위해 이 책을 편찬하였다고 밝혔다.8)

---

6) 『훈몽자회』의 이본과 서지학적 연구는 장주현(1987); 채춘옥(2014); 송지연(2015)에 상세하다.

7) 최세진 저, 최남선 편, 『훈몽자회』, 조선광문회, 1913.(국립중앙도서관 소장)

8) 『훈몽자회』, 「훈몽자회인」. "신이 가만히 살펴보건대 세상에서 아동을 가르치고 글을 배우는 사람은 반드시 『천자문』을 먼저 익히고 다음으로 『유합』에 이른 연후에야 여러 책들을 읽습니다. 『천자문』은 양나라 산기상시(散騎常侍) 주흥사(周興嗣)가 편찬한 것입니다. 고사를 따다가 배열하여 글을 지은 점은 훌륭하지만 아동의 학습에 있어서는 겨우 글자를 배울 수 있을 뿐이니 어찌 고사(古事)와 속문(屬文)의 뜻을 살펴 알 수 있겠습니까. 『유합』이란 책은 우리나라에서 나온 것이니 누구의 손에서 지어진 것인지는 알 수가 없습니다. 비록 여러 글자를 종류별로 모으긴 했으나 허자(虛字)가 많고 실자(實字)가 적어서 사물의 형상과 명칭의 실상을 통달하여 알 방도가 없습니다.[臣竊見世之敎 童幼

1913년에 재간행된 조선광문회본『훈몽자회』는 ①「훈몽자회 인(訓蒙字會引)」(최세진 작) ②범례(凡例) ③언문자모(諺文字母) ④평상거입정위지도(平上去入定位之圖) ⑤목록(目錄) ⑥상권[上卷, 1,120자] ⑦중권[中卷, 1,120자] ⑧하권[下卷, 1,120자] ⑦「훈몽자회 재간례(訓蒙字會再刊例)」(주시경 작)로 편성되어 있다.

15쪽부터 시작되는『훈몽자회』의 본문은 한자(漢字) 표제어와 언문(諺文, 한글)으로 표기된 훈(訓)·음(音) 및 한자·한글이 병용된 주(註) 등 3가지 요소로 구성되어 있는데, 그중 주(註)의 내용 가운데 사성(四聲)과 '속(俗)'이라는 명칭은 한어(漢語, 중국어)를 표기한 것이다. 이렇듯 한자·언문[한글]·한어[중국어]를 통합적으로 제시한『훈몽자회』의 체제는 현대 국어학·중어학·한문학 연구자들의 이목을 집중시켰고, 그 결과 여러 학문적 시각에 따라『훈몽자회』는 그 성격이 다양하게 해석되었다. 예컨대 "『훈몽자회』를 통해 당시 일반 백성들로 하여금 언문을 널리 보급하는 계기가 되었"으며, "한문공부를 쉽게 하기 위해 문자를 모르는 어리석은 백성에게 가장 명확한 동기부여가 되었다."[9]라는 국어학 쪽의 견해, 『훈몽자회』는 "국어학·중국어학의 중요한 자료"이며, "이중언어학자였던 최세진이 1527년에 아동들을 위해 제작한『훈몽자회』는 이중언어 교육을 위한 훌륭한 학습서였다."[10]라는 중어학 쪽의 견해 등이 바로 그것이다. 그렇다면 과연, 종래의 연구에서 도출한 해석들이 과연『훈몽자회』의 진정한 모습이며 가치일까? 혹 연구자의 선입견으로 인해서, 아니면 최세진의 사회적 활동상에 천착함으로 인해서, 그도 아니

學書之家 必先千字 次及類合 然後始讀諸書矣 千字梁朝散騎常侍周興嗣所撰也 摘取故事排比爲文 則善矣 其在童稚之習 僅得學字而已 安能識察故事屬文之義乎 類合之書出自本國 不知誰之手也 雖曰 類合諸字 而虛多實少 無從通語事物形名之實矣]"

9) 송지연(2015), 68쪽에서 인용하였다.

10) 김기영(2007), 226쪽에서 인용하였다.

면 『훈몽자회』의 현대적 가치에 골몰한 탓에 그 정체를 오인(誤認)하는 오류를 범한 것은 아닐까?

필자는 이러한 문제의식을 바탕 삼아, 주(註)에 대한 다각적 고찰을 통해 『훈몽자회』의 진면목을 재고하려 한다. 이에 2장에서는 『훈몽자회』의 편제 및 표제자(表題字)·자석(字釋)의 구성을 살펴보고, 3장에서는 주(註)의 내용과 그 효용에 대해 고찰해보겠다.

1. 『훈몽자회』의 편제와 표제자(表題字)·자석(字釋)의 구성

최세진은 중종에게 『훈몽자회』를 올리면서 이 책의 체제에 대해 다음과 같이 언급하였다.

> 전실자(全實字)를 뽑아서 상·중 두 편에 편성하고, 또 반실반허(半實半虛)의 경우를 취하여 하편에 이어 보충하였습니다. 4글자씩 종류별로 모아서 운을 맞춰 글을 지었으며 총 3,360자이니 이름하여 『훈몽자회』라 하였습니다.[11]

위의 글에서 최세진은 "전실자(全實字)를 뽑아서 상·중 두 편에 편성하고, 또 반실반허(半實半虛)의 경우를 취하여 하편에 이어 보충하였다."라고 하였다. 여기서 말하는 '전실자'는 온전한 실사(實辭)를 가리키는 말로, 곧 지금의 국어 문법에서 이른바 '명사'와 치환될 수 있다. '반실반허'는 반은 실사이고 반은 허사인 글자를 가리키는 말로, 국어 문법에서 이른바 '용언[동사+형용사]'에 상응한다. 19세기 학자 이규경은 『훈몽자회』에 대해서 "편집과 주석의 체재가 『유합』과 같지만, 더욱 상세하고 정밀하다. 이것은 비록 옛날의 소학(小學)은 아니지만 역시 소학의 종류

---

11) 『訓蒙字會』, 「訓蒙字會引」, "鈔取全實之字 編成上中兩篇 又取半實半虛者 續補下篇 四字類聚 諧韻作書 總三千三百六十字 名之曰 訓蒙字會"

라 할 수 있다. ")[12]라고 하였다. 그가 말하는 '소학'이란 아동을 대상으로
한 학습으로, 초기에는 자서(字書) 및 자학(字學)을 아동의 교수에 활용
하였으나 후대에는 주자의 『소학』이 학습서로 정착되었다고 설명하였
다. 이규경의 언급은 '훈몽자회'라는 제목에는 아동을 교수함을 뜻하는
'훈몽(訓蒙)'의 의미와 글자 모음집을 뜻하는 '자회(字會)'의 의미가 아울
러 내포되어 있음을 설명한 해설이다.

　　이규경은 『훈몽자회』가 『유합』과 체제가 비슷하면서도 더욱 상세하
다고 하였는데, 원본 『유합』은 분류항목이 없으므로 그가 언급한 『유
합』이란 유희춘이 1576년에 『유합』을 증보하여 편찬한 『신증유합』을
가리키는 것으로 보인다. 『신증유합』과 『훈몽자회』의 분류체계를 자세
히 비교해보면 다음과 같다.

- 『신증유합』 3,000자
  - **상권** [1,000자] : 수목(數目) 천문(天文) 중색(衆色) 지리(地理) 초훼(草
    卉) 수목(樹木) 과실(果實) 화곡(禾穀) 소채(蔬菜) 금조(禽鳥) 수축
    (獸畜) 인개(鱗介) 충치(蟲豸) 인륜(人倫) 도읍(都邑) 권속(眷屬)
    신체(身體) 실옥(室屋) 포진(鋪陳) 금백(金帛) 자용(資用) 기계(器
    械) 식찬(食饌) 의복(衣服)
  - **하권** [2,000자] : 심술(心術) 동지(動止) 사물(事物)
- 『훈몽자회』 3,360자(신출자 3,353자)
  - **상권** [전실자(全實字), 1,120자] : 천문(天文) 지리(地理) 화품(花品) 초
    훼(草卉) 수목(樹木) 과실(菓實) 화곡(禾穀) 소채(蔬菜) 금수(禽
    鳥) 수축(獸畜) 인개(鱗介) 곤충(蜫蟲) 신체(身體) 천륜(天倫) 유학

---

12) 李圭景, 『五洲衍文長箋散稿』, 「經史篇·經傳類2·小學·小學古今二學辨證說」, "訓蒙字
　　會(崔世珍撰 犯三卷 上卷 天文地理 花品草卉 樹木果實 禾穀蔬菜 禽鳥獸畜 鱗介昆虫
　　身體天倫 儒學書式 中卷 人類宮室 官衙器皿 食饌服飾 舟船車輿 鞍具軍裝 彩色布帛 金
　　寶音樂 疾病喪葬 下卷 雜語 輯選注釋 與類合同 而尤加詳密) 此雖非古之小學 亦可謂小
　　學類也"

(儒學) 서식(書式)

중권 [전실자, 1,120字] : 인류(人類) 궁택(宮宅) 궁아(宮衙) 기명(器皿)
식찬(食饌) 복식(服飾) 주선(舟船) 거여(車輿) 안구(鞍具) 군장(軍
裝) 채색(彩色) 포백(布帛) 금보(金寶) 음악(音樂) 질병(疾病) 상장
(喪葬)

하권 [반실반허자(半實半虛字), 1,120字] : 잡어(雜語)

위에 제시된 『신증유합』과 『훈몽자회』의 분류체계를 비교해보면 『훈
몽자회』의 분류 항목(33개)이 『신증유합』의 항목(27개)보다 더 많음을 한
눈에 보기에도 알 수가 있다. 공통적으로 제시된 '천문(天文)'·'지리(地
理)'·'초훼(草卉)'·'수목(樹木)'·'과실(果實, 菓實)'·'화곡(禾穀)'·'소채(蔬
菜)'·'금조(禽鳥)'·'수축(獸畜)'·'인개(鱗介)' 및 '채색(彩色)'·'곤충(蜫蟲)'·
'궁택(宮宅)'·'천륜(天倫)'과 상응될 수 있는 '중색(衆色)'·'충치(蟲豸)'·'실
옥(室屋)'·'권속(眷屬)' 부(部)를 제외하고 보면, '주선(舟船)'·'거여(車輿)'
·'안구(鞍具)'·'군장(軍裝)'·'음악(音樂)'·'질병(疾病)'·'상장(喪葬)' 등 『훈
몽자회』의 항목이 더 다양하게 분류되어 있음을 확인할 수 있다. 그리고
상·중·하권에 일정한 수의 한자를 배치한 점, 한자 훈(訓)의 문법적 성
분을 고려해서 상·중권[전실자, 명사]과 하권[반실반허자, 용언]에 구별하
여 수록한 점 등에서 분류의 양상이 더욱 세밀함을 확인할 수 있다. 즉
전체적 체제는 수용하되 더욱 체계적으로 분화시켰다는 점을 알 수 있
으며, 이에 『훈몽자회』는 『유합』의 체제를 발전적으로 수용하고 있다고
하겠다.

또한 최세진은 "4글자씩 종류별로 모아서 운을 맞춰 글을 지었다."라
고 하였는데, 이는 그가 『천자문』의 체제 역시 수용하였음을 밝힌 언급
이다. 『천자문』의 형식상 가장 큰 특징은 1천 개의 한자를 4자씩 정렬하
여 둘째 구 말자(末字)에 압운하는 운문의 형식을 끝까지 유지한다는 점
이다.[13] 『훈몽자회』에서는 『천자문』의 이러한 형식적 특성을 그대로 수

용하여, 4자로 1구를 이루고 둘째 구 말자(末字)에 압운하는 형식을 전편
(全篇)에서 지속하고 있다. 그 예를『훈몽자회』의 '천문(天文)'·'지리(地
理)' 부(部)에서 살펴보면 아래와 같다.

〈천문〉　天地霄壤 乾坤宇{宙}　日月星辰 陰陽節{候}

　　　　春夏秋冬 晝夜寒{暑}　晌晚昏暮 早晨曉{曙}

　　　　朔旬望晦 宵旦朝{夕}　歲年閏臘 時晷漏{刻}

　　　　雷電霹靂 風雨霜{露}　雪霰冰雹 雲霞嵐{霧}

　　　　虹蜺蛛蜮 霖凍潦{旱}

〈지리〉　山嶽峯岵 壑谷崖{岸}

　　　　巖嶂嶺峴 崗巓峒{麓}　丘原皐阜 坡阪陵{陸}

　　　　泥土壩垤 郊甸坪{野}　礓礫沙磧 礁石島{嶼}

　　　　湖海淵川 溪澗江{河}　汀洲渚沚 濤浪瀾{波}　津梁潮汐 灘瀨湍{渦}

　　　　浦漵港汊 井泉沼{塘}　洋派滇涯 潭湫涔{瀧}

　　　　沮洳窪澤 洿潢潀{陂}　潦瀮泡漚 淀濼蕩{湄}　路途徑蹊 衢逵岔{岐}

　　　　堤堰堋壩 術衕巷{陌}　關隘塞徼 境界疆{域}

　　　　田園場圃 苑囿林{藪}　墾畈畹畛 畦疇畎{畝}

　　　　　　　　　　　　　　　　＊{ }안의 글자가 운자(韻字).

　　위는 '천문(天文)' 부(部) 72자와 '지리(地理)' 부(部) 136자를 성구법(成
句法)에 따라 분류한 것이다. 중괄호 안의 글자가 압운자인데, 일반적으
로 4구마다 환운을 하지만 '와(渦)'나 '기(岐)'처럼 6구의 마지막 글자에
서 환운을 한 경우도 보인다. 눈에 띄는 점은 부(部)의 전환과는 상관없
이 운은 계속 유지된다는 점이다. 의미상의 분류[부(部)]와 형식상의 체
제[압운(押韻)]가 복합적으로 적용되는 양상을 확인할 수 있는 대목이다.
　　이돈주(1985)는 "『훈몽자회』는 비록 사자유취(四字類聚) 했다고 해도

---

13) 임동석(2009), 283~284쪽 참조.

사자일구(四字一句)의 방법인 『천자문』과는 달리 이자일어(二字一語)로 된 한자 어휘를 2개씩 모아 사자유취한 것으로 본다."[14]라고 하였으니, 이는 『훈몽자회』의 표제자들이 유의어·반의어를 중심으로 열거되고 있음을 간파한 언급이다. 이에 대해 장주현(1987)은 "한자가 본래 단음절어(單音節語)를 표기하기 위한 고립문자(孤立文字)이긴 해도 의미의 시차성(示差性)을 높이기 위해 복합어가 발달했기 때문에 실용적인 한자초학서인 『훈몽자회』에서는 이자일어(二字一語)로 된 한자 어휘를 2개씩 모아 사자유취(四字類聚)하는 것이 학습에도 편리했던 것으로 짐작된다."[15]라고 설명하였다. 즉 『훈몽자회』는 『천자문』의 사자성구(四字成句)와 이구압운(二句押韻)의 기본 원칙은 고수하면서도 1구(句)의 구성에 있어서는 더욱 세심한 주의를 기울여 '이자일어(二字一語)로 된 한자 어휘를 2개씩 모아 사자유취'하는 방식으로 한자를 배열하였던 것이다. 『훈몽자회』가 『유합』뿐만 아니라 『천자문』의 경우에도 그 체제를 발전적으로 수용하고 있음을 확인할 수 있는 대목이라 하겠다.

임지룡(1989)·송지연(2015)[16]은 『훈몽자회』의 구성에 대해 ① 전실자[典實字(명사), 상·중권에 수록]·반실반허자[半實半虛字(용언), 하권에 수록]로 분류한 점 ② 상위의 표제어로 하위의 단어를 분류한 점 ③ 분류된 각 항목의 한자를 상위어와 하위어의 순서로 배열한 점 ④ 4자로 구(句)를 만들고 압운을 하여 송독·암기를 위한 장치를 설정한 점 등을 특징으로 제시하였다. 『훈몽자회』에서는 이러한 체계적인 분류와 표제자의 연결성 있는 제시로 학습자의 인지를 돕는 장치를 설정하였으니, 이는 현대에 주목되는 '범주화'의 인지 전략에 준하는 것으로 보인다.

표제자 수도 짚어보자. 최세진이 상·중·하권에서 각 1,120자씩 취하

14) 이돈주(1979), 391~401쪽 참조.
15) 장주현(1987), 17쪽 참조.
16) 임지룡(1989); 송지연(2015), 25~28쪽 참조.

여 총 3,360자를 수록하였다고 언급한 이래로 여과 없이 쓰여지고 있는
3,360자라는 표제자 수는 과연 틀림없을까? 엄밀히 따지면, 그렇지 않
다. 그것은 '조(朝)'·'사(沙)'·'규(葵)'·'곽(萑)'·'행(行)'·'관(觀)'자가 2~3
회 중출(重出)하고 있어 신출자는 정확히 3,353자이기 때문이다.[17] 『훈
몽자회』에서는 자형(字形)이 같은 글자일지라도 뜻과 쓰임에 따라 각각
다른 한자처럼 배치해 놓았는데, 이에 대해 최세진은 "한 글자에 두세
가지 명칭이 있을 경우는 지금 또한 두세 군데에서 수록하였으니, '규
(葵)'자[규채(葵菜), 규화(葵花)]·'조(朝)'자[조석(朝夕), 조정(朝廷)]·'행(行)'
자[덕행(德行), 시행(市行), 행보(行步)] 같은 부류가 그 예이다."[18], "비록
각 사물의 명칭인 듯하지만 실제로는 하나의 사물이니, 이는 그 주(註)가
간략함을 방편으로 삼았기에 그렇게 한 것이다."[19]라고 밝히고 있다. 전
통시대 자회(字會)에서 사용되는 이러한 자수(字數) 산출 방식은 한자의
근본적 특성인 다의성(多義性)에 대한 깊은 통찰에서 비롯한 것이라고
할 수 있다. 그리고 자상하게도 최세진은 주(註)를 통해 해당 글자가 앞
뒤에서 거듭 출현하고 있음을 표지하여 학습자의 의문과 혼란을 방지하
도록 배려하였다.

그렇다면 이렇듯 내용의 체계적 조직과 구성의 세심한 배려에 주의를
기울인 최세진이 "자회(字會)는 한자 초학서로서는 하나의 실패작이었

17) 중출자 6字와 출현 횟수는 다음과 같다.
　　朝(2회) － 아춤 됴[上卷, 天文, 17쪽]; 됴횟 됴[中卷, 官衙, 98쪽]
　　沙(2회) － 몰애 사[上卷, 地理, 21쪽]; 일 사[下卷, 雜語, 175쪽]
　　葵(2회) － 규홧 규[上卷, 花品, 28쪽]; 아옥 규[上卷, 蔬菜, 43쪽]
　　萑(2회) － 달 환[上卷, 草卉, 29쪽]; 눈비얏 츄[上卷, 草卉, 31쪽]
　　行(3회) － 져제 항[中卷, 官衙, 99쪽]; 녈 힝[下卷, 雜語, 207쪽];
　　　　　　 힝녁 힝[下卷, 雜語, 215쪽]
　　觀(2회) － 집 관[中卷, 官衙, 103쪽]; 볼 관[下卷, 雜語, 209쪽]
18)『訓蒙字會』,「凡例」. "一字有兩三名者 今亦兩三收之 如葵字[葵菜,葵花]·朝字[朝夕,朝
廷]·行[德行,市行,行步]之類 是也"
19)『訓蒙字會』,「凡例」. "雖似乎各物之名 而其實一物也 以其註簡爲便而然也"

다. '전실지자(全實之字)'에 지나치게 집착한 나머지 초학들에게는 힘겨운 난자(難字) 투성이의 책이 되고 만 것이다."[20]라는 의심과 불만을 야기시킬 정도로 초목(草木)·금수(禽獸) 등 물명(物名)의 열거에 주목한 이유는 무엇일까?

> 공자가 이르기를 "시를 배우지 않으면 말을 할 수 없다."라고 하였고 그것을 풀이한 이는 "조수·초목의 명칭을 많이 알게 된다."라고 하였습니다. 비록 지금 아동을 가르치는 것은 비록『천자문』과『유합』을 익혀서 경사(經史)와 여러 책을 두루 읽는 데에 이른다 하더라도 그 글자만 알 뿐 그 사물은 이해하지 못하기에, 마침내 글자와 사물을 둘로 만들어버려서 **조수·초목의 명칭은 능통하게 아는 사람이 많지 않으니**, 이는 대개 문자를 외워 익히기만 할 뿐이고 실상을 보는 것에는 힘쓰지 않은 데서 말미암은 소치입니다.[21]

위의 글은 최세진이 쓴「훈몽자회인」의 일부이다. 그는 『천자문』과 『유합』의 형식적 특성과 장점을 인정하면서도, 그 내용에 대해서는 "그 글자만 알 뿐 그 사물은 이해하지 못하기에 마침내 글자와 사물을 둘로 만들어"버린다고 평가하였다. 최세진이 이전 교재의 내용상의 한계를 명확히 인식하였으며, 그 한계를 극복하기 위해『훈몽자회』를 기획하였음을 확인할 수 있는 대목이다. 이에 그는 "조수·초목의 명칭을 많이 알게 된다."는 공자의 『시경』에 드러나는 내용 특성에 주목하여, 이름과 실상이 결부되는 교육을 시행할 수 있는 교재를 편성하였음을 피력하였다.

그렇다면 이러한 의식은 최세진만의 독창적인 생각이었을까? 필자는

---

20) 이기문, 「『訓蒙字會』硏究」, 한국문화연구소, 1971, 201쪽 참조.

21) 『訓蒙字會』, 「訓蒙字會引」. "孔子曰 不學詩 無以言 釋之者曰 多識於鳥獸草木之名 今之教童稚者 雖習千字類合 以至讀遍經史諸書 只解其字 不解其物 遂使字與物二 而鳥獸草木之名 不能融貫通會者 多矣 蓋由誦習文字而已 不務實見之致也"

그에 대한 해답의 실마리를『훈몽자회』주(註)를 살피던 중 예기치 않게 발견하게 되었다. 다음 글을 살펴보자.

> 삼가 생각건대, 명나라가 천하를 다스리게 되어 문자와 제도가 통일되었다. 우리나라는 성군(聖君)이 서로 이어 지성(至誠)으로 사대(事大)하면서, 승문원과 사역원(司譯院) 강예관(講隸官)을 설치하여 오로지 화음(華音)을 익히게 하였다. 그들이 익히는 책은, 『직해소학(直解小學)』·『한서(漢書)』·『후한서(後漢書)』·『노걸대(老乞大)』·『박통사(朴通事)』·『동자습(童子習)』 등이다. 그러나 그 책들은 모두 그 언어와 문자를 번역한 것일 뿐, **천문·지리·초목·금수·명물(名物) 같은 것들은 전혀 번역하지 않았으니** 학자들이 이것을 병통으로 여겼다.[22]

위의 글은 서거정이 쓴『역어지남(譯語指南)』의 서문인데, 바로 위에서 제시한 최세진의 서문과 논조가 묘하게 닮아 있음을 볼 수 있다. 『역어지남』은 당시 역관(譯官)의 학습을 도우려는 목적 하에 1478년 성종(成宗)의 명으로 만들어진 중국어 어휘집이니, 기존의 학습서에는 배제되어 있던 물명(物名)을 우리말로 번역한 책이다. 서거정[1420~1488]은 어명으로 작성한 이 책의 서문에서 한어 구사 능력을 신장시키고자 했던 당시의 시대적 요구를 드러내고 있다. 『훈몽자회』의 주에는 이 책의 명칭이 단 1회 등장하지만,[23] 최세진이 1539년 편찬한『이문집람(吏文輯覽)』에서 이『역어지남』의 내용을 수용하고 있는 점을 감안하면 그가 이 책에서 영향을 받은 것은 확실해보인다.(단, 『훈몽자회』에서의 인용 횟수가 1회에 그친 것은『역어지남』이 후대에 내용이 소략하고 착오가

---

22) 서거정, 『四佳文集』, 卷4, 「譯語指南序」. "欽惟皇明馭宇 文軌攸同 我國家聖聖相承 至誠事大 設承文院·司譯院講隸官 專習華音 其所習 則曰直解小學 曰前後漢書 曰老乞大 曰朴通事 曰童子習等書 然皆譯其言語文字而已 如天文·地理·草木·禽獸·名物之類 未嘗有譯 學者病之" 이 대목의 번역은 고전번역원 DB의 것을 따랐다.
23) 『훈몽자회』에 '杯'(中卷, 器皿, 119쪽)에 "『譯語指南』云 브딧집"이라는 주가 달려 있다.

많다는 비판을 받았고 최세진 역시도 그 한계를 파악하였기 때문으로 생각된다.[24] 이러한 점을 고려해본다면『훈몽자회』는『역어지남』에서 표방한 당대의 시대적 요구['물명(物名)'의 번역]와 내용적 성과를 포용하려는 의도가 있었음을 추측해 볼 수 있다. 곧『훈몽자회』는 초학서로서의 본분을 망각한 채 학습 내용의 수준 조절에 실패한 저작이 아니라, 전대 교재의 한계에 대한 깊은 통찰을 바탕으로 편제된 다분히 의도적인 결과물인 것이다. 한 가지 아쉬운 것은『훈몽자회』의 모본(母本)으로 추정되는『초학자회(初學字會)』가 현재로서는 자료의 대부분이 실전(失傳)되어 검증하기 어렵다는 점이다.[25]

당대 한어 학습의 요구와 전대 학습서에 대한 반성에서 출발한『훈몽자회』의 독보적인 성과는 표제자의 훈과 음을 언문[한글]으로 확정하였다는 점인데, 이 자석(字釋)의 중요성에 대해 최세진은 다음과 같이 밝혔다.

> 변방 지방에 있는 사람 가운데 언문(諺文)을 알지 못하는 이가 필시 많을 것이기에 지금 곧 언문자모(諺文字母)를 함께 지었으니, 그들로 하여금 언문을 먼저 배우고 다음에 자회를 배우게 한다면 거의 깨우쳐 가르치는 유익함이 있을 수 있을 것이다. 문자[한문]에 통달하지 않은 사람 역시 모두 언문[한글]을 배워서 글자를 알면 비록 스승이 전수함이 없더라도 또한 장차 문장에 통달한 사람이 될 수 있을 것이다.[26]

---

24) 이에 대한 자세한 사항은 장주현(1987), 14~15쪽; 김유범(2000), 88~91쪽 참조.

25)『초학자회』는 1458년 세조의 명으로 편찬된 책인데, 失傳되었다가 2017년 필사본 중 일부(7장)가 발견되었다. 현존하는 최고(最古)의 한글로 쓴 한자 자전(字典)으로서의 가치가 높다. (『조선일보』2017년 3월 20일 기사 참조)『훈몽자회』의 주(註)에는 4회 인용되었다.『초학자회』와 관련한 논저로는 이기문(1971); 김유범(2000), 93쪽 참조.

26)『訓蒙字會』,「凡例」. "凡在邊鄙下邑之人 必多不解諺文 故今乃並著諺文字母 使之先學 諺文 次學字會 則庶可有曉誨之益矣 其不通文字者 亦皆學諺而知字 則雖無師授 亦將得 爲通文之人矣"

주시경은 이 책을 두고 "본서(本書) 이후(以後)로는 우리글을 용(用)한 제적(諸籍)이 거진 다 본서(本書)의 예(例)를 종(從)하여 금일(今日)에 지(至)하니 훈민정음(訓民正音) 이후(以後)에 연혁(沿革)이 차서(此書)에 최대(最大)한지라"[27]라고 하여, 표제자와 자석(字釋) 및 주를 겸비한『훈몽자회』의 체제가 후대에 엄청난 영향을 끼쳤음을 적시하였다. 실제로『신증유합』과『천자문』이『훈몽자회』의 체제를 따라 언문 자석을 첨부한 형태로 재간행된 것만 보아도 그 영향력이 지대하였음을 확인할 수 있으니, 언문을 자회에 첨가한 최세진의 독보적인 성과는 부정할 여지가 없다.

이렇듯 체계적인 체제와 다양한 내용 구성은 누구를 위한 것인가? 곧 교수 대상이 누구인가 하는 점이다. 최세진은 이에 대해 다음과 같이 언급하였다.

> 모름지기 **세상의 부형(父兄)들로 하여금 이 책을 먼저 익히게 해서 가정의 어린이들의 학습에 가르침을 베푼다면** 어린이들에게 있어서도 새·짐승·풀·나무의 이름을 알게 할 수 있어서 끝내는 글자와 사물이 둘이 되는 잘못에 이르지 않게 될 것입니다.[28]

최세진은 위의 언급에서 이 책의 내용을 부형(父兄)들을 통해 아동에게 교수하도록 설계하였다고 하였다. 그의 언급대로라면『훈몽자회』는 부형들에게는 아동의 교수에 활용할 교재로서, 언문을 깨친 아동에게는 믿고 배울 수 있는 교재로서 기능할 수 있다는 것이다. 다르게 말하면『훈몽자회』는 일명 조선시대판 '교사용 지도서' 혹은 '참고서'라고도 할 수 있겠다. 그렇다면 몽학서를 만들면서 자회(字會)의 형식을 취한 것은

---

27) 최세진 저, 최남선 편, 『訓蒙字會』, 「訓蒙字會再刊例」, 조선광문회, 1913.
28)『訓蒙字會』, 「訓蒙字會引」. "要使世之爲父兄者首治此書 施教於家庭總丱之習 則其在蒙幼者 亦可識於鳥獸草木之名 而終不至於字與物二之差矣"

어째서인가? 그것은 아마도 자회의 형식이 실상과 결부되는 사물의 명칭을 한자로 익히고, 그 한자의 음가를 언문[한글]을 통해 정확하게 발음하며, 아울러 한어[중국어]까지 익혀야 하는 당대의 교육적 지향을 반영하기에 유리한 형식이었기 때문일 것이다. 요컨대 '훈몽자회(訓蒙字會)'라는 명칭은 당대의 학습 요구를 반영하고 이전 몽학서의 장점을 발전적으로 수렴하기 위한 전략적 방편이었던 것이다.

2. 『훈몽자회』 주(註)의 내용과 효용

본 장에서는 『훈몽자회』의 당대적 의미와 효용이 무엇인지, 주(註)의 내용을 통해 면밀히 고찰해보도록 한다. 『훈몽자회』의 주는 내용상 한자의 훈(訓)을 표지한 주, 한자에 해당하는 한어(漢語)를 표지한 주, 한자의 여러 가지 음(音)을 표지한 주, 한자가 인용된 경전을 표지한 주, 작문(作文)과 관련된 한자의 쓰임을 표지한 주, 병명(病名)과 약재(藥材)에 대해 표지한 주 등으로 나뉜다. 각각 주의 내용과 그 효용에 대해 살펴보자.

첫째, 한자의 훈을 표지한 주가 있다. 아래의 예시를 살펴보자.

〈표 1〉 이자동훈(異字同訓) – '삿기' 7자

번호	소재	한자	한글 훈음	주(註)
1	상권, 수축(獸畜) 49쪽	猊	삿기 예	獅之子
2	상권, 수축(獸畜) 49쪽	麛	삿기 이	鹿之子
3	상권, 수축(獸畜) 51쪽	羔	삿기 고	俗呼—兒 又獐之子 亦曰獐—
4	상권, 수축(獸畜) 51쪽	豚	삿기 돈	猪之子
5	상권, 수축(獸畜) 51쪽	狟	삿기 훤	貉之子
6	하권, 잡어(雜語) 167쪽	雛	삿기 추	鳥子自食曰—
7	하권, 잡어(雜語) 167쪽	鷇	삿기 구	鳥子哺食曰—

위의 〈표 1〉은 '삿기[새끼]'라는 훈을 가지는 한자의 주(註)를 모은 것이다. 1~5번의 예에서는 '예(猊)'는 사자의 새끼, '미(麛)'는 사슴의 새끼, '고(羔)'는 노루의 새끼, '돈(豚)'은 돼지의 새끼, '훤(狟)'은 담비의 새끼라고 하여, '삿기'라는 한글 훈(訓)만으로는 구별하기 힘든 의미를 세분화하여 설명하고 있음을 볼 수 있다. 그리고 하권에 소속된 6번과 7번의 예는 '추(雛)'와 '구(穀)'의 '먹이를 스스로 먹는 새끼 새' '먹이를 먹이는 새끼 새'라는 대조적인 의미를 제시함을 볼 수 있다. 즉 한문으로 된 주를 통해 한글 훈이 가지는 의미의 모호성을 극복하는 석의(釋義)인 것이다. 『훈몽자회』는 "우리말 새김 아래 한자의 의미를 더욱 상세히 설명해 주는 한문 주석이 있다는 것이 특징인데 이 한문 주석에서 기본적이고 일반적인 형태로 되어 있는 우리말 새김만으로는 파악되지 않는 구체적 의미를 파악할 수 있다."[29]라고 한 서수백의 설명은 『훈몽자회』 주가 가지는 석의의 기능을 잘 이해한 언급이라 하겠다.

이러한 주의 기능은 한글과 한문이 지니는 언어로서의 특성 및 역사와 긴밀한 관련성을 지닌다. 한자는 표의(表意)의 요구에서 발생되어 그 유구한 역시에 비례하여 무수한 의미 분화를 거쳐왔고, 한글은 표음(表音)의 요구에 의해 15세기에 창제된 이래로 급속하게 발전해왔다. 언어의 역사는 문자의 발전과 분화를 수반하기 마련이므로, 그 역사가 깊고 의미적 분화가 상세한 한자와 한문이 신생 한글의 훈석(訓釋)을 돕는 것은 매우 자연스러운 현상이라 할 수 있다. 표제자의 정확한 음가를 표현하기 위해서 언문이 도입되었지만, 또 석의(釋義)를 보충하기 위해 다시 한문 주가 사용되는 복합적 구조는 각 문자 언어의 특성을 깊이 이해하고 상호보완적으로 활용하려 한 최세진의 통찰력이 빚은 결정체인 것이다.

---

29) 서수백(2005), 65쪽 참조.

둘째, 표제자에 해당하는 한어(漢語)를 표지한 주가 있다. 이 경우 '속 칭(俗稱)'·'속호(俗呼)'·'속작(俗作)'·'역어지남(譯語指南)'이라는 표지를 통해 한어 학습에 도움이 되는 정보를 제공하였다. 조선 중기에는 한어 (漢語)와 이문(吏文)에 대한 학습 및 전문가 양성의 필요성이 절실히 대두 되던 시기였으므로, 최세진은 당대 최고의 역관으로서 한문·한어에 대 한 실용의 지식을 수록한 교재의 필요성을 깊이 인식하였다.

> 주(註) 안에서 '속(俗)'이라 칭한 경우는 한인(漢人)들을 지칭한 말이 다. 사람들 가운데 혹 한어(漢語)를 배우는 사람이 있으면 겸하여 통하게 할 수 있도록 하였기에 중국의 풍속에서 칭호로 쓰는 명칭을 많이 수록하 였다.[30]

최세진은 표제자의 뜻을 풀이하면서, 당대에 통용되던 당대의 언어를 '속(俗)'이라는 명칭을 써서 한어[중국어] 단어를 함께 익힐 수 있도록 도 왔다. 『훈몽자회』 주에 '속(俗)'이라고 일컫은 경우는 '속호(俗呼)' 566건, '속칭(俗稱)' 191건, '속작(俗作)' 17건, '속왈(俗曰)' 9건, '속서(俗書)'와 '속 어(俗語)'가 각 1건으로 총 785건이다.[31] 이 주(註)를 다시 권별로 살펴보 면 '속(俗)'이라는 명칭의 주(註)는 상·중권에 727건, 하권에 58건이 포 진되어 있다. 권별 배치에서도 알 수 있듯 한어 어휘는 주로 명사형이 대다수인데, 이러한 한어 단어는 전체 주(註) 가운데에서도 매우 큰 비중 을 차지하고 있어 최세진이 한어 학습에 지대한 관심을 기울였음을 짐

---

30) 『訓蒙字會』, 「凡例」. "註內稱俗者 指漢人之謂也 人或有學漢語者 可使兼通 故多收漢俗 稱呼之名也"

31) 여기에서 말하는 '건'의 수효는 어휘의 수를 가리키는 것이 아니라 주(註)의 표지가 출현 하는 횟수를 합산한 것이다. 한어 어휘를 열거하는 경우, 두세 단어를 다발적으로 열거하 거나 '우호(又呼)'라고 연달아 제시하는 경우도 있어 그 어휘의 수는 더욱 많을 것으로 예상된다. 김기영(2007), 58쪽에서는 『훈몽자회』의 주석에 수록된 중국어 구어 어휘가 812개라고 명시하고 있으니 참고할 만하다.

작할 수 있다.

　셋째, 표제자의 여러 가지 음(音)을 표지한 주가 있다. 이 경우 주는 '정음(正音)'·'국어(國語)'·'초학자회(初學字會)'·'본국호(本國呼)'·'국어(國音)'·'본국음(本國音)'·'문종어석(文宗語釋)' 등의 명칭을 제시하고 있는데, 그중 '정음(正音, 訓民正音)'·'초학자회(初學字會)'·'문종어석(文宗語釋)'은 모두 서명(書名)이다. 아래의 인용문을 살펴보자.

> 한자(漢字)ㅣ 본대부터 아(我)의 천품(天稟)한 음어(音語)에 기(基)한 것 아니오 한문(漢文)이 진실로 아(我)의 본연(本然)한 성정(性情)에 출(出)한 것 아니라 아(我)의 묘(妙)를 곡진(曲盡)하지 못하고 아(我)의 미(微)를 극천(極闡)하지 못하야 아모리 습숙(習熟)하나 난삽(難澁)이 익심(益甚)하고 아모리 숭상(崇尙)하나 애체(礙滯)가 익다(益多)하니 전달(傳達)로써 목적(目的)삼는 문사(文辭)ㅣ 조색(阻塞)을 탄(嘆)하게 되고야 엇지 발달(發達)과 성취(成就)가 유(有)하리오 한자(漢字)와 한문(漢文)이 그러틋 장구(長久)한 기왕(旣往)이 유(有)하되 이미 방어(邦語)에 동화(同化)하지 못하고 또한 한문(漢文)으로도 독립(獨立)하지 못하야 그 성적(成績)이 확실(確實)하지 못함은 실(實)로 비아비인(非我非人)의 모호(模糊)한 경계(境界)에 재(在)하얏슴이로다.[32]

　이 글은 유근(柳瑾)이 편찬한 『신자전(新字典)』에 부친 최남선의 서문 일부이다. 이 글에서 최남선은 한글 음가에 대한 표기의 필요성에 대해 피력하였으니, 요지는 한자와 한문이 오랜 세월 동안 우리의 생각과 말을 전하는 용도로 사용되었지만 발원지가 중국인 탓에 조선의 언어와 문화를 적실히 담아내기에는 역부족이기 때문이라는 것이다. 이 근대 학자의 통찰력 있는 인식과 언급은 곧 『훈몽자회』가 지향한 한글 음가 표기의 필요성을 잘 대변해 주고 있다.

---

[32] 『新字典』, 「新字典敍」.

넷째, 한자가 인용된 경전을 표지한 주가 있다. 이 경우에 '시(詩)'라는 명칭이 21건, '맹자(孟子)'라는 명칭이 3건 출현한다. 앞서 살펴본 대로 『훈몽자회』의 일차적인 목적은 아동의 학습을 돕기 위한 것이므로, 문장 학습과 관리 선발 시험의 중심 과목이 되는 유가 경전의 내용이 학습 교재에 수록되는 것은 당연한 수순이다. 『훈몽자회』에 실린 유가 경전 관련 주를 표로 정리하면 다음과 같다.

<표 2> 유가 경전을 표지한 주(註)

번호	소재	한자	한글 훈음	주(註)	출전
1	상권 천문 19쪽	蝃	므지게 톄		『詩經』「鄘風·蝃蝀」: "蝃蝀在東 莫之敢指"
		蝀	므지게 동	詩 蝃—	
2	상권 화품 28쪽	蕣	무궁화 슌	詩 蕣英	『詩經』「鄭風·有女同車」: "有女同行 顔如舜英"
3	상권 소채 43쪽	苤	뵈땅이 부	俗呼蝦蟆衣草	『詩經』「周南·苤苢」: "采采苤苢 薄言采之"
		苢	뵈땅이 이	又呼車過路草 詩 苤— 亦作苡	
4	상권 금조 45쪽	鷐	새매 신		『詩經』「秦風·晨風」: "鴥彼晨風 鬱彼北林" 毛傳: "晨風 鷐也"
		颷	새매 풍	詩 晨風	
5	상권 금조 46쪽	鶬	아리새 창		『詩經』「豳風·東山」: "倉庚于飛 熠燿其羽"
		鶊	아리새 경	俗又呼叫天兒 或呼麻雀 詩 鶬—	
6	상권 금조 46쪽	鷽	굴가마괴 여		『詩經』「小雅·小弁」: "弁彼鷽斯 歸飛提提"
		鷿	굴가마괴 수	詩 鷽—	
7	상권 금조 47쪽	鴶	버국새 알	一名 布穀	『詩經』「曹風·尸鳩」: "尸鳩在桑 其子七兮" 毛云: "尸鳩 鴶鵴也" 『爾雅·釋鳥』: "鳲鳩 鴶鵴"
		鵴	버국새 국	俗又名郭公鳥 詩注 鴶—	
8	상권 곤충 56쪽	蠨	굴거미 쇼		『詩經』「豳風·東山」: "伊威在室 蠨蛸在戶" 疏: "蠨蛸 長踦 一名長脚"
		蛸	굴거미 초	一名長踦 詩 蠨—	

9	상권 곤충 57쪽	蚍	쥐며느리 이	俗呼 濕生虫	『詩經』「豳風·東山」:
		蟠	쥐며느리 위	詩 蚍—	"伊威在室 蠨蛸在戶"
10	상권 곤충 59쪽	螽	묏도기 종	詩 —斯	『詩經』「周南·螽斯」: "螽斯羽 詵詵兮"
11	상권 곤충 60쪽	蟋	귓도라미 실	俗呼 促織兒 詩 蟋—	『詩經』「豳風·七月」: "十月蟋蟀 入我床下"
		蟀	귓도라미 솔		
12	상권 곤충 60쪽	蜉	ᄒᆞᄅ사리 부	詩 蜉—之羽	『詩經』「曹風·蜉蝣」: "蜉蝣之羽 衣裳楚楚"
		蝣	ᄒᆞᄅ사리 유		
13	중권 인류 87쪽	閹	고쟈 시	亦作寺 詩 寺人孟子	『詩經』「小雅·巷伯」: "楊園之道 猗于畝丘 寺人孟子 作爲此詩"
14	중권 궁택 97쪽	矼	ᄃᆞ리 강	點石渡水者 亦作杠 孟子 徒杠成	『孟子』「離婁 下」: "歲十一月 徒杠成; 十二月 輿梁成 民未病涉也"
15	중권 기명 108쪽	盎	딜동희 왕	又盛貌 孟子 —於背	『孟子』「盡心 上」: "其生色也睟然 見於面 盎於背"
16	중권 기명 115쪽	銍	낟 딜	詩 —刈	『詩經』「周頌·臣工」: "庤乃錢鎛 奄觀銍艾"
17	중권 기명 116쪽	鎡	호미 기	孟子 鎡—	『孟子』「公孫丑 上」: "雖有鎡基 不如待時"
18	중권 기명 117쪽	罝	그믈 저	詩 兔—	『詩經』「周南·兔罝」: "肅肅兔罝 椓之丁丁"
19	중권 군장 139쪽	鍼	갑 함	通作函 孟子 函人	『孟子』「公孫丑 上」: "矢人豈不仁於函人哉"
20	중권 군장 139쪽	鏚	도치 척	詩作戚 干戈戚揚	『詩經』「大雅·公劉」: "弓矢斯張 干戈戚揚"
21	중권 군장 142쪽	韔	궁딕 턍	詩曰交—	『詩經』「秦風·小戎」: "虎韔鏤膺 交韔二弓"
22	하권 잡어 166쪽	翶	봄놀 고		『詩經』「鄭風·淸人」: "二矛重英 河上乎翶翔"
		翔	봄놀 샹	詩翶—	
23	하권 잡어 166쪽	頡	ᄂᆞ라오를 힐	飛而上曰—	『詩經』「邶風·燕燕」: "燕燕于飛 頡之頏之" 毛傳: "飛而上曰頡 飛而下曰頏"
		頏	나라ᄂᆞ릴 항	飛而下曰— 詩頡—	
24	하권 잡어 200쪽	撋	ᄲᆞ빌 번		『詩經』「周南·葛覃」: "薄汚我私" 箋: "煩 煩撋之 用功深"
		撋	ᄲᆞ빌 연	詩葛覃 註 撋—之	

〈표 2〉를 보면『훈몽자회』의 주에 출현하는 경전은『시경』이 20건, 『맹자』가 4건이다. 1번 '체동(蠐蝀)'과 3번 '부이(苤苢)'처럼 경전의 章 제목을 표제 한자로 추출한 경우도 있고, 8번 '소소(蠨蛸)'와 14번 '강(矼)' 처럼 경전 본문의 단어를 추출한 경우도 있으며, 7번 '알국(鶡鞠)'처럼 경전의 주(注)에서 관련 내용을 추출한 경우도 있다. 그리고 경전의 글자 그대로가 제시된 경우와 2번 '순(蕣, 舜)'·4번 '신풍(鸍鳩, 晨風)' 등과 같이 더욱 복잡한 표제자로 제시된 경우가 동출한다.

여기서 한 가지 주목할 점은『훈몽자회』의 주에서는 관련 지시어만 제시되었을 뿐 표지와 관련해서 상세한 내용은 일체 생략되고 있다는 점이다. 이는 관련 정보를 제시하되 최대한 간략화하겠다는 최세진의 편찬 의식 때문인데, 이러한 그의 생각은『훈몽자회』의「범례」에서도 산견된다.

- 한 사물의 명칭에 두세 글자가 있고 그 속칭 및 별명 또한 두세 가지로 다른 경우는 만일 한 글자 아래에 수록해두게 되면 **그 자리가 좁고 주가 번잡해질까 두렵기에** 두세 글자 아래에 나누어 수록하였다. 비록 각 사물의 명칭인 듯하지만 실제로는 하나의 사물이니, 이는 **그 주(註)가 간략함을 방편으로 삼았기에** 그렇게 한 것이다.[33]
- 배울 만한 허자(虛字)의 경우가 비록 많기는 하지만 지금 **권질이 번잡해 질까 두렵기에** 감히 다 수록하지 않았다.[34]
- 중국의 풍속에서 칭호로 쓰는 명칭을 많이 수록하였으되, 또한 **주가 번잡해질까 두려워** 또한 다 수록하지는 않았다.[35]

---

33)『訓蒙字會』,「凡例」. "一物之名有數三字而其俗稱及別名亦有數三之異者 若收在一字之下 則恐其地狹註繁 故分收於數三字之下 雖似乎各物之名 而其實一物也 以其註簡爲便而然也"

34)『訓蒙字會』,「凡例」. "其他虛字可學者 雖多 今畏帙繁 不敢盡收"

35)『訓蒙字會』,「凡例」. "多收漢俗稱呼之名也 又恐註繁 亦不盡收"

위에서 확인할 수 있듯 최세진은 주가 번잡해질까 매우 염려하였고 간략함을 주된 방향으로 삼았다. 이러한 편찬 의식 아래에서『훈몽자회』의 주는 그야말로 하나의 '색인'처럼 구실하여, 학습자에게 표지를 통해 관련 정보를 검색할 수 있는 단서를 제공하는 기능을 담당하였다. 최소한의 정보를 최대한 간략히 제시함으로써 보다 확장된 지식 정보의 세계로 효율적으로 안내하고 있음을 확인할 수 있는 대목이다.

다섯째, 작문(作文)과 관련하여 한자의 쓰임을 표지한 주가 있다. 이 경우에는 '이어(吏語)'와 '서식(書式)'이라는 표지어로 관련 정보를 제시하였다. 그중 '이어'는 '한이어(漢吏語)'의 줄임말로 곧 중국 공문서에 사용되는 용어를 지칭한다. '이어'라고 표지된 주는 모두 4건이니, 소개하면 아래와 같다.

〈표 3〉 '이어(吏語)'라고 표지한 주(註)

번호	소재	한자	한글 훈음	주(註)
1	중권 기명 17쪽	繳	주살 쟉	又 上聲 音皎 紋衣也 吏語 —報 마믈오다
2	하권 잡어 171쪽	驅	몰 구	策馬求行 又 吏語 奴婢曰 —口
3	하권 잡어 187쪽	坍	믈어딜 탑	吏語 坍—
		塌	믈어딜 탑	
4	하권 잡어 203쪽	奪	아솔 달	又 吏語 定— 爲裁決之意

〈표 3〉에 제시된 바와 같이 주(註)에 '이어(吏語)'라 소개된 '격보[繳報, 보고하다]'·'구구[驅口, 벼슬아치나 귀족들이 데리고 다니는 하인]'·'담탑[坍塌, 무너지다]'·'정탈[定奪, 사무를 결재하다]'은 모두 외교 공문서에 쓰는 용어이다. 조선중기에 조선은 제후국으로서 중국으로의 사행과 중국 사신의 접대가 빈번하게 이루어졌고, 원활하지 못한 의사소통으로 인해 한어[漢語, 중국 구어(口語)]와 이문[吏文, 중국 문어(文語)]의 학습 요구가

중요하게 제기된 시기였다.[36] 그리하여 한어 구사 능력과 외교 공문서 작성 능력을 겸비한 인재 양성의 필요성이 절실하게 대두되었던 것이다. 최세진은 중종조에 역관의 양성과 공문 작성의 중추적인 역할을 담당한 인물이었다. 그가 '척(蜴)'[되룡 텩][상권, 곤충(蜫蟲), 59쪽]의 주에 "在水曰蜥— 祈雨時用之[물에 있는 것을 '석척'이라고 한다. 기우제를 지낼 때 이 글자를 사용한다.]"라고 한 점, 하권 잡어(雜語) 220쪽 본문에 제시된 '일(壹)'·'이(貳)' 아래에 "書式所用[서식에 사용되는 것이다.]"이라는 주를 달고 '삼(三)'·'사(四)'·'오(五)'·'육(六)' 아래에 "書式作參[서식에서는 '參'으로 되어 있다.]"·"書式作肆[서식에서는 '肆'로 되어 있다.]"·"書式作伍[서식에서는 '伍'로 되어 있다.]"·"書式作陸[서식에서는 '陸'으로 되어 있다.]"라는 주를 각각 달아 놓은 점, 또 『유합』의 분류체계를 따르면서도 '서식(書式)'부를 별도로 설정한 점 등에서 최세진이 실용 작문에의 활용성을 크게 인식하고 있었음을 짐작할 수 있다. 또한 명나라와 조선의 공문을 모은 『이문(吏文)』을 주해한 『이문집람(吏文集覽)』을 1539년에 편찬한 사실에서도 그가 실용 작문의 문제에 큰 관심과 노력을 기울였음을 확인할 수 있다.

여섯째, 병명(病名)과 약재(藥材)에 대해 표지한 주(註)가 있다. 이 경우에는 '방서(方書)'·'방문(方文)'·'의방(醫方)'이라는 명칭으로 관련 정보를 제시하였다. 모두 10건이니, 정리하면 아래의 〈표 4〉와 같다.

〈표 4〉 '방서(方書)'·'방문(方文)'·'의방(醫方)'이라 표지한 주(註)

번호	소재	한자	한글 훈음	주(註)
1	상권 초훼 31쪽	蔚	눈비얏 울	一名益母 方書名茺—
2	상권 수목 35쪽	橌	다믁 소	方書稱蘇方木 俗呼—木

3	상권 수목 35쪽	梣	므프레 진	**方**文云泰皮 俗呼苦裏木
4	상권 소채 42쪽	薺	올미 제	俗呼地栗 **方書**蒣— 亦作荸薺
5	상권 소채 43쪽	薄	박핫 하	**方書**婆— 亦作薄荷
6	상권 금조 44쪽	鶹	부훵이 류	**方書**鵂— 一名訓狐
7	상권 신체 70쪽	髏	머릿디골 루	**醫方**云天靈盖 俗稱髑—首骨
8	하권 질병 151쪽	聤	귀혈 데	又音体 聽不聰 **方**文作㡳
9	하권 질병 153쪽	胏	발셜 흔	腫起 亦作痳 又音希擒 **醫方**作孿
10	하권 잡어 184쪽	鉎	쇠보밀 생	**方書**鐵— 鐵衣厚而墮落者

위의 〈표 4〉에 등장하는 한자들을 살펴보면, 1~6번은 '수목(樹木)'·
'소채(蔬菜)'·'금수(禽鳥)'부에 속하는 한자들로서 그 뜻은 '울[蔚, 익모
초]'·'소[樧, 다목]'·'침[梣, 물푸레나무]'·'제[薺, 율무]'·'하[薄, 박하]'·'류
[鶹, 수리부엉이]' 등으로 모두 약재로 쓰일 수 있는 사물의 명칭이며, 7번
은 '루[髏, 두개골]'로 신체 부위를 가리키는 명칭, 8~9번은 '데[聤, 귀가
들리지 않다]'·'흔[胏, 종기가 나다]'로 질병과 관련된 글자들임을 알 수 있
다. '생[鉎, 녹이 슬다]'의 의미는 상세하지 않지만, '방서(方書)'·'방문(方
文)'·'의방(醫方)'이라는 명칭으로 소개된 주의 대부분이 실용 의학과 관
련된 정보—특히 문헌에 어떤 이칭(異稱)으로 실려 있는지에 대한 정보
—를 제시한 경우임을 확인할 수 있다. 이 예들 외에도 약재의 생김새와
냄새 등 실생활에서 식별할 수 있는 특징을 설명한 주—예컨대 '미(薇)'
자에 달린 "薔—. 藤身多刺花 黃紫白三色 又—藥草", '호(瓠)'자에 달린
"形如菜瓜 味甘" 등과 같은 주—에서는 주의 내용이 의학 지식의 영역에
까지 닿아 있음을 확인할 수 있다.

이상에서 살펴본 바와 같이 『훈몽자회』의 주에서는 다양한 정보를 제
시하여 학문적·실용적 지식의 외연을 확장시키면서도, 간략화에 주력
하여 기존의 자회(字會)와는 차별화된 면모를 보이고 있다. 이를 근거로
『훈몽자회』의 가치와 특성을 요약하면 다음과 같다.

첫째, 기존 교재의 체제가 가지는 장점을 수용하면서도 시대의 요구에 맞게 내용을 수정·증보하여 진일보된 교재를 편찬하였다.

둘째, 한글과 한문의 문자 특성을 이해하고 주석(註釋)을 부기함으로써 각 문자가 갖는 한계를 극복하고 상호보완적으로 활용하였다.

셋째, 한자와 언문을 중심으로 한어[漢語, 중국 구어(口語)]와 이문[吏文, 중국 문어(文語)]이라는 다른 체계의 언어 지식을 주(註)에 함께 제시함으로써 외국어 구사 능력을 신장시키도록 설계하였다.

넷째, 의학과 작문 등 다방면의 실용 지식으로 주(註)의 내용을 구성하되 간략하게 서술하여 지식의 외연을 효율적으로 확장시켰다.

『훈몽자회』는 여타 몽학서들과는 사뭇 다른 성격을 보인다. 그것은 사자성구(四字成句) 압운 및 한자의 유별(類別) 구분이라는 측면에서 전대 몽학서의 형식적 특성은 수용하면서도, 학습 내용의 암송이나 문학적 활용을 요구하기보다는 『훈몽자회』를 통한 지식의 확장과 사회적 활용을 유도하였기 때문이다. 경전(經傳)와 이문(吏文)의 용례를 제시한 점, 한글로 된 자석(字釋)이 해결할 수 없는 상세한 의미를 한문 주(註)로 보충하여 밝힌 점, 의방서(醫方書)에 있는 실용 의학 정보들을 실제와 연관하여 풀이한 점 등은 『훈몽자회』가 기왕의 연구들에서 바라본 것처럼 한자의 한글음을 제시하고 한어(漢語)를 익히기 위한 단순한 효용만을 가진 것이 아님을 증명해 준다. 최세진은 이전의 저술들에서 훌륭한 형식은 차용하되, 보다 정확하고 체계적인 방식으로 내용을 증보·재구성함으로써 이전보다 진일보된 교재를 편찬하였다. 그리고 그가 편찬한 『훈몽자회』에서 발견되는 다양한 층위의 주석들은 당시 한문 학습의 높은 수준을 반영하는 증거라고 할 수 있다.

최세진은 '한자의 정확한 뜻을 이해하기'·'한자어를 정확하게 발음하기'·'중국인과 원활하게 소통하기' 등의 목적을 위해 한자·언문[한글]·한문·한어[중국어] 등 상이한 체계의 언어 지식과 관련 정보를 체계적으

로 결부시키는 데 주력하였다. 곧『훈몽자회』는 한문을 정확하게 읽고
이해하며 중국과 원활하게 소통하기를 원했던 시대적 요구와 맞물려 탄
생한 획기적인 결과물인 것이다. 그리고 여기에 당대인들이 오류 없이
한문을 읽고 쓸 수 있도록 하려는 최세진의 지혜와 배려가 담겼음은 물
론이다.

Ⅲ. 지식의 확장성과 교육적 시사

　현대 사회는 '행복'과 '역량'이라는 키워드에 큰 의미를 부여하고 있
다. 특히 1997년부터 OECD에서 수행한 DeSeCo 프로젝트에서 개인의
행복지수를 높이는 요인으로 '역량'을 제시한 이래로, 개인의 역량은 삶
의 질을 높이는 중요한 개념으로 자리매김되었다. DeSeCo 프로젝트가
최종적으로 추출한 핵심역량은 '도구 사용하기'·'다른 집단과 교류하기'
·'자율적으로 행동하기'이며, 이 핵심역량에 선행하여 '반성적 사고'를
반드시 갖추어야 함을 제시하였다. 특히 한국의 교육 분야에서는 '개인
의 행복'과 '사회의 건강성'을 견인하기 위한 역량의 가치를 수용하여
2015 개정 교육과정부터 6가지 핵심역량을 중심으로 교육과정을 편성
하고 있다.[37]

　당대에 권위 있는 한문 교재로 각광받던 중국의『천자문』과『유합』에
대한 통렬한 비판 의식을 바탕으로, 그것의 한계를 극복하고 당시의 조
선에 걸맞는 당대의 교재를 편찬하고자 했던 최세진의『훈몽자회』. 이
책은 그야말로 현대 사회에서 주목하는 '반성적 사고'에 기반해서 탄생

---

[37] 이른바 6가지 핵심역량이란 자기관리 역량·지식정보처리 역량·창의적 사고 역량·심미
적 감성 역량·의사소통 역량·공동체 역량이다. 이 대목의 서술은 김병철(2017), 2~3쪽;
윤지훈(2017), 2~9쪽을 참조하였다.

한 걸작이며, '다른 집단과 교류하기'와 당대인들의 '역량' 신장을 달성하기 위해 기획된 선구적 교재라고 할 수 있다. 정확한 한자의 음가(音價)와 다른 체계의 언어 지식 및 관련 정보를 간단히 수록함으로써 지식의 확장성을 극대화시킨 『훈몽자회』에 대해서, 근대학자 최남선은 일찍이 그 가치를 발견하고 재간행을 도모하였다. 정확한 지식의 전달과 그것의 효율적 확장에 주력했던 『훈몽자회』의 훌륭한 성과는 현재의 한자·한문 교육에도 아래와 같은 시사를 제공한다.

첫 번째, 교육목표와 교육과정의 체계적 정비가 요구된다.

두 번째, 확장성이 높은 교육내용의 구성이 요구된다.

세 번째, 한자의 특수성을 다각적으로 고려한 교수방법의 모색이 요구된다.

현행 한문 교육에 대해 일각의 연구에서는 한자·한문 교육의 목적과 체계에 대한 재정립을 요구하고 있으니,[38] 이는 한문 학습을 목표로 한자를 교수하던 전통시대의 요구와 현대 사회의 요구가 사뭇 다르기 때문이다. 그러나 그럼에도 불구하고 한자·한문 교육이 원활한 언어생활과 학문 연구의 역량 신장에 기여하는 방향으로 키를 잡아나가야 한다는 기본 원칙에 있어서는 변함이 없다. 이러한 측면에서 우리는 『훈몽자회』가 시사하는 '지식의 확장성'에 주목할 필요가 있다. 모든 한자를 외울 수도 알 수도 없는 이 시대에 꼭 필요한 교육이란, 한자·한문에 대한 많은 정보를 습득시키는 것이 아니라 유용하고 정확한 정보를 검색하고 식별하는 능력을 함양하는 것이기 때문이다.

양질의 교육을 위해서는 정확한 교육내용의 체계적 정비가 최우선으로 마련되어야 한다. 그리고 교육내용을 구성하는 단계에서는 체계적인

---

38) 허철, 「코퍼스에 기반한 교육용 한자·한자계 어휘 위계화 연구(3)」, 『동방한문학』 80, 동방한문학회, 2019 등 참조.

분류와 범주화를 통해 인지를 도울 필요가 있을 것이며, 현대의 언어
생활과 제학문 분야에서 사용되는 일상어와 학문 용어를 두루 수록하여
학습자와의 간격을 좁히고 연결고리를 늘리는 노력이 필요할 것이다.
이러한 노력을 실현시킨『훈몽자회』의 가르침을 상기하여, 세칭 '대표
훈'에 연연하여 한자의 다의성과 활용성에 대한 이해를 사전에 차단하
는 오류를 재범해서는 안 될 것이다. 고도로 발달한 디지털 매체와 인쇄
기술을 활용하여 활용도가 높은 한자를 중심으로 관련 문화 정보를 함
께 체계적으로 정비하고 제공하는 일, 그것이야말로 현대에 걸맞은 한
자·한문교육이 재설계되는 첫걸음이라고 할 것이다.

　언어에 대한 종합적이고 체계적인 이해는 곧 세계에 대한 종합적이고
체계적인 이해에서 바탕하며, 세계에 대한 정확한 이해에 기반한 언어
생활은 반대급부로 개인의 바람직한 사회 생활을 견인한다. 이는 복잡
하게 변천해가는 사회 구조와 무분별하게 생성되는 정보의 홍수 속에
서, 언어에 대한 정확한 정보의 제공과 확장적 활용이 시급한 까닭이다.
한자·한문 교육의 목표가 한자 낱글자의 교수와 한문 번역 성취도 제고
를 통한 소수의 역자(譯者) 양성이 아니라, 잘못된 언어 정보를 비판적으
로 수용하는 힘을 길러 성숙하고 역량 있는 사회인을 양성하는 것이라
고 한다면, 지금의 교육 방식은 다시 성찰되어야 할 것이다. 학문 용어
의 어원과 한자의 구조를 이해함으로써 학습성취도를 높일 수 있음을
밝힌 최근의 연구들[39]은 우리에게 한자·한문 교육이 현대에 어떤 역할
을 수행할 수 있으며 어떤 역할을 담당해야 하는지 그 가능성과 필요성
을 동시에 제시한다. 이에『훈몽자회』에서 보이는 한자·한글·한어의
상호보완적 활용, 간략한 주(註)의 제시를 통한 관련 지식의 효율적 확
장, 체계화·범주화 등의 인지 전략 등은 현대의 한자·한문 교육이 나아

---

39) 진은영(2010); 박태양(2010) 참조.

가야 할 방향을 가리키는 지남(指南)이 되기에 충분하다. 우리는 유연한 사고로『훈몽자회』에서 추출되는 훌륭한 전략들을 현대의 요구에 알맞게 적용시켜야 할 것이다. 한자라는 재료를 가지고 당대인들에게 필수 영양을 공급하기 위한 요리에 안간힘을 썼던『훈몽자회』가 던지는 시사를 외면하지 않아야 한다.

Ⅳ. 결론

이상에서는 한자·한문 교육의 발전적 미래를 준비하기 위한 과정의 일환으로 전통시대의 몽학 교재『훈몽자회』의 가치 및 교육적 시사에 대해 고찰하였다. 2장에서는 '훈몽(訓蒙)'이라는 제목에 대한 선입견으로 기존 연구에서 간과되었던『훈몽자회』의 편제와 특성에 대해 살펴보았다. 3장에서는『훈몽자회』주(註)의 내용과 효용을 6가지 측면에서 고찰하였다. 그리고 4장에서는『훈몽자회』의 핵심적 특성인 '지식의 확장성'과 그 교육적 시사에 대해서 논의해 보았다.

앞으로는 최세진이『훈몽자회』에 담아낸 다양한 지식들이 어디에서 근거한 것인지 면밀하게 고증하고, 후대로 수용되고 전이된 양상을 통시적으로 고찰하는 연구가 속개되어야 할 것이다. 분명한 것은 최세진이 기존 교육의 한계에 대한 반성을 바탕으로 당대의 요구에 걸맞은 '모드의 전환'을 이루어냈다는 점이다.

다시 우리의 문제로 돌아와서 생각해보자. 과연 현재의 한자·한문 교육은 현대 언어 생활의 실정을 반영하고 있으며, 한국의 풍속과 상황에 적합한 내용을 제공하여 학습자를 깨우치도록 설계되어 있는가? '기초 교육용 한자 1800자'에 매몰되거나 혹은 '도구 교과'라는 미명(美名)으로 스스로의 목을 조이며 오히려 교육의 질을 하락시키고 있지는 않은지, 깊이 반성해야 할 것이다. "소위(所謂) 교과서(敎科書)라 ᄒᆞ는거슨 내위자국(乃其自國)의 인뢰(人籟)로 발하야 천뢰(天籟)로 더부러 향응(響應)하야 자국(自國)의 사상(思想)과 자국(自國)의 풍속(風俗)과 자국(自國) 물정(物情)에 적당(適當)한 연후(然後)에 가(可)히 써 몽양(蒙養)을 계유(啓牖)함이어날"[40]이라고 한 근대 논설의 한 대목은 현재에도 유효한 일갈임에 틀림없어 보인다.

참고문헌

柳瑾 편, 『新字典』, 1916.

『類合』(청구기호 古1574-3-242, 국립중앙도서관 소장).

『類合』(청구기호 古3134-18-148, 국립중앙도서관 소장).

최세진, 『訓蒙字會』(국립중앙도서관 소장, 조선총독부고서분류표 古朝41).

최세진 저, 최남선 편, 『訓蒙字會』, 조선광문회, 1913.

강민구, 「학습자전의 향방과 개발에 대한 提言」, 『한문교육연구』 41, 한국한문교육학회, 2013.

곽현숙, 「『訓蒙字會』와 『자류주석』의 분류항목 비교 분석」, 『중국학』 61, 대한중국학회, 2017.

김경록, 「조선초기 『吏文』의 편찬과 對明 외교문서의 성격」, 『이화사학연구』 34, 이화사학연구소, 2007.

김기영, 「『訓蒙字會』를 중심으로 한 최세진의 이중언어 교육에 관한 연구」, 공주대학교 박사학위논문, 2007.

김민정, 「기억에 있어서의 범주적 조직화 책략의 발달 : 연령과 지식-기초의 역할」, 이화여자대학교 석사학위논문, 1990.

김병철, 「유가경전에서 핵심역량 함양과 수업 구현 사례」, 『한자한문교육』 43, 한국한자한문교육학회, 2017.

---

40) 『대한매일신보』, 1906년 6월 6일, 2쪽, 「교육화태(敎育禍胎)」.

김선화, 「『啓蒙編』의 편찬 배경과 異本에 관한 연구」, 『동방한문학』 81, 동방한문학회, 2019.

김선희·서수백, 「『훈몽자회』와 『자전석요』의 의미정보 수록 양상 비교 연구」, 『언어과학연구』 55, 언어과학회, 2010.

김유범, 「『老朴集覽』의 성립에 대하여-『音義』·『質問』·『譯語指南』의 성격규명을 통하여-」, 『국어사연구』 1, 국어사학회, 2000.

김종택·송창선, 「『千字文』, 『類合』, 『訓蒙字會』의 어휘분류체계 대비」, 『어문학』 52, 한국어문학회, 1991.

나도원, 「16세기와 21세기 공용한자의 인지언어학적 의미범주 고찰 ―『훈몽자회』와 3500한자를 중심으로」, 『중국학』 53, 대한중국학회, 2015.

박금자, 「分類 解釋 학습서로서의 『訓蒙字會』-훈몽자회』의 의미론적 어휘 분류와 의미 해석-」, 『국어학』 26, 국어학회, 1995.

박태양, 「용어의 어원을 통한 교육 방법 및 학습 효율성 연구」, 고려대학교 생물교육전공 석사학위논문, 2010.

서수백, 「『訓蒙字會』의 異字同釋 연구- 동일 새김의 한자 5자 이상을 대상으로 -」, 『한국말글학』 22, 한국말글학회, 2005.

_____, 「『訓蒙字會』와 『新增類合』의 字釋 비교 연구」, 『순천향 인문과학논총』 37, 순천향대학교인문학연구소, 2018.

_____, 「『訓蒙字會』 하권의 분류화에 관한 연구」, 『한국사상과문화』 99, 한국사상문화학회, 2019.

성환갑·김상윤, 「『訓蒙字會』 字釋에 나타난 單音節語 一考察」, 『인문학연구』 35, 중앙대학교 인문과학연구소, 2003.

송지연, 「문자 학습서 『訓蒙字會』 연구」, 조선대학교 석사학위논문, 2015.

신아사, 「『訓蒙字會』·『新增類合』·『千字文』에 반영된 止攝字 층위 연구(1)」, 『중국어문학논집』 58, 중국어문학연구회, 2009.

오완규, 「『千字文』·『訓蒙字會』·『新增類合』 자석 연구」, 공주대학교 석사학위논문, 2001.

윤지훈, 「한문과 핵심역량 설정의 배경과 의미」, 『한자한문교육』 42, 한자한문교육학회, 2017.

_____, 「茶山 丁若鏞의 아동 학습서 편찬에 대한 연구-『兒學編』과 『小學珠串』을 중심으로-」, 『동방한문학』 81, 동방한문학회, 2019.

이기문, 「『訓蒙字會』 研究」, 한국문화연구소, 1971.

이돈주, 「『訓蒙字會』 漢字音 硏究」, 전남대학교 박사학위논문, 1979.

이순미, 「『訓蒙字會』 '人類' 部의 漢語 어휘 연구」, 『중국학논총』 38, 고려대학교 중국학연구소, 2012.

_____, 「『譯語類解』 수록 어휘의 출처에 대하여—'집'과 관련된 漢語 어휘를 중심으로」, 『중국어문논총』 59, 중국어문연구회, 2013.

_____, 「『訓蒙字會』 '身體' 部의 중국어 어휘 연구」, 『中國語文論叢』 63, 중국어문연구회, 2014.

이영수, 「한자 학습의 효율성 제고를 위한 部首 및 聲符 활용 연구」, 한국교원대학교 석사학위논문, 2008.

이준환, 「『訓蒙字會』 註釋에서 볼 수 있는 중세국어 한자음의 모습」, 『국어학』 75, 국어학회, 2015.

_____, 「『訓蒙字會』 訓에 실린 한자음 고찰」, 『대동문화연구』 105, 성균관대학교 대동문화연구원, 2019.

이현익, 「한문교재의 연계성에 대한 연구」, 경북대학교 석사학위논문, 2008.

임동석, 「『千字文』의 원류, 내용 및 한국에서의 발전 상황 고찰」, 『중국어문학논집』 56, 중국어문학연구회, 2009.

임지룡, 「국어 분류어휘집의 체제와 상관성」, 『국어학』 19, 국어학회, 1989.

장주현, 「『訓蒙字會』의 어학적 연구」, 청주대학교 석사학위논문, 1987.

정재철, 「자전류의 역사와 한문 학습 자전의 필요성」, 『한문교육연구』 41, 한국한문교육학회, 2013.

진은영, 「효율적 한자교육을 위한 문자학 활용 방안」, 부산외국어대학교 중국어중국학과 석사학위논문, 2010.

최영환, 「『訓蒙字會』의 한글지도 방법 연구: 『訓民正音』과 비교를 중심으로」, 『독서연구』 51, 한국독서학회, 2019.

채춘옥, 「『訓蒙字會』異本에 대한 고찰—書誌 및 言語變化를 중심으로—」, 『中國學論叢』 30, 중국인문사회연구소, 2014.

최홍렬, 「『훈몽자회』 '질병'부 자훈의 고찰—'내과'를 중심으로—」, 『한말연구』 19, 한말연구학회, 2006.

_____, 「『훈몽자회』 '질병'부 자훈의 의미 고찰—'외과'를 중심으로—」, 『어문연구』 35, 한국어문교육연구회, 2007.

_____, 「『훈몽자회』 '軍裝'部의 同訓字 硏究」, 『어문논총』 52, 중앙어문학회, 2012.

한규진, 「교육용 기초한자의 선정 개선 방향 연구—『훈몽자회』의 한자 선정 기준을 중심으로」, 조선대학교 석사학위논문, 2011.

허철, 「코퍼스에 기반한 교육용 한자·한자계 어휘 위계화 연구(3)」, 『동방한문학』 80, 동방한문학회, 2019.

趙永明, 「朝鮮『吏文』的語料特征及詞匯价值」, 『南京師范大學文學院學報』, 南京師范大學文學院, 2014, Issue2.

『신증유합(新增類合)』의 구성과 한자·한문 학습서로서의 가치

-『유합(類合)』과의 비교를 중심으로 -

전수경

Ⅰ. 서론

『신증유합』은 미암(眉巖) 유희춘[柳希春, 1513~1577]이 1576년에『유합(類合)』에 수록된 1,512자를 3,000자로 수정 증보하고, 언문으로 해당 한자의 음과 훈을 부기해 간행한 자학서(字學書)이다. 미암은『신증유합』을 편찬하게 된 동기에 대해『유합』은 규모가 크지 못해 중요한 글자 중에 누락된 글자가 많고, '승려를 존중하고 유가의 성현을 배척'하는 내용이 포함되어 있어『유합』을 수정 증보하게 되었다고『신증유합』서문과 발문을 통해 진술하였다.

『신증유합』에 대한 선행연구는 국어학 분야에서 가장 활발히 진행되었다.『신증유합』의 가장 큰 특징은 제시된 각 한자의 하단에 언문으로 해당 한자의 음과 훈을 부기하는 것이라 할 수 있다. 이러한 구성적 특징 때문에 국어학 분야에서는 한자 음훈의 표기 형태와 한글 자모의 구성 방식, 사용 어휘 등에 대한 분석을 통해 중세 국어의 원형을 규명하려고 시도하였고,『신증유합』을 그 목표를 위한 매우 중요한 자료로 활용해왔다.

국어학 분야의 연구로 민충환(1981)[1]은 훈(訓)의 비교를 통해『훈몽자회』와『천자문』은 순우리말 훈의 경향을, 『신증유합』은 한자말 훈의 경향을 보다 많이 띠고 있다고 밝혔다. 위진(1997)[2]은『신증유합』새김의 형식적·어휘적 특성을 살펴보았는데, 형식적 분류에서는 새김 수와 어종(語種)에 따라 특성을 밝혔고, 어휘적 특성에서는 어휘론·형태론·음운론 특성에 따라 나누어 살펴보았다. 오완규(2001)[3]는 세 텍스트 간의 비교를 통해 자석(字釋)의 표기, 음운, 의미, 동출자에 대해 고찰하였고, 이은실(2004)[4]은『신증유합』의 나손본(羅孫本)과 고대본의 한자음 차이를 고찰하고, 이를 바탕으로 고대본과 현대 한자음의 차이를 분석하였다.

국어학 분야 다음으로는 서지학 분야에서『신증유합』에 대한 연구 성과들이 다수 제출되었다. 서지학 분야에서는『신증유합』의 판본에 대한 연구가 주목된다. 배현숙(2003)[5]은『신증유합』의 간행과정과 이본에 대해 고찰하였는데, 목활자본 2종인 나손본(羅孫本)과 일사본(一簑本)을 비교하였고, 다음으로 목판으로 간행된 성암본(誠庵本), 일본 동양문고본(東洋文庫本), 일본 존경각본(尊經閣本), 일본 암기본(岩崎本), 이수륜가각본(李壽崙家刻本), 고려대학교본(高麗大學校本), 개인소장본의 서지적 특징을 살펴보았다. 장요한(2015)[6]은 이수륜 가각본『신증유합』이 한자 표제어, 새김과 독음, 내용 편성 등에서 다른 이본과 차이를 보이고 있음을 문헌학적 측면에서 검토하였고, 서지적 측면과 내용적 측면에서 그

---

1) 민충환,「『훈몽자회』·『신증유합』·『천자문』의 비교 고찰」, 인하대 석사학위논문, 1981.

2) 위진,「『신증유합』의 새김 고찰」, 전남대 석사학위논문, 1997.

3) 오완규,「『천자문』·『훈몽자회』·『신증유합』 자석 연구」, 공주대 석사학위논문, 2001.

4) 이은실,「『신증유합』의 한자음 연구」, 공주대 석사학위논문, 2004.

5) 배현숙,「『신증유합』 판본고」,『민족문화연구』39, 고려대 민족문화연구소, 2003.

6) 장요한,「계명대 소장본『신증유합』의 문헌학적 의의」,『대동한문학』45, 대동한문학회, 2015.

차이를 확인하였다.

『신증유합』은 문자학 분야에서도 중요 제재로 다루어졌는데, 정연실 (2019)[7]은 『신증유합』과 『유합』에 사용된 한자 간의 비교를 통해 통가자에 대해 분석하였고, 박형익(2003)[8]은 『유합』의 이본들을 비교 대조한 후 『유합』의 표제자 선정과 배열에 대해 고찰하였다. 이 과정에서 『신증유합』의 27개 분류 항목을 기준으로 『유합』을 살펴볼 수 있었지만, 『신증유합』의 표제자 선정과 추가된 글자의 배열 등에 대한 연구까지 범위를 넓히지 못한 한계를 보인다.

『신증유합』과 관련된 선행연구를 검토해본 결과, 『신증유합』을 비교 문헌으로 활용한 연구서에 비해 정작 자학서로서 『신증유합』에 대한 단독 연구는 최근에서야 이루어졌다. 이연순(2018)[9]은 『유합』과의 비교를 통해 『신증유합』의 특징을 다음 몇 가지로 정리하여 제시하였다. 먼저 체제와 형식면에서 상하권을 분리하여 항목을 제시하고 분류한 점, 1행에 4자씩 배열하여 압운 방식을 활용하고 암기 효과를 극대한 점, 불교 관련 한자와 당대 어문환경에서 비교적 자주 사용하지 않는 한자를 제거하고, 편자인 미암 유희춘이 실제 학자(學字) 과정에서 우선적으로 학습해야 한다고 판단한 한자를 선택하여 재배치한 점을 꼽고 있다. 그러나 『유합』과 『신증유합』 전체 내용에 대한 분석은 이루어지지 못하여 『유합』을 '증보'하면서 어떤 한자어들이 제거되고 추가되었는지에 대해 구체적으로 제시하지 않았다는 한계를 보인다.

이에 본고는 『유합』과 『신증유합』에 사용된 한자·한자어 전체를 비교 분석하여 『유합』의 증보를 통해 미암이 자학서로서 『신증유합』을

---

7) 정연실, 「『신증유합』 통용자 고찰」, 『중국학연구』 88, 중국학연구회, 2019.
8) 박형익, 「『유합』의 표제자 선정과 배열」, 『이중언어학』 23, 이중언어학회, 2003.
9) 이연순, 「미암 유희춘의 『신증유합』의 자학서로서 의의와 가치-『유합』과 비교를 중심으로」, 『한국고전연구』 40, 한국고전연구학회, 2018.

어떻게 제작하고자 했는가에 대한 구상과 구현하고자 했던 목표를 조
망함으로써 『신증유합』의 한자·한문 학습서로서의 가치를 검토하고자
한다.

II. 『신증유합』의 판본과 구성

1. 『신증유합』과 『유합』의 판본

『신증유합』의 판본은 나손본·일사본·성암본·동양문고본·존경각
본·암기본·이수륜 가각본·고려대학교본·개인소장본 총 9종이 있으
며, 이에 대해서는 선행연구에서 자세히 분석하였다.[10] 선행연구를 토
대로 『신증유합』의 이본을 정리하여 제시하면 아래 〈표 1〉과 같다.

〈표 1〉 『신증유합』 이본 목록

판본	이본	소장처	서문	발문
목활자본	나손본 (羅孫本)	나손(羅孫) 김동욱(金東旭) 선생 구장본(舊藏本)	○	○
	일사본 (一簑本)	일사(一簑) 방종현(方鍾鉉) 선생 구장본(舊藏本) 서울대 일사문고(一簑文庫)	- ※ 본문 상권 일부만 전 래, 편차를 알 수 없음	-
목판본	성암본 (誠庵本)	성암문고(誠庵文庫)	○	×
	동양문고본 (東洋文庫本)	동양문고(東洋文庫)	○	×
	존경각본 (尊經閣本)	존경각문고(尊經閣文庫)	○	×

---

10) 안병희, 「해제」, 『신증유합』, 단국대 동양학연구소, 1972; 배현숙, 「『신증유합』 판본고」,
   『민족문화연구』 39, 고려대 민족문화연구소, 2003; 장요한, 「계명대 소장본 『신증유합』
   의 문헌학적 의의」, 『대동한문학』 45, 대동한문학회, 2015.

암기본 (岩崎本)	암기문고(岩岐文庫)	○	×
이수륜가각본 (李壽崙家刻本)	계명대 동산도서관	×	○
고려대학교본 (高麗大學校本)	고려대 도서관	○	○
개인소장본	모(某) 개인수장	–	–

　이상의 표에서 확인할 수 있는 바와 같이, 『신증유합』의 가장 온전한 형태를 갖추고 있는 것은 나손본과 고려대학교본이라고 할 수 있다. 그 중 나손본은 2권 1책, 4행 4자로 상하권의 목록과 서발(序跋)을 모두 갖추고 있어 현재로는 가장 완전하게 『신증유합』의 전모를 보여주는 책이다. 판본 간의 비교와 선본의 확정은 본고의 논점에서 벗어나는 주제로, 선행연구에서 진행한 이본들을 검토하여, 『신증유합』의 경우 단국대 동양학연구소에서 1972년에 영인한 나손본을 본고의 연구 제재로 활용하였다.

　『유합』은 서거정[徐居正, 1420~1488]의 저작으로 『거정(居正)』이라는 명칭으로도 호칭되고 있으나, 미암이 『신증유합』 서문에서 "臣伏覩類合一編, 出於我東方, 不知誰手."라고 한 언급과, 오주(五洲) 이규경[李圭景, 1788~1856]이 지적한바,[11] 그 저작자의 확증에는 다소 의문이 남는다. 다만 『신증유합』 발문에서 "가정(嘉靖) 임인년[壬寅年, 1542]에 동궁(東宮)의 관원이 되어 동궁(인종)에게 『유합』을 진강하는 것을 보았는데, 그 가운데 승려를 존중하고 유가의 성현을 배척하는 내용이 있어 『유합』을 수정할 뜻을 두었다."[12]라고 밝히고 있는 점을 통해 『유합』은 1542년

---

11) 李圭景, 『五洲衍文長箋散稿·經傳類二』, 「小學·小學古今二學辨證說」. "或類合, 或云, 徐西佳居正所撰. 諺稱居正者, 皆以此也. 不知出於誰手."
12) 柳希春, 『新增類合』, 「跋」. "臣昔在嘉靖壬寅, 添爲春坊僚屬, 竊觀東宮進講類合, 其中 尊僧尼, 而黜儒聖, 卽有修正之志."

이전에 편찬된 것임은 확정할 수 있다. 또한, 최세진[崔世珍, 1468~1542]이 1527년에 지은『훈몽자회』서문에서 "『유합』이 여러 한자를 종류별로 모아 두었지만, 허자가 많고 실자가 적다."[13]라고 서술한 부분을 통해, 『유합』이 적어도 1527년 이전에 간행되었음을 유추할 수 있다.

『유합』의 이본은 현재 총 10종이 존재하는 것으로 파악된다. 선행연구를 토대로『유합』의 이본을 정리하여 제시하면 아래 〈표 2〉와 같다.[14]

〈표 2〉『유합』이본 목록

이본	간행시기	수록 한자수
칠장사판(七長寺板)	1664년	1,512자
선암사판(仙巖寺板)	17세기	1,512자
영장사판(靈長寺板)	1700년	1,512자
송광사판(松廣寺板)	1730년	1,512자
호은제장판본(乎隱齊藏板本)	18세기 중엽	1,554자 *
야동신간본(冶洞新刊本)	19세기 중엽	1,512자
무신간판본(戊申刊板本)	19세기말	1,518자 *
무교신간본(武橋新刊本)	19세기말	1,512자
신구서림본(新舊書林本)	1913년	1,512자
회동서관본(滙東書館本)	1918년	1,512자

이상의 선행연구와 이본들을 검토한 결과, 무신간판본(1,518자), 호은제장판본(1,554자) 두 이본을 제외한 나머지 이본들에서는 1,512자의 한자를 수록하고 있어 1,512자를『유합』의 표제자 수로 확정할 수 있다고

---

13) 崔世珍, 『訓蒙字會』, 「序」. "雖曰類合諸字, 而虛多實小, 無從通語事物形名之實矣. 若使童稚學書知字, 則宜先記識事物該紐之字, 以符見聞形名之實, 然後始進於他書也."

14) 장광덕, 「유합소고(類合小攷): 칠장사소장판(七長寺所藏板)의 소개를 중심으로」, 『명지어문학』 5, 명지대 국어국문학회, 1972; 이석구, 「『유합』에 대한 국어학적 연구」, 단국대 석사학위논문, 1988; 박형익, 「『유합』의 표제자 선정과 배열」, 『이중언어학』 23, 이중언어학회, 2003.

판단된다. 『유합』은 칠장사판본 이전에 출간된 자료가 아직 발견되지 않아, 칠장사판본이 현재까지는 최고본이다. 칠장사판본은 현재 그 판본이 경기도 안성(安城)에 있는 칠장사(七長寺)에 보존되어 있고, 「강희삼년육월일송판(康熙三年六月日松板)」이라는 간기를 통해 1664년에 간행한 책임을 알 수 있다. 그러나 칠장사판은 표제자의 형태를 알 수 없는 것이 40자[15] 존재한다. 따라서 전체 1,512자 중에서 40자를 제외하고 1,472자만 파악 가능하다. 본고에서는 『유합』과 『신증유합』에 사용된 한자만을 제재로 다루고자 하였으므로, 칠장사판을 주 비교 대상으로 하고, 형태를 파악할 수 없는 40자는 영장사판을 통해 보완하여 『신증유합』과 『유합』을 비교하였다.[16]

2. 『신증유합』의 편찬 동기와 구성

『유합』은 조선시대 대표적인 자학서로 아동이 『천자문』에 이어 습득하는 교재의 하나였고,[17] 왕실에서도 『천자문』 다음으로 『유합』을 교육했다는 기록이 보인다.[18] 미암 당시에는 『유합』을 누가 지었는지 알지 못한다고 하였는데, 『유합』의 저자에 대해서는 세 가지 견해가 있다.

---

15) 이 외에도 표제자는 있으나 새김과 음 둘 다 알 수 없는 것이 72개, 새김만 알 수 없는 것이 206개, 음만 알 수 없는 것이 1개이다. 박형익, 「『유합』의 표제자 선정과 배열」, 『이중언어학』 23, 이중언어학회, 2003.

16) 『유합』(칠장사판 및 영장사판)은 국립국어원 홈페이지(https://ithub.korean.go.kr) 자료실에 공개되어 있는 자료를 활용하였다. 구분을 위해 영장사판 『유합』은 ⑬, 칠장사판 『유합』은 ⑲로 표기하였다.

17) 崔世珍, 『訓蒙字會』, 「序」. "臣竊見世之教童幼學書之家, 必先千字, 次及類合, 然後始讀諸書矣."

18) 『중종실록』 권27, 중종 12년(1517) 4월 13일 조. "元子於初十日入謁, 留大妃殿, 是日, 還出寓河城尉家, 氣質沈重, 言不輕發, 『千字』·『類合』, 皆通習之. 上執冊而問之, 應誦不錯一字, 上嘉嘆不已, 仍厚賞乳媼. …… 予聞, 汝『千字』已畢, 『類合』半讀, 是豈常兒之事乎? 予試汝所好, 不喜弄而好書, 指字而問, 分明開說, 予甚嘉焉."

안정복(安鼎福, 1712~1791)은 『유합』을 미암의 저작이라 지적하고, 이와
별도로 서거정이 지은 『거정』이라는 자료가 존재한다고 언급하였다.[19]
정약용[丁若鏞, 1762~1836]은 『유합』을 서거정의 저작이라고 하였고,[20]
이후 이규경은 "혹자가 말하기를 '『유합』은 사가 서거정이 지은 것이다.'
라고 하니, 속어에서 『거정』이라고 일컫는 것은 이 때문인데 누구 손에
서 나온 것인지 알 수 없다."라고 하였다.[21]

　안정복이 미암의 저작이라고 한 것은 실제는 『신증유합』을 가리키는
것으로, 지금 전하는 『유합』은 대부분 『신증유합』을 가리키는데, 18세
기에는 『유합』보다는 『신증유합』이 널리 사용되었기 때문에 『유합』과
『신증유합』을 구분할 필요가 없었던 것으로 판단된다. 또한 『유합』을
『거정』으로 일컫기도 했다는 이규경의 언급을 미루어 짐작해 보건대,
『신증유합』은 『유합』으로, 『유합』은 『거정』으로 편의상 칭하여 구분한
것이 아닐까 한다.

　이처럼 『유합』이 누구의 저작인지 분명하지는 않지만, 당시 『천자문』
을 학습한 이후 심화학습을 위해 활용한 대중적인 자학서였음은 분명한
사실이다. 그렇다면 미암은 왜 『유합』을 증보하여 『신증유합』을 편찬하
게 된 것일까? 『신증유합』 서문의 전문을 제시하면 아래와 같다.

　　신이 『유합』 한 편을 보니, 우리나라에서 나왔으나 누가 지었는지는

19) 안정복, 『순암선생문집』 권18, 「續千字跋」, "東人敎小兒之文有三, 梁周氏之千字, 徐四
佳之居正, 柳眉巖之類合是已. 周氏之文, 以其傳習之久, 盛行于世."

20) 정약용, 『다산시문집』 권17, 「爲盤山丁修七贈言」, "敎小兒, 如徐居正類合, 雖不及爾雅
急就篇之爲雅正, 猶勝於周興嗣千文矣. 讀玄黃字, 不能於靑赤黑白等竭其類, 何以長兒
之知識. 初學讀千文, 最是吾東之陋習.";『다산시문집』 권22, 「千文評」, "故讀千文已, 猶
一字不知也. 千文有用處, 以之標田, 以之標試卷焉可也., 於小學何與. 苟爾雅說文, 不可
復, 徐居正之類合, 猶其近者也."

21) 李圭景, 『五洲衍文長箋散稿・經傳類二』, 「小學・小學古今二學辨證說」, "或類合, 或云,
徐西佳居正所撰. 諺稱居正者, 皆以此也. 不知出於誰手."

알 수 없습니다. 그러나 글자를 선정함이 정밀하고 적절하여 많은 사람에
게 애용되었습니다. 다만, 그 규모가 넓지 못하여 긴요한 글자 중에 오히
려 누락된 것이 많아 신이 부족한 견문을 헤아리지 못하고 수정 증보하여
대략 완성하였는데, 완성된 책은 모두 삼천 자로 언문으로 번역을 더하였
고, 지난번 옥당(玉堂)에 있을 때에 또한 동료 김수(金睟)의 교정을 얻었
으니, 삼가 어린아이들이 외우고 익히는 데 도움이 될 것입니다. 만력
4년(1576) 3월 병오(丙午)일에 가선대부 동지중추부사 신 유희춘이 삼가
서문을 쓰다.[22]

　　1576년에 작성한 서문에서 미암은 "『유합』을 누가 지었는지 알 수 없
지만, 글자를 적절하게 선정하여 지금까지 많은 사람들이 자학서로 애
용하고 있다. 그러나 그 규모가 넓지 못해 중요한 글자 중에 누락된 글자
가 많아 어린아이들이 외우고 익히는 데 도움이 되고자 수정 증보하여
1,512자에서 3,000자로 언문으로 번역을 더하였다."라고 『신증유합』의
편찬의도를 밝히고 있다. 『신증유합』 발문에서도 또 다른 편찬 의도를
파악할 수 있는데, 발문의 전문을 제시하면 아래와 같다.

　　신이 지난 날 가정(嘉靖) 임인[壬寅, 1542]에 춘방[東宮]의 관원이 되어
외람되이 동궁(東宮)에게 『유합』을 진강하는 것을 보았는데, 그 가운데
승려를 존중하고 유가의 성현을 배척하는 내용이 있어 이에 수정의 뜻을
두었습니다. 그러나 고루하여 결실을 맺지 못하다가 30여 년이 지난 이후
에야 비로소 책을 완성할 수 있었습니다. 감히 스스로 옳다 말할 수 없고,
단지 어린아이들이 읽을 수 있게 갖추고자 할 뿐입니다. 승지인 정탁(鄭
琢)에게 나아가 보이니 저를 임금께 아뢰어 신을 뽑아 승진시키라고 명하

22) 柳希春, 『新增類合』, 「序」. "臣伏覩類合一編, 出於我東方, 不知誰手. 然選字精切, 人多
愛之. 第規模不廣, 至大至緊之字, 遺漏尙多, 臣不揆謏聞, 修補增益, 略成, 完書三千字,
就加諺譯, 頃在玉堂, 又得同僚金睟校正, 謹資童蒙誦習云. 萬曆四年三月丙午, 嘉善大夫
同知中樞府事, 臣柳希春謹序."

셨습니다. 근일에 부름을 받아 이르러 다시 개수본을 바쳤더니, 상이 경석(經席)에서 신하들에게 말씀하시기를, "이 책은 진실로 좋구나, 다만 언문으로 번역한 것 중에 사투리[土俚]가 많도다."라고 하셨습니다. 신이 명을 듣고서, 삼가 물러나 살펴 옥당 동료와 상의하여 확정하고 개정하였습니다. 또 듣건대, 여성군(礪城君) 송인(宋寅)은 자훈(字訓)을 많이 안다고 들어서 찾아가 오류를 지적받아 다시 고치고 공손히 기다렸습니다. 성상께서 살펴보시고는 글자의 뜻이 하나가 아니다고 하셨습니다. 신은 견문이 낮은 자로 정밀하고 상세하지 못하여 지극히 황송함을 이기지 못하고 삼가 두 손을 모으고, 머리를 조아리며 듣기만 할뿐입니다. 만력 4년(1576년) 10월 초4일, 가선 대부 행 첨지중추부사 겸 동지성균관사 신 유희춘이 교열하여 올립니다.[23]

　1576년에 작성한 발문에서는 "『유합』에는 '승려를 존중하고 유가의 성현을 배척'하는 내용이 있어 수정의 뜻을 두었다."라고 편찬의도를 밝히고 있는데, 이는 유가를 존숭하는 미암의 사상과도 연관되어 있다. 미암은 유배지에서 저술한 『속몽구』에서 이미 존주자(尊朱子) 의식을 드러낸 바 있는데,[24] 이러한 그의 사상은 『신증유합』에서도 발견된다.

　발문에 의하면 미암이 『신증유합』 편찬에 착수한 것은 1542년[중종 37]이다. 『신증유합』이 완성될 무렵 사화로 20여 년간 유배 생활을 하다가 풀려나자마자 『속몽구』를 먼저 간행하였고, 3년 뒤에 『신증유합』을 다시 수정하게 된다. 1576년[선조 9] 미암은 벼슬을 그만두고, 담양에서

---

23) 柳希春, 『新增類合』, 「跋」. "臣昔在嘉靖壬寅, 添爲春坊僚屬, 竊觀東宮進講類合, 其中尊僧尼, 而黜儒聖, 卽有修正之志, 而以寡陋未果, 後三十餘年, 始克成書. 未敢自是, 只欲備童蒙之誨讀. 適承旨鄭琢見, 而啓達臣, 命拔進臣. 頃日被召, 而來又獻所修之本, 上於經席謂臣曰, '此書固好, 第諺釋中多土俚爾.' 臣聞命, 兢省退, 而與玉堂同僚商確改正, 又聞礪城君宋寅多識字訓, 因求指點差謬, 乃得更定恭埈. 聖鑑, 然字義不一, 而臣謏聞之解, 未能精詳, 不勝惶悚之至, 謹拜手稽首以聞. 萬曆四年十月初四日, 嘉善大夫行僉知中樞府事兼同知成均館事, 臣柳希春校進."
24) 이연순, 「미암 유희춘의 『속몽구』 연구」, 『어문연구』 38-3, 한국어문교육연구회, 2010.

저술에 전념하였는데, 이때 둘째 손자인 광연(光延)을 대상으로『신증유
합』을 실제로 가르쳐보고 수정을 계속하였다. 미암의 부인은 미암에게
『신증유합』의 한자가 어린아이들이 배우기에는 어려워 마치 견고한 성
아래 군사만 모아 두는 격이라고 비유하면서, 차라리『취구(聚句)』·『양
몽대훈(養蒙大訓)』·『소학』을 읽히는 것이 낫다고 질책하였다.[25] 미암은
이러한 과정을 바탕으로『신증유합』을 상하권으로 수준에 따라 한자를
익힐 수 있도록 수정 증보하였고, 이후『신증유합』은 아동 자학서로서
그 가치를 인정받게 됐다.

　전성군(全城君) 이혼[李混, 1661~1727]이 자신의 집에 간직하고 있던 고
서 중『신증유합』을 바치며 개간(改刊)해 영구히 전해질 것을 청한 차자
가『승정원일기』에 실려 있다. 이를 통해 당대『신증유합』의 가치를 확
인할 수 있다.

　　신의 집에 간직하고 있는 고서 중에『신증유합』이라는 책이 있으니,
　　이것은 바로 고(故) 찬성(贊成) 유희춘(柳希春)이 수보(修補)하고 개편하
　　여 선묘조(宣廟朝) 때에 바친 것입니다. 이 책은 본래 우리나라에서 만든
　　것으로 글자를 매우 치밀하게 선택하였으므로 아이들이 외우고 익히기에
　　매우 편리했습니다. …… 마침 이 책을 신의 책장에서 발견하고서, "이
　　책은 이미 성조(聖祖)께서 친히 살펴보고 칭찬하신 것이며 또 학문이 있
　　는 신하들에게 명하여 함께 편집하게 한 책인 만큼, 그 귀중함이 다른
　　책에 견줄 바가 아니다. 왕세자가 서연(書筵)에서 강학(講學)하고 난 뒤
　　에 펼쳐 보고서 육예(六藝)에 푹 젖어 드는 자료로 삼는다면, 음·해석
　　·평측(平仄)을 쉽게 이해할 수 있을 뿐만 아니라 반드시 사물의 명칭에
　　대해서도 널리 관통할 것인 만큼 어린 나이에 강습하는 공부에 보탬이
　　있을 것이다."라고 생각하였습니다.[26]

25) 유희춘,『미암집』권13, 1576(병자년) 1.11. "夫人昨夕語余曰: '光延性聰敏有詞氣, 可讀
　　聚句及養蒙大訓小學等書, 而今之讀新增類合, 艱深之字, 譬若頓兵堅城之下. 蓋姑緩之,
　　而令讀成文之書乎.' 余聞言而悟."

　전성군 이혼은 『신증유합』을 "글자가 매우 치밀하여 아이들이 외우고 익히기에 편하며, 음·해석·평측을 쉽게 이해할 수 있을 뿐만 아니라 사물의 명칭에 대해서도 널리 관통할 수 있는 자학서"라고 평가하고 있다. 또한, 『신증유합』이 조선 후기까지 사대부 집안에서뿐만 아니라 조정에서도 자학서로서의 가치를 인정받아 왔음을 알 수 있는 대목이다.

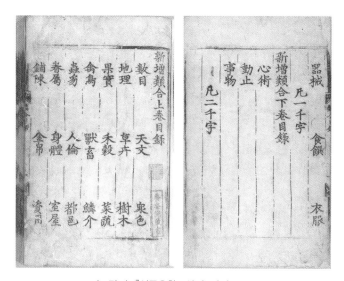

〈그림 1〉 『신증유합』 상권·하권 목록

　『신증유합』은 총 27개 항목으로 상권에 24개 항목, 하권에 3개 항목으로 분류하였다. 일본 동양문고에 소장되어 있는 『신증유합』의 목록을 제시하면 〈그림 1〉과 같고, 그 분류 항목과 항목별 수록 한자 수를 정리하여 제시하면 아래 〈표 3〉과 같다.

---

26) 『승정원일기』 33책, 1726년(영조 2) 1월 9일(임인) 조. 한국고전종합DB 번역 참조.

〈표 3〉『신증유합』의 분류 항목과 항목별 한자 수

```
상권(上卷) : 수목(數目, 24), 천문(天文, 104), 중색(衆色, 16), 지리(地理, 56),
           초훼(草卉, 48), 수목(樹木, 24), 과실(果實, 24), 화곡(禾穀, 16),
           채소(菜蔬, 24), 금조(禽鳥, 56), 수축(獸畜, 48), 인개(鱗介, 24),
           충치(蟲豸, 40), 인륜(人倫, 40), 도읍(都邑, 56), 권속(眷屬, 24),
           신체(身體, 72), 실옥(室屋, 48), 포진(鋪陳, 40), 금백(金帛, 24),
           자용(資用, 24), 기계(器械, 88), 식찬(食饌, 32), 의복(衣服, 48)
           ☞ 총 1,000자
하권(下卷) : 심술/동지(心術/動止, 1496),²⁷⁾ 사물(事物, 504)
           ☞ 총 2,000자
```

　미암은 『유합』을 수정 증보하는 과정에서 27개의 대분류 항목을 설정하고, 항목별로 글자를 제시하여 학습자에게 어떤 분류 항목에 포함된 글자를 학습하고 있는지 인지할 수 있도록 배치하였다. 『유합』은 여섯 글자씩 배열하고, 항목 끝에 분류 항목을 설명하면서 각 분류항을 마무리 짓고 있는 체제인데, 『신증유합』 역시 『유합』의 체제를 그대로 따르고 있다. 박형익(2003)은 이러한 구성 방식을 중국 『급취편(急就篇)』의 영향으로 판단하고, 『이아(爾雅)』·『황람(皇覽)』·『예문유취(藝文類聚)』 등에서도 찾아볼 수 있는 구성이라고 설명하였다.²⁸⁾ 단, 『신증유합』은 『유합』에서 여섯 글자씩 배열한 것을 네 글자의 배열로 바꾸고, 어린아이들이 먼저 익혀야 할 한자부터 쉽게 익힐 수 있도록 상하권으로 나누어 구성하였다.

　앞서 전성군 이혼은 『신증유합』을 '평측'을 쉽게 이해할 수 있는 자학서라고 평가하였는데, 이는 상성과 거성에 권점(圈點)을 하였기 때문이다. 상성과 거성에 권점을 표시한 미암의 의도는 아래 인용문을 통해

---

27) 나손본은 〈심술(心術)〉과 〈동지(動止)〉가 하나의 항목으로 묶여있다.

28) 박형익, 「『유합』의 표제자 선정과 배열」, 『이중언어학』 23, 이중언어학회, 2003.

파악할 수 있다.

> 무릇 경사자집(經史子集) 가운데 글자의 본래 뜻으로 사용된 경우에는
> 권점하지 않고, 본래와 다른 뜻으로 사용하면 권점을 가하는 것이 일반적
> 이다. 이 책에서 상성과 거성에 대해 본래 자의로 사용되었더라도 반드시
> 권점을 한 것은, 오직 아동들이 글자의 고저를 쉽게 알게 하고자 하였기
> 때문이다. 평성과 입성은 권점하지 않았는데, 평성은 슬프면서 편안하
> 고, 입성은 곧으면서 빨라 자연스럽게 분별하기가 쉽다. 그러므로 이 책
> 에서는 반드시 권점하지는 않았다.[29]

미암은 학습자에게 글자의 고저를 쉽게 인지하게 하려는 의도로 본래
자의로 사용된 상성과 거성자에도 권점을 표기하여 제시하였고, 평성과
입성은 분별하기가 쉬워 따로 권점을 하지 않았다는 입장이다. 또한,
미암은 6자씩 배열되어 있던 『유합』을 4자씩 배열하고, 마지막 글자의
운을 맞추는 방식으로 『유합』을 개정 증보하였는데, 이러한 시도는 모
두 학습자들이 글자를 암송하기 쉽도록 하여 학습 효과를 높이고자 하
는 의도였음을 확인할 수 있다. 이 때문에 미암이 고안한 한자 학습 단계
에서 『신증유합』은 가장 첫 단계에 학습해야 할 대상으로 제시된다.

> 모든 아동은 먼저 글자의 종류를 배우고, 다음은 연주(聯珠)의 시격(詩
> 格)을 배우며, 다음은 『소미통감(少微通鑑)』을 읽어 그 문리(文理)를 드
> 러내고, 다음은 「정훈내편(庭訓內篇)」을 읽어 먼저 해야 할 일을 알며,
> 다음은 시와 서 같은 큰 글을 읽어 다른 날 강경(講經)의 근본을 삼는다.
> 다음은 『소학(小學)』과 『속몽구(續蒙求)』(선생이 지은 책 이름이다)를 읽

---

29) 柳希春, 『新增類合』, 「圈上去聲」. "凡經史子集中, 字之本義則不圈, 別義則圈之, 尙矣.
今都於上去聲, 本義必圈者, 只欲兒童易曉字高低之意也. 平聲入聲不圈, 平聲哀而安, 入
聲直而促, 自然易辨. 故今不必圈."

어 학문을 좋아하는 마음을 흥기시키니, 곧 그 차례이다.[30]

위 인용문에서 미암은 학습의 단계를 6개 항목으로 제시하고 있는데, 습자(習字)-연주(聯珠)의 시격(詩格)-『소미통감(少微通鑑)』-『정훈내편(庭訓內篇)』-『시서(詩書)』-『소학(小學)』·『속몽구(續蒙求)』의 단계를 설정하고 있다. 이 단계 설정에 따르면 습자 교재인 『신증유합』은 『천자문』과 함께 가장 첫 단계에 학습해야 할 대상으로 제시된다. 이 때문에 『신증유합』은 초학자가 학습 효과를 증대할 수 있도록 교재를 구성한 것으로 보아야 한다.

이상과 같이 『유합』을 개정 증보하여 『신증유합』을 제출하고자 하였던 미암의 의도를 확인할 수 있었다. 다음 장에서는 『신증유합』에 사용된 전체 한자와 그 한자들로 구성된 구문을 『유합』과 비교하여, 미암이 자학서로서 『신증유합』을 어떻게 제작하였는지 그 실제를 파악하고자 한다.

Ⅲ. 『신증유합』의 사용 한자 비교 분석

『유합』에서 『신증유합』으로의 개정 증보 과정에서 가장 큰 변화는 6자 구성(『유합』)에서 4자 구성(『신증유합』)으로 구성 체제를 변환한 점이라 할 수 있다. 이는 『유합』의 6자 구성이 학습자의 암기 부담을 증가시키기 때문에 『신증유합』에서 4자 구성으로 변환했다는 추론이 가능하다. 또한 교수학습 방식의 효율성면에서 판단해보았을 때, 미암이 『신증

---

30) 유희춘, 『眉巖集』 권4, 「庭訓內篇」. "凡兒童, 先學字類, 次學聯珠詩格, 次讀少微通鑑, 以發其文理. 讀庭訓內篇, 以知先務, 讀詩書大文, 爲他日講經之本. 次讀小學續蒙求(生所著書名), 起好學之心, 乃其序也."

유합』을 『천자문』 다음 단계의 학습 교재로 상정했다는 점에서 두 서종 간의 연계성 즉, 학습자가 이전에 배웠던 익숙한 방식을 통해 상급 교재를 학습할 수 있게 하는 학습의 효율성 문제를 고려한 것으로 생각해볼 수 있다. 또한 『유합』이 운자를 배치하지 않고 구성되었기 때문에 운자를 활용하여 학습 효율성을 제고하기 위해 의도한 것이라 판단된다.

미암이 의도한 바는 세 가지 방식으로 『신증유합』에 구현되었다. 첫째, 『유합』에 사용된 글자를 삭제함, 둘째, 『유합』에 사용된 글자를 다른 위치에 배치함, 셋째, 새로운 글자를 포함하여 학습자 대상에게 풍부한 자료를 제공하는 방식이다. 이 장에서는 이상 세 가지 방식에 대해 각각 검토하도록 한다.

1. 『유합』 수록자 중 『신증유합』에 수록되지 않은 글자

『유합』 수록자 중 『신증유합』에 포함되지 않은 한자는 총 46자로 아래 〈표 4〉와 같다.

〈표 4〉 『유합』 수록자 중 『신증유합』에 사용되지 않은 글자

伍(5), 陸(6), 柒(7), 捌(8), 玖(9), 拾(10), 薤(115), 柚(273), 菓(285), 荳(295), 蔥(305), 蒜(307), 筍(316), 苽(322), 鴬(342), 鶿(343), 鷖(348), 梟(355), 鶺(357), 鵴(358), 獐(385), 狸(389), 兎(392), 駱(395), 猪(403), 豕(404), 蚤(456), 蚕(458), 尼(498), 娚(558), 脈(623), 毯(742), 簁(785), 致(833), 勒(869), 盖(871), 倄(875), 韐(910), 呵(1198), 嘖(1199), 娉(1229), 霝(1246), 剪(1252), 餞(1282), 剩(1460), 漫(1506)

미암은 『신증유합』 발문에서 '승려를 존중하고 유가의 성현을 배척' 하는 내용이 있어 수정의 뜻을 두었다고 표면적으로 밝히고 있는바, 이상의 이유 또한 『유합』 수록자의 배제에 큰 영향을 미쳤을 것으로 판단

된다. 실제『유합』과『신증유합』을 비교해보면,『유합』수록자의 배제
는 다음의 몇 가지 유형을 지닌다.

① 최소 단위로서 일상에서 자주 사용되지 않는 한자
② 다른 한자와 구문으로 결합하여 의미 구성이 부자연스러운 경우
③ 기타 이데올로기적인 문제에 대한 부분

①의 경우, 대표적으로 '娚(558)'의 예를 들 수 있는데, 이 자는 우리나
라에서만 사용하는 한자이다. 다른 전적과 일상에서 기타 한자들에 비해
등장 빈도가 낮은 한자로 한자 학습의 효율성 측면에서 다른 한자로 대
체하는 것이 타당하다고 판단한 것으로 보인다. 그러나 비교적 자주 사
용되는 글자들의 경우도『신증유합』에서 다른 자로 대체된 경우를 확인
할 수 있다. '수목(數目)'의 경우,『유합』에서는 '壹貳參肆伍陸柒捌玖拾
百千(伯仟㐦)'의 갖은자를 제시하고 있는데 반해,『신증유합』에서는 '一
二三四五六七八九十百千'로 제시하고 있다. 그중 '一二三四'의 갖은자
로 제시된 '壹貳參肆'의 경우,『신증유합』에서 '枝派壹統(2,883~2,886)',
'蔽惑貳譜(1,961~1,964)', '參預芻豢(2,197~2,200)', '肆稱羽族(389~392)'
에 포함하여 구문을 형성하고 있음을 확인할 수 있다. 다만 '壹貳'의 경
우,『신증유합』에서도 숫자로서 활용되었지만 '參肆'는 각각 '參與 ; 參
加', '遂 ; 於是' 등 다른 의미로 활용되고 있다.『유합』에 사용된 '伍(5)',
'陸(6)', '柒(7)', '捌(8)', '玖(9)', '拾(10)'의 경우『신증유합』에는 사용되
지 않았는데, '參肆'와 같이 갖은자로서 뿐만 아니라 다른 의미로 자주
사용되는 '伍', '陸', '拾'을 포함하고 있지 않은 점이 주목된다.

②의 경우, 조어된 글자 간의 의미 구성이 부자연스러운 경우 대체하
여 학습자에게 좀 더 명확한 의미를 전달하도록 배치한 경우이다. '蕹
(115, 霾㐦115)'의 경우『유합』에서는 '루'자와 결합하여 '蕹루'으로 조어

되어 있지만, 『신증유합』에는 빠져있다. 대신 『신증유합』에는 '虹霓霖
雺'으로 수정되어 있다. 운자에도 영향을 미치지 않는 위치의 글자인
'蕥(115, 霾⑨)'를 '霖'으로 수정한 것은 내용과 한자 및 한자어의 사용
빈도를 고려한 것으로 판단된다.

③의 경우, '승려를 존중'하는 의미로 사용된 '尼(498)'를 배제한 데서
미암의 수정 양상을 살펴볼 수 있다. 이 글자가 포함된 구문은 『유합』에
서 '僧尼巫醫'로 제시되었던 구절로, 『신증유합』에서는 '儒胥巫醫'로 수
정하였다. 아울러 『유합』에서 '神堂佛寺'로 제시된 구문을 '神祠僧寺'로
수정하는 한편 '佛(1752)'자의 경우 '攘刮仙佛'에 포함하여 구문을 구성
함으로써 『신증유합』의 발문에서 제기한 『유합』이 지닌 문제점 '그 가운
데 승려를 존중하고 유가의 성현을 배척하는 내용'에 대한 수정의 뜻을
개진한 것이라 할 수 있다.

2. 『유합』에 수록된 글자 중 『신증유합』에서 위치가 변경되어 수록된 글자

『유합』에 수록된 글자 중 『신증유합』에서 위치가 변경되어 수록된 글
자는 총 208자로 해당 글자를 제시하면 아래 〈표 5〉와 같다.

〈표 5〉 『유합』 수록자 중 『신증유합』에서 위치가 변경된 글자

根(241), 幹(243), 楸(257), 梅(273), 梨(274), 榴(275), 桃(277), 李(278), 杏(282),
薑(313), 芋(314), 鵬(338), 鷺(339), 鶴(344), 烏(351), 鵲(352), 鷹(361), 雞(365),
雉(366), 雀(368), 鴟(371), 鵑(373), 鷁(374), 虎(397), 豹(398), 獺(399), 犀(400),
猿(401), 猴(402), 鹿(403), 狐(405), 狼(408), 螺(447), 蟻(466), 蝶(470), 蝦(479),
蟆(484), 蛛(486), 蟋(487), 蟀(488), 蝸(491), 蚤(494), 蝨(496), 乃(501), 主(509),
張(510), 唯(511), 人(512), 僧(563), 稅(590), 喉(637), 齒(639), 舌(640), 脣(649),
肩(655), 臂(656), 腋(658), 血(679), 肝(681), 腸(686), 堂(725), 屋(727), 廐(735),
厠(736), 錢(801), 絲(815), 蠟(818), 經(895), 車(897), 飯(921), 粥(922), 酒(923),
漿(924), 冠(953), 衫(956), 簪(961), 裳(972), 裙(973), 印(985), 笏(986), 鞍(989),
囊(992), 鞭(994), 情(1007), 性(1008), 談(1027), 愛(1065), 憎(1066), 放(1074),

忽(1076), 種(1210), 裁(1221), 勤(1257), 辭(1273), 活(1290), 營(1317), 拯(1321),
濟(1322), 拔(1324), 報(1340), 辛(1347), 苦(1348), 造(1358), 灸(1359), 患(1388),
醮(1430), 御(1446), 類(1496), 襟(1501), 厭(1537), 療(1550), 振(1575), 予(1584),
修(1609), 擧(1610), 施(1614), 考(1617), 洗(1658), 審(1665), 恤(1667), 錯(1704),
元(1719), 祭(1737), 農(1748), 佛(1752), 收(1825), 畏(1829), 護(1872), 密(1890),
專(1915), 力(2005), 擔(2007), 胷(2011), 懷(2012), 羞(2015), 省(2025), 試(2026),
探(2101), 財(2118), 膏(2167), 窮(2178), 推(2203), 賦(2240), 注(2284), 焚(2285),
燒(2286), 栽(2301), 功(2315), 懶(2319), 怠(2320), 彩(2336), 訓(2340), 疑(2343),
削(2350), 賽(2400), 介(2402), 乙(2426), 脫(2455), 解(2456), 麤(2513), 纖(2514),
巨(2515), 細(2516), 方(2517), 圓(2518), 長(2519), 短(2520), 引(2548), 同(2549),
似(2551), 若(2552), 乖(2561), 源(2581), 流(2582), 潤(2586), 枯(2591), 象(2604),
儷(2609), 微(2613), 炎(2629), 寢(2631), 雜(2647), 軟(2681), 荒(2737), 蕪(2738),
禿(2740), 衰(2767), 條(2778), 得(2819), 失(2820), 存(2823), 亡(2824), 虧(2853),
乏(2854), 甚(2855), 暫(2859), 破(2863), 亂(2868), 反(2876), 碎(2878), 枝(2883),
少(2894), 畢(2922), 最(2933), 殊(2947), 延(2953), 始(2993), 終(2994)

해당 글자들의 위치를 변경하여 새롭게 구문을 형성한 용례는 총 143
개 구문으로 아래 〈표 6〉과 같다. 『신증유합』에서 『유합』에 사용된 한자
의 위치를 변경하여 수록한 한자는 우상단에 *로 표시하였다.

〈표 6〉 『유합』에 사용된 글자의 위치를 변경하여 구성한 구문

根*荄幹*莖(241~244)	楸*椵梗楠(257~260)	梅*梨*榴*栗(273~276)
桃*李*柑橘(277~280)	櫻杏*柰柿(281~284)	薑*芋*葱薤(313~316)
鳳凰鸞*鵠(337~340)	鷗鷺鸛鶴*(341~344)	鳩鵙烏*鵲(349~352)
鷹*鷴鵼鷂(361~364)	雞*雉*燕雀(365~368)	鵑蝠鷗*鴽(369~372)
鵂*鶺鶺鶒(373~376)	虎*豹*獺*犀(397~400)	猿*猴*鹿*麞(401~404)
狐*兔豺狼*(405~408)	蚌蛤螺*貝(445~448)	蜂蟻*蟬螢(465~468)
蝴蝶*蜻蜓(469~472)	蝌蚪蝦蟆(477~480)	蠶蛾蚿蠖*(481~484)
蜘蛛*蟋*蟀(485~488)	蚊蠅蝸*蛭(489~492)	蛆蚤*蟣蝨(493~496)
乃*是蟲多(501~504)	主*張*唯*人*(509~512)	神祠僧*寺(561~564)
貢稅*叢集(589~592)	咽喉*齒*舌(637~640)	脣*頷鬚*鬐(649~652)
項背肩*臂*(653~656)	膺腋*股肱(657~660)	腎膽血*脉(677~680)
肝*肺脾胃(681~684)	臟腸*腦疵(685~688)	堂*閣屋*廬(725~728)
廚竈底*厠*(733~736)	錢*幣珍寶(801~804)	皮革絲*氈(813~816)
脂蠟*油蜜(817~820)	綜縷經*緯(893~896)	車*輿盾桿(897~900)

飯*粥*酒*漿*(921~924)　　冠*冕袞衫*(953~956)　　簪*纓巾幘(961~964)
襦襖紐裳*(969~972)　　裙*袴裩襠(973~976)　　印*笏組璜(985~988)
鞍*轡袋囊*(989~992)　　鞘鞭*釧釵(993~996)　　志意情*性*(1005~1008)
語言談*說(1025~1028)　　愛*憎*恩怨(1065~1068)　　謹放*愼忽*(1073~1076)
耕種*耘耔(1209~1212)　　裁*縫澣曝(1221~1224)　　勤*懇疏奏(1257~1260)
辭*令必當(1273~1276)　　賑活*死傷(1289~1292)　　營*築創構(1317~1320)
拯*濟*救拔*(1321~1324)　　惠眖償報*(1337~1340)　　忍耐辛*苦*(1345~1348)
妙造*灸*餌(1357~1360)　　憐憫禍患*(1385~1388)　　齋醮*禱祀(1429~1432)
駕御*遲邁(1445~1448)　　維綸戚類*(1493~1496)　　襟*裾昆季(1501~1504)
厭飫餓餒(1537~1540)　　診療*痼癖(1549~1552)　　懈弛振*措(1573~1576)
遣免賚予*(1581~1584)　　修*學*勳業(1609~1612)　　操施*權度(1613~1616)
考*律邅憲(1617~1620)　　湔洗*寃枉(1657~1660)　　審*訟恤*獄(1665~1668)
周緻舛錯*(1701~1704)　　謠頌元*宿(1717~1720)　　祭*酹墳墓(1737~1740)
管攝兵農*(1745~1748)　　攘刮仙佛*(1749~1752)　　收*斂恣妄(1825~1828)
畏*慮狎侮(1829~1832)　　庇廕擁護*(1869~1872)　　牢密*藩垣(1889~1892)
把握專*擅(1913~1916)　　力*稼擔*穡(2005~2008)　　擄拓胸*懷*(2009~2012)
刷拭羞*辱(2013~2016)　　省*試*梓匠(2025~2028)　　探*訪會遇(2101~2104)
貨財*賄賂(2117~2120)　　矯揉膏*肓(2165~2168)　　研窮*邃宙(2177~2180)
沿泝推*擴(2201~2204)　　吟詩製賦*(2237~2240)　　浚汲挹注*(2281~2284)
焚*燒*熨煮(2285~2288)　　栽*植灌溉(2301~2304)　　勉勵功*績(2313~2316)
催促懶*怠*(2317~2320)　　逖邐鏶彩*(2333~2336)　　討論典訓*(2337~2340)
剖闢疑*昧(2341~2344)　　刪削*戲話(2349~2352)　　儉竊賒賽*(2397~2400)
耿介*阿諂(2401~2404)　　丐乞*剽掠(2425~2428)　　蒙被脫*解*(2453~2456)
蠱*纖*巨*細*(2513~2516)　　方*圓*長*短*(2517~2520)　　咫伽丈引*(2545~2548)
同*如似*若*(2549~2552)　　乖*沴和暢(2561~2564)　　源*流*涓滴(2581~2584)
沾潤*銷鑠(2585~2588)　　浹洽枯*涸(2589~2592)　　境界景象*(2601~2604)
儼*眇瑞孽(2609~2612)　　微*芒洪碩(2613~2616)　　炎*漲寢*熄(2629~2632)
輻湊雜*糅(2645~2648)　　軟*硬滑澁(2681~2684)　　荒*蕪萎禿*(2737~2740)
充裕裒*匱(2765~2768)　　蕭條*茂萃(2777~2780)　　利害得*失*(2817~2820)
吉凶存*亡*(2821~2824)　　虧*乏*甚*竭(2853~2856)　　久永暫*乍(2857~2860)
堅固破*裂(2861~2864)　　摧陷紊亂*(2865~2868)　　燮齊戾反*(2873~2876)
糜碎*崩圮(2877~2880)　　宗旨枝*派(2881~2884)　　夥少*詳略(2893~2896)
罄畢*苟簡(2921~2924)　　最*副糟粕(2933~2936)　　咸共殊*尤(2945~2948)
延*袤迂徑(2953~2956)　　始*終*本末(2993~2996)

　　이상과 같이 『유합』에서 사용한 글자들의 위치를 변경하여 새로운 구문으로 형성한 이유는 몇 가지로 정리해볼 수 있다.

① 6자 구성의 『유합』을 『신증유합』에서 4자 구성으로 변경하는 과정
　에서 운자를 맞추기 위해 사용자의 위치를 변경
② 6자 구성의 『유합』을 『신증유합』에서 4자 구성으로 변경하는 과정
　에서 기존 사용자 사용 시 의미 구성이 부자연스러운 경우
③ 기타 이데올로기적인 문제에 대한 부분

　①의 경우, 앞서 지적한 대로 『유합』의 6자 구성 방식에서 『신증유합』
의 4자 구성 방식으로 변환하면서 운자를 맞춘 것은 학습자의 암기와
이해를 돕기 위한 구성이라고 판단할 수 있다. 그러나 6자로 구성된 문
장을 4자로 변환하면 필연적으로 운자가 맞지 않는 상황이 발생하였기
에, 미암은 이에 대한 보완으로 『유합』의 기존 사용자의 위치를 변경하
여 운자를 맞춘 것으로 판단된다. 이 사례는 '飯粥酒漿(921~924)'의 사례
에서 확인할 수 있는데, 『유합』에서 해당 구문은 '酒漿飯粥'으로 제시되
어 있었다.

　②의 경우 역시 구성체제의 변환 과정에서 발생한 수정 요구사항으로
볼 수 있다. '肝'의 경우 『유합』에서는 '骨力肝腸血脈'에 포함되어 구문
을 형성하였던 반면, 『신증유합』에서는 '肝肺脾胃(681~684)'로 구문을
구성하여, 유사 한자를 유문별로 제시하여 학습자의 이해도를 제고하려
하였고, 실제 구성상에서 그 의도를 구현하였다고 판단된다.

　③의 경우, 앞서 『유합』 수록자 중 『신증유합』에 수록되지 않은 글자
를 통해 분석한 것과 마찬가지로 글자의 위치 이동을 통해 의미를 반전
시켜 학습자에게 유가적 가치관을 배양하려는 의도를 구현한 것이라 판
단된다. 또한, 『유합』에서는 포함되어 있지 않았던 글자인 '유(儒)'를 포
함하여 구성함으로써 명확한 의도를 반영하였다 평가할 수 있다.

3. 『신증유합』에 새로 수록된 글자

미암이 『유합』을 바탕으로 『신증유합』을 개정 증보하면서 가장 공력을 쏟은 부분은 새로운 한자의 수록 범위 선정이었던 것으로 판단된다. 그가 증언한바, 『유합』의 수록자 선정 기준과 선정 범위에는 동의하면서 규모가 넓지 못해 지극히 중요한 글자 중에 누락된 글자가 많아 어린 아이들(학습자)이 외우고 익히는 데 도움이 될 수 있도록 개정 증보를 시도한 것이다. 미암은 『신증유합』을 상하 2권으로 구성하면서 하권에 총 3개 유목에 해당하는 한자를 배정하였는데, 그에 해당하는 '심술(心術)/동지(動止)'의 경우가 1,496자로 가장 큰 부분을 차지한다. '심술/동지' 유목에는 '走步追逐, 歌舞嘯詠, 學習讀誦' 등의 구문을 통해 술어로 사용되는 한자들을 학습할 수 있도록 배치하였다.

〈표 7〉 『신증유합』에 새로 수록된 글자를 포함하여 만든 구문

楸椵楩楠(257~260),	楮柘檀杉(261~264),	雞*雉*燕雀(365~368),
鵑蝙鷗鴉(369~372),	鶋鸛鷑*鶴*(373~376),	鯨鯢鱣鮪(449~452),
鼉鼈鱸鯉(453~456),	蝌蚪蝦蟆(477~480),	蠶蛾蚓蠖(481~484),
蜘蛛蟋蟀(485~488),	稟*質*蠢*蚑(497~500),	乃是蟲*豸(501~504),
宸廈衙府(549~552),	官*司*庠序(553~556),	倉*廩庾庫*(557~560),
脣頷鬚*鬢*(649~652),	膺腋*股肱(657~660),	肘腕腦髓(661~664),
肌*膚*筋骨(673~676),	肝*肺脾胃(681~684),	臟腸臗痣(685~688),
簾簹牖樞(721~724),	堂閤屋廬(725~728),	規矩準繩(889~892),
綜縷經緯(893~896),	車輿盾棹(897~900),	旌鉞蓋纛(901~904),
甲冑戈戟(905~908),	旗旄麾幟(909~912),	菹醢醋醬*(933~936),
冠冕袞衫(953~956),	珥*瑠芾幅(965~968),	襦襖紐裳(969~972),
裙袴裩襠(973~976),	紳帶*帽*笠*(977~980),	聖庸剛懦(1049~1052),
忠邪仁虐(1053~1056),	謹放愼忽(1073~1076),	慈暴貞黷(1077~1080),
虔恭莊肅(1081~1084),	驕慢吝嗇(1085~1088),	寬弘武毅(1089~1092),
愿信詐慝(1093~1096),	英邁癡騃(1097~1100),	貪猾廉約(1101~1104),
克己循理(1105~1108),	徇私縱欲(1109~1112),	靜躁巧拙(1113~1116),
敏鈍博陋(1117~1120),	潛纘精究(1121~1124),	覺悟盡透(1125~1128),
良彦姦譎(1129~1132),	個儓駑劣(1133~1136),	陶*鑄織紝(1217~1220),

裁縫澣曝(1221~1224), 齋持*歸*返*(1225~1228), 擇術啓沃(1249~1252),
展蘊匡輔(1253~1256), 勤懇疏奏(1257~1260), 欽承廟社(1261~1264),
澄朗壼廊(1265~1268), 抖擻紀綱(1269~1272), 辭令必當(1273~1276),
柄任罔爽(1277~1280), 優隆耆耉(1281~1284), 摩哺嬰孺(1285~1288),
賑活死傷(1289~1292), 恕宥罹殃(1293~1296), 慶賞刑罰(1297~1300),
整治政務(1301~1304), 選吏宰郡(1305~1308), 揀將殺寇(1309~1312),
嗅咀臭味(1353~1356), 妙造炙餌(1357~1360), 觀曜測曇(1361~1364),
箕基獲祉(1365~1368), 誕謾怳惚(1369~1372), 惛懵睿哲(1373~1376),
諮議商量(1401~1404), 建置運幹(1405~1408), 勗誠侯帥(1409~1412),
撫鍊軍卒(1413~1416), 蠲弊祛鬱(1417~1420), 賙急蘇悴(1421~1424),
詔敕普滲(1441~1444), 駕御遐邇(1445~1448), 誅伐悖叛(1449~1452),
杜截僭擬(1453~1456), 快慊快愜(1465~1468), 坦夷忌諱(1469~1472),
涵泳稽鑑(1473~1476), 敦篤蹈履(1477~1480), 擯邈蠱蠭(1489~1492),
維綸戚類(1493~1496), 塤篪伯仲(1497~1500), 襟裾昆季(1501~1504),
端畜肶胎(1505~1508), 甄馴稚孩(1509~1512), 秘櫝幽奇(1529~1532),
賈售儲蓄(1533~1536), 厭飫餓餒(1537~1540), 壯偉羸瘠(1541~1544),
紓督逋欠(1545~1548), 診療痼癖(1549~1552), 證據訂決(1561~1564),
崇尙詆斥(1565~1568), 惻怛痛悶(1569~1572), 懈弛振措(1573~1576),
臧否褒貶(1577~1580), 遣免賚予(1581~1584), 法制禁責(1601~1604),
諷諫詰諭(1605~1608), 修擧勳業(1609~1612), 操施權度(1613~1616),
考律遵憲(1617~1620), 剚煩辦劇(1621~1624), 迤覥穹壤(1625~1628),
申詢氓俗(1629~1632), 浩溥讚頌(1633~1636), 揆計秩級(1637~1640),
擢委俊乂(1641~1644), 捕斬盜賊(1645~1648), 檢飭姬僮(1649~1652),
諦藐囚謫(1653~1656), 湔洗寃枉(1657~1660), 損歇征役(1661~1664),
審訟恤獄(1665~1668), 懲罪威敵(1669~1672), 育迪黔蒼(1673~1676),
馭綏戎狄(1677~1680), 郞僚恪仕(1681~1684), 豪傑授爵(1685~1688),
敷陣忱悃(1689~1692), 獎寵卑託(1693~1696), 纔僅堪丁(1697~1700),
周緻舛錯(1701~1704), 恝慼饑哭(1705~1708), 蕩滌荷毒(1709~1712),
瞻覩鈞軸(1713~1716), 謠頌元宿(1717~1720), 邦廷蓍蔡(1721~1724),
鄕黨儀測(1725~1728), 配偶允適(1729~1732), 嗣胤祇式(1733~1736),
祭酹墳墓(1737~1740), 享歆魂魄(1741~1744), 管攝兵農(1745~1748),
攘刮仙佛(1749~1752), 袞輯謨籍(1753~1756), 煒燁箋註(1757~1760),
綴緝纂錄(1761~1764), 裨苴孔漏(1765~1768), 襲傳篇藁(1769~1772),
殄殲蚩蠢(1773~1776), 籌策鈐轄(1777~1780), 控勒踶齧(1781~1784),
援挽諧雍(1785~1788), 拒捍抗格(1789~1792), 諛佞讒訴(1793~1796),
鯁亮謹諤(1797~1800), 掄締婚姻(1801~1804), 垂貽禧祚(1805~1808),
收斂恣妄(1825~1828), 畏慮狎侮(1829~1832), 怡愉駭愕(1833~1836),
猶豫趨赴(1837~1840), 昵比拘逼(1841~1844), 淹惰奄騃(1845~1848),
憚肯頑褻(1849~1852), 鋪叙恩遽(1853~1856), 箴警迷誤(1857~1860),

誚謗諆詛(1861~1864), 侵陵劫脅(1865~1868), 庇廕擁護(1869~1872),
稍挈秔梁(1873~1876), 粗資薪絮(1877~1880), 奠喪賻葬(1881~1884),
訊恙瞻寔(1885~1888), 牢密藩垣(1889~1892), 逍遙園圃(1893~1896),
邂逅遭值(1897~1900), 因緣覯覿(1901~1904), 販貿殷窘(1905~1908),
羈旋迤祐(1909~1912), 把握專擅(1913~1916), 閒遜恬素(1917~1920),
仍且旋竟(1921~1924), 敢遂恃狃(1925~1928), 遡企懿淑(1929~1932),
嘽唾鄙瀆(1933~1936), 盲聾穎捷(1937~1940), 猛悍恢綽(1941~1944),
迅銳騎乘(1945~1948), 偕俱須俟(1949~1952), 曼衍暇給(1953~1956),
僥倖希冀(1957~1960), 蔽惑貳譜(1961~1964), 湛曠瑩徹(1965~1968),
沮遏嬌媚(1969~1972), 厲空洭洗(1973~1976), 酣饕澹泊(1977~1980),
騷擾靖謐(1981~1984), 隨叩薰炙(1985~1988), 猜嫌媢嫉(1989~1992),
眺矙河嶽(1993~1996), 搜覓溟壑(1997~2000), 掘璞呈后(2001~2004),
力稼擔穡(2005~2008), 攄拓胸懷(2009~2012), 刷拭羞辱(2013~2016),
寅協贊糾(2017~2020), 傲拗狠愎(2021~2024), 省試梓匠(2025~2028),
評品謀技(2029~2032), 灼鬼壓魅(2033~2036), 認絃迊妓(2037~2040),
弭戢胡虜(2041~2044), 攻戮搏噬(2045~2048), 婉巽勁訐(2049~2052),
醇戀慧點(2053~2056), 惇慤憸詭(2057~2060), 詫費斳閽(2061~2064),
悾嚇辜愆(2065~2068), 訏詰譏罥(2069~2072), 干犯觸冒(2081~2084),
怔忡悸怖(2085~2088), 聊幸悵悼(2089~2092), 愁憾悔*咎(2093~2096),
忿恨*憤*恚*(2097~2100), 敕詧劌繆(2105~2108), 諳慣眩瞀(2109~2112),
嫡媵雅麗(2113~2116), 貨財賄賂(2117~2120), 儔侶仇讐(2121~2124),
魁輩倡附(2125~2128), 許諾欺詆(2129~2132), 邀迓競就(2133~2136),
捧佩軌範(2137~2140), 符契咻忭(2141~2144), 踶蹄闌闃(2145~2148),
俳徊闠廛(2149~2152), 叩柰躐徙(2153~2156), 逡巡却藏(2157~2160),
澡澈查滓(2161~2164), 矯揉膏肓(2165~2168), 編校部帙(2169~2172),
瞭覽悉繹(2173~2176), 研窮邃宙(2177~2180), 惺惕頃刻(2181~2184),
臻詣閫奧(2185~2188), 刊剟假價(2189~2192), 徒伴琢磋(2193~2196),
參預芻蕘(2197~2200), 沿泝推擴(2201~2204), 洋罿蠻貊(2205~2208),
軀骼屠薾(2209~2212), 標致凜峯(2213~2216), 披閱史牒(2217~2220),
耽嗜詞章(2221~2224), 翶翔藝苑(2225~2228), 騁騖科場(2229~2232),
奮鋒寫勝(2233~2236), 吟詩製賦(2237~2240), 揭示逞告(2241~2244),
韜匿銜播(2245~2248), 茹啗鐫銘(2257~2260), 慷慨醖藉(2261~2264),
培*墾*塗墍(2289~2292), 煎爨鍛冶(2293~2296), 玩弄揣抵(2297~2300),
栽植灌漑(2301~2304), 翦鏤鍊*割*(2305~2308), 趁及停輟(2321~2324),
淬礪頹敗(2325~2328), 偵謁覘綏(2329~2332), 逝遯鏟彩(2333~2336),
討論典訓(2337~2340), 剖闡疑昧(2341~2344), 撰述緊關(2345~2348),
刪削戲話(2349~2352), 鎖鑰貯頓(2353~2356), 逮紹彌倍(2357~2360),
耄老夭閼(2385~2388), 康健疲德(2389~2392), 款睦擠劾(2393~2396),
儳竊賒賽(2397~2400), 耿介阿諂(2401~2404), 回互姿態(2405~2408),

抑揚毀譽(2409~2412),　黜陟興廢(2413~2416),　丐乞剽掠(2425~2428),
捐貰券債(2429~2432),　䉥纖巨細(2513~2516),　方圓長短(2517~2520),
晻翳靄廓(2565~2568),　皎皓暄煦(2569~2572),　凄冽凍沍(2573~2576),
株柢芽蘗(2577~2580),　源流涓滴(2581~2584),　沾潤銷鑠(2585~2588),
浹洽枯涸(2589~2592),　匯瀦泛濫(2593~2596),　衝突寧息(2597~2600),
境界景象(2601~2604),　緖件模樣(2605~2608),　儼眇瑞孽(2609~2612),
微芒洪碩(2613~2616),　逶迤崢嶸(2617~2620),　團稜嶔岣(2621~2624),
津液涌泄(2625~2628),　炎漲寢熄(2629~2632),　焦槁濡溼(2633~2636),
濃淡姸醜(2637~2640),　黯黮昭粲(2641~2644),　輻湊雜糅(2645~2648),
沸潰泮渙(2649~2652),　煨燼然爛(2653~2656),　韂匝痕孼(2657~2660),
繁稠層疊(2661~2664),　闓闢舒慘(2665~2668),　危殆安帖(2669~2672),
巍皇滂沛(2673~2676),　炳煥渺茫(2677~2680),　軟硬滑澁(2681~2684),
尖底央傍(2685~2688),　恒亘閃倏(2689~2692),　混演泓汪(2693~2696),
夾岐遠攬(2697~2700),　鎞焰炯煌(2701~2704),　藹蔚豔耀(2705~2708),
竦蔓豎僵(2709~2712),　浸漬漂溺(2713~2716),　纏繞聯絡(2717~2720),
屹聳墮靡(2721~2724),　遼迥隘僻(2725~2728),　敨豁障礙(2729~2732),
窈冥沖漠(2733~2736),　荒蕪萎秃(2737~2740),　馨馥酷烈(2745~2748),
蟠蟄蹶踔(2749~2752),　赫奕淪泯(2753~2756),　鏗鏘蹄駮(2757~2760),
撑拄陷墜(2761~2764),　充裕衰匱(2765~2768),　陡峻磊卓(2769~2772),
墳壟坏兀(2773~2776),　蕭條茂莘(2777~2780),　腐朽萌苗(2781~2784),
飜幻震撼(2785~2788),　跧保窟穴(2789~2792),　肇昉杪裔(2793~2796),
該徧包括(2797~2800),　幾勢途轍(2825~2828),　徵兆妖祥(2829~2832),
毫點鍾勺(2833~2836),　銖兩斤鎰(2837~2840),　虧乏甚竭(2853~2856),
久*永*暫乍(2857~2860),　縈*紆*蹲峙(2869~2872),　燮齊戻反(2873~2876),
糜碎崩圮(2877~2880),　宗旨枝派(2881~2884),　壹統判析(2885~2888),
工程效驗(2889~2892),　夥少詳略(2893~2896),　表彰埋沒(2897~2900),
調均偏激(2901~2904),　凝滯融釋(2905~2908),　耗歇滋殖(2909~2912),
純粹瑕疵(2913~2916),　差訛的確(2917~2920),　馨畢苟簡(2921~2924),
鎔錮磚隙(2925~2928),　梗槩瑣屑(2929~2932),　最副精粕(2933~2936),
佳潔汚穢(2937~2940),　亨泰災厄(2941~2944),　咸共殊尤(2945~2948),
尋常挺特(2949~2952),　延袤迂徑(2953~2956),　宏闊窄迫(2957~2960),
完壞熾滅(2977~2980),　昌盛漸極(2981~2984)

　　주지하다시피 『신증유합』은 『유합』을 기본으로 하여 개정·증보한 문건으로서 『유합』이 갖추고 있는 장점을 그대로 활용한다. 그중 한 가지가 각 유목별 마지막에 위치하는 해당 유목에 대한 설명이다.

　　『유합』은 각 유목의 후반부에 해당 유목에 대한 총평을 기술해두었다. 즉, 분류 항목에 대한 전반적인 설명을 통해 각 유목을 마무리함으로써 학습자에게 다시 한번 해당 내용을 상기시키는 체제이다. 『신증유합』은 『유합』의 체제를 그대로 따르면서 추가적으로 27개 유목의 명칭을 해당 유목이 시작하는 부분 상단의 난외에 기록해두어, 학습자로 하여금 이후 전개될 내용에 대해 인지하고 학습에 임할 수 있도록 도입부에 기재한 것이다.

각 유목의 후반부에 위치하는 총평의 경우, 『유합』의 내용을 대부분 동일하게 유지하였는데, 주목할 부분은 〈충치(蟲豸)〉 항목이다. 『유합』에서는 '작은 벌레[微虫]' 두 글자로 해당 유목에 대한 총평을 진행한 반면, 『신증유합』에서는 "품부한 기질이 꿈틀거리며 기어 다니는 것이니, 곧 벌레[蟲豸]이다.[稟質蠢跂, 乃是蟲豸.]"라고 새롭게 구문을 형성하여 마무리 지었다. 또한, 항목들에 속하는 표제자의 수도 다른 유목에 비해 대폭 확대하였는데, '충치(蟲豸)'에 포함된 『유합』의 자수는 24자, 『신증유합』의 자수는 40자이다.

이상 검토한 대로, 『신증유합』에서 글자를 추가하는 방식은 하나의 경향성을 보인다. 『신증유합』에서 『유합』에 사용되지 않은 글자를 활용하여 표제자의 범위를 확장하는 경우, 해당 유목을 종합 정리하는 마지막 구문은 수정하지 않고, 유목의 내용부에 해당하는 부분에만 글자를 추가하는 방식으로 수정 증보하였음을 알 수 있다.

Ⅳ. 결론

『신증유합』은 『유합』의 성과를 계승하여, 발전적인 학습서로의 변모를 시도한 결과물이다. 미암은 교육과 교육서에 대한 관심을 바탕으로 이미 『속몽구』를 편찬하였으며, 식자 교재이자 입문 교재로서의 『신증유합』을 구성하고 자신의 손자를 시험 대상으로 활용하기까지 하였다.

『신증유합』의 설계 과정에서 가장 우선적인 고려는 내용적인 측면이었던 것으로 판단된다. 운자를 중심으로 한 글자 배열과 구성은 『천자문』의 경우처럼 8자를 정확하게 지키지 않았으며, 경우에 따라서는 4자마다 운자를 배열한 경우도 있다. 따라서 내용을 중심으로 『신증유합』을 구성하고자 하였으며, 운자를 통한 학습 효율성의 증대라는 결과는 인지하고 있었지만, 내용의 충실성을 우선 고려 대상으로 판단했던 것으로 볼 수 있다.

두 번째 고려한 점은 학습자에게 가르쳐야 할 대상의 확정 과정에서 발생한 추가 한자의 문제이다. 미암은 학습자의 숙련도를 고려한, 즉 『천자문』 다음 단계로서의 『신증유합』을 구상하였기 때문에, 구성면에서는 『천자문』류의 초학교재와 동일한 혹은 유사한 형태의 한자 한문 학습교재의 개발을 구상하였으며, 내용면으로는 이미 어느 정도 체계를 갖추고, 이전부터 사용되어 학습 교재로서의 대중성을 확보한 『유합』의 증보를 선택한 것이라 할 수 있다.

다만, 『유합』에 수록된 한자 중 사용 빈도가 높다고 판단되는 글자들이 『신증유합』에는 수록되지 않은 점, 4자 구성을 유지하면서도 운자의 배열 위치를 8자로 균일하게 유지하지 못한 점, 새로 수록한 한자가 미암 스스로가 언급한 '지극히 중요한 글자 중에 누락된 것이 많다.[至大至緊之字, 遺漏尙多.]'는 다소 의문이 남는다.

그러나, 『유합』의 성과를 계승하여 학습자에게 내용적 측면의 확장성을 제공하고, 구성을 단순화하고 해당 글자에 권점을 배치하여 평측에 대한 이해와 암기에 용이하도록 한 점, 당대의 실정에 맞춰 내용을 수정하고 보완한 점 등을 통해 한자한문 학습서로서의 『신증유합』의 가치를 평가할 수 있을 것이라 판단된다.

참고문헌

柳希春, 『新增類合』, 단국대학교 동양학연구소, 1972.

민충환, 「『훈몽자회』·『신증유합』·『천자문』의 비교 고찰」, 인하대 석사학위논문, 1981.
박형익, 「『유합』의 표제자 선정과 배열」, 『이중언어학』 23, 이중언어학회, 2003.
배현숙, 「『신증유합』 판본고」, 『민족문화연구』 39, 고려대 민족문화연구소, 2003.
안병희, 「해제」, 『신증유합』, 단국대 동양학연구소, 1972.
오완규, 「『천자문』·『훈몽자회』·『신증유합』 자석 연구」, 공주대 석사학위논문, 2001.
위 진, 「『신증유합』의 새김 고찰」, 전남대 석사학위논문, 1997.
이석구, 「『유합』에 대한 국어학적 연구」, 단국대 석사학위논문, 1988.
이연순, 「미암 유희춘의 『신증유합』의 자학서로서 의의와 가치-『유합』과 비교를 중심으
　　　로」, 『한국고전연구』 40, 한국고전연구학회, 2018.
이은실, 「『신증유합』의 한자음 연구」, 공주대 석사학위논문, 2004.
장광덕, 「유합소고(類合小攷): 칠장사소장판(七長寺所藏板)의 소개를 중심으로」, 『명지
　　　어문학』 5, 명지대 국어국문학회, 1972.
장요한, 「계명대 소장본 『신증유합』의 문헌학적 의의」, 『대동한문학』 45, 대동한문학회,
　　　2015.
정연실, 「『신증유합』 통용자 고찰」, 『중국학연구』 88, 중국학연구회, 2019.

국립국어원 누리집. https://ithub.korean.go.kr (검색일: 2020.01.31.)
한국고전종합DB.

다산 정약용의 아동 학습서 편찬에 대한 연구

– 『아학편(兒學編)』과 『소학주관(小學珠串)』을 중심으로 –

윤지훈

Ⅰ. 서론

다산 정약용은 실학을 집대성한 인물로 널리 알려져 있다. 그는 다양한 분야에서 눈부신 업적을 남겼다. 그가 남긴 방대한 저술은 그의 학문 세계가 호한(浩汗)함을 여실히 증명한다. 그의 학문은 경학(經學)과 경세학(經世學)의 추구로 요약할 수 있는데, 경학을 통해 주체를 확립하고 경세학이란 매개를 거쳐 확립된 주체의 사회적 실천을 꾀한 것이다.[1]

그의 이러한 학문 세계는 두 아들에게 보낸 편지에서도 확인된다. 그는 「기이아(寄二兒)」란 편지에서 "반드시 먼저 경학으로 기반을 확고히 한 다음에 전대의 역사서를 두루 읽어서 득실과 치란의 근원을 알아본다. 또한 모름지기 '실용지학(實用之學)'에 유의하되, 고인들의 '경제문자(經濟文字)'를 즐겨 보아, 마음을 항시 만민에 은택이 미치고 만물을 양육하는 데 두어야 할 것이다. 그래야만 바야흐로 '독서군자(讀書君子)'가 될 수 있다."[2]라고 말하며, 경학과 경세학을 두 축으로 삼아 학문에

---

1) 임형택, 「전통적인 인문 개념과 정약용의 공부법」, 『다산학』 18, 다산학술문화재단, 2011 참조.

매진할 것을 독려한 바 있다. 그야말로 자신의 학문 세계가 자녀 교육에
도 그대로 투영되고 있는 것이다. 따라서 그의 교육사상도 자신이 이룩
했던 학문 세계와 궤를 같이하여 경학과 경세학이란 두 축을 지향하고
있었다고 볼 수 있다.[3] 그가 유배지에 머물면서 양성했던 황상(黃裳)·
이청(李晴)·이강회(李綱會) 등의 제자들이 이룩한 학문적 성과를 보더라
도 그가 추구한 교육 목표가 무엇이었음을 짐작할 수 있다.[4]

　본고는 이상의 관점에 입각하여 그가 편찬한 아동 학습서인 『아학편
(兒學編)』과 『소학주관(小學珠串)』에 그의 이러한 교육사상이 어떻게 투
영되고 있는지를 확인해 보고자 한다. 이를 위해 『아학편』과 『소학주관』
의 편찬 배경을 우선 살펴보고, 다음으로 『아학편』과 『소학주관』의 특징
과 그 교육적 의의를 차례로 고찰할 것이다. 그간 정약용의 아동 학습서
에 대해 제출된 연구 성과는 풍부하지만,[5] 이를 경학과 경세학의 관점에
서 살펴보고자 한 시도는 그리 많지 않다는 점에서 본고의 의미를 찾을
수 있다.

---

2) 丁若鏞, 『與猶堂全書』, 「寄二兒」. "必先以經學立著基址, 然後涉獵前史, 知其得失理亂
　之源, 又須留心實用之學, 樂觀古人經濟文字, 此心常存澤萬民育萬物底意思, 然後方做
　得讀書君子."

3) 丁若鏞, 『與猶堂全書』, 「沙村書室記」. "然苟有博學君子, 多蓄古典籍, 敎之以法, 及其
　離經辨志, 敬業樂群, 因之爲聖爲賢, 爲文章爲經世之學."

4) 임형택, 「정약용의 강진 유배시의 교육활동과 그 성과」, 『한국한문학연구』 21, 한국한문
　학회, 1988 참조.

5) 다산 정약용의 아동 학습서와 교육활동을 다룬 최근의 주요 연구 성과를 소개하면 다음
　과 같다.
　임형택, 「전통적인 인문 개념과 정약용의 공부법」, 『다산학』 18, 다산학술문화재단,
　2011; 안대회, 「다산 정약용의 아동교육론」, 『다산학』 18, 다산학술문화재단, 2011; 정일
　균, 「다산 정약용의 '小學'론 II」, 『다산학』 20, 다산학술문화재단, 2012; 김봉남, 「다산
　정약용의 아동교육 개선에 대한 총체적 고찰」, 『한자한문교육』 33, 한국한자한문교육학
　회, 2014; 정민, 『다산선생 지식경영법』, 김영사, 2007; 「새 자료를 통해 본 다산의 문답
　형 제자 강학」, 『한국한문학연구』 57, 한국한문학회, 2015.

II. 정약용의 아동 학습서 편찬 배경

정약용의 아동 학습서인『아학편』과『소학주관』을 본격적으로 살펴
보기 전에 그가 아동 교육에 대해 어떠한 인식을 가지고 있었는지를 먼
저 점검해볼 필요가 있다.[6]

> 어린아이가 글을 읽는 기간은 대개 9년이니 8세부터 16세 사이가 곧
> 그 시기이다. 그러나 8세부터 11세까지는 대개 철이 들지 않아 글을 읽어
> 도 그 의미를 모르며, 15~16세에는 이미 음양과 기호(嗜好)가 있어 모든
> 물욕에 마음이 갈리게 되니, 실상은 12~14세 3년간이 독서의 기간이다.
> 그러나 이 3년 중에도 여름은 몹시 덥고 봄과 가을은 가일(佳日)이 많아
> 어린아이들이 놀기를 좋아하므로 모두 글을 읽을 수 없다. 오직 9월에서
> 부터 이듬해 2월까지 1백 80일 정도가 글을 읽는 날이다. 이를 3년으로
> 계산하면 5백 40일인데, 거기에 세시(歲時)의 놀이와 질병과 우환의 날짜
> 를 제하면 실제로 글을 읽는 기간은 대략 3백 일 정도이다. 이 3백 일은
> 하루하루가 모두 주옥같이 귀중한 시간인데, 우리나라 아이들은 모두 소
> 미선생(少微先生)의『통감절요(通鑑節要)』15책으로 이 3백 일 동안의
> 독서량을 충당한다. 그러므로 곧 평생의 독서가 이『통감절요』한 질에
> 그치고, 그 여가에 비록 다른 글을 읽는다 하더라도 모두 방과하여 전심
> 하지 못하니 족히 독서로 칠 것도 못 된다.[7]

---

6) 본 절에서 다루고 있는 내용은 정약용의 아동 학습서와 교육활동을 다룬 기존의 연구와
   크게 다르지 않다. 그러나『아학편』과『소학주관』을 중심으로 정약용 아동 학습서 편찬
   의 의의를 다룬 본 연구의 논지 전개상 해당 내용이 반드시 짚어보아야 할 부분이기에
   중복되는 내용이 있음에도 불구하고 이를 재차 살펴보고자 한다.
7) 丁若鏞,『與猶堂全書』,「通鑑節要評」. "童穉讀書, 槩用九年, 自八歲至十六歲是也. 然
   八歲至十一歲, 知識大抵蒙駿, 讀書不知味, 十五十六, 已有陰陽嗜好, 諸物慾分心, 其實
   十二十三十四此三年, 爲讀書日月. 然此三年之中, 夏苦熱, 春秋多佳日, 童穉好嬉游, 皆
   不能讀書, 唯自九月至二月一百八十日, 爲讀書日子, 通計三年, 爲五百四十日, 又除歲時
   娛戲及疾病憂患之害, 其實幸而讀書者, 大約三百日也. 此三百日, 顆顆珍珠, 簡簡金玉,
   而朝鮮之童, 皆以少微先生通鑑節要十五冊, 充此三百日之糧, 卽平生讀書, 止此一帙, 其
   餘雖讀他書, 皆汗漫不能專, 不足數也."

정약용은 위 글에서 아동들이 전심하여 글을 읽을 수 있는 기간을 대략 300일 정도라고 말하고 있다. 8세부터 16세까지 공부할 수 있는 시기이지만, 여러 가지 이유로 글을 읽지 못하는 날을 전체 일수에서 제외하면 약 300일이라는 것이다. 정약용은 300일 남짓 되는 이 기간 동안 학문에 도움이 되는 책만 읽더라도 기간이 부족할 터인데, 당시 조선 아이들은 학문에 별 도움이 되지 않는 『통감절요』만을 애독하고 있다고 말하며 당대 아동 교육의 실상을 통렬히 비판하고 있다. 그렇다면 정약용은 이 기간 동안에 어떠한 공부를 해야 한다고 생각했던 것인가?

> 아동 교육은 오로지 육서(六書)를 학습하는 것을 주된 학업으로 삼되 유의(幼儀)로서 보완한다. 『이아(爾雅)』・『설문(說文)』・『옥편(玉篇)』・『급취편(急就篇)』을 한 개 과정으로 하고, 「곡례(曲禮)」・「소의(少儀)」・「옥조(玉藻)」・「내칙(內則)」 및 주자(朱子)의 『소학(小學)』을 한 개 과정으로 하며, 『논어』・『맹자』・『중용』・『대학』을 한 개 과정으로 한다. 그 다음에 경서 한 가지를 강(講)하게 해서 지식과 취향을 살펴보고, 글자 100자를 써보게 해서 육서의 학습을 살펴보며, 「국풍(國風)」과 「소아(小雅)」와 같은 사언시(四言詩)를 지어보게 하거나 경의(經義)와 사론(史論)을 지어보게 해서 시험한다. 이때도 60자를 넘지 않는 범위 안에서 글 짓는 재능을 살펴본다. 모든 과목을 나누어 가르치되 간략하게 함이 마땅하다.[8]

위 글에는 정약용이 생각하는 아동 교육의 방향이 잘 제시되어 있다. 그는 아동 교육이 크게 세 가지 방향에서 실시되어야 한다고 말한다. 하나는 『이아』・『설문』・『옥편』・『급취편』 등을 통해 육서를 학습하는 과정이고, 다른 하나는 「곡례」・「소의」・「옥조」・「내칙」 등을 통해 기본

---

8) 丁若鏞, 『與猶堂全書』, 『經世遺表』, "童子之學, 專以六書之學爲主業, 而輔之以幼儀. 爾雅・說文・玉篇・急就篇爲一科, 曲禮・少儀・玉藻・內則及朱子小學爲一科, 論語・孟子・中庸・大學爲一科, 於是試講一經, 以考其識趣, 試書百字, 以考其六書之學, 試製四言如國風小雅, 或爲經義史論, 無過六十字, 以考其屬文之才總宜分授, 以簡諒爲務."

적인 윤리규범이나 예의범절을 익히는 과정이며, 마지막 하나는 앞서 익힌 두 과정을 토대로 사서(四書)를 학습하는 과정이다. 아동의 지식 발달 과정에 맞춰 그 나름의 학습 방법을 제시한 것인데, 현재 초등학교 학생들의 교육과정과 비교해 보아도 손색이 없을 만큼 체계적이다. 글자를 먼저 익히고, 당시 사회에서 통용되는 기초적인 지식을 습득한 후, 보다 심오한 내용을 점진적으로 학습해가는 일련의 과정이 현대 교육학에서 말하는 학습 방법과 크게 다르지 않다.

정약용이 이처럼 기본적 윤리규범이나 예의범절 이외에 육서(六書)의 학습을 중시하는 것은 글의 내용을 제대로 이해하기 위해서는 낱글자의 뜻을 먼저 정확히 알아야 한다는 인식에서 출발한다. 그는 「상서지원록서설(尙書知遠錄序說)」이란 글에서, "책을 읽는 방법은 먼저 고훈(詁訓)을 밝히는 일이 필수적이다. 고훈이란 글자의 뜻이다. 글자의 뜻이 통한 다음에 구(句)의 뜻이 해석되고, 구의 뜻이 통한 다음에 장(章)의 뜻이 분석되며, 장(章)의 뜻이 통해야 편(篇)의 대의가 드러난다."[9]라고 말하며, 후세에 경전을 말하는 선비들은 글자 뜻도 제대로 밝히지 못하면서 내용에 대한 논란부터 먼저 주장하니 미묘한 의미가 길어질수록 성인의 경전 의미는 더욱 어두워져 버린다고 하였다.[10] 또한 그는 "옛날에는 『소학』에서 오로지 자서(字書)만 익혀 글자마다 강구(講究)하여 상형(象形)과 회의(會意)와 해성(諧聲)의 까닭이 심목(心目) 사이에 명백하지 않은 것이 없었다. 그리하여 바야흐로 글을 지어 편장(篇章)을 만들 때 글자와 글자를 구합(鳩合)하여 적의하게 사용하였다. 때문에 문장이 서로 도습(蹈襲)되지 아니하며, 참신하고 엄격하고 경발(警發)하여 좌씨·

---

9) 丁若鏞, 『與猶堂全書』, 「尙書知遠錄序說」. "余惟讀書之法, 必先明詁訓. 詁訓者, 字義也. 字義通而后句可解, 句義通而后章可析, 章義通而后篇之大義斯見."
10) 丁若鏞, 『與猶堂全書』, 「尙書知遠錄序說」. "後世談經之士, 字義未了, 議論先起, 微言愈長, 聖旨彌晦, 毫釐旣差, 燕越遂分, 此經術之大蔀也."

맹자·장자·굴원이 각기 한 체를 이룰 수 있었다. 그러나 후세에는 자서를 익히지 않고 곧장 고문(古文)을 읽기 때문에 심목에 있는 문자가 모두 두 자나 석 자 또는 넉 자, 많은 것은 수십 자에 이르도록 연속되어 있으며, 각 글자의 자의(字義)도 모두 뭉뚱그려져 분명하지 못하다. 그리하여 그것을 편장에 나타낼 때 고문전구(古文全句)를 잡히는 대로 사용하면서 그중에 자의가 완전히 사정(事情)과는 어긋난 것이 있음을 깨닫지 못한다. 그러므로 문자가 모두 진부하고 사정에 절실하지 못하다."[11]라고 말하며, 당시 문단의 병폐가 육서를 제대로 익히지 않은 것에서 비롯된 것이라고 비판하기도 했다. 문자 학습이야말로 아동들이 처음 학습할 때 반드시 익혀야 할 대상으로 정약용은 본 것이다. 따라서 그는 문자 교육과 관련된 아동 학습서에 비상한 관심을 기울였다.

> 이듬해 봄에 화(禍)가 일어나서 복암(伏菴) 이기양(李基讓)은 단천(端川)으로 귀양 가고 나는 장기(長鬐)로 귀양 갔었다. 선배가 허여해준 것을 생각하고, 옛사람의 말을 찾을 길이 없음을 슬퍼한 나머지 『이아』와 운서(韻書) 등 몇 종의 책을 가져다가 일용에 요긴한 것 6천 5백여 자를 뽑아서 의의에 따라 부문(部門)을 나누고 간략하게 해석하여 편집하니, 모두 8권으로 『이아술의(爾雅述意)』라 이름 붙였다.[12]

정약용은 1801년[순조 1]에 일어난 신유박해에 의해 유배지에 머물면서 『이아술의』라는 이름의 문자 교육과 관련된 아동 학습서를 편찬하였

---

11) 丁若鏞, 『與猶堂全書』, 「字說」. "古者小學, 專習字書, 字字講究象形會意諧聲之所以然, 無不暸然於心目. 方屬文而爲篇章也, 字字鳩合, 用適其宜, 故其文不相蹈襲, 新嚴警發, 左孟莊屈, 各成一體. 後世不習字書, 直讀古文, 故文字之在心目者, 皆連二字三四字, 多至數十字, 而各字各義, 都囫圇不明. 及其發之於篇章也, 古文全句, 隨手使用, 其中字義, 有迥與事情乖戾者, 而亦罔覺, 故文皆陳腐, 不切事情."
12) 丁若鏞, 『與猶堂全書』, 「蒙學義彙序」. "厥明年春禍作, 茯菴謫端川, 余謫長鬐, 念先輩之許與, 悼前言之無從. 於是取爾雅韻書等數峽, 選取其要於用者六千五百餘字, 以義分門, 約略疏釋, 編之凡八卷, 名之曰爾雅述意."

다. 그가 『이아술의』를 짓게 된 것은 과거에 복암 이기양과 했던 말, 즉 "옛날 문장을 하는 이는 글자 하나하나마다 뜻을 분변하여 사리에 맞게 문장을 구사하였는데, 후세에는 이루어진 글귀를 외어다가 그 전체를 표절하니, 이 때문에 문장이 예전만 못한"[13] 병폐를 개선해야 한다는 의지를 실천해 보려는 의도에서 시작된 것이다. 유배지라는 공간적 한계에도 불구하고 후학 양성에 몰두한 그의 의지가 놀랍거니와 활용의 편의성을 고려하여 책을 편찬하려고 노력한 점이 돋보인다. 그가 이처럼 유배지에서조차 아동을 위한 학습서 편찬에 열을 올릴 수 있었던 것은 당대에 통용되는 아동 학습서에 문제가 많다는 그의 기본 인식이 기저에 깔려 있었다.

> 어린이를 가르치는 방법은 그 식견을 열어주는 데 있다. 식견이 미치는 것은 비록 한 글자 한 구절이라도 모두가 문리를 깨닫게 하는 열쇠가 되지만, 식견이 미치지 못하는 것은 비록 수많은 서적을 독파하더라도 읽지 않은 것과 같다. 나는 알지 못하겠다. 이른바 천황씨(天皇氏)란 것이 임금인가, 목민관인가, 귀신인가, 사람인가. 나무가 무슨 덕이 있어 그로 하여금 왕이 되게 하였으며, 섭제(攝提)가 무슨 물건이기에 세(歲)가 그로 말미암아 시작되었단 말인가. 화(化)하였다는 것은 무엇을 말하는 것이며 화한 것은 무슨 물건이런가. 형제라고 이른다면 이는 본래 동포(同胞)이니, 천황씨가 부모가 있다면 최초의 인간이라 말하지 못할 것이요, 만약에 최초의 인간이라 한다면 어찌 형제가 12명에까지 이른다고 말할 수 있는가. 형이 천황(天皇)이 되었다면 아우는 곧 천황이 아니다. 만약 모두 천황이 되었다면 어찌하여 연조(年祚)의 장단(長短)이 이처럼 같을 수 있겠는가. 원회운세(元會運世)는 본래 아득한 말로써 결코 초학의 아동들이 이해할 바가 아니다. 그런데도 어떻게 그것을 가르칠 수 있는가.[14]

---

13) 丁若鏞, 『與猶堂全書』, 「蒙學義彙序」, "昔茯菴李子於碻橋寓舍. …… 古之爲文者, 字字而辨其旨則使中其理, 後世誦成句而勦其全, 文莫猶古也."

  위 글은 『사략』에 대한 정약용의 비판이다. "천황씨이목덕왕, 세기섭제, 무위이화, 형제십이인각일만팔천세.[天皇氏以木德王, 歲起攝提, 無爲而化, 兄弟十二人各一萬八千歲.]"라는 구절로 시작되는 이 책은 서술 내용이 논리적으로 정합하지 않을 뿐만 아니라, 아동들이 학습하기에 지나치게 현학적인 내용을 담고 있어 아동 학습서로 적합하지 않다는 것이 그의 주장이다. 그는 또 같은 글에서 "어린아이들이 처음 입학하여 '현황(玄黃)'이라는 글자와 '조수(鳥獸)'라는 글자를 배우고 또 '비주(飛走)'라는 글자를 배운 다음에 '황조우비(黃鳥于飛)'라는 구절을 가르치면 이 아이는 문장 구성하는 법을 알게 된다. 글을 가르치는 것을 이와 같이 하여야 문리를 터득하는 사고력이 저절로 생겨나서 점차 학문에 취미를 붙이게 되는 것이다. 그런데 지금은 그렇지 않아 초목의 글자와 덕행의 글자를 배우고 또 제왕의 글자를 배운 다음에 '목덕왕(木德王)'이라는 문구를 가르치니 이 아이가 깨달을 수 있겠는가. 배우는 아이들은 '앞서는 초목과 제왕이 각자 한 가지 법칙이더니, 지금은 목덕왕이 또 한 가지 법칙이다.'라고 할 것이니, 저것을 들어 이것에 조치할 때 조금도 깨닫지 못한다. 그러하건대 어떻게 문리를 터득하는 지각이 열릴 수 있겠는가?"[15]라고 말하며 아동 교육에는 단계가 있음을 지적하고 있다. 당대 통용되던 아동 학습서를 아동들의 체계적인 학습에 오히려 장애가 되는

---

14) 丁若鏞, 『與猶堂全書』, 「史略評」. "牖蒙之法, 在乎啓發其知識. 知識之所及, 卽一字一句, 皆足以爲文心慧竇之鑰. 知識之所不及, 雖傾五車而破萬卷, 猶無讀也. 吾不知, 所謂天皇氏者, 君乎牧乎. 鬼神乎人類乎. 木有何德, 令此氏王, 攝提何物, 歲由此起. 化之云何, 所化者何物. 若云兄弟, 是本同胞, 卽此天皇, 厥有父母, 不名首出, 若云首出, 云何兄弟至於十二. 兄爲天皇, 弟卽非是, 若云殷及, 何年祚之短長, 若是相同. 元會運世, 本旣眇芒, 斷斷非初學童幼所能曉者, 何爲敎之."

15) 丁若鏞, 『與猶堂全書』, 「史略評」. "童幼入學之初, 學玄黃字, 學鳥獸字, 又學飛走字, 於是乎授一句曰黃鳥于飛, 此兒知屬文之法, 本當如此, 文心慧竇, 暗自開發, 津津然樂於文字. 今也不然, 學草木字, 學德行字, 又學帝王字, 於是乎授一句曰木德王字, 此兒其喩乎. 將謂曩也, 草木帝王, 自一法, 今也, 木德王, 又自一法, 擧彼措斯, 曾莫之或知, 文心慧竇, 其有啓乎."

존재로 인식한 것이다. 그 결과 정약용은『소학보전(小學補箋)』·『제경
(弟經)』·『소학지언(小學枝言)』·『이아술의』·『아학편』·『아언각비(雅言覺
非)』·『소학주관』·『죽란물명고(竹欄物名攷)』등과 같이 자신이 생각하는
학문체계에 맞는 다양한 아동 학습서를 편찬하는 데 많은 노력을 경주
하였다. 그러면 이제 정약용이 편찬한 아동 학습서 가운데 그가 아동
교육의 첫 번째 과정으로 설정했던 문자 교육과 관련한 대표적 저작인
『아학편』과『소학주관』을 통해 정약용의 아동 학습서 편찬의 의의를 살
펴보자.

Ⅲ. 『아학편』과『소학주관』의 특징과 교육적 의의

　　『소학주관』은 어린아이들을 위하여 지었습니다. 사람들의 말을 들으
니 형님께서도 이러한 문자(文字)를 편집하신 것이 있다고 하던데, 한
집안에서 따로 두 개의 문호(門戶)를 세울 필요는 없을 듯하니, 이것으로
사용하는 것이 어떨지 모르겠습니다. 그 문례(文例)가 비록 쓸데없이 긴
듯하나, 어린아이들에게 외도록 하려면 이와 같이 하지 않을 수 없습니
다. 또 그 방법은 10을 단위로 한도를 삼았기 때문에 혹 구차스럽게 채운
것도 있고 혹 억울하게 빼놓은 것도 있습니다. 그러나 일반 세상에서 통
행되는 문자란 이렇게 하지 않으면 행해지지 않습니다. 형님께서 지으신
『몽학의휘(蒙學義彙)』가 왜 엄정하지 않겠습니까마는, 제가 편집한『아
학편』2권은 2천 글자를 한도로 하여 상권에는 형태가 있는 물건의 글자
를, 하권에는 물정(物情)과 사정(事情)에 관계되는 글자를 수록하였습니
다. 여덟 글자마다『천자문』의 예와 같이 1개의 운(韻)을 달았는데 어떨지
모르겠습니다.[16]

16) 丁若鏞,『與猶堂全書』,「上仲氏(辛未冬)」. "小學珠串, 爲兒輩作也. 聞來人言, 先生亦有
　　所輯此等文字, 不必一家之內, 各立二門, 以此行用, 未知如何. 其文例雖若宂長, 使小兒
　　輩誦讀, 不得不如是也. 又其法以什爲度, 故或有苟充者, 或有冤屈者, 然世俗通行之文

정약용이 그의 형님인 정약전에게 보낸 편지의 일부이다. 정약용은 이 글에서 자신이 편찬한『소학주관』과『아학편』에 대해 대략의 얼개를 소개하고 있다. 먼저 그는『소학주관』과『아학편』이 아동들의 문자 교육을 염두에 두고 편찬한 것임을 밝히며, 자신이 편찬한 두 책이 '일반 세상에서 통행되는 문자', 즉 실용 문자를 중심으로 지어진 것이라고 말하고 있다. 특히『아학편』과 관련해서는 형태가 있는 물건의 글자, 형태가 없는 물정과 사정에 관계되는 글자로 구분하여 편집했다고 하면서, "2천 글자를 다 읽고 나면 곧바로 국풍(國風)을 가르쳐 주어도 저절로 통할 수 있을 것입니다. 재주가 없는 자는 비록 먼저 1만 글자를 읽더라도 역시 유익됨이 없습니다."[17]라는 은근한 자부심을 드러내기도 했다. 과연『소학주관』과『아학편』은 그의 말처럼 아동 학습서로서 교육적 가치를 지니고 있는 것일까?

1. 『아학편』

『아학편』은 정약용이 당시 아동 학습서로 널리 사용되던『천자문』을 대체하려는 의도로 편찬된 것으로, 1813년에 정하건(鄭夏建)이『아학편훈의(兒學編訓義)』란 이름으로 정사(淨寫)하여 펴낸 바 있다. 그는 「아학편훈의서(兒學編訓義序)」라고도 알려져 있는 「천문평(千文評)」이란 글에서 "'천지(天地)'의 글자를 배우고 나면 일월(日月)·성신(星辰)·산천(山川)·구릉(丘陵) 등 그 족류를 다 알기도 전에 그것은 그만두고 오색(五色)을 배우라고 하며, '현황(玄黃)'의 글자를 배우고 나면 청적(靑赤)·흑백(黑

字, 不如是不行. 先生所著蒙學義彙, 豈不精嚴, 而我所輯兒學編二卷, 限之以二千字, 其上卷有形之物也, 其下卷物情事情也. 每八字一韻如千文之例, 未知如何."

17) 丁若鏞,『與猶堂全書』,「上仲氏(辛未冬)」. "二千字旣讀之後, 直授國風, 亦自能通, 其不才者, 雖先讀萬字, 亦無益矣."

白)·홍자(紅紫)·치록(緇綠)의 그 다른 점을 분별하기도 전에 그것은 그
만두고 우주(宇宙)를 배우라고 하니, 이것이 무슨 교수법인가? '운우(雲
雨)'의 글자 사이에 '등치(騰致)'의 글자가 끼어 있으니 이것이 그 족류를
다한 것인가? '상로(霜露)'의 글자 사이에 '결위(結爲)'의 글자가 끼어있
으니 이것이 그 다른 점을 분별한 것인가? 대개 이와 같이 되었기 때문
에 어린아이들이 혼동을 일으켜 글자의 뜻을 분별하지 못한다. 그리하
여 '현(玄)'자를 '전(纏)'자의 뜻으로 해석하며, '황(黃)'자를 '압(壓)'자로
해석한다. 그러나 이것은 배우는 아이가 미련해서 그런 것이 아니라 능
히 유를 미루어 널리 통하지 못하기 때문이다. '영(盈)'자의 반대는 '허
(虛)'이고, '측(仄)'자의 반대는 '평(平)'자인데, '영(盈)'자로 '측(仄)'자의
대(對)를 하였으니, 이는 세로를 말하면서 가로와 비유하는 것으로써 그
유(類)가 아닌 것이다. '세(歲)'자의 족류는 '시(時)'자이며, '양(陽)'자의
짝은 '음(陰)'자인데, '세(歲)'니 '양(陽)'이니 하여 동떨어지게 말하니 이
것은 그 유가 아니다."[18]라며 『천자문』이 지닌 단점을 신랄하게 지적하
고 있다. 그가 『천자문』을 이렇게 비판한 것은 "글자가 생긴 것은 만물
을 분류하기 위해서이다. 혹은 그 모양으로, 혹은 그 이치로, 혹은 그
일로 하여 반드시 유(類)를 미루어 널리 통하는 것이니, 그 족류를 다
알고 그 다른 점을 분별한 후에야 이치를 분명히 알게 되어 비로소 문리
가 터져 두뇌가 열리게 된다. 그러므로 옛날에는 소학에서 반드시 육서
(六書)를 먼저 가르쳤으니, 이는 곧 자모상생(子母相生)의 법칙이요, 편
방이합(偏房離合)의 방법인 것이다."[19]라는 문자 교육의 기본 원리를 『천

18) 丁若鏞, 『與猶堂全書』, 「千文評」, "學天地字, 乃日月星辰山川丘陵, 未竭其族, 而遽舍
之日姑舍汝所學, 而學五色, 學玄黃字, 乃靑赤黑白紅紫緇綠, 未別其異, 而遽舍之日姑舍
汝所學, 而學宇宙, 斯何法也. 雲雨之間, 騰致介之, 能竭其族乎. 霜露之間, 結爲梗之,
能別其異乎. 夫如是也, 故童幼眩瞽, 不辨旨義, 解玄爲纏, 釋黃爲壓, 非是兒之不才, 由
不能觸類而旁通也. 盈之反, 虛也, 仄之反, 平也, 以盈對仄, 竪說而衡喩, 非其類也, 歲之
族, 時也, 陽之耦, 陰也, 日歲日陽, 孤行而寡居, 非其類也."

자문』이 따르지 않았다고 보았기 때문이다. 이른바 '촉류방통(觸類旁通)'의 원리가 『천자문』에 투영되어 있지 않은 것이다.

> 대체로 문자를 가르침에 있어서는 '청(清)'자로 '탁(濁)'자를 깨우치고, '근(近)'자로 '원(遠)'자를 깨우치며, '경(輕)'자로 '중(重)'자를 깨우치고, '천(淺)'자로 '심(深)'자를 깨우치는데, 두 자씩 들어서 대조해 밝히면 두 가지의 뜻을 함께 알게 되지만 한 자씩을 들어 말하면 두 가지의 뜻을 함께 모르게 되니, 특출한 두뇌가 아니고서야 어떻게 깨달을 수 있겠는가. 또 형체가 있는 물건에 대한 글자와 형체가 없는 이치에 대한 글자는 그 유가 다르며, 행위가 없는 이치와 행위가 있는 일에 대한 글자도 그 유가 다르다. '강(江)'·'하(河)'·'토(土)'·'석(石)'은 형체의 명칭이고, '청(清)'·'탁(濁)'·'경(輕)'·'중(重)'은 그 이치이며, '정(停)'·'류(流)'·'운(隕)'·'돌(突)'은 그 일이 되는 것이다. 같은 유를 미루어 배우지 않으면 널리 통하지 못하는 것이 이와 같다.[20]

위 글은 '촉류방통'에 대한 정약용의 설명으로, 그가 생각하는 문자 교육의 핵심적인 교수·학습 방법이 잘 나타나 있다. 상반된 뜻을 지닌 글자를 짝지어 익히게 하고, 글자를 유별(類別)로 분류하여 체계적으로 익히는 것이 골자인데, 글자의 유별 분류는 식물이나 동물, 의복, 음식 등과 같이 주제별 구분도 있고, 나무목 변[木], 초두 밑[艹], 벼화 변[禾] 등과 같이 편방(編旁)을 기준으로 구분한 경우도 있다. 무분별한 암기가 아니라 아동들의 학습 효과를 높일 수 있는 체계적인 문자 교육 방법이

---

19) 丁若鏞, 『與猶堂全書』, 「千文評」. "文字之興, 所以類萬物也. 或以其形, 或以其情, 或以其事, 必觸類而旁通之, 竭其族別其異而後, 其情理粲然而文心慧寶, 於是乎開發. 故古者小學, 必先之以六書之教, 卽子母相生之澆, 偏旁離合之制, 是講是明, 以達其源委."

20) 丁若鏞, 『與猶堂全書』, 「千文評」. "大凡文字之學, 清以喩濁, 近以喩遠, 輕以喩重, 淺以喩深, 雙擧以胥發之, 則兩義俱通, 單說而偏言之, 則兩義俱塞. 自非上慧, 能有喩乎. 又凡有形之物與無形之情, 其類不同, 無爲之情與有爲之事, 其類不同. 江河土石, 形之名也, 清濁輕重, 其情也, 渟流隕突, 於斯爲事也, 不以類而觸之, 不能旁通如是也."

라고 생각된다. 현대 언어학에서도 어휘 학습의 주요 교수·학습 방법으로 의미관계를 활용한 어휘 교육이 활발히 이루어지고 있음을 고려할 때, 병렬 관계나 유의 관계, 혹은 대립 관계로 두 글자를 짝지어 글자들을 의미관계 속에서 문자 교육을 실시하도록 한 정약용의 방법은 오늘날 한자 학습에서 유효한 방법이라고 할 수 있다.

정약용이 말한 바와 같이 『아학편』의 한자를 의미관계를 고려하여 두 글자씩 짝을 짓고, 이를 다시 유별로 분류해 보면 〈표 1〉과 같다.[21]

그런데 『아학편』이 『천자문』을 대체할 정도의 교육적 효과를 담보하기 위해서는 학습자의 수준에 적합한 교수·학습 방법을 적용하는 것도 중요하겠지만, 보다 근본적으로는 『아학편』이 문자 교육을 위한 학습서인 만큼 수록된 한자가 향후 학습에 얼마나 도움이 될 수 있는가가 무엇보다 중요할 것으로 생각된다. 즉, 앞서 정약용이 경학과 경세학을 학문의 지향점 및 교육목표로 설정했던 바, 『아학편』에 수록된 한자가 경학과 경세학을 공부하는 데 얼마나 유효한가가 가치 평가의 중요한 잣대라고 할 수 있다.

그러면 『아학편』의 가치를 시험적으로 평가하기 위해 『아학편』에 수록된 한자와 『시경』에 수록된 한자의 자종을 비교해 보자.[22] 그가 『아학편』을 학습하면 「국풍(國風)」으로 대표되는 『시경』을 바로 학습할 수 있다고 자부하였으므로, 『아학편』과 『시경』의 자종을 비교해보는 것이 효과적일 것으로 판단된다.

『아학편』에 수록된 한자는 총 1,999자이다.[23] 정약용 자신이 말한 바

---

21) 『아학편』의 한자 분류는 정일균의 「다산 정약용의 '소학'론Ⅱ」(『다산학』 20, 다산학술문화재단, 2012)을 토대로 본 논문에서 나름대로 분류해 본 것이다.

22) 한자의 자종 비교는 허철 선생님의 '전통 한문학습 교재와 일반 한문전적 사용 한자' 관련 코퍼스 자료를 활용하여 살펴본 것이다. 이 자리를 통해 코퍼스 자료를 흔쾌히 제공해 주신 허철 선생님께 감사의 뜻을 전한다.

23) 『아학편』의 자종을 이전 문자학습서와 자종과 비교하면 다음과 같다.

〈표 1〉『아학편』 소재 한자의 유별(類別) 분류(안)

<上卷>

분류	해당 한자
人類	天地 父母 君臣 夫婦 兄弟 男女 姊妹 娣姒 祖宗 子孫 姪姑 甥舅 姨婭 壻媳 妻妾 孀姆 伯仲 叔季 族戚 朋友 賓師 主客 翁媼 童叟 帝王 后妃 將相 卿士 吏民 工商 僮僕 奴婢 儒俠 醫巫 氓隷 妓娼 僧尼 盜賊 夷狄 蠻羌
身體	耳目 口鼻 股肱 手足 頭腦 頷項 顴頰 頂額 齒牙 脣舌 眼睛 頤齶 乳脇 臍肛 胸背 腰腹 指爪 掌腕 肩臂 肘腋 跗趾 腨踵 臀膝 脛脚 鬢眉 鬚髮 咽喉 臟腑 心肺 肝脾 膽腎 腸肚 皮肉 膏血 筋脈 骨髓 涎汗 糞尿 首面 身體
氣象	日月 星辰 風雲 雨露 霜雪 霰霾 雷電 霞霧 虹霓 飇颸 霖凍 霢霂 陰陽 氣暈 彗孛 氷雹
自然	水火 土石 山川 海陸 原野 丘陵 峯巒 岡麓 嶺嶽 峽峀 洞壑 巖谷 隴阪 崖岸 塵埃 塊礫 泉瀑 溪澗 溝渠 陂池 江淮 河漢 湖澤 津涯 灘潭 島嶼 浦渚 汀洲 潮汐 波浪 泥沙 泡漚
地理	國邑 鄕京 郡縣 州都 鄰里 市井 城郭 村閭 街巷 蹊徑 道路 橋驛 田畦 園圃 境界 阡陌
金寶	金銀 銅鐵 鍮鉛 鑞錫 珠玉 寶貝 錢幣 圭璧
火	炬燎 燈燭 柴薪 炭灰 硝硫 烽燧 熛焰 烟煤
植物	草木 禾穀 菜蔬 花藥 芝蘭 蕙菖 蔘朮 芎芍 蒲艾 蓬蒿 茅莎 蘆荻 荼蓼 薇蕨 蓮荷 薔菊 葡萄 藤葛 芭蕉 藍茜 葵藿 芹薺 茄芋 藜莧 菘菁 芥葑 韭薤 蔥薑 瓜匏 菌蕈 萵苣 蒜虉 松柏 檜杉 梧桐 梓漆 榆槐 楊柳 橡櫝 榛栗 檀椵 椒桂 梅杏 桃李 柿棗 梨楸 橘柚 柑枳 梔榴 櫻柰 楓椿 棣棠 桑柘 杻檗 竹竿 筍篁 樹林 果蓏 根荄 材幹 枝葉 莖節 蕊萼 蔕蔓 黍稷 稻粱 菽豆 牟麥 苧麻 枲棉 蕎秫 秬粟 苗穟 秧粒 糠米 糗糧 杭稉 芻稿 稊稗 莠稂
動物	鸞鳳 鸛鶴 鴻雁 鳧鴨 鷗鷺 鵝鶩 鴛鴦 鳩鴿 鵰鶚 鵲鴝 鳶鷹 烏鵲 鵂梟 鸚鵡 鷄雉 燕雀 麟麋 麞鹿 虎豹 象犀 兎獺 貂鼯 豺狼 狐狸 馬牛 羊豕 駒犢 羔豚 驢騾 犬羖 猫鼠 熊猿 蛟龍 鯨鰐 魴鯉 鯀鮒 鯊鱸 鮒鯧 鰻鯖 鮎鱺 鮀鱖 鯛鰒 鰌鱔 鰕鰈 龜鼈 蟹螯 蝸螺 蠔蛤 蜂螘 蝴蝶 蜻蜓 蟋蟀 蠶蛾 蟬蟬 蛛蠅 蚊蠍 蛙蟾 蛇蝮 蚓蛭 螢螽 蛆蠹 蚤蝨 蚜蠘 蟯螻 禽畜 犧牲 鳥獸 魚蟲 雛麛 鯒卵 牝牡 雌雄 羽毛 鱗甲 鬉尾 蹏角 翼翮 味喙 塒牢 巢殼
建築	宮室 殿闕 舍宇 家宅 臺榭 亭館 寺院 樓閣 房屋 堂廊 府庫 倉廩 棟梁 柱椽 檐甍 梯檻 窓牖 門戶 閨扉 楣閾 廚竈 廏廁 階庭 牆壁 苑囿 廬店 碪堗 瓦甓 鎖鑰 釘鈴 垣籬 簾槅 庋架 床榻 屛帷 帳幕 壇墓 碑塔 塚廟 棺槨
交通 手段	舟船 船筏 棹楫 帆檣 舳艫 篙篷 舷舵 艣櫓 車輿 軒軺 輪軸 轂輻 轎輦 蓋傘 鞍轡 覊靮
器物	紙筆 墨硯 簡策 版牘 符璽 印牌 棊枰 毬傳 器皿 几案 樺榹 椅桌 甁罌 甑甕 鼎鍋 釜鑊 盆缸 碟碗 籩錋 杯樽 鍾鉢 斟勺 匙筯 俎盤 箱篋 筒籠 筐匳 櫃櫝 篘籔 篩簸 箕帚 囊橐 杵臼 槃釭 扇爐 氈席 升龠 斗斛 衡錘 杖尺 斤斧 鋸鑿 錐刀 椎鎌 機梭 筬軖 碓磑 磨砧 鉏鍬 钁鍤 耒耙 枷欏 熁丸 笱筒 網罟 餌鉤 弓矢 弩箭 干戈 劒戟 旗纛 旌旄 鞭棍 韔箙
服飾	布帛 錦繡 紗羅 綾縠 經緯 綵紋 絲纊 緞索 衣服 冠帶 襦袴 裘衫 袍襖 裙裳 袷袖 裾衿 鞾屨 鞋屐 襁袱 幐襪 鎧胄 簑笠 縗絰 帽笏 紳韠 纂纓 縫緣 裔幅 巾帨 珥佩 衾裯 枕褥 釵笄 鏡鑷 髻髢 梳篦 鍼線 膠糊 粉黛 臙脂
飮食	飮食 肴饍 飯餠 糜粥 酒醴 醪麴 菹醬 羹臛 脯醢 腊鱐 膾炙 飴蜜 醋齏 油鹽 豉糟 麴糵
樂器	鼓鏞 磬管 簫笛 琴瑟

<下卷>

분류	해당 한자
人道	仁義 禮智 孝悌 忠信 慈良 敦睦 寬和 恭愼 是非 善惡 吉凶 悔吝 聖賢 睿哲 英傑 豪俊
時節	春夏 秋冬 歲時 早晩 寒暑 溫凉 晴曀 澇旱 晝夜 晨昏 曉晡 朝夕 昨翌 期晬 旬朞 晦朔
方位	東西 南北 左右 前後 上下 中間 登降 仰俯 邊隅 傍側 內外 表裏 彼此 處所 往來 行止
色彩	靑黃 赤黑 朱玄 素白 丹紺 蒼翠 紅紫 綠碧
感覺	酸鹹 甘苦 辛辣 羶腥 臭味 聲色 嗅啗 視聽 音響 芳香 光彩 形影 唱嘯 吹彈 舞蹈 歌詠 睍窺 眺望 顧瞻 觀省 呑吐 噓吸 飢飽 醉醒 聾瞽 矇瞭 聞見 聽察 寤寐 睡夢 戲笑 喧聒 歎咄 瞋瞬 涕淚 嘑哭 鼾啞 顰呻 噴嚔 唾衄
動作	拳匊 拱抱 握執 扶持 擡擧 捫搔 攀捧 提攜 探摘 擁挾 招搖 掩揮 披捲 投擲 拘攣 挂垂 跬步 蹤迹 踊躍 踐蹋 超越 蹲踞 跛蹇 蹶跲 坐臥 起居 倚伏 跪立 傎倒 進退 趨走 拜揖
言事	言語 問答 論議 談說 教誘 訓誨 召呼 請謁 計謀 許諾 告戒 詢訪 謗訕 譏嘲 叱罵 欺誑
疾病	疾病 痛癢 瘧癘 痔疽 癱痢 疳瘡 癎癩 疔疝 痺痾 腫脹 痰嗽 咳喘 痘疹 瘡癧 疣痣 疥癬
儀禮	婚姻 嫁娶 胎孕 產育 葬埋 祭祀 餞饗 宴樂 慶弔 賀慰 會遇 盟約 灑埽 應對 盥漱 沐浴
經濟	農賈 匠冶 漁釣 畋獵 稼穡 耕種 耘穫 樵汲 賣買 賖貸 貿販 賭贖 鑄鍊 斲剖 採拔 捕捉 紡織 繅染 澣濯 製裁 舂簸 淅漉 烹飪 蒸炊 醞釀 斟酌 酬酢 饋餉 貢獻 贈賜 求乞 報償
技藝	文武 技藝 射御 書數 史傳 詩詞 章句 箋註 篆字 圖畵 卜筮 律曆 講讀 吟誦 學習 記錄 軍旅 營陣 攻守 戰伐 兵刃 擊刺 騎乘 馳突
制度	財貨 賦稅 債傭 價雇 負戴 轉運 辨訟 券簿 爵祿 官位 法度 刑政 權威 勢力 制作 命令 姓氏 名號 倫序 班列
狀態	抑揚 殺活 勝敗 順逆 大小 長短 輕重 厚薄 淸濁 高低 方圓 曲直 廣狹 銳鈍 硬軟 肥瘠 有無 虛實 疏密 斷續 剛柔 屈伸 冷熱 燥濕 淺深 濃淡 融凍 滑澀 精粗 汙潔 完缺 純雜
人間 事	功罪 黜陟 寵辱 賞罰 人物 性情 古今 事理 治亂 得失 可否 成毁 生死 禍福 安危 存亡 盛衰 窮達 利害 灾祥 尊卑 貴賤 壽夭 貧富 愚慧 邪正 老少 長幼 廉貪 奢儉 姸媸 强弱
變化	浮沈 隱現 開閉 出入 聚散 動靜 從違 離合 明暗 通塞 遲速 緩急 去留 用捨 榮枯 贏縮 眞假 優劣 加減 損益 縱橫 遠近 敧整 平仄 難易 煩簡 專貳 詳略 飜覆 弛張 稀稠 泄畜 多寡 盈虧 增刪 溢涸 洪纖 巨細 紛紜 異同 變化 周旋 新舊 始終 薈蔚 叢茂 槁萎 摧折 凝滯 堙鬱 滲漏 潰決 照耀 焚燒 灌沃 熄滅 豐好 秀美 尖碎 破裂 堅固 侈麗 朽腐 壞落 騰翥 飛鳴 潛藏 遁匿 充滿 泛濫 空匱 竭盡 放逸 奔逃 回還 歸反 繫結 牽曳 游泳 解脫 壅蔽 阻隔 恢拓 爽豁 勞倦 催促 休息 玩弄 孤獨 單微 伴侶 羣衆 追隨 交接 送迎 逢別 譭譽 恩怨 辭受 予奪
心狀	志意 思想 知識 覺悟 喜怒 悲歡 愛憎 恃懼 愉悅 欣快 愁恨 憂慮 慙愧 羞恥 悚畏 恐怖 慟悼 憐恤 悵戀 羨慕 誠僞 敬怠 勇怯 忿怨 狂暴 酷毒 謹嚴 弘裕 恬雅 惠諒 驚疑 猜妬 端莊 默訥 頑傲 夸誕 謙遜 愿淳 爭鬪 猛悍 懶惰 嬉娛 敏捷 勸勉 荒淫 驕妄 貞淑 舒坦
數理	一二 三四 五六 七八 九十 百千 萬億 雙匹 尋丈 分寸 毫釐 芒忽 奇偶 幾倍 積累 兩鎰
人稱	吾我 爾汝
修養	勤孜 奮發 沿泝 源流 揣揆 本末 保養 德質 修飾 才能 楷模 型範 規矩 準繩 堯舜 禹湯 孔孟 顔曾

와 같이 『아학편』에 등장하는 한자는 개수는 총 2,000자이지만, 하권에서 '순망(旬望)', '조망(眺望)'과 같이 '망(望)'이란 글자가 중복 사용되고 있어 자종만 놓고 본다면 1,999자라고 할 수 있다. 물론 동일한 글자이지만 모양도 다르고 사용되는 뜻도 달라 별도로 처리할 수도 있다. 자종 비교 결과, 『아학편』에 수록된 총 1,999자 중 531개를 제외한 1,456개의 한자가 『시경』에 수록되어 있었다.[24] 『아학편』의 73.44%가 『시경』에 나오는 한자이다. 그리고 『시경』에 나오는 한자가 총 4,040개임을 감안하면 『시경』에 나오는 한자 중 36.04%가 『아학편』에 수록되어 있다. 『시경』에 없는 531개의 한자는 정약용이 의미관계를 따져 한자를 배치하였기 때문에 교재의 구성상 부득이한 측면이 있었을 것으로 생각되지만, 이들도 『소학』·『고문진보』·사서(四書)·『사기』·『통감절요』 등과 자종

	『천자문』	『유합(類合)』	『신증유합(新增類合)』	『훈몽자회(訓蒙字會)』
자종수	1,000자	1,512자	3,000자	3,360자
일치하는 자종수	628자	1,090자	1,536자	1,982자

* 김진희, 「아학편 연구」, 영남대학교 석사학위논문, 2000, 21쪽의 〈표 Ⅲ-3〉 인용.
24) 『아학편』의 한자 중 『시경』에 수록되지 않은 531개의 한자는 다음과 같다.

價 菓 奴 顆 霖 烽 癬 啞 翁 低 芝 箸 楓 肴 踞 菊 棹 匳 紋 笥 睡 攀 痞 臍 採 炭 現 紙
架 鍋 腦 冪 蓬 線 鰐 蝸 蛆 痣 舳 披 嗅 腒 掬 葡 嶺 蚊 賖 髓 閩 醫 梯 拓 塔 舷 帚
茄 榔 訥 蕪 彎 剖 蟬 蔓 蠆 津 尤 筆 涵 苴 麵 睹 隸 楣 傘 晔 橡 珥 喉 阡 楬 莫 飆
街 瘧 蚍 鐮 襪 符 蟾 鶡 珊 蘠 疹 揣 霞 粳 裾 裙 牘 爐 齎 疝 籔 沿 餌 齋 腦 胎 俠 恢
檻 棺 尼 廊 煤 薄 鎬 案 桷 靮 瞳 炊 鰕 暈 塞 郡 藪 櫨 舶 蒜 繡 涎 桃 潮 檣 働 脅
柳 盥 壇 莨 罵 腑 筴 鞍 腕 瓻 叱 翠 痞 諛 劍 莒 檀 鱸 蒲 酸 瞬 烟 蚓 眺 鯖 芭 篋
桐 顴 眊 疽 冷 陌 噴 醒 疣 敗 匜 厠 肝 樺 咄 樧 梧 杉 鬆 蔕 杷 彗
蠍 柑 掛 淡 粮 氈 糞 埃 犚 店 斟 梔 鹹 畦 衼 櫃 埃 鹿 鱻 衫 盍 蜻 翌 蟾 硝 販 薏
減 塊 潭 涼 棉 蜱 嗉 崖 紞 蝶 提 痔 蛤 吸 硬 窺 洞 籠 筏 滲 僧 鵞 蚓 絛 礎 牌 蹉
疳 槐 痰 侶 臊 榾 沴 腋 愿 樏 筲 媵 鴿 嬉 鯨 蜉 銅 隴 帆 蔖 匙 藥 垤 駿 蕉 秤 蹊
紺 蕎 膽 罏 痺 繰 鷓 猿 鰈 懇 杍 肛 紅 鷄 菌 涑 未 壁 溢 猗 裔 鎰 鰻 貂 字 糊
薑 轎 喒 鑪 血 碑 損 罌 院 汀 娼 砧 咳 奈 稿 橘 痘 醪 欒 鋪 玫 霓 軒 廚 超 鞭 蝴
襦 毬 踏 礫 蛑 篦 悚 罵 蠍 睛 瘡 睡 楷 懶 袴 展 荳 淚 碧 償 柹 睍 孜 鑄 醋 杵 蠔
芥 炬 撥 戀 帽 黌 鎖 鑰 乳 釘 眼 桅 蟹 痢 雇 鈝 肚 榴 瓶 橡 鰍 襖 昨 肘 輶 怖 笏
鎧 狗 黛 蓮 蠓 篩 嫂 瘍 鑢 蜒 悵 坦 鰲 扇 斛 碁 臀 綾 鰒 嶼 媳 媼 帳 崿 村 葡 護
杭 興 碓 劣 霧 紗 岀 羹 襦 螻 凶 彈 翮 葦 穀 疲 鈍 吏 巌 薯 紳 醞 檣 鰤 催 哺 膗
炬 廄 島 裂 墨 樹 漱 壁 銀 悌 債 灘 噓 癰 棍 皼 燈 犁 蝮 婿 腎 塍 薔 甁 綬 瀑 谿
踞 菊 棹 匳 紋 笥 睡 攀 痞 臍 採 炭 現 裁 拱 糯 藤 狸 峰 汐 嬬 甕 醫 婚 鰍 燼 篁

을 비교해 보면 대부분의 한자가 이들 중 어느 한 군데에 한 번 이상 등장하고 있을 뿐 아니라 일상생활과 밀접하게 관련된 것이 대부분이다. 즉, 『아학편』은 하단의 표에서도 확인할 수 있듯이 아동이 향후 경학이나 경세학 관련 서책을 읽는 데 유용하게 활용할 수 있는 글자를 중심으로 구성한 아동용 문자 학습서라고 평가할 수 있겠다.

〈표 2〉『아학편』 소재 한자와 주요 몽학 교재의 자종 일치도

	『소학』	『대학』	『논어』	『맹자』	『중용』	『고문진보)	『사기)	『통감절요』
일치 자종수	1,186개	535개	745개	996개	640개	1,413개	1,421개	1,335개
비율	59.33%	26.76%	37.27%	49.82%	32.02%	70.68%	71.08%	66.78%

2. 『소학주관』

『소학주관』은 고경(古經) 이래 제서(諸書)에서 실학(實學)에 도움이 되는 명목 300조목을 수집하여 구슬을 꿰듯 엮은 책이다. 정약용이 강진 유배 시절 자신에게 배우러 온 아이들을 가르치기 위해 편찬한 교재로, 연보에 의하면 그의 나이 49세인 1810년 겨울에 편찬했다고 한다.[25] 숫자가 포함된 주요 개념어들을 고전에서 채집하여 정리한 해설서인 『소학주관』은 지금으로 따지면 용어집이나 숙어집, 관용어구 모음집 정도에 해당한다고 볼 수 있다.

지금 학문하는 법도 이와 같다. 무릇 구경(九經)과 구류백가(九流百家)의 서적에 있어 그 명물수목(名物數目)이 모두 슬슬주(瑟瑟珠)에 해당하니, 꿰미로 꿰는 것을 본받지 않으면 또한 얻는 대로 곧 잃어버리지 않겠는가. 내가 귀양살이하면서 일이 없을 적에 동자 몇이 나에게서 수업을

---

25) 한국고전번역원 DB 고전번역서 『經世遺表』 중 「다산 정약용 연보」 참조.

받았는데, 기억을 잘 하지 못함을 근심하였다. 나는 위에서 말한 늙은 장수처럼 슬슬주의 이야기를 하여 그들을 일깨워 주었다. 이에 고경 이래 여러 서적의 명물수목을 수집하고 그중에 실학에 도움이 되는 것을 뽑아서 모두 3백 조목을 얻었으니, 이를 『소학주관』이라 이름하고 그들에게 주었다. 그러자 한 동자가 매우 기뻐하면서 "선생의 글은 근본이 있습니다. 공자(孔子)가 자공(子貢)에게 이르기를 '사(賜)야, 너는 내가 많이 배우고 그것을 기억하는 사람이라고 여기는가? 아니다. 나는 하나로 만사를 관통한 것이다.'라고 하였으니, 선생의 글은 근본이 있습니다."라고 하였다. 이를 서문으로 삼는다.[26]

정약용이 『소학주관』이라고 책의 이름을 붙인 것은 촉 땅의 남자아이가 슬슬주(瑟瑟珠) 수천 개를 얻었으나 슬슬주를 간수하는 방법을 몰라서 모두 잃어버린 고사[27]와 같이 구경과 구류백가의 서적에 있어 그 명물수목(名物數目)도 하나로 꿰어두지 않으면 곧 잊어버리게 됨을 경계하기 위함이다. 기존의 해제에서 송나라 왕응린(王應麟)의 『소학주감(小學紺珠)』의 체제를 많이 참고하였다고 했는데,[28] 실제로 『소학주관』을 보면 『소학감주』에서 인용한 수목(數目)이 존재하고 있음을 확인할

26) 丁若鏞, 『與猶堂全書』, 「小學珠串序」. "今夫學問之法猶是也. 凡九經九流百家之書, 其名物數目, 皆瑟瑟也, 不有串以串之, 無亦隨得而隨失乎. 讁居無事, 有童子數人, 從而問業, 患不能强志, 余老賈也, 談瑟瑟珠以喩之, 於是蒐輯古經以來名物數目, 選其有補於實學者, 共得三百條, 名之曰小學珠串, 以予之. 有一童子, 躍然喜曰先生之書, 有本矣. 昔者孔子謂子貢曰賜, 爾以吾爲多學而識之者與. 非也, 予一以貫之者也, 先生之書, 有本矣, 是爲序."
27) 丁若鏞, 『與猶堂全書』, 「小學珠串序」. "蜀之童, 得瑟瑟之珠數千. 見而悅之, 或懷之, 或橐之, 或含之以口, 或握之以手, 東適洛, 以求其售. 旣行, 勞而披則懷者落, 涉而俯則襆者迸, 見可喜而笑, 可言而言, 則含者出, 猝遇蜂蠆虺蜴害身之物, 欲有以衛其患, 則握者釋, 未至半而瑟瑟盡矣. 悵然而反, 以告其老賈, 賈曰嗟乎, 惜哉. 盍蚤來, 夫致瑟瑟有法. 園客之絲以爲線, 幺貂之毛以爲箴, 碧者串之爲碧串, 赤者串之爲赤串, 紺玄紫黃, 色色而串之, 吳犀之革, 櫝而藏之, 此致瑟瑟之法也. 今子雖得瑟瑟萬斛, 無串以串之, 何適不失."
28) 송재소 외, 『정본 여유당전서 해제』 참조.

수 있다.[29)]

　『소학주관』은 아동들이 알아야 할 개념을 일(一)부터 이십팔(二十八)까지 수목에 따라 배열하는 구성 방식을 취하고 있다. 각 조목은 다음과 같이 수목의 숫자가 포함된 어휘의 개념을 먼저 설명하고, 해당 어휘의 출전을 문단을 달리하여 제시하는 방식을 취하고 있다. 또한 부가 설명이 필요한 경우 해당 내용을 세주(細註)로 부기하고 있는데, 주로 설명에 사용된 어휘의 개념과 출전으로 제시한 서책 이외에 사용된 용례를 소개하는 용도로 활용되고 있다. 즉, 『소학주관』은 다음과 같은 서술 방식을 취하고 있는 것이다.

　　삼절(三絶)은 정건(鄭虔)의 문예(文藝)이다.【범류(凡流)보다 월등히 뛰어남이다.】첫 번째는 '시절(詩絶)'이고, 두 번째는 '서절(書絶)'이며【서예이다.】, 세 번째는 '화절(畫絶)'이니【그림이다.】, 이를 '삼절(三絶)'이라고 한다.

　　삼절(三絶)이란 명칭은 『당서(唐書)』에 나온다.【「정건전(鄭虔傳)」이다. 또한 송지문(宋之問)의 부친 송령문(宋令文)의 뛰어난 문장, 뛰어난 글씨, 힘이 셈을 삼절(三絶)이라고 한다. 또 이백(李白)의 시가(歌詩), 배민(裵旻)의 검무(劍舞), 장욱(張旭)의 초서(草書)를 세상에서는 '삼절(三絶)'이라고 일컫기도 한다. 그리고 『진서(晉書)』의 「고개지전(顧愷之傳)」에는 '고개지는 삼절(三絶)이 있는데, 재절(才絶)·화절(畫絶)·치절(癡絶)이다.'라고 하였다.】[30)]

---

29) 丁若鏞, 『與猶堂全書』, 『小學珠串』. "十二體者, 文辭之制裁也. 制體, 誥體, 詔體, 表體, 露布, 體檄, 文體, 箴體, 銘體, 記體, 贊體, 頌體, 序體, 此之謂十二體也. 十二體之名, 出小學紺珠."

30) 丁若鏞, 『與猶堂全書』, 『小學珠串』. "三絶者, 鄭虔之文藝也.【超絶於凡流】一曰詩絶, 二曰書絶【筆藝也】, 三曰畫絶【圖繪也】, 此之謂三絶也. 三絶之名, 出唐書.【鄭虔傳. 又宋之問父令文富文工書有力謂之三絶. 又李白歌詩, 裵旻劍舞, 張旭草書, 世稱三絶. 又晉書顧愷之傳, 愷之有三絶, 才絶畫絶癡絶.】"

또한, 『소학주관』에 수록된 300조목의 용어를 수목별로 살펴보면 다음과 같다.

<표 3> 『소학주관』의 구성 및 수록 용어

數目	수록 용어	비고
一之類	一人 一食 一就 一相 一軍 一命 一廟 一獻 一鼎 一章	十條
二之類	二儀 二氣 二曜 二人 二老 二伯 二京 二舞 二篋 二生	十條
三之類	三才 三綱 三皇 三王 三正 三社 三學 三雍 三易 三家 三倉 三尊 三喪 三族 三從 三公 三孤 三禮 三德 三事 三望 三牲 三曜 三酒 三雅 三農 三災 三寶 三加 三侯 三田 三益 三損 三愆 三戒 三畏 三變 三樂 三赦 三宥 三絶 三端 三仁 三良 三傑 三黨 三孝 三敎 三鑒 三餘 三條 三江 三山 三輔 三都 三桓 三晉 三韓 三國 三司	六十條
四之類	四時 四天 四祭 四薦 四畋 四見 四術 四隅 四宅 四極 四荒 四夷 四至 四譯 四德 四端 四禮 四樂 四庫 四始 四兆 四勿 四維 四科 四敎 四鄰 四監 四民 四友 四凶 四臣 四皓 四豪 四傑 四窮 四靈 四載 四寶 四瀆 四郡	四十條
五之類	五敎 五倫 五禮 五刑 五射 五御 五行 五聲 五色 五臭 五味 五臟 五官 五金 五玉 五火 五地 五嶽 五穀 五果 五輅 五兵 五服 五紀 五徵 五福 五諫 五聽 五守 五帝 五佐 五聖 五賢 五霸 五胡 五季 五蟲 五方 五衛 五部	四十條
六之類	六經 六詩 六體 六書 六禮 六樂 六舞 六術 六藝 六德 六行 六容 六官 六工 六功 六宗 六號 六順 六逆 六冕 六服 六器 六摯 六節 六彝 六尊 六飮 六畜 六獸 六馬 六材 六氣 六腑 六極 六韜 六國 六卿 六朝 六賢 六部	四十條
七之類	七敎 七情 七曜 七略 七緯 七廟 七祀 七貢 七策 七寶 七工 七書 七貴 七子 七賢 七行 七曲 七部 七去 七事	二十條
八之類	八卦 八音 八風 八紘 八蠻 八蜡 八統 八政 八刑 八成 八珍 八陣 八母 八體 八家 八絶 八矢 八駿 八道 八門	二十條
九之類	九州 九山 九河 九服 九夷 九經 九德 九惠 九容 九思 九式 九府 九命 九旗 九夏 九拜 九數 九家 九卿 九達	二十條
十之類	十倫 十干 十時 十紀 十煇 十藪 十亂 十哲 十道 十寶	十條
十二之類	十二律 十二辟 十二支 十二配 十二次 十二水 十二章 十二政 十二體 十二操	十條
十一·十三至二十八	十一會 十三經 十三省 十四類 十五氣 十六族 十六國 十七篇 十八學士 十九章 二十級 二十一史 二十二人 二十三字母 二十四氣 二十五縣 二十六豆 二十七脈 二十八將 二十八宿	二十條

최근 연구 성과에 따르면 정약용은 제자 윤종삼(尹鍾參)과 함께 실제 『소학주관』을 대상으로 강학 활동을 펼쳤다고 한다. 그는 이 강독의 과

정에서 학생들에게 하나의 용어조차 모두 경전에 근거하여 나온 말임을 깨닫게 하려고 애썼으며, 아직 미숙한 상태에서 사소한 의문조차 그냥 넘어가지 말고 반드시 질문해서 의문을 명백하게 해소할 것을 요구했다고 한다. 현재 『춘각집(春閣集)』에는 정약용이 윤종삼과 『소학주관』을 강독한 과정이 『소학주관문답(小學珠串問答)』이란 이름으로 남아 있다.[31]

그러면 『소학주관』에 수록된 용어를 학습에 활용할 수 있는 범위는 어디까지일까? 정약용이 제시한 각 용어의 출전을 살펴보면 어느 정도 가늠할 수 있을 듯하다.

> 『서경(書經)』, 『시경(詩經)』, 『예기(禮記)』, 『맹자(孟子)』, 『논어(論語)』, 『중용(中庸)』, 『주례(周禮)』, 『역대전(易大傳)』, 『한시외전(韓詩外傳)』, 『후한서(後漢書)』, 송부(宋賦), 『백호통(白虎通)』, 『예위(禮緯)』, 『춘추번로(春秋繁露)』, 『수서(隋書)』, 『춘추(春秋)』, 『춘추좌씨전(春秋左氏傳)』, 『소학감주(小學紺珠)』, 『당서(唐書)』, 『위략(魏略)』, 『오월춘추(吳越春秋)』, 『사기(史記)』, 「삼도부(三都賦)」, 『전국책(戰國策)』, 『삼국사기(三國史記)』, 『국조보감(國朝寶鑑)』, 『이아(爾雅)』, 『주자가례(朱子家禮)』, 『관자(管子)』, 『사구문집(謝翶文集)』, 『황제소문(黃帝素問)』, 『순자(荀子)』, 『공자가어(孔子家語)』, 『대명회전(大明會典)』, 『문원보불(文苑黼黻)』, 『진서(晉書)』, 『오대사(五代史)』, 『경국대전(經國大典)』, 『여지승람(輿地勝覽)』, 『경해(經解)』, 『서전(書傳)』, 『예대전(禮大傳)』, 『황제내경(黃帝內經)』, 『촉지(蜀志)』, 『춘추제요(春秋提要)』, 『운급칠첨(雲笈七籤)』, 『독서지(讀書志)』, 「서정부(西征賦)」, 『군보록(羣輔錄)』, 『고금악록(古今樂錄)』, 『대대례(大戴禮)』, 『회남자(淮南子)』, 『국어(國語)』, 『원전장(元典章)』, 『설문(說文)』, 『모곤록문집(茅坤鹿門集)』, 『오록(吳錄)』, 『습유기(拾遺記)』, 『대명일통지(大明一統志)』, 『경전석문(經傳釋文)』, 『삼인방(三因方)』, 『고려사(高麗史)』, 『대전통편(大典通編)』,

---

31) 정민, 「새 자료를 통해 본 다산의 문답형 제자 강학」, 『한국한문학연구』 57, 한국한문학회, 2015, 385~387쪽 참조.

『구가역(九家易)』, 『구주지(九州志)』, 『악부시집(樂府詩集)』, 『숭문총목(崇文總目)』, 『당육전(唐六典)』, 『북사(北史)』, 『별록(別錄)』, 『속문헌통고(續文獻通考)』, 『운법횡도(韻法橫圖)』, 『의학입문(醫學入門)』.

위의 서목을 보면 경전 및 경학 관련 저술에서 추출한 용어도 있고, 역대 서서(史書)에서 추출한 용어도 있다. 또한 문학 작품에서 추출한 것도 있고, 의서에서 추출한 것도 있다. 시기적으로는 선진 이전부터 명청대까지 넓게 포진되어 있으며, 주로 중국의 서적을 필두로 하되『삼국사기』나『고려사』·『국조보감』·『경국대전』·『여지승람』등 우리나라의 서적도 포함되어 있음을 알 수 있다. 실로 방대한 자료를 대상으로 수목(數目) 관련 용어를 추출한 것이다. 이들 용어가『소학주관』에 포함되었다는 이유만으로 앞서 제시한 서적들을 학습하는 데 도움이 된다고 단언할 수는 없지만, 아동들이 혼동하기 쉬운 기본 개념을 손쉽게 찾아볼 수 있도록 하나로 모아 놓았다는 점에서 그 교육적 의미가 적지 않다고 할 수 있다.

예를 들어 아동이 『논어』「계씨」편의 "공자왈: 녹지거공실, 오세의, 정체어대부, 사세의. 고부삼환지자손, 미의.[孔子曰: 祿之去公室, 五世矣, 政逮於大夫, 四世矣. 故夫三桓之子孫, 微矣.]"란 구절을 학습한다고 가정해 보자. 이 구절에는 '오세(五世)'·'사세(四世)'·'삼항(三桓)'이라는 숫자로 시작하는 용어 3개가 등장하고, 『논어집주』의 주석에 "노자문공훙, 공자수살자적, 입선공, 이군실기정, 력성양소정, 범오공. 체급야. 자계무자시전국정, 역도평환자, 범사세이위가신양호소집. 삼환, 삼가, 개환공지후.[魯自文公薨, 公子遂殺子赤, 立宣公, 而君失其政, 歷成襄昭定, 凡五公. 逮及也. 自季武子始專國政, 歷悼平桓子, 凡四世而爲家臣陽虎所執. 三桓, 三家, 皆桓公之後.]"라고 해당 구절을 풀이해 놓았다. 따라서 주석에 의하면 '오세(五世)'는 노나라 문공(文公)이 죽은 이후의 선공(宣公)·성공(成公)·양공(襄公)·소공(昭公)·정공(定公)을 의미하는 것임을 알 수 있고, '사세(四世)'는 계무자(季武子)·계도자(季悼子)·계평자(季平子)·계환자(季桓子)를 지칭하는 것임을 쉽게 파악할 수 있다. 하지만 '삼환(三桓)'의 경우는 '삼가(三家)이니, 모두 환공(桓公)의 후손이다.'라고만 되어 있어 '삼가'가 '맹손(孟孫)·숙손(叔孫)·계손(季孫)의 세 집안'을 의미하는 것임을 사전에 알고 있지 않으면 해당 주석만으로는 그것이 구체적으로 지칭하는 대상을 바로 파악하기 어렵다. 이럴 경우 아동이『소학주관』의 '삼환'을 찾아본다면, "삼환은 노나라의 공족(公族)이다. 환공의 세 아들의 자손이다. 맏이는 '중손(仲孫)'이고【중경부(仲慶父)의 자손이다.】, 둘째는 '숙손(叔孫)'이며【공자 아(牙)의 자손이다.】, 셋째는 '계손(季孫)'이니【공자 우(友)의 자손이다.】, 이를 '삼환'이라고 한다."[32]라는 것을 의미를 알아『논어』의 해당 구절을 보다 바르게 풀이하고 정확히 이해할 수 있다. 그러므로『소학주관』은 아동들에게 기본 개념의 중요성을 인식시켜 향후 경학이나 경세학을 공부해 나갈 때 개념을 혼동해 오독하는 일이 없게 하려는 목적을 지닌 아동 학습서로 평가할 수 있다. 아동들을 대상으로 한 초학 교재인 관계로 경학과 경세학에 대한 정약용 사신의 주장이나 생각, 철학 등을 구체적으로 적시하지는 않았지만, 아동들이 학문을 익히는 과정에서 읽어야 할 경학과 경세학 관련 서적에 등장하는 수목과 관계된 개념어를 일목요연하게 정리하고 각각의 의미를 밝혀 놓았다는 점에서 정약용의 학문관이 일정 부분 반영된 학습서인 것이다.

---

32) 丁若鏞,『與猶堂全書』,『小學珠串』. "三桓者, 魯國之公族也【桓公三子之族也】. 孟曰仲孫【仲慶父之族】, 次曰叔孫【公子牙之族】, 次曰季孫【公子友之族】, 此之謂三桓也."

Ⅳ. 결론

지금까지『아학편』과『소학주관』을 중심으로 정약용의 아동 학습서 편찬 배경과 교육적 의의를 간단하게 살펴보았다. 검토 결과 정약용은 자신이 수립한 경학과 경세학 중심의 학문 세계를 교육 활동에도 일관되게 적용하고 있음을 확인할 수 있었다. 정약용의 이러한 모습은 단순히 현상이나 문제점을 비판하고 지적하는 데 그치지 않고 보다 적절한 실천적 대안을 마련하기 위해 노력했다는 점에서 시사하는 바가 크다. 뿐만 아니라 그가『아학편』과『소학주관』에서 보여준 아동의 인지 발달 수준을 고려한 교재 구성과 교수·학습 방법은 오늘날 한자 교육 시 충분히 활용할 만한 가치가 있다. 특히『아학편』은 문자 교육의 탁월한 성과를 지닌 교재로 인식되어 1908년에 지석영(池錫永) 선생이 2,000자의 한자에 대하여 그 훈과 음, 그리고 그에 대한 고전자(古篆字)·운·중국어 발음·사성·국어의 성조·일본어 훈(訓)과 독음, 여기에 해당하는 영어 어휘 및 영어 어휘의 우리말 독음을 아울러 적어 간행한 바 있다. 이 책은 지석영의 "이 책은 정다산 선생이 저술한 것이다. 한자 무릇 이천자를 형체가 있는 것과 형체가 없는 것으로 나누어서 세상에서 일용하는 것에 거의 빠뜨린 바가 없으니, 진실로 어린이가 배움에 들어갈 교과 가운데 가장 긴요한 안내서라고 할 만한 것이다."라는 언급처럼,[33] 실제 구한말에 『신찬지문학』·『중등광물신서』·『대동문수』·『중등수신서』·『고등소학독본』·『고등수신서』·『대한신지지』·『중등산학』 등과 함께 사립학교의 검정 교과서로 활용되기도 하였다.[34] 따라서 정약용이 편찬

---

33) 池錫永,『兒學編』,「序」. "此書是丁茶山先生之所著也. 字凡二千, 分有形無形, 於人世之日用者, 逈無所遺, 洵童穉入學, 敎科之津筏."

34)「대한매일신보」1909년 1월 27일자 기사문(http://viewer.nl.go.kr:8080/main.wviewer? cno=CNTS-00095700761) 참조.

한 아동 학습서를 단지 과거의 전유물로만 치부할 것이 아니라, 그것이 지닌 현대적 의미를 찾고 오늘날 교육에 활용할 수 있는 방안을 모색해 나갈 필요가 있다.

참고문헌

『論語集註』.
丁若鏞, 『與猶堂全書』.
丁若鏞 저·다산학술문화재단 편, 『定本 與猶堂全書』, 사암, 2013.

김봉남, 「다산 정약용의 아동교육 개선에 대한 총체적 고찰」, 『한자한문교육』 33, 한국
　　　한자한문교육학회, 2014.
김진희, 「아학편 연구」, 영남대학교 석사학위논문, 2000.
안대회, 「다산 정약용의 아동교육론」, 『다산학』 18, 다산학술문화재단, 2011.
임형택, 「정약용의 강진 유배시의 교육활동과 그 성과」, 『한국한문학연구』 21, 한국한문
　　　학회, 1998.
＿＿＿, 「전통적인 인문 개념과 정약용의 공부법」, 『다산학』 18, 다산학술문화재단,
　　　2011.
정　민, 『다산선생 지식경영법』, 김영사, 2007.
＿＿＿, 「새 자료를 통해 본 다산의 문답형 제자 강학」, 『한국한문학연구』 57, 한국한문
　　　학회, 2015.
정약용 저·지석영 외 편저, 『조선시대 영어교재 아학편』, 베리북, 2018.
정일균, 「다산 정약용의 '小學'론 Ⅱ」, 『다산학』 20, 다산학술문화재단, 2012.

「대한매일신보」 1909년 1월 27일자 기사문(http://viewer.nl.go.kr:8080/main.wviewe
　　　r? cno=CNTS-00095700761).
한국고전번역원 DB 고전번역서 『經世遺表』.

『아희원람(兒戲原覽)』의
문헌적 성격에 관한 연구

박종성

Ⅰ. 서론

『아희원람』은 여항인 장혼[張混, 1759~1828]에 의해 편찬된 초학자들을 대상으로 한 학습용 서적이다. 그 속에는 백과사전을 방불케 하는 온갖 다양한 내용이 수록되어 있으며, 특히 곳곳에 드러나는 우리나라의 역사에 대한 관심과 각종 기이하고 신비로운 현상에 관한 기술은 매우 흥미롭다.

『아희원람』은 규장각 교서관에서 사준(司準)으로 근무했던 편자인 장혼에 의해 1803년 처음 간행되었으며, 이후 19세기를 거쳐 일제 강점기에 이르는 시기까지 전국 각지에서 수차례에 걸쳐 간행되었다.[1] 뿐만 아니라 발견된 곳이 왕실 도서실·세가(世家)의 집·개인·서점 등 다양하며 상인이 팔기도 했다는 점에서 계층에 상관없이 다양하게 보급되었으며, 상업적으로 유통된 것으로까지 추정되고 있다.[2] 이는 그만큼 사

---

1) 『아희원람(兒戲原覽)』에 관한 서지사항은 김영문(1993)에 의하면, 희현당철활자본(希顯堂鐵活字本) 2종·목판본 13종·필사본 2종·개정판 異本 1종이 있는 것으로 밝혀졌다.
2) 한용진·서범종(2008), 17~18쪽.

회적으로 수요가 많았고, 매우 인기 있는 서적이었음을 말해 준다.

『아희원람』이 지니고 있는 이러한 특징과 이력들로 인해 그간 교육학 계를 중심으로 지속적인 관심을 받아 왔으며 관련 연구가 이어졌다.[3] 그런데 특이할만한 점은 대부분의 선행 연구에서 서적의 성격을 서당에 서 동몽교육을 위해 사용된 초학교재로 파악하고, 이러한 초학교재로서 의 면모에 관해서만 주목하였다는 것이다.[4] 이와 관련하여 검토해 본 결과, 실제 서당에서 주교재로 사용된 초학교재라는 근거 자료는 전혀 남아 있지 않으며, 선행 연구에서는 단지 당시 여항 교육의 성황과 편자 인 장혼의 교육자로서의 면모 등 몇 가지 정황을 미루어 초학교재로 쓰 였을 것이라는 심증 수준의 판단을 하였음을 확인할 수 있었다. 특히 이들 연구에서는 『아희원람』을 단순한 초학교재로 보는 데에서 그치는 것이 아니라, 『명심보감』 · 『동몽선습』 등과 같은 기존의 초학교재와는 차별화된 교재로 보고 있다. 곧 『아희원람』을 전통교재의 구성 방식을 벗어난 근대적 성격의 초학교재로 자리매김 하고자 하는 연구자의 주관 적인 가치판단이 개입되고 있는 것이다.[5]

---

3) 80~90년대에 본격적인 주목을 받기 시작한 이래, 2000년대에 들어서도 관련 연구에서 다루어졌는데, 주로 당시 서당의 교육과 초학교재 혹은 장혼의 교육자로서의 면모를 밝히는 연구에서 부분적으로 다루어져 왔다. 대표적인 논문으로는 정순우(1987)와, 앞에 서 언급한 김영문의 논문이 있다. 이들 연구에서의 관점과 그 성과가 후속 연구에 영향을 많이 끼친 것으로 판단된다. 『아희원람』의 선행 연구 현황에 관해서는 졸고인 박종성 (2010)의 연구에 자세하다.

4) 본고에서 사용하는 '초학교재'라는 용어가 지칭하는 의미는, 학습을 보조하는 참고교재 가 아닌, 서당에서 수업용 · 강독용으로 사용된 주교재를 가리킨다. 주교재에 속하는 책 들은 모두 교수자가 가르치고 학생이 그것을 학습하는 교본이라는 점에서 교수-학습용 서적으로서의 공통점을 갖는다. 반면, 참고교재 · 보조교재는 교수자의 편의와 학습자의 참고에 도움을 주기는 하지만 실제 수업 상황에서 교수자와 학습자가 함께 읽는 책이 아니라는 점에서, 즉 교수-학습용 서적이 아니라는 점에서 주교재와 차이가 있다. 박연 호(2004)의 연구, 3~4쪽에서 인용하였음을 밝힌다.

5) 이러한 시각은 정순우의 연구에서 본격적으로 제기되었으며, 『아희원람』을 그가 주장 한 '18세기 서당설'을 뒷받침 해주는 결정적인 근거로 활용하였다. 결국 초학교재로 규정

『아희원람』은 두 편의 서문에서도 확인할 수 있듯이 초학자들을 염두에 두고 편찬한 것이며,[6] 실제 학습용 서적으로서의 면모를 충분히 갖추고 있기에 교육현장에서의 사용 가능성은 충분히 있다. 더욱이 장혼과 함께 '송석원시사'를 주도했던 천수경[千壽慶, ?~1828]의 서당을 통해서도 알 수 있듯이 당시 여항 교육의 성황을 고려한다면, 주변 여항인의 서당에서 학습 자료로서 활용되었을 가능성은 매우 높다고 할 수 있겠다. 하지만 적어도 선행 연구에서 의도하는 서당에서 주교재로 사용된 초학교재는 아니라는 것이 본고의 시각이다. 끊임없이 신분 상승을 갈망하고 양반 계급을 지향하였던 신분층이 여항인이었음은 이미 잘 알려져 있는 사실이다. 그렇기에 그들이 서당에서 받는 교육에서도 여전히 기존의 전통 초학교재가 주요하게 사용될 수밖에 없었을 것이다.

그렇다면『아희원람』이라는 서적의 성격을 어떻게 보아야 하는가? 본고에서는 이에 대해, 사실 여부는 확인할 수 없지만 만약 실제 교육현장에서 사용되었다고 한다면, 아마도 학습을 보조하는 참고용 서적으로 활용되었을 것으로 판단하였다. 이는 서적의 문헌적 성격이 유서(類書)의 속성을 지니고 있다는 객관적 사실에 근거한 것이다.[7] 곧『아희원

하는 시각에는 기존의 양반 중심의 명륜적·교화적 성격의 초학교재에서 탈피한 근대적 초학교재로 보고자 하는 의도가 들어 있다. 이는 우리 역사에서 자생적 근대를 찾고자 한 노력의 일환으로서 합목적적인 연구가 이루어진 결과로 판단된다.

6) 張混,『而已广集』卷12,「兒戱原覽引」."顧今昕夕磨礱者 擧爾有扣 兀然若無 矧爾初學蒙孺 貴耳賤目 近蓺遠趨 余常病其多華少實"; 李家煥,『詩文艸』,「兒戱原覽序」."故雖爲通人之所必須 尤蒙士爲尤宜"

7) 유서는 기본적으로 참고서 내지 공구서로서의 성격을 지니고 있다. 먼저 각 분야의 지식을 망라하고 있는 종합유서의 경우, 오늘날의 백과사전과 비슷한 성격을 지니고 있는데, 주로 참고서 내지 교양서로서의 역할을 하였다. 그리하여 오늘날에도 당시의 문화사를 연구하는 귀중한 자료가 되기도 한다. 또한 특정분야의 전문적인 지식을 담고 있는 전문유서의 경우도 마찬가지로 각 분야에 대한 관련 지식과 정보를 제공해주는 참고서적으로서 활용되었다. 대표적인 예로 운편유서(韻編類書)의 경우 시문(詩文)창작의 공구서로서 많이 활용되었던 것을 들 수 있겠다. 이렇듯 유서는 기본적으로 도구적·참고적 성격의 서적이다. 그렇기 때문에 이를 수업 현장에서 활용하였다면 강독용으로

람』은 서당에서 수업용으로 사용된 주교재·기본교재로 사용될 만한 서적이 아닌, 학습 보조적 성격을 지닌 학습용 유서인 것이다.[8]

이렇듯 본고에서는 『아희원람』의 성격을 바라보는 기존의 시각을 재고하고, 초학교재에만 국한되었던 일관된 논의의 틀을 벗어나 서적이 지니고 있는 본래의 모습, 곧 유서로서의 면모에 관해 새롭게 조명해 보고자 한다.

Ⅱ. 유서(類書)로서의 성격

그렇다면 이제 자료에 대한 객관적인 분석을 통해 『아희원람』이 유서의 속성을 지니고 있는 한 부의 유서임을 확인해 보겠다.

유서란 여러 문헌에서 발췌한 지식을 유사한 내용끼리 분류해서 묶은 책을 뜻하며, 기본적으로 유별(類別) 분류와 자료의 회편(匯編)이라는 속성을 지니고 있다. 그런데 『아희원람』 또한 이러한 유서의 기본적인 속성을 지니고 있다. 우선 전체 편제가 사류별(事類別)로 분류되어 있으며,[9] 수록된 내용 또한 작자의 순수한 창작이 아닌, 기존의 다른 문헌에서 자료를 모아 편찬한 자료 회편의 속성을 지니고 있다. 특히 이러한 자료 회편의 속성은 기술 방식을 통해서도 확인할 수 있다.

아래에 제시한 예를 통해 구체적으로 살펴보겠다.

서의 주교재가 아닌 학습에 보조적 역할을 하는 참고서로서 쓰였을 가능성이 높다.

8) 유서에 관해 연구한 안대회(2004)와 최환(2003)의 논문에서 『아희원람』이 학습용 유서로서 짧게 언급되고 있다. 이 밖에 교육학계에서 한결같이 초학교재로 규정하고 있는 가운데 교육학자 박연호(2004)가 기존의 일관된 시각에 본격적으로 의문을 제기하고, 그 대안으로서 초학자용 유서임을 제시하였다. 하지만 이들 연구에서는 간략한 소개 또는 선언적 수준의 언급에 그치고 있으며, 실제 『아희원람』이 지니고 있는 유서로서의 구체적인 면모에 관해서는 파악하지 못하였다.

9) 이에 관한 내용은 졸고, 앞의 논문, 15~16쪽 참고.

車 黃帝見轉蓬而始制之 或云奚仲作爲夏車正　　 -『兒戲原覽』「創始」
軒轅氏……見轉蓬而始制車　　　 -『靑莊館全書』紀年兒覽「禪通紀」
淮南子曰 胡曹爲衣 奚仲爲車　 按胡曹黃帝臣 奚仲爲夏車正
　　　　　　　　　　 -『芝峯類說』〈服用部〉「器用」

「창시(創始)」 가운데 수레의 기원에 관해 밝히고 있는 항목[10]을 예로 들었다. 이를 함께 제시한『청장관전서(靑莊館全書)』,『지봉유설(芝峯類說)』의 문장과 비교해 보면, 위에 제시한「창시」 가운데의 항목은『청장관전서』와『지봉유설』의 내용을 차례로 인용하여 문장을 구성한 것임을 짐작할 수 있다. 하지만『아희원람』에서 출전을 밝히고 있지 않기 때문에 실제 인용 여부는 확언할 수 없다. 다만 한 가지 명확한 사실은 기존의 문헌에서 내용을 인용하여 문장을 구성하였다는 것이다. 다시 말해, 적어도 위에 제시한『아희원람』의 항목은 장혼의 순수한 창작이 아니라, 기존의 문헌에서 자료를 취하고 이를 인용하여 내용을 재구성한 결과로서, 이는 유서의 기본적인 기술방식을 따르고 있는 것이다. 이 뿐만 아니라 실제「창시」 전체의 내용이 기존 문헌에서 인용한 것이며, 나아가『아희원람』 전체 가운데 대다수의 내용이 기존의 문헌에서 인용하여 재구성한 결과물이다.

　이러한 사실은 굳이 멀리서 찾지 않아도,『아희원람』의 서문을 통해서도 확인할 수 있다. 서문 가운데 한 대목을 아래에 제시하였다.

　　근거를 댈 수 있는 고금의 사실과 글을 모으고, 제가(諸家)와 여러 서적들에서 모으며, 간행된 책에 자문하고 보고 들은 것에 의뢰하여, 군더더

---

10) 본고에서 전체 편제를 언급할 때는, '조목' 내지 '항목'이라 하였고, 전체 12개 조목[항목] 안에 속해 있는 하나하나의 항목은 대체로 이와 구분하여 '세부항목'이라고 칭하였다. 하지만 이처럼 혼동의 가능성이 낮고 구분이 명확한 경우, '세부항목'을 '항목'이라 약칭하기도 하였다.

기는 깎아 내고 핵심만 요약하여, 모은 것을 나누어 보기에 간편하게 하였다.[11]

위에 제시한 서문의 내용을 통해서도 확인할 수 있듯이, 『아희원람』은 기존의 문헌에서 자료를 취하여 재구성한 결과물인 것이다. 이는 곧 유서의 일반적인 기술 방식을 따르고 있는 한 부의 유서임을 의미하며, 이를 서문에서 편자인 장혼이 직접 밝히고 있는 것이다.

1. 일반 유서와의 관계

유별 분류와 자료의 회편이라는 형식적 속성 외에도, 『아희원람』의 문헌적 성격을 파악할 수 있는 중요한 단서를 다른 일반 유서와의 관계 속에서도 확인할 수 있다.

『아희원람』이 편찬된 이후 얼마 지나지 않은 19세기 중엽에 백과전서적 유서의 결정체라고 할 수 있는 이규경[李圭景, 1788~1856]의 『오주연문장전산고(五洲衍文長箋散稿)』와 조재삼[趙在三, 1808~1866]의 『송남잡지(松南雜識)』가 편찬되었다. 그런데 이 두 유서는 형식적·의식적 측면에서 공통적으로 백과전서적 유서의 시초인 이수광의 『지봉유설』을 계승하고 있으며, 실제 『지봉유설』의 내용을 상당수 인용하고 있기도 하다.[12] 뿐만 아니라 중국 역대의 각종 서적과 특히 명·청대에 쏟아져 나

---

11) 張混, 『而已广集』 卷12, 「兒戲原覽引」. "要稡古今事文最切攷据者 蒐諸家撮羣書 詢剗剚 資聞見 冗剗而紀約 彙分而閲簡"

12) 17세기 초, 명나라로부터 유입된 유서와 총서 등 당시의 학술을 적극적으로 수용하여 이를 바탕으로 『지봉유설』이 편찬된다. 『지봉유설』은 조선 후기 학술계에 큰 영향을 끼친 고증학, 당시의 용어로 명물도수지학(名物度數之學)의 가장 중요한 시초를 열었다. 그리하여 18~19세기 조선 후기의 고증학적 저술, 특히 유서의 경우 『지봉유설』의 영향을 직·간접으로 받고 있으며, 그 중에 『성호사설』, 『송남잡지』, 『오주연문장전산고』는 특히 영향을 많이 받은 것으로 알려져 있다. 『지봉유설』과 조선 후기 유서들과의 연관 관계는 안대회, 앞의 논문, 281~285쪽에 자세하다.

온 백과전서적 성격의 유서 혹은 총서에서 내용을 상당수 취하고 있다. 그런데 만약『아희원람』도 비슷한 시기의 다른 유서들처럼『지봉유설』 내지는 다른 백과전서류 저술의 성과를 수용하고 있거나 혹은 어떠한 연관 관계가 존재한다면,『아희원람』의 문헌적 성격을 유서로 파악하는 시각에 한층 더 설득력을 높일 수 있을 것이다.

그리하여『아희원람』에 수록되어 있는 내용을 유서를 중심으로 한 다른 문헌들과 대조해 보았다. 그 결과, 17세기 초엽에 편찬된 이수광의 『지봉유설』과 상당 부분에서 일치하고 있음을 확인할 수 있었다. 뿐만 아니라 19세기 중엽에 편찬된 조재삼의『송남잡지』에서는『아희원람』 의 내용이 상당수 인용되고 있었다. 이는『아희원람』의 편찬과정에 기존의 유서가 영향을 끼쳤으며, 또 후대의 유서에는『아희원람』이 영향을 끼친 것으로 볼 수 있겠다. 특히 시간적 격차가 그리 크지 않은 비슷한 시기에 편찬된 유서인『송남잡지』에『아희원람』이 상당수 인용되고 있는 사실은,『아희원람』을 유서적 성격의 저술로 보고 있는 당대의 인식을 보여주는 단적인 예라고 할 수 있겠다.

(1) 편찬과정에서『지봉유설』에서 받은 영향

이미 언급한 것처럼,『아희원람』의 상당수의 내용이『지봉유설』에 수록되어 있는 내용과 일치하고 있다. 이를「창시」에서 집중적으로 확인할 수 있다. 하지만 단지 내용이 일치하는 것만으로 인용 사실을 단정지을 수는 없다. 아래와 같은 경우가 그러하다.

> 梳 赫胥氏始作木梳 舜以牙瑋瑁爲之　　　　　　　　 -『兒戲原覽』「創始」
>
> 宛委餘編云 赫胥氏以木爲梳 舜以牙玳瑁爲梳 此梳之始也
> 　　　　　　　　　　　　　　　　 -『芝峯類說』〈服用部〉「器用」

위에 제시한『아희원람』의 문장은 출전에 관한 언급을 제외하고『지봉유설』의 문장과 거의 일치하고 있다. 하지만『아희원람』에서 인용 문헌을 제시하지 않았기 때문에, 단지 위의 문장만 가지고는『지봉유설』에서 인용한 것임을 확언할 수 없다. 즉, 제시한『아희원람』의 문장은『지봉유설』에서 인용한 것일 수도 있지만 왕세정[王世貞, 1526~1590]의 필기류 저술인『완위여편(宛委餘編)』에서 직접 인용하였을 가능성도 있는 것이다. 이에 관해서는 잠깐 두고, 우선「창시」에 수록된 세부항목 중에서『지봉유설』의 내용과 일치하는 항목을 물목(物目)으로 대체하여 제시해 보면 아래와 같다.

> 宮室 尊卑 城郭 陶 井 舂 杵 箕箒 石磑 釜甑 食器 祭器 竹器 鉅鑿 斧
> 弩 弓 矢 干戈 舟 車 人車 碑碣 網巾 梳 鏡 笏 扇 紙 筆 酒 燒酒 歌舞
> 琴 瑟 箏 笙簧 簫 鍾 鞞鼓 伽耶琴 雙陸 女樂 呈才人 蹴鞠 紙鳶 燭 書體
> 八分書 隷書 章草 九經 三韻通考 痘瘡 別號 度量

위에 제시하였듯이, 56개의 물목이『지봉유설』의 내용과 거의 일치한다.「창시」에 수록되어 있는 총 항목 수가 135개인 것을 감안한다면, 이는 대략 전체의 40%가 넘는 비중을 차지하는 많은 분량이다.[13] 하지만 이미 언급하였듯이, 인용 문헌에 관해 표기하고 있지 않기 때문에『지봉유설』에서의 인용 여부를 확신할 수 없다.

그럼에도 불구하고『지봉유설』에서 인용한 것임을 아래와 같은 경우를 통해 명확하게 확인할 수 있다.

> 網巾 古無其制 皇明初道士所爲也 太祖命頒天下 無貴賤皆裹 惟流求人朝
> 會著之 常時不著   －『兒戲原覽』「創始」

---

13) 각 항목에 수록되어 있는 세부 항목의 수효에 관해서는 졸고, 앞의 논문, 16쪽에 자세하다.

網巾古無其制 大明初道士所爲也 太祖命頒天下 使人無貴賤皆裹之 遂爲
定制云 余赴京時見諸國使臣 唯琉球人着巾帽 而其使臣問我國譯官曰 貴
國常時着網巾否 答以無貴賤常着云 則使臣吐舌曰 我國人則常時不着網
巾云 以此觀之 中朝外 唯我國人着網巾 他國則不然矣

－『芝峯類說』〈服用部〉「冠巾」

위에 제시한『아희원람』의 문장에서 유구인(流求[14])人)과 관련한 내용
은『지봉유설』에도 보이는데, 이는 이수광 자신이 명나라에 사신으로
가서 있었던 일화를『지봉유설』에 자술(自述)한 것을『아희원람』에서 인
용한 것으로 판단된다. 곧『지봉유설』에서 이수광은 '망건(網巾)'의 기원
에 대해 먼저 밝힌 뒤에 자신의 일화를 들어 부연하였는데, 이를『아희
원람』에서 대폭 축약된 형태로 인용한 것이라 할 수 있겠다. 비록『아희
원람』에서 출전은 밝히고 있지 않지만, 문장의 구성 형태와 취하고 있는
내용을 볼 때『지봉유설』에서 인용한 것임은 분명해 보인다.

한 가지 예를 더 살펴보겠다.

歌舞 陰康氏王天下 人疾重腿 制歌舞以通利關節 又曰 舞自陶唐氏 歌自葛
天氏 蓋其古矣

－『兒戲原覽』「創始」

說郛曰 昔陰康氏之王天下也 人多重腿之疾 始制歌舞 以通利關節 呂氏春
秋曰 舞自陶唐氏 歌自葛天氏 歌舞之作 蓋自上古矣

－『芝峯類說』〈技藝部〉「音樂」

위에 제시한『지봉유설』의 문장을 살펴보면,『설부(說郛)』의 내용을
먼저 인용하고 이어서『여씨춘추(呂氏春秋)』에서 인용하여 '가무(歌舞)'
의 기원에 관한 한 단락의 내용을 구성하였음을 알 수 있다. 그런데 위

---

14) '琉求'의 오기인 듯하다.

에 제시한 『아희원람』의 문장도 이와 동일한 구성을 취하고 있다. 다만 인용문헌 표기방식에 있어서 『지봉유설』과는 달리, 『설부』는 생략하고 『여씨춘추』는 '又曰'로 대체하고 있을 뿐이다. 한편, 『지봉유설』에서 인용한 『여씨춘추』의 원문을 확인해 보면,[15] 『지봉유설』의 문장은 『여씨춘추』의 문장을 그대로 옮긴 것이 아니라 변개(變改)를 통해 기술한 것임을 알 수 있다. 그런데 『아희원람』의 문장이 『지봉유설』의 문장과 일치한다는 것은 『아희원람』에서 『여씨춘추』의 내용을 직접 인용한 것이 아니라 『지봉유설』에서 인용한 것을 재인용한 것임을 의미한다. 뿐만 아니라 『지봉유설』에서 이수광은 '蓋自上古矣'라고 자술하여 문장을 매듭지었는데, 이를 『아희원람』에서 글자만 약간 수정하여 유사한 형태로 서술하고 있기까지 하다. 이를 통해, 위에 제시한 『아희원람』의 문장은 『지봉유설』을 인용한 것임을 명확하게 알 수 있다.

이상의 내용을 포함하여 「창시」 가운데에서 『지봉유설』을 인용한 명확한 증거를 확인할 수 있는 세부항목을 물목으로 제시하면 아래와 같다.

干戈 舟 車 人車 網巾 紙 歌舞 瑟 笛 女樂 呈才人 燭 別號 度量

이미 언급한 것처럼 내용이 서로 유사하다고 해서 인용 사실을 단정지을 수는 없다. 하지만 위에서 확인한 것처럼 일부 항목에서는 인용의 명확한 증거를 확인할 수 있는데, 이를 통해 『지봉유설』의 문장과 내용이 유사한 「창시」의 다른 항목 또한 인용의 가능성이 매우 크다는 것을 알 수 있다.

---

15) 『呂氏春秋』, 〈仲夏紀〉 第五, 「古樂」. "昔葛天氏之樂 三人操牛尾 投足以歌八闋 一曰載民 二曰玄鳥 三曰遂草木 四曰奮五穀 五曰敬天常 六曰達帝功 七曰依地德 八曰總萬物之極 昔陶唐氏之始 陰多滯伏而湛積 水道壅塞 不行其原 民氣鬱閼而滯著 筋骨瑟縮不達 故作爲舞以宣導之"

『지봉유설』을 인용한 사례는 「창시」에만 국한되지 않으며, 학습서로
서의 성격이 강하게 드러나는 「방도(邦都)」·「전운(傳運)」과 그리고 뒷부
분의 부록을 제외한,[16] 「형기(形氣)」·「국속(國俗)」·「탄육(誕育)」·「자성
(姿性)」·「재민(才敏)」·「수부(壽富)」·「변이(變異)」 가운데의 곳곳에서 확
인할 수 있다.[17]

먼저, 「형기」의 경우를 살펴보겠다. 「형기」에 수록된 내용은 주로 우
주론과 음양설에 관해 언급하고 있는 중국의 여러 서적에서 동일한 내
용을 찾아볼 수 있다. 하지만 일부의 내용은 『지봉유설』과 일치하고 있
는데, 이를 아래에 제시하였다.

	兒戲原覽, 形氣	芝峯類說, 天文部
①	天有九層 最上爲星行 其次爲日行 最下爲月行	余嘗見歐羅巴國人馮寶寶所畫天形圖 曰天有九層 最上爲星行天 其次爲日行天 最下爲月行天 其說似亦有據「天文部, 天」
②	日輪大[18]月較少	吾學編云 … 日輪大 月較少「天文部, 天」
③	月中有物婆娑 乃山河影 其空處 海水影 又曰蟾桂 地影也 空處 水影也	淮南子曰 月中有物婆娑 乃山河影 其空處 海水影也 酉陽雜俎曰 月中蟾桂地影也 空處水影也「天文部, 日月」

---

16) 『아희원람(兒戲原覽)』 내부에 수록된 부록을 포함한 12개의 항목은 그 성격에 따라 크게
두 부분으로 나눌 수 있다. 그 중 하나는 기존 자료의 인용과 재구성이라는 유서의 기술
방식이 강하게 드러나는 부분이며, 다른 하나는 마치 사전을 연상시키는 학습서로서의
성격이 강하게 드러나는 부분이다. 상당수의 항목이 전자에 속하며, 그 밖에 「방도(邦都)」
·「전운(傳運)」 그리고 뒤에 부록으로 수록되어 있는 「부수휘(附數彙)」와 「보유(補遺)」는
학습서로서의 성격이 강하게 드러나는 항목에 속한다. 이에 관해서는 졸고, 앞의 논문,
54쪽에 자세하다.
17) 다만, 「방도」 내의 개성부(開城府) 나성(羅城)의 규모와 한양성(漢陽城)의 규모, 오부(五
部)에 관한 세 항목은 『지봉유설(芝峯類說)』〈궁실부(宮室部)〉 내의 '성곽(城郭)'이라는
세부항목 안에 한꺼번에 나오는데, 그 내용도 동일하다. 『지봉유설』에서 인용한 것으로
보인다. (이수광, 『지봉유설』 권19, 〈궁실부〉, 「성곽」 참고)
18) '大'의 오기인 듯하다.

①·③의 경우는 『아희원람』에서 『지봉유설』을 인용한 것이 명확해 보인다. ①의 경우, 『지봉유설』의 내용을 살펴보면 유럽인이 그린 천형도(天形圖)를 보고 이수광이 자술한 내용임을 알 수 있다. 그런데 이를 『아희원람』에서 핵심 내용만 취하여 인용하고 있는 것이다. ③의 경우, 『지봉유설』에서는 먼저 『회남자』 가운데의 내용을 인용하고 이어서 『유양잡조(酉陽雜俎)』의 내용을 인용하여 하나의 내용 단락을 구성하였다. 그런데 이를 『아희원람』에서 인용 문헌에 관한 사항을 빼고 자구만 수정하였을 뿐 핵심 내용은 그대로 인용하고 있다. 한편, ②의 경우는 『지봉유설』에서의 인용 여부를 확신할 수 없다. ②와 가장 유사한 내용을 중국문헌에서 찾아보면, 명대에 장황[章潢, 1527~1608]이 편찬한 『도서편(圖書編)』에 '日輪大月較小 日道近天在上 月道近人在下 故日食'이라는 내용을 확인할 수 있다. 그런데 『아희원람』과 『지봉유설』에서는 '月較少'라고 한 반면, 『도서편』에서는 '月較小'라고 표현하고 있다. 이를 통해 볼 때, 『도서편』보다는 오히려 『지봉유설』에서 인용하였을 가능성이 크다고 할 수 있겠다. 특히 위에 제시한 「형기」 가운데의 세 항목이 차례로 이어져 있는 항목임을 고려할 때, 그러할 가능성은 더욱 크다고 하겠다.

다음으로, 「국속」의 경우를 살펴보겠다. 아래에 제시한 '답교놀이[踏橋之戲]'의 기원과 전개에 관해 설명하고 있는 각각의 문장을 보자.

> 踏橋之戲 始自麗朝 在平時甚盛 士女騈闐 達夜不止 法官至於禁捕 壬辰亂
> 後 無此俗   -『兒戲原覽』「國俗」
>
> 俗以上元月出 占歲豐稔 又是夜爲踏橋之戲 始自前朝 在平時甚盛 士女騈
> 闐 達夜不止 法官至於禁捕 姜克誠詩曰 年少佳辰記上元 踏橋玩月醉芳樽
> 是也 壬辰亂後 無此俗矣   -『芝峯類說』〈時令部〉「節序」

위에 제시한 『지봉유설』과 『아희원람』의 문장을 비교해 보면, 전체적인 내용과 문장 구성이 거의 동일함을 알 수 있다. 이를 테면, '前朝'의

'前'을 '麗'로 바꾸어 쓰고, '無此俗矣'의 어조사 '矣'를 생략한 것을 제외하고는 그 내용이 일치하고 있는 것이다. 이를 통해 볼 때, 『지봉유설』을 인용한 것임은 명확하다 할 수 있겠다.

또한 '유두절(流頭節)'에 관해 설명하고 있는 아래의 경우도 마찬가지로 『지봉유설』의 내용과 일치한다.

> 流頭節 新羅舊俗 是日 浴東流水 爲禊飮 謂之流頭宴
>
> －『兒戱原覽』「國俗」
>
> 按輿地勝覽曰 新羅舊俗 以是日浴東流水 因爲禊飮 謂之流頭宴
>
> －『芝峯類說』〈時令部〉「節序」

그런데 위와 같은 경우는 『여지승람(輿地勝覽)』에서의 직접 인용 가능성도 배제할 수 없다. 하지만 『아희원람』에서 『지봉유설』을 인용하고 있는 사례가 매우 빈번하기에 이 경우도 『지봉유설』에서 인용하였을 가능성이 크다고 하겠다. 아래의 경우도 그러하다.

> 南靈草 今稱烟茶 一名淡巴菰[或作淡婆姑] 出於倭 或云傳自南蠻
>
> －『兒戱原覽』「國俗」
>
> 淡婆姑草名 亦號南靈草 近歲始出倭國 採葉暴乾 以火爇之 病人用竹筒吸其煙 旋卽噴之 其煙從鼻孔出 最能祛痰濕下氣 且能醒酒 今人多種之 用其法甚效 然有毒不可輕試也 或傳南蠻國 有女人淡婆姑者 患痰疾積年 服此草得瘥故名
>
> －『芝峯類說』〈食物部〉「藥」

위의 경우도 『지봉유설』에서의 인용 여부를 확신할 수는 없다. 하지만 『아희원람』에서 '或云傳自南蠻'이라고 한 것과 『지봉유설』에서 '或傳南蠻國'이라고 한 것을 살펴보면, 『아희원람』에서 『지봉유설』의 내용을 부분적으로 인용한 것으로 판단된다.[19]

　다음은 「탄육」 가운데의 항목으로, 이와 일치하는 『지봉유설』의 내용
을 함께 제시하였다.

> ○ 周武王八十 生成王 梁張元始九十七 始生子無影
> ○ 宋曹泰八十五 偶少妻生子 日中無影 其子七十卒 亦有子孫云
> 　　　　　　　　　　　　　　　　　　　 -『兒戲原覽』「誕育」
>
> 古云老人生子無影 蓋以精不足故也 按漢陳留人年九十 <u>梁張元始九十七
> 生兒無影 又宋曹泰年八十五 偶少妻生子 日中無影 而其子年七十方卒 亦
> 有子孫云</u> 尤可怪矣 <u>昔周武王八十生成王</u> 近世沈政丞守慶年近八十生子
> 如此者比或有之 　　　　　　　　 -『芝峯類說』〈人事部〉「生産」

　위에 제시한 내용은 기이한 출생 가운데 '생자무영(生子無影)'에 관한
사례로서, 중국의 여러 서적에서 찾아볼 수 있다.[20] 그런데 '조태(曹泰)'
에 관한 이야기에서, 『아희원람』과 『지봉유설』에서는 동일하게 '亦有子
孫云'이라고 한 반면, 중국의 서적에서는 이러한 표현을 전혀 찾아볼
수 없다.[21] 이는 『아희원람』에서 『지봉유설』의 내용을 인용한 것으로
밖에 볼 수 없다. 뿐만 아니라 공통적으로 '주무왕(周武王)'에 관한 내용
을 '生子無影'과 함께 서술하고 있는 것에서도 인용 사실을 더욱 명확하

---

19) 위에 제시한 『아희원람』의 담배에 관한 항목은 『지봉유설』과 그 밖에 다른 문헌의 내용
　　을 함께 인용하여 내용을 재구성한 것으로 보인다. 하지만 『지봉유설』 외의 다른 문헌에
　　관해서는 정확하게 밝히기 어렵다. 우리나라와 중국의 여러 문헌에서 담배의 명칭에
　　관하여 '남령초(南靈草)', '연다(烟茶)', '담파고(淡巴菰)', '담파고(淡婆姑)'라고 밝히고
　　있기 때문이다.
20) 『물리소식(物理小識)』, 『설부(說郛)』, 『고금설해(古今說海)』에 이와 유사한 내용이 보
　　인다. 자세한 내용은 졸고, 앞의 논문, 33~34쪽 참고.
21) 중국 문헌에서는 '親見其孫子'라고 표현하고 있다.
　　陶宗儀, 『說郛』 卷32上, 「耳目記」. "柳州古桂陽郡也 有曹泰年八十五歲 少妻生子 名曰
　　曾 日中無影焉 年七十方卒 親見其孫子"; 『古今說海』 卷104, 說畧二十, 「朝野僉載」. "柳
　　州古桂陽郡也 有曹泰年八十五 偶少妻生子 名曰曾 日中無影焉 年七十方卒 親見其孫子"

게 해준다.

이 밖에도 '주문왕(周文王)'부터 '두자미(杜子微)'에 이르기까지 자녀를 많이 두었던 역대 인물에 관해 소개하고 있는 몇 항목 또한 『지봉유설』의 〈인사부(人事部)〉 「생산(生産)」 가운데의 한 단락의 내용과 동일하다.[22]

다음으로 「자성」의 경우, 특이한 식성을 가진 인물들에 관해서 소개하고 있는 여러 항목들이 『지봉유설』에도 보인다.[23]

○ 唐朱粲 張茂昭 五代張[24] 從簡 辥靈[25] 嗜食人肉
○ 皇明新安王 喜生食人肺肝膽
○ 唐左史郎中任正召[26] 舒川刺史張懷蕭 好服人精
○ 知福建院權長孺 嗜人爪甲
○ 宣祖朝江陵有姓金者 喜吮人腎囊 以爲天下至味

－『兒戲原覽』「姿性」

昔唐朱粲, 張茂昭 五代張從簡, 薛震 嗜食人肉 皇明新安王有燼 喜生食人腦肝膽 噫豈獨盜跖然哉 尤可怪者 唐左史郎中任正名 舒川刺史張懷蕭 好服精 知福建院權長孺 嗜人爪甲 近世江陵 有姓金者喜吮人賢囊 爲天下至味 常於山寺 與僧共處 日以吮囊爲事 僧徒苦之 此其食性之不可知者

－『芝峯類說』〈災異部〉「人異」

22) 李睟光, 『芝峯類說』, 〈人事部〉, 「生産」. "周文王有子十人 而詩曰則百斯男 詩意槪言其衆多而頌祝之辭也 齊田常有七十餘男 漢中山王勝有子一百二十人 皇明慶成王高皇帝孫而有子一百人 又史記吐谷渾鮮卑慕容廆之兄有六十子 抱朴子云杜子微有子百四十人"; 張混, 『兒戲原覽』, 「誕育」. "周文王有子十人 齊田常有七十餘男 田嬰有子四十餘人"; 『兒戲原覽』, 「誕育」. "漢中山王勝有子一百二十人 皇明慶成王有子百人"; 『兒戲原覽』, 「誕育」. "吐谷渾 慕容廆兄也 有子六十人"; 『兒戲原覽』, 「誕育」. "杜子微有子一百四十人"

23) 「자성」에 수록되어 있는 특이한 식성을 지녔던 인물들에 관한 내용은 『아희원람』이 서당에서 주교재로 사용된 초학교재라는 기존의 시각에 의문을 갖게 하는 내용이다. 자세한 내용은 졸고, 앞의 논문, 37쪽 참고.

24) 『진서(晉書)』 권94, 「장종간열전(萇從簡列傳)」에는 '萇'으로 되어 있는데, 『지봉유설』에서 오기한 것을 『아희원람』에서 그대로 옮긴 듯하다.

25) 『지봉유설』의 내용을 傳寫하는 과정에서 '震'을 '靈'으로 잘못 보고 오기한 듯하다.

26) 『지봉유설』의 내용을 전사하는 과정에서 '名'을 '召'로 잘못 보고 오기한 듯하다.

위에 제시한 『아희원람』의 항목 가운데, 첫 번째 항목에 보이는 '장종
간(張從簡)'은 『진서(晉書)』 「장종간열전(萇從簡列傳)」을 확인해 보면, '張'
자는 '萇'자의 오기임을 알 수 있다. 이는 아마도 전사(傳寫) 과정에서
음이 동일한 글자를 착각하여 오류가 발생한 것으로 보인다.[27] 그런데
이는 『지봉유설』에서 이미 오기한 것을 『아희원람』에서 재인용하는 과
정에서 오류를 그대로 답습한 결과이다. 이러한 오류의 답습은 『지봉유
설』에서의 인용 사실을 명확하게 해준다. 물론 위에 제시한 항목들에
담겨져 있는 내용 또한 중국의 여러 서적에서 찾아볼 수 있다. 그러하기
에 『아희원람』에서 중국의 문헌을 직접 인용하였으며, 이 과정에서 『지
봉유설』에서와 같은 오류를 범했을 가능성도 있다. 하지만 위에 제시한
『아희원람』의 마지막 항목을 보면, 『지봉유설』에서 인용한 것임을 거듭
확인할 수 있다. 곧 마지막 항목은 중국과는 무관한 우리나라의 사례이
며, 이는 이수광이 당시 강릉에 사는 김씨에 대한 풍문을 듣고 『지봉유
설』에서 자술한 내용을 『아희원람』에서 그대로 인용한 것이다.

이상 대표적인 예를 들었을 뿐, 이 외에도 「자성」에는 『지봉유설』의
내용과 유사한 내용이 다수 보인다.[28]

---

27) 이처럼 人名과 같은 고유명사의 경우, 이러한 오류가 발생하기 쉽다. 유서의 오류 양상
에 관한 자세한 내용은 강민구(2008b)의 연구를 참고할 수 있다.

28) 李睟光, 『芝峯類說』 卷15, 〈身形部〉, 「容貌」. "按衛公孫呂長七尺 面長三尺而廣三寸
名動天下 伍員長十尺 眉間一尺 桑維翰身短而面長一尺 桓溫面有七星 蘇軾面有七黑子
晏嬰,淳于髡,田文,龔遂 皆爲人短小 郭解,嚴延年,婁護,李紳 皆短小精悍 此蓋以精悍爲
勝耳 … 又伍子胥長一丈腰十圍"; 張混, 『兒戲原覽』, 「姿性」. "公孫呂七尺 面長三尺廣三
寸 伍子胥十尺 眉間一尺 腰大十圍"; 『兒戲原覽』, 「姿性」. "晏嬰,淳于髡,田文,龔遂 皆短
小 桑維翰身短面長一尺"; 『兒戲原覽』, 「姿性」. "郭解,嚴延年,婁護,李紳 皆短小精悍"
李睟光, 『芝峯類說』 卷16, 〈言語部〉, 「雜說」. "韓非,周昌,司馬相如,揚雄,鄧艾 皆口吃";
張混, 『兒戲原覽』, 「姿性」. "韓非,周昌,司馬相如,揚雄,鄧艾 皆口吃"
李睟光, 『芝峯類說』 卷1, 〈災異部〉, 「物異」. "按本草曰 … 狼壽八百歲 三百歲善變人形
… 抱朴子曰 狐壽八百歲 三百歲變爲人"; 張混, 『兒戲原覽』, 「姿性」. "狼狐壽皆八百 三百
歲俱變人形"

다음으로 「재민」의 경우, 상당수의 내용을 『지봉유설』의 〈인물부(人物部)〉「인재(人才)」에서 확인할 수 있다.[29] 내용뿐만이 아니라 특출 난 재능을 지니고 있던 역대 인물들에 관해 나이대별로 모아 서술하고 있는 방식 또한 서로 동일하다. 차이점은 『아희원람』이 『지봉유설』보다 더 많은 인물을 수록하고 있다는 것뿐이다.[30]

「수부」의 경우, '왕자진(王子晉)'부터 '구양첨(歐陽詹)'에 이르기까지 재능이 있었지만 요절한 인물들[재명요절자(才名夭折者)]에 관한 내용을 수록하고 있는 세 항목이 『지봉유설』의 〈인사부(人事部)〉「수요(壽夭)」

---

29) 「재민」에 수록되어 있는 내용은 중국의 몇몇 문헌에서도 찾아볼 수 있다. 대표적으로, 『옥지당담회(玉芝堂談薈)』권4, 「칠세유성덕(七歲有聖德)」;『옥지당담회』권2, 「소년조달(少年早達)」;『설략(說畧)』권9, 「사별하(史別下)」;『고금사문유취(古今事文類聚)』전집 권46, 「악생부(樂生部)」;『엄주사부고』권165, 「완위여편십(宛委餘編十)」 등이 있다. 그런데 「재민」에 수록되어 있는 내용은 중국의 어느 문헌보다 『지봉유설』과 일치하는 부분이 많다. 이를 통해, 『지봉유설』을 가장 주요하게 참조한 것으로 추정할 수 있다. 하지만 『지봉유설』을 전적으로 참고하였다고 할 수는 없다. 이를테면 「재민」에서는 우리나라의 인물에 관한 내용도 일부 수록하고 있는데, 이는 『지봉유설』에서 소개하고 있는 우리나라의 인물과는 다르다. 뿐만 아니라 「재민」에는 『지봉유설』에서보다 더 많은 인물이 추가적으로 수록되어 있다. 한편, 「재민」에 수록되어 있는 하나하나의 항목을 중국문헌 가운데서 찾아보면, 상당수의 내용은 위에 제시한 중국의 문헌에서 확인할 수 있지만, 그 외 나머지 내용은 중국의 각이(各異)한 문헌 속에서 산발적으로 보인다. 곧 「재민」은 『지봉유설』을 주요하게 참조하되, 아울러 우리나라와 중국의 문헌을 두루 참조하여 내용을 재구성한 것이라고 할 수 있겠다.

30) 이수광, 『지봉유설』권15, 〈인물부〉, 「인재」의 내용과 일치하는 『아희원람』, 「재민(才敏)」의 항목의 내용만 추려서 제시하면 다음과 같다.
　○ 謝安四歲風神秀徹 ○ 李白五歲誦六甲 ○ 陸雲六歲與兄機齊名 ○ 李賀七歲賦高軒過 晏殊七歲善屬文 賈黃中七歲神童及第 ○ 劉晏八歲獻頌魏文帝 ○ 揚烏雄子九歲與太玄經 ○ 司馬遷十歲誦古文 謝惠連十歲屬文 ○ 楊億十一召對賦五篇除正字 ○ 甘羅十二爲秦上卿 任延十二明詩書易春秋號聖童 ○ 東方朔十三學書三冬文史足用 王勃十三作滕王閣序 ○ 黃憲十四人謂師表 邢敦夫十四作明妃引 ○ 陳蕃十五居室不治 元稹十五擢明經及第 ○ 東方朔十六誦二十二萬言 ○ 錢希白十七擧進士御試三題日中而就 ○ 子奇十八爲東阿宰 賈誼十八爲博士 霍去病十八爲嫖姚校尉 ○ 朱子十九作遠遊篇 ○ 陸機二十作文賦 ○ 蘇子瞻二十二登科 ○ 程明道二十三作定性書 ○ 鄧禹二十四拜司徒 周瑜二十四授建威中郎 嚴武二十四鎭蜀 ○ 王儉二十八爲僕射 ○ 廉希憲三十爲平章事 ○ 張俊三十一爲元樞 ○ 王溥,范宗尹三十二拜相

의 내용과 거의 일치한다.[31] 뿐만 아니라 나머지 다른 항목에서도 부분적으로 동일한 내용을 확인할 수 있는데, 그 중에서도 「수부」의 뒷부분에서 서술하고 있는 '富'에 해당하는 내용은 『지봉유설』의 〈성행부(性行部)〉「사치(奢侈)」의 내용과 상당히 유사하다.[32]

「변이」에서도 상당수의 항목이 『지봉유설』의 내용과 일치하며, 일부 항목의 경우는 인용 사실을 명확하게 확인할 수 있게 해주는 흔적을 남기고 있다.

南方有魚多脂 照紡績則暗 照宴樂則明 謂之饞燈 ―『兒戲原覽』「變異」

---

31) 李睟光, 『芝峯類說』 卷17, 〈人事部〉, 「壽夭」. "按王子晉十七上賓 陳伯茂十八卒 袁著十九 邢居實二十 王寂二十一 徐份二十二 劉宏二十三 王弼, 王脩, 何子朗二十四 袁耽二十五 禰衡二十六 李賀, 衛玠, 王融二十七 陸厥, 崔長謙二十八 王勃, 李觀二十九 阮瞻三十 梁昭明三十一 顏淵, 陸續, 盧詢三十二 賈誼, 范滂三十三 陸琰三十四 謝瞻三十五 謝朓, 劉琬三十六 謝晦, 謝惠連三十七 王珉, 王俊三十八 王濛,何景明三十九 嵇康, 歐陽詹四十 自古以來 才名特達而夭折者何限"; 張混, 『兒戲原覽』, 「壽富」. "王子晉十七上賓 陳伯茂十八 袁著十九 邢居實二十"; 『兒戲原覽』, 「壽富」. "王寂二十一 徐份二十二 劉宏二十三 王延壽 王弼 王脩何 子朗二十四 袁耽二十五 禰衡 謝莊二十六 衛玠 王融 李賀二十七 陸厥 崔長謙二十八 王勃 王觀 二十九 阮瞻三十"; 『兒戲原覽』, 「壽富」. "梁昭明太子三十一 顏淵, 陸續, 盧詢三十二 賈誼,范滂三十三 陸琰三十四 謝瞻三十五 謝朓, 劉琬三十六 謝晦, 謝惠連三十七 王珉, 王俊三十八 王濛, 何景明三十九 稽康, 歐陽詹四十(王子晉已下才名夭折者)"

32) 李睟光, 『芝峯類說』 卷15, 〈性行部〉, 「奢侈」. "卓王孫家僮千餘人 呂不韋, 糜竺萬人 元雍六千人 妓五百人 石崇五百人 美婢千餘人 楊素數千人 郭汾陽三千人 如程鄭之八百 袁廣漢之九百 不足數也 何曾日食萬錢 子劭日二萬錢 任愷一食萬錢 和嶠日三萬錢 元雍一食數萬錢 杜悰日五食 一食萬錢 李德裕一杯羹至二萬錢 元載用食物碗器至三千事 蔡京廚婢數百 每殺鵪子千餘 是知奢侈之人 其得令終者鮮矣"; 張混, 『兒戲原覽』, 「壽富」. "呂不韋 糜竺 家僮萬人 王氏 五侯 刁逵 楊素 家僮數千"; 『兒戲原覽』, 「壽富」. "元雍家僮六千 女妓五百 郭汾陽家僮三千 卓王孫家僮千餘"; 『兒戲原覽』, 「壽富」. "袁廣漢家僮九百 程鄭國家僮八百 石崇家僮八百 美婢千餘 以蠟代薪 塗屋以椒"; 『兒戲原覽』, 「壽富」. "王愷以飴澳釜 用赤石脂塗屋"; 『兒戲原覽』, 「壽富」. "何曾日食萬錢 子劭日費二萬錢 和嶠日三萬錢"; 『兒戲原覽』, 「壽富」. "杜悰日五食 一食萬錢 任愷一食萬錢 元雍一食數萬錢 李德裕一杯羹至二萬錢"; 『兒戲原覽』, 「壽富」. "元載食物碗器至三千事"; 『兒戲原覽』, 「壽富」. "蔡京廚婢數百 庖子十五人 每殺鵪子千餘"

又江豚腹中脂 照樗博卽明 照讀書及紡績卽暗 俗謂懶婦所化 故呼爲懶婦
油 韻府又曰照宴樂則明 故謂之饞燈　　　 －『芝峯類說』〈文章部〉「唐詩」

　위에 제시한 각각의 문장을 비교해 보면,『아희원람』은『지봉유설』의
핵심적인 내용만 추려서 압축한 형태임을 알 수 있다. 이에 그치지 않고
『아희원람』은『지봉유설』에서『운부군옥(韻府群玉)』의 내용을 부가하여
서술한 것을 이용해 내용을 재구성해 내고 있다. 이러한 사실을 통해
위에 제시한『아희원람』의 문장은『지봉유설』에서 인용한 것임을 명확
히 알 수 있다.

　또한「변이」의 마지막 네 항목은 우리나라의 사례를 소개하고 있는
데, 이 가운데 세 항목이『지봉유설』의 〈재이부(災異部)〉에 보인다.

① 新羅太宗王時 吐含山地燃 三年而滅 北巖崩 碎爲米 食之如陳米云
② 宣祖朝 肅淸門外巖磚有液流出 淸者如酒 濃者如餠
③ 光海朝癸丑十月 野雉八道城 殆遍市肆 不知其數 至於飛集闕中 市井
　小兒爭相捕食 如是月餘 　　　　　　　 －『兒戱原覽』「變異」

○ ㈎ 新羅太宗王時 吐含山地燃 三年而滅 北巖崩 碎爲米 食之如陳米云
　㈏ 近世肅淸門外岩石磚 有液流出 淸者如酒 濃者如餠 人爭取食 余取
　來見之 則堅凝不堪食 蓋見日故也 如地燃地陷之變 近歲亦多有之 ……
　㈐ 癸丑十月 野雉入都城 殆遍於市肆 不知其數 至於飛集闕中 市井小
　兒爭相捕食之 如是月餘 亦怪矣 　 －『芝峯類說』〈災異部〉「災眚」

　위에 제시한 내용을 보면,『아희원람』의 ①은『지봉유설』의 (가)와,
②는 (나)와, ③은 (다)와 그 내용이 일치함을 알 수 있다. 특히 (나)와
(다)는 이수광 자신이 살았던 시대인 선조·광해군 때의 견문을 서술한
것인데, 이를『아희원람』에서 그대로 인용하고 있다. 다만 ‘近世’를 ‘宣
祖朝’로 ‘癸丑十月’을 ‘光海朝癸丑十月’로 자구(字句)를 수정하는 등의

약간의 변개를 가하고 있을 뿐이다. 이 또한 『지봉유설』을 인용한 확실한 근거라 할 수 있겠다. 이 밖에도 「변이」에는 『지봉유설』과 거의 일치하는 내용을 담고 있는 항목이 다수 수록되어 있다.[33]

　이상의 검토를 통해, 『아희원람』에 수록되어 있는 상당수의 내용이 『지봉유설』의 내용과 일치하고 있으며, 또 적지 않은 부분에서는 『지봉유설』에서의 인용 사실을 명확하게 확인할 수 있게 해 주는 흔적을 찾아볼 수 있었다. 그런데 『아희원람』에서는 출전에 관한 사항을 전혀 밝히고 있지 않기 때문에, 단지 내용만 일치할 뿐 명확한 인용의 흔적을 남기고 있지 않은 부분까지 『지봉유설』을 인용한 것이라 확언할 수는 없다. 하지만 실제 인용의 흔적을 여러 곳에 남기고 있고, 또 내용상 일치하는 부분이 전 항목에 걸쳐 상당수 존재하고 있다는 사실은, 『아희원람』이 조선 후기 유서의 선구적 위치에 있는 『지봉유설』의 영향을 받은 것임을 부인할 수 없게 하는 중요한 근거가 된다.

---

33) 李睟光, 『芝峯類說』 卷1, 〈災異部〉, 「災眚」. "按漢成帝時 宮中雨一蒼鹿 食之甚美云 古有雨金雨錢雨魚雨石 而鹿則尤怪矣"; 張混, 『兒戲原覽』, 「變異」. "漢成帝時 宮中雨一蒼鹿 食之甚美 史載雨塵沙土石 雨金鉛鐵氷 雨絮帛穀粟 雨草木花葉 雨魚肉毛血 不勝遽而鹿尤怪矣"

李睟光, 『芝峯類說』 卷1, 〈災異部〉, 「災眚」. "又孫吳時 金陵雨五穀於貧民家 富者則不雨云 異哉"; 『兒戲原覽』, 「變異」. "孫吳時 金陵雨五穀於貧家 富者則不雨"

李睟光, 『芝峯類說』 卷1, 〈災異部〉, 「災眚」. "漢書靈帝時 京師馬生人 風俗通曰 養馬胡蒼頭交馬以生子云 又唐書乾符二年 河北馬生人"; 『兒戲原覽』, 「變異」. "漢靈帝時 京師馬生人 養馬胡蒼頭交馬以生子云 唐乾符二年 河北馬生人"

李睟光, 『芝峯類說』 卷1, 〈災異部〉, 「災眚」. "東晉時 地生白毛 孫盛以爲人勞之異 宋高宗時 地生白毛"; 張混, 『兒戲原覽』, 「變異」. "東晉時 地生白毛 孫盛以爲人勞之異 宋高宗時 地生白毛"

李睟光, 『芝峯類說』 卷1, 災異部, 「災眚」. "古今註 齊后怨王而死 變爲蟬 述異記 楚莊王時 宮人一朝化爲野蛾飛去云"; 張混, 『兒戲原覽』, 「變異」. "齊后怨王而死 變爲蟬"; 『兒戲原覽』, 「變異」. "楚莊王時 宮人一朝化爲野蛾飛去"

李睟光, 『芝峯類說』 卷1, 災異部, 「人異」. "漢書哀帝時 豫章男子化爲女 嫁而生一男 夫化女怪矣 生男則尤怪矣"; 張混, 『兒戲原覽』, 「變異」. "漢哀帝時 豫章男子化爲女 嫁而生一男 生男尤異"

한편, 『아희원람』과 『지봉유설』 사이에 나타나는 공통점은 여기서 그치지 않는다. 실제 둘 사이에는 학문 경향의 특징에 있어서도 유사한 면이 많다.[34] 가장 먼저 지적할 수 있는 것은 둘 다 『사물기원(事物紀元)』[35]류의 성격을 지니고 있다는 것이다. 『지봉유설』은 사물과 현상의 기원과 전개과정을 밝히는 『사물기원』류의 성격을 강하게 풍기고 있는 유서이다. 그런데 『아희원람』 또한 사물과 현상의 기원과 전개과정을 밝히는 데에 가장 많은 공력을 기울이고 있다.[36] 이는 전체 가운데 가장 많은 분량을 차지하고 있는 「창시」뿐 아니라, 「국속」에서도 확인할 수 있다.[37] 뿐만 아니라 이가환[李家煥, 1742~1801]이 쓴 『아희원람』 서문에서는 『아희원람』이 『사물원시(事物原始)』[38]의 체재를 이용하여 가감한 것임을 밝히고 있기까지 하다.[39]

『지봉유설』에 나타나는 학문 경향의 또 다른 특징은 생활상의 작은 소재를 즐겨 다루고, 신비롭고 괴이한 것에 대한 기록도 마다하지 않으며, 구체적 사실과 흥미를 끌 이야기를 수록하고 있다는 것이다. 이는

---

34) 『지봉유설』에 나타나는 학문 경향의 특징에 관해서는 안대회, 앞의 논문, 279~280쪽을 참고 하였다.

35) 송나라의 고승(高丞)이 편찬한 유서이다. 천지(天地), 산천(山川), 조수(鳥獸), 초목(草木), 음양(陰陽), 예악(禮樂), 제도(制度)를 「천지생식부(天地生植部)」, 「정삭역수부(正朔曆數部)」, 「제왕후비부(帝王后妃部)」 따위의 55부로 나누어 사물의 유래를 상세히 설명하였다. 원본은 20권 217사(事)였으며, 오늘날에 전하는 것은 후세 사람이 10권 1,765사를 모아서 기록한 것이다.

36) 『아희원람』 전체 항목 가운데에서도 사물과 현상의 기원과 전개과정에 대해 밝히고 있는 「창시」에서 『지봉유설』의 내용을 가장 많이 인용하고 있다. 또한 실제 「창시」는 『아희원람』에서 가장 큰 비중을 차지하고 있는 항목이기도 하다. 이를 통해, 『사물기원』류의 성격을 지니고 있는 『지봉유설』이 『아희원람』의 편찬과정에 적지 않은 영향을 끼쳤음을 알 수 있다.

37) 「국속」에 수록되어 있는 내용은 다름 아닌 우리나라 풍속의 기원과 전개에 관한 것으로, 이는 「창시」와 동일한 성격의 내용이라 할 수 있겠다.

38) 명나라의 서거(徐炬)가 편찬한 『고금사물원시(古今事物原始)』 30권을 가리킨다. 이 책은 유서로 사물의 기원에 대해 항목별로 기록하였다.

39) 李家煥, 『詩文艸』, 「兒戱原覽序」. "蓋取呂氏大事記, 趙氏事物原始之體 而增損之"

『아희원람』에서도 마찬가지로 부각되는 특징들이다. 『아희원람』에는 생활 주변의 사물 내지 현상에 관한 내용을 다수 수록되어 있으며, 또한 「탄육」・「자성」・「재민」・「수부」・「변이」에 걸쳐 각종 신비롭고 기이한 현상에 관해 소개하고 있다. 또한 신화나 야사 가운데의 구체적인 이야기 등을 적극 반영하여 흥미를 주고 있다는 점도 빠뜨릴 수 없는 특징 가운데 하나이다.

요컨대, 『아희원람』은 조선시대 대표적 유서인 『지봉유설』과 상당부분에서 내용이 일치할 뿐 아니라, 실제 『지봉유설』을 인용한 흔적을 곳곳에 남기고 있다. 또한 『지봉유설』에 나타나는 학문 경향의 특징이 『아희원람』에서 공통적으로 발견되기도 한다. 이를 통해, 『아희원람』의 편찬 과정에 적어도 우리나라의 서적으로는 『지봉유설』의 성과를 가장 주요하게 수용하였으며, 또 이를 토대로 하였음을 알 수 있다. 곧 조선 후기에 편찬된 다른 유서들이 『지봉유설』의 영향을 많이 받은 것처럼,[40] 유서의 속성을 지니고 있는 『아희원람』 또한 『지봉유설』의 영향권 아래에 있는 한 부의 유서인 것이다.

(2) 『송남잡지』에 끼친 영향

『아희원람』이 『지봉유설』의 영향권 아래에 있는 유서이며, 실제로 『지봉유설』의 내용을 상당수 인용하고 있음을 확인하였다. 그런데 『아희원람』이 편찬된 시기로부터 대략 반세기 이후에 편찬된 조재삼의 『송남잡지』에는 『아희원람』이 다수 인용되고 있다.[41]

---

40) 이에 관해서는 각주 12)에서 이미 언급하였다.

41) 물론 『송남잡지』 전체의 인용 빈도를 따졌을 때, 『아희원람』이 차지하는 비중이 크다고는 할 수 없다. 가장 많은 인용 빈도를 차지하는 것은 중국의 자전과 운서인 『강희자전(康熙字典)』과 『운부군옥(韻府群玉)』이며, 우리나라의 서적으로는 『지봉유설』과 『성호사설』 등이 많이 인용되었다. 자세한 내용은 강민구(2008b) 82쪽을 참고할 수 있다.

『송남잡지』의 「천문류(天文類)」에서 『아희원람』을 인용한 사례 일부
를 아래에 제시하였다.

　① 天河星　爲元氣之英　水之精也　氣發而升　精華上浮者
　　　　　　　　　　　　　　　　　　　　－『兒戲原覽』「形氣」
　　原覽日　元氣之英　水之精也　氣發而精華上浮者
　　　　　　　　　　　　　－『松南雜識』〈天文類〉「天河星」

　② 五緯星　歲星[東方星　十二年一周天]　熒惑[南方星　七百四十日一周天]
　　鎭星[中央星　二十八年一周天]　太白[西方星　三百六十五日一周天]　辰
　　星[北方星　三百六十五日一周天]　　　 －『兒戲原覽』「附數彙」

　　原覽日　東日歲星　十二年一周天　南日熒惑　七百四十日一周天　中央日鎭
　　星　二十八年一周天　西日太白　三百六十五日一周天　北日辰星　三百六十
　　五日一周天　　　　　　　　　－『松南雜識』〈天文類〉「五緯星」

위에서 볼 수 있듯이, 『송남잡지』에서는 『아희원람』의 내용을 인용할
때마다 '原覽日'이라고 하여 인용 사실에 관해 명확하게 밝히고 있다.
①의 경우를 살펴보면, 얼핏 보기에는 서로 동일한 문장인 듯하지만,
『송남잡지』에서 『아희원람』을 인용하면서 일부의 자구를 생략하였음을
알 수 있다. 다음으로 ②의 경우, ②에 제시한 『아희원람』의 내용을 보
면, 물론 주석을 통해 부가설명을 하고 있지만 본문의 내용은 해당 단어
만 간략하게 열거하는 형태를 취하고 있음을 알 수 있다. 그런데 『송남
잡지』에서는 이를 본문과 주석의 내용을 혼융(混融)시키고 또 그 외 수사
적 기법을 사용하여 보다 완결된 형태의 문장을 만들어 내고 있다. 이렇
듯 『송남잡지』에서는 『아희원람』의 내용을 인용하되, 내용을 그대로 전
재(轉載)하기 보다는 약간의 변개를 가하고 있다.[42]

42) 다양하고 풍부한 정보와 지식을 수록해야 하는 유서의 특성상 그 撰者는 다른 문헌에서

이 밖에도 『아희원람』의 상당부분의 내용이 『송남잡지』에 인용되고
있는데, 이를 표로 정리하면 아래와 같다.

〈표 1〉『송남잡지』의 『아희원람』 인용 사례[43]

	『兒戲原覽』	『松南雜識』
形氣	天河星	天文類, 天河星
	日輪犬月較少	天文類, 日月雌雄
	霞者	天文類, 氣蒸爲霞
	虹者	天文類, 雌雄虹
	雪者	天文類, 祈雪
	刻漏	歲時類, 觀漏制器
	五行者	歲時類, 五行
創始	神主	喪祭類, 神主
	祭器	喪祭類, 籩豆
	宗廟	喪祭類, 宗廟
	別號	姓名類, 別號
	墨	文房類, 蓉堂烏玉
	籌數	文房類, 數九以御
	甲胄	武備類, 甲胄
	郵驛	武備類, 乘馹
	田獵	漁獵類, 北獵南漁
	衣服	衣食類, 編髮蓋首

수많은 문장을 인용할 수밖에 없다. 다른 문헌에서 문장을 인용하여 그대로 轉載하는
경우는 그다지 많지 않다. 만약 다른 문헌의 문장을 그대로 옮겨 놓는다면 그들 내용은
산만하여 응집력을 갖지 못할 것이다. 따라서 유서의 찬자는 인용을 하는 과정에서 다양
한 변개를 진행한다.(강민구(2009), 216쪽)
　『아희원람』 역시 다른 문헌의 내용을 인용하는 과정에 다양한 변개가 이루어졌다. 하지
만 기본적으로 인용 문헌에 관해 밝히고 있지 않기 때문에 전체적인 검토는 불가능하며,
이는 인용한 것이 확실시 되는 『지봉유설』과의 대조를 통해 부분적으로 확인할 수 있을
뿐이다.
43) 인용 사례를 『아희원람』의 조목별로 확인할 수 있도록 표를 구성하였다. 또 『아희원람』
의 경우 표제어가 있는 경우에는 표제어를, 그렇지 않은 경우에는 따옴표 안에 원문을
제시하였다.

	酒	衣食類, 一宿酒
	燒酒	衣食類, 燒酒
	泉貨	財寶類, 常平通寶
	匙筯	什物類, 匙箸
	燭	什物類, 蠟燭
	尺	什物類, 秤星
	石磑	什物類, 石磑
	瑟	音樂類, 伽倻鼓瑟
創始	象戱	技術類, 象棋
	雙陸	技術類, 雙陸
	樗蒲	技術類, 樗蒲
	投壺	技術類, 投壺
	闍牋	技術類, 闍牋
	痘瘡	技術類, 聖痘
	巫覡	技術類, 胎呪
	朝聘	朝市類, 朝聘
	尊卑禮	朝市類, 尊卑禮
	市肆	朝市類, 亥市同日
國俗	"箕子東來 …… 故平壤稱柳京"	歲時類, 柳京
	"鷺目而受卵 …… 媵蛇廳孕"	祥異類, 睛交聽孕
姿性	"鸚鵡摩背則瘖 鸊鷉剪舌則言"	祥異類, 鸚瘖鷉言
	"龍魚無耳 …… 牛有豎瞳無橫瞳"	祥異類, 龍魚無耳
	"麝性愛臍 …… 保其臍"	祥異類, 麝臍驚尾
	"新羅憲德王時 …… 二頭二身四臂"	祥異類, 産兒異形
變異	"高麗將金樂戰死 …… 周巡於庭"	祥異類, 假像起舞
	"漢景帝獵虎 …… 餘肉復爲虎"	祥異類, 死肉化虎
	五緯星	天文類, 五緯星
	六氣	歲時類, 六氣
附數彙	四夷	外國類, 四夷
	七寶	財寶類, 七寶
補遺	東方姓譜	姓名類, 東方姓譜

위에 제시한 표를 통해서 확인할 수 있듯이, 총 48개의 세부항목이
『송남잡지』에서 인용되고 있다. 구체적으로 「형기」의 7개 항목, 「창시」

의 28개 항목, 「국속」의 1개 항목, 「자성」의 4개 항목, 「변이」의 3개 항목, 「부수휘(附數彙)」의 4개 항목, 「보유」의 1개 항목이 인용되었다. 그런데 이러한 인용 사례가 『아희원람』의 여러 조목들 가운데에서도 「창시」에 유독 집중되고 있음을 볼 수 있다. 이는 단순히 우연의 결과는 아닐 것이다. 『지봉유설』의 성과를 직접적으로 계승하고 있는 『송남잡지』는 사물의 기원을 밝히는 측면이 더욱 강화된 유서이다. 곧 사물과 현상의 기원과 전개과정은 『송남잡지』의 최대 관심사이다. 이로 인해 동일하게 『사물기원』류의 성격을 지니고 있는 『아희원람』을 참고할 수 있었던 것이며, 이 가운데에서도 사물의 기원에 관해 밝히고 있는 「창시」를 가장 빈번하게 인용할 수 있었던 것이다.

이렇듯 『아희원람』은 『송남잡지』의 편찬과정에 참고 자료로서 활용되고 있다. 물론 『송남잡지』는 방대한 분량의 저술로서, 참고문헌 가운데서 『아희원람』이 차지하는 비중은 크지 않다. 더욱이 『아희원람』은 초학자들을 대상으로 하여 편찬한 유서이기 때문에, 거질(巨帙)의 백과전서적 유서인 『송남잡지』에 유의미한 영향을 끼쳤다고 말하기는 힘들다. 하지만 『아희원람』 가운데에서도 유독 「창시」에서 집중직으로 인용되고 있는 것은 『아희원람』이 『사물기원』류의 서적이라는 『송남잡지』 편자의 인식이 있었기에 가능했던 것이다. 이러한 관점에서 보았을 때, 물론 문헌의 규모나 학술적 깊이는 현저한 차이가 나지만, 비슷한 성격을 지니고 있는 유서로서 『아희원람』이 『송남잡지』에 일정 부분 영향을 끼친 것으로 보아도 큰 무리는 없을 것이다.

이상, 『아희원람』은 조선 후기 백과전서적 유서의 선구이자 가장 중요한 전거(典據)가 되는 『지봉유설』의 영향을 받았으며, 또 조선 후기 유서의 결정체라고 할 수 있는 『송남잡지』에 일정부분 영향을 끼쳤음을 확인하였다.[44]

『아희원람』이 실제 유서의 속성을 지니고 있을 뿐만 아니라 더욱이 이러한 조선 후기 유서 가운데서도 중요한 위치를 점하고 있는 유서들과 관계를 맺고 있는 점은, 문헌의 성격을 유서로 규정하는 본고의 시각에 더욱 설득력을 높여줄 수 있을 것이다.

2. 학습용 유서로서의 특징

『아희원람』은 유서의 기본적인 속성을 지니고 있는 한 부의 유서로서, 이를 다른 일반 유서와의 관계 속에서도 확인할 수 있었다. 그런데 서문에서도 초학자를 염두에 두고 편찬한 것임을 밝히고 있듯이, 『아희원람』은 『지봉유설』·『송남잡지』와 같은 일반적인 유서가 아닌, 초학자를 대상으로 하여 학습용으로 편찬된 유서이다. 이러한 학습용 유서는 특히 유서의 전통이 오래된 중국에서 많이 편찬되었으며, 실제 유서 가운데 하나의 유형으로 분류되고 있기도 하다.[45]

이렇듯 『아희원람』은 초학자들을 대상으로 한 학습용 유서로서, 일반적인 유서와는 다른 초학자 학습용으로서의 특징들을 지니고 있다. 이는 학습서로서의 면모를 지니고 있는 내용이 『아희원람』 내에 다수 포함되어 있다는 사실에서도 알 수 있으며,[46] 뿐만 아니라 핵심적인 내용만 압축하여 간결하게 서술하는 문장 서술방식 또한 초학자를 대상으로 한 유서임을 알 수 있게 해 주는 특징적인 면모라고 하겠다.[47]

---

44) 이들 세 유서는 공통적으로 『사물기원』류의 성격을 지니고 있다는 점에서 서로 맥이 닿아있다. 하지만 이에 그칠 뿐, 『아희원람』이 이들 유서와 동급의 유서이며 또 『지봉유설』과 『송남잡지』의 매개적 역할을 하였다고는 할 수 없다. 『아희원람』은 본격적인 유서가 아니라, 일반적인 유서에서보다 다루는 범주를 대폭 줄이고 서술을 간결화 한 초학자들을 대상으로 편찬한 학습용 유서이다.

45) 최환, 앞의 논문, 84~86쪽에 자세하다.

46) 외형상 역사연표 혹은 용어사전의 형태를 지니고 있는 세부항목들을 담고 있는 조목, 곧 「방도」·「전운」·「부수휘」·「보유」가 이에 해당한다. 졸고, 앞의 논문, 54쪽에 자세하다.

47) 졸고, 앞의 논문, 17~18쪽에 자세하다.

본절에서는 이 밖에『아희원람』이 지니고 있는 초학자 학습용 유서로
서의 면모에 관해 좀 더 구체적으로 살펴보고자 한다.

(1) 분류 항목의 설정과 배열 구조

유서는 편찬 체제상 유편유서(類編類書)·운편유서(韻編類書)·자편유
서(字編類書)·수편유서(數編類書)·시편유서(時編類書) 등 크게 다섯 가
지로 나눌 수 있는데, 이 가운데 유편류서는 사류에 따라 부(部)와 류(類)
등으로 나누어 편찬한 유서를 말한다. 이 체제는 유서 편찬에서 가장
보편적으로 사용된 것으로, 대부분의 유서들이 이 체제를 사용하고 있
다. 이러한 유별로 분류한 유서들의 가장 뚜렷한 유사점은 부를 나누는
방법이라 할 수 있다.[48]

중국의 유서인『예문유취(藝文類聚)』와 우리나라의 유서인『지봉유설』
의 분부(分部) 상황을 살펴보면 다음과 같다.

『藝文類聚』
天部·歲時部·地部·山部·水部·符命部·帝王部·后妃部·儲官部·人
部·禮部·樂部·職官部·封爵部·治政部·刑法部·雜文部·武部·軍器
部·居處部·産業部·衣冠部·儀飾部·服飾部·舟車部·食物部·雜器物
部·巧藝部·方術部·內典部·靈異部·火部·藥香草部·草部·寶玉部·
百穀部·布帛部·果部·木部·鳥部·數部·鱗介部·蟲豸部·祥瑞部·災
異部

『芝峯類說』
天文部·時令部·災異部·地理部·諸國部·君道部·兵政部·官職部·儒
道部·經書部·文字部·文章部·人物部·性行部·身形部·語言部·人事
部·雜事部·技藝部·外道部·宮室部·服用部·食物部·卉木部·禽蟲部

---

48) 최환, 앞의 논문, 77~78쪽 인용. 아울러 2-(1) '분류 항목의 설정과 배열 구조'의 내용은
   최환, 앞의 논문, 77~78쪽을 주요하게 참고하였음을 밝힌다.

각각의 분류 항목을 살펴보면, 분류 항목 자체에서 특별한 특징은 찾아보기 힘들며, 다만 현실세계의 각 분야가 망라되어 있음을 볼 수 있다. 또한 이러한 분류 항목은 기본적으로 천(天)·지(地)·인(人)·물(物)의 배열을 구조로 하고 있음을 알 수 있다. 이렇듯, 대부분의 유편유서들이 각각의 분류 항목 선정은 다르지만, 현실세계의 각 분야를 종합적으로 다루고 있으며, 천·지·인·물의 배열 구조를 지니고 있는 것은 기본적으로 서로 유사하다.

한편, 『아희원람』의 분부 상황을 보면, 분류 항목과 배열 구조가 일반적인 유편유서와는 달리 매우 독특한 모습을 보이고 있음을 알 수 있다. 『아희원람』의 분부 상황은 아래와 같다.

形氣-創始-邦都-國俗-誕育-姿性-才敏-壽富-變異-傳運

기본적으로 10개의 유목(類目)으로 나누어 각 유목마다 관련 자료를 집록한 것에서, 분명 유서의 기본적인 틀을 갖추고 있다고 할 수 있다. 하지만 분류 항목의 선정과 배열 구조는 일반적인 유편유서와는 다른 독특한 형태이다.

우선 눈에 띄는 것은 전체 분류 항목의 수가 적을 뿐만 아니라, 특히 선정된 분류 항목의 범위가 대단히 제한적이라는 것이다. 예컨대, 10개의 분류 항목 가운데 4개 항목에 해당하는 「탄육」·「자성」·「재민」·「수부」는 모두 人에 관련한 항목으로 항목 수로만 본다면, 이는 부록을 제외한 전체 항목 가운데 절반에 가까운 비중이다. 이렇듯 몇 안 되는 전체 항목 가운데 다양한 인간의 모습을 담고 있는 항목들을 다수 선정한 깃은 물론 편자의 의도에 의한 것이다.[49] 또한 이밖에 나머지 항목들도,

---

49) 이러한 항목 속에는 정통 성리학 체제 속에서 제시되는 규범화되고 획일적인 인간상이 아닌, 전설과 신화 속의 인물을 비롯하여 각양각색의 다양한 인간상에 대해 열어 보여주

편찬의 목적을 염두에 두고 편자의 기준에 의해 선정된 항목들이라고
할 수 있겠다.[50] 편찬의 목적이란 곧 교육용으로서의 목적을 말하며,
『아희원람』은 곧 편자인 장혼의 교육적 가치관에 의해 교육용으로 필요
한 내용만 간추려 편찬되었기에 이러한 항목들만이 제한적으로 선별된
것이라 하겠다. 보통의 유편유서들이 현실세계의 다양한 영역을 종합적
으로 다루고 있는 것과는 매우 구별되는 모습이다.

다음으로, 분류 항목의 배열 구조가 천·지·인·물의 일반적인 배열
구조와는 거리가 있음을 볼 수 있다. 이는 무엇보다 선정된 항목들이
천·지·인·물의 구조와 같은 일정한 틀 속에 담을 수 없을 만큼 하나하
나가 독립적이고 개성이 강한 항목들인 것과 관련이 있다. 분류 항목을
다시 선정하지 않는 이상 이를 천·지·인·물의 구조 속에 담아내기는
힘들어 보인다. 그리하여 편자인 장혼은 이와 같은 일정한 틀에 애써
얽매이지 않고, 자신의 교육적 가치관에 따라 선정한 각각의 항목들을
다소 유연하게 배치한 것으로 판단된다. 다만 「형기」는 하늘과 우주에
관한 내용을 담고 있는 항목으로 가장 앞 쪽에 배치하고 있는데, 이는
일반적인 유편유서와 동일하다고 할 수 있겠다. 하지만 이 밖에는 일반
적인 유편유서의 배열 구조와 유사점을 찾기 힘들며, 다른 어떠한 배열
구조상의 체계적이고 유기적인 모습도 볼 수 없다.

만일 『아희원람』이 초학자들의 교육용이라는 특정 목적 없이 일반적
인 유서로 편찬되었다면, 분류항목의 선정에서부터 현실 세계의 각 분
야를 고루 반영하였을 것이며, 이 과정에 천·지·인·물의 배열 구조를

고자 하는 편자의 의도가 담겨져 있다.

50) 대표적으로 「방도」·「국속」의 경우, 세부 항목의 수효는 얼마 되지 않지만, 그 속에는
우리나라의 역사·지리·풍속 등에 관련한 내용이 수록 되어 있다. 그 동안 등한시되었던
우리나라의 역사·지리·풍속에 관해 알려주고자 하는 편자의 교육적 의도가 담겨져 있
다고 할 수 있겠다.

갖출 수 있었을 것이다. 하지만 교육용이라는 뚜렷한 편찬 목적이 있었기에 번다하게 많은 항목들을 갖출 필요가 없었으며, 천·지·인·물이라는 유편유서의 일반적인 배열 구조에 군이 얽매일 필요도 없었던 것이다.

이 밖에 배열 구조상에서 주목할 수 있는 것은, 일반적인 유편유서에서 보통 뒤쪽에 배치되던 물(物)이 상당히 앞쪽에 배치되어 있다는 사실이다. 곧 두 번째 항목으로 배치된 「창시」에 수록된 상당수의 내용은 각종 사물에 관한 것으로, 이 또한 편자인 장혼의 교육적 가치관이 반영된 결과라고 할 수 있겠다. 서문의 서두에서도 밝히고 있듯이,[51] 장혼은 초학자들이 알아야 할 대상 가운데 물(物)을 우선순위에 두고 그 가치를 높게 평가하고 있는 것이다.

(2) 분류 체제의 혼용(混用)

『아희원람』은 기본적으로 10개의 사류로 나누어져 있는 유편유서이다. 한편, 부분적으로 수편유서[52]의 분류 방식을 취하고 있기도 하다. 뒤편에 부록으로 수록되어 있는 「부수휘」가 그러하다. 「부수휘」의 세부 항목은 숫자로 이루어진 단어들로 구성되어 있는데, 대표적인 예를 아래에 보인다.

> ○ 二氣 陰主靜 女也 柔也 陽主動 男也 剛也 陰有太陰少陰厥陰 陽有 太陽
> 少陽陽明   －『附數彙』「天編」
> ○ 五方 東方木 南方火 中央土 西方金 北方水   －『附數彙』「地編」

---

51) 張混, 『而已广集』卷12, 「兒戲原覽引」, "物不素具 未可應卒"
52) 수편유서는 기본적으로는 유편유서와 마찬가지로 사류별로 분류한 후에 숫자가 첫 글자로 들어가는 단어들로 자목(子目)을 세운 유서이다.

○ 三公 周以太師 太傅 太休 漢以丞相 太尉 御史大夫 唐以太尉 司徒 司空
－『附數彙』「人編」

위의 제시문을 통해「부수휘」의 서술방식을 보면, 숫자가 들어가는 표제어를 맨 앞에 두고 이에 해당하는 핵심 내용을 간략하게 열거하는 방식을 취하고 있음을 볼 수 있다. 이에는 알기 쉽게 핵심적인 내용만 간략하게 전달하고자 하는 편자의 의도가 담겨져 있다 하겠다.

한편, 이러한 숫자를 활용한 분류 방식은 내용을 검색하거나 또 학습하기에 편리한 장점이 있다. 뿐만 아니라 같은 숫자가 들어가는 단어들끼리 묶어서 제시하고 있기 때문에, 연관 기억 내지 연관 학습을 가능하게 하여 학습의 효율성도 높여줄 수도 있다. 곧 이러한 수편분류 체제를 별도로 취한 것은 일상적인 상식을 학습자가 편리하고 효율적으로 학습할 수 있도록 한 편자인 장혼의 의도적인 장치인 것이다.

이렇듯 숫자가 들어가는 단어를 숫자별로 분류하여 제시하는 방법은 전형적인 수편유서의 형식이다. 비록「부수휘」는 부록이지만 전체의 20%에 해당하는 분량의 내용이 수록되어 있다. 다시 말해 분량으로 따진다면 결코 무시할 수 없는 비중을 차지하고 있는 것이다.

요컨대,『아희원람』은 전체 분류 체제는 유편유서이면서 부분적으로 수편유서의 체제를 취하고 있는 것이다. 그런데 이러한 분류 체제의 혼용은 일반적인 유서에서는 볼 수 없는 특이한 경우로, 이 또한『아희원람』이 초학자 학습용 서적인 것과 무관해 보이지 않는다.

『아희원람』뿐만 아니라 우리나라에서 편찬된 또 다른 초학자 학습용 유서인 윤봉한(尹鳳翰)의『도행장록(桃杏腸錄)』[53] 역시 부분적으로 수편

---

53) 1851년 윤봉한(尹鳳翰)에 의해 편찬된 서적이다. 앞에서 언급한 최환의 논문에서『도행장록』을 학습용 유서로 분류하고 있다. 전체 편제가 유별로 분류되어 있으며, 일상생활에 필요한 지식 내지 기본적인 지식들을 요약·정리하고 있는 서적이다. 현재 필사본이

유서의 형식을 취하고 있다.[54] 이는 모두 유서의 분류 체제를 효과적으로 활용하여 초학자들의 편리한 학습을 도모한 것이라고 할 수 있겠다.

(3) 인용 문헌의 표기 여부

유서는 다양하고 정확한 지식과 정보를 수록하여야 한다. 그래서 유서는 다른 문헌에서 필요한 내용을 번다하게 인용할 수밖에 없는 특성을 지닌다. 이런 이유로 유서를 편찬할 때는 기술의 목적에 맞게 타 문헌을 인용하는 방법이 강구된다.[55] 그런데 일반적으로 필요로 하는 내용을 타 문헌에서 취하여 문장을 기술하였을 경우 먼저 인용 서명을 밝힌다.[56] 이미 일부 확인하였듯이, 『아희원람』 또한 상당 부분의 내용은 기존 문헌에서 인용한 것이다. 그런데 『아희원람』은 일반적인 유서와는 달리 인용 문헌에 대한 언급이 전혀 없다. 일반적인 유서에서 출전을 밝히고 있는 것과는 대조적인 모습이다.

우선 아래에 제시한 『지봉유설』 가운데의 문장을 통해, 일반적인 유서에서 인용 문헌에 관해 밝히고 있는 양상에 관해 살펴보자.

博物志曰 麒麟鬪而日蝕 鯨魚死而彗星出 嬰兒啼則婦乳出 按庾信文曰 雲生伏鼈 星出鯨魚 韻府群玉云旬始星名 一曰妖氣
― 『芝峯類說』〈災異部〉「災眚」

위의 제시문을 보면, 기존의 다른 문헌에서 인용할 경우 출전에 관해

전하고 있으며, 윤봉한의 문집 『청수헌유고(聽水軒遺稿)』 권8에 실려 있다.

54) 이 책의 「십응(十應)」 부분에는 1~10에 해당하는 단어들을 각각 자목으로 세워 나열하고 있다.

55) 강민구(2009), 189쪽.

56) 일괄적으로 말하기는 힘들지만, 인용 서명에 관해 밝히는 것이 유서의 일반적인 기술 방식이다. 조선 후기의 대표적 유서인 『지봉유설』, 『성호사설』, 『오주연문장전산고』, 『송남잡지』가 그러하다.

빠뜨리지 않고 명기하고 있음을 볼 수 있다. '博物志曰', '按庾信文曰', '韻府群玉云'이라고 밝히고 있는 것이 그것이다. 이와 같이 인용 문헌을 명확하게 밝히는 것이 일반적인 유서에서의 기술 방식이다. 그런데『아희원람』은 전체 내용 가운데 상당수가 기존의 문헌에서 인용한 것임에도 불구하고 출전에 대해 밝히지 않고 있으며, 단지 인용의 흔적을 일부 남기고 있을 뿐이다.[57] 이를테면, '或云', '或謂', '一云', '按故事', '按醫書云', '按佛書'라고 언급하고 있는 것이 그것이다. 이를 통해서는 단지 기존의 문헌에서 인용한 것임을 알 수 있을 뿐, 이는 출전을 밝히지 않은 것과 다름없다.

좀 더 구체적으로『아희원람』의 인용 문헌의 표기 여부에 관해 살펴보겠다. 먼저 배[舟]의 기원에 대해 설명하고 있는『아희원람』과『지봉유설』의 문장을 아래에 함께 제시하였다.

舟 黃帝作 或云虞姁作 未知何代人　　　　　　　-『兒戲原覽』「創始」

說郛云 黃帝造舟車 …… 又呂氏春秋曰 虞姁作舟 不知何代人也
　　　　　　　　　　　　　　　　　　-『芝峯類說』〈服用部〉「器用」

위에 제시한 각각의 문장을 살펴보면,『아희원람』은 인용 문헌만 밝히지 않았을 뿐,『지봉유설』에서 내용을 인용한 것임을 알 수 있다. 그런데『지봉유설』에서는 '說郛云'이라고 출전을 명확하게 밝히고 있음에도 불구하고,『아희원람』에서는 출전을 밝히고 있지 않다. 또한 이어서 서술하고 있는 내용에서도『지봉유설』에서는 '呂氏春秋曰'이라고 하여

---

57) 단, 「자성(姿性)」에 "南史 劉邕 嗜瘡痂以爲味似鰒魚 見人瘡痂落 輒取食"라고 서술한 항목에 출전인 것으로 보이는『남사(南史)』가 표기되어 있다. 하지만 이 한 항목에만 예외적으로 출전을 밝힌 것이라고 보기에는 어렵다. 인용 과정에서의 착오일 가능성이 높다.

정확하게 출전을 밝히고 있지만, 『아희원람』에서는 단지 '或云'이라고 언급하고 있을 뿐이다. 결국 이는 편자인 장혼이 『지봉유설』의 내용을 취하는 과정에서, 출전을 의도적으로 빼놓고 밝히지 않은 것으로 밖에 볼 수 없다.

이어서 아래의 예를 보자.

> 痘瘡 始於漢光武時 馬援南征 梁得虜疫 <u>按醫書云</u> 痘疫 始於周末秦初 俗
> 傳萬里長城所祟   -『兒戲原覽』「創始」
>
> <u>格致叢書曰</u> 痘瘡 始於漢光武時 馬援南征 染得虜疫
>   -『芝峯類說』〈人事部〉「疾病」
>
> 痘瘡 則<u>醫學入門</u> 太古無痘疹 周末秦初乃有之
>   -『五洲衍文長箋散稿』「痘疫有神辨證說」

위에 제시한 각각의 문장들은 천연두의 기원에 관해 설명하고 있다. 이 역시 『지봉유설』에서는 '格致叢書曰'이라고 출전을 밝히고 있지만, 『아희원람』에서는 인용 문헌에 관해 밝히지 않고 있다. 또한 이어서 서술하고 있는 내용에서도 다만 '按醫書云'이라는 언급을 하고 있을 뿐, 정확한 출전에 관해서는 언급을 하지 않고 있다. 그런데 이와 유사한 내용을 『오주연문장전산고』에서는 '醫學入門'이라고 하여 출전에 관해 명기하고 있다. 이 또한 『아희원람』에서 의도적으로 출전을 생략한 것이라고 할 수 있겠다.

만약 『아희원람』이 초학자가 아닌 성인 식자(識者)들을 대상으로 하여 편찬한 일반적인 유서였다면 편자인 장혼은 아마도 출전에 관해 분명히 밝혔을 것이다. 유서는 기존의 문헌에서 자료를 취합하는 특성을 지니고 있기에 특수한 경우를 제외하고는 출전에 관해 밝히지 않을 수 없기 때문이다.[58] 특히 조선 후기의 유서는 사실에 관해 정확하게 고증하고자 하는 당시의 학술적 배경아래 편찬되었기에 더욱 그러할 수밖에 없다. 하지만『아희원람』은 일반적인 유서와는 달리, 초학자들의 학습용으로 편찬된 유서로서 굳이 인용 문헌에 관해 밝힐 필요가 없었던 것이다. 오히려 인용 문헌에 관해 하나하나 세세하게 밝힌다면 내용이 번잡해져 초학자들의 학습에 어려움을 가중시킬 수밖에 없게 된다. 이는 핵심적인 내용만 간략하게 추려서 지식을 습득하는데 도움을 주고자 하는 편자의 의도와도 배치되는 것이다.[59] 이러한 인용문헌 표기의 생략은『아희원람』뿐만 아니라 다른 초학자 학습용 유서에서도 확인할 수 있다. 대표적으로 중국의 초학자 학습용 유서로 알려져 있는『백미고사(白眉故事)』의 경우만 보아도 인용 문헌에 관해서는 밝히고 있지 않다.[60]

이상에서 살펴보았듯이,『아희원람』은 초학자들을 대상으로 편찬한 유서이기에, 일반 유서에서처럼 인용 문헌에 관해 번다하게 밝히지 않은 것이며, 여기에는 핵심적인 내용만을 간략하게 서술하여 초학자들의 학습의 편의를 주고자 하는 편자의 의도가 담겨 있는 것이라고 할 수 있겠다.

Ⅲ. 결론

『아희원람』은 여항인 장혼에 의해 편찬된 교육용 서적으로, 80년대

---

58) 이에 관해서는 강민구(2008c)에 자세하다.

59) 서문에서도 핵심만 요약하여 열람하기에 간편하게 하였음을 밝히고 있다.["冗剋而紀約 彙分而閱簡"(「兒戲原覽引」)]

60) 예컨대,『아희원람』에도 수록되어 있는『백미고사(白眉故事)』「사호류(奢豪類)」의 '一 食萬錢'에 관한 내용만 보아도,『아희원람』과 마찬가지로 출전의 문장을 압축하여 간결한 서술을 하고 있을 뿐만 아니라, 출전에 관해서는 밝히고 있지 않음을 확인할 수 있다. [『白眉故事』卷5, 〈庸劣部〉, 「奢豪類」. "一食萬錢 (晉)何曾性極奢侈 一日食近萬錢 猶云 無下箸處 其子劭每食必盡四方珍饌 一日之供 以二萬爲限"]

이후 교육학계를 중심으로 지속적인 주목을 받아왔다. 하지만 서적의 성격을 초학교재에 한정시켜 논의했던 기존의 편중된 연구로 인해, 『아희원람』의 진면목이 제대로 밝혀지지 못했던 것이 그간의 실정이다. 이러한 선행 연구의 한계를 인식하고 본고에서는 『아희원람』에 수록되어 있는 내용을 면밀하게 검토하여 이를 바탕으로 그 동안 조명되지 못했던 유서로서의 면모에 대해 밝히는 것을 논의의 중심에 두었다.

본고에서는 먼저 『아희원람』의 전체 편제가 유별 분류방식을 취하고 있으며, 수록된 내용은 기존의 문헌에서 자료를 인용하여 내용을 재구성하는 유서의 일반적인 기술방식을 취하고 있음을 확인하였다. 뿐만 아니라 편찬 과정에서 조선 후기 새로운 학문 조류 아래 등장한 백과전서적 유서의 시초인 이수광의 『지봉유설』의 영향을 받았으며, 백과전서적 유서의 결정체로 불리는 조재삼의 『송남잡지』에 일정 부분 영향을 끼쳤음을 인용 관계에 관한 검토를 통해 중점적으로 밝혔다. 유서 가운데에서도 중요한 위치를 점하는 이들 문헌과의 관계는 『아희원람』의 성격을 유서로 파악하는 본고의 시각에 더욱 설득력을 부여할 수 있을 것이다.

주지하다시피 『아희원람』이 편찬된 18~19세기는 백과사전적 성격의 저술이 집중적으로 나왔던 시기였다. 이러한 저술이 성행할 수 있었던 근간에는 백과전서적 지식경영과 명물도수지학(名物度數之學)이라는 당시의 새로운 학술 경향이 자리하고 있으며, 이를 가장 잘 반영하고 있는 장르가 바로 유서이다. 『아희원람』 또한 유서의 속성을 지니고 있는 한 부의 유서로서, 이 시기에 『아희원람』이 편찬될 수 있었던 것은 당시의 학술적 경향과도 무관하지 않을 것이다.

이렇듯 『아희원람』은 분명 유서의 일종이다. 하지만 좀 더 정확하게 말하자면 일반적인 유서와는 다른, 초학자들을 주요 대상으로 하는 학습용 유서이다.[61] 본고에서는 이와 관련하여 일반적인 유서와는 구별되는 초학자 학습용 유서로서의 몇 가지 형식적 특징들에 관해 검토하였다. 구체적으로, 분류 항목의 설정과 배열 구조, 분류 체제의 혼용, 인용 문헌의 표기 여부라는 세 가지 측면에서 살펴보았다. 이를 통해 본다면, 초학자 학습용이라는 목적아래 분류 항목을 대폭 줄이고 서술을 간략하게 한, 일반적 유서의 축소판인 summary격의 유서라고 해도 무방할 것이다.

이상의 논의 과정을 통해, 본고에서는 『아희원람』을 서당에서 주교재로 사용된 초학교재로 규정하는 검증되지 않은 기존의 시각을 지양하고, 객관적으로 파악할 수 있는 서적의 문헌적 성격을 근간으로 하여 초학자 학습용 유서라는 새로운 관점을 제시하였다. 곧 유서라는 문헌의 성격을 고려할 때, 선행 연구에서 의도하는 수업현장에서 강독용으로 사용된 주교재가 아닌 학습의 보조자료로서 활용된 참고서적이라는 것이 본고의 시각이다.

한편, 접할 수 있는 지식과 정보가 매우 제한적이었던 당시의 폐쇄적인 환경을 고려한다면, 백과사전을 방불케하는 온갖 다양한 내용들을 수록하고 있는 『아희원람』이 당시 여항의 일반 교양서로서의 역할도 담당했을 가능성 또한 열어두어야 할 것이라 판단된다.

본 연구는 『아희원람』이 지니고 있는 유서로서의 면모를 밝히는 첫 걸음을 했을 뿐, 정확한 실상을 파악하는 데에는 여전히 부족함이 많다. 향후 자료에 대한 더욱 면밀한 검토와 정확한 고증을 통해 이를 보완하는 작업이 이루어져야 할 것으로 판단된다. 본 연구를 이어서 앞으로도 『아희원람』의 실상을 밝히는 진전된 연구가 이루어지기를 기대해 본다.

---

61) 이미 언급하였듯이, 편자인 장혼이 서문에서 초학자들을 염두에 두고 편찬하였음을 밝히고 있다. 또한 학습서로서의 성격을 지닌 내용이 내부에 상당수 수록되어 있으며, 문장의 서술도 대체로 매우 간결하고 압축적인 방식을 취하고 있다.(각주 16, 47 참고) 이러한 사실은 유서라는 장르와 관계없이 『아희원람』이 초학자 학습용 서적임을 말해준다.

참고문헌

尹鳳翰,『桃杏腸錄』, 경북대학교 소장본.

李圭景,『五洲衍文長箋散稿』, 古典刊行會本.

李德懋,『靑莊館全書』, 한국문집총간 257·258, 민족문화추진회 영인본.

李睟光,『芝峯類說』, 景仁文化社 영인본.

張　混,『兒戲原覽』, 경북대학교 소장 癸亥 新刊本.

_____,『兒戲原覽』, 경북대학교 소장 完山 重刊本.

_____,『而已广集』, 한국문집총간 270, 민족문화추진회 영인본.

趙在三,『松南雜識』, 東西文化院, 1987.

許以忠,『(註釋)白眉故事』, 경북대학교 소장본.

강민구,『교감국역 송남잡지』1권 ~ 12권, 소명출판, 2008a.

_____,「조선후기 類書의 오류 양상 -『松南雜識』의 경우-」,『한문학보』19, 우리학문
　　　학회, 2008b.

_____,「조선후기 類書의『康熙字典』과『韻府群玉』인용 양상 -『松南雜識의 경우』-」,
　　　『한문교육연구』31, 한국한문교육학회, 2008c.

_____,「조선 후기 類書의 變改 양상 -『松南雜識의 경우』-」,『동방한문학』38, 동방한
　　　문학회, 2009.

김영문,「장혼의 초학교재 연구」, 성균관대학교 석사학위논문, 1993.

박연호,「장혼의 교육론 연구 -『아희원람』의 성격을 중심으로-」,『교육사학연구』14,
　　　교육사학회, 2004.

박종성,「學習用 類書『兒戲原覽』硏究」, 경북대학교 석사학위논문. 2010.

안대회,「이수광의『芝峯類說』과 조선 후기 名物考證學의 전통」,『震檀學報』98, 진단
　　　학회, 2004.

정순우,「18세기 서당 연구」, 한국정신문화연구원 박사학위논문, 1987.

최　환,「한국 類書의 종합적 연구(Ⅱ)」,『중어중문학』32, 한국중어중문학회, 2003.

_____,『한·중 유서문화 개관』, 영남대학교출판부, 2008.

한용진·서범종,『아희원람』, 한국학술정보(주), 2008.

『학어(學語)』의 편찬 의식과 구성에 대한 연구

우지영

I. 서론

　19세기는 대내외적으로 급격한 변화를 겪은 시기이다. 전통적 신분 질서가 와해되면서 통치 계층의 지배력이 약화되었고, 조선사회를 지탱하던 공고한 철학적 기반인 성리학이 독점적 지위를 상실하면서 천주교가 세력을 획대해 가고 동학이 창시되는 등 사상적 측면에서도 큰 변화를 겪었다. 또한 서양 열강과 일본의 침입에 맞서 국가 질서를 공고히 지키려는 위정척사파와 나라의 문호를 개방하여 선진 문물을 받아들이자는 개화파가 대립하기 시작하던 시기이기도 하다.

　이러한 시대적 상황은 자연스럽게 교육에도 영향을 끼쳐서 교육의 저변이 확대되고 다양한 초학교재가 편찬될 수 있도록 하는 원동력이 되었다. 초학교재 중 조선 후기로 시기를 한정한 연구로는 구희진의 「19세기 중반 유자들의 보통교육론과 동몽서 편찬」,[1] 최종찬의 「19세기 초학교재에 나타난 아동교육관의 특징」[2] 등의 논고가 있다. 초학교재의 분

---

1) 『역사교육』 92, 역사교육연구회, 2004.

류에 있어 대체적으로 문자교육용 교재와 문장학습용 교재, 혹은 덕성교육용 교재로 구분하는 방식[3]에서 보다 세분화하여 최종찬은 초학교재를 한자 학습 교재, 성어·어휘 교재, 유서류(類書類) 교재, 문장 학습 교재의 네 종류로 크게 분류하고,[4] 각각의 저술에 대해 개괄적으로 소개하였다.

박재철(朴載哲)이 저술한 『학어(學語)』는 문장학습용 교재이자 덕성교육용 교재로 구분될 수 있는데, 이 책과 관련해서는 상기한 두 편의 논문을 통해 대략적인 소개가 이루어졌을 뿐, 상세한 조명은 아직 이루어지지 않은 실정이다.[5]

박재철은 생몰년과 행적이 알려지지 않은 인물인데, 『학어』의 발문

---

2) 공주대학교 박사학위논문, 2013.

3) 김왕규는 「조선시대 동몽교재 연구」(『한자한문교육』 4, 한자한문교육학회, 1998)에서 초학교재를 문자교육용 교재와 덕성교육용 교재로 구분하여 설명하였다. 문자교육용 교재로는 『천자문(千字文)』·『유합(類合)』·『훈몽자회(訓蒙字會)』·『신증유합(新增類合)』·『아학편(兒學編)』을, 덕성교육용 교재로는 『소학(小學)』·『명심보감(明心寶鑑)』·『동몽선습(童蒙先習)』·『격몽요결(擊蒙要訣)』·『계몽편(啓蒙篇)』·『사자소학(四字小學)』·『추구(推句)』를 거론하며 개괄적으로 소개하였다.

4) '한자 학습 교재'로는 정약용의 『아학편(兒學編)』(1801), 이승희(李承熙)의 『정몽류어(正蒙類語)』(1884), 허전(許傳)의 『초학문(初學文)』(1877)을, '성어·어휘 교재'로는 장혼(張混)의 『근취편(近取篇)』(1810), 김용묵(金用墨)의 『몽학사요(蒙學史要)』(1868), 조종호(趙鍾灝)의 『동몽의학(童蒙宜學)』(1899)을, 유서류 교재로는 장혼의 『아희원람(兒戲原覽)』(1803)과 『몽유편(蒙喩篇)』(1810)을, 문장 학습 교재는 『계몽편(啓蒙篇)』, 박재철(朴載哲)의 『발몽편(發蒙篇)』(1868)과 『학어(學語)』(1868), 이승희의 『몽어류훈(蒙語類訓)』(1888), 곽종석(郭鍾錫)의 『몽어(蒙語)』(1888), 박재형(朴在馨)의 『해동속소학(海東續小學)』(1884)을 거론하였다.

5) 본고의 연구대상인 박재철(朴載哲)이 편찬한 『학어(學語)』는 조선 후기에 필사본으로 유통된 저자 미상의 초학교재 『학어집(學語集)』과 엄연히 다른 저작임에도 현재 잘못된 정보 전달이 공공연하게 이루어지는 실정이어서 시정이 필요하다. 네이버 사전에 『학어집』을 검색하면 박재철의 저작으로 잘못 소개하고 있고, 교재로 편찬된 『학어집』(지식과 교양, 2011) 등에도 이러한 오류를 그대로 답습하고 있다. 『학어집』은 서문과 발문이 존재하지 않는 필사본으로, 일월(日月)·기상(氣象)·사시(四時)·방위(方位)·산천(山川)·초목(草木)·화훼(花卉)·금수(禽獸) 등 어린이가 학습할 만한 자연과학적 지식 및 인륜도덕과 관련한 간략한 문구를 담은 동몽서이다.

(跋文) 격으로 책의 말미에 실린 「진심을 토로하는 탄식[陳情歎]」에서 자신을 '설성 초부(雪城樵夫)'라고 소개하고 있는 것으로 보았을 때, 충청북도 음성 출신의 벼슬을 하지 않은 재야학자로 보인다. 책의 제목을 '학어'라고 한 이유는 어린아이가 말을 배우듯이 익히기를 바라는 뜻을 담은 것이다.[6] 『학어』는 그의 또 다른 초학교재 『발몽편(發蒙篇)』과 함께 1868년[고종 5] 충북 음성에서 목판본으로 간행되었다.[7] 『학어』는 권학편(勸學篇) · 천도장(天道章) · 인도장(人道章) · 솔성장(率性章) · 수도장(修道章) · 원도장(原道章)의 총 여섯 부문으로 구성되어 있으며 각각의 주제와 관련하여 아동 교육에 도움을 줄 수 있는 구절을 경전 및 선현의 언행 등의 기록에서 골라 뽑고, 저자의 의견을 적절히 가미한 저작이다.

본 논문에서는 19세기 재야학자 박재철에 의해 편찬된 인성교육 및 문장학습용 초학교재 『학어』의 편찬의식과 구성적 특징 등에 대해 살펴봄으로써 조선 후기에 전통 한문 교재가 계승 발전되는 과정 속에서 『학어』가 가지는 의미와 가치에 대해 고찰해 보려고 한다. 이를 통하여 조선 후기 초학교재 가운데 『학어』가 가지는 위상, 시대적 한계성 및 현대사회와 교육에 줄 수 있는 시사점에 대해서 조명해 볼 수 있는 기회가 될 것이다.

II. 『학어』의 편찬 의식

『학어』의 편찬 의식을 살펴볼 수 있는 자료로는 『학어』 첫머리에 실

---

6) 朴載哲, 『學語』, 「題朴斯文所編學語後[宋近洙]」. "名之曰學語, 以示子孫之稱昧, 其意欲使習於幼稚之時, 如學語者然."

7) 책의 마지막장에 '鳳山新刊'이라고 되어 있는데, 봉산은 충북 음성군 봉전리에 있는 산이다. 이 책의 형태사항은 다음과 같다. 77張: 四周單邊, 半郭 20.8X13.6 cm. 8行 18字, 註雙行, 上三葉花紋魚尾; 27.6×17.5cm

린 송근수[宋近洙, 1818~1903]가 쓴 「박사문(朴斯文)이 엮은 『학어』 뒤에 적다[題朴斯文所編學語後]」와 박재철이 직접 이 책의 편찬 의도를 설명하면서 책의 서두에 붙인 「학어」 및 책 말미의 발문(跋文)이 있다. 이 밖에 같은 시기에 충북 음성에서 『학어』와 함께 발행된 박재철의 또 다른 초학교재 『발몽편』의 발문의 제목이 「학어발몽발(學語發蒙跋)」이며, 그 서문에서도 『학어』와 『발몽편』을 함께 소개하고 있는 것을 보았을 때,[8] 『학어』와 『발몽편』은 아동 교육에 대한 박재철의 교육관 및 가치관이 일관되게 투영된 저술임을 알 수 있다. 따라서 이들 자료를 바탕으로 하여 『학어』의 편찬 의식을 살펴보도록 하겠다.

다음은 박재철이 직접 쓴 「설성(雪城) 나무꾼 박재철의 진심을 토로하는 탄식」이다.

> 아! 기구하고 박복한 인생이 세상에 헛되이 태어나 일찍 부모를 여의고 집안 살림을 맡게 되었으니 피눈물을 고사리 같은 손으로 훔치며 이웃 아이가 아버지 부르는 소리에 슬퍼하였고, 나무하러 가는 길에서 흐느끼면서 동년배들이 책을 끼고 다니는 것을 부러워하였다. …… 호랑이가 아무리 털 있는 동물 중 왕이더라도 사람에 비교하면 짐승일 뿐인데 어미 호랑이는 오히려 새끼에게 골짜기에서 울부짖는 재주를 가르치고, 용이 아무리 비늘 있는 동물 중 으뜸이더라도 사람에 비교하면 미물일 뿐인데 늙은 용은 오히려 자손에게 비를 운행하는 덕택(德澤)을 가르친다. 이에 느껴서 마침내 통달하고 하나의 이치로 융합하고 관통하여 문장의 씨앗을 남겨 주경야독하는 뜻을 깃들인다. 이런 까닭에 남은 문적과 해진 책

---

8) 朴載哲, 『發蒙篇』, 「發蒙篇序[金泓]」. "이에 설성(雪城) 박사문(朴斯文)이 성인의 경전을 제대로 높이고 사특한 도를 깊이 배척하여 세상을 부지하고 백성을 돕는 뜻을 드러내 보여서 자손 후세로 하여금 모두 천(天)·인(人)의 도를 알게 하기를 바라서 이에 『학어』한 편을 이루어 항상 말로써 가르치고, 또 고인의 가언(嘉言)과 선행(善行)을 모아 『발몽편』을 만들어 판각하여 전하였다.[爰有雪城朴斯文, 克尊聖經, 深斥邪道, 以示扶世佑民之意, 欲使子孫後世, 皆知天人之道, 乃作學語一編, 恒以言語教之, 又集古人嘉言善行, 作爲發蒙, 劚而傳之.]"

가운데 흩어져 있는 구절을 뽑아내어 한 책을 완성하여 '학어'라고 이름 붙였다.[9]

  박재철의 행적에 대해서는 알려진 바가 없는데, 위의 글을 통하여 그가 처했던 가정환경을 살펴볼 수 있다. 일찍 부모를 여의고 가정 살림을 책임지게 되어 생계를 위해 나무하고 농사일에 종사하였던 형편이 잘 묘사되어 있다. 정확히 몇 세에 부모를 여의고 가장이 되었는지에 대해서는 서술되어 있지 않지만 고사리 같은 손으로 아버지를 그리워하는 슬픈 눈물을 닦으며, 동년배들이 책을 들고 서당에 공부를 하러 갈 때 자신은 생활전선에서 고군분투하였던 아픈 유년 시절을 회고하고 있다. 위의 인용문과 이 글의 다른 대목에서도 "밭 갈고 나무하는 여가에 글을 보아서 얻은 것이 몇 자 되지 않는데 전광석화처럼 빠른 세월에 백발이 늙음을 재촉하게 되었다."[10]라고 한 말을 통해 보았을 때, 박재철은 농사로 생계를 책임져 가면서 독학으로 학문을 연마한 인물로 보인다.

  박재철은 불우한 유년 시절을 보냈음에도 불구하고 주경야독하면서 학문에 대한 열정을 불태웠으며 이러한 열정은 또한 자식 교육에 대한 강한 의지로 자연스럽게 전이된다. 어미 호랑이가 새끼에게 골짜기를 호령하는 재주를 가르치고, 늙은 용이 또 그 자식을 위하여 비를 운행하는 능력을 전수하는 것처럼 자신 역시 자식 교육을 위하여 이 책을 저술하게 되었음을 밝히고 있다. 이 책의 일차적 편찬 동기는 가학(家學)을

9) 朴載哲,『學語』,「雪城樵夫朴載哲陳情歎」."嗚呼! 崎嶇薄命, 虛生于世而早孤當家, 血淚翻於蕨拳, 哀隣兒之呼父, 俄聲咽於樵路, 羨同年之挾書. 昔余考曰, '敎汝言存耳.' 而父亡. 嗚呼! 賴慈母罔極之德, 身有殘疾而不死, 依于鷦鷯之巢, 耕樵餘隙看字, 所得不過幾字, 而石火光陰, 白髮催老. 晩得兒孫, 尙在襁褓, 未得敎字, 暮年身歲傴僂委席, 夕陽幾何? 嗚呼! 有去則無歸, 更何言哉! 虎雖毛君, 比人則獸也, 而母虎猶有訓子嘯谷之才, 龍雖鱗長, 比人則微也, 而老龍猶有敎孫行雨之德. 感而遂通, 一理融貫, 欲遺文種以寓耕讀之意, 故抄出於遺籍弊卷中之零散, 以成一篇, 名曰學語."
10) 앞의 글. "耕樵餘隙看字, 所得不過幾字, 而石火光陰, 白髮催老."

위한 것이었음을 밝힌 것인데, 이 책이 발간됨으로써 이 책의 독자는 그의 자손뿐만이 아니라 보편의 아동으로 확대될 수 있게 된다.

조선 후기로 접어들면서 이전의 과거 급제를 위한 엘리트 중심 교육에서 교육의 저변이 다양한 계층으로 확대되었음은 주지의 사실이다. 이러한 교육의 저변 확대는 다양한 아동 학습서가 편찬될 수 있도록 하는 원동력이 되었으며 초학 교재를 편찬한 저자 역시 다양해짐에 따라 실제로 여러 계층의 저자가 괄목할 만한 성과를 도출해 내었다.[11] 이러한 맥락의 일환으로 직접 농사를 지으며 생계를 꾸린 재야학자 박재철이 『학어』와 『발몽편』이라는 2종의 아동 학습서를 편찬한 것 역시 교육의 저변 확대와 다양한 저자 계층의 참여를 확인하게 하는 중요한 지표가 될 수 있을 것이다.

위의 인용문 말미에서 박재철은 기존의 여러 문적에 흩어져 있는 구절 중에 아동 학습에 도움이 될 만한 구절을 뽑아서 모으는 방식으로 이 책을 편찬했다고 하였는데, 이런 방식을 취한 것과 관련해서는 아래의 인용문에서 그 현실적 이유를 확인해 볼 수 있다.

> 예컨대 우리들 농가에서 날마다 보고 듣는 것은 농사일과 세속의 말인데 비록 더러 글 배우는 아동이 있더라도 경서를 읽는 데는 이르지 못하고 『통감(通鑑)』께서 그치고 농사로 돌아가는 것은 대개 농사짓는 일의 어려움에서 연유한 것이다. …… 이에 마음이 움직이고 촉발되어 동몽(童蒙)을 깨우쳐 주려는 뜻이 물씬 생기게 되었다. 이런 까닭에 옛 사람들이 어린 아이를 가르칠 때 먼저 착수하는 예에 따라서 경전 가운데 요체를 뽑아서 시작하니 또한 옛날을 스승 삼는 것이다.[12]

---

11) 대표적으로 중인 출신의 이이엄(而已广) 장혼(張混)이 『근취편(近取篇)』, 『몽유편(蒙喩篇)』, 『아희원람(兒戲原覽)』 등의 아동 교육용 교재를 편찬한 사실을 그 예로 들 수 있다.

12) 朴載哲, 『發蒙篇』, 「發蒙篇敍題」. "粤若吾儕之田舍, 日日聞見者, 農務俚說, 雖或有學童, 未及見經書, 止於通史之間而歸農者, 盖由於稼穡之艱難也. …… 是用感觸, 藹然有

교육의 저변이 확대됨에 따라 다양한 학습자가 참여할 수 있게 되기는 하였지만 글공부에만 전심하기 어려운 현실적 여건 속에서 학문을 지속하지 못하고 중단하게 되는 상황에 대한 안타까운 심정이 드러나 있다. 학문을 시작하더라도 학문의 정수라고 할 수 있는 경전 공부에는 이르지도 못한 채 초학 수준을 맴돌다가 다시 생계를 위해 농사일로 돌아가는 대다수 기층민의 현실에 대한 뼈아픈 통찰이다. 보다 효과적이면서도 합리적인 아동 교육을 위한 고심의 산물로 경전의 요체를 추출하여 이로부터 착수함으로써 학습의 효율성을 제고하고자 한 것이다.

그렇다면 성경현전(聖經賢傳)에서 초출(抄出)한 문구를 통한 초보적 학습을 어떠한 시기에 어떠한 단계를 거쳐서 점차 확장·심화시켜 나가야 할 것인가. 이에 대해서는 다음의 인용문을 통하여 확인할 수 있다.

> '학어'란 어린아이를 가르친다는 말이다. 어린아이를 가르치는 법은 마땅히 성경현전(聖經賢傳) 가운데 아동이 먼저 착수해 알기 쉬운 말을 뽑아내어서 가르치기를 양문공(楊文公)의 가훈과 같이 해야만 하니 전서(全書)에 있어서는 지각이 생기기를 기다려서 가르쳐야 하고, 사서(史書)에 있어서는 『춘추』의 표리를 대강이나마 얻기를 기다린 뒤에 가르쳐야 한다. …… 이는 말을 배울 때 혀를 움직이면서 소리를 고르게 하는 일에 가까울 것이니, 도를 실천하고 덕에 들어가는 바른 문이 될 것이다. 주자가 이르기를 "자식을 가르칠 때는 의로운 방도가 있어야 한다."고 하셨으니 의로운 방도란 경전과 성리의 설이 아니겠는가. 이에 이 편을 서술하여 말을 배우고 소리를 바르게 하는 바탕을 삼는다.[13]

發蒙之意. 故依古人敎小兒先入之例, 撮要於經傳之中而起頭, 亦師古."

13) 朴載哲, 『學語』, 「學語」. "學語者, 敎小兒之言也. 敎小兒之法, 當以聖經賢傳中, 抄出其童穉先入易知之言, 而敎之如楊文公之家訓, 而至於全書, 待其知覺而敎之, 至於史書, 待其稍有皮裏春秋, 然後敎之. …… 庶幾乎學語掉舌之平聲, 履道入德之正門歟. 朱子曰, 訓子要有義方, 義方其非經傳性理之說乎? 肆以述此篇, 以爲學語正聲之資."

먼저 '학어'라고 책을 이름한 까닭에 대해서 소개하고 있다. '학어'는 말을 배운다는 말인데, 이는 곧 어린아이가 말을 할 수 있도록 가르친다는 의미를 담고 있다. 또한 책의 제목을 '학어'라고 한 이유는 어린아이가 말을 배우듯이 익히기를 바라는 뜻을 담은 것[14]이라고도 하였다. 마치 학습의 '습(習)'자의 의미를 풀이하면서 '조삭비야(鳥數飛也)'라고 한 주자의 언급[15]에서 새가 결국 창공을 훨훨 날아오를 때까지 나는 연습을 그치지 않는 것처럼 어린아이가 처음에는 말을 할 만한 인지력과 소근육의 발달이 이루어지지 않았더라도 일정 시간 동안 꾸준히 노력한다면 결국에는 유창하게 말을 할 수 있을 것이라는 바람을 담았다고 볼 수 있다. 말을 배우는 어린아이가 스스로 별다른 노고라고 여기지 않으면서 말하기 연습을 끊임없이 지속하는 것처럼 성경현전의 주요 구절을 뽑아 놓은 이 책 역시 아동들이 늘 가까이하면서 부단히 익히기를 바라는 희망을 담아서 '학어'라고 명명하였음을 밝히고 있다.

일단 학문에 있어서 중요한 내용을 뽑아서 편집한 본 책을 통하여 학습에 착수한 뒤, 전체 책은 아동의 인지력과 판단력 등의 지각이 발달한 뒤에 학습해야 하며, 역사서의 경우에는 『춘추』의 대개(大槪)를 대략적으로나마 파악한 뒤에 교육해야 한다고 하여, 효과적인 교육을 위한 단계별 학습의 필요성을 강조하였다.

그렇다면 박재철이 이 교육서를 통하여 궁극적으로 아동에게 심어주고자 한 올바른 가치관은 무엇이었는지에 대해서 다음의 인용문을 통하여 살펴보도록 하겠다.

---

14) 朴載哲, 『學語』, 「題朴斯文所編學語後[宋近洙]」. "名之曰學語, 以示子孫之釋昧, 其意欲使習於幼稚之時, 如學語者然."

15) 『논어』의 첫 번째 구절인 "學而時習之, 不亦說乎."의 '習' 자를 풀이하면서 주희가 "습(習)은 새가 자주 나는 것이니, 배우기를 그치지 않음을 마치 새가 자주 나는 것과 같이 하는 것이다.[習, 鳥數飛也, 學之不已, 如鳥數飛也.]"라고 하였다.

대개 사람이 처음 태어났을 때 천성이 순수하고 물욕에 가려지지 않았기 때문에 가르침이 쉽게 흡수되니 이때는 오직 부모의 교도(敎導)가 어떠한지에 달려있다. 사장(詞章)의 암송을 익히도록 가르치면 자라서 이루는 것은 사장의 암송에 그치게 될 뿐이고, 풍화월로(風花月露)의 구절을 가르치면 자라서 숭상하는 것은 풍화월로에 그치게 될 뿐이다. 이 책의 주지(主旨) 같은 경우에는 화려함을 제거하고 실제로 나아가서 요점이 몸과 마음의 실천에 있으니, 혹 이 책으로 어릴 때 강습한다면 자라서 성취한 바가 과연 어떠하겠는가.[16]

교육에 있어서 아동기가 그 어떤 시기보다 중요한 이유는 백지 상태에서 외부 세계를 무비판적으로 흡수한다는 아동의 특수성 때문이다. 따라서 인간이 올바른 가치관을 형성해 나가는 데 있어서 아동기에 처음 받아들이게 되는 내용이 어떠한가가 중요하기 마련이며, 이 때문에 부모의 교도(敎導)가 무엇보다도 중요하다. 아동은 순수한 상태에서 외부 자극을 수용하므로 부모와 스승의 교도를 무비판적으로 받아들일 수밖에 없기 때문이다.

위의 인용문에서는 문장학습을 중시하는 당시 교육 조류를 비판적으로 바라보는 시각이 드러나 있다. 박재철이 생각하는 바른 교육은 음풍농월하면서 사장(詞章)을 암송하고, 창작을 통해 화려하고 아름다운 문장을 드러내는 데 치중하는 것이 아니라 보다 실제적이고 실천적인 몸과 마음의 양식을 쌓는 것이었다고 할 수 있다.

또한 조선 사회가 각종 말기적 폐단을 드러내면서 성리학적 질서체계에 의문이 제기되고, 서학이 유입되는 등의 외부적 요인으로 인해 초래

---

16) 朴載哲, 『發蒙篇』, 「學語發蒙跋[洪在健]」. "盖人之初生, 天性純然, 物欲不蔽, 故其教也易入, 時則惟在父兄教導之如何. 教之以記誦詞章之習, 則長而所成者, 不過記誦詞章而止耳, 教之以風花月露之句, 則長而所尙者, 不過風花月露而止耳. 迺若是書之旨, 去華就實, 要在身心上踐履, 倘以此講習於幼穉之時, 長有所成就者, 果何如哉."

된 가치관의 혼란을 유학 근본으로의 회귀를 통해 타개해 나가려는 시각이 다음의 인용문에 잘 드러난다.

　　요사이 보잘것없는 서양 오랑캐가 감히 왕의 교화를 방해하여 사설(邪說)을 앞장서 일으키고 우민(愚民)을 미혹시켰다. 이에 지금 밝으신 성상께서 위에 계시면서 열 줄의 윤음(綸音)으로 통렬히 배척하고 석 자 대쪽에 쓴 법령으로 엄히 징계하시니 사악한 무리들이 모두 그 죄를 인정하게 되어 우리 유도의 밝음이 하늘에 뜬 해와 같이 되었다. 이때 박사문(朴斯文)이 미미한 포의 신분으로 암혈(巖穴)에 처해있었지만 필설(筆舌)의 사이에서 사교(邪敎)를 배척하고 도를 보위할 수 있었던 것은 장차 위로 밝은 시대에 응하여 왕화(王化)의 아름다움을 도와서 드날리려 해서인가.[17]

　당시 고종의 위정척사 사상에 호응하는 상당히 보수적인 가치관을 드러내고 있는데, 박재철은 『학어』를 통하여 성리학적 가치에 대하여 재천명함으로써 이러한 현실적 위기를 헤쳐 나가고자 하는 의지를 표명하였다. 당대 현실에 대한 위기의식과 전통 수호의 의지가 곧 『학어』를 편찬함으로써 자손을 교육하고 아동을 교육하려는 결과로 드러났다고 볼 수 있다.
　박재철이 초학교재 『학어』와 『발몽편』이라는 두 종의 저술을 통해 펼쳐내고자 한 목표는 곧 "성인의 경전을 제대로 높임으로써 위정척사의 정명의식을 드러내고 세상을 부지하고 백성을 돕는 뜻을 드러내 보여서 자손 후세로 하여금 모두 천인(天人)의 도를 알게 하려는 것"[18]인데, 이

---

17) 朴載哲, 『發蒙篇』, 「學語發蒙跋[洪在健]」. "近者蔑爾洋酋, 敢梗王化, 倡起邪說, 惑亂愚民. 肆今聖明在上, 十行之綸音, 以痛斥之, 三尺之法令, 以嚴懲之, 一種邪類, 皆伏其罪, 吾道之明, 如日中天. 當是時, 朴斯文, 以藐然一布衣, 身處巖穴, 而能闢邪衛道於筆舌之間者, 其將上應明時, 贊揚王休耶!"

18) 朴載哲, 『發蒙篇』, 「發蒙篇序[金泓]」. "克尊聖經, 深斥邪道, 以示扶世佑民之意, 欲使子孫後世, 皆知天人之道."

는 바로 유학의 최종 종착지인 군자가 되는 것을 목표로 하며 이는 곧 동서고금을 막론한 교육의 궁극적 목표라고 할 수 있는 전인적 인간의 양산에 다름 아니었다.

Ⅲ. 『학어』의 구성적 특징과 편찬 방식

1. 구성적 특징

『학어』는 이 책의 서론격으로 볼 수 있는 권학편(勸學篇)을 위시하여 천도장(天道章)·인도장(人道章)·솔성장(率性章)·수도장(修道章)·원도장(原道章)의 총 여섯 부문으로 이루어져 있다. 각 장의 명명(命名)은 『중용(中庸)』의 첫 번째 구절인 "하늘이 명한 것을 일러 성(性)이라 하고, 성(性)을 따르는 것을 일러 도(道)라 하고, 도를 연마하는 것을 일러 교(敎)라 한다.[天命之謂性, 率性之謂道, 修道之謂敎.]"라고 한 구절을 바탕으로 한 것으로 보인다. 그렇다면 '천명지위성(天命之謂性)'에서 '천(天)'과 '성(性)'을 긱긱 천도장(天道章)과 인도장(人道章)에 대응시킬 수 있고, '솔성지위도(率性之謂道)'의 '솔성(率性)'과 '수도지위교(修道之謂敎)'의 '수도(修道)'에서 각각 장의 이름을 가져온 것으로 보인다. 각 장의 구성을 개괄적으로 소개하면 다음과 같다.

〈표 1〉『학어』의 구성

연번	章名	項目數	張數	내용
1	勸學篇	7	4.8	학문의 당위성, 太極圖, 伏羲八卦, 河圖, 洛書, 十干, 十二支, 六甲, 九星, 八門, 陰陽, 十二月 등
2	天道章	23	6.3	天·地·人의 존재 원리, 五行, 天地之數, 五運, 五方, 五氣, 五色, 仁·義·禮·智·信의 원리, 德, 孝

3	人道章	18	5.8	학문의 중요성
4	率性章	122	35.6	孝道, 人倫(父子·君臣·夫婦·兄弟·朋友), 종족과 이웃간의 우애
5	修道章	53	16.4	마음을 다스리고 몸가짐을 바르게 하는 전반적인 처신과 관련한 교훈과 경계의 사례
6	原道章	8	1.7	우주의 운행 원리, 道統

　먼저 권학편(勸學篇)은 말 그대로 학문을 권면하는 내용으로 시작하여 "산가(山家)의 오솔길에 돌이 겹겹 쌓여 있고 산골짜기가 갖가지 종류이더라도 촛불도 없는 칠흑 같은 밤에 길을 잃지 않고 잘 다니는 것은 익숙해진 지가 이미 오래되었기 때문이다."[19]라고 하면서 부단한 노력을 통해서 학문을 자신의 몸에 내재화할 것을 권고하고 있다. 그리고 "이치를 궁구하고 몸을 닦는 것은 학문의 큰 것이다. 이른바 이치를 궁구하는 것은 외물에 나아가 그 이치를 궁구하는 것이니, 이는 외물에 나아가 지극함을 아는 것이다."[20]라고 한 주자의 말을 인용한 뒤에 '태극도(太極圖)'와 '복희팔괘도(伏羲八卦圖)' 등을 제시하면서 태극의 원리와 음양의 생성원리 및 五行, 十干, 十二支 등을 소개하였다.

　다음으로 천도장(天道章)에서는 하늘과 땅, 그리고 사람이라는 우주의 구성 원리를 제시하고 사람이 갖추어야 할 다섯 가지 기본 도리인 인·의·예·지·신을 설명하는 것을 주된 내용으로 한다. 장의 이름을 '천도(天道)'라고 명명하고 있지만 결국 하늘과 땅 사이에서 가장 존귀한 존재라고 할 수 있는 인간의 도덕 원리를 설명하는 것이 골자이다. 천·지·인의 원리를 설명하고 있는 천도장의 도입부를 소개해 보도록 하겠다.

---

19) 朴載哲, 『學語』, 「勸學篇」, "山家之石徑磊磊, 溝壑種種, 然而無燭漆夜, 能行不誤者, 習之已久也."

20) 앞의 글. "朱子曰, '窮理修身, 斯學之大. 所謂窮理者, 在卽物而窮其理也, 此格物知至也.'"

◑위에 하늘이 있으니, 만물의 기운이 여기에 바탕해서 시작된다. ○아래에 땅이 있으니 만물의 형체가 여기에 바탕해서 시작된다. ○오직 하늘과 땅은 만물의 기운과 형체의 부모이다. ……

◑하늘은 높고 땅은 낮으니 귀함과 천함이 자리잡았고, 건도(乾道)는 굳건하고 곤도(坤道)는 순하니 아버지와 어머니가 정해졌다.

◑아버지가 나를 낳으시고 어머니가 나를 기르셨다. ○아버지의 정기가 뼈가 되고 혼이 되며, 어머니의 피가 살갗이 되고 넋이 된다. ○그러므로 사람은 부모의 기혈을 받아서 몸의 모습을 이루게 된다. ……[21]

『학어』의 각 부문은 적게는 8항목에서 많게는 122항목으로 구분되어 있는데 각각의 항목은 ◑ 표시로 구분이 되어 있으며, 동일 항목 내에도 ○ 표시를 해서 초학자가 단락을 쉽게 나누어 볼 수 있도록 하였다.

위의 인용문에서는 만물의 기운이 시작되는 하늘, 만물의 형체가 시작되는 땅, 그리고 건도(乾道)와 곤도(坤道)에 바탕하여 생성된 인간이라는 존재에 대해서 간결한 문장과 군더더기 없는 표현으로 알기 쉽게 설명하고 있다.

이어서 오행, 천수(天數)인 홀수, 지수(地數)인 짝수, 오운(五運), 오륜(五倫), 오방(五方), 오기(五氣), 오색(五色) 등 초학자들이 숙지해야 할 기본 상식을 요약적으로 설명한 뒤, "◑도(道)는 사람이 행하는 것이다. …… ◑인(仁)은 사람이 친하게 여기는 것이다. …… ◑의(義)는 사람이 마땅하게 여기는 것이다. …… ◑예(禮)는 사람이 실천하는 것이다. …… ◑지(智)는 사람이 아는 것이다. …… ◑신(信)은 사람이 진실하게 여기는 것이다. …… ◑덕(德)은 사람이 얻는 것이다."[22]라고 하면서 도덕의

---

21) 朴載哲, 『學語』, 「天道章」. "◑上有天, 萬物之氣, 資始也. ○下有地, 萬物之形, 資始也. ○惟天地, 萬物氣形之父母也. …… ◑天尊地卑, 貴賤位矣, 乾健坤順, 父母定矣. ◑父生我, 母育我. ○父精, 爲骨爲魂, 母血, 爲肌爲魄. ○故人受父母之氣血, 以成身形. ……"

22) 앞의 글. "◑道者, 人之所踏也. …… ◑仁者, 人之所親也. …… ◑義者, 人之所宜也. …… ◑禮者, 人之所履也. …… ◑智者, 人之所知也. …… ◑信者, 人之所眞也. …… ◑德

기본 원리를 간단명료하게 소개하였다.

　다음으로 인도장(人道章)에서는 전 장에 걸쳐 학문에 대한 내용을 다루고 있다. 학문의 중요성을 강조하고, 독실하게 학문을 닦아서 성취를 보였던 인물의 사례를 중심으로 열거하면서 주제를 반복적으로 제시하였다. 강태공(姜太公)·주자(朱子)·소작(蘇綽)·순자(荀子)·제갈량(諸葛亮) 등의 인물이 학문의 중요성을 언급한 내용에서 시작하여 학문에 독실했던 공자(孔子)·맹자(孟子)·동중서(董仲舒)·양시(楊時) 등의 사례, 어려운 환경에도 학문을 게을리 하지 않았던 동소남(董邵南)·왕위원(王偉元)·황보밀(皇甫謐) 등의 사례, 이밖에 만학(晩學)으로 결국 학문적 성취를 달성하거나 생각을 고쳐먹고 학문에 힘쓴 경우 등 다양한 사례를 들어서 학문의 중요성을 재삼 강조하였다.

　『학어』 전체 분량의 약 절반을 차지하면서, 항목에 있어서도 전체 항목의 절반 이상을 차지하는 솔성장(率性章)은 인륜의 문제를 자세히 다루고 있다. 『중용』에서 '솔성지위도(率性之謂道)'라고 하였듯이 솔성장에서는 사람이라면 반드시 가야만 하는 인생의 길에 대해서 설명하는데, 이는 곧 행실의 근원이라고 할 수 있는 효도를 가장 강조하는 것을 시작으로 해서 부자·군신·부부·형제·붕우 간의 관계인 오륜 및 종족간과 이웃간의 관계에까지 범위를 확장시키고 있다.

　효도와 관련한 각종 사례로는 계모를 잘 섬겼던 인물, 효도의 보답을 받은 인물, 효를 잘 권면했던 관리, 조부모를 정성스럽게 잘 섬겼던 인물, 부모의 병간호를 지극 정성으로 했던 인물, 부모의 상을 잘 치뤘던 인물, 제사를 잘 지냈던 인물, 재계를 잘했던 인물 등 매우 다양한 사례에 대해서 항목 별로 사례를 열거하였다. 그리고 오륜의 사례 역시 다양하게 들고 있는데, 예를 들어 군신간의 관계에서는 충간을 잘 받아들인

者, 人之所得也."

군주, 능력에 맞는 임용, 군신간 예를 지키는 것의 중요성, 신하의 본분 등에 대해서 각각의 사례를 들었고, 부부간의 관계에 있어서는 남녀 분별의 예, 부덕(婦德)이 있었던 여인, 여색의 경계, 부부 공경의 도리, 남녀 관계에 있어서 외모가 중요하지 않았던 사례 등 세세한 부분에까지 항목별로 알기 쉬운 예를 들었다. 이밖에 종족간의 우애와 이웃간의 화합을 강조하는 내용은 가족과 지역이라는 울타리 속에서 살아가는 사회적 인간으로서의 역할과 미덕을 강조한 것으로 볼 수 있다.

다음으로 수도장(修道章)은『중용』에서 '수도지위교(修道之謂敎)'라고 한 데서 유추해 볼 수 있듯이 가르침, 즉 전반적인 인생의 교훈에 대해서 다양한 언급을 하였다. 마음을 다스리는 방법, 이단의 경계, 학문과 노력의 중요성, 각자의 자질에 맞는 교육의 필요성, 스승의 도리, 올바른 처신의 방법, 소인의 행태, 근면한 태도의 중요성, 무고에 대하는 자세 등 인생을 살아가면서 경험하게 되는 다양한 삶의 양태를 각종 사례를 통해 다양하게 제시하였다. 특히 개밋둑을 밟지 않았던 주자(朱子),[23] 사냥을 나갔다가 수레를 돌려 사마귀를 피했던 제나라 왕,[24] 오나라를 정벌하다가 개구리를 피했던 월나라 왕의 사례[25] 등을 간략하게 열거하면서 "비록 풀·나무·날짐승·들짐승·물고기·자라라고 해도 무고(無故)하고 무용(無用)한 상황에서는 해치지 않는데 하물며 사람에게 있어서랴."[26]라고 하면서 생명 중시 사상을 표명하고 있는 점이나 선악과 화복의 인과 관계에 대한 면밀한 고찰 등은 교훈적인 경향을 잘 드러내고 있다.

마지막으로 원도장(原道章)에서는 도의 근원과 도통에 대해서 언급하

---

23) 朴載哲,『學語』,「修道章」,"朱子不踏蟻封."
24) 앞의 글. "齊王出獵而回車避螳螂."
25) 앞의 글. "越王伐吳而撝軍避蛙."
26) 앞의 글. "雖草木禽獸魚鱉, 猶不害於無故無用之地, 況於人乎."

면서 책을 마무리하고 있다.

> 선유가 말하였다. "도의 큰 근원이 하늘에서 나왔으니, 하늘의 운행은
> 떳떳함이 있다. 요임금 때문에 존재하는 것이 아니며 걸 때문에 사라지는
> 것이 아니다. 요임금이 이로써 순임금에게 전하고, 순임금이 이로써 우임
> 금에게 전하고, 우임금이 이로써 탕임금에게 전하고, 탕임금이 이로써
> 문왕과 무왕에게 전하고, 문왕과 무왕이 이로써 주공과 공자에게 전한
> 뒤에 증자와 자사에게 전하고, 맹자를 말미암은 뒤에 주렴계·정자·장횡
> 거에게 전하여 주자에 이르러서 비로소 밝아졌다."[27]

원도장에서 말하는 도(道)는 곧 하늘에 근원을 둔 천도(天道)를 의미하
는 것으로, 성군이 출현하여 천하를 잘 다스리는 태평성대이건, 걸(桀)
과 같은 폭군이 출현하여 세상을 어지럽게 하는 난세이건 그 절댓값이
변하는 것은 아니라고 규정짓고 있다. 변함없이 떳떳한 우주의 운행 원
리인 천도를 전했던 인물로 요(堯)·순(舜)·우(禹)·탕(湯)·문왕(文王)·무
왕(武王)에서 주공(周公)·공자(孔子)·증자(曾子)·자사(子思)·맹자(孟子)
를 지나 송나라 때 주돈이(周敦頤)·정호(程顥)·정이(程頤)·장재(張載)를
거쳐서 주자(朱子)에게로 이어지는, 유가(儒家)에서 일반적으로 말하는
도통(道統)을 언급하고 있다. 전체 책의 내용을 마무리하는 장에서 이러
한 언급을 함으로써 이 책에서 설명했던 개념과 강조했던 가치, 실례로
들었던 수많은 언행들이 모두 천도가 구현된 다양한 사례로 볼 수 있다
는 사실을 반증하고 있다.

『학어』는 총 1편, 5장의 여섯 부문으로 구성되어 있다. 서론격인 권학
편(勸學篇)과 결론격인 원도장(原道章)을 제외한 중간의 천도장(天道章),

---

27) 朴載哲, 『學語』, 「原道章」. "先儒曰, '道之大原, 出于天, 天行有常, 不爲堯存, 不爲桀亡
也. 堯以是傳之舜, 舜以是傳之禹, 禹以是傳之湯, 湯以是傳之文武, 文武以是傳之周公孔
子, 而後傳之曾子子思, 由孟子而後傳之周程張子, 至朱子而始明.'"

인도장(人道章), 솔성장(率性章), 수도장(修道章)은『중용』의 첫 번째 구
절을 바탕으로 명명하였는데, 유가의 기본 원리와 학문의 중요성 및 바
람직한 인성과 인륜, 전반적인 인생의 교훈 등을 광범위하면서도 세부
적으로 다루고 있다. 아동기에는 유가의 이론과 경전의 내용을 깊이 있
게 이해하기 어렵고, 전체 책을 통해 학습하기가 용이하지 않다는 현실
적 여건 속에서 성리설의 전체적인 개념과 구조를 효과적으로 파악하게
하려는 목적 하에서 이루어진 구성의 안배라고 판단된다.

2. 편찬 방식

송근수(宋近洙)가 쓴 서문에서 이 책의 편찬 방식을 설명하기를, "이
책은 전인(前人)의 언행 중에 알기 쉽고 실천하기 쉬운 것을 골라 기록하
여 대략 부문(部門)을 나누고 간간이 자신의 생각을 덧붙이고 '학어(學
語)'라고 이름하여 어리고 몽매한 자손에게 보인 것이다."[28]라고 하였다.
이 서문의 기록대로라면『학어』는 각각의 주제에 따라서 이전 사람의
언행 중에 교훈이 될 만한 내용을 분류하여 옮겨 적어놓은 책으로 규정
지을 수 있을 것이다. 하지만 실제로 이 책을 서문의 설명대로 단순히
예전 기록을 전재(轉載)하기만 한 책으로만 볼 것인지, 편찬자의 의도에
따른 편집이 적극적으로 이루어진 책인지에 대해서는 면밀한 고찰이 필
요할 것이다. 따라서 본 절에서는 이러한 시각 하에,『학어』의 주요 내
용을 검토하면서 그 편찬 방식에 대해 살펴보도록 하겠다.
우선 책의 서두에 이 책의 편찬 방식과 관련하여 저자가 직접 언급한
내용이 있다.

---

28) 朴載哲,『學語』,「題朴斯文所編學語後[宋近洙]」. "盖撮錄前人言行之易知易行者, 略分
部門, 而間以己意附之, 名之曰學語, 以示子孫之釋昧."

이 책 한 편은 오로지 번다함을 없애고 간결함을 취하는 것을 위주로 하였다. 경(經)·사(史)·자(子)·집(集) 중에서 가려 뽑으면서 국명(國名)·연호(年號)·인명(人名)·당호(堂號)·관작(官爵)·읍리(邑里)를 모두 기록한다면 자연히 번다해져서 간이한 방법이 아니기 때문에 감히 다 기록하지 않았다. …… 혹 네다섯 줄을 한 줄로 줄여 쓰기도 하고 혹 두세 줄을 반 줄로 줄여 쓰기도 하여 대지(大旨)를 쉽게 알도록 하는 데 주안점을 두었다. 글이 어려운 곳에 있어서는 혹 글자 수를 가감해서 평이하게 기록하였다.[29]

이 책은 아동 학습에 도움이 될 만한 전인의 행동이나 명구를 경(經)·사(史)·자(子)·집(集)의 문헌 중에서 가려 뽑으면서 번다한 부분을 제거하고 간결함을 추구하였다고 하였다. 연호나 국명, 당호나 관작 등을 다 기록한다면 정작 전달하고자 하는 주제가 선명하게 드러나지 않을 수 있기 때문에 주제에 대한 집중도를 높이기 위하여 인적 사항에 대해서는 과감히 생략한다는 편집 의도를 밝힌 것이다. 또한 전현의 일화나 명언 등을 출전 그대로 전재(轉載)하는 것이 아니라 네다섯 줄을 한 줄로 줄여 쓰기도 하고, 두세 줄을 반 줄로 줄여 쓰기도 하는 등 내용을 대폭 생략하고 중요한 일만 선명히 드러낸다고 밝혔다. 또한 글이 어려운 부분 역시 생략하고 평이하게 기술함으로써 독자인 초학자가 이 책을 보다 용이하게 접할 수 있도록 배려하였다고 하였다. 그렇다면 실제로 어떠한 방식으로 원출전의 내용을 축약 인용하였는지에 대해 살펴보도록 하겠다.

장패(張霸)가 나이 몇 살 안 되어 효를 알아서 사람들이 '장증자(張曾

29) 朴載哲, 『學語』, 「學語」. "此書一篇, 專以去煩取簡爲主. 抄出於經史子集之中, 而國名年號人名堂號官爵邑里, 若爲盡記, 則自然浩煩而非簡易之道, 故不敢盡記焉. …… 或以四五行而刪作一行書, 或以二三行而刪作半行書, 以易知大旨爲主. 至於文難處, 則或加減字數, 以爲平易而記之."

子)'라고 불렀다. ○황향(黃香)이 마음을 다해 어버이를 섬겨서 여름에는 침석(枕席)에 부채질을 하였고 겨울에는 몸으로 이불을 따뜻하게 하였다. ○소강절(邵康節)이 몸소 나무하고 불 때면서 어버이 섬기기를 효성스럽게 하였다. ○조지(趙至)는 그 아버지가 밭을 갈다가 소를 꾸짖는 소리를 듣고는 책을 던지고 울면서 "영화롭게 잘 모시지 못하여 아버지를 수고롭게 합니다."라고 하였다. ○백유(伯兪)가 잘못이 있어 어머니가 그를 매질을 하자, 울면서 "전에는 매질이 늘 아팠는데 이제 어머니의 힘이 저를 아프게 할 수 없습니다."라고 하였다.[30]

위의 인용문은 효성을 주제로 한 내용으로 「솔성장(率性章)」의 두 번째 항목이다. 이 항목은 모두 다섯 단락으로 이루어져서 다섯 명의 효행에 대해 소개하고 있는데, 이 책의 편찬 방식이 '번다함을 없애고 간결함을 취하는 것'이라고 했던 저자의 말 그대로 상당히 간결한 방식으로 그들이 행했던 효도의 핵심적 내용만을 간단명료하게 제시하고 있다. 후한 때의 장패(張霸)와 황향(黃香), 진(晉)나라의 조지(趙至)는 이름을 그대로 썼고, 송나라 소옹(邵雍)은 강절(康節)이라는 시호를 썼으며, 한나라 한유는 백유(伯兪)라는 자(字)를 썼다. 소강절이나 백유 등의 인물은 시호나 자로 불리는 것에 익숙하기 때문에 이름을 쓰지 않고 이렇게 쓴 것으로 보인다. 모두 국명이나 관직, 자호 등을 갖추어 기록하지 않음으로써 간이함을 추구하고 그들의 효행만을 부각시켜서 서술하고 있는데, 그 서술 방식 역시 간단명료하다. 장패(張霸)와 관련해서 "장패는 자가 백요(伯饒)이고 촉군(蜀郡) 성도(成都) 사람이다. 나이 몇 살 안 되어 효도와 겸양을 알아서 출입하고 음식을 먹을 때 자연스레 예에 합치되니 사람들이 장증자(張曾子)라고 불렀다."[31]라고 한 내용을 위와 같이

---

30) 朴載哲, 『學語』, 「率性章」. "張霸年數歲知孝, 人號曰, '張曾子'. ○黃香盡心事親, 暑則扇枕席, 冬則以身溫被. ○邵康節躬樵爨, 事親孝. ○趙至聞其父耕田叱牛聲, 投書泣曰, '未能榮養, 使父勤苦.' ○伯兪有過, 其母笞之, 泣曰, '前日笞常痛, 今母之力, 不能使痛.'"

줄여서 썼으며, 소옹과 관련해서는 "처음 낙양에 이르렀을 때 허름한
사립문이 문을 두르고 비바람을 가리지 못하는 형편이었는데 몸소 나무
하고 불 때어 부모님을 봉양하였다. 평소 거처하면서 끼니가 거듭 떨어
졌지만 태연히 매우 기쁜 일이 있는 듯하였으니 사람들이 감히 엿보지
못하였다. 어버이 상을 치를 때 몸이 상할 정도로 슬퍼하면서 예를 다하
였다."[32]라고 한 행적을 간략히 생략하여 위와 같이 요약적으로 언급하
였으며, 다른 인물들 역시 마찬가지로 간략히 줄여서 소개하였다.

　이밖에 겨울에 계모를 위해 잉어를 잡은 위(魏)나라 왕상(王祥), 난리
때 어머니를 업고 피난을 다녔던 후한 때 강혁(江革), 효도를 권한 후한
때의 관리 구향(仇香), 조모를 효성스럽게 섬겼던 후한 때 우후(虞詡) 등
효성과 관련하여 무려 70여 종의 일화와 기록을 이어 소개하면서 대부
분 20자 내외의 간략한 문장으로 구성하고 있다. 이상에서 이 책이 선현
의 각종 선행과 명언 등을 예로 들면서 인적사항을 최대한 간략하게 제
시하고 그 일화 역시 간단명료하면서도 평이하게 소개하는 방식으로 편
찬되었음을 살펴보았다.

　이 책의 편찬 방식을 선현의 언행을 가려뽑고 '간간이 자신의 생각을
덧붙인 것'이라고 서문에서 소개하고 있는데, 그렇다면 그 '간간이'가
어떠한 방식과 빈도로 이루어졌는지에 대해서 검토해보도록 하겠다. 이
책에서 저자의 견해를 표출하는 방식은 다음과 같이 크게 두 가지로 정
리할 수 있다. 첫째, 각종 일례를 먼저 든 후 자신의 견해로 이를 정리하
는 방식과 둘째, 자신의 견해를 우선 제시한 뒤 각종 일례로 그 견해를
뒷받침하는 방식이다. 우선 첫 번째의 경우를 인용문으로 제시해 보도

31) 『後漢書』卷66, 「張霸傳」. "張霸, 字伯饒, 蜀郡成都人也. 年數歲而知孝讓, 雖出入飮食,
　　自然合禮, 鄕人號爲張曾子."
32) 『宋史』卷427, 「道學一·邵雍」"初至洛, 蓬蓽環堵, 不芘風雨, 躬樵爨, 以事父母. 雖平居
　　屢空, 而怡然有所甚樂, 人莫能窺也. 及執親喪哀毁盡禮."

록 하겠다.

　　노나라 애공(哀公)이 공자에게 "건망증이 심한 어떤 사람이 이사를 하면
서 자기 아내를 잊어버렸답니다."라고 하자 공자가 "더욱 심한 경우가
있으니 걸(桀)·주(紂)는 자신의 몸을 잊어버렸습니다."라고 하였다. ○『소
서(素書)』에 이르기를 "위태로움을 두려워하는 자는 안정되고 망함을 두
려워하는 자는 존재하게 된다."라고 하였다. ○이런 까닭에 진(秦)나라
말기에 어지러웠지만 스스로 분명 어지럽지 않다고 하였기 때문에 어지러
워졌고, 수나라 말기에 망해가고 있었지만 스스로 분명 망하지 않는다고
하였기 때문에 망하게 되었다. ○진(秦)나라 말기에 굳센 병졸이 금성(金
城)에 가득하였고 수나라 말기에 쌓인 곡식이 50년은 먹고살 만하였다.[33]

　「솔성장(率性章)」에서 나라를 다스리는 이치에 대해 다루고 있는 항목
이다. 노나라 애공(哀公)과 공자와의 대화는 원래 당나라 때 신하 위징
(魏徵)과 고조(高祖)와의 대화 중에 언급한 내용으로 군주가 자신의 본분
을 잊어서는 안 됨을 말한 것이다.[34] 그리고 다음 단락에서 나라의 안정
과 보존을 위해서는 나라의 안녕을 깰 만한 위태로움이 있을까를 늘 두
려워하고, 나라의 보존을 위협할 만한 존재가 있을까를 항상 걱정하고
방비해야만 한다는『황석공소서(黃石公素書)』의 말을 인용하였다. 그리
고 세 번째 단락에서 자신의 견해를 밝히는데, 이 책에서 저자 박재철은
주로 '시고(是故)' 혹은 '고(故)', '고왈(故曰)'이라고 말한 뒤에 자신의 견
해를 밝히는 방식을 취하고 있다. 중국의 왕조 중 강성한 위세를 자랑하
였지만 짧은 시간 안에 역사의 뒤안길로 사라졌던 대표적인 두 왕조인

---

33) 朴載哲, 『學語』, 「率性章」. "魯哀公謂孔子曰, '人有好忘者, 徙宅而忘其妻.' 孔子曰, '尤
有甚者, 桀紂乃忘其身.' ○素書曰, '畏危者安, 畏亡者存.' ○是故, 秦末亂也, 而自謂必無
亂, 故亂, 隋末亡也, 而自謂必無亡, 故亡. ○秦末勁卒, 充滿金城, 隋末積穀, 可供五十年."
34) 『資治通鑑』卷192, 「唐紀八·高祖神堯大聖光孝皇帝下之下」. "魏徵曰, '昔魯哀公謂孔子
曰, 人有好忘者, 徙宅而忘其妻. 孔子曰, 又有甚者, 桀紂乃忘其身. 亦猶是也.'"

진(秦)나라와 수나라를 언급하면서 이 나라들이 절대 어지럽지 않고 절대 망하지 않는다고 자신하였기 때문에 결국 멸망하게 되었다는 자신의 견해를 밝혔다. 이러한 견해를 특별히 독창적인 견해라고 보기는 어렵지만 주제와 관련하여 출전이 있는 고사를 먼저 제시한 후 이를 자신의 목소리로 정리하고 있다는 점을 주목해 볼 수 있다. 또 그 다음 단락에서는 진나라와 수나라가 멸망하게 된 직접적인 원인은 군사력 때문도 경제력 때문도 아니라 나라의 기강이 무너졌기 때문임을 언급함으로써 근본을 바로 세우는 것이 나라를 경영하는 기본 이치라는 사실을 다시 한 번 강조하고 있다.

이와 같은 맥락에서 「수도장(修道章)」의 내용을 인용해 보도록 하겠다.

증자가 "나무는 때에 맞게 베야 하고, 금수는 때에 맞게 잡아야 한다. 나무 한 그루 베고 짐승 한 마리 잡는 것을 제때에 맞게 하지 않는다면 효가 아니다."라고 하였다. ○철종(哲宗)이 버들가지 꺾는 것을 좋아하자 이천(伊川)이 "한창 봄에 자라나는 것을 무고하게 꺾어서는 안 됩니다."라고 하였다. ○이런 까닭에 생장하는 나무껍질을 심히 많이 벗기면서 그만두지 않는 자는 끝내 필시 헐벗고 굶주리며 추위에 떨게 될 것이니, 더구나 짐승을 해치는 자에 있어서랴. ○주자가 "구복(口腹)의 욕심을 탐하여 산 짐승을 함부로 죽여서는 안 된다."라고 하였다.[35]

나무를 베어 집과 기물을 만들거나 땔감을 삼고, 새와 짐승을 잡아서 식용하는 것은 인간이 자연을 이용해 온 오랜 방식이다. 그러나 생존을 위해 일정 정도 자연을 이용하는 것은 가능하지만 허용범위를 넘어서 생물의 생장을 원천적으로 저해하는 수준에까지 이른다면 이는 인간이

---

35) 朴載哲, 『學語』, 「修道章」. "曾子曰, '樹木以時伐, 禽獸以時殺. 斷一樹殺一獸, 不以其時, 非孝也.' ○哲宗喜折柳枝, 伊川曰, '方春發生, 不可無故摧折.' ○故曰, 剝脫生之木皮甚多而不已者, 終必脫衣飢寒, 況於禽獸乎. ○朱子曰, '無貪口腹, 而恣殺生禽.'"

생태계의 기본 원칙을 파괴하는 일이 된다. 어버이를 위해서 나무를 베고 짐승을 잡는 일이라고 하더라고 이를 순리에 맞게 하지 않는다면 효도라고 할 수 없다는 증자의 말을 먼저 인용한 뒤, 송나라 철종(哲宗)이 별 뜻 없이 버들가지를 꺾는 버릇이 있었는데 한창 자라나는 생의(生意)를 가진 생명체를 이유 없이 해쳐서는 안 된다고 한 이천(伊川) 정이(程頤)의 지적을 역시 같은 맥락에서 인용하였다. 그리고 나서 '고왈(故曰)'이라는 연결어 뒤에 저자의 견해를 표명하고 있는데, 나무껍질을 많이 벗기는 사람은 언젠가는 분명히 자신이 가해했던 나무처럼 헐벗고 굶주려 추위에 떨게 될 것이라고 경고이다. 나무를 해치는 경우도 그런 보응을 받게 되는데 감정과 고통을 느끼는 짐승을 해치는 경우에 있어서는 어떻겠느냐고 반문하면서 생명 존중 사상을 더욱 강조하였다. 여기서 끝맺는 것이 아니라 구복(口腹)의 욕심 때문에 살아있는 짐승을 함부로 해쳐서는 안 된다고 한 주자의 말을 다시 한 번 인용하여 자신의 주장을 재차 강조함으로써 논점을 분명하게 드러내고 있다.

　다음으로 저자의 견해를 표명하는 방식의 두 번째 유형으로 저자의 생각을 우신직으로 제시한 뒤 각종 일례로 그 견해를 뒷받침하고 있는 경우를 인용해 보도록 하겠다.

　　　◑형제는 천륜의 차례이니, 형이 사랑하고 아우가 공경하는 것은 목(睦)·인(婣)의 근본이다.
　　　◑형제는 부모의 기혈을 함께 받아서 형체를 나누고 기운을 연결하고 있는 사람이다. 가지가 이어진 나무와 같으니 서로 사랑하지 않을 수 없다. ○그런 까닭에 형제가 서로 우애하지 않는다면 이는 어버이를 잊는 자이다. ○소경(蘇瓊)이 "천하에 얻기 어려운 것이 형제이다."라고 하였다.
　　　　　　　　……
　　　◑붕우는 유(類)를 같이하는 사람이니 붕우가 신의가 있는 것은 군자의 도이다.

◑군자는 먼저 가린 뒤에 사귀기 때문에 원망을 적게 하고, 소인은 먼저 사귄 뒤에 가리기 때문에 원망을 많이 산다. ○그런 까닭에 군자는 덕으로 친하니 권세로 사귀는 자들은 오래가지 못하고 재물로 사귀는 자들은 친하지 못한다. 벗하면서 진심으로 대하지 않는다면 얼굴로만 벗하는 것이고, 사귀면서 진심으로 대하지 않는다면 얼굴로만 사귀는 것이다. ○공자가 "이 나라에 거하면서 대부 중 현명한 이를 섬기고 선비 중 어진 이를 벗한다."라고 하였다.[36]

「솔성장(率性章)」에서 형제 관계와 친구 관계에 대해 언급한 4항목이다. 형제를 주제로 하는 첫 번째 항목과 친구를 주제로 하는 첫 번째 항목은 모두 별도의 서적에서 인용한 말이 아니라 저자 자신의 견해를 직접 표명한 것이다. 독창적인 견해라고 할 수 없는 상식적 수준의 정의이지만 이 책의 독자층인 아동들이 별다른 무리 없이 받아들일 수 있을 정도로 평이하고도 명료한 내용이다. 그리고 이와 관련하여 몇 가지 부연 설명 후 형제 관계와 관련해서는 『북제서(北齊書)』를 출전으로 한 소경(蘇瓊)의 말을 인용하고, 친구 관계와 관련해서는 『논어』를 출전으로 한 공자의 말을 인용하여 자신의 견해를 다시 한 번 강조하고 있다.

이 책에서는 별도에 출전이나 고사 없이 저자의 견해를 표명하기도 하고, 각종 고사로 일례를 든 후 자신의 견해로 이를 요약 정리하기도 하며, 자신의 견해를 우선 제시한 뒤 각종 고사로 그 견해를 뒷받침하기도 하는 방식으로 편찬되었다. 이러한 편찬 방식을 통하여 볼 때, 서문에서는 '간간이' 자신의 견해를 붙였다고 하였지만 결코 '간간이'라고만

36) 朴載哲, 『學語』, 「率性章」. "◑兄弟, 天倫之序, 兄愛弟敬, 睦婣之本也. ◑兄弟者, 同受父母之氣血, 分形連氣之人也. 如木之連枝, 不可不相愛也. ○故兄弟不相友愛, 是忘其親者也. ○蘇瓊曰, '天下難得者, 兄弟.' …… ◑朋友, 同類之人, 朋友有信, 君子之道也. ◑君子先擇而後交, 故寡怨, 小人先交而後擇, 故多怨. ○故君子以德親, 權交者不久, 貨交者不親. 朋而不心, 面朋, 友而不心, 面友. ○孔子曰, '居是邦也, 事其大夫之賢者, 友其士之仁者.'"

은 볼 수 없는 비중으로 저자의 견해가 적극적으로 표명되어 있음을 확인할 수 있었다.

Ⅳ. 결론

본 논문에서는 19세기 재야학자 박재철에 의해 편찬된 인성교육 및 문장학습용 초학교재 『학어』의 편찬 의식과 구성적 특징 및 편찬 방식 등에 대해 고찰해 보았다.

『학어』는 1868년[고종 5]에 충북 음성에서 목판본으로 간행된 초학교재이다. 이 책의 편찬 목적은 효과적이고 합리적인 아동 교육을 위해 경전의 요체를 추출하여 학문에 입문함으로써 학습의 효율성을 제고하는 데 있었다. 박재철은 이 교육서를 통하여 성리학의 기본 원리를 익히고 인생을 살아가는 데 있어서 반드시 연마해야 할 도덕적 소양을 쌓게 하고자 하였으며, 이는 성리학적 가치에 의문이 제기되고 서학이 유입되는 등 가치관의 혼란이 일어나던 당시 사회 분위기 속에서 유학의 근본으로 회귀하고자 하는 보수적 교육관을 천명하는 것이었다. 또한 이 책을 통해 조선 후기 교육의 저변 확대와 초학교재의 편찬에 다양한 저자 계층이 참여하였던 사실을 확인할 수 있었다.

『학어』는 권학편(勸學篇)·천도장(天道章)·인도장(人道章)·솔성장(率性章)·수도장(修道章)·원도장(原道章)의 총 여섯 부문으로 구성되어 있는데, 유가의 기본 원리와 학문의 중요성 및 인륜, 전반적인 인생의 교훈 등을 광범위하면서도 세부적으로 다루면서 성리설의 전체적인 개념과 구조를 효과적으로 파악하도록 하였다. 또한 이 책의 편찬 방식은 아동 학습에 도움이 될 만한 전인의 행동이나 명구를 경사자집(經史子集)의 문헌 중에서 가려 뽑되, 간결하고도 평이하게 기술하여 초학자가 용이하게 접근할 수 있도록 하였다. 또한 선현의 언행을 주제별로 전재(轉載)하고 분류하는 데서 그치는 것이 아니라 저자의 견해를 적극적으로 표명함으로써 관련 주제를 일목요연하게 드러낼 수 있도록 하였다.

19세기에 폭넓은 계층에 의해 다양하게 편찬된 아동학습서에는 당대 유행한 사상적 조류인 실학사상 및 우리나라의 독자성을 강조한 민족자존의식 등이 담겨 있는 경우가 많았다. 박재형(朴在馨)의『해동속소학(海東續小學)』은『소학』의 체제를 그대로 답습하면서도 중국의 고사 대신 우리나라의 역사 고사를 제시하여 독자적 민족의식을 드러내었고, 김용묵(金用默)의『몽학사요(蒙學史要)』에서는 중국의 역사와 함께 우리나라의 역사를 정리하여 소개하였다. 또한 이승희(李承熙)의『정몽류어(正蒙類語)』는 그 서문에서 작성 시기를 '조선개국 후 493년(1884)'이라고 기록할 정도로 민족적 자주의식을 드러낸 반면『학어』는 그 서문과 발문에서는 여전히 '숭정기원후(崇禎紀元後) 다섯 번째 무진년(1868)'이라고 연도를 표기할 정도로 고루한 보수성을 드러내고 있다는 점에서 당시 시대 조류와는 다소 동떨어진 특징을 보인다. 또한『학어』전편을 관통하는 주제의식 역시 성리학적 질서 체계를 공고히 하고 과거지향적인 가치관을 표명하는 것이었다는 점에서 당시 시대적 요구에 부응하는 데 한계점을 지니고 있었다고 볼 수 있다.

하지만 "18세기 조선 사회의 실학이 이용후생이었다면 지금의 실학은 정덕(正德)이다."[37]라고 말할 수 있을 정도로 올바른 가치관의 정립과 인성 교육이 중시되는 현대 사회의 시대적 분위기 속에서 이 책이 지성과 인격을 두루 갖춘 전인적 인간의 양성에 교육적 목표를 두고 있다는 점에서 그 현재적 가치를 찾아볼 수 있을 것이다. 또한 타인과 더불어 살아가는 공동체적 삶에 대한 강조 및 자연 훼손이나 생명 경시에 대한 경계

---

37) 최석기(2011).

등은 물질문명에 경도된 현대 사회에 경각심을 주기에 충분하다. 이밖에 사적(事績) 중심의 간단명료한 문장으로 기술되어 주제별로 분류된 다양한 시대의 다양한 인물의 고사는 그 내용의 체화를 통한 인성 수양의 효과뿐만 아니라 각종 고사 학습서로서도 기능할 수 있을 것이라는 측면에서 한문 기초 학습서로서의 활용 가능성 역시 찾아볼 수 있을 것이다.

참고문헌

朴載哲, 『學語』, 국립중앙도서관 소장 목판본.
_____, 『發蒙篇』, 국립중앙도서관 소장 목판본.

구희진, 「19세기 중반 유자들의 보통교육론과 童蒙書 편찬」, 『역사교육』 92, 역사교육연구회, 2004.
김선화, 「『啓蒙篇』의 편찬배경과 이본에 관한 연구」, 『동방한문학』 81, 동방한문학회, 2019.
김왕규, 「조선시대 동몽교재 연구」, 『한자한문교육』 4, 한자한문교육학회, 1998.
윤지훈, 「茶山 丁若鏞의 아동학습서 편찬에 대한 연구」, 『동방한문학』 81, 동방한문학회, 2019.
최석기, 「오늘날의 실학은 정덕이다」, 『선비문화』 20, 남명학연구원, 2011.
최종찬, 「19세기 초학교재에 나타난 아동교육관의 특징」, 공주대학교 박사학위논문, 2013.

우리나라 '속천자문(續千字文)'류의 등장과 성격

하정원

Ⅰ. 서론

한국에서 『천자문』은 초학교재로서 매우 이른 시기부터 교육에 활용되어 왔다. 이유원(李裕元)은 백제의 왕인박사가 왜에 『천자문』을 전파한 이후 일본의 유교가 시작되었다는 『화한삼재도회(和漢三才圖會)』의 기록[1]을 제시하면서 우리나라에서는 이미 삼국시기부터 『천자문』이 교육에 활용되었음을 증언한다. 고려 성종 2년(1471) 조맹부(趙孟頫) 해서체 『천자문』이 간행되었고, 조선 선조 16년(1583)에 석봉 한호 해서체 『천자문』이 간행되어 널리 활용된 사실은 『천자문』이 식자(識字) 교재로서 뿐만 아니라 사자(寫字) 교재로서도 꾸준히 활용되었음을 확인해 준다. 또한 일본인으로서 우리나라 고전적을 수집·정리한 마에마 교사쿠[前間恭作]는 『고선책보(古鮮冊譜)』에서 35종의 이본 『천자문』이 일제강점기까지 통행되었음을 기록하고 있다.

그러나 주흥사 『천자문』은 매 8자마다 운율을 맞추고 있어, 그 책의

1) 李裕元, 『林下筆記』卷11, 「日本諸學之始」. "百濟使王仁, 持千字文來, 於是儒敎始行."

교육 대상이 초학자들이 실제 그 내용을 파악하기가 수월하지는 않다는 지적이 계속되어 왔다. 이 때문에 『주해 천자문』 등의 『천자문』 해설서가 등장하는가 하면, 주흥사 『천자문』을 대체하기 위한 초학 교재를 새로 만드는 상황이 발생하게 되었다.

> 천자문은 양조(梁朝) 산기상시(散騎常侍) 주흥사가 지은 것으로, 고사를 채집하여 배율을 맞추어 문장을 짓기에는 매우 좋습니다. 그러나 그 책을 아동에게 가르친다면 겨우 글자나 깨우칠 뿐 어찌 고사를 살펴 문장을 엮은 뜻을 알겠습니까?[2]

우리나라뿐만 아니라 한자문화권 전반에서 『천자문』류 서적을 제외한 초급교재는 매우 많이 제출되었다. 중국의 『삼자경(三字經)』, 『백가성(百家姓)』, 『명물몽구(名物蒙求)』, 『일기고사(日記故事)』, 『동몽훈(童蒙訓)』, 『고금현문(古今賢文)』, 『권학(勸學)』, 『계몽기(啓蒙記)』, 『토원책(兎園冊)』, 『개몽요훈(開蒙要訓)』, 『천가시(千家詩)』[3] 등 다양한 교재가 등장하였으나, 『천자문』이 가진 초급교재로서의 상징성과 위상에는 미치지 못하였으며, 장태염(章太炎)은 『삼자경』을 『천자문』과 비교하면서, '『삼자경』은 글자가 겹치고 표현이 『천자문』만 못하다[字有重複, 辭無藻彩]'고 비판하였다.[4] 이 때문에 『천자문』의 문제를 지적하면서도 '천자문'의 권위에 기인하고자 이를 책제에 포함하는 교재들이 대량 등장하게 된 원인이 아닌가 판단된다.

이로 인해 조선 후기에는 '속천자', '속천자문'이라는 표제를 가진 저작들이 계속 등장하게 된다. 기실 '속천자', '속천자문'이라 표제하지 않은

---

2) 崔世珍, 「訓蒙字會引」. "千字, 梁朝散騎常侍周興嗣所撰也. 摘取故事, 排比爲文則善矣. 其在童稚之習, 僅得學字而已, 安能識察故事屬文之義乎?"

3) 임동석(2009).

4) 임동석, 앞의 논문, 289쪽. 재인용.

많은 교재들 중에도 『천자문』이 가진 내용상의 난이함, 1,000자로 한정된 체제에서 오는 학습량의 부족 등을 보완하기 위한 자료들이 많이 제출되었다. 근대 이전 시기의 저작들로는 『만고천자문(萬古千字文)』(1666), 『속천자(續千字)』(1781), 『경서집구천자문(經書集句千字文)』(1800), 『별천자문(別千字文)』(1855), 『천자동사(千字東史)』(1885), 『변천자문(變千字文)』(1899), 『속천자문(續千字文)』(1903), 『신정천자문(新訂千字文)』(1908), 『유몽천자문(牖蒙千字文)』(연대미상), 『계몽천자문(啓蒙千字文)』(연대미상) 등이 있으며, 이러한 추세는 근대에 들어선 이후에도 지속되어 『역대천자문(歷代千字文)』(1911), 『부별천자문(部別千字文)』(1913), 『도형천자문(圖形千字文)』(1922), 『신천자문(新千字文)』(1924), 『동몽수독천자문(童蒙須讀千字文)』(1925), 『조선역사천자문(朝鮮歷史千字文)』(1928), 『일선문신정유합천자(日鮮文新訂類合千字)』(1934), 『성리천자문(性理千字文)』(1934), 『천자가(千字歌)』(1935), 『신제천자문(新製千字文)』(1939), 『속천자문(續千字文)』(1940), 『대동천자문(大東千字文)』(1948), 『동천자(東天字)』(연대미상)[5] 등의 저작이 제출되었다.

　　본고는 우리나라에서 저작된 '속천자', 또는 '속천자문'이라는 제명을 가진 자료들을 검토함으로써 그 경향성을 살펴보고, 그 자료들이 가진 한자·한문 학습의 효율성에 대해 검토하는 것을 목표로 한다.

Ⅱ. 우리나라의 '속천자문' 류의 등장

　　조선 후기에는 『천자문』의 형태를 본뜬 속찬본이 등장하여 해방 이후까지 다양한 변용의 양상을 나타냈다.[6] 가장 이른 시기 『천자문』의 형

---

5) 이효선(2012).
6) 심경호(2012).

태를 본 뜬 저작은 김시습에 의해 시도되었는데, 그가 금오산에 있을 때, 타인의 시구들을 짜깁기하여 자신의 심사를 표현한「천자려구(千字儷句)」를 작성하였다. 총 500연구로 구성되어 있으며, 『천자문』의 순서에 따라 『천자문』의 각 글자를 머리에 둔 7언[대련을 만든 것으로 본래 이름은『천자련구(千字聯句)』] 시구이다.

한자·한문의 문체적 특성상 원활한 독해와 작문을 위해서는 전범에 대한 이해가 필요하다. 전고(典故, cliché)의 빈번한 사용으로 인해, 독자의 선험적 지식을 기반으로 한 읽고 쓰기가 요구된다. 때문에 초학교재의 학습단계부터 이러한 전고에 대한 학습은 매우 중요한 요소라 할 수 있다.

그러나 주흥사가『천자문』을 제출한 시점으로부터 1,000년가량의 시간 동안, 한자를 사용하는 언어는 많이 변화하였고, 새로운 전고 역시 늘어났다. 그리고 유교의 이데올로기를 공유하는 '경서(經書)'류에 포함된 다양한 철학적 담론들은 주흥사『천자문』이 가진 체제적 한계, 즉 4글자 또는 8글자 안에 해당 내용이 함축적으로 포함되어야 한다는 제약으로 인해 주흥사『천지문』의 이해를 어렵게 만들고, 이를 학습하는 대상인 초학자의 경우에는 더 큰 어려움에 봉착하게 된 것이다.

이와 같이『천자문』이 지닌 한계는 다산 정약용의『천자문』에 대한 불만 섞인 지적을 통해서도 확인된다.

우리나라 사람들은 주흥사(周興嗣)가 지은『천자문』을 구하여 어린 아이들에게 수업을 시키는데『천자문』은 어린이를 가르치기에 적당한 책이 아니다. 천지의 글자를 배우고 나면 일월·성신·산천·구릉 등 그 족류를 다 알기도 전에 그것은 그만두고 오색(五色)을 배우라고 하며, 현황(玄黃)의 글자를 배우고 나면 청적(青赤)·흑백(黑白)·홍자(紅紫)·치록(緇綠)의 그 다른 점을 분별하기도 전에 그것은 그만두고 우주를 배우라고 하니, 이것이 무슨 교법(教法)인가? '운우(雲雨)'의 글자 사이에 '등치(騰

致)'의 글자가 끼어 있으니 이것이 그 족류를 다한 것인가? '상로(霜露)'의 글자 사이에 '결위(結爲)'의 글자가 끼어있으니 이것이 그 다른 점을 분별한 것인가? 대개 이와 같이 되었기 때문에 어린 아이들이 혼동을 일으켜 글자의 뜻을 분별하지 못한다. 그리하여 '검을 현'자를 '감을 현'으로 읽어 감는다는 '纏[얽을 전]'자의 뜻으로 해석하며, '黃[누를 황]'자를 '누른다'는 뜻의 '壓[누를 압]'자로 해석한다. 그러나 이것은 배우는 아이가 미련해서 그런 것이 아니라 능히 유를 미루어 널리 통하지 못하기 때문이다. '찰 盈(영)'자의 반대는 '빌 虛'이고, '기울 仄(측)'자의 반대는 '평할 平(평)'자인데, 盈(영)자로 仄(측)자의 대를 하였으니, 이는 세로를 말하면서 가로와 비유하는 것으로써 그 유가 아닌 것이다. 歲(세)자의 족류는 時(시)자이며, 陽(양)자의 짝은 陰(음)자인데, 歲(세)니 陽(양)이니 하여 동떨어지게 말하니 이것은 그 유가 아니다.

　대체로 문자를 가르침에 있어서는 '맑을 淸(청)'자로 '흐릴 濁(탁)'자를 깨우치고, '가까울 近(근)'자로 '멀 遠(원)'자를 깨우치며, '가벼울 輕(경)'자로 '무거울 重(중)'자를 깨우치고, '얕을 淺(천)'자로 '깊을 深(심)'자를 깨우치는데, 두 자씩 들어서 대조해 밝히면 두 가지의 뜻을 함께 알게 되고 한 자씩 들어 말하면 두 가지의 뜻을 함께 모르게 된다. 특출한 두뇌가 아니고서야 어떻게 깨달을 수 있겠는가. 또 형체가 있는 물건에 대한 글자와 형체가 없는 이치에 대한 글자는 그 유가 다르며, 행위가 없는 이치와 행위가 있는 일에 대한 글자도 그 유가 다르다. 강(江)·하(河)·토(土)·석(石)은 형체의 명칭이고, 청(淸)·탁(濁)·경(輕)·중(重)은 그 이치이며, 정(停)·류(流)·운(隕)·돌(突)은 그 일이 되는 것이다. 같은 유를 미루어 배우지 않으면 널리 통하지 못하는 것이 이와 같다. 그러므로 『천자문』을 다 읽어도 끝내 한 자도 모른다. 『천자문』의 사용처는 전답을 표시하거나 시권(試券)을 표시하는 데에 필요할 뿐이다. 어린이를 가르치는 책에 어찌 끼어들 수 있겠는가. 꼭 『이아(爾雅)』·『설문(說文)』을 가르치던 제도를 복구할 수 없다면, 서거정이 지은 『유합(類合)』을 가르치는 것이 오히려 나을 것이다.[7]

---

7) 丁若鏞, 『與猶堂全書』 『第一集詩文集』 卷22, 「千文評」. "我邦之人, 得所謂周興嗣千文,

다산은 이 글에서 주흥사의『천자문』이 초학자의 학습서로 부적절함을 지적하면서 그 이유로 몇 가지를 지적한다. 유사한 한자에 대해 충분히 제시하고 있지 않은 점, 의미상 유사성을 갖지 않는 한자군은 교육 대상으로 제시하지 않고 있다는 점, '누를 황(黃)'의 경우처럼 '黃'의 훈을 '누르다(壓, Press)'로 인식하게 하는 식의 음·훈에 대해 혼돈을 초래하는 점, 반의어를 적절하게 제시하고 있지 못하다는 점 등을 들어 초학 교재로서의『천자문』의 무용함을 지적한다. 때문에『이아(爾雅)』·『설문(說文)』을 가르치던 옛 방식으로 교육 교재를 전환하든지, 아니면 새로운 교재 즉, 서거정이 지은『유합(類合)』을 초급 교재로 제시하고 있는 것이다.

이처럼 주흥사『천자문』이 노정하는 문제점을 극복하기 위해 조선 후기에 다양한 속찬 '천자문'류 교재가 등장한다. 이 중 '속천자문'은 직접적으로 주흥사의 『천자문』에 대한 권위에 도전하거나 혹은 그 권위에 기대는 방식을 취하고 있으므로 주목을 요한다.

우리나라에서 제작된 '속천자문'은 대개 두 가지 방향성을 가지고 제작되었다.

하나는 주흥사의『천자문』의 부족한 부분을 지적하며, 그것을 대체하기 위한 대안 교재로서의 성격을 보인다. 다른 하나는 주흥사『천자

以授童幼, 而千文非小學家流也. 學天地字, 乃日月星辰山川丘陵, 未竭其族, 而遽舍之曰姑舍汝所學, 而學五色學玄黃字, 乃青赤黑白紅紫緇綠, 未別其異, 而遽舍之曰姑舍汝所學, 而學宇宙, 斯何法也. 雲雨之間騰致介之, 能竭其族乎. 霜露之間結爲梗之, 能別其異乎. 夫如是也, 故童幼眩瞀, 不辨旨義. 解玄爲纁, 釋黃爲壓, 非是兒之不才, 由不能觸類而旁通也. 盈之反虛也, 仄之反平也, 以盈對仄, 豎說而衡喩, 非其類也. 歲之族時也, 陽之耦陰也, 曰歲曰陽, 孤行而寡居, 非其類也. 大凡文字之學, 淸以喩濁, 近以喩遠, 輕以喩重, 淺以喩深, 雙擧以胥發之, 則兩義俱通, 單說而偏言之, 則兩義俱塞. 自非上慧, 能有喩乎. 又凡有形之物, 與無形之情, 其類不同, 無爲之情, 與有爲之事, 其類不同. 江河土石, 形之名也, 淸濁輕重, 其情也, 渟流隕突, 於斯爲事也. 不以類而觸之, 不能旁通如是也. 故讀千文已, 猶一字不知也. 千文有用處, 以之標田, 以之標試卷焉可也. 於小學何與. 苟爾雅說文, 不可復, 徐居正之類合, 猶其近者也."

문』의 효율성을 인정하면서도 그것이 가지고 있는 체제적 한계, 즉 1,000자만을 교육의 범위로 한정함으로 인해 발생하는 식자(識字)교재로서 또는 사자(寫字)교재로서의 한계를 보완하고자하는 목적성을 표방하는 것이다.

'속천자문'류로 분류할 수 있는 초학교재는 반드시 두 가지 조건을 충족해야 한다. 첫째 1,000자의 글자 수를 유지할 것, 둘째 4언 1구의 형태를 갖출 것 이상 두 가지 조건이 충족되는 교재는 '속천자문'류로 분류가 가능하다.

가장 이른 시기에 저작된 '속천자문'을 그 표제로 하는 저작으로 동계(東溪) 목공(睦公)의 『속천자(續千字)』가 있다. 동계 목공이 짓고, 둔옹(遯翁) 남공(南公)[남하행(南夏行)]이 썼다고 전하는 이 자료는 현존 여부는 확인할 수 없고 『순암집(順菴集)』의 증언을 통해 그 저작 사실 여부만 확인할 수 있다.

　우리 당(黨)에 두 노인이 있으니, 동계(東溪) 목공(睦公)은 문으로 유명하고 둔옹(遯翁) 남공(南公)[남하행(南夏行)]은 글씨로 유명하다. 두 공은 나이가 같고 뜻이 같으며, 좋은 재주를 품고 시대를 못 만난 것이 같고, 의지할 곳 없이 궁박하게 굶주리며 천명(天命)을 얻지 못한 것이 같으며, 그런데도 일찍이 하늘을 원망하거나 사람을 탓하는 일이 없이 선(善)을 좋아하고 도(道)를 즐김이 늙어가면서 더욱 독실해지는 것도 같다. 예로부터 교제하는 즈음에 비록 뜻이 같을 수는 있어도 재주와 덕과 운명이 두 공처럼 같은 경우는 없었으니, 아, 기이하다.
　우리나라 사람들이 아이들을 가르치는 글로는 삼량주씨(三梁周氏)의 『천자문』과 서사가(徐四佳)[서거정(徐居正)]의 『거정(居正)』과 류미암(柳眉巖)[류희춘(柳希春)]의 『유합(類合)』이 있는데, 주씨의 글은 전습(傳襲)된 지가 오래여서 세상에 성행되고 있다. 정묘년에 목공이 난을 피하여 여객에 머물면서 무료함을 달랠 길이 없어 마을 아이들에게 『천

자문』을 가르쳤는데, 상용되는 문자가 많이 빠진 것을 아쉽게 생각하여
본문 이외에 다시 글자 1,000자를 모아 운(韻)을 달고 이름을 『속천자(續
千字)』라고 하였다. 이때 공의 나이가 80세였으며, 그로부터 3년 뒤 경자
년에 남공에게 부탁해서 글씨를 쓰게 했는데 이때 남공의 나이가 84세였
다. 내가 그 문장을 읽어보니 아주 예스럽고 그 글씨를 보니 단정하고
엄격하여 털끝만큼도 80된 노인의 쇠약하고 깔끄러운 티가 없다. 평일
존양(存養)의 공부가 없고서야 능히 이렇게 할 수 있었겠는가. 더욱 존경
할 만하다.

　남공이 또 1본을 써서 농와자(聾窩子)에게 주었는데, 농와자는 비록
두 공보다 나이는 동떨어지게 적지만 포부를 안고 낙척하여 있는 것은
두 공과 마찬가지이다. 두 공이 즐겨 더불어 벗을 하면서 연치를 잊었으
니, 남공이 이를 준 데는 뜻이 있는 것이다. 농와자가 이미 받아서 발문을
짓고 또 나더러 뒤를 이어 발문을 지으라고 하므로 삼가 뒤에 기록하여
우리 당의 기사(奇事)로 전하는 바이다.[8]

　순암 역시 이 글에서 주흥사 『천자문』의 문제점에 대해 인식하고 있는
데, 상용되는 문자가 『천자문』에 많이 누락되어 있음이라 이야기한다.
이 글에서는 시자(寫字) 교재로서의 『천자문』의 역할 역시 인식하고 있는
바, 이는 한자·한문 학습의 특수성에 기인한 것으로, 속찬류 '천자문'들
의 경우 대개 사자 교재로서의 역할도 담당할 수 있도록 제작되었다.

___

8) 安鼎福, 『順菴集』 卷18, 「續千字跋」. "吾黨有二老, 東溪睦公以文聞, 遯翁南公以筆名.
二公年同也志同也, 懷抱利器而不利于時同也, 窮餓鰥獨而不得于命同也, 未嘗怨尤於天
人, 而好善樂道, 老而愈篤同也. 自古交際之間, 雖或有志意之相同, 而之才之德之命之
同, 未有如二公者, 吁亦異矣. 東人教小兒之文有三, 梁周氏之千字, 徐四佳之居正, 柳眉
巖之類合已. 周氏之文, 以其傳習之久, 盛行于世. 丁卯歲, 睦公避寅旅舍, 無以消遣,
課村童千字文, 恨其常用文字多闕, 復緝本文外得千字而韻之, 名曰續千字, 時公年八十
歲. 越三年庚子, 求筆於南公而書之, 南公時年八十四歲. 余讀其文章蒼古, 觀其筆畫端
嚴, 無一毫老耄衰颯之態, 非有平日存養之工, 能如是乎. 尤可敬也. 南公又寫一本, 遺聾
窩子, 聾窩子雖與二公年紀隔等, 而有抱負而落魄, 與二公等也. 二公樂與之友而忘年, 南
公之贈, 蓋有意也. 聾窩子既受而跋之, 又徵余續貂, 謹識于後, 傳爲吾黨奇事."

Ⅲ. 우리나라 '속천자문'류 저작의 성격

1. 기로자(寄老子)의 『속천자문』(필사본 1책, 성균관대학교 존경각 소장본)

이 책의 저자로 추정되는 기로자라는 인물에 대해서는 아직 확인된
바가 없다. 기로자의 『속천자문(續千字文)』 저작 시기는 이 책의 권두에
수록된 「속천자소서(續千字小敍)」의 말미에 '朝鮮國今上十一年丁未陽月
丁酉朏三, 寄老子題'라는 기록을 통해 조선 정조 11년인 1787년 이전에
작성되었음을 유추할 수 있다.

책 본문에 해당되는 글자에 대해서는 언문으로 음과 훈을 부기해두었
고, 매 2구 마다 주를 기재하여 각 구절에 대한 이해를 도울 수 있도록
배치하였다.

1자 2음 자에 대한 범례를 기술해두었는데, 1자 2음자의 경우 주흥사
『천자문』의 '진수(辰宿)' 중 '수(宿)'의 예와 같이 실제 사용되는 음가를
부기하였다[9]고 해당 글자에 대한 처리 규정을 명시해두었다.

이 책의 저자는 『속천자문』의 저작 동인에 대해서 다음과 같이 진술
하고 있다.

> 주흥사(周興嗣)가 만든 『천자문』은 현재 아동들의 초학교재로 사용되
> 고 있으며, 『통사(通史)』는 그 다음 차례로 교육한다. 선비의 집안에서
> 아동을 교육하는 방법이 한 가지는 아니겠지만, 대개 『천자문』을 가르치
> 지 않고 다른 교재를 먼저 가르치는 경우는 없는데, 그 글자가 중첩되지
> 않고 문장은 가르치기 쉽기 때문이니, 주흥사의 공이 크다고 할 것이다.
> 다만 아쉬운 점은 주흥사의 『천자문』은 일상에서 사용하는 글자들의 태
> 반이 포함되어 있지 않은 것으로, 내가 예전 집에 칩거할 적에 우연히

---

9) 寄老子, 『續千字文』, 「凡例」: 一字二音者, 不拘當句文義, 釋以行用之音, 如周氏千字辰
宿之宿, 當爲去聲, 而取寐義音肅之類.

옛 종이 무더기에 눈이 가, 시험 삼아 1,000자 이외의 1,000자를 선택하여 주흥사 『천자문』의 체제를 모방하여 다시 한 편을 완성하고 4언시 250구를 지어 역대의 사실들을 서술하고, 언문으로 그 음과 주를 풀어서 그 글자와 문장의 의미를 풀어 쓴 뒤 『속천자(續千字)』라고 제목을 붙였다.10)

즉, 주흥사 『천자문』에 일상에서 사용하는 글자 중 다수가 누락되었다고 판단하여, 이를 보충하기 위한 목적임을 확인할 수 있다. 이 책의 내용은 천지, 우주, 자연물, 중국 역사, 우리나라 역사 등을 포함하고 있으며, 마지막 2구에 주흥사 『천자문』에서 누락한 어조사들을 기재하는 것으로 종결하였다. 중간 중간 일부 내용을 지운 흔적이 남아 있으며, 두주를 통해 일부 내용에 대한 수정 사항을 기재해두기도 하였다. 이 책의 내용을 주제별로 분류해보면 아래 표와 같다.

---

10) 寄老子, 『續千字文』, 「續千字小敍」. "周興嗣製千字文, 今爲童蒙初學之書, 而通史次之. 操觚之家訓蒙之法不一, 而蓋未有捨此先他者, 爲其字無重疊, 文易數告也, 周氏之功亦大矣. 第恨其日用文字太半未入, 僕嘗索居杜門, 寄眼於古紙堆中, 試取千字外千字, 倣其體而更成一篇, 爲四言詩二百五十句, 敍歷代正朔, 諺以釋其音註, 以演其義, 題曰續千字."

〈표 1〉 기로자(寄老子)의 『속천자문(續千字文)』 주제별 분류

주제	구 번호	합계	
		구수(句數)	자수(字數)
천지(天地)·우주(宇宙)	1~8	8	32
조수(鳥獸)	9~12	4	16
중국 역사 관련	13~240	228	912
한국 역사 관련	241~248	8	32
어조사(語助辭)	249~250	2	8
합계		250	1,000

기자(箕子) 관련 내용이 48~49에 등장하며, 양(梁) 무제(武帝)가 동태사(同泰寺)에서 『삼혜경(三慧經)』을 강설한 내용이 148~149에 걸쳐 기재되어 있다.

상고부터 임진왜란 시 우리나라에 도움을 준 신종황제(神宗皇帝)에 대한 기사와, 명(明) 나라 말의 이자성(李自成)의 난에 대한 기사까지 기술되어 있으며, 주자, 주렴계 등 유가 인물에 대한 내용이 삽입되어 있다.

전체적인 내용은 중국 역사에 대한 주를 이루고 있어 『천자문』의 후속 교재로서의 역할보다는 서문에서 언급한 『통사』에 대한 입문서로서의 성격이 우세한 것으로 판단된다.

2. 남경근(南景根)의 『속천자』(필사본 1책 64첩(牒). 국립중앙도서관 소장본)

남경근은 자가 윤원(允元), 호는 붕해(鵬海)로 생평에 대해서는 자세히 확인되는 바가 없으나, 이 책에 제시한 『속천자(續千字)』 외에 『속해백팔사(續海百八詞)』가 전한다. 또 심능숙(沈能淑)의 『옥수기(玉樹記)』를 1888년 한글로 번역한 기록이 남아있다.[11]

---

11) 안미경(1994).

남경근의『속천자』는 첫 장과 마지막 장을 제외한 매 첩마다 16씩을 적었다. 서문과 발문 모두 존재하지 않으며 이 책의 말미에 '鵬海南允元景根撰'이라는 기록을 통해 그의 저작임을 확인할 수 있다. 갈(蝎), 강(綱), 곽(郭), 률(栗), 영(穎) 총 5자가 중복되어 실제로는 995자가 사용되었다. 주흥사『천자문』과는 총 9자가 중복되는데, 념(念), 무(無), 죽(竹), 극(克), 영(詠), 적(跡), 첨(瞻), 태(泰), 현(弦)의 9자이다.

이 책의 내용을 주제별로 분류해보면 아래 표와 같다.

〈표 2〉 남경근(南景根)의 『속천자(續千字)』 주제별 분류

주제	구 번호	합계	
		구수(句數)	자수(字數)
천지(天地)와 우주(宇宙)	1~11	11	44
중국 역사 관련	12~72	61	244
한국 역사 관련	73~80	8	32
역사 종합	81~132	52	208
조수(鳥獸)	133~158	26	104
기물(器物)	159~160	2	8
일기(日氣)	161~180	20	80
농사(農事)	181~188	8	32
인사(人事)	189~209	21	84
학문·한정·권학(學文·閑情·勸學)	210~246	37	148
어조사(語助辭)	247~250	4	16
합계		250	1,000

3. 전석우(田錫雨)의 『속천자문』(필사 영인본, 영남대학교 도서관 소장본)

이 자료는 1991년 양리(陽里) 전석우[田錫雨, 1828~1916]의 종가에서 보관하고 있던 『효자공실록 부 양리공문집(孝子公實錄 附 陽里公文集)』영인본에 수록되어 있다. 간행 시 최규환(崔奎煥)이 번역을 부기했다. 본문에 해당하는 글자마다 훈과 음을 각 글자의 하단에 기재하고, 매 4언 2구마다 좌측에 한글로 번역문을 부기하였는데, 전석우가 직접 작성한 것이 아니라 간행 당시 최규환이 작성한 것으로 판단된다.

저자 전석우의 자는 치희(致喜), 호는 양리(陽里)·양곡(襄谷)이다. 그에 대해서는 『양리공문집(陽里公文集)』 말미에 「양리공묘갈명(陽里公墓碣銘)」과 「양리전선생제문(陽里田先生祭文)」에 상세하게 기록되어 있다.

그는 광무 6년(1902) 통정대부 (通政大夫)에 제수되었고, 1916 년 89세를 일기로 세상을 떠났 다. 『속천자문』 말미에 간략한 발문을 부기하였는데 '癸卯十一 月上澣, 七十六歲翁 陽里 著作' 이라고 기술한 내용을 근거로 그의 76세 때인 1903년 저작되 었음을 확인할 수 있다. 전석우 는 『속천자문』 저작 동기에 대 해 다음과 같이 기술하였다.

주흥사의 『백수문(白首文)』은 어린아이를 가르치는 데에 공이 있으나, 빠진 글자가 너무 많아 내가 그 대강을 엮어서 한 편을 완성하여 '속천자' 라고 제목을 붙였다. 훗날의 입학동자로 하여금 고금 인물의 차례에 대해 만분의 일이라도 도움이 될 수 있을 것이다.[12]

전석우는 주흥사의『천자문』에 "빠진 글자가 너무 많다.[漏字太繁]"고 지적하며 이를 보완하기 위해 자신이『속천자문』을 지었다고 밝혔다. 또한 이 자료의 독자층을 '훗날의 입학동자[後之入學童子]'로 제시함으로써, 초학교재로서 사용하려는 의도하에 저술하였음을 말하였다. 이 자료에는 주흥사『천자문』과는 죽(竹), 만(萬), 화(畵), 악(嶽), 태(泰), 상(象), 임(任), 선(旋)의 총 8자만 중복되며, 그의『속천자문』내에 중복 사용된 상(象)자를 제외한 다른 글자 총 991자를 사용함으로써, 그가 말한『속천자문』의 저술 동기를 선명하게 증명한다. 총 글자 수 1,000자 가운데 구(區), 상(象), 혼(魂), 권(卷), 타(墮), 불(佛), 양(梁), 호(豪)자 8자가 중복 사용되어 실제로는 총 992자가 사용된 것으로 확인된다.

이 책의 내용을 주제별로 분류해보면 아래 표와 같다.

〈표 3〉전석우(田錫雨)의『속천자문(續千字文)』주제별 분류

주제	구 번호	합계	
		구수(句數)	자수(字數)
천지(天地)와 우주(宇宙)	1~42	42	168
중국 역사 관련	43~226	184	736
조수(鳥獸)·기물(器物)	227~240	14	56
인사(人事)·학문(學文)·한정(閑情)·권학(勸學)	241~246	6	24
어조사(語助辭)	247~250	4	16
합계		250	1,000

12) 田錫雨,『孝子公實錄 附 陽里公文集』,「續千字文」. "周興嗣白首文, 於解蒙有功, 然而漏字太繁, 故余綴拾大槪, 尾成一篇, 題曰續千字, 使後之入學童子, 其於古今人物之序, 或有助於萬一云爾."

4. 박문호(朴文鎬)의 『속천자문』(목활자본, 국립중앙도서관 소장본)

『속천자문』은 1921년 간행된 박문호의 『호산집(壺山集)』권26, 잡저1
에 수록되어 있으며, 1987년 아세아문화사에서 영인한 『호산전서(壺山
全書)』에도 수록되어 있다. 박문호[1846~1918]는 조선 말의 문신으로 자
는 경모(景模), 호는 호산(壺山)·풍산(楓山)·노초(老樵)이다. 경학에 전념
하여, 주요 저서로 『칠서상설(七書詳說)』, 『경설(經說)』, 『오서차설(五書
箚說)』, 『맹자수필(孟子隨筆)』, 『시경첩자고(詩經疊字考)』, 『사례집의(四
禮集儀)』, 『고정인물성고(考亭人物性考)』 등이 있다. 이 중 『칠서상설』은
10여 년 간 저술한 것으로 중국의 학설뿐만 아니라 퇴계(退溪)·율곡(栗
谷)·사계(沙溪)·우암(尤菴)·농암(農巖)·남당(南塘) 등 한국 학자들의 학
설 또한 제시한 경전 주석의 집대성으로 평가된다.

박문호는 『속천자문』을 저작하게 된 경위에 대해 서문을 통해 밝히고
있다.

양(梁)나라의 『천자문』은 2본이
있는데, 하나는 무제(武帝)가 주흥
사에게 명하여 왕희지(王羲之)가 쓴
천자문(千字文)을 차운하게 한 것이
고, 다른 하나는 남평왕(南平王)이
소자범(蕭子範)에게 제작하게 하고
채원(蔡薳)이 주석한 것으로 『구당
서(舊唐書)·경적지(經籍志)』에 기
술되어 있다. 청대 『사고전서(四庫
全書)』 목록 중에 『천자문』 1권만 존
목(存目)에 저록되어 있는데, 이 책
은 주흥사가 지은 것으로 중국인들
이 그 책을 중히 여기지 않았음을 알 수 있다. 우리나라 사람들이 그 책을

가져다 아이들과 초학자들을 가르침에 마치 법률처럼 받드는 것은 주흥사의 『천자문』에 겹치는 문장이나 중복되는 글자가 없기 때문이다. 그러나 문장을 짓거나 서당에서 회자되는 꼭 필요한 문자들의 경우 역시 많이 누락되어 있다. 내가 항상 이것을 한탄스럽게 여기던 차에, 금년 봄 마침 병 때문에 독서를 할 수 없는 틈을 타 주흥사 『천자문』 중 빠진 글자를 가져와 한 책으로 엮고, 시대 순으로 차례를 정하여 『속천자문』이라고 제목을 붙였다. 그러나 그 내용에 구차하고 간략한 것들이 많아 우리나라 역사의 존목에 편입시키기 위해서는 또한 불가피한 것이라고는 해도 어찌 다른 사람이 이 책을 가져다 읽기를 바라겠는가. 소자범이 지은 것은 현재는 상고할 수가 없으나 어찌 또 주흥사의 『천자문』에서 빠뜨린 것으로 하겠는가.[13]

박문호는 서문에서 주흥사 『천자문』에 누락된 글자가 많음을 지적하고, 아울러 우리나라 역사 사실을 포함시키기 위해 『속천자문』을 작성하였음을 밝히고 있다. 주목할 내용은 '중국인들이 『천자문』을 중히 여기지 않는 실정임에도 불구하고, 우리나라에서는 주흥사 『천자문』을 초학 교육의 필수 교재'로 채택하고 있는 현실에 대한 비판을 가한 부분이다. 이러한 시선 때문에

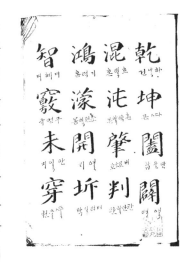

13) 朴文鎬, 『壺山集』 卷26, 雜著1, 「續千字文 幷序○庚午」. "梁書千字文有二本, 一武帝命周興嗣次韻王義之書千字文, 一南平王使蕭子範製蔡邕注釋之, 『舊唐書·經籍志』亦云. 淸四庫書錄有千字文一卷載於存目, 乃興嗣所製, 故知華人之不重其書也. 東國人取以授小兒初學, 奉爲律令, 良其無疊文重字, 然兎園學塾所膾炙菽粟之文字, 亦多漏闕. 余常恨之, 是年春, 適有病, 不能讀書, 乃取周文所闕之字, 編爲一書類, 以歷代爲序, 題之曰續千字文, 而辭語之間, 多所苟且簡率, 其入於東史之存目, 且不可得, 況其望人取讀哉. 子範所製者, 今不可考, 豈亦取周文所闕而爲之歟."

박문호는 『속천자문』 저작에 착수하게 된 것으로 추정된다.

총 1,000자 가운데 술(戌), 방(邦) 두 글자가 중복 사용되어 총 998자로 구성되어 있다. 주흥사 『천자문』에 사용된 글자와 중복되는 글자는 화(畵), 괴(槐), 호(號), 망(芒), 신(辛), 공(恭), 임(任), 사(辭), 변(辯), 대(大), 고(孤), 내(乃), 수(修), 승(升), 료(僚) 총 15자이다.

이 책의 내용을 주제별로 분류해보면 아래 표와 같다.

〈표 4〉 박문호(朴文鎬)의 『속천자문(續千字文)』 주제별 분류

주제(主題)	구번호(句番號)	합계(合計)	
		구수(句數)	자수(字數)
천지(天地)와 우주(宇宙)	1~6	6	24
중국 역사 관련(中國 歷史 關聯)	7~244	238	952
한국 역사 관련(韓國 歷史 關聯)	245~250	6	24
합계		250	1,000

5. 김연태(金鍊泰)의 『속천자』(필사본 1책, 한국학중앙연구원 장서각 소장본)

'속천자문'은 전통시대를 지나 일제강점기에도 저작이 지속되었다. 김연태의 『속천자』는 한국학중앙연구원 장서각 소장본으로 '昭和拾午年五月二十四日略草'로 간기가 기록되어 있다. 소화 15년은 1940년이다. 아울러 '三陟郡蘆谷面上斑川閑斗谷書塾'으로 간행처가 기재되어 있다. 한두곡서숙은 추측컨대 저자인 김연태가 운영하던 글방으로 보인다. 총 63첩으로 이루어져 있으며 마지막 첩을 제외하면 매 첩마다 4자씩 4구를 배치하였으며, 각 글자의 하단에 한글로 훈과 음을 부기하였다. 책 마지막에 「천자발문(千字跋文)」을 수록하여 이 책의 저작 동기에 대해 기술하였다.

『천자문』은 초학자가 새로 시작하는 것이라서, 비록 자획이 간단하더라도 자세히 그 뜻을 궁구하면 심오한 뜻이 그 안에 존재하니, 천지(天地)의 도(道)와 인사(人事)의 이치가 다 갖추어 있지 않은 것이 없다. 일월성신(日月星辰)과 풍우상로(風雨霜露)과 사시운행(四時運行)은 하늘의 도이고, 악독하해(嶽瀆河海)와 곤충초목(昆蟲草木)과 품휘동식(品彙動植)은 땅의 도이다. 인사에 대해서는 효제충신(孝悌忠信), 예의염치(禮義廉恥), 복선화음(福善禍淫), 근검노일(勤儉勞逸)이 그것이다. 예로부터 왕후장상의 보좌득실(輔佐得失)과 시비영욕(是非榮辱)이 다 갖추어 있지 않은 것이 없어 초학 동자들로 하여금 책을 옆에 끼고 읽도록 하면 지혜가 비로소 트이고, 총명함이 점차 증진됨이 마치 때에 맞춘 비가 점차 젖어드는 것처럼, 남풍이 불어 사물을 생육시키는 것처럼 성취의 영역에 이르게 할 것이니 이것이 모두 『천자문』의 공이 아니겠는가. 비록 초동목수, 부인 아이 할 것 없이 모두 읊조리고 다닌다고 하더라도 그것이 어찌 비근하고 쉬워서 그렇겠는가. 내가 소화(昭和) 15년 음력 경진(庚辰) 신춘(新春)에 삼척군(三陟郡) 노곡면(蘆谷面) 상반천(上斑川)에 한두곡서숙(閑斗谷書塾)을 짓고 아이들에게 『천자문』을 가르치다가 혀가 마비되고 정신이 피로하게 되었다. 그곳 산수가 청한하고 풍경이 그윽하고 봄볕이 창에 그득하기에 적막한 흥취를 견디지 못하고, 1,000자를 가지고 겹치는 글자를 쓰지 않고 주흥사의 『천자문』을 흉내내어 『속천자』 1권을 만들어 제생들에게 보인다. 소화 15년 음력 경진(庚辰) 5월 24일 김해인(金海人) 김연태(金鍊泰) 쓰다.[14]

---

14) 金鍊泰, 『續千字文』, 「千字跋文」. "夫千字是初學之權輿也, 雖字畵簡約, 而詳究其旨義, 則有深奧者存焉, 天地之道, 人事之理, 莫不畢該. 日月星辰, 風雨霜露, 四時運行, 天之道也, 嶽瀆河海, 昆蟲草木, 品彙動植, 地之道也. 至於人事, 則孝悌忠信, 禮義廉恥, 福善禍淫, 勤儉勞逸. 自古王伯將相, 輔佐得失, 是非榮辱, 莫不畢俱, 使初學童子, 挾冊而讀之, 則靈竅始開, 聰明漸進, 如時雨之之沾注, 南風之養物, 以至於成就之域, 則莫非千字之有功也. 雖樵童牧竪, 婦人幼子, 莫不歌誦, 豈以卑近而易之哉. 余於昭和拾五年陰庚辰新春, 建設三陟郡蘆谷面上斑川閑斗谷書塾, 敎兒千字文, 以至舌弊而神勞也. 其山水淸閑, 風烟之幽深, 而春遲永日, 不耐寂寞之興, 依千字, 不書疊字, 而效嚬爲續千字一卷, 以示諸生焉. 昭和拾五年陰庚辰五月二十四日, 金海人金鍊泰書."

그는 주흥사『천자문』의 효용성과 우수성에 대해 극찬을 아끼지 않는다. 천지의 도와 인간의 도가 모두 한 책에 갖추어져 있음을 말하고, 학동들에게『천자문』을 가르치는 여사로『속천자문』을 저작하였다고 증언하고 있다.

사용된 글자는 중복되는 글자 급(汲), 산(産), 제(齊), 차(嗟), 통(桶) 5자를 제외한 995자이다. 다만 '雪霰(쌀악눈 션)風烟 瀁潤霡霂', '儺皮嫁娶 耒耟(까비술 사)耕耨', '標準刪削(싹글 산) 祖述巍蕩' 등에 표기된 음가에 대해서는 검토가 필요하다고 판단된다.

이 책의 내용을 주제별로 분류해보면 아래 표와 같다.

〈표 5〉 김연태(金鍊泰)의『속천자(續千字)』주제별 분류

주제(主題)	구번호(句番號)	합계(合計)	
		구수(句數)	자수(字數)
천지(天地)와 우주(宇宙)	1~4	4	16
중국 역사 관련(中國 歷史 關聯)	5~20	16	64
일기(日氣)	21~35	15	60
유가경구(儒家經句)	36~48	13	52
학문(學文)·한정(閑情)·권학(勸學)	49~138	90	360
인사(人事)	139~169	31	124
고사(故事)	170~248	79	316
결어(結語)	249~250	2	8
합계		250	1,000

Ⅳ. 결론

본고는 우리나라 초학 교재 중 '속천자문(續千字文)' 또는 '속천자(續千字)'를 표제로 하는 자료 5종을 종합적으로 검토하여 각 자료의 성격과

세부 내용에 대해 살펴보았다.

우리나라 '속천자문'류 문헌은 중국 주흥사(周興嗣) 『천자문(千字文)』의 성과를 계승하거나 비판적으로 수용하여 우리나라 실정에 맞게 작성한 자료들로서, 형태적으로는 주흥사 『천자문』과 같은 4언 1구로 구성되어 있다. 사용 한자와 내용 구성 등에 변형을 가함으로써 '속천자문'의 각 저작자들이 의도한 바를 구현하고자 한 사실을 확인할 수 있다.

우리나라 '속천자문'류 문헌은 2가지 특성을 보인다. 첫째는 주흥사 『천자문』이 가진 초학교재로서의 효용성을 인정하며, 『천자문』의 미진한 부분에 대한 보완의 형태를 갖는 자료이다. 둘째는 주흥사 『천자문』의 내용·사용 한자의 난이도 등을 근거로 제시하며 초학 교재로서의 수준을 갖추어 새롭게 제작해야 한다는 주장에 근거한 자료이다. 그러나 이 두 경우 모두 『천자문』의 구성, 즉 4언 1구 구성이 갖는 교육적 효용성에 대한 긍정적인 시선을 공유하고 있다.

『마법천자문』 열풍으로 우리나라에는 다시 '천자문'에 대한 관심과 교재 시장이 확대되고 있다. 주흥사 『천자문』에 대한 다양한 해석, 학습 교재로서의 개발과는 별개로, 현재에도 저자들에 의해 '천자문'류 저작들이 지속적으로 출간되고 있다. 이러한 현상은 우리나라에만 존재하는 것으로, 현대 '천자문'류 속찬서의 완성도, 또는 내용의 난이도와는 별개로 새로운 기초한자 학습서 개발의 가능성을 시사한다고 할 수 있겠다. 한자의 교수·학습에 있어 위계화의 문제와 연관하여 다양한 고민거리를 제공해준다.

본고는 우리나라 '속천자문'류 서적을 종합 검토하는 것을 목표로 하여, 최종적으로는 '속천자문'류 저작의 한자·한문 학습의 효율성에 대한 검토를 계획하였다. 본고에서 제재로 다룬 5종의 '속천자문'류 자료들은 대개 교육 현장에서 실제로 사용되었음을 유추할 수 있는데, 사용된 한자, 구문, 내용 등에서는 각기 차이를 보이고 있어 이는 해당 교육 환경

에서 발생한 차이라고 인정된다. 다만 모든 '속천자문'류 자료가『천자
문』의 대안교재 혹은 후속 교재로 제 역할을 했는지에 대해서는 보다
면밀한 검토가 필요하다.

　아울러 추후 현재 대한민국의 교육용 기초한자 1,800자와의 비교 대
조를 통해 '속천자문'류 서적이 갖는 현재적 의미를 추출하고, 각 '속천
자문'류 저작에 사용된 연면어(連綿語)의 비교, 세부 내용에 대한 분석
을 통한 각 '속천자문'류의 특성 등을 파악하는 작업이 필요하다고 판
단된다.

참고문헌

寄老子,『續千字文』.
金鍊泰,『續千字文』.
南景根,『續千字』.
朴文鎬,『壺山集』.
李裕元,『林下筆記』.
田錫雨,『孝子公實錄 附 陽里公文集』,「續千字文」.
丁若鏞,『與猶堂全書』.
崔世珍,「訓蒙字會引」.

송병렬,「千字文類의 變容과 性格 考察」,『漢文學論集』30, 근역한문학회, 2010.
심경호,『한국한문기초학사』, 태학사, 2012.
安美璟,「朝鮮時代『千字文』現傳本에 관한 연구」,『書誌學研究』17, 한국서지학회,
　　1994.
이효선,「한국 역대『천자문』류 용자연구」, 경성대학교 석사학위논문, 2012.
임동석,「『千字文』의 源流, 內容 및 韓國에서의 發展 상황 考察」,『중국어문학논집』56,
　　중국어문학연구회, 2009.

조선 말기 신기선(申箕善)의 『계몽천자문(啓蒙千字文)』 연구

김동석

I. 서론

　본고는 신기선[申箕善, 1851~1909]의 『계몽천자문(啓蒙千字文)』을 살펴보기 위한 글이다. 『계몽천자문』은 『양원유집(陽園遺集)』 17권 「잡저(雜著)」에 실려 있다.

　신기선은 조선 말기의 문신이다. 1877년 대과 별시 때 병과에 급제하였고, 이후 관직생활을 시작하여 1878년 사간원정언, 1879년 홍문관부교리, 1881년 시강원문학 등을 지냈다. 1882년 통리기무아문 주사를 거쳤다. 개화당 인물들과 가깝게 지냈으며 1884년 갑신정변 때 개화당 내각에 이조판서 겸 홍문관제학으로 참여하였다가 1886년 전라도 여도(呂島)에 유배되어 위리안치되었다. 1894년 갑오경장으로 풀려나 호조참판을 거쳐 김홍집내각의 공무대신이 되었다. 1895년 군부대신에 임명되면서 육군부장이 되었고, 중추원부의장을 거쳤다.[1]

　『개몽천자문』과 『천자문』은 비교되는 점이 있다. 『계몽천자문』과 『천

---
1) 『한국민족문화대백과』.

자문』은 글자수를 다 같이 1000자로 제한하고 있다는 점이다. 『계몽천
자문』은 형식상 4글자씩 2구절이 짝을 이루고 있다. 『계몽천자문』에는
2글자로 된 한문어휘가 자주 나타난다.

　여기에는 천지개벽부터 인간의 삶까지 아우르고 있다. 하지만 『계몽
천자문』과 『천자문』는 내용과 창작시기 등이 다르다. 『계몽천자문』을
지은 신기선은 19세기 말에서 20세기 초를 살았으며, 『천자문』을 정리
한 것으로 알려진 주흥사[周興嗣, 470?~521]는 5세기 말에서 6세기 초로
두 사람 사이에는 1400년 정도의 시간 간극이 있다. 이 시대적 차이로
말미암아 신기선은 지구의 자전과 사람을 중심에 두고 관련된 한자를
통해 사회의 이모저모를 서술하여 표현하고 있다. 때문에 『계몽천자문』
에는 지구의 지원(地圓), 지전(自轉)과 관련된 어휘도 언급된다. 또한 어
휘는 역사배경을 가지고 있다. 지구와 천체의 자전을 염두하고 글자를
선택하여 언급하고 있다.[2] 이처럼 『계몽천자문』은 일정 부분 작자 의식
을 반영하고 있다.

　그리고 『계몽천자문』의 작자 신기선은 조선 사람이고, 『천자문』의 주
흥사는 제나라 사람이다. 신기선은 내용 중에 한반도의 역사를 간단하
게 언급하기도 한다.

　신기선의 『계몽천자문』에는 백과사전처럼 사물의 이름을 나열하기도
했다. 때문에 물고기 이름 같은 부분에는 일생생활 거리가 있는 한자가
대거 수록되기도 했다.

　『계몽천자문』과 『천자문』의 차이를 비교하다보면 이 차이점이 결국
『계몽천자문』의 특색이 될 수도 있고, 나아가 장점이자 단점과 단점이
자 장점이 되는 내용을 설명하게 될 것이다. 작자는 아이들의 양몽(養蒙)
을 위하여 1천자를 모았고 이를 통하여 소아들을 교육하려고 하였다.[3]

---

2) 신기선, 『陽園遺集』 17권, 雜著, 「啓蒙千字文」. "丸球內凝, 圓穹外旋."

초학에게『천자문』이 너무 어렵다는 정약용의 비판을 심경호가 주목한 적이 있다.[4] 여기서 정약용은 천자문을 희작(戱作)으로 보고 훈몽으로 적절하지 않다고 언급하였다.[5] 이런 관점에서 본다면 본고에서 살펴보자 하는『계몽천자문』도 유사한 비판을 할 수 있다. 즉, 일상생활과 거리가 먼 한자가 많아 초학이 학습하기에는 부적절한 면이 있다.『계몽천자문』의 자체의 체계를 갖추기 위하여 동원된 한자와 한자 어휘가 많기 때문에 전반적인 교양을 위한 학습서로서 오늘날 중고등학교 교재로 사용한다는 입장에서 본다면 부적절한 측면이 있다고 할 수 있다. 왜냐하면 신기선이 살던 전통시대의 경전 지식을 가진 문인의 기대치와 어문 교육을 중심으로 하는 학교 교육의 목표치는 서로 다르기 때문이기도 하다.

『계몽천자문』에는 비교적 다양한 작자의 세계관이 투영되었다. 불교 용어인 항사(恒沙)도 수록하고 있다.[6] 역사서에 보이는 어휘도 있다. 작자는 여기에 그치지 않고 중국의 동부지역에 관심을 보이면서 만족(滿韓), 장백산에서 송화강 중상류 지역에서 살던 완안족(完顔族) 등을 언급한다. 그리고 몽고족에게 까지 언급한다.

작자는 자신의 이력이『계몽천자문』에 반영되기도 한다. 1877년 대과에 급제한 문신이지만 1895년 군부대신에 임명되면서 육군부장이 된 적이 있다.『계몽천자문』중에 출전하며 장수가 되고 입조하면 재상이 되었다는 출장입상(出將入相)이라고 표현한 말은 그와 겹쳐지는 부분이 있다.

---

3) 신기선, 앞의 책, 「계몽천자문」. "余擬養蒙, 彙字十百, 嗟爾小兒, 誦習無斁."(이하 신기선, 『계몽천자문』으로 언급하기로 한다.)

4) 심경호(2015), 26쪽.

5) 정약용,『與猶堂全書補遺』2권, 「敎穉說」. "周興嗣『千文』, 不如徐居正『類合』, 蓋徐所作, 猶有「爾雅」, 急就之遺意,『千文』卽一時戱作, 非以族聚, 不可訓蒙者也."

6) 신기선,『계몽천자문』. "恒沙倉米."

신기선의 학문 세계가『계몽천자문』에 어느 정도 반영되었는지 살펴보는 것은 의미가 있다고 본다. 기존 연구에 의하면,[7] 신기선은 동도서기론을 주장하고, 갑신정변 이후 갑신정변과 연루가 되어 1890년 유배지 여도(呂島)에서 저술한『유학경위(儒學經緯)』를「이기(理氣)」·「천지형체」·「인도(人道)」·「학술」·「우주술찬(宇宙述贊)」으로 나누어 설명했다. 또 인륜지도(人倫之道)와 천형지도(踐形之道), 응사접물지도(應事接物之道)로 구분하면서 인륜지도를 오륜과 천형지도를 모(貌)·언(言)·시(視)·청(廳)·사(思)의 홍범오사(弘範五事)를 기본으로 하여 구용(九容)·구사(九思)에 이르는 처신에 관한 도리, 응사접물지도는 '친친이인민(親親而仁民), 인민이애물(仁民而愛物)'과 연관 지었다.

하지만『계몽천자문』에는 동도(東道)·서기(西器)·인륜·이기(理氣)·천형(踐形) 같은 어휘는 보이지 않는다. 다만 모·언·시·청에 대한 언급이 보이고,「천지형체(天地形體)」와「우주술찬(宇宙述贊)」과 관련하여 지원이나 지전을 언급하였다.

『계몽천자문』의 창작시기를 밝히는 것은 작자의 학문 세계와 연관 지어 의미가 있다고 할 수 있다. 하지만『계몽천자문』의 창작시기는 구체적으로 알 수 없지만 그의 만년으로 추정된다.

이처럼『계몽천자문』은『천자문』과 비슷한 것 같지만 많은 부분에 있어 다르다. 그 구체적인 내용을 살피기 위하여 본고에서는『계몽천자문』을 풀이하고, 이를 분류하여 설명한다. 그 구체적인 내용은 다음과 같다.

---

7) 노대환(2012).

II. 천지개벽에서 만물과 인간의 탄생

1. 천지개벽과 만물의 탄생

『계몽천자문』은 지구가 탄생하는 천지개벽이라는 말로 시작한다. 천지개벽이 있을 때 지구가 자전하였다고 풀이하였다.

> 천지가 개벽하니 음양이 비로소 나누어졌다.
>> 천지개벽(天開地闢), 음양시분(陰陽始分)
> 환구(丸球) 안에서 응결하고 둥근 하늘 밖에서 돈다.
>> 환구내응(丸球內凝), 원궁외선(圓穹外旋)

'환(丸)'은 작으면서 구형으로 된 물체이다. 『계몽천자문』은 『천자문』과 달리 지구의 자전을 인식하고 표현하였다. 이로 기초로 하여 하늘과 탁계(濁界)로 분류하고 있다.

> 하늘의 공중엔 상(象)이 늘어섰고　　　　상청열상(上淸列象)
> 아래의 탁계(濁界)에는 형기(形氣)를 부여되고　하탁부형(下濁賦形)

'상청(上淸)'은 상천(上天)·천공(天空)이라는 뜻을 가지며 『한서(漢書)』 「양웅전(揚雄傳)」, 하(下)에도 언급되어 있다.[8] '상'은 천상(天象) 또는 현상(現象)[phenomenon], 상위(象緯)라고 풀이할 수 있다. '상위'는 해·달·금성·목성·수성·화성·토성이 포함되며 천체(天體)라고 할 수 있다. '부형(賦形)'은 『중용장구』의 주에 유사한 말이 언급되어 있다.[9]

---

8) 『漢書』, 「揚雄傳」下. "不能撅膠葛" 唐 顔師古 注 : "膠葛, 上淸之气也."
9) 『중용장구』 22장 주에 "人物之性, 亦我之性, 但以所賦形氣不同而有異耳."라는 구절이 보인다.

이어지는 표현에서 구체적으로 언급되고 있다.

해와 달이 내리 비치고, 성수(星宿)은 정기(精氣)를 날린다.
일월조림(日月照臨), 성수양정(星宿揚精)

수(水)와 화(火), 목(木), 금(金) 그리고 토(土)가 이에 상생상극하며
수화목금(水火木金), 토원생극(土爰生克)

원형이정, 이것을 태극이라고 한다.
원형이정(元亨利貞), 시위태극(是爲太極)

성수은 성좌(星座)의 별들이다. 달과 지구, 오행을 설명한다. 오행의 상생과 상극은 19세기에 부정되기도 하지만 여기서는 그 과학적인 기능에 초점을 맞추기 보다는 명칭을 소개한 것이다.

달과 계절에 대해서도 언급하고 있다.

초하루와 보름에 이지러지고 차고, 낮과 밤, 새벽과 저녁
영결삭망(盈缺朔望), 주야신석(晝夜晨夕)

춘하추동과 동서남북   춘하추동(春夏秋冬), 동서남북(東西南北)

연시(年時)는 천사(遷謝)하고, 방위와 배향(向背)
연시천사(年時遷謝), 방위향배(方位向背)

추위가 가며 더위가 오고, 따뜻하고 서늘한 것이 왔다가 물러나며
한서왕래(寒暑往來), 온량진퇴(溫涼進退)

우레 소리 맹렬하니 바람이 흩어지고, 구름이 베풀어지니 비가 일어난다.
뇌려풍산(雷厲風散), 운시우흥(雲施雨興)

연기와 안개에 무지게와 노을, 서리와 이슬에 눈과 얼음
연무홍하(烟霧虹霞), 상로설빙(霜露雪冰)

천사(遷謝)는 시간이 흘러가면서 쇠퇴하거나 패락(敗落)하는 것을 말한다. 향배(向背)는 좇음과 등짐을 말한다. 뇌려풍산(雷厲風散)은 풍행뇌

려(風行雷厲)와 유사한 말이다. 이 말은 기세가 맹렬하고 신속한 것을 말한다.

만물의 탄생에도 관심이 모아지고 있다. 자연 속에서 조화의 귀신은 만물을 탄생시킨다.

> 내가 깊고 들판이 넓으며, 산에 진산이 있고 바다는 반짝인다.
> 천심야광(川深野廣), 산진해윤(山鎭海潤)
> 골짜기와 산봉우리, 샘물과 돌, 언덕과 들판, 시내와 간곡(澗谷)
> 봉학천석(峯壑泉石), 구원계간(邱原溪澗)
> 두 사이를 치리(治理)하니 유기(游氣)가 굽혔다 펴졌다 한다.
> 미륜양간(彌綸兩間), 유기신굴(游氣屈伸)
> 누가 주제한다고 말할 수 있나? 조화의 귀신이다.
> 운수재자(云誰宰者), 조화귀신(造化鬼神)
> 팔괘가 마탕(磨盪)하고, 칠요는 충일(充溢)하고 구른다.
> 팔괘마탕(八卦磨盪), 칠요앙알(七曜盎軋)
> 절묘하게 합치하여 인온(氤氳)하니, 드디어 만물을 생산한다.
> 묘합인온(妙合氤氳), 수산만물(遂産萬物)

'진(鎭)'은 한 지방의 주산(主山)을 말한다. '구(邱)'는 소릉(小陵)을 말한다.[10] '원(原)'은 넓은 평원을 말한다.[11] '계(溪)'는 산 속에 있어 외부와 통하지 않는 작을 물이다. '미륜(彌綸)'은 천지를 다스린다는 뜻을 가지고 『주역』「괘사전」, 상에 언급되어 있다.[12] '유기(游氣)'는 떠돌아다니는 운기(雲氣)를 말한다. '마탕(磨盪)'은 절차탁마하며 변화는 것을 말한다. '칠요(七曜)'는 일·월·금·목·수·화·토의 총칭이다. 옛 바빌론에서

---

10) 『廣雅』,「釋丘」. "小陵曰丘"

11) 『爾雅』. "廣平曰原"

12) 『周易』,「繫辭傳」上. "易與天地準 故能彌綸天地之道"(고전번역원 각주정보 검색 참조)

칠요를 순서에 따라 일요(日曜) · 월요(月曜) · 화요(火曜) · 수요(水曜) · 목요(木曜) · 금요(金曜) · 토요(土曜)를 '성기(星期)'라고 하였다. 8세기 중국으로 전래되어 사용하게 되었다고 한다. '알(軋)'은 전(輾)을 말하는데, 구른다는 뜻이 있다.[13] '인온(氤氳)'은 하늘 기운인 구름과 땅 기운이 서로 합하여 농욱(濃郁)하게 어리는 것을 말한다.

만물의 탄생을 설명하면서 그 구체적인 만물을 한자로 다양하게 다음과 같이 서술하고 있다.

조류와 물고기, 동물 곤충. 또한 나무와 풀
비잠모개(飛潛毛介), 역기수훼(亦曁樹卉)
무릇 여러 동물과 식물, 항사(恒沙)와 창미(倉米) 같다.
범제동식(凡諸動植), 항사창미(恒沙倉米)
지초와 난초, 연꽃, 국화. 차와 쑥, 개구리밥, 갈대
지간연국(芝蕑蓮菊), 다소빈로(茶蕭蘋蘆)
파와 생강, 미나리, 순무. 해바라기와 채소, 박, 오이
총강근청(蔥薑芹菁), 규채포과(葵菜匏瓜)
대나무, 측백나무, 단풍, 계수나무, 매화, 살구, 복숭아, 오얏
죽백풍계(竹栢楓桂), 매행도리(梅杏桃李)
전나무, 회화나무, 귤, 석류, 대추, 앵두, 배, 감나무.
홰괴귤류(檜槐橘榴), 조앵이시(棗櫻梨柿)
오동나무, 버들, 뽕나무, 옻나무, 구기자, 가래나무, 가래나무, 가시나무
오류상칠(梧柳桑漆), 기재추극(杞梓楸棘)
모시풀, 삼, 들깨, 기장, 벼, 기장, 콩, 보리.
저마임서(苧麻荏黍), 도양숙맥(稻粱菽麥)
진귀한 약과 아름다운 곡식, 무성한 수풀과 꽃 같은 풀.
이약가곡(異藥嘉穀), 무밀방초(茂林芳草)
뿌리는 견고하고 가지는 무성하며, 꽃은 향기롭고 낙엽은 아름답다.

---

13) 『說文』. "軋, 輾也."

근고지영(根固枝榮), 화향엽호(花香葉好)

사충의 우두머리는 용과 봉황, 거북이, 기린

사충지수(四蟲之首), 용봉어린(龍鳳龜麟)

쏘가리, 농어, 붕어, 새우, 방어, 잉어, 고래, 곤어

궐로즉하(鱖鱸鯽鰕), 방이영곤(魴鯉鯨鯤)

난새, 붕새, 갈매기, 해오라기, 기러기, 매, 오리, 학

난봉구노(鸞鵬鷗鷺), 안응부학(雁鷹鳧鶴)

두견이, 꾀꼬리, 솔개, 비둘기, 꿩, 닭, 까마귀, 까치

견앵연구(鵑鶯鳶鳩), 치계오작(雉雞烏鵲)

제비, 참새, 벌, 나비, 매미, 반딧불이, 피리, 메뚜기

연작봉접(鷰雀蜂蝶), 선형승종(蟬螢蠅螽)

누에, 개미, 개구리, 뱀, 범, 사자, 사슴, 곰

잠의와사(蠶蟻蛙蛇), 호사녹웅(虎獅鹿熊)

돼지, 개, 소, 양, 말, 당나귀, 이리, 원숭이

저견우양(猪犬牛羊), 마여낭원(馬驢狼猿)

여우, 토끼, 고양이, 쥐, 게, 대합조개, 자라, 큰 자라

호토묘서(狐兎猫鼠), 해합별원(蟹蛤鼈黿)

새집과 가축, 알, 젖, 날며, 울며, 뛰며, 달린다.

소축난유(巢畜卵乳), 상명약주(翔鳴躍走)

암컷과 수컷, 암컷과 숫컷, 물고기, 새, 새, 짐승

비모자웅(牝牡雌雄), 어조금수(魚鳥禽獸)

'개(介)'는 기충개(其虫介)로 볼 수 있다.[14] 기충개(其虫介)는 개충(介蟲)을 말하는 것으로 보이고, 개충은 갑충(甲蟲)이다. '항사(恒沙)'는 항하(恒河)의 모래 숫자를 말한다. 『금강경』, 「무위복승분(無爲福勝分)·십일(十一)」에 언급되어 있는 말이다. '항하'는 남아대하(南亞大河)로 인도에서 제일 긴 강인 갠지즈강을 말한다. 이 말은 수량이 항하에 있는 모래처럼

---

14) 『淮南子』, 「脩務」, "其虫介."

수를 셀 수 없다는 것을 말한다. '창미(倉米)'는 관청 창고에 있는 쌀알을
말한다.[15] 불교적 사고가 담긴 항하의 모래와 창미를 절묘하게 대비시키
고 있다.

『계몽천자문』을 통하여 만물을 설명하고 있다. 한자 습득을 염두에
둔 것으로 보인다.『계몽천자문』에 동원된 한자는 일상생활에서 사용할
수 있는 한자와 거리가 있지만 그 분류는 구체적이면서 다양한 내용을
포함하고 있다.

2. 만물의 진수로서 사람

여기서는 사람을 중심에 두고 설명하면서 사람이 맛을 보거나 사람과
관련된 복장, 침구, 집, 마을 등도 언급하고 있다.

먼저 만물이 이 세상에 산출되었지만 인간이 제일 귀하다고 설명한다.

만물 중에 제일 귀하여 빼어난 것을 품부하고 참된 것을 부여하니
중유최귀(中有最貴), 품수여진(稟秀與眞)
무리에서 초월하여 요점을 뽑았으니 그 이름을 인간이라고 한다.
초류발췌(超類拔萃), 기명왈인(其名曰人)
하늘을 이고 땅을 밟으니 함께 삼재(三才)라고 부른다.
대건리곤(戴乾履坤), 병호삼재(並號三才)

'삼재'는 하늘과 땅, 사람을 말한다.『주역』,「설괘전(說卦傳)」에 관련
된 언급이 있다.[16]
이어 신체의 각 부분을 나누어 설명한다.

---

15)『晋書』,「庚翼傳」. "往年偸 石頭 倉米一百万斛."
16)『주역』,「說卦傳」. "立天之道曰陰與陽, 立地之道曰柔與剛, 立人之道曰仁與義, 兼三才
而兩之, 故易六畫而成卦."

귀, 눈, 입, 코, 뼈, 살, 힘줄, 경골

이목구비(耳目口鼻), 골육근해(骨肉筋骸)

간, 창자, 오장, 육부, 눈썹, 이마, 수염, 터럭

간장장부(肝腸臟腑), 미액수발(眉額鬚髮)

목, 허리, 가슴, 배, 머리, 낯, 이, 혀

경요복부(頸腰胸腹), 두면치설(頭面齒舌)

손, 발, 넓적다리, 팔뚝, 팔다리를 모두 갖추었다.

수족고굉(手足股肱), 지체구비(肢體具備)

'해(骸)'는 경골(脛骨)을 말한다.[17] 경골은 굵은 정강이 뼈이다. 인용된 예문에서는 신체의 각 부분을 설명하고 있다. 이어 마음과 감각 등도 언급하고 있다.

마음은 혼(魂)과 백(魄)을 총괄하며, 허령(虛靈)하고 깨달음과 지혜가 있다.

심총혼백(心總魂魄), 허령각혜(虛靈覺慧)

기쁨, 분노, 슬픔, 두려움, 감정, 욕심, 지(志), 의(意)

희노애구(喜怒哀懼), 정욕지의(情欲志意)

성(性)은 본래 선하고, 인과 의, 예, 지가 있다.

성즉본선(性則本善), 인의예지(仁義禮智)

측은(惻隱)과 수오(羞惡), 사손(辭遜), 변별(辨別)

측은수오(惻隱羞惡), 사손변별(辭遜辨別)

감응에 따라 나타나고, 방통(旁通)하고 조리(條理)가 통달하다.

수감이현(隨感而見), 방통조달(旁通條達)

'변별'은 사물의 옳고 그름을 구별하는 것이다. 지(志)와 의(意)는 표출되지 않았지만 장대하고 원대한 의지라고 볼 수 있다. '지'는 의와 상통하며 기(氣)의 통솔자이기도 하다.[18] '의'는 의지(意志)나 정의(情意), 의

---

17) 『설문』, "骸, 脛骨也."

기(義氣), 의도(意圖)로 풀이할 수 있다. '방통(旁通)'은 자세하고 분명하게 안다는 뜻으로 『주역』에 근거가 있는 말이다.[19] 사람과 사람이 가정을 구성하고 국가를 형성하면서 생기는 관계의 윤리도 구분하여 설명하고 있다.

부모에게는 효도하고, 임금은 충성으로 섬기며
효어부모(孝於父母), 사군이충(事君以忠)
지아비는 화목하고 부인은 순종하고, 형은 자애롭고 동생은 공손해야 한다.
부화부순(夫和婦順), 형애제공(兄愛弟恭)
스승은 엄격하고 친구는 믿음이 있어야 한다. 이륜(彛倫)이 베풀어진 것이다.
사엄우신(師嚴友信), 이륜유서(彛倫攸叙)
할아버지와 손자, 백부(伯父)와 중부(仲父), 아들과 자손, 남, 여
조손백중(祖孫伯仲), 자성남여(子姓男女)
시아버지와 시어머니, 사위, 처형제, 형수, 아저씨, 손아래 누이, 손 위 누이.
구고서이(舅姑婿姨), 수숙매자(嫂叔妹姊)
조카, 생질, 일가, 친척, 처(妻), 첩(妾), 종, 노비(奴婢)
질생족척(姪甥族戚), 처첩노비(妻妾奴婢)

『좌전』에서는 성(姓)을 자손을 통틀어 지칭하는 것이라고 말했다.[20] 인간 윤리로써 상하의 구분을 강조하는 전통 사회의 방식에 비교적 충실하다. 스승은 엄격해야 한다는 덕목을 강조하면서 군사부일체의 의식을 강조한 것으로 보인다. 『계몽천자문』에서는 신분의 계층도 언급하고 있다. 이미 갑오경장으로 신분타파가 법률적으로 확보되었지만 『계몽천자문』에는 그 신분의 명칭을 고수하고 있다.

---

18) 『설문』. "志, 意也." ; 『맹자』. "夫志, 氣之帥也."
19) 『주역』, 「乾」. "六爻發揮, 旁通情也." 孔穎達 疏 : "言六爻發越揮散, 旁通万物之情也."
20) 『左傳』. "問其姓, 對曰 : 余子長矣, 能奉雉而從我矣."

벗과 이웃, 손님, 나그네, 어른, 어린아이, 높은 벼슬아치, 낮은 사람.

붕린빈객(朋隣賓客), 장유존비(長幼尊卑)

자애와 은혜, 친함, 화목은 접촉하는 곳마다 어긋나는 것이 없다.

자혜친목(慈惠親睦), 촉처망위(觸處罔違)

웃음과 말씀, 노래와 곡, 춤과 밟는 것, 걷고, 앉는다.

소어가곡(笑語歌哭), 무도보좌(舞蹈步坐)

마시고, 먹고, 취하고, 배부르고, 잠자고, 졸고, 일어나고, 눕는다.

음식취포(飮食醉飽), 침수기와(寢睡起臥)

사람의 시각과 청각, 미각에서부터 생활에 필요한 것, 주택, 전원, 악기, 무기 등에 대해서도 언급하고 있다.

청색, 적색, 백색, 백색, 황색은 볼만하고

청적백흑(靑赤白黑), 황색감간(黃色堪看)

궁(宮)과 상(商), 각(角), 치(徵), 우(羽)의 소리를 듣는다.

궁상각치(宮商角徵), 우성함문(羽聲咸聞)

시고, 쓰고, 맵고, 짜고, 단 맛을 모두 맛본다.

산고신함(酸苦辛醎), 김미진싱(甘味盡嘗)

밥과 국, 술, 장(醬), 띠와 신, 옷과 치마.

반갱주장(飯羹酒醬), 대리의상(帶履衣裳)

베게, 이불, 소반, 그릇, 안석, 수건, 부채

침금반기(枕衾盤器), 궤석건선(几席巾扇)

창, 기둥, 방, 집, 당(堂), 실(室), 각(閣), 전(殿)

창영방옥(窓楹房屋), 당실각전(堂室閣殿)

문과 지게문 우물, 부엌, 성(城), 읍(邑), 향(鄕), 여(閭)

문호정조(門戶井竈), 성읍향여(城邑鄕閭)

밭, 동산, 누대, 연못, 저자, 길, 배, 수레

전원대지(田園臺池), 시로주거(市路舟車)

검, 도끼, 활, 창, 대롱, 말, 도끼, 자

검부궁과(劒斧弓戈), 관두근척(管斗斤尺)

은, 옥, 돈, 재물, 금포(錦袍), 보배, 베, 견직물(絹織物).

은옥전재(銀玉錢財), 금보포백(錦寶布帛)

거문고, 비파, 종, 생황, 기, 북, 병사, 갑옷.

금슬종생(琴瑟鍾笙), 기고병갑(旗鼓兵甲)

싸움, 정벌, 형벌, 살해, 활쏘기, 말타기, 절하기, 읍하는 것.

전별형살(戰伐刑殺), 사어배읍(射御拜揖)

밭갈다, 김매다, 길쌈하다. 짜다. 의원, 점, 기술, 예술.

경운방직(耕耘紡織), 의복기예(醫卜技藝)

관부(官府), 벼슬, 과거, 벼슬, 공(公), 경(卿), 백성, 아전

관작천과(官爵薦科), 공경민리(公卿民吏)

장수, 요절, 빈곤, 가난, 길하다, 흉하다, 죽다, 살다.

수요빈부(壽夭貧富), 길흉사활(吉凶死活)

재앙, 복, 안녕, 위태, 취하고, 버리고, 얻고, 잃다.

화복안위(禍福安危), 취사득실(取舍得失)

근심, 즐거움, 슬픔, 환락, 희롱, 다툼, 분노, 탐냄.

우락비환(憂樂悲歡), 희쟁분탐(戲爭忿貪)

교만, 사치, 간사함, 편안함, 속이다, 도둑, 사통, 음란.

교치사일(驕侈邪佚), 기도사음(欺盜私淫)

돌아눕다, 구르다, 수갑, 망하다, 무리, 어리석음, 또한, 병

전적곡망(輾轉梏亡), 중우차병(衆愚且病)

 '당(堂)'은 정방(正房)으로 높고 큰 방을 말한다. '실(室)'은 방간(房間)을 말한다. '각(閣)'은 누대(樓臺)와 같이 멀리 바라볼 수 있는 곳, '전(殿)'은 당(堂)이 높고 큰 것을 말한다. '지게문'은 옛날 집에서 방과 마루 사이에 있는 문이나 부엌마루와 방 사이의 문, 또는 부엌의 바깥문을 말한다. '백(帛)'은 실로 짠 제품을 말한다.

3. 성현의 출현

천지개벽을 언급하면서 시작한 『계몽천자문』의 후반부에서는 성현의
출현과 이와 관련된 설명을 하고 있다. 그리고 문명이 열릴 때 중국의
성인을 설명하고 있다.

> 탁월한 저 성인이여, 주정(主靜)과 성경(誠敬)으로
> > 탁피성현(卓彼聖賢), 주정성경(主靜誠敬)
> 이치(理致)를 밝히고 명(命)을 알며, 실천(實踐)하여 힘써 행한다.
> > 궁리지명(窮理知命), 실천역행(踐實力行)
> 유수(柔粹)는 곧고 크며, 강건(剛健)하고 관홍(寬弘)하다.
> > 유수직대(柔粹直大), 강건관홍(剛健寬弘)
> 부정(敷政)하여 교훈을 세우고, 영원히 범규(範規)를 만든다.
> > 부정임훈(敷政立訓), 영작범규(永作範規)
> 우주(宇宙)를 아래를 굽어보고 우러러 보니 묘연하고 유구(悠久)하도다!
> > 우주부앙(宇宙俯仰), 묘의유재(邈矣悠哉)
> 구주(九州)는 편벽(偏僻)한 땅이요, 가까운 흔적은 능히 살필 수 있다.
> > 구주편야(九州偏壤), 근적능계(近跡能稽),

'주정(主靜)'은 송나라와 명나라 이학가(理學家)의 도덕적 수양방법이
다. 그 연원은 『예기』이다.[21] 다시 불교과 도교의 적정(寂靜)과 무위(無
爲) 사상과 결합한다. '주정'은 주돈이(周敦頤)의 『태극도설(太極圖說)』에
언급되어 있다.[22] 주돈이는 무극(無極)을 정(靜)으로 보고 인간의 천성은
원래 정한 것으로 보았다.
'유수(柔粹)'은 강유수박(剛柔粹駁)이라고 할 수 있다.[23] 수박(粹駁)은

---

21) 『禮記』, 「樂記」. "人生而靜, 天之性也."
22) 周敦頤, 『太極圖說』. "聖人定之以中正仁義而主靜, 立人极焉."
23) 『俛宇先生文集』 권67, 「答河采五」. "其昏明清濁, 屬乎氣, 剛柔粹駁, 屬乎質, 此豈可見

순수한 것과 섞이어 순수하지 않은 것을 말한다. '관홍(寬弘)'는 너그럽고
관량(度量)이 큰 것을 말한다. '부정(敷政)'은『시경』에 근거가 있는 말로
정치를 펴면서 교화를 시행하는 것을 말한다.[24] '구주(九州)'는 우공구주
(禹貢九州)로 우(禹)가 구획한 기주(冀州)와 곤주(袞州)·청주(靑州)·서주
(徐州)·양주(揚州)·형주(荊州)·예주(豫州)·양주(梁州)·옹주(雍州)를 말
한다.『서경』「우공(愚貢)」에 언급되어 있다.

　뿐만 아니라 중국의 명산과 강, 성현 등에 대해서도 언급하고 있다.

> 태산(泰山), 화산(華山), 형산(衡山), 숭산(嵩山), 강과 호수(湖水),
> 　황하(黃河), 회수(淮水)　　　태화형숭(泰華衡嵩), 강호하회(江湖河淮)
> 오직 황제가 법을 창조하여 이에 순박(醇樸)을 열었다.
> 　　　　　　　　　　　유황창법(維皇創法), 내계순박(乃啓醇樸)
> 복희(伏羲)와 염헌(炎軒), 소호(少昊), 전곡(顓嚳).
> 　　　　　　　　　　복희염헌(伏羲炎軒), 소호전곡(少昊顓嚳)
> 이제(二帝)의 정오(亭午), 지극한 통치는 빛나고 밝도다.
> 　　　　　　　　　이제정오(二帝亭午), 지치희호(至治熙皞)
> 큰 홍수의 물결은 우(禹)가 평정했고, 오랜 가뭄은 탕(湯)이 빌며 기도했다.
> 　　　　　　　　　홍도우평(洪濤禹平), 항한탕도(亢旱湯禱)

　황하는 돈황의 변방 밖에 있는 곤륜산에서 발원하여 바다로 흘러들어
간다.[25] 소호(少昊)는 상고시대 황제의 한명으로 성(姓)은 영(嬴)이고 이
름은 지(鷙)이다. 동이족 부락의 수령이다. 전곡(顓嚳)는 중국 상고시기
3황5제 중에 2번째 황제인 고양씨(高陽氏) 전욱(顓頊)이다. 이제(二帝)는
요(堯)와 순(舜)을 말한다. 정오(亭午)는 정오(正午)와 같은 뜻인데, 여기

　如顏貌肌骨之顯然有形耶.'
24)『詩經』,〈商頌〉,「長發」. "不競不絿, 不剛不柔, 敷政優優, 百祿是遒."
25)『說文』. "河, 河水出敦煌塞外昆侖山, 發原注海."

서는 전성기를 말하는 것으로 보인다. 항한(亢旱)은 오랜 기간 비가 오지 않는 것을 말한다.[26] 탕도(湯禱)는 탕이 상산(桑山)에서 빌며 수림(樹林) 속으로 가서 기우제(祈雨祭)를 지냈다.[27]

Ⅲ. 중국과 조선의 역사와 유교의 계승

1. 중국 역사

주나라에서 시작하여 이어지는 왕조를 명칭만 간단하게 설명하고 있다.

주나라 제도 성하고 빛나니 고금에 견줄 나라 드물다.
주제욱환(周制郁煥), 금고한쌍(今古罕雙)
천자의 기강(紀綱)이 폐하여 느슨하게 되자 한 구석에 있는
패권 국가의 합종설(合從說)과 연횡설(連衡說)
왕강폐이(王綱廢弛), 편패횡종(偏覇橫縱)
이미 진(秦)나라는 화염(火焰)을 거쳐 한나라 때 융성했다.
기경진함(旣經秦焰), 한가융성(漢家隆盛)
위(魏)와 오(吳)의 거짓과 반란으로 진국(晉國)은 다툴 필요가 없었다.
위오참위(魏吳僭僞), 진국불경(晉國不競)
오랑캐의 먼지 하늘을 덮자 이 세상은 깨지고 균열이 갔다.
호진폐소(胡塵蔽霄), 환구파열(寰區破裂)
육대(六代)는 꿈같았고, 수(隋)와 당(唐)이 혼합시켜 일체가 되게 하였다.
육대여몽(六代如夢), 수당혼일(隋唐混一)

---

26) 『後漢書』, 「楊賜傳」. "夫女謁行則讒夫昌, 讒夫昌則苞苴通, 故殷湯以之自戒, 終濟亢旱之災."

27) 『呂氏春秋』, 「順民」. "昔者, 湯克夏而正天下, 天大旱, 五年不收, 湯乃以身禱於桑林……用祈福於上帝, 民乃甚說, 雨乃大至."

오계(五季) 때 늘어져 쇠퇴하자 규운(奎運)이 송(宋)에 있게 되었다.

오계능이(五季陵夷), 규운재송(奎運在宋)

완안(完顔)이 난을 일으키자 기악온(奇渥溫) 간(干)이 통일시켰다.

완안번란(完顔播亂), 기악간통(奇渥干統)

주씨(朱氏)의 짧은 왕조 다시 유침(陸沈)을 만났다.

주씨단조(朱氏短祚), 부조육육침(復遭陸沈)

완안(完顔)은 만주족과 석백족(錫伯族) 중에 제일 오래된 성씨의 하나로 부락명이기도 하다. 대대로 장백산에서 송화강 중상류 지역에 걸쳐 살았다. 당나라 때에는 흑수(黑水)지역의 말갈과 발해, 여진 사이에서 살았다. 나중에 여진에 소속된다. 청 왕조는 완안족을 지극한 존경을 하여 팔기족의 수령으로 삼았다. 완안씨에 대해서는『정조사통(淸朝通典)』,「씨족명(氏族略)」,「만주필기성(滿洲八旗姓)」에 언급되어 있다. 성길사한(成吉思汗) 일족인 몽고인의 성씨이다. 단조(短祚)는 왕조가 짧았다는 것을 말한다.

소수민족의 출현을 오랑캐라고 보고 있다는 점에서 일정하게 중화 문명의 존왕양이를 정통으로 보고 있다.

2. 한반도 역사

마지막으로 조선의 역사를 단군으로부터 시작하여 언급하고 있다.

조선의 첫 시대 단군과 기자의 덕택에 젖어

조선초세(朝鮮初世), 단기택점(檀箕澤霑)

만한(滿韓), 진한(辰韓), 변한(弁韓), 임둔(臨屯), 진번(眞蕃), 현도(玄菟),
낙랑(樂浪)

만한진변(滿韓辰弁), 둔번현낙(屯蕃菟浪)

백제와 고구려가 정립(鼎立)하였는데, 신라가 전적으로 강했다.

제려정치(濟麗鼎峙), 신라전강(新羅全强)

송경(松京)의 속누(俗陋), 우리 조선은 문치(文治)를 숭상했다.

　　　　　　　송경속누(松京俗陋), 아방우문(我邦右文)

찬연(燦然)하도다 전장(典章)이여 커다란 결과가 홀로 존재했다.

　　　　　　　찬연전장(燦然典章), 석과독존(碩果獨存)

감계(鑑戒)는 멀리에 있는 것이 아니니, 역수(曆數)를 가히 계승할 수 있다.

　　　　　　　감계비원(鑑戒非遠), 역수가술(曆數可述)

후직(后稷)과 계(契), 지극히 가르쳤고, 주공단(周公旦)과 소공석(召公奭), 여상(呂尙)과 제갈량(諸葛亮)

　　　　　　　직계지설(稷契摯說), 단석여갈(旦奭呂葛)

출전하며 장수가 되고 입조하면 재상이 되었다. 충성의 신하 진실로 보필하였다.

　　　　　　　출장입상(出將入相), 신신양필(藎臣良弼)

관후(關侯)와 악보(岳保), 영웅호걸은 무공이 있었다.

　　　　　　　관후악보(關侯岳保), 영호무열(英豪武烈)

　'만한(滿韓)'은 나쓰메소키가 1909년 9월 1일부터 10월 17일까지 남만철도회사 총재였던 나카무라제코의 친구로 답사를 하면서 쓴 『만한 이곳저곳』에 언급된 지역이다. 그가 답사한 지역은 대련(大連), 여순(旅順), 고려성(高麗城), 안동현(安東縣), 봉천(奉天), 무순(撫順)이다.[28] '우문(右文)'은 문치를 숭상한다는 말이다. '역수(曆數)'는 제왕 계승의 차서(次序)를 말한다. '직계(稷契)'는 직(稷)과 계(契)를 말한다. '직'은 후직(后稷)이다. 후직은 순(舜)임금 때 가색(稼穡)을 가르킨 사람이고, '계'는 순임금 때 백성을 다스리는 대신이었다. '단석(旦奭)'은 주공단(周公旦)과 소공석(召公奭)을 말한다. 주나라 초기의 공신이다. '여갈(呂葛)'은 주나라 여상(呂尙)과 삼국시대 촉나라의 제갈량을 말한다. 두보의 시에도 언급되어 있다.[29] '신신(藎臣)'은 충신을 말한다. 『시경』에도 언급되어 있다.[30] '관

---

28) 검색창(https://blog.naver.com/somdari496/221344804742) 참고. 네이버, 검색어: 滿韓.

후(關侯)'는 관우를 말한다. '악보(岳保)'는 소설 『설악전전(說岳全傳)』의
인물이다.

자신의 이력도 투영된 것으로 보인다. 신기선은 조선 말기의 문신으
로 1877년 대과 별시에 병과로 급제하였지만 1895년 군부대신에 임명되
면서 육군부장이 되었고, 중추원부의장을 거쳤다. 『계몽천자문』 중에
출전하며 장수가 되고 입조하면 재상이 되었다는 "출장입상"과 충성스
러운 신하가 진실로 보필하였다는 "신신양필"이라고 표현하였다. 이 말
은 그의 이력과 겹쳐지는 부분이다. "관후악보, 영호무열"라고 표현 한
것도 자신의 만력 이력을 통해 시각이 여기까지 이른 것이라고 볼 수도
있다.

3. 유교의 계승

사농공상에서 선비를 제일로 꼽았다. 그리고 선비를 통해 유학이 계
승된다. 유교의 맥이 마지막으로 율곡에게 계승되었다고 언급하여 자신
의 학맥의 연원을 들어냈다.

오직 농업과 공업, 상인 중에 선비가 역시 마땅히 존중해야 한다.
유농공고(惟農工賈), 토양의종(士也宜宗)
노자와 불교, 도교, 참선(參禪) 중에 공자의 가르침은 꼭 숭상되어야 한다.
노불선선(老佛仙禪), 공교필숭(孔敎必崇)
대개 선니(宣尼)로부터 고명(高明)하고 박후(博厚)하며
재자선니(蓋自宣尼), 고명박후(高明博厚)
정학(正學)을 굳게 건립하여, 앞 선대의 광채가 후대에 드리워졌다.
탄기정학(誕基正學), 광전수후(光前垂後)

29) 杜甫, 「晚登瀼上堂」. "凄其望呂葛, 不復夢周孔."
30) 『詩經』, 〈大雅〉, 「文王」. "王之藎臣."

안연(顏淵)과 증자(曾子)가 이어 받았다. 자사와 맹자가 밝혀 보위하였다.
연여승수(淵輿承受), 사맹천위(思孟闡衛)
시초가 추락하여 망창(莽蒼)하니, 천세(千歲)에 인멸하여 황폐해졌다.
추서망창(墜緒莽蒼), 인무천세(湮蕪千歲)
염옹(濂翁)에게 단절(繼絶)되었으나 정이(程頤)와 장재(張載)가 발휘(發揮)하였다.
염옹계절(濂翁繼絶), 정장발휘(程張發揮)
회암(晦菴)이 집성(集成)하여 사도(斯道)가 거듭 발휘하였다.
회암집성(晦菴集成), 사도붕휘(斯道重輝)
좌명(左溟) 율곡(栗谷)은 아마도 적전(適傳)에 해당된다.
좌명율곡(左溟栗谷), 서당적전(庶當適傳)

　'중니(宣尼)'는 공자의 존칭이다. '고명(高明)'은 고상하고 현명한 것을 말한다. '박후(博厚)'는 광대하고 심후(深厚)하다는 말로 『예기』에 근거가 있는 어휘이다.[31] 안회(顏回)의 자는 자연(子淵)이고 증자의 자는 자여(子輿)이다. '사맹(思孟)'은 맹자와 자사를 말한다. '망창(莽蒼)'은 경색(景色)이 미망(迷茫)하다는 뜻으로 아득하여 분명하지 않다는 의미를 가진다. 『장사』에 언급된 말이다.[32] '염옹(濂翁)'은 송나라 주돈이(周敦頤, 1017~1073)를 말한다. 호는 염계(濂溪)이다. '정장(程張)'은 정이(程頤)와 장재(張載)를 말한다.

　공교(孔敎)에 대하여 언급하고 있다. 이 부분은 그의 행적과 연관이 있어 보인다. 신기선은 공자교회(孔子敎會)라고 알려진 공자교의 전신인 대동학회(大東學會)에 회장으로 있었다. 대동학회는 이완용과 조중응이 이등박문에게 2만원을 지원받아 유림계를 친일 쪽으로 만들기 위해 세운단체로 서울에서 1907년 2월 발기하고, 3월에 출범한다.[33] 그리고 대

---

31)『中庸』. "博厚所以載物也, 高明所以覆物也."
32)『庄子』,「逍遙游」. "适莽蒼者, 三飡而返, 腹犹果然." 成玄英 疏 : "莽蒼, 郊野之色, 遙望之不甚分明也."

동학회에 비난이 일어나고 장지연과 박은식 등이 반일 성향의 대동교를 결성하자 대동학회는 1909년 공자교회로 재편하면서 대동교의 이용직이 영입되어 회장이 된다. 이 배경에는 통감부가 있어 대한제국의 동학은 일진회, 유교계는 대동학회로 친일화 하려고 했다.[34]

4. 소아의 계몽

여기에서는 『계몽천자문』을 창작한, 궁극적인 목표가 언급되어 있다.

유술(儒術)은 어떤 것인가? 독서와 수신하며
유술이하(儒術伊何), 독서수신(讀書修身)
『시경』, 『주역』을 읊고 완상하며, 역사책은 차고 넘치며
음완시역(吟玩詩易), 범람사질(泛濫史帙)
관혼상제에 의절(儀節)을 삼가 준수하고,
관혼상제(冠婚喪祭), 근준의절(謹遵儀節)
보고, 듣고, 말하는 모양, 몸가짐이나 태도가 어찌 오만하리오!
시청언모(視聽言貌), 용지감오(容止敢慢)
여가(餘暇)에 시문과 문장을 종이와 먹, 붓, 벼루로
여가사한(餘暇詞翰), 지묵필연(紙墨筆硯)
공업은 독실하게, 학업은 부지런하게 하여 이로써 그 덕에 나아간다.
신공근업(篤功勤業), 용취궐덕(用就厥德)
내가 양몽(養蒙)을 생각하여 글자 1천자를 모았으니
여의양몽(余擬養蒙), 휘자십백(彙字十百)
아아! 소아(小兒)들아 암송하고 익히기를 싫증내지 말라.
차이소아(嗟爾小兒), 송습무역(誦習無斁)
양몽(養蒙)을 싫어하지 말라.   양몽무역(養蒙無斁)

---

33) 『한국민족문화대백과사전』.
34) 권오영(1984).

인용된 예문의 "범감사질(泛濫史帙)"의 '범(泛)'은 보통(普通)과 상통한
다. '모(貌)'·'언(言)'·'시(視)'·'청(聽)'은 신기선의『유학경위』에서 "천형
지도"를 설명하면서 언급한 내용이기도 하다.[35]

Ⅳ. 결론

신기선의『계몽천자문』은 형식적으로 주흥사의『천자문』과 유사한 점
도 있지만 그 내용과 배경이 다르다.

신기선이 살던 시대는 19세기 중엽에서 20세기 초이고, 주흥사가 살
던 시기는 5세기 말에서 6세기 초이다. 신기선이 살던 시대에는 대륙에
서는 1860년 아편전쟁, 태평천국의 난, 1884년 청일전쟁, 1884~1885년
청프전쟁, 1898년 변법자강, 1898년 무술정변, 1898~1900년 의화단 사
건 등이 있었다. 또한 서양세력과 일본 제국주의가 한반도에 도래하기
도 했다.

때문에 신기선의『계몽천자문』에는 달라진 시대만큼이나 주흥사의
『천자문』에 비하여 새로운 내용이 많이 있다. 이는『천자문』이 중국 중
심의 역사와 세계관, 인식관이 있었다면『계몽천자문』은 새로운 시대의
분위기를 담기도 하고, 조선 역사를 반영하기도 하며, 나아가 만주 지역
에도 관심이 가져, 보다 변화된 세계를『계몽천자문』에 담고자 했던 것
으로 보인다. 이는 하나의 변화라고 할 수 있다.

신기선은 한반도 역사를 언급하기도 했다. 단군과 기자, 만한, 진한과
변한을 언급하면서 마한을 언급하지 않았다. 그러면서도 한사군인 낙랑
과 임둔, 진번, 현도를 모두 언급한다. 중국 역사관도 언급하고 있다.

---

35) 노대환, 앞의 책 328쪽 참조.

존왕양이에 입각하여 서술하고 있지만 만주족 완안(完顔)과 몽고족은 기악(奇渥)을 언급하고 있다. 만주족 중 완안은 석백족(錫伯族) 중에서 부락명이기도 하고 오래된 성씨다. 신기선은 요동평야가 있는 만한을 언급하기도 하고 장백산에서 송화강 중상류 지역까지 살면서 청왕조의 지극한 존경을 받은 완안족을 언급한 것은 청나라 쇠퇴기에 접어들고 일제강점기 앞둔 시점에 동북지역에 대한 관심이 표명된 것이라고 할 수 있을 것이다.

환구(丸球), 원궁외선(圓穹外旋)을 설명하며 지원과 지전을 설명하기도 했다. 지구와 우주에 작자의 생각도 주흥사에 비하여 범위가 크다. 주흥사는 "우주가 넓고 크다.[우주홍황(宇宙洪荒)]"라고 설명했지만 신기선에게 있어 "우주는 막연하고 유구한 것이다.[묘의유재(邈矣悠哉)]"라고 인식했다.

사물의 명칭은 소개하는데 그친 것이 많다. 그 근거는 실물과 연관지어 설명하고 있다. 갑오경장을 겪은 사람이지만 전통시대의 신분질서인 처첩 등도 언급하고 있다. 또한 반복되는 한자를 피하려 했던 것으로 보인다. "효어부모(孝於父母), 사군이충(事君以忠)"의 경우 앞 구절과 뒷 구절의 호응이 자연스럽지는 않지만 반복되는 글자는 없다.

1994년 갑오경장이 있었지만 신기선은 미래를 바라보고 신분을 타파해야 한다는 계명의식이 크게 작용하지 않았다. 한자와 관련된 어휘를 소개하고『계몽천자문』의 체계를 세우기 위해 실생활과는 거리가 있는 한자라도 다수 포함시킬 수밖에 없었다고 보인다. 특히 왕조를 중심으로 조선과 중국의 역사를 간단하게 소개해야 했고, 유교의 학맥도 이름이나마 거론하지 않을 수 없었다.

『계몽천자문』의 수록된 한자는 신기선의 학문세계를 광범위하게 반영하였다고 볼 수 없다. 지구의 지원(地圓)과 지전을 비롯하여 불교의 항사(恒沙), 인도의 천형지도(踐形之道)에서 시청언모(視聽言貌)를 언급하기도 했지만 여기에 그치고 있다. 『계몽천자문』은 고문사(古文辭) 공부를 앞두고 있는 어린 아이에게 한자습득을 하게 하기 위하여 천지개벽부터 시작하여 만물의 탄생, 인간과 성인의 탄생, 한반도와 중국의 간략역사, 성리학의 맥 등을 간단하게 언급한 것으로 보인다. 『계몽천자문』의 창작시기는 분명하지 않아 창작 당시 신기선의 의식과 사회상을 연관 지어 설명하기에는 어려움이 있다. 『계몽천자문』이 창작되었을 때 대한제국이 성립되었는지 알 수 없지만 『계몽천자문』에서 자국의 역사를 『계몽천자문』에 담은 것은 자존(自尊)을 높였다는 의의를 가질 수 있을 것이다.

신기선의 세계는 초반에 정통 주자학에 잠심하였다가 1880년대에는 동도서기론, 20세기 초반에는 서구학문을 인정하는 단체에서 활동을 했다.[36] 신기선은 1877년 대과에 급제하고, 1895년 군부대신에 임명되면서 육군부장이 된다. 『계몽천자문』 중에 "출장입상(出將入相)."과 "관후악보(關侯岳保), 영호무열(英豪武烈)."라고 표현한 것은 자신의 만년 이력에 자신감을 표현한 것으로 보인다. 그리고 공교를 언급한 것은 공자교의 전신인 대동학회에 회장으로 있었기 때문에 강조한 것으로 보인다. 친일단체인 대동학회는 1909년 공자교회로 재편되지만 이해 신기선은 운명한다.

그리고 『계몽천자문』은 중화 중심주의로 쏠리는 듯 하지만 몽고족과 만주족 완안족, 중국 동북지방 만한(滿韓)도 수록하고 있다. 당시 일본제국주의가 청일전쟁을 승리한 후 삼국간섭으로 독일과 프랑스, 만주철도 부설과 요동반도에 대한 조차(租借)가 이루어졌다. 당시 일본제국주의의 관심이 『계몽천자문』에도 반영된 것으로 보인다. 하지만 본고에서는 이를 진전시켜 고찰하지 못하고 『계몽천자문』에 국한하여 살펴보았다.

---

36) 권오영, 앞의 논문 133쪽 참조.

이 넓은 시각은 차후의 과제로 남기고자 한다.

참고문헌

『啓蒙千字文』.
『廣雅』.
『說文』.
『陽園遺集』.
『禮記』.
『爾雅』.
『莊子』.
『左傳』.
『周易』.
『晋書·庾翼傳』.
『淮南子』.
『後漢書』.
郭鐘錫, 『俛宇先生文集』.
杜甫, 『晚登瀼上堂』.
丁若鏞, 『與猶堂全書補遺』.

권오영, 「신기선의 동도서기론 연구」, 『청계사학』, 1권, 청계사학회, 1984.
노대환, 「19세기 후반 신기선의 현실 인식과 사상적 변화」, 『동국사학』 33, 동국역사문
        화연구소, 2012.
심경호, 「동아시아에서의 '천자문(千字文)' 류(類) 및 '몽구(蒙求)' 류(類) 유행과 한자한
        문 기초교육」, 『한자한문교육』 36, 한국한자한문교육학회, 2015.

19세기 한문역사교재
『몽학사요(蒙學史要)』에 대한 고찰

조혁상

I. 서론

　『몽학사요(蒙學史要)』는 김용묵[金用默, 1773~1819][1]이 저술한 책으로, 2,000자의 한자로 본문이 구성되어 있다. 김용묵은 아들인 김기찬[金基纘, 1809~?][2]의 한자한문학습 교육을 위해, 중국과 조선의 역사적 사실의 요점을 정리하여 이 책을 만들었다. 그는 중국 후진(後晉)의 이한(李瀚)이 지은 『몽구(蒙求)』와 양나라 주흥사(周興嗣)가 지은 『천자문(千字文)』의 체재를 참고하여 네 글자를 한 구절로 하고 비슷한 두 구를 합쳐 여덟 글자를 한 문장으로 하는 방식으로 『몽학사요』를 편찬하였는데,

---

1) 김용묵: 자 현로(玄老), 호 성은(城隱). 청풍 김씨(淸風 金氏) 청로상장군공파(淸虜上將軍公波) 19세손이며, 김성구(金聖球)의 큰아들이었다. 1795년 진사, 1802년 정시문과 을과로 급제. 가주서, 정언, 집의 등을 지냈고 사후 이조참판에 추증. 저서로는 『몽학사요』, 『팔덕문만영금(八德門萬籤金)』 등이 있다.

2) 김기찬(金基纘): 자 공서(公緖), 호 석거(石居). 생부는 김주묵(金周默)이며, 김용묵은 계부이다. 1835년 증광문과에 병과로 급제. 1837년 홍문록·도당록에 이름이 올랐으며, 1842년 경상우도 암행어사로 잠행하여, 탐관오리들을 적발하고 처벌을 건의하였다. 그 뒤 집의를 거쳐 1852년 대사간이 되었으며, 1859년 이조참의, 뒤이어 이조참판을 지냈다. 저서로는 『석거집』이 있다.

한 구절마다 상단에 대부분 보주(補註)를 붙여서 그 내용을 이해하기 쉽게 하였다.

이러한『몽학사요』의 내용을 대략적으로 살펴보면, 서두에는 먼저 우주의 생성과 천지의 상하관계, 부모의 생육과 인간의 존엄함에 대해 이야기를 시작하면서 뒤이어 중국의 상고시대부터 명나라에 이르기까지 일어났던 역사적 사건과 인물들에 대해서 본격적으로 설명하였다. 그리고 말미에는 삼국과 고려의 역사 인물에 대해서도 아울러 간략히 정리하였다.

본고에서는『몽학사요』에 대한 이해를 위해 먼저 정원용[鄭元容, 1783~1873]과 김학성[金學性, 1807~1875]이 쓴『몽학사요』서문과 김기찬이 쓴 발문에 나타난 내용을 토대로 하여『몽학사요』의 편찬 이유와 그 성격에 대하여 알아보고, 이어서『몽학사요』의 내용구성을 살펴보고자 한다.[3]

Ⅱ.『몽학사요』의 편찬 이유와 그 성격

1. 정원용의 서문

1866년[고종 3] 음력 10월 상순에 영의정을 역임했던 영중추부사(領中樞府事) 경산(經山) 정원용(鄭元容)이 쓴「몽학사요서」에는 김기찬이 부친의 저술인『몽학사요』에 대한 설명과 함께 서문을 정원용에게 부탁한 경위를 설명하고 있다. 김기찬은『몽학사요』가 2,000자 4자문으로 구성되어 있으며 중국 양나라 주흥사의 천자문체와 같음을 말하고,『몽학사요』의 본문에서 고금의 다양한 사적을 열거하고 주석 및 고증을 했다는 사실을 정원용에게 밝혔다. 정원용은 서문을 지어달라는 부탁을 받

3) 본고에서는 국립중앙도서관 소장본『몽학사요』를 저본으로 삼았다.

은 후에 지부(知府) 박종유[朴宗有, 1779~?]가 그의 아버지가 안주목사로 부임했을 때 인쇄하여 여러 집안에 소장했던 판본 중 하나를 얻어서 그것으로써 내용을 분변하고 서문을 지었음을 서술하고 있다.

> 석거 김시랑이 나에게 말하기를 "선대부 성은공이 일찍이 『몽학사요』 1책을 저술하여 2천자를 모아서 4자문을 만들었으니 양나라 때 주흥사의 천자문체와 같았습니다. 예로부터 지금에 이르기까지 치난득실과 오융선악의 사적을 대강 열거하여 주석하고 고증했습니다."라고 하였다. 오헌 김시랑이 간포하기를 청했으나 아직 완성하지 못하였는데, 지부 박종유가 스스로 쓴 한 통을 가지고, 선공이 안주의 목사로 나갔을 때 인쇄를 하여 여러 집안에 소장했었으니 한 마디로 청해서 그것으로써 분변하였다.[4]

이어지는 아래 글은 정원용 서문의 본 내용이다. 1802년[순조 2]에 정원용은 김용묵과 함께 문장으로 명성을 날렸고,[5] 벗들이 김용묵을 추대하며 칭찬했었으나 그가 크게 출세하지 못하자 선비들이 한을 품게 되었으며 김용묵의 문장이 드러나지 못함은 운수 때문이었다고 치부하고 있다.

> 내가 글을 지어 대답하기를 "임술년[1802(순조 2)]에 내가 성은공과 함께 문장으로 명성을 날렸으니 같은 벗들이 공을 추대하여 서로 말하기를 '사림의 문단에 장차 아름다운 패옥의 소리가 크게 울리고, 장식된 생황과 종의 성대함을 보일 것이다.'라고 하였는데, 마침내 쓰임을 다함

---

4) "石居金侍郎語余曰: '先大夫城隱公, 嘗述『蒙學史要』一冊, 集二千字爲四字文, 如梁時周興嗣千字文體. 自古迄近, 治亂得失·汙隆善惡之事與蹟, 槩擧而注證.' 寤軒金侍郎請刊布而未之竣, 朴知府宗有自書一通, 先公牧安州時, 鏤梓而藏諸家, 請一言以弁之."

5) 정원용은 그가 20살이던 1802년(순조 2) 10월에 가례경과에서 정시초시에 입격하였고 전시을과에 급제하였는데, 서문의 내용으로 미루어볼 때 김용묵도 당시에 정원용과 함께 합격한 것으로 보인다.

을 얻지 못하여 선비들이 한을 품게 되었다. 문장의 드러남과 어두워짐은
운수와 관계되었는데 만회하지 못한 것인저. 공은 그 아우인 재재실과
더불어 재주와 총기가 함께 출중하여 집에서 나란히 수학하였어도 성대
한 명성이 한 시대에 자자했다. 당시 사람들이 미산 삼소에 비유했다.
공은 눈만 지나가면 바로 기억하였고 기억하면 잊지 않았다. 시험삼아
고서질에서 뽑아 한 줄을 골라서 물으면, 송독함이 책을 대한 것과 같았
다. 석죽 김선생이 평소 가슴 속에 담아두어서 시험삼아 두드리면, 근원
있는 샘물이 용솟음치며 크게 쏟아져나와 도도하여 다하지 않음과 같아
서, 고적의 집자 성구를 암기하여 외우는 것이 비록 총명함이 초월해서일
지라도 박학호고함이 아니라면 어찌 이러한 경지에 이를 수 있었겠는가!"
라고 하였다.[6]

　김용묵은 그 아우인 재재실(哉哉室) 김주묵[金周默, 1777~1847][7]과 더
불어 재주와 총명함이 출중하여 집에서 함께 수학하였어도 명성이 유명
했기에 당시 사람들이 소동파 부자에 비유했었다고 한다. 김용묵의 기
억력은 책을 한 번만 읽어도 바로 외우고 잊지 않을 정도여서 시험삼아
고서질에서 아무 책이나 뽑아서 한 줄을 물어도 마치 책을 보는 듯 외워

---

6) "余作而對曰: '歲壬戌, 余同城隱公, 唱桂籍聞, 儕友推公相語曰: '詞林藝垣, 將見其瑀琚
玉佩之鏘鳴, 而賁飾笙鏞之盛', 竟未獲究用, 爲士流所齎恨. 文章之顯晦, 氣數攸關, 而莫
之挽廻也歟. 公與其季哉哉室, 才悟俱出等, 幷受學於家庭, 盛名藉一代. 時人比眉山三
蘇. 公於文過眼輒記, 記輒不忘, 試抽古書帙, 拈行間之, 誦讀如對卷. 金石竹素蟠苑胸次,
試叩之, 如源泉湧瀉滔滔不渴, 記誦古蹟集字成句, 雖聰明超越, 非博學好古, 何以臻此閫
域哉!'"

7) 김주묵(金周默): 자 몽수(夢叟), 호 재재실(哉哉室). 김성구(金聖球)의 둘째 아들. 1798
년 사마시, 1807년 감제문과에 합격했다. 세자시강원, 사헌부, 사간원, 홍문관을 내리
역임했고, 외직인 네 고을의 원으로 간 이후 대사간, 호조참판에 승차했으며, 부친의
승자로 증이조참판이 되었다. 1남 3녀를 두었는데 아들 김기찬을 형 김용묵에게 입후(入
后)했고, 자신은 일가인 김준묵(金寯默)의 아들을 양자로 삼았다.
　*김용묵과 김주묵, 김기찬의 행적 파악을 위해 청풍김씨대종회의 김주헌, 김효영 두
분의 자문을 받음. 김기찬의 경우 몰년이『청풍김씨세보』에 명시되어 있지 않기에 추후
의 고증이 필요하며 김주묵의 행적은『청풍김씨세헌록』에서 확인 가능.

서 대답하였다고 한다. 정원용은 김용묵이 초월적인 총명함을 가졌을
뿐만 아니라, 박학호고(博學好古)하는 기질 때문에 이러한 경지에 이를
수 있었다고 힘주어 강조한다.

> 품류에 의지해서 형체를 본뜨고 형체와 소리가 서로 도움을 주어야
> 하거늘, 글자를 말했는데 맞는 글자가 아니라면, 옛 일만을 깊이 파고들
> 어 말할 것이니 어떻게 유전할 수 있겠는가? 글자라는 것은 지극한 보배
> 이다. 글자의 획이 오덕을 갖추었으니 일의 도리는 예(禮)와 유사하고,
> 순수한 선은 인(仁)에 의지했고, 재단하고 제어함은 의(義)와 같고, 밝게
> 깨달음은 지(智)에서 모방했고, 확고하게 지키는 것은 신(信)에 가깝다.
> 글자로써 글을 삼아서 사물 앞에서 언어를 나타내면, 천고 후에도 만대에
> 함께 드러나서 빛날 것이니 모두 글자의 힘이다. 구양문충공이 말하기를
> '평생에 사용하는 글자는 불과 천여 자에 지나지 않는다.'라고 하였는데,
> 하물며 지금 2천자의 많음이겠는가! 배우기를 좋아하는 자가 깊이 궁구
> 하여 적용한다면, 그 문장 짓는 것을 헤아려 말할 수 있을 것이다."라
> 하였다.
> 병인년[1866(고종 3)] 맹동 상순에 영중추부사 어서사호경산노인 정원
> 용 삼기 서하다.[8]

정원용은 옛 일을 상고하는데 있어서 정확한 글자로 표기해서 유전해
야 함을 말한 다음, 글자의 획이 인의예지신(仁義禮智信)의 오덕(五德)을
갖추었음을 이야기하면서, 글자로써 글을 삼아서 사물 앞에서 언어를
나타내면, 오랜 시간이 지난 후에도 드러나서 빛나는 것이 모두 글자의
힘이라는 것을 강조한다. 그리고 구양수가 평생에 불과 천여 자 정도의

---

8) "依類象形, 形聲相益之, 謂字而非字, 則湟古事言, 何以得遺傳乎? 字者至寶也. 支畫備
五德, 條理類乎禮, 粹善依乎仁, 裁制似乎義, 明覺倣乎智, 確守近乎信. 字以爲書, 以形
言語事物前, 而千古後而萬代, 俱瞭然而燦然者, 皆字之力也. 歐陽文忠言: '平生所用字,
不過易知之千餘字', 況今二千字之多乎! 善學者, 深究而適用, 則其爲文可量言哉. 丙寅
孟冬上澣, 領中樞府事, 御書賜號經山老人鄭元容謹序."

글자만 사용한다고 했던 말을 거론하면서, 배우기를 좋아하는 자가『몽학사요』의 내용을 깊이 궁구하여 적용한다면, 작문을 헤아려 말할 수 있으리라 이야기하고 있다.

2. 김학성의 서문

1868년[고종 5] 음력 5월 초순에 청풍김씨 일문이자 이조판서와 제학을 역임한 송석(松石) 김학성(金學性)이 쓴「서(序)」[9]에서는, 선비가 배워야할 세 가지 중 사학(史學)은 어린 학동이 먼저 익혀야 하며 천지가 생긴지 오래되었음과 사변의 무궁함을 거론하고, 역사의 속성에 대해 논하며 서두를 시작한다.

> 선비에게 세 가지 배울 것이 있는데, 사학이 그 중 하나이니 몽학이 먼저 해야 하는 것이다. 무릇 천지가 생겨난지 오래되었고 사변이 무궁하다. 나라에는 다스려짐과 혼란함과 흥성함과 쇠함이 있고 도(道)에는 진퇴와 소장이 있다. 인물의 사정과 일의 기틀의 성패는 모두 역사에 실려 있다. 역사를 읽는 자는 그 요령을 얻은 연후에, 통체를 꿰뚫어서 수미를 통할 수 있을 뿐이다.[10]

다음으로 김학성은 워낙 문(文)이 번잡해져서 내용이 자질구레하고 넓기도 한 책들이 범람하여 배우는 자들이 백발이 되더라도 다 읽지 못하고, 학문에 어두운 자는 더욱 공부의 요령을 깨닫지 못하는 세태를 이야기한다.

---

9) 김학성의 문집인『송석만고(松石漫稿)』제2책에도「몽학사요서」가 실려있다.

10) "士有三學, 史居其一, 而蒙學之所先之者也. 夫天地之生久矣, 事変無窮. 國有理亂興替, 道有進退消長. 人物之邪正, 事機之成敗, 悉載於史. 讀史者, 得其要然後, 可以貫統體徹首尾耳."

삼대 이래, 세상이 더욱 하강하고 문이 더욱 번잡해져서 자질구레해지고 넓기도 하여 소가 땀을 흘리고 대들보를 채운다. 배우는 자는 넉넉히 갖추는데 치달려야하니 노년에 이르러 백발이 되도록 다 읽지도 못할 것이다. 학문에 어두운 자는 지리멸렬함에서 더욱 어려움이 생겨나니 요령을 깨닫지 못할 것이다. 나의 종인 성은공이 이것을 병통으로 여겨 전기를 샅샅이 찾아내고 강령을 헤아려서 위로는 삼황을 계승하고 황명에까지 미쳤다. 동국을 두루 채집하여 우리 조정에까지 미쳤다. 주흥사의 문장을 모방하여 일부 사서를 모아서 명명하기를『몽학사요』라 했다. 글자가 2천자에 지나지 않아도, 체재가 근엄하고 자구가 정련하며 뚜렷하면서 간단하고, 넓으면서도 바르다. 역대 사실이 구슬이 꿴 것과 같고 촛불이 비추는 것 같다. 저울이 중심을 얻은 듯 미묘한 우의를 포폄하였으니 아! 아름답도다. 세상의 교화에 도움이 되는 바가 있을 것이다.[11]

김학성과 같은 집안 사람인 김용묵은 상기의 세태를 변통으로 여겨 전기와 강령을 찾고 헤아려 중국 삼황 때부터 명나라까지, 우리나라의 삼국부터 조선까지의 역사를 모아서 주흥사의 4자문을 모방하여 2천자로 된『몽학사요』를 만든다. 이 책은 역대 사실이 잘 정리가 되어 있어 저울이 제 역할을 다 하고 내용이 미묘하여 뚜렷한 의미를 제시하지 못하는 역사적 사실을 포폄하였기에 김학성은 이 책이 세상의 교화에 도움이 되는 바가 있을 것이라 평하였다.

공의 학문은 깊고 학식은 해박하지만 아직 시대에 펼치지 못하여 생각건대 남은 원고와 남긴 유언이 단산의 조각난 봉황의 깃털과 같으니 오히려 세상의 사람들이 진기하게 여기고 아끼기를 바라기에 족하다! 이 어찌

---

11) "三代以來, 世愈降而文愈繁, 冗瑣焉, 浩穰焉, 汗牛而充棟. 學者鶩於眹瞻, 至老白首不能盡讀. 蒙學者, 尤生難於支離, 莫會要領. 吾宗城隱公爲是病之, 搜剔傳記, 提挈綱領, 上迹三皇, 逮于皇明, 旁採東國, 曁于我朝, 依倣周興嗣文, 彙成一部史命之曰:『蒙學史要』. 字不過二千, 而體裁謹嚴, 字句精鍊, 辨而簡, 博而正. 歷代事實, 如珠貫燭照, 權衡得中, 袞鉞微寓, 噫其懿哉! 是宜有神於世敎也."

다만 일가의 사사로움만이 되겠는가? 진실로 세상에 널리 펼쳐서 역사를 읽는 자로 하여금 집에서 익히고 외우게 한다면, 아름다운 은혜를 후인에게 남기는 것이라, 몽학에게만 긴요함이 될 뿐만은 아닐 것이니 어찌 작은 보탬이라고 말하겠는가?

무진년 중춘 상한에 김학성이 삼가 서(序)하다.[12]

이어서 김학성은 서문의 말미에서 김용묵의『몽학사요』를 세상에 널리 펼쳐서 역사를 읽는 자로 하여금 집에서 익히고 외우게 한다면 후인에게 크게 보탬이 되리라고 말하고 있다.

3. 김기찬의 발문

다음은 김기찬의『몽학사요』발문이다. 그는 아버지 김용묵이 김기찬 자신의 학습을 위해서 이 책을 저술했다는 사실을 밝히면서 글의 서두를 시작한다. 그리고 책 제목인『몽학사요』의 '몽학'은 어린 선비의 배움을[13], '사요'는 사적의 긴요함을 의미한다는 점을 밝히고 있다.

> 『몽학사요』는 무엇 때문에 만들었는가? 아버지 성은부군이 불초자의 어릴 때 학습을 위해 만들었다. 무엇을 몽학이라 말하는가? 어린 선비의 배움이다. 무엇을 사요라 하는가? 사적의 긴요함이다. 글자는 2,000개를 모았는데 중첩된 글귀가 없고, 댓구를 이어서 문장을 이루었다. 대개 이한의『몽구』표제와 주흥사의『천자문』을 모방했고, 체재와 단락은 별도로 역대의 일을 포괄했다. 요점을 뽑고 강령을 제시하여 예전에 발하지 못한 것을 발한 것은 거의 작자가 집에서 창작한 문장이다.

---

12) "公學邃識博, 而未展于時, 惟其殘稿遺唾, 如丹山片羽, 猶足爲希世之珍惜乎! 是奚但爲一家之私? 苟廣布於世, 使讀史者, 家習而戶誦, 則嘉惠後人, 不啻爲要於蒙學, 豈云小補也哉? 戊辰仲春上澣學性謹序."

13) 이 구절은『몽구』의 제목이『주역』몽괘(蒙卦)의 '동몽구아(童蒙求我)'에서 유래한 사실을 떠올리게 한다.

위로는 비로소 옛것을 깊이 연구하는 것을 시작으로 아래로는 문물이 번성한 나라에 미쳤다. 치난과 흥쇠의 연유와 현자와 사악한 자, 충신과 간신의 구분을 한 번 어루만짐으로써 터득하게 되니 마음에서 요연히 드러났다. 비록 깊은 유자와 묵은 선비라도 또한 배울 수 있으니 몽학의 명편으로 저술했다고 자처하기를 바라지 않을 것이다.[14]

또 이 책이 2,000개 글자를 모았는데 중첩된 글귀가 없고, 댓구를 이어서 문장을 이루었으며『몽구』와『천자문』을 모방했다는 점을 거론하면서 체제와 단락이 별도로 역대의 일을 포괄했음을 김기찬은 명시하고 있다. 그리고 아울러, 이 책이 예전에 발하지 못한 것을 발했다고 하며 김기찬은 부친 김용묵의『몽학사요』가 지닌 독창성을 발문을 통해 부각시키고 있다. 그리고『몽학사요』에 대한 김기찬 자신의 간단한 평을 덧붙여 정리하였다.

당시 해박하고 청아한 군자가 혹 교정하고 고증·주석하였으며 혹 깨끗이 한 통을 베껴서 급히 인쇄를 맡겨 널리 배포할 계책을 세웠다. 그러나 서문을 갖추지 못한 까닭으로 판본이 집에 감추어진지가 오래되었다. 어릴 때의 학습이 어제와 같고 나이가 이미 늙어버려 선대의 뜻을 잇지 못한 것을 개탄하며 돌아가서 참배하는데 뵐 낯이 없을까 염려하였다. 이에 책을 가지고 연로한 석학과 명공의 가문에 글을 짓기를 청하자, 경산원으께서 동년이 오랫동안 요청한 정을 생각했고, 송석재상께서 집안을 가까이 한 화목한 정의를 미루어 특별히 입언이 될만한 중요한 말을 내려주어 세상에 전할 보배를 성대하게 하였다. 가죽끈으로 엮어낸 책이 매우 많아짐을 보고나니 선집의 서를 구했지만 얻지 못한 자에게는 지극

---

14) "『蒙學史要』, 何爲而作也? 先子城隱府君, 爲不肯童習而作也. 何謂蒙學? 蒙士之學也. 何謂史要, 事蹟之要也. 字集二千而無疊句, 屬對耦而成章. 蓋仿乎李瀚蒙求標題·周興嗣千字文而體, 段則別焉包括歷代事, 撮要提綱, 發前未發者, 殆作者家卿有之文也. 上肇邃古, 下逮勝國, 理亂興替之由, 賢邪忠佞之分, 一按而得, 瞭然於心目. 雖茲儒宿士, 亦可學焉, 而以蒙學名篇者, 不欲以著述自居也."

히 다행한 일이었다.[15]

　이어지는 부분은『몽학사요』의 인쇄 과정이다. 김기찬은 부친 김용묵이 교정 및 고증, 주석하였으나 오랫동안 출판을 못하던 원고를 깨끗하게 정사(正寫)해서 인쇄 및 배포할 계책을 세웠다가 서문이 없어서 책을 지니고 다니며 연로한 석학과 명공 가문에 글을 의뢰하였다. 그런데 다행스럽게도 경산 정원용과 송석 김학성이 서문을 써주어 드디어 책을 다량 인쇄할 수 있었던 것이다.

　　그러한 즉 이 책의 간행이 장차 팔방에 전사되어 이름이 드리운 것이 썩지 않게 되어 후학에게 아름다운 은혜가 되니 어찌 몽구과 주흥사의 글에 비할 수 있겠는가? 오호라. 부군은 경세의 갖춤을 품고 화국의 문장을 온축하였으나 오래 장수하지 못하고 높은 지위에 오르지 못했으니 이것이 소자의 무궁한 아픔이었다. 지금 이 저술한 것이 대강 드러난 것은 등림의 한 가지에 지나지 않는 것이다. 그러나 부군의 학문이 불어난 것이 넉넉함과 식견이 두루 갖추어진 것이요, 고운 마름풀과 채색빛이 들어남이 찬연히 빛나니 세상에 이 글을 읽는 사람들은 마치 현포의 옥이 야광주가 되지 않음이 없는 것과 같다. 글자가 2,000자라고 해서 작게 여기지 않기를 바란다.
　　무진년 중춘 상한에 기찬이 삼가 발하다.[16]

　1868년[고종 5] 음력 5월 초순에 김학성의 서문을 받자마자 지어진 이

---

15) "當時博雅之君子, 或校正證註, 或淨寫一通, 亟付剞劂, 爲廣布計, 因序文未具, 版本之 秘于家久矣. 童習如昨, 賤齒已暮, 慨先志之未述, 恐歸拜之無顔. 乃抱卷請弁於耆碩名公 之門, 經山元老 念同年久要之情, 松石上宰, 推近宗敦好之誼, 特賜立言之重, 俾侈傳世 之寶. 視韋正蕃, 求先集序不得者, 極榮且幸矣."

16) "然則是書之行, 將傳寫八方, 垂名不朽, 其爲嘉惠來學, 豈蒙求興嗣文比哉? 嗚呼! 府君 抱經世之具, 蘊華國之文, 而壽未中身, 位不滿德, 此小子無窮之慟也. 今玆著述之槩見 者, 不過是鄧林之一枝. 然府君學殖之瞻富, 聞識之淹賅, 藻麗英采之燦然映發, 則世之讀 此文者如見玄圃之玉, 無非夜光. 庶不以字二千少之也. 戊辰仲春上澣不肖子基纘敬跋."

발문은, 『몽학사요』가 『몽구』와 『천자문』보다 더 낫다고 하면서 부친의 경세관과 문장력을 칭송하는 동시에 박명함과 미관말직에만 전전함을 김기찬 자신이 아파했었다고 밝힌다. 그러면서 김기찬은 다시 한 번 『몽학사요』를 칭송하면서 글을 마무리 지었다.

Ⅲ. 『몽학사요』의 내용구성

1. 중국사의 총체적 이해

총 2,000자인 『몽학사요』에서 중국역사에 관한 내용은 1,868자로 구성되어 있는데, 상고시대부터 명나라 건국까지의 역사를 서술하였다. 김용묵은 이를 4글자씩 조합하고, 대구를 만들기 위해 문장력을 발휘하여 수많은 전고를 압축하고 주석을 붙였으며, 온갖 벽자(僻字)와 이체자, 이형자를 자유자재로 사용하였다.[17] 그리고 『몽학사요』는 1면 당 48자의 본문으로 이루어져 있으며 8자씩 6조각으로 묶어서 1조각인 8자마다 4자당 한 개의 주를 상단에 배치하였다. 본 절에서는, 이러한 체제를 가진 『몽학사요』의 중국사 부분이 어떤 내용으로 구성되어 있는지를 본문 해석을 중심으로 살펴보고자 한다.

(1) 상고시대와 하·은·주

김용묵은 우주 만물의 근원인 음양이 완전히 결합된 상태인 태극이 갈라져 나누어지니, 하늘과 땅이 아직 갈라지지 않은 상태인 홍몽이 개벽했다는 문장으로 『몽학사요』를 시작한다. 뒤이어 하늘은 높고 땅은 낮으며 아버지는 낳으시고 어머니는 기르신다고 하면서 천지와 부모를

---

17) 『몽학사요』의 본문에서는 『천자문』이나 『몽구』와는 달리 운자를 전혀 사용하지 않았다.

동격으로 놓았다. 가장 신령스러운 것은 인간이고[18], 그대로 두어도 번성하는 것은 오직 만물이다. 삼황(三皇)은 담박하였고 오제(五帝)는 깊고 아득했으며, 유소씨의 가르침대로 다락집과 굴속에서 지냈고, 수인씨의 가르침대로 불로 음식을 해서 밥을 먹었으며 덕이 두텁고 신망이 오롯하여 사람들이 그 교화를 좇는 것이 나는 듯이 빠른 기간인 순비기(循蜚紀)는 포희씨[庖犧氏, 복희씨]가 만든 것이다.[19]

글은 결승문자(結繩文字)로 대신하였고, 역상(易象)을 드러내고 팔괘(八卦)를 배열하였다. 공공씨는 부주산(不周山)을 들이받아 하늘기둥을 부러뜨렸고, 여와는 오색 돌로 하늘의 갈라진 곳을 꿰메었다. 갈천씨의 음악은 소꼬리를 잡고 팔결(八闋)을 노래하는 것이었으며 창힐은 새발자국을 보고 글자를 만들었다. 신농씨는 처음으로 쟁기와 보습을 만들었으며 병에 통하는 의약을 제조하였다. 모친이 큰 번개를 보고 낳은 헌원씨는 안개를 일으켜 치우를 정벌했다. 그리고 헌원씨는 큰 바람이 불어서 모래가 날리는 것을 꿈꾸고 보좌할 풍후(風后)를 얻었으며 부산에서 회맹하여 제후들과 만났었다.[20]

그리고 헌원씨의 악사 영윤(伶倫)은 곤륜산 해곡(嶰谷)의 대나무로 피리를 제작했으며, 대요(大撓)는 북두칠성의 자루에 해당하는 별들로 점을 쳐서 육갑(六甲)을 만들었다. 무지개는 곤륜산 화저(華渚)에 빛을 흘려 금천씨를 낳게 했고, 산천의 기가 스며들어 금천씨가 만든 경(磬)에 통했다. 전욱씨는 연못을 고요하게 하여 토지신을 편안하게 했고, 제곡씨는 산처럼 우뚝하여 신령이 그 이름을 말했다. 요(堯)의 형 지(摯)가

---

18) 이는 박세무[朴世茂, 1487~1564]의『동몽선습』의 내용을 참고한 것으로 보인다.

19) "太極剖判, 鴻濛開闢. 天尊地卑, 父生母育. 最靈者人, 寔繁惟物. 三皇澹泊, 五帝沕穆. 巢槽穴處, 燧餓實食. 循蜚之世, 庖犧氏作."

20) "書替繩紀, 象著卦列. 共鬪折柱, 媧補鍊石. 歌閼牛尾, 字篆鳥跡. 農始耒耜, 病利醫藥. 電感軒轅, 霧征蚩尤. 夢沙獲輔, 會釜觀侯."

이미 정치를 태만히 하자, 요가 이에 왕위를 이어 흥기했다. 요임금은 하나의 덕으로 일족을 도탑게 했고, 사표(四表)가 빛을 입었다. 훈제고기에 초파리 떼가 윙윙대듯이 큰 은혜가 성대하여 집집마다 빛나는 복을 받았다.[21]

늙으면 피곤하고 근심하게 되며 홀아비가 있으면 누추하다. 거듭 광화(光華)한 순(舜)은 제(帝)에 협력하여 모든 나라를 다 짊어졌다. 바퀴자국을 살피고 천체관측기구인 선기(璿璣)를 만들었으며 소리는 소소(簫韶)를 화합시켰다. 순임금이 악인인 공공(共工)과 환두(驩兜)를 쫓아내고, 설(卨)과 고요(皋陶)에게서 자문을 받았다. 우(禹)의 아버지 곤(鯀)은 범람에 빠져버렸고, 우가 치수로 실적을 쌓았다. 구주(九州)의 공물(貢物)과 부세(賦稅)가 확정되었고, 홍범구주(洪範九疇)는 하늘이 우임금에게 하사하였다.[22]

우임금이 구정(九鼎)을 만들어 상제 귀신을 흠향케 하였으며 옷은 보잘것없게 입고 항상 질박하였다. 우임금이 천하를 집안으로 삼아 아들 계(啓)에게 주었으니 사람들이 익(益)에게 돌아가지 않았다. 태강(太康)이 전(畋)땅에서 노닐고, 궁후(窮后)인 예(羿)는 그 정시를 오로지했다. 희화(羲和)는 그 사(司)를 넓혔고, 윤후(胤侯)는 왕명(王命)을 이었다. 하(夏)나라의 옛 신하 미(靡)가 우임금의 치적을 회복시켰으나, 걸(桀)임금에 미쳐서는 뒤집혔다. 걸임금의 힘은 철구(鐵鉤)를 펼 수 있었고 용력을 믿었으며 경대(瓊臺)를 만든 후 장인들을 다 몰살시켰다.[23]

걸임금에게 거슬러 간한 자는 죽임을 당했고, 걸임금이 색(色)을 탐해

---

21) "伶聽嶰竹, 撓占斗柄. 虹流誕昊, 氣湮通磬. 頊靜綏祇, 嚳巍言名. 摯旣怠敖, 堯乃嗣興. 一德惇族, 四表被光. 薰腴肹蠁, 比屋熙嘽."

22) "迄耄倦勤, 有鰥揚陋. 重華允協, 萬邦咸戴. 軏尋璿璣, 音諧簫韶. 竄逐工兜, 詢咨卨皐. 鯀汨氾濫, 禹績疏淪. 貢賦底定, 範疇甲錫."

23) "鑄鼎享鬼, 衣菲尙質. 家而與啓, 民不歸益. 康遊于畋, 羿專其政. 義尸厥司, 胤承王命. 因靡匡復, 曁桀顚覆. 伸鉤怙勇, 構瓊殫役."

말희(妺喜)를 총애했다. 은나라 탕임금이 천 년만에 하늘에서 내려와 이에 하나라의 정의를 바로잡았다. 은혜가 미쳐서 백성을 죄에 얽어 잡아들이는 그물이 풀어짐을 축하하고, 반명(盤銘)을 공경하여 올렸다. 가뭄은 걸임금의 혹독한 맹렬함에서 말미암았고, 비는 책임있는 자책함에서 바로잡혔다. 이윤(伊尹)이 신야(莘野)에서 밭가는 것을 거두었으며 이윤이 면류관을 쓰고 동궁(桐宮)에서 태갑(太甲)을 쫓아내고 탕임금의 상여를 호(亳)땅에서 맞이했다. 탕임금을 상곡(桑穀)에서 제사지내고 태갑의 손자 태무(太戊)를 경계하였으며 나무가 쓰러진데 싹이 움터서 재목으로 쓸 수 없음을 반경(盤庚)에게 고하였다.[24)]

마침내 부열(傅說)을 구하여 드디어 고종(高宗)을 보라하였다. 재앙이 그침은 고종이 탕임금을 제사지낼 때 꿩이 정(鼎) 위에 올라간 것을 두려워해서이며, 무을(武乙)에게 재앙이 빨리 이른 것은 하늘을 업신여기고 가죽주머니에 피를 담아서 활을 쏘았기 때문이었다. 주(紂)임금의 죄는 가득 찼고, 제비는 종사(宗社)에서 넘어져 뒤집혔다. 주임금은 무고한 사람들을 도려내고 베며 굽고 지졌으며, 음란하여 정신을 못차리는 지경에 빠졌다. 미자(微子)는 제기를 싸서 도망쳤고, 태씨(胎氏)인 백이 숙제는 굶주리며 수양산에서 고비를 캤다. 후직(后稷)은 가색(稼穡)에서 흥하여 태(邰)땅에 봉해졌고, 태왕(太王)은 갈림길과 돌산에서 적을 물리쳤다.[25)]

문왕(文王)은 천하를 삼분하여 2/3를 차지했어도 이로써 복종하여 은나라를 섬겼으나 무왕(武王)은 백성을 조문하며 죄지은 주임금을 정벌했다. 문왕은 모아서 위세를 드러냄을 꾀하였고, 무왕은 강한 세력을

24) "咈諫逢殃, 耽色妺寵, 載降殷湯, 爰革夏正, 恩覃網祝, 敬躋盤銘, 旱由酷烈, 雨格責躬, 耕輟莘野, 冕迓桐宮, 祥穀儆戊, 粤糵誥庚."
25) "聿求傅說, 遂相高宗, 災弭懼雉, 殀速慢囊, 辛罪貫盈, 鳦社隋傾, 剙斮炮烙, 酣湎淫荒, 微去抱器, 胎餓採薇, 稼穡邰封, 攘剔岐岨."

잡아서 훈공을 모았다. 묘당은 아정하여 슬(瑟)로 옥찬(玉瓚)에 대해 연주하고, 조정의 뜰에서 팔일무 출 때 방패와 도끼를 사용했다. 십난(十亂)에 마음이 같아서 두 후(后)가 형벌을 받았다. 소왕(昭王)이 남쪽으로 순행할 때 초나라 사람들이 배에 아교를 붙여서 익사하게 했고, 목왕(穆王)의 팔준마가 사방을 돌아다녔다. 이왕(夷王) 섭(燮)은 제후들을 업신여겨 당(堂) 아래로 내려가게 했고, 여왕(厲王)의 잔학함은 백성들의 입을 막았다.[26]

번후(樊侯) 중산(仲山)은 호랑이를 부르고 꾀를 펼쳤으며, 차공찬(車攻讚)의 시(詩)는 아름다웠다. 유왕(幽王) 때 포사(褒姒)는 거짓 봉화를 보고 웃었고, 오랑캐가 핍박하자 평왕(平王)이 도읍을 동쪽으로 옮겼다.[27]

(2) 춘추전국시대

오나라와 초나라가 모두 참람(僭濫)했고, 송 양공(襄公)과 진 목공(繆公)이 패권을 다투었다. 진경(晉卿)은 진나라 대부인 난지(欒枝)·난서(欒書)를 좇았고, 제나라는 관중과 안영을 도왔다. 노나라는 중손씨(仲孫氏)와 계손씨(季孫氏)를 약하게 했으며, 정나라는 참된 정자산(鄭子産)을 환하게 나타내었다. 가시나무 덤불이 길을 막고, 『시경』〈국풍(國風)·왕풍(王風)〉「서리(黍離)」는 서주(西周)의 붕괴를 애통해하는 대부의 슬픈 노래였다.[28]

노담(老聃)은 곡신(谷神) 현빈(玄牝)을 비웠고, 장자는 「소요유」에서 명붕(溟鵬)을 지극히 기이하게 묘사했다. 공자께서 기약에 응하였으나, 소왕(素王)의 지위로도 시기가 이지러졌네. 하도(河圖)가 끝내 그치게 되

---

26) "文猶服事, 武則吊伐. 於緝謨顯, 執競勳集. 廟雅瑟瓚, 庭佾干戚. 十亂同心, 二后措刑. 膠舟南溺, 八駿方行. 燮侮下堂, 厲虐防口."

27) "樊召展猷, 車攻讚美. 褒笑烽僞, 戎逼轍徙."

28) "吳楚胥僭, 襄繆爭霸. 晉卿欒隨, 齊佐管晏. 魯削仲季, 鄭昭諶産. 榛蕪鞠路, 黍離悲風."

었으니, 동(垌)땅에서 기린을 잡음은 어째서였는가. 공자께서『시경』과 『예기』를 산술(刪述)하셨고,『춘추』로 포폄하셨다. 안회와 증자는 성인의 가르침을 이었고, 맹자는 애(艾)를 사숙(私淑)함을 생각하였다. 안회는 단사표음으로 안빈낙도하였고, 화로에 떨어진 점설(點雪)이 찌꺼기를 없앴다.[29]

『중용』에서는 이치를 밝혔고,『대학』에서는 3강령 8조목을 게시하였다. 맹자는 양혜왕에게 나아가 등문공에게 이르고, 묵적을 막고 양주를 멀리했다. 유세가들은 변사의 모임에서 종횡했고, 협객의 무리는 어지러웠다. 전제[鱄諸(專諸)]·조말·예양·섭정은 자객이었고, 장의·진진·서수·순우곤은 변사였다. 순자는 잡스러워 병폐가 많았고, 한비자는 식견이 좁아서 울분에 차있었다. 문황(汶篁) 대나무를 옮겨 심은 것은 악의(樂毅)의 승첩 때문이고, 민(澠)땅에서 진(秦) 소왕(昭王)이 부(缶)를 친 것은 인상여의 영특함 때문이었다.[30]

손빈과 염파는 잘 싸웠고, 춘신군과 맹상군에게는 빈객들이 이르렀다. 위나라 장군 진비(晉鄙)를 쳐죽인 주해(朱亥)의 철추(鐵槌)와 진시황을 암살하려 한 형가의 비수(匕首), 맹상군의 식객 풍환의 장검과 평원군의 문객 모수의 낭중지추. 빽빽함이 고슴도치 털과 같은 상앙의 법(法)의 하중(荷重), 원교근공(遠交近攻)을 주장한 위나라 범수의 산가지. 노중련은 동해를 밟았고, 공자의 7대손 공빈(孔斌)은 동량(棟樑)이 불타는 것을 탄식했다.[31]

---

29) "珊虛谷牝, 莊詭溟鵬. 玄聖應期, 素位傷時. 河圖終閟, 垌麟奚爲. 刪述詩禮, 袞越春秋. 顔曾親炙, 思孟淑艾. 簞瓢樂貧, 爐雪消滓."

30) "庸闡費隱, 學揭條綱. 適梁至騰, 遏墨距楊. 辯囿縱橫, 俠藪紛紜. 鱄沫豫蕭, 儀軫犀髡. 荀駁疵醇, 韓阨憤難. 汶篁毅捷, 澠缶藺英."

31) "善戰臏頗, 致客申嘗. 亥槌軻匕, 驩鋏毛錐. 密蝟商荷, 稍籌睢籌. 連激海蹈, 斌歎棟焚."

(3) 진·전한

주나라는 쇠하여 홀연히 망했고, 난폭한 진나라가 방자해졌다. 아방궁(阿房宮) 건축에 재화가 고갈되었고, 만리장성을 원망하며 쌓았다.[32] 천하의 병기를 모아서 녹일 것을 계측하여 염려했고, 분서갱유를 괴로워하며 슬퍼하였다. 여산(驪山) 언덕에 황릉(皇陵)이 솟으니, 사슴이 달아난 언덕에 먼지만 어지럽다. 진승과 오광이 먼저 인도하니, 유방과 항우가 아울러 치달렸다. 유방은 약법(約法) 3장(章)을 반포하여 관대함을 보였고, 의제(義帝)의 상에 흰 상복을 입어 의로움을 지켰다. 도필리(刀筆吏)였던 소하와 조참, 유악(帷幄)에 있던 장량과 진평. 여후가 한신과 팽월을 제거했고, 혜제의 편은 기계[綺季, 기리계(綺里季)]와 하황(夏黃)이었다.[33]

강후(絳侯) 주발(周勃)의 좌단(左袒)한 북군(北軍), 대를 이은 황제의 즉위를 서향하여 양보하기를 거듭했다. 문제(文帝)는 현묵(玄默)함을 닦아 몸소 절검(節儉)했고, 부유한 서민들은 휴양했다. 문제가 오왕(吳王)에게 궤장(几杖)을 하사하자 오왕 유비(劉濞)가 교만해졌고, 오나라 태자에게 육박판을 던져 죽인 것은 경제(景帝)의 분노였다.[34]

무제(武帝)의 건원(建元) 이래로, 군대가 궁해지고 우위(武威)가 더럽혀짐이 아직 그치지 않았다. 위청(衛靑)과 곽거병(霍去病)은 도약하였고, 급암(汲黯)과 동중서(董仲舒)는 배척했다. 윤대(輪臺)의 조서(詔書)는 과오를 후회했고, 오작궁(五柞宮)의 그림을 받아 남겼다.[35]

---

32) "衰周忽諸, 暴秦肆然. 財竭阿房, 怨築長城."

33) "計愚銷兵, 厄懵燔坑. 驪皐土屹, 鹿原塵擾, 勝廣先倡, 劉項竝驅. 布寬約法, 秉義擧縞. 刀筆蕭曹, 帷幄良平. 呂翦信越, 惠翼綺黃."

34) 이 부분은 전후 순서가 뒤바뀌어 있다. 경제 유계(劉啓)가 황태자 시절 오비의 아들인 오나라 태자 유현(劉賢)에게 육박판을 던져 죽였으며 이후 문제가 모반할 생각을 하던 유비에게 궤장을 하사하여 마음을 풀어주었으나 이후 유비가 교만해졌다. (『사기』 「오왕유비열전」)

소제(昭帝)는 요절했고, 곽광(霍光)이 창읍왕(昌邑王)을 막아서 폐위시켰다. 선제(宣帝)는 여염집에서 몸을 일으켰고, 관리는 청렴함이 능한 이를 뽑았다. 공수(龔遂)와 주읍(朱邑)은 증직되었고, 병길(丙吉)과 위상(魏相)은 소문이 들렸다. 환관을 폐하자 황제의 뜻이 바로잡혔고, 성제(成帝) 때 궁빈(宮嬪)은 말의 화(禍)를 깨달았다. 애제(哀帝)는 복이 짧았고, 신(新)나라의 왕망(王莽)은 황제의 호칭을 훔쳤다. 왕망을 토벌하려한 적의(翟義)는 순절하며 강개했고, 양웅은 왕망에게 아첨하여 욕을 먹었다.[36]

(4) 후한과 삼국시대

백수진인(白水眞人)이 한실(漢室)을 복원한다는 참요(讖謠)가 유행을 탔고, 광무제는 등극 전 하늘로부터 적복부(赤伏符)를 받았다. 풍이(馮異)장군의 땔나무와 등우(鄧禹)장군의 계책, 마원(馬援)의 쌀과 경엄(耿弇)의 호궤(犒饋). 농(隴)땅의 외효(隗囂)와 촉(蜀)땅의 공손술은 말라서 썩어버렸고, 광무제가 낙양에 도읍을 정하여 종거(鐘簴)를 두었다. 효명제(孝明帝)가 제위에 있을 때, 천자의 학교는 사(士)를 만들어내었다. 효장제(孝章帝)와 효화제(孝和帝)는 차례를 이었고, 효안제(孝安帝)와 효순제(孝順帝)는 세상을 어거하는 수단을 잃었다. 내관들이 전횡하자, 사류(士類)들이 가로막혔다.[37]

진번(陳蕃)·이응(李膺)과 범방(范滂)·하복(夏馥), 팔준(八俊)과 팔급(八

---

35) "絳袓北軍, 代阼西讓. 恭默節儉, 富庶休養. 賜几漙驕, 提局景怒. 建元以來, 窮黷未已. 衛霍超驍, 汲董擯擠. 輪詔悔過, 作晝受遺."

36) "弗陵夭閼, 昌邑放廢. 宣陟閭閻, 吏選廉能. 龔朱陛秩, 丙魏颺聲. 閹蔽矯旨, 姬悟唾禍. 自哀短籙, 新莽竊號. 翟殉慷慨, 雄諛巇汚."

37) "白水騰謠, 赤伏呈符. 馮薪鄧策, 援米弇犒. 隴蜀枯朽, 伊洛鍾簴. 孝明在宥, 黌庠造髦. 章和繼照. 安順失馭. 宦竪顓擅, 士類屛錮."

及)·팔주(八廚)·팔고(八顧). 환제(桓帝)는 양기(梁冀)의 방자함을 주살(誅殺)했고, 헌제(獻帝)는 조조에게 장악당했다. 우측의 원소·좌측의 원술, 후면의 곽사(郭汜)·전면의 동탁. 동한(東漢)과 서한(西漢)의 양경(兩京)은 문채가 났으나, 문장의 대가들은 뇌락했다. 가의·사마천·매고(枚皐)·사마상여, 유향(劉向)·유흠(劉歆)·반고·채옹(蔡邕)은 모두 문장가였다. 손권은 그 부형의 업적을 늘어놓고 강동에서 할거했으며, 유비는 피폐한 익주(益州)에 깃들었다.[38]

방통(龐統)과 제갈량(諸葛亮)은 복룡(伏龍)과 봉추(鳳雛)였으며, 관우(關羽)와 장비(張飛)는 곰과 호랑이였다. 제갈량이 여섯 번 기산(祁山)으로 나와도 공(功)이 없어, 천고의 한(恨)을 감당하였다. 업성(鄴城)의 동작대(銅雀臺) 연회(宴會)는 조비(曹丕)를 적대했고, 검각(劍閣)에는 약한 유선(劉禪) 있었다. 사마사(司馬師)는 악함을 좋게 여김을 좇았고, 오나라 군주 손호(孫皓)는 사마염(司馬炎) 일통(一統)에 무릎 꿇었다.[39]

(5) 위진남북조와 오호십육국

꼭두각시 자리의 혜제(惠帝)는 속마음을 닫았고, 함정을 쌓은 것은 가후(賈后)의 질투였다. 혜제가 태감에게 개구리는 관부(官府)를 위해 우는지 사가(私家)를 위해 우는지 물었고, 색정(索靖)의 말처럼 낙타동상이 가시덤불 안에서 보였다.[40]

조왕(趙王) 윤(倫)·제왕(齊王) 경(冏)·성도왕(成都王) 영(穎)·하간왕(河間王) 옹(顒) 등 사마씨의 여러 아우들은 잔인하게 죽었고, 죽림칠현(竹林七賢)은 거리낌없이 말했다. 전조(前趙)의 유요(劉曜)와 후조(後趙)의 석

---

38) "蕃膺滂馥, 俊及廚顧. 桓誅冀恣, 獻制操握. 右紹左術, 後汜前卓. 兩京彬郁, 鉅匠磊落. 誼遷枚馬, 向歆班蔡. 權藉割據, 備棲疲弊."
39) "龐葛龍鳳, 羽飛熊虎. 六出無功, 千古堪恨. 銅臺賊丕, 劍閣孱禪. 師踵懿惡, 皓跪炎混."
40) "偶坐夷閣, 儲陷賈媄. 蛙問官私, 駝見荊棘."

륵(石勒)이 창궐하였고, 회제(懷帝)와 민제(閔帝)가 죽음에 빠졌다. 낭야
왕(琅邪王)이었던 동진(東晉)의 원제(元帝)는 도망가 숨었고, 도의왕(導顗
王)인 도주의(導周顗)는 도왔다. 조적(祖逖)은 장강을 건널 때 배가 중간
에 이르자 노로 강물을 치며 중원 평정을 맹세했고, 도간(陶侃)은 저물녘
에 벽돌 옮기며 노동을 익혔다. 관상가 곽박(郭璞)이 간하여도 왕돈(王敦)
은 죽었으며, 온교(溫嶠)는 눈물흘리며 소준(蘇峻)을 토벌했다. 전진왕
(前秦王) 부견(苻堅)은 세(勢)가 급하자 강물에 채찍을 던졌고, 동진의 재
상 사안(謝安)은 도량이 넓어 바둑두며 별장 내기를 했다.[41]

환온(桓溫)은 발호할 생각을 쌓았고, 손은(孫恩)은 반란군을 주둔시킨
주산군도(舟山群島)에서 휘파람 불었다. 송공(宋公) 유유(劉裕)는 잔을 올
렸고, 사마씨는 제사를 없애게 되었다. 짚신삼고 방석짜던 유유가 굴기
하여, 북쪽 오랑캐들을 진동시켜 놀라게 했다. 유송(劉宋)의 장수 단도제
(檀道濟)의 머리띠가 비로소 벗겨졌고, 북위(北魏)의 군사들은 갓난아이
를 창에 꽂아 돌리면서 춤췄다. 유송(劉宋) 문제(文帝) 때 심회문(沈懷文)
은 사냥을 간하여 막고자 했고, 순제(順帝)는 소도성(蕭道成)에게 선위할
때 어리석게 하소연하며 손가락을 퉁겼다. 저연(褚淵)은 실절함을 부끄
러워하여 부채로 얼굴을 가렸고, 왕곤(王琨)은 순제가 양위할 때 두려워
하며 수레를 부여잡고 통곡했다.[42]

남제(南齊)의 고제(高帝) 소도성은 보배를 망가뜨리고 주옥을 물리쳤
으며, 무제(武帝) 때에는 관리가 범법하면 칼로 죽였다. 교활한 동혼후
(東昏侯) 소보권(蕭寶卷)은 백성들의 집 문을 부쉈고, 늙은 양무제(梁武帝)
연(衍)은 바로 그 당시 임금이었다. 후경(侯景)이 항복했다가 배반하여

---

41) "羣弟殘殺, 七賢散曠. 曜勒猖獗, 懷愍淪喪. 琅邪連播, 導顗贊翊. 逖愫誓楫, 侃勵課甓.
璞諤敦斃, 嶠涕峻討. 勢急投鞭, 量恢賭墅."

42) "溫稔跋扈, 孫闔屯嘯. 宋公進爵, 典午殄祀. 崛起捆織, 震驚虣毳. 帥幘纔脫, 嬰槊旋舞.
諍拒注弩, 駭訴彈指. 褚覥障扇, 琨凜攀輿."

무리가 살육당했으니, 양무제가 몸을 버린들 부처가 어찌 구했으랴. 상동왕(湘東王)이었던 양(梁)나라 효원제(孝元帝)는 노자를 강독하였고, 소명태자(昭明太子)의 아들 찰(詧)은 봉함을 받아 조서를 욕되게 했다. 양나라 장군 왕승변(王僧辯)이 임금을 쉽게 여기길 가시나무 버리듯 하였고, 진무제(陳武帝) 진패선(陳覇先)은 또한 나라를 심은 근본이 얕았다. 진문제(陳文帝)는 계단에서 제비를 던져서 경계하고 두려워함이 있었고, 진선제(陳宣帝)는 운룡문(雲龍門) 밖에서 비단을 불태워 사치를 경계했다.[43]

진후주(陳後主)의 「옥수후정화」를 난간에서 불렀고, 경양정(景陽井) 우물에서 진후주와 귀비 장려화(張麗華)가 끌어올려져 절규하며 거꾸러졌다. 중원은 언덕이 텅 비었고, 오랑캐인 강족(羌族)과 갈족(羯族)이 잡스럽게 섞였다. 서강(西羌)인 저족(氐族)은 포홍(蒲洪)과 요익중(姚弋仲)이 번갈아 수장을 맡았고, 서량(西凉)은 북량(北凉)의 단업(段業)과 저거몽손(沮渠蒙遜)이 번갈아 다스렸다. 서진왕(西秦王) 걸복국인(乞伏國仁)과 하왕(夏王) 혁연발발(赫連勃勃)은 돼지처럼 달려들었고, 남량왕(南凉王) 독발오고(禿髮烏孤)와 독발녹단(禿髮傉檀)은 들끓었다. 연(燕)나라는 모용외(慕容廆)와 모용황(慕容皝)에서 비롯되었고, 탁발씨(拓跋氏)는 북위(北魏)의 도무제(道武帝) 탁발규(拓跋珪)가 이었다. 북위 효문제(孝文帝)는 빛나는 시절을 당겨왔고, 효무제(孝武帝)는 패배한 나머지를 수습했다.[44]

액운을 만난 난세에는, 재주가 혹 작아도 특별하다. 왕맹(王猛)과 정생(挺生)은 호걸이었고, 최호(崔浩)는 널리 알려진대로 지혜와 식견이 있었다. 북제(北齊)의 고조(高祖)인 고환(高歡)은 교활하게 계호부락(契胡部落)의 수령 이주영(爾朱榮)을 죽였고, 북주(北周)의 문제(文帝)로 추존된 우문

---

43) "毀珍却玩, 緘刀率惰. 狡卷撞戶, 老衍當宁. 納叛徒僇, 捨身焉救. 繹講淸談, 詧奉辱敕. 僧如置梗, 陳亦薄植. 擲籤存愓, 燒錦戒侈."

44) "玉樹唱闌, 井綆叫倒. 神州丘墟, 羌羯雜糅. 氐迭蒲弋, 凉遞段沮. 乞勃豕突, 烏傉欒沸. 燕肇廆皝, 拓襲犍珪. 宏挽賊際, 脩拾敗餘."

태(宇文泰)는 북위(北魏)의 황위를 찬탈하여 아들 우문각(宇文覺)을 황제로 만들었다. 겸하여 약해지자 북주 무제(武帝) 우문옹(宇文邕)이 죽었고, 과약함을 능멸하여 수문제 양견이 황위를 찬탈했다.[45]

(6) 수·당

수문제는 식사를 위사(衛士)에게 전하게 할 정도로 바빠서 나태하지 않았고, 참외를 훔쳐도 반드시 벌했다. 수문제의 황후 독고씨(獨孤氏)는 견제함에 연관되었고, 어린 수양제(隋煬帝)가 나라를 병들게 했다.[46]

고혈을 쌓아올린 수양제의 미루(迷樓), 사람고기 도려내어 비단꽃 나부끼게 했다. 수나라는 흥망을 이었고, 당(唐)나라는 한실(漢室)의 융성과 비교할 만 했다. 수레 널빤지를 묶어서 내린 것은 진왕(秦王) 설인고(薛仁皐)와 양주(梁主) 소선(蕭銑)이었고, 사로잡혀 죽은건 두건덕(竇建德)과 왕세충(王世充)이었다. 위징(魏徵)은 규찰하면서 간하였고 장온고(張蘊古)는 대보잠(大寶箴)을 지어 당태종에게 바쳤으며, 재상 두여회(杜如晦)는 잘 결단했고 방현령(房玄齡)은 꾀를 잘 내었다. 이세민이 형제인 건성과 원길을 죽였으니 잔인하도다 피바다를 밟음이여, 추하다 금수(禽獸)에 구별없음이여. 『서경』에서 암탉이 새벽에 울면 집안이 망한다 했는데, 당(唐) 고종(高宗)은 무후(武后) 앞에서 어찌 나약한가.[47]

무후의 남첩 장창종은 연꽃 같았고, 적인걸의 문하에는 복숭아꽃 오얏꽃 만개한 듯 인재가 많았다. 중종(中宗)의 황후 위씨(韋氏)는 무삼사(武三思)와 통하여 또 더럽혀졌고, 현종(玄宗) 이융기(李隆基)는 재빨리 반란군을 없애버렸다. 개원[開元: 713~741]의 치세를 이끈 명재상 요숭(姚崇)과

---

45) "運丁板蕩, 才或翹特. 猛挺豪傑, 浩淹智識. 歡點職榮, 泰簒成覺. 兼弱邑殂, 欺寡堅奪."

46) "傳餐匪懈, 偸瓜必罰. 獨孤牽攣, 纖兒毒痏."

47) "堆膏迷樓, 刳肉彫綵. 隋續嬴亡, 唐媲漢隆. 輮縛杲銑, 擒戮竇充. 徵規蘊箴, 晦斷齡謀. 忍乎蹀血, 醜也聚麀. 鷄晨斯索, 雉奴奈懦."

송경(宋璟)은 교화를 도왔고, 이임보의 구밀복검과 양국충의 우환이 있었다. 침상에서 포대기에 싸인 오랑캐 안녹산, 마외역(馬嵬驛) 향낭사(香囊寺)에서 양귀비는 목을 맸다. 분양왕(汾陽王) 곽자의(郭子儀)와 임회왕(臨淮王) 이광필(李光弼)은 어려움을 막았으며, 장순(張巡)과 허원(許遠)은 죽음을 본받았다. 이백(李白)의 시에 해와 달은 쌍으로 매달려 있다고 했고, 두보(杜甫)의 시에 하늘과 땅은 다시 정돈되었다고 했다.[48)]

안록산과 주차(朱泚)는 머리를 나란히 하여 죽음으로 나아갔고, 재상 이필(李泌)과 병부시랑 육지(陸贄)는 나라의 노역일을 달고 살았다. 붕당은 형벌에 이르렀고, 번진(藩鎭)은 사나웠다. 헌종(憲宗)이 택로(澤潞)와 패주(貝州)를 치고, 배도(裴度)는 이소(李愬)와 한홍(韓弘)을 감독했다. 헌종은 불골(佛骨)을 맞아들이고 한유(韓愈)의 직간을 폄하했으며, 선약(仙藥)을 먹고 화 잘내는 병이 생겼다. 이덕유(李德裕)가 경종(敬宗)에게 붉은 병풍에 쓴 육잠(六箴)을 바쳤으나 황제는 듣지 않았고, 감로(甘露)가 변한 것은 비밀이 누설되어서였다. 선종(宣宗) 년간에 조금 쉬었고, 정관[貞觀: 627~649] 연간은 거의 볼만했다.[49)]

희종(僖宗)이 소금도적 황소를 불러, 황소가 힘써 겁박하니 희종이 날듯 달아났다. 주전충이 감히 당(唐) 애제(哀帝)를 시해하니, 사타부(沙陀部) 이극용(李克用)의 아들 이존욱(李存勖)은 주전충의 후량(後梁)을 마침내 병탄했다. 멀리 성당(盛唐)과 만당(晚唐)에 거슬러 올라가면, 사조(詞藻)가 환히 빛났다. 두보의 낮은 담장과 화로 옆의 낙빈왕(駱賓王), 이고(李翶)와 이하(李賀)는 이길 수 없었다.[50)]

---

48) "張郞蓮花, 狄門桃李. 韋又瀆褻, 基亟撥反. 崇璟裨化, 林釗馴患. 衽席褓胡, 驛寺縊嬖. 汾淮捍艱, 巡遠效死. 日月雙懸, 乾坤再整."

49) "祿泚駢首, 泌贄鞅掌. 朋黨觚軋, 藩鎭悍狂. 憲裁潞貝, 度督愬弘. 迎佛貶直, 餌仙發躁. 戾諷拂謹, 露變洩祕. 大中少憩, 貞觀幾覬."

50) "僖招鹽盜, 孜脅翔奔. 碭寇敢弑, 陀部竟吞. 夐泝盛晚, 煥爛詞藻. 低墻盧駱, 夐僕翶賀."

(7) 오대십국

후당(後唐)의 장종(莊宗) 이존욱(李存勗)은 아버지의 화살 3개로 복수할 것을 묘당에 고했고, 명종(明宗) 단(亶)은 성인(聖人)이 태어나기를 하늘에 축원하며 향을 피웠다. 후진(後晉)의 고조(高祖)인 석경당(石敬瑭)은 거란을 의심했으나, 계주(薊州) 등 16주를 삼키고서 거란왕을 아버지라 칭했다.[51]

후한(後漢) 고조(高祖) 유지원(劉知遠)의 옥새는 하루살이에 부쳤고, 거란임금 야율덕광(耶律德光)은 변방 삼각주에서 살찐 몸을 끌었다. 강남을 넘어간 남당황제(南唐皇帝) 서승(徐昇)과 후주(後主) 이욱(李煜), 절강성(浙江省)을 살핀 오월왕(吳越王) 전류(錢鏐)와 전홍숙(錢弘俶). 후주(後周)의 태조(太祖) 곽위(郭威)는 괵숙(虢叔)의 후예임을 위탁했고, 후주의 세종(世宗) 곽영(郭榮)은 본래 성이 시씨(柴氏)인데 영주(瀛州)와 대막(大漠)을 거두었다.[52]

(8) 송

가죽옷을 후주(後周)의 어린 황제 시종훈(柴宗訓)에게 맡기고, 조광윤은 황포(黃袍)를 입고 병사를 점검했다. 조광윤이 남당(南唐)의 사신 서현(徐鉉)에게 자기 집안에서 남이 코골며 자는데 용납할 수 있겠냐고 일갈했고, 정묘(丁卯)에 다섯 별이 규성(奎星)으로 모이니, 두엄(竇儼)이 말하길 천하가 태평함이 과연 여기에 이르겠다고 했다. 송(宋) 태조(太祖)가 골짜기에서 사곡(邪曲)을 없애고, 인후(仁厚)함을 매우 불어나게 하였다.[53]

---

51) "勘告矢返, 亶禱香炷. 逮瑭詔虜, 啗薊稱爺."
52) "璽璽寄蜉, 塞蕡曳黿. 江跨昇煜, 浙按鏐俶. 郭託虢裔, 柴收瀛漠."
53) "裘委幼孩, 袍加點檢. 榻睡肯容, 奎瑞果驗. 洞祛邪曲, 克培仁厚."

태조가 술자리를 열어 석수신(石守信)·왕심기(王審琦) 등에게서 병권(兵權)을 회수하고 흩어져 풀어지게 했고, 태조가 사망할 때 촛불 그림자를 일산으로 가렸다. 북한(北漢)의 황제 유내(劉旬)를 쓸어내었고, 거란을 기구(岐溝)에서 패배시키고 후회하게 했다. 여단(呂端)이 생각하여 쪽문을 걸어잠궜고, 구준(寇準)이 단주성(澶州城)에 황제의 황기(黃旗)를 감추었다. 하늘에 지내는 제사는 그치지 않으니, 삭발 후 검은 옷 입고 염하는 것을 어찌 좇겠는가. 천하를 얻으려면 마땅히 눈의 못을 뽑아야 하는데 더디게 뽑고, 인종(仁宗) 즉위 후 유태후(劉太后)가 수렴청정을 했다. 경력[慶曆: 1041~1048] 년간에는 군자의 휘장을 쳤고, 가우[嘉祐: 1056~1063] 연간에는 선비가 많아지고 악(樂)이 육성되었다.[54]

깊은 은혜가 피부와 골수에 스몄으니, 인종이 승하하자 심산에서도 곡소리가 났었다. 영종(英宗)의 부친 복왕(濮王)의 추존문제가 갑을(甲乙)로 나뉘었고, 한기(韓琦)는 띠와 홀을 지니고 성색을 움직이지 않으며 천하 태산의 평안함을 두었다. 신종(神宗) 때 희녕[熙寧: 1068~1077]과 원풍[元豊: 1078~1085] 연간에 다시 교화되어, 순(舜)과 우(禹)임금이 기준이 되었다. 범중엄은 언박부필(彦博富弼)과 같았고, 구양수는 소식(蘇軾)을 가르쳤다. 임금의 가감(柯鑑)이 되도록 사마온공(司馬溫公)이 『자치통감』을 지었고, 주돈이는 「태극도설」에서 음양의 이권(理圈)을 말했다. 정이는 궁구하여 『주역』의 주(註)를 붙였고, 소강절은 산수(算數)의 학(學)을 헤아렸다.[55]

왕안석은 집요하고 고집이 세서, 청묘(青苗)의 법을 시행하여 나라를 병들게 했다. 장돈(章惇)과 채경(蔡京) 등의 간신 소인배들은 결점을 매

---

54) "杯酒渙釋, 燭影掩翳. 掃旬甌全, 債溝臍噬, 端慮閤鎖, 萊韜澶旗. 醮祠莫止, 緇䰂曷追. 眼釘遲拔, 閨簾遽垂. 慶曆茅茹, 嘉祐菁莪."

55) "厖澤肌髓, 深山啼哭. 濮歧甲乙, 琦儼紳笏. 寧豐改絃, 姚姒視的. 范若彦弼, 歐揃誨軾. 柯鑑涑纂, 陰陽溓圈. 程究註易, 邵龥步簀."

개로 했고, 휘종과 흠종은 포로가 되었다. 금(金)나라 태자 올출(兀朮)의
기마대가 마구 짓밟다가, 진흙탕에 빠져 낭패를 당했다. 남송(南宋)의
항주(杭州) 서호(西湖)의 연잎과 계수나무는 좋아하지 않으면서, 진회(秦
檜)는 동쪽 창에서 귤을 희롱하며 무엇을 꾀했나. 충신은 팔을 걷어붙이
고, 악비(岳飛)의 원혼은 등에 진충보국(盡忠報國)을 새겼었다. 금나라와
화친하여 비단 폐백으로 원수를 길렀고, 효종(孝宗)은 설욕의 뜻이 있어
칠장(柒杖)을 두고 말타는 노력을 익혔다.[56]

　머물러 있던 조여우(趙汝愚)는 광종(光宗)·영종(寧宗) 때 보호를 조율
하였고, 기왕(沂王) 조악(趙樗)과 제왕(濟王) 조횡(趙竑)은 변하는 것이 바
둑과 같았다. 간사한 한근주[韓忻胄, 한탁주(韓侂胄)]는 주자(朱子)를 배척
하여 거짓된 학문의 금도를 적당했고, 주자가 거주한 한천(寒泉)에서 봉
함을 올리는 점을 치자 둔괘(屯卦)가 나와서 원고를 불살랐다. 도학의
연원은 수수(洙水)와 사수(泗水)이고, 성리학이 나온 곳은 관중(關中)과
민중(閩中) 땅이었다. 가사도(賈似道)는 나라를 팔고 권력을 농단했으며,
강남은 무너져버렸다. 전당(錢塘)지역의 조수(潮水)가 5일간 끊어졌고,
몽골군대에 핍박당하여 피신한 애산전투(厓山戰鬪)에서 폭풍에 빠져버
렸다. 육수부(陸秀夫)는 배가 위태롭자 위왕(衛王)을 업고 손을 들었고,
문천상(文天祥)은 옥에 갇혔지만 정신은 웃었다.[57]

(9) 요·금·원

　요는 거란이고 금은 말갈이다. 요 태조 야율아보기(耶律阿保機)는 강
역의 분쟁을 물리쳤고, 금 태조 아골타(阿骨打)는 뜻을 얻었다. 요 천조

56) "介甫拗愎, 靑苗蠱瘁, 宵壬媒孽, 徽欽俘繫. 兀騎蹂踐, 泥駟狼狽. 荷湖非好, 橘牕何議.
忠臣扼腕, 冤魂涅背. 繒幣參韃, 柒杖肆勞."
57) "留趙調護, 沂濟奕棊. 姦胄籍禁, 寒泉筮遯. 淵源洙泗, 性理關閩. 似道賣弄, 半壁圮蹶.
錢塘潮絶, 崖洲颶沒. 船危手擎, 獄閉腦吃."

제(天祚帝) 야율연희(耶律延禧)는 금나라와 송나라에게 괴롭게 협격당했고, 금나라 장군 알리불(斡離不)은 참혹하게 물어뜯었다. 금 황제 해릉왕(海陵王) 완안량(完顔亮)이 맹약을 어겼다가 보내져 죽었고, 금 세종(世宗) 완안옹(完顔雍)은 편안히 잘 다스렸다. 보옥을 불사르고 죽은 금나라 마지막 군주 애종(哀宗) 수서(守緒), 정통이 아닌 임금자리는 갑자기 젖어버렸다. 야율초재는 지혜가 많았고, 안동(安童)과 백안(伯顔)은 살육에 힘썼다.[58]

직분은 타타르를 따르고 풍속은 묵돌에 물들어 원나라 세조 쿠빌라이가 여러 어머니들과 간통했다. 석가가 성하고 공자를 멸시하니, 유학자가 천해져서 걸인과 짝이 되었다. 누린내 나는 고기와 아이락은 몹시 비리고, 하늘은 파란데 취함을 싫어한다. 혜성과 살별은 요기를 보이고, 장마와 우박은 거듭 굶주리게 했다. 순제(順帝) 때 천마무(天魔舞) 놀이가 즐겁고 공교하였으며, 미륵불 이야기에 불난 듯 떠들었다. 파(鄱)땅과 항(杭)땅에서는 장사성(張士誠)과 진우량(陳友諒), 기(蘄)땅과 영(潁)땅에서는 유복통(劉福通)과 서수휘(徐壽輝)가 도적질했다.[59]

온 세상에 더러움이 불어나고, 의관과 신발이 혼란해져 인륜의 도리를 망쳤다. 조맹부와 문천상의 아들 문벽(文璧)은 진실로 활력있었고, 원대(元代)의 유학자인 오징(吳澄)과 허형(許衡)은 그 다음으로 강했다.[60]

(10) 명

환구(寰區)의 가난한 군주 주원장은, 호주(濠州) 주가항(朱家巷)에서 밝

---

58) "遼日契丹, 金是鞿羈. 保機斥疆, 骨打得意. 禧剿夾擊, 斡慘內剟. 亮渝送殞, 雍靖做治. 寶燬守緒, 統閏奇渥. 耶律多智, 童伯勤力."

59) "職沿韃靼, 俗染冒頓. 迦熾蔑孔, 儒賤伴丐. 羶酪彰腥, 穹蒼厭醉. 彗孛視祲, 霖雹荐饑. 魔戲逞巧, 彌梵煽騷. 鄱杭誠諒, 蘄潁福輝."

60) "紘埏張穢, 冠屨泯常. 頻璧苟活, 澄衡差强."

게 길러졌다. 위엄있는 책략을 엄숙하게 펴서, 외성(外城)에서 요기(妖氣)를 씻어냈다. 황각사(皇覺寺)에서 주원장이 점치고, 보리 이삭 필 때 유기(劉基)가 서맥송(瑞麥頌)을 올렸다. 우두머리의 총명함을 본받아 이어서, 큰 업을 영구히 굳혔다.[61] 명나라가 패망한 갑신년[甲申年, 1644(인조 22)] 일을 깎아내고 검열하니, 눈물이 왈칵 나와 줄줄 흐른다.[62]

2. 한국사의 개괄적 검토

『몽학사요』에서 한국사 부분은 총 2,000자 중 132자로 이루어져 있다. 그만큼 내용이 매우 소략하며 고조선과 삼국시대, 후삼국시대, 고려의 역사까지만 기술하였다. 이는 김용묵이 한국사를 개괄적으로 검토했기 때문이며 그가 『몽학사요』의 창작에 있어서 한국사보다는 중국사의 서술에 더 비중을 두었음을 의미한다. 그리고 이는 그가 중국사에 관한 서적보다 한국사 사료를 더 적게 접하였다는 사실을 방증하기도 한다.

(1) 고조선

지난 기록은 의거할 수 있는데, 우리 역사가 또 상세하다. 별이 석목(析木)의 차례에 있고, 경계는 부상(扶桑)에 해당했다. 백성들은 온순하고 성실하며 시내와 산은 험하다. 위로는 단군에 머무르고, 이 개국에 가치를 둔다. 9종의 오랑캐를 어루만지고, 아울러 단군과 요(堯)가 병립하기를 첫 해에 기원했다.[63]

단군의 아들 부루는 광주리 가지고 도산(塗山)으로 나아갔고, 팽오(彭

---

61) "實區乏主, 濠巷毓睿. 肅暢威略, 廓滌氛沴. 藍玅卟卜, 麥穗登頌. 令哲式纘, 洪業永鞏."
62) "劫閱涊灘, 淚迸汪洋."
63) "往牒可据, 我史且詳. 星次析木, 界抵扶桑. 氓黎柔愿, 谿峒阻隘. 上稽檀君, 值玆草昧. 撫夷九種, 幷祈初歲."

吳)의 도끼로 산천을 다스리고 백성들이 거주할 터에 제사지냈다. 동쪽으로 피난한 기자는, 이에 조선에 복을 주었다. 은나라 호(亳)땅을 좇아 8조의 가르침을 설립하고, 곧 평양에 밭을 구획했다. 기자의 41세손 부왕(否王)은 궁해지자 막힘을 편안히 여겼고, 한나라 혜제(惠帝) 때 고조선의 왕은 피하여 만주로 들어갔다. 진한과 변한은 나라를 우뚝 세웠고, 낙랑군과 현도군도 세워졌다. 복을 입어 계승시켜 나누어, 고구려와 백제로 분열되었다.[64)]

(2) 삼국시대

동명성왕 주몽은 졸본에서 처를 만났고, 유리는 울적하게도 형을 피해 달아났다. 어머니는 모서리있는 주춧돌을 징험했고, 승려 도림이 바둑판으로 개로왕을 속였다. 두지(豆智)가 한군(漢軍)을 속이는데 수초에 싼 잉어를 썼고, 고구려 산상왕(山上王)이 남아를 잉태하여 교체(郊彘)에서 낳았다. 백제 분서왕(汾西王) 때 황창랑(黃昌郎)이 저자에서 칼들고 잠겼다 뛰었고, 백제 무왕이 취하여 대왕포(大王浦)에서 금(琴)을 연주했다. 백제 의자왕 때 무당이 달이 둥글고 이지러짐을 예언했고, 고구려가 망할 때 요사스런 귀신 때문에 동명성모상(東明王母像)이 3일간 피눈물을 흘렸다. 보장왕은 사치하여 공적을 없앴고, 의자왕은 제멋대로 굴다가 소정방의 포로가 되었다.[65)]

신라는 혁거세에서 비롯되었고, 성은 박씨(朴氏)와 석씨(昔氏)가 번갈아 했다. 기록이 특이하게도 석탈해가 출생할 때 까치가 울었고, 뜻이 괴이한 것은 김알지의 알이 든 독이었다. 탈해왕자와 유리 왕자는 떡을

---

64) "婁篚赴塗, 彭斧奠宇. 東萉箕子, 仍胙朝鮮. 遵亳說教, 卽壤畫田. 否窘恬蹙, 準避滿入. 辰弁國峙, 浪菟郡立. 蒙祚系分, 句百幅裂."

65) "卒縣遇妻, 慰都逃兄. 婦證稜礎, 曇謪紋枰. 敵賺包魚, 男孕郊彘. 市鋌潛躍, 浦觴湛酗. 巫讖圓缺, 塑泣妖孼. 藏汰勣滅, 慈泆蘇縶."

씹어 치아 개수를 시험했고, 소지왕(炤智王)이 반제(飯祭)지낸 것은 금
갑(琴匣)을 쏴서 간통하던 왕비와 승려를 죽였기 때문이었다. 지증왕
때 울릉도는 이사부가 데려온 사자 모형을 두려워했고, 진평왕이 사냥
하러 가서 김후직 묘를 지나갈 때 무덤에서 나는 소리 때문에 사냥을
그만두었다. 진왕(秦王)의 옥련환(玉連環)을 제나라 왕후가 푼 것처럼
한 선덕여왕 덕만(德曼), 수레를 민 장군 김유신. 최치원의 격문은 명예
를 드날렸고, 설총의 이찰[吏札, 이두(吏讀)]은 속인들을 환하게 했다.[66]
만파식적의 환술은 파도를 쉬게 했고, 금(琴)은 가야의 것이 묘했다.[67]

(3) 후삼국과 고려

포석정에서는 경애왕이 달아날 틈도 없었고, 경순왕은 유화관(柳花館)
에서 항복하여 혹처럼 굴레 메었다. 탄환만한 사마귀는 맥국(貊國)을 더
럽혔고, 만촉(蠻觸)처럼 작은 나라들 있었다. 철원은 궁예가 에워쌌고,
완산(完山)의 험난함은 견훤이 믿었다. 아! 고려 태조여, 필부에서 떨쳐
일어났다. 슬기로운 도선선사(道詵禪師)의 수결(授訣), 장절공(壯節公) 신
숭겸은 몸을 버렸다.[68]

깎아내듯 베고 때려 제거하듯 하였고, 교외를 가려서 압록(鴨綠)을 쳤
다. 주(周) 무왕(武王)이 삼하(三河)를 엿본 것처럼 이에 송경(松京)의 택
지(宅地)를 엿보았고, 고려 태조가 삼한을 통일하자 모두 근역(槿域)이었
다. 높은 산같은 강감찬의 업적, 보불(黼黻) 장식한 최충. 충렬왕 때 안향
은 주자화상(朱子畫象) 그려 사모하였고, 경(經)을 주해(註解)해서 가르쳤

---

66) "羅刱赫居, 姓互朴昔. 記異鵲鳴, 志怪卵櫝. 餅齧試齒, 飯祭射匣. 鬱島讐獅, 稷墓罷獵.
解環女曼, 推轂將庾. 雲檄馳譽, 聰札曉俚."

67) "笛幻波息, 琴妙伽倻."

68) "鮑亭暇逸, 柳館贅羈. 丸痣滅貊, 蠻觸莫駕. 鐵勁弓擁, 完險萱恃. 猗歟麗祖, 奮於匹夫.
慧詵授訣, 壯謙捐軀."

다. 무신난 때 융복(戎服)입은 흉적들이 조정을 가라앉혔고, 신돈은 거만하여 공민왕과 나란히 자리에 올랐다가 이존오(李存吾)의 꾸짖음을 들었다. 우왕 때 과거시험을 통과한 자가 전부 어려서 홍분방(紅粉榜)이라 비웃음당했고, 지경을 짓밟은건 홍건적이었다.[69]

포은 정몽주와 목은 이색은 참된 정성을 옮겼고, 서견(徐甄)과 길재(吉再)는 연구(聯句)가 향기로웠다. 저 혼란한 그물같은 법, 역수(曆數)가 참된 태조 이성계에게 이어졌다. 읍양하며 멀리 헤아리니, 누적된 역사가 태왕(太王)과 가지런하다. 억조창생(億兆蒼生)이 무젖듯, 본지(本支) 백세(百世)가 면면히 이어지리라.[70]

Ⅳ. 결론

이상으로『몽학사요』의 서문과 발문, 내용구성에 대해서 알아보았다. 본장에서 2장의 내용을 다시금 검토해보자. 정원용은 서문에서『몽학사요』에 대한 김기찬의 설명을 언급하고, 김용묵이 큰 출세를 못한 것에 대한 안타까움을 표현했다. 그리고 김용묵의 초월적인 총명함과 박학호고의 기질을 칭송하면서『몽학사요』의 의의를 강조하였다. 한편, 김학성은 서문에서『몽학사요』의 성격이 역사 교육서임을 밝혔고,『몽학사요』의 구성이『천자문』의 형식을 본땄음도 명시하였다. 김기찬은 발문에서 김용묵의 편찬의도와 책 제목의 의미를 밝히면서『몽학사요』의 역사책으로서의 특징을 명시하였다. 아울러,『몽학사요』의 독창성을 부각시키면서 평을 덧붙여 정리하였다. 그리고 정원용과 김학성에게 서문을

---

69) "畢剗殿鸒, 奄甸搏鴨. 奧瞻松宅, 悉總槿域. 喬嶽羙邙, 黼黻崔冲. 裕慕繪像, 倬訓箋經. 觫兒沈廷, 衲傲踞牀. 科嗤粉榜, 境躪紅巾."

70) "圃牧輸忱, 徐吉聯芬. 彼昏罔辟, 歷數屬眞. 揖遜邁虞, 積累侔爾. 億兆涵泳, 本支縣延."

받고 책을 인쇄하게 되기까지의 과정을 설명했다.

그 다음 3장의 내용은 다음과 같다. 김용묵은『몽학사요』의 본문을 구성함에 있어서 중국사 부분에서는 1) 상고시대와 하·은·주, 2) 춘추전국시대, 3) 진·전한, 4) 후한과 삼국시대, 5) 위진남북조와 오호십육국, 6) 수·당, 7) 오대십국, 8) 송, 9) 요·금·원, 10) 명 순으로, 그리고 한국사 부분에서는 1) 고조선, 2) 삼국시대, 3) 후삼국과 고려 순으로 역사를 정리하였다. 중국 역사 관련 내용들은『시경』·『서경』과『춘추』, 사마천의『사기』, 유향의『전국책』, 사마광의『자치통감』, 증선지의『십팔사략』등을, 한국사 부분은 김부식의『삼국사기』와 일연의『삼국유사』,『고려사』등을 참고해서 만들어진 것으로 보인다.

역사교육서 및 한자한문용 학습서로서의 성격을 함께 지니고 있는 한문역사교재『몽학사요』에서는, 본문에 기술된 다양한 인명과 지명으로 인하여 벽자(僻字)가 많이 나오고, 이러한 글자들이 현재 대한민국에서 사용하는 교육부 지정 1,800자와 상용한자 2,200자의 범주를 많이 벗어나 있다. 물론 이 책이 편찬된 19세기 당시에는, 복잡한 중국과 한국의 역사를 일목요연하게 정리해서 보여주고 이에 대한 학습을 통해 자연스럽게 한자와 한문을 익히게 돕는다는 점에서,『몽학사요』가 분명 한문역사교재로서 가치가 있었을 것으로 사료된다. 그러나, 19세기는 아직 한문이 양반계층에 의해서 자유자재로 통용되던 시대였고, 2,200자의 상용한자를 익히기에도 버거워하는 21세기의 한국인들이 독학으로 한자를 익히기 위한 초학용 교재로『몽학사요』에 쉽게 접근하기에는 다소 무리가 있다. 다만,『몽학사요』는 현 시점에 있어서 한문학이나 동양사학을 전공하려는 대학생이나 그에 준하는 인문학적 교양을 갖추고자 하는 일반인이 한자와 중국·한국 역사를 병행해서 공부하는 데 큰 도움이 될 것으로 보인다.

그런데『몽학사요』의 경우, 1863년 전라남도 신안군 임자도에서 유배

중이던 해기(海寄) 김령(金欞)에 의해 완성된『역대천자문(歷代千字文)』[71] 과 구성이 매우 비슷하다. 물론 김용묵의 생전인 19세기 초에 이미『몽학사요』의 저술이 끝났고, 1866년이 되어서야 출간된 점을 미루어볼 때 김령의『역대천자문』은『몽학사요』와는 완전히 별도로 창작된 것으로 보인다. 하지만 중국 역사에 주 비중을 두고 한국 역사를 곁들여서 언급한 체제는 거의 동일하며 두 책이 다룬 역사적 시기가 겹치기는 하지만 그 내용상 서로 간에 겹치지 않는 부분이 많기 때문에 추후 이 두 책의 내용을 비교 및 분석하는 것도『천자문』계열의 역사서를 활용한 한자 한문 학습의 효율성을 모색하는데 있어서 큰 도움이 될 것으로 보인다. 그리고 1911년에 출간된 혜산(惠山) 이상규(李祥奎)의 또 다른『역대천자문』의 내용도 추가로 비교 분석이 이루어진다면,『몽학사요』를 위시한『천자문』형식의 한문 역사서적에 대한 총체적인 연구 결과물이 중국과 한국의 역사공부와 병행해서 한자 및 한문을 익히고자 하는 대학생 및 일반인들의 학습 방향에 대한 이정표가 될 수 있을 것이다.

참고문헌

『淸風金氏世譜(庚寅譜)』, 淸風金氏大宗會, 2010
『淸風金氏世獻錄』, 淸風金氏大宗會, 2003.
金用默,『蒙學史要』, 國立中央圖書館 所藏本.
朴世茂,『童蒙先習』, 國立中央圖書館 所藏本.

---

71) 김령의『역대천자문』은 2007년 전라남도 신안군 임자도에서 발견되었으며 4자씩 250구로 구성되어 있다. 임자도 성헌장 서초당 기념회에서 원본을 관리했었으며 2018년 김동준에 의해 경상대학교 고문헌도서관 문천각에 기증되었으나 현재 문천각 홈페이지에서는 검색이 되지 않는다. 5자씩 200구로 구성된 혜산 이상규의『역대천자문』(1911)과는 제목만 같다.

李祥奎, 『歷代千字文』, 慶尙大學校 古文獻圖書館 文泉閣 所藏本.

李瀚, 『(標題待狀元補註)蒙求』, 國立中央圖書館 所藏本.

鄭元容, 『經山集』, 『韓國文集叢刊』 권300.

김경미, 「『童蒙先習』의 역사교육적 의미」, 『韓國敎育史學』 제25권, 한국교육사학회,
    2003.

박영태 외 2명, 「조선시대『童蒙先習』과 제7차『유치원 교육과정』비교 연구」, 『석당논
    총』 제44권, 동아대학교 석당학술원, 2009.

서명석, 「『동몽선습』오륜 텍스트의 현대적 독법」, 『인격교육』 제7권, 한국인격교육학
    회, 2013.

신창호, 「『童蒙先習』에 나타난 아동교육과정의 특징」, 『韓國敎育史學』 제33권, 한국교
    육사학회, 2011.

심경호, 「동아시아에서의 '千字文' 類 및 '蒙求' 類 流行과 漢字漢文 基礎敎育」, 『漢字漢
    文敎育』 36, 한국한자한문교육학회, 2015.

안동대학교 안동문화연구소, 『艱貞日錄·歷代千字文(해기옹 김령의 임자도 유배생활)』,
    민속원, 2016.

이정희, 「惠山 李祥奎의『歷代千字文』간행 연구」, 『경남문화연구』 제33권, 경상대학교
    경남문화연구소, 2012.

장정호, 「조선시대 독자적 동몽 교재의 등장과 그 의의 : 『훈몽자회』와『동몽선습』을
    중심으로」, 『유아교육학논집』 제10권, 한국영유아교원교육학회, 2006.

『계몽편(啓蒙篇)』의 편찬 배경과 이본(異本)에 관한 연구

김선화

Ⅰ. 서론

『계몽편』은 조선시대 초학 아동교육용 교과서로, 19세기 말부터 서당과 향교에서 아동에게 글을 가르칠 때, 먼저 『천자문』이나 『유합(類合)』으로 글자 학습을 한 이후 사용되었던 문장학습 교재이다. 내용은 수편(首篇)·천편(天篇)·지편(地篇)·물편(物篇)·인편(人篇) 등 총 5편으로 구성되어 있으며, 장절(章節)이 짤막하고 내용이 어렵지 않아 초학자가 구두(句讀)와 문의(文義)를 해득하는데 비교적 쉽게 구성되어 있다.

1925년 3월 27일 동아일보 기사 가운데 '수재아동(秀才兒童)-가정소개(家庭紹介)'란에 '장래의 음악가, 창가 잘하는 아가씨'라는 제목으로 한 여자 어린이가 소개되었다. 그 내용에 "이 어여쁜 아가씨는 음악 잘하기로 예천읍내에서 이름이 자자하답니다.……어려서는 네 살부터 천자를 읽기 시작하여 계몽편, 명심보감, 소학 삼권을 일곱 살까지 다 배워서 통달하였답니다."라고 하였다. 이로 미루어 볼 때 『계몽편』은 1920년대에 어린 아이들이 천자문을 익힌 다음에 기본적으로 학습해야 했던 필수 교재로 인식되었다는 것과 교육의 대상이 여자 아이에게까지 확대되었다는 것을 알 수 있다.

1929년 3월 3일부터 9일까지 조선일보에는 '평민문학을 부흥한 장혼 선생'이 5회에 걸쳐 연재되었다. 그 내용 중에 "『계몽편』은 국민독본이다. 재래의 초학(初學)은 매우 어렵고 범박한 백수문[白首文=천자문]을 가르쳤으나 선생은 간단하고 쉽게 문학, 도덕, 박물 등을 종합하여 초등의 상식을 주로 하고 언문으로 풀어서 조선의 어문을 먼저 배우게 한 것이니 이것이 개혁공풍(改新工風)의 일이다. 서양서도 종합적 독본을 저술함이 겨우 50년 전 일이나 선생의『계몽편』은 벌써 백수십 년 전에 창설하여 이를 국민독본에 쓰니, 아아 선생의 선견(先見)은 감히 찬양하지 아니치 못하겠거니와 그 열어 젖힌 계몽의 업적은 영세불망(永世不忘)의 덕택이 아니던가."라고 하였다. 비록『계몽편』을 장혼의 저작이라고 소개한 것은 무리가 있겠으나, 『계몽편』을 국민 독본으로 소개하는 것을 보았을 때 그 파급력이 어느 정도였는지 짐작할 수 있다.

『계몽편』은 국립중앙도서관에 소장되어 있으며 1950년대 이전의 것으로 분류된 것이 100여 종이고, 그중 원문을 확인할 수 있는 것이 30여 종으로, 여타 초학교재의 이본(異本)과 비교해보아도 그 수가 확연히 많다. 『계몽편』은 편저자 미상으로 간행 연도 역시 알려지지 않았음에도 불구하고, 일제 강점기에 조선총독부에 의해 서당교육교재로 지정되어 초학용 교재로 사용되어 왔으며, 광복 이후 오늘날까지도 어린이를 위한 교재로 발간되고 있다.

본 연구에서는『계몽편』의 저자와 편찬 배경 및 학습 내용을 살펴보고, 1913년부터 발행된『계몽편언해(啓蒙篇諺解)』의 이본(異本) 13종을 비교하여 한자 한문 교육에 어떻게 활용되었는지를 알아보고자 한다.

II. 『계몽편』의 저자와 편찬 배경

『계몽편』은 조선시대의 초학용 교과서로 저자와 연대는 미상으로 대
체로 알려져 있으나, 일부 『계몽편』을 장혼(張混)의 저작으로 인정해야
한다는 연구도 있다.[1]

『계몽편』이 장혼의 저작이라고 주장하는 근거는 『결성장씨족보(結城
張氏族譜)』이다. 1926년에 연기군에서 발행된 족보 가운데 「이이엄공사
적(而已广公事跡)」에 "또한 아희원람, 계몽편, 동민수지, 사례비요, 오륜
행실 등 여러 책을 저술하였다."라고 기술되어 있다.[2] 그러나 계몽편이
장혼의 저작이라고 주장할 만한 근거는 족보 외에는 전혀 찾을 수가 없
다. 장혼은 여항지식인으로 그가 편찬한 초학교재는 『아희원람(兒戲原
覽)』, 『몽유편(蒙喩篇)』, 『근취편(近取篇)』 등이 있다. 이 외에도 『대동고
식(大東故寔)』, 『동민수지(東民須知)』가 있다고 조희룡의 『호산외기(壺山
外記)』에 보이지만 서적이 남아 있지 않아 확인이 어렵다. 또한 장혼의
문집인 『이이엄집(而已广集)』에서도 「아희원람인(兒戲原覽引)」만 확인될
뿐, 그 외의 저서에 대한 이야기는 찾을 수 없다.

게다가 주자(朱子)의 『역학계몽(易學啓蒙)』과 관련된 내용을 조선시대
에 '계몽편(啓蒙篇)' 혹은 '계몽(啓蒙)'으로 지칭한 것이 상당수 보이므로,
장혼의 저작에 『계몽편』이 있었다 하더라도 그것이 정확히 어떤 내용을
싣고 있는지 불분명하며, 현존하는 『계몽편』과 같은 것이라고 단정할
수 없다. 이러한 내용을 토대로 볼 때 『계몽편』은 족보에 실린 한 줄의
글을 근거로 장혼의 저작이라고 섣불리 판단할 수가 없으며, 아직까지
다른 근거가 될 만한 자료가 제시되지 않았기에 여전히 저자미상으로

---

1) 최용준(2001).
2) 『結城張氏族譜』, "又著述, 兒戲原覽, 啓蒙篇, 東民須知, 四禮備要, 五倫行實等 諸書
   也."[김영문(1992)에서 재인용.]

보는 것이 타당할 것이다.

그러나 장혼과 같은 여항지식인들이 당시 하층민을 대상으로 한 교육 활동에 지대한 관심을 가지고 있었고 이들이 적극적인 교육활동에 참여한 것은 주지의 사실이다. 그리고 그들이 펼친 교육의 규모는 당시 40여 명을 수용하는 규모의 서당이 대부분이었던 것과는 달리 70인 이상을 대상으로 하는 대규모 교육활동을 펼쳤으며 그들의 교육대상은 당시 교육의 기회가 제한적이었던 평민, 농민, 가노(家奴) 등이 포함되어 있었다.[3] 기존의 교육대상이 사대부 자제였다면 그 대상이 평민과 가노에 이르는 하층민으로 변화하였기에 기존에 과거를 목표로 하던 공부에 필요했던 교재 역시 변화가 필요했다. 그런 변화에 맞춰 여항지식인들은 교과내용의 변화를 꾀하였고 장혼과 같이 교재를 편찬했던 이들이 등장하게 되었다.

『계몽편』은 여전히 저자미상, 간행연도 미상의 책으로 알려져 있지만, 동경학예대학(東京學藝大學) 부속 도서관 소장본에는 그 서지사항에 발행 시기를 학제실시이전[學制實施以前, ~1871, 明治 4年]으로 밝히고 있는 만큼 여항지식인들의 교육적 요구에 의해 간행되었을 가능성 역시 배제할 수 없다.

조선 후기 여항지식인들이 설립한 서당에서 교육의 사각지대에 놓여있던 평민, 농민 등의 계층을 위한 학습이 지속되어 왔으며, 일제강점기에도 서당은 학교 교육에서 소외된 계층의 교육을 담당하게 되었다.

1908년 총감부는 학부훈령(學部訓令)에 '서당관리에 관한 건'을 발표하였는데, "혹자는 서당 폐지를 주장하나 신교육의 보급으로 서당은 자연 폐지케 될 것이고 교육시설이 완전치 못하므로 일시에 폐지하면 아동은 갑자기 수학(修學)의 길을 잃게 된다. 그러므로 서당의 시설을 개량

---

3) 정순우(1986); 임종환(1999) 참조.

하여 실용케 하고자 하니 지방관은 이 취지를 이해하여 지도감독의 방책을 소홀히 하지 말아야 한다."고 서당에 대한 방침을 밝혔다.[4] 성균관과 향교, 서원 등이 일제의 탄압에 의해 유명무실해질 때, 서당은 조선시대 교육기관 중 유일하게 존속되면서 당시 부족한 초등교육기관으로 인해 교육받을 수 없었던 아동을 대상으로 교육을 계속할 수 있었다.

1918년 일제가 식민교육정책 중 하나로 서당규칙(書堂規則)을 제정하였으며, 그 내용 중에는 교육사항 및 교수용 도서명이 기재되어 있다. 교육내용에 있어서는 일본어, 조선어, 산술 등을 교수하는 경우에 총독부 편찬 교과서를 사용하도록 규정하였고, 교재에 있어서 서당에서 사용하기에 적당하다고 인정하는 것으로 『천자문(千字文)』, 『유합(類合)』, 『계몽편(啓蒙篇)』, 『격몽요결(擊蒙要訣)』, 『효경(孝經)』, 『사서삼경(四書三經)』, 『통감(通鑑)』, 『고문진보(古文眞寶)』, 『명심보감(明心寶鑑)』 등을 열거하고 그 외의 서적은 불량서적으로 규정하여 사용할 수 없게 하였다.[5] 서당교육용 교재로 선정되었다 하더라도 우리나라의 역사나 민족성에 대한 내용이 있는 경우에는 그 내용을 삭제하거나 변경하여 재발행해야 했다. 그러나 『계몽편』은 초학자들에게 필요한 객관적인 기초 지식을 실은 교재로 내용을 수정할 필요가 없었고, 총 2,047자로 편폭이 짧아서 단시간 내에 발행하여 보급하기에 좋은 조건을 갖추고 있었다. 시대적인 배경과 출판업계의 수요가 맞아떨어지면서 『계몽편』은 현존하는 이본(異本)의 종류만 해도 30여 종이 넘을 만큼 많은 출판사에서 앞다투어 발행한 인기 서적이 된 것이다.

1950년 4월 22일자 동아일보에는 '아직도 남아있는 서당(書堂), 497개소(個所)에 당생(堂生) 5650여(餘)'라는 기사가 실렸다.

---

4) 學部訓令 제3호: 노형택(1977), 82쪽 재인용.
5) 노형택(1977), 87~88쪽.

　　우리나라에는 아직껏 봉건적 잔재인 서당이 전국에 497개소나 남아
있으며 이곳에서는『천자문』을 위시하여『소학』,『맹자』,『논어』,『계몽
편』,『명심보감』및 한글 등을 교수하고 있다고 하는데 이 서당에 다니고
있는 당생 수는 5,650명이나 된다고 한다.……이러한 서당이 교육기관의
일부로서 아직 남아 있는 이유로서는 여러 가지로 들을 수 있으나 우선
문화의 혜택을 받지 못한 산간벽지에 필연적인 존재로서 서당이 남아있
는 것과 또 공연한 고식(姑息)에서 오는 고집과 국민학교 및 중학교를
중도 퇴학한 자와 학비부담을 하지 못하는 가정의 자녀들의 교육기관으
로서 이용되고 있다 한다.

　이 기사에서 여전히 많은 서당이 교육기관의 일부로 남아 있었으며,
『계몽편』은 서당에서 사용되고 있음을 알 수 있다. 1950년까지도 교육
의 혜택을 받지 못하는 학생을 위한 기관으로 서당이 자리잡고 있는 것
을 볼 때, 조선 후기 여항지식인에서부터 시작된 교육소외계층을 위한
교육 기관으로서의 서당이 그 후 오랫동안 그 기능을 유지해왔으며, 서
당에서 초학자들을 위한 학습 교재의 필요성에 따라『계몽편』역시 꾸
준히 출판되었음을 알 수 있다.

Ⅲ.『계몽편』의 내용

　『계몽편』은 수편(首篇)·천편(天篇)·지편(地篇)·물편(物篇)·인편(人篇)
으로 구성되어 있다. 머릿글 성격의 수편은 112자이고, 천편은 436자로
우주와 천체의 운행내용 및 1년의 시간을 설명하였다. 자연 지물과 기상
에 대한 설명이 담긴 지편 361자, 동식물에 관한 이야기와 구구법(九九法)
의 사용을 안내하는 물편 508자, 그리고 사람이 반드시 지켜야 할 도리
와 심신을 수련하는 이치에 관련된 인편 657자로 이루어져 있다.

1. 수편(首篇)

수편은 총 112자의 짧은 글이지만 『계몽편』의 전체적인 내용을 대략 파악할 수 있는 도입부의 성격을 지니고 있다.

> 위에 하늘이 있고 아래에 땅이 있으니, 하늘과 땅 사이에 사람이 있고, 만물이 있다. 해와 달과 별은 하늘에 매달려 있는 것이고, 강과 바다와 산은 땅에 실려 있는 것이고, 아버지와 자식, 임금과 신하, 어른과 어린이, 남편과 아내, 벗은 사람의 큰 차례이다.[6]

『계몽편』의 차례는 천(天)·지(地)·물(物)·인(人)으로 되어 있으나, "위에 하늘이 있고 아래에 땅이 있다. 하늘과 땅 사이에 사람이 있고, 만물이 있다."라고 첫 구절을 서술하며 물편(物篇)을 제외한 '천편(天篇)·지편(地篇)·인편(人篇)'의 내용을 먼저 소개하였으니, 자연 세계와 인간 사회에 대체적인 큰 질서가 있음을 알려준다.

이어서 물편에 소개된 내용들을 다음과 같이 요약하였다.

> 동·서·남·북으로 천지의 방위를 정하고, 청색·황색·적색·백색으로 만물의 색을 정하고, 신맛·짠맛·매운맛·단맛·쓴맛으로 만물의 맛을 정하고, 궁·상·각·치·우로 만물의 소리를 정하고, 일·이·삼·사·오·륙·칠·팔·구·십·백·천·만·억으로 만물의 수를 다한다.[7]

2. 천편(天篇)

천편은 "해는 동쪽에서 나와서 서쪽으로 들어가니, 해가 나면 낮이

---

6) 『啓蒙篇』, 首篇. "上有天, 下有地, 天地之間, 有人焉, 有萬物焉, 日月星辰者, 天之所係也, 江海山嶽者, 地之所載也, 父子君臣長幼夫婦朋友者, 人之大倫也."
7) 『啓蒙篇』, 首篇. "以東西南北, 定天地之方, 以青黃赤白黑, 定物之色, 以酸鹹辛甘苦, 定物之味, 以宮商角徵羽, 定物之聲, 以一二三四五六七八九十百千萬億, 總物之數."

되고, 해가 들면 밤이 되니, 밤에는 달과 별이 나타난다."8)라는 일상적
인 천체운행을 소개하는 것으로 시작된다. 하늘에 별을 위성(緯星) 오성
(五星)과 경성(經星) 28수로 분류하였고, 십간(十干)과 십이지(十二支), 육
십갑자(六十甲子)에 대한 간략한 내용이 실려 있다. 모두 초학자들이 반
드시 알아야 할 지식을 전달할 수 있도록 간단한 서술형의 문체로 구성
되어 있는데, 1년 12달의 구성에 대해서는 상세한 기술로 그 이해를 돕
는다.

> 하루 낮과 밤 안에 12시가 있으니, 12시가 모여서 하루가 되고, 30일이
> 모여서 한 달이 되고, 열두 달이 모여서 1년을 이룬다. 달에는 혹 작은
> 달이 있으니 작은 달은 29일이 한 달이 되고, 1년에는 혹 윤월(閏月)이
> 있는데, 윤달이 있으면 13개월이 1년이 된다.……12달을 사시(四時)에 나
> 누어 배속시키는데, 정월·이월·삼월은 봄에 속하고, 사월·오월·유월은
> 여름에 속하고, 칠월·팔월·구월은 가을에 속하고, 시월·십일월·십이월
> 은 겨울에 속한다. 낮이 길고 밤이 짧으면서 천지의 기온이 크게 더우면
> 여름이 되고, 밤이 길고 낮이 짧으면서 천지의 기온이 크게 차가우면 겨
> 울이 된다. 봄과 가을은 낮과 밤의 길고 짧음이 고루 같은데 봄의 기온은
> 조금 따뜻하고, 가을의 기온은 조금 서늘하다.9)

하루는 12시가 있고, 30일이 모여 한 달이 되고, 12달이 모여 1년을
이룬다는 시간과 날짜의 개념을 알려주고, 윤달에 대해서도 서술하였
다. 윤달은 음력에서 평년의 12개월보다 1개월이 더 보태지는 달로, 태

---

8) 『啓蒙篇』, 天篇. "日出於東方, 入於西方, 日出則爲晝, 日入則爲夜, 夜則月星, 著見焉."
9) 『啓蒙篇』, 天篇. "一晝夜之內, 有十二時, 十二時會而爲一日, 三十日會而爲一月, 十有
二月合而成一歲. 月或有小月, 小月則二十九日, 爲一月, 歲或有閏月, 有閏則十三月, 成
一歲.……以十二月, 分屬於四時, 正月二月三月, 屬之於春, 四月五月六月, 屬之於夏, 七
月八月九月, 屬之於秋, 十月十一月十二月, 屬之於冬, 晝長夜短而天地之氣大暑, 則爲
夏, 夜長晝短而天地之氣大寒, 則爲冬, 春秋則晝夜長短平均, 而春氣微溫, 秋氣微涼."

음력과 태양력의 날짜 차이로 인해 계절이 맞지 않는 경우가 있기에 이를 어긋나지 않게 하기 위하여 끼워 넣은 달이다. 현재는 태음력 사용이 드물어서 윤달에 대한 인식이 낮지만 당시에는 초학자들도 알아야 했던 지식에 해당되므로, '윤달이 있으면 13개월이 1년이 된다.'는 간단한 서술로 소개하였다. 또한 12달을 4계절로 나누어서 춘하추동의 개념을 설명하고, 계절의 특징까지 설명하여 12시라는 시간부터 봄, 여름, 가을, 겨울의 사계절까지 총체적으로 이해할 수 있는 내용을 싣고 있다.

3. 지편(地篇)

지편에서는 첫 문장에 "땅의 높은 곳이 곧 산이 되고, 땅의 낮은 곳이 곧 물이 된다. 물이 작은 것을 냇물이라고 하고, 물이 큰 것을 강이라고 한다. 산이 낮은 것을 언덕이라고 하고, 산이 높은 것을 등성이라고 한다."[10]라고 하여, 산(山)·수(水)·천(川)·강(江)·구(丘)·강(岡)이라고 부르는 자연지물에 대한 정의를 내렸다. 언해에는 산(山)을 뫼, 수(水)를 물, 천(川)을 내, 강(江)을 강, 구(丘)를 두덕, 강(岡)을 뫼뿌리라고 풀이하였다.

기상현상에 대해서는 그 인과관계에 대해 비교적 상세히 설명한다.

산과 바다의 기운이 올라가 하늘의 기운과 서로 어우러지면 구름과 안개를 일으키고 비와 눈을 내리며, 서리와 이슬이 되며, 바람과 우레를 발생한다.

더운 기운이 쪄서 막히게 되면 뭉게뭉게 구름을 일으켜 주룩주룩 비가 내리고, 찬 기운이 추워져 응결되면 이슬이 맺혀 서리가 되고, 비가 응결

---

10) 『啓蒙篇』, 地篇. "地之高處便爲山, 地之低處便爲水, 水之小者謂川, 水之大者謂江, 山之卑者謂丘, 山之峻者謂岡."

되어 눈을 이룬다. 그러므로 봄과 여름에는 비와 이슬이 많고, 가을과
겨울에는 서리와 눈이 많은데, 변화를 헤아릴 수 없는 것은 바람과 우레
이다.[11]

기상현상을 크게 운무(雲霧)·우설(雨雪)·상로(霜露)·풍뢰(風雷)로 나
누어 대기 중의 뜨거운 기운이 위로 상승하여 뭉게 구름을 만들고 소나
기가 내리는 것, 수증기가 차가운 공기와 만나 응결되어 이슬과 서리가
생겨나고 눈이 내리는 원리 등을 비교적 상세하게 풀이하였다. 특히 구
름이 일어나는 모습을 표현한 '유연(油然)'이나 비가 많이 내리는 모습을
나타낸 '패연(沛然)' 등 단어가 어렵다고 생각되는 부분은 언해에서 상세
한 주석을 부기하여 학습자가 이해하기 쉽도록 하였는데, 다음장에서
상세하게 살펴보도록 한다.

지편에서는 자연 지물의 명칭과 기상현상 외에 토지를 이용하는 모습
에 대해서도 서술되어 있다.

옛날의 성왕이 들을 구획하고 토지를 나누어 나라를 세우고 도읍을
설치하였으니, 사해의 안에 그 나라가 만 개나 있고, 한 나라 안에 각각
주와 군을 설치하고, 주와 군 안에 각각 향과 정을 나누었으며, 성곽을
만들어 도적을 막고, 궁실을 만들어 사람들을 거처하게 하고, 쟁기와 보
습을 만들어 백성들에게 밭 갈고 곡식 심는 것을 가르치고, 가마솥과 시
루를 만들어 백성들에게 불로 익혀 먹는 것을 가르치고, 배와 수레를 만
들어 도로를 통하게 하였다.[12]

---

11) 『啓蒙篇』, 地篇. "山海之氣, 上與天氣相交, 則興雲霧, 降雨雪, 爲霜露, 生風雷. 暑氣蒸
鬱, 則油然而作雲, 沛然而下雨, 寒氣陰凝, 則露結而爲霜, 雨凝而成雪. 故春夏多雨露,
秋冬多霜雪, 變化莫測者, 風雷也."

12) 『啓蒙篇』, 地篇. "古之聖王, 畫野分地, 建邦設都, 四海之內, 其國有萬, 而一國之中,
各置州郡焉, 州郡之中, 各分鄕井焉, 爲城郭, 以禦寇, 爲宮室, 以處人, 爲耒耜, 敎民耕
稼, 爲釜甑, 敎民火食, 作舟車, 以通道路."

나라를 세우고 도읍과 마을을 만들고, 궁실을 지어 사람이 거처하게 하고 각종 도구를 이용하여 곡식을 생산하고 그것을 익혀 먹는 방법을 알려주고, 도로를 만들어 서로 왕래 하게 하는 등 토지를 이용하여 실생활에 적용하는 방법들을 설명하여, 자연지물을 인간이 어떻게 이용하여 생활에 이롭게 할 수 있는지를 알려주었다. 또한 이어지는 내용에 오행의 상생과 상극을 소개하면서 "상극하는 권세를 잡아 상생하는 물건을 이용할 수 있는 것은 사람의 공로이다."[13)]라고 하였으니, 사람이 노력하여 주어진 자연지물을 잘 이해하고 이용해야 생활에 이로움을 줄 수 있다는 것을 서술하고 있다.

4. 물편(物篇)

물편은 총 507자로 이루어져 인편(人篇) 다음으로 편폭이 가장 길게 구성되어 있다. "천지가 만물을 생겨나게 한 수는 그 무리가 만 가지가 있는데, 동물과 식물로 말하자면 초목과 금수, 곤충와 어류 등의 부류가 비교적 가장 잘 드러난 것들이다."[14)]라고 하여 동물과 식물의 종류에 대해 먼저 서술하고, 실생활에 이용할 수 있는 농산물에 대한 정보와 사물을 측정하는 단위와 셈법에 대해서 간략히 서술하였다.

> 나는 것은 새가 되고, 달리는 것은 짐승이 되고, 비늘과 껍질이 있는 것은 벌레와 물고기가 되고, 뿌리로 심겨진 것은 초목이 된다.

---

13)『啓蒙篇』, 地篇. "五行, 固有相生之道, 金生水, 水生木, 木生火, 火生土, 土生金, 金復生水, 五行之相生也無窮, 而人用不竭焉. 五行, 亦有相克之理, 土克水, 水克火, 火克金, 金克木, 木克土, 土復克水, 乃操其相克之權, 能用其相生之物者, 是人之功也."
14)『啓蒙篇』, 物篇. "天地生物之數, 有萬其衆, 而若言其動植之物, 則草木禽獸蟲魚之屬, 最其較著者也."

나는 새는 알을 낳아 날개로 품고, 달리는 짐승은 태(胎)로 낳아 젖을 먹이며, 나는 새는 둥지에서 살고, 달리는 짐승은 굴에서 살며, 벌레와 물고기들은 변태를 거쳐 생기는 것이 가장 많은데, 또한 물과 습한 땅에서 많이 자란다.……호랑이·표범·물소·코끼리의 등속은 산에 있고, 소·말·닭·개의 동물은 집에서 기르니, 소로써 밭을 갈고, 말로써 타거나 짐을 싣고, 개로써 밤을 지키고, 닭으로써 새벽을 맡게 한다. 물소에게서는 그 뿔을 취하고, 코끼리에게서는 그 어금니를 취하고, 호랑이와 표범에게서는 그 가죽을 취한다.……달리는 짐승 중에 기린이 있고, 나는 새 중에 봉황이 있으며, 벌레와 물고기 중에 신령스러운 거북이 있고 나는 용이 있다. 이 네 가지 동물은 곧 만물 중에서 신령스럽고 영특한 것이다. 그러므로 혹 성왕의 세상에 나오는 것이다.[15]

동물에 대해서는 비교적 상세하게 기술하고 있는데, 먼저 날아다니는 짐승과 달리는 짐승을 금수(禽獸)로 분류하고, 새와 짐승의 차이를 알에서 태어나는 것과, 어미의 뱃속에서 태어나 젖을 먹는 것의 태생적인 차이에 대하여 설명하였다. 또한 산짐승과 가축으로 나누어 다양한 동물의 명칭을 제시하고 그것들이 어떻게 활용되는지를 소개하였으며, 실존하지 않는 기린과 봉황 등에 대한 정보도 전달하고 있다. 이러한 동물 중에는 기를 수 없는 것도 많고 무익한 것도 많지만 그런 것을 사람의 힘으로 죽이기도 하고 지혜롭게 취하기도 해서 그들의 털이나 깃털, 뼈와 뿔 등을 이용하고 또 제사에 사용하거나 손님에게 음식을 대접할 때에 제공하기도 한다고 하였으니,[16] 동물의 특성을 잘 파악하여 그것을

---

15)『啓蒙篇』, 物篇. "飛者, 爲禽, 走者, 爲獸, 鱗介者, 爲蟲魚, 根植者, 爲草木. 飛禽, 卵翼, 走獸, 胎乳, 飛禽, 巢居, 走獸, 穴處, 蟲魚之物, 化生者最多而亦多生於水濕之地.……虎豹犀象之屬, 在於山, 牛馬鷄犬之物, 畜於家, 牛以耕墾, 馬以乘載, 犬以守夜, 鷄以司晨, 犀取其角, 象取其牙, 虎豹, 取其皮니라.……走獸之中, 有麒麟焉, 飛禽之中, 有鳳凰焉, 蟲魚之中, 有靈龜焉, 有飛龍焉, 此四物者, 乃物之靈異者也. 故或出於聖王之世."

16)『啓蒙篇』, 物篇. "山林, 多不畜之禽獸, 川澤, 多無益之蟲魚. 故人以力殺, 人以智取, 或用其毛羽骨角, 或供於祭祀賓客飮食之間."

이용해야 함을 알 수 있다.

농산물에 대해서는 "벼·조·기장·피는 제사의 제물로 바치는 것이고, 팥·콩·보리 등의 곡식은 또한 사람의 목숨을 기르는 물건이 아닌 것이 없다. 그러므로 온갖 풀 가운데 곡식이 가장 중요하다."[17]라고 하여 그 중요성을 언급하면서, "배·밤·감·대추 등의 과실이 맛이 아름답지 않은 것은 아니지만, 그 향기가 짙기 때문에 과실은 귤과 유자를 보배로 여기고, 무·순무와 여러 가지 오이의 채소는 종류가 많지 않은 것은 아니지만, 그 맛이 매우 맵기 때문에 채소는 겨자와 생강을 귀중하게 여긴다."[18]고 하였다.

물편의 마지막에는 여러 사물을 측정하는 측량법과 수를 계산하는 방법에 대해 소개되었다.

> 사물이 똑같지 않은 것은 바로 사물의 실정이다. 그러므로 심·장·척·촌으로 사물의 길이를 헤아리고, 근·냥·치·수로 사물의 무게를 재고, 두·곡·승·석으로 사물의 양을 헤아린다.
> 만물의 수를 계산하는 것은 구구단 보다 편한 것이 없으니, 구구단이라는 것은 구구팔십일의 수이다.[19]

셈법에 대하여 자세한 설명이 나오지는 않지만, 사물을 측량하는 데에 필요한 다양한 단위를 알려주고, 구구단을 사용하면 편하게 계산할 수 있다는 정도로 서술하여 아동들이 그 개념만 이해할 수 있도록 하였다.

---

17) 『啓蒙篇』, 物篇. "稻粱黍, 祭祀之所以供粢盛者也, 豆菽麰麥之穀, 亦無非養人命之物. 故百草之中, 穀植最重."

18) 『啓蒙篇』, 物篇. "梨栗柿棗之果, 味非不佳也, 其香芬芳. 故果以橘柚爲珍, 蘿蔔蔓菁諸瓜之菜, 種非不多也, 其味辛烈. 故菜以芥薑爲重."

19) 『啓蒙篇』, 物篇. "物之不齊, 乃物之情. 故以尋丈尺寸, 度物之長短, 以斤兩錙銖, 稱物之輕重, 以斗斛升石, 量物之多寡. 算計萬物之數, 莫便於九九, 所謂九九者, 九九八十一之數也."

물편은 특성상 다양한 사물의 정보를 전달할 수 있으며 개화기 교육
에서 실생활에 대한 정보를 제공할 수 있는 중요한 요소가 되었을 것이
다. 그러나 대체로 동물과 식물, 농산물에 대한 정보와 단위와 셈법이
있다는 정도로 소개하는 것에 머물러 있었음을 알 수 있다.

5. 인편(人篇)

인편은 "만물 가운데 오직 사람이 가장 영특하기 때문에 부자간의 친
함이 있으며, 군신간의 의리가 있으며, 부부간의 구별이 있으며, 장유간
의 차례가 있으며, 붕우간의 신의가 있다."[20]라고 하여, 사람에게 오륜
(五倫)이 있다는 것으로부터 시작한다.

또한 부모, 자녀, 조손(祖孫), 형제, 숙질(叔姪), 부서(婦婿)의 명칭을
소개하면서 가족관계에 대하여 설명하고, 그 관계 안에서 중요한 부부
의 도리와 효의 도리 등 효제충신의 이치에 대해 서술하였다. 그런데
사람은 학문을 통해 배우지 않으면 어떤 것이 효도가 되고, 충성이 되
고, 공손함이 되고, 신의가 되는 것인지 알기 어렵기 때문에 반드시 책
을 읽고서 이치를 궁구해서 옛사람을 통해 관찰하고, 내 마음으로 체득
하여 힘써 행해야 효제충신의 일이 하늘의 질서에 맞게 된다고 하였다.
배우는 자가 가져야 할 가장 중요한 덕목을 이 책의 마지막에 서술하였
으니 그것이 바로 구용(九容)과 구사(九思)이다.

> 몸과 마음을 수렴하는 것은 구용보다 더 절실한 것이 없으니, 구용이
> 란, 발 모양은 무겁고, 손 모양은 공손하며, 눈 모양은 단정히 하고, 입
> 모양은 다물며, 말소리는 조용히 하고, 머리 모양은 바르게 하고, 숨쉬는

---

20) 『啓蒙篇』, 人篇. "萬物之中, 惟人最靈, 有父子之親, 有君臣之義, 有夫婦之別, 有長幼之
序, 有朋友之信."

모양은 정숙히 하며, 서 있는 모양은 덕스럽게 하고, 안색은 모양은 씩씩하게 해야 한다는 것이다.

학문에 나아가고 지혜를 더함에는 구사보다 더 절실한 것이 없으니, 구사란 밝게 볼 것을 생각하며, 밝게 들을 것을 생각하며, 얼굴빛은 온화하게 할 것을 생각하며, 용모는 공손하게 할 것을 생각하며, 말은 충신하게 할 것을 생각하고, 일은 공손하게 할 것을 생각하며, 의심나는 것은 물을 것을 생각하며, 화가 날 때에는 어려울 것을 생각하며, 이득을 얻으면 의를 생각하는 것이다.[21]

『격몽요결』지신장(持身章)의 "몸과 마음을 가다듬는 데는 구용보다 더 절실한 것이 없고, 학문을 나아가게 하고 지혜를 더하는 데는 구사보다 더 절실한 것이 없다.[收斂身心, 莫切於九容, 進學益智, 莫切於九思.]"는 구절을 인용하여 구용(九容)과 구사(九思)를 나누어 서술하였다. 학문과 일상생활이 동떨어진 것이 아니니 구용과 구사의 자세로 학문에 임한다면 일상생활에서도 몸과 마음을 바르게 하여 효제충신의 도리를 다할 수 있음을 강조하였다고 볼 수 있다.

Ⅳ. 『계몽편』의 이본(異本) 연구

『계몽편』은 여러 출판사에서 간행한 이본이 많은 것으로 미루어 볼 때 한문학습을 위한 초급용 교재로 널리 사용된 것으로 보인다.

1982년 10월 13일자 경향신문에서 '신태삼 세창서관 사장 14살 때 문 열어 61년동안 한문책만 다뤄'라는 제목이 기사가 실려 있다. 1922년

---

21) 『啓蒙篇』, 人篇. "收斂身心, 莫切於九容, 所謂九容者, 足容重, 手容恭, 目容端, 口容止, 聲容靜, 頭容直, 氣容肅, 立容德, 色容莊. 進學益智, 莫切於九思, 所謂九思者, 視思明, 聽思聰, 色思溫, 貌思恭, 言思忠, 事思敬, 疑思問, 忿思難, 見得思義."

8월에 14살의 나이로 세창서관을 열었다는 그는 "당시 전국의 서점 보급 망을 모두 거머지고 있었던 거죠. 요즘으로 치면 국정교과서 사장이라 도 된 듯한 기분이었다."고 인터뷰 하였으며, 도서목록은 『천자문』, 『통 감』, 『명심보감』, 『동몽선습』, 『계몽편』 등 한문교과서가 전부였고, 한 때는 60평 규모에 보따리 판매원 수천 명을 거느렸다고 했다. 기사를 미루어 볼 때 한문교과서의 수요가 어느 정도였는지 조금은 짐작해 볼 수 있다.

『계몽편』은 국립중앙도서관에 소장되어 있는데, 1950년대 이전의 것 으로 분류된 것이 100여 종이며, 그 중 원문을 확인할 수 있는 것이 30여 종이다.

국립중앙도서관의 목록을 통해 해외에 소장된 자료 3종을 확인할 수 있다. 그중 2종은 프랑스 동양언어문화학교(Institut National des Langues et Civilisations Orientales) 소장본으로, 하나는 『계몽편언해』로 발행처 와 발행연도가 명확하지 않고, 다른 하나는 발행연도를 고종 7년(1870)으 로 밝히고 있었다. 그러나 1870년 자료로 탑재된 것은 실상 1868년 박재 철(朴載哲)이 지은 아동용 유학 교재 『발몽편(發蒙篇)』으로 이것을 국립중 앙도서관에서 탑재할 때 『계몽편』으로 기재한 오류가 있었던 것으로 보 여진다. 『발몽편』의 첫 장에 발행연대로 추정되는 '1870'이 수기로 쓰여 져 있으며, 『계몽편』에도 역시 같은 필체로 연대로 추정되는 숫자가 기 재되어 있으나 아쉽게도 글자가 희미하여 판독할 수가 없었다.

또 다른 하나는 일본 동경학예대학(東京學藝大學) 부속 도서관 소장본 으로,[22] 그 서지사항에 발행 시기를 학제실시이전[學制實施以前, ~1871, 明治 4年]으로 기록하고 있다. 현재 원문을 확인할 수 있는 이본들 가운 데 유일하게 언해와 현토가 없는 필사본으로 가장 오래된 자료로 추정

---

22) http://hdl.handle.net/2309/8047.

된다. 따라서 본 연구에서는 일본 동경학예대학 소장본을 선본(善本)으로 가정하고, 국립중앙도서관에 소장되어 있는 자료 중 중복되는 자료를 제외하고 가장 활발하게 발행되었던 1913년부터 1935년까지의 자료 13종을 비교 분석하였다. 비교 분석에 사용된 자료는 다음과 같다.

〈표 1〉 국립중앙도서관 소장『계몽편』목록

	표제	편집 겸 발행자	인쇄자	인쇄 겸 발행소	발행 지역	발행년도
1	啓蒙篇諺解	李鍾星	曺春和	紙物書冊鋪	京城	大正2年(1913) 8월 25일
2	啓蒙篇諺解	池松旭	段泰聖	新舊書林	京城	大正2年(1913) 8월 21일
3	啓蒙篇諺解	高裕相	辛裕植	匯東書館	京城	大正3年(1914) 8월 20일
4	訂本 啓蒙篇	李鐘模	崔宗默	紙物書冊商	京城	大正3年(1914) 10월 19일
5	蒙學篇	梁珍泰		多佳書鋪甫	全州	1916
6	啓蒙篇	朴星七	芮一成	朴星七書店	安城	大正6年(1917) 3월 10일
7	啓蒙篇	盧益亨	李能秀	博文書館	京城	大正6年(1917) 8월 30일
8	啓蒙篇	南宮楔	崔浩亨	惟一書館	京城	大正7年(1918) 5월 20일
9	訂本 啓蒙篇	尹泰晟	崔弘基	天一書館	京城	大正8年(1919) 1월 6일
10	啓蒙篇 全	張二萬	李明秀	新安書林	京城	大正12年(1923) 12월 11일
11	啓蒙篇	申泰三	申泰和	世昌書館	京城	昭和10年(1935) 9월 30일
12	啓蒙篇	李相焄	安應而	三成書林	水原	昭和10年(1935) 8월 13일
13	啓蒙篇	高敬相	申相浩	三文社	京城	昭和10年(1935) 11월 15일

〈표 1〉은 국립중앙도서관에 소장되어 내용을 확인할 수 있는『계몽편』의 판권지에서 확인된 사항을 정리한 것으로, 모두 언해본이다. 발행시기 순으로 나열하였는데, 전주에서 발간된『몽학편(蒙學篇)』은 판권지가 없어 국립중앙도서관의 상세정보를 인용하였다. 제시된 책을 외형적인 형태와 서지사항을 살펴 본 다음, 일본 동경학예대학 소장본과 비교하여 내용상의 오류에 대해 검토해보았다.

1. 『계몽편』 이본의 구성

먼저 〈표 1〉에 제시된 서적의 형태와 서지사항을 발행시기, 편집 겸 발행자, 제목, 본문 형태로 나누어 검토하였다.

첫 번째로 『계몽편』 언해본의 발행 시기를 보면 1913년부터 1935년까지로 일제가 국권 침탈 후 1911년에 식민지교육정책의 법령으로 「조선교육령(朝鮮敎育令)」을 제정한 이후에 발간되었으며, 판권지에 '조선총독부경무총감부인가(朝鮮總督府警務總監部認可)' 혹은 '조선총독부경무총감부허가(朝鮮總督府警務總監部許可)'라고 기재되어 있다.

두 번째, 『계몽편』은 저자가 불분명하여 저자를 명시한 판본은 없었고, '편집겸발행자'로 기록된 이름은 모두 당시 출판사 대표이다. 13권의 책 중에 10번 신안서림 발행본은 편집이 아닌 '저작겸발행자(著作兼發行者)'로 표기가 되어 있다. 또한 판권지를 확인하지 못한 5번 다가서포보 발행본도 기존연구에서 '저작인쇄겸발행자 양진태'로 표기되어 있다고 하였다.[23] 그러나 저작(著作)으로 표시된 것 역시 『계몽편』의 저자나 언해자를 표시 하는 것이 아닌 발행자를 나타내고 있는 것으로 보여진다.

세 번째는 표제(標題)이다. 연구 대상으로 삼은 13권은 모두 언해본이었으나 표제를 나타내는 방법을 약간씩 차이가 있다. 표에 제시된 1, 2, 3번은 모두 표제가 '계몽편언해(啓蒙篇諺解)'이고 권두제와 판심제 모두 동일하게 표기되어 있다.

4번은 표제가 '정본 계몽편(訂本 啓蒙篇)'이고, 권두제는 '정본 계몽편언해(訂本 啓蒙篇諺解)', 판심제와 권미제는 '계몽편언해(啓蒙篇諺解)'로 되어 있다. 발행소와 발행자가 1번은 지물서책포(紙物書冊鋪)에서 이종성이 1913년에 발행한 것이고, 4번은 지물서책상(紙物書冊商)에서 이종

---

23) 김해정(1998).

모가 1914년에 발행한 것이다. 발행소와 발행자의 이름을 비추어 볼 때 이종성과 이종모는 가족관계로 추정되며, 발행소의 소재지는 각각 경성 남부 자암동과 경성 서부 합동으로 지금으로 보자면 분점의 형태로 보인다. 1번 이종성 발행본에서 원문 한 장이 누락되는 오류를 찾아볼 수 있는데, 이로 인해 바로 1년 뒤에 그것을 수정하여 '정본 계몽편'을 발간한 것으로 추측할 수 있다. 재미있는 것은 다만 큰 오류만 수정하였을 뿐 나머지 다른 오류들은 그대로 유지하고 있으면, 처음 권두제도 그대로 두고 위쪽에 '정본(訂本)'이라는 작은 글씨만 추가한 것을 확인할 수 있다. 내용의 오류는 다음장에서 자세히 살펴보도록 하겠다.

5번은 전주 다가서포보에서 발행한 것으로 유일하게 '몽학편(蒙學篇)'으로 되어 있다. 권두제는 '몽학편언해(蒙學篇諺解)'인데, 판심제는 다시 '계몽편(啓蒙篇)'으로 되어 있으며, 권미제는 '계몽편언해(啓蒙篇諺解)'이다. 다른 지역에서는 볼 수 없는 제목으로 전주지역에서 '몽학편'과 '계몽편'이 동일한 명칭으로 쓰인 것으로 보여지며, 내용은 다른 『계몽편』과 동일하다.

6번은 표세는 '계몽편', 권두제와 판심제는 '계몽편언해', 권미제는 없다.

7번은 표제는 '계몽편', 권두제는 '계몽편언해', 판심제는 '계몽언해(啓蒙諺解)'이며, 권미제는 '계몽편언해종(啓蒙篇諺解終)'으로 표기하였다.

8번은 표제가 '계몽편'인데, 옆에 작은 글씨로 '원본 계몽편(原本 啓蒙篇)'으로 부기하였다. 1918년에 발행된 이 책은 기존의 언해본이 원문에 모두 언해를 달아 놓은 것과는 달리 원문에는 한자의 음은 표기하지 않고 한글로 현토만 하였고, 풀이만 언해로 기록하였다. 따라서 이를 강조하기 위해 '원본 계몽편'이라고 부기하였을 것이다. 권두제와 판심제는 '계몽편언해', 권미제는 없다.

9번은 천일서관에서 윤태성이 발행한 것인데, 표제가 '정본 계몽편(訂

本 啓蒙篇)'이고, 권두제는 '정본 계몽편언해', 판심제와 권미제는 '계몽 편언해'로 되어 있다. 이것은 앞서 살펴본 4번 이종모가 발행한 '정본 계몽편'과 동일한 판본으로 추정된다. 권두에 '정본(訂本)' 두글자를 표기한 방법이나 글자체, 오류 등이 모두 동일하게 나타난다. 그러나 중간에 내용이 한 장 누락되었는데, 이 역시 다음 장에서 자세히 살펴보도록 하겠다.

10, 11, 12, 13번은 모두 표제가 '계몽편'이며 권두제는 '계몽편언해'이다.

1918년 이후 발행본은 9번(정본 계몽편, 1919년)과 13번(계몽편, 1935)을 제외하고는 모두 원문에는 한자의 음을 제시하지 않고 현토만 하였고, 해석은 언해로 표기하는 방식을 취하고 있었다. 1919년 간행된 9번 '정본 계몽편'은 위에 서술한대로 1914년에 간행된 4번과 동일한 판본으로 추정되는 것으로 형태가 1914년과 동일하게 한자의 음이 제시되어 있는 경우이다. 1935년에 발행된 13번의 경우에는 당시 한자의 음을 제시하지 않았던 것과는 달리 한자의 음과 현토, 해석이 모두 언해로 표기되어 기존에 발행되어 오던 것과 동일한 형태를 보인다. 그러나 언해 표기 방법에 있어서 아래아 표기가 사라진 것을 볼 때, 1933년에 제정된 '한글맞춤법통일안'에 맞추어 달라진 표기법을 적용한 것으로 볼 수 있다.

이상 13권의 책의 표제를 살펴보면 초기에 발간된 3권만 표제에 '계몽편언해'라고 언해본임을 밝혀두었을 뿐, 나머지는 언해본임을 표기하지 않고 있음을 알 수 있다. 제목에서 '정본(頂本)', '원본(原本)', '정본(正本)' 등을 제시하는 것을 볼 때 원본에 가깝고 완성도 높은 책이라는 것을 드러내는 방법의 일환으로 보여진다.

마지막으로 본문의 형태를 살펴보면, 모두 원문과 언해를 제시하는 방식을 취하고 있다. 그러나 앞서 살펴보았듯이 1918년부터는 원문에 한자 음을 제시하지 않고 현토만 한글로 하였으며, 해석은 언해로 표기하는 방식으로 발행되어진 것을 확인할 수 있었다. 1917년부터 발행된 책에는 언해뿐만 아니라 어려운 단어에 대한 주석도 표기하였으니, 학습자들이 더욱더 쉽게 이해할 수 있었을 것이다.

2. 『계몽편』 이본의 내용

앞의 장에서는 이본에 나타난 서지형태를 살펴보았는데, 내용상의 차이점을 살펴보기 위해 일본동경학예대학 소장본(이하 동경본)과 비교하여 내용상의 오류를 검토하였다.

『계몽편』의 이본에 나타난 가장 대표적인 오류는 원문의 누락인데 대체로 두 번째 '천편(天篇)'에서 동일한 오류를 범하였다. 동경본과 표에 제시된 1번 지물서책포본을 비교해보면 다음과 같다.

一晝夜之內, 有十二時, 十二時會而爲一日, 三十日會而爲一月, 十有二月合而成一歲.(동경본)

一晝夜之內, 有十二時, 十二時會而爲一日, 十有二月合而成一歲.

한낮과 밤의 안에 열두때가 있으니 열두때가 모되어 한날이 되고 셔른날이 모되어 한달이 되고 열에 두달이 합하여 한해를 이루나니라.(1번 紙物書冊鋪본)[24]

제시된 두 문장을 비교하면 1913년에 발행된 지물서책포(紙物書冊鋪)본의 원문에 '三十日會而爲一月'이 누락되었음을 알 수 있다. 하지만 언해에는 '셔른날이 모되어 한달이 되고'라는 해석이 그대로 되어있어

---

[24] 언해본에서 한자음과 현토의 표기는 생략하였으며, 해석의 언해의 표기는 대체로 현대 국어표기에 따라 약간의 수정을 가하였다.

저본의 오류가 아니라 편집과정에서 원문이 누락된 것으로 파악할 수 있다. 동일한 부분의 원문이 누락된 현상이 다른 책에서도 나타난다.

〈표 2〉'천편(天篇)' 원문 누락 현황

	표제	편집 겸 발행자	인쇄 겸 발행소	발행 지역	발행 년도	원문	언해
1	啓蒙篇諺解	李鍾星	紙物書冊鋪	京城	1913	누락	○
2	啓蒙篇諺解	池松旭	新舊書林	京城	1913	누락	○
3	啓蒙篇諺解	高裕相	匯東書館	京城	1914	○	○
4	訂本 啓蒙篇	李鍾楨	紙物書冊商	京城	1914	누락	○
5	蒙學篇	梁珍泰	多佳書鋪甫	全州	1916	누락	○
6	啓蒙篇	朴星七	朴星七書店	安城	1917	○	○
7	啓蒙篇	盧益亨	博文書館	京城	1917	누락	○
8	啓蒙篇	南宮楔	惟一書舘	京城	1918	○	○
9	訂本 啓蒙篇	尹泰晟	天一書舘	京城	1919	누락	○
10	啓蒙篇 全	張二萬	新安書林	京城	1923	○	○
11	啓蒙篇	申泰三	世昌書舘	京城	1935	○	○
12	啓蒙篇	李相杰	三成書林	水原	1935	○	○
13	啓蒙篇	高敬相	三文社	京城	1935	○	○

앞서 1번과 4번 발행본의 수정사항에 대하여 간단히 설명하였는데, 1년 뒤에 오류를 발견하고 수정을 가하였음에도 불구하고 '三十日會而爲一月'은 그대로 누락된 채 수정 발간되었음을 확인할 수 있었다. 이러한 오류로 미루어 볼 때 발행당시에 원본 『계몽편』을 저본으로 하여 편집한 것이 아니라, 먼저 오류를 범한 책을 그대로 베끼면서 그 오류를 답습한 것으로 판단해 볼 수 있다.

공통적으로 나타난 또 다른 오류는 글자의 삽입이다.

> 人於等輩, 尙不可相踰, 況年高於我, 官貴於我, 道尊於我者乎. 在鄕黨則敬其齒, 在朝廷則敬其爵, 尊其道而敬其德, 是禮也.(동경본)

人於等輩, 尙不可相踰, 況年高於我, 官貴於我, 道尊於我者乎. 故在鄕黨則敬其齒, 在朝廷則敬其爵, 尊其道而敬其德, 是禮也.

사람이 등배에게 오히려 가히 서로 넘디못하려든 하믈며 나히 나에셔 놉고 벼슬이 나에셔 귀하고 도가 나에게셔 놉흔이랴 <u>그런고로</u> 향당에이셔든 그 나흘 공경하고 조정에이셔든 그 벼슬을 공경하고 그 도를 존중하며 그 덕을 공경함이 이 레니라.(1번 紙物書冊鋪본)

사람은 같은 또래에게도 오히려 서로 넘어서는 안되는데, 하물며 나이가 나보다 많고 벼슬이 나보다 귀하고 도가 나보다 높은 자에게 있어서랴! <u>그러므로</u> 향당에 있어서는 그 나이를 공경하고, 조정에 있어서는 그 벼슬을 공경하며, 그 도를 높이고 그 덕을 공경하는 것, 이것이 예이다.(『懸吐完譯 推句·啓蒙篇』, 전통문화연구회, 成百曉 譯註)

이것은 '인편(人篇)'의 한 부분으로 동경본에는 없는 '고(故)' 자가 일부 언해본에서 '故로'의 형태로 삽입이 되어 있었으니 그 현황은 다음과 같다.

<표 3> '인편(人篇)' 글자 첨가 현황

	표제	編輯 兼 發行者	인쇄 겸 발행소	발행 지역	발행년도	원문	언해
1	啓蒙篇諺解	李鍾星	紙物書冊鋪	京城	1913	故로	그런고로
2	啓蒙篇諺解	池松旭	新舊書林	京城	1913	故로	그런고로
3	啓蒙篇諺解	高裕相	匯東書館	京城	1914	×	그러모로
4	訂本 啓蒙篇	李鐘模	紙物書冊商	京城	1914	故로	그런고로
5	蒙學篇	梁珍泰	多佳書鋪甫	全州	1916	故로	그런고로
6	啓蒙篇	朴星七	朴星七書店	安城	1917	×	×
7	啓蒙篇	盧益亨	博文書館	京城	1917	故로	그런고로
8	啓蒙篇	南宮楗	惟一書舘	京城	1918	×	×
9	訂本 啓蒙篇	尹泰晟	天一書舘	京城	1919	누락	누락

10	啓蒙篇 全	張二萬	新安書林	京城	1923	故로	그런고로
11	啓蒙篇	申泰三	世昌書館	京城	1935	故로	그런고로
12	啓蒙篇	李相焄	三成書林	水原	1935	故로	그런고로
13	啓蒙篇	高敬相	三文社	京城	1935	故로	그런고로

3번 회동서관, 6번 박성칠서점, 8번 유일서관는 천편(天篇)에서의 원문도 누락되지 않았고, 인편(人篇)에서 '고(故)'자의 첨가도 없었으며, 6번, 8번은 번역도 원문에 충실하게 '그러므로'의 의미를 넣지 않았다. 3번 회동서관 발행본은 '고(故)'자의 삽입은 하지 않고 언해에만 '그러모로'라고 표기를 하였는데 다른 책들이 '그런고로'라고 표기한 것과는 또 다르다. 앞에서 살펴본 오류와 종합적으로 볼 때 3번 회동서관, 6번 박성칠서점, 8번 유일서관에서는 동경본과 같은 책을 저본으로 삼아 발행하였고, 나머지는 어느 것이 먼저인지는 모르나 서로 영향을 주고받으며 오류를 그대로 따라한 것으로 추정된다. '고(故)'자가 인과관계를 나타내는 글자이고, 또한 넣었을 때 번역이 더 자연스럽다고 여겼던지 1923년부터 이후로는 모두 '고(故)'자가 삽입된 형태로 발행되었고, 오늘날 전통문화연구회에서 발행된 『현토완역 추구·계몽편(懸吐完譯 推句·啓蒙篇)』에서도 그대로 '故'자를 삽입하고 번역에도 반영하였음을 볼 수 있다.

앞선 두 가지 예가 전체적으로 나타난 오류라고 한다면 몇 종의 이본에서만 보이는 오류도 있었다.

1번 지물서책포에서 1913년에 발행된 『계몽편언해』는 '천편'의 한 쪽이 누락되고 그 자리에 '인편'에 있는 내용이 수록되어 있다.

十有二月者, 自正月二月, 至十二月也. 一歲之中, 亦有四時, 四時者, 春夏秋冬, 是也.

以十二月, 分屬於四時, 正月二月三月, 屬之於春, 四月五月六月, 屬之

於夏, 七月八月九月, 屬之於秋, 十月十一月十二月, 屬之於冬, 晝長夜短
而天地之氣大暑, 則爲夏, 夜長晝短而天地之氣大寒, 則爲冬, 春秋則晝夜
長短, 平均而春氣微溫, 秋氣微涼.(동경본)

   十有二月者, 自正月二月, 至十二月也. 一歲之中, 亦有四時, 四時者,
春夏秋冬, 是也.
   溫, 秋氣微涼.(1번 紙物書冊鋪本)

이는 '천편'에 수록된 것으로 열두달 및 사계절에 대한 것과 사계절의
구분과 날씨에 대한 내용이다. 그런데 1번 지물서책포본에는 동경본에
밑줄 표기한 부분인 8쪽이 모두 누락되어 있으며, 그 자리에 27쪽의 내
용이 한번 더 수록되어 있다.[25] 한 쪽 면이 모두 누락된 데다 내용이
연결되지 않기 때문에 이러한 오류를 발견하기가 쉬웠을 것이다. 그리하
여 다음해인 1914년에 지물서책상에서 그 오류를 바로잡기 위하여『정
본 계몽편(訂本 啓蒙篇)』을 발행한 것이다. 그러나 5쪽에 '三十日會而爲
一月'이 누락된 것은 알아채지 못하고 수정을 가하지 않고 동일한 오류
를 범하였다.

9번 천일서관에서 1919년 발행된『정본 계몽편』은 앞 장에서 밝힌 대
로 4번 지물서책상 발행본인『정본 계몽편』과 동일한 것으로 볼 수 있
다. 그렇기 때문에 이종모가 수정본을 발행하면서 바로잡지 못했던 오
류를 그대로 반복하고 있으면서, 오히려 인편 가운데 한 장을 모두 누락
시키는 더 큰 오류를 범했다.

   有夫婦然後, 有父子, 夫婦者, 人道之始也. 故古之聖人, 制爲婚姻之
禮, 以重其事.

---

25) 쪽수는 편의상 모두 국립중앙도서관 소장본의 표기에 따른다.

人非父母, 無從而生, 且人生三歲然後, 始免於父母之懷. 故欲盡其孝,
則服勤至死, 父母沒, 則致喪三年, 以報其生成之恩.

耕於野者, 食君之土, 立於朝者, 食君之祿, 人固非父母則不生, 亦非君
則不食. 故臣之事君, 如子之事父, 唯義所在, 則舍命效忠.

人於等輩, 尙不可相踰, 況年高於我, 官貴於我, 道尊於我者乎. 在鄉黨
則敬其齒, 在朝廷則敬其爵, 尊其道而敬其德, 是禮也.[26](동경본)

有夫婦然後, 有父子, 夫婦者, 人道之始也. 故古之聖人, 制爲婚姻之
禮, 以重其事.

廷則敬其爵, 尊其道而敬其德, 是禮也.(9번 天一書舘본)

발행이 거듭되면서 그 오류가 바로잡혀서 1923년에 발행된 신안서림
본, 1935년에 발행된 세창서관본, 삼성서림본은 원문의 누락이나 착간
(錯簡)없이 선본(善本)의 형태를 띠고 있다. 이 3권은 모두 원문 한자에는
음을 표기 하지 않고 한글로 현토만 표기하였으며, 그 해석을 언해로
기록하는 형태를 취하였는데, 언해 가운데 이해하기 어렵다고 생각되는
부분은 또다시 주석을 첨부하였다. 언해에 주석을 첨부하는 형식은
1917년 박성칠서점 발행본에서 가장 먼저 나타났으며, 그 이후에 8번

---

26)『啓蒙篇』, 人篇. "부부가 있은 후에 부자가 있으니, 부부는 사람의 도리의 시작이다.
그러므로 옛 성인이 혼인하는 예를 만들어 그 일을 중히 여긴 것이다. 사람은 부모가
아니면 어디서부터든 태어날 수 없고, 또 사람은 태어나서 3살이 된 후에야 비로소 부모
의 품을 벗어난다. 그러므로 그 효도를 다하고자 한다면 부지런히 힘써 죽음에 이를 정도
가 되어야 하고, 부모가 돌아가시면 3년상을 지극히 하여 낳아주고 길러주신 은혜에
보답해야 된다. 들에서 밭을 가는 자는 임금의 토지를 갈아 먹고, 조정에 입신한 자는
임금의 녹을 먹는다. 사람은 진실로 부모가 아니면 태어나지 못하고, 또한 임금이 아니면
먹지 못한다. 그러므로 신하는 임금을 섬기기를 자식이 어버이를 섬기는 것과 같이 하여,
오직 의리가 있는 곳에는 목숨을 버리고 충성을 다해야 한다. 사람은 같은 또래에게도
오히려 서로 넘어서는 안되는데, 하물며 나이가 나보다 많고 관직이 나보다 귀하고 도가
나보다 높은 자에게 있어서랴. 향당에서는 그 나이를 공경하고, 조정에서는 그 벼슬을
공경하며, 그 도를 높이고 그 덕을 공경하는 것, 이것이 예이다."

유일서관과 위에 언급한 신안서림, 세창서관, 삼성서림은 모두 주석을 첨부하고 있다. 주석은 주로 부연 설명이 필요하거나 이해하기 어려운 부분에 첨부되었으며 대체로 어휘 다음에 ( )안에 표기하는 형식을 취하고 있다.

> 一晝夜之內에 有十二時하니 十二時會而爲一日하고 三十日會而爲一月하고 十有二月이 合而成一歲니라.
> 한 낮과 밤의 안에 열두때(一時八刻 一刻十五分)가 있으니 열두때 모되여 한날이 되고 셔른날이 모되여 한달이 되고 열이요 또 두달이 합하여야 한해를 일우니라.(10번 新安書林본)

'천편'에 나타난 내용으로 "하루의 낮과 밤 안에 12시가 있으니, 12시가 모여서 하루가 되고, 30일이 모여서 한 달이 되고, 열두 달이 모여서 1년을 이룬다."는 의미이다. 이때 '열두때'에 대하여 '一時八刻, 一刻十五分.'이라는 주석을 첨부하였다. 하루는 24시간인데, 하루에 12시가 있다고 기술된 것에 대하여 오해가 없도록 하기 위해, '1시는 8각이고, 1각은 15분이다.'라는 주석을 첨부한 것이다. 주석대로 풀이하자면 1시는 120분이니 현재 시간개념으로 풀이하면 2시간에 해당되고, 그렇게 계산하여야 하루 24시간이 맞다. 이치에 맞는 주석으로 학습자의 이해를 도운 것이라 볼 수 있다.

어려운 어휘에 대해서도 종종 주석을 첨부하였다. 날씨를 설명하는 것에서 '油然而作雲하여 沛然而下雨하고'를 언해에서 '유연히 구름을 일으켜 패연히 비를 내리고'라고 해석하였고, '유연(구름 성한 모양)', '패연(비 많은 모양)'이라고 주석했다. 한자로만 이해하기 어려운 어휘를 풀어서 설명한 것이다.

'물편'에서는 동물에 대한 이야기에서 주석을 첨부했다.

飛禽은 卵翼이오 走獸는 胎乳하니 飛禽은 巢居하고 走獸는 穴處하고
蟲魚之物化生者가 最多而亦多生於水濕之地니라.

나는 새는 란익(알안에 날개로서 기르단 말)하고 닷는 짐승은 태유(새
끼 배어 젖으로 먹여 기르단 말)하니 나는 새는 난깃에 살고 닷는 짐승은
구멍에 살고 벌레와 고기의 물이 되야 나는 것이 가장 많고 또 한물과
비습한때에 많이 나느니라.(11번 世昌書舘본)

난익(卵翼)이나 태유(胎乳)는 어린 아이들이 이해하기 어려운 내용이
기에 난익은 알을 날개로 품어서 기르는 것이고, 태유는 새끼를 배어서
젖으로 먹여 기른다고 주석하여 그 의미를 이해하기 쉽게 하였다.

물편의 식물에 관련된 내용을 기술한 부분에서는 도연명에 대해서
'晋 陶처사 이름 잠', 주렴계에 대해서는 '宋人 이름 돈이'라고 인물에
대한 정보를 제공하는가 하면, 은자는 '어진 사람이 이 세상을 피하여
산림에 숨은이라', 군자는 '덕을 이룬이라'라고 자세한 설명을 덧붙이기
도 한다.[27]

이로 볼 때『계몽편언해』의 발행 초기에는 원문의 모든 글자에 한글
음을 부기하고 언해로 된 해석을 넣어서 단순히 한자로 된 글을 읽고
해석하는데 중점을 둔 교재로 역할을 했다면, 1923년 이후에는 오류는
최소화하고 학습자의 입장에 서서 이해하기 쉬우면서도 한발 더 나아간
지식을 체득할 수 있는 교재로 거듭났다고 볼 수 있다.

---

27)『啓蒙篇』, 物篇. "물이나 뭍에 있는 풀이나 나무의 꽃은 사랑할 만한 것이 매우 많은데,
도연명은 국화를 사랑하였고, 주렴계는 연꽃을 사랑하였고, 부귀하고 번화한 사람들은
모란을 많이 사랑한다. 도연명은 은자였기 때문에 사람들은 국화를 은자에 비유하고,
주렴계는 군자이기에 사람들은 연꽃을 군자에 비유하고, 모란은 꽃 중에서 가장 번화한
것이기에 사람들은 모란으로 부귀하고 화려한 사람에게 비유한다.[水陸草木之花, 可愛
者甚繁, 而陶淵明愛菊, 周濂溪愛蓮, 富貴繁華之人, 多愛牡丹, 淵明隱者, 故人以菊花,
比之於隱者, 濂溪君子, 故人以蓮花, 比之於君子, 牡丹花之繁華者, 故人以牡丹, 比之於
繁華富貴之人.]"

V. 결론

1918년 일제가 식민교육정책에 따라 제정된 서당규칙에서 서당에서 사용하기에 적당하다고 인정하는 것으로『천자문』,『유합』,『계몽편』,『격몽요결』,『효경』,『사서삼경』,『통감』,『고문진보』,『명심보감』등을 열거하고 그 외 기타 서적은 불량서적으로 규정하여 사용할 수 없게 하였다. 서당교육용 교재로 선정이 되었다 하더라도 우리나라의 역사나 민족성에 대한 내용이 있는 경우에는 그 내용을 삭제하거나 변경하여 재발행해야 했는데,『계몽편』은 초학자들에게 필요한 객관적인 기초 지식을 실은 교재로 수정할 필요가 없었고, 총 2,047자로 편폭이 짧았기 때문에 단시간에 쉽게 발행되어진 것으로 보여진다. 시대적인 배경과 출판업계의 수요가 맞아떨어져서인지『계몽편』은 현존하는 이본의 종류만 해도 30여 종이 넘을 만큼 많은 출판사에서 앞다투어 발행하였다.

『계몽편』은 조선시대의 초학용 교과서로 저자와 연대는 미상으로 대체로 알려져 있으나, 일부『계몽편』을 장혼의 저작으로 주장하기도 하였다.『계몽편』이 장혼의 저작이라고 주장하는 근거는『결성장씨족보』인데 족보 외에 다른 근거가 될 만한 자료가 제시되지 않았기에『계몽편』은 저자미상으로 보는 것이 타당할 것이다.

그러나 장혼과 같은 여항지식인들이 당시 하층민을 대상으로 적극적인 교육활동에 참여하였으며, 교육대상이 사대부 자제에서 일반 평민계층으로 변화하는 시대의 필요에 따라 여항지식인들은 교과내용의 변화를 꾀하였고 장혼과 같이 교재를 편찬했던 이들이 등장하게 되었다.『계몽편』은 여전히 저자미상, 간행연도 미상의 책으로 알려져 있지만, 동경학예대학 부속 도서관 소장본에는 그 서지사항에 발행 시기를 1817년 학제실시이전으로 밝히고 있는 만큼 여항지식인들의 교육적 요구에 의해 간행되었을 가능성 역시 배제할 수 없다.

본 연구에서는 『계몽편』의 다양한 이본에 나타난 서지형태를 살펴보고, 일본동경학예대학 소장본과 비교하여 내용상의 오류를 검토해보았으며, 『계몽편언해』가 발행 초기에는 내용의 누락과 같은 오류를 범하기도 하고, 원문의 모든 글자에 한글 음을 부기하고 언해로 된 해석을 넣어서 단순히 한자로 된 글을 읽고 해석하는데 중점을 둔 교재로 역할을 했다면, 1923년 이후에는 오류는 최소화하고 학습자의 입장에 서서 이해하기 쉬우면서도 한발 더 나아간 지식을 체득할 수 있는 교재로 거듭났다는 것을 확인할 수 있었다.

『계몽편』은 머릿글 성격의 수편과 우주와 천체의 운행내용 및 1년의 시간을 설명하는 천편, 자연 지물과 기상에 대한 설명이 담긴 지편, 동식물에 관한 이야기와 구구법의 사용을 안내하는 물편, 그리고 사람이 반드시 지켜야 할 도리와 심신을 수련하는 이치에 관련된 인편으로 나누어져 있다. 내용이 초등학교 어린이들이 학습하기에도 무리가 없으며 사용되는 단어 역시 실제 사용되는 것들이 대다수이다. 『계몽편』은 19세기 말에서 시작되어 서당에서 사용되는 필수 교재로 자리잡았음에도 불구하고 그에 대한 연구는 그리 많은 편이 아니다. 오랜 기간동안 초학용 교재로 사용되었던 만큼 현재 교육과정에 적용시킬 수 있는 방법에 대한 연구 또한 필요할 것이다.

참고문헌

『啓蒙篇』, 高敬相, 三文社, 1935.

『啓蒙篇』, 南宮楔, 惟一書館, 1918.

『啓蒙篇』, 盧益亨, 博文書館, 1917.

『啓蒙篇』, 朴星七, 朴星七書店, 1917.

『啓蒙篇』, 申泰三, 世昌書館, 1935.

『啓蒙篇』, 李相焄, 三成書林, 1935.

『啓蒙篇』, 일본 東京學藝大學 부속 도서관 소장본(http://hdl.handle.net/2309/8047).

『啓蒙篇諺解』, 高裕相, 匯東書館, 1914.

『啓蒙篇諺解』, 李鍾星, 紙物書冊鋪, 1913.

『啓蒙篇諺解』, 池松旭, 新舊書林, 1913.

『啓蒙篇全』, 張二萬, 新安書林, 1923.

『蒙學篇』, 梁珍泰, 多佳書鋪甫, 1916.

『訂本 啓蒙篇』, 尹泰晟, 天一書館, 1919.

『訂本 啓蒙篇』, 李鐘模, 紙物書冊商, 1914.

김영문, 「張混의 初學敎材 硏究」, 『한문교육연구』 7, 한국한문교육학회, 1992.

김해정, 「『계몽편언해』의 비교연구 : 전주본과 서울본의 비교」, 『국어문학』 33, 국어문학회, 1998.

노형택, 「日帝下 民衆敎育運動史 硏究」, 단국대학교 박사학위논문, 1977.

임인수, 「『童蒙先習』과 『啓蒙篇』 比較 分析」, 공주대학교 석사학위논문, 2002.

임종환, 「18세기 서당 교육의 성격」, 한남대학교 석사학위논문, 1999.

정순우, 「18세기 서당 연구」, 한국정신문화연구원 박사학위논문, 1986.

최용준, 「張混의 敎育活動과 初學敎材의 特性」, 안동대학교 석사학위논문, 2001.

계몽기 이후 근대식『소학』간행과 교육 대중화

신영주

Ⅰ. 문제제기

19세기 말은 지식 지형이 중세에서 근대로 넘어가는 과도기의 끝자락에 해당하는 시기이다. 갑오경장으로 과거제도가 폐지되었고, 20세기 전반에 강점기를 거치면서 한문의 권위는 갈수록 쇠하였다. 한문을 기반으로 성립된 전통 학문이 이제 엘리트 교육에 적합한 것으로 여겨지지 못하였다. 국한문 논쟁이 격렬하던 계몽기 시기에 제기된, 한문 중심의 어문 환경 개혁이 마땅하다는 주장이 도리어 시대정신에 더 가까운 것으로 인식되었다. 근대식 학교가 증가하고 교육의 형식과 내용이 급변한 데다 전통 학문의 권위 상실이 가속화되면서, 한문에 기반한 기존의 학문 지식은 마침내 학문 체계의 중심에서 밀려나게 된 것이다.

다만 한 가지 특이한 현상이 발견된다. 한문의 위상이 낮아졌음에도 불구하고, 학습자 층위는 여전히 두텁게 유지되었다는 점이다. 갑오개혁 이후로 엘리트 지식인들이 추구하는 학문 영역에서 한문 지식이 서서히 입지가 좁아졌으나, 학습을 원하는 교육 수요가 증가하면서 한문 학습 수요도 함께 증가한 것이다. 이 시기 사회 저층에 있던 민중의 교육

욕구가 상승하여 한문 학습 대중화를 촉발한 측면이 분명히 존재한다.

특히 강점기 이후로 서당이 일제 간섭을 상대적으로 덜 받았기에, 이곳에서 수학하기를 원하는 수요자가 적지 않았다. 서당의 한문 학습이 끊이지 않고 계속된 한 가지 요인이 여기에 있다.

이런 현상에 주목해서 계몽기 이후『소학』교재 간행 양상을 살펴본다. 이 시기에 현토와 언해를 붙인 근대식『소학』이 여러 종 출간되었는데, 당시 학습 환경의 변화와 긴밀하게 연관된 것으로 보인다. 이를 분석하여 근대 이행기 한문 교육의 변천 과정을 살필 수 있을 것이다.

Ⅱ. 계몽기 이후 근대식『소학』간행의 양상

19세기 후반부터 연활자가 사용되었다. 이로써 출판 여건이 크게 개선될 수 있었다. 실제로 20세기 전반에 많은 상업 출판이 이루어졌다. 이때 유가 경전을 대표하는 사서와『효경』,『소학』등도 대량 출판이 이루어졌다. 기초 학습서로 분류되는『소학』간행도 증가하였다.

이 시기에 출판된『소학』서적은, 대략 4가지 유형으로 나뉜다. '『소학제가집주』의 원형을 따른 근대식 출판물'과 '『소학언해』의 구판(舊版)을 활용하여 재발행한 출판물'과 '새로운 기준에 따라 절산(節刪)하여 간행한 출판물'과 '『소학』의 체제에 우리의 고사를 채워 간행한 유사 출판물'이다. 이 4가지 유형을 각각 살펴본다.

1. 『소학제가집주(小學諸家集註)』의 원형을 따른 근대식 출판물

	표제	편저자	간행시기	간행처	
1	小學諸家集註	張煥舜 발행	1916	(全州)七書房	木板本(後刷)
2	小學諸家集註	李鍾楨 발행	1918	(京城)光東書局	木板本(後刷)
3	原本具解小學集註	李鍾禎 解	1911	(京城)東洋書院	新鉛活字本
4	原本具解小學集註	李鍾楨 발행	1917	(京城)光東書局	木板本
5	懸吐具解集註小學	鄭泰夏 편찬	1917	(京城)新舊書林	新鉛活字本
6	原本小學集註		1919	京城書籍業組合	新鉛活字本
7	原本小學集註	洪淳泌	1921	朝鮮圖書株式會社	新鉛活字本
8	原本辨疑小學集註		1921	朝鮮書籍業組合	新鉛活字本
9	原本具解小學集註		1931	大成書林	新鉛活字本
10	原本小學集註	金天熙 발행	1933	(京城)三文社	新鉛活字本

20세기 초에 많은 상업 출판이 이루어졌다. 거의 신식 연활자를 사용한 출판이다. 위에 제시한 여러 판본은 그 유형이 조금씩 다르나, 내용은 대체로 서로 유사하다. 아래에 몇 가지를 소개한다.

(1) 이종정 편집, 『(원본구해)소학집주』, 동양서원 간행, 1911

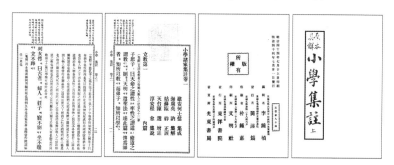

이종정(李鍾楨)이 편집하여 1911년 7월에 동양서원에서 연활자본으로 간행한 본이다. 발매소와 정가가 표기되어 있어 상업 출판한 것임을 알 수 있다.

표지 서명과 각 권 판심에 쓰인 서명은 '소학집주(小學集註)'로 되어 있고, 각 권의 권제는 '소학제가집주(小學諸家集註)'로 되어 있다. 이는 이 판본이 선정전(宣政殿)에서 간행한 『소학제가집주』를 토대로 만들어졌음을 보여준다. 그런데 「어제서(御製序)」와 「편목(篇目)」을 수록한 책 앞머리의 변란(邊欄) 바깥에는 '현토구해소학(懸吐具解小學)'으로 되어 있다.

선정전에서 간행한 『소학제가집주』의 내용 중에서 훈의(訓義)를 제외한 나머지 부분을 모두 옮겨 편집하면서, 경문(經文)에 토를 달고 난상(欄上)에 언해를 붙여놓았다. 토와 언해는 1744년에 영조의 명에 따라 간행한 『소학언해』의 것과 일치한다.

(2) 정태하 편집, 『현토구해 집주소학』(국중 BC古朝41-14-9), 신구서림(경성) 간행, 1917

신연활자(新鉛活字)로 간행한 본이다. 앞에 소개한 동양서원(東洋書院)에서 간행한 본에는 난상에 따로 언해가 보태어져 있었으나, 이 본은 언해를 본문 안에 넣어 함께 편집하였다.

동국대본(181.24- 정832ㅎ)에는 "대정 6년(1917) 3월 6일에 초판, 대정 10년(1921) 1월 6일 사판(四版) 발행"이라는 간기가 적혀 있다. 거의 매년 한 차례씩 새롭게 인쇄가 이루어진 것이다. 그만큼 판매가 순조롭게 이루어졌음을 알 수 있다.

(3) 홍순필 발행,『(원본)집주소학』, 조선도서주식회사(경성) 간행, 1922

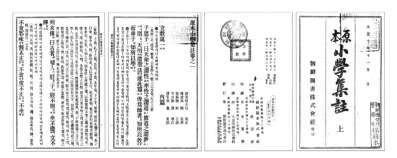

역시『소학제가집주』를 토대로 만들어진 것이다. 초판을 1921년에 발행하였고, 이듬해에 재판하여 출판한 것임을 확인할 수 있다. 이것 역시 출판한 뒤에 순조롭게 판매가 이루어져 여러 차례 다시 인쇄한 것임을 짐작할 수 있다.

(4) 김천희 발행,『원본소학집주』(국중 한古朝41-11-7-214), 삼문사(경성) 간행, 1933

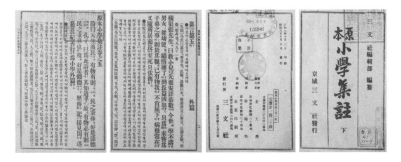

신연활자로 간행한 본이다. 앞의 조선도서주식회사본과 크게 다르지 않다. 출판의 주체가 바뀌었으나, 기존에 형성된 편집 형식이 거의 그대로 유지되었다. 1919년에 경성서적업조합에서 간행한『원본소학집주』

도 이와 다르지 않을 것이다.

(5) 이종정 발행, 『원본구해 소학집주』, 광동서국(경성) 간행, 1917

이 역시 『소학제가집주』를 토대로 편집하여 1917년에 광동서국(光東書局)에서 간행한 것이다. 다만 이 시기의 다른 본과 달리 목판으로 인쇄하여 상업 출판을 시도하였다. 당시 『소학』이 상품성 있는 서적이었다는 사실을 짐작할 수 있다.

표지에는 '소학집주(小學集註)'로 되어 있으나, 권제는 '소학제가집주(小學諸家集註)'로 되어 있고, 판권지에는 '원본구해소학집주(原本具解小學集註)'로 되어 있다.

(6) 춘방장판(목판본 후쇄), 『소학제가집주』(국중 한古朝41-14-4), 1918

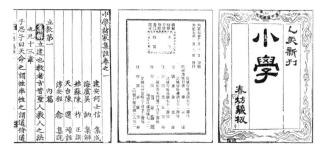

이 본은 기존에 보관하고 있던 을해(乙亥) 춘방장판(春坊藏板)을 다시 인쇄하여 제책한 것이다. 뒷부분에 붙인 판권지를 통해, 1918년에 이종

정에 의해서 광동서국에서 간행되었음을 알 수 있다.

(7) 목판본 후쇄,『소학제가집주』(국중 한古朝41-14-3), 1916

이 본도 기존 목판을 다시 인쇄하여 제책한 것이다. 뒷부분에 붙인 판권지를 통해, 1916년에 장환순에 의해 전주 칠서방에서 간행되었음을 알 수 있다.

2.『소학언해』의 구판(舊版)을 활용하여 재발행한 출판물

	표제	편저자	간행시기	간행처	
1	小學諺解(국중 古朝41-11-3)	池松旭 編	1913	京城 新舊書林	木板本(後刷)
2	小學諺解(국중 古朝41-11-2)	李鍾楨 校	1918	京城 匯東書館	木板本(後刷)

(1) 영조 명역(命譯)(목판본 후쇄), 지송욱 발행,『소학언해』, 신구서림(경성) 간행, 1913

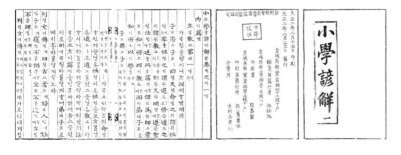

영조가 갑자년(1744)에 간행한 본을 다시 인쇄하여 발행한 것이다. 옛
판본에 대한 새로운 수요가 발생하여, 이를 인쇄하여 발행한 것으로 여
겨진다. 지송욱에 의해 1913년에 경성 신구서림에서 6권 5책으로 간행
되었다. 이후 1918년에도 이종정에 의해 경성의 회동서관에서 다시 한
차례 간행되었다.

3. 새로운 기준에 따라 절산(節刪)하여 간행한 출판물

	표제	편저자	간행시기	간행처	
1	小學節要 全6卷5冊	盧相稷(1855~1931)	1904	蘆谷精舍	木板本
2	小學閨範	張寅植 著	1905		木板本
3	女子小學	李漢杰	1927	芝巖書塾	新鉛活字本
4	朝鮮文小學	金梓 譯	1934		石板本
5	猥刪小學	金源 著, 安明植 編	1935	慶一印刷所	新鉛活字本

(1) 노상직(1855~1931), 『소학절요』, 노곡정사(목판본) 간행, 1904

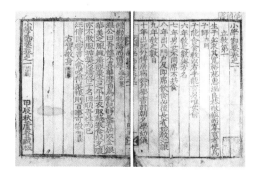

이 본[1]은 노상직이 갑진년(1904) 가을에 노곡정사에서 45장 1권 1책으
로 간행한 것이다. 『소학』의 대문을 간추려 수록하고 있다. 예컨대, 「입

---

1) 위 사진(영남대 古南152.416)은 신정엽(2009)의 연구 44쪽에서 전재한 것이다.

교」에서 첫째 장은 생략하고 둘째 장부터 수록했다. 앞부분의 경우 "內則曰 凡生子 擇於諸母與可者 必求其寬裕慈惠溫良恭敬愼而寡言者 使爲子師"에서 일부를 생략하고, "生子 必求其寬裕慈惠溫良恭敬愼而寡言者 使爲子師 [內則]"만을 수록하고 있다.

주석을 빼고 필요 없는 부분을 과감하게 줄여 읽기 편하게 만든 축약본이다. 권말에 '갑진추로곡장판(甲辰秋蘆谷藏板)'이라는 간기가 있다.

(2) 장인식, 『소학규범』(목판본)[2], (1845, 1905)

이는 장인식이 『소학』 중에서 여성에게 필요한 부분만을 발췌하고 언해를 붙인 것이다. 상중하 3권 1책으로 엮었다. 상권 「입교」에 29장, 중권 「명륜」에 70장, 하권 「선행」에 43장을 수록하였다.

제부(諸婦)에게 가르치기 위해서 『소학』에서 '여성이 아주 절실하게 배울 내용'과 '행실을 본받을 만한 여성의 사례'를 선별하여 엮었다고 서문에서 밝히고 있다. 서문 작성 시기를 을사년 10월로 기록하였고, 도촌정사(道村精舍)에서 교정하고 영주[瀛洲, 제주] 교궁(校宮)에서 개간(開刊)했다고 밝히고 있어, 1848년에 제주 목사로 부임한 장인식이 저자일 가능성이 크다. 그렇다면 을사년은 1845년이 된다.

---

2) 장서각 소장(K3-41).

(3) 이한걸, 『여자소학』, 지암서숙 간행, 1927

이한걸[1880~1951]이 여성을 교육하기 위해서 신연활자를 사용하여 2권 1책으로 엮은 것을, 이원혁(李源赫)이 1927년에 안동 지암서숙에서 신연활자로 발간한 학습 교재이다. 발매소는 박문서관(博文書館)이다.

앞의『소학규범』과 마찬가지로『소학』중에서 여성에게 필요한 내용만을 선별하여 새롭게 구성하여 엮은 것이다. '효경(孝敬)', '정신(貞信)', '자교(慈敎)'를 기준으로 내용을 분류하였다. 책의 첫머리에 이회직(李會稷)의 서(1장)를 수록하고, 그 뒤에 언해(22장)를 실어 여성이 학습하게 하였다. 그 뒤에는 '교사용(敎師用)'으로 한문 원본(14장)을 실어 교사가 가르칠 수 있게 하였다. 그리고 끝에 지(1장)를 붙였다.[3]

(4) 김재 역, 『조선문소학』(국중 古朝01-14), 완산석판인쇄소(전주) 간행, 1934

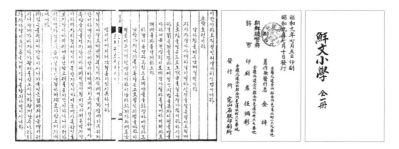

『조선문소학』은 1934년에 발행인 김재가 전주 완산석판인쇄소에서 102장 1책으로 인쇄한 석판본이다. 기존의 언해본에 한글과 한문이 함께 사용된 것과 다르게 완전하게 한글 번역만으로 이루어진 점이 특이하다. 한글에 익숙한 부녀자를 주요 독자로 설정한 것임을 짐작할 수 있다.

---

3) 김주원(2019).

『소학』 대문을 선별하여 수록하면서 그 순서를 유지하지 않고 내용에 맞추어 임의로 바꾸었다. 예컨대, 1권「입교」에 있던 13장 중에서 많은 부분을 생략하고 여성의 도리와 이륜(彝倫)을 소개한 5장만을 남겨두었다. 이뿐 아니라 본디 권4「계고」에 있던 태임(太妊)과 맹모(孟母) 이야기를 이곳 1권에 함께 배열한 것이다.

(5) 김원,『외산소학』(국중 古1256-52-53-2), 경일인쇄소 간행, 1935

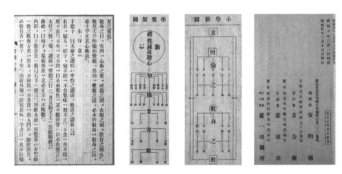

연곡(淵谷) 김원이 저술한 것으로 진주의 경일인쇄소에서 1935년에 상하 2권 1책으로 간행한 신연활자본이다. 13행 29자로 71장 분량이다.

이 가운데 14장 분량의 상권은 기존『소학』을 새로 재편하고 내용을 간추려 축약한 것이다. 기존의「소학구도(小學舊圖)」를 수정하여「소학신도(小學新圖)」를 완성하면서 '입교(立敎)', '명륜(明倫)', '경신(敬身)', '부자지친(父子之親)', '군신지의(君臣之義)', '부부지별(夫婦之別)', '장유지서(長幼之序)', '붕우지교(朋友之交)', '심술지요(心術之要)', '위의지칙(威儀之則)', '의복지제(衣服之制)', '음식지절(飲食之節)'을 핵심 요소로 설정하였다. 그리고 이를 기준으로『소학』을 재배치하고 긴밀하지 않은 부분을 모두 잘라내었다.

56장 분량의 하권은 기존『소학』의 개념을 확장한 것이다. 전인적 인격체가 일상을 영위하기 위해 갖출 덕목을 새로운 틀에 맞추어 구성하였다. 곧 배움의 요체를 정리하여 「학요원도(學要原圖)」를 완성한 뒤에, 이 도식에 따라 관련 기록을 발췌하고 간략한 설명을 추가하였다.

하권의 내용은 '지(知)', '측은(惻隱)', '사양(辭讓)', '수오(羞惡)', '시비(是非)', '희애(喜愛)', '노구(怒懼)', '공애(恭哀)', '순락(順樂)', '의(儀)', '관(冠)', '혼(婚)', '상(喪)', '제(祭)', '음(飮)', '사(射)', '어(御)', '악(樂)', '업(業)', '사(士)', '농(農)', '공(工)', '상(商)', '서(書)', '시(詩)', '상서(尙書)', '역(易)', '춘추(春秋)', '수(數)', '가(加)', '감(減)', '승(乘)', '제(除)'로 나뉜다. 사단(四端), 칠정(七情), 육예(六藝), 사민(四民)이 중심이 되어 있다. 요소별로 관련 글을 발췌하여 싣고 삽화를 추가하여 이해를 도왔다.

4. 『소학』의 체제에 우리의 고사를 채워 간행한 유사 출판물

	표제	편저자	간행시기	간행처	
1	海東續小學	朴在馨 纂輯	1884		木板本
			1912	朝鮮光文會	新鉛活字本

(1) 박재형, 『해동속소학』, 조선광문회 간행, 1912

이 책은 박재형[1838~1900]이 아동 교육을 위해 6권 2책으로 엮어 1884년에 목판으로 간행한 것이다. 이후 1912년에 조선광문회에서 다시 신연활자로 출판하여 널리 통행하였다. 아동의 기초 학습서로서 권위를

구축한『소학』을 모방하여 입교, 명륜, 경신, 계고, 가언, 선행의 편제를
설정하고, 모범이 될 만한 우리나라 선유(先儒)의 언행을 각종 서적에서
발췌하여 수록하였다.

　이전에 유직기[兪直基, 1694~1768]가 아동 학습을 위해서「가언」과「선
행」의 편제를 모방하여, 여러 서적에서 우리나라 선현의 언행을 발췌하
여 수록한『대동소학』을 간행한 바 있다. 이를 1937년에 경일인쇄소(慶一
印刷所)에서 다시 연활자로 조판하여 간행하기도 하였다.

　『해동속소학』은 한 세기 이전에 간행한『대동소학』의 선례를 따르되,
새로운 학습 환경에 맞는 형식과 내용을 적용하여 간행한 것이라고 할
수 있다.

Ⅲ. 대중 지식 수요자 증가와 교육 대중화

　앞에서 살펴보았듯이 계몽기 이후로 여러 종의『소학』이 간행되었다.
이는 교육 환경이 변하고 주체가 바뀐 것에 깊이 연관되어 있다.

　19세기 후반부터 학문 여건과 인재 성취 방식이 변화하여 전통 학문의
위상이 점차 위축되었고, 한문 사용이 상당히 축소되었다. 위급한 정세
속에서 한문 기반의 전통 학문을 고리타분하게 생각하여 반감을 갖기에
이른 것이다. 이에 반해 신학문은 더욱 성행하여 구학문과 신학문의 위
상이 완연하게 역전되었다. 사범학교와 공사립 학교 등 근대식 교육기
관을 곳곳에 설치하여 신학문 위주의 학습이 대세를 이룬 것이다.

　그런데 이런 시대 분위기 속에서 교육을 원하는 교육 수요자가 매우
증가했다는 점에 주목할 필요가 있다. 근대식 학교에서 수용하는 인원
은 상당히 제한되어 있었으나, 취학을 원하는 교육 수요자는 증가하여
대안으로 서당을 선택할 수밖에 없었다.

이후 교육 당국이 서당을 개량해서 공교육에 편제해서 관리하려는 시도가 없지는 않았다. 그러나 서당 공간의 특수성에 기인하여 여전히 한문 학습이 큰 비중을 차지했다. 더구나 일부 서당은 개량 사업에 불참하면서 전통방식을 고수하였다. 이 때문에 한문 학습 교재는 꾸준하게 수요가 유지되었다.

1902년 12월 9일 〈황성신문〉에서 「논교육발달지책(論敎育發達之策)」이라는 제목으로 소개한 논설은, 옛 학문을 우위에 두는 보수적 시각에서 새로운 교육기관을 배척하는 반감을 보여준다. 새로운 교육기관에서는 정작 인재가 양성되지 못하고 배움을 원하는 자도 몹시 적다고 주장하였다.[4] 신구 학문이 혼재하여 교육 현장이 상당히 어수선했음을 짐작할 수 있다.

이후 '흥학훈령(興學訓令)'에 따라 곳곳에 근대식 학교를 설치하여 아동들을 취학시키는 방향으로 정책을 시행하였다. 그리고 각 지역의 많은 서당은 점차 정리하는 절차를 밟아가려고 하였다.[5] 1908년 4월 7일 〈대한매일신보〉에 "한성부에서 8세 이상이 된 아이들을 일일이 조사하여 각기 근처 학교로 입학하게 하고, 사삿집에서 구습으로 가르치는 학당은 영영 폐지한다더라."라는 기사가 '사숙 폐지'라는 제목으로 실려 있어 당시의 정황을 엿볼 수 있다.

---

4) 〈황성신문〉, 1902년 12월 9일 논설, 「論敎育發達之策」. "挽近以來로는 其太學以外에 又有師範中學小學等諸校ᄒ고 郡校里塾之外에 書院은 撤廢無幾나 又間有公私立之學校로디 自舘閣皇城으로 以至府郡村閭之間히 絃誦之聲이 迨幾無而僅有ᄒ고 賢材之成就登朝者를 亦寥寥而未之聞ᄒ니 此曷故焉고 盖奬學之規ㅣ廢而士氣萎靡ᄒ고 選材之路ㅣ絕而學者弛惰ᄒ며 且雖有敎育之名이나 實無敎育之方ᄒ고 雖有勸興之程이나 實無勸興之事故로 已學者ㅣ日絕而願學者ㅣ甚尠矣니"

5) 〈황성신문〉, 1906년 3월 23일 기사, 「興學訓令」. "各面各洞書堂名色은 一幷廢止ᄒ고 該塾師는 不許仍留ᄒ고 該塾由來歲入錢穀或田畓은 幷付該統內學校事."

이후로 한문 학습을 기반으로 운영되는 서당 교육이 매우 위축되었다. 그러나 여전히 전통방식을 고수하려는 관성이 사라지지 않았고, 근대식 교육 방식에 대한 반감도 적지는 않았다. 아래의 기사에서 이런 사실을 확인할 수 있다.

> 泰安郡紳士 李基祿시가 히郡에 華陽義塾을 設立ᄒ고 三四年間에 八千餘園을 費入ᄒ야 小學課程에 國漢文及英語科를 加設ᄒ고 僻鄕의 陋俗을 丕變ᄒ야 문명旨趣를 知得케ᄒ랴고 熱心을 費盡허되 히地 頑固物들이 漢문을 專主치 아니ᄒ음을 厭忌허야 한문 私塾을 數處의 設立허고 入校허엿던 학員을 誘引退出케ᄒ다니 吾輩는 리시의 徒勞無效홈은 不恤허거니와 히地 靑年의 前道를 爲허야 慨惜홈을 不勝허노라.[6]

1908년 4월 22일 〈대한매일신보〉에 '벽향완습(僻鄕頑習)'이라는 제목으로 실린 기사의 내용이다. 태안군의 이기록(李基祿)이라는 사람이 화양의숙(華陽義塾)을 설립하고 많은 돈을 기부하여 운영을 도왔다고 한다. 그런데 이곳에서 오로지 한문을 위주로 배우지 않는다고 비판하는 이 지역의 완고물(頑固物)들이 여러 곳에 한문 사숙(私塾)을 세워두고서, 이미 학교에 입학한 학생들까지 꾀어내어 가르치고 있다고 개탄한 것이다.

신학문의 가치를 중시하는 시각을 반영

현토구해 小學
皇城新聞 광고
1909년 10월 02일[7]

---

6) 〈대한매일신보〉 1908년 4월 22일 기사. "僻鄕頑習"
7) 〈황성신문〉 1909년 10월 1일.

하고 있는 위 기사에서, '완고물(頑固物)'에 해당하는 보수 성향의 인물들은 변명의 기회를 얻지 못하고 결국 개탄의 대상이 되고 말았다. 학문과 교육에 대한 서로 다른 입장을 가진 자들이 각각 진영을 형성하여 대립하던 당시 분위기 속에서, 한쪽의 시선으로 볼 때 상대방이 이처럼 대척적으로 인식된 것이다.

그러나 시선을 바꾸어 보면, '완고물(頑固物)'로 배척되던 인물들은 여전히 한문 사숙(私塾)을 거점으로 전통 학문의 위상을 지켜내기 위해 그 나름으로 고군분투하고 있었던 것이었다. 이런 노력으로 한문 학습의 명맥은 끊어지지 않고 한동안 이어졌다. 이런 가운데 한문 기초 습득을 위한『천자문』,『격몽요결』,『동몽선습』을 비롯하여 사서와『소학』,『효경』등의 교재가 일정하게 소비되었다.

1909년 10월 1일 〈황성신문〉에 게재된『소학』판매 광고를 보면, 이 시기에『소학』교재의 수요가 여전하였음을 짐작할 수 있다. 상하 2책으로 구성된『현토구해소학』1질을 1환 20전에 판매한다는 광고이다. 광고의 내용은, "본서가『소학』원문 5책을 합주구해(合註具解)하고 현토석음(懸吐釋音)하여 2책으로 새로 간행한 것인바, 몽학(蒙學)을 교수하기에 특별히 간이(簡易)하오니, 첨언(僉彦)은 속속 오셔서 구매하여 열람하길 애써 바란다."라는 것이었다.

이 책을 간행한 곳은 문명서관(文明書館)이다. 이곳에서는 1907년에『중등만국신지지(中等萬國新地志)』를 간행하고, 1909년에『소학제가집주』, 1911에『간례휘찬(簡禮彙纂)』,『격몽요결』,『됴웅젼』,『소미가숙점교부음통감절요(少微家塾點校附音通鑑節要)』,『신증증맥방약합편(新增證脈方藥合編)』,『아희원람(兒戱原覽)』,『주해천자문』, 1913년에『증보척독완편(增補尺牘完編)』, 1916년에『고금역대표제주석십구사략통고(古今歷代標題註釋十九史略通攷)』,『상제류초(喪祭類抄)』를 간행하였다.[8] 이 가운데 6종이 한문 학습서에 해당하고,『중등만국신지지』와『소학제가집주』

를 신문에 광고한 것으로 확인된다.[9] 여전히 한문 학습서의 수요가 의미 있게 존재하고 있고, 출판 수요로 이어졌음을 보여준다.

교육 수요의 증감은 국내외 정세 및 사회현상과 복잡하게 연관되어 있어 단순하게 말하기는 어렵다. 하지만 신학문의 위상이 높아지고 교육 여건이 개선되어 교육 기회를 접하려는 교육 수요가 큰 폭으로 증가한 것이, 한문 학습 수요를 증가시키는 데도 영향을 미쳤을 것으로 본다. 근대식 학교가 교육을 원하는 이들을 모두 수용하지 못하여, 이들이 대안으로 서당을 찾게 되었던 측면이 있다. 특히 지역 말단의 벽지에서는 근대식 교육 기회를 얻을 수 없어 여전히 서당이 교육기관으로서 위상을 유지하고 있었다.

또 한편으로 교육 주권을 행사하지 못하던 강점기의 현실 속에서 민족교육의 산실로 서당을 활용했고, 전통방식의 한문 학습을 의식적으로 수행한 측면도 분명하게 존재하고 있었다.

아래는 1928년 03월 14일 〈중외일보(中外日報)〉에 실린 '보결교육기관(補缺敎育機關)으로 서당개량(書堂改良) 설(說) 듣고'라는 제목의 논설이다. 당시의 교육 여건이 열악하여 서당이 존립할 수밖에 없었던 사정을 엿볼 수 있다.

> 서당을 개량해서 보교(普校)에 대용(代用)하자는 의론이 전일부터 벌써 식자들 사이에서 제창이 되었지만 보교 신설에만 노력하는 당국은 거의 서당 개량에 대하여서는 유의하지 아니하였다. 그러므로 전 조선을 통하여 방방곡곡에 임립(林立)하였던 서당이 자연적으로 도태되지 않으면 명령적(命令的)으로 폐지되고 말았다. 이는 획일적 교육제도 하에 있어서 또한 어쩔 수 없는 일인지는 모른다. 그러나 삼면일교(三面一校)의 보교 계획이 금일에 와서는 도리어 그 예정을 초과하여 이면일교(二面一

8) 한국고전적종합목록시스템(www.nl.go.kr).
9) 대한민국 신문 아카이브(www.nl.go.kr/newspaper/index.do).

校)를 실현하게 되었는데도 불구하고, 여전히 학교가 부족하여 매년 격증
하는 지원자를 도저히 수용하기가 불가능한 곤경에 빠진 것이다. 그렇기
에 이 교육기관의 부족을 보충할 만한 무슨 방법을 발견하여 목하(目下)의
초급(焦急)을 구제하지 않으면 안 될 것을 깊이 느낀 당국은 다시 새삼스
럽게 폐물(廢物)이라도 이용해볼까 하는 생각으로 서당을 보교로 대충(代
充)하고자 하는 것이다. 보교가 부족한 금일의 형편으로는 그 수가 16,900
여 개소에 달하여 보교보다도 10여 배가 되는 전 조선의 서당을 개량해서
이용하는 것이 임시구제의 일도(一途)가 되지 않는 것은 아니다.[10]

　지금까지 당국은 근대식 보통학교 설립에 집중할 뿐 서당을 개량하고
지원하는 데에 유의하지 않았다. 오히려 강제로 폐지하려고 한 탓에 이
전까지 방방곡곡에 빼곡하던 서당의 수가 매우 감소하였다고 지적하고
있다. 그런데 기존에 설립한 보통학교의 수가 너무 적어 취학을 원하는
아동들을 제대로 수용하지 못하는 사태가 발생한 것이다. 이에 계속 새
로운 학교를 신설하고는 있으나, 여전히 넉넉하지 못하였다. 이로 인해
학교에 입학하지 못한 아동 가운데 많은 수가 곳곳에 있는 서당을 활용
할 수밖에 없기에, 사람들이 서당을 개량해서 보교(普校)에 대용(代用)하
자고 주장하였다고 한다.

　이 사설은 뒤에서 "배우라! 배워야만 살겠다는 표어 아래 자꾸 증가하
는 조선 아동의 향학열은 당국자로 하여금 삼면일교(三面一校)에서 이면
일교(二面一校)에 이르게 하고 이면일교(二面一校)도 부족하여 다시 서당
을 이용하게 함에 이르게 하였다."라고 말하고 있다.

　이 시기 민간 교육열이 얼마나 대단하였는가를 알 수 있다. 사설의
끝에 소개한 내용에 따르면, 이 시기 조선 인구가 1,900만 명이고 전국
행정구역 내에 2,483개 면이 있는데, 설치된 학교 수가 1,300여 곳에

10) 〈중외일보〉 1928년 03월 14일 '보결교육기관(補缺敎育機關)으로 서당개량(書堂改良)
　　설(說) 듯고'. (http://viewer.nl.go.kr:8080/main.wviewer?cno=CNTS-00093443313).

지나지 않았다고 한다. 이런 까닭에 16,900여 개소에 달하는 서당이 학
교의 빈틈을 메울 수 있다고 본 것이었다.

이런 정황은 아래의 표를 통해서도 확인할 수 있다.

일제 강점기 서당 수의 추이(朝鮮總督府統計年報)[11]

연도	서당 수	교원 수			학생 수		
		남	여	계	남	여	계
1911	16,540	16,711	–	16,771	141,034	570	141,604
1912	18,238	18,435	–	18,435	163,723	349	169,077
1913	20,268	20,807	–	20,807	195,298	391	195,689
1914	21,358	21,570	–	21,570	203,864	297	204,161
1915	23,441	23,674	–	23,674	229,023	522	229,550
1916	25,486	25,831	–	25,831	258,614	917	259,531
1917	24,294	24,507	13	24,520	264,023	812	264,835
1918	23,369	23,590	23	23,613	260,146	829	260,975
1919	24,030	24,173	12	24,185	275,261	659	275,920
1920	*25,492*	*25,602*	19	*25,621*	290,983	1,642	292,625
1921	24,195	24,507	24	24,531	*295,280*	2,787	*298,067*
1922	21,057	21,663	36	21,699	275,952	4,910	280,862
1923	19,613	20,240	45	20,285	251,063	5,788	256,851
1924	18,510	19,067	34	19,101	226,420	5,324	231,754
1925	16,873	17,347	43	17,390	203,580	4,730	208,310
1926	16,188	19,524	41	16,565	192,241	4,597	196,838
1927	15,069	15,485	24	15,509	184,541	4,719	189,260
1928	15,957	15,429	40	15,469	186,195	5,477	191,672
1929	11,469	11,885	23	11,908	157,066	5,181	162,246
1930	10,036	10,477	73	10,550	144,913	5,979	150,892
1931	9,208	9,527	67	9,594	140,034	6,867	146,901
1932	8,630	8,937	70	9,007	134,639	8,029	142,668
1933	7,529	7,889	75	7,964	137,283	10,822	148,105
1934	6,843	7,997	111	7,403	139,381	14,303	153,684

11)『조선총독부통계연보』. 한국사데이터베이스(http://db.history.go.kr), 한국근대사기
초자료집 1.

1935	6,209	6,766	110	6,876	142,468	19,306	161,774
1936	5,944	6,455	88	6,543	147,553	22,441	169,999
1937	5,681	6,110	101	6,211	145,365	27,421	172,786
1938	5,293	5,724	103	5,832	142,055	30,401	172,456
1939	4,686	5,099	146	5,245	129,967	34,540	164,507
1940	4,105	4,599	156	4,755	121,837	36,483	158,320
1941	3,504	3,941	156	4,097	111,240	38,944	150,184
1942	3,052	3,556	*173*	3,129	106,033	*47,751*	153,784

계몽기 이후로 수십 년간 신학문과 구학문이 대립하였으나, 위의 표에 나타나듯이 역설적으로 1920년대 무렵까지 지역 사회의 서당 숫자가 꾸준히 증가하였다. 이후로 그 수가 많이 줄기는 하였으나, 1930년대 이전까지만 해도 전국에 1만 개소 이상의 서당이 운영되고 있었다. 학생 수로는 15만 명이 넘는다. 1940년대에 이르면 서당의 수가 3천여 개소로 줄어들었으나, 학생 수로는 여전히 15만 명을 유지하고 있다.

그렇다면 이들 서당에서 배우던 내용은 무엇일까? 아래는 1918년 02월 23일 〈매일신보〉에 실린 '서당감독(書堂監督)의 훈령(訓令)'이라는 제목의 기사 내용이다.[12]

서당에서 교수하는 서적은 종래의 관례에 의함이 무방하나 취중(就中) 시세와 병(並) 학동(學童)의 능력에 비하여 부적당한 것이 불선(不尠)이라. 의하여 좌에 적당하다 인(認)할 것을 예거(例擧)하여 차(此)를 시(示)하노니 수(須)히 서당으로 하여금 차내(此內)에서 선택사용(選擇使用)케 하고 피(彼) 발매반포금지(發賣頒布禁止) 기타 불량서적(其他不良書籍)을 용(用)함과 여(如)한 사(事)가 무(無)케 할지라.

『천자문』, 『유합』, 『계몽편』, 『격몽요결』, 『소학』, 『효경』, 사서, 삼경,

『통감』, 『고문진보』, 『명심보감』, 『문장궤범』, 『당송팔가문독본』, 『동시
(東詩)』, 『당시』, 법첩, 조선총독부편찬교과서

　　1918년 2월 21일 총독부령 18호로 「서당규칙(書堂規則)」을 공포한 후
에 그와 관련하여 제시한 훈령(訓令)이다. 당시 5백 개소에 이르는 공립
보통학교와 실업학교, 전문학교 등 교육기관을 설치하고 사립학교도 점
차 개선되어갔으므로, 시세와 민도(民度)의 추이를 살펴 서당 규정을 제
정한다는 명분을 들고 있다.

　　위는 4번째 훈령에 해당하는 내용으로 학습 교재에 관하여 지시하
였다.

　　「서당규칙」은 당국이 공식적으로 서당을 통제하고자 하는 의도로 제
정한 것이라고 할 수 있다. 서당의 개폐(開廢)와 명칭, 위치, 학동 정수,
교수용 서적명, 개설자와 교사의 씨명과 이력, 한문 외에 국어(일본어),
산술 등을 교수하는 사항 등을 부윤(府尹), 군수(郡守), 도사(島司) 등에게
신고하고 지시를 받게 하는 것이 골자이다.

　　그러면서 학습 교재의 범위를 지시하였는데, 전통적으로 학습하던 한
문 기초 학습서는 모두 망라되어 있다. 2번째 훈령에서도 "서당(書堂)의
교수(敎授)는 종래에 대개 오직 한문의 송독(誦讀)에 그쳤으나 토지의 상
황과 서당의 실정에 의하여 점차 권장하여 국어 및 산술을 교수케 함을
요한다."라고 하였다. 당시 서당에서 한문 교재를 위주로 가르치고 있었
음을 알 수 있다. 여기에 조선총독부에서 편찬한 교과서를 포함하고 일
본어와 산술을 보태고자 하였다.

Ⅳ. 맺음말

　　지금까지 19세기 말 갑오경장 이후로 20세기 전반 사이에 간행된 근

대식『소학』의 여러 유형을 살펴보았다. 아울러 다양한『소학』을 출간
하게 만든 당시의 학습 환경에 대해 알아보았다.

　당시에 한문의 권위는 갈수록 쇠퇴하고 전통 학문은 엘리트 교육에
부적합한 것으로 인식되었다. 국한문 논쟁이 격렬하던 계몽기 시기에
위태로운 국권을 회복하기 위해 한문 중심의 어문 환경을 바꾸어야 한
다는 진보 지식인의 주장이 시대정신에 더 가깝다고 인식되었던 것이
사실이다. 그러나 이런 여건에도 불구하고 몇 가지 이유에서 한문 학습
수요자가 일정하게 유지될 수 있었다.

　첫 번째 이유로는 학습자 층위가 저층으로 확대되어 크게 두터워진
점을 들 수 있다. 이로 인해 한문 학습 수요가 매우 증가하여 대중화된
측면이 있다. 조선 후기 이후로 사회 저층이 성장하여 교육 수요가 증가
하면서, 자연스럽게 한문 학습 수요도 많아진 것이다. 근대식 학교의
수가 큰 폭으로 증가하였으나, 대중의 교육 수요가 증가하는 속도를 따
라가지 못했다고 할 수 있다.

　두 번째 이유로는 강점기 이후로 일제의 간섭을 상대적으로 덜 받는
서당 공간에서 수학하기를 원하는 수요가 일정하게 유지된 것을 들 수
있다. 이때 서당의 학습 교재 가운데 한문 교재가 많은 비중을 차지하였
다. 이로 인해 자연스럽게『소학』을 비롯한 전통 한문 학습 교재가 활용
된 측면이 있다.

　국권이 침탈되어 교육 전반이 휘둘리는 상황에 직면했을 때 전통 학
문의 위상이 갈수록 쇠하였고, 한문 지식이 학문의 주류에서 점차 밀려
날 수밖에 없었으나, 이런 몇 가지 이유로 서당 교육이 대안으로 선택되
었고 한문 학습이 여전히 대중교육의 하나로 상당한 규모로 이루어진
것이었다. 여러 종의 근대식『소학』이 반복하여 간행된 일부 이유가 여
기에 있다고 할 수 있다.

참고문헌

『原本具解小學集註』, 大成書林, 1931.
『原本辨疑小學集註』, 朝鮮書籍業組合, 1921.
『原本小學集註』, 京城書籍業組合, 1919.
金源 著, 安明植 編, 『猥刪小學』, 慶一印刷所, 1935.
金梓 譯, 『朝鮮文小學』, 1934.
金天熙 발행, 『原本小學集註』, (京城)三文社, 1933.
盧相稷, 『小學節要』, 蘆谷精舍, 1904.
朴世采 撰, 『改訂小學總論』, 朝鮮總督府圖書館, 1944.
朴在馨 纂輯, 『海東續小學』, 1884.
_____, 『海東續小學』, 朝鮮光文會, 1912.
兪直基, 『大東小學』(大東嘉言善行 上下編), 1937.
李鍾楨 校, 『小學諺解』, 京城 匯東書館, 1918.
李鍾楨 발행, 『小學諸家集註』, (京城)光東書局, 1918.
_____, 『原本具解小學集註』, (京城)光東書局, 1917.
李鍾禎 解, 『原本具解小學集註』, (京城)東洋書院, 1911.
李漢杰, 『女子小學』, 1927.
張寅植, 『小學閨範』, 1905.
張煥舜 발행, 『小學諸家集註』, (全州)七書房, 1916.
鄭泰夏 편찬, 『懸吐具解集註小學』, (京城)新舊書林, 1917.
조선총독부, 『朝鮮總督府統計年報』.
池松旭 編, 『小學諺解』, 京城 新舊書林, 1913.
洪淳泌, 『原本小學集註』, 朝鮮圖書株式會社, 1921.

김주원, 「『女子小學(1927)』에 대한 기초적 연구」, 『한글』 80, 한글학회, 2019.
신정엽, 「朝鮮時代 『小學』의 刊行과 版本」, 경북대 석사학위논문, 2009.

대한민국 신문 아카이브(www.nl.go.kr/newspaper/index.do).
한국고전적종합목록시스템(www.nl.go.kr).
한국사데이터베이스(http://db.history.go.kr).

『사자소학(四字小學)』의 형성과 유포

이돈석

I. 서론

　『사자소학』은 인간의 윤리·도덕에 입각하여 주자의 『소학』과 기타 경전 중에서 어린이가 알기 쉬운 내용을 뽑아 사자일구(四字一句)로 엮은 것이다.[1] 인문학을 전공하지 않은 일반인도 『사자소학』이라고 언급하는 순간 "아버지 날 낳으시고, 어머니 날 기르시니[부생아신(父生我身), 모국아신(母鞠我身).]"라는 구절을 먼저 떠올린다. 이는 『사자소학』이 우리 선조들이 다양하게 활용한 아동 초학 교재이며 어린이들의 인성과 예절을 가르치기에 적합한 교재라고 인식하고 있기 때문일 것이다. 이러한 인식은 지금까지 학계에 보고된 아동 초학 교재에 관한 다양한 논의뿐만 아니라 인터넷이나 사전 등을 통해 쉽게 접근할 수 있었기 때문에 생성된 것으로 추측된다.

　　『사자소학』은 우리가 반드시 배워서 지켜야 할 생활 규범과 어른을 공경하는 법 등을 구체적이고 상세하게 가르치는 생활철학의 글이다. **옛 선조들이 서당에서 공부할 때 처음 배우던 것**으로 모든 구절이 넉 자로

---

[1] 성백효(1989).

정리된 글로서 한문을 익힘은 물론, 어른과 부모 앞에서 행신(行身)과
마음가짐을 어떻게 해야 하는지를 일러주고 있다.[2]

'옛 선조들이 서당에서 공부할 때 처음 배우던 것'이라는 설명을 통해
서도『사자소학』은 우리 선조들이 아동 초학 교재로 활용하였으며 서당
에서는『천자문』에 버금가는 아동 초학 교재로서의 위상을 가지고 있었
다고 생각할 수 있다. 이러한 이유에서 인지『사자소학』과 관련한 수많
은 논문이 발표되었다. 학술연구정보서비스(RISS)에서『사자소학』으로
검색해본 결과 학술논문은 46건, 학위논문은 총 31건이었다. 그중 범위
를 좁혀『사자소학』자체를 다룬 학위논문에 대한 연구 성과를 살펴보면
다음과 같다.

우선 남수극(2001)은 「『사자소학』을 활용한 초등학교 한문교육 방안
의 연구」를 통해 시중에 유통되고 있는『사자소학』에 대해 소개하고 전
통문화연구회(1989) 간행『사자소학』을 기준으로 초등학교 한문교육의
방안에 대해 고찰하였다. 이와 비슷한 맥락으로 이택영(2017), 이경숙
(2016), 강미경(2014), 박영민(2012), 이은숙(2008), 이은호(2006), 서영숙
(2005), 황재원(2002)도『사자소학』을 활용한 교수·학습 방법에 대해 소
개하였다. 이들의 논의도『사자소학』에 담겨있는 인성적 측면을 주목하
여 학교 현장에서 다양한 방법으로 활용할 수 있다는 점을 밝히고 있다.
다음으로 김수예(2011)는『사자소학』을 공부하기 위한 콘텐츠를 설계하
였다. 이 역시 다양한 멀티미디어 자료를 통하여『사자소학』에 더욱 친
숙히 다가가 선인들의 삶과 지혜·사상·감정을 이해하고, 건전한 가치
관과 바람직한 인성을 함양할 수 있도록 하였다는 점에서 앞선 논의와
유사한 측면이 있다. 그리고 위의 연구들은 전통문화연구회(1989) 간행

---

2) 한국콘텐츠진흥원 용어사전(http://www.culturecontent.com/dictionary/dictionary
   View.do?cp_code=c p0438&dic_seq=85)

『사자소학』을 기본 텍스트로 삼고 있었다.

　　결국 지금까지 발표된 논의를[3] 종합해보면 대부분『사자소학』을 활용한 인성교육, 도덕 규범교육 등과 관련된 연구에 집중되었다는 것을 확인할 수 있다. 또한 학술 논문이나 학위논문 모두 2001년부터 발표되었다는 점과 대부분의 연구가 전통문화연구회(1989) 간행『사자소학』을 기본 텍스트로 삼고 있었다는 점은 주목을 요한다. 그렇다면 연구의 기초가 되는『사자소학』자체에 대한 판본이나 간행, 유포 등과 관련된 연구가『사자소학』을 활용한 연구해 비해 미비한 것은 무엇일까? 이는 선행 연구에서『사자소학』에 대한 철저한 분석으로 더 이상 진전된 논의를 할 수 없어서인지, 아니면 또 다른 이유가 있어서 인지는 좀 더 면밀한 분석이 필요해 보인다.

　　따라서 본고에서는『사자소학』자체에 대한 근원적인 의문을 해소해 보고자 한다. 그 첫 번째 과정으로 과연 우리 선조들이『사자소학』을

---

3)『사자소학(四字小學)』관련 학위논문 목록은 다음과 같다.
　　이택영,「『사자소학』을 활용한 어린이교육 방안에 관한 연구」, 성균관대학교 석사학위논문, 2017; 이경숙,「『사자소학』을 기반으로 유이 인성교육을 위한 교사 교육과 유아 인성 교육프로그램 개발연구 : 유치원 교육과정 중심으로」, 성균관대학교 석사학위논문, 2016; 강미경,「『사자소학』을 활용한 서도송서(西道誦書) 지도방안 : 중학교 2학년 중심으로」, 용인대학교 교육대학원 석사학위논문, 2014; 박영민,「중국의 전통 인성교육 교재를 활용한 중국어 교육방안 연구 :『삼자경(三字經)』,『사자소학』,『명심보감』을 중심으로」, 한국외국어대학교 교육대학원 석사학위논문, 2012; 김수예,「『사자소학』공부를 위한 웹 기반 멀티미디어 콘텐츠 설계 및 구현」, 진주대학교 석사학위논문, 2011; 홍정주,「『사자소학』을 활용한 예절교육」, 대구교육대학교 석사학위논문, 2009; 이은숙,「『사자소학』을 활용한 인성교육 지도 방안 : 중학교 도덕과 탐구 공동체 활동을 중심으로」, 한국교원대학교 교육대학원 석사학위논문, 2008; 이은호,「『사자소학』활용을 통한 초등학교 고학년 인성교육 프로그램 개발에 관한 연구」, 경인교육대학교 교육대학원 석사학위논문, 2006; 서영숙,「초등학교 도덕과 교육에서『사자소학』활용 방안」, 경인교육대학교 교육대학원 석사학위논문, 2005; 이종인,「『사자소학』의 효생활 실천에 관한 연구 : 초등학생의 기본 인성함양을 중심으로」, 인하대학교 교육대학원 석사학위논문, 2003; 황재원,「『사자소학』을 활용한 대화 학습」, 대구교육대학교 석사학위논문, 2002; 남수극,「『사자소학』을 활용한 초등학교 한문교육 방안의 연구」, 성균관대학교 교육대학원 석사학위논문, 2001.

『천자문』 다음 단계의 초학 교재로 활용하였는지에 대해 각종 고전문헌 통해 그 실상을 확인하고, 그간 발표된 다양한 연구논문을 통해 검증해 본다. 또한, 『사자소학』이 『천자문』 다음 단계의 아동 초학 교재였다면 다양하게 유포되었을 것으로 추측하고 판본이나 간행 현황을 실증적으로 검토해 볼 것이다. 이를 통해 『사자소학』이라는 아동 초학 교재에 대해 재조명하는 기초를 마련하고자 한다.

Ⅱ. 전통시대 초학 교재의 교수 단계

우리가 일반적으로 언급하고 있는 선현들의 초학 교재로는 『천자문』, 『사자소학』·『계몽편』·『명심보감』·『추구』 등이 있다. 그렇다면 이러한 초학 교재들이 과거 서당에서 어떤 방식으로 활용되었는지 혹은 우리 선현들은 이 초학 교재에 대해 어떻게 생각하고 있었는지에 대해 기존의 연구 성과와 고전문헌의 실증적 자료를 통해 살펴본다.

첫 번째로 권오석(1994)은 서당에서 활용한 교재에 대한 다양한 서지적 연구를 진행하였는데 그중 선현들이 취하였던 독서의 순서를 다음과 같이 진술하였다.

① 이황[李滉, 1501~1570] : 『천자문(千字文)』→『논어(論語)』→『도연명시집(陶淵明詩集)』→『주역(周易)』
② 유형원[柳馨遠, 1622~1673] : 『소학(小學)』→『대학(大學)』→『논어(論語)』→『맹자(孟子)』→『중용(中庸)』→『근사록(近思錄)』→육경(六經)→『사기(史記)』
③ 유중림[柳重臨, 1705~1771] : 『천자문(千字文)』→『십구사략(十九史略)』→『소미통감(少微通鑑)』(혹)『강목(綱目)』→오경삼서(五經三書)

④ 이상수[李象秀, 1820~1882] :『천자문(千字文)』→『동몽선습(童蒙先習)』→『사략(史略)』(혹)『통감절요(通鑑節要)』→『맹자(孟子)』→『논어(論語)』[4]

위와 같이 1500년부터 1800년대 후반까지 선현들은 아동 초학 교재를 『천자문』과 같은 자학(字學) 과정을 시작으로 『동몽선습』혹은『사략』이라는 교재로 학습 과정을 설정하고 있었음을 확인할 수 있다. 이와 같은 아동 초학 교재와 관련한 교수·학습 과정은 각종 고전문헌을 통해서도 확인할 수 있다.

한국고전번역원 '한국고전종합DB' 및 한국학중앙연구원 '학국학자료포털'에서 초학 교재 명으로 검색하면 아래와 같은 유의미한 내용이 검색된다. 우선 안정복[安鼎福, 1712~1791]은 그의 저서『순암집(順菴集)』「동인소저서(東人所著書)」에서 초학자들에 대한 교수 단계에 대해 상세히 언급하였다.

우리나라 풍속은 어린 아이들 교육의 첫 과정으로 먼저『천자문(千字文)』을 가르치는데, 이것은 소량(蕭梁)의 주흥사(周興嗣)가 지은 것이다. 그리고 간혹『유합(類合)』을 가르치기도 하는데, 이것은 선조 때 미암 유희춘이 지은 것이며 혹『거정(居正)』을 가르치는데, 이것은 바로 사가 서거정이 지은 것이다. 다음에는『동몽선습』을 가르치는데, 중종 때 참판을 지낸 함양의 박세무가 지은 것이며 다음에는『십구사략』을 가르치는데, 명나라 초에 증선지(曾先之)와 여진(余進)이 편찬한 것으로, 그 주해(註解)는 선조 때 유신(儒臣) 김수(金晬) 등에게 명하여 찬집(撰輯)한 것이다.[5]

안정복이 언급한 교수단계를 정리하면『천자문』으로 시작하여『유합』이나『거정』6)을 학습한 후『동몽선습』,『십구사략』을 배우는 단계별 교수 방법이라고 할 수 있다. 그리고 윤기[尹愭, 1741~1826]는『무명자집(無名子集)』에「독서차제(讀書次第)」라는 저술을 통해 교학의 단계에 대해 정밀히 논의하였는데 그중 초학 교재와 관련된 부분은 다음과 같다.

> 세상에서 아이를 가르칠 때, 아이가 말을 할 줄 알면 반드시 주흥사의『천자문』을 가르친다. 글자를 달아 읽을 줄 알게 되면 이에『사략』의 초권과『통감』의 초권을 가르치는데, 많이 나아간 자는「서한기(西漢紀)」에까지 이르고, 더 나아간 자는「동한(東漢)」·「촉한(蜀漢)」에까지 이른다. 그리고 이어『맹자』와『시경』의「국풍」을 가르친다. 여름에는 처음에『당음(唐音)』의 절구(絶句)를 가르치고, 이어『당음』의 장편을 가르치고, 또 오언·칠언 및 문장을 지어보게 한다.7)

윤기도 역시 초학자들에게『천자문』→『사략』·『통감』이라는 교수 단계를 언급하고, 이후『맹자』와『시경』의「국풍」및『당음』으로 학습 단계를 구분해야함을 주장한다.

또한, 우리나라와 중국의 초학자 학습단계에 대한 논의를 확인할 수 있는데 그 내용은 다음과 같다. 1765년에 홍대용[洪大容, 1731~1783]이 계부(季父)를 따라 연(燕)에 갔을 때의 기록을 담은『항전척독(杭傳尺牘)·건정동필담(乾淨衕筆談)』에서 홍대용은 우리나라 초학자들의 학습 단

撰輯之."

6)『유합』이나『거정』에 대한 다양한 논의가 있지만 본고에서는 다루지 않았다.

7) 윤기,『무명자집』,「讀書次第」. "世之敎兒者, 兒能言則必敎以周興嗣. 能屬字讀, 則乃敎以史略初卷, 通鑑初卷. 多者及於西漢紀, 又多者及於東漢蜀漢, 而又敎以孟子, 詩國風. 當夏則初敎以唐音絶句. 次敎以唐音長篇, 又使之屬文爲五言七言及行文."

계를 다음과 같이 언급하고 있다.

> 역암이 "귀처(貴處)의 어린 아이들은 처음에 무슨 책을 읽는가?"라고
> 묻자, 나는 "처음에는『천자문』을 읽고 다음에는『사략』을 읽고 그 다음
> 에는『소학』을 읽고서 경서에까지 미친다."라고 하였다. 역암이 "『사략』
> 은 무슨 책인가?"라고 물으니, 내가 "증선지가 지은『십구사략』이다."라
> 고 하였다. 역암이 "여기서는『감략(鑑略)』이라 하는데 역시 아동에게
> 주어 읽게 한다." 또한 "『소학』이 가장 좋다."라고 하였다.[8]

홍대용은 우리나라 초학자들의 학습 단계를『천자문』→『사략』→
『소학』으로 언급하고 있다. 이는 앞서 안정복이 말한 서목과 다소 차이
는 있지만,『천자문』과『사략』은 공통적인 초학 교재라는 점은 주목할
필요가 있다. 그리고 1804년 동지겸사은사(冬至兼謝恩使)의 서장관(書狀
官)으로 청(淸)나라에 다녀온 원재명[元在明, 1763~1817]이 쓴 연행록인
『지정연기(芝汀燕記)』의 내용은 주목을 요한다. 당시 원재명은 계명(季
鳴) 이의성[李義聲, 1775~1833]과 함께 중국의 한 서당에 들어가 그 서당
의 훈장과 우리나라와 중국의 교수 순서에 대해 필담을 나누었다.

> 또 묻기를 "가르치는 순서는 어찌됩니까?"라고 하니 답하기를 "아이들
> 을 가르칠 땐 반드시『백가성(百家姓)』을 먼저 하고 그 다음은『삼자경(三
> 字經)』, 다음은『천자문』, 그리고『대학』등 사서를 먼저 가르치고『시경』
> ·『서경』은 뒤에 합니다."라고 하였다. 장(張) 훈장이 묻기를 "귀국에서도
> 이렇게 합니까?"라고 하자, 계명(季鳴)이 답하기를 "대체로는 같으나 다
> 소 차이가 있습니다. 우리나라의 풍속에는 반드시『천자문』을 먼저 배우

---

8) 홍대용,『담헌서』외집 권2,「乾淨衕筆談」. "力闇曰: '貴處小兒始讀何書?' 余曰 '始讀千
字文, 次讀史略, 次讀小學而及於經書.' 力闇曰: '史略何書.' 余曰: '曾先之所作十九史
略.' 力闇曰: '此間謂之鑑略, 亦與小兒讀之.' 又曰: '小學最好.'"

고, 『사략』과『소학』의 순서로 사서오경까지 배웁니다."라고 하였다.[9]

중국 서당의 장 훈장은『삼자경』→『천자문』→ 사서오경 순으로 초학자들을 가르친다고 하였고, 우리나라 이의성은『천자문』→『사략』→『소학』→ 사서오경 순으로 가르친다고 하였다. 중국은 식자 교재인『삼자경』을 가장 먼저 교수하지만, 우리나라의 경우『천자문』교수 이후『사략』과『소학』을 교수한다는 사실을 확인할 수 있다.

결국 안정복·홍대용·윤기·이의성 등 이들이 초학 교재로 언급한 것은『천자문』과『사략』이 공통적이며『유합』이나『동몽선습』과 같은 초학 교재를 학습하고 이후『소학』에서 사서삼경으로 단계별로 학습해야 한다는 점을 확인할 수 있었다. 그러나 우리가 상식적으로 알고 있는『명심보감』이나『추구』·『사자소학』등과 같은 초학 교재에 대한 언급은 고전문헌을 통해 확인할 수 없었다.

다만 앞에서 진술한 권오석이 1980년대에 생존했던 인물들이 증언한 내용을 소개하고 있는데 안명선(安明善)은 "『천자문』부터 시작하여『계몽편』등", 안상원(安商元)은 "『천자문』으로 시작하여『동몽선습』·『명심보감』등", 박래봉(朴來鳳)은 "『천자문』·『사자소학』·『통감』·『명심보감』·『소학』·『추구』등"[10]을 서당의 아동 초학 과정이라고 언급하였다. 즉, 기존 선현들이 언급하지 않았던『계몽편』·『명심보감』·『사자소학』·『추구』등과 같은 교재들이 등장한다. 특히『사자소학』의 경우 1800년대 후반까지도 전혀 다른 기록이 없다가 1980년대 생존 인물들의 증언을 통해 등장한다는 점은『사자소학』이 과연 조선조 초학 교재로서

---

9) 원재명, 『芝汀燕記』 권1, 「12월 초1일(을묘)」, "又問 '敎授之次序?' 答曰 '敎兒必先百家姓, 次三字經, 次千字文, 次大學先四書後詩書也.' 張問曰 '貴國如是乎?' 季鳴曰 '大同而少異, 我俗必先千字文, 次史略, 次小學, 以至四書五經.'"
10) 권오석, 「서당교재에 관한 서지적 연구」, 『서지학연구』10, 한국서지학회, 1994, 944쪽.

의 위상을 가지고 있었는지에 대해 지극히 부정적일 수밖에 없다. 이와
궤를 같이하여 임완혁은 『명심보감』에 대해 "『명심보감』이 초학 교재
로 사용된 실상을 확인하고자 하였다. 그러나 『명심보감』이 초학 교재
로 즐겨 사용되었다는 실상을 확인할 수 없었다. 『명심보감』이 초학자
를 위한 서당 교육의 교재로 자리 잡은 것은 19세기 후반을 지나 20세
기 초반이었을 가능성이 매우 높다고 하겠다."[11]라고 하여 조선시대 서
당교육에서 『명심보감』이 교재로 활용된 사례를 확인하지 못하였다.
『사자소학』도 『명심보감』과 같이 조선시대에 서당에서 초학 교재로 사
용되었다는 사실을 확인할 수 없었다. 다만 『명심보감』의 경우 1454년
청주 본 『명심보감』의 간행 사실과 다양한 고전문헌 속에서 서명이라
도 검색되고 있는데[12] 『사자소학』의 경우는 이런 사실마저 확인할 수
없었다.

Ⅲ. 『사자소학(四字小學)』의 등장과 활용 양상

앞서 언급하였지만 과거 선현들의 문집이나 각종 고전문헌 자료에서
『사자소학』이라는 교재는 등장하지 않는다. 다만, 1920년 이전부터 『사
자소학』이 서당에서 활용되었다는 것을 확인할 수 있는데 현재 검색 가
능한 자료를 통해 보면 다음과 같다.[13]

---

11) 임완혁, 「조선조 『명심보감』의 수용 양상」, 『한자한문교육』 30, 한국한자한문교육학회, 2013, 238쪽.
12) 조긍섭, 『巖棲集』 권19, 「南皐遺稿序」. "余嘗見近世所傳明心寶鑑者, 世儒多鄙而淺之, 然不敢忽焉. 其一言一句, 皆有至理, 非可謂不幾於道也."
13) 본고에서는 검색 가능한 시스템에 국한하여 검색하고 논의하였기 때문에 일정한 한계가 있다.

<table>
</table>

單子
童蒙 李甲洙 年九歲 居參禮面 石田里
四字小學
通
辛酉年四月二十日

성명 : 동몽(童蒙) 이갑수(李甲洙)
나이 : 9세
주소 : 삼례면 석전리
시험 과목 : 사자소학
결과 : 통(通)
신유(1921)[14] 사월 이십일

〈그림 1〉 호남기록문화시스템(http://honam.chonbuk.ac.kr) 제공 자료

위의 사진은 신유년(1921) 4월 삼례면 석전리에 사는 동몽 이갑수(9세)가 시험을 치르고 받은 고강단자(考講單子)로 시험과목은 『사자소학』이었음을 확인시켜준다. 즉, 1920년 이전에도 전라도 지역의 서당에서 『사자소학』이 교재로 활용되고 있었다는 것을 실증적으로 확인할 수 있다. 그리고 전남 진도에서 태어나서 일제강점기와 광복 후 1960~1970년대에 주로 충남 논산 일대에서 활동한 지식인 최병채[崔炳彩, 1909~1974]가 쓴 일기와 울산 지역에 살았던 심원권[沈遠權, 1850~1933]이라는 사람의 일기를 통해서도 확인할 수 있다.

　　(1928) 병헌이 처음으로 들어가 『사자소학』을 배웠다.[15]
　　(1929) 병렬이는 『소학』을 읽고, 병근이는 『사자소학』을 읽었다.[16]

14) 석전리는 전주군 오백조면 지역으로 1914년 행정구역 통폐합 정책에 따라 석전리·상신정리·삼계리·정산리·학동리·신정리의 각 일부를 병합해 이 지역의 중심 마을을 내세워 '석전리'라고 했다. 1956년 삼례면 석전리에서 삼례읍 석전리로 개편되었다. 본 단자는 '삼례면'으로 작성되어 있어 1921년으로 추정한다.(한국향토문화전자대전)
15) 『최병채일기』 1, 『한국사료총서』 59, 一九二八年 六月. "炳憲初入學于四字小學."

(1929)『사자소학』 58구를 나흘 동안 옮겨 베꼈다.[17]

(1930) 세 아이가 책을 읽었는데 손자와 종손이다. 읽은 책은『천자문』과 『사자소학』이었다.[18]

위 일기를 통해 1928년~30년에는『사자소학』이 서당 교재로 활용되었을 뿐만 아니라 민간에서도 유통되었음을 확인할 수 있다. 다만, 심원권은 울산지역에 살고 있었다는 점을 고려하였을 때『사자소학』의 유통범위는 전라도를 넘어 경상도에까지 이르렀다고 할 수 있다. 또한, 1920년대 전라도 지역의 서당을 중심으로 활용되었다는 논지를 더욱 명확하게 뒷받침해줄 수 있는 자료로『조선の민간유포초학입문서목록』이 있는데 이를 소개한다.『조선の민간유포초학입문서목록』은 와타나베 마나부 무사시 대학 명예교수가 조선의 민간 교육사 연구를 위해 수년 동안 수집된 도서를 정리[19]한 것으로『사자소학』과 관련하여 다음과 같이 언급하고 있다.

다이쇼 7(1918)년 총독부 훈령에서는『사자소학』에 대한 언급이 없지만 전라도 지역에서 상당히 광범위하게 유포되어 있었다.[20]

그 역시 민간에서 유통되고 있는 초학 입문서를 다양하게 수집하면서

---

16)『최병채일기』1,『한국사료총서』59, 一九二九年 九月. "炳烈讀小學, 炳根讀四字小學也."

17)『심원권일기』下,『한국사료총서』48, 己巳(1929, 소화4). "四字小學五十八句, 初二三四日謄抄矣."

18)『심원권일기』下,『한국사료총서』48, 경오(1930, 소화5). "三兒讀書, 孫子從孫, 千字與四字小學."

19) 동경 중앙대학도서관(1986),『조선の민간류포초학입문서목록』. "この目録は, 渡部學武藏大學名譽教授が朝鮮における民間教育史研究のために, 長年にわたって收集された図書を整理したものである."

20) 위와 같은 책.

『사자소학』에 대해 전라도 지역을 중심으로 광범위하게 유포되었다고 기술하고 있다. 그리고 그가 제시한『사자소학』목록은 모두 필사본으로 1983년 전주(全州)에서 입수한 본이라고 하였는데 그 목록은 다음과 같다.

〈표 1〉『조선の민간유포초학입문서목록』의『사자소학』

연번	분량	판본	크기	자행	간행 연[21]	비고
1	1책(12정)	사본	21×21	8행8자	신묘(?) (1891/1951)	'父兮生我 母兮育我'으로 시작
2	1책(22정)	사본	24×22	6행4자	무진 (1928)	'父生我身 母育我身' 앞에 22행의 자구가 있음
3	1책(10정)	사본	21×21	8행8자	경오 (1930)	–
4	1책(14정)	사본	19×21	8행4자	소화십 (1935)	'父兮生我 母兮育我'으로 시작
5	1책(7정)	사본	22×20	8행8자	병자 (1936)	–
6	1책(14정)	사본	19×18	6행4자	갑오(?) (1954/1895)	–

연번 1번과 2번은 간사 연은 있으나 명확한 연도를 추정할 수 없어 논의에서 제외하더라도 연번 4번은 소화 10년(1935)이라는 간행 연을 명확하게 확인할 수 있다. 이를 바탕으로 연번 2, 3, 5번은 1935년을 전후하여 간행되었다고 추정할 수 있다. 또한, 1977년 박래봉이 호남 지역을 조사한 결과를 보고한 논문의 내용 중에 "『천자문』→『추구』(『사자소학』)→『계몽편』→『동몽선습』→『명심보감』→『소학』→『사략』→ 사서"[22]

---

21) 『조선の민간류포초학입문서목록』은 간사 연도가 오래된 것부터 제시되고 있다고 추측된다. 연번 4번이 소화 10년이라고 정확히 명기 되어 있기 때문에 필자가 간사 연도를 추정하여 넣었다.

라고 논의도 한 것도 유의미하다.

이런 실증적 기록들을 종합해보면, 『사자소학』은 조선시대 아동 초학 교재로 활용되었다는 근거를 찾을 수 없었고, 1920년 이전부터 전라도 지역의 서당을 중심으로 활용되기 시작하였다가 점차 전국적으로 유포된 것으로 추정된다.

일제 강제 병합 이후 1910년 조선총독부가 세워지고 초대 조선총독이 었던 데라우치 마사타케[寺內正毅, 1852~1919]는 "조선 교육이 오로지 유용한 지식과 온건한 덕조를 양성하여 제국신민다운 자질·품성을 구비하게 하는 것을 주지로 삼아야 한다. 따라서 먼저 보통교육의 완비를 기하고 실용교육에 중점을 둔다."라는 교육방침을 천명했다. 이 기본 교육방침 속에서 1911년에 이른바 '시세와 민도에 적합한 교육'을 기본 방침으로 하는 '조선교육령'이 공포되었다.[23] 이 영으로 인해 근대식 학교 교육이 시작되면 서당식 교육은 폐지될 것으로 예상되었지만, 서당식 교육의 수요가 남아 있던 지역을 중심으로 명맥을 이어나갔다. 또한, 초학 아동 교재들도 지역 사회를 중심으로 계속 발간되고 유포되었던 것으로 추측된다.

> 일본 강제 병합 이후 조선총독부가 교과서를 편집·발행하여 이를 사용토록 하였다. 특히 재래 서당에 대해서도 그 교과서 사용을 강격하게 규제하였는데 이러한 상황 속에서도 조선인 사이에 널리 보급 유포된 재래식 교과서류는 꽤 많았던 것 같다.[24]

---

22) 임완혁(2013), 237쪽 재인용.

23) 이돈석(2010), 재인용.

24) 동경 중앙대학도서관(1986), 『조선의민간류포초학입문서목록』: 日本は倂合(1910年) 後, 初等教育の分野では日本內地と同樣に固定教科書の制をとり, 朝鮮總督府が敎科書を 編集·發行し, 一律にこれを使用させた。 いろいろな理由から特例的な溫存政策をとった在來の 私的初等教育施設で, ある書堂についてさえも, その使用敎科書については强力にこれを規制 する措置をとった。 ところが, そのような條件下でも一般朝鮮人の間に廣く普及流布した在來系

위의 내용도 와타나베 마나부 무사시 대학 명예교수가 기술한 내용이다. 즉, 일본의 강력한 규제에도 서당식 교육은 명맥을 이어왔고 서당에서 활용되는 아동 초학 교재들도 계속해서 유포되었다는 것을 추측할 수 있다.

한국전쟁 이후 정부는 1951년 2월 26일에 '전시 하 교육 특별조치 요강'을 제정·반포하여 전쟁으로 중단된 학교 교육을 재개토록 하였다.[25] 이 당시 교육은 근대식 학교 교육과 서당식 교육이 잠시나마 이원적으로 이루어졌고 서당식 교육에서 『사자소학』과 같은 아동 초학 교재가 계속 활용되고 있었다는 것을 신문기사[26]를 통해 확인할 수 있었다. 이후 국어 교육과정 속에서 교수 되었던 한문이 3차 교육과정(1973)부터 별도의 교과로서의 위상을 확보하여 학교에서 안정적으로 교수되었다.

그러던 중 민간단체에서 한문교육 활성화를 위한 다양한 방안을 마련하게 되는데 그 대표적인 것이 민간단체의 교양 강좌 개설[27]과 『사자소학』을 일반 대중들에게 홍보하는 운동이다.[28] 이러한 일이 가능했던 것은 바로 민간단체였던 전통문화연구회에서 1989년 1,280자 320구로 된 『사자소학』을 처음으로 발간하였기 때문이다. 편저자인 성백효(成百曉)는 "세간에 유행되는 『사자소학』의 저본은 저작미상으로 내용이 서로

敎科書類は, かなり多かったようである.

25) 이돈석(2010), 재인용.
26) 동아일보 1964. 03. 19 기사. "나의 恩師 이름도 모를 글방 漢文 선생 …… 내가 8세로부터 11세까지 삼년동안이나 보았으나 말 한마디 들어보지 못한 것 같다. 나는 상급생에게서 『사자소학』이나 『동몽선습』 기타한문을 배웠고 선생에게 직접 배운 일은 적었다. ……"
27) 경향신문 1989. 03. 30 기사. "교양 한문강좌 개설 -전통문화연구회(회장 安炳周)는 교양한문강좌를 4월 1일부터 29일까지 서울 종로구 낙원동 낙원빌딩 425호실의 연구회 강당에서 갖는다. 과목은 일반부 『명심보감』, 국교생·중학생 등 아동부가 각각 『사자소학』, 『동몽선습』이다."
28) 경향신문 1989. 12. 29 기사. "안병주 전통문화硏회장 『사자소학』 보내기 운동 -安炳周 전통문화연구회장은 27일부터 청소년과 근로자들에게 전통문화정신의 계승을 위해 기초 한문집 『사자소학』 보내기 운동을 펴고 있다."

다르고 체계와 문맥이 제대로 이어지지 못한 결함이 있었다. 그리하여 본인은 수년간 한문교육을 실시해 오면서 본서의 정리 작업을 시도하고 수십 종의 이본을 수집한 다음, 그 장단점을 취사선택하여 재편집하였다. 편차는 오륜(五倫)의 차례와 삼강(三綱)·구용(九容)·구사(九思)·사물(四勿)로 엮었다."[29]라고 진술하고 있다. 그의 진술대로 라면『사자소학』이라는 교재는 체계적이지도 못했고 이본도 대단히 많은 것으로 추정할 수 있다. 다시 말해 1920년 이전부터 초학 교재로 사용되었던『사자소학』은 그 체계가 제대로 이어지지도 못했고 이본들이 상당히 많았다가 민간단체에서 체계화되어 출판된 뒤로 교양서로 새로운 위상을 가지게 된 것으로 보인다.『사자소학』과 관련된 연구 논문들이 2001년 이후 대량으로 발표되는 것도 이 교양서의 출판과 밀접한 연관이 있을 것으로 추측된다.

Ⅳ. 『사자소학(四字小學)』의 간행 현황

『사자소학』의 간행과 관련하여 권오석(1994)은 아래 표의 연번 5번 1종만 제시하였다. 그러나 그간 '한국고전적종합목록시스템'의 구축으로 보다 다양한 간행 현황을 살펴볼 수 있었다. 아래 표는 종합목록 시스템에서『사자소학』으로 검색한 결과이다.

---

29) 성백효(1989).

〈표 2〉『사자소학』의 간행 현황[30]

연번	서명	편저자사항	판본	간기	소장처	비고
1	『사자소학』 1[31]	未詳	목판본	未詳	경상대	30張, 四周雙邊, 半郭, 有界, 3行4字 註單行
2	『사자소학』	未詳	전자 복사본	未詳	경상대	30張, 四周雙邊, 半郭, 有界, 3行4字 註單行
3	『사자소학』	未詳	필사본	未詳	계명대	東裝1冊, 四周無邊, 無界, 8行8字
4	『사자소학』	未詳	필사본	未詳	계명대	東裝1冊, 四周無邊, 無界, 8行8字
5	『사자소학』	梁承坤 編 발행(梁冊房)	목판본	1932	고려대	18張, 四周單邊 半郭, 有界[32], 6行4字
6	『사자소학』	未詳	필사본	未詳	국립중앙	1冊(20張), 6行8字
7	『사자소학』	未詳	목판본	未詳	국립중앙	1冊, 四周單邊 半郭, 無界, 6行4字
8	『사자소학』	未詳 발행(梁門房)[33]	목판본	昭和7 (1932)	부산대	20張, 四周單邊 半郭, 無界, 6行4字
9	『사자소학』	未詳	필사본	1960 (寫)	성균관	線裝1冊, 半郭, 8行4字
10	『사자소학』	未詳	필사본	未詳	원광대	線裝1卷1冊, 無界, 12行8字
11	『사자소학』	蘇祥永 抄 발행(棒村)	필사본	1963	원광대	1冊, 無界, 8行10字
12	『사자소학』	未詳	필사본	未詳	원광대	糊裝1卷1冊, 無界, 8行8字
13	『사자소학』	未詳	목판본	未詳	전남대	25張, 四周單邊 半郭, 有界[34], 6行4字
14	『사자소학』	未詳	목판본	未詳	전남대	25張, 四周單邊 半郭, 無界, 6行4字
15	『사자소학』 卷1	朱熹(宋) 著[35]	필사본	未詳	충남대	1卷1冊, 無界, 6行8字

---

30) 한국고전적종합목록시스템(https://www.nl.go.kr/korcis/) :『사자소학(四字小學)』
검색 결과임.
31) 경상대학교 판본 확인 결과『천자문』이었다.

16	『사자소학』	未詳	필사본	未詳	충남대	13張, 無界, 6行8字
17	『사자소학』	未詳	복사본	未詳	한중연	線裝不分卷, 1冊
18	『사자소학』全	未詳	목판본	未詳	한중연	20張, 四周單邊 半郭, 無界, 4行4字[36)

필사본의 경우 오자, 파본 등 저본에 대한 신뢰성이 떨어져서 본고의 논의에서는 제외하였다. 간행된 자료 중 비교적 유포를 위한 목적으로 만들어진 목판본을 살펴보면 전남대학교 소장본인 연번 13, 14번은 연번 14번만 확인할 수 있었고, 한국학중앙연구원 소장본 연번 17, 18번은 같은 간행본으로 확인되었다. 따라서 존재하는 목판 간행본은 총 6개로 경상대본·고려대본·국립중앙도서관본·부산대본·전남대본·한국학중앙연구원 소장본이다.

그리고 '행'과 '자'로 구분해보면 연번 1의 '3행 4자' 본과 연번 5, 7, 8, 14, 18의 '6행 4자' 본으로 구분할 수 있다. 그런데 경상대학교 소장본[37)인 '3행 4자본'은 확인 결과 『사자소학』이 아닌 『천자문』이었다.

결국 『사자소학』은 '6행 4자' 본만 확인되었고 각 소장본 별로 시작구가 다소 차이가 있었다. 아래는 '6행 4자' 본의 시작 페이지이다.

---

32) 한국고전적종합종합목록시스템에는 '有界'로 되어 있으나 고려대학교 판본 확인 결과 '無界'였다.

33) 한국고전적종합종합목록시스템에는 '양문방(梁門房)'으로 되어 있으나 부산대학교 판본 확인 결과 '梁冊房'이었다.

34) '유계' 본은 '한국고전적종합종합목록시스템'에서만 상세 정보가 제공되고 전남대학교 도서관 확인 결과 '무계' 한 개 본만 있었다.

35) 충남대학교 도서관 확인 결과 입력오류 확인하였다.

36) 첫 페이지가 『사자소학』이라는 제목으로 인해 4행 4자이고 나머지는 6행 4자이다.

37) 경상대학교 도서관 협조로 이미지를 확인하였다. 확인 원문은 다음과 같다. : 1쪽(器欲難量 墨悲絲染 詩讚羔羊), …… 중간쪽(府羅將相 路夾槐卿 戶封八縣 家給千兵 高冠陪輦 驅轂振纓), 마지막 쪽(恬筆倫紙 鈞巧任釣 釋紛利俗).

구분	첫 페이지
고려대학교 소장본	
국립중앙도서관 소장본	
부산대학교 소장본	

| 전남대학교
소장본 |  |

| 한국학
중앙연구원
소장본 | 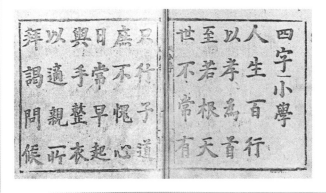 |

〈그림 2〉『사자소학』‘6행 4자’본 첫 페이지

‘6행 4자’본 중 고려대학교 및 부산대학교 소장『사자소학』은 “소화 칠년십월십팔일(昭和七年十月十八日) 조선총독부허가(朝鮮總督府許可)”라 는 것을 통해 발간 연도를 명확히 확인할 수 있었다. 두 개 본 모두 인쇄 자는 “전주군 양림면 용복리 양창조”이고, 발행소는 “전주군 용진면 아 중리 양책방”으로 같은 판본으로 확인된다. 그리고 부산대학교 소장본 과 한국학 중앙연구원 소장본은 권두에『사자소학』이라는 제목이 있어 시작 부분을 확인할 수 있다. 전남대학교 소장본의 경우 2면이 필사본으 로 되어 있고 나머지 부분은 국립중앙도서관 소장본과 같다. 그런데 여기에서 주목할 만한 것은 '6행 4자' 본은 모두 같은 판본이라 추정된다.

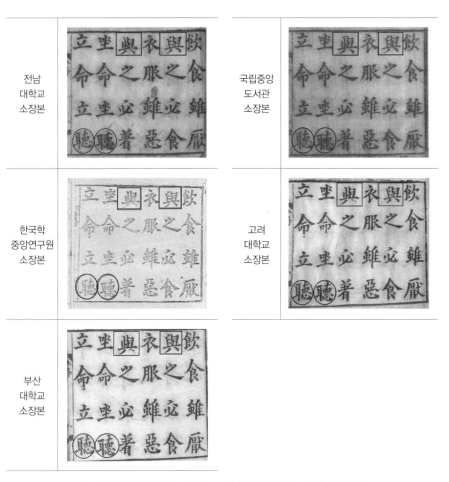

〈그림 3〉『사자소학』'6행 4자' 동일 목판본 확인 페이지

같은 판본임을 확인하기 위해 발행사항이나 형태사항을 파악해야 하
나 '한국고전적종합목록시스템'에서 제공하고 있는 정보가 정확하지 않
아 식별이 불가능하였다. 따라서 간행본의 글자를 비교하여 확인해 본
다. 첫 번째로 '여(與)'는 2행에서는 정자체(與)이고 4행에서는 이체자

(與)이다. 그리고 '청(聽)'은 5행과 6행에 모두 이체자를 사용하였으나 5행의 이체자(聰)와 6행의 이체자(聰)의 자형이 다르다. 5개의 간행본 모두 같은 자형으로 동일 목판본으로 판단된다. 또한, 고려대학교 소장본의 경우 발행 연도가 명확하기 때문에 5개의 간행본들은 모두 1932년을 전후하여 출판된 것으로 추측할 수 있다.

   그러나 5개의 간행본들은 파본과 소실로 인해 각기 분량의 차이가 있다. 우선 가장 파본이 적은 전남대학교 도서관 소장본의 경우 "부생아신(父生我身)~막비유익(莫非有益)"까지 총 1,056자 264구인데 앞 2장 12구 48자는 필사본[38]으로 되어 있다. 그 다음 국립중앙 도서관 소장본의 경우 전남대 소장본과 필사본을 제외하고 내용은 같다. 다만, "부생아신(父母呼我)~막비유익(莫非有益)"까지 1,008자 252구인데 파본으로 인해 12구 48자가 보이지 않는다. 한국학중앙연구원 소장본의 경우 "인생백행(人生百行)~이살아신(以殺我身)" 904자 226구인데 주목할 것은 권두에 『사자소학』이라는 제목이 있어 시작부분을 확인할 수 있다. 그러나 누락된 것으로 추정되는 앞부분 12구 48자와 뒷부분 48구 192자가 보이지 않는다. 부산대학교 소장본의 경우 "인생백행(人生百行)~이살아신(以殺我身)" 952자 238구로 한중연 본과 같으나 한중연 본에 누락된 앞부분 12구 48자가 실려 있고 뒷부분 48구 192자는 누락되어 있다. 마지막으로 고려대학교 소장본은 "감결침구(歛潔枕具)~아역자사(我亦自邪)"까지 864자 216구로 앞부분 10구 40자와 뒷부분 60구 240자가 누락되어 있다. 지금까지 확인한 것을 바탕으로 종합해보면 '6행 4자' 본은 '인생백행'으로 시작하여 '막비유익'으로 마무리되는 총 1,144자 286구라고 추측된다. 1989년 전통문화연구회에서 교양서로 발간한 『사자소학』 1,280

---

38) 전남대학교 소장본은 2면이 필사본으로 되어 있어 목판이 시작 되는 부분을 제시하였다. 필사 내용은 다음과 같다. "父生我身, 母鞠我身, 腹以懷我, 乳以哺我, 以食活我, 以衣溫我. 恩高如天, 德厚似地. 爲人子者, 曷不爲孝, 父母責之, 勿怒勿答."

자 320구와 약 136자 34구의 차이를 보인다.

　이상에서는 『사자소학』이 『천자문』 다음 단계의 아동 초학 교재라는 명성과 달리 간행본이 적으며 간행사항도 불확실한 것을 쉽게 파악할 수 있다. 이에 대해 권오석은 "『사자소학』의 간행 사실이 희귀한 것은, 서당교육에서 『사자소학』이 비교적 근대에 들어와 그 교재로 채택되었거나 아니면 서당교육에서 『사자소학』의 교과목이 실제로 채택되었는지 의문이 간다. 왜냐하면 『사자소학』이 『천자문』의 학습 후에 제2차 교재로 채택되었다면, 그 전래하는 판본이 현존하고 또한 그 간본이 적지 않게 유통되고 있어야 마땅할 것이다."[39]라고 하여 『사자소학』의 초학 교재 활용 여부 자체에 대해 비관적으로 보았는데 지금까지 확인한 간행본을 통해 그 사실이 확인된 셈이다. 1932년에 간행된 『사자소학』의 자구를 정리하면 다음과 같다.

〈표 3〉 1932년 간행 『사자소학』 내용(총 1,144자 286구)

人生百行	以孝爲首	至若根天	世不常有	只行子道	庶不愧心	日常早起
盥手整衣	以適親所	拜謁問候	歛潔枕具	請進飮食	如有所問	拱手以對
且有所陳	和聲以禀	昏則更適	點燈鋪席	盖此定省	非勤難行	若惰四肢
焉得孝養	父生我身	母育我身	腹以懷我	乳以哺我	以食飽我	以衣溫我
父母居處	冬溫夏淸	父母惡之	勿怒勿怨	父母愛之	喜而不忘	父母呼我
唯以趨走	勿臨深淵	父母患之	勿登高樹	父母憂之	獻物父母	跪以獻之
父母出入	每必起立	侍坐父母	勿踞勿臥	父母不食	思得良饌	父母有病
憂而謀瘳	與我飮食	跪以受之	擇師以敎	勿懶勤讀	出必告之	反必拜謁
若得美物	歸獻父母	父母警戒	銘心不忘	勿與人鬪	父母懼之	父母命令
豈敢違之	親枕勿枕	親履勿履	父母無食	無思我食	父母無衣	無思我衣
膝前勿坐	顔面勿仰	行勿慢步	坐勿倚身	口勿雜談	手勿雜戲	親堂有塵

39) 권오석(1994), 996쪽.

與之必食 我身不善 受之父母 居則致敬 可謂事親 子路負米 大名千秋 骨肉雖分 同根異枝 弟雖有過 弟必獻之 我打我弟 隱而勿現 凡今之人 聊此書示 雖有悖亂 各子其子 摘諫三單 蘇瑗下淚 秋燈擊節 我亦自正 悅人贊者 以殺我身 小人之交 一點通犀 只欽他德 若我實有 亦當改愆 於我何與

飲食雖厭 其罪如山 身體髮膚 孝之終也 備矣然後 孟宗哭竹 感此諸賢 友恭必至 比之於木 不敢怒怨 兄無衣食 如欺父母 兄弟有惡 無相猶矣 我爲若曹 遊則共方 各妻其妻 俾有始終 仇香陳倫 留名青史 友其正人 詔諛之人 生我名者 其淡如水 千里命駕 肝膽相許 可毀之端 已有苗脉 雖有百謗 莫非有益

開閉必恭 平生一欺 爲人子者 以顯父母 惟此五者 王祥臥氷 丁蘭悲木 兄弟之間 同源異流 兄雖責我 必分而食 我欺我兄 必譽于外 式相好矣 辭意甚切 學則連業 爭鬪或起 宜使友恭 李勣焚鬚 歷數群賢 以信以敬 面贊我善 以費我神 君子之交 反有害矣 琢磨共戎 反而自省 彼言雖過 何足計較 其於我身

出入門戶 立命立聽 孔聖有云 揚名後世 祭則致誠 伯兪泣杖 蔡淳拾椹 庶爲助焉 比之於水 父母喜之 一粒之食 禽獸之類 兄弟有善 兄弟亦則 顔氏家訓 衣則傳服 家産相分 可不愼哉 繆彤摑身 聯壁倆期 爲朋友者 剛直之人 盖我貨者 急可相依 不擇而交 金蘭契神 人有毀我 彼有增衍 不過妄人 無則加勉

勿棄勿食 坐命坐聽 譽及父母 立身行道 喪則致哀 老萊弄雛 黃香扇枕 常存欽慕 素受一血 兄弟和樂 不可相鬪 私其飲食 憫而思救 我身不孝 孰不侮之 食則同案 及其壯也 是乃至論 田荊更花 幷蔕已見 庶有效則 面責我過 其行難進 屈志老成 其利斷金 膠桼情重 俱是友道 過若甚微 彼造虛言 有則當改

器有飲食 與之必着 我身能賢 孝之始也 病則致憂 郭巨埋兒 陸績懷橘 人所難及 體形雖殊 何其不和 但當相好 兄必與之 兄弟有病 兄弟亦孝 人無兄弟 方其幼也 日月流邁 不能不衰 姜被已大 我愛兩鳳 潛心讀此 我亦自邪 厭人責者 久必受累 二人同志 芝焚蕙歎 耐久莫逆 不憚改過 若我本無 毀謗之來

常必籌掃 衣服雖惡 辱及父母 不敢毀傷 養則致樂 曾參出妻 黔婁嘗糞 卓乎其行 本生一氣 爲兄爲弟 須勿聲責 弟無衣食 猶打父母 我身能孝 莫如兄弟 爲兄弟者 不能不愛 雖有篤厚 孝得幷放 人艷八龍 令人發歎 友其邪人 其事皆僞 狎昵惡少 其甘如密 松茂栢悅 勿求我望 自訟自責 不留毫末 苟若如是

V. 결론

『사자소학』은 비교적 어린아이들이 이해할 수 있는 쉬운 내용을 다양한 경전에서 뽑아 4자 1구로 엮은 아동 초학 교재이다. 그러나 본 교재가 일반적으로 알려진 우리 선조들의 아동 초학 교재라는 사실과 조선시대 서당에서 활용되었다는 명백한 근거는 찾을 수 없었다. 다만, 검색 가능한 자료를 통해 확인한 결과『사자소학』은 1920년을 전후로 하여 전라도 지역의 서당에서 많이 활용되다 전국적으로 유포되었다고 추정된다.

현재 '한국고전적종합목록시스템'에서 제공하고 있는『사자소학』간행본은 '6행 4자'가 유일하다. 이 간행본은 1932년에 간행된 것으로 추정되고 총 1,144자 286구로 되어있다. 이는 현재 가장 많이 유통되고 있는 전통문화연구회에서 발행한『사자소학』과는 상당한 차이를 보인다. 추후 두 판본에 대한 심층적 분석과 필사본에 대한 연구도 기대해본다.

만일『사자소학』이『천자문』을 학습한 후 배우게 되는 아동 초학 교재였다면 판본이나 간행본이 양적으로 보다 다양하고 많았을 것이다. 그런데 목판 간행본이 한 개 본 밖에 존재하지 않는다는 것은『사자소학』이 우리가 생각하고 있던 만큼 아동 초학 교재로 다양하게 유통되거나 활용되지 않았다고 추정할 수 있을 것이다.

우리들은『사자소학』이 우리 선현들의 아동 초학 교재였다고 생각하고 있을까? 이에 대한 명확한 답은 필자의 역량 부족으로 찾을 수 없을 것 같다. 다만, 2000년대에 들어와 청소년들의 비행과 학교 폭력 등이 심각해지면서 인성교육이 재조명되었고, 이로 인해 교육에서도 인성교육에 대한 기반을 다시 다져야 한다는 요구에 따라 그 답을 고전(古典)에서 찾으려했다. 이러한 상황에서 인간의 윤리·도덕을 강조하면서 아동들이 쉽게 이해할 수 있으며 대중적으로 널리 알려진『사자소학』은 우리들의 필요에 의해 당연히 우리 선현들의 아동 초학 교재로 인식하지 않앉을까? 라고 조심스럽게 생각해 본다.

참고문헌

성백효, 『四字小學』, 전통문화연구회, 1989.

동경 중앙대학도서관, 『朝鮮の民間流布初學入門書目錄』, 영화인쇄(東京都文京區水道), 1986.

강미경, 「『四字小學』을 활용한 서도송서 지도방안 : 중학교 2학년 중심으로」, 용인대학교 석사학위논문, 2014.

권오석, 「서당교재에 관한 서지적연구」, 『서지학연구』 10, 한국서지학회, 1994.

김수예, 「『四字小學』공부를 위한 웹 기반 멀티미디어 콘텐츠 설계 및 구현」, 진주교육대학교 석사학위논문, 2011.

남수극, 「『四字小學』을 활용한 초등학교 한문교육 방안의 연구」, 성균관대학교 석사학위논문, 2001.

박영민, 「중국의 전통 인성교육 교재를 활용한 중국어 교육방안 연구 :『三字經』, 『四字小學』, 『明心寶鑑』을 중심으로」, 한국외국어대학교 석사학위논문, 2012.

서영숙, 「초등학교 도덕과 교육에서 『四字小學』 활용 방안」, 경인교육대학교 석사학위논문, 2005.

이경숙, 「『四字小學』을 기반으로 유아 인성교육을 위한 교사교육과 유아 인성교육프로그램 개발연구 : 유치원 교육과정 중심으로」, 성균관대학교 석사학위논문, 2016.

이돈석, 「근대 이후 어문정책과 한문교육에 관한 연구」, 성균관대학교 박사학위논문, 2010.

이은숙, 「『四字小學』을 활용한 인성교육 지도 방안 : 중학교 도덕과 탐구 공동체 활동을 중심으로」, 한국교원대학교 석사학위논문, 2008.

이은호, 「『四字小學』 활용을 통한 초등학교 고학년 인성교육 프로그램 개발에 관한 연구」, 경인교육대학교 석사학위논문, 2006.

이종인, 「『四字小學』의 효생활 실천에 관한 연구 : 초등학생의 기본 인성함양을 중심으로」, 인하대학교 석사학위논문, 2003.

이택영, 「『四字小學』을 활용한 어린이교육 방안에 관한 연구」, 성균관대학교 석사학위논문, 2017.

임완혁, 「조선조『명심보감』의 수용 양상」, 『한자한문교육』30, 한국한자한문교육학회,
    2013.

홍정주, 「『四字小學』을 활용한 예절교육」, 대구교육대학교 석사학위논문, 2009.

황재원, 「『四字小學』을 활용한 대화 학습」, 대구교육대학교 석사학위논문, 2002.

RISS(http://www.riss.kr/index.do)

경상대학교 도서관(http://www.lib.gnu.ac.kr)

고려대학교 도서관(http://www.library.korea.ac.kr)

국립중앙도서관(http://www.nl.go.kr/nl/index.jsp)

부산대학교 도서관(http://www.lib.pusan.ac.kr)

전남대학교 도서관(http://www.lib.jnu.ac.kr)

한국고전번역원 고전종합DB(http://www.itkc.or.kr/)

한국고전적종합목록시스템(https://www.nl.go.kr/korcis/)

한국사데이터베이스(http://db.history.go.kr/)

한국역사정보시스템(http://www.koreanhistory.or.kr/)

한국콘텐츠진흥원용어사전(http://www.culturecontent.com/dictionary/dictionaryV
    iew.do?cp_code=cp0438&dic_seq=85)

한국학진흥사업성과포털(http://waks.aks.ac.kr/)

한국학중앙연구원 장서각(http://www.jsg.aks.ac.kr)

한국향토문화전자대전(http://www.grandculture.net/)

호남기록문화시스템(http://honam.chonbuk.ac.kr)

경향신문(1989.03.30.)

경향신문(1989.12.29.)

동아일보(1964.03.19.)

제3부

전통시대 한문 교육의
현대적 시사와 활용

조선 후기 초학자를 위한
독서 교육의 방법과 현대적 전망

－언어 교육 및 작문 교육과의 연계성에 주목하여－

안세현

Ⅰ. 머리말

본고는 조선 후기 초학자를 대상으로 한 독서 교육의 성격과 방법을
살펴보고, 오늘날 독서 교육에서 활용할 만한 독서 교육의 방법을 제시
하는 데에 목적이 있다.

조선시대 독서론에 대해서는 선행 연구에서 이미 충분히 논의되었다.
김영은 1980년대 초반부터 이황·이이로부터 정약용·이덕무·홍대용·
박지원 등에 이르기까지 조선시대 문인들의 독서관과 독서법을 꾸준히
학계에 보고하였다. 뿐만 아니라 조선시대의 독서관의 경향을 시대별로
유형화하여 조선전기 관료사장파들의 '입신양명형의 독서관', 조선중기
사림도학파의 '도학주의형의 독서관', 조선 후기 실학자들의 '문제해결
형의 독서관' 등으로 개괄하였다.[1] 이후 한문학계와 문헌정보학계의 조

---

[1] 조선시대 독서론에 관한 김영의 연구는 김영(1993), 「제2부 조선 후기 지식인의 독서론」
에 집약되어 있다.

선시대 독서론과 관련된 연구는 김영의 성과에 힘입은 바 큰데, 본고도
예외가 아니다.

한편 정민은 조선시대 독서방법론을 '인성구기(因聲求氣)의 반복적 독
서', '정보를 계열화하는 독서', '의문을 품는 격물치지(格物致知)의 독
서', '오성(悟性)을 열어주는 이의역지(以意逆志)의 독서', '텍스트를 넘어
서는 독서' 등으로 정리하였는데, 풍부한 자료를 제시하며 조선시대 독
서방법론의 다양한 양상과 층위를 밝혔다.[2] 본고는 특히 '인성구기(因聲
求氣)의 반복적 독서'와 '정보를 계열화하는 독서'에서 제시한 자료와 논
리로부터 계발 받은 바가 많았다.

최근 엄경섭은 2000년부터 2015년까지의 조선시대 독서론에 관한 연
구 현황을 독서 문화, 개별 독서론, 독서 교육의 3가지 양상으로 정리하
였다. 한문학, 문헌정보학, 역사학, 철학 등 다양한 분야에서 제출한 논
문을 망라하였으며, 한문학계의 연구 성과가 주요하게 인용되어 있다.[3]
조선시대 독서론과 관련된 최신의 연구 현황은 이 논문을 참고하기 바
란다.

조선시대 독서론과 관련된 선행 연구가 상당히 축적되었고 관련 자료
가 학계에 많이 보고되었음에도 불구하고, 다시 조선시대 독서론을 거
론하는 이유는 무엇인가. 조선시대 독서론을 오늘날 학교 교육에서의
독서 교육 및 작문 교육의 맥락에서 다시 조명하기 위함이다. 선행 연구
중에 교육적 접근이 전혀 없었던 것은 아니다.[4] 그러나 선행 연구에서는

---

2) 정민(2005).
3) 엄경섭(2016). 총75편의 논문을 세 가지로 양상으로 정리하였는데, 독서문화를 다룬
　논문 20편, 16명의 조선 지식인의 개별 독서론을 다룬 논문 43편, 조선시대 독서론을
　독서 교육적 측면에서 다룬 논문 12편 등이다.
4) 대체로 조선시대 지식들의 독서론을 제시한 후 이를 통해 오늘날 독서 교육에서의
　활용 방안을 모색해 보는 방식을 취했다. 관련 선행 연구 목록은 엄경섭(2016)을 참고하
　기 바라며, 한문학계의 주요 관련 연구는 김왕규(2001), 김은경(2006) 등을 들 수 있다.

조선시대와 오늘날의 독서 환경의 차이를 간과하고, 조선시대 독서론이
지닌 교육적 성격에 대한 고려가 미흡하였다.

　연암 박지원[1737~1805]이 양반을 두고 "책을 읽으면 선비요, 정사를
펼치면 대부요, 덕이 있으면 군자다.[讀書曰士, 從政爲大夫, 有德爲君子]"
(「양반전」)라 하였듯이, 조선시대에 책을 읽지 않으면 사(士)로서의 존재
가치를 인정받지 못하였다. 오늘날 학생들이 순수한 지식과 교양의 습
득을 위해, 혹은 입시나 고시와 같은 현실적 필요성 때문에 책을 읽는
것과는 엄연히 다르다. 또한 교육의 목적을 어디에 두느냐에 따라 독서
교육의 목표도 달라지며, 특히 교육의 대상에 따라 독서 교육의 방법이
달라질 수밖에 없다. 경학을 연구하는 자와 문장가를 지향하는 자는 서
목과 독법이 다르다. 또한 초학자와 어느 정도 수준에 오른 사람의 독서
방법에는 차이가 있을 수밖에 없다. 일례로 임상덕[林象德, 1683~1719]은
독서법과 관련하여 문집에 「독서규모(讀書規模)」·「소아독서차제(小兒讀
書次第)」·「유학독서규모(幼學讀書規模)」(『노촌집(老村集)』 권4) 등의 글을
남기고 있는데 읽어야 할 서목과 순서에 차이가 있다. 세 편의 글이 각각
'사(士)', '소아(小兒)', '유학(幼學)'으로 교육의 대상이 다르기 때문이다.

　그럼 시기를 '조선 후기'로, 대상을 '초학자'로 한정한 이유는 무엇인
가. 박지원은 독서와 관련하여 다음과 같이 말한 바 있다.

　　이른바 독서를 잘 한다는 것은 소리 내어 읽기를 잘한다는 것도 아니
　　고, 구두를 잘 뗀다는 것도 아니며, 그 뜻을 잘 풀이한다는 것도 아니고,
　　담론을 잘한다는 것도 아니다.[5]

---

5) 朴趾源, 『燕巖集』 卷10, 「原士」, 한국문집총간252, 143쪽. "所謂善讀書者, 非善其聲音
　也, 非善其句讀也, 非善解其旨義也, 非善於談說也." 번역은 한국고전종합DB의 고전번
　역서 신호열·김명호 공역(2004)을 참고함. 이하 '한국문집총간'은 '총간'으로 약칭하며,
　고전번역서의 경우 역자와 출판 연도만 명기하기로 함.

　　박지원이 말하는 독서는 조선시대에도 어린 초학자에게 요구할 수 있는 수준이 아니다. 박지원이 제시한 수준은 전문적인 학자나 문장가에게 요구할 만한 것으로, 오늘날의 초·중등학교에서 활용하기 어렵다. 박지원이 제대로 된 독서가 아니라고 한 '소리 내어 바르게 읽기', '내용을 정확히 이해하기', '관련 주제에 대해 토론하기' 등은 오늘날 독서 교육에서 오히려 권장해야 할 방법들이다.

　　이에 반해 초학자, 특히 자기 집안의 어린 자제를 위해 제시한 독서법 중에는 오늘날 독서 교육에 참고할 만한 것이 많다. 조선시대 문집을 검토해 보면, 집안 자제를 위해 제시한 독서 교육 관련 자료가 조선전기에는 거의 보이지 않으며, 17세기 택당(澤堂) 이식[李植, 1584~1647]으로부터 19세기 향산(響山) 이만도[李晚燾, 1842~1910]에 이르기까지 다수 발견된다.[6] 이들 자료에는 집안 자제를 위한 독서 교육의 현실적 목표와 방법이 제시되어 있다. 독서의 궁극적인 목적을 당연히 성현의 학문을 탐구하여 자신을 수양하는 데에 두었다. 그러나 초학자로서 일종의 외국어인 한문을 읽고 쓰기 위해서는 문리(文理)를 깨쳐야 하고 작문 능력을 길러 과거에 합격해서 가문을 빛내야 하는 현실적 요구를 고려하지 않을 수 없었다. 독서 교육이 유교적 교양을 쌓는 것은 물론, 언어 교육과 작문 교육을 겸하고 있었던 것이다. 본고가 '조선 후기'의 '초학자'에게 제시한 독서법에 주목한 이유는 이런 때문이다.

---

6) 주요 자료를 예거하면 다음과 같다. 李植[1584~1647], 『澤堂別集』 卷14~15, 「示兒孫等」·「學詩準的」·「作文模範」·「示兒代筆」; 柳元之[1598~1674], 『拙齋集』 卷13, 「書讀書法冊後」(2편); 李萬敷[1664~1732], 『息山集』 卷18, 「讀書法跋」; 林象德[1683~1719], 『老村集』 卷4, 「讀書規模」·「通論讀書作文之法」·「小兒讀書次第」·「幼學讀書規模」; 楊應秀[1700~1767], 『白水集』 卷26, 「讀書法」; 宋能相[1710~1758], 『雲坪集』 卷10, 「讀書法」; 尹愭[1741~1826], 『無名子集』 文稿 冊10, 「讀書次第」; 金熙周[1760~1830], 『葛川集』 卷7, 「讀書法示兒曹識其後」; 姜必孝[1764~1848], 『海隱遺稿』 卷10, 「讀書次第」; 李源祚[1792~1871], 『凝窩集』 卷12, 「除夕日書示兒輩」; 安教翼[1824~1896], 『渾齋集』 卷7, 「示兒輩」; 李晚燾[1842~1910], 『響山集』 卷8, 「讀書法示兒孫」.

  조선 후기 초학자를 위한 독서 교육의 성격과 방법은 오늘날 학교 교육에서의 독서 교육에 적실한 측면이 적지 않다. 학교 교육에서 독서 교육은 '학자'를 길러 내기 위한 전문적 교육이 되어서는 안 되며 그럴 필요도 없다. 그렇다고 '학자'를 만들기 위한 독서 교육을 포기하자는 것이 아니다. 다만 학교 교육 과정에서는 '소수'의 학자가 아닌, '다수'가 평균 수준의 독서 능력을 성취할 수 있도록 하는 데에 교육의 목표를 두어야 한다는 것이다. 특히 고등학생들에게 대학 입학시험의 면접 고사이나 논술 시험은 현실적으로 닥친 중요한 문제이다. 입시를 위한 독서 교육이 목표가 되어서는 안 되겠지만 이러한 현실을 결코 외면해서도 안 된다. 독서 교육을 언어 교육 및 작문 교육과 연계시켜서 학생들의 의사소통 능력과 글쓰기 능력을 향상시킬 필요가 있는 것이다. 이에 본고에서는 조선 후기 초학자를 위한 독서 교육의 성격을 살펴보고, 언어 교육과 작문 교육과의 연계성에 주목하여 오늘날 학교 교육에 참고할 만한 독서 방법을 제시해 보고자 한다.

Ⅱ. 초학자를 위한 독서 교육의 성격

  조선시대 모든 분야가 그러하듯이 독서 교육 역시 주희를 비롯한 송대 성리학자들의 영향이 지대하였다. 주희의 독서법은『주자어류』권10~11에 수록되어 있으며,『성리대전』권53~54에는 주희를 비롯한 송대 성리학자들의 독서법이 수록되어 있다. 이들은 조선시대 독서의 목표와 방법에 관한 전범이 되었다. 단적으로 율곡 이이[1536~1584]가 초학자 교육을 목표로 집필한『격몽요결』의「독서장(讀書章)」을 보면, 거의 전적으로 주희의 독서법을 수용한 것이다. 조선 후기 초학자를 위한 독서법도 별반 다르지 않다. 유원지[柳元之, 1598~1674]는 주희의 독서법을 수집해 책자로 만들어 집안 아이들에게 주며 공부하도록 하였다.[7] 이만부[李萬敷, 1664~1732] 역시 정자(程子)나 주자(朱子)의 독서법 중에서 긴요한 것들을 모아 책자를 만들어서 학생들이 참고할 수 있게 하였다.[8] 심지어 양응수[楊應秀, 1700~1767]는 『성리대전』과 『근사록』 등에서 정자와 주자를 비롯한 송대 성리학자들의 독서법을 초록(抄錄)하여 '독서법(讀書法)'이란 제목으로 묶었는데, 그의 문집인 『백수집(白水集)』 권26에 수록되어 전하기도 한다.[9] 이처럼 조선 후기 문인들이 제시한 독서법 중에는 주희를 비롯한 송대 성리학자들의 독서법을 초록하여 제시한 경우가 많으므로 특별한 주의를 요한다.

조선시대 문인들이 주장한 독서의 목적 역시 주희의 자장 안에 있었다. 주희는 공맹(孔孟)과 같은 성현이 실제로 경험한 것을 제일의(第一義)라 하였으며, 독서는 이를 습득하는 제이의(第二義)의 일로 보았다.[10] 곧 주희가 제시한 독서의 목적은 성현의 학문을 깨우치고 이를 실천하는 데에 있었다. 조선 후기 문인들이 초학자들에게 요구한 독서의 목적도 별반 다르지 않았다.

　　　① 경전의 구절을 잘 외워 과장(科場)에서 자유자재로 발휘할 수 있도

---

7) 柳元之, 『拙齋集』 卷13, 「書讀書法冊後」, 총간속28, 197쪽. "謹衰集朱子敎學者讀書法諸說, 以與兒輩, 更須勉旃, 勿令有間斷可也."

8) 李萬敷, 『息山集』 卷18, 「讀書法跋」, 총간178, 400쪽. "學者工夫, 窮格最先, 窮格之方, 則廣矣, 而又莫急於讀書. 故惟善學者, 能讀書, 不能讀書而爲學者, 未嘗有也. 程子·朱子敎人讀書, 必循循反覆期, 於實有所得, 亦豈他哉? 間中閱性理諸書, 探先儒論讀書法最切者, 略以所論旨意爲標題, 以取便於考省."

9) 양응수의 독서법에 대해서는 박수밀(2008), 131~162쪽 참고. 다만 해당 자료는 박수밀도 확인했듯이 주희를 비롯한 송대 성리학자의 독서법을 발췌하여 엮은 것으로 양응수의 독자적인 견해가 들어 있는 것은 아니다.

10) 『朱子語類』 卷10, 「讀書法」. "讀書乃學第二事, 讀書已是第二義, 盖人生道理合下完具, 所以要讀書, 蓋是未曾經歷見許多. 聖人是經歷見得許多, 所以寫在冊上, 人看, 而今讀書, 只是要見得許多道理."

록 하라는 말로 면려한다면 악착스러운 사람들이 해 주는 말과 같을 것이니, 내가 해 주고자 하는 말이 아니다. 웅장하고 심오하면서도 엄숙한 내용으로 글을 지어 훌륭한 문장을 이루는 따위도 기예를 가진 자들이 재주를 파는 격이니, 내가 참으로 부끄럽게 여기는 바이다. …… 옛날 책이 없을 때에 성인이 후세에 도학이 전해지지 못할까 염려하여 자신이 온축한 학문을 발휘하여 후세에 알려 주었으니, 이것이 책이 생기게 된 까닭이다. 책을 읽는 것은 장차 성인의 뜻을 알고자 해서이다.[11]

　　② 책을 읽는 것은 본래 사람이 되는 도리를 배우고자 함이지, 다만 문장을 짓고 기송(記誦)의 바탕으로 삼으려는 것이 아니다. 책을 읽을 때에는 반드시 가언(嘉言)과 격언(格言)을 체득하여 일상생활에 실천하는 토대로 삼아야 한다.[12]

　①은 이익[李瀷, 1681~1763]이 산당(山堂)으로 공부하러 가는 족손(族孫)이자 문인인 이복환[李復煥, 1690~1719]에게 써 준 글의 서두이다. 이익은 과거 시험 합격을 위한 독서, 문장가로 명성을 날리기 위한 독서를 해서는 안 되며, 경전을 읽고 성현의 도학을 깨우쳐야 한다고 하였다. ②는 이원조[李源祚, 1792~1871]가 집안의 아이들에게 행실이나 독서와 관련하여 제시한 9개조 중의 하나이다. 이원조도 이익과 마찬가지로 독서의 목적을 문장을 짓고 책의 내용을 기송(記誦)하기 위한 것이 아니라, 사람이 되는 도리를 배우는 데에 두었다. 나아가 책을 읽고 성현의 도를 아는 데에 머무르지 말고 일상생활에서 몸소 실천해야 함을 강조하였다.

　그러나 초학자들이 한문으로 된 책을 읽고 성현의 도를 깨닫는 과정

---

11) 李瀷, 『星湖全集』卷48, 「書贈克己讀書山堂」, 총간199, 386쪽. "勸君以誦說句言, 恢恢場屋, 則齦齦者同辭矣, 非余所欲贈. 至於宏博灝噩, 擒藻成章, 亦技藝者所售也, 余實恥之. …… 古之時未有書, 聖人憂道學之無以遺後, 攄發所蘊, 詔于方來, 此書所以有也. 讀是書者, 將以求其意也." 번역은 양기정 역(2011)을 참고함.

12) 李源祚, 『凝窩集』卷12, 「除夕日書示兒輩」, 총간속121, 250~251쪽. "讀書本欲學爲人之道, 非但做文章資記誦而已. 必於讀書之時, 體認其嘉言格語, 以爲服膺踐行之地."

은 만만한 문제가 아니었다. 다음은 윤기[尹愭, 1741~1826]가 쓴「독서차
제(讀書次第)」의 일부인데, 조선시대 초학자들이 연령대별로 배우는 책
의 목록과 순서가 기록되어 있다.

> 세상에서 아이를 가르칠 때, 아이가 말을 할 줄 알면 반드시 주흥사(周興
> 嗣)의『천자문』을 가르친다. 글자를 달아 읽을 줄 알게 되면『사략(史略)』
> 의 첫째 권과『통감(通鑑)』의 첫째 권을 가르치는데, 진도가 많이 나아가
> 면「서한기(西漢紀)」에까지 이르고, 더 나아가면「동한(東漢)」·「촉한(蜀
> 漢)」에까지 이른다. 그리고 이어『맹자』,『시경』의「국풍」을 가르치고,
> 여름에는 처음에『당음(唐音)』의 절구를 가르치고 이어『당음』의 장편을
> 가르치고 또 오언·칠언 및 문장을 지어보게 한다.
> 관례를 올리고 혼인을 하게 되면 어리석어 깨우치지 못한 자는 여기서
> 그치고, 약간 재능이 있으면 이에 유취서(類聚書)를 섭렵하고 우리나라의
> 과거(科擧) 답안을 읽는다. 시에서 압운을 할 수 있고 문장을 몇 줄 지을
> 수 있으면 곧 과장(科場)에 들어가 과거에 합격할 계책을 세우는데, 그
> 부형들은 기뻐 자랑하고 저들도 스스로 제 할 일을 다 했다고 기꺼워한다.
> …… 더욱이 심성이기(心性理氣)의 설과 하학상달(下學上達)의 일에 대
> 해서는 온통 어둑하니 안타까울 뿐이다. 이제 교학의 순서를 정하여 멀리
> 행하고 높이 올라갈 바탕으로 삼고자 한다. 하우불이(下愚不移)는 본디
> 논할 것도 없거니와, 뜻이 있는 자라면 이것을 통해 선후본말의 순서를
> 알 수 있을 것이다. 어린 아이들이 입에 익히는 데는『사략』첫째 권을
> 그만둘 수 없다. 하지만 가르치는 순서는 먼저『소학』을 읽혀 입교(立教)
> ·명륜(明倫)·경신(敬身)이 학문을 하는 근본임을 알게 한다.[13]

---

13) 尹愭,『無名子集』文稿 冊10,「讀書次第」, 총간256, 405쪽. "世之教兒者, 兒能言, 則必
教以周興嗣『千字文』; 能屬字讀, 則乃教以『史略』初卷·『通鑑』初卷, 多者及於『西漢紀』,
又多者及於東漢·蜀漢. 而又教以『孟子』·『詩·國風』, 當夏則初教以『唐音』絶句, 次教以
『唐音』長篇, 又使之屬文爲五言·七言及行文. 及其冠而娶, 則愚不能悟者止於斯, 其稍
有才者乃涉獵類聚書, 看東人科作. 詩能押韻, 文能成行, 則便入場爲決科計, 其父兄喜
而誇之, 渠亦自以爲能事畢矣. …… 而況心性理氣之說·下學上達之事, 都是黑窣窣地,
可歎已! 今定教學次第, 以爲行遠升高之資, 其下愚不移者, 固無足道, 而有志者尚庶幾

위 인용문을 통해 조선시대 초학자를 위한 독서 교육이 지닌 다층적 성격을 엿볼 수 있다. 본고에서는 이를 언어 교육적 성격, 작문 교육적 성격, 윤리 교육적 성격으로 요약해 보았다.

첫째, 언어 교육적 성격이다. 본격적인 독서와 작문에 앞서 '한문'이라는 언어를 습득하는 것이 대단히 중요하다. 한문은 우리나라 사람들에게는 일종의 외국어에 해당한다. 한문은 우리말과 문법 체계가 판이하게 다르므로, 별도의 학습이 없이는 절대로 구사할 수 없다. 또한 한문은 문언문(文言文)이기 때문에 말하기와 듣기보다는 읽기와 쓰기 위주로 학습할 수밖에 없으며, 독서가 기본적이면서도 중요한 학습 방법이 된다. 이른바 독서를 통해 한문의 문리를 깨우쳐야 하는 것이다. 『천자문』을 공부한 다음에 『사략』·『통감』 첫째 권을 가르치는 것은 바로 이런 이유에서이다. 유교 교육의 측면에서 보자면 자학(字學)을 공부한 다음 당연히 『소학』을 읽어야 한다. 그러나 윤기도 인정하였듯이 한문이라는 언어를 습득을 위해서 『사략』 첫째 권은 가르치지 않을 수 없었던 것이다.[14]

둘째, 작문 교육적 성격이다. 이는 특히 과문(科文) 작성과 연관된다. 조선시대 문과 시험을 보기 위해서는 이른바 과문육체(科文六體)라 하여 시(詩)·부(賦)·표(表)·책(策)·의(疑)·의(義)를 지을 수 있어야 했다.

因此而知先後本末之序矣. 若欲習小兒之口, 則『史略』初卷固所不可廢者, 而敎之之序則先讀『小學』, 以知立敎·明倫·敬身之爲爲學之本." 번역은 김채식 역(2013)을 참고함.

14) 허균[許筠, 1569~1618]에 따르면, 문리를 깨치기 위한 초학자들의 교과서로 『십구사략』과 『고문진보』가 많이 읽혔는데, 허균은 『논어』·『맹자』·『통감』 정도면 충분하다고 보았다.

許筠, 『惺所覆瓿稿』 卷24, 「惺翁識小錄(下)」, 총간74, 347쪽. "曾先之『史略』初卷, 我國成文戴公得而酷好, 時蕃仲相已登第, 公令誦一遍曰: '如是, 亦足以爲主文也.' 國初諸公, 皆讀『古文眞寶』前後集, 以爲文章. 故至今人士初學, 必以此爲重. 然以余觀之, 『史略』是通得全史者, 核覽之不忘也, 而眞寶則一人偶然粹會者, 其去就殊不可曉, 雖不讀可也. 蒙學文理之明, 『論』·『孟』·『通鑑』亦可, 何必作法於涼乎?"

시는 4언시 형식의 고시를 말하는데, 『시경』의 「국풍」과 『당음』을 공부
하며 시작(詩作)을 연습한 것도 과문 작성과 연관된다. 또한 관례 이후
에 『사문유취(事門類聚)』와 같은 유취서를 통해 성어와 고사를 공부하
는 것도 과문 창작을 위한 것이다. 그리고 우리나라의 과거 시험 합격
답안을 공부하여 어느 정도 시를 짓고 문장을 지을 수 있으면 본격적으
로 과거에 응시한다. 이식은 후손들에게 독서의 순서를 언급하며, '선
독(先讀)'과 '차독(次讀)'에서 경서와 성리서를 제시한 후 '과문공부(科文
工夫)'를 별도로 설정하여 과문 작성 능력을 기르기 위한 서목과 공부
방법을 구체적으로 제시하였다.[15] 그 서목과 공부 방법을 보면, 과문뿐
만 아니라 일반적인 시문을 짓는 능력을 신장시키는 데에도 대단히 유
용한 방법이다.

  셋째, 윤리 교육적 성격이다. 이는 경서와 성리서를 공부하는 것인데,
가장 먼저 읽어야 할 책으로 『소학』과 『효경』을 제시하는 경우가 많았
다. 윤기도 문리를 어느 정도 깨치면 『소학』을 공부하여 입교·명륜·경
신에 학문의 근본을 두어야 한다고 하였다. 이어 사서오경을 공부하는
데 이와 함께 『심경』·『근사록』 등과 같은 송대 성리학자들의 저서를
함께 읽도록 하였다.[16] 조선 후기에는 경전과 함께 성리서 학습을 강조
하는 경향이 더욱 강하게 나타났다. 일례로 황덕길[黃德吉, 1750~1827]은
「독서차제도(讀書次第圖)」에서 독서의 순서를 '선독(先讀)-차독(次讀)-

---

15) 李植, 『澤堂別集』 卷14, 「示兒孫等」, 총간88, 514쪽. "科文工夫 : 韓柳蘇文·文選·八大
   家文·古文眞寶·文章軌範等中, 揀所好鈔讀一卷, 限百番.【此屬先讀】班馬合抄一冊, 毋
   過三十篇, 限百讀. 荀韓楊中, 抄一冊數十番讀. 文選·楚辭抄一冊, 李杜韓蘇黃七言, 毋
   過兩冊.【常時讀誦, 不限數. 學賦者學詩者, 擇於二者.】四六文, 毋過一冊. 老子莊列之
   屬, 讀近思錄諸書時, 旁考不讀. 歷代史全書·東國史及文集等, 經國大典·國朝典故·小
   說, 讀綱目後旁考. 東人科製, 抄得數冊, 作文時考閱."【 】는 原註를 표시함. 이하 동일.
16) 姜必孝, 『海隱遺稿』 卷10, 「讀書次第」, 총간속108, 201쪽. "先讀『孝經』, 次讀『小學』,
   次『大學』【『或問』並讀】, 次『論語』, 次『孟子』 …… 『心』·『近』義理精微, 都在不可不讀."

겸간(兼看)'의 3단계로 분류하였는데, '선독'에『소학』·사서와 함께『사서혹문』·『가례』·『근사록』·『심경』등을 함께 읽도록 하였다.[17] 성현의 도를 지식적으로 이해하는 것을 넘어 일상생활에서의 자기반성과 실천을 강조하였다. 이를 테면『논어』의 "집에 들어서는 부모에 효도하고 밖에 나와서는 어른에게 공손하다.[入則孝, 出則悌]"라는 구절을 읽으면, 효제(孝悌)를 실천으로 옮겨야 한다는 것이다.[18]

조선시대 문인들은 기본적으로 윤리 교육적 독서를 지향하였으며, 특히 과문 작성을 위한 작문 교육을 부정적으로 보았다. 그렇다고 독서 교육에서 언어 교육 및 작문 교육을 소홀히 한 것도 아니었다. 이런 점에서 임상덕(林象德, 1683~1719)의 독서법을 주목할 만한데, 임상덕은 윤리 교육을 중심에 두고 언어 교육과 작문 교육을 결합하는 방식을 채택하였다.

임상덕은 독서법과 관련하여『노촌집』권4에「독서규모(讀書規模)」·「소아독서차제(小兒讀書次第)」·「유학독서규모(幼學讀書規模)」등의 글을 남기고 있다.[19] 주의할 것은 세 글에서 제시한 서목과 순서가 조금씩 다르다는 점이다. 「독서규모」에서는 '소학 → 대학·논어·맹자 → 시경·서경·중용·주역 → 좌전·국어·강목'을 제시하였는데, 유교 윤리 교육에 초점이 맞추어져 있다. 「유학독서규모」에서는 '소학 → 사서·근사록

17) 黃德吉,『下廬集』卷8,「讀書次第圖(並說)」, 총간260, 412쪽. 허전(許傳)이 지은 황덕길의 행장에 따르면, 이 글은 1820년 허전 형제가 황덕길을 스승으로 모신지 10여년 정도 되었을 때 가르침을 청하자 지어 준 것이라고 한다.『下廬集』卷19, 附錄,「行狀」, 총간 260, 563쪽. "時傳兄弟侍側, 先人爲託於先生. 傳兄弟蒙被教育十餘年, 嘗請教, 先生作「日省圖說」示之曰 …… 請益, 作「讀書次第圖說」示之曰." 황덕길의 독서론에 대해서는 김순희(2012), 2012, 221~238쪽 참고.
18) 黃德吉,『下廬集』卷8,「塾規」(壬午), 총간260, 411쪽. "如讀『論語』'子曰入則孝', 須思吾盡其孝; 曰'出則悌', 須思盡吾悌. …… 若徒讀其書, 無有乎躬行心得, 則反不若不學."
19) 임상덕이 제시한 독서의 방법과 순서에 대해서는 황주라(2002), 37~47쪽 참고. 황주라는 문학론에 초점을 맞추어 임상덕의 독서법을 논의하였는데, 본고는 독서 교육의 측면에서 분석하였다.

·심경 → 시경·서경 → 좌씨내외전·전국책·강목·송조명신록 → 선문
정수(選文精粹)·고문진보후집·한유와 유종원과 구양수와 소식의 문장·
초사·선부·이백과 두보 등의 삼당시선'을 제시하였다. 「독서규모」와
거의 같으나 후반부에 문장 학습이 추가되었다. 「소아독서차제」의 경
우는 아래의 인용문을 통해 알 수 있듯이, 두 글에서 제시한 것과 서목
과 순서가 상당히 다르다. 그 이유는 「독서규모」는 '사(士)'에게, 「소아
독서차제」는 '소아(小兒)'에게, 「유학독서규모」는 '유학(幼學)'에게 제시
한 것으로, 곧 교육의 대상이 달랐기 때문이다. '사'는 학문을 하는 일반
적인 선비를, '유학'은 과거에 급제하지 못했거나 벼슬하지 못한 문인을
말한다. '소아'는 그야말로 초학자인데 본고가 주목하는 것은 「소아독
서차제」이다.

> 어린 아이를 가르칠 때 먼저 자학(字學)을 전수하여 인륜, 사물의 명칭,
> 일용품, 집기, 일이나 행위 등을 형용하는 수천 글자를 날마다 터득하게
> 한다. 그런 뒤에 『소학』·『효경』·『논어』·『맹자』 및 기타 경전과 사서에
> 있는 문장 중에서 윤리와 절실하게 관련되면서도 알기 쉬운 것을 정선하
> 여 별도로 책자를 만들어서 가르쳐서 양지(良知)와 양능(良能)을 길러준
> 다. 그 다음에는 『당음』의 오언절구 100여 수를 가르쳐 재주와 성정을
> 감발시킨다. 그 다음 『효경』과 『소학』을 가르치고 아울러 한·위·육조
> ·성당의 오언고시와 잡체시 이하의 단편 중에서 충담(沖淡, 맑고 깨끗함)
> 하고 한원(閑遠, 한적하고 심원함)한 시 100여 수를 가르친다.【시를 짓는
> 재주가 조금 트일 때를 기다려 집구시(集句詩)를 가르쳐서 풍월을 읊어
> 성정을 통창하게 해준다.】
> 성정이 바르게 된 뒤에 우선 문리를 길러주는데 읽은 만한 책 중에서
> 가장 좋은 것은 『사기』이니 열전 15~16편을 뽑아서 여러 차례 반복하되
> 100번 정도 읽도록 한다. 아울러 이백의 오칠언 고시와 『당음』의 칠언시
> 중에서 당나라 대력(大歷) 연간 이전의 작품 100여 편을 공부한다.【칠언
> 절구와 오언율시를 가르친다. 고사에서 뽑아 제목을 주고 고풍장율(古風

長律)을 짓도록 하는데 의상(意象)이 한원(閑遠)한 것을 높이 치며 장편은 직솔[直率, 솔직함]하고 청건[淸健, 맑고 굳셈]한 것을 최상으로 친다.】

다음으로는 증씨(曾氏)의『사략』를 전수하여 고금의 역대 인물의 행적을 조금이나마 알게 한다.

이어『대학』에 입문하고【『대학』에 입문할 때 예전에 읽었던『소학』을 다시 공부한다.】 다음은『논어』를 읽고【이상은 주를 함께 읽는다.】 다음은『맹자』와『시전(詩傳)』을 읽는다.【이상은 주를 함께 읽되 다만『시경』은 장 아래의 주만 읽는다.】 가장 나중으로는『중용』과『서전(書傳)』을 읽는다.【『중용』은 주를 함께 읽으며,『서전』은 다만 편제(篇題)에 있는 주만 읽는다.】

이후에 한유의 글,『선문정수(選文精粹)』·『고문진보』후집을 두루 읽는다. 아울러 두보의 칠언장편과 한유의 오언 장편,『초사(楚辭)』의「구가(九歌)」·「구장(九章)」·「구변(九辯)」·「이소(離騷)」및『선부(選賦)』를 함께 암송한다.[20]

임상덕은 자학(字學)을 가르친 뒤에는『소학』·『효경』·『논어』·『맹자』및 기타 경사(經史) 중 윤리와 밀접한 문장을 뽑아 소책자 1권을 만들어 가르쳐서 양지와 양능을 길러주어야 한다고 하였다. 한자는 알지만 문

---

20) 林象德,『老村集』卷4,「小兒讀書次第」(乙未), 총간206, 89쪽. "敎小兒, 先授字學, 日解人倫物名日用器什事爲所形之字數千字. 然後抄錄『小學』·『孝經』·『論』·『孟』及他經史中文字切於倫理, 簡精易知者, 別爲一小冊敎之, 以養其良知良能. 次敎『唐音』五言絶句百餘首, 以感發其才情, 次敎『孝經』·『小學』, 兼授漢·魏·六朝·盛唐五言古詩六五句以下短篇冲淡閑遠者百餘首.【俟其藻思微發, 敎以集句, 吟哦風月, 以暢情思.】情性旣正, 姑且先長其文理, 乃可讀書,『馬史』最勝, 當選十五六傳授之, 循環數次, 限以百遍. 兼讀李白五七言古詩·『唐音』七言大歷以上百餘篇.【敎以七絶五律, 兼拈古事命題, 使作古風長律, 以意象閑遠爲貴, 長篇則以直率淸健爲上.】次授曾氏『史略』, 粗解古今歷代人物之迹. 乃入『大學』,【入『大學』時, 先更收拾舊讀『小學』.】次『論語』,【已上並註讀】次『孟子』, 次『詩傳』【已上註, 只讀章下註.】最後授『中庸』·『書傳』.【『中庸』並註讀,『書傳』只讀篇題.】此後旁讀韓文·『選文精粹』·『古文眞寶』後集, 兼誦杜七韓五長篇·楚辭九歌·九章·九辯·離騷及選賦." 을미년은 1715년(숙종 41)이며, 임상덕이 33세에 지은 것이다.

리를 제대로 깨치지 못한 상태에서『소학』을 읽는 것은 대단히 어렵다. 그렇다고 유교 윤리 교육을 뒤로 미룰 수는 없다. 이에 임상덕은『소학』·『효경』을 비롯한 경전 중에서 양지와 양능을 길러 줄 수 있는 쉬운 문장을 초록하는 방법을 택하였다. 다음으로『당음』을 교재로 시를 가르쳐서 성정을 감발시켜 주어야 한다고 하였다. 이렇게 하여 성정이 바르게 되면, 본격적으로 문리를 신장시킬 수 있는 교육에 들어가는데『사기』열전에서 15~16편을 뽑아 100번 정도 반복하여 읽는 방법을 제시하였다. 일련의 과정 중에 시작(詩作)을 함께 훈련하도록 하였는데, 이는 문리를 깨치는 과정인 동시에 작문 능력을 길러주는 데에도 목적이 있었다. 문리를 깨우친 이후에 본격적으로『대학』·『논어』·『맹자』·『시전』·『중용』·『서전』등의 경서를 읽는데 이때 주석을 함께 공부한다. 그리고 마지막으로 한유문이나『선문정수』·『고문진보』등을 통해 작문 능력을 기르게 하였다. 요컨대 임상덕은 유교 윤리 교육에 중심을 두되, 한문이라는 언어 학습의 단계를 고려하고 작문 교육을 병행하였던 것이다.

　이상으로 조선 후기 초학자를 위한 독서 교육은 유교 윤리 교육을 중심에 두고 언어 교육과 작문 교육을 병행한 것을 확인하였다. 기본적으로 학문으로서의 독서와 자기 수양으로서의 독서를 지향한 것인데, 이를 위한 독서 방법으로는 정독과 숙독을 강조하였으며 남독(濫讀)을 경계하였다.[21] 성현의 도가 담겨 있는 경서가 중심적 위치를 차지하고 있었기 때문에, 책을 대하는 진지하고 경건한 자세와 성현의 도를 깨우치기 위한 숙독을 중요시 한 것이다. 하지만 사서삼경으로 대변되는 유교

---

21) 金誠一,『鶴峯續集』卷5,「退溪先生言行錄」, 총간48, 251쪽. "問讀書之法, 先生曰: '只是熟. 凡讀書者, 雖曉文義, 若未熟則旋讀旋忘, 未能存之於心. 必也旣學而又加溫熟之功, 然後方能存之心, 而有浹洽之味矣.'"; 李珥,『栗谷全書』권15,「學校模範」(壬午製進). 총간44, 332쪽. "每讀書時, 必肅容危坐, 專心致志. 一書已熟, 方讀一書, 毋務汎覽, 毋事彊記."

경전은 오늘날 더 이상 강력한 권위를 지닌 경전이 아니며, 더욱이 학교 교육에서 특정 종교의 학설과 윤리를 강요하는 것은 있을 수 없다. 그러나 독서 교육이 지닌 언어·작문 교육적 성격은 오늘날 독서 교육에서도 참고할 만한 점이 많다. 이에 다음 장에서는 언어 교육과의 연계 지점으로 '음독(音讀)·다독(多讀)·기송(記誦)'을, 작문 교육과의 연계 지점으로 '초독(抄讀)·차기(箚記)·초서(抄書)'를 살펴보고자 한다.

Ⅲ. 독서 교육의 방법 : 언어·작문 교육과의 연계

1. 언어 교육과의 연계 : 음독(音讀)·다독(多讀)·기송(記誦)

오희상[吳熙常, 1763~1833]은 집안 자제들의 독서 상황을 살피면서 공부 방법에 대해 여러 가지 조언을 하였다. 아들 오치성(吳致成)과 오치익(吳致翼) 등에게 편지를 보내 독서법을 일러준 것은 물론, 동생(吳淵常, 1765~1821)과 조카인 오치우(吳致愚)와 오치유(吳致愈) 등에게도 조언을 하였다. 다음은 동생 오연상에게 보낸 편지의 일부이다.[22]

> 대개 책을 읽는 방법에는 간(看)·독(讀)·송(誦)·염(念) 네 가지가 있다. 간서(看書)는 마음과 눈이 함께 작용하는 것이고, 독서(讀書)는 마음과 입과 눈이 함께 작용하는 것이며, 송서(誦書)는 마음과 입이 함께 작용하는 것이고, 염서(念書)는 오직 마음으로 할 뿐이다.[23]

오희상이 말한 '간서(看書)'는 묵독을, '독서(讀書)'는 음독을, '송서(誦

---

22) 오연상의 독서론에 대해서는 신영주(2019), 199~207쪽 참고.
23) 吳熙常, 『老洲集』 卷3, 「答士默」, 총간280, 58쪽. "大凡書有看·讀·誦·念四法, 看書者, 心與眼相謀; 讀書者, 心與口眼相謀; 誦書者, 心與口相謀; 念書者, 惟以心而已."

書)'는 소리 내어 암송을, '염서(念書)'는 마음속으로의 암송을 말한다. 묵독보다는 음독을 주된 독서 방법으로 삼았는데, 눈으로 보고 입으로 읽는 동시에 그 의미를 마음으로 되새기는 방법이다. 아울러 같은 텍스트를 100회 정도 반복 음독하여 암송하는 것을 목표로 하였는데, 암송하는 단계에 이르러야 비로소 해당 텍스트를 1번 제대로 읽은 것으로 간주하였다.

> 독서에서 본래부터 기송(記誦)을 귀히 여기는 것은 아니지만 다만 초학자의 경우 기송을 제쳐두면 의거할 방법이 더욱 없다. 매일 배운 것을 먼저 정밀하게 외워야 할 것이니, 발음과 구두에 착오가 없이 한 뒤에야 비로소 산표(算表, 읽은 회수를 나타내는 계산표)를 세울 수 있다.[24]

홍대용[洪大容, 1731~1783]이 연행(燕行) 때 교유했던 매헌(梅軒) 조욱종(趙煜宗)이라는 청나라 문사에게 보낸 편지의 일부이다. 홍대용은 과거 시골집에 살 때 동네 유생들을 교육하면서 그들에게 독서법을 제시한 적이 있었는데, 이를 매헌에게 보낸 편지의 별지에 적어 보낸 것이다. 경서 공부와 관련된 독서법을 언급한 것인데, '기송' 자체가 독서의 목적은 아니나 초학자들에게는 부득이한 독서법이자 공부 방법이라고 하였다. 그리하여 매일 외운 것을 정밀하게 암송하되 발음과 구두에 착오가 없어야 한다고 하였다. 그렇다면 음독과 기송을 강조한 이유는 무엇인가. 음독을 강조한 것은 1차적으로 글자의 식별 능력을 기르는 데에 있었다.

> 책을 읽을 때는 반드시 발음과 구두를 정확히 해야 한다. 천천히 읽고

---

24) 洪大容, 『湛軒書外集』卷1, 「與梅軒書」, 총간248, 119쪽. "讀書固不貴記誦, 惟初學舍記誦, 益無依據. 每日將所受書, 先要精誦, 音讀無錯, 然後始立算." 번역은 이은상 역(1974)을 참고함.

급하게 읽어서는 안 되며 글자마다 구절마다 분명하고 또박또박 읽어야
한다. 절대로 급박하거나 중얼중얼하거나 낮고 작은 소리로 읽거나 두루
뭉술하게 읽어서는 안 된다. 제대로 읽지 않으면 비단 글에 담긴 의미를
사색하여 이치를 깊이 탐구할 수 없을 뿐만 아니라, 음성과 기상이 경박
하고 조잡해져서 원대한 그릇이 될 수 없으니 더욱 유념하고 경계해야
할 것이다.[25]

이원조(李源祚)가 가학연원(家學淵源)으로서 집안의 아이들에게 권고
한 독서법 중 하나이다.[26] 음독할 때 발음과 속도, 장단과 고저 등을 고
려하며 정확히 읽어야 함을 강조하였다. 음성과 기상이 경박하거나 천
박해져서는 안 되는 등, 음독의 형태에 대해서도 상당히 신경을 썼다.
그러나 음독이 단순히 낭랑한 목소리로 글자를 또박또박 읽는 데에 목
적이 있었던 것은 아니다. 글의 내용을 파악하고 거기에 담겨 있는 이치
를 깨닫는 데에 목적이 있었는데, 그것의 시작으로서 정확한 음독을 요
구했던 것이다.

옛 사람이 "독서에는 삼도(三到)가 있으니 심도(心到)·안도(眼到)·구
도(口到)가 그것이다."라고 하였는데, 이것은 구이지학(口耳之學)에 매
몰되어 있는 소자를 위해서 한 말이라 하겠다. …… 먼저 책을 한 차례
보고 돌아앉아 암송하게 하는데 책을 덮고 눈을 감고서는 옷깃을 정리하
고 바르게 앉는다. 입으로는 암송하고 손으로는 수를 세며 암송을 마치면
서산(書算, 읽는 회수를 세는 산가지)을 내려놓는다. 이렇게 하면 마음이

25) 李源祚, 『凝窩集』 卷12, 「除夕日書示兒輩」, 총간속 121, 251쪽. "讀書必正其音讀, 徐緩
不迫, 字字句句, 分明歷落, 切不可急迫嘈囐低微鶻侖. 似此者, 非徒不能思索旨意, 深究
理趣, 其聲容氣像, 輕浮粗淺, 不能成遠大之器, 尤宜惕念."

26) 이원조의 독서법에 대해서는 아직 본격적인 연구가 이루어지지 않았다. 다만 정낙찬은
이원조의 교육방법론을 '학문방법론, 수양방법론, 경세방법론'으로 나누어 고찰하면서
「제석일서시아배(除夕日書示兒輩)」에 나타난 독서 방법론을 간략하게 언급하였다. 정낙
찬(2010), 162쪽 참고.

절로 흐트러지지 않아 글자마다 구절마다 모두 점검하며 지나갈 수 있으며, 마음이 흐트러지지 않으면 생각하지 아님이 없다. 한참 외울 때에도 생각을 할 수 있고 조용히 묵독할 때에도 또한 생각할 수 있으며, 혹은 암송하고 읊조리면서도 생각하고 혹은 조용히 앉아서도 생각할 수 있다. 이를 익숙해지도록 반복하여 마음에 무젖을 때까지 기다리면 말로 형용할 수 없을 정도로 그 의미가 무궁하게 될 것이다.[27]

　　송능상[宋能相, 1710~1758]은 공부하는 오는 학생들에게 '삼요십이법(三要十二法)'이란 독서법을 제시하였다.[28] '삼요십이법'은 경서를 읽는 방법으로 제시한 것인데, '삼요'에서는 『대학』·『주용』·『서경』·『논어』·『맹자』 등을, 12법에서는 『맹자』를 주로 예로 들어 설명하였다.[29] 인용문은 그 서문에 해당하는 부분이다. 송능상은 삼도(三到), 곧 심도(心到)·안도(眼到)·구도(口到)를 언급하며 논의를 펼치고 있는데, 묵독을 하던 음독을 하던 혹 암송을 하던 '심도'가 함께 이루어져야 한다고 주장하였다.[30] 곧 소리 내어 읽고 암송할 때에도 마음이 함께 작용하여 글의 의미

---

27) 宋能相, 『雲坪集』 卷10, 「讀書法」, 총간225, 281쪽. "古人曰'讀書有三到, 心到·眼到·口到', 此爲小子之專事乎口耳者發也. …… 夫先看一遍, 使之背記, 而掩卷瞑目, 整襟危坐, 口誦而手數之, 畢則下籌. 如此則心自然不走散, 字字句句, 皆能點檢過, 心不散則無非思者. 方誦時會思, 方靜默時亦會思; 或誦詠而思, 或默坐而思. 循環熟復, 待得浹洽時, 其味無窮, 不可以形言矣."

28) 宋煥箕, 『性潭集』 권29, 「從叔父雲坪先生行狀」, 총간245, 123쪽. "嘗作『讀書法』, 以示來學者, 是爲三要十二法."

29) 송능상이 제시한 '삼요십이법'은 독법이자 작법에 해당됨직하다. 삼요(三要)는 독법에 초점이 맞추어져 있는데 '명자훈[明字訓, 글자의 뜻을 밝힘]', 찰어맥[察語脉, 글의 흐름을 살핌]', 심문법[審文法, 글쓰기 방법을 살핌]' 등 3가지이다. 십이법(十二法)은 글쓰기 방법을 집짓기에 비유한 것으로, '양실(壤室)−강령(綱領), 정가옥(正架屋)−기결(起結), 층구(層構)−포서(鋪敍), 비옥(比屋)−병치(倂置), 분결(分結)−분류, 도장(倒粧)−도치, 연맹(連甍)−연쇄, 역로(易櫨)−전환, 송첨(松簷)−부연, 가막작사(假幕作舍)−가정, 저재축옥(儲材築屋)−완결성' 등 12가지이다.

30) 삼도(三到)는 주희의 문인 보한경(輔漢卿)이 편찬한 『주자독서법(朱子讀書法)』 권1, 「강령(綱領)」에 보인다. 『주자독서법』 권1, 「강령」. "余嘗謂讀書有三到, 心到眼到口到. 心不

를 생각해야 한다는 것이다. 마음을 집중하고 사고력을 높일 수 있는 방법이 바로 소리 내어 암송하는 것이다. 곧 음독과 암송은 독서에 대한 집중도를 높이고 글자와 구절 나아가 문장과 글 전체의 의미를 깊이 있게 이해하는 방법이라는 말이다.

홍대용도 초학의 단계에서 잡념을 없애고 집중력을 높이는 방법으로 바른 자세로 소리 내어 읽는 방법이 효과적이라고 하였다.

> 대개 초학의 단계에서 의문을 가질 줄 모르는 것은 사람들이 지니는 공통된 병통이다. 그러나 그 병통의 뿌리를 따져 보면 잡념을 따라가느라 마음이 책에 오로지 집중하지 못한 때문이다. …… 그러나 잡념을 억지로 밀어낼 수는 없다. 억지로 밀어내려 하면 이로 인해 도리어 또 다른 잡념이 생겨나 혼란함만 더할 뿐이다. 오직 어깨와 등을 곧게 세워 의취(意趣)를 발동시켜 한 글자 한 구절에 마음과 입이 서로 조응하면, 잡념은 저도 모르는 사이에 문득 흩어지게 된다.[31]

책을 깊이 있게 있으면 의문을 가져야 하는데, 초학자들은 잡념 때문에 그렇게 하기 어렵다. 그런데 잡념을 억지로 밀어내려고 하다 보면 또 다른 잡념이 생겨서 집중력이 더욱 흩어지고 만다. 홍대용이 해결책으로 제시한 것은 자세를 바로 하고 한 글자 한 구절을 입으로 소리 내어 또박또박 읽는 것이다. 글자를 정확히 구별하고 이를 소리 내어 바르게 읽는 과정에서 자연스럽게 집중력을 가져갈 수 있기 때문이다.

음독과 암송은 한문의 문리를 깨치고 기르는 데에도 유용하다.

在此, 則眼看不子細, 心眼旣不專一, 却只漫浪誦讀, 決不能記, 記亦不能久也. 三到之中, 心到最急, 心旣到矣, 眼口豈有不到者乎?"

31) 洪大容, 『湛軒書外集』卷1, 「與梅軒書」, 총간248, 120쪽. "凡初學不能會疑, 人之通患. 然原其病根, 馳逐浮念, 志不專於書也. …… 然浮念亦不可强排, 强排則卽此轉添一念, 適增攪繞. 惟竦直肩背, 鼓發意趣, 一字一句, 心口相應, 浮念倏散, 亦不自覺也."

책을 읽는 방법에 대해서는 선유의 가르침이 본래 있었으니, 책은 모름지기 외워야 한다. 읽기만 하고 외우지 않으면 자기의 소유가 되지 못한다. 자기의 소유가 되면 이치가 밝아지고 마음으로 터득하여 종신토록 쓰더라도 다하지 않을 것이다. 무릇 경전의 정문(正文)을 외우는 것 외에 늘 주설(註說)을 보되 의미가 통하지 않는 부분에 대해서는 반드시 선배에게 질문하여 분명히 이해해야 한다. 다른 책을 읽는 데도 이 방법을 쓰면 문리가 까다로운 부분에 대해서도 저절로 통하게 될 것이다. 이렇게 한 뒤에 문장가의 글에서 작문의 체제와 입론의 기틀을 궁구하여 마음속으로 이해하면 절로 깨달아 통달하는 길이 있을 것이다.[32]

인용문은 이만도[李晩燾, 1842~1910]가 집안의 아이들에게 제시한 독서법의 일부인데, 암송의 중요성을 두 가지 측면에서 언급하였다. 하나는 책의 내용을 깊이 있게 이해하여 완전히 자신의 것으로 만들 수 있으며, 다른 하나는 문리를 저절로 깨우쳐서 작법에 대한 이해로 발전시킬 수 있다는 것이다. 한문이 일종의 외국어였기 때문에 한문의 문리를 깨우치고 글을 짓는 데에 암송이 유용했던 것이다.

내가 처음 글을 지을 때 붓을 들어 한번 써 내려가면 곧 백천 마디에 이르러 생각이 가는 곳을 미처 손이 따라가지 못할 정도였다. 지금은 식견과 의취(意趣)가 조금 진보했다고 스스로 생각하는데, 제목을 정해 놓고 종이를 펼치면 눈앞이 깜깜해져 턱을 괴고 겨우 한두 구절을 쓰다가 곧 멈추고서 애써 고심을 하여도 이어서 쓸 수가 없다. 이는 분명 오랫동안 독서를 그만두어서 생긴 폐해가 아니겠는가. 옛 사람의 독서라는 것은 마음을 차분히 가라앉히고 깊이 사색하며 읽든 그냥 책을 펼쳐서 보든

---

32) 李晩燾, 『響山集』 卷8, 「讀書法示兒孫」, 총간속144, 343쪽. "凡讀書之法, 先儒之訓自在, 而書須是誦. 讀而不誦, 不爲己有也. 爲己有則理明心得, 終身用之不盡矣. 凡誦經傳正文外, 常看註說, 其旨義未通者, 必問質於先進, 通曉乃已. 他書亦用此法, 則文理艱棘處, 亦當自透也. 然後於文章家, 究作文體制, 立論機, 而會之於心, 自有覺達之道也." 번역은 강만문 역(2018)을 참고함.

모두 그저 소리를 내어 읽는 것만을 말하는 것이 아니다. 그러나 붓을 들어 막힘없이 술술 천 마디 말을 짓는 것은 바로 소리 내어 책을 읽는 데에서 힘입는 것이니 이를 매우 힘쓰지 않을 수 없다.[33]

홍석주[洪奭周, 1774~1842]가 중제(仲弟)인 홍길주[洪吉周, 1786~1841]에게 준 편지의 일부인데 독서와 작문과의 관계를 언급하였다. 홍석주는 자신의 경험을 얘기하며 작문을 위해 꾸준한 독서의 중요성을 강조하였다. 글의 내용을 채우기 위해 독서를 통해서 학식을 꾸준히 쌓아야 함을 주장하는 데에 그치지 않았다. 한문이 일종의 외국어이기 때문에 꾸준히 책을 읽어 한문이라는 언어의 감각과 문법을 유지하지 않으면 막힘없이 글을 술술 짓기 어렵다는 것이다. 이에 홍석주는 작법 능력을 유지하기 위해 소리 내어 읽기의 중요성을 다시금 강조하였던 것이다.

초학자들을 위한 주요한 독서 방법은 암송할 정도로 글을 반복하여 읽는 것이다. 이는 경서나 성리서에 담긴 성현의 학문을 깊이 있게 이해하여 마음을 수양하고 일상생활에서 실천하기 위함이다. 그러나 '음독·다독·기송'은 일종의 외국어인 한문의 문리를 깨우쳐서 독해력과 작문 능력을 꾸준히 유지하는 언어 교육의 중요한 방법이기도 하였던 것이다.

2. 작문 교육과의 연계 : 초독(抄讀)·차기(箚記)·초서(抄書)

초학자들이 유교적 교양을 쌓고 글을 지을 정도로 한문을 능숙하게

---

33) 洪奭周,『淵泉集』卷16,「答舍弟憲仲書」, 총간293, 369쪽. "吾始爲文時, 一涉筆, 卽累百千言, 意之所到, 手不暇應. 今識見意趣, 自以爲少進矣, 而命題布紙, 瞑目支頤, 或僅書一二句旋止, 苦戛戛不能相續, 此非讀書久廢之明害乎? 古人所謂讀書者, 沈潛披玩, 皆是不獨指伊吾聲. 然其所以能一筆千言, 滔滔不竭, 政在此伊吾聲中得力, 不可不深自勵也."

구사하기 위해서는 읽어야 할 책이 많을 뿐만 아니라, 어떤 책은 권질이
방대하여 암송할 정도로 읽는 데에 물리적 시간과 공력이 너무 많이 들
었다. 때문에 중요한 부분이나 좋아하는 부분은 발췌하여 별도의 책자
로 만들어 읽는 '초독(抄讀)'을 선호하였다. 이식은 자손들에게 독서 순
서와 서목을 제시하며 주요한 독서 방법으로 '초독'을 제시하였다. '선
독'에서 『강목(綱目)』과 『송감(宋鑑)』의 경우 선생과 함께 한 번 강학한
뒤에 숙독을 하고, 좋은 곳이 있으면 한두 권정도로 베껴 써서 수십 번
읽도록 하였다. 또 '과문공부'에서 한유·유종원·소식의 문장, 『문선』,
『고문진보』, 『문장궤범』 등의 책 가운데에서 취향에 따라 1권으로 초록
해서 100번까지 읽으라고 하였다.[34]

안정복[安鼎福, 1712~1791]의 전언에 따르면, 신후담[愼後聃, 1702~1761]
역시 어렸을 때부터 초독을 활용하였다.

> 신후담이 죽은 뒤 그가 손자에게 제시한 글 1편을 얻어서 읽어보니
> 다음과 같이 적혀 있었다. "하빈노인(河濱老人, 신후담의 호)이 5·6세
> 때부터 글을 읽기 시작하였는데 이제 60이 되어 병 들어서 죽게 되었다.
> 그래서 평생에 읽은 글의 횟수를 기록해서 어린 손자에게 보인다. ……
> 『이정전서』·『주자대전』·『심경』·『근사록』·『성리대전』은 종신토록 읽
> 었는데, 그 중에서 백 번 혹은 오십 번씩 초독한 것이 있다. …… 태사공의
> 『사기』와 한문공의 『창려집』은 백 번 혹은 수십 번을 초독(抄讀)했다.
> 그밖에 읽은 횟수가 수십 번에 못 미치는 것은 기록하지 않으며, 많이
> 읽었더라도 단편과 짧은 글도 기록하지 않는다. 손이 떨려서 글씨가 제대
> 로 되지 않아 억지로 써서 너에게 주니, 너는 부디 이 유업(遺業)을 잘
> 잇기 바란다."[35]

---

34) 李植, 『澤堂別集』 卷14, 「示兒孫等」, 총간88, 514쪽. "綱目·宋鑑【與先生講學一番, 熟
覽, 有好文字, 抄書一兩卷, 讀數十番.】"; "韓柳蘇文·『文選』·八大家文·『古文眞寶』·『文
章軌範』等中, 從所好鈔讀一卷, 限百番."

　안정복은 평생 책을 읽은 횟수가 많은 문인들을 거론하며 신후담의 일화를 소개하였다. 신후담 뒤에는 「백이전」을 무려 1억 1만 8천 번을 읽었다고 하는 김득신[金得臣, 1604~1684]의 독서 이력을 기록해 두었다. 신후담은 경서를 비롯하여 송대 성리학자들의 저서, 『사기』와 한유 문집 등을 통독하였을 뿐만 아니라, 자신이 직접 초록한 것 역시 여러 차례 반복하여 읽었다. 그러면서 5·6세부터 60세까지 수행한 독서법을 자손들이 이어서 열심히 공부해 줄 것을 권면하였다.

　다음 글은 앞에서 인용한 바 있는데, 이익이 산당(山堂)에 공부하러 가는 족손 이복환에게 준 글의 일부이다.

　　벗들이 함께 도와 가며 학문을 닦으라는 것은 성현의 가르침이니, 후학들이 반드시 따르지 않을 수가 없는 것이다. 그러나 간혹 한가롭게 혼자 거처하는 경우에는 논의할 것이 한두 가지가 아니고 질문할 거리도 매우 많게 되는데, 갑자기 엄한 스승과 좋은 벗을 만나더라도 마음과 입이 서로 호응하지 않아 이것저것 말은 많지만 하나도 몽매함을 깨치지 못하게 된다. 이것은 사람들의 보편적인 근심거리이다. 마땅히 사안마다 기록하되[箚記], 난해한 부분은 의심나는 점을 기록하고 이해한 부분은 그 말을 기록하여 훗날 강론의 자료로 삼거나 서찰을 통해 물어 함께 따지고 밝힌다면, 심오한 의미를 탐구하는 방법에 있어서 이보다 더 유익한 것은 없을 것이다.[36]

---

35) 安鼎福, 『順菴集』卷13, 「橡軒隨筆[下]」, 총간230, 49~50쪽. "及其沒後, 得其示孫兒書一篇, 有曰: '河濱老人, 自五六歲讀書, 至六十病且死. 記平生讀書之數, 以示幼孫. …… 『二程全書』·『朱子大全』·『心經』·『近思錄』·『性理大全』, 終身所閱, 其中抄讀百遍或數十遍者有之. …… 太史公『史記』·韓文公『昌黎集』, 抄讀或百遍或數十遍. 其外讀不及數十者不記, 多讀而單篇小文不記, 風攣不成字, 强書貽汝, 冀汝之克嗣遺業也." 번역은 홍승균 역(1996)을 참고함.

36) 李瀷, 『星湖全集』卷48, 「書贈克己讀書山堂」, 총간199, 387쪽. "朋友麗澤, 聖師所訓, 而後學之必不可不資者也. 然或閒居獨處, 可論者不一, 可問者甚夥, 而猝然遇嚴師良友, 心與口不相應, 棘棘然不能一有所發蒙. 此人之通患, 切宜隨事箚記, 難解處誌其疑, 見得處錄其語. 或爲佗日講劘之資, 或書札問訊, 與之辨明, 則鉤深挈微之道, 莫益於此."

712 제3부 전통시대 한문 교육의 현대적 시사와 활용

이익은 발췌하여 읽는 '초독'에 그치는 것이 아니라, 이른바 '차기(箚記)'를 통한 비평적 독서를 주문하였다. 이익이 차기할 사안으로 제시한 것은 두 가지인데, 난해한 부분이 있으면 의문 나는 점을 기록하고 터득한 부분이 있으면 그 말을 기록하는 것이다. 이는 책을 읽으면서 생기는 의문이나 자신이 깨달은 것을 메모하는 것으로, 사색을 동반하는 독서인 동시에 독서가 작문과 연계되는 것이다.

황덕길[黃德吉, 1750~1827]이 1822년 73세에 서당의 규례 24개를 제시하면서 독서와 관련하여 "의문 나는 점이 있으면 책자를 마련하여 해당 절과 질문을 적어야 한다."[37]고 하였듯이, 초기(抄記) 방식은 조선시대 초학자들의 위한 독서 방법 중 일반적인 것이었다. 이러한 초기 방식은 주희의 독서법을 따른 것인데, 주희는 일찍이 "조금이라도 의문처가 있으면 곧 다시 사색하고, 사색하여 통하지 않으면 작은 책자를 마련하여 날마다 베껴 기록하여 틈틈이 곱씹어 읽어야 한다.[38]"고 하였다.

이익은 차기나 초기 방식을 한 단계 발전시켜 경학 연구 방법으로 '질서(疾書)'를 활용하였다.[39] '질서'는 송나라 학자 장재(張載)가 『정몽(正蒙)』을 지을 때, 머무는 곳에 늘 붓과 벼루를 비치해 두고 한밤중이라도 터득한 것이 있으면, 잊어버릴까 염려하여 일어나 촛불을 밝히고 빨리 썼던 데서 유래한 것이다. 주희는 장재의 화상찬(畫像贊)에서 "정밀하게 사색하고 힘껏 실천하며, 묘한 생각이 떠오를 때마다 빠르게 기록하였네.[精思力踐, 妙契疾書]"(주희, 『회암집』 권85, 「육선생화상찬(六先生畫像贊)」)라고 하며, 장재의 '묘계질서(妙契疾書)'를 찬미하였다. 이익도

footnote37) 黃德吉, 『下廬集』 卷8, 「塾規」(壬午), 총간260, 410~411쪽. "如或有疑, 卽置冊子, 逐一抄記, 隨節隨問, 不可護短而自欺, 以致終身而黯暗讀書."
38) 朱熹, 『晦庵集』 卷39, 「與魏應仲」. "小有疑處, 卽更思索, 思索不通, 卽置小冊子, 逐日抄記, 以時省閱."
39) 이익의 질서(疾書)에 대해서는 원재린(2003), 159~166쪽 참고.

유교 경전을 공부하면서 선현들의 견해에 의문 나는 점을 기록하였으며, '질서(疾書)'라는 제목을 붙여서 11종에 달하는 제경질서(諸經疾書)를 저술하였다.[40] 이익이 족손인 이복환에게 요구한 '차기' 역시 '질서'와 상통하는 독서 방법인데, 회의와 자득으로 요약되는 비평적 독서 방법이라 할 수 있다.

조선중기 이래 문인학자들의 문집을 보면, '독서차록(讀書箚錄)', '독서차기(讀書箚記)', '독서기(讀書記)' 등으로 명명된 저술이 여럿 보이는데, 바로 '차기'와 '초기' 독서 방법의 결과물이라 할 수 있다.[41] 특히 초학자의 독서록과 관련하여 임영[林泳, 1649~1696]의 「독서차록(讀書箚錄)」과 「일록(日錄)」을 주목할 만하다.[42] 임영은 정관재(靜觀齋) 이단상[李端相, 1628~1669]의 문하에서 수학하면서 18세부터 독서의 과정과 사색의 결과물을 기록하기 시작하였다. 「독서차록」은 26세 엮은 것이며 「일록」은 18세인 1666년[현종 7]부터 45세인 1693년[숙종 19]까지의 일기이다.[43] 「독서차록」은 사서오경으로부터 『소학』·『성리대전』·『근사록』·『이정전서』 등에 이르기까지 주로 경서와 성리서를 공부하며 터득한 것이나 의문 나는 점을 짤막하게 기록해 둔 것이다.

40) 李瀷, 『星湖僿說』권29, 「詩文門」, '妙契疾書'. "「橫渠贊」云'妙契疾書', 妙契難能而疾書, 乃其所短也. 橫渠之作『正蒙』, 隨處置筆硯, 又或夜中有得起而取燭書之, 恐其不疾, 則旋遺也. 故程子譏之曰'子厚如此不熟'. 盖熟則不必疾其書而不自忘也. 余看經有見, 便卽箚疑, 題曰疾書."

41) 이러한 저술은 명나라 초기 설선[薛瑄, 1389~1464]이 지은 『독서록(讀書錄)』의 영향이 컸다. 설선의 독서록은 명나라 초기 정주학의 대표적인 저술로 이기와 성리 문제를 주로 다루었다. 다음의 글에서 이 책이 조선에 끼친 영향을 짐작할 수 있다. 李睟光, 『芝峯集』卷25, 「薛文淸讀書錄解」, 총간66, 270쪽; 金世濂, 『東溟集』卷8, 「讀書錄要語跋」, 총간95, 251쪽; 洪柱世, 『靜虛堂集』下, 「刊讀書錄序」, 총간속32, 373쪽; 李顯益, 『正菴集』卷15, 「薛文淸讀書錄箚疑」, 총간속60, 450쪽 등.

42) 임영의 독서 기록에 대해서는 이연순(2012; 2014) 참고.

43) 「독서차록」은 임영의 문집인 『창계집(滄溪集)』권19~24에, 「일록」은 권25~26에 각각 수록되어 전한다.

독서기로는 이덕무[李德懋, 1741~1793]의 『관독일기(觀讀日記)』가 주목
된다.[44] 이 일기는 이덕무가 24세인 1796년 음력 9월 9일부터 11월 30일
까지 3달에 걸쳐 『중용』을 읽으면서 쓴 것이다. 서문에서 이덕무는 『중
용』을 읽는 여가에 고금의 자집(子集)과 시문도 곁들어 열람하면서 터득
한 것을 날마다 기록하여 정양[靜養, 몸과 마음을 요양함]의 모범으로 삼고
자 한다고 하였다.[45] 이 독서 일기에서 주목할 것은 『중용』을 경학의
측면에서 기록한 것이 아니라, 이덕무 자신의 삶과 정체성에 대한 고민
속에서 『중용』을 읽은 감회를 서술한 점이다.

> 새벽에 큰 바람이 불고 여름철처럼 무더운 흙비가 조반 때까지 내리다
> 가 차가운 비로 변하여 정오에 그치더니 다시 음산해지고 바람이 거세어,
> 비로소 추위를 단속하게 되었다. ○ 이날 새벽에 4대조 할머니 정부인(貞
> 夫人)의 제사를 모시고 돌아왔다. ○ 바람을 쐬니 머리가 어지러웠다. 눈
> 을 감고 정신을 모으니 잠시 후에는 생각이 일체 차분해지면서 티끌만한
> 잡념도 남아 있지 않았다. 이것이 어찌 희(喜)·노(怒)·애(哀)·락(樂)·애
> (愛)·오(惡)·욕(欲)의 발현되기 이전의 기상이 아니겠는가.[46]

음력 9월 13일 기록의 전반부이다. 이덕무는 새벽에 4대조 할머니 제
사를 모시러 갔다가 돌아왔다. 그런데 새벽에 큰 바람이 불고 여름처럼
푹푹 찌는 듯한 비가 조반 때까지 내렸다. 비바람을 맞으며 새벽부터
제사를 다녀오느라 이덕무는 머리가 어지러웠다. 그러다가 눈을 감고

44) 이덕무의 『관독일기』에 대해서는 정우봉(2015) 참고.
45) 李德懋, 『青莊館全書』 卷6, 「觀讀日記」, 총간257, 107쪽. "余今年爲擧業所縛纏, 雖有古
人詩書, 不暇觀且讀焉. 重陽日, 存心文字裏, 掃拂卷帙, 洗筆硯, 于以讀『中庸』. 有暇旁
觀古今子集詩文, 自此日爲首, 凡有得逐日書之, 以就靜養規模."
46) 李德懋, 『青莊館全書』 卷6, 「觀讀日記」, 총간257, 108~109쪽. "曉大風振撼, 薰霾如夏,
崇朝冷雨午止. 仍暗寥慄, 始戒寒. ○是曉, 參四代祖妣貞夫人祭祀而還. ○觸風頭眩, 闔
眼會神, 少間, 思慮俱靜, 纖埃不留. 無乃喜怒哀樂愛惡欲未發前氣像耶?"

정신을 모으자 잡념이 사라지는 것을 느꼈다. 이덕무를 이를 "희(喜)·노(怒)·애(哀)·락(樂)·애(愛)·오(惡)·욕(欲)의 발현되기 이전의 기상"이라 표현하였는데, 이는 『중용장구』 제1장에 나오는 "희로애락이 미발한 것을 중(中)이라 한다.[喜怒哀樂之未發, 謂之中.]"라는 구절을 두고 한 말이다. 이덕무는 『관독일기』 23일자에서 글을 읽는 것을 약리(藥理)에 비유하며 "중용을 하는 자는 원기가 충실하고 맥박이 순조로워 수족과 이목이 활발하고 총명하여 조금의 아픔도 없는 것과 같다."[47]고 하였다. 이처럼 『관독일기』은 개인의 삶과 밀착된 독서 일기라는 점에서 독특하다 하겠다.

끝으로 정약용[丁若鏞, 1762~1836]이 두 아들을 위해 제시한 독서법을 살펴보겠다. 정약용은 강진 유배지에서 지속적으로 두 아들에게 편지를 보내 공부를 독려하였는데, '독서(讀書)-초서(抄書)-저서(著書)' 세 가지에 결코 소홀함이 없어야 한다고 하였다.[48] 특히 '초서'를 강조하였는데 이는 독서의 진일보한 단계이자 본격적인 저술 활동의 전단계라 할 수 있다.[49]

　　초서의 방법은 나의 학문에 먼저 주관이 확립된 뒤에야 판단할 수 있는 저울이 마음속에 있어서 취하고 버리는 것이 어렵지 않게 되는 것이다. 학문의 요령을 지난번에 말해 주었는데, 필시 네가 잊은 게로구나. 그렇지 않다면 무엇 때문에 초서에 의심을 하여 이러한 질문을 하였겠느냐. 언제나 책 한 권을 읽을 때에는 학문에 보탬이 될 만한 것이 있으면 뽑아

---

47) 李德懋, 『靑莊館全書』 卷6, 「觀讀日記」, 총간257, 112쪽. "讀書亦可以藥喩. 中庸者, 元氣充實, 脈膝暢順, 手足耳目, 便利聰明, 元無些兒痛痒之類也."

48) 丁若鏞, 『與猶堂全書』 第一集詩文集 第21卷, 「答二兒」, 총간281, 449쪽. "仲兒筆法稍勝, 文理亦有進, 年歲之德耶, 抑或以時肄習耶? 切宜自暴, 極意勤力, 讀書鈔書著書, 無或放過也. 廢族而不文無禮, 尤當如何?" 임술년(1802) 2월 7일자 편지.

49) 정약용의 초서지법에 대해서는 정민(2006) 참고.

모으고, 그렇지 않은 것은 눈을 붙이지 말아야 한다. 이렇게 한다면 비록 백 권의 책이라도 열흘의 공부에 지나지 않을 것이다.[50]

정약용은 두 아들에게 공부하는 요령으로 초서를 제시하였다. 초서는 어떤 책을 읽으면서 중요한 부분이나 유용한 부분을 뽑아서 모으는 것을 말한다. 경서나 중국서에만 국한된 것이 아니며, 『고려사』·『반계수록』·『서애집』·『징비록』·『성호사설』·『문헌통고』 등에서도 요긴한 것이 있으면 뽑아야 한다고 하였다.[51] 이렇게 초서를 하여 그 부분을 집중해서 읽는다면 백 권의 많은 책도 열흘이면 충분히 공부할 수 있다는 것이다. 그런데 문제는 어느 것이 핵심적인 내용인지를 어떻게 아느냐 하는 것이다. 무엇보다 먼저 자기 나름의 주관과 지향을 확립하는 것이 중요하다.

무릇 초서하는 방법은 반드시 먼저 자기의 뜻을 정해서 만들 책의 규모와 절목을 세운 뒤에 뽑아야만 일관된 묘미가 있는 법이다. 만약 세워 놓은 규모와 절목 이외에 뽑지 않을 수 없는 것이 있으면 모름지기 책 하나를 따로 갖추어 놓고 얻는 대로 기록하여야 성취한 곳이 있게 된다. 물고기를 잡으려고 그물을 쳐 놓았는데 기러기가 걸렸다고 해서 어찌 버리겠느냐.[52]

---

50) 丁若鏞, 『與猶堂全書』第一集詩文集 第21卷, 「答二兒」, 총간281, 449쪽. "鈔書之法, 吾之學問先有所主, 然後權衡在心, 而取捨不難也. 學問之要, 前旣言之, 汝必忘之矣. 不然, 何疑於鈔書而有此問耶? 凡得一書, 惟吾學問中有補者採掇之, 不然者竝勿留眼, 雖百卷書, 不過旬日之工耳." 1802년 유배지에서 보낸 편지. 번역은 성백효 역(1986)을 참고함.

51) 丁若鏞, 『與猶堂全書』第一集詩文集 第21卷, 「寄淵兒」(戊辰冬), 총간281, 452쪽. "以其餘力, 觀『高麗史』·『磻溪隨錄』·『西厓集』·『懲毖錄』·『星湖僿說』·『文獻通考』等書, 鈔其要用, 不可已也."

52) 丁若鏞, 『與猶堂全書』第一集詩文集 第21卷, 「寄游兒」, 총간281, 459쪽. "凡鈔書之法, 必先定己志, 立吾書之規模節目, 然後就彼抽出來, 方有貫串之妙. 若其規模節目之外, 有不得不採取者, 須別具一冊, 隨得隨錄, 方有得力處. 魚網之設, 鴻則羅之, 何舍焉?"

정약용은 '초서'를 독서 방법으로 국한하지 않고 '저서'의 단계로 발전
시켰다. 정약용이 제시한 과정은 '뜻을 세움 → 규모와 절목 수립 → 초
서 작업 → 수정과 보완'으로 요약된다. 정약용이 유배지에서 두 아들에
게 보낸 편지에는 초서를 활용한 저서 편찬 내용이 여럿 보인다. 『주서
여패(朱書余佩)』도 그 중 하나인데, '입지(立志)·혁구습(革舊習)·수방(收
放)' 등 12개의 조목을 설정하고 『주자전서』에서 해당 내용을 뽑아 저서
로 엮는 것이다.[53] 정약용은 이 책을 이이가 지은 『격몽요결』의 변례(變
例)라고 하였다. 정약용은 두 아들에게 각 조목별로 초록해야 할 내용
개요를 제시하였으며, 나아가 각 조별로 "1백 20자로 제한하게 되면 본
문을 잘라내지 않을 수 없다. 그러나 그 머리 부분과 끝 부분을 잘라내야
하고 잘라낸 부분에서 다시 잘라내서는 안 된다. 그렇게 하면 반드시
그 본뜻을 잃게 될 것이다."라고 하며 초서의 방식도 구체적으로 제시하
였다.[54] 또 두 아들이 『충경(忠經)』을 편찬한 마융(馬融)이나 『심경(心經)』
을 지은 진덕수(眞德秀) 등을 본받아 『효경(弟經)』을 편찬하려고 하자,
정약용은 문목(門目)과 함께 대상 서목을 제시해 주기도 하였다.[55] 정약
용은 초서의 방법을 경학서나 인륜서 등에만 적용한 것이 아니다. 아들
이 닭을 기른다는 소식을 듣고는, 육우(陸羽)가 『다경(茶經)』을 짓고 유

53) 丁若鏞, 『與猶堂全書』第一集詩文集 第21卷, 「寄兩兒」, 총간281, 455쪽. "前年吾敎
汝, 就『高麗史』抄取要緊語, 今覺此事, 非汝所急, 今以一部好書規模寄汝去, 汝須依此,
就『朱子全書』中抄取成編, 亦於後便寄來也. 吾當鑒定可否, 書成後, 須用好紙淨寫, 以
吾序弁其首, 常置案上, 兄弟朝夕誦習可也. 書名曰『朱書余佩』. 篇目十二條, 一曰立志,
二曰革舊習, 三曰收放心, 四曰檢容儀, 五曰讀書, 六曰敦孝友, 七曰居家, 八曰睦族, 九
曰接人, 十曰處世, 十一曰崇節儉, 十二曰遠異端."

54) 丁若鏞, 『與猶堂全書』第一集詩文集 第21卷, 「寄兩兒」, 총간281, 456쪽. "以百二十字
爲限, 則不能不刪節於本文. 然節其首節其尾可也, 不可於所節之中又節其句. 若是則必
失其本意耳."

55) 丁若鏞, 『與猶堂全書』第一集詩文集 第21卷, 「寄兩兒」, 총간281, 456쪽. "昔顔芝傳『孝
經』, 馬融作『忠經』, 眞德秀撰『心經』, 汝等欲著『弟經』, 甚善甚善. 其門目, 宜森整不亂,
試開列如左, 更加商確可也."

득공(柳得恭)이 『연경(煙經)』을 엮었듯이 『계경(鷄經)』을 만들어보라고 권하기도 하였다. 농서를 읽으면서 좋은 방법이 있으면 실제로 적용해보고, 닭의 색깔과 종류를 탐색하고 닭의 정경을 시로 읊을 것을 권하며 이런 것들을 모아 『계경』을 만들어보라고 한 것이다.[56]

초독(抄讀)은 독서의 효율성을 높이는 방법이며, 차기(箚記)는 회의와 자득을 동반하는 비평적 독서 방법이다. 특히 차기는 텍스트에 대한 의문점과 자신이 터득한 부분을 기록하며 작문 능력을 길러준다. 초서(抄書)는 독서에 국한하지 않고 저술의 단계로 발전시켜 독서와 작문이 동시에 이루어지도록 한다. 이는 독서 교육이 책을 읽고 내용을 파악하는 데에 머물러서는 안 되며 작문 교육과 연계되어야 함을 시사한다.

Ⅳ. 현대적 전망 : 맺음말을 대신하여

오늘날 독서 교육에서 조선 후기 초학자를 위한 독서 방법의 활용 가능성을 전망해 보는 것으로 논의를 맺고자 한다. 음독은 현행 중·고등학교의 한문 교과에서 여전히 사용되고 있는 읽기 방법의 하나이다. 2015 한문과 교육과정의 내용 요소에 '소리 내어 읽기'와 '끊어 읽기'가 들어 있으며, 성취기준으로 각각 "글의 의미가 잘 드러나도록 바르게 소리 내어 읽는다."와 "토가 달려 있는 글을 토의 역할에 유의하여 바르게 끊어 읽는다."가 제시되어 있다. 또한 교수·학습 방법에 '낭송하기'와 '토 달아 읽기'를 제시하였는데, 낭송은 "소리 내어 읽는 데 치중하지

---

56) 丁若鏞, 『與猶堂全書』 第一集詩文集 第21卷, 「寄游兒」, 총간281, 459쪽. "聞汝養雞, 養雞固善. 然養雞之中, 亦有雅俚淸濁之殊. 苟能熟讀農書, 擇其善法而試之, 或別其色類, 或異其塒桀, 使雞之肥澤繁衍, 勝於他家, 又或作詩, 寫雞情景, 以物遺物, 此讀書者之養雞也. …… 旣養雞矣, 須將百家書, 鈔取鷄說, 彙次作鷄經, 如陸羽『茶經』·柳惠風之 『煙經』, 亦一善也. 就俗務帶得淸致, 須每以此爲例."

말고 글의 내용을 떠올리고 음미하며 학습 내용을 정리할 수 있도록 한다.”고 하였다.[57] 전통적인 음독의 방법을 계승한 것이라 할 수 있다.

한문이나 외국어 과목의 경우 해당 언어의 발음과 문법을 습득하기 위해 음독을 중요한 학습 방법의 하나로 사용한다. 국어의 경우도 마찬가지이다. 2015 국어과 교육과정을 보면, ‘읽기’ 영역의 초등학교 1~2학년 내용 요소에 ‘소리 내어 읽기’와 ‘띄어 읽기’가 들어 있으며, 성취기준으로 각각 “글자, 낱말, 문장을 소리 내어 읽는다.”와 “문장과 글을 알맞게 띄어 읽는다.”가 제시되어 있다.[58] 모국어이지만 한글이라는 문자를 처음 배우는 단계이므로, 효과적인 문자식별 학습을 위해 음독을 활용한 것이다.

그런데 문제는 음독을 주로 초등학교 저학년의 초보적인 학습 방법으로 간주하여, 초등학교 고학년 이상에서는 거의 활용하지 않는다는 사실이다. 개인 학습이든, 교실 내에서의 공동 학습이든 음독보다는 묵독을 선호하며, 일단 묵독으로 전환되면 다시 음독을 사용하는 경우가 거의 없다. 단적으로 2015 고등학교 독서 교육과정의 ‘독서의 방법’에 ‘사실적·추론적·비판적·감성적·창의적 읽기’ 등이 제시되어 있을 뿐, 음독과 관련된 내용 요소는 전혀 없다.[59] 한편 오늘날 독서가 주로 이루어지는 학교의 교실이나 공공도서관에서 묵독을 규율로 정착시킨 것도 음독을 배제시키는 환경적인 요인이 되고 있다.

일반적으로 한 개인의 생애든, 인류 문화사의 전개 과정이든 음독에서 묵독으로의 이행을 독서의 발달 과정으로 본다.[60] 오늘날 독서 교육에서 지향하는 ‘추론적·비판적·창의적 이해’를 위해서는 묵독이 효과

---

57)『한문과 교육과정』(교육부 고시 제2015-74호[별책 17]), 교육부, 2015, 5·10·12쪽.

58)『국어과 교육과정』(교육부 고시 제2015-74호[별책 5]), 교육부, 2015, 13~14쪽.

59)『국어과 교육과정』(교육부 고시 제2015-74호[별책 5]), 교육부, 2015, 93쪽.

60) 음독에서 묵독으로의 이행에 대해서는 박영민(2003) 참고.

적이며 음독은 오히려 이를 저해하는 방법으로 간주한다. 음독은 '눈(문자판별) → 입(음성화) → 귀(청각 신호) → 두뇌(이해)'의 여러 단계를 거치므로, 속도가 떨어지고 잘못 읽으면 수정해야 하는 등의 장애 요인이 많다는 것이다. 이런 까닭에 음독은 묵독의 전단계이고 낮은 수준의 독서 방법이며, 묵독이 음독보다 고차원적이고 근대적인 독서 방법이라는 인식이 굳어졌다.

그러나 '말하기·듣기·읽기·쓰기'의 통합적인 언어 교육의 측면에서 보면 음독이 묵독보다 효과적인 것이 사실이다. 음독의 과정에서 수반되는 속도·억양·청탁 등의 비문자적 자질들은 의사소통에 있어서 중요한 요소들이다. 더욱이 음독은 텍스트의 내용 이해와 수용에서도 중요한 기능을 하며, 특히 계기적이며 진단적인 기능을 수행한다.[61] 조선시대 문인들이 한문을 평생 음독의 방법으로 읽었던 것도 텍스트에 대한 사색적 읽기가 가능했기 때문이다. 또한 작문 교육의 측면에서 보면, 한국어를 모국어로 사용하고 한글을 깨쳤다고 해서 소리 내어 읽는 것이 무용한 것은 아니다. 구어와 문어는 엄연히 다르며, 작문을 위한 문어적 감각을 키우는 데에 음독은 여전히 유용한 방법이다. 퇴고의 과정에서도 음독을 하면 맞춤법이 잘못된 단어나 비문 등을 더욱 쉽게 찾아낼 수 있다.

본고에서는 조선 후기 초학자를 위한 독서법의 하나로 초독(抄讀)·차기(箚記)·초서(抄書)를 제시했었다. 초독은 책을 읽으며 중요한 부분을 그대로 옮겨 적고 이를 반복하여 읽는 것이며, 차기는 의문 나는 점이나

---

61) 독서교육에서 낭독과 독해 능력의 상관성에 대해서는 최지현(2010) 참고. 최지현은 초등학생 5명을 대상으로 낭독과 읽기 능력의 상관성을 표본적으로 검증해 보았다. 아울러 낭독의 단계를 '표준 발음 및 발성법-호흡 단위별로 끊어 읽는 방법-의미 단위별로 끊어 읽는 방법-호흡 단위를 정하여 끊어 읽는 방법-분위기나 정조에 맞추어 읽는 방법' 등의 5단계로 설정하여 단계별 지도 방법을 제시하였다.

자신이 깨달은 내용을 기록하는 것이다. 초서는 일정한 주제를 세우고 관련 내용을 읽은 책에서 뽑아내어 일종의 편서를 만드는 작업이다. 초독·차기·초서의 과정에서 텍스트의 내용을 깊이 있게 파악하고 사색을 통해 자기화하게 된다. 이런 점에서 초독·차기·초서는 오늘날 독서 교육에서 요구하는 '추론적·비판적·창의적 이해'에 효과적인 방법이라 할 수 있다.

초독·차기·초서는 독법이자 동시에 작법이었다. 초독·초서는 원텍스트를 발췌하여 그대로 옮겨 적는 것이지만 그 과정에서 원텍스트가 가지고 있는 문법과 문체를 학습하게 된다. 특히 정약용이 제시한 抄書之法은 책이라는 정보의 보고에서 필요한 자료나 정보를 수집하고 분석하는 과정을 수반하게 된다. 작문에서 정보의 수집과 분석, 재구성은 대단히 중요한 과정이다. 차기의 경우 비록 짤막한 메모 형태이긴 하지만, 자신의 견해를 적는 것이므로 새로운 글을 짓는데 한발 더 나아간 것이다.

교육의 차원에서 독서 교육과 작문 교육은 결코 분리될 수 없다.[62] 그런데 오늘날 학교 교육에서 독서 교육과 작문 교육은 분리되어 있으며, 작문 교육에서는 창의성과 완성도를 지나치게 요구하는 것은 아닌지 의문이 든다. 다음은 2015 고등학교 화법과 작문 교육과정의 '작문의 원리와 실제'에 제시되어 있는 교수·학습 방법 중 하나이다.

> 작문을 지도할 때에는 지엽적인 지식, 세부적인 기능이나 전략을 따로 다루는 것보다는 온전한 한 편의 글을 쓰면서 지식, 기능이나 전략을 익

---

62) 허재영은 독서와 작문에 대한 연구를 개괄하면서 연구의 차원에서 "독서와 작문을 왜 함께 연구해야 하는가", 교육의 차원에서 "독서 교육과 작문 교육은 왜 함께 다루어야 하는가" 등의 질문을 제기하며, 독서 교육이 작문 교육과 연계되어야 함을 시사하였다. 허재영(2012) 참고.

히는 데 중점을 둔다. 또한 모범문을 주고 단순히 모방하게 하는 방법보
다는 공동체의 작문 관습에 따라 글을 쓰면서 학습자가 필요로 하는 지식,
기능이나 전략을 학습할 수 있게 한다. 이를 통해 글을 쓰는 과정이 선조
적이거나 고정된 것이 아니라 회귀적이고 역동적인 과정임을 체험하도록
한다.[63]

  '정보를 전달하는 글', '소개하는 글', '설득하는 글', '건의하는 글',
'정서 표현의 글' 등 글의 종류에 따른 작문 교수·학습 방법을 제시하기
에 앞서 제1의 총괄적인 작문 교육 방법으로서 제시한 것이다. 메모나
요약 수준이 아닌 '온전한 한 편의 글'을 요구하고 있으며, '단순히 모방
하게 하는 방법'을 지양하고 있다. 이런 기준에서 본다면 차기나 초서는
적합한 교육 방법이 아니다. 작문 교육에서 창의성과 완성도는 당연히
지향해야 할 목표이긴 하지만, 현실적으로 학교 현장에서 이를 적용하
기란 쉽지 않다. 창의적이고 완성도 높은 글로 나아기 위한 훈련 단계로
서 초독·차기·초서의 방법을 작문 교육에서 활용할 만하다. 특히 초서
는 개인별 학습보다는 모둠별 프로젝트 과제로 부여하면 더욱 효과적일
것이다.
  한편 자신의 구체적인 삶과 밀착된 독서 행위로서 이덕무의『관독일
기』를 주목했었다. 『관독일기』는 개인의 사생활을 기록한 일기와 책을
읽은 소감을 적은 독서록이 결합된 방식이었다. 이덕무에게 독서는 지
식과 교양을 획득하는 방식이자, 자신의 생활을 되돌아보고 자아 정체
성을 고민하는 행위의 일환이었다. 오늘날 학교 교육에서 독서록의 작
성을 권장하고 있는데, 이덕무의『관독일기』처럼 책의 내용과 연관된
자신의 경험을 함께 기록하는 방식을 시도해 봄직하다.
  오늘날 학교 교육에서 독서 교육과 작문 교육은 분리되어 있으며, 독

---

63)『국어과 교육과정』(교육부 고시 제2015-74호[별책 5]), 교육부, 2015, 83쪽.

서 교육에서 음독을 초급한 수준으로 치부하고 작문 교육에서 초서를
표절과 같이 여기는 풍조가 있다. 그러나 음독·다독·기송의 과정에서
텍스트의 이해와 수용을 위한 사고 작용이 함께 이루어지며, 특히 음독
의 과정에서 수반되는 속도·억양 등의 비문자적 자질들은 의사소통에
있어서 중요한 요소들이다. 초독·차기·초서의 과정에서 텍스트에 대한
비판적·창의적 이해가 가능하며, 특히 초서는 작문의 과정에서 중요한
관련 정보의 수집과 분석, 재구성을 익히는 데에 유용하다. 본고가 오늘
날 독서 교육을 언어·작문 교육과 연계시키는 데에 도움이 되기를 기대
해 본다.

참고문헌

姜必孝, 『海隱遺稿』, 한국문집총간속 108.
金誠一, 『鶴峯續集』, 한국문집총간 48.
柳元之, 『拙齋集』, 한국문집총간속 28.
朴趾源, 『燕巖集』, 한국문집총간 252.
宋能相, 『雲坪集』, 한국문집총간 225.
宋煥箕, 『性潭集』, 한국문집총간 245.
安鼎福, 『順菴集』, 한국문집총간 230.
吳熙常, 『老洲集』, 한국문집총간 280.
尹 愭, 『無名子集』, 한국문집총간 256.
尹 鑴, 『白湖集』, 한국문집총간 123.
李德懋, 『靑莊館全書』, 한국문집총간 257.
李晩燾, 『響山集』, 한국문집총간속 144.
李萬敷, 『息山集』, 한국문집총간 178.
李 植, 『澤堂別集』, 한국문집총간 88.
李源祚, 『凝窩集』, 한국문집총간속 121.
李 瀷, 『星湖全集』, 한국문집총간 199.

林象德, 『老村集』, 한국문집총간 206.
林　泳, 『滄溪集』, 한국문집총간 159.
丁若鏞, 『與猶堂全書』, 한국문집총간 281.
許　筠, 『惺所覆瓿稿』, 한국문집총간 74.
洪大容, 『湛軒書外集』, 한국문집총간 248.
洪奭周, 『淵泉集』, 한국문집총간 293.
黃德吉, 『下廬集』, 한국문집총간 260.

김　영, 『조선후기 한문학의 사회적 의미』, 집문당, 1993.
김순희, 「황덕길의 독서론 고찰」, 『서지학연구』 53, 한국서지학회, 2012.
김왕규, 「독서 교육의 관점에서 본 정약용의 서간문 : 유배지에서 아들에게 보낸 서간문
　　　을 중심으로」, 『어문연구』 29(1), 한국어문교육연구회, 2001.
김은경, 「조선시대 독서론과 한문교과 활용방안 연구」, 한국교원대학교 박사학위논문,
　　　2006.
박수밀, 「18세기 양응수의 독서법에 나타난 독서 양상과 그 의미」, 『국제어문』 42, 국제
　　　어문학회, 2008.
박영민, 「독서의 발달과 음독에서 묵독으로의 이행」, 『국어교육』 111, 한국어교육학회,
　　　2003.
신영주, 「노주 오희상의 강학 활동과 독서론」, 『한문고전연구』 38, 한국한문고전학회,
　　　2019.
엄경섭, 「조선시대 독서론의 연구 경향과 그 전망」, 『동남어문논집』 41, 동남어문학회,
　　　2016.
원재린, 「조선후기 성호학파의 독서법과 강론 방식」, 『한국사연구』 120, 한국사연구회,
　　　2003.
이연순, 「창계 임영의 「일록」에 나타난 독서 기록의 특징」, 『한문학논집』 35, 근역한문
　　　학회, 2012.
_____, 「창계 임영의 독서 기록 방식과 그 의의 고찰-「독서차록」과 「일록」을 중심으로」,
　　　『시학과 언어학』 26, 시학과 언어학회, 2014.
정　민, 「고전 독서방법론의 양상과 층위」, 『한문교육연구』 25, 한국한문교육학회,
　　　2005.
_____, 『다산선생의 지식경영법』, 김영사, 2006.
정낙찬, 「응와 이원조의 교육방법론」, 『교육철학』 42, 한국교육철학회, 2010.
정우봉, 「이덕무의 『관동일기』에 나타난 자아상」, 『어문논집』 74, 민족어문학회, 2015.
최지현, 「독서교육에서 낭독의 의의에 대한 재음미」, 『독서연구』 24, 한국독서학회,
　　　2010.

허재영, 「우리나라 독서·작문 연구의 역사적 고찰」, 『리터러시연구』 5, 한국리터러시학
　　회, 2012.
황주라, 「노촌 임상덕의 문학론 연구」, 경북대학교 석사학위논문, 2002.

『국어과 교육과정』(교육부 고시 제2015-74호[별책 5]), 교육부, 2015.
『한문과 교육과정』(교육부 고시 제2015-74호[별책 17]), 교육부, 2015.

전통시대 독서 담론의 한문교육적 활용 방안

― 주제 통합적 독서 방법의 적용을 중심으로 ―

김성중

Ⅰ. 서론

전통시대 독서 담론[1]에 대한 연구 성과는 적지 않은데 크게 두 종류로 유별할 수 있다. 첫째, 조선시대 문헌에 언급된 주목할 만한 독서 담론을 정리하고 그에 대한 현대적 의의를 논의한 류이다.[2] 둘째, 조선시대 독서 담론의 의미와 가치를 조명하되 이를 한문 교과에 활용하고자 한 것이다.[3] 전자의 경우 그 중점은 선인들의 책읽기를 통해 현대인에게 깨우침을 전하려는 의도인데, 풍부하고 다양한 자료가 독서의 가치와 중요성을 새삼 일깨우게 하는 장점이 있다. 후자의 경우는 "옛날에도 독서에 대해 이런 좋은 말이 있는데, 그 의미와 가치는 이렇다."라는 결론으로 끝나지 않고 그 자료들을 학교 수업에 연계시키려 한 것으로, 교과교육적 측면에서 일정한 의의가 있다고 할 수 있다. 특히 김은경

---

1) 본고에서 말하는 '담론'은 논리적으로 완정한 체계를 갖춘 논의를 말하는 것이 아니라, '일정한 주제에 대한 이야기'라는 사전의 정의식 의미로 사용한다.
2) 대표적으로 정민(2013)이 있다.
3) 김은경(2006), 김혜진(2010) 등이 있다.

(2006)의 연구는 이 부문에서 주목할 만한 결과를 내었다. 저자가 한계로 지적한 것처럼 중·고등학교 한문 교육용 기초한자 1,800자를 고려하지 않아 논문에 제시된 글감 대부분이 원문 그대로 한문 교과에 사용될수 없는 것이 아쉽지만, '독서론 단원 구성'이라는 장 아래에 독서론의태도, 목적, 방법을 각각 주제로 하여 단원을 구성한 것은 의미있는 성과라 할 수 있다.

상기한 성과들을 바탕으로 하여 본고에서 새롭게 논의하고자 하는 바는 전통시대 독서 담론에 대해 '주제 통합적 독서 방법'을 적용하여 한문교육적 활용 방안을 제시하고자 함이다. 이는 두 가지 목적이 있는데,첫째는 한문 교과에서 주제 통합적 독서 방법의 도입을 적극 시도하고자 함이고, 둘째는 역동적으로 변화하는 독서의 개념을 한문 교과의 교수·학습에 적용하고자 함이다.

한문 교과의 '주제 파악하기 교수·학습 방법'의 절차에 대한 연구는김왕규(2015)에서 본격적으로 이루어졌는데, 주제를 파악하는 활동에초점을 두고 어떠한 절차(단계, 과정)와 기법(기능)이 동원되는가를 면밀하게 밝힌 바 있다. 다음 그림이 연구 결과를 잘 보여준다.

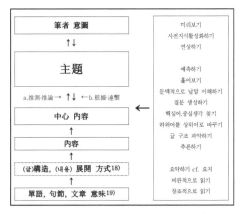

〈그림 1〉 주제 파악하기 교수·학습 방법[4]

상기 그림에 제시된 교수·학습 방법이 단일 주제 파악에 초점이 있다면 본고에서 말하는 주제 통합적 독서 방법은 이에 대한 확장이자 응용이라 할 수 있는데, 하나의 대상 글감이 아닌 동일한 주제를 다루더라도 다양한 관점과 형식으로 표현된 글감들을 통합적으로 읽고, 주제에 대해 이해의 폭과 깊이를 확장하면서 학습자 스스로 주제를 재구성해 나가는 방법이라고 할 수 있다.[5]

독서의 개념은 독자의 문자 해독을 중심으로 독서를 이해하는 데서 독자의 능동적 의미 구성으로 확장·이해되었고, 독서와 작문에 대해 이해와 표현 활동이라는 이분법적 구분 대신 이를 연계해 새롭게 해석하면서 '독서(reading)'라는 용어 대신 '문식성[文識性, literacy]'이란 개념을 사용하기에 이르렀다.[6] 2015 개정 국어과 교육과정(이하 '2015 국어'로 간칭)에서 '독서'의 성격을 "독서는 글을 읽으며 의미를 이해하고 구성하는 능동적 사고 행위이자 사회·문화적 맥락을 바탕으로 하여 의미를 창조하고 소통하는 문화 행위이다."[7]라고 규정한 것도 궤를 같이 한다고 생각된다. 후술하겠지만 전통시대 독서 담론에는 표현 활동 '작문'이 읽는 행위 '독서'와 긴밀한 관련이 있음을 강조한 것이 적지 않은 바, 현재 학교 현장에서 학습자가 제시 글감에 대해 단순한 감상을 쓰는 것에서 창조적으로 재구성하는 글쓰기로의 전환에 시사하는 바가 크다고 하겠다.

본고는 전통시대 독서 담론에 대해 주제 통합적 독서 방법을 적용하는 것이지만 이 방법이 유효하다면 효와 같은 전통적 가치관, 인성 등에

---

4) 김왕규(2015), 70쪽 참조.
5) 이에 대한 자세한 내용은 후술한다.
6) '문식성'은 문(文)으로 상징되는 문자 언어를 알고 다루는[식(識)] 능력을 의미하는데, 이와 관련한 자세한 내용은 이순영 외 4인(2015/2016), 37~38쪽 참조.
7) 『2015 개정 국어과 교육과정』, 91쪽.

관계된 담론뿐만 아니라, 한시·산문·고사·일화 등에서도 주제 통합적 독서 방법이 유의미하게 활용될 수 있을 것으로 기대한다.

Ⅱ. 한문교과와 국어교과에서 제시된 전통시대 독서 담론

한문교과서에서의 독서론에 대한 조사는 김은경(2006)에서 이루어졌다. 김은경은 7차 교육과정에 의해서 집필된 교과서를 분석한 뒤, 선인들의 독서에 대한 자세 및 가치만 제시하였을 뿐 활용면에서 적절치 못함을 지적하였다. 필자가 2009 개정 한문과 교육과정(이하 '2009 한문'으로 간칭)에 의해 집필된 중·고등학교 교과서 전체를 조사해 본 결과도 크게 다르지 않았다. '독서삼도(讀書三到)', '독서상우(讀書尙友)', '군자종기신, 불가일일폐자, 기유독서호[君子終其身, 不可一日而廢者, 其惟讀書乎]' 같은 성어나 명구, 김득신(金得臣)과 송준길(宋浚吉)의 일화를 통해 독서와 책에 대한 자세, 태도 등을 제시한 것 외에는 학생들의 참여와 활동을 이끌어낸 경우는 거의 없었는데, 다음의 경우가 거의 유일했다.

1 ㅣ보기ㅣ와 같이 독서와 관련 있는 명언에 댓글을 달고, 독서에 대한 내 생각을 담아 정의를 내려 보자.

┌─ㅣ보기ㅣ─────────────────────────────────
• 책 속에는 엄한 스승과 두려운 벗이 있다. 〈김굉〉

└→ re: 네, 저는 다산 선생님을 제 가슴속의 스승으로 모셨습니다.
└──────────────────────────────────────

(1) 좋은 책을 읽는 것은 과거의 가장 뛰어난 사람들과 대화하는 것과 같다. 〈데카르트〉
└.

(2) 단 하루라도 책을 읽지 않으면 입에 가시가 돋는다. 〈안중근〉
└.

(3) 내가 생각하는 독서는
└.

2 모둠별로 독서와 관련 있는 문장을 이용하여, 독서 홍보용 포스터를 만들고 발표하여 보자.

〈그림 2〉 독서 관련 활동[8]

학생 참여 중심으로의 활동을 적극 반영토록 한 것은 한문 교과의 경

─────────────

8) 진재교 외 3인(2013), 『중학교 한문』, 73쪽. '독서 관련 활동'이란 명명은 필자가 한 것으로, 해당 교과서에서는 '실력다지기' 란에 있는 내용이다.

우, 2015 개정 한문과 교육과정(이하 '2015 한문'으로 간칭)이라고 할 수 있으므로 '2009 한문'에 의해 집필된 교과서에 대해 이를 요구하는 것은 무리라고 생각된다. 상기한 활동은 일정한 교수·학습 방법에 의해 학생들의 창의성을 이끄는 절차, 과정을 제시함으로써 글쓰기를 이끄는 것이라기보다는 단편적인 감상에 의거한 느낌을 적는 성격이 강하지만, 학생 참여라는 측면에서 시사하는 바가 적지 않다.

국어 교과의 '독서와 문법' 교과서에서는 한문 원전을 번역문 형태로 많이 사용하고 있었는데 필자의 조사에 의하면 대부분 선현들의 독서에 대한 생각과 주장을 연관 구절, 문장 중심으로 단편적으로 제시한 정도에 머물렀으며 온전한 체계를 갖추고 현대적 분석과 연계시킨 것으로는 다음과 같은 예가 있었다.

<표 1> '독서의 특성' 중[9]

〈되돌아보기〉
다음은 조선 후기의 실학자 정약용이 유배지에서 자식들에게 쓴 편지이다. 잘 읽고, 아래 활동을 해보자.

이제 너희들은 망한 집안의 자손이다. 폐족(廢族)으로서 잘 처신하는 방법은 오직 독서하는 한 가지 방법밖에 없다. 왜냐하면 독서라는 것은 사람에게 가장 중요하고 깨끗한 일이기 때문이다. 그뿐만 아니라 호사스런 집안 자제들만 그 맛을 알 수 있는 것도 아니고 또 촌구석 수재(秀才)들이 그저 책을 읽는 것만으로 독서의 심오함을 넘겨다보기 어렵다. 반드시 벼슬하는 집안의 자제로서 어려서부터 보고 들은 바도 있는데다 중년에 재난을 만난 너희 같은 젊은이들만이 진정한 독서를 하기에 가장 좋은 것이다.

내가 몇 년 전부터 독서에 대하여 깨달은 바가 무척 많은데, 마구잡이로 그냥 읽어내리기만 하는 것은 하루에 천 번 백 번 읽어도 오히려 읽지 않은 것과 다를 바가 없다. 무릇 독서할 때 도중에 의미를 모르는 글자를 만날 때마다 널리 고찰하고 세밀하게 연구하여 그 근본 뿌리를 파헤쳐 글 전체를 이해할 수 있어야 한다. 날마다 이런 식으로 책을 읽는다면 수백 가지의 책을 함께 보는 것이 된다. 이렇게 읽어야 읽은 책의 의리(義理)를 훤히 꿰뚫어 알 수 있게 되는 것이니 이 점 깊이 명심해야 한다.

---

9) 박영목 외 5인(2012), 36~37쪽 참조.

독서를 하려면 반드시 먼저 근본을 확립해야 한다. 근본이란 무엇을 일컬음인가. 학문에 뜻을 두지 않으면 독서를 할 수 없으며, 학문에 뜻을 둔다고 했을 때에는 반드시 먼저 근본을 확립해야 한다. 근본이란 무엇을 일컬음인가. 오직 효제(孝悌)가 그것이다. 먼저 반드시 효제를 힘써 실천함으로써 근본을 확립해야 하고, 근본이 확립되고 나면 학문은 자연스럽게 몸에 배어들고 넉넉해진다. 학문이 이미 몸에 배어들고 넉넉해지면 특별히 순서에 따른 독서의 단계를 강구하지 않아도 괜찮다.

그러나 처음에는 경학(經學) 공부를 하여 밑바탕을 다진 후에 옛날의 역사책을 섭렵하여 옛 정치의 득실과 잘 다스려진 이유와 어지러웠던 이유 등의 근원을 캐 볼 뿐 아니라 또 모름지기 실용의 학문, 즉 실학(實學)에 마음을 두고 옛 사람들이 나라를 다스리고 세상을 구했던 글들을 즐겨 읽도록 해야 한다. 마음에 항상 만백성에게 혜택을 주어야겠다는 생각과 만물을 자라게 해야겠다는 뜻이 있는 뒤라야만 바야흐로 참다운 독서를 한 군자라 할 수 있다.

－ 정약용, "유배지에서 보낸 편지"에서

(1) 이 글을 다음과 관련하여 설명해보자.
  ● 언어는 신분, 계층, 지역 등에 따른 사회적 특성을 나타낸다.
  ● 언어는 그 사회의 문화를 반영한다.
(2) 이 글에 쓰인 담화 표지 가운데 예고나 강조의 기능을 수행하는 것을 찾아보자.
(3) 이 글에는 독서에 대한 글쓴이의 관점이 드러나 있다.
  ● 의미 구성 행위로서의 독서
  ● 문제 해결 행위로서의 독서
  ● 의사소통 행위로서의 독서

상기 제시문은 본문의 내용에 내한 정해진 답안 쓰기 성격이 강하시만,[10] 교과서 집필자들이 원문을 적절히 절록, 번역하여 다시 완정된 한 편의 글로 각색하면서 본문의 의미를 독서의 특성 3가지(의미 구성, 문제 해결, 의사소통)와 연계시킨 것 등은 평가할 만하다고 생각된다. 본

---

10) (3)에 대한 예시 답안은 다음과 같다. '의미 구성 행위로서의 독서': "마구잡이로 그냥 읽어내리기만 하는 것은 하루에 천 번 백 번 읽어도 오히려 읽지 않은 것과 다를 바가 없다." / '문제 해결 행위로서의 독서': "무릇 독서할 때 도중에 의미를 모르는 글자를 만날 때마다 널리 고찰하고 세밀하게 연구하여 그 근본 뿌리를 파헤쳐 글 전체를 이해할 수 있어야 한다." / '의사소통 행위로서의 독서': "옛날의 역사책을 섭렵하여 옛 정치의 득실과 잘 다스려진 이유와 어지러웠던 이유 등의 근원을 캐 볼 뿐 아니라 또 모름지기 실용의 학문, 즉 실학(實學)에 마음을 두고 옛 사람들이 나라를 다스리고 세상을 구했던 글들을 즐겨 읽도록 해야 한다."

격적인 학생 참여 중심 교수·학습은 아니라 할지라도 학생들로 하여금 전통시대 독서 담론에서 현대적 관점에서의 독서 본질·독서 특성·독서 과정·독서 방법 등을 탐구할 수 있게 한 것에 의미가 있다. 한문교과에서도 이러한 글감을 많이 찾아 그 의의를 드러내는 작업이 필요하다 하겠다.[11)]

본고에서 강조하고자 하는 것은, '독서와 문법' 교과의 상기한 구성·내용은 주제 통합적 독서 방법과의 연관 여부를 굳이 상정하지 않더라도 한문 교과서의 본문 글감으로 활용하기 어렵다는 점이다. 한문 교과는 한문 원문이라는 매개를 놓을 수도 없고 놓아서도 안 되기 때문이다. 전통시대 독서 담론의 한문교육적 활용 방안을 고려할 때는 해당 원문이 교과서의 글감이 될 수 있는지를 먼저 고려해야 하고[12)] 그와 관련된 보충 글감의 번역문 형태 제시는 그 다음에 염두에 두어야 한다. 이 순서는 바뀔 수 없다고 생각한다. 이러한 방향은 독서 담론의 경우에만 해당하는 것이 아니라, 전통적 가치관, 인성에 관계된 담론 및 한시, 산문, 고사, 일화 등에도 마찬가지로 적용되어야 할 것이다. 전통시대 독서 담론 중 현대적 의의와 가치도 있으며, 교과서 편찬 지침에도 어긋나지 않는 제재를 찾는 것도 어려운 일이지만, 이 제재를 주제 통합적 독서 방법 같은 학생 참여 중심 교수·학습 활동으로 연계시키는 것은 또 다른 지난한 일이라 생각된다.

---

11) 본고와 일정한 거리가 있지만, '2009 한문'에 의해 집필된 한문 교과서에서도 동일한 글감의 일부를 번역문 형태의 보충 글감으로 제시한 바 있는데, 핵심을 정약용의 실학 정신으로 파악해서 기술했다. 동일한 대상을 교육적으로 다르게 활용하는 것은 지극히 자연스러운 일일 것이다.

12) 여러 요인이 있겠지만, 대표적으로 두 가지를 거론하면 첫째 중·고등학교 한문 교육용 기초한자, 둘째 발췌할 때의 의미 구조 및 문법 구조의 고려이다. 후자에 대해서는 김성 중(2011) 참조.

Ⅲ. 주제 통합적 독서 방법의 적용

1. 주제 통합적 독서의 성격과 방법

주제 통합적 독서 방법이 국어과 교육과정에 처음 제시된 것은 2009 개정 국어과 교육과정(이하 '2009 국어'로 간칭)이었는데, 「국어Ⅰ」에서 여러 가지 독서 방법 중 하나로 언급되었다. 즉, 소리 여부에 따른 음독·묵독, 속도에 따른 속독(速讀)·지독(遲讀), 범위에 따른 전부 읽기·발췌 읽기, 꼼꼼하게 읽는 정도에 따른 통독·정독·미독(味讀) 등으로 분류하는 과정 속에 전문적 읽기 방법으로 제시되었으며 '다양한 관점의 자료들을 비교·대조하여 읽고 자신의 관점을 정리하는' 것으로 기술되었다.[13]

그런데 '2015 국어'에서 주제 통합적 독서는 「독서」의 내용 체계에서 내용 요소로 상정될 정도로 그 위치가 격상되었다.[14] 당연한 결과이지만 성취기준과 학습 요소로도 제시되었다.

〈표 2〉「독서」성취기준 일부[15]

(1) 독서의 본질
[12독서01-01] 독서의 목적이나 글의 가치 등을 고려하여 좋은 글을 선택하여 읽는다. [12독서01-02] 동일한 화제의 글이라도 서로 다른 관점과 형식으로 표현됨을 이해하고 다양한 글을 주제 통합적으로 읽는다. (가) 학습 요소 독서 자료의 선택(독서의 목적, 글의 가치), 주제 통합적 독서(상호 텍스트성)

---

13) 교육과학기술부(2012), 『국어과 교육과정』, 74쪽. '2009 국어'에서의 '주제 통합적 읽기'는 '2015 국어'에서는 '주제 통합적 독서'로 바뀌었다. '2009 국어'에서의 '읽기'는 표현 능력을 담보하지 않으므로 '주제 통합적'이라는 개념과 맞지 않기 때문이라고 판단된다.
14) 교육부(2015), 『국어과 교육과정』, 93쪽 참조.
15) 교육부(2015), 『국어과 교육과정』, 94쪽.

상기 성취기준의 해설을 보면 주제 통합적 독서란 무엇인지에 대해 상세히 기술해 놓았다.

〈표 3〉「독서」 성취기준 해설 일부[16]

동일한 화제에 대해 서로 다른 관점을 지닌 글을 대조하면서 읽거나 비슷한 주제를 담고 있는 다양한 형식의 글을 비교하면서 읽도록 한다. 여러 가지 관점이나 형식의 글은 주제에 대한 독자의 판단 근거이자 자료가 된다. 이때 편견이나 선입견을 배제하고 객관적이고 합리적으로 판단하되, 단순히 여러 글을 비교·대조하는 수준에 머물지 않고 서로 다른 관점과 형식의 글을 비판적으로 종합하여 자신만의 주제로 재구성하는 능력을 기를 수 있도록 한다.

여기서 우리의 관심을 요하는 부분은 '자신만의 주제로 재구성한다.'는 기술이다. 이는 서론에서 언급하였듯이 독서 개념의 확장과 연관되어 있다고 판단되는데, 독서가 '읽기'라는 활동에만 국한된 것이 아니라 '쓰기'라는 표현 능력까지 확대되기 때문이다.

그렇다면 현대의 교육과정에서 주제 통합적 독서가 왜 필요한가? '독서 경험이 편중되지 않고 균형 잡힌 지식인으로 성장할 수 있도록 하고', '인문학, 자연과학, 예술 분야 등 다양한 분야와 관점의 자료들을 종합적이고 비판적으로 읽을 수 있도록 하며', 이러한 독서 능력이 '미래 사회가 요구하는 능동적이고 주체적이며 창의적인 독자가 갖추어야 할 전문적 능력'이기 때문이라고 할 수 있다.[17]

'2015 국어'의 학습요소에서 '주제 통합적 독서(상호 텍스트성)'라고 했듯이 상호 텍스트성과 주제 통합적 독서는 일정한 관련이 있다고 할 수 있다. 상호 텍스트성(intertextuality)은 '텍스트 간의 상호 관련성'으로, 독서 방식에 따라 내적 관계 텍스트성[텍스트 내부 요소들의 관계를 통해

---

16) 같은 곳.
17) 교육과학기술부(2012), 『국어과 교육과정』, 124~125쪽 참조.

의미 구성], 상호 관계 텍스트성[다른 텍스트와의 관계를 통해 의미 구성], 외적 관계 텍스트성[텍스트 외부에 있는 내용과의 관계를 통해 의미 구성]으로 나누기도 한다.[18] 본고가 특히 관심을 갖는 부분은 바로 다른 텍스트와의 관계를 통해 의미를 구성하는 상호 관계 텍스트성으로,[19] 이는 결국 복수의 텍스트의 관계를 염두에 둔 것이다. 복수의 텍스트가 주제 측면에서 상호 관련되었을 때, 이 주제에 의한 상호 텍스트성을 반영한 읽기가 바로 주제 중심 독서(theme-centered reading)라고 할 수 있는데 다음과 같은 5가지 유형이 제시되고 있다.[20]

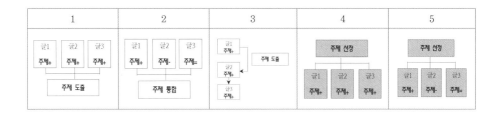

1·2·3유형은 복수의 텍스트를 읽고 주제를 도출·통합하는 것이고[21] 4·5유형은 선정된 주제에 따라 복수의 텍스트를 비교·분석·통합하는 것인데,[22] 후자가 목표를 중심으로 이루어지는 학교 교육에 더 적합하다고 보여진다.[23] 박정진(2014)은 4·5유형을 구체화하여 '주제별 통합 독

---

18) 한국어문교육연구소 국어과교수학습연구소 편(2006), 293~295쪽 참조.
19) 김도남은 텍스트의 연결 관계를 중심으로 텍스트를 읽는 방식을 세 가지로 나누었다. 그리고 그동안의 읽기 교육적인 면에서의 접근 방식은 주로 텍스트 밖에서 텍스트 이해에 영향을 미치는 것과의 관계를 통한 것이었다고 파악하고, 텍스트 이해를 위한 접근에서 관심의 대상이 되는 것은 다른 텍스트와의 관계에서의 상호텍스트적인 접근이라고 하였다. 김도남(2003/2014), 142~144쪽 참조.
20) 이하 주제 중심 독서에 대한 서술은 박정진(2014) 참조.
21) 1유형은 주제가 동일한 것, 2유형은 주제가 유사한 것이다. 3유형은 단일 텍스트를 읽고 주제를 도출한 후, 해당 주제와 연관된 다른 텍스트를 읽는 것이다.
22) 4는 선정된 주제가 동일하게 반영된 복수의 텍스트를 읽는 것이고, 5는 선정된 주제가 다양하게 반영된 복수의 텍스트를 읽는 것이다.

서' 유형을 제시하였다.

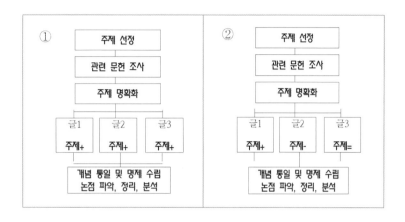

상기 유형은 본고에서 말하는 주제 통합적 독서 방법에 시사하는 바
가 크다고 할 수 있지만, 중요한 점이 추가되어야 하는데 학생들 스스로
가 '자신만의 주제로 재구성'하는 과정이 바로 그것이다. 본고에서는 앞
서 언급한 김왕규(2015)의 주제 파악하기 교수·학습 방법 모형을 참고하
여 주제 통합적 독서 방법의 모형을 다음과 같이 제시하고자 한다.

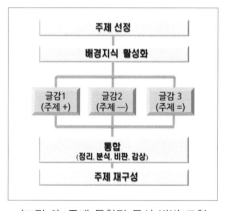

〈그림 3〉 주제 통합적 독서 방법 모형

---

23) 박정진(2014), 198쪽 참조.

아래에서는 상기 모형에 대해 설명을 기술하면서 이에 근거한 학생
참여형 중심 교수·학습을 시도해 본다.

2. 주제 통합적 독서 방법을 적용한 학생 참여 중심 교수·학습

(1) '주제' 선정

주제 통합적 독서 방법에서 선정할 수 있는 '주제'[24]에 대해 특별한
제한을 둘 필요는 없다고 생각한다. 한문과 교육과정, 한문교과서에 구
현된 내용과 관계된 것이라면 기본적으로 모두 '주제'가 될 수 있을 것이
다. 본고에서는 독서를 제재로 하여 '독서의 본질과 대상'[25]이라는 '주제'
를 선정했지만, 같은 제재를 이용하여 '독서 습관과 자세'를 '주제'로 상
정할 수도 있다. 이때는 앞서 언급했던 성어, 단문, 김득신(金得臣)과 송
준길(宋浚吉)의 일화 등이 '글감'이 될 수 있을 것이다. 또한 '효(孝)'의
본질과 현대적 실천', '인간의 성품에 대한 탐구' 등도 '효(孝)', '인성(人
性)'을 제재로 한 '주제'가 될 수 있을 것이다.[26] 본고에서 주제 통합적
독서 방법을 적용하기 위한 '주제'로 '독서의 본질과 대상'을 선정한 것
은 독서에 대한 선인들의 창의적인 담론을, 주제 통합적 독서 방법이라
는 새로운 방법으로 분석 감상함으로써 독서라는 것에 대해 학생들 스
스로 창조적인 재구성을 할 수 있도록 하기 위함이다.

---

24) 일반적인 주제와 주제 통합적 독서 방법 모형에서의 주제를 구분하기 위해 후자에 대해
'주제'라고 하였다. 이하의 '글감'도 동일하다.
25) 중학생을 대상으로 한 수업에서는 '독서의 본질과 대상'이라는 말이 다소 어려울 수도
있으므로 '무엇이 독서일까?'라는 '주제'로 제시되는 것도 고려할 수 있다.
26) '주제'의 확장에 대한 생각은 본고의 토론을 맡은 신영주 교수(성신여대 한문교육과)의
질의에 힘입은 바 크다. 지면을 통해 감사의 말씀을 드린다.

(2) 배경지식 활성화

'주제'와 관련한 배경지식은 개별 학습자마다 차이가 있다. 교수자는 학습자의 수준에 따라 관련된 한자, 한문 지식을 적절히 선별하여 제시함으로써, 학습자가 '주제' 및 '글감'을 예측하고, 자신이 이미 인지하고 있는 것을 떠올리게 할 수 있을 것이다. 이러한 배경지식은 동기와 흥미를 유발하는 계기를 마련해 줄 수도 있다. 본고에서는 배경지식 활성화를 자원을 통해서 시도해 보았다.

책(冊)자는 죽간(竹簡)을 실로 매어 놓은 모습을 본뜬 글자이다. 종이가 발명되기 전에는 죽간을 여러 개 묶어 글을 기록한 것을 책이라 했다. 그 후 종이 사용이 보편화되고 오늘날에는 전자책까지 등장하게 되었지만 '종이'로 만든 형태 뿐 아니라 '컴퓨터'나 '핸드폰'에서 볼 수 있는 '전자화'된 형태 또한 여전히 종이책·전자책 등으로 책(冊)이란 이름을 붙인다.
☞ 미래세계에는 어떠한 형태의 책(冊)들이 만들어질까?

〈그림 4〉 배경지식 활성화 : 책(冊)의 자원을 통한 책 문화 이해하기

배경지식을 통해 학습자는 '책(冊)'이란 한자가 지닌 의미적·문화적 배경을 학습하고, '책(冊)'의 형태가 사회 변화에 따라 달라짐을 인지할 수 있을 것이다. '책(冊)'의 자원을 중심으로 관련 지식을 활성화시킴으로써 학습자가 한문과 교과의 특성을 살려 '주제'를 이해하고 생각할 수 있는 기회를 갖게 되고, 이렇게 형성된 배경지식은 학습자가 한자, 한문과 관련된 독서 '글감'에 관심을 갖고 몰입함으로써 능동적으로 읽는 데 도움을 줄 수 있을 것이다. 자원의 구체적인 서술 내용은 '글감'의 내용과 연관될 수 있도록 조정하는 방안도 고려될 수 있다. 또한 "미래세계에는 어떠한 형태의 '책(冊)'들이 만들어질까?"라는 질문을 함으로써 창

의적인 생각을 하게 하는 것도 필요한데, 이는 활동 후반부에 학생들 스스로 자신만의 책의 형태를 구상하는 동기가 될 수 있다. 자원 설명을 확대하여 관련 한자인 '전(典)[두 손으로 책을 공손히 들고 있는 모양]', '서(書)[그릇에 담긴 먹을 붓으로 찍고 있는 모습]' 등을 함께 제시할 수도 있지만, 배경지식 활성화하기가 학습의 부담으로 작용해서는 안 되기 때문에 교수·학습 상황을 고려할 필요가 있다.

교수자가 배경지식을 직접 제시하지 않고 학습자로 하여금 조사하게 하는 것도 또 다른 활성화 전략이라고 할 수 있다. 예를 들어, 전통시대의 다양한 책의 형태를 인터넷을 통해 조사함으로써 고서(古書)의 종류를 이해하고 '주제' 및 '글감'의 내용 등을 예측하여 자신만의 책을 만드는 과제를 수행할 때 배경지식을 활용할 수 있도록 하는 것이다. 교과서에 실린 다음과 같은 그림이 예시가 될 수 있다.

▲ 첩장(帖裝)
병풍 모양.

▲ 선풍장(旋風裝)
두 끝을 붙이거나 묶어 팔랑개비 모양.

▲ 포배장(包背裝)
한 장의 종이를 책등에서부터 앞·뒷면을 실을 사용하지 않고 붙임.

▲ 호접장(蝴蝶裝)
한 장의 표지를 가운데에서 돌로 접은 책등 안쪽에 붙여 펼치면 나비 모양 같음.

〈그림 5〉 고서의 종류[27]

'배경지식의 활성화를 통한 능동적 읽기 전략(K–W–L)'은 이 과정에서 사용할 수 있는 유용한 방법 중 하나이다. 이른바 '알고 있는 것[Know]'을 기록하게 한 다음 '전통시대의 독서의 본질과 대상'은 무엇인지 '알고 싶은 것[Want to know]'을 생각하게 하는 것으로, 알고 싶은 것들을 생각

27) 심경호 외 4인(2014), 204쪽.

하는 활동을 통해, 학습자는 자신의 학습 이유를 명확하게 인식하고 결과적으로 해당 학습 활동에 적극적인 참여자가 될 수 있다.

K(아는 것)	자신이 본 다양한 책의 형태에 대해 얘기해보자.
W(알고 싶은 것)	전통시대의 독서란 무엇이었을까?

(3) '글감' 제시와 '통합'

'글감'의 선택과 제시는 주제 통합적 독서 방법의 효과적 달성을 위해 중요한 사항이자, 한문교과에서의 주제 통합적 독서 방법이 여타 교과에서의 그것과 가장 큰 차이가 존재하는 부분이다. '글감'은 한문교과서의 본문을 우선적으로 고려해 볼 수 있는데 '2009 한문'에 의해 집필된 교과서[중학교한문 교과서 14종, 고등학교 한문Ⅰ 교과서 10종, 고등학교 한문Ⅱ 1종]외에도 2007 개정 한문과 교육과정에 의해 집필된 교과서도 적극적으로 활용할 수 있고, 경우에 따라서는 '주제'에 적절한 새로운 '글감'을 제시할 수도 있다. 새로운 '글감'의 경우, 전술한 바와 같이 중고등학교 한문 교육용 기초한자와 함께 의미 구조 및 문법 구조도 고려해야 한다.

복수(複數)의 '글감'을 제시하는 주제 통합적 독서 방법에 있어 모든 '글감'이 한문이어야 할 필요는 없다고 생각한다. 오히려 일부 '글감'을 번역문 형태로 제시하는 것이 학생 참여 중심 교수·학습을 효과적으로 도모할 수도 있다. 번역문 형태로 제시하는 경우도, 해당 원문의 번역을 그대로 제시하는 방안과 일종의 각색[28]을 하는 방안이 있을 것인데, 두 경우 모두 가능하다고 생각된다. 또한 필요에 따라서는 관련 서적(학술논문, 대중서적 등)들의 내용도 일부 가져올 수 있을 것이며, 문자로 된

---

28) 여기서 말하는 '각색'이란 '의역'의 범주를 넘어선 것으로 축약, 보충까지를 포괄한다.

'글감' 외에도 표, 그림 등도 제시할 수 있다고 생각된다.[29] 주지하는 바이지만 한문 교과서에서는 본문 외의 지면에서 이러한 보충 자료들을 이미 많이 사용하고 있다.

본고에서는 이상의 내용을 고려하여 '독서의 본질과 대상'에 대해 다음과 같은 '글감'들을 제시해 보았다.

※ 다음 글감을 통해 '독서의 본질과 대상'에 대해 감상, 분석, 정리해 보자.

(가-1) 人之日用起居視聽事爲, 固無非天下之至文也.
홍길주, 「李生文藁序」[30]

(가-2) 古之人有善讀書者, 公明宣是已. … 公明宣學於曾子, 三年不讀書. 曾子問之, 對曰 : "宣見夫子之居庭, 見夫子之應賓客, 見夫子之居朝廷也, 學而未能, 宣安敢不學而處夫子之門乎?"
박지원, 『燕巖集』, 「楚亭集序」

(나) 아침에 일어나니 푸른 나무가 뜰에 그늘지고 철 따라 우는 새는 지저귀고 있었습니다. 저는 부채를 들어 책상을 치며 "이것이야말로 날아다니는 글자요, 울며 화답하는 글이다. 온갖 아름다운 문채들을 文章이라 한다면 문장으로 이보다 더 뛰어난 것은 없다."라고 막 외쳤습니다. 오늘 저는 진정한 글을 읽었습니다.
- 박지원, 『燕巖集』, 「答京之[之二])」[31]

(다) 讀畫[그림 읽기]

(다-1) 풍속화 – 풍자와 해학 읽기	(다-2) 문인화 – 작가의 내면 의식 읽기

---

29) '2015 한문'에서 제시된 교수·학습방법 중 하나인, '다른 창작물과 비교하기' 방법을 활용한 것이다.
30) 정민(2002), 90쪽에서 전재.

(가)는 한문 원문이다. (가-1)과 (가-2)는 학교급별에 따른 수준 차이를 고려한 것으로 전자는 중학교, 후자는 고등학교를 염두에 두었다. 홍길주의 글[32]에서 알 수 있듯, 이 두 제재는 기실 연계된 것이다. (나)의 글은 고등학교 교과서 본문 글감으로 제시되기에도 수준이 다소 높다고 보여진다. 이해의 난이와 교육적 효과의 경중을 따질 때 보충 '글감'의 성격으로 번역문 제시가 바람직할 듯하다. (다)는 '독서'의 대상이 그림도 될 수 있음을 보여줌으로써 창의적 사고를 심화시키기 위한 것이다. 학습자가 다소 이해하기 어려워하면 필요에 따라 참고 글을 제시해 주면서 학습자의 창의적인 발상을 유도할 수 있다. (다-1)을 예로 들어본다.

> ● 훈장 선생님 앞쪽에 돌아앉은 학동은 숙제를 해 오지 않아 훈장님께 회초리로 종아리를 맞고 울며 자리로 돌아오는 모습이다. 매질한 훈장님도 안쓰러운 듯 아이를 바라보고 있다.
> ☞ 주위의 학동들이 다양한 모습을 하고 있는데 각 표정들에 어떤 감정이 담겨있을지 적어보자.

(다)를 통해 단순히 그림을 보는 것이 아니라 그림을 자세히 음미하면서 감상한다는 의미의 '독화(讀畵)'를 이해하게 되고[33], 추후에 '주제'를 창의적으로 재구성하는데 일정한 보탬이 될 수 있을 것이다.

'글감' (가)~(다)에서 말하는 '독'과 '서'가 무엇인지 감상, 분석, 정리하고 더 나아가 학습자 개개인의 경험에 비추어 어떠한 것들이 '독'과

---

31) 朴趾源, 『燕巖集』, 「答京之[之二]」. "朝起, 綠樹蔭庭, 時鳥鳴嚶. 擧扇拍案, 胡叫曰 '是吾飛去飛來之字, 相鳴相和之書. 五采之謂文章, 則文章莫過於此.' 今日僕讀書矣."

32) 洪吉周, 「李生文藁序」. "公明宣居曾子之門三年不讀書. 余嘗謂, 公明宣讀孝經論語, 皆萬籌, 未可謂不讀書也. 然此猶得聖人而爲師耳. 人之日用起居視聽事爲, 固無非天下之至文也. 人自不以文觀焉, 必開卷, 數行墨嘎嘎作喉齒音. 然後始謂之讀書. 若是者, 雖百萬籌, 奚功焉!" 정 민(2002), 90쪽에서 전재.

33) '독화(讀畵)'의 개념과 설명은 김용재 외 5인(2014), 81쪽 참조.

'서'가 될 수 있는지 모둠 원끼리 토론해 보는 활동이 진행될 수 있을 것이다. 그 과정을 전술한 K-W-L의 방법을 사용하면, '읽기 후 활동'은 다음과 같이 이루어질 수 있을 것이다.

L(알게 된 것)	'책'과 '독서'에 대해 새로 알게 된 것들을 적어보자.

이 과정을 통해 새롭게 알게 된 개념, 사실이 공유될 것이고, '책', '독서'에 대한 이해 내용들이 구조화 될 수 있을 것이다.

(4) '주제' 재구성

본고에서 주장하는 주제 통합적 독서 방법이 기존 연구논저에서 말하는 주제별 통합 독서와 크게 다른 점은 '주제 재구성'이라 할 수 있다. '주제 재구성'을 새롭게 상정하는 이유는 앞서 설명한, 독서와 작문을 분리해서 파악하지 않는 문식성의 개념을 적극 도입했기 때문이다.

'재구성(looping)'[34]은 간단히 정리하면 학습자가 '글감'의 의미를 찾아 자신의 기존 생각과 연결하고 이를 통해 새로운 의미를 생성해 내는 것이라고 할 수 있다. 이 과정에서 학습자는 자신의 관점, 경험 등에 근거하여 다양한 시각에서 제시된 '글감'을 선입견을 배제하고 감상, 비판, 분석, 비교하게 되며 여기에 머물지 않고 자신만의 내용과 형식으로 자신의 생각을 구성해 내게 된다. '재구성'하는 능력도 당연히 교육되어야 한다. 본고의 '주제'와 관련하여 '재구성'하는 역량을 제고하기 위해 '다양한 시각', '선입견을 배제한 감상, 비판, 분석, 비교' '자신만의 내용과 형식'에 대해 각 예를 거론해 본다.

---

34) 이에 대해서는 김도남(2003/2014), 196쪽 참조.

비트겐슈타인(L. Wittgenstein, 1889~1951)의 『철학적 탐구』(1953)에 응용한 이미지[35]

　　상기 예는 구체적인 '보는 각도'의 다름으로 인해 추상적인 '시각' 차이의 결과가 도출되는 현상을 설명하는 고전적인 그림이다. '보는 각도'를 왼쪽 끝으로 하면 오리, 오른 쪽 끝으로 하면 토끼라는 이미지 차이가 일어난다.

> 古之人有善爲文者, 淮陰侯是已. 何者? … 背水置陳, 不見於法, 諸將之不服, 固也.
> 乃淮陰侯則曰 : "此在兵法, 顧諸君不察兵法. 不曰置之死地, 而後生乎?"

　　앞서 언급한 「초정집서」의 일부로, '물을 등지고 치면 안 된다.'는 기존 견해를 무비판적으로 받아들이는 것의 경계로 활용할 수 있다.
　　홍길주의 다음 글은 학습자가 '자신만의 내용과 형식'으로 자신의 책을 만들어 가는 활동을 진행할 때 예시로 거론할 수 있다.

> 동해 바다에 신선들의 도서관이 있다. 고금의 책들을 다섯 등급으로 구분해 두었는데, 각 등급별로 표지와 보관함이 달랐다. 서가는 굳게 잠겨 있어 관리들도 갈 수 없었으며 간다 해도 감히 열람할 수 없었다.……바닷가의 한 사람이, 이 도서관의 서적 담당 관리와 친하게 지낸 터라, 여러 차례 간곡히 부탁하자 관리는 틈을 엿보았다가, 같이 안으로 들어가서는 책 한 권을 뽑아 보여주었다. 펼쳐보았더니 모두 제목만 있을 뿐 내용이 없었다. 그가 이상하게 여기며 물어보았더니 관리가 대답했다. "후에 내용을 적을 사람이 분명 나올 걸세."[36]
>
> － 홍길주, 「해서(海書)」 중에서

---

35) 관련 설명은 루트비히 비트겐슈타인 저, 이승종 역(2016), 567~571쪽 참조.
36) 洪吉周, 『孰遂念』第七觀, 「海書」(高麗大 海外韓國學資料센터 筆寫本이미지)의 원문은 아래와 같다. "東海中有仙靈祕書府, 藏古今書籍, 五等以別之. 太上, 書之紅羅衣, 以五

한문교과의 활동이니 만큼 한자 어휘, 성어, 한문 명언 명구 등을 적극적으로 활용하여 책 제목, 내용 등을 만들고 그것들을 '주제'로 자신의 직접 경험, 혹은 간접 경험을 통해 다양한 시대와 사회의 삶과 문화를 이해한 사항들을 기술하는 것이 바람직할 것으로 생각된다.[37] 물론 이상은 하나의 예일 뿐이다. '주제 재구성'은 '기능적인 몇몇 방법에 의한 틀에 박힌 만들기'의 측면보다는 '창의적인 사고에 의한 의미 구성과 표현'이기 때문이다.

Ⅳ. 결론

한문교과에서 다양한 교수·학습법의 요구는 컸지만 연구자 인력풀의 한계 등 여러 여건으로 인해 학교 현장의 기대를 충족시키지 못했다. 이러한 고민의 결과가 '2015 한문'에 반영되어 교육과정에 적지 않은 교수·학습 방법이 소개되었다. 그러나 아직도 한문교과에서는 현대의 교육 흐름에 맞는 다양한 교수·학습법을 필요로 하고 있다. 본고에서 논의한 주제 통합적 독서 방법은 국어과 교육과정에 힘입기는 했지만

文之錦雕, 玉其匣而珊瑚其籤; 其次, 書之紫羅衣, 以黃雲之繡赤, 玉其匣而瑪瑠其籤; 又其次, 書之素絹衣, 以紫霞之繡白, 玉其匣而車渠其籤; 又其次, 書之纖帛衣以絳綺, 玻璨其匣而琅玕其籤; 最下者, 書之繭紙衣, 以翠縠文貝其匣而象齒其籤, 竅架嚴鐍, 郎吏典之人不得至, 至亦毋敢妄閱. 有窺而入者, 厪得其最下一卷而見之. 盖王勃·李白·韓愈之作在焉, 未及究而逐. 海陬之客有與典書吏善者, 常累懇焉. 吏伺隙與俱至, 抽一卷以視. 披之, 皆有題而無文, 客怪問之. 吏曰'後必有著之者.' 視其質羅而紅. 方摺而觀其表, 吏遽攘而藏之, 麾令去曰: '郎至不可淹.' 客出而語人, 唯不肯道其題." 본고에서는 각색을 해서 제시하였다.

37) 심사위원 중 한 분은 '주제 재구성'의 글쓰기를 통해 자칫 한문교과의 교육목표가 국어교과의 교육목표의 하위 범주로 설정될 가능성이 있음을 우려하였다. 타당한 지적이다. "한자 어휘, 성어, 한문 명언 명구의 적극적 활용"은 심사위원의 지적에 힘입은 바 크다. 지면을 통해 감사의 말씀을 드린다.

독서 교육 일반론의 연구 성과를 반영하면서 한문교과의 특성을 살리고 자 하였다. 논리 논술이 강화되고 창의 융합형 인재 양성이 주목받는 현대 교육에서, 다양한 관점·형식의 '글감'에 대해 통합적 읽기를 수행 하고, 그것에 기반하여 자신의 삶과 정서·지식과 연계하는 창의적 글쓰 기를 추구하는, 주제 통합적 독서 방법이 한문교과에서 일정한 효과를 거둘 수 있기를 기대한다. 본고에서 제시한 방법이 현장에서의 교수· 학습을 통해 수정되어 하나의 교수·학습법으로 자리잡기를 바라는 마 음이다.

참고문헌

朴趾源, 『燕巖集』
洪吉周, 『孰遂念』

교육부, 『2015 개정 국어과 교육과정』, 교육부 고시 제2015-74호[별책 5], 2015.
_____, 『2015 개정 한문과 교육과정』, 교육부 고시 제2015-74호[별책 17], 2015.
교육과학기술부, 『국어과 교육과정』, 교육과학기술부 고시 제 2012-14호[별책 5], 2012.
_____, 『한문과 교육과정』, 교육과학기술부 고시 제 2011-361호[별책 17], 2012.
김도남, 『상호텍스트성과 텍스트 이해 교육』, 박이정, 2003/2014.
김성중, 「한문교과서에서 유경·제자서의 제재 선정 수준과 범위」, 『한문교육연구』 36, 한국한문교육학회, 2011.
김왕규, 「주제 파악하기 교수학습 방법 시론」, 『한문교육연구』 45, 한국한문교육학회, 2015.
김용재·류준경·이덕호·유지현·김성호·신가해, 『고등학교 한문 I』, YBM, 81, 2014.
김은경, 『조선시대 독서론과 한문교과 활용방안 연구, 한국교원대학교 박사논문, 2006.
김혜진, 『이덕무의 독서론을 활용한 한문과 교수·학습 자료 개발』, 성균관대 교육대학 원 석사논문, 2010.
루트비히 비트겐슈타인 저·이승종 역, 『철학적 탐구』(대우고전총서 41), 아카넷, 2016.

박영목·민현식·천경록·신명선·박의용·이지은, 고등학교『독서와 문법』I, 천재교육, 2012.

박정진, 「주제별 통합 독서(신토피컬 리딩)'의 의미와 독서교육적 맥락」, 『독서연구』32, 한국독서학회, 2014.

심경호·송혁기·송태명·이우경·정미선, 고등학교『한문 I』, 미래앤, 2014.

이순영·최숙기·김주환·서혁·박영민, 『2015 개정 교육과정을 담은 독서교육론』, 사회 평론, 2015/2016.

정 민, 「중세적 인식론의 전환과 새로운 담론의 모색: 항해 홍길주의 독서론과 문장론」, 『대동문화연구』41, 성균관대 대동문화연구원, 2002.

_____, 『오직 독서뿐』, 김영사, 2013.

진재교·신영주·최돈욱·최호영, 『중학교 한문』, 장원교육, 2013.

한국어문교육연구소·국어과교수학습연구소 편, 『독서교육사전』, ㈜교학사, 2006.

개화기 한문교재의 편찬 의식과 현재적 시사

- 원영의(元泳義)의 한문교재 편찬을 중심으로 -

김영주

I. 들어가며

1876~1910년의 기간으로 표시되는 개화기로부터 현재까지는 141년이라는 물리적 시간차가 존재한다. 뿐만 아니라 개화기의 조선은 형식적으로 전제군주제의 국가였으며 현재의 우리나라는 민주공화제로 정치 형태 역시 완연한 차이가 있다. 더욱이 현재의 교과서 편찬은 모든 교과를 막론하고 우리나라의 교육목적과 교육이념을 바탕으로 각 학교급에서 추구하는 교육목표와 교과목 목표, 내용 체계의 영역별 구성, 성취 기준, 교수·학습 방법, 평가 방법, 단원의 구성, 사용 한자수의 균형적 배분과 제한 등 개화기의 한문교재와는 비교할 수 없을 정도로 많은 사항에 제약을 받고 있다. 기왕에 간행된 한문 교과서나 교재들을 살펴보면 개화기의 교재와 비교할 수 없을 정도로 많은 시청각자료를 수록함은 물론 참신한 아이디어가 번뜩이는 교재의 편집과 디자인 등 질적인 측면이나 형식적인 측면에서 결코 논란을 허용하지 않을 듯하다.

그렇다면 백여 년 전에 간행된 개화기의 한문교재가 오늘날의 한문과 어떤 연관을 가질 수 있으며 제목처럼 오늘의 우리에게 전하는 시사점은 무엇인가? 한마디로 말하자면 '편찬 의식'이다. 교재에 나타나는 편찬 의식은 역사 현실이 요구하는 바를 충실히 교과에 반영하여 학생들을 교육함으로써 미래의 발전을 기약하고 견인하는 보조적 기능을 수행한다.

'교과서 편찬에 관한 의식이 중요한가?' 이 의문에 대한 대답으로 현재 우리나라에서 문제시 되고 있는 역사교과서의 국정화 문제를 예시해보기로 한다. '국정교과서'는 말 그대로 국가에서 정한 교과서라는 의미이기에 단어 자체로는 공정성과 권위를 신뢰할 수 있을 듯하다. 그러나 실상을 들여다보면 전혀 다르다. 국정교과서의 집필을 관할하는 교육부와 교육부를 관할하는 정부, 정부를 통수하는 대통령으로 이어지는 조직 체계에서 핵심적인 의사결정권자인 대통령과 교육부 장관 등의 몇몇 사람의 역사의식에 따라 집필진을 구성하여 그들의 의식을 반영한 왜곡된 역사로 이루어진 교과서가 편찬될 수 있기 때문이다.

그렇다면 오늘과 전혀 달리 국정교과서나 검·인정 교과서의 개념이 없던 개화기 한문교재의 편찬 과정에서 나타나는 어떠한 의식이 오늘의 우리에게 시사를 줄 수 있으며 그러한 편찬자는 누구인가? 바로 원영의[元泳義, 1852~1928][1]이다.

원영의는 대원군의 쇄국정책으로 야기된 강제적 개항과 일제의 강압적인 병탄 이전의 역사시기인 개화기에 위정척사파 계열의 유중교(柳重敎) 문하에서 수학을 하였다. 그는 스승으로 섬겼던 유중교 등의 위정척사파가 주창하는 전통의 성리학적 유교 질서나 민족주체의식의 강조를

---

[1] 원영의의 본관은 원주(原州)이며 초명은 천길(天吉), 자는 성구(性求), 호는 장은(漳隱) 또는 삼수재(三洙齋)이다. 이 외에 그의 자세한 생애는 최미경, 「元泳義의 小學漢文讀本 硏究」, 성균관대학교 석사학위논문, 1999에 비교적 상세히 정리되어 있으므로 본고에서 재론하지 않는다.

수긍하면서도 한편으로는 서구의 학문 지식을 비롯한 신문물의 수용에
도 개방적 입장이었다. 또 고종에 의해 주도된 광무개혁의 시기에는 애
국계몽운동가로서 교육사업과 교재편찬 등의 다양한 활동을 벌이기도
하였다.[2]

원영의가 활동하던 당시의 조선은 백성과 양반 지배계층이 서로 화합
할 수 없을 정도로 모순과 갈등이 첨예화되었다. 뿐만 아니라 조선을
둘러싸고 일본과 세계열강이 정치적, 문화적, 군사적 압박을 가하던 불
안정한 시기였다. 이 때문에 조정에서는 부국강병을 통해 외세로부터
국가 민족의 자주와 자존, 독립을 확보해 나갈 필요성을 절감하였고,
그에 대한 구체적인 실천 방안 가운데 가장 시급히 실행하고자 하였던
것이 교육정책이었다. 그들이 급격히 추진한 교육의 실제는 이론적이거
나 관념적인 차원의 유학 교육이 아닌 일본과 서구의 신문물과 신사상
등이 융해된 신학문이었으며 그 범위와 분야가 다양하였다.

개화기의 다양한 어려움에 직면한 국가가 추진한 부국강병책과 아울
러 국가로서의 자주, 자존 등을 확보하는 현실 개선에 필요한 신학문의
다양한 분야와 그 내용들을 자신이 편찬한 한문교재에 반영하여 소학교
의 교육에서부터 적용하고자 하였던 인물이 바로 원영의였다. 이 점에
서 원영의의 한문교재 편찬이 오늘의 우리에게 시사하는 바가 적지 않
으리라 생각한다. 아래 장에서 그의 한문교재 편찬의 배경으로 작용한
제반 상황을 고찰해 보기로 한다.

Ⅱ. 개화기 한문교재 편찬의 역사적 배경

1876년 2월의 강화도 조약 체결을 전후한 시기의 조선은 부정부패와

---

2) 『한국근대사기초자료집 2 -개화기의 교육-』, 국사편찬위원회, 2011 참조.

가렴주구를 일삼는 관리들로 인한 삶에 지친 일부 백성이 민란을 일으
키고 근해에서 이양선이 출몰하고 천주교가 전파되는 등 사회의 안팎이
혼란하였다. 이에 조정에서는 지방관 선발을 신중히 할 것과 기강 확립
을 위한 유학 정신의 회복과 학문과 덕성의 함양 등을 해결책으로 제시
하였다. 이러한 사회 문제를 해결하기 위한 구체적인 실천 방법은 이미
1869년도부터 제기되어 있었다. 즉 전통 교육의 개선에 비중을 두어 쇠
퇴에 접어든 성균관의 부흥을 위한 월과강시법(月課講試法)을 재시행 할
것과 성균관 건물을 보수하고 예의를 앞세우며 유교적인 교화를 궁극의
목적으로 삼는 성균관의 교육 강화를 위한 10조목의 「태학별단서(太學別
單書)」를 작성하는 것 등이었다. [3)

대다수의 유교 지식인들은 '요사한 서양 것[洋之邪]'을 배척하는 방법
으로 성균관과 향교 등에서의 학업 장려, 올바른 과거제의 시행, 훼철된
서원의 복설 등[4)과 같이 현실성이 다소 결여된 대응방식에 집착하고 있
었다. 그 예가 강화도 조약 체결 한 달 전에 부호군 윤치현(尹致賢)이
올린 상소이다. 이것은 구한말의 보수적 유교지식인의 서양과 일본에
대한 인식을 잘 보여준다. 윤치현은 당시를 전쟁이냐 화친이냐를 고민
할 국가의 존망이 위급한 시기로 정의하고 그 빌미를 '일본과 서양[日洋]'

---

3)『高宗實錄』卷6, 6년(1869), 9월 29일(丁酉), 2번째 기사. 내용을 간략히 소개하면 다음
  과 같다. ①제1~3조: 매월 유생들로 하여금 성묘(聖廟)를 참배하고 주자의 「백록동규례
  (白鹿洞規例)」를 읽고 강론하고 그 내용에 관해 다양한 문체로 시험을 치르게 할 것,
  입지(立志)에 기반한 독서와 명리(明理)를 강조하는 한편 태학에서 학생을 권징하는 학
  령을 준수할 것. ②제4~7조: 성균관의 '일강(日講)'과 관련하여 경서 강론의 지속과 순과
  제도(旬課制度), 결시생의 처리법 제언. ③제8~9조: 재능이 있는 지방 유생의 등용, 대사
  성의 선발 기준으로 학문이 구비되고 인품이 있으며 말이 적은 사람을 제안. ④제10조:
  선비들의 기풍과 세속 풍습의 성쇠를 결부시켜 백성을 보호하고 북돋우는 정사 강조.
4)『高宗實錄』卷15, 15년(1878), 1월 25일(乙亥), 4번째 기사;『高宗實錄』卷17, 17년
  (1880), 10월 1일(丙申), 5번째 기사;『高宗實錄』卷17, 17년(1880), 11월 11일(乙亥), 2번
  째 기사 등에서 나라의 위급을 구제할 방책으로 사서(四書)의 강독과 훼철된 서원의 복
  구, 관리 녹봉의 인상, 사치의 억제 등을 주장하였다.

에 두었다.

특히 1868년의 독일 상인 오페르트의 남연군묘 도굴사건을 거론하며 서양을 '조선 신민의 불구대천의 원수'로 비난하였다. 이 때문에 그는 서양 문물을 조선에 유입시킨 일본에도 부정적 입장을 가졌지만 조선과 오랜 교린국임을 감안하여 서양의 화친과 일본의 화친은 별개이며, 사학(邪學) 즉 서양 학문을 배척하고 태학·향교·서원에서 날마다 공맹(孔孟)의 글을 암송하게 하여 인재를 선발하던 훌륭한 과거제를 회복할 것을 주장하였다.

윤치현 등을 포함한 보수적 지식인들의 서양에 대한 부정적 인식과 달리 일부 신민들 사이에서는 서양식 의복과 도구 사용을 자랑스럽게 과시하는 현상이 대두되었다. 이를 두고 윤치현은 '백성을 병들게 하고 나라를 망하게 하는 근본', '삼천 년 예의지국을 짐승의 땅'으로 만드는 것이라며 엄격히 금지하거나 방비책을 마련할 것을 요구하였다.[5]

---

5) 『高宗實錄』卷13, 13년(1876), 1월 28일(庚申), 4번째 기사. "伏聞日使入境, 一國騷擾, 浮言胥動, 三傳市虎, 此實存亡危急之秋也. 縉紳投章, 接踵而起, 寔出於憂國直諫之志. 而模糊說意, 不能格回天心, 至有昨日嚴處分. 臣愚以爲言路從此枳塞, 誠爲殿下惜之也. 大抵朝野騷擾之本, 在於'日洋'二字·'戰和'兩端而已. 今日也洋也, 設或的知其肺肝相連, 若以洋人而通好, 則斥之可也, 戰之可也, 旣稱日使而來款, 則只以日使而待之可也. 洋是戊辰以來我國臣民不共戴天之讎也. 日是三百年交隣之國, 這間七八年, 抱書契叫館願呈之餘, 先通來奇, 奄泊畿沿. 其在柔遠人之道, 以禮接見, 捧覽書契, 可許則許之, 可斥則斥之, 此是大經法也. 彼無先失, 而我遽然加兵, 則烏得免他國之譏議乎? 今日民情, 皆願一戰, 若出令行陣, 則都下五軍門精銳甲士數萬, 八道·四都監兵營騎士恰滿五六萬, 丙寅以後新設砲軍亦不下三萬, 傳一檄而四方雲集, 則殄滅小醜, 便如千斤之重壓於鳥卵之上. 況兼主客之勢, 則有何畏避而不戰哉? 顧今續舊講好之行, 設或有叵測之情, 未現露形迹之前, 我不可先加兵刃也明矣. 所謂約條, 裁其便否, 惟設館行商, 嚴立科條, 俾不得違越, 與萊館開市同. 而若係洋國物貨, 勿許交易於我國, 則彼爲彼, 我爲我, 無損於交隣之厚誼, 庶息愚夫危疑之慮. 外雖續日之好, 而內實斥洋之邪, 伏願殿下詢于廟堂, 以與日續好匪洋伊和之意, 製一文篇, 明白昭詳, 布告四方, 使訛言自熄. 又下斥邪綸音, 家諭而戶曉, 內而太學, 外而校院, 日誦孔·孟之書, 申明列聖朝設科取人之本意, 則邪學焉敢窺售哉? 臣觀近年世態, 自朝至野, 依服什物, 皆洋國中出來, 互相誇美, 愈出愈奇, 此實病民亡國之本. 若不痛禁, 則其害甚於洪水·猛獸之患, 三千年禮義之邦, 必爲禽獸之域, 豈可無防杜之策哉?"

고종을 비롯하여 국가 발전을 위한 개방적이고 점진적인 시행을 모색하는 지식인들과 달리 이항로(李恒老)·김평묵(金平默)·유중교 등의 소위 위정척사파(衛正斥邪派)로 불리던 보수적인 유교지식인들은 여전히 중국 중심의 세계관에 집착하여 서구를 '양이(洋夷)'라고 지칭하고 그들의 풍속이 정사와 교화를 어지럽히고 서구의 음란하고 사특한 학설이 사람의 양심을 망치면서 승부를 겨루게 한다는 종래의 주장을 고집하였다. 뿐만 아니라 당시 세계를 휩쓸고 있는 서구의 학문이 상도(常道)에 반대되고 정도(正道)에 어긋난 것, 이륜(彝倫)을 끊어버리고 화색(貨色)으로 사람의 이목을 어지럽히는 '온갖 악의 집합체'라며 격렬히 비판하였다.[6]

유중교 등의 위정척사파의 격렬한 비판에도 불구하고 일부의 개방적인 지식인들 사이에서는 서양 학문이 갖는 재예(才藝)의 민첩함과 술수(術數)의 정교함이 갖는 특성에 주목하였다.[7] 더욱이 지난날 서구의 학문을 이단이라고 배척하던 사람들도 입장을 바꾸고, 아침에 돌아보기 꺼려하던 이들도 저녁에는 서구 학문의 유익함을 장황하게 이야기할 정도로 수용적 태도를 보이기 시작하였다. 이러한 태도에 대해 유중교는 '천지개벽 이후의 일대의 큰 변고[二儀剖判後一大變怪]'라고 탄식해 마지 않았다.[8] 유중교의 표현을 빌자면 그와 상반되는 개방적 지식인들의 입

---

6) 『高宗實錄』卷19, 19년(1882), 9월 26일(己酉), 5번째 기사. "持平柳重教疏略, 臣聞天高地下, 人位乎中, 人能主天地長萬物者, 一箇道而已. 道者, 張之爲三綱, 紀之爲五常, 行之中國, 垂之萬世. 有時而屈伸廢興者, 特以夷狄之俗, 淆亂其政教, 異端淫邪之說, 壞敗心法而相勝負也. 近日洋夷之騁怪宇內, 則淫邪之極而爲鬼魅者也. 蓋其諸國, 在昧谷以西累萬里之地, 得天地極偏之氣, 而其小慧私智, 自異於諸夷. 故反常悖正, 尤有甚焉, 侮辱天地, 汨陳五行, 雜糅人鬼, 滅絶彝倫, 瀆亂貨色, 衆惡備焉."

7) 상게서. "以其才藝之敏·術數之精, 眩耀人耳目者, 有如蜃樓之幻境. 故世之好新尙奇厭棄正學者, 方且揚眉歆美, 擊案叫奇, 其爲害也. 如毒箭之入人, 洪流湒洞, 而莫之禦. 嗚呼, 其不忍言也."

8) 상게서. "昔之正言排斥者, 今乃轉身而依違, 朝而掩迹顧忌者, 夕焉露面而張皇, 二儀剖判後一大變怪也."

장은 이렇게 요약된다.

> 지금 의논하는 사람들이 말하기를, '안으로 반드시 서양 기술자들을
> 맞아들여 기술을 전수받아야 나라가 부강해질 수 있고, 밖으로는 반드시
> 서양 나라들과 연합하여야 러시아를 막을 수 있다. 이렇게 한다면 나라를
> 보존할 수 있지만 이렇게 하지 않으면 조만간에 재앙이나 난리가 일어날
> 것이다. 그러니 예수의 학문에 대해서만 경계하면서 배우지 않아서야 되
> 겠는가?'라고 합니다.[9]

서구 학문과 기술 등에 대한 개방적 태도를 취하는 지식인들의 의식
기저에는 서구의 선진 기술을 전수받고 서구 제국과 연합하여 러시아
등의 외세의 침략을 막아내는 것에 이용하자는 목적론이 자리하고 있
었다.

서구 학문 수용에 대한 목적론적 수용 태도에 더하여 1889년에 미국
주재 전권대신으로 있다가 돌아온 박정양(朴定陽)이 고종에게 미국이 교
육을 나라의 큰 과제로 삼아 발전시켰기 때문에 인심이 저절로 순박해
졌다[10]고 보고하면서 민중 교화 측면에서의 신학문의 교육적 효용성은
더욱 부각될 수 있었다.

일본과 서양의 문화적, 군사적 위협이 우려되는 상황이 지속되자 국
가의 통치자로서 고종은 1880년경에 보다 적극적인 자세로 국난 극복을
모색하였다. 청나라에 무기 제조술을 배워 올 유학생 파견을 계획하는
한편 수신사 김홍집(金弘集)을 통해 주위의 정세와 일본의 동정을 자세
히 알아보면서 부국강병책을 추진하고자 하였다.

---

9) 상게서. "今議者之言曰, 內必延西師傅技術, 可以富强, 外必聯西國, 可以防俄夷. 如是,
則宗國可保, 不如是, 朝夕禍作. 惟耶穌之學則戒不爲之."
10)『高宗實錄』卷26, 26년(1889), 7월 24일(戊辰), 1번째 기사. "以敎育一事, 爲國之大政,
故人心自爾淳實矣."

김홍집이 아뢰기를,

"이 일은 신이 감히 확정하여 대답할 수 없습니다. 향후에 우리가 그들을 응접하는 것이 올바른 방법을 얻는 가에 달려 있을 따름입니다. 이 때문에 청나라 사신도 '자강(自强)'이라는 말로 권면하였습니다."

하였다.

하교하기를,

"자강(自强)은 바로 나라를 부강(富强)하게 만드는 것을 말함인가?"

하니, 김홍집이 아뢰기를,

"나라를 부강하게 만드는 것만 자강이 되는 것이 아닙니다. 우리의 정사(政事)와 교화(教化)를 잘 닦아 우리의 백성과 나라를 보호함으로써 외국과의 관계에서 불화가 생기지 않도록 하는 것, 이것이 진실로 자강을 위한 제일의 급선무인 것입니다."

하였다.

하교하기를,

"청나라 사신도 러시아 때문에 근심하고 있던데, 우리나라 일을 많이 도와줄 의향이 있던가?"

하니, 김홍집이 아뢰기를,

"신이 청나라 사신을 몇 차례 만났는데, 말한 것이 다 이 일이었으며 우리나라를 위한 정성이 대단했습니다."

하였다. 하교하기를,

"저 사람들이 비록 우리나라와 한마음으로 힘을 합치고자 하나, 그것이 어찌 깊이 믿을 만한 것이겠는가? 요컨대 우리 또한 부강해질 방도를 실천해나갈 뿐이다."

하였다.[11]

---

[11] 『高宗實錄』 卷17, 17년(1880), 8월 28일(甲子), 1번째 기사. "弘集曰, 此事臣未敢質對. 向從惟在我應接之得其道而已. 以故淸使亦以自强相勉矣. 教曰, 自强, 是富强之謂乎? 弘集曰, 非但富强, 爲自强. 修我政教, 保我民國, 使外釁, 無從以生, 此實自强之第一先務也. 教曰, 淸使亦以俄羅斯爲憂, 而於我國事, 多有相助之意乎? 弘集曰, 臣見淸使, 幾次所言, 皆此事, 爲我國懇懇不已也. 教曰, 彼人雖欲與我國, 同心合力, 而此何可深信乎? 卽要我亦行富强之術而已."

당시 고종이 가장 관심을 기울였던 주제는 '부강(富强)' 즉, '부국'과 '강병'이었기에 김홍집이 중국 외교관 황준헌(黃遵憲)과 나눈 이야기 중의 '자강(自强)'에 지대한 관심을 표명할 수밖에 없었다. 그러나 고종이 생각하는 '자강'이 조선을 부국·강병의 국가로 만드는 것임에 비해 김홍집과 황준헌이 의도하는 자강은 '외국과의 관계에서 불화가 생기지 않게 하는 것', 즉 '교린(交隣)'을 제일의 급선무로 여기고 있었다는 점에서 양자 간에 근본적으로 상당한 견해차가 존재함을 알 수 있다.[12]

근본적으로 고종은 청나라 사신이 표명한 양국 간의 협력 관계 강화를 불신하는 입장에서 독자적인 부국강병을 추진하고자 하였다. 이에 발맞춰 장령 곽기락(郭基洛)은 내수외양(內修外攘)을 위해서는 기계에 관한 기술과 농수(農樹)에 대한 외국의 서적들이 유익하다면 반드시 그것을 선택하여 실행해야 한다고 주장하며 개화정책에 반대하는 유생들의 상소문은 실용에는 도움이 되지 않는다고 비판하였다.[13]

'유생들의 상소'란 당시 조선 정부의 개화정책을 담은 「사의조선책략(私擬朝鮮策略)」과 황준헌이 『조선책략』에서 제시한 것들에 대한 비판과 반대의 '위정척사'의 내용을 담은 「영남만인소(嶺南萬人疏)」[14]를 의미한

---

12) '자강'의 의미 규정 이외의 부국의 실현 방법으로 황준헌이 제시한 서양 학문에의 종사나 재정의 확보, 농·공업의 육성, 지하자원의 개발 등은 고종의 견해와 큰 차이가 없었다. (黃遵憲 著, 趙一文 譯, 『朝鮮策略』, 건국대학교 출판부, 1997, 31쪽 참조.)

13) 『高宗實錄』卷18, 18년(1881), 6월 8일(戊戌), 3번째 기사.

14) 1881년 2월 26일 1만 명의 영남유생들이 이만손(李晚孫)을 소두로 하여 조선 정부의 개화정책을 담은 「사의조선책략(私擬朝鮮策略)」을 비판하는 내용의 「영남만인소(嶺南萬人疏)」를 올렸다. 소장의 내용은 황준헌(黃遵憲)이 『조선책략(朝鮮策略)』에서 제시한 것들에 대한 비판과 반대가 주를 이룬다. 먼저, 러시아를 방어하기 위한 대책으로 중국과 친교를 맺고 일본과 결속하여 미국과 연합해야 한다는 주장에 반대한 것을 비롯하여 서학(西學)에 종사하거나 야소교(耶蘇敎)[예수교]를 전교할 것을 권장하는 것에도 반대하였다. 영남 유생들은 만인소를 통해 유도(儒道)를 중시한 역대 왕조를 계승하여 공자와 주자의 가르침에 따라 유학을 바로잡도록 촉구하였다. 뿐만 아니라 중국과는 이미 수백 년 동안 교류해 왔기에 수륙의 요충지를 점거하고 있는 일본은 견제하고, 미국의 계책은 염려해야 하며, 본래 아무런 혐의도 없는 러시아를 도발하여 오랑캐의 침략을 초래해

다. 이에 대해 유림에서도 계속 상소를 올려 마침내 이해 5월 15일에 고종은 사교(邪敎)를 배척한다는 내용의 '척사윤음(斥邪綸音)'을 내렸다.

1881년 12월에는 온건개화파의 일원인 어윤중(魚允中)이 일본시찰을 마치고 복명하러 들어온 자리에서 고종은 근래 각국이 서로 경쟁하며 오로지 '부강'을 위해 노력하는데 이러한 양상이 전국시대와 비슷한가라는 물음을 던진다. 이에 어윤중은 과거가 소전국시대(小戰國時代)라면 지금은 대전국시대(大戰國時代)로 세계의 여러 나라가 '지력(智力)'으로 우위를 다툰다고 보고하며 새로운 학문 지식의 중요성을 강조하였다.[15]

'부국강병'에 대한 고종의 지속적인 관심으로 인해 1882년에 유학(幼學) 고영문(高穎聞)은 고종에게 7가지의 시무책을 진달하였다. 내용은 서구의 기예(技藝) 학습, 신분적 순서에 관계 없는 등용, 시무(時務)의 능통자 발탁, 채광(採鑛), 호구제(戶區制)의 실시와 구장(區長)의 배치, 상회소(商會所)와 국립은행의 설치, 인천항에 해군 배치, 불필요한 직임과 잡공(雜貢)의 철폐 등이었다.

경제, 군사, 사회신분제 등의 사회의 거의 모든 분야에 걸친 개혁정책 건의에 대해, 고종은 제기된 문제의 절실함과 중요노에는 농의하면서도 급작스런 적용으로 빚어질 사회 불안 등을 고려하여 실천에 있어서는 점진적인 시행을 강조하였다.[16]

위에서 살펴보았듯이 강화도 조약 이후의 서구 열강과 서양 학문에

서는 안 된다고 지적하며 '위정척사'를 주장하였다.

15) 魚允中, 『魚允中全集』, 「從政年表」二, 〈高宗 18年(1881), 12月 14日 條〉, 亞細亞文化社, 1978. "上曰, 近日各國相爭, 專任富强, 宛與戰國時事, 同也? 允中曰, 誠然. 春秋戰國, 卽小戰國也, 今日卽大戰國也, **皆只以智力爭雄矣**."

16) 『高宗實錄』 卷19, 19년(1882), 9월 22일(乙巳), 5번째 기사. "幼學高穎聞疏陳時務, 一學習歐西技藝, 一廣求識務之人, 不次陞用, 一採鑛, 一以五十戶爲一區, 區置長一人, 一設商會所及國立銀行, 一仁港設海軍, 一除冗官雜貢. 批曰, 所陳七條, 無非時務切要者, 而行之宜有漸而不可遽也."

대한 보수적 지식인 그룹과 개방적 지식인 그룹 사이의 견해차로 양자는 구체적인 교육 내용과 실천 방법 등에서 차이를 보였다. 양자 간의 대립이 점차 극렬해지는 상황에서 고종은 '부국강병의 추구'라는 정책기조는 일관되게 유지하였으나 구체적인 실천면에서는 급진적인 개혁 보다는 점진적이고 절충적인 방법의 시행을 강조하였다. 그것은 각기 다른 학문적, 정치적 견해와 입장을 지닌 집단의 주장을 조화롭게 운용하여 결과적으로 부국강병한 조선을 이루고자 하는 군주로서의 고심에서 비롯된 처사로 이해된다. 부국강병에 대한 고종의 구체적인 견해는 1882년에 팔도에 내려진 유시를 통해 확인할 수 있다.

고종이 '치화(治化)', 즉 '치국화민(治國化民)'의 장애물로 가장 먼저 개선하고자 한 것은 문벌의 세습 유풍이었다. 외국과의 통상과 교섭이 추진되던 당시 상황에 적극 부응하여 풍속교화가 이루어지는 정사, 치국화민의 정치를 달성하기 위해 그가 중시한 것은 '재학(才學), 즉 '재능(才能)과 '학식(學識)'이었으며 출신의 귀천은 불문에 부쳤다. 또 그는 치부의 기회 문제에 있어서도 신분의 고하를 논하지 말 것을 선언하였다.[17]

유시를 통하여 출신을 불문하고 재능과 학식에 따라 인재를 선발하려는 객관적인 전형 방법은 신분제도의 굴레가 공고하던 당시의 조선에서 획기적이고 충격적인 사건이었음은 분명하다. 이것은 안일함에 가득 찬 기득권 세력에 대한 고종 나름의 경고이자 목적하는 바의 정국 운영에 적극 동참할 것을 권유하는 그의 의지가 반영된 결과라고 할 수 있다.

고종의 유시 이후에, 조선 정부는 1894년의 갑오경장을 거치면서 더

---

17) 『高宗實錄』 卷19, 19년(1882), 12월 28일(庚辰), 2번째 기사. "若曰: 從來治化更新, 先期破除成見. 我國世貴之風, 相沿已久. 貴族則支庶蕃衍, 事育無資, 賤士則地望寒微, 屈抑終古, 熾昌雖切, 佑啓維艱, 予甚悶焉. 今當通商交涉伊始, 凡官紳毗富之家, 皆許其阜通貨財, 以臻富庶. 農工商賈之子, 亦準其廁身學校, 而慶同升. 惟視才學之何如, 不問出身之貴賤. 其在官之虛糜爵祿無補國是者, 尤須應時振刷自勵, 庶成一道同風之治, 而寅揚清激濁之權. 將此通諭八道四都."

욱 적극적인 교육 관련 조처를 단행하여 갔다. 근대의 서양을 본받아 국가체제를 새롭게 확립하는 과정에서 학교 창설에 관한 법규를 제정하여 시행하기에 이르렀던 것이다.

1895년 4월에 초등교원의 양성을 목적으로 하는 우리나라 최초의 근대식 학교법규인「한성사범학교관제」를 제정·공포하고, 서울 교동에 본과 2년, 6개월 속성과정의 한성사범학교(漢城師範學校)를 설치하고, 부속학교로 심상과와 고등과를 가진 3년제 소학교를 두었다. 또 입학생에 대해서는 신분이 아닌 연령을 기준으로 제시하여 본과는 20~25세, 속성과의 입학 연령은 22~35세로 설정하였다. 교과목의 개설도 서구식 체제를 수용하여 본과는 수신·국문·한문·교육·역사·지리·수학·물리·박물·화학·습자·작문·체조를, 속성과는 물리·화학·박물 등을 교수하도록 하였다.

Ⅲ. 원영의의 교재 편찬 의식과 그 특징

조선 정부에서 다양한 교육진흥책을 감행하는 와중인 1896년에, 원영의는 공자의 도(道)가 시의에 적절할 수도 있지만 일제의 통제가 날로 강화되는 현실 상황에서 이론적이고 관념론적인 학문에만 집착하는 것은 온당하지 못하다는 판단을 내렸다.

> 병신년(1896)에 선생께서는 부자(夫子)의 도가 시의에 맞기는 하지만 눈앞에 마주한 국가의 형편으로 인해 단지 옛 것만을 고집할 수 없으며 마땅히 도덕(道德)을 근간으로 삼고 신학(新學)을 지엽으로 삼은 후에야 바야흐로 꽃과 열매라는 아름다운 결과를 얻을 수 있듯이 온고지신(溫故知新)을 행한 후에라야 경쟁적인 열강들 속에 조선이 나란히 진입할 수 있을 것이라고 여겼다. 그리하여 마음속으로 사범학교의 속성과(速成

科)에 입학하기로 결심하여 반 년 만에 졸업을 하였다. 바로 이 해에 관립 소학교의 교원이 되었고, 이듬해(1897)에는 사범학교 교원으로 승진하였다.[18]

행장의 자료를 통해 볼 때, 원영의의 견해는 앞서 살펴본 보수적 유교 지식인과 개방적 지식인의 견해를 절충한 것으로 보인다. 그는 '공자'로 대표되는 전통적인 유학교육의 가치를 인정하면서도 시대적 현실을 도외시하지 않았다. 전통 유학의 도덕 가치에 근간을 두면서도 가지와 잎으로 표상한 '신학문'의 효용성을 이용하여 꽃과 열매[花實]로 상징되는 목적 즉, 대한제국이 서구 열강들과의 경쟁 속에 나란히 자리할 수 있을 정도로 부국강병의 목적을 달성할 것을 기원하였다. 도덕적 전통교육과 신학에 대한 상보적인 학문자세를 통해 그가 견지하려는 것은 온고지신을 한 후에야 '열강들과 나란할 수 있다.[竝進列强]'는 것으로 요약될 수 있다.

전통시대의 학문에 대한 현실 반영적인 계승 의식과 신학문에 대한 개방적인 수용 자세를 바탕으로 하는 원영의의 절충적인 교육관은 초등 교원양성을 목적으로 설립된 우리나라 최초의 근대식 학교인 한성사범학교에서 직접 수학하고 또 이곳의 교원으로서 복무하는 경험을 하면서 보다 구체적이고 실천적인 양상으로 바뀌었다.

원영의는 갑오경장 후에 이루어진 일련의 근대식 학교 창설에 관한 법령 제정과 교육 시행의 직접적인 수혜자이자 경험자였다. 그에게 구한말의 조선에서 국가 발전을 위한 가장 급선무는 '교육'이었다. 특히 아동교육의 필요성과 그것의 미래적 발전 가능성에 대해서는 나름의 확

---

18) 金甯漢(1947),「承訓郞師範敎官漳隱元先生行狀」. "丙申, 先生以爲夫子之道時中, 目今國勢, 不可徒事泥古, 當以道德爲根幹, 新學爲枝葉然後, 方得花實之美, 溫故知新然後, 可以竝進列强競爭之中. 內決意入學于師範速成科, 半年卒業. 是歲, 敍官立小學校敎員, 翌年, 陞師範學校敎官."

고한 생각이 있었다. 이러한 의식이 실제적으로 반영된 결과가『소학한
문독본(小學漢文讀本)』(1907),『몽학한문초계(蒙學漢文初階)』(1907),『초등
작문법(初等作文法)』(1908) 등의 한문교재 편찬이다. 교재 편찬 의식과
관련하여 주목할 자료 중의 하나로「자조설(自助說)」이 있다.

　　서양 사람들의 격언에 '하늘은 스스로 돕는 자를 돕는다.'는 말이 있다.
대개 스스로 돕는 자는 하늘이 반드시 그를 돕는다. 그러나 모든 어리석
은 사람들은 늘 "신을 섬기면 신이 돕고 사람을 따르면 사람이 도와준다."
라고 하는데 이것은 매우 무식한 말이다. 나는 내 몸이 있으며 내가 그것
을 자유로이 움직이는데 어떻게 다른 존재의 행위에 매달릴 수 있겠는가?
비록 천만 명의 사람이 나를 꺾고 억압하고 나를 저지하고 비웃을지라도
나는 내 자신의 생각을 견지하고 내가 나의 뜻을 실천하여 부유하고자
하면 반드시 부유해지는 방법을 강구하고, 귀하게 되고자 한다면 반드시
귀하게 되는 도리를 연구하여 실효를 거둔 후에야 그칠 것을 기약해야
한다. 예를 들어 영국의 제임스 와트처럼 이치를 궁구[窮理]하거나 힘써
배운다면[力學] 가능할 수 있을 것이다. 그렇지 않고 혹 신의 도움을 바라
거나 혹 남이 도와주기를 바라서 스스로 자신에게 자신의 몸이 있음을
잊어버리고 아울러 심지를 상실한다면 이것은 바로 속이 빈 고깃덩이에
불과할 것이다. 그리하여 항상 하류에 머물며 타고난 내 자신을 헛되이
저버리게 되니 어찌 슬프지 않겠는가? 어떤 사람이 이와 같이 행동하고서
혹시라도 한 때의 요행으로 우연히 치부하게 된다하더라도 오래도록 향
유하며 그 부를 누릴 수 없고 얻는 대로 잃어버리게 되어 마침내 가난과
천함으로 짝을 삼아 스스로 속을 끓이게 될 것이다. …… 만약 스스로를
돕고자 한다면 반드시 먼저 뜻을 세워야 할 것이다. '뜻[志]'이란 마음이
가는 것이다. 이미 마음이 갈 곳을 정하고 실력을 닦아서 '스스로를 강하
게 하기를 그치지 않은[自强不息]' 뒤에야 속에 쌓인 것이 밖으로 드러나
고 활용이 끝이 없게 되고 실행하는 것이 여유롭게 된다. …… 사람이
스스로를 돕는 실상이 있으면 하늘이 반드시 이와 같이 그를 도울 것이다.
전하는 말에 이르지 않았던가. '천도(天道)는 심어진 것은 북돋아 주고

기울어 진 것은 뒤집어 버린다.'라고 하였으니 만일 혹시라도 스스로 기
울어졌으면서 하늘이 뒤집어 버리지 않기를 바라며 심지 않고서 하늘이
북돋아 주기를 바란다면 또한 너무 어리석은 것이 아니겠는가. 그러므로
하늘이 돕는 것은 반드시 스스로 돕는 것에 달려 있으며 스스로를 돕는
실상은 '궁리(窮理)'·'역학(力學)'·'자강불식(自强不息)'에서 벗어나지 않
으니 어찌하여 남이 도와주리라는 옛 생각만을 버리고 스스로 돕겠다는
새로운 생각을 하지 않는가.[19]

1907년에 『대한자강회월보』에 기재된 「자조설」에서 그는 자기발전을
위한 주체적인 노력의 필요성을 적극 강조하였다. '하늘은 스스로 돕는
자를 돕는다.'는 서구의 격언을 인용하며 시작한 사설에서, 그는 자기발
전을 위한 기본자세로 '궁리(窮理)'·'역학(力學)'·'자강불식(自强不息)'의
3요소를 강조하였다. 이에 대한 예증으로는 증기기관의 발명가로 영국
에서의 산업혁명을 촉발시킨 James Watt(1736~1819)의 사례를 제시하
였다. 그는 와트가 증기기관을 발명하는 동안 보여준 궁구하는 학문의
자세, 부지런한 배움의 태도, 그리고 이를 통한 쉼 없는 자기발전을 '자
강불식'의 구체적인 예로써 이해하였다. 뿐만 아니라 "심어진 자는 북돋

---

19) 元泳義, 「自助說」, 『大韓自强會月報』 13, 1907.7.25. 9~10쪽. "泰西人이 有天助之語ᄒ
니 蓋自助者ᄂ 天必助之也라. 凡愚人이 每謂奉神則神助ᄒ고 徇人則人助라 ᄒᄂ니 此ᄂ
無識之甚也라. 我自有身ᄒ야 我自由之어니 豈係他的所爲哉아 雖千萬人이 摧抑之·沮戱
之라도 我持我身ᄒ며 我行我志ᄒ야 欲富則必究致富之術ᄒ고 欲貴則必修致貴之道ᄒ야
期見實效乃已롤 如瓦妬之窮理와 制任西之力學이 可也라. 不然而或望神助ᄒ며 或望人
助ᄒ야 自忘其有身ᄒ고 幷喪其心志則便是空殼肉塊라. 常處下流ᄒ야 虛負天生이니 豈
不哀哉아 有人如此而或邀一時之倖ᄒ야 偶致富貴라도 難保久享이라. 旋得旋失ᄒ야 終
伍貧賤而只自熱中ᄒ리니 …… 若要自助ᄂ틴 必湏先立其志니 志者ᄂ 心之所也라. 旣
定其心所之而修其實力ᄒ야 自强不息然後에 積於中而發於外ᄒ야 用之不竭ᄒ고 行之有
餘어니와 …… 人有自助之實이則天必助之롤 亦應如是矣라 於傳에 不云乎아 天道ᄂ 裁者
롤 培之ᄒ고 傾者롤 覆之라ᄒ니 如或自傾而望天之不覆ᄒ며 不栽而祈天之爲培면 不亦
惑之甚乎아 然則 天之所助ᄂ 必在自助而自助之實ᄂ 不外乎窮理·力學·自强不息이니
盍去其求他助之舊念而新之也哉아."

아 주고 기울어진 자는 엎어 버린다.[栽者培之, 傾者覆之.]"[20]라는『중용』
의 구절을 인용하며 자기발전에 대한 노력의 자세를 전통 교육에서도
모색하였다. 이러한 서술 태도는 앞에서 살펴보았듯이 전통 교육에 대
한 발전적 계승과 발달된 서구 학문에 대한 개방적 수용의 자세를 견지
하려는 원영의의 견해가 반영된 결과로 여겨진다.

그가 편찬한 교재 가운데 가장 먼저 이루어진『소학한문독본(이하 독
본)』은 1907년 음력 7월에 편찬하여 간행하였다. 이 책은 '상권 160과'와
'하권 133과(실제 131과)'[21]로 구성되었다. 수록의 대상은 전통적인 경서
가 아닌 근세의 한문 작가와 여러 명사의 작품 중에 아이들에게 가르쳐
서 효과가 있었던 것들이며, 내용은 천상(天象)·지리(地理)에 관한 것에
서부터 신체(身體)·물체(物體) 및 윤리(倫理)·우언(寓言) 등의 거의 모든
분야를 망라하되 아동의 이해 수준을 고려하여 난이도를 조정하였다.

편찬된『독본』의 서문에서 원영의는 문자의 가치, 전통교육의 폐해
그리고 한문의 가치 등에 대한 자신의 의식을 다음과 같이 밝혔다.

먼저, 그는 문자란 사람이 천지의 문장을 형상하여 제작한 것으로 그
기능은 사람의 마음을 소리로 형상하는 것이며, 그 가치는 인간이 만류
중에 가장 뛰어날 수 있게 하는 것이라고 하였다.[22] 이러한 인식은 만류
중에서 인류의 우월성이 '도덕성'에 근거한다는 전통시대의 정신적, 추
상적 인간관에서 벗어나 기록하고 표현하는 인간의 기술 능력과 구체화
능력에 가치와 의미를 부여한 것이라는 점에서 주목된다.

또 그는 동·서양의 지리적 차이에서 비롯되는 사회 풍속의 차이가
문자의 다양성 확립에 원인으로 작용함을 지적하면서도 수 천 년의 장

---

20)『中庸』제17장.

21) 하권의 22과와 55과가 누락되었으므로 실제로는 131과인 셈이다.

22) 元泳義,『小學漢文讀本』,「序」. "人觀天地之文而造文字, 聲其心而迹其聲, 凡頂天立地
者, 均是人類也."

구한 시간과 지리적 거리에도 불구하고 동양의 각국이 향유해 온 한문의 공공재적 속성 또는 보편성으로 요약되는 가치를 제시하며 당대 아동 학습에서의 한문의 역할론과 효율성을 기대하였다.

또 한문의 문자적 특성에서 비롯된 가차와 전주 등의 활용 가능성이 새롭게 전래되는 신학문의 수용과 전파에도 유익하게 기능할 것을 기대하였다.[23)]

한편으로 원영의는 관습적으로 반복되어 온 중국 통사(通史)와 소학서(小學書) 위주의 전통적인 아동 교육을 비판하였다. 그는 수 천 년 동안 무비판적이고 맹목적으로 반복되어 온 전통 아동교육의 결과, 아동의 창의력이나 독해력 등이 저하되었다고 인식하였다. 실제의 교육 경험을 통하여 인식한 아동 한문 교육의 장단점에 대한 이해에 근거하여 시대성을 반영하고 아동의 사고력 증진이나 독해력 향상을 위한 문장의 난이도를 조절할 것을 제시하였다. 뿐만 아니라 전범적인 성격의 중국 역사 또는 중국 서적 위주의 아동 교육을 탈피하여 시기적으로 근세의 한문 작가와 명사의 작품을 주로 선발하며 시대성을 반영하고자 하였다. 아울러 실제로 아동에게 교수하여 문장 학습에서 효과를 획득했던 것들을 선별적으로 수록함으로써 문장 교육에 대한 효율성 확보하고자 하였다.[24)]

시대상을 반영하며 편집한 문장과 중국 위주의 전범적 문장 학습에서의 탈피를 주장하면서 그가 달성하고자 했던 교육의 궁극적인 목표는

---

23) 상게서. "其文宜若無所不同而東西各國, 因其區域之判然異焉. 其風俗與事爲之發於心而著於文者, 亦隨以不同. 故其文不能相同, 苟欲從其心之聲而通其迹, 則必須先曉各國之文而後, 乃可也. 然而以一人之智力能周悉者, 盖難矣. 惟漢文, 乃累千年, 東洋諸國之同文也, 言語之異音, 筆以辨焉, 書籍之異義 譯以達焉, 洵萬逕普通之津梁也."

24) 상게서. "竊取近世漢文家·諸名師之所嘗課蒙者, 選其若干頁而輯之曰小學漢文讀本, 盖自天象地理, 以至人身物體及倫理寓言, 刺剌如家人相語, 提耳指掌. 蒙學者, 誠能由此而進焉, 則豈僅解錯綜艱澁之容易也. 抑亦天地人文之萬殊一理者, 可推以橫竪普達矣."

'열강과의 경쟁에서 그들을 대적하여 이기는 것'[25)]이었다. 구미 열강에 대등한 부국강병한 조선의 건설에 동참하려는 그의 열망은 갑오경장 이후에 지속적으로 추진된 조선 정부의 정책 방향과 연계된다.

조선은 갑오경장을 기점으로 재래의 문물제도를 버리고 근대의 서양을 본받아서 발전적인 새로운 국가체제를 확립하기 위한 방안을 다각도로 모색하였다. 특히 조선 정부에서 국가발전의 급선무로 여긴 것이 교육 부분이었다. 1880년대부터 이루어진 교육 개혁에 대한 필요성과 신교육의 효과성 제기를 비롯하여, 고종이 팔도유시에서 천명한 출신의 제약 철폐를 통한 교육의 균등한 기회 제공 그리고 인재선발에서의 '재능'과 '학식'의 강조 등을 통하여 치국화민(治國化民)을 이룩하고자 한 것에서 확인할 수 있다. 이러한 견해들이 구체적으로 반영된 결과가 1895년에 공포된 초등교원의 양성을 목적으로 한 우리나라 최초의 근대식 학교법규인 「한성사범학교관제」이다. 이를 통해 서울의 교동에 본과 2년, 6개월 속성과정의 한성사범학교가 설치되었고, 부속학교로 심상과와 고등과를 가진 3년제 소학교가 설립되었다. 교수한 과목으로 본과의 경우는 수신·국문·한문·교육·역사·지리·수학·물리·박물·화학·습자·작문·체조 등이고, 속성과는 물리·화학·박물을 이과로 묶은 것을 제외하고 본과와 같은 과목들을 교수하였다.

우리나라의 교육이 진보하고 있지만 서양의 여러 나라들 보다 뒤쳐져 있기에 한번 도약한다고 하여 그들과 나란할 수는 없다. 또 그들의 과학은 그 범위가 크고 넓어서 특별한 방법 없이는 두루 도달할 수가 없다. 지금을 살펴보니 우리나라의 아동교육[蒙學敎育]이 바야흐로 한창 흥기하고 있다. 그러나 갑자기 어린 학생들에게 심오한 글을 가르쳐 괴롭혀서

---

25) 元泳義, 『蒙學漢文初階』, 「序」. "其終到地爲期. …… 可與競爭列強旗鼓相當, 亦已便捷矣."

쉽게 싫증나게 하고 오래된 것을 묵수하게 하여 학문의 진보에 방해가 되고 있다. 또 새로운 지식을 열어 깨우쳐 주려해도 정본(定本)이 없는 것을 안타깝게 여겼다. 내가 이것을 근심하여 『소학한문독본』 두 편을 편집하였다.[26]

　원영의는 아동교육의 필요성에 기반하여 아동 교육용 교재의 편찬을 구상하고자 하였는데 그 와중에 그가 고민한 것은 '정본화(定本化)의 문제'였다. 서지학에서 의미하는 '정본'은 서사(書寫) 또는 인쇄 과정에서 서적의 본문이 여러 가지의 외적 조건으로 인하여 원저자의 사상이나 표현을 정확하게 전달하지 못하거나 잘못될 가능성을 분석하고 여러 이본(異本)이나 비슷한 종류의 서적을 교감(校勘)하여 객관적인 사실에 근거한 저자의 의도에 가급적 충실한 본문으로 환원시키려 하는 것을 의미한다. 그러나 원영의가 의미하는 '정본(定本)'은 이것과는 다른 층위의 것으로 이해된다.

　정본화된 교재의 필요성에 대한 그의 견해는 세 가지 측면에서 제기되었다. 먼저, '갑자기 어린 학생들에게 심오한 글을 가르쳐 괴롭혀서 쉽게 싫증나게 한다.'는 학습 대상의 수준을 고려하지 않은 교재의 내용과 수준 문제에 관한 것, 둘째 '오래된 것을 묵수하게 하여 학문의 진보에 방해가 된다.'는 학습 내용과 교수 방법의 문제를 제기한 것, 셋째 '새로운 지식을 열어 깨우쳐 주려한다.'는 교재의 내용 개선에 대한 의지를 천명한 것으로 풀이할 수 있다. 세 가지의 필요성을 종합하면 원영의의 교재 편찬에는 학습대상의 수준을 고려한 맞춤형 교재를 개발하려는 그의 의식이 반영된 것으로 정리된다.

---

26) 상게서. "我東敎育進步, 已後於泰西諸國, 不可一躍而並駕. 又其科學宏博, 不可無方法而普達也. 見今蒙學方興, 遽以深文苦之, 易生厭倦, 因使墨守故步有妨進取. 更要啓發新智, 苦無定本. 余惟是之憂, 旣輯小學漢文讀本二編."

1910년에 쓴 「학문지식(學問智識)이 생활(生活)의 원료(原料)」라는 논설에서, 그는 학문이나 지식은 이론적이거나 관념적이기보다는 먹고, 입고, 살게 하는 '원료'이자 실생활에서의 사용을 위한 가공되지 않은 '재료'라고 정의하고 학문이나 지식을 가공하는 수준과 방법에 따라 실제 생활에서의 활용도가 달라질 수 있다고 생각하였다.

> 대저 학문은 지식의 산모이고 지식은 의식주의 원료이다. 무릇 이 원료인 학문과 지식을 풍요롭게 하고자 한다면 먼저 개명한 사람의 지식을 취득해야 할 것이다. 지식을 확충하고자 한다면 개명한 사람의 학문을 본받고 법으로 삼아야 할 것이다. 모진 바람과 거센 비와 같은 급진사상은 아침을 넘기는 것도 불가능하고 한 말, 한 삼태기, 추도(錐刀) 같은 눈앞의 작은 이익을 탐하느라 훗날을 생각하려 하지 않아서 학교에 내는 의연금을 잠자리 꼬리만큼 조금 내니 교육의 진보는 한 치나 줄어들었으니 생계학(生計學)이 창성하지 않은 것이 어찌 당연하지 않겠는가.
>
> 대저 인류의 발전은 모두 힘에서 나온다. 이때 학문지식이란 인류가 발전하는 힘을 기르는 것을 돕는다. 이것은 무성하거나 번창하지 못한 나무는 눈과 서리에 꺾이고 흘러가지 않는 물은 도랑에서 썩게 되는 것과 같나니 사람이 학문[學力]과 지식[智力]을 닦지 않는다면 어떻게 살 수 있겠는가.[27]

논설의 제목이 시사하듯이 원영의는 '지식'이 의식주의 원료가 되고,

---

27) 元泳義, 「學問智識이 生活의 原料」, 『普中親睦會報』 2, 普中親睦會, 1910. "夫學問은 智識의 産母오 智識은 衣食住의 原料라 凡此原料롤 豊裕코자홀진뎌 開明人의 智識을 取得홀지오 智識을 擴充코자홀진뎌 開明人의 學問을 效則홀지어늘 飄風暴雨의 急進思想은 終朝키 不能ᄒ고 斗筲錐刀의 姑息小利는 遠慮롤 不肯ᄒ야 學校義金은 蜻蜓의 點尾오 敎育進步는 黃楊의 退寸이라 生計學의 未昌홈이 安得不然이리오 大抵人類의 發展動作이 皆是力에셔 出홈으로 學問智識이 其力을 助養ᄒ는지 木의 條暢力이 無ᄒ쟈는 霜雪에 摧ᄒ고 水의 流動力이 無ᄒ쟈는 汙溝에 腐ᄒᄂ니 人이 學力과 智力을 不修ᄒ면 何以生活코."

학문이 그것의 생산을 돕고, 그것의 확충 방법은 개명한 사람의 학문을 본받는 것이라고 밝히고 있다. 그가 말하는 지식의 성격은 '생계학'이라는 용어를 통해 추론할 수 있다. 그것의 근원을 따지면 19세기에 서양의 '이코노믹스[economics]'가 중국과 일본 등 두 나라에 전래된 것에서 비롯된다 할 수 있다. 중국 학자인 엄복은 그것을 '생계학(生計學)'으로 번역하였고, 일본 학자인 간다 다카히라는 '경제학(經濟學)'으로 번역하였다.

사전적으로 생계학은 살림 경영에 관한 학문이란 뜻이고, 경제학은 세상과 백성의 살림살이에 관한 학문으로 구분하지만 두 가지 모두 '살림살이'를 탐구 대상으로 삼는다는 점은 공통적이다. 이것은 원영의가 추구하는 학문이 전통시대의 도덕함양과 정신수양에 중점을 두는 이론적이고 추상적인 학문 경향에서 탈피해 있음을 선명히 보여준다. 또 그가 추구하는 학문의 목적과 방향이 '실생활(實生活)'과 '실용(實用)'에 중점을 두고 있음을 시사한다.

그러나 그는 실용 추구의 학문을 현실에 적용하기 위한 방법면에서는 급진사상을 통한 추구에 강한 경계심을 보였다. 그것은 그의 절충적인 학문 자세에서 비롯된 것이라 할 수 있지만 보다 구체적인 사실은 1884년의 갑신정변 실패에서 찾을 수 있다. 김옥균을 중심으로 하는 개화파 세력이 청나라의 속방화 정책에 저항하며 조선의 완전한 자주독립과 자구 근대화를 추진한다는 명분하에 무력 정변을 일으켰지만 결국 그들이 의존하던 일본군의 철수와 청나라의 신속한 개입, 그리고 현실을 도외시한 무리한 정강의 추진 등으로 인해 삼일 만에 실패하고 말았던 전례를 보았기 때문이었다.[28]

그가 생계학의 실제 적용을 위해 추구한 방법은 무조건적이거나 급진

28) 이광린, 『개화당연구』, 일조각, 1973 참조.

적인 방식이 아니라 '조창(條暢)'과 '유동(流動)'이란 말에서 알 수 있듯이 나무가 조금씩 가지를 뻗어 나가듯 물이 줄줄 흘러가듯 점진적이고 자연스럽게 이루어지는 것이었다. 이러한 원영의의 견해는 이미 1882년에 고종이 고영문이 상소한 7가지 시무책이 현실에 긴요하고 절실한 문제를 해결하기 위한 방법임을 인정하면서도 적용 방법면에서 갑작스런 변화보다는 점진적인 시행을 강조하던 태도와 일치된다할 수 있다. 다만 그와 고종의 차이점이라면 개명인의 지식 즉, 신학문의 습득에서 고종보다 개방적이고 적극적인 태도를 보였다는 점이다.

원영의는 1906년 11월~1907년 4월까지 『소년한반도(少年韓半島)』에 「교육신론(敎育新論)」이라는 제명의 논설문을 기고하였다.[29] 그는 여기에서 교과목을 윤리·어학·작문·지리·역사·수학·물리·화학·동물학·식물학·습자·도화·체조·수공·음악 등의 10개 교과로 나누고 각 교과의 내용과 효용성을 제시하였다. 이것은 구시대의 성균관과 향교 등의 교육체제에서 신분에 따라 학습 내용을 달리하던 차별적 경향과는 분명히 달라진 점이다. 또한 한문 위주의 구체제 교육에 비해 신문물의 유입으로 증대된 새로운 학문 분야 학습의 필요성을 교과에 가능한 반영하였다는 점에서도 주목을 요한다. 뿐만 아니라 구한말에 현재의 교과 분류와 흡사한 교육과정의 기초가 확립되어 있었다는 점 역시 주목할 필요가 있다.[30]

---

29) ①元泳義, 「敎育新論」, 『少年韓半島』 1, 1906년 11월 1일, 4~5쪽; ②元泳義, 「敎育新論 續」, 『少年韓半島』 2, 1906년 12월 1일, 6~8쪽; ③元泳義, 「敎育新論 續」, 『少年韓半島』 3, 1907년 1월 1일, 4~6쪽; ④元泳義, 「敎育新論 續」, 『少年韓半島』 4, 1907년 2월 1일, 3~5쪽; ⑤元泳義, 「敎育新論 續」, 『少年韓半島』 5, 1907년 3월 1일, 2~3쪽; ⑥元泳義, 「敎育新論 續」, 『少年韓半島』 6, 1907년 4월 1일, 3~4쪽.

30) 최미경, 「元泳義의 小學漢文讀本研究」, 성균관대 교육대학원 석사학위논문, 1999, 22~23쪽 참조.

Ⅳ. 마무리

이상에서 개화기 한문교재 중의 원영의의 한문교재 편찬 의식이 현재에 전하는 시사적 의미를 주로 고찰하였다.

개화기는 쇄국정책과 일제에 의한 한일병탄 사이에 자리하는 우리 역사의 특수한 시기로서 당시 조선 정부는 부국강병을 통해 일본과 세계 열강으로부터 우리의 주권과 자립, 자주를 지켜나가는 것을 시대적 사명과 정신으로 요구하였다. 이러한 시대 현실적 요구에 가장 잘 부응한 인물이 바로 원영의였다. 그는 우리나라 최초의 서양식 학제로 편성된 한성사범학교를 졸업하고 교원으로 근무한 특수한 경험을 살려 교육이 국가 발전의 기초이며 아동교육이 그 기초로서 더욱 중요하다는 것을 인식하였다. 이 때문에 그는 아동용 교재 3종을 발간하였는데 그 내용은 기존의 보수적 유학질서나 세계관을 강요하는 것이 아니라 기본적인 인간윤리 외에 서구의 다양한 학문에 대한 기초적인 지식과 위생·보건·물리·화학·생물·천문·세계역사·세계지리 등 당시로서는 생소한 분야에 이르기까지를 망라하여 아동의 시야를 넓혀 주고자 하였다. 특히 우리나라 역사에 대해 서술한 것은 물론 서구의 역사의 위인들 특히 독립의 영웅 등을 중심으로 소개함으로서 아이들에게 독립의식과 자주의식, 자존의식 등을 고양하고자 하였다.

이러한 그의 시도는 현재의 우리가 마주한 상황과도 일통하는 부분이 있다. 그것은 우리나라가 마주한 경제적 위기, 외교적 위기, 국내의 정치적 혼란 등의 상황이 개화기의 시대 상황과 완전히 다르다고 할 수 없기 때문이다. 그때와 마찬가지로 지금도 우리는 세계 강대국과 경제 대국을 자처하는 나라들의 힘겨루기 속에서 좌고우면하는 처지를 면하지 못하고 있다.

이러한 시대적 상황에서 한문학 연구에 종사하는 우리들은 과거 원영의가 그러했던 것처럼 우리의 학생들에게 위기의 현실을 극복하고 미래를 위해 전진할 수 있는 동력으로서 한문학의 힘을 모색해야 할 것이다.

참고문헌

『高宗實錄』.
『中庸』.
金甯漢, 「承訓郞師範敎官漳隱元先生行狀」.
사회과학원 고전연구실, 『北韓國譯 高麗史 7』, 신서원, 1992.
魚允中, 『魚允中全集』.
元泳義, 『大韓自强會月報』.
_____, 『蒙學漢文初階』.
_____, 『普中親睦會報』.
_____, 『小學漢文讀本』.
漢字敎育活性化推進會, 『漢字敎育新講』, 전통문화연구회, 1999.

강윤호, 『개화기의 교과용 도서』, 교육출판사, 1973.
국사편찬위원회, 『한국근대사기초자료집 2 -개화기의 교육-』, 국사편찬위원회, 2011.
呂必松, 『談談基于"字本位"的組合生成敎學法, 識字敎育科學化方法選粹』, 中國輕工業
　　　　出版社, 2006.
이광린, 『개화당연구』, 일조각, 1973.
李新宇 主編, 『語文敎育學新論』, 南京師範大學出版社, 2006.
周健, 『語文敎學理論與方法』, 北京大學出版社, 2007.
陳黎明, 『漢語識字敎學法的分類問題, 識字敎育科學化論文集粹』, 中國輕工業出版社,
　　　　2006.
최미경, 「元泳義의 小學漢文讀本硏究」, 성균관대 교육대학원 석사학위논문, 1999.
黃遵憲 著·趙一文 譯, 『朝鮮策略』, 건국대학교 출판부, 1997.

역사서 교육의 방향과 현재적 시사

– 『동몽선습(童蒙先習)』과 『아희원람(兒戲原覽)』을 중심으로 –

한은수

Ⅰ. 서론

2016년 11월 29일 교육부는 2017학년도부터 사용할 예정으로 개발된 '국정 역사 교과서'를 공개했다. 그러면서 교육부와 국사편찬위원회는 "균형 있는 역사관(歷史觀)과 올바른 국가관을 가질 수 있는 교과서"라고 강조했다. 그러나 교육부의 바람과 달리 새로 개발된 교과서는 공개 직후부터 역사교육계 및 교육현장 뿐만 아니라 정치집단·언론기관·시민단체 등 여러 곳으로부터 강한 비판을 받고 있다. 곧 '균형 있는 역사관'을 지녔다고 인정하기 어려운 내용들이 교과서의 이곳저곳에 산재해 있기 때문이며 친일 사관과 산업화·경제화의 미화 등의 내용들이 실려 있다고 평가받기 때문이다.

이와 같이 역사 교과서의 출판에 대해 역사학계·역사교육계 뿐 아니라 여러 시민 사회 단체의 사람들이 관심을 갖는 이유는 역사 교육이 그만큼 중요하다는 것을 말하는 것이다. 또한 역사 교육을 위해서는 학습의 주요 매개체인 교과서를 편찬하는 내용이 중요하다는 것을 말하는 것이기도 하다. 주지하듯이 역사는 기록의 산물이라고 할 수 있다. 우리들은 기록을 통해서 과거를 회상하며 기록을 통해서 과거의 잘잘못을 평가할 수 있다. 그런데 이러한 기록의 산물인 역사 교과서가 공정성과 객관성 면에서 신뢰를 상실했다면 그것은 이미 교과서로써의 가치를 상실한 것이라 할 수 있다.

우리 민족은 예로부터 기록을 중요시하였으며 특히 역사 기록 및 사서 편찬 등에 심혈을 기울였다. 상고시대의『고기(古記)』를 비롯하여 삼국시대의 고구려에서는『유기(留記)』100권이 편찬되고, 『신집(新集)』5권이 지어졌으며 백제에서는『서기(書記)』, 신라에서는『국사(國史)』가 편찬되었다. 이러한 역사 기록의 전통은 조선시대 말기까지 이어져 방대한 분량의『조선왕조실록』·『승정원일기』·『일성록』등과 같은 거질(巨帙)의 역사 기록물을 남기게 되었다.

그런데 세계의 어느 나라에 뒤지지 않는 역사 기록을 지녔음에도 근대 이전의 역사 교육은 어떻게 이루어졌는지 알기 어렵다. 가장 중요한 원인은 자료가 부족하기 때문이다. 역사 교육이 존재했음을 알려주는 사료는 많이 있으나 역사 교육이 어떻게 이루어졌는지를 밝혀주는 사료는 거의 없다.[1] 삼국시대 이래로 많은 나라들이 스스로 역사서를 만들어냈고 고려시대 이후에는 역사를 기록하는 사관(史官)이 따로 존재하는 등, 저마다의 역사 인식을 만들어내고 기록해 왔으나 그렇게 만들어진 역사서를 누가 읽고, 누가 가르치고, 어떤 방법으로 자신들의 역사 인식을 키워 왔는지에 대해서는 별다른 이야기가 없다. 삼국시대 이후로 분명히 우리나라에는 교육기관이 있었고, 과거제 시행 이후에는 지역의 교육기관과 연계하여 최고의 학부를 만들기도 했으며, 이곳 출신자들이 관직에 오르기도 하였음에도 불구하고 그들이 어떤 역사서로 어떤 방식을 이용해 역사를 배웠는지에 대해서 정리된 자료의 양이 많지 않다.[2]

---

[1] 채푸르니·조혜진(2012), 475쪽.

이러한 사정으로 인해 우리의 선조들이 어떠한 방법으로 역사서를 학습하고 후세에 교육하였는지 알기가 쉽지 않다. 또한 상고시대부터 근대에 이르기까지 방대한 역사의 흐름 속에서 선현들이 일구어 간 역사교육의 발자취를 일률적으로 재단하여 평가하기는 불가능한 일이라 본다. 따라서 본고에서는 근대 이전 조선시대 이후의 역사 인식과 역사서 교육의 방향에 대하여 선행 연구를 참고하여 개략적으로 기술하고 이를 구체적으로 알아보기 위해 초학 교재로써 사서(史書) 기능을 하였던『동몽선습』과『아희원람(兒戱原覽)』을 통해 역사서 교육이 이루어진 일면을 살피고자 한다. 물론 두 가지 교재에 실린 내용을 토대로 역사서 교육의 방향을 논의한다는 것은 여러 가지 한계가 있다. 그러나 역사서 교육의 내용을 논구할 적합한 자료가 많지 않은 상황에서 당시 널리 사용된 초학 교재의 내용을 통해서 역사서 교육의 방향을 추론해보는 것도 의미 있는 일이라 본다. 아울러 추론한 내용을 토대로 현재적 시점에서 조선시대의 역사서 교육을 통해 시사 받을 수 있는 것은 무엇인지 논의해보고자 한다.

II. 조선시대 역사 교육의 방향과 역사 인식

1. 조선 전기 역사 교육의 방향과 역사 인식

(1) 조선 전기 역사 교육의 방향

주지하듯이 상고시대 우리나라의 교육제도는 한자를 중국에서 수입하여 사용하면서 자연스럽게 중국의 교육제도에서 많은 영향을 받았을 것으로 추정된다. 한나라 이후 중국의 교육은 유교 경전의 교육을 통하

---

2) 한규철(2008), 1~2쪽.

여 유교 교양을 가진 인재를 양성하기 위해 이루어졌다고 볼 수 있다. 따라서 중국의 영향을 받은 우리나라 또한 삼국시대 이래 유교 경전의 교육을 중시하였으며, 유학 교육이 발달하면서 역사 교육도 함께 발달 하였다. 그러므로 역사 교육은 오늘날처럼 독립된 교과목으로써 가르쳐 진 것이 아니라 유학 교육에 따른 부수적인 교육으로 '경사체용(經史體 用)'의 인식 아래 이루어졌다고 볼 수 있다.

　조선시대에는 고려 말기의 성리학적 역사 서술의 전통을 더욱 발전시 켰다고 할 수 있다. 13~15세기 동안 지성사적으로 중요한 변화가 나타 났다. 먼저 성리학이 본격적으로 등장하였다. 고려 말기에 안향(安珦) · 이제현(李齊賢) · 정몽주(鄭夢周) 등에 의해 소개된 성리학은 유교 경전 과 역사에 대한 이해를 바탕으로 불교를 비판하며 새로운 정치 이론으 로 자리 잡았다. 그리고 세계 인식과 자아 인식이 분명해졌다. 몽골과 전면적으로 접촉하고 성리학의 영향을 받으면서 중화(中華)와 이적(夷 狄)이란 도식을 중심으로 세계를 인식하면서도, 동국(東國)이나 소중화 (小中華) 차원에서 자아 인식을 형성하기 시작했다.[3]

　성리학이 주류를 이루면서 역사학 역시 성리학의 영향을 받아 발달하 였다. 조선 전기에 국가 기반의 정착과 사회의 안정 속에서 민족 문화의 식이 성장하여 『동국사략』· 『삼국사절요』· 『고려사』· 『고려사절요』· 『동 국통감』 등의 관찬사서가 편찬되었다. 한편 중기인 16~17세기에는 성리 학자들의 유교윤리관이나 애국사상의 발로로 사찬(私撰)의 역사서가 편 찬되었다. 『동사찬요(東史纂要)』· 『동사보유(東史補遺)』· 『여사제강(麗史 提綱)』· 『동국역대총목(東國歷代總目)』· 『동사회강(東史會綱)』 등이 그것 이다.[4]

3) 김육훈(2015), 29~30쪽.
4) 李萬烈(1985), 316쪽.

역사 교육은 자연적으로 유교적 가치관 위에서 전개될 수밖에 없었다. 역사 교육에 있어 2가지 경향의 특징을 찾아볼 수가 있다. 첫째는 성리학적 역사관 위에서 진행된다는 점이며, 둘째는 중국사 중심으로 이루어진다는 점이다. 여기서 중국 사서는 『통감』・『통감절요』・『십팔사략』 등이다. 결국 중국의 문화와 정치에 밀착된 당시 사회에서 중국 사서를 중심으로 성리학적 가치관에 대한 역사의식을 심어주어야만 했다.[5]

이와 같은 상황에서 유교와 성리학에 따라 교육 체계를 정비하고 유교적 교양을 갖춘 관리 양성을 위해 교육이 이루어졌다. 교육체계의 근간은 성균관과 사부학당(四部學堂), 향교였다.

성균관의 교육과정을 살펴보면 다음과 같다. 첫째 단계에서 『대학(大學)』・『논어(論語)』・『맹자(孟子)』・『중용(中庸)』・『시(詩)』・『서(書)』・『춘추(春秋)』・『예기(禮記)』・『주역(周易)』을 읽고, 다음 단계에서 『좌전(左傳)』・『강목(綱目)』・『송원절요(宋元節要)』・『역대병요(歷代兵要)』 등의 역사서를 이수하였다. 성균관에서의 교육은 유학 중심으로 이루어졌고 다른 잡서는 엄히 금지되었다. 또한 역사서의 학습은 유학의 연장이었으며 일부로 여겨졌다. 『좌전(左傳)』과 『강목(綱目)』은 중요한 역사서로 여겨졌다. 『통감강목(通鑑綱目)』은 성리학적 입장에서 편찬한 것으로 명분론의 요소인 역사상의 정통론과 의리론을 가진 강목체(綱目體) 사서이다. 이 사서에 반영된 정통론의 사관은 주자(朱子)의 성리사상과 통하는 것으로 결국 성리학이 유행하던 시대의 성리사관이 크게 반영된 결과라 할 수 있다.[6]

조선시대에는 고려의 지방 교육기관에서 유래한 향교가 전국 거의 모든 군현에 확대 설치되었다. 조선 초기 향교에서 학습한 서책은 유교의

---

5) 柳裁澤(1985), 7쪽.

6) 상게서, 7쪽.

경서와 통감류, 시문선집이 대부분이라 할 수 있다. 기본적으로 익혀야 할 소양 과목으로『삼강행실(三綱行實)』·『효경(孝經)』·『소학(小學)』·『문공가례(文公家禮)』가 있었고 필수 교과로『논어(論語)』·『맹자(孟子)』·『대학(大學)』·『중용(中庸)』·『서경(書經)』·『시경(詩經)』·『역경(易經)』·『예기(禮記)』·『춘추(春秋)』 등이 있었다. 성리학 학습을 위해서『근사록(近思錄)』·『성리대전(性理大全)』·『성리군서(性理群書)』 등이 있었으며 역사서로는『자치통감(資治通鑑)』·『통감총목(通鑑綱目)』·『통감절요(通鑑節要)』·『통감훈의(通鑑訓義)』 등이 있었다. 또한 제술 교과로서『고문진보(古文眞寶)』·『문선(文選)』·『초사(楚辭)』·『고부(古賦)』·『유문(柳文)』·『한문(韓文)』 등의 서책을 학습하였다.[7]

위에서 보듯이 성균관과 향교에서 학습한 교육 내용을 통해 볼 때 조선 전기까지의 역사 교육은 고려시대와 같이 '경사일체(經史一體)'의 교육이라 할 수 있다. 따라서 '역사'라는 개별 교과로써의 학습이라기보다는 경학(經學)을 학습하는 범주 내에서 자연스럽게 역사서 교육이 이루어졌다고 할 수 있다. 또한 성리학적 교학이념에 따라 성리학적 역사의식 아래 중국 사서를 중심으로 역사 교육이 이루어졌다.

(2) 조선 전기의 역사 인식

조선 전기에는 성리학을 중심으로 한 사상적 체계가 발전하면서 역사학 역시 성리학의 영향을 받아 발달하였다. 위에서 논의하였듯이 성균관과 사부학당, 향교 등에서의 교육이 유교적 교학 정책 아래에서 실시되어 경서 교육이 교육의 핵심이었으며 역사서의 교육은 역사학 자체를 위한 교육이기보다는 경학 내부의 여러 학습서 가운데 사서가 포함되어 '경사일체(經史一體)'의 교육으로써 이루어졌다고 할 수 있다. 따라서 역

---

7) 유현경(2002), 34~36쪽 참조.

사 교육은 역사의 개별적인 사실을 중시하기보다는 역사 속에서 찾을 수 있는 귀감이 무엇인지 파악하는 것을 중요하게 생각하였다. 이는 역사 속에서 교훈을 찾아 이를 통해 성리학적 이상 사회를 실현하려고 한 노력이라고 생각해볼 수 있는데 다음의 자료에서 그 일면을 볼 수 있다.

> 『사기』를 읽으면, 모름지기 치란의 기틀과 현인 군자의 출처와 진퇴를 보아야 할 것이니 이것이 곧 격물이다. …… 또 말하기를 "나는 『사기』를 읽을 때마다 반쯤 읽으면 곧 책을 덮고 생각하여, 그 성공하고 패망한 것을 헤아려 보고, 그 뒤에 다시 읽다가 합치되지 않는 곳이 있으면 또다시 정밀하게 생각하였다. 그중에는 다행히 성공한 것도 있으나 불행히 실패한 것도 많았다. 지금 사람들은 다만 성공한 이는 옳다고 하고, 실패한 이는 그르다고 하니 이는 성공한 자도 도리어 옳지 못한 것이 있고, 패망한 자도 도리어 옳은 것이 있다는 것을 알지 못한 것이다."라고 하였다.[8]

위의 내용은 조선 성리학의 이론적 집대성으로 알려진 이이[李珥, 1536~1584]의 『성학집요(聖學輯要)』에 실린 글로, 여기에서 이이는 '독사지법(讀史之法)'이란 독립된 항을 설정하여 정주학(程朱學)의 독사법(讀史法)을 소개하고 있다. 이이는 독사(讀史)의 기능이 '격물(格物)', 즉 사물을 바로잡는 데 있다는 실천적 목적을 전제한 후, 역사적 사건의 시비(是非)와 성패(成敗)는 무관하다는 입장을 표명하고 있다. 다시 말해 성패는 행·불행과 관련된 것이지 시비와는 무관하므로, 성공한 자를 무조건 옳다고 보아서는 안 된다는 것이다. 이는 역사 해석에 있어 결과보다 동기를 중요시해야 하며 동기의 선악을 가지고 시비를 평가해야 한다는 뜻

---

8) 李珥, 『栗谷先生全書』 卷20, 「聖學輯要」 修己第二上. "讀史, 須見治亂之機, 賢人君子出處進退, 便是格物. …… 又曰, 某每讀史, 到一半, 便掩卷思量, 料其成敗, 然後却看有不合處, 又更精思. 其間多有幸而成, 不幸而敗. 今人只見成者, 便以爲是, 敗者, 便以爲非, 不知成者煞有不是, 敗者煞有是底." (이 논문에서의 원전자료 번역은 韓國古典翻譯院에서 발간한 古典國譯叢書의 내용을 전재하거나 수정하여 실었음)

이다.[9]

우리는 역사를 평가할 때 승리자의 입장에서만 바라보고 평가하기 쉬운데 승리자가 항상 정의로운 것은 아니다. 그러므로 역사서를 볼 때에는 단순히 문면에 쓰인 내용만을 보지 말고 그 행간을 볼 수 있는 안목을 지니도록 깊게 생각해보아야 한다. 이것이 '격물치지(格物致知)'의 정신이다. 자기 자신이 역사적 사건의 중심에 있는 것처럼 생각하고, 내가 이러한 일을 당하면 어떻게 처리할까를 생각해보아야 한다. 그래서 그 사건이 선하거나 옳은 일이면 본받고 악하거나 옳지 않은 일이면 경계하여 자기 자신의 몸가짐을 바르게 하는 것이 역사서를 읽는 바른 방법이며 이를 통하여 교훈을 찾고자 한 것이다. 이러한 정신은 다음의 글에서도 확인할 수 있다.

> 평생토록 글을 읽은 것이라야 대부분 거칠게 읽은 잘못이 있었으며 그중에서도 사학에 이르러서는 더욱더 뜻을 둘 수 없었습니다. 이에 지금 물어 오신 데 대해 우러러 답변 드릴 길이 없는 바, 부끄럽고 후회스러운 마음을 금할 수 없습니다. 그러나 역사책을 읽는 법은 흥망과 치란의 자취, 현부와 충사의 실제를 참고하여 감계로 삼는 것이니 바로 이곳이 힘을 써야 할 곳입니다.[10]

위의 글은 정경세[鄭經世, 1563~1633]가 사계(沙溪) 김장생[金長生, 1548~1631]에게 보낸 편지의 일부이다. 정경세는 조선 중기 유성룡[柳成龍, 1542~1607]의 문인으로 예학(禮學)에 밝아 예학자로 불렸으며 김장생과 서신을 주고받으며 '역사서 독법'[讀史之法]에 대한 자신의 견해를 밝혔

---

9) 韓永愚(1994), 108쪽.

10) 鄭經世, 『愚伏先生文集』 卷9, 「答金沙溪」. "平生讀書, 多失之鹵莽, 至於史學則尤不能致意. 今無以仰答俯詢之勤, 慙愧無已. 然讀史之法, 參考興亡治亂之迹, 賢否忠邪之實, 以爲鑑戒, 乃爲致力處."

다. 곧 역사적 사건을 읽을 때에는 어떤 나라가 흥하고 망하거나 다스려지거나 혼란해지게 되는 자취와 어질고 사리에 밝은 것과 그렇지 못한 것, 충직함과 간사함의 실상을 참고하여 거울로 삼아서 다시는 똑같은 잘못을 저지르지 않는 데에 힘을 기울여야 한다고 하였다.

이와 같이 역사적 사건을 통하여 교훈을 찾으려하는 것은 중국의 역사를 역사 교육의 중심으로 생각한 전통에서 비롯하였다고 할 수 있다. 곧 사마광(司馬光)의 『자치통감(資治通鑑)』이나 주희(朱熹)의 『자치통감강목(資治通鑑綱目)』에서 보듯이 역사서를 통해 역사 속에서 귀감을 찾아 교훈을 삼으려고 한 전통이 조선 전기의 역사 편찬의식에 영향을 주어 서거정[徐居正, 1420~1488]의 『동국통감(東國通鑑)』과 같은 역사책이 나오게 된 것이다. 『동국통감』은 왕도주의적 도덕정치를 구현하려는 성리학적 역사의식을 충실히 반영하여 편찬한 역사서이다. 따라서 '삼강오륜(三綱五倫)'의 도덕규범에 위배된 사건을 비판하였으며, 이를 통하여 역사적 사건 속에서 본받아야 할 것과 경계해야 할 것을 뚜렷이 구분하여 인식시킴으로써 후세대들이 귀감으로 삼을 수 있는 역사는 어떠해야 하는지에 대한 역사서 교육의 방향을 제시한 것이다. 곧 조선 전기의 역사서 교육은 역사적 사건 속에서 후세들이 귀감으로 삼아야 할 역사를 분명하게 인식시키는 데 그 목적이 있었다고 볼 수 있다.

2. 조선 후기 역사 교육의 방향과 역사 인식

(1) 조선 후기 역사 교육의 방향

조선 후기에 들어와서는 우리나라에 새로운 사상이 발흥하면서 역사의식에도 새로운 전환기를 맞이하였다. 임진(壬辰)·병자(丙子) 양란(兩亂) 이후 대내외적 여러 원인에 의해 '실학사상'이라고 하는 새로운 사상 체계가 발생하였다. 이는 종래의 성리학적 사상에 대해서도 조심스럽게 비판하기 시작하였고 따라서 정치·사회·학문 등 여러 분야에도 영향을 주었다. 이러한 실학 활동은 많은 사상적 변화를 가져왔는데 첫째, 종전의 화이론적 세계관이 크게 변하여 우리나라를 비롯한 중국 이외의 국가도 모두 중국과 동등한 독립국가라는 생각을 가지게 되어 자주적 국가의식으로 개방적 문화의식을 갖게 되었다. 둘째, 서구의 실용적 학문과 청조 고증학의 자극을 받아 실용적이고 실증적인 생활태도를 갖게 되었다. 셋째, 실학사상은 현실을 직시하고 실리와 밀착된 학문을 현실 생활에 적용하려고 노력하면서 사회적 모순을 개혁하려고 시도하였다. 이러한 주체사상의 발흥에 따라 조선 전기의 성리학적 사학에 대체될 수 있는 조선 후기의 실학 사학의 전개를 보게 되었다. 그 결과 『동사강목(東史綱目)』·『해동역사(海東繹史)』·『연려실기술(燃藜室記述)』과 같은 비판적 내용을 담은 사서가 저술되었다.[11]

16세기 말부터 17세기 전반까지 조선은 일본, 후금[淸]과 차례로 전쟁을 치르며 엄청난 피해를 입었다. 국가의 경제 기반이 무너지고 양반 지배층의 위상이 땅에 떨어졌으며 성리학적 사회체제가 뿌리부터 흔들렸다. 특히 병자호란의 패배는 유교적 문명국가임을 자부하던 '소중화(小中華)' 조선의 자존심에 큰 상처를 남겼다. 총체적 위기를 극복하고 성리학적 사회체제와 질서를 재건하기 위하여 왕실과 집권 사림 세력은 교육제도를 정비하고 교화정책을 강력하게 추진했다.[12] 이를 위해 집권 세력은 각 지방의 향교를 정비하고 향교의 교육과 강학, 의례 기능을 정상화하는데 힘을 쏟았다. 향교 등을 거점으로 『소학』 교육을 강화하였으며, 정부와 왕실은 역사 교재인 『동몽선습』과 『통감절요』를 보급하는 데 앞장섰다.

---

11) 柳在澤(1985), 8~9쪽 참조.
12) 방지원(2015), 39쪽.

향교의 정비와 함께 서원도 활발히 설립되었다. 서원의 교과는 성균관이나 향교보다 훨씬 더 다양한 내용들로 구성되었다. 서원의 설립목적 중 하나가 유교 교육이었던 만큼 교과는 주로 유교 경전을 중심으로 하였다. 대부분의 서원이 『소학(小學)』·『논어(論語)』·『맹자(孟子)』·『대학(大學)』·『중용(中庸)』·『서경(書經)』·『시경(詩經)』·『역경(易經)』·『예기(禮記)』·『춘추(春秋)』를 기본적인 교과로 하였다. 이와 같은 기본 교과 이외에도 『심경(心經)』·『근사록(近思錄)』·『가례(家禮)』·『동몽수지(童蒙須知)』·『절요(節要)』·『집요(輯要)』·『주례(周禮)』·『의례(儀禮)』·『효경(孝經)』·『주자대전(朱子大全)』·『성학집요(聖學輯要)』·『어류(語類)』·『주자절요(朱子節要)』·『속강목(續綱目)』·『격몽요결(擊蒙要訣)』 등 성리학과 관련된 서적과 역사서 등이 주로 교육되었다.[13] 이를 통해 볼 때 서원의 교과는 대체로 관학처럼 4서 5경을 기본으로 하며, 학문 연구와 성현을 본받는 것을 중시하였으므로 성리학과 관련된 서적의 교육을 주로 하였다. 또한 『통감(通鑑)』·『동국통감(東國通鑑)』·『명신언행록(名臣言行錄)』·『이락연원록(伊洛淵源錄)』·『송감(宋鑑)』 등의 역사서 교육도 하였다.

조선 후기에는 향촌 사족이나 유지 가운데 뜻을 같이 하는 사람들이 힘을 모아 서당을 열고 훈장을 고용하기도 하여 전국적으로 서당이 확산되었다. 전국 방방곡곡에 들어선 서당에서는 『천자문』으로 문자를 익히도록 한 다음, 『동몽선습』·『격몽요결』·『계몽편』·『명심보감』·『소학』 등을 가르쳤다. 『소학』을 읽는 단계에서 『통감절요(通鑑節要)』·『사략(史略)』 등의 역사서를 함께 가르치기도 했다.[14]

이상에서 보듯이 조선 전기의 교육이 성균관(成均館)·사부학당(四部學堂)·향교(鄕校)를 중심으로 한 관학(官學) 교육이 주축을 이루어 진행된

---

13) 김해용(2010), 38~43쪽 참조.
14) 방지원(2015), 42~43쪽.

것에 비해, 조선 후기의 교육은 양란 이후 향촌 사회의 다양한 변화에 따라 관학 교육 못지않게 서원·서당과 같은 사학 교육이 활성화되었다. 사학 교육 기관의 교육과정은 국가에서 특별히 정하지 않았고, 설립 주체의 학문적 경향이나 지역 환경에 따라 다양하게 구성되었으나 관학 교육기관과 같이 경사자집(經史子集)을 두루 학습하였다. 따라서 역사서 교육은 조선 전기와 같이 유학 경전을 학습하는 가운데 하나로 진행되었다. 다만 실학사상의 영향으로 역사 연구는 조선 전기의 중국사 중심의 역사 교육에서 자국사 중심의 역사 교육으로 전환하는 토대를 마련하였다.

(2) 조선 후기의 역사 인식

역사적 사건을 통하여 교훈을 찾으려는 성리학적 역사 인식 태도가 조선 중기에 이르기까지 여전히 역사 교육에 영향을 미치고 있었다. 윤휴[尹鑴, 1617~1680]는 "역사책을 읽을 때에는 다만 그 사실을 알기 위해 읽는 것이 아니라 반드시 그로 인하여 잘잘못을 거울삼아 경계할 수 있기를 기필하여야 한다."[15]고 하였다. 임영[林泳, 1649~1696]은 "선하고 옳은 것은 따르고, 악하고 그른 것은 벌을 주어 반드시 현재에 반영되도록 해야 한다."[16]고 하여 감계(鑑戒)의 뜻을 나타냈다. 남유용[南有容, 1698~1773]은 제왕가의 독사법(讀史法)은 서민들이 읽는 방법과 달라야 한다고 하면서, "선한 것을 법으로 삼고, 악한 것을 경계로 삼는 것이 요체이다."[17]라고 하여 감계의 중요성을 말하였다.

---

15) 尹鑴, 『白湖先生文集』, 「附錄 年譜」. "先生曰, 凡讀史, 非但爲知其事, 必須因之鑑戒."
16) 林泳, 『滄溪先生集』 卷18, 「經筵錄」 庚申七月. "善而是者則慕之, 惡而非者則懲之, 必須反之於今."
17) 南有容, 『䨓淵集』 卷28, 「書筵講義」. "臣曰, 帝王家讀史之法, 異乎匹庶, 非徒多記前史而已. 善者以爲法, 惡者以爲戒, 乃是要訣."

　이러한 역사 인식은 여전히 성리학적 사회질서를 존중하고 보편적 중화문명으로의 중국사를 중심으로 자국사를 인식하는 역사 교육을 하도록 하였다. 그러나 중국사 중심의 정통론적 역사 인식을 심어주는 역사 교육이 널리 이루어지는 가운데 17세기 중반 이후 중국사보다 자국사 교육을 중시해야 한다는 주장도 서서히 힘을 얻기 시작했다.

　　지금 사람들은 동방에서 태어났으면서도 유독 동방의 역사에 대해서는 전혀 알지 못합니다. 심지어 "『동국통감(東國通鑑)』을 누가 읽겠는가."라고까지 말하니 사리에 어긋난 것이 이와 같습니다. 우리나라는 본래 우리나라일 뿐이어서 제도와 형세가 자연히 중국의 역사와는 차이가 있습니다. 사대하고 교린(交隣)하는 가운데 옛일에서 증험해 보고 지금의 상황에 비추어 보면 진실로 헤아려 보지 않을 수 없는 점이 있지만, 우리나라 사람들은 대체로 이것에 대해 몽매합니다.[18]

　위의 내용은 이익[李瀷, 1681~1763]이 제자인 안정복[安鼎福, 1712~1791]에게 학문을 넓고 멀게만 해서는 안 되며 요약할 줄 알아야 한다며 쓴 편지의 내용이다. 이익은 우리나라의 사람들이 자신이 태어나서 살아가고 있는 우리나라의 역사에 대해서는 잘 알지도 못하면서 우리나라의 역사서를 읽지 않으려는 당대의 풍토를 비판하였다. 또한 우리나라의 제도와 형세가 자연히 중국의 역사와 달라서 서로 구별이 되는데도 우리나라 사람들 중에는 이러한 사실을 인식하지 못하고 있는 사람들이 있으며 우리 역사에 대해 너무 무관심하여 우리 역사를 배우려 하지 않는 세태를 비평하면서 자국사 연구를 독려하였다.

　이익은 성균관 교육과정에서 역사 분야를 확대하고 본국사를 포함시

---

18) 李瀷, 『星湖全集』 卷25, 「答安百順 乙亥」. "今人生乎東邦, 惟東事全不省覺. 至曰, 東國通鑑有誰讀之? 其乖戾如此. 東國自東國, 其規制體勢, 自與中史有別. 其事大交郊之間, 驗古準今, 誠有不可不商量者, 東人蓋昧昧然也."

킬 것을 제안하는가 하면, 과거시험 과목에 중국사와 함께 자국사를 포
함시키자고 주장하기도 했다. 정약용도 자국사 교육을 강조하면서 과거
시험에서 국사의 고강(考講)을 주장했다. 식년(式年)에 시행되는 과거시
험에 국사를 넣되 자년(子年)에는 『삼국사기(三國史記)』, 묘년(卯年)에는
『고려사(高麗史)』, 오년(午年)에는 『동국통감(東國通鑑)』, 유년(酉年)에는
『국조보감(國朝寶鑑)』을 보자고 제안했다.[19)]

　우리나라의 역사에 대한 교육을 강조하는 분위기 속에서 체계화된 자
국사 연구는 안정복(安鼎福)에 의해 더욱 심화되었는데 그는 우리나라의
역사 교육뿐만 아니라 역사지리 연구의 중요성도 인식하였다.

> 　그러나 동·서·남쪽은 각기 바다를 경계로 삼아 강역을 다투는 일이
> 없지만, 서북쪽은 육지로 이어지고 산융(山戎)과 접해 있으며 또 중국과
> 통해 있어서 득실이 무상하다. 근본을 따져서 논하자면 요동(遼東)의 절
> 반 땅인 오라(烏喇) 이남은 모두가 우리 땅이다. 그런데 수(隋)·당(唐)
> ·송(宋)의 즈음에 발해·거란·완안(完顔) 등의 잡종이 번갈아 일어나면
> 서 땅의 경계가 점차 줄어들었다. 애석하게도 신라 문무왕 이후로 모두
> 원대한 뜻이 없어 백제를 병합하고 고구려를 평정하는 것으로 뜻이 이미
> 만족하여 다시는 고구려의 옛 강토를 회복하려 하지 않음으로써 발해로
> 하여금 가만히 앉아서 커지게 하였다. 뒤에 고려 태조가 요(遼)와 국교를
> 끊은 것은 뜻이 또한 우연하지 않은 것이었으나 불행하게도 훙서(薨逝)하
> 였고, 그 뒤의 왕들은 비록 뜻을 계승하기는 했지만 서쪽으로는 압록강을
> 경계로 삼고 북쪽으로는 두만강을 경계로 삼는 데 그쳐 요동의 1보의 땅
> 도 넘보지 못하였다.[20)]

---

19) 방지원(2015), 54쪽.
20) 安鼎福, 『順菴先生文集』卷19, 「東國地界說」. "然而東西南各至海爲界, 無疆域之爭, 至
　若西北面, 連陸地接山戎, 且通中國, 故得失無常. 究本而論之, 則遼地半壁, 烏喇以南,
　皆我地也. 而隋唐宋之際, 渤海契丹完顔雜種代興, 地界漸縮. 惜乎! 新羅文武以後, 皆無
　遠慮, 幷濟平麗, 志願已足, 不能收復句麗舊疆, 使渤海坐大. 後來麗祖絶遼, 意亦非偶,

안정복은 위의 글에서 우리나라가 신라의 통일 이후로 고구려의 구토를 회복하지 못하고 중국에게 빼앗긴 사실을 직시하였다. 그는 요동 지역의 절반이 본래 우리 국토인데 신라 문무왕 이후로 이 지역을 회복하려는 원대한 꿈을 꾸지 못하고 압록강과 두만강을 경계로 영토를 확정지은 사실을 안타깝게 생각하였다. 위의 글에서 안정복은 발해(渤海)를 우리 역사에서 제외하는 한계를 드러내기도 하였으나 고구려의 영토를 회복하지 못한 잘못을 지적함으로써 고구려의 옛 영토는 미래에 우리나라가 회복하여야 할 땅이라는 '고토회복의식(故土回復意識)'을 제시하였다. 이러한 안정복의 역사 인식은 자국사 연구의 결정판이라 할 수 있는 『동사강목(東史綱目)』의 편찬에서도 확인할 수 있다.

안정복은 우리나라에 계통 있는 국사서(國史書)가 없음을 지적하며 그로 인하여 우리나라의 몇 천 년 사적이 영원한 어둠 속에 버려진 채 있어도 아무도 돌보지 못하는 실정을 안타깝게 생각하였다.[21] 안정복은 우리나라의 역사를 중심으로 한 역사 교육의 중요성을 인식하고 『동사강목(東史綱目)』을 편찬하였는데, 이는 당시까지 완전하다고 여길 만한 역사서를 찾아보기 어렵다고 생각했기 때문이다.

그러나 『삼국사기』는 소략하면서 사실과 틀리고, 『고려사』는 번잡하면서 요긴함이 적고, 『동국통감』은 의례가 많이 어그러졌고, 『여사제강』과 『동사회강』은 필법이 간혹 어그러졌으니 오류를 인하여 오류를 답습하고 와전된 것을 와전된 대로 전한 것은 모든 책이 비슷하다. 내가 그것을 읽어보고 개탄하고는 마침내 개정할 뜻을 갖게 되었다. 그래서 우리나

而不幸蒙逝, 後王雖能繼志, 不過西以鴨綠爲限, 北以豆滿爲界, 而不能窺遼東一步之地矣."

21) 上揭書 卷2, 「上星湖先生書 戊寅」, "至若東史, 實無一統文字, 又無一人辨別疑案. 使有東數千里內數千年事蹟, 投之長夜中而不知顧焉. 誠有其人, 不可以著書爲嫌而止焉者也. 小子才乏三長, 學無一得, 何論於著書 而惟此一心則每恨恨不已也."

라 역사 및 중국의 역사 중에서 우리나라의 일을 언급한 것을 널리 취하여
일체 자양(紫陽:朱子)의 성법을 따라 모아서 한 질의 책을 만들었으니
사실(私室)에 보관해 두고 고열(考閱)의 자료로 삼고자 한 것뿐이요, 감
히 찬술로써 자처함이 아니었다.[22]

위의 내용은 안정복이 「동사강목서(東史綱目序)」에서 밝힌 『동사강목』
의 편찬 의도이다. 당시까지 우리나라의 역사책이 완비되어 기전체(紀傳
體)로 김부식의 『삼국사기』와 정인지(鄭麟趾)의 『고려사(高麗史)』가 있
고, 편년체(編年體)로는 서거정(徐居正)과 최부(崔溥) 등이 교지를 받들어
저술한 『동국통감(東國通鑑)』이 있으며 이를 인하여 유계(俞棨, 1607~
1664)의 『여사제강(麗史提綱)』과 임상덕[林象德, 1683~1719]의 『동사회강
(東史會綱)』이 지어졌다고 하였다. 그러나 각각의 역사서마다 잘못된 점
이 있어서 주자의 『자치통감강목(資治通鑑綱目)』을 본받아 『동사강목(東
史綱目)』을 저술한다고 하였다.

『동사강목』은 17세기 이후 축적된 국사연구의 성과를 계승 발전시켜
역사 인식과 내용 서술면에서 가장 완성도 높은 저술이 되었다. 역사
인식의 측면에서는 강목법을 한층 세련되게 하고 정통의 부각이라는 측
면에서 우리 역사를 재구성하였다. 즉, 안정복은 홍만종-이익에 의해
주장되었던 '단군정통론', 홍여한-홍만종-이익으로 이어지는 '기자-
마한 정통론', 임상덕-이익의 주장이었던 '삼국무통론'을 각각 수용하
고 이를 체계화하였던 것이다. 서술내용의 면에서 한백겸(韓百謙)의 『동
국지리지(東國地理志)』 이래로 활기를 띠기 시작한 역사지리 연구 및 사
실 고증의 성과를 집대성하였다.[23]

---

22) 上揭書 卷18, 「東史綱目序」. "然而三國史踈畧而爽實, 高麗史繁冗而寡要, 通鑑義例多
舛, 提綱會綱筆法或乖, 至於因謬襲誤, 以訛傳訛, 諸書等爾. 鼎福讀之慨然, 遂有刊正之
意. 博取東史及中史之有及于東事者, 一遵紫陽成法, 彙成一帙, 以爲私室巾衍之藏, 資其
考閱而已, 非敢以撰述自居也."

이상에서 보았듯이 조선 중기까지만 해도 역사적 사건에서 교훈을 찾으려는 감계(鑑戒)의 역사 인식과 중국사 중심의 역사 인식이 강하였으나 조선 후기로 오면서 감계(鑑戒)의 인식은 여전하면서도 자국사 교육을 중시하는 역사교육의 인식 변화가 일어났다. 이것은 종래 중국 중심적이며 관념론적인 성리학(性理學) 사상에서 벗어나 자아의식과 주체의식을 강조한 실학사상(實學思想)으로 편입된 결과이며 이로 인하여 역사교육은 '경사일체(經史一體)'의 교육에서 벗어나 독립적인 경지로 나아가게 되었다.

Ⅲ. 『동몽선습』과 『아희원람』을 통해 본 역사서 교육

1. 『동몽선습』을 통해 본 역사서 교육

(1) 『동몽선습』의 내용 구성

『동몽선습』은 조선시대 초학자를 위한 학습 교재로써 『천자문』·『훈몽자회』·『유합』·『신증유합』·『아학편』과 같은 문자교육 교재나 『소학』·『명심보감』·『계몽편』·『격몽요결』·『추구』와 같은 문장교육용 교재와 더불어 중요시되던 학습서의 하나이다.

『동몽선습』의 저자에 대해서는 어숙권(魚叔權)설과 김안국(金安國)설 등이 있으나 송시열(宋時烈)의 발문(跋文)을 통해 볼 때 조선 중기 때 박세무[朴世茂, 1487~1564]가 편찬한 것으로 보인다.[24] 처음에는 박세무 집안의 가숙(家塾)에서 일가의 자제들을 가르치기 위해 사용되었으나 얼마

---

23) 裵祐晟(1994), 281쪽.
24) 朴世茂, 『童蒙先習』木版本(1682), 「童蒙先習 跋」. "今朴上舍廷儀氏, 來謂余曰, 此, 吾高祖諱世茂之所編也."

지나지 않아 가치가 인정되어 17세기 초에 널리 사용되었다. 영조는 예
문관에 명하여 『동몽선습』을 널리 인쇄하여 보급하도록 하였다.[25]

　『동몽선습』은 1670년 이후 본격적으로 간행되었으며 대다수가 목판
본이었던 점으로 보아, 17세기 후반부터는 대량 유통되었다고 추정된
다. 『동몽선습』이 초학자 교육에 유용한 책으로 널리 받아들여졌다는
사실은 당시 아동의 학습을 좀 더 쉽게 할 수 있는 초등 교재의 필요성이
제기되고 있었다는 것을 의미한다. 이는 유교적 교양이 보다 많은 사람
들이 갖추어야 할 덕목이 되어 감에 따라 학습 대상이 점점 확대되어
가고 있었다는 사실과 관련된다.[26]

　『동몽선습』이 초학자 교육의 유용한 교재로써 인정되어 오랜 동안 사
용될 수 있었던 것은 경학중심, 중국 중심의 교재 속에서 '경사지략(經史
之略)'으로써 조선 역사 교육의 필요성에 부응했기 때문이다. 유학에서
는 경학을 근본으로 하고 역사를 말단으로 여겼기 때문에 경전에 들어
가기도 전에 역사서를 먼저 읽는 것은 문제가 되었다. 하지만 문리를
깨우치는데 효과적이라는 점 때문에 역사서를 미리 읽히지 않을 수 없
었다. 『동몽신습』은 바로 이 딜레마를 해결해 줄 수 있었다. '경(經)'과
'사(史)'를 함께 기술하면서 역사 교육의 의미를 분명히 함으로써 역사서
를 어떤 관점에서 교육해야 하는지를 제시해 준 것이다.[27]

　그러면 본격적으로『동몽선습』의 내용 검토를 통해 '경사지략(經史之
略)'으로써의 교재 구성이 어떻게 구현되었는지 논의해 보겠다. 먼저『동
몽선습』의 구성은 다음과 같다(1682년 木版本).

　　　① 서(序) : 8행 ② 父子有親(부자유친) : 12행 ③ 군신유의(君臣有義)

---

25) 上揭書, 「御製童蒙先習序」. "時玄黙閹茂朝月上浣, 命芸館而廣印, 作序文於卷首."

26) 권오석(1994), 979, 983쪽.

27) 김경미(2003), 9~12쪽 참조.

: 12행 ④ 부부유별(夫婦有別) : 16행 ⑤ 장유유서(長幼有序) : 16행 ⑥
붕우유신(朋友有信) : 16행 ⑦ 총론(總論)(도덕道德·학문론學問論) : 31
행 ⑧ 역대요의(歷代要義) : 중국 71행·한국 45행

위와 같이 '경(經)'이 111행, '사(史)'가 116행으로 나뉘어져 균형을 이
루었고, '경(經)'의 3분의 2는 오륜(五倫)의 평이한 해설이 된다. '사(史)'
역시 중국사와 한국사를 거의 같은 수준과 양으로 편찬한 것은 이 책의
최대의 특색이라 할 수 있다.[28]

『동몽선습』의 전반부에서는 유학의 핵심 윤리인 오륜에 대하여 사람
을 사람답게 하는 당위로써 규정하고 인간다움의 기준을 오륜의 이해와
실천 여부에 있다고 하였다. 그런데 사람은 누구나 태어나면서부터 이
를 알고 실천하기가 쉽지 않기 때문에 반드시 학문을 하여야 한다고 보
았다.

> 이 다섯 가지 일은 하늘의 질서의 법이요, 사람의 도리에 본래부터 가
> 지고 있는 것이다. 사람의 행실이 이 다섯 가지에서 벗어나지 않는데,
> 오직 효도가 모든 행실의 근원이 된다. …… 그러나 스스로 나면서부터
> 아는 자가 아니면 반드시 학문을 의뢰하여 알아야 하니, 학문의 길은 다
> 름이 아니라, 장차 옛날과 지금의 역사를 통달하며, 사리를 통달하여 이
> 를 마음에 간직해 두며 이를 몸에 체득하고자 하는 것이니, 그 학문의
> 힘을 힘쓰지 않을 수 있겠는가. 이로써 그 역대의 중요한 의를 뽑아서
> 이것을 왼쪽에 쓴다.[29]

'경(經)'에 해당하는 전반부에서는 '부자유친·군신유의·부부유별·장

---

28) 丁淳睦(1995), 103쪽.
29) 朴世茂, 『童蒙先習』. "此五品者, 天敍之典而人理之所固有者. 人之行, 不外乎五者而唯
孝爲百行之源. …… 然, 自非生知者, 必資學問而知之, 學問之道, 無他. 將欲通古今, 達
事理, 存之於心, 體之於身, 可不勉其學問之力哉? 玆用撫其歷代要義, 書之于左."

유유서·붕우유신' 등 오륜의 일반적 의미와 본보기 및 옛 고사를 곁들여 설명하고, 오륜 중에서 효가 가장 근원이 됨을 강조하였다. 사람의 행실이 착하고 착하지 못함을 보고자 할 때에는 그 사람이 효도를 하는지 효도하지 않는지를 판별의 기준으로 삼도록 하였다. 만일 어버이에게 효도하는 사람이라면 군신·부부·장유·붕우 간의 행실과 의리는 미루어 짐작할 수 있을 것이라고 하였다. 그렇지만 사람은 누구나 태어나면서부터 이러한 윤리를 알고 실천하기가 쉽지 않기 때문에 반드시 학문을 하여 인간으로서 지녀야 할 기본 윤리들을 알고 실천하도록 하였는데 학문의 방법으로써 역사를 공부하는 것을 요체로 제시하였다.

(2) 『동몽선습』에 나타난 우리 역사 인식

위와 같이 '경(經)'에 해당하는 내용을 서술한 뒤에 '사(史)'에 해당하는 '역대요의(歷代要義)'를 제시하여 중국사와 우리나라 역사를 서술하였다. 중국사는 태극(太極)의 판별로부터 시작하여 삼황오제 이후 명나라까지의 중국 왕조의 변천과 함께 공자 이후의 유가의 흐름을 열거하였다. 이어서 우리나라의 역사를 기술하였는데, 우리나라의 역사는 단군의 고조선에서부터 시작하였다.

> 동방에 처음에는 군장이 없었는데, 신인이 태백산 단목 아래에 내려오자 나라 사람들이 그를 임금으로 세웠다. 요임금과 같은 때에 즉위하여 국호를 조선이라고 하였으니 이 사람이 단군이다. 주나라 무왕이 기자를 조선에 봉하였는데, 백성들에게 예의를 가르치고 팔조의 가르침을 베푸시니 인현의 교화가 있었다.[30]

---

30) 上揭書. "東方初無君長, 有神人降于太白山檀木下, 國人立以爲君. 與堯竝立, 國號朝鮮, 是爲檀君. 周武王 封箕子于朝鮮, 敎民禮義, 設八條之敎, 有仁賢之化."

위의 내용을 보면 우리나라는 중국의 요임금 때 단군을 통치자로 하는 조선을 설립하여 역사가 시작되었으며 주나라 무왕 때 기자를 조선에 봉하여 예의를 가르치고 인륜의 교화가 이루어지게 되었다고 하였다.

『동몽선습』은 우리나라의 기원에 대하여 단군을 민족의 시조로 하는 한편 문화의 시초는 중국 문물을 전래한 기자에 두고 있다. 즉, 단군과 기자는 각각 우리나라의 민족적 독자성과 유교문화의 상징으로 인식하고 있다. 우리 민족은 중국과는 다른 독자적인 역사적 기원을 가지고 있지만, 인류에게 있어서 가장 이상적인 정치가 행해졌다고 여겨지는 주나라와 같은 시기에 조선에도 동일한 문명화가 이루어졌다는 것이다.[31] 곧 고조선은 단군을 중심으로 독자적으로 성립된 나라로 그 역사가 중국의 요임금과 견줄 수 있다고 하여 우리역사의 독자성을 강조하였다고 할 수 있다. 또한 고조선이 성립된 후에 주나라 무왕 때에 기자가 와서 예의와 법도를 가르쳐 인륜의 교화가 있었다고 기술함으로써 일찍이 문명을 이루었음을 밝힌 것이다.

> 연나라 사람 위만이 노관의 난리를 인하여 망명하여 와서 기준을 꾀어 내쫓고 왕검성을 점거하더니 손자인 우거에 이르러 한나라 무제가 쳐서 멸망하고, 그 땅을 나누어 낙랑·임둔·현도·진번의 네 군을 설치하였다. 소제는 평나와 현도로써 평주를 만들고, 임둔과 낙랑으로써 동부의 두 도독부를 만들었다. 기준이 위만을 피하여 바다를 항해해서 남쪽으로 가 금마군에 거하니 이것이 마한이 되었다. 진나라에서 망명한 사람이 피신하여 한나라로 들어오거늘 한나라가 동쪽 경계를 분할하여 주니 이것이 진한이 되었다. 변한은 한나라 땅에 나라를 세우니 그 시조와 연대는 알지 못한다. 이를 삼한이라 한다.[32]

---

31) 김경미(2003), 15쪽.

32) 朴世茂, 『童蒙先習』. "燕人衛滿, 因盧綰亂, 亡命來, 誘逐箕準, 據王儉城, 至孫右渠, 漢武帝討滅之, 分其地 置樂浪臨屯玄菟眞蕃四郡. 昭帝以平那玄菟, 爲平州, 臨屯樂浪,

기록에 따르면 연왕(燕王) 노관(盧綰)이 한나라에 배반하다 실패하여 흉노로 도망하자 그 밑에 있던 위만은 무리 1,000여 명을 모아 동쪽으로 패수(浿水)를 건너 상하장(上下障)이라는 곳에 정착하였다 한다. 당시는 고조선의 마지막 왕인 준왕의 시대로, 위만은 요동태수(遼東太守)로부터 변방을 방어하는 외신(外臣)의 직함을 받았다. 그런데 차츰 그는 진번조선(眞番朝鮮)과 연(燕)·제(齊)의 유민들을 모아 왕 노릇을 하다가 끝내는 준왕을 내몰고 왕검성(王儉城)에 도읍을 정하였다. 한편 위만이 연에서 들어올 때 "상투를 틀고 조선 옷을 입었다.[魋結蠻夷服]"고 묘사되어 있고, 또 국호를 그대로 조선이라 한 것으로 보아 위만은 조선인 계통의 자손으로 보인다.[33]

기자조선은 기준(箕準) 대에 연나라 사람 위만에게 넘어가고 위만조선은 한나라 무제에 의해 멸망되어 그 땅에 사군(四郡)과 이부(二府)가 설치된다. 한편 마한(馬韓)은 기준이 위만을 피하여 설립하였다고 하여 기자조선의 후신으로 여겼으며, 진한(辰韓)은 진(秦)나라에서 망명한 사람에 의해 설립되었고, 변한(弁韓)은 나라를 설립한 시조와 연대를 알지 못한다고 하였다. 이와 같이 기지조선에서 삼한에 이르기까지 주로 중국인에 의해 나라가 운영된 것으로 기술하고 있는데 이것은 이 당시 사림(士林) 일반의 견해를 반영하는 것이라 할 수 있다. 곧 성리학을 지배이념으로 삼아 건국한 조선왕조기는 왕도정치의 구현과 사대관계의 유지가 이상적인 정치와 외교로 인식되었다. 그러므로 기자와 같은 중국의 현인이 고조선에 와서 백성을 교화한 사실을 영예롭게 인식하였을 것이며 기자의 영향이 삼한시대에도 미치기를 바랐을 것이다.

삼국에 대한 서술은 신라·고구려·백제 순으로 건국 과정만을 간단히

爲東府二都督府. 箕準避衛滿, 浮海而南, 居金馬郡, 是爲馬韓. 秦亡人避入韓, 韓割東界以與, 是爲辰韓. 弁韓則立國於韓地, 不知其始祖年代. 是爲三韓."
33) 한국민족문화대백과사전(https://encykorea.aks.ac.kr/Contents/Index).

설명하고, 이어서 당고종이 백제와 고구려를 멸한 다음 그곳에 도독부
(都督府)를 두고 유인원(劉仁願)·설인귀(薛仁貴)로 하여금 진무(鎭撫)케 한
사실을 자세히 적고 있다. 고구려·백제의 멸망을 신라에 의한 통일이라
는 관점에서 서술하지 않고, 당에 의한 멸망이라는 측면에서 서술한 것
은 다소 특이하다. 삼한통합은 고려 태조의 업적으로 돌려지고 있다.[34]
　조선왕조의 건국에 대해서는 그 어느 시대보다 칭송하고 있다. 조선
왕조에 대한 서술은 다음과 같다.

> 　천명이 진짜 군주에게 돌아가니 명나라 태조 고황제가 나라 이름을
> 고쳐 주어 조선이라고 하였다. 그리하여 한양에 도읍을 정하고 신성한
> 자손들이 끊임없이 계승하여 거듭 빛나고 여러 번 화흡하여 지금에 이르
> 시니 실로 만세에 끝이 없는 아름다움이다.
> 　아! 우리나라는 비록 궁벽하게 바다 귀퉁이에 있어서 땅이 좁고 작으나
> 예악과 법도와 의관과 문물을 모두 중국의 제도를 따라, 인륜이 위에 밝
> 고 교화가 아래에 행해져서 풍속의 아름다움이 중국에 비견될 만하다.
> 그리하여 중국인이 작은 중화라 칭찬하니 이 어찌 기자가 남긴 교화가
> 아니겠는가. 아! 여러 어린이들은 마땅히 이것을 보고 감동하여 흥기하여
> 야 할 것이다.[35]

　조선 건국의 정당성을 기술하기 위해 전조(前朝)인 고려 멸망의 당위
성을 강조하였다. 비록 고려 태조가 삼한을 통합하였으나 고려 말엽에
이르러 공민왕이 후사가 없었고, 가짜 임금인 신우(辛禑)는 어둡고 포악
하고 스스로 방자했으며 공양왕은 임금 노릇을 못하여 마침내 나라가

34) 韓永愚(1981), 256쪽.
35) 朴世茂, 『童蒙先習』. "天命歸于眞主, 大明太祖高皇帝賜改國號曰朝鮮. 定鼎于漢陽, 聖
　　子神孫繼繼繩繩, 重熙累洽式至于今, 實萬世無疆之休. 於戲! 我國雖僻在海隅, 壤地褊
　　小, 禮樂法度衣冠文物悉遵華制, 人倫明於上, 教化行於下, 風俗之美侔擬中華. 華人稱之
　　曰小中華, 玆豈非箕子之遺化耶? 嗟爾小子, 宜其觀感而興起哉."

망하게 되었다고 하였다. 여기에 비해 조선의 건국은 천명이 진짜 군주에게 돌아갔다고 하여 고려의 가짜 임금과 대비하여 기술하였다. 그리고 명나라의 태조로부터 '조선'이란 국호를 하사받음으로써 중국에게서 그 정통성을 인정받고 있음을 강조하였으며 조선도 명나라와 같이 신성한 자손들이 끊이지 않고 번성하기를 기원하였다.

또한 우리나라가 지리적으로 바다 귀퉁이에 치우쳐 있지만 예악법도와 문물제도가 중국의 법제를 다 갖추어 중국과 다름이 없다고 하였다. 인륜과 교화가 널리 행해져서 아름다운 풍속이 중국인에게 '소중화(小中華)'로 인정받을 정도라고 하면서 이 모든 것이 기자와 같은 현인이 우리나라에 들어와서 문명을 전해 준 결과라고 본 것이다.

이것은 우리나라가 기자의 교화를 계승한 소중화(小中華)라는데 대한 자부심의 선언이다. 곧 우리나라의 역사는 혈통과 문화의 독자성을 가진 민족사가 아니라, 고금을 통하여 중국으로부터 정치적 영향을 받고, 중국과 같은 문화를 가진 소중화의 국가사(國家史)인 것이다. 따라서『동몽선습』의 기저에 흐르는 역사의식은 철저한 존화의식(尊華意識)이요, 엄격한 숭유관념(崇儒觀念)이요, 삼강오륜의 귀천의식이라 하겠다.[36]

곧 박세무는 당시의 어린이들에게 우리나라의 역사를 보면서 소중화(小中華)로써의 자부심을 갖도록 하는 내용으로『동몽선습』을 마무리하고 있다. 우리나라가 중국에 버금가는 문명을 이룩한 나라라고 생각할 때 어린이들은 우리문화에 대한 자부심을 갖고 중화문명의 핵심인 '삼강오상(三綱五常)'을 실천해야 한다. 이것은『동몽선습』의 전반부에서 다룬 '경(經)'의 내용이 일관되게 '사(史)'에 관류(貫流)하는 것으로 '경사지략(經史之略)'으로써『동몽선습』이 지니는 가치이다.

『동몽선습』의 검토를 통해 당대 지식인들은 우리 역사의 독자성과 문명의식에 대한 자부심을 지니고 있으며 이를 후손들에게 교육시키고자 하였음을 알 수 있다. 또한 소중화(小中華)의 자부심을 강조하는 기술로 볼 때 중국 중심의 존화의식(尊華意識)을 드러내었다. 이를 통해 중화문명에 버금가는 조선 왕조에 대해 어린이들이 자부심을 갖고 충성을 다하는 마음을 갖도록 교육하려는 당대 지식인들의 인식을 엿볼 수 있다.

2. 『아희원람』을 통해 본 역사서 교육

(1) 『아희원람』의 내용 구성

앞에서 논의한 『동몽선습』이 '경본사말(經本史末)'의 유학자의 학습원칙을 갖추고, 존화의식(尊華意識)에 기초하여 서술된 아동용 역사교재였다면 조선 후기에 중국 중심의 화이관(華夷觀)을 극복하고 자국사교육을 중시한 실학사상의 영향을 받은 역사교재를 살펴보는 것도 유의미 하다. 이러한 점에서 여기에서는 『아희원람』을 대상으로 하여 역사서 교육의 내용을 논의하겠다.

『아희원람』은 장혼[張混, 1795~1828]이 저술한 아동 교재이다. 대부분의 서당 교재가 양반에 의해 저술된 데 반해, 이 책은 중인 신분의 저작물이며 그에 따라 내용도 특이하다는 점에서 독특한 의의를 지닌다. 뿐만 아니라 상업성을 목적으로 하는 방각본(坊刻本)으로 출판되어 후대에 넓은 독자층에게 파급된 사실도 주목할 만하다. 장혼(張混)은 대대로 한미한 중인 집안 출신이다. 천수경[千壽慶, ? ~1818]과 함께 『풍요속선(風謠續選)』을 간행하고, 송석원시사(松石園詩社)를 결성하는 등 위항문학 발전에 큰 업적을 남겼다. 장혼의 『아희원람』은 이러한 중인층의 문예적 분위기의 소산이다.[37]

---

37) 丁淳佑(2012), 358~359쪽.

『아희원람』은 일종의 아동용 백과사전이면서 아동 교육에 관한 기초 상식을 엮은 책이다. 장혼은 이 책의 서문에서 아동 교육의 중요성을 강조하면서 당시의 교재는 대부분 겉만 번드르르하고 내용이 빈약한 폐단이 있음을 지적하고 고금의 문화·역사 현상 가운데 교육적 자료가 될 만한 것을 가려 뽑아 10가지 항목으로 분류하였다고 한다. 이는 당시 실학적 학문풍조의 일단이기도 하려니와 내용은 주로 한국문화와 역사 가운데서 찾으려 하였다. 이 또한 주체적 자아발견이라는 저자의 의도를 강하게 보여 주는 것이다.[38]

『아희원람』은 형기(形氣)·창시(創始)·방도(邦都)·국속(國俗)·탄육(誕育)·자성(姿性)[부훼치(附虫豸)]·재민(才敏)·수부(壽富)·변이(變異)·전운(傳運)[부동국(附東國)]·부록(附錄)[부수휘(附數彙), 보유(補遺)] 등으로 편제되어 있다. 이것은『아희원람』이 단순히 서당에서 사용한 초학자용 교재라기보다는 학습 보조적 성격을 지닌 학습용 유서(類書)라고 할 수 있다.[39] 비록『아희원람』이 학습용 유서의 성격을 지닌다 하더라도 조선시대 후기에 널리 보급되어 사용되었고, 그 이전과는 다른 역사 인식을 드러내고 있다고 볼 수 있다.

(2)『아희원람』에 나타난 우리 역사 인식

『아희원람』에서 역사적 사실을 다룬 것은 방도(邦都)와 전운(傳運) 부분이다. 이 중 전운(傳運)은 역대 왕조의 왕통 계승을 왕조명 및 왕명을 열거하는 방식으로 소개하고 있는데, 중국의 왕통 계승을 먼저 소개하고 우리나라의 왕통 계승을 부록으로 기재하고 있다. 먼저 단군 조선·기자 조선·위만 조선은 왕조의 존속 기간을 밝혔다.[40] 이어 신라·고구

---

38) 丁淳睦(1995), 167~168쪽.
39) 朴鍾成(2010), 1~15쪽 참조.

려·백제 삼국과 고려의 왕명을 열거하고 존속 기간을 밝혔는데 특기할 것은 고려의 경우 태조(太祖)부터 공양왕(恭讓王)까지 475년의 존속기간을 밝히면서 우왕(禑王)의 경우에는 '신우(辛禑)가 14년 참위(僭位)하였다.'[41]라고 덧붙여 적어 조선 왕조 건국의 정당성을 은연중에 내포하고 있음을 알 수 있다. 또 조선 왕조의 경우에는 앞선 시대의 왕조와는 달리 왕명과 재위 기간 및 능호(陵號)를 함께 표기하고 있다.[42] 특기할 점은 실제 왕위에 오르지 못했지만 왕으로 추존(追尊)된 덕종(德宗)·원종(元宗)·진종(眞宗)을 왕통에 포함시키고 있다.

방도(邦都)는 고조선 시대의 단군부터 신라의 박혁거세·석탈해·김알지, 고구려의 주몽, 가야의 수로왕의 탄생신화와 탐라국의 건국신화, 태봉국 궁예에 관한 야사까지 간단하게 소개하고 있다. 이어서 개성부의 나성(羅城)과 한양성(漢陽城)의 규모를 비롯하여, 고조선 이래 각국의 도읍지를 소개하고, 조선왕조의 관청명과 품계의 종류를 열거하고 있다. 마지막으로 수도 한양의 다섯 행정구역인 오부(五部)의 방명(坊名)을 위시하여, 경기도에서 함경도에 이르는 팔도의 고을명과 서울에서 거기까지 걸리는 날짜를 표기해 주고 있다. 오늘날의 기준으로 보면 초등학교 사회 교과서에서 다룸직한 내용들이다.[43] 먼저 단군 신화와 관련된 내용을 살펴보겠다.

40) 張混, 『兒戲原覽』 木版本(1911). "檀君, 一千十七年. 箕子至四十二代孫準稱馬韓共一千一百三十一年. 衛滿 八十七年."
41) 상게서. "附辛禑僭位十四年."
42) 상게서. "本朝, 太祖, 在位七年, 在上王位十年, 健元陵. 定宗, 在位二年, 在上王位十九年, 厚陵. 太宗, 在位十八年, 在上王位四年, 獻陵. 世宗, 在位三十二年, 英陵. …… 肅宗, 在位四十六年, 明陵. 景宗, 在位四年, 懿陵. 英宗, 在位五十二年, 元陵. 眞宗, 追尊, 永陵. 正宗, 在位二十四年, 健陵. 今上殿下萬萬歲."
43) 朴連鎬(2004), 22쪽.

　　우리나라는 처음에 임금이 없었는데 어떤 사람이 태백산 박달나무 아래에 내려와 국인이 그를 세우니 이가 단군이다. 요와 함께 섰고, 백성에게 머리 땋고 상투 짜는 것과 의복·음식의 제도를 가르쳤다. 상나라 무정 8년에 아달산에 들어가 신이 되었다. 재위가 천년이고 사당이 평양에 있다.[44]

　　위의 내용에서 '우리나라는 처음에 임금이 없었는데 어떤 사람이 태백산 박달나무 아래에 내려와 국인이 그를 임금으로 세웠다. 요임금과 같은 때이다.'란 내용은 앞의『동몽선습』의 내용과 거의 같다.『동몽선습』에서는 주나라 무왕 때 기자를 조선에 봉하여 예의를 가르쳤다고 기술하였는데,『아희원람』에서는 단군왕검이 백성에게 머리 땋고 상투 짜는 것과 의복·음식 등의 제도를 가르쳤다고 기술하여 우리민족의 주체적 역량을 더 강조하였다.『삼국유사』에서는 환인(桓因)의 서자인 환웅(桓雄)이 태백산 신단수 아래 내려와서 바람[風伯]·비[雨師]·구름[雲師] 신을 거느리고 곡식·수명·질병·형벌·선악 등을 주재하며 인간 세상의 360여 가지 일을 주관하였다고 하였는데 아마도 이런 내용과 단군이 백성들을 교화시킨 내용을 혼합하여 기술한 것으로 보인다.

　　여하튼 단군에 대한 이야기는 신화 소개보다는 요임금과 때를 같이 하거나 그가 펼친 정치가 재위 천년인 것과 사당이 평양에 있다는 역사적 사실에 중점을 두고 있다.[45] 이로 볼 때 장혼(張混)은 단군이 역사적 실재 인물이며 우리나라의 역사가 중국의 요임금과 때를 같이 할 정도로 오래되었다고 인식하였다. 그리고 이러한 인식을 기록하여서 후학들이 우리 민족사의 유구함을 긍지로 여길 수 있도록 의도한 것이라 볼

---

44) 張混,『兒戱原覽』. "東方初無君長, 有人降于太白山檀木下, 國人立之是爲檀君. 竝堯立, 敎民編髮蓋首衣服飮食之制. 商武丁八年入阿達山爲神, 在位一千年, 廟在平壤."
45) 金廷炫(2003), 32쪽.

수 있다. 장혼이 이와 같은 역사적 자료 등을 통해 민족정신을 고양(高揚)시키려 하였음은 이후에 나타나는 여러 건국신화를 통하여도 살펴볼 수 있다.

> 신라 시조 박씨의 이름이 혁거세이다. 처음 양산 숲속에서 이상한 기운이 있어 찾아보아 알 한 개를 얻었다. 자르니 갓난아기가 있었다. 모양이 단정하고 아름다웠다. 목욕을 시키니 몸에서 광채가 나고 새와 짐승이 따라 춤을 추어서 신이라 여겼다. 세워 임금을 삼았는데 나이가 13세였다.[46)]

위의 내용은 신라시조 박혁거세의 탄생신화이다. 알에서 갓난아기가 나오고, 아이의 몸에서 광채가 나고, 새와 짐승이 따라서 춤을 추었다는 등의 이야기는 일상에서는 일어날 수 없는 신이(神異)한 이야기이다. 이와 같은 신이한 탄생담은 석탈해(昔脫解)·김알지(金閼智)·주몽(朱蒙)·수로왕(首露王) 등의 기록에서도 나타난다. 알에서 탄생한 탈해왕, 황금 상자에서 나온 김알지, 햇빛이 비쳐 태기가 생겨 출산한 알에서 탄생한 주몽, 구지봉의 금궤에 있는 알에서 탄생한 수로왕 신화 등 어느 하나가 신이하지 않은 일이 없다. 이러한 신이한 행적은 탐라국(耽羅國)의 건국 신화에도 이어진다. 이와 같이 신이한 내용으로 가득한 건국과 탄생 신화를 실은 것은 단지 장혼(張混)이 신화나 전설로 여긴 것이 아니라 우리 역사의 한 부분으로 인식한 것이다. 일찍이 일연(一然)은『삼국유사』를 기술하면서 성인이 예악으로 나라를 다스리고 인의로 교화를 베풀 때 괴력난신(怪力亂神)을 말하지는 않지만 제왕이 일어날 때는 범인과 다른 신이한 일이 생긴다고 하였다.[47)] 이와 같은 역사 기술 관점에서 볼 때

---

46) 張混,『兒戲原覽』. "新羅始祖朴氏名赫居世. 初楊山林間有異氣, 尋得一卵. 剖有嬰兒. 儀形端美浴於川, 身生光彩, 鳥獸率舞以爲神. 立爲君, 年十三."

여러 임금의 신이한 탄생 신화는 중국에 비견할 수 있는 우리 역사와
민족에 대한 자부심의 발로에서 선별하여 실은 것으로 볼 수 있다. 따라
서 중국과 대등한 독자성을 지닌 우리 민족의 역사적 존재 가치를 표명
한 것이라 할 수 있다.

> 개성부의 나성은 흙으로 쌓았는데 둘레가 29,700보이고, 나각이
> 13,000간이며 숭인문·안정문 등 문이 22개 있다. 한양성은 돌로 쌓았는
> 데 둘레가 9,975보이고, 높이가 40척 2촌이다. 문이 8개 있는데 동쪽문은
> 흥인지문, 남쪽문은 숭례문, 서쪽문은 돈의문, 북쪽문은 숙정문이다. 동
> 북 사이에 있는 문은 혜화문이고, 동남 사이에 있는 문은 지금은 허물어
> 진 광희문이고, 서남 사이에 있는 문은 소의문이고, 서북 사이에 있는
> 문은 창의문이다.[48]

위의 내용은 개성부와 한양부의 성의 규모를 소개한 것이다. 개성부
의 나성(羅城)은 토성인데 둘레가 29,700보이고 한양성은 석성인데 둘
레가 9,975보라 하였다. 개성부에는 22개의 문이 있는데 한양성에는 8
개의 문이 있다. 이상의 사실로 미루어 보면 개성부의 도시 규모가 한양
보다 세 배 이상 큰 규모임을 알 수 있다. 장혼(張混)은 고대 국가의 건국
신화를 기술한 뒤에 개성과 한양성의 규모에 대해 기술하였는데 이것은
그 당시 도시 규모를 초학자들이 실증적으로 이해할 수 있도록 함으로써
개성과 한양 도읍지의 도시 규모와 역사를 추측할 수 있도록 한 것이다.

---

47) 一然, 『三國遺事』, 「紀異」卷1. "敍曰, 大抵古之聖人, 方其禮樂興邦, 仁義設教, 則怪力
亂神, 在所不語. 然而帝王之將興也, 膺符命受圖籙, 必有以異於人者, 然後能乘大變, 握
大器, 成大業也. 故河出圖洛出書而聖人作.〈中略〉然則三國之始祖, 皆發乎神異, 何足
怪哉?"

48) 張混, 『兒戲原覽』. "開城府羅城土築周二萬九千七百步, 羅閣一萬三千間, 有崇仁安定等
二十二門. 漢陽城石築周九千九百七十五步, 高四十尺二寸, 有八門, 東曰興仁之門, 南曰
崇禮門, 西曰敦義門, 北曰肅靖門, 東北間曰惠化門, 東南間門今廢光熙門, 西南間曰昭義
門, 西北間曰彰義門."

이를 통해 볼 때 조선 후기 실학사상이 역사를 기록하거나 역사를 교육할 때에 영향을 미치고 있음을 알 수 있다. 곧 조선 전기의 역사 교육이 성리학에 중심을 둔 교육이었다면 조선 후기의 역사 교육은 관념론적 성리학 사상에서 탈피하여 실증적이며 경세치용적 사상의 실용주의 정신이 중시된 것이라 할 수 있다.

　　단군은 처음 평양에 도읍을 삼았다가 후에 백악(白岳)[지금의 구월산(九月山)]으로 옮겼다. 기자는 평양[후에 서도(西都)가 됨]에 도읍을 정했다. 마한 기준(箕準)은 금마군(金馬郡)[익산(益山)]에 도읍을 정했다. 위만(衛滿)은 왕검성(王儉城)[평양(平壤)]에 도읍을 정했으며 신라의 시조는 경주[국호 서라벌, 혹은 신라, 혹은 사로(斯盧), 혹은 사라(斯羅), 혹은 계림(鷄林), 후조(後鳥), 동경(東京)]에 도읍을 정했다. 고구려의 시조는 졸본(卒本)에 도읍을 정했다. 부여는 비류수(沸流水)[성천(成川)] 가에 도읍을 삼았는데, 산상왕(山上王)은 도읍을 환도성(丸都城)[압록강의 동북쪽]으로 옮겼다. 동천왕(東川王)은 평양[동황성(東黃城), 장안성(長安城)이 있다]으로 천도했다. 백제의 시조는 하남(河南) 위례성(慰禮城)[직산(稷山)]으로 도읍을 정했으며 후에 한산(漢山)[광주]으로 옮겼다. 근초고왕은 북한(北漢)으로 천도했으며 문주왕(文周王)은 웅진(熊津)[공주(公州)]으로, 명농왕(明穠王)[성왕(聖王)의 이름]은 사비(泗沘)[부여(扶餘)]로 천도했다. 가락국의 수로왕(首露王)은 가락(駕洛)에 도읍을 옮겨 국호를 금관국(金官國)[김해(金海)]으로 개칭했다. 대가야의 시조 이진아고왕(伊珍阿鼓王)은 대가야국[고령(高靈)]으로 도읍을 정했다. 고려의 태조는 송도(松都)에 도읍을 정했다. 고종(高宗)은 몽고의 군대를 피하여 강화도로 도읍을 옮겼다가 원종(元宗) 때 송도로 다시 천도했다. 조선 태조는 한양(漢陽)에 도읍을 정했다. 정종(定宗) 때 송도로 옮겼다가 태종(太宗) 때 다시 한양으로 천도했다. 인조(仁祖) 때 남한산성(南漢山城)을 축조했다. 숙종조(肅宗朝)에 북한산성(北漢山城)을 쌓았다.[49]

49) 상게서. "檀君初都平壤後徙白岳今九月山. 箕子都平壤後爲西都. 馬韓箕準都金馬郡益

위의 내용은 단군왕검부터 시작하여 조선의 숙종(肅宗)에 이르기까지
각 나라에서 정한 도읍지와 중간에 옮긴 도읍지를 시대 순으로 자세하
게 기재한 것이다. 대개의 경우 초기 도읍지나 그 나라의 문화가 가장
융성했을 때의 도읍지를 기억하기가 쉬운데 장혼(張混)은 우리나라 전
시대의 모든 도읍지와 옮긴 도읍지의 당시 명칭 및 현재 명칭을 자세히
기록하여 이 책으로 공부하는 초학자들이 우리나라의 역사에 대해 관심
을 갖도록 하였다. 이것은 장혼이 우리 역사에 대하여 주체적 민족사관
을 지니고 있음을 엿볼 수 있는 기술이다.『동몽선습』에서는 신라의 시
조 혁거세가 진한의 땅에 도읍하였다고 기술하고 구체적 지명을 다루지
않았으며, 고구려와 백제는 시조가 처음 도읍을 정한 곳만 밝히고 이도
(移都)한 내용은 자세히 기록하지 않았다. 또한 가야국에 대해서는 전혀
언급하지 않았으며, 당나라 고종이 고구려와 백제를 멸하고 설인귀(薛仁
貴)로 하여금 진무(鎭撫)하게 하였다고 기술하여 존화의식(尊華意識)에
찬 기술을 하였다.[50] 이에 비해 장혼은 각 시대별로 어느 왕 때, 어떤
지역으로 도읍지를 옮겼는지 자세하게 기록하였고, 도읍지의 변경된 명
칭도 자세히 알게 기술하였다. 더욱이 고려 고종 때에는 몽고의 침입을
피하여 강화도로 도읍을 옮겼다고 기술하여 후손들이 우리나라가 원나
라에게 수도를 빼앗긴 역사적 사실을 깨닫도록 하였다. 이것으로 볼 때

山. 衛滿都王儉城平壤. 新羅始祖都慶州, 國號徐羅伐, 或新羅, 或斯盧, 或斯羅, 或鷄林,
後鳥, 東京. 高句麗始祖都卒本. 夫餘沸流水上成川, 山上王移都丸都城鴨綠東北. 東川王
移都平壤有東黃城長安城. 百濟始祖都河南慰禮城稷山, 後徙漢山廣州. 近肯古王移都北
漢, 文周王移都熊津公州, 明穠王聖王名移都泗沘扶餘. 駕洛國首露王都駕洛改稱金官國
金海. 大伽倻始祖伊珍阿豉王都大伽倻國高靈. 高麗太祖都松岳. 高宗避蒙兵入都江華,
元宗還都松岳. 我太祖定鼎漢陽, 定宗還都松京, 太宗復都漢陽. 仁祖朝築南漢, 肅宗朝築
北漢."

50) 朴世茂,『童蒙先習』. "新羅始祖赫居世都辰韓地, 以朴爲姓. 高句麗始祖朱蒙至卒本, 自
稱高辛之後因姓高. 百濟始祖溫祚都河南慰禮城, 以扶餘爲氏. 三國各保一隅, 互相侵伐.
其後唐高宗, 滅百濟高句麗, 分其地置都督府, 以劉仁願薛仁貴, 留鎭撫之. 百濟歷年, 六
百七十八年. 高句麗七百五年."

장혼의 『아희원람』에는 부분마다 작자의 민족주체적 역사 인식이 침윤 (浸潤)되어 있음을 알 수 있다. 이러한 역사 인식은 다음의 자료에서도 확인할 수 있다.

> 견훤(전주), 궁예(철원), 濊國(강릉), 貊國(춘천), 荇人國(영변), 悉直 國(삼척), 伊西古國(청도), 晉汁伐國(경주 안강현), 阿戶良國(함안), 소 가야국(고성), 고녕가야국(咸昌), 벽진가야국(성주), 押梁小國(경산), 장 산국(동래), 창녕국(안동), 미추홀국(인천), 召文國(의성), 沙伐國(상주), 甘文國(개녕), 黃龍國(용강), 낙랑(평양), 임둔(강릉), 현도(함흥), 진번 (遼東), 동옥저, 북옥저, 남옥저, 句茶, 蓋馬, 발해 등 (상고할 수 없다).[51]

위의 내용은 우리나라의 역사 속에 존재했던 소부족 국가와 그 도읍 지를 기술한 것이다. 견훤이나 궁예·예국·맥국·동옥저 등과 같이 익히 들어본 나라들도 있지만 생소한 소부족 국가도 많이 나오며 상고할 수 없는 국가까지 두루 소개하고 있다. 이것은 장혼이 정통을 이어받은 대 국 이외에도 소부족 국가의 역사 역시 지나치지 않고 기록함으로써 민 족의 전체적인 삶의 역사를 반영하고자 한 것이다.[52] 이와 같이 우리민 족의 역사에 대하여 주체성과 자부심을 가지고 하나하나 소중하게 인식 한 장혼의 『아희원람』 편찬 태도는 조선 전기의 역사교육 자료에서는 볼 수 없었던 주체적 역사 인식의 소산이라 할 수 있다. 이는 조선 전기 의 『동몽선습』의 편찬 의식에서 볼 수 없었던 역사 서술 관점으로 우리 민족의 시원(始原)과 정통성에 대해 강한 자부심을 갖고 주체적인 역사

---

51) 상게서. "甄萱(全州), 弓裔(鐵圓), 濊國(江陵), 貊國(春川), 荇人國(寧邊), 悉直國(三陟), 伊西古國(淸道), 晉汁伐國(慶州 安康縣), 阿戶良國(咸安), 小伽倻國(固城), 古寧伽倻國 (咸昌), 碧珍伽倻國(星州), 押梁小國(慶山), 萇山國(東萊), 昌寧國(安東), 彌鄒忽國(仁 川), 召文國(義城), 沙伐國(尙州), 甘文國(開寧), 黃龍國(龍崗), 樂浪(平壤), 臨屯(江陵), 玄菟(咸興), 眞蕃(遼東), 東沃沮, 北沃沮, 南沃沮, 句茶, 蓋馬, 勃海等國(竝無考)."
52) 崔容準(2001), 56쪽.

서술로 그 방향을 전환한 것이라 할 수 있다. 이것은 장혼의『아희원람』
이 실학적 역사 교육교재라고는 할 수 없다 하더라도 조선 후기 실학사
상의 영향을 받아 실학적 분위기 속에서 지어진 교재이기 때문에 가능
한 것이다. 이러한 사실로 미루어 볼 때 조선 후기의 지식인들은 역사서
교육을 통해 주체적 역사 인식, 실용적·실증적 역사 인식 태도를 초학
자들에게 교육시키고자 하였다고 볼 수 있다.

Ⅳ. 역사서 교육의 현재적 시사

우리나라는 유사 이래로 역사의 학습과 교육을 중시하여 왔다. 우리
나라의 근대 교육 체제가 갑오개혁기의 교육정책에서 그 틀을 갖추었기
때문에 개화기 이전에는 역사 교육이 거의 존재하지 않았다고 보는 경
우도 있으나 근대 이전의 시기에도 학교 교육과 역사 교육이 존재했음
은 분명한 사실이다. 특히 조선시대에는 동몽(童蒙)들을 위한 교재가 다
수 편찬되었으며 이 중에는 역사서도 포함되었다.

앞장에서 동몽용 교재로 논의한『동몽선습』은 중국 중심의 화이론적
세계관과 경사일체(經史一體)의 관념에 입각하여 기술한 교재로 이를
통한 역사 교육은 경학을 학습하는 범주 내에서 자연스럽게 이루어졌
다. 또한『동몽선습』은 유학사상의 인간관과 중국 중심의 천하관으로
이루어진 역사 교재로 중국사와 국사를 상호 독립하여 서술함으로써
화이론적 세계관에 입각하면서도 국사의 독자성을 강조하는 체제를 구
현하였다.[53]

한편 조선 후기에 들어와서 중국 중심의 화이론적 세계관은 변화하여

---

53) 梁正鉉(2001), 9쪽.

우리나라도 중국과 동등한 국가라는 자주적 국가의식이 생겼으며 실학 사상의 영향을 받아 역사 및 역사 교육에서도 실증적 방법과 객관적 태도를 강조하는 전과는 다른 인식을 하게 되었다. 앞에서 검토한『아희원람』은 정통 실학사상에 의해 기술된 역사 교육 교재라고 보기는 어려우나 조선 후기의 새로운 역사 인식 태도가 여러 곳에서 침윤되어 나타난 교재이다.

여기에서는『동몽선습』과『아희원람』의 검토를 통해 추론할 수 있는 역사서 교육의 방향을 비롯하여 조선시대의 역사서 교육과 관련된 내용들에 나타난 역사 인식 방법에 대한 자료 검토를 바탕으로 현재의 우리에게 시사해 주는 내용이 무엇인지 탐색해 보겠다.

1. 민족 주체적 역사 인식

『동몽선습』과『아희원람』을 보면 우리나라의 역사를 기록할 때 그 시원을 단군왕검으로 보고 기술하였다. 단군신화와 관련한『삼국유사』의 기록을 검토하여 보면 여러 가지 신이(神異)한 행적들이 기술되어 있어서 역사적으로 실재하였는지에 대한 의구심을 갖게 된다. 그렇지만 중국의 역사에서도 훌륭한 인물이 탄생할 때에는 상식의 수준에서 이해할 수 없는 여러 가지 신이한 탄생담이 있었기에 단군왕검이 태백산 신단수에 내려와서 최고의 통치자로 옹립된 것에 대해 의심을 하지 않고 역사적 사실로 기록한 것이다. 또한 단군왕검의 역사를 중국의 요임금과 견주어 기록함으로써 우리나라의 역사에 대한 강한 자부심과 민족주체적 역사 인식 태도를 보이고 있다. 중국의 요임금과 대등한 시기에 나라를 세웠다는 사실은 태평성대로 일컫는 중국의 요임금과 견주어도 대등한 업적을 이루었다는 민족적 자긍심이 내포되어 있는 것이다. 우리민족이 중국의 문화에 예속된 역사를 지닌 것이 아니라 중국과는 다른 역

사적 기원을 지니고 있는 주체적 존재임을 밝힌 것인데 이러한 사실은
다음의 글에서도 확인할 수 있다.

> 중국의 역사를 이야기할 때면 마치 강물이 흘러가는 것처럼 막힘이
> 없지만, 우리나라의 역사에 대해 물으면 사람들은 머뭇거리며 대답을 하
> 지 못한다. 이는 초목조수의 이름에 대해서는 환하게 알면서도 우리 몸속
> 에 있는 간·심장·폐·콩팥 같은 것을 모르는 것과 같다. 그러므로 유식한
> 선비를 만나게 되면 끝내 비웃음을 당하고 만다.[54]

이 글은 장혼이 쓴 『동사촬요(東史撮要)』의 서문이다. 장혼은 사람들
이 중국의 역사에 대해서 물어보면 막힘없이 이야기하지만 우리나라의
역사에 대해서 물어보면 잘 알지 못하여 머뭇거리며 대답을 하지 못하
는 당대의 세태 및 교육 현실을 비판하였다. 사람이 자기 밖의 외물에
대해서는 자세히 알면서 정작 자신의 몸속에 있는 여러 가지 기관에 대
하여는 관심을 두지 않는다고 하면서 우리 역사에 대한 관심을 촉구하
였다. 화이론적 세계관에서 보면 모든 문명의 중심이 중국이기에 중국
의 역사나 문화에 대해서 빠짐없이 알아야 한다. 그러나 중국도 하나의
나라이고 중국 이외의 나라도 중국과 동등한 자격을 갖춘 나라라는 인
식의 변화가 조선 후기에 형성되면서 학문과 교육의 영역에서도 자국의
역사와 문화를 중시하는 변화가 생긴 것이다. 이와 같은 인식은 다음의
자료에서도 확인할 수 있다.

> 이어 『중국동방기년아람』을 꺼내 주면서 "이것은 내가 편찬한 것일세.
> 학자나 문인들이 명물·도수의 분별을 소홀히 하여 중국의 연대는 대강
> 알면서도 우리나라에 대해서는 도리어 까마득히 모르고 있으니 이것이

---

54) 張混, 『而已广集』 卷12, 「東史撮要引」. "談中國歷代, 沛然若河之瀉, 東方故寔, 或之訊,
人莫不貿貿而蠢蠢. 是詳於草木鳥獸之名, 不解吾身裏肝心肺腎. 遇宿儒而卒被哂也."

어찌 자기 할아버지의 나이를 모르는 것과 무엇이 다르겠는가? 지금 자네를 보건대 꽤 총명하니 이 책을 감수하고 증보하여 없어지지 않을 책으로 만들어 주기 바라네."라고 하였다.[55)]

위의 글은 이만운[李萬運, 1723~1797]이 지은『기년아람(紀年兒覽)』의 서문 중 이덕무[李德懋, 1741~1793]가 쓴 서문이다. 이덕무는 청조 고증학의 영향 하에서 실사구시, 박학, 계몽적 학풍을 형성하였던 인물 중의 한 사람이다. 이덕무가 이만운을 찾아가 우리 역사에서 의문되던 일 30~50가지를 질문하니 이만운은 여러 책을 꺼내어 의심되는 것을 풀어 주었다. 또한 당나라 이적(李勣)이 고구려를 평정하고 우리나라의 문물이 중국에 뒤지지 않는 것을 시기하여 우리나라의 모든 서적을 평양에 모아놓고 불태워버린 사실을 개탄하였다.[56)] 그런 뒤에 이덕무에게『중국동방기년아람』을 꺼내 주면서 우리나라의 문인 학자들이 중국의 연대에 대해서는 대강 알지만 자국의 역사에 대해서는 까마득히 모른다고 걱정하였다. 그래서 이덕무에게 자신이 지은 책을 감수하여 출간하여 주기를 바란 것이다. 그 결과 이덕무가 재정리하여 편찬한『기년아람』이 발간되어 동몽용 역사서로 쓰이게 된 것이다.

『동몽선습』·『아희원람』·『동사촬요』·『기년아람』 등의 자료에서 보듯이 조선시대의 지식인들은 동몽들에게 역사서를 교육하면서 결코 중국의 문화에 뒤지지 않는 민족적 자긍심을 나타내었으며 이를 통하여 오늘날의 우리는 민족 주체적인 역사 인식 태도를 배울 수 있다.

민족의 주체적 역량을 강조하고 자국의 역사와 문화를 중시하는 역사 인식 태도는 현대의 역사 교육에도 충실히 반영될 수 있는 내용이다.

---

55) 李萬運,『紀年兒覽』,「紀年兒覽總序」李德懋撰. "仍出中國東方紀年兒覽, 託之曰, 此吾所編纂也. 學士文人, 脫略於名數之辨, 粗識中朝年代, 而於本國, 則顧茫然不識, 此何異不記祖父之年甲者耶? 今見子頗饒聰明, 願共修此書, 以爲不刊之典."
56) 상게서. "唐李勣旣平高句麗, 聚東方典籍於平壤 忌其文物不讓中朝 擧而焚之."

그런데 지나치게 민족적 주체의식을 강조하는 역사 교육을 지향하다보
면 국수주의적 경향에 빠질 수도 있다. 세계 역사의 한 흐름으로서 자국
의 역사를 객관적으로 조망하지 못하고 자기 민족의 우월성을 강조하는
잘못을 범하지 말아야 한다. 우리는 박정희 정부 시절 나라의 발전을
위해 개인보다는 국가를 앞세우고, 자신을 희생하며 국가를 위해 봉사
하는 정신을 기르는 국가주의 교육에 빠졌던 경험이 있다. 박정희 정부
가 국민정신의 지표로 내세운 '국민교육헌장'은 개인보다는 사회와 국가
를 앞세우고, 자신을 희생해 공익이나 국가 발전에 힘쓰는 것이 바람직
한 국민정신이라는 국가주의 논리였다. 박정희 정부는 이러한 정신을
국난을 극복하고 뛰어난 문화를 발전시킨 조상들의 모습과 전통에서 찾
고자 했다. 우리의 역사를 알아야 하는 이유도 조상의 정신을 본받는
데 있었다.[57] 국가와 민족을 동일시하는 의식이 높은 우리의 현실에서
'민족사관에 입각한 주체적 역사 교육'을 강조하다 보면 박정희 정부의
국민교육헌장과 같은 과오를 범할 수 있다는 사실을 기억하여야 하겠
다. '민족사관'은 일제강점기 식민사관(植民史觀)에 대항하여 민족의 자
율성과 주체적 발전을 강조한 사관이지만 박정희 정부에서는 민족사관
교육을 그릇된 방향으로 교육에 접목하였다. 그 당시 국가가 역사 해석
과 역사 교육을 독점하다 보니 국사 교과서는 정부의 역사관을 대변하
는 잘못을 범하기도 했으며 역사학계의 연구 성과를 종합적으로 반영하
여 교과서를 구성하여야 하는데, 당시까지 학계에서 일반적으로 인정하
지 않던 학설을 실어 논란을 빚은 잘못을 범하기도 하였다.

2. 실용적·실증적 역사 인식

『동몽선습』은 유학 교육의 전통아래 유학의 경서를 깊이 이해하기 위

---

57) 김한종(2015), 181~185쪽 참조.

한 과정으로써의 역사학 공부라는 의식 아래 편찬된 교재이다. 따라서
'경(經)·사(史)'일체의 시대 의식을 구현하기 위하여 '역사'라는 개별 교
과로써의 인식보다는 경학을 학습하는 매개로써의 역사 교육이 이루어
졌기 때문에 오늘날 생각하는 역사 교육과는 그 성격을 달리한다고 할
수 있다. 이러한 실정으로『동몽선습』의 구성 내용은 유학의 핵심윤리
인 '삼강오륜'의 윤리적 내용이 전체의 반 정도를 차지할 수밖에 없었다.

그러나 17세기 이후 우리나라는 대내외적인 요인에 의해 새로운 사
상이 대두하였고, 이러한 사상의 변화는 유학사상과 유학교육에 대한
반성과 비판을 하면서 자연스럽게 역사교육관의 변화를 가져오게 되었
다. 특히 실학사상의 영향으로 관념적이고 사변적인 성리학적 역사 교
육의 전통을 벗어나 실용적이고 실증적인 생활태도를 중시하는 경향이
확산되었으며 이는 역사학이나 역사 교육의 현장에도 변화를 가져오게
되었다. 그래서 공허한 관념적 내용이 아닌 실용적 합리성을 띠는 역사
교육으로 변화하게 되었는데 다음의 자료에서 이러한 사실을 확인할
수 있다.

> 사물을 평소에 두루 갖추고 있지 않으면 갑작스러운 사태에 대응할
> 수가 없다. 돌아보건대 오늘날 새벽부터 저녁까지 열심히 공부를 한다고
> 하는 사람들도 대체로 질문을 받으면 멍청하게 무식한 표정을 짓는다.
> 하물며 저 어리석고 어리석은 초학자들은 듣는 것은 귀하게 여기고 보는
> 것은 천하게 여기며 가까운 것은 멀리하고 먼 것을 좇고 있으니 어떠하겠
> 는가! 내가 항상 그 화려하긴 하지만 내실이 적음을 병통으로 여겨 요컨
> 대 근거를 댈 수 있는 고금의 사실과 시문을 모았으며 제가의 설과 뭇
> 책들을 그러모아 인쇄에 부쳐 공부하는 사람들로 하여금 견문을 넓히는
> 밑천으로 삼게 하고자 한다.[58]

---

58) 張混,『兒戲原覽』. "物不素具, 未可應卒. 顧今昕夕磨礱者, 繹爾有扣, 兀然若無. 矧爾初
學蒙孺, 貴耳賤目, 近者藐遠者趨. 余常病其多華少實, 要秤古今事文可以譚據者, 蒐諸家

이 글은『아희원람』의 첫 머리에 기록되어 있는 것으로 당시의 학문 풍토에 대한 장혼의 비평적 인식을 엿볼 수 있다. 당시의 초학자들은 '듣는 것은 귀하게 여기고 보는 것은 천하게 여기며 가까운 것은 멀리하고 먼 것을 좇는다'는 풍토가 있었다. 그 결과 겉보기에는 화려하지만 내실은 전혀 없는 병통이 있었던 것이다. 곧 '멀리 있는 것', '듣는 것'만을 중요하게 생각하고 '가까운 것', '보는 것'은 소홀히 여기는 풍토가 있어서 겉은 화려하지만 속은 텅 비어 있는 것과 같은 현상이 생긴다는 것이다.

여기서 말하는 '듣는 것', '멀리 있는 것'은 아마도 실생활과 밀착되지 않은 추상적인 것으로 볼 수 있다. 이에 대해 정순우는 "'귀이천목(貴耳賤目)'을 걱정한 것은 직접 면대할 수 있는 것들을 등한시하고 고원한 도덕률에만 집착하던, 즉 형이상학적 가치세계에 지나친 비중을 둠으로써 현실의 세계는 무관심한 당시의 교육풍토를 비판한 것"으로 보았다.[59] 또 김영문은 "듣는 것, 먼 것은 먼 성현의 말이나 중국 중심의 교재의 내용이라면, 가까운 것, 보는 것은 현재 사람의 말, 한국적인 교재 내용 즉 실경험의 구체적 세계라고 풀이할 수 있다."고 하였다.[60]

'멀리 있는 것'이 형이상학적 가치체계 곧 명륜(明倫)으로 대표되는 성리학의 사변적 이론 세계일 수도 있으며 현실세계와는 동떨어진 성현의 말씀이거나 중국의 역사나 문화를 가리킬 수도 있다. 여하튼 장혼은 여기에서 '멀리 있는 것'을 좇는 교육 세태를 비판하고, 근거를 댈 수 있는 사실과 내용으로『아희원람』을 편찬한 것이다. 그래서『아희원람』의 1장에 해당하는 '형기(形氣)'의 23항목 중에서 처음과 두 번째 항목을 제외하고는 '하늘·땅·사람·해·별·달·구름·비·서리·눈·바람·번개·노

　 摭羣書, 詢剞劂資聞見."
59) 丁淳佑(2012), 370쪽.
60) 김영문(1993), 21쪽.

을' 등과 같이 추상적이지 않은 내용으로 구성을 한 것이다. 2장 '창시(創始)'에서는 문명 생활을 구성하는 제도나 용품, 놀이 등의 기원이 나오는데 '투호·바둑·장기·쌍륙·저포·그네·제기·연날리기' 등과 같이 실생활과 관련된 놀이를 소개하고 있다. 또 3장 '방도(邦都)'에서는 우리나라의 여러 왕에 대한 내력과 함께 고조선 이래 각국의 도읍지, 조선왕조의 관청, 품계, 팔도의 고을 이름 등 실제적이고 실용적인 내용들로 구성되어 있다. 이것은『아희원람』이 유서(類書)로서의 성격을 지녀서 이기도 하지만 실용적이며 실증적인 것을 중시 여기는 당대 교육관의 반영이기도 한 것이다.

 이와 같은 실용적·실증적 역사 인식 태도는『아희원람』을 편찬한 장혼만이 아니라 18세기 이후 조선시대의 역사서에 두루 보이는 당대 지식인의 인식태도라 할 수 있다.『기년아람』을 편찬한 이만운(李萬運)은 중국과 우리나라의 역사를 비교하기 쉽도록 '세년표(世年表)' 방식을 취하여 제시하였는데 이는 고람(考覽)의 편이성을 목적으로 실용성에 입각하여 재구성한 결과라 할 수 있다.[61] 또한 정약용의『아방강역고(我邦疆域考)』에 보이는 우리나라의 고대 정치사와 강역 고증, 한치윤[韓致奫, 1765~1814]과 한진서[韓鎭書, 1777~?]의『해동역사(海東繹史)』의「지리고」에 보이는 우리나라 역대 강역의 위치와 지명 고증, 홍경모[洪敬謨, 1774~1851]의『동사변의(東史辨疑)』에 보이는 고대사의 의문점 28항의 고증적인 역사 연구 등[62]은 실용적·실증적 역사 인식 태도의 결과라 할 수 있다.

 이러한 사실로 미루어 볼 때, 조선 후기의 지식인들은 역사서 교육을 통해 실용적·실증적 역사 인식 태도를 어린이들에게 교육시키고자 하

---

61) 高錫珪(1987), 81~85쪽 참조.
62) 한영우(2002), 204~217쪽 참조.

였음을 알 수 있으며 실용과 실증을 중시하는 역사 인식 태도는 현대의
교육에서도 존중받고 계승되어야 하겠다.

3. 평화와 공존의 역사 인식

조선시대 지식인들의 역사서에 보이는 역사서술의 중요한 관점 가운
데 하나는 감계(鑑戒)의 인식 태도이다. Ⅱ장에서 살펴본 이이(李珥), 정
경세(鄭經世), 윤휴(尹鑴), 임영(林泳), 남유용(南有容) 등의 글에서 그와
같은 인식 태도를 확인할 수 있었다. 지나간 역사적 사건을 거울삼아
똑같은 잘못을 하지 않으려고 경계하는 감계의 역사 인식 태도는 다음
의 글에서도 확인된다.

　　천하의 일이 대개 10분의 8~9쯤은 천행으로 이루어지는 것이다. 사서
에 나타난 바로 보면 고금을 막론하고 성패(成敗)와 이둔(利鈍)이 그 시기
의 우연에 따라 많이 나타나게 되고, 심지어 선악과 현불초의 구별까지도
그 실상을 꼭 터득할 수 없다. …… 또 선(善)에 대해서는 허물을 숨긴
것이 많고, 악(惡)에 대해서는 장점을 꼭 없애버리는 까닭에, 어리석고
슬기로움에 대한 구별과 선과 악에 대한 보복도 상고할 점이 있을 듯하다.
그 당시에 있어서는 묘책도 끝내 이루어지지 않고 졸렬한 계획도 우연히
들어맞게 되었으며 선한 중에 악도 있었고 악한 중에 선도 있었다는 것을
도대체 알 길이 없다. 천재(千載)나 멀어진 후에 어느 것을 좇아 그 참으
로 옳고 그름을 알겠는가?[63]

위의 글에서 이익(李瀷)은 역사서에 나타난 성공과 실패를 그대로 믿

---

63) 李瀷, 『星湖先生僿說』卷20, 「讀史料成敗」, "天下事, 大抵八九是幸會也. 其史書所見,
古今成敗利鈍, 固多因時之偶然, 至於善惡賢不肖之別, 亦未必得其實也. …… 且善多諱
過, 惡必棄長, 故愚智之判, 善惡之報, 疑若有可徵, 殊不知, 當時, 自有嘉謀不成, 拙計偶
道, 善中有惡, 惡中有善也. 千載之下, 何從而知其是非之眞耶?"

지 말고 꼼꼼히 그 실상을 파악하여 평가하여야 한다는 비판적 인식 태도를 보였다. 대개 역사란 승리한 사람의 기록이기 때문에 승리한 자는 옳고 실패한 자는 나쁘다고 기록하는 경우가 많다. 이익은 옛날의 역사 기록을 두루 읽고 비교하여 보니 하나의 서적만 보고서는 믿을 수가 없다고 하면서 승리한 자 중에도 악이 있고, 패배자 중에도 선이 있을 수 있다고 하였다. 그러므로 역사의 기록을 그대로 믿지 말고 옳은 것 중에도 그른 것이 있고, 그른 것 중에서도 옳은 것이 있을 수 있다는 상대적 평가를 하여야 한다고 본 것이다. 이것이 바로 역사서를 읽을 때의 격물(格物)의 정신이며 격물을 통하여 교훈을 얻으려는 감계(鑑戒)의 인식 태도이다. 곧 역사서에 나타난 흥망(興亡)과 치란(治亂)의 자취, 현부(賢否)와 충사(忠邪)의 실상을 바르게 파악하여 선하고 옳은 것은 따르고, 악하고 옳지 못한 것은 징계하여 다시는 역사의 잘못을 되풀이 하지 않기를 바라는 것이다. 이러한 감계의 역사 인식 태도를 현대의 시각으로 평가하면 평화(平和)와 공존(共存)을 희구(希求)하는 역사 인식이라고 할 수 있다.

성군(聖君)이 나타나 선한 통치를 하면 백성들은 평화롭게 살 수 있었고, 용군(庸君)이 나타나 악한 정치를 하면 백성들은 온갖 고통 속에서 지낼 수밖에 없었다. 위정자의 통치 행위에 따라 백성들은 평화롭게 지내기도 하고 난세(亂世)를 겪기도 하므로 조선시대의 지식인들은 감계의 역사 인식을 통해 평화로운 가운데 모든 계층이 공존하는 세상이 되기를 소망했던 것이다. 평화와 공존의 세상이 이루어지기 위해서는 당대의 사회가 지배층에 의해 바르게 통치되는 체제를 유지하고자 하였으며 그러한 체제를 안정적으로 유지하기 위해 성리학의 통치 철학도 필요했던 것이다. 오늘날의 시각에서 보면 봉건시대(封建時代)의 체제 유지 수단으로 오인(誤認)될 수 있는 '삼강오륜'의 덕목도 그래서 필요했던 것이다.

앞장에서 검토한 『동몽선습』은 유학의 윤리인 '삼강오륜'의 덕목을 중시여기고 명륜과 교화를 목적으로 구성한 교재이다. 여기에서 인륜의 질서를 중시 여기는 것은 국가나 사회가 평화와 질서를 지키는 가운데 구성원들이 공존하기를 희구하는 역사 인식이 바탕에 배어있기 때문이라 할 수 있다. 『동몽선습』의 앞부분인 '경(經)'에 해당하는 내용은 뒷부분인 '사(史)'에 해당하는 부분과는 별개의 내용이라 생각할 수 있다. 그러나 감계의 역사, 평화와 공존의 역사로써 역사가 기록된다고 할 때 '경사일체(經史一體)' 또는 '경사본말(經史本末)'로서의 '경'은 결코 '사'와 분리되어 생각할 수 없다.

> 아버지와 자식은 타고난 천성이 친한 것이다. 아버지는 자식을 낳아서 기르고 사랑하여 가르치며 자식은 아버지를 받들어 잇고 효도하여 봉양한다. 그러므로 아버지는 자식을 옳은 방법으로써 가르쳐 사악함에 들어가지 않도록 해야 하며 자식은 부드러운 목소리로 부모의 잘못을 간하여 향당과 주려에서 죄를 얻지 않도록 해야 한다.[64]

위의 내용은 『동몽선습』의 '경(經)' 부분에서 '부자유친'의 윤리를 설명한 것이다. 부모는 자녀를 사랑으로 기르고 가르치며 자녀는 부모에게 정성을 다하여 효도하는 것이 인륜의 바름이다. 또한 부모는 자식이 그릇된 길로 빠지지 않도록 바른 길을 제시하여야 하며 자식은 부모가 실수를 할 때 부모님의 감정이 상하지 않도록 간언하는 지혜를 발휘하여야 한다. 이러한 내용들은 오늘날의 관점에서 보면 지나치게 윤리적이어서 긍정적으로 계승하기 보다는 구시대적 유산으로 치부해버리기 쉽다. 그러나 부모와 자식의 관계는 시대와 장소를 초월하여 변할 수

---

64) 朴世茂, 『童蒙先習』. "父子天性之親, 生而育之, 愛而敎之, 奉而承之, 孝而養之. 是故, 敎之以義方, 不納於邪, 柔聲以諫, 不使得罪於鄕黨州閭."

없는 유대를 지녔으며 사회적 생활의 기초라 할 수 있다. 부모와 자식 간의 유대가 원만하여야 가정을 벗어난 사회생활도 원만하게 유지될 수 있는 것이며, 부모 자식 사이의 사랑이야말로 세상을 살아나갈 수 있는 기본 자산인 것이다. 그러므로 부자유친의 천생적 윤리는 한 개인이 세상을 평화롭게 살아가는 데 기초가 되며, 세상과 더불어 공존하는데 필수적인 통과의례라 할 수 있다.

이와 같은 평화와 공존의 인식은 군신유의·부부유별·장유유서·붕우유신의 윤리에도 공통적으로 들어 있다. "임금이 신하를 부리고 신하가 임금을 섬기는 것은 하늘과 땅의 떳떳한 법칙이며 옛날과 지금에 통하는 공통적인 의리라고 하였다."[65], "남편은 자기 몸을 공경하여 그 아내를 잘 거느리고, 아내는 자기 몸을 공경하여 그 남편을 받들어서 내외가 화순하여야 부모가 안락하실 것이다."[66] 등과 같은 내용은 현재의 관점에서 보면 순순히 용납하기 힘든 봉건시대의 윤리라고 치부할 수 있지만, 당대 사회에서는 체제를 유지하는 기본 질서였을 것이다. 그러므로 현재적 관점에서 그 시대의 윤리를 함부로 재단하기보다는 당대 사회를 지탱할 수 있었던 평화와 공존의 인식론이라고 이해하고 포용하는 자세가 필요하다.

오늘날 우리는 주변국들과 역사 교육 및 역사 교과서 문제로 갈등을 겪고 있다. 일본은 2001년 3월 후소샤(扶桑社) 교과서의 검정 통과 이후 오늘에 이르기까지 우리나라와 역사교과서 문제로 갈등을 겪고 있다. 일본은 침략행위에 대한 반성을 하여야 하며 앞으로 주변 아시아 국가들이 평화롭게 지낼 수 있도록 협조를 하여야 한다. 이는 역사교육의 근본 목적이 자국 중심의 민족주의에서 평화와 공존이라는 보편적 가치

---

65) 상게서. "君臣, 天地之分, 尊且貴焉, 卑且賤焉. 尊貴之使卑賤, 卑賤之事尊貴, 天地之常經, 古今之通義."
66) 상게서. "須是夫敬其身, 以帥其婦, 婦敬其身, 以承其夫, 內外和順, 父母其安樂之矣."

로 변해야 한다는 사실을 의미한다. 중국은 2002년부터 시작된 '동북공정'으로 우리와 갈등을 빚고 있다. 고구려나 발해사를 중국 내 변방민족의 역사로 인식하려는 것은 우리나라 고대사의 정체성을 송두리째 흔드는 도전이었다. 사회주의 중국의 특성상 자국 또는 자민족 중심의 생각을 넘어서서 세계 시민적 차원의 판단과 보편적 가치를 추구할 만한 공간은 없었다.[67]

일본과 중국이 우리나라 및 아시아 국가들에게 고통을 끼치고 있는 대립과 갈등의 역사 교육은 평화와 공존의 역사 교육으로 전환해 나아가야 한다. 평화와 공존은 자국 중심의 역사에서 상호 존중의 역사로 발돋움하는 보편적 윤리이다. 세계의 평화를 지향하는 국가가 되고자 한다면 자국의 이익에만 매몰되지 말고 주변국과 공존하려는 지혜를 배워야 한다.

이상에서 보듯이 조선시대의 역사서 교육은 민족 주체성, 실용과 실증, 평화와 공존이란 점에서 오늘의 우리에게 시사점을 주고 있다. 물론 이러한 시사점의 바탕에는 선하고 옳은 것은 본받고, 악하고 옳지 않은 것은 경계로 삼아야 하며 지나간 잘못을 거울삼아 다시는 똑같은 잘못을 행하는 것을 경계하는 감계의 역사 인식이 내재하고 있다.

V. 결론

지금까지 조선시대 역사서 교육의 방향과 역사 인식에 대한 논의를 토대로 현재적 시사점은 무엇인지 논의하였다. 서론에서 밝혔듯이 조선시대 선현들이 일구어 간 역사 교육의 발자취를 단편적으로 기술하기에

---

67) 구난희(2015), 232~235쪽 참조.

는 무리가 있다. 세계 어느 나라에도 뒤지지 않는 방대한 역사 기록물과 역사서들이 있지만 그것들을 가르친 방법에 대한 기록은 찾아보기 어려운 상황에서 본고는 단편적인 사실만으로 논의를 하였기 때문에 기술한 내용에 대해 자신하기 어렵다. 특히 이 논문에서는 본격적인 역사서 교재를 연구 자료로 삼지 않고 역사 교육의 일면을 확인할 수 있는 초학자용 학습 교재를 연구 대상으로 하여 논의를 하여서 출발점부터 문제를 안고 있다. 그러나 이러한 논의가 축적되어 조선시대 역사서 교육 연구에 대한 학문적 연구가 진전되기를 기대하며 앞에서 기술한 내용을 정리하는 것으로 결론을 삼고자 한다.

조선 전기에는 성리학을 중심으로 한 사상적 체계가 발전하면서 역사학 역시 성리학의 영향을 받아 발달하였다. 성균관과 사부학당, 향교 등에서의 교육은 경서 교육이 핵심이었으며 역사서의 교육은 역사학 자체를 위한 교육이기보다는 경학 내부의 여러 학습서 가운데 사서가 포함되어 '경사일체(經史一體)'의 교육으로써 이루어졌다고 할 수 있다. 따라서 역사 교육은 역사의 개별적인 사실을 중시하기보다는 역사 속에서 찾을 수 있는 귀감이 무엇인지 파악하는 것을 중요하게 생각하였다.

조선 후기로 오면서 역사적 사건에서 교훈을 찾으려는 감계(鑑戒)의 역사 인식, 중국사 중심의 역사 인식에 변화를 보이면서 자국사 교육을 중시하는 변화의 흐름이 일어났다. 이것은 성리학 사상에서 벗어나서 자아의식과 주체의식을 강조한 실학사상의 영향을 받은 결과이며 이로 인하여 역사교육은 '경사일체(經史一體)'의 교육에서 벗어나 독립적인 경지에 이르게 되었다.

조선시대의 역사서 교육은 아동용 학습 교재인 『동몽선습』과 『아희원람』에 나타난 내용을 토대로 논의를 하였는데 이를 통해서 민족 주체적 역사 인식 태도, 실용적·실증적 역사 인식 태도, 평화와 공존의 역사 인식 태도 등의 시사점이 있다고 논의하였다. 이러한 시사점의 바탕에는 지나간 잘못을 거울삼아 똑같은 잘못을 행하는 것을 경계하는 감계(鑑戒)의 인식이 깔려 있다.

　　역사란 무엇인가? 19세기 서유럽 역사서술에 커다란 영향을 준 랑케(Leopold von Ranke)는 '있었던 그대로의 과거(wie es eigentlich gewesen)'를 밝혀내는 것이 역사가의 사명이라고 보았다. 따라서 역사가의 임무는 과거 지나간 사실이 어떠했는지를 보여주는 것에 지나지 않는다. 과거에 대한 객관성과 과학성을 높이는 것이 실증이다. 그러나 실증 못지않게 중요한 것이 역사가의 주관에 따른 과거의 해석이다. 왜냐하면 역사학은 현재를 위한 학문이기 때문이다. 에드워드 카(Edward Hallett Carr)가 '역사란 역사가와 사실 사이의 지속적인 상호작용이며 현재와 과거사이의 끊임없는 대화'라고 설명하였듯이 우리는 역사를 과거의 사실로만 기억하는 것이 아니라 현재를 평가하고 미래와 소통하는 매개체로 인식한다. 이러한 측면에서 조선시대 역사서 교육의 방향을 탐색해 보는 것은 현재의 우리가 추구해야 할 역사서 교육의 방향이 무엇인지, 역사서 교육을 통하여 학습자에게 무엇을 가르치려고 할 것인지를 점검하는데 유의미한 역할을 할 수 있을 것이다.

참고문헌

『霽淵集』 卷28, 「書筵講義」, 한국고전종합DB(http://db.itkc.or.kr/index.jsp?).

『童蒙先習』 木版本(1682), 국립중앙도서관 디지털 자료(http://viewer.nl.go.kr:8080/viewer/viewer.jsp).

『白湖先生文集』 附錄 年譜. 한국고전종합DB(http://db.itkc.or.kr/index.jsp?).

『星湖全集』 卷 25, 「答安百順乙亥」, 한국고전종합DB(http://db.itkc.or.kr/index.jsp?bizName=MK).

『星湖先生僿說』 卷20, 「讀史料成敗」, 한국고전종합DB(http://db.itkc.or.kr/itkcdb/m

ainIndexIframe.jsp).

『順菴先生文集』 卷19, 「東國地界說」, 한국고전종합DB(http://db.itkc.or.kr/index.js
　　p?bizName=MK).

『兒戲原覽』 木版本(1911), 국립중앙도서관 디지털자료(http://viewer.nl.go.kr:8080/v
　　iewer/viewer.jsp).

『愚伏先生文集』 卷9, 「答金沙溪」 한국고전종합DB(http://db.itkc.or.kr/index.jsp?).

『栗谷先生全書』 卷20, 「聖學輯要」, 한국고전종합DB(http://db.itkc.or.kr/index.jsp?).

『而已广集』 卷12, 「東史撮要引」, 한국고전종합DB(http://db.itkc.or.kr/index.jsp).

『滄溪先生集』 卷18, 「經筵錄」 庚申七月. 한국고전종합DB(http://db.itkc.or.kr/index.
　　jsp?).

朴世茂, 『童蒙先習』 春坊藏板 己卯新刊, 傳統文化硏究會, 1992.

一然, 崔南善編, 『三國遺事』, 瑞文文化社, 1983.

張混, 『兒戲原覽』 木版本 癸亥(1803)刊, 學文社, 1982.

권오석, 「書堂敎材에 관한 書誌的 硏究」, 『서지학연구』 10, 서지학회, 1994.

高錫珪, 「『紀年兒覽』에 나타난 李萬運의 歷史認識」, 『韓國文化』 8, 서울대학교 한국문
　　화연구소, 1987.

구난희, 「민주화·세계화와 역사교육의 변화」, 『우리 역사 교육의 역사』, Humanist,
　　2015.

김경미, 「『童蒙先習』의 역사교육적 의미」, 『한국교육사학』 제25권 제2호, 한국교육사학
　　회, 2003.

김영문, 「장혼의 초학교재 연구」, 성균관대학교 교육대학원 석사학위논문, 1993.

김육훈, 「고대·중세의 교육제도와 역사교육」, 『우리 역사 교육의 역사』, Humanist,
　　2015.

김정현, 「조선후기 초학교재에 나타난 실학교육사상 연구」, 한국교원대학교대학원 석사
　　학위논문, 2003.

김한종, 「국사교육의 강화와 국가주의 역사교육」, 『우리 역사 교육의 역사』, Humanist,
　　2015.

김해용, 「학규(學規)를 통해 본 조선시대 서원 교육과정의 변천」, 한국교원대학교 교육
　　대학원 석사학위논문, 2010.

柳栽澤, 「朝鮮後期의 實學的 歷史敎觀」, 『한국교육』 Vol.12, No.2, 한국교육개발원,
　　1985.

문태순, 「童蒙先習의 교육적 의의에 대한 연구」, 『한국교육사학』 제25권 제1호, 한국교
　　육사학회, 2003.

朴連鎬, 「張混의 교육론 연구 -『兒戲原覽』의 성격을 중심으로」, 『교육사학연구』 14, 교

육사학회, 2004.

朴鍾成, 「學習用 類書 『兒戲原覽』 研究」, 경북대학교 교육대학원 석사학위논문, 2010.

방지원, 「조선후기 역사인식의 변화와 '국사교육론'」, 『우리 역사 교육의 역사』, Humanist, 2015.

裵祐晟, 「안정복」, 『한국의 역사가와 역사학』 상, 창비, 1994.

梁正鉉, 「近代 改革期 歷史敎育의 展開와 歷史 敎材의 構成」, 서울대학교대학원 박사학위논문, 2001.

兪鉉慶, 「朝鮮初期 鄕校 교육」, 숙명여자대학교 교육대학원 석사학위논문, 2002.

李萬烈, 「17·8세기의 史書와 古代史認識」, 『韓國의 歷史認識』 하, 창작과 비평사, 1985.

丁淳睦, 『韓國儒學敎育資料集解』 Ⅰ, 學文社, 1982.

丁淳佑, 『서당의 사회사』, 태학사, 2012.

조동걸·한영우·박찬승 편, 『한국의 역사가와 역사학』 상, 창비, 1994.

채푸르니·조혜진, 「해방 이전의 역사 교육」, 『한국 역사교육의 연구 동향』, 도서출판 책과함께, 2012.

최용준, 「장혼의 교육활동과 초학교재의 특성」, 안동대학교 교육대학원 석사학위논문, 2001.

한규철, 「조선시대 역사인식과 역사교육에 관한 연구」, 연세대학교 교육대학원 석사학위논문, 2008.

韓永愚, 『朝鮮前期史學史研究』, 서울대학교출판부, 1981.

_____, 「조선시대의 역사편찬과 역사인식」, 『한국의 역사가와 역사학』 상, 창비, 1994.

_____, 『역사학의 역사』, 지식산업사, 2002.

전통 한문학습 교재와
일반 한문 전적 사용 한자 비교 연구

허철

I. 서론

본 연구는 한국어 학습자의 한자계 어휘 습득을 교육 내용으로 설정하고, 이에 필요한 학습용 어휘와 한자를 다양한 언어자료(코퍼스)를 활용하여 추출하여 선정한 후, 이를 다시 학습 단계별로 위계화하려는 목표 아래 진행된 세 번째 연구 성과물이다.

이 연구에 앞서 기존 한문교육용 기초한자의 문제점을 파악하고, 한자계 어휘 습득을 위한 한자어와 한자를 선정하는 이론과 방법을 설정하고, 이를 실제 언어 대상 자료를 대상으로 분석하였다.[1] 이 두 단계를 넘어 본 연구는 이 두 연구를 기초로 하여 한문 고전 독해에 필요한 한자군을 조사하는 데 그 목적이 있다.

일반적으로 한문 학습이나 한자 학습에 있어서 오랜 기간 동안 선택된 교재들로는 『삼자경』·『천자문』·『동몽선습』·『계몽편』·『추구』·『백련초해』·『격몽요결』·『추구』·『몽구』 등과 함께 사서(四書)나 『사기』·『십

---

[1] 허철(2019a:2019b).

팔사략』·『통감절요』·『고문진보』 등의 문헌을 꼽을 수 있다. 물론 이외에도 『채근담』이나 『근사록』과 같은 문헌이나 개인이나 집단의 선호에 따른 다른 문헌을 교재로 선택하기도 하였다.

학습자가 교재를 선택과 학습함에는 크게 세 가지 목적이 존재한다. 학습 동기가 무엇이든 간에 다음 학습 곧, 최종 목표를 위해 설정한 혹은 설정되어지거나 추천된 단계 학습의 과정 속에서 매 단계마다 필요한 한자를 익히는 것과 한문 문장을 학습하는 것, 그리고 그 교재 안에 담긴 편저자의 가치관과 세계관, 그리고 사실을 숙지하고 이해하는 것이다. 이런 의미에서 본다면, 한자나 한문의 초기 학습에 사용되는 고전적들에 포함되는 한자는 다음 학습으로 이어지고 다시 이어지는 단계별 구성과 학습이 되어야 한다. 그러나 언어적 차원에서의 한자 학습이나 문장 독해 학습이 아니라, 주제 중심의 학습이 중심이라면 그 속에 포함된 한자나 문장의 형식과 같은 언어적 학습보다는, 무엇이 더 우리가 추구하는 주제를 잘 포함하고 있는가가 중점이 되기 마련이다. 이 두 가지 목적을 적절하게 조화하는 것은 현재의 우리 한문교육에 있어서도 매우 어려운 과제이기도 하다. 한자에 기준하면 한문과의 정의적 목표를 구성하기 어렵고, 한문과의 정의적 목표에 따라 내용을 구성하게 되면 한자의 선정에 어려움을 겪게 된다.

그렇다면 현재 우리가 사용하는 한문교육용 기초한자가 언어생활과 한문의 기초적인 독해 능력을 양성이라는 두 가지 목표를 달성하기에 적절한 한자군인가 의문이 생기게 된다.

본고는 동아시아 한자문화권에서 오랜 기간 동안 한문학습교재로 주목받았던 교재들에 사용된 한자의 사용 현황을 조사하고, 이 한자들이 일반적인 한문 전적에 사용된 경향성을 추출하고 검토한 후, 이를 다시 현재의 국어 생활에서 사용되는 한자와의 비교를 통해 학습의 전이성에 얼마나 영향을 미치는가를 알아보고자 한다.[2] 이를 통해 언어교육에 사용되어야 할 한자군과 한문 독해 능력 향상을 위해 선정되고 조직되어야 할 한자군의 차이 유무를 밝힐 수 있을 것으로 기대한다. 또한 이 연구를 통해 현재 한문교육용 기초한자의 문제점과 개선점, 그리고 향후 재선정을 위한 기초 연구로 활용될 수 있으리라 기대한다.

Ⅱ. 전통 한문학습 교재의 한자 사용 조사

오랜 역사기간 동안 한자문화권에서 즐겨 사용된 일반적인 전통 한문 학습 교재로는 『삼자경』·『천자문』·『동몽선습』·『계몽편』·『추구』·『백 련초해』·『격몽요결』·『추구』·『몽구』[3] 등을 들 수 있다. 이 교재들의 공통된 특징은 형식적으로 가장 기본적인 운문이나 산문의 문형을 가지고 있으며, 당시 사회에서 필요로 하는 가치관과 세계관의 압축된 내용을 포함하고 있으면서도 그 문헌에 사용된 한자의 수가 비교적 적다는데 있다. 『천자문』이 그 대표적 예이다. 『천자문』은 4자씩 250구의 운문 형식으로 학습자가 운문의 기초를 익힐 수 있었을 뿐 아니라, 성리학적 세계관과 중국의 역사를 학습할 수 있었고, 더욱이 총 1000자를 사용하여 한자의 학습량이 적은 특징을 가지고 있다. 이 세 가지 이유가 한자문

---

2) 물론 고전적의 경우 하나의 한자가 다양한 의미로 활용되거나 동음차용 등 다양한 현상으로 나타나기에 일률적으로 현재 한국어에 사용되는 한자와 동일한 음과 의로만 대응시키는 것은 무리가 있다. 그럼에도 불구하고 이러한 형태 위주의 연구를 진행하는 것은, 본 연구가 어휘로서의 한자 자종을 파악하고자 함이 아니라 형 위주로 파악하는 데 주목하기 때문이다. 형 위주의 자종을 파악하고 이를 다시 의미 위주로 파악하는 연구 방법과 의미 위주로 분별하고 이에 다시 형태로 분류하는 것도 하나의 방법으로 상호 비교해 볼만 하다.

3) 본 연구에 사용된 조사 대상 전자 텍스트는 전통문화연구회의 자료와 한국사사료연구소 등에서 제작한 전자 자료를 이용하였다. 연구 대상 자료의 문제점에 관해서는 5장에서 다시 언급한다.

화권 전반에 걸쳐 초기 한자와 한문 학습교재로 오랜 시간 동안 사용되었던 가장 중요한 이유이다.

이 세 가지 이유 중 가장 중요한 것은 그 문헌이 가지고 있는 소재나 주제 등의 내용 구성이다. 교재를 선택할 때는 당시 사회에서 필요로 하는 가치관과 세계관의 기초가 되어야 함이 포함하고 있는 한자의 수나 기본적인 문형의 여유를 넘어서는 절대적 기준이다. 위에 열거한 전통적 교재들은 이러한 교육적 목표를 어느 정도 달성한 것으로 보인다. 당시의 교육적 목적이라면 유가적 세계관에 정통하면서 한문이라는 언어를 문어로 자유자재로 사용할 수 있는 인재를 양성하는데 있었을 것이다. 따라서 당시에 오랜 동안 사용되었던 교재는 이 두 가지 목적을 어느 정도 달성했던 것으로 볼 수 있다.

한편, 언어로서의 한문을 학습하기 위한 첫 조건은 학습자가 학습할 적정한 분량의 한자 수이며, 두 번째 조건은 해당 한자의 중요도에 따른 선정과 반복 학습의 조건을 구성하는 것이다. 이는 한문이라는 언어를 처음 학습하는 초기 학습자에게 일정한 정도의 한자를 반복적으로 학습하여 체계적으로 내재화시키는 것이며, 이때 학습 한자가 이후에 사용하게 될 여러 교재 혹은 사회 내에서 요긴한 한자로 인정받아야 한다는 의미이다. 선행 학습이 후행 학습에 영향을 미치는 첫 요소가 되며, 이러한 사고가 당시 초기 학습 교재들에 반영되었기 때문에 오랜 시간 동안 불특정 다수에게 선택되어진 것이라고 추측할 수 있기 때문이다. 그렇다면 실제 이러한 문헌들은 어떤 한자를 이용하여 구성되었을까?

『삼자경』·『천자문』·『동몽선습』·『계몽편』·『추구』·『백련초해』·『격몽요결』·『몽구』의 각 개별 교재별 사용 한자의 자종과 자량을 조사해 보면 다음과 같다.

〈표 1〉 몽학류 교재들의 자종 현황

서명	자종	서명	자종
『삼자경』	535	『동몽선습』	314
『추구』	516	『격몽요결』	1,221
『계몽편』	587	『천자문』	1,000
『백련초해』	541	『몽구』	3,555

〈표 1〉에서 알 수 있듯『천자문』과『격몽요결』,『몽구』를 제외하고는 학습 한자의 자종으로만 볼 때 1,000여 종이 넘지 않는다. 자량으로만 보면 이천 자가 넘는 분량을 가진『삼자경』이나『계몽편』의 경우에도 자종으로는 535종, 587종만 사용하였으며,『동몽선습』의 경우 314종만을 사용하고 있다. 또한 이런 교재들의 경우 편저자의 목적 의식과 관련된 내용을 충분히 서술하면서도 특정 한자를 집중 사용함으로써 한자학습에 있어 반복성의 효과를 살리고 있음을 개별 한자의 평균 출현 횟수를 통해 짐작할 수 있다. 곧, 학습자의 입장에서 많은 한자를 동시에 학습하는 '집중식자'가 아닌 '분산식자'인 것처럼 인식되거나 보이지만, 독자나 학습자는 반복적인 학습을 통해 무의식적 집중식자가 일어나 한자 학습의 효율을 증대할 수 있다. 모두가 경험하여 보았듯 한 문헌에서 한 글자가 한 번만 출현하게 될 때, 학습자가 이를 기억하고 활용한다는 것은 실질적으로 매우 어렵다. 더욱이 그 내용이 우리가 일상 생활에서 접할 수 없는 것이라면 더욱 난이도가 높을 것이라는 추측이나 사실은 이미 정약용이『아학편』의 서문에서 지적한 바 있다. 이런 면에서 보면『천자문』과 같은 '집중식자'의 방식을 사용하여 1종 한자의 1회 출현 방식이 오랜 전통을 가진 학습법이었다고 말하기 어렵다. 이런 방식이 다른 문헌들에 비해 매우 특수하지만, 이러한 문제점을 다른 장점으로 극복한 가장 성공한 예라고 보는 것이 타당할 것이다. 그 장점은『천자문』이 암송에 편리한 4자 1구 형식, 250구, 총 1,000종 밖에 이르지 않는

짧은 형식 때문이었을 것이라고 추측할 수 있다.

『몽구』의 경우도 사용 한자의 수가 많아 보이나 분석을 해 보면 평균적으로 한 자종이 23회나 사용되는 것을 알 수 있다. 물론 개별 한자의 사용 빈도는 각기 다르기 때문에 23회보다 적어 1회가 되거나 23회보다 훨씬 많이 사용된 경우도 있을 수 있다. 그러나 평균적으로 1자종이 23회 사용되었다는 것은 전체 분량에 비해서 사용된 한자의 자종의 많지 않음을 확인할 수 있는 증거이다.

이와 마찬가지로 각 문헌에서 사용된 상위 50% 사용 한자의 통계를 보자.

〈표 2〉 몽학류 교재들의 자종과 상위 점유율

서명	상위 점유율	출현 횟수	자종	총 자종
『삼자경』	59%	6차례 이상	113자	535
『추구』	59%	3차례 이상	120자	516
『계몽편』	50%	9차례 이상	61자	587
『백련초해』	53%	6차례 이상	97자	541
『동몽선습』	52%	6차례 이상	39자	314
『격몽요결』	52%	26차례 이상	101자	1,221
『몽구』	50.5%	96차례 이상	180자	3,555

〈표 2〉에 따르면 『몽구』에 사용된 3,555종의 한자 중 약 180종이 총 사용량의 50%에 달하고 있으며, 『격몽요결』의 경우에도 전체 1221종 중 101종이 절반 이상 사용되고 있음을 확인할 수 있다. 이러한 통계는 소수의 한자들이 전체 문헌에서 중요한 내용을 전달하는 핵심키워드로 사용되고 있음을 알려주는 동시에, 학습자가 계속하여 반복적으로 접촉하고 학습하는 한자가 됨을 말해준다.

반면 『추구』의 경우 3차례 이상 등장한 한자가 120종으로 약 전체 한자의 60%를 점유하고 있다. 이는 그만큼 다양한 한자가 사용되고 있으며, 반복 학습의 기회가 상대적으로 감소하였고, 특정 한자가 매우 중요한 한자로 인식되기 어려움을 말해준다.

그렇다면 각 문헌의 개별 자종별 사용률에 있어서도 차이가 있을까? 사용률 상위 10개의 한자의 비교하여 보았다.

〈표 3〉 몽학류 교재들의 상위 10개 한자 비교

『삼자경』	한자	子	不	有	學	而	人	曰	者	十	之
	빈도수	44	40	36	30	24	24	20	20	20	18
『추구』	한자	月	山	花	風	日	白	天	人	水	來
	빈도수	33	25	18	17	16	16	15	14	14	11
『계몽편』	한자	之	者	爲	則	也	於	有	以	人	而
	빈도수	115	52	46	36	36	35	35	33	32	32
『백련초해』	한자	花	月	山	春	竹	風	白	紅	人	葉
	빈도수	33	31	28	18	17	16	15	14	13	13
『동몽선습』	한자	之	不	以	友	其	而	子	者	有	道
	빈도수	54	34	26	24	23	22	19	17	16	16
『격몽요결』	한자	之	不	則	人	者	而	於	以	主	可
	빈도수	352	268	233	180	158	147	139	139	131	118
『몽구』	한자	之	爲	人	曰	不	以	其	而	子	有
	빈도수	1791	1359	1148	1139	1138	1083	716	685	683	661

〈표 3〉만 보면 『백련초해』를 제외한 나머지 문헌에서 사용한 한자의 자종에서는 큰 차별성을 발견하기 어렵다. 이는 『백련초해』가 가지는 내용적 특성에 기인한 것으로 볼 수 있다.

한편 문헌에 공통적으로 사용된 한자를 분석해 보면 대체적으로 문헌의 내용적 성격에 따라 한자의 사용이 달라지고 있음을 조금이나마 파악할 수 있다. 예를 들어, 『계몽편』, 『동몽선습』이나 『격몽요결』, 『몽구』의 경우 '지(之)'나 '이(以)', '어(於)', '이(而)'와 같은 허사가 등장하지만, 『추구』나 『백련초해』의 경우 상위 10개 한자에는 포함되지 않고 있다. '불(不)'의 경우에도 이러한 차이를 보이고 있다는 것은 문헌에 부정사가 빈번하게 사용됨을 보여준다.

III. 일반 한문 전적의 한자 사용 조사와의 비교

일반적으로 위에서 말한 문헌이 기초적 학습 교재로 학습된 전후에
『소학』등과 사서(四書)를 익히게 되는데,『소학』과 같은 문헌에 사용된
한자의 특성을 보면 2장에서 살펴보았던 문헌들에 비해 한자 자종의 양
이 큰 폭으로 늘어났음을 확인할 수 있다.

〈표 4〉 고전 한문 전적의 자종 현황

서명	자종의 수	서명	자종의 수
『소학』	2,412	『사기』	3,306
『논어』	1,354	『명심보감』	1,808
『맹자』	1,907	『근사록』	2,666
『대학』	924	『채근담』	1,910
『중용』	1,140	『고문진보』	3,050
『시경』	4,040	『십팔사략』	2,654
『통감절요』	3,015		

『격몽요결』에 사용된 한자가 1,200여 종이라고 한다면『대학』이나
『중용』이 더 적은 한자를 사용되고 있으나, 이는 그 문헌의 총 자량이
나 내용적 특성에 따라 다르기 때문에 일률적으로 말하기는 어렵다. 다
만 그 문헌에 사용된 한자의 종수나 자량이 적다고 하여 그 내용마저
이해와 습득이 용이한 것은 아니다. 때문에 앞에서 살펴보았든 문헌들
과 다르게 한문 학습을 어느 정도 한 후에 학습되거나 독서되는 문헌이
라고 할 수 있다.

또한 이 조사를 통해『시경』에 사용된 한자가 가장 많다는 점을 확인

할 수 있다. 이는『시경』은 기존의 한자 학습 교재로 학습한 한자 이외에 더 많은 수의 한자를 별도로 학습해야 하는 어려움을 갖고 있음을 유추하게 하며, 학습 단계로 보아 어떤 교재로 학습한 이후에 학습하는 것이 보다 더 효율적인가를 고민하게 한다.

한편『사기』,『십팔사략』,『통감절요』등에 사서류에 자종 수가 많은 것은 역사서의 특성 상 인명, 지명, 관명 등에 사용된 다양한 한자가 포함되기 때문일 것이라고 유추할 수 있다.

다만 이 조사를 통해 실제 우리의 관심 가져야 할 것은 기존의 한자 학습 교재라고 명명한 일련의 문헌에서 학습한 한자가 이 단계에 학습하는 한자와 어떤 연관성을 가지는가이다. 곧 기존의 한자 학습 교재에서 학습하였던 한자가 얼마나 연관되어 있는가로 이는 학습의 연계성과 연계된다.

그런데 이 조사를 통해 특정한 한자의 집합군이 어떤 특정 도서에 학습에 도움이 되는가하면 아닌 경우도 쉽게 발견할 수 있었다. 예를 들어,『소학』의 경우 기존의 학습 교재에 포함되어 학습은 하였으나『소학』에는 포함되지 않아서『소학』만을 기준으로 할 때 무의미한 학습으로 인식될 수 있는 자종의 숫자는 다음과 같다.

〈표 5〉 몽학 교재에만 있으면서『소학』에 없는 한자 자종 현황

서명	삼자경	천자문	추구	격몽요결	계몽편	백련초해	동몽선습	몽구
사용되지 않은 자종의 수	81	187	446	102	161	86	158	1,494
총 자종수	535	1,000	516	1,221	587	541	314	3,555

예를 들어,『삼자경』에서는 학습하였으나『시경』에 출현하지 않은 한자의 자종은 81개이며,『몽구』에는 출현하였으나『시경』에는 출현하지 않는 자종은 1,494종이다.

이와 반대로『소학』에는 있으나 본고에서 제시한 기초 교재군 전체에 포함되지 않은 한자는 모두 1,733종으로, 이는 학습자들이 위에서 제시한 모든 문헌을 학습하였더라도『소학』을 학습하는 과정 중 새롭게 1,700여 종의 한자를 학습해야 함을 말하고 있다.

『천자문』의 경우에도 이런 현상이 발견된다.『천자문』에는 있으나『논어』의 학습에서는 400여 종은 사용되지 않으며,『맹자』의 경우에도 250여종 정도는 사용되지 않는다. 결국『천자문』의 모든 한자가『논어』나『맹자』의 학습에 유용한 것은 아니라는 결론을 얻게 된다.

이와 같이 교재군에서 전체를 학습하였더라도[4] 일반도서군 전체를 새롭게 학습하게 될 때 추가로 학습해야 하는 한자는 총 2,560종에 달한다. 한편 교재군에서 학습하였으나 일반서적군에서 출현하지 않은 글자는 371종에 불과하다. 이 숫자는 매우 미미할 뿐 아니라, 대상 서적의 종류와 내용에 따라 사용 한자가 달라진다는 것을 염두에 둔다면 기존의 학습 한자 대부분이 사용됨을 확인할 수 있다. 곧 본고에서 제시한 기초 교재군의 학습이 다양한 한문 문헌의 학습에 유용하게 작용함을 확인 할 수 있다.

이러한 결론을 중심으로 교재군에서 출현한 횟수를 1로 계산하여 보면 2종 이상의 교재에서 출현한 한자는 2,370종이며, 3종 이상은 1,455종이며, 4종 이상은 924종, 5종 이상은 563종, 6종 이상은 340종, 7종 이상은 701종, 8종 이상은 87종, 9종 이상은 33종이다. 이 33종을 제시하면[5] 다음과 같다.

可	見	敬	孤	孔	寡	其	亡
明	無	門	非	死	西	說	孫

---

4) 기 학습한 글자는 3,921자이다.
5) 제시는 각 종별 사용빈도에 따랐다.

與	亦	悅	吾	堯	遠	二	而
長	罪	中	之	則	飽	行	兄
後							

Ⅳ. 현대 한국어 사용 한자 사용 조사와의 비교

전술하였듯 이 조사는 전통 사회와 현재 사회에서 일반적으로 한문을 학습하고자 하는 목적 아래 사용되고 있는 문헌 중 일부를 조사한 것이다. 따라서 만일 여기서 제시한 문헌의 종류가 변경되지 않는다면 조사한 한자 자종은 한문 학습을 위해 유용한 한자군임에는 분명하다. 그렇다면 이렇게 전통 한문 문헌을 대상으로 하여 한자를 추출하여 선정한 한자군과 현대의 한국어에서 사용되는 한자가 연관되는가가 새로운 의문이 된다. 이는 현재 우리의 한문교육용 기초한자가 한문 교육과 언어 교육 두 목표를 동시에 가지고 있기 때문이다.

본 연구에서 조사한 출현 2회 이상 2,370자와 기존의 연구에서 제기하였던 한자군 2,600종과 비교하였다.[6] 이 2,600종은 『표준국어대사전』을 기본으로 하여, 이를 다시 『금성출판사』, 『민중서림』, 『삼성출판사』, 『우리말 큰사전』, 『조선말사전』(1962), 『조선말대사전』(1992), 『연세한국어사전』, 『뉴에이스 국어사전』을 정리한 결과로, 모든 조사 대상 사전을 분석해 보면 고유어와 외래어를 포함한 전체 어휘는 631,411개였으며, 이중 한자가 결합한 예는 403,384였으며, 한자로만 결합한 것은 297,671개였다. 이를 다시 국립국어원의 『현대국어사용빈도조사1』, 『현대국어사용빈도조사2』에 등재된 어휘를 출현에 따라 표기하고, 이 두 개의 자료를 포함하여 다시 총 빈도를 제작하였다. 이런 과정을 거쳐

---

6) 허철(2019b)에 자세히 서술되어 있다.

최종적으로 순수하게 한자로만 결합된 어휘는 40,971개였다.

이상의 자료를 다시 합성어와 파생어를 분석하여 단일어로 변환하여, 최소 단일어 목록을 작성하였다. 이 단일어 목록에서 추출된 어휘학습용 기초한자는 모두 2,600종이었다.

이렇게 추출한 2,600여종의 어휘 사용 한자와 본고의 2장과 3장에서 추출한 한자의 종을 비교한 결과 1,653종은 일치하였으나, 718종은 한문전적에서만 사용되는 한자이며, 947종은 어휘 사용에서만 주로 사용되는 한자임을 확인할 수 있다. 이처럼 한문 학습에 사용되는 한자와 언어생활의 한자어 학습에 사용되는 한자는 그 기준에 따라 각기 다른 특성을 가진 한자로 구성됨을 확인할 수 있다. 결국 어떤 목적을 지향하고 어떤 방법을 거쳐 선정하는가에 따라 각기 다른 한자군이 학습대상이 되어야 함을 알 수 있다.

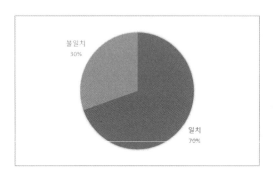

〈그림 1〉 일반어휘 사용 한자군과 한문전적 사용 한자군의 비교

그러나 보다 주의해야 할 것은 만일 현재와 같이 한문교육용 기초 한자의 숫자를 1,800종으로 한정한다면 양쪽 모두의 목표를 달성하기에도 적합지 않다는 사실도 확인 할 수 있다. 만일 현재와 같이 1,800종으로 한정하더라도 어떤 자를 어떤 근거로 중학교나 고등학교용으로 구분할

것인가에 대한 합당한 이유와 구분이 필요하다. 또한 147종은 한문교육을 위한 한자에서 보충할 것인지, 어휘교육을 위한 한자에서 보충할 것인지에 대한 고민도 필요하다.[7]

이는 한문 전적에서는 활용도가 높지만 어휘교육에서는 그 중요도가 적은 한자 목록을 통해 더욱 확실히 알 수 있다.[8] 아래 제시된 한자들은 고전문헌 교육과 학습에서는 필요하나, 현재의 언어생활에서는 그 중요성이 크게 떨어져 포함시켜야 할 것인가를 고민해야 하는 한자들이다.

賈	軻	催	侃	竿	諫	荔	曷
芥	鎧	欒	玠	喈	羹	遽	鉅
鋸	蘧	裾	斈	桀	狷	眹	躅
鉗	涇	遜	剄	稽	誡	雞	敲
羔	詰	辜	馨	舺	詀	穀	坤
崑	鯤	戈	跨	瓛	盟	匡	槐
虢	宏	肱	蹻	咎	垢	溝	矩
舅	苟	駒	劬	觳	裘	鞠	掬
羣	眷	蕨	几	圭	珪	鈞	棘
斤	禽	伋	璣	碁	耆	譏	豈
庋	金	懦	煖	奈	恬	審	佞
佞	嫩	簞	祖	撻	闒	聃	黯
塘	棠	岱	棹	稻	韜	犢	蘦
敦	憧	寶	鄧	懶	驃	洛	欒
爛	攬	萊	勑	涼	粮	涼	呂
閭	艫	驪	黎	廝	臚	鄲	輦
濂	逞	魯	磔	牢	耒	蔘	遼
鬧	婁	劉	柳	凌	李	梨	籬
鰲	鯉	苙	羅	蕳	鱗	鄰	霖

7) 현행 한문교육용 기초한자의 자종 선정 문제에 관해서는 허철(2019a)에 언급한 바 있다.
8) 이 한자들이 언어 생활에서 사용하는 어휘에 사용되지 않는다는 의미가 아니라, 비교적 사용 빈도가 적거나 다른 한자와 만나 조합을 이루는 경우가 적음을 말한다.

枚 旄 蕪 畔 翻 甫 忿 擯 肆 芰 尙 昔 梳 灑 綏 俶 柿 拭 嶽 盎 侖 飫 汝 鶯 纓 翳 訧 夭 庸 蔚 韋 蹟

邱 謨 畝 湑 藩 幷 哀 邵 篩 蒜 顙 婿 宵 蟀 竪 埶 恃 寋 痾 黯 也 圄 余 讌 穎 霓 雍 汪 冗 惲 謂 猷

莽 琗 戍 閔 樊 迸 梟 妣 泗 刪 觴 黍 嘯 霄 瘦 夙 尸 鳭 諳 鷽 驤 予 兗 盈 詣 癰 枉 韺 芸 蕈 愈

罔 牟 猫 鄙 魄 並 阜 鄙 捨 耜 橡 鋤 瞻 堁 漱 瞍 嘶 蟋 闇 掖 襄 恚 燕 穎 裔 吾 頑 遶 旰 渭 孺

曼 暮 卯 麋 帛 秉 斧 譬 嗣 筍 桑 胥 薛 銷 岫 叟 諄 塒 悉 遏 睢 穰 鄴 橡 楹 曳 敖 阮 耀 虞 鋮 侑

邀 袂 穆 糜 盂 范 孚 菉 冰 姒 庖 絮 屑 蕭 嫂 雛 苟 厮 愼 謁 艾 攘 掩 亦 堃 乂 窞 甂 繞 禹 璦 煒

笠 貉 麨 默 旁 氾 葍 芬 鬢 駬 穄 稽 錫 疎 瑣 誰 徇 矢 晨 晏 軼 伴 偃 茹 冉 縈 埶 婉 寥 佑 垣 魏

蟆 眒 睦 靡 龐 泛 峰 賁 聘 麝 嘗 栖 跣 蔬 啾 銖 脣 豕 薪 雁 崖 壤 奄 夆 醢 郢 吳 梳 綵 又 愿 幛

毅　懿　挹　闇　戎　胤　牖　帷
飴　邇　貳　貽　爾　怡　蟻　矣
溢　壹　佚　訒　刃　頤　坯
粂　蔗　玆　煮　咽　仍　鎰
臧　墻　仗　棧　呇　仔　姊　玆
詆　氏　杼　箸　怍　綽　纏　梓
吮　篆　甄　逖　渚　儲　狄　嫡
霑　竊　截　鷴　迹　翟　旃　嚩
凋　俎　娣　悌　顙　敻　靖　鄭
阻　遭　趙　蚤　啼　鼎　粗　祚
峻　俊　紂　廚　藻　糟　黽　雕
甄　烝　楫　櫛　侏　錘　浚　樽
繻　秦　晉　躓　遵　逡　摯　只
且　澄　輯　斟　遲　祇　賑　衿
讒　憝　爨　斟　邘　嫉　此　嗟
感　陟　蔡　粲　捉　遮　憎　彰
歜　轍　輮　綵　暢　敝　淺　擅
菁　晴　輒　阡　舛　穿　詔　瞻
肯　稍　樵　疊　襜　簧　淸　鯖
冢　聰　聰　棣　麀　涕　劭　蕉
吹　悴　忠　叢　蜀　譙　魋　騏
沈　敕　寘　黜　椿　麤　惻　驟
囊　琢　濁　馳　雉　戾　秤　浸
儉　兎　撐　啄　佗　墮　呑　瑑
彭　霸　沛　笤　榻　耽　把　愿
陛　斃　變　佩　阪　芭　徧　扁
漂　剽　飽　吠　萍　苞　匏　敝
弼　匹　疲　褒　蒲　諷　飄　豹
鹹　咸　間　披　豐　壑　瑕　逼
諧　蟹　孩　罕　譴　巷　盍　閤
夾　絜　顯　奚　恆　赫　奕　駮
螢　荆　瑩　懸　峴　脇　泱　挾

馨	兮	蕙	秴	壺	毫	浩	狐
祐	縞	或	昏	渾	虹	鴻	禾
譁	畫	宦	桓	紈	謹	煌	晦
淮	曉	淆	肴	傚	侯	喉	麑
毁	諱	魆	譑	呬	欣	訖	迄
欠	欽	歆	翁	噫	嬉	羲	

V. 조사의 문제점과 개선 방안

지금까지 일반적으로 한문 학습 교재로 불리었던 서적들을 교재군으로, 기타의 전통적으로 중요하다고 생각되었던 서적들을 일반도서로 설정하여 사용된 한자의 특성을 비교하여 보았다. 그러나 이 연구는 몇 가지 문제점을 안고 있다. 이 문제점은 현재 개인의 노력으로 해결할 수 있는 것은 아니기에 이와 관련한 문제를 여러 연구자와 공유할 필요가 있다.

첫째, 자량과 자종 통계 조사에 관한 엄밀함이다. 한자의 자량에 대한 연구는 비교적 오래되었다. 그러나 대상 판본에 따라 그 수량이 다르게 표현되는 경우가 빈번하게 발생한다. 『昭明文選』과 『宋元學案』卷四 「廬陵學案」중 "讀書說"[9], 「歐陽公讀書法」[10]에서 그 증거를 찾을 수 있다. 차이가 있는 통계 중 대표적 서종 두 개만을 비교해 보면 아래 〈표 6〉과 같다.

---

9) "今取『六經』及『論語』,『孟子』,『孝經』, 以字計之,『毛詩』三萬九千二百二十四字,『尙書』二萬五千七百字,『周禮』四萬五千八百六字, 禮記九萬九千二十字,『周易』二萬四千二百七字,『春秋左氏傳』一十九萬六千八百四十五字,『論語』一萬二千七百字,『孟子』三萬四千六百八十五字,『孝經』一千九百三字.大小九經合四十八萬九十字."

10) "次『論語』一萬一千七百五字, 次『孟子』, 次『周易』二萬四千一百七字, 次『尙書』, 次『詩』三萬九千二百三十四字, 次『禮記』九萬九千一十字, 次『周禮』, 次『春秋左傳』. 先後, 字數微有不同. 又云: "九經正文, 通不過四十七萬八千九百九十五字.""

〈표 6〉 역대 조사에서 나타난 자량의 상이성 예시

서종	소명문선	독서설	독서법
『詩經』	39234	39224	39234
『論語』	11750	12700	11705

이처럼 각기 다른 판본을 사용하는 경우, 그 자종이나 자량이 달라지는 경우가 발생한다. 현재적 통계도 학자들마다 조금씩 차이를 보이고 있고 그 주요 원인은 대체적으로 비슷하다.

본고는 이런 문제점을 인지하면서도 한자의 사용 현황과 선정의 대체적인 상황만을 보여주는 것을 목적으로 하였기 때문에 연구 대상 원본 선정, 원본과 전자 문서 비교 등을 시행하지 못한 상태에서 연구를 진행하였다. 이는 본 연구의 한계이다. 하지만 이 한계를 극복하기 위해서는 우선 대상 판본에 대한 선본 혹은 정본이 결정되어야 하며, 이에 따른 코퍼스가 제작되고 이를 검토한 후에 정확한 비교가 가능한 일이라는 점에서 많은 관련 연구자들의 도움이 절실하다.

둘째, 대상 자료의 범위의 문제이다. 주지하듯 사서(四書)와 같은 경우 우리나라에서는 대문(大文)만으로 자료를 구축하여 사용하는 경우는 극히 드물다. 대부분 주자의 주 뿐 아니라 심지어 각기 다른 주석을 함께 포함하여 자료를 구축한다. 이때 문제가 발생한다. 학습의 설계 입장에서 본다면 자종을 선별할 때 주석을 함께 포함한 자료를 이용할 것인지, 아니면 주석을 뺀 대문만을 대상으로 할지 고민하게 된다. 예를 들어, 사서집주의 전자본을 이용한다면 기존의 사서의 자량이나 자종 통계와 달라진다. 그러나 대문만을 본다면 학습자의 실제 학습 상황과 일치하지 않게 되는 경우가 발생한다. 학습자 대부분은 주석을 이용하여 대문을 이해하는 과정을 거치므로, 주석에 포함된 한자도 중요한 학습 대상이기 때문이라고 생각할 수 있기 때문이다.

　본 연구에서는 이미 작성된 전자본을 이용하였기에 대문과 주석 등을 분리하지 않았다. 그러나 시대에 따른 연구나 개별 작가의 문체에 관한 연구 등에서는 반드시 개별화시켜 연구할 필요가 있다. 이 관점에 대해서도 충분한 이의가 제기될 수 있다.

　셋째, 본 연구에서 사용한 다양한 교재는 형식과 내용이 그 목적에 따라 다르기 때문에 일률적으로 자종과 자량을 분석하는 것은 연구 방법 면에서 문제가 있다. 엄밀한 연구를 위해서는 서종 성격에 따른 분류와 그에 따른 한자 분석이 필요하다. 일부 서종은 문장의 형식을 갖추고 있으며, 내용상 자연이나 지리 혹은 인물명 등 특정 영역에 치우치는 경우도 많기 때문이다. 그러나 본 연구에서 주목하는 내용은 우리가 일반적으로 "몽학 교재" 혹은 초급 한문 학습서로 알고 있는 서종들의 한자 사용 현황을 파악하기 위함이다. 서종의 내용과 형식에 따른 분류는 후에 한문교육이 지향하는 목표가 설정된 이후에 다시 논의하는 것이 온당할 것으로 생각된다. 그러나 만일 그러하다면 위에서 말한 각각의 성격을 구분하고, 현재에 유용하다고 생각되는 내용을 가진 서적을 특정하는 방법과 인명, 지명, 관명 등 특수 명사는 통계에서 제외하는 방법도 고민할 필요가 있다.

　넷째, 본 연구에서 사용한 교재들의 공통된 특성은 내용으로는 유학의 기초 학습이며, 사용 한자로서는 비교적 대상 학습 한자의 양이 적어 기 학습한 한자가 후에 접하게 될 다양한 문헌의 기초 한자로 역할을 수행하도록 해야 하는 특징을 가지고 있다. 그러나 이 두 기준 중 우선이 되는 원칙적 기준은 유학의 기초 학습으로서의 내용을 충분히 담보하고 있어야 한다는 점이다. 곧 유학의 시대에 걸맞는 인재상을 구현하기 위한 목적을 달성하는 것이 주된 임무였다. 본격적인 사서(四書) 공부에 들어가기 전에 학생들에게 한자와 한문 문장의 특성을 학습하고, 아울러 당시의 시대적 가치관과 세계관을 어린 시설부터 학습하여 시대에 필요한 인재상을 양육하기 위한 암묵적 교육과정의 구성이었다고 할 수 있다. 실제 본 연구에서 이용한 대부분의 조사 문헌 중 문학적 글쓰기를 위한 것은『백련초해』정도이며, 기타 도서의 내용은 모두가 유학적 가치관이나 행위 규범 등을 직접적으로 말하거나 고사를 통해 전달하는 하는 형식을 취하고 있다. 곧 한문이라는 문장 형식, 곧 개별 언어를 학습하기 위한 언어 학습 교재의 측면은 소홀하게 다루어졌다. 본 연구를 통해 문헌의 성격에 따라 한자의 쓰임이 달라지는 현상을 통해 확인할 수 있었다. 그렇다면 현재의 한문교육도 전통 시대 교육과 동일한 목표를 지향하는 것일까의 문제 의식이 대두된다. 곧 종래의 교재가 유학의 기초 학습 교재였다면, 현재도 이 교재들을 채용하는 경우 결국 유학 학습이라는 내용적 프레임에 갇히게 되기 때문이다. 만일 한문 교과가 지향해야 하는 학습 목표가 이와 다르다면 교재로 사용될 문헌도 달라져야 한다.

다섯째, 이와 같이 기존의 시대와 다른 한문 교과의 목표를 설정하고 다른 글감을 모색한다면, 한자의 선정 또한 그 글감에 합당한 한자의 선정이 뒤따라야 한다는 점도 간과되어서는 안된다. 기존의 여러 고문헌을 중심으로 하든, 임의로 선정한 기초 한문교재의 한자들을 하든, 이런 결과가 우리가 선정한 한문교과의 글감과 일치하지 않을 것이기 때문이다.

여섯째, 본 연구에서 가장 큰 문제점은 필자가 임의로 교재군과 일반 서적류를 구분한 것이다. 많이 학습하였다고 하여 교재라고 할 수 없으며, 대중들에게 오랜 동안 교재처럼 인식되어 왔다고 교재라고 할 수도 없다. 교재란 특정한 교육 목적 아래 설계된 교육과정을 통해 전달하도록 구성된 특수한 형태의 저작물이다. 물론 근대 교육 체계 이전은 대부분 당대 사회가 중요하다고 판단하는 도서를 교재로 사용하였거나, 혹은 어떤 필자에 의해서 교육적 목적을 가지고 편찬된 책을 교재로 이용하기도 하였다. 후자의 경우라면 교재의 성격이 명확하지만, 전자의 경우라면 그 출판 목적과 별개로 이용자들의 선택으로 인해 교재라고 단정하기 어렵게 된다. 예를 들어『천자문』은 교재가 아니었으나 교재로 오랜 동안 사용되었고,『격몽요결』은 처음부터 교재로 제작되었다.『몽구』를 교재로 넣는가의 여부 또한 필자의 주관적 판단에 따른 것이기에, 이에 반대한다면 일반 서적으로 분류할 수도 있다.

결국 한문교육 관련 연구자들의 중지가 필요하다. 그리고 그 시작은 한문교육의 지향점이 무엇인가에 대한 합의가 우선되어야 한다.

Ⅵ. 결론

본 연구에 사용한 자료는 우리에게 익히 알려진 전통적 한문학습교재라 칭해지는 일련의 전적들이며, 대상 연구의 비교로 삼은 것은 일반적으로 기초 학습 이후에 학습하게 되는 일반 한문 전적들과 현대 한국어에 사용되는 어휘 생활 속의 한자였다.

만일 교재군에 속하는 모든 서적을 성실하게 학습하여 모든 학습 한자를 숙지하였다 하더라도 이후 접하게 되는 서적의 종류에 따라 학습자는 적게는 몇 십 자에서 많게는 몇 천자까지 새롭게 한자를 학습해야 함을 확인할 수 있었으며, 교재군에 속하는 한자들 대부분이 이후의 일반 서적에서 상당수 활용되는 한자임을 알 수 있었다.

한편 이렇게 교재군에서 2회 이상 출현하는 한자를 어휘 생활에 활용되는 한자와 비교해 볼 때, 30% 정도의 한자는 의미 없는 것이 됨을 확인 할 수 있었다. 이러한 결론은 한국의 한자교육이나 한문과교육에서 일본이나 중국, 대만, 홍콩의 학습한자군과 비교하여 선정 혹은 적용하는 것이 왜 문제인가를 추정할 수 있는 합리적 의심의 증거이기도 하다.

　　결국 한문과 교육에서 필요한 학습 내용으로서의 한자 선정은 다양한 논의와 과정을 거쳐 정치하게 이루어져 한다는 사실을 본 연구를 통해 확인할 수 있다. 이 과정이 한자교육과 한문과 교육과 연구의 첫 시작이다.

참고문헌

허　철, 「한문교과교육에서 한문교육용한자 선정을 위한 기초연구」, 『동방한문학』 35, 동방한문학회, 2008a.

_____, 「국어사전 등재 어휘를 통해 본 어휘 構成 分析과 漢字의 造語 능력 조사」, 『동방한문학』 37, 동방한문학회, 2008b.

_____, 「〈현대국어사용빈도조사1·2〉를 통해 본 한자어의 비중 및 한자의 활용도 조사」, 『한문교육연구』 34, 한국한문교육학회, 2010a.

_____, 「初等學校〈漢字〉敎育을 위한 基本語彙·基礎漢字 選定의 方法 연구」, 『한자한문교육』 25, 한국한자한문교육학회, 2010b.

_____, 「古今韓國漢字使用分析硏究」 중국 북경사범대학 박사학위논문, 2010c.

_____, 「中學校 漢文敎育用 基礎漢字 900字의 常用度·活用度 硏究」, 『동방한문학회』 53, 동방한문학회, 2012a.

_____, 「誤謬 事例를 통해 본 漢字 語彙 敎育의 方向」, 『한자한문교육』 29, 한국한자한문교육학회, 2012b.

_____, 「高等學校 漢文敎育用 基礎漢字 900字의 常用度·活用度 硏究」, 『한문교육연구』 44, 한국한문교육학회, 2015.

_____, 「실생활 연계형 한문 교과서 개발의 필요성과 방안 연구」, 『한문교육연구』 47, 한국한문교육학회, 2016.

_____, 「코퍼스에 기반한 교육용 한자·한자계 어휘 위계화 연구(1)-기존 교육용 한자의 재검토를 중심으로」, 『한문교육얀구』 52, 한국한자한문교육학회, 2019a.

_____, 「코퍼스에 기반한 교육용 한자·한자계 어휘 위계화 연구(2)-한자계 어휘 학습용 한자어 및 한자의 선정 방안과 결과 검토 」, 『한자한문교육』 46, 한국한자한문교육학회, 2019b.

_____, 「코퍼스에 기반한 교육용 한자·한자계 어휘 위계화 연구(3)-전통한문학습교재와 일반 한문전적 사용 한자 조사를 중심으로-」, 『동방한문학』 80, 동방한문학회, 2019c.

부록. 교재군 출현 2회 이상 한자 목록
(총 2,370종. 자음:가나다순)

狗 矩 究 舅 舊 苟 鉤 駒 驅 劬 縠 裘 國 局 菊 鞠 掬 君 群 軍 郡 羣 屈 宮 弓 窮 勸 卷 拳

宏 肱 交 喬 嬌 巧 教 校 橋 矯 膠 較 蹻 丘 久 九 仇 具 區 口 句 咎 垢 懼 拘 救 樞 求 溝

跨 過 顆 廓 冠 官 寬 灌 瓘 管 觀 貫 關 盥 括 光 匡 廣 曠 狂 卦 掛 乖 壞 怪 愧 槐 魁 號

舡 詰 曲 縠 谷 穀 困 坤 崑 昆 鯤 汨 供 公 功 工 恐 恭 拱 攻 空 貢 寡 戈 果 瓜 科 課

癸 稽 繼 計 誡 階 鷄 雞 古 叩 告 固 姑 孤 庫 故 敲 枯 羔 考 苦 盡 誥 辜 顧 高 鼓 瞽

謙 鉗 京 傾 卿 境 庚 徑 慶 景 更 涇 競 經 耕 警 輕 逕 鏡 頸 驚 到 係 契 季 戒 溪 界

蓮 裾 擧 健 巾 建 虔 傑 桀 儉 劍 劫 怯 揭 擊 格 堅 犬 見 譴 狷 畎 蠲 決 潔 結 缺 訣 兼

講 降 强 介 慨 改 槪 漑 皆 芥 蓋 鎧 開 槩 玠 喈 羹 去 居 巨 拒 據 擧 渠 距 踞 遽 鉅 鋸

間 蕳 曷 竭 葛 坎 堪 感 憾 敢 減 甘 監 紺 邯 鑑 甲 剛 姜 岡 康 强 彊 江 疆 糠 絳 羌 薑

佳 假 可 嘉 家 暇 架 歌 稼 賈 軻 駕 刻 却 脚 覺 角 閣 催 侃 刊 奸 姦 干 幹 看 竿 簡 諫

磨馬麻蟆幕漠莫邈慢晚曼滿漫萬蔓蠻末亡妄忘網罔莽邙寐枚梅每罵買賣脈貉孟

陌劉柳流六陸倫輪律勒凌利吏履李梨理籬裡里釐離鯉茘羅蘭鱗麟鄰林臨霖立笠摩

零靈領例禮勞爐盧老蘆虜路露鷺碌祿綠論籠牢賴雷耒了僚蓼遼鬧龍婁樓漏累

梁粮糧良量涼勵呂廬慮戾旅閭驢驪麗厲臚力歷酈蓮輦連列烈廉斂濂獵令嶺逞

豆頭屯鈍得燈等鄧騰懶羅驟洛落亂卵欒爛蘭攬籃藍覽臘廊朗狼來萊敕冷兩涼

度徒悼棹濤盜稻睹蹈逃道都陶韜牘黷篤蠹讀敦豚頓冬動同東桐棟洞童董僮斗杜竇

旦段短端簞祖撻達闌淡澹聯談答踏黯堂塘棠當黨代大對岱帶待臺貸宅德到圖塗導

吉金懦那諾煖難南男納囊乃內柰女年念恬寧審佞俊奴怒濃農嫩能尼匿多丹單壇斷

伋及急給矜其嗜器基奇妓岐己幾忌既杞棄機氣綦綺耆肌譏豈起飢騎麒皮

捲權眷厥蕨闕潰詭軌几歸貴鬼叫圭珪規均鈞橘克劇棘極隙勤斤根筋謹今琴禁禽衾

挿上傷像商喪嘗尙常床廂想桑橡爽牀相箱翔裳觴詳象賞霜纇尙塞穡索色牲壻序

斜斯死沙泗社祀私篩紗絲肆舍蛇詞謝賜辭邪馹麝姒笥粗削傘刪山散産蒜殺三芟糝

肥訾費鄙非飛鼻姊邱殯貧賓擯鬢憑氷聘冰事仕似使史司嗣四士寫射巳師徙思捨

父簿腐膚負赴釜阜鳧哀北分噴墳奔奮忿焚糞芬賁菜弗拂崩朋匕匪卑悲憊比碑

甫補輔伏僕卜復服福葍覆輻本俸封峯峰蜂逢鋒鳳不付俯傅否夫婦孚富府扶敷斧浮

翻伐凡帆氾汎泛犯範范法壁璧弁變辯邊別丙兵幷柄瓶病秉餠並幷保報寶步

發髮傲傍房放方旁榜紡芳謗邦防龐倍俳徘拜排杯盂背配陪伯帛柏白百魄樊煩繁藩

未眉米薇迷靡糜糵鄙悶憫民閔溷密蜜剝博泊箔縛薄迫駮半反叛班畔盤般頒飯勃拔

目睦穆夢蒙卯墓妙廟猫苗務巫戊撫武畝舞蕪誣霧墨默問文紊聞門勿物味尾微

猛盟萌免冕勉眄面減冥名命銘鳴袂侮冒募帽慕暮某母牟瑁謀謨貌旄麴木沐牧

掩 業 鄴 恚 予 余 如 汝 與 茹 興 轝 餘 亦 域 役 易 逆 宴 捐 椽 烟 然 煙 燕 研 硯 緣 衍 軟 兗 讌 鷰 悅 熱

野 弱 約 若 藥 躍 龠 佯 壤 攘 楊 穰 羊 襄 讓 釀 陽 養 御 於 禦 語 魚 圉 飫 憶 偃 焉 言 諺 嚴 奄

嶽 惡 樂 安 按 晏 案 眼 雁 顔 謁 遏 巖 暗 闇 諳 黯 壓 仰 盎 鞅 哀 崖 愛 涯 艾 睚 厄 掖 腋 鶯 夜 耶

愼 新 晨 申 神 紳 臣 薪 身 愼 失 室 實 悉 蟋 審 尋 心 深 甚 什 十 雙 亞 兒 我 牙 芽 衙 阿 雅 餓 痾 岳

勝 升 承 侍 嘶 始 尸 市 弒 恃 施 是 時 枾 猜 矢 示 視 試 詩 諡 豕 塒 跂 鳲 寔 式 息 拭 植 殖 識 食 飾

雖 首 鬚 曳 腹 叔 夙 孰 宿 淑 熟 傲 巡 徇 循 旬 殉 笱 純 脣 舜 諄 戌 術 述 崇 拭 膝 濕 拾 習 襲 乘 僧

瑣 衰 修 受 嗽 垂 嫂 守 岫 帥 愁 手 授 收 數 樹 殊 水 漱 狩 獸 瘦 睡 秀 竪 粹 綏 繡 羞 誰 輪 遂 酬 銖 隨

昭 梳 沼 燒 疏 疎 笑 籭 素 蔬 蕭 蘇 訴 逍 銷 堶 霄 俗 屬 束 粟 續 速 孫 損 遜 率 蟀 宋 松 訟 誦 送 頌 灑

鮮 屑 泄 舌 薛 褻 設 說 雪 殲 瞻 攝 城 姓 成 星 盛 省 聖 聲 誠 世 勢 歲 洗 細 召 嘯 宵 小 少 巢 所 掃

庶 徐 恕 敍 暑 書 栖 絮 胥 西 誓 逝 鋤 黍 鼠 婿 夕 席 昔 析 石 碩 釋 錫 仙 先 善 宣 扇 旋 禪 膳 船 跣 選

贓長再哉才梓災財載纔爭低儲沮渚箸貯杼氏詆嫡寂敵滴狄積籍績翟賊跡赤迹適逑

粢茲姊作昨爵綽酢怍棧盞暫潛篋簪雜丈仗匠場墻將帳掌杖章粧腸臟葬藏裝

刀咽因寅引忍靮訒一佚壹日溢逸鎰任壬入仍仔刺咨姿字恣慈滋煮茲紫者自蔗資

依倚儀宜意懿毅疑矣義蟻衣議醫二以伊夷已怡爾異而貽貳邇飴坥頤盆翼人仁

維裕誘諭踰遊遺酉帷牖肉育允尹潤胤閏戎恩殷間銀隱乙吟陰音飲揖邑把凝膺

月越鉞位危委威慰渭為緯葦衛謂違韋

右寅愚憂牛禹羽虞遇郵雨吁云芸運雲惲蔚鬱熊雄元原員圓園垣冤怨援猿瑗遠願

王外畏堯夭妖寥搔絲繞耀腰要遙饒徭遶飆慾欲浴褥辱傭冗勇容庸用于佑偶優又友

翳埶五伍午吾吳嗚寤敖梧汙烏屋沃獄玉溫穩擁癰臥訛婉椀玩翫阮頑日往枉汪

闃厭染炎髯鹽冉葉饁塋映楹榮永穎營盈潁纓英詠迎嬰縈郢乂曳藝裔詣譽豫銳霓預

趨追醜錐雛騶魑魎畜祝逐春椿出黜充忠蟲衝悴取吹就翠臭趣醉驟側惻測戾值

替涕滯體毳棣初招楚樵焦稍肖草蕉超劭譙促燭蜀寸村叢寵總聰聰冢撮最墜抽推秋

慼千天川擅淺穿舛薦賤踐阡哲徹轍歠瞻詔簷襜妾捷牒疊輒晴清聽菁請青鯖清

着錯撰粲讚餐饌爨察衿賑參懃斬讒倉唱彰愴敞暢窓彩採綵茉蔡采冊策妻處尺戚滌陟

晉津珍盡眞秦縉袗賑辰進鎭陣陳震姪嫉疾秩質郅斟輯集懲澄且借嗟差次此車遮捉

重櫛楫增憎曾烝甑蒸證之只地志持指摯旨智枝止知祇紙至芝遲躓直稷織職振

佐坐左座罪侏周奏宙州尉畫朱株注珠疇紂舟註誅走酒粥俊峻樽準逡遵中仲衆

操早曹朝條照祖祚租粗糟組藻蚤調造遭釣阻雕鳥鼂族足存尊卒宗從種縱鍾鐘

征情政整旌正淨程精貞鄭酊靖靜鼎制劑啼帝弟悌提濟祭製諸除際齊娣俎兆凋助弔

傳典前奠專戰殿甋田篆轉顚吮嚼栴翦鶼切截折竊節絶占漸霑接丁井亭停定庭廷

恥治雉馳寔則飭敕親七漆侵枕沈浸針秤稱快他墮惰打佗啄濁濯琢託槖涿吞嘆

憚歎炭誕奪脫耽榻湯蕩太怠態殆笞胎擇澤撐兎吐土討通退偸鬪慝特把破芭

頗阪八佩悖沛霸彭便偏扁篇編遍貶平萍評吠變幣廢弊斃閉陛敝包匏

布怖抱捕脯苞蒲袍褒鋪飽暴剽漂表豹飆槀楓諷豐風彼披疲被辟匹弼必畢乏

逼下何夏河瑕荷賀鏗學虐謔寒恨旱漢罕翰間限韓轄含咸陷鹹合閤盍巷恒

抗項恆亥奚孩害海蟹解諧駭骸幸行鄉響香虛許獻軒歇險驗奕赫峴弦懸玄絃

縣賢顯穴絜嫌俠夾挾脇篋刑形榮瑩螢衡馨兮惠蕙醯乎呼壺好

戶扈毫浩狐祜縞虎號護惑或婚昏混渾魂洪虹鴻化和火畫禍禾華話譁貨畫丸喚

宦患換歡桓環紈還謹活滑豁閣惶況煌皇荒黃廻徊懷晦會淮獲橫孝效曉淆肴倣

侯后喉後朽薨毀諱輝休虧恤譎卬凶胸黑欣痕訖迄欠歆洽翁興喜噫姬嬉義

『명심보감』에 대한 인식과 활용

― 4차 산업혁명 시대의 시민교육 교재로서의 가치 ―

김미선

Ⅰ. 서언

　본 논고는 조선시대 한자 한문 교재와 교수에 대한 한 갈래의 주제로 『명심보감』에 대한 인식과 활용에서 ―4차 산업혁명 시대의 시민교육 교재로서의 가치―에 대하여 고찰하고자 한다. 『명심보감』은 조선시대 초학교재로 널리 읽혔던 전통교재이다. 초학자들에게 널리 읽혀진 교재는 바로 사회의 정신건강을 구축한 내용이 되는 것이다. 본 논고의 연구 문제 제기와 연구 목적은 바로 여기에 있다. 한국 인문학의 위기 속에서 사회정신건강 회복이라는 말에 함축되어 있다 하겠다. 『명심보감』은 조선시대 인성교육지침서 또는 청소년 교육 지침서로 가장 널리 알려져 있는 교재라고 할 수 있다. 이러한 조선시대의 청소년 인성교육의 지침서 였던 명심보감이 미래 4차 산업혁명 시대에 어떠한 활용 가치가 있겠는가를 고찰함을 본고의 연구방향에 두기로 한다.

　오늘날 우리는 4차 산업혁명 시대에 살고 있다고 한다. 그것이 무엇이길래 우리 인문학하고는 어떠한 상관관계가 있는지 아직 그 보편적 이해가 확대되지 않아 잘 알지 못하고 있다. 다만 미래학자들이나 그와 같은 직업에 종사는 하는 사람들은 다가오거나 또는 이미 시작되었다고 한다. 세계경제포럼은 2016년 1월 다보스포럼에서 4차 산업혁명을 화두로 제시하였다. 4차 산업혁명을 '디지털 혁명에 기반하여 물리적 공간, 디지털적 공간 및 생물학적 공간의 경계가 희석되는 기술융합의 시대'로 정의한다. 정보를 통해서 모든 산업들이 서로 연결되는 초연결 사회로 사람이 하고자 하는 일들을 좀 더 쉽고 누구나 편리하게 접근이 가능한 사회를 만들고 그 나머지 여가 시간은 즐길 수 있는 여유를 주기 위한 시대가 4차 산업혁명 시대의 이슈가 되는 것이다.

그렇다면 이 시대에 살고 있는 우리들은 어디에서 답을 찾고 어디로 가야 하는지를 물을 수밖에 없다. 불확실성의 시대에 살면서 급변하는 사회적 현상을 따라가려면 그와 같은 다양한 지식과 정보를 배워야 할 것이다. 그러기에는 우리들의 지식정보를 축적할 시간들이 부족하다는 것이다. 그래서 우리사회는 Make space라는 개념을 도입하여 누군가 어떤 아이디어를 가지고 일을 만들려고 하면 국가 사회 학교 등 전문가 집단이 한 사람의 아이디어를 실현 시킬 수 있도록 다양한 방법으로 시도하여 결과물을 나오게 하는 시스템을 가동하고 있다. 그와 같은 급변하는 시대에 살고 있는 우리들은 어디에서 마음의 여유를 찾을 것인가 하고 질문하게 된다. 또 인공지능과 산업로봇이 우리들의 단순 반복적인 노동을 가져가고 그 결과 그만큼의 시간이 주워지게 되었다. 그 시간에 우리들은 어떠한 일을 할 것인가? 좀 더 가치 있고 좀 더 아름다운 세상을 위한 다양한 사고를 통하여 과거보다는 현재가 현재보다는 미래가 좀 더 낫게 지적 후속세대를 위하여 우리들은 노력과 책임을 더 크게 느껴야 하는 시대이기도 하다. 그렇다면 이러한 초고속의 발전 시대에 인간은 행복을 영위하며 살아야 하는데 대한민국의 자살률은 OECD 국가 중 가장 높으며, 전 세계적으로도 자살률이 가장 높은 국가 중 하나라고 하니 원인의 진단결과 이러한 사회 현상을 회복시킬 수 있는 길은

무엇일까? 하면 교육 이외의 다른 길을 찾기 어렵다는 것이다. 가정교
육·학교교육·사회교육 모든 교육의 문제로 집단지성의 문제인 것이다.
본 논고의 조선시대 한자 한문 교재와 교수에 대한 한 주제로『명심보
감』에 대한 인식과 활용에서 4차 산업혁명 시대의 시민교육 교재로서
의『명심보감』의 가치를 재발견하는 것을 본고의 연구목표로 제시하고
자 한다. 이에 조선시대의 인성교육 지침서, 청소년 교육의 지침서 또
는 가장 보편적인『명심보감』에 대한 인식을 고찰하기로 하겠다. 이를
바탕으로『명심보감』에서 4차 산업혁명 시대의 시민교육 교재로 가치
가 찾아보며 미래 우리사회를 건강하게 치유해 줄 수 있는 학습내용을
『명심보감』을 통하여 접근해 가기로 하겠다.

Ⅱ.『명심보감』에 대한 인식

  『명심보감』은 1454년[단종 2]에 청주에서 최초 발간된 사실과 함께 청
주고인쇄박물관에서 소장 중인 목판 인쇄본[1]이 새로운 조명을 받고 있
다.『명심보감』은 조선 초기 이후 현재까지 인문교양 분야의 사회 보편
적 애독서로 자리매김하고 있다. 그간의『명심보감』에 대한 선행연구들
을 살펴보면 특정 교재 한 권을 대상으로 한 활용방안 또는 사상, 내용을
분석하는 서지적(書誌的) 연구가 대부분이었다. 또는 흔히 유교윤리를
비롯한 전통교육 교재로서의 역할에 대해 다루었다. 현실의 사회에서는
고전하면 고루한 내용으로 치부해 버리는 경향을 벗어날 수 없는 실정
이다. 먼저, 우리 인문고전의 위기를 극복하기 위해서는 무엇보다 기존
인문고전 교육에 대한 이성적 성찰이 요구되어져야 할 것이다. '고전(古

---

1) 필자는 2016년 충북도 문화재 지정 심의 위원으로 청주고인쇄박물관에 소장되어져 있
  는『신간대자명심보감』을 심의 하는 과정에서 자세히 고찰 할 수 있었다.

典)을 하지 않으면 고전(苦戰)을 면치 못할 것이다.'라는 말이 인문학 위기에서도 보편적 지성으로 인지되지 못하고 있다. 그간의 인문학의 위기라는 것은 어찌 보면, 인문학자의 위기처럼 해석해 오며 그 위기를 위기로 제대로 인식하지 못한 결과일지도 모를 일이다. 4차 산업혁명 시대를 맞이하여 AI와 함께 공존하는 시대에 인문학의 가치를 부여받기 위해서는 새로운 인문학으로의 선회(旋回)를 모색해야 할 것이다. 세계는 지금 이미 국민국가의 쇠퇴, 신자유주의의 세계화, 생명공학의 발달, 정보기술의 혁신이 전 지구촌을 뒤흔들고 있는데 우리의 인문고전은 아직도 시대의 변화에 추이를 함께하지 못하고 인문고전이라는 관행적 틀에 갇혀 폐쇄성을 스스로 벗어나지 못하고 있다면, 혁신과 융합이라는 시대의 변화에 추이를 함께 하지 못하는 것이다. 이에 시대가 요구하는 개방과 융합의 새로운 인문학으로 새롭게 정립되어야 할 것이다.

이에 본고에서는 『명심보감』을 그간의 선행연구에서 다루지 않은 미래사회에서 인문학적 시민교육 교재로서의 포용적 가치 측면을 고찰하고자 한다. 『명심보감』은 청주본 『신간대자명심보감』[2) 발견 이전에는 고려 고종(1246~1317) 때 유학자 추적(秋適)을 편저자로 보기도 했다. 그러나 국내에서는 1974년 청주본이 소개되면서 범립본이 편저자 임을 바로 잡게 되었다. 청주본 『신간대자명심보감』은 세계 직지 박물관이 있는 청주에서 세계 인쇄문화의 메카로서 맥을 이었다는 점에서도 의미를 찾을 수 있겠다. 『신간대자명심보감』은 1454년 충청도 관찰사 민건, 청주목사 황보공, 청주목 판관 구인문, 청주 유학교수관 유득화 등이 목판으로 간행했다. 이 시기 수양대군이 왕위를 찬탈한 계유정난(癸酉靖難)[1453, 단종 원년]을 겪으며 『신간대자명심보감』은 사회 보편적 인륜

---

2) 『신간대자명심보감』은 충청북도 청주시 흥덕구, 청주고인쇄박물관에 소장되어 있는 조선시대의 책이다. 2016년 7월 1일 충청북도의 유형문화재 제365호로 지정되었다.

과 기강을 바로잡기 위한 일종의 윤리 교과서 역할이 되었을 것으로 보
인다. 또한 조선시대 인성교육 교재로 알려진『명심보감』이 청주에서
최초로 간행 되어졌다는 것은 청주라는 지역이 전통적으로 교육의 도시
선비의 고장으로 자리매김 되어진 것에 그 뒷받침이 될 만한 단서로도
가치 있다 하겠다.

  이렇게 청주는 세계 문자도시로서의 면모를 고려시대부터 태동해 왔
고 그 세계문화유산으로서의 가치는 이미 전 세계가 인정하고 있는 세
계최초의 금속활자본『직지(直指)』의 세계 기록문화유산의 산실이다.
이러한 역사성에서 기인되었듯이 조선시대에 우리나라 전국최초로『명
심보감』을 간행한 곳이다.『명심보감』은 청소년 인성교육의 기본 교재
였는데 그러한 교재를 최초로 간행했다는 사실은 청주가 교육을 목적으
로 한 지역이었다는 것이다. 또한 조선시대의 기호학파의 거두이며 어
린이의 학습지침서인『격몽요결』의 저자인 율곡이 목사(牧使)를 지내면
서「향약(鄕約)」을 완성한 곳이 청주이기도 하다. 이 사실을 다음의『율
곡선생안』[3]에서 확인 해 볼 수 있다.

  "율곡선생의 휘는 이(珥)이고 자는 숙헌이고 덕수인이다. 융경(1571)
  5년 월 일. 선조 신미(1571) 6월에 선생이 선조랑으로 청주목에 제수 되셨
  으니, 그때는 대명 목종 융경 5년(1571)으로 선생의 36세 때이다. 이 곳에
  임하셔서 정히 교화에 오로지 힘썼다. 손수 향약을 수찬해서 이어서 교원
  을 찬수하여서 조치하는 방법을 삼았는데 모두 그 마땅함을 얻었다."

라고 기록되어 있다.

---

3) 〈그림 1〉·〈그림 2〉로 자료를 제시한다. 본 자료는 2019년 7월 5일 청주향교 자료실에
  쌓여있던 자료 속에서 발굴되어 최초로 공개 되어지는 자료이다.

〈그림 1〉

〈그림 2〉

　이미 청주는 그와 같은 역사성을 가지고 있는 아주 유서가 깊은 전통
교육도시로서의 면모를 지녔음을 알 수 있다. 또한 조선시대부터 역사
적으로 내려온 세계 시민교육의 중심지였음을 알 수 있는 것이다. 이것
은『율곡선생안』을 통해 율곡이 청주목사를 지내며 청주에서 백성을 다
스리면서「향약」을 완성했다는 것이 근거가 되어진다. 이미 4차 산업사
회가 희구하는 보편적 시민교육이 이루어졌다고 밝힐 수 있겠다. 율곡
은 청주목사에 부임하여 청주에서 간행 되어진『신간대자명심보감』을
토대로 백성들을 교화했을 것이고 그를 통해「향약」의 4대 덕목[4]을 발
표한 것이다. 이는 지혜로운 자는 '선견지명'이 있다는 '화석정(花石亭)'[5]

---

4) 덕업상권(德業相勸) : 좋은 일은 서로 권한다.
　과실상규(過失相規) : 과실은 서로 꾸짖는다.
　예속상교(禮俗相交) : 예의 바른 풍속으로 서로 교제한다.
　환난상휼(患難相恤) : 어려운 일은 서로 돕는다.
5) 화석정 : 선조25년(1592) 4월 13일 임진왜란이 일어나 부득이 선조대왕께서는 의주로

의 미래에 대한 대비처럼 미래를 내다보는 혜안이 있어야 만이 가능한
일이었을 것이다. 우리 인문고전은 온고지신의 학문으로서 오늘날 이
시대가 말하는 '시민의 역량강화 교육'에 해당하는 것이다. 이는 21세기
의 화두 지구촌 지속가능발전 목표[6] 4번째인 양질의 교육에 부합된다
하겠다. 이 시대의 트렌드인 지구촌 지속가능한 개발목표 또는 지속가
능 발전 목표[Sustainable Development Goals, SDGs]는 2000년부터 2015

파천하게 되어 4월 29일 밤 어두운 침침한 임진나루 절벽에 당도하니 마침 억수 같은
폭우가 쏟아져 뒤쫓는 왜적 때문에 빨리 강을 건너가야 될 지경에 이르게 되었다. 이리하
여 난감하기 이를 때 없어 중신들과 의논 끝에 임진나루 옆에 있는 순청(巡廳)에 불을
질러 도강키로 하고 불을 지르니 워낙 억수같이 쏟아지는 빗줄기라 별로 시원치 않아
할 수 없이 호종하던 이항복이 화석정에 올라가 이에 불을 지르니 화광이 충천하여 무난
히 배가 건너갔다 한다.
　이 화석정은 율곡 선생이 이럴 줄 미리 알고 정자에 있을 때 들기름을 제자들에게 수시
로 한 종지씩 가져오라 하여 매일같이 기둥, 도리, 석가래 등에 반질반질하게 먹이어
두었다 하며 또한 백사 이항복도 이를 미리 알고 있었다고 한다.
6) UN 지속가능발전시대의 17개 목표.
　Goal 1 : 모든 형태의 빈곤종결.
　Goal 2 : 기아해소, 식량안보와 지속가능한 농업발전.
　Goal 3 : 건강 보장과 모든 연령대 인구의 복지증진.
　Goal 4 : 양질의 포괄적인 교육제공과 평생학습기회 제공.
　Goal 5 : 양성평등달성과 모든 여성과 여아의 역량강화.
　Goal 6 : 물과 위생의 보장 및 지속가능한 관리.
　Goal 7 : 적정가격의 지속가능한 에너지 제공.
　Goal 8 : 지속가능한 경제성장 및 양질의 일자리와 고용보장.
　Goal 9 : 사회기반시설 구축, 지속가능한 산업화 증진.
　Goal 10 : 국가 내, 국가 간의 불평등 해소.
　Goal 11 : 안전하고 복원력 있는 지속가능한 도시와 인간거주.
　Goal 12 : 지속가능한 소비와 생산 패턴 보장.
　Goal 13 : 기후변화에 대한 영향방지와 긴급조치.
　Goal 14 : 해양, 바다, 해양자원의 지속가능한 보존노력.
　Goal 15 : 육지생태계 보존과 삼림보존, 사막화방지, 생물다양성 유지.
　Goal 16 : 평화적, 포괄적 사회증진, 모두가 접근가능 한 사법제도 제도와 포괄적
　　　　　 행정제도 확립.
　Goal 17 : 이 목표들의 이행수단 강화와 기업 및 의회, 국가 간의 글로벌파트너십 활성화.
　　　　　　　　　　(출처: http://ncsd.go.kr/app/sub02/20_tab3.do)

년까지 시행된 밀레니엄 개발목표(MDGs)를 종료하고 2016년부터 2030
년 까지 새로 시행되는 UN 및 국제사회의 최대 공동목표이다. 즉 유엔
이 정한 17개 지속가능한 발전 목표 덕목 중 4번째가 양질의 교육인데
이 양질의 교육은 전 지구촌 문화복지를 향상시키기 위한 것이 된다.
율곡은 청주에서 『신간대자명심보감』을 토대로 양질의 교육을 통하여
「향약」이라는 문화복지를 완성시킨 것으로 귀결되어 진다.

  이러한 조선시대 인성교육의 교재였던 『명심보감』에 대한 인식을 문
헌자료를 통해 고찰해 가기로 한다. 먼저 『암서집(巖西集)』[7] 「남고유고
서(南臯[8]遺稿序)」에서 본다.

> "한 마디 말로써 도에 가까운 것을 옛사람이 어렵게 여겼다. 그러나
> 도는 억지로 가깝게 할 수 있는 것이 아니다. 세상의 학자들이 이치에서
> 구하지 않고 언어에서 구하려는 데 그 병통이 있다. 그러므로 비록 고금
> 을 두루 논하여 정교하고 넉넉하게 되더라도, 그것은 실상이 없이 겉으로
> 만 화려한 것이 아니라면 자신의 주체적인 의견이 없이 남의 것을 표절하
> 는 것일 뿐이니, 도에 가까운 한 마디 말을 얻고자 하더라도 흉중에서
> 나오지 않는 것이다. 저들이 힘써 조작하여 도에 가깝기를 구함에 그 마
> 음에 어찌 스스로 지극하다고 여기지 않겠는가. 그러나 마침내 능할 수
> 없는 것은 마음 가운데 실제로 얻은 것 없이 억지로 언어로만 도에 가깝게
> 하려고 하기 때문이다. 내가 근세에 전하는 『명심보감』이라는 책을 본
> 적이 있는데, 세상의 선비들은 이 책을 비루하고 천근하게 여기는 이가
> 많다. 그러나 감히 소홀히 여길 수 없는 것은, 한 마디 말과 한 구절 글에
> 모두 지극한 이치가 있기 때문이니 도에 가깝지 않다고 말할 수 없은
> 즉, 비루하고 천근한 말을 살피는 것을 성인이 마땅히 빠뜨리지 않았다.

---

7) 조긍섭[1873~1933]의 문집. 본관은 창녕. 자는 중근(仲謹), 호는 심재(深齋). 아버지는
  조병의(曺柄義)이다.

8) 남고(南臯) : 이선[李璇, 1803~1876]. 자는 성간(聖衎), 호는 남고(南臯), 본관은 인천
  (仁川)이다. 경상남도 함안 평광리에서 살았다. 저서로는 『남고유고』가 있다.

남고(南皐) 처사 이공(李公)에게 유고 1권이 있는데, 증손 원환이 나에게 한마디를 적어줄 것을 요구하였다. 내가 그 유고를 열람해보니, 어떤 사람에게 화답한 시 1수가 있었는데,

부끄러움 있음은 참으로 부끄러움 없는 것이고	有愧眞無愧
근심하지 않는 것 바로 이것이 근심 있음이네	無憂是有憂
맑고 밝아서 마음에 끼쳐 진 것이 없어야만이	澄澈心無累
바야흐로 부끄러움과 근심을 알게 되는 것이리	方知愧與憂9)

라고 한 것이었다. 그 말은 비록 졸박하지만 의리가 매우 정밀하니 도에 가깝지 않다고 말 할 수 없다. 만약 『명심보감』을 지은 사람이 이 시를 보았더라면 반드시 채록하여 빠뜨리지 않았을 것이니, 처사의 마음 가운데 보존한 실상을 알 수 있다. 또 들건대, 처사는 평일에 내행(內行)이 순박하고 독실하여 유자(儒者)의 본분으로 자신을 다스려 발걸음을 저자에 가까이 하지 않고, 마땅한 의가 아니면 하나라도 남에게서 취하지 않고, 자제를 가르칠 때 훈규(訓規)가 있었다고 하니, 자신이 말한 것을 더럽히지 않았음을 또한 알 수 있다. 나는 거듭 처사를 위하여 다행으로 여긴다."10)

라고 하였다. 위의 「남고유고서」에 보면 『명심보감』에 대한 보편적인 인식이 잘 드러나 있음을 볼 수 있다. 세상의 선비들이 『명심보감』을

---

9) 이선, 『남고유고』 권1, 「和贈安淸之」.

10) 曺兢燮, 『암서집』, 「남고유고서」. "一言而幾乎道, 古之人以爲難. 然道非可强而幾也. 世之學者患在不求諸理而求諸言, 故雖扢古揚今, 致其工富, 而非浮華則勦襲而已, 欲得一言幾乎道者, 而胸中不爲出之. 彼其力造而求之也, 其心豈不自以爲至, 而終不能爲者, 由其中無實得, 而强以言語幾之也. 余嘗見近世所傳明心寶鑑者, 世儒多鄙而淺之. 然不敢忽焉, 其一言一句, 皆有至理, 非可謂不幾於道也, 則邇言之察, 聖人當不遺焉. 南皐處士李公有遺稿一卷, 曾孫元煥從余求一言. 余閱其稿, 有和人詩一首曰, '有愧眞無愧' 無憂是有憂. 澄澈心無累, 方知愧與憂? 其言雖拙而義甚精, 不可謂不幾於道, 使爲明心寶鑑者見之, 必當採錄而不遺, 則處士之所存可知矣. 又聞處士平日內行淳篤, 以儒素自律, 跡不近城市, 非其義一介不以取諸人, 敎誨子弟, 具有訓規, 則其不忝於所言又可知矣. 吾重以爲處士幸."

비루하고 천근하게 여기는 인식을 안타깝게 여기고 있다. 공자가 순 임금의 대지(大知)를 말한 것 가운데 "비루하고 천근한 말을 살피기를 좋아하였다."[11]고 하였다. 그런데 사람들은 도를 구하고자 하지만 말에서 구하고자 하니 그 도는 말에서 구할 수 있는 것이 아니고 이치에서 얻을 수 있는 것이라고 한다. 이에 『명심보감』은 한 마디 말과 한 구절 글에 모두 지극한 이치가 있기 때문에 감히 소홀히 여길 수 없는 것이라고 하였다. 그러면서 '부끄러워 할 줄 아는 사람은 부끄러워 할 것이 없는 것이고 근심하지 않는 것이 오히려 근심이 되는 일'이라며 이것을 알려면 마음이 밝고 맑아야만 터득하는 일이라고 인식하였음을 알 수 있다. 작자는 『명심보감』을 지은 사람도 이 말을 『명심보감』에 넣을 것이라고 술회하고 있다. 「남고유고서」를 통해 『명심보감』이 가장 가까이 있는 비루한 책일지 몰라도 공자께서도 순 임금의 대지(大知)를 알기 위하여 가장 천근한 것을 살피고자 한 것처럼 『명심보감』은 비루한 듯 하지만 근본 도를 깨닫게 해주는 중요한 학습교재로 인식되어져야 함을 분명히 밝혀 놓았다. 또 『명심보감』「언어편」에서 "입과 혀는 화와 근심의 문이다."[12]라고 한 구절은 연산군이 환관들에게 차게 한 신언패(愼言牌)에 새겨 넣었던 구절[13]이었음도 문헌에 드러나 있다. 다음은 고봉의 「논곤지기(論困知記)」에서 『명심보감』에 대한 인식을 찾아 본다.

> 상권 제5장에 "석씨(釋氏)의 명심(明心)·견성(見性)은 우리 유학의 진심(盡心)·지성(知性)과 서로 비슷하나 실제는 같지 않다. 허령지각(虛靈知覺)은 마음의 용(用)이요, 정미순일(精微純一)은 성(性)의 진리이니, 석씨의 학문은 대개 마음에는 소견이 있으나 성에는 앎이 없었다. 그러므

---

11) 『중용』. "好察邇言."
12) 『명심보감』. "口舌者, 禍患之門."
13) 『연산군일기』, 권52, 「연산 10년조」.

로 그의 가르침이 처음에는 사람들로 하여금 다 모든 상(相)을 버리고 그들이 말하는 공(空)을 찾게 하려고 하니, 공은 바로 허(虛)이다. 그런 다음에는 상과 공을 가지고 그들이 주장하는 이른바 각(覺)을 깨닫게 하려고 하니, 각은 바로 지각(知覺)이다. '각성(覺性)을 이루고 나면 공·상이 통철(洞澈)해져서 신용(神用)이 일정한 처소가 없게 된다.' 하니, 신은 바로 영(靈)이다. 무릇 석씨가 말하는 성(性)은 그 본말을 연구해보면 요컨대 이 세 가지에 벗어나지 않는다. 그러나 이 세 가지는 다 마음의 묘용(妙用)일 뿐이니, 어찌 성이라 이를 수 있겠는가. 그들이 본 바에 의거하여 다시 위를 향하여 찾는다면, 상제(上帝)가 내려 주신 충(衷)[본성]도 또한 거의 알게 될 것이다. 그런데 마침내 스스로 이것을 무상(無上)의 묘도(妙道)라고 여기고, 일찍이 그들이 종신토록 찾지 못하는 부분이 있음을 알지 못하고는 마침내 그의 말을 장황히 늘어놓아서 천하 후세의 사람들을 그르치고 있다."고 하였다.[14]

고봉(高峯)[15]은 「논곤지기」에서 석씨의 명심·견성은 우리 유학의 진심·지성과 서로 비슷하나 실제는 같지 않다는 인식을 드러냈다. '명심'은 마음을 밝히는 것으로 대학의 삼강령에서 '명명덕'의 '명심'을 근거로

---

14) 기대승, 『고봉집』권2, 「논곤지기」. "記上第五章曰, 釋氏之明心見性, 與吾儒之盡心知性, 相一, 似而實不同. 蓋虛靈知覺, 心之用也, 精微純性之眞也, 釋氏學, 大抵有見於心, 無見於性. 故其爲敎, 始則欲人盡離諸相, 而求其所謂空, 空卽虛也. 旣則欲其卽相卽空, 而契其所謂覺, 覺卽知覺也. 覺性旣得, 則空相洞徹, 神用無方, 神卽靈也. 凡釋氏之言性, 窮其本末, 要不出此三者. 然此三者, 皆心之妙, 而豈性之謂哉. 使其據所見之及, 復能向上尋之, 帝降之衷, 亦庶乎其可識矣. 顧乃自以爲無上妙道, 曾不知其終身, 尙有尋不到處, 乃敢騁其說, 以誤天下後世之人云云."

15) 고봉(高峯): 기대승. 조선 유학 전개에 커다란 영향을 미친 주자학자이며, 지치주의적 이념으로 왕도정치를 펼치려 했다. 그의 주자학설 가운데 중요한 위치를 점하는 사단칠 정론은 이황·정지운·이항 등과의 논쟁을 통하여 체계가 이루어졌다. 그는 조광조의 지치주의 사상을 이어받아, 전제주의 정치를 배격하고 민의에 따르고 민리를 쫓는 유교주의적 민본정치·왕도정치를 이상으로 삼았다. 1558년 이황과의 만남은 사상 형성의 커다란 계기가 되었다. 그 뒤 이황과 13년 동안 학문과 처세에 관한 편지를 주고받았다. 그 가운데 1559년에서 1566년까지 8년 동안에 이루어진 사칠논변은 조선유학사상 깊은 영향을 끼친 논쟁이다.

볼 수 있다. 유가의 명심은 명명덕의 명심이다. 밝은 덕을 그대로 밝혀
내는 것이라는 인식을 보였다. 허령지각은 마음의 용(用)이요, 정미순일
(精微純一)은 성(性)의 진리가 아니기에, 불가의 학문은 소견이 있으나
성에는 앎이 없었다고 자신의 인식을 술회하였다.

　　이상과 같이 『명심보감』에 대한 인식을 고찰하였다. 이를 통하여 4차
산업혁명 시대를 맞이하여 AI와 함께 공존하는 시대에 인문학적 포용
가치를 발견 할 수 있었다. 이는 보편적 지식을 위한 세계시민의 사회정
신건강을 위한 바람직한 학습교재로 온고지신의 가치 인식으로 새로운
선회(旋回)를 모색해야 할 점이 드러났다 할 수 있겠다.

Ⅲ. 『명심보감』의 활용

1. 『명심보감』을 통한 서당식 교육방법

　　『명심보감』은 어린이들의 학습을 위하여 중국 고전에서 선현들의 금
언(金言)·명구(名句)를 편집하여 만든 것으로 유교문화권의 일상생활 지
침서로 이용되어 동아시아 전반에 걸쳐 지대한 영향을 미친 학습자료이
다. 우리나라 최초의 『신간대자명심보감』은 범립본(范立本)이 편저자로,
간행된지 62년만인 1454년 청주에서 신간 목판인쇄의 대자(大字)로 간
행된 판본을 뒤에 인쇄하여 유포한 서당의 기초학습서였다.[16] 『명심보
감』이 고려 말 조선 초 이후 동몽교육을 위한 학습교재로서 널리 사용되
었던 것은 그 내용상 조선조 건국과 더불어 사회 통합작용을 위해 강조
되었던 충효사상을 받침 하기 위한 것으로도 일면이 있다 하겠다. 충효

---

16) 표제는 『신간대자명심보감』이나 서문, 목록, 권별에 따라 약간씩 다르다. 서문은 명심보
　감, 목록은 『신간교정대자명심보감』, 권상·권수·권말제는 『신간대자명심보감』, 권하
　·권수제는 『신간명심보감』, 권말제는 『신간교정대자명심보감』이다.

를 근본으로 하는 도덕체계인 삼강오륜을 비롯한 향촌사회의 질서유지
에 필요한 덕목들을 갖추고 있는 것이『명심보감』의 특징으로 내용적
활용 가치가 가장 큰 것이라 하겠다. 충효와 삼강오륜의 인간 사회질서
의 기본 틀의 공부가『명심보감』에 그대로 들어 있기 때문이다. 이에
『명심보감』은 조선시대 서당과 가정에서 아동들의 기본학습교재로 필
독서 역할을 하여 교육을 통한 정신적 가치관의 형성에 큰 영향을 끼쳤
다고 볼 수 있다『명심보감』의 내용은 유학교육서로 문장의 내용을 갖추
며 문리(文理) 터득과 더불어 인격형성에 필요한 기본적인 덕목을 담아
서당에서 널리 사용되었다. 15세 이하는 주로 서당이나 가정의 글방에
서『천자문』·『사자소학』·『동몽선습』·『격몽요결』·『명심보감』·『효경』
등의 과목을 공부하였는데, 그 중에서 필독서는『명심보감』이었던 것
이다. 우리 고전문학은 온고지신의 학문이고 문·사·철의 소통과 융합
의 학습내용을 담고 있다. 4차 산업혁명 시대에는 세상과 소통하는 방식
과 이종간 서로 융복합을 통해서 새로운 문화를 만들어 가야 하는 사회
에 도래 되었다. 이에 소통하는 방식을 통해 쉽게 접근할 수 있게 만드는
가능성의 세상이 열려 있다는 것이 미래사회의 목표인 것이다. 그래서
소통과 융합은 세상의 가장 작은 단위인 작은 마을도 지구촌 세상과 소
통하게 하고, 세상을 바꾸게 하는 원동력이 가장 작은 단위로도 가능하
게 한다는 것이다. 미래학자들이 세상의 가장 큰 중심이 마을이며 마을
이 세상의 중심에서 가장 빠른 소통을 하게 만들어 준다고 한다. 왜냐하
면 마을은 전인교육의 산실이며 모든 것들이 자급자족을 통해서 이루어
지는 가장 작은 단위인 것이기 때문이다. 그 가장 작은 단위의 셀이 튼튼
할 때 유기체가 튼튼할 수 있듯이 우리 전통 인문고전의 한문교육 방식
에는 그러한 단위를 지탱하게 하는 교육방법으로 마을의 서당이 있었던
것이다. 학습을 통해서 마을의 단위를 건강하게 했듯이 그와 같은 서당
식 교육은 4차 산업혁명 시대에 맞춤식 교육방법이 될 수 있을 것이다.

우선 당장 이런 맞춤식 교육방법을 혁신하고 있는 예를 찾아보자면, 핀
란드에서는 세계 최초로 모든 학교 과목 제거 시행을 앞두고 있는 다음
의 기사를 접할 수 있다.

커다란 변화는 커리큘럼에서 학교 과목을 삭제하는 것이다. 모든 공식
적인 학교 과목의 파괴라는 형태로 핀란드의 학교에 혁명이 일어나고
있다. 헬싱키 교육부의 마조 킬론(Marjo Kyllonen) 교육청장은 아이들이
지금 가르쳐지는 방식은 1900년대 초반 학생들에게 유익한 스타일을 기
반으로 한다고 말하며 지금 우리 사회 환경과는 더 이상 적합하지 않으며
우리의 근대화 된 학습방법에 유익하지 않다. 그는 우리의 필요가 변화했
다는 것을 강하게 믿으며 새로운 사고 방식과 개발 방식에 맞게 우리의
가르침을 적용해야 한다. 커다란 변화는 핀란드 관리가 제안한 교과 과정
에서 학교 과목을 제거하는 것으로, 개별 사건과 현상에 대한 연구로 대
체 될 것이다. 즉, 수학, 지리 및 역사와 같은 주제에 대한 개별 수업을
더 이상하지 않지만 대신 수학, 지리 및 역사의 관점에서 2차 세계 대전과
같은 이벤트를 연구하게 된다. 영어, 경제 및 커뮤니케이션에 대한 기술
을 학생들에게 제공 할 "카페에서 일하기"라는 제안 된 코스도 있다. 2020
년에 시작될 예정인 이 새로운 시스템은 16세의 학생들에게 소개 될 예정
이다. 즉, 초기 광범위한 주제 연구를 마친 후에 관심과 미래 전망에 따라
연구하고 싶은 특정 사건이나 현상을 스스로 선택할 수 있다. 이것은 미
래의 희망과 미래의 야망에 근거하여 필요하지 않다고 생각하는 개별
수업을 듣는 학생들의 이탈을 없애기 위함 이다. 대신 이전 개별 주제를
자신의 특정 주제에 적용하여 선택함으로써 여전히 동일한 기술을 배우
지만, 보다 생산적인 방식으로 그들을 사용하여 개인 학습에 가장 유익하
다. 핀란드 교육 시스템은 또한 소그룹 집단 수업을 장려한다. 즉, 학생들
은 개별 책상 뒤에 앉아서 한 명의 선생님이 가르치지 않고 작은 토론
그룹에서 함께 작업하게 된다. 이 새로운 시스템은 모든 선생님이 선내에
있어야 하고 새로운 교육 시스템에 적응할 수 있어야 하며 헬싱키 선생님
의 약 70%는 이미 새로운 교수 스타일을 준비하기 시작했으며 결과적으
로 이로 인해 임금이 인상된다. 전 세계에서 가장 훌륭한 교육 시스템

중 하나인데, 우리 아이들이 세대를 넘어서 다음 세대로 전수 할 수 있는 방법을 개척하는 것에 대한 과감한 변화일까?[17]

라는 내용에서 보듯이 필란드는 학년 없애기 교과목 없애기·전공 없애기 등의 융·복합형 교육방식을 이미 실험 단계를 거쳐 내년도부터는 전 교육과정에 적용 시행한다고 한다. 이러한 교육방식을 통해 키운 인재는 미래사회가 요구하는 포용적 가치관을 가지고 융합적인 사고 활동을 할 수 있는 사회가 요구하는 인재상인 것이다. 교과과정에서 학교 과목을 제거하는 것에는 개별 사건과 현상에 대한 연구로 대체되어진다 한다. 즉, 수학, 지리 및 역사와 같은 주제에 대한 개별 수업을 더 이상 하지 않지만 대신 수학, 지리 및 역사의 관점에서 2차 세계 대전과 같은 이벤트를 연구하게 된다. 이러한 혁신된 4차 산업혁명 시대가 요구하는 교육방법을 돌이켜 보면, 우리의 전통 서당식 교육방법이 그 원형이 되어진다 하겠다.

『명심보감』을 교육하던 서당식 교육에는 학년도 없고, 과목도 없고, 전공도 없고, 정해진 틀의 과정이라는 것이 본래 없었다. 그런 과정 속에서 인문고전의 서당식 교육을 통해 모든 영역 분야의 필요한 지식을 융·복합적으로 연마하여 지금까지도 시대의 흐름 속에 세상을 바로 잡아간 인물들이 배출 되어졌던 것이다. 이에 『명심보감』의 활용은 혁신과 융합이라는 현재 및 미래 시대의 변화에 추이를 함께 할 수 있는 바람직한 내용이라 하겠다.

2. 시민교육 교재로서의 활용

오늘날 '고전읽기 캠프'라는 말의 재등장은 그 배경을 살펴볼 수가 있

---

17) www.enlightened-consciousness.com

다. '한 도시 책 한권 읽기운동[One City, One Book]'으로 공동체 문화를 만들기 위한 실험이 한 도시에서 시작되어 진 데서 볼 수 있다. 1998년 미국 시애틀에서 처음 시작, 2003년에 국내에 도입돼 현재 30여 지자체에서 운영 중이다. 이 캠페인은 '만약에 온 시애틀이 같은 책을 읽는다면!'이라는 슬로건을 내걸고 도서관이 주도해서 시민들이 모두 같은 책을 읽고 토론하는 일로 시작된 이후, 지금은 미국 50개 주 가운데 38개주, 90여개 도시로 확산 되었으며 캐나다와 호주, 영국의 여러 도시에서도 진행되고 있다. 이 새로운 독서운동은 한 공동체 구성원이 모두 같은 책을 읽고 그 책을 통해 공통의 화두에 대해 함께 토론하고 대화하도록 유도하고 있다. 이러한 토론과 대화를 통해 개개인이 문학의 세계로 빠져들게 하는 것은 물론, 참여 과정을 통해 자신의 삶과 이웃과의 관계 등에 대해 새롭게 생각해 만듦으로써 공동체 구성원들간 상호 이해와 연대의 틀을 확대하는데 기여하고 있다는 점이 주목되는 부분이다.

이러한 독서는 바로 AI와 함께하는 4차 산업혁명 시대에 소통과 융합이라는 시민의식을 일깨우게 하는 공동체 문화에 기여 하는 바인데 이러한 관점에서 『명심보감』의 유산물이 그 문화적 체험으로서 사회공동체에 공유하게 할 수 있는 가치를 충분히 보유하고 있는 자료라는 점 또한 큰 의의가 있다 하겠다. 율곡의 「향약」 4대 덕목을 보면 '1. 서로에게 착한 일을 권합시다. 2. 잘못된 일은 서로 고쳐줍시다. 3. 서로 바른 예절로 사귑시다. 4. 어려운 일은 서로 도웁시다.'이다. 이와 같은 보편적 덕목은 교육을 통해서 만이 이루어 질 수가 있기에 그 보편적 지식을 가르치기 위해서는 교재가 필요했고 명심보감을 간행해서 교육을 통한 「향약」의 4대 덕목을 실천하여 풍속교화를 이룰 수 있었던 것이다. 이와 같이 오늘날 세계시민 교육을 절실히 주도하고자 하는 때에 UN은 2016년에서 2030년까지 15년간 교육을 통하여 양극화되고 있는 세상을 공정하게 하고 교육을 통하여 시민들의 복지증진에 기여하며 그 교육은 누구에게나 공평하게 주어줘야 한다는 보편성을 강조하고 있다.

그런데 『명심보감』이 간행되어 교육되던 조선시대는 신분계급이 분명하였고 '언제나·누구나'에게 교육을 제공할 수도 없었음에도 불구하고 율곡은 「향약」과 『명심보감』 교육을 실천하였던 것이다. 오늘날 21세기에서나 사회 시민교육의 실천덕목으로 UN에서 실시하고 있는 전인교육의 내용을 청주지역에서 간행된 『명심보감』으로 그와 같은 보편적 지식을 사회에 제공하였던 것이다.

오늘날 교육은 제도권인 학교에서 만이 이루어지는 것이 아니고 전인교육을 표방하고 평생교육제도를 도입하여 끊임없는 역량강화교육을 시키는 집단지성의 사회가 되었다. 더 나아가 세계가 서로 하나가 되어 세계시민교육이라는 것을 통하여 글로벌시대를 이끌어 가고 있다. 급속히 변화 발전하는 사회에 시민들로 하여금 적응할 수 있는 능력과 발전적인 민주사회를 형성하기 위하여 시민들의 역량강화 교육이 더욱 중요하게 요구 되는 시점이 되었다. 이를 통하여 더 나은 세계, 하나가 되는 세계를 만들기 위해 세계시민으로서의 자질을 키우기 위한 키워드는 '교육네트워크'라고 볼 수 있다. 이러한 교육네트워크에 『명심보감』의 학습 내용은 사회를 건강하게 아름다운 공동체 실현으로 할 수 있는 시민교육 네트워크로 포용적 가치를 갖추고 있다 하겠다. 이는 지성교육의 목표이며 도시공동체를 구성하는 기본이 되는 것이다.

이와 같은 양질의 교육네트워크 실현을 위해 국가는 「인문문화교육진흥법」이 2016년 입법화되어 초·중·고·대학을 비롯해 평생교육기관·도서관·박물관·미술관 등 문화기반시설·소년원·교정시설·민영교도소 등 취약기관에서도 인문학 및 인문정신문화의 진흥과 사회적 확산의 법적 토대와 법령을 바탕으로 노력해야 할 점이다. 이에 창의적 인재를 양성하고 국민의 삶을 풍요롭게 하는 등 국가 인문역량을 지속가능하게 발전시켜 인문교육토대 위에 4차 산업혁명의 다원적 문화 융·복합적인 사고를 인문적 교육역량 강화를 통해서 이룩되어 질 것으로 기대한다.

오늘날 창의와 창조의 교육은 소통과 협업을 중시하는 교육으로 바뀌어 가고 있다. 이에 맞는 양질의 학습교재개발은 매우 중요한 일이다. 지구촌 지속가능발전시대에 문화적 트랜드는 국제화 시대로의 지향이다.『명심보감』을 최초로 간행하여 교육에 보급한 청주지역은 세계시민교육의 전통을 이미 보유하고 있는 것으로 드러났다. 지금 4차 산업혁명 시대를 이끌어갈 새로운 인재를『명심보감』을 최초로 만든 창의성의 역사에서 답을 찾을 수 있겠다. 아울러 디지털 시대를 이끌어 갈 교육을『명심보감』최초의 간행이라는 청주지역에서 율곡의「향약」정신을 다시 일으킨다면 청주는 세계시민교육의 요람이며 지역의 문화가 곧 세계 중심이 될 것으로 사료되어 진다. 우리의 초학교재로 널리 읽혔던『명심보감』에는 디지털문화에 부족한 아날로그적 인성이 온전히 담겨 있어서 4차 산업혁명 시대에 부족한 인문학적 지성과 감성을 충분히 채우고 남을 만큼의 시민교육 교재로서의 가치를 지니고 있음을 밝힐 수 있다. 이에『명심보감』에서 4차 산업혁명 시대의 시민교육 교재로서의 가치를 자리매김하여 미래 우리사회를 건강하게 치유해 줄 수 있는 학습내용임을 고찰 할 수 있었다.

Ⅳ. 결어

이상과 같이 조선시대 한자 한문 교재와 교수에 대한 한 갈래의 주제로『명심보감』에 대한 인식과 활용에서-4차 산업혁명 시대의 시민교육 교재로서의 가치-에 대하여 고찰하였다.『명심보감』은 조선시대 초학교재로 널리 읽혔던 전통교재이며 초학자들에게 널리 읽혀진 교재였다. 이는 바로 청소년 인성교재로서 사회의 정신건강을 구축한 기본 내용이 되는 것이었다. 이를 바탕으로 본 논고의 문제 제기와 연구 목적을 밝힐 수 있었다. 『명심보감』은 조선시대 인성교육지침서 또는 청소년 교육 지침서로 가장 널리 알려져 있는 교재였다. 이러한 조선시대의 청소년 인성교육의 지침서였던 『명심보감』이 미래 4차 산업혁명시대에 어떠한 활용 가치가 있겠는가를 본고의 연구방향에 두어 고찰하였다. 먼저 『명심보감』에 대한 인식을 본고에서는 그간의 선행연구에서 다루지 않은 미래사회에서 인문학적 시민교육 교재로서의 포용적 가치 측면을 고찰하고자 하였다. 『명심보감』은 청주본 『신간대자명심보감』이 발견 이전에는 고려 때 유학자 추적을 편저자로 보기도 했었는데 국내에서 1974년 청주본이 소개되면서 범립본이 편저자 임을 바로 잡게 되었고 본고는 청주본 『신간대자명심보감』을 저본으로 고찰하였다. 청주본 『신간대자명심보감』은 1454년 충청도 관찰사 민건, 청주목사 황보공, 청주목판관 구인문, 청주 유학교수관 유득화 등이 목판으로 간행했다. 이 시기 수양대군이 왕위를 찬탈한 계유정난을 겪으며 『신간대자명심보감』은 사회 보편적 인륜과 기강을 바로잡기 위한 일종의 윤리 교과서 역할로 인식했을 것임을 확인할 수 있었다. 또한 조선시대 인성교육 교재로 알려진 『명심보감』이 청주에서 최초로 간행 되어졌다는 것은 청주라는 지역이 전통적으로 교육의 도시 선비의 고장으로 자리매김 되어진 것에 그 뒷받침이 될 만한 단서로도 가치를 지니고 있음이 드러났다. 뿐만 아니라 조선시대의 기호학파의 거두이며 어린이의 학습지침서인 『격몽요결』의 저자인 율곡이 목사를 지내면서 「향약」을 완성한 곳이 청주이기도 한 사실을 2019년 7월 5일 청주향교 자료실에서 발굴한 자료 『율곡선생안』을 근거로 제시하여 고찰 할 수 있었다.

　『명심보감』의 활용에서는 『명심보감』을 통한 서당식 교육방법과 시민교육 교재로서의 활용으로 양분하여 고찰하였다. 『명심보감』이 서당교육의 기본교재로서 충효를 근본으로 하는 도덕체계인 삼강오륜을 비롯한 향촌사회의 질서유지에 필요한 덕목들을 갖추고 있는 것을 내용적 활용 가치로 가장 중요한 점으로 자리매김 하였다. 이를 통해 혁신된 4차 산업혁명 시대가 요구하는 교육방법을 돌이켜 보면, 우리의 전통 서당식 교육방법이 그 원형이 되어진다 하겠다.『명심보감』을 교육하던 서당식 교육에는 학년도 없고, 과목도 없고, 전공도 없고, 정해진 틀의 과정이라는 것이 본래 없었다. 그런 과정 속에서 인문고전의 서당식 교육을 통해 모든 영역 분야의 필요한 지식을 융·복합적으로 연마하였으니『명심보감』의 활용은 혁신과 융합이라는 현재 및 미래 시대의 변화에 추이를 함께 할 수 있는 바람직한 활용내용이라 할 수 있겠다. 4차 산업혁명 시대의 시민교육 교재로서의『명심보감』활용 측면은 오늘날 '고전 읽기 캠프'라는 말의 재등장은 그 배경을 살펴볼 수가 있었다. '한 도시 책 한권 읽기운동(One City, One Book)'으로 공동체 문화를『명심보감』 활용을 통해 시민교육의 요람지로서 세계중심이 될 것으로 기대 할 수 있겠다. 이에『명심보감』에서 4치산업혁명 시대의 시민교육 교재로서의 가치를 자리매김하여 미래 우리사회를 건강하게 치유해 줄 수 있는 학습내용임을 확인할 수 있었다.

참고문헌

『明心寶鑑』.
『新刊大字明心寶鑑』.
『燕山君日記』.
『栗谷先生案』.
『中庸』.
奇大升,『高峯集』.
李璇,『南皐遺稿』.
曺兢燮,『巖西集』.

김동환, 「『명심보감』의 서지적 연구」, 『서지학연구』10, 1999.
김윤수, 「『명심보감』에 인용된 경행록에 대하여」, 『도교사상의 한국적 전개』, 1989.
송희준, 「『명심보감』의 제문제」, 『계명한문학회도』14, 1999.
이우성, 「청주판『명심보감』에 대하여」, 『서지학 7호』, 한국서지학회, 1980.

http://ncsd.go.kr/app/sub02/20_tab3.do
www.enlightened-consciousness.com

최술(崔述)의 『논어여설(論語餘說)』 연구

박준원

Ⅰ. 머리말

최술[1740~1816]은 평생에 걸쳐 실증적이고 과학적인 고증학을 바탕으로 고신록(考信錄) 제서(諸書)를 저술하여 청대 고증학의 정점에 서있는 인물이다.[1] 이 중에서 공자와 공자제자의 행적을 변증한 『수사고신록(洙泗考信錄)』과 『수사고신여록(洙泗考信餘錄)』, 맹자와 맹자제자의 행적을 변증한 『맹자사실록(孟子事實錄)』이 그의 대표적인 저작이라고 할 수 있다. 이 저작들은 철저한 고증에 의한 최술의 독창적인 견해가 전개되고 있어서, 국내에서도 공자와 맹자, 그리고 『논어』와 『맹자』를 연구하는 연구자들에게 널리 활용되고 있다. 또한 최근에는 최술의 『수사고신록』과 『수사고신여록』, 『맹자사실록』이 국내에 번역되어 학계에 소

---

[1] 최술은 34종 88권의 방대한 저술을 남겼다. 이 중에서 그의 학문의 정수라고 일컬어지는 『고신록』 제서는 〈전록(前錄)〉『고신록제요(考信錄提要)』 2권, 『보상고신록(補上考信錄)』 2권, 〈정록(正錄)〉『당우고신록(唐虞考信錄)』 4권, 『삼대고신록(三代考信錄)』 12권, 『수사고신록(洙泗考信錄)』 4권, 〈후록(後錄)〉『풍호고신별록(豊鎬考信別錄)』 3권, 『수사고신여록(洙泗考信餘錄)』 3권, 『맹자사실록(孟子事實錄)』 2권, 『고고속설(考古續說)』 2권, 『고신부록(考信附錄)』 2권, 모두 12종 36권이다. 이 『고신록』 제서는 중국 고대사의 요순(堯舜)에서 공자와 맹자에 이르기까지 철저한 고증과 비판을 가한 책으로, 청대 고증학의 가장 훌륭한 성과의 하나로 알려져 있다.

개된 바 있다.[2]

본고에서 다루는 『논어여설』은 『논어』에 대한 고증을 체계적으로 시도한 저술이다. 그러나 특이하게도 『논어여설』은 고신록 제서에 포함되어 있지 않고, 이들과 분리되어 따로 수록되어 있다. 아마도 이렇게 분리된 이유는 고신록 제서가 시대와 인물의 순차대로 편집되었기 때문에, 이러한 틀 속에서 『논어』라는 서책만을 독립적으로 다루기에는 적당하지 않았기 때문일 것이다. 최술은 『수사고신록』과 『수사고신여록』이나 『맹자사실록』 등에서 공맹(孔孟)과 문도들의 행적을 고증하고 나서도, 『논어』에 대하여서는 따로 분리해서 체계적으로 변증해야할 필요를 느꼈던 것 같다. 다만 앞서 행한 논증과 중복되는 논증을 피하고 남은 것들만을 고증했기 때문에, '여설(餘說)'이라고 제목을 부친 것이다. 따라서 『논어여설』은 최술이 자신의 공맹 연구를 마무리하는 마지막 저작물이라고 할 수 있다.

필자는 『논어여설』에서 최술이 시도한 독창적인 변증은 『수사고신록』이나 『수사고신여록』, 『맹자사실록』 등과 함께 앞으로 우리 학계의 『논어』와 『맹자』 연구에 상호보완적인 도움을 줄 수 있는 좋은 자료라고 생각한다.[3] 따라서 이제 『논어여설』의 고증체계와 내용, 특징 등을 구체적으로 살펴보기로 한다.

II. 『논어』에 대한 애착과 '변위고신(辨僞考信)'

자신의 『논어』 연구 경력을 술회한 「자술연구논어경력(自述研究論語經

---

2) 『수사고신록』, 『수사고신여록』, 한길사, 2009. 『맹자사실록』, 지만지, 2010.
3) 『논어여설』에서는 『논어』뿐만 아니라, 『맹자』의 해석과 구두에 관한 오류도 부록으로 다루고 있다.

歷)」에 의하면, 최술은 어린 시절부터 평생에 걸쳐 『논어』를 탐독하고
전체의 내용을 분석·고증하는 치밀함을 보여주고 있다.

> 나는 대여섯 살 때 처음으로 『논어』를 배웠다. 그러나 그때에는 글을
> 암송했을 뿐이지 뜻을 정확히 알 수 없었다. 스무 살이 되어서야 비로소
> 마음속으로 이치를 궁구하여 '공산불요(公山弗擾)'나 '필힐(佛肸)' 2장
> (章)의 사건이 매우 이치에 맞지 않는다고 의심했지만 감히 자신할 수
> 없었다. 그러다가 마흔 살이 넘어 공자 사적의 선후를 고찰하다가, 드디
> 어 그 연도가 맞지 않으니 이 장은 반드시 후세 사람이 거짓으로 지어낸
> 것임을 알게 되었다. 그러나 아직 그것이 『논어』에 편입된 이유를 알지
> 못했다. 예순을 넘어 『수사고신여록』을 저술하려고 처음으로 『논어』의
> 원류를 자세히 살펴보았다. 그래서 진한시대에 전해졌던 『제논어(齊論
> 語)』와 『노논어(魯論語)』에 추가로 삽입된 것이 있으며, 장우(張禹)가
> 그것을 모아 합쳤다는 것을 알게 되었다. 그 후로 나는 드디어 결연히
> 나 자신을 믿고 의심하지 않게 되었다. 그래서 상세히 기록하여 여기에
> 덧붙여 둔다. 그렇지만 세상의 학자들은 오직 『논어』의 장구나 읊조리고
> 과거공부에만 매달릴 줄 알았지, 『논어』의 의리를 탐구하고 처음과 끝을
> 고찰하여 그 원류를 변증하려는 이가 없다. 그들이 나의 글을 보고 깜짝
> 놀라면서도 끝내 나의 말이 옳다고 하지 않으니 괴이하지 않은가.[4]

위의 글에서 평생을 『논어』의 연구에 바친 노학사의 열정을 읽을 수
있다. 5세의 어린 아이 때부터 60이 넘은 노년에 이르기까지 『논어』에
대한 최술의 집착은 잠시도 그친 적이 없었다. 이 기록에 의하면 그는

---

[4] 『수사고신여록』, 「自述研究論語經歷」. "余五六歲時, 始授論語 知誦之耳, 不求其義也.
近二十, 始究心書理, 於公山佛肸兩章, 頗疑其事不經, 然未敢自信也. 踰四十後, 考孔子
事蹟先後, 始知其年世不符, 必後人所僞撰, 然猶未識其所以入論語之由也. 六十餘歲, 因
酌定洙泗餘錄, 始取論語源流而細考之, 乃知在秦漢時傳齊魯論者, 不無有所增入, 而爲
張禹釆而合之, 始決然有以自信而無疑. 故錄其詳, 附載於此. 然世之學者, 惟知玩講章作
擧業, 未有人究其義理, 考其首尾, 辨其源流者, 無怪乎其見而大駭, 終不以余言爲然也."

이미 초년시절부터 『논어』 「양화편」의 공산불요 장과 필힐 장에 나타난 공자의 행적에 의혹을 가지고 있었다.5) 「양화편」의 기록에 의하면 공자는 비성(費城)과 중모(中牟)에서 반란을 주도했던 공산불요와 필힐이 부르자, 공자는 자신의 이상을 실현하기 위하여 이들에게 가려했다는 것이다. 그러나 이 일은 결국 자로의 만류로 성사되지는 않았다.

그러나 공자가 공산불요나 필힐과 같은 소인배들과 어울리려 정사를 함께 하려했었다는 사실은 최술에게는 도저히 이해할 수 없는 충격적인 사건으로 각인되었다. 게다가 최술은 평소에 전주(傳注)의 내용보다 경(經)을 위주로 해석하는 '이경위주(以經爲主)'의 원칙을 고수하고 있었다. 여기에서 사실고증의 핵심이 되어야할 경(經)의 권위가 흔들리게 될 위험에 직면하게 된 것이다. 때문에 최술은 『논어』에 보이는 성인의 커다란 모순점을 보고 고민에 빠졌던 적이 있음을 회고하고 있다.

그러다가 마침내 예순 살 즈음에 최술은 성인을 모독한 범인을 찾게 되었다. 범인은 바로 장우(張禹)였다. 장우가 『제논어』와 『노논어』을 합쳐 『논어』를 완성하면서, 공산불요와 필힐과 관련된 공자의 기록을 채록하여 「양화편」에 편입시켜 공자를 무고(誣告)하였다는 것이다. 최술은 분노했고 장우에 대한 최술의 비판은 혹독하다.

> 지금의 『논어』는 바로 장우가 개정한 것이지, 노나라의 옛 판본이 아니다. 책의 목차는 『노논어』를 사용하였지만, 실제로는 『제논어』의 장구를 아울러 채택한 것이다. 아 슬프구나! 장우가 무엇을 얼마나 알았겠는가! 그는 왕망(王莽)에게 아첨하였고, 자신의 부귀만을 지키기에 급급한 인물이었다. 그는 한(漢)나라 종묘사직의 존망마저도 돌보지 않은 사람인

5) 『논어』, 「양화편」. "公山弗擾以費畔召, 子欲往. 子路不說曰 末之也已, 何必公山氏之之也. 子曰 夫召我者, 而豈徒哉, 如有用我者, 吾其爲東周乎." "佛肸召, 子欲往. 子路曰 昔者由也, 聞諸夫子, 曰親於其身, 爲不善者, 君子不入也. 佛肸以中牟畔, 子之往也如之何."

데, 하물며 성인의 말씀을 만에 하나라도 제대로 헤아릴 수 있었겠는가? 그런데도 끝내 공공연히 『논어』를 뭉뚱그려 엮어버리고 말았으니, 버리지 않아야 할 것을 버리고 채택하지 않아야 할 것을 채택한 것도 아마 적지 않았으리라! 때문에 그 취지가 때론 성인 공자에 어긋나기도 하고, 자취가 때론 경전과 어그러지기도 한다. 공산불요가 공자를 불렀다는 '공산불요장'과 '필힐장'이야말로, 대도(大道)를 해치고 성인을 무고한 것 가운데에서도 가장 큰 것이다.

무릇 전국시대 유세객들은 제멋대로 행동하면서 남들이 자신들을 욕할까 두려운 나머지, 성인 공자도 그런 적이 있다고 무고함으로써 자신을 변호하곤 했다. 그런데 경전을 전수하는 사람들이 그런 거짓을 깨닫지 못하고 잘못 덧붙였으며, 장우 또한 그것을 잘못 끼어 넣은 것이다.[6]

『논어』에 나타난 공자의 모독에 대한 최술의 변증은 초년에서부터 노년에 이르기까지 끈질기고 철저했다. 그가 이렇게 『논어』의 연구에 대한 강한 집념을 가지게 된 데에는, 공자에 대한 허황된 망언을 자행하던 위서(僞書)들이 횡행하고 있던 당대의 현실과 무관하지 않다. 그가 파악한 현실은 "위학(僞學)들이 경전을 어지럽혀도 모르고 있고, 사설(邪說)들이 성현을 무고해도 깨닫지 못하는"[7] 난세였다. 이러한 현실 속에서 "거짓을 변증하고 진실을 변증하는(辨僞考信)"[8]하는 일이야 말로 자신이 평생 동안 수행해야 하는 과업으로 인식했던 것이다. 따라서 그는 '변위고신'의 기치를 높이 들고, 『사기』를 비롯한 『노자』, 『장자』, 『공자가어』

---

6) 『수사고신록』, 「論語之誤」. "今之論語, 乃張禹所更定, 非龔奮韋賢之舊本, 篇目雖用魯論, 而其實兼采齊論之章句者也. 嗟夫, 張禹何知! 知媚王氏以保富貴耳. 漢宗社之存亡不問也, 況於聖人之言, 烏能測其萬一. 乃竟公然輯而合之, 其不當刪而刪, 不當采而采者, 蓋亦不少矣! 是以其義或戾於聖人, 其事或悖於經傳, 而此章與佛肹章, 尤害道誣聖人之大者. 蓋戰國之士, 欲自便其私而恐人之譏己, 故誣聖人, 嘗有其事以自解, 傳經者不知其僞而誤增之, 而禹又誤采之者也."

7) 상게서, 「遺型」. "僞學亂經而不知, 邪說誣聖而不覺."

8) 『考信錄提要』.

등 수많은 전적들의 공자 관련기록을 철저하게 분석하였고, 그 진위를 적나라하게 파헤쳤다. 물론 『논어여설』도 이러한 과업의 일환이다.

Ⅲ. 『논어여설』의 구성과 변증항목

　『논어여설』은 모두 35항목으로 구성되어 있다. 이 항목들은 세 부분으로 나뉘어 서로 유기적으로 연결되어 있다. 첫 번째 부분은 『논어』의 내용을 직접 변증한 것으로, 24개 항목에 걸쳐 『논어』의 내용을 변증하고 있다. 두 번째 부분은 『맹자』에 대한 변증으로, 2개 항목에 걸쳐 『맹자』의 내용을 변증하고 있다. 세 번 째 부분은 『논어』 후반 5편의 편장에 대한 변증으로 모두 9개 항목에 걸쳐 『논어』 편장의 의문점에 대하여 변증하고 있다. 이제 이들을 순차적으로 제시하면 다음과 같다.

1. 『논어』의 내용에 대한 변증

　(1) 배움이란 듣고 보고 경험하는 것이다. -후유(後儒)들의 격물궁리에 대한 비판
　(2) 「학이편」의 대의 -『논어』의 본의에 대한 변증, 이하 4항목
　(3) 공자는 사람을 가르칠 때 평실(平實)에 힘쓰도록 했다.
　(4) 중궁이 정치에 대하여 물은 것.
　(5) 자공이 정치에 대하여 물은 것.
　(6) 맹의자가 효에 대하여 물은 것. -『논어집주』의 오류, 이하 4항목
　(7) 침의(寢衣)
　(8) 공자가 관중이 죽지 않은 것을 책망하지 않은 것.
　(9) '근(謹)'이란 말할 때에 조심하라는 것이다.

(10) 분장(分章) -분장과 분구, 이하 2항목

(11) 분구(分句)

(12) 강장가(講章家)들이 해석한 『논어』의 오류 -이하 5항목

(13) 염유가 자화에게 곡식을 준 것

(14) 원사가 곡식 9백을 사양한 것.

(15) 정나라 음악은 음란하다는 것.

(16) 민자건은 효자라는 것.

(17) 후유(後儒)들이 주자의 잘못이라 논박한 것. -이하 4항목

(18) '학(學)'이란 본받는다는 말이라는 것.

(19) '천(天)'이란 바로 리(理)라는 것.

(20) 사람이 다쳤는가 묻고, 말에 대해서는 묻지 않았다는 것.

(21) 공자가 임금과 대부의 질문에 답한 것. -『논어』 전후10편의 차이점, 이하 4항목

(22) 임금과 대부가 공자에게 질문한 것.

(23) 문인(門人)들이 공자에게 질문한 것.

(24) 공자에 대한 호칭.

2. 『맹자』에 대한 변증 -「부논맹자이칙(附論孟子二則)」

(1) 『맹자』의 해석에 대한 오해.(이하 2항목)

(2) 『맹자』의 구두에 대한 오해.

3. 『논어』 편장의 의문에 대한 변증 -「논어편장변의(論語篇章辨疑)」

(1) 사실을 믿을 수 없는 곳.(6장, 2절)

(2) 사실이 의심되는 곳.(6장)

(3) 뜻은 의심이 없으나 문체가 같지 않은 곳.(9장)

(4) 문체가 매우 의심되는 곳.(2장)

(5) 문인들이 '부자(夫子)'라는 호칭을 사용했지만 사실이 의심되는 곳.(2장)

(6) 의리와 문체가 모두 의심이 없는 곳.(20장)

(7) 조금 의심이 되지만 본뜻을 잃지 않은 곳.(2장)

(8) 사실을 믿을 만한 곳.(4장, 7절)

(9) 믿을 만한 사실이지만 뒷부분이 다르거나 빠진 곳.(5장)

Ⅳ. 『논어여설』 변증의 특징

『논어여설』에서 최술은 고신록 제서의 고증에서 자료의 신뢰도에 따라 분류했던 '【존의(存疑)】, 【존참(存參)】, 【비람(備覽)】, 【비고(備考)】, 【부록(附錄)】, 【부론(附論)】, 【보(補)】, 【부통론(附通論)】'이라는 틀을 사용하지 않았다. 이것은 『논어여설』에서의 변증작업은, 고신록 제서의 경우처럼 다양한 방계자료의 인용이 필요한 것이 아니라, 『논어』라는 단일 책자에 대한 집중적이고 심도 있는 고증이 필요했기 때문이다. 따라서 필자는 『논어여설』 변증의 특징을 '1) 공허한 격물궁리(格物窮理)의 배격과 평실(平實)의 추구, 2) 『논어집주』에 대한 비판과 수용, 3) 강장가(講章家)들의 통속적 해석 배척, 4) 『논어』 후(後)5편 편장의 신뢰도 분석'으로 나누어 살펴보기로 한다.

1. 공허한 격물궁리(格物窮理)의 배격과 평실(平實)의 추구

최술은 『논어여설』의 첫째 항목인 '배움이란 보고 듣고 경험하는 것이다.[學在聞見閱歷]'에서 다음과 같이 변증하고 있다.

공자는 "배우고 때때로 그것을 익히라"라고 했고, 또 "열 집 정도의 조그만 마을에도 반드시 나처럼 충성하고 미더운 사람이 있겠지만, 나처럼 배우기를 좋아하는 사람은 없을 것이다."라고 했다. 성인은 어째서 이렇게 배움을 중시했을까? 무릇 천하의 이치는 모두 일[事] 안에 들어있고, 일이란 듣고 보고 경험하지 않으면 알 수 없으니, 듣고 보고 경험하는 것이 이른바 배움이란 것이다. 그래서 공자는 "나는 나면서부터 아는 사람이 아니고, 옛 것을 좋아하여 민첩하게 배움을 구하려고 한 사람이다."라고 했고, 또 "많이 들어서 의심나는 것을 없애고, 많이 보아서 위태로운 것을 없앤다."라고 했으며, 또 "많이 들어서 그 중에 좋은 것을 골라 따르고, 많이 보고 기억한다."라고 하였다. 『좌전』에는 "진후(晉候)가 19년을 나라 밖에 있어서 험함과 어려움을 두루 겪었기 때문에, 백성들의 진정과 거짓을 모두 알 수 있었다."라고 했다. 또 속담에는 "한 가지 일을 경험하지 않으면 한 가지 지혜가 늘지 않는다."라고 하였으니, 배움이 공로가 크도다! 성인이 남을 가르칠 때에도 이렇게 하였을 뿐이다.

그런데 송대에 이르러 격물궁리라는 설을 만들기를 좋아하기 시작했으니, 사물의 이치를 가만히 앉아서도 통할 수 있을 것 같았다. 이때부터 학자들은 서로 어울려 리(理)만을 담론하고 다시는 일[事]에 대해 관심을 두지 않았다. 심한 사람은 정좌(靜坐)하는 것을 공로로 여기고, 명심견성(明心見性)을 도를 깨우치는 것으로 생각했다. 만약 그렇다면 성인은 어째서 일일이 남에게 많이 듣고 많이 보라고 가르치며, 수고로움 마다하지 않으셨는가?

우리 마을은 장수(漳水)와 가깝다. 그런데 장수와 가까운 곳 사람들은 모두 물을 두려워하지 않지만, 장수와 먼 곳 사람들은 도리어 모두 물을 두려워한다. 그것은 우리 마을 사람들은 물을 알지만, 먼 곳에 사는 사람들은 물을 모르기 때문이다. 장수는 진흙과 모래가 많아서 장수와 가까운 곳은 진흙과 모래가 쌓여 비옥해지고, 진흙과 모래가 오래 쌓이면 땅이 높아져서 아무리 물이 밀려와도 머물러 있지 않기 때문에 물을 걱정하지 않는다. 반대로 장수와 먼 곳은 물살이 약해서 진흙과 모래가 쌓이지 않아서 땅이 낮아져 물이 빠지지 않기 때문에 도리어 물을 두려워한다.…… 이런 것들은 그 이치를 어디에서 궁리하겠는가, 듣고 보고 경험하지 않으면 어디에서 알 수 있겠는가? 그래서 공자는 "내가 일찍이 하루 종일 먹지 않고 밤새도록 자지도 않으며 생각해보았지만, 유익함이 없었으니 배우는 것만 못하다."라고 하였으니, 성인이 후세를 염려하심이 깊구나! 후유(後儒)들이 이를 깨닫지 못함이 안타깝도다!9)

　최술은 여기에서 후유들의 '격물궁리'에 관한 담론을 주요 표적으로 삼아 비판을 가하고 있다. 이들은 실제로 경험하고 보거나 들어서 배우지 않고, 고요히 정좌하여 리(理)에 대한 담론을 나누는 것만으로도 사물의 이치를 깨우칠 수 있다고 생각한다는 것이다. 만일 이들의 말처럼 가만히 앉아서 격물궁리하고 명심견성(明心見性)하여 도를 깨우칠 수 있다면, 공자는 어째서 제자들을 가르치실 때 많이 보고 듣고 하는 수고로움을 강조하셨느냐는 것이다. 그는 다시 공자의 말을 인용한다. "내가 일찍이 하루 종일 먹지 않고 밤새도록 자지도 않으며 생각해보았지만, 유익함이 없었으니 배우는 것만 못하다." 공자의 이 말 속에 이 문제의 해답이 담겨있다. 즉 그는 학문이란 관념적이고 공허한 그 무엇이 아니라, 일상의 견문과 경험에서 발전하고 축적되어지는 것이라고 했다. 최술이 비판한 대상은 바로 리에 대한 공리공담을 주고받으며, 이것이 학문의 모든 것으로 착각하고 있던 송대의 성리학자 부류들이었다.

---

9) 『논어여설』, 「學在聞見閱歷」. "孔子曰 學而時習之. 又曰 十室之邑, 必有忠信如某者焉, 不如某之好學也. 聖人何爲如是之重學也? 蓋凡天下之理皆寓於事, 而事非聞見閱歷, 不能知, 聞見閱歷, 所謂學也. 故曰 我非生而知之者, 好古敏以求之者也. 又曰 多聞闕疑, 多見闕殆. 又曰 多聞擇其善者而從之,, 多見而識之. 傳曰 晉侯在外十九年矣, 險阻艱難, 備嘗之矣. 民之情僞, 盡知之矣. 諺曰 不經一事, 不長一智. 學之爲功大矣! 聖人之敎人, 如是而已. 至宋, 始好以格物窮理爲說, 若事理可以坐而通之者. 由是學者相率談理, 而不復留意於事. 其甚者, 至以靜坐爲功, 以明心見性爲知道. 然則聖人何爲斤斤焉敎人以多聞多見而不憚其勞乎? 吾鄕臨漳水, 凡近漳者皆不患水, 而遠漳者反皆患水, 吾鄕人知之, 遠人不知也. 蓋漳水多淤沙, 近漳則得淤沙而肥, 淤沙久而地高, 水雖至而不留, 故不患水, 遠漳則水弱, 淤沙不能至, 地卑而水不洩, 故反患水耳. …… 若此者, 其理自何處窮, 非聞見閱歷, 安從而知之! 故孔子曰 吾嘗終日不食, 終夜不寢以思, 無益, 不如學也. 聖人之慮後世深矣! 惜乎後儒之未達也!"

실제로 최술은 공자가 사람들에게 평범하고 실제적인 것에 힘을 쓰도록 가르쳤음을 강조하였다.

> 성인은 오직 평실(平實)에 힘쓸 것을 가르쳤다. 안연이 인을 묻자 "예가 아니면 보지도 말고, 예가 아니면 듣지도 말고, 예가 아니면 말하지도 말고, 예가 아니면 움직이지 말라."라고 했고, 중궁이 인을 묻자 공자는 "문을 나서서는 큰 손님을 뵙듯이 하고, 백성을 부릴 때에는 큰 제사를 모실 듯이 하라. 자기가 하고 싶지 않은 것을 남에게 시키지 마라."라고 했다. 이처럼 공자가 말한 것들은 모두, 보면 형체가 있고 따르면 흔적이 있는 것들이다. 장자나 불가는 오직 공허(空虛)만을 이야기 하고 실사(實事)를 달갑게 여기지 않으니, 그 논의가 성인의 위로 높게 솟아오른 것 같다. 그러나 일에 적용시켜보면 한 가닥도 소용이 있는 것이 없다. 어째서 그런가? 유(有)란 무(無)가 될 수 없고 무란 유가 될 수 없으며, 혹은 백이 될 수 없고 백은 흑이 될 수 없으니 이것은 천하의 정해진 이치이다. 색상이 없다고 말하는 것은 있을 수 있겠지만, 정말로 색상이 없는 것이란 결단코 있을 수 없다.
>
> 한 선비가 스님의 절에 놀러갔지만, 스님이 그를 보고도 일어난 적이 없었다. 어느 날 태수가 찾아오자 스님은 자리에서 일어나 태수를 맞이했다. 선비가 권세의 이익 때문에 일어난 것이라고 스님을 나무라자, 스님은 "일어나는 것이 일어나지 않는 것이고, 일어나지 않는 것이 일어난 것이다."라고 대답했다. 그러자 선비는 바로 몽둥이를 잡고 스님을 내리쳤다. 스님이 놀라서 따지자, 선비는 "때린 것이 때리지 않은 것이고, 때리지 않은 것이 때린 것이다."라고 했다. 스님은 대답할 수가 없었다. 그러니 때린 것은 때린 것이고, 일어난 것은 일어난 것이며, 색(色)은 색이고, 공(空)은 공이다. 일체가 공허무유(空虛無有)로 돌아간다는 것은 반드시 궁하게 되는 설이다. 원래 이 설을 만들게 된 이유는 다른 것이 아니다. 앞선 사람들의 말이 많았고 또 이미 갖추어져 있어서, 이를 따라서 서술하려니 기이함을 보여줄 수 없었다. 그래서 따로 커다란 말을 만들어서 스스로를 높인 것이다. 비단 장자와 불가만이 그런 것이 아니다.

송나라 이후의 유자들도 자주 여기에서 벗어날 수 없었다. 세상의 어리석은 자들은 드디어 이를 믿고 사실로 여기니 잘못된 것이다.

　예전에 큰 소리 치기를 좋아하는 자가 있었다. 그는 "나는 일찍이 머리가 하늘에 닿고 발이 땅에 닿은 사람을 보았소."라고 했다. 대꾸하는 사람이 "그것이 뭐 크다고 할 수 있소. 나는 일찍이 윗입술이 하늘에 닿고 아래 입술이 땅에 닿은 사람을 보았소."라고 했다. 큰소리치기를 좋아하는 사람이 반박해서 "과연 그렇다면 그의 몸을 어디에 두겠소."라고 했다. 대꾸하는 사람이 "나도 그가 몸을 둘 곳이 없는 것이 걱정이오. 다만 그가 이렇게 큰 입을 가지고 있음을 보았을 뿐이오."라고 했다. 세상에서 공허한 큰소리를 좋아하여 성인의 도를 이기기를 구하는 사람들은 모두 이와 같은 사람일 뿐이다. 이 때문에 성인은 사람들에게 오직 평실에 힘쓸 것을 가르쳤으니, 높아질 수가 없어서가 아니라, 높아져서는 안 되기 때문이다.[10]

　공자가 인을 실현하기 위하여 제자들에게 이야기한 것은, 평소에 보거나 듣거나 말하거나 행동할 때 할 수 있는 평범하고 실제적인 것이라고 했다. 그런데 장자나 불가는 현실적인 실사(實事)를 외면한 체, 오로지 공허무유(空虛無有)의 세계만을 추구한다고 비판하고 있다. 첫 번째

---

10) 상게서, 「聖人教人務平實」. "聖人教人惟務平實. 顏淵問仁, 子曰 非禮勿視, 非禮勿聽, 非禮勿言, 非禮勿動. 仲弓問仁, 子曰 出門如見大賓, 使民如承大祭. 己所不欲, 勿施於人. 所言皆視之有形而循之有迹者. 莊子佛氏則惟談空虛, 不屑實事, 其論似高出於聖人之上, 然措之於事, 一毫無所用之. 何者? 有不可以爲無, 無不可以爲有, 黑不可以爲白, 白不可以爲黑, 此天下之定理. 言無色相則有之矣, 眞無色相則斷不能有. 士遊於僧寺, 僧見之未嘗起. 一日太守至, 僧起迎之. 士以勢利譏僧, 僧曰 起是不起, 不起是起. 士卽持棒打僧. 僧驚詰之, 則曰 打是不打, 不打是打, 僧無以對也. 然則打自是打, 起自是起, 色自是色, 空自是空, 一切歸之空虛無有, 此必窮之說也. 原其所以爲是說者, 無他, 前人之言多而且備, 循而述之則無以見其奇, 故別爲大言以自高. 非惟莊子佛氏然也, 雖宋以後儒者, 亦往往不免焉. 而世之愚者, 遂信以爲實, 過矣. 昔有人好大言, 曰吾嘗見一人首際天, 足際地. 應之者曰 此何足爲大, 吾嘗見有上脣際天, 下脣際地者. 好大言者駁之曰 果如是, 其身於何處安放. 應之者曰 吾亦慮其身無安放處, 但見其有此大口耳. 世之好爲空虛大言以求勝於聖人之道者, 皆若是而已矣. 是以聖人之教人惟務平實, 非不能高, 不可高也."

소화에서 색즉시공을 주장하는 스님을 몽둥이로 후려쳤던 선비는 최술 자신의 분신이라고 할 수 있다. 최술은 이들이 대중들에게 기이함을 보여줄 수 없다는 열등감 때문에, 과대하게 포장을 한 공허한 이론을 세운 것이라고 했다. 그런데도 송나라 이후의 유자들은 이들의 주장을 사실로 신봉하고 있다고 지적하고 있다. 바로 앞에서 살펴보았던 송대 유자들의 공허한 담론과 격물궁리에 대한 비판의 논리와 일맥상통하고 있음을 알 수 있다. 두 번째 소화에서도 그는 공허하게 큰소리치기를 좋아하는 사람을 통하여, 억지로 평범하고 실질적인 논리를 이겨보려는 부류들의 행태를 비판하고 있다.

2. 『논어집주』에 대한 비판과 수용

최술은 『논어여설』에서 주자의 『논어집주』를 적극적으로 수용하기도 했지만, 잘못된 부분에 대해서는 엄정한 비판을 가하기도 하였다.

> 『논어』「학이편」 제자장(弟子章)에서 "삼가고 미덥게 해야 한다[謹而信]."라고 하였다. 『논어집주』에서는 "삼간다는 것은 행동에 법칙이 있는 것이고, 미덥다는 것은 말할 때 실천이 있는 것이다."라고 하였다.
> 내 생각은 이렇다. 삼갈 '근(謹)'자의 부수는 '말씀 언(言)'으로, 말을 신중하게 한다는 뜻이다. 그래서 『중용』에서는 "용덕(庸德)을 행하며 용언(庸言)을 삼간다."는 말 아래에 "부족함이 있으면, 감히 힘쓰지 않는다."라고 했으니, 용덕을 행하는 것을 말한 것이요, 이어서 "남음이 있으면 감히 다 하지 않는다."라고 했으니, 용언을 삼가는 것을 말한 것이다. 그러니 삼가는 것이 말하는 것에 속하는 것이 분명하다. 그래서 "일하는데 민첩하고, 말하는데 신중 하라."라고 했고, "말할 때는 어눌하게 하고, 행할 때는 민첩하게 한다."라고 한 것이니 신중하고 어눌한 것은 모두 삼간다는 뜻이다.[11]

　　『논어』「학이편」에서 "배우고 때때로 익히면 또한 즐겁지 않은가!"라고
하였다. 『논어집주』에서는 "배운다는 것(學)은 본받는다는 말이다."라고
하였다. 그런데 이를 따지는 사람들은 "배움에는 배우는 일이 있다. 배운
다는 것(學)을 '본받는다.'로 해석하면 잘못된 것이다. 만약 '본받고 때때
로 익힌다.'라고 하면 이것이 옳겠는가?"라고 주장한다.

　　내 생각은 이렇다. 『맹자』에서 "상서학교(庠序學校)를 설치하여 가르
쳤다. 상(庠)은 봉양한다(養)는 것이고, 교(校)는 가르친다[教]는 것이고,
서(序)는 활을 쏘는 것(射)이다."라고 했다. 만약 이를 "설위양사학교이교
지[設爲養射學教以敎之]."라고 해석하면 이것이 옳겠는가? 주자의 이 말
은 바로 '배운다[學]'라고 이름을 붙인 이유를 설명한 것이다. 그래서 "배
운다는 것은 본받는 것이다."라고 하지 않고, "배운다는 것은 본받는다는
말이다."라고 한 것이니, 바로 『맹자』의 사례와 일치한다. 대개 '시(詩),
서(書), 예(禮), 악(樂), 말을 삼가는 것, 행동에 부지런한 것'이 모두 배우
는 일이다. 배운다고 이름을 붙인 이유는 옛 성현들이 했던 것을 모두
본받게 하기 위해서이다. 이 '학(學)'자는 『논어』에 처음 나오는 '학(學)'
자이기 때문에, 상세하게 풀이해서 배운다는 것의 뜻이 모두 이렇다는
것을 보여준 것이다. 그 설명이 매우 정밀하고 적절하다. 그런데도 주자
의 뜻을 제대로 알지도 못하면서, 조급하게 주자에게 따지려하다니 지나
치다고 할 수 있다.[12]

---

11) 상게서, 「謹屬於言」, "弟子章云, 謹而信. 註云, 謹者, 行之有常也, 信者, 言之有實也.
按謹字從言, 乃愼言之義, 故中庸云, 庸德之行, 庸言之謹, 下文有所不足, 不敢不勉, 言
庸德之行也, 有餘不敢盡, 言庸言之謹也. 謹之當屬於言, 明甚矣. 故曰敏於事而愼於言,
曰訥於言而敏於行, 愼與訥, 皆謹之意也."
12) 상게서, 「學之爲言效也」, "論語云, 學而時習之, 不亦說乎. 註云, 學之爲言效也. 說者
云, 學有學之事在, 以效訓之, 非也. 若云 效而時習之, 可乎. 按孟子云, 設爲庠序學校而
敎之, 庠者, 養也, 校者, 敎也, 序者, 射也. 若云, 設爲養射學教以敎之, 可乎不可. 朱子
此語, 乃釋所以名學之意. 故不云, 學, 效也, 而云學之爲言效也, 正與孟子語意相同. 蓋
詩書禮樂謹言勵行, 皆學之事, 而所以名爲學者, 以其皆效法古聖賢之所爲也. 此論語第
一學字, 故於此詳釋之, 以見凡稱學者意 皆如是. 其說最爲精切. 未達朱子之意而遽欲議
朱子, 過矣!"

앞의 항목은 『논어집주』의 내용을 비판한 것이고, 뒤의 항목은 『논어집주』의 내용을 수용한 것이다. 여기에서 보는 것처럼 최술은 『논어』「학이편」의 '근(謹)'자와 '학(學)'자의 해석에 대한 주자의 견해를 반박하기도 하고 수용하기도 했었다. 그렇다면 『논어집주』에 대한 최술의 기본적인 생각은 어떠할까? 그는 『논어집주』에 대하여 다음과 같이 자신의 견해를 밝히고 있다.

> 주자의 『논어집주』를 보면 정실(精實)하고 절당(切當)하여 성인의 뜻을 얻은 것이 많으니, 한나라와 진나라의 선비들은 아예 여기에 미치지 못한다. 그러나 간간히 하나 둘씩, 경(經)과는 부합하지 않는 곳도 있다. 어떤 것은 이전의 잘못된 주장을 그대로 따라서 바로잡지 못했고, 어떤 것은 지나치게 심오함을 추구하다가 도리어 평범함을 잃어버렸다. 옛말에 "지혜로운 사람은 천 가지를 고려하다, 반드시 한 가지 실수를 한다."라고 하였는데, 이것은 사리로 보아 합당한 것이며 이상할 것도 없다. 만일 자신의 견해가 있다면, 반드시 주자를 따라야 할 필요는 없고, 또 주자 때문에 꺼릴 필요도 없다. 자하는 "군자의 잘못은 일식이나 월식과 같다."라고 했다. 그러니 주자의 주장이 경(經)과 모두 부합하지 않으면 바로잡으면 그만이지, 이 때문에 주자를 경솔하게 논박해서는 안 된다. 근세에 이르러 총명하다고 자부하는 선비들은 대부분 한대의 학문을 숭상하고 송대의 학문을 반박했다. 그러나 비록 주자의 주해들이 본래 논의할 만한 것이 없다고 해도, 굳이 곡해해 말을 만들어 공박하는 것은 매우 옳지 않은 일이다.[13]

---

13) 상게서, 「後儒妄駁朱子之失」. "按朱子論語集註 精實切當 多得聖人之旨 遠非漢晉諸儒之所能及. 然亦間有一二未合於經者 或沿舊說之誤而未及正 或過於求深而反失其平 古人云 智者千慮 必有一失 此本事理之常 不足爲異. 我苟有所見 不必徇朱子 亦不必爲朱子諱也. 子夏曰 君子之過也 如日月之食焉 然則朱子之說 卽於經不盡合 正之可也 不得以是 故遂輕議朱子也. 乃近世聰明之士 多尊漢而駁宋 雖朱註本無可議 亦必曲爲說而攻之 殊屬非是."

최술은『논어집주』를 대체로 매우 정밀하고 충실한 책으로 간주하고 있다. 그러나 그는 때때로 경의(經義)에 부합하지 않는 곳이 있음도 함께 지적하고 있다.『논어집주』가 어떤 곳은 이전의 잘못된 주장을 그대로 따라 받아들인 것도 있고, 어떤 곳은 "지나치게 심오하게 해석하여 평정을 잃어버린 곳[過於求深而反失其平]"도 있다고 한 것이다. 최술이 여기에서 지적한 '지나치게 심오하게 해석하여 평정을 잃어버린 곳[過於求深而反失其平]'이란 바로 앞 장에서 언급한, 평실(平實)에서 벗어나 공허한 격물궁리(格物窮理)의 담론을 추구하려는 병폐를 지적한 것이다.

그러나 그는 한편으로『논어집주』의 내용을 억지로 곡해하여 공박하는 부류들과는 선을 긋고 있다.『논어집주』의 내용 중에서 잘못된 것은 고치고, 올바른 것은 그대로 수용하자는 것이다.

3. 강장가(講章家)들의 통속적 해석 배척

최술은『논어여설』에서 명대 중엽이후로 나타난 이른바 '강장가(講章家)' 부류에 의한 통속적 해석을 철저히 배격하고 있다.

> 『논어』라는 한 책자는 본래는 명백하고 쉽게 해석되는 책이다. 한유(漢儒)들이 비록 훈석(訓釋)을 했지만, 사적들을 간략이 거론한 것에 불과하니 글의 뜻을 대충 풀이했을 뿐이다. 주자가 다시『논어집주』를 만들자, 상세하게 갖추어져서 더 이상 보탤 것이 없게 되었다. 그런데도 명나라 때부터『성리대전』을 시작으로, 중엽이후에는 다시 장구를 풀이하는 '강장(講章)'이란 것이 나타나게 되었다. 강장이란 본래 과거를 공부하는 학자들을 위한 것이었으나, 차츰『논어』본래의 문장을 왜곡하고 천착하여 성현의 뜻을 잃어버린 것이 많았다. 그런데도 학자들이 이것을 보지 않는 이가 없었고, 심지어는 그대로 해독하는 자들도 있어서 경전의 뜻이 날마다 혼돈을 일으키게 되었다.[14]

　그는 『논어』는 해석이 비교적 쉬운 책이기 때문에, 주자가 지은 『논어집주』만으로도 충분히 기본적인 풀이가 가능하게 되었다고 했다. 그런데도 명대에 이르러 이른바 강장가라는 부류들이 등장하여, 과거공부만을 위한 말단의 『논어』 장구 풀이로 경의(經義)에 막대한 혼란을 야기하고 있다는 것이다. 최술은 이들이 오로지 과거합격을 위하여 통속적인 해석을 자행하고 있기 때문에, 『논어』의 장구해석에 있어서 심각한 부작용을 초래할 수 있음을 경고하고 있다.

　　염유가 자화에게 곡식을 주자, 공자께서 말씀하셨다. "공서적이 제나라에 갈 때 살찐 말이 끄는 수레를 타고 가볍고 따뜻한 모피를 입었다. 내가 듣건대 군자는 남의 급한 사정을 구제해주지만, 부유한 곳에 보태주지는 않는다고 하였다." 근세의 강장가들은 이 문장을 다음과 같이 해석한다. "제자가 스승을 위하여 사신을 가는 것은 명분상 당연한 일이라서 곡식을 주는 것은 부당하니, 그가 부자이기 때문이 부당한 것이 아니다. 공자의 이 말은 다른 의미에서 한 것이니, 본뜻이 아니다." 그러자 세상에서 과거 공부하는 자들과 문형을 잡은 자들은 모두 이 말을 따르고 있다.
　내가 보기에 이 말은 오류가 막심하다. 제자들이 스승을 위해 사신을 가는 것은 의리상 합당한 일이다. 그러나 자화가 정말 가난했다면, 스승이 된 자가 제자의 어머니가 추위와 굶주림에 떨고 있는데도 이를 좌시하며 구휼하지 않을 것인가? 아마도 공자는 이렇게 인정이 없지는 않았을 것이다. 만약에 자화가 가난했다면 그에게 곡식을 주었을 것이니, 이것은 곡식을 주지 않은 이유가 바로 자화가 부유했기 때문인 것이다. 어째서 다른 의미에서 한 말이 될 수 있겠는가? 무릇 성인이 직접 하신 말들은 학자들이 모두 그대로 믿고 의심하지 말아야 한다. 공자가 "너의 이웃과 마을

---

14) 상게서, 「論講章俗解之誤」. "論語一書本屬明白易解, 漢儒雖有訓釋, 不過略擧事跡 粗訓文義而已. 至朱子, 又爲作集註, 詳矣, 備矣, 無庸加矣! 自明始集大全一書, 中葉以後復有所謂講章者. 其初本爲學者作擧業計, 然於論語本文歪曲穿鑿, 多失聖賢之意, 而學者莫不觀之, 甚且有讀之者, 而經義日晦矣."

사람들에게 나누어 주어라."라고 했으면, 이것은 곡식을 사양할 수 없는
이유가 이웃과 마을 사람들에게 나누어줄 수 있기 때문이다. 공자가 "남의
급한 사정을 구제해주지만, 부유한 곳에 보태주지는 않는다."라고 했다
면, 이것은 곡식을 주어서는 안 되는 이유가 살찐 말을 타고 따뜻하고
가벼운 모피를 입었기 때문이다. 이렇게 생각하면 충분할 것이다. 그런데
도 근세의 경전을 해석하는 자들은 꼭 성인의 말에 따로 한 가지 가설을
만들어서, 억지로 성인의 뜻이 이렇다고 주장한다. 성인이 직접 하신 말을
믿지 못한다면 경전을 모독하고 성인을 배반하는 것이 아니겠는가?[15]

최술은『논어』「옹야편」에서 공자가 한 말을 꼬투리로 삼아 공자의
말을 반박하는 강장가들의 행태를 비판하고 있다. 이들은 억지로 괴이
한 가설을 만들어서 경전의 본의를 왜곡시키고 있다는 것이다. 더욱 문
제가 되는 것은 이들의 주장을 과거 공부하는 학자들도 그대로 따르고
있으며, 관리자인 문형도 모두 무비판적으로 따르고 있다는 사실이다.
최술은 이들의 이러한 무책임한 행동은 바로 경전을 모독하고 성인을
배반하는 일이라고 경고하고 있다.

4.『논어』후(後)5편 편장의 신뢰도 분석

최술은『논어여설』의「논어편장변의(論語篇章辨疑)」에서 자신이『논
어』의 편장을 변증하게 된 이유를 상세히 밝히고 있다.

---

15) 상게서,「冉子與子華粟」,"冉子與子華粟, 子曰 赤之適齊也, 乘肥馬, 衣輕裘. 吾聞之也,
君子周急不繼富. 近世講章家釋此文, 謂弟子爲師使, 分所當然, 不當與粟, 非以其貧之
故. 孔子所言, 特爲之旁通一義耳, 非本旨也. 世之爲學業及操文衡者皆宗之. 以余觀之,
謬莫甚焉. 弟者之使於師, 固義所宜, 然使子華果貧, 爲之師者, 將坐視其母之凍餒而不恤
乎? 恐聖人不如是之不近人情也. 若貧而卽與之, 則是不與粟者, 仍以子華富故, 何得謂
之旁通一義乎! 凡聖人所自言, 學者皆當尊信而不之疑, 孔子言 與鄰里鄉黨, 則是粟之
不當辭者, 以可與隣里鄉黨也, 孔子言 周急不繼富, 則是粟之不當與者, 以其爲肥馬輕裘也.
如是, 亦已足矣. 乃近世釋經者, 必於聖人言外別立一說, 強以爲聖人之意如此, 而謂聖人
所自言者不足信, 可不謂之侮經叛聖乎!"

『논어』 후반부의 5편을 살펴보면, 「자장편」만이 공자문하의 제자들의
말을 기록해서 의심스러운 곳이 없다. 「계씨」, 「양화」, 「미자」, 「요왈」
4편 속에는 의심스러운 곳이 매우 많다. 그리고 앞의 15편 중에도 간혹
1~2장이 각 편의 내용과 맞지 않는 것이 있다. 아마도 지금의 『논어』
판본은 한나라 초기의 『제논어』과 『노논어』의 고본(古本)이 아니라, 바
로 장우가 모아 합쳐서 다시 정한 판본이기 때문에 이렇게 된 것 같다.
앞서 『수사고신록』에서 이미 자세히 언급했지만, 『논어』의 편장을 지적
해서 상세히 논의하지 못했기 때문에, 다시 분명히 핵심을 밝혀놓는다.[16]

  그는 『논어여설』이 『수사고신록』의 고증과정과 상호보완적인 연장선
상에 있음을 밝히고 있다. 그의 언급처럼 『논어』 후반부 5편의 문제점에
대해서, 그는 이미 『수사고신록』에서 변증을 시도한 바 있다. 그러나
그 구체적 실례를 들어 핵심적인 것을 완벽하게 설명하지 못했기 때문
에, 다시 『논어』만을 따로 변증하고 있는 『논어여설』에서 상세히 변증
하고 있는 것이다. 그가 『논어여설』에서 『수사고신록』에서 미진했던 고
증들을 구체적 적시하여 완성하려 했던 것을 알 수 있다.
  최술은 『논어』를 오늘날처럼 왜곡되게 만든 장본인 장우를 강하게 비
판하면서, 『논어』 후반부 5편의 편장에 보이는 의문에 대하여 9가지 부
류로 분류하여 철저하게 변증을 시도했다. 최술이 고증을 위해 사용한
기준은 다음의 5가지 척도이다.

  (1) 사실에 부합하는가?
  (2) 문장의 본의에 맞는가?

---

16) 상게서, 「論語篇章辨疑」, "按論語後五篇, 惟子張篇專記門弟子之言 無可疑者. 至於季
氏陽貨微子堯曰四篇中, 可疑者甚多. 而前十五篇之末, 亦間有一二章不類者. 蓋緣今本
非漢初齊魯之告本, 乃張禹彙合更定之本, 是以如此. 前考信錄中, 已詳言之矣. 但未及摘
其篇章而細論之, 故復詳核之如左."

(3) 동일한 문체로 구성되었는가?
(4) 정확한 호칭을 사용했는가?
(5) 의리에 합당한가?

이러한 분석방법은 이전에는 볼 수 없었던 최술만의 독특한 『논어』의 편장에 대한 분석방법이다. 이제 이 기준에 의한 변증의 양상 중에서, '문체가 매우 의심되는 곳'과 '문인(門人)들이 부자(夫子)라는 호칭을 사용했지만, 사실이 의심되는 곳' 2항목을 살펴본다.

> **"자장이 공자에게 인에 대해서 물었다."는 장(章) 「양화편」**
> **"자장이 공자에게 물었다."는 장(章) 「요왈편」**
>
> 나의 생각은 이렇다. 『논어』 앞부분의 15편중에서 공자가 문인들의 물음에 답한 것은 모두 평범하면서 곧으며 분명하게 드러난다. 그런데 이 두 장만은 유독 먼저 그 숫자를 들고 그 실체는 이야기하지 않으며, 꼭 자장이 다시 묻는 것을 기다렸다가 나중에 다시 말해준 것은 무엇 때문인가? 또한 모두 답변하는 자장의 말을 함께 붙여놓았다. 아마도 이것은 자장의 문도들이 공자의 뜻을 따다가 부연하여 만들어진 것으로, 반드시 공자가 당시에 한 말이 아닐 것이다. 이러한 설명은 이미 『논어여설』 앞부분에서도 상세히 밝혀놓았다.[17]

최술은 「양화편」과 「요왈편」에 보이는 자장과 공자와의 문답을 인용하면서 이 부분이 『논어』 앞부분에 있는 문인과의 문답과는 확연히 다르게 자장의 답변이 포함되어 있고, 내용도 장황하게 부연되어 기술되어

---

17) 상게서, 「文體大可疑者二章」, "子張問仁於孔子章(陽貨篇), 子張問於孔子章(堯曰篇), 按 前十五篇中, 孔子答門人之問 皆平直明顯, 而此二章獨先擧其數, 不言其實, 必待子張 再問而後告之, 何哉? 且俱係答子張之言. 疑子張之徒取聖人之意 而敷衍成文者, 必非孔 子當日之言. 說已詳見前餘說中."

있다고 했다.[18] 따라서 이 부분은 공자 사후에 자장의 문도들이 만들어 끼어 넣은 것으로 추정하고 있다.

> "자로와 증석, 염유, 공서화가 공자를 모시고 앉아 있었다."는 장(章) 「선진편」
>
> "공자가 무성(武城)에 가셨다."는 장(章) 「양화편」

　나의 생각은 이렇다. 『논어』 앞부분의 10편 안에서 문인들이 공자 앞에서 '부자(夫子)'라고 호칭한 것은 없다. 「선진편」 뒷부분의 5편 안에서도 시좌장(侍坐章) 이외에는 이런 경우가 없다. 그런데 이 두 장은 어째서 모두 '부자'라고 호칭했으며, 그 사건이나 말들도 『논어』 앞부분의 15편에 기록된 공자와의 사건이나 말들과 다른가? 「양화편」은 믿을 수 없는 부분이 많다. 또한 『논어』 앞부분의 15편 안에도 더러 후인들이 추가한 내용이 있어서 문체가 다른 부분이 많다. 이러한 설명은 『수사고신여록』 안에서도 밝혀놓았다.[19]

　공자 앞에서 '부자(夫子)'라는 호칭을 사용한 경우는, 최술이 인용한 것처럼 「선진편」과 「양화편」에 나오는 자료뿐이다.[20] 최술은 이러한 오

---

18) 「양화편」과 「요왈편」의 본문을 제시하면 다음과 같다. 「양화편」. "<u>子張問仁於孔子. 孔子曰 能行五者於天下</u>, 爲仁矣. 請問之曰恭寬信敏惠. 恭則不侮, 寬則得衆, 信則人任焉, 敏則有功, 惠則足以使人." 「요왈편」. "<u>子張問於孔子曰 何如 斯可以從政矣</u>. 子曰 尊五美屛四惡 斯可以從政矣. 子張曰 何謂五美. 子曰 君子惠而不費 勞而不怨 欲而不貪 泰而不驕 威而不猛. 子張曰 何謂惠而不費. 子曰 因民之所利而利之 斯不亦惠而不費乎 擇可勞而勞之 又誰怨 欲仁而得仁 又焉貪 君子無衆寡 無小大 無敢慢 斯不亦泰而不驕乎 君子正其衣冠 尊其瞻視 儼然人望而畏之 斯不亦威而不猛乎."

19) 상게서, 「門人於孔子前稱夫子而事亦可疑者二章」, "子路曾晳冉有公西華侍坐章(先進篇 末章), 子之武城章(陽貨篇), 按 前十篇中 門人於孔子之前, 未有稱夫子者. 先進後五篇, 自侍坐章外, 亦無之. 此二章何以皆稱夫子 而其事其言, 亦與十五篇中所記孔子之事之言不類? 陽貨篇固多不可信, 卽前十五篇之末, 亦往往有後人所續入者, 以故文體多不倫. 說幷見洙泗餘錄中."

20) 「선진편」. "<u>子路曾晳冉有公西華, 侍坐</u>. 子曰 以吾 一日長乎爾, 毋吾以也. 居則曰 不吾知也, 如或知爾, 則何以哉. 子路 率爾而對曰 千乘之國 攝乎大國之間 加之以師旅 因之以

류가 나타나게 된 이유를「양화편」이라는 자료의 신뢰성 부분에서 찾고
있다. 즉「양화편」은 본래 신뢰할 수 없는 내용이 많이 들어 있다는 것이
다. 또한「선진편」의 '부자'라는 호칭문제에 있어도, 이 부분 만이 문체
가 다르므로 후인들이 추가로 삽입한 것으로 추정하고 있다.

V. 맺음말

　『논어여설』의 정확한 저작년도는 아직 밝혀져 있지 않다. 그러나 이
책은 적어도『수사고신록』이나『수사고신여록』,『맹자사실록』을 저술
하고 난 후에 창작된 것이 분명하다. 그렇다면 최술의 나이 71세 때인
1810년『수사고신록』을 수정하여 정본을 확정지었다는 기록을 볼 때,
『논어여설』은 1810년 이후에 창작되었을 것이다. 따라서『논어여설』은
최술 자신이 평생에 걸쳐 행해 온 공자와 맹자 연구를 보완하고 완결하
여 마침표를 찍은 종결자라고 할 수 있다. 때문에 최술은『논어여설』의
곳곳에서『수사고신록』등의 저술과『논어여설』이 서로 밀접한 관련이
있음을 직접 밝히고 있다.

　바로 여기에서 우리는『논어여설』이라는 책이 가지는 위상과 중요성
을 알 수 있다.『논어여설』은 위학(僞學)들이 경전을 어지럽히고 사설(邪
說)들이 성현을 무고하는 현실 속에서, '변위고신(辨僞考信)'을 기치로 평
생 동안『논어』의 고증에 몰두해왔던 최술이 자신의 학문적 성과를 마무
리하는 상징적인 저술인 것이다. 공자와 공자제자들의 사적을 고증한
『수사고신록』과『수사고신여록』은, 맹자와 제자들의 행적을 고증한『맹
자사실록』으로 그 계보가 이어졌고, 마침내『논어여설』에 이르러 그 대

　饑饉 由也 爲之 比及三年 可使有勇 且知方也. 夫子哂之."「陽貨篇」, "子之武城 聞弦歌之
聲. 夫子莞爾而笑曰 割鷄焉用牛刀."

미를 장식했다고 할 수 있다. 최술의 공맹(孔孟)관계 저술은 이것으로
일단락되었다.

　필자는『논어여설』의 구성과 변증항목을 정리하고,『논어여설』고증
의 특징을, '1) 공허한 격물궁리의 배격과 평실의 추구, 2)『논어집주』에
대한 비판과 수용, 3) 강장가들의 통속적 해석 배척, 4)『논어』후5편
편장의 신뢰도 분석'으로 나누어 살펴보았다. 앞에서 살펴본 것처럼, 최
술은『논어여설』의 고증과정에서 엄정하고 실증적인 '최술 고증학'의 특
징을 그대로 반영하여 보여주고 있음을 알 수 있었다. 특히 그의「논어
편장변의」는 장우에 의해 자행된『논어』의 개악을 비판하고, 후반 5장
의 편장을 사실, 문장, 문체, 호칭, 의리를 기준으로 분류하여 신뢰도를
분석한 것으로, 최술 고증학의 백미라고 할 수 있다.

참고문헌

최술,『崔東壁遺書』, 상해고적출판사, 1983.

박준원,「다산의 경학 저술에 수용된 최술의 고증학」,『한문교육연구』28, 한국한문교육
　　　학회, 2007.
_____,「수사고신록의 사기 비판 – 공자의 사적을 중심으로」,『한문교육연구』33, 한국
　　　한문교육학회, 2009.
_____,「최술의 수사고신록 연구 – 변증체계를 중심으로」,『중국학』22, 대한중국학회,
　　　2004.
_____,「최술의 수사고신록과 수사고신여록에 나타난 주자학의 수용양상」,『한문교육
　　　연구』26, 한국한문교육학회, 2006.
오창화,「최술의 문화담론적 고증사례고 – 고신록제서에 나타난 악론을 중심으로」,『중
　　　국학』30, 대한중국학회, 2008.
이재하,「최술과 수사고신여록」,『중국학』21, 대한중국학회, 2003.
_____,「수사고신록에 대한 전목의 인식」,『중국학』22, 대한중국학회, 2004.

초출일람

제1부
전통시대 한문 교육의 차제(次第)와 체계

강민구　「조선의 학습차제(學習次第)에 대한 사적(史的) 고찰」,『동방한문학』제
　　　　83집, 동방한문학회, 2020. 6.

이군선　「노론의 한문 학습차제와 체계에 대한 연구」,『동방한문학』제83집, 동
　　　　방한문학회, 2020. 6.

김영주　「소론계 자득적(自得的) 학문 논리의 연원과 전개」,『동방한문학』제83
　　　　집, 동방한문학회, 2020. 6.

정경훈　「기호학파의 한문 학습차제와 체계에 대한 연구」,『동방한문학』제83집,
　　　　동방한문학회, 2020. 6.

최　식　「퇴계학파 아동 교재의 수용과 활용 양상」,『동방한문학』제83집, 동방
　　　　한문학회, 2020. 6.

하정승　「고려시대 유학 교육과 여말선초 학맥의 형성」,『동방한문학』제82집,
　　　　동방한문학회, 2020. 3.

심경호　「근대 이전의 한시 학습 방식에 관하여 -연구(聯句)·고풍(古風) 제작과
　　　　초집(抄集)·선집(選集)의 이용-」,『어문연구』30권 3호, 한국어문교육
　　　　연구회, 2002.

함영대　「조선 학자들의 경전 독서 차례에 대한 인식 논리 -『격몽요결(擊蒙要訣)』
　　　　과『하학지남(下學指南)』의 사례를 중심으로-」,『동방한문학』제83집,
　　　　동방한문학회, 2020. 6.

김용재　「윤기(尹愭)의「泮中雜詠」에 나타난 성균관 재생(齋生)들의 생활상과 교
　　　　육」,『동방한문학』제83집, 동방한문학회, 2020. 6.

제2부
전통시대 한문 교재의 구성과 편찬 의식

이의강   「『동몽수지(童蒙須知)』의 정훈적(庭訓的) 성격과 조선조의 수용」, 『동방 한문학』 제80집, 동방한문학회, 2019. 9.

조창록   「조선조 한시 교육의 실제와 『백련초해(百聯抄解)』」, 『대동한문학』 제21 집, 대동한문학회, 2004.

이현일   「시학(詩學) 교재로서의 『백련초해(百聯抄解)』」, 『동방한문학』 제83집, 동방한문학회, 2020. 6.

박정민   「『훈몽자회(訓蒙字會)』의 확장성과 교육적 활용에 대한 연구」, 『동방한 문학』 제82집, 동방한문학회, 2020. 3.

전수경   「『신증유합(新增類合)』의 구성과 한자·한문 학습서로서의 가치 −『유합 (類合)』과의 비교를 중심으로−」, 『동방한문학』 제82집, 동방한문학회, 2020. 3.

윤지훈   「다산 정약용의 아동 학습서 편찬에 대한 연구 −『아학편(兒學編)』과 『소 학주관(小學珠串)』을 중심으로−」, 『동방한문학』 제81집, 동방한문학 회, 2019. 12.

박종성   「『아희원람(兒戱原覽)』의 문헌적 성격에 관한 연구」, 『동방한문학』 제44 집, 동방한문학회, 2010. 9.

우지영   「『학어(學語)』의 편찬 의식과 구성에 대한 연구」, 『동방한문학』 제82집, 동방한문학회, 2020. 3.

하정원   「우리나라 '속천자문(續千字文)'류의 등장과 성격」, 『동방한문학』 제82 집, 동방한문학회, 2020. 3.

김동석   「신기선(申箕善)의 『계몽천자문(啓蒙千字文)』 연구」, 『동방한문학』 제 80집, 동방한문학회, 2019. 9.

조혁상   「19세기 한문역사교재 『몽학사요(蒙學史要)』에 대한 고찰」, 『동방한문 학』 제82집, 동방한문학회, 2020. 3.

김선화   「『계몽편(啓蒙篇)』의 편찬 배경과 이본(異本)에 관한 연구」, 『동방한문 학』 제81집, 동방한문학회, 2019. 12.

신영주　「계몽기 이후 근대식『소학』간행과 교육 대중화」,『동방한문학』제80집, 동방한문학회, 2019. 9.

이돈석　「『사자소학(四字小學)』의 형성과 유포」,『동방한문학』제82집, 동방한문학회, 2020. 3.

제3부
전통시대 한문 교육의 현대적 시사와 활용

안세현　「조선후기 초학자를 위한 독서 교육의 방법과 현대적 전망 -언어 교육 및 작문 교육과의 연계성에 주목하여-」,『동방한문학』제83집, 동방한문학회, 2020. 6.

김성중　「전통시대 독서 담론의 한문교육적 활용 방안 -주제 통합적 독서 방법의 적용을 중심으로-」,『동방한문학』제70집, 동방한문학회, 2017. 3.

김영주　「개화기 한문교재의 편찬 의식과 현재적 시사 -원영의(元泳義)의 한문교재 편찬을 중심으로-」,『동방한문학』제70집, 동방한문학회, 2017. 3.

한은수　「역사서 교육의 방향과 현재적 시사 -『동몽선습(童蒙先習)』과『아희원람(兒戱原覽)』을 중심으로-」,『동방한문학』제70집, 동방한문학회, 2017. 3.

허　철　「코퍼스에 기반한 교육용 한자한자계 어휘 위계화 연구(3) -전통한문학습교재와 일반 한문전적 사용 한자 조사를 중심으로-」,『동방한문학』제80집, 동방한문학회, 2019. 9.

김미선　「『명심보감』에 대한 인식과 활용 -4차 산업혁명 시대의 시민교육 교재로서의 가치-」,『동방한문학』제82집, 동방한문학회, 2020. 3.

박준원　「최술(崔述)의『논어여설(論語餘說)』연구」,『동방한문학』제52집, 동방한문학회, 2012. 9.

집필진 소개

강민구(姜玟求)　경북대학교 인문대학 한문학과 교수, 문학박사
mgkang6165@hanmail.net

이군선(李君善)　원광대학교 사범대학 한문교육과 교수, 문학박사
skklgs@hanmail.net

김영주(金英珠)　성균관대학교 사범대학 한문교육과 교수, 문학박사
kyjkyj333@hanmail.net

정경훈(鄭敬薰)　원광대학교 융합교양대학 초빙교수, 문학박사
juilam@hanmail.net

최식(崔植)　성균관대학교 대동문화연구원 수석연구원, 문학박사
choicesik@hanmail.net

하정승(河政承)　안동대학교 인문대학 한문학과 교수, 문학박사
gohak@andong.ac.kr

심경호(沈慶昊)　고려대학교 문과대학 한문학과 교수, 문학박사
im1223@korea.ac.kr

함영대(咸泳大)　경상대학교 인문대학 한문학과 교수, 문학박사
alongdiri@hanmail.net

김용재(金容載)　성신여자대학교 사범대학 한문교육과 교수, 철학박사
dongjam@sungshin.ac.kr

이의강(李義康)　원광대학교 사범대학 한문교육과 교수, 문학박사
leeyikang@hanmail.net

조창록(曺蒼錄)　성균관대학교 동아시아학술원 수석연구원, 문학박사
rene99@hanmail.net

이현일(李炫壹)　성균관대학교 사범대학 한문교육과 교수, 문학박사
translator@skku.edu

박정민(朴貞珉)　경북대학교 인문대학 한문학과 강사, 문학박사
subac412@hanmail.net

전수경(田繡耿)　성균관대학교 대동문화연구원 연구원, 박사과정수료
irene0726@naver.com

윤지훈(尹智勳) 한국교육과정평가원 연구위원, 문학박사
singlesw@kice.re.kr

박종성(朴鍾成) 구미 봉곡중학교 교사, 경북대학교 인문대학 한문학과
박사과정수료, purelike@hanmail.net

우지영(禹芝英) 한국국학진흥원 거점연구소 협동번역사업 연구원, 문학박사
olimujung@hanmail.net

하정원(河廷沅) 한국고전번역원 고전번역연구소 연구원, 박사과정수료
paranzza@gmail.com

김동석(金東錫) 성균관대학교 문과대학 한문학과 초빙교수, 문학박사
tongxi@hanmail.net

조혁상(趙赫相) 한국외국어대학교 미네르바교양대학 외래교수, 문학박사
chohyuks@naver.com

김선화(金鮮花) 경북대학교 인문대학 한문학과 강사, 박사과정수료
5266401@hanmail.net

신영주(辛泳周) 성신여자대학교 사범대학 한문교육과 교수, 문학박사
zuowang@hanmail.net

이돈석(李敦錫) 한국고전번역원 성과평가실 선임행정원, 교육학박사
ehstjr@hanmail.net

안세현(安世鉉) 강원대학교 사범대학 한문교육과 교수, 문학박사
kongsky@hanmail.net

김성중(金聖中) 계명대학교 사범대학 한문교육과 교수, 문학박사
zhung1227@hanmail.net

한은수(韓殷洙) 서울구암초등학교 교사, 서울교육대학 강사, 교육학박사
namu11@sen.go.kr

허철(許喆) 단국대학교 한문교육연구소 연구전담조교수, 문학박사
heochul@gmail.com

김미선(金美善) 청주대학교 사범대학 국어교육과 교수, 문학박사
hawoodanghanmail.net

박준원(朴晙遠) 경성대학교 문과대학 한문학과 교수, 문학박사
jopark@ks.ac.kr

전통시대 한자·한문 학습과 교재

2020년 10월 30일 초판 1쇄 펴냄

지은이 강민구 외
발행인 김흥국
발행처 보고사

책임편집 황효은
표지디자인 손정자

등록 1990년 12월 13일 제6-0429호
주소 경기도 파주시 회동길 337-15 보고사
전화 031-955-9797(대표), 02-922-5120~1(편집), 02-922-2246(영업)
팩스 02-922-6990
메일 kanapub3@naver.com / bogosabooks@naver.com
http://www.bogosabooks.co.kr

ISBN 979-11-6587-109-3 93370
ⓒ 강민구, 2020